皇學館大学創立百三十周年・再興五十周年記念

皇學館大学神道研究所編

訓讀註釋

儀式　踐祚大嘗祭儀

思文閣出版

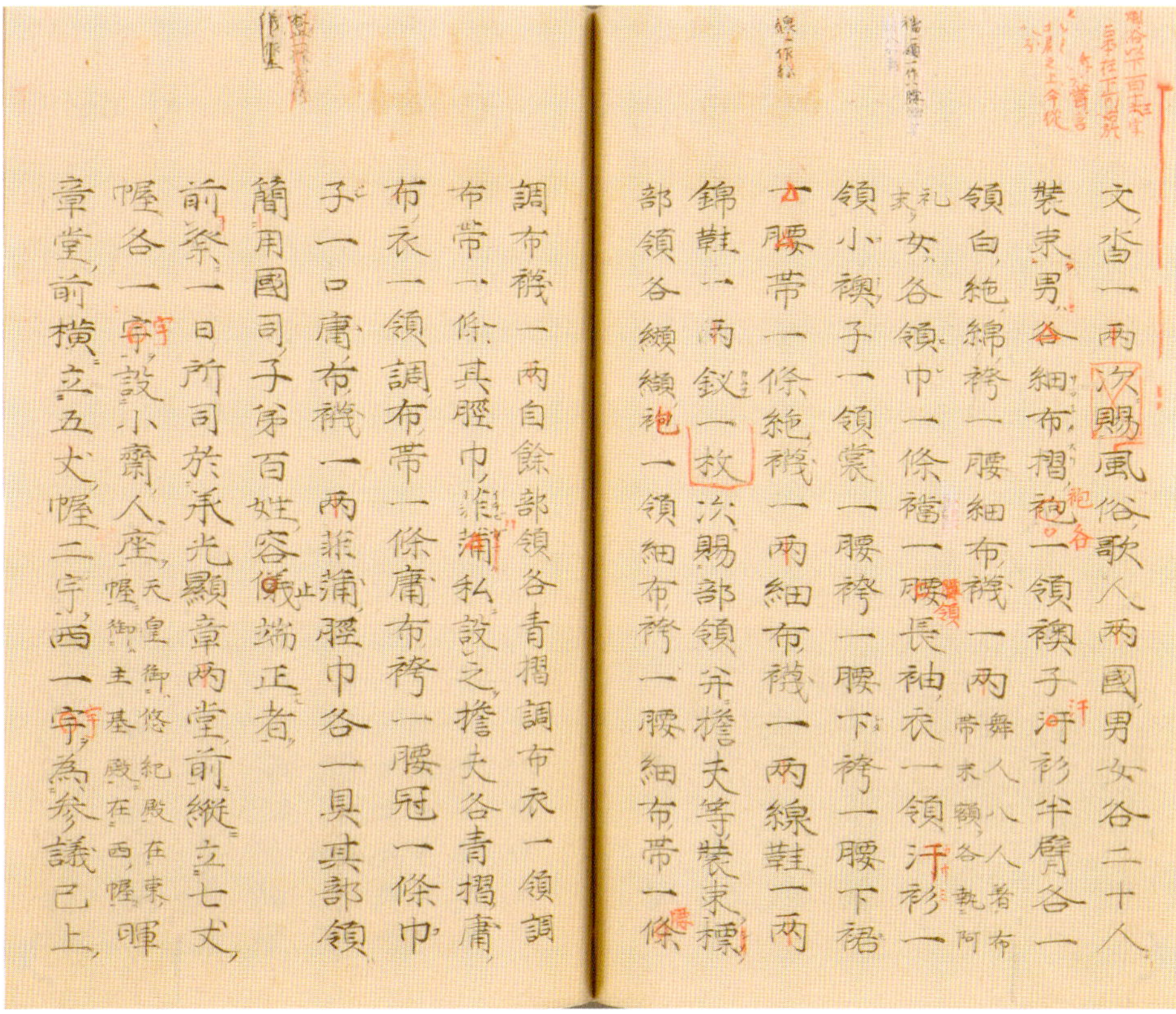

文沓一兩次賜風俗歌人兩國男女各二十人
裝束男各細布褶袍一領襖子汗衫半臂各一
領白絁綿袴一腰細布襪一兩舞人八人着布帯末額各執阿
礼末女各領巾一條襠一腰長袖衣一領汗衫一
領小襖子一領裳一腰袴一腰下袴一腰下裙
一腰帯一條絁襪一兩細布襪一兩線鞋一兩
錦鞋一兩釵一枚次賜部領并擔夫等裝束標
部領各纈纈袍一領細布袴一腰細布帯一條
調布襪一兩自餘部領各青摺調布衣一領調
布帯一條其脛巾菲蒲私設之擔夫各青摺庸
布衣一領調布帯一條庸布袴一腰冠一條巾
子一口庸布襪一兩菲蒲脛巾各一具其部領
簡用國司子弟百姓容儀端正者
前斎一日所司於承光顯章兩堂前縦立七丈
幄各一宇設小齋人座天皇御悠紀殿在東幄御主基殿在西幄
章堂前横立五丈幄二宇西一宇為參議已上

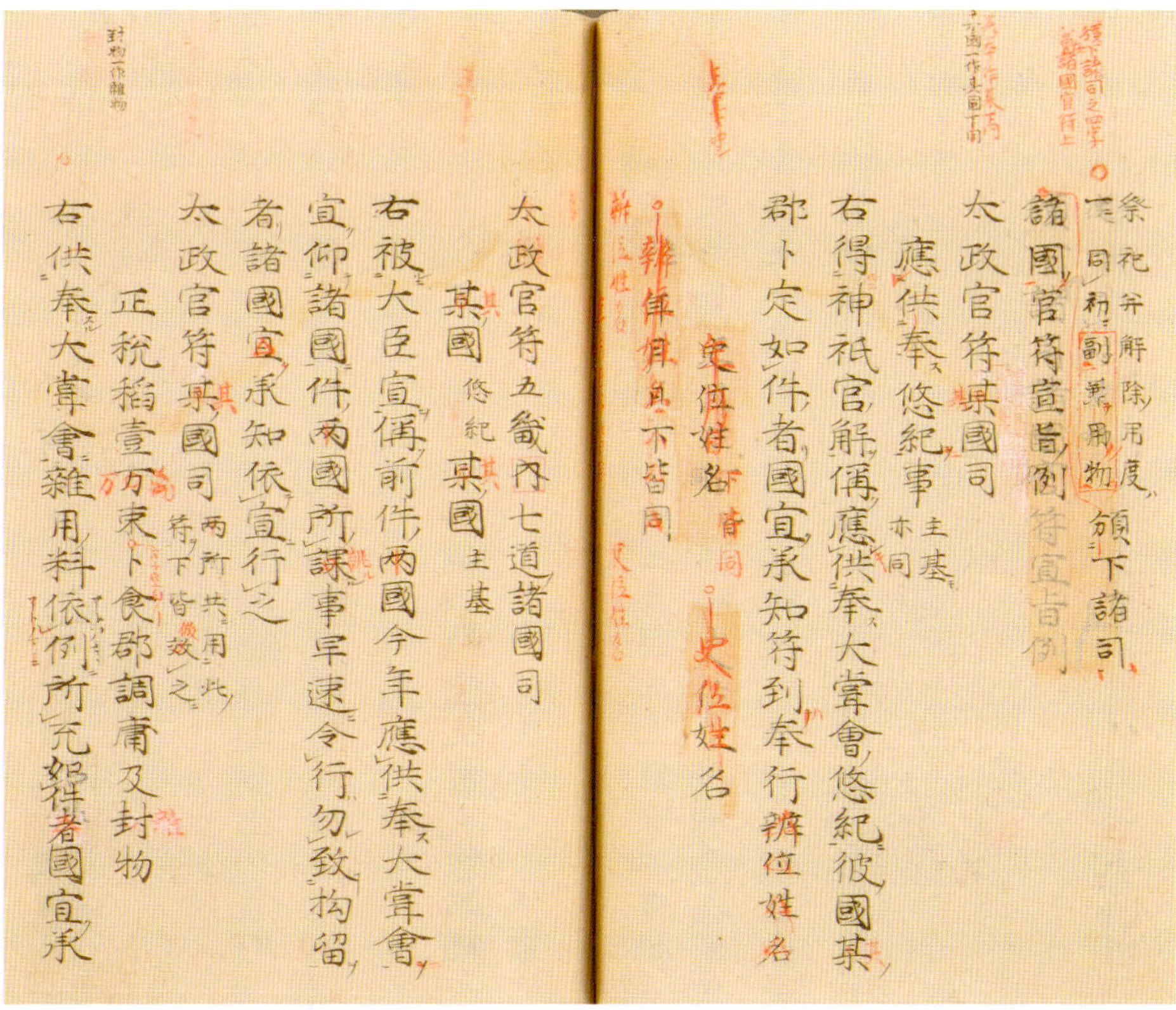

祭祀并解除用度
同初副業用物頒下諸司
諸國官符宣旨例
太政官符某國司
應供奉悠紀事主基亦同
右得神祇官解偁應供奉大嘗會悠紀彼國某
郡卜定如件者國宜承知符到奉行辨位姓名
史位姓名
史位姓名
太政官符五畿内七道諸國司
某國悠紀某國主基
右被大臣宣偁前件兩國今年應供奉大嘗會
宜仰諸國件兩國所課事早速令行勿致拘留
者諸國宜承知依宣行之
太政官符某國司兩所共用此符下皆效之
正税稲壹万束卜食郡調庸及封物
右供奉大嘗會雜用料依例所充如件者國宜承

山田以文校訂『貞観儀式』（上段は巻三、下段は巻四　皇學館大学神道研究所所蔵）

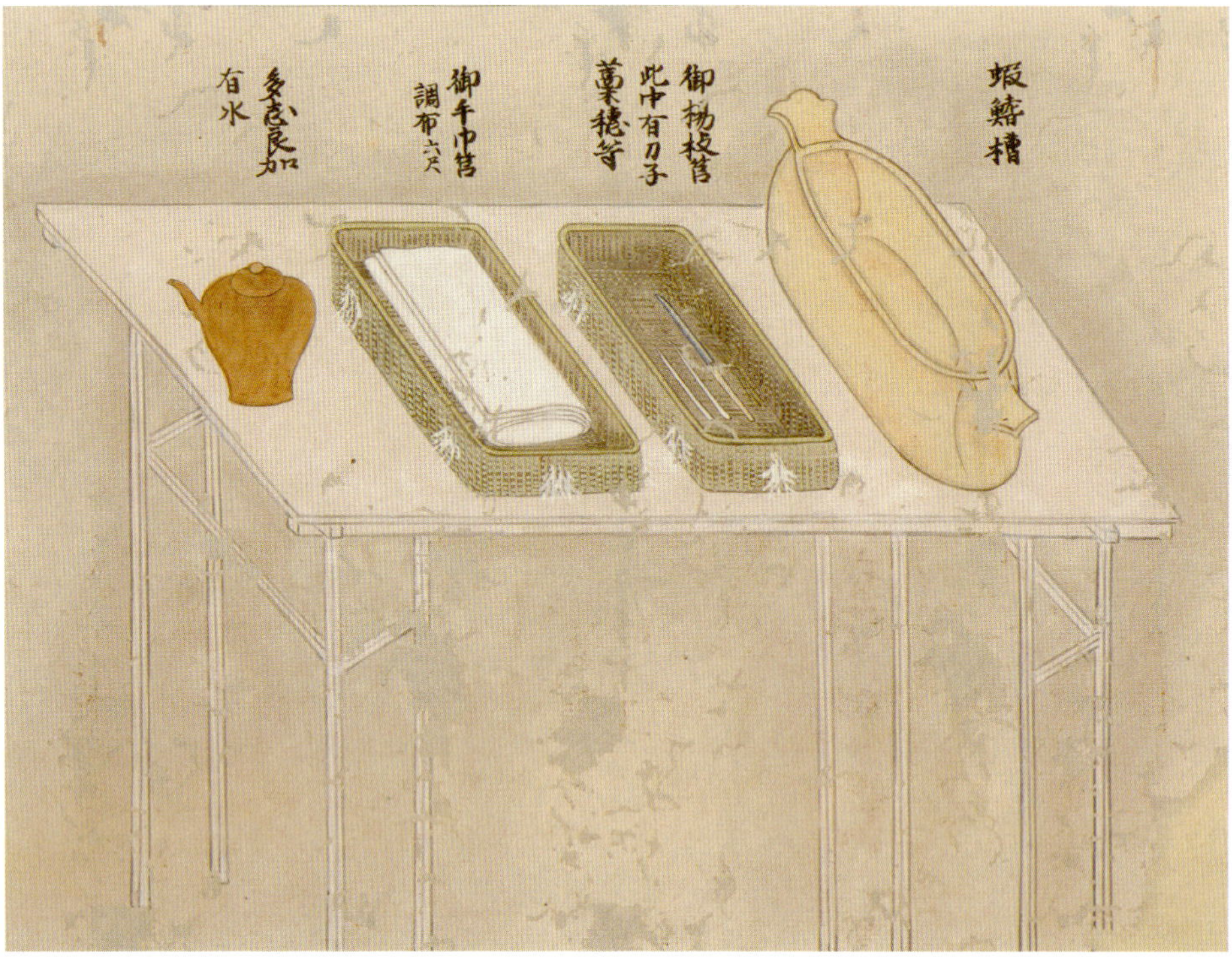

(A)　多志良加　御手巾筥　御楊枝筥　蝦鰭槽

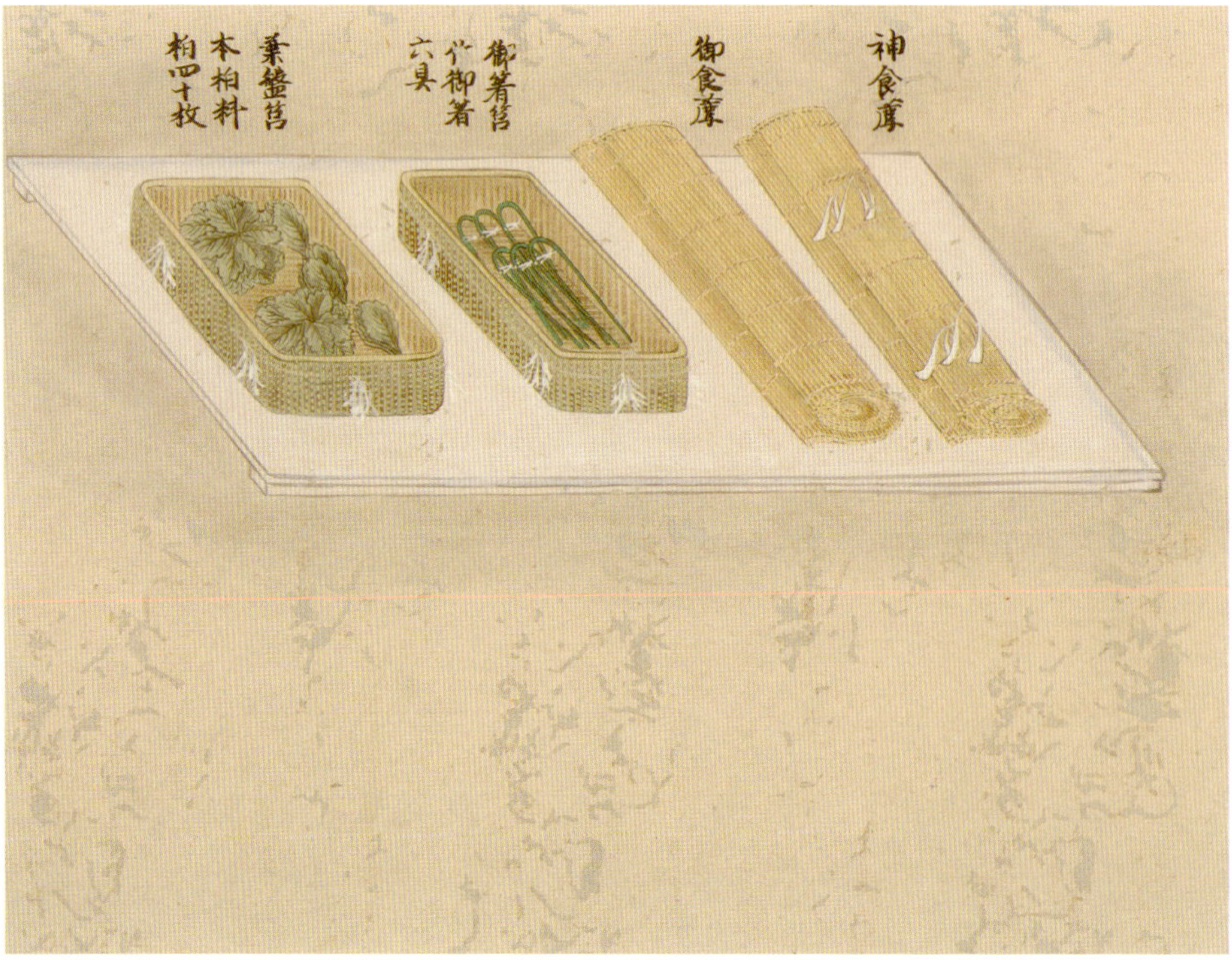

(B)　葉盤筥　御箸筥　御食薦　神食薦

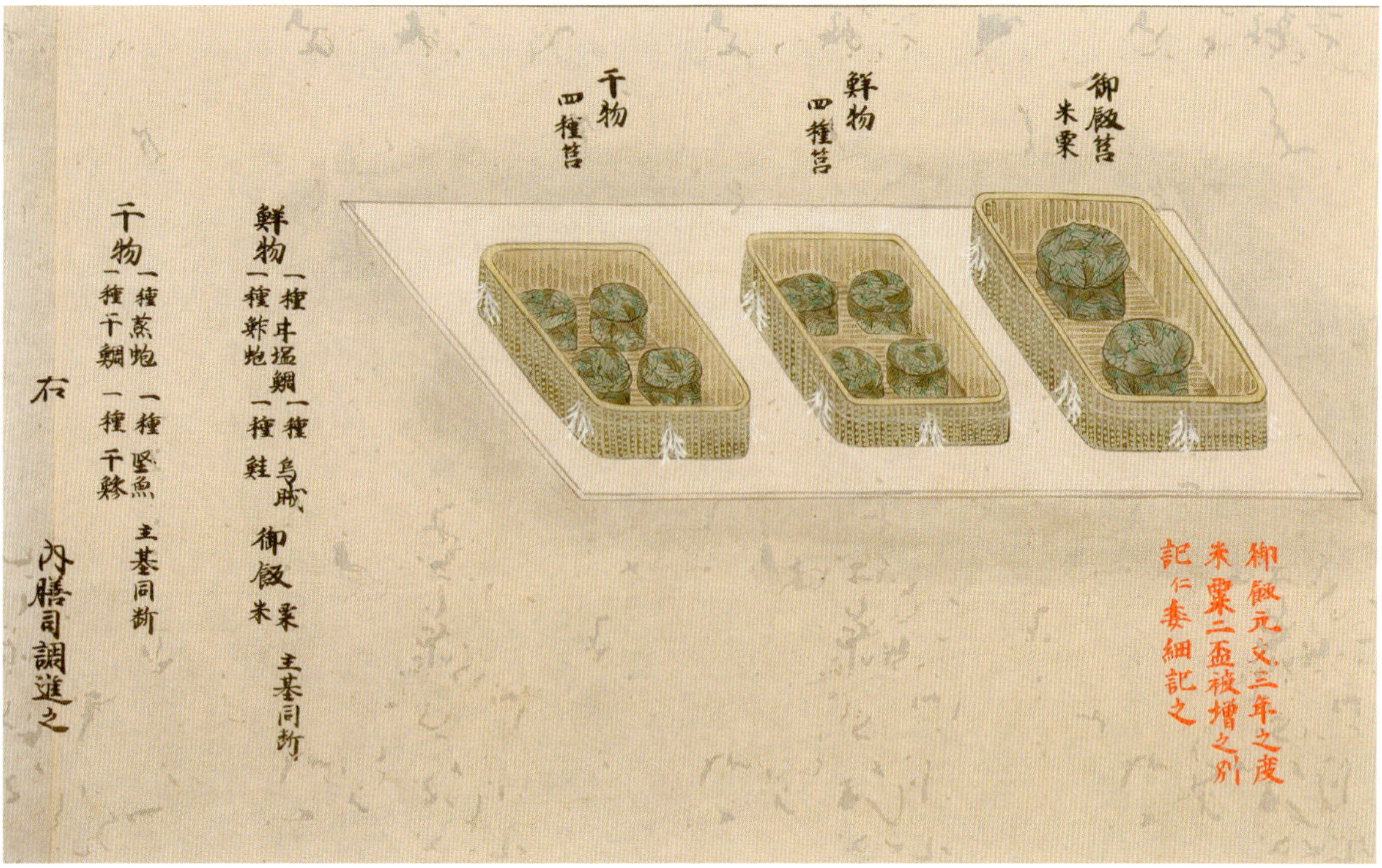

(C)　干物　鮮物　御飯筥

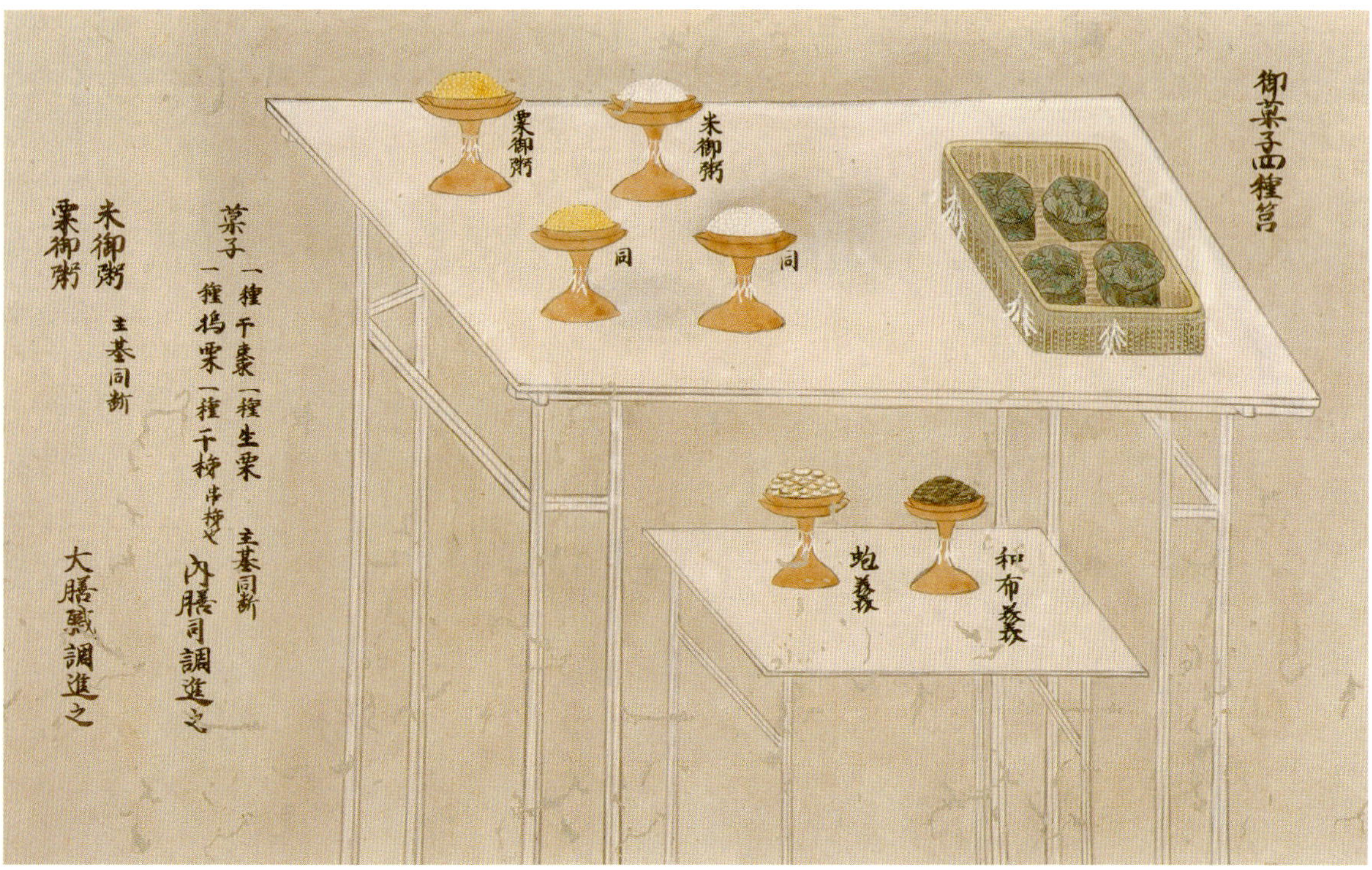

(D)　粟御粥　米御粥　蚫羹　和布羹　御菓子四種筥

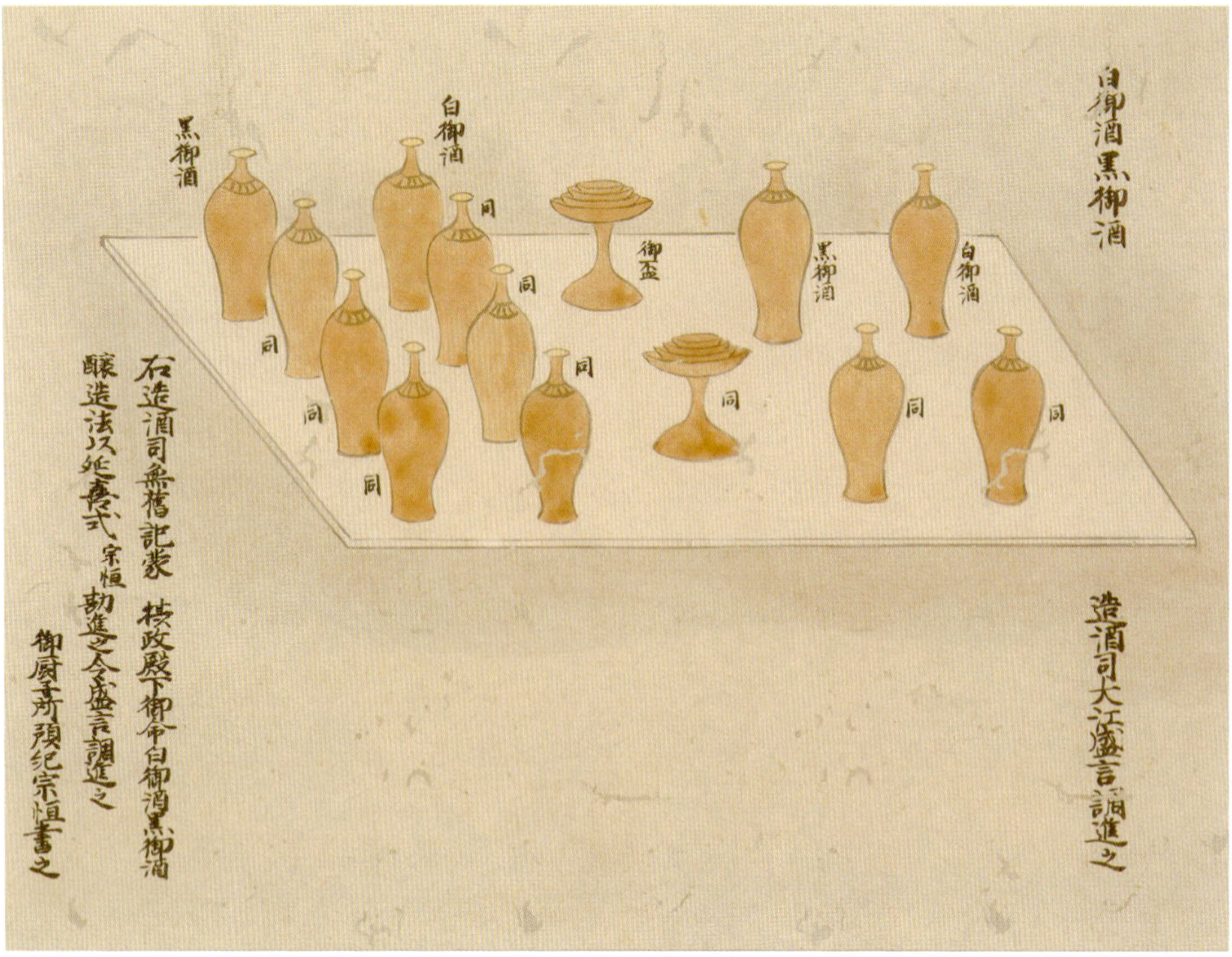

(E)　白御酒・黒御酒

上記の「蝦鰭槽・御楊枝筥・御手巾筥・多志良加」図から「白御酒・黒御酒・御盃」図は、鈴鹿家所蔵『貞享四年丁卯十一月十六日辛卯大嘗会悠紀殿御手水具并神膳等儲居案図』（巻子装、彩色、法量は縦三〇・五チセン　横一四三チセン）から掲出した。

鈴鹿家は京都の吉田神社（左京区神楽岡）の旧有力社家として著名で、特に近世においては、「神祇管領長上家」を称した吉田家の家老職を勤め、全国の多くの神社・社家を支配する統括実務を担当する一方、また、神祇官人として大嘗祭・新嘗祭を中心とする朝廷祭祀に奉仕した。特に亀卜の秘儀を伝襲した家柄である。

大嘗祭は、文正元（一四六六）年の後土御門天皇大嘗祭を最後として、二二一年の間、中絶する。再興されたのは、貞享四（一六八七）年十一月十六日の東山天皇大嘗祭においてである。本絵図は、東山天皇大嘗祭において弁備された大嘗祭卯日の手水具・神饌具・神饌各図を描いたもの。

図(A)は、神饌行列の最初に供進される御手水の具である（本篇五一〇頁参照）。蝦鰭槽は御手水を受ける器、多志良加は「有レ水」とあるように御手水用の水を入れ注ぐための器。御楊枝筥には刀子・藁穂も納め、御手巾筥には六尺の調布が納められている。

図(B)の「神食薦、御食薦、御箸筥、葉盤筥」は、神饌を盛るための葉盤と御箸、それらを奉安するための食薦。

図(C)の「御飯筥、鮮物、干物」から神饌。御飯は米と粟、鮮物は甘塩鯛・烏賊・鮓蚫・鮭の四品、干物は蒸蚫・堅魚・干鯛・干鰺の四品。供進の順序は『江家次第』『江記』『建保大祀神饌記』『伏見院宸記』とほぼ一致する。『建保大祀神饌記』（十三世紀）に「一人御はむのはこをとる〔こくほて二にこはむをもる〕、一はいねの御はん、一はあはの御はん、一人なまもの、はこをとる〔くほて一にもる、こかはらけ四あり〕、一はあましほのたい、一はすしあはひ、一はさこのすし、一はひしほふな、一人からもの、はこをとる〔くほて一にいる、こかはらけ四あり〕、一はむしあはひ、一はひたい、一はかつを、一はほしあち」とある。

図(D)は、干棗・生栗・搗栗・干柿（串柿）の御菓子四種筥、米御粥・粟御粥、和布羹・蚫羹。本篇五一二頁参照。『建保大祀神饌記』に「一人くたもの、はこをとる〔くほて一にいる、こかはらけ四あり〕、一はほしなつめ、一はかちくり、一はなまくり、一はほしかき、次十男のうち、内膳高橋朝臣あはひのしるをとる、すゑもの、つきにもる、次あつみの宿禰免の御しるをとる、すゑもの、つきにもる、ともにたかつきにすゑてひらてをゝく、いとゆふにてこれをとつ、たかつきのをもてにひらてをしく、ちかころ、あつみの氏なし、二はいを一つくえにそなふことあり、次膳部二人むなしきつきをとる、二種の御しるをもるへきれうなり、次主水司二人やつあしのつくえをかく、そのうへに御かゆ四あいあり、二はこめ、二はあはなり」とある。

図(E)は、白御酒・黒御酒と御盃。白酒・黒酒は本篇二八二頁注二参照。

なお、拙稿「鈴鹿家所蔵『貞享四年丁卯十一月十六日辛卯大嘗会悠紀殿御手水具并神膳等儲居案図』考証」（『皇學館大学神道研究所所報』六十六、平成十六年）を参照。

（加茂　正典）

刊行の辞

大嘗祭は、即位された天皇が親祭される一代一度の国家祭祀である。その大嘗祭の祭祀・儀式の全貌を示す、最も古い確かな文献は、『儀式』である。現存本『儀式』十巻は、若干の後人の加筆もあるが、平安前期（貞観期）の勅撰儀式書とされる『貞観儀式』とほぼ考定され、その成立年代は荷前奉幣・陵墓の記事などより、貞観十五（八七三）年から同十九年（元慶元〈八七七〉年）迄の間と推定されている。従って、現存本『儀式』巻二・三・四の「践祚大嘗祭儀　上・中・下」は、『延喜式』の践祚大嘗祭式より一世紀近く遡る、大嘗祭の具体的な全容を窺うことができる最古で最詳の規定である。同儀には古代の完成された大嘗祭の祭祀・儀式の全貌が示されているといえよう。

本書は、皇學館大学神道研究所が長年に亙り取り組んできた『儀式　践祚大嘗祭儀』の訓読・注釈研究の成果である。神道研究所は、昭和四十八年に文学部附属研究機関として創設され、同五十三年には大学附置研究所と位置付けられたが、当初より、研究所存立の基盤に関わる重要課題として「大嘗祭の研究」を掲げてきた。その趣旨は、大嘗祭の祭祀・儀式次第、歴史とその意義を精確に理解することが、日本文化の特性と伝統を、その核心において解明することとなると考えたからである。

神道研究所において、「儀式　践祚大嘗祭儀」の訓読が開始されたのは昭和五十年九月の第一回儀式講読会（後に大嘗祭研究会と改称）で、以後、「儀式　践祚大嘗祭儀」の訓読・注釈原稿を作成・検討する月例研究会を積み重ね、平成二十三年三月の第二五九回大嘗祭研究会において、訓読文と注釈原稿の検討を終了した。

研究期間が長期に亙り関与した所長・所員は多いが、特に、研究所において専らこの研究事業を担われた加茂正典教授、研究会を指導された故谷省吾名誉教授、訓について的確な助言をされた故西宮一民名誉教授の御名を記し、深甚の謝意を表したい。

本書は、本学創立百三十周年・再興五十周年の記念学術研究の一冊として刊行される。

平成二十四年五月

皇學館大学学長　清水　潔

目次

凡　例

一　本書の構成

①本書『訓読注釈 儀式 践祚大嘗祭儀』は、『儀式』の巻二・巻三・巻四（践祚大嘗祭儀上・中・下）を訓読して注釈を付したものである。

②訓読文を原則十行で右頁に掲げ、これに対応する底本原文を左頁に記した。また、校異・小見出しを上段、注釈を下段として見開き頁内に収めた。なお、見開き頁の内に収まらない注釈は、本篇末に一括して掲載した。

③本篇の理解に資するために参考図を、注の検索のために注釈索引を本書末に配した。

二　原文の表記

①底本には、穏やかな本文で、大きな過誤がないと考えられる天保五年の版本を用いた。

対校には、宮内庁書陵部所蔵旧図書寮四〇五函一五〇号本、神宮文庫所蔵安永六年荒木田経雅書写本、神宮文庫所蔵文久二年書写本、東京都立図書館所蔵加賀文庫本、賀茂別雷神社所蔵三手文庫本、皇學館大学神道研究所所蔵山田以文校訂本、小浜市立図書館所蔵伴信友校訂本、谷省吾皇學館大学名誉教授所蔵本、荷田在満校訂本（続日本古典全集所収の影印本）の九本の写本、また、林笠翁儀式考（仙台叢書別集第一巻）、故実叢書本、神道大系本の三本の活字本を用いた。諸本の略称は以下の通りである。

底本	天保五年版本
宮本	宮内庁書陵部所蔵旧図書寮四〇五函一五〇号本
神宮本	神宮文庫所蔵安永六年荒木田経雅書写本
神宮一本	神宮文庫所蔵文久二年書写本
都立本	東京都立図書館所蔵加賀文庫本
三手本	賀茂別雷神社所蔵三手文庫本
以文本	皇學館大学神道研究所所蔵山田以文校訂本
信友本	小浜市立図書館所蔵伴信友校訂本
谷本	谷省吾皇學館大学名誉教授所蔵本
荷田本	荷田在満校訂貞観儀式（続日本古典全集）
林本	林笠翁儀式考（仙台叢書別集第一巻）
故実本	故実叢書本
神道本	神道大系本

②異体字・俗字・略字は原則として正字に改めた。但し、撰上当時の趣を伝えると考えられる左記の漢字は、底本の文字を残した。その場合の判断基準は、『倭名類聚抄』『類聚名義抄』『色葉字類抄』に、親字として記載されていること、または木簡などの出土遺物に記載が見られることとした。

敇（勅）　塲（場）　褁（裹）　甕（甕）　椀（椀）　埦（埦）　鋺（鋺）　冪（冪）

甂（甂）　䍃（䍃）　甁（瓶）

③脱字があると考えられる場合、文字を補った箇所がある。編者が字を補った箇所は四角で囲み、底本に無い文字であることを示した。

例　[次坤]

④底本において二行の割書及び細字は、〔　〕に入れ一行とした。

三　諸本

①底本

版本『儀式』。天保五年刊行。全五冊。五ツ目綴。二十六糎×十八・五糎。題簽左肩に「儀式」。八行×二十字。表紙見返しに「儀式〔十巻〕／天保甲／午刊行」。刊記に「天保三年仲冬　阿波介藤原以文謹校／天保五年初冬　男有孝同志者等再校／附録一巻近刻／京都　出雲寺文治郎／佐々木惣四郎／林喜兵衛／大坂　吉田善蔵」（／は改行位置、〔　〕内は細字。以下同じ）。

②宮本

宮内庁書陵部所蔵『儀式』（四五〇－一五〇）。竹屋光棣奥書。全十冊。四ツ目綴。二十七糎×十九糎。十行×二十二字前後。本文に校異あり。奥書に「以等庭朝臣本一校畢　光棣」。竹屋家は広橋家庶流の公家。光棣は碩学の蔵書家で、天保八年に薨じた。

③神宮本

神宮文庫所蔵『儀式』〔第七門　法制・儀式　［い］公家　九四八〕。安永六年、荒木田経雅写。全五冊。四ツ目綴。二十七糎×十九・五糎。題簽左肩に「儀式」。蔵印各冊「文殿之印」及び「林崎文庫」。九行×十九字。本文・鼇頭に校異あり。奥書に「儀式二冊〔十巻〕以中山大納言親綱卿／本〔天正比官本所書寫也〕令臨写不可出闔外／者也／寛永二／仲夏念六　阿闍梨寛済／右儀式二冊〔十巻〕以花山院中納言愛徳卿／蔵本書写已了〔件二冊分為五冊〕／安永六年冬十一月　荒木田神主経雅／安永七年二月以源元寛〔阿波国人也今官仕轉法／輪前内大臣季晴公家也俗称曽我部式部〕所蔵本校合了／同年十二月以平宣長〔松坂人称本居氏〕本校合了」。

④神宮一本

神宮文庫所蔵『延喜儀式』〔第七門　法制・儀式　［い］公家　九四四〕。文久二年写。全十冊。四ツ目綴。二十七糎×十九・五糎。題簽左肩に「延喜儀式」。蔵印各冊「神宮文庫」及び「宮崎文庫」。十一行×二十字。本文・鼇頭に校異あり。奥書に「右延喜儀式十巻吾修等書写而／以奉納于　豊宮崎文庫矣／榎倉右仲武明／廣辻主税千尋／堤右門盛喜／堤長大夫／三村梶助正云／林右膳尚次／松尾豊前沖祇／堤主馬盛時／金屋膳左衛門末富／紀州　宇治田左衛門／紀州　市川彦四郎／丸岡宗大夫久氏／元文二年歳次丁巳秋九月朔日」。

⑤都立本

東京都立中央図書館特別文庫室所蔵『儀式』（加賀文庫一六一四、壺井義知旧蔵二一〇－Ｊ－一）。全十冊。四ツ目綴。二十七糎×十九糎。題簽左肩に「貞観儀式」。蔵印各冊「百済王印」・「東京都立中央図書館蔵書」・「三松氏蔵書記」・「壺井義知」・「加賀文庫」。九行×二十字。本文校異あり。

⑥三手本

賀茂別雷神社三手文庫所蔵『貞観儀式』〔類名格式　冊数弐　函丙號五六〕。谷省吾・金土重順編『神道書目叢刊二　賀茂別雷神社三手文庫今井似閑書籍奉納目録』（皇學館大学神道研究所、昭和五十九年）の『貞観儀式』（丙　律令格式　十五）に該当する。全二冊。蔵印各冊「賀茂三手文庫」、「上鴨奉納」及び「今井似閑」。十二行×十九字。本文・鼇頭に校異あり。

⑦以文本

皇學館大学神道研究所所蔵『貞観儀式』〔三二一・一三－Ｋａ・一二〕。全二冊。山田以文校訂本。四ツ目綴。二十七糎×十九・五糎。表紙に、墨筆で「阿波介以文蔵」、朱筆で「平田君ニ呈ス」とある。本文に朱書校異及び注記、鼇頭にも校異及び注記あり。八行×十八字。山田有年（以文の孫）直筆の書簡が付されている。

⑧信友本

小浜市立図書館所蔵『儀式』（酒井家文庫伴信友文庫　伴－一四八）。大鹿久義編『酒井家文庫伴信友文庫目録』（小浜市立図書館、昭和四十七年）の『貞観儀式』（一一〇）に該当する。伴信友校訂本。全五冊。大和綴。二十七糎×十九糎。題簽左肩に「儀式」。蔵印各冊「古川所蔵」（信友蔵書は、その没後、過半が小浜西津の廻船問屋古川教典所蔵となった）。八行×十六字。本文に朱書校異及び注記、鼇頭にも校異及び和名抄等の注記あり。巻末（贈品位儀の次）には信友朱筆で「旧本奥書云／儀式二冊〔十巻〕以中山大納言親綱卿本〔天正頃以官本／所書寫也〕令臨寫／不可闔他者也／寛永二仲夏念六　阿闍梨寛済」と記す。「貞観儀式巻之十　大尾」の「貞観」を朱で囲み、信友朱筆で「旧本无」。また、朱筆で「文政六年八月批校畢　伴信友」と記す。奥書に「右儀式十巻、蒙二／有徳廟台命一、下田師古挍讎、尋レ之浅井奉／政亦重挍、然未レ能レ盡二亥豕一、尓後蚊田在満／挍正、三度宮重信義亦与焉、於レ此乎為二定／本一以上レ官其所上官之本、則信義及蚊田／御風繕写云、今以二上レ官之稿一、自二本文一至二上／層一不レ誤二一字一模写、而与二御風一累挍定／安永庚子之秋　邨義古」。

⑨谷本

谷省吾所蔵『儀式』。全五冊。題簽左肩に「儀式」。本文・鼇頭に校異あり。十三行×二十五字前後。

⑩荷田本

『続日本古典全集　貞観儀式』（現代思潮社、昭和五十五年）。荷田在満が延享三年に幕府へ撰進したもの。

⑪林本

『儀式考』（『仙台叢書別集第一巻』仙台叢書刊行会、大正十三年）。編輯兼発行者鈴木省三。林子平の父林笠翁校訂編纂。笠翁は、諱が良通で、源五兵衛と称した。

⑫故実本

『新訂増補故実叢書　内裏儀式・内裏儀式疑義辨・内裏式・儀式・北山抄』（明治図書出版、昭和二十七年）。旧和本編輯者今泉定介、増訂監修者関根正直・和田英松・田邊勝哉、新訂増補監修者河鰭實英。「天保五年の刊本に據れり」と記す。

⑬神道本

『神道大系　朝儀祭祀編一　儀式・内裏式』（神道大系編纂会、昭和五十五年）。校注者渡邊直彦。「天保五年の木版本を底本とし、小浜市立図書館伴信友文庫本以下三十本をもって、校正もしくは校異す」と記す。

四　訓読文及び訓の根拠

①訓読文は、儀式が撰上された当時の読み方をできる限り再現するように努め、注釈には訓の根拠を示した。

②振り仮名は、原則として訓を右傍、音を左傍に付した。

③訓の根拠の記載は、初出の箇所を原則とし、それ以降は初出頁の注を参照と明記した。なお、頻出する語については、数頁毎に注番号を付しているので、注番号がない語句については、前後の頁・注釈索引も参照されたい。

④助詞・助動詞は、漢字を平仮名に直し、その訓の根拠は、次の通りである。

令（しむ・せしむ）、名義抄僧中二「令〔セシム〕」。

於（に・ここに）、名義抄仏下本六十六「於〔ニ〕」、同書僧中三〇「於〔ココニ〕」。

不（ず・ざる）、書紀神代紀神代七代章の「不分」に「ワカレザル、ワカレズ」の訓。

可（べし）、名義抄仏上七十六「可〔ベシ〕」。

也（は）、書紀神代紀大八洲生成章の「是行也」に「コノタビハ」、同書崇神天皇十年九月条の「日也」に「ヒルハ」の訓。

也（なり）、名義抄仏下末十四「也〔ナリ〕」。

自（より）、名義抄仏中七十八「自〔ヨリ〕」。

⑤訓読が不可能と判断した箇所は、原文のままの表記とした。

⑥敬語表現は、主語が天皇などに当たると考えられる場合、「み」「たまふ」「ます」を補った。

例　前（みまへ）、後（みしりへ）、詞（みことば）、御（おは）します

⑦助数詞には、原則として訓を付さなかった。

⑧宣命文は、他の箇所で訓・音の両方を付したものであっても、訓のみを付した。

⑨巻四の官符宣旨例（六二六頁以下）には、各官符・宣旨毎に、四角で囲った通し番号を付した。

五　注釈

①注釈を施した語句には、訓読文中に注番号を付した。注番号は頁毎の通し番号とした。

②引用史料について、前近代の史（資）料は、書名を『　』「　」には入れず、表記は依拠した本のまま記載することを原則とした。但し、細字割書は〔　〕に入れ一行とした。また、漢文には、読者の便をはかるため、適宜返り点を付した。

③訓の根拠として、『倭名類聚抄』『類聚名義抄』『色葉字類抄』が頻出する。『倭名類聚抄』は二十巻本を用い、和名抄とのみ記した。十巻本を使用する場合は、十巻本和名抄と表記して区別した。『類聚名義抄』は観智院本を用い、名義抄とのみ記した。図書寮本を使用する場合は、図書寮本名義抄と表記して区別した。『色葉字類抄』は前田本を用い、字類抄とのみ記し、黒川本を使用する場合は、黒川本字類抄と表記して区別した。

④西宮記、北山抄、江家次第、延喜式は神道大系本を用い、他本による場合は、故実叢書本西宮記、国史大系本延喜式と区別した。その他の引用史料については、出典一覧を参照されたい。

⑤頻出する引用史料の書名・出典条の表記は以下のように記した。

日本書紀＝書紀神代紀〇〇章、書紀神武天皇〇年〇月条
古事記　＝神代記、神武天皇記
令　　　＝神祇令大嘗条
令義解、令集解＝神祇令大嘗条義解、神祇令大嘗条集解
延喜式　＝太政官式大嘗条
西宮記、北山抄、江家次第＝西宮記臨時七大嘗会事、北山抄五大嘗会事、江家次第十五大嘗会事

⑥注釈の中で、編者が音・訓・漢字などを入れる必要があると判断した場合は、（　）を用いた。

⑦引用史料が変体片仮名などを使用している場合でも、すべて通常の片仮名表記とした。また、表記が「、」「｜」を用いていても、注釈では意を取って片仮名にあらためた。

例　コト（ヿ）モノ（𪜈）
カミツカサ、ナカノマツリゴトノー「ー」を「ツカサ」と訓む。
コ、ニ「ココニ」と訓む。

⑧名義抄などの濁音記号が付されたものについては、濁点を付した。

⑨学説の引用にあたっては、執筆者名、著書・論文名及び収載雑誌・紀要名（巻、号数）、論文集名、発行年等を記した。いずれの場合も敬称は略した。

⑩第一次注釈原稿案の分担と執筆者は、次の通りである。

二頁一行目〜一九〇頁五行目	谷　省吾
一九〇頁六行目〜二七二頁六行目	白山　芳太郎
二七四頁一行目〜四一八頁一行目	本澤　雅史
四一八頁二行目〜五四六頁四行目	加茂　正典
五四六頁五行目〜五六六頁七行目	山口　剛史
五六六頁八行目〜六二四頁五行目	大島　信生
六二六頁一行目〜六九〇頁一行目	加茂　正典
六九〇頁三行目〜七三〇頁八行目	佐野　真人
七三〇頁十行目〜七五八頁五行目	木村　徳宏

なお、全注釈項目の加筆・訂正及び新注の追加は、神道研究所教授の加茂正典が担当し、訓根拠の検索作業は、神道研究所助手の山口剛史・佐野真人が従事した。

六　その他

参考図は谷省吾・石野浩司（皇學館大学神道研究所研究嘱託）、注釈索引は別當直子（皇學館大学大学院生）が作成した。

出典一覧（五十音順）

医心方（覆刻日本古典全集、現代思潮社、昭和五十三年）
伊勢物語（日本古典文学大系九、岩波書店、昭和三十二年）
色葉字類抄（風間書房、昭和三十九年）
　字類抄、黒川本字類抄と表記。
伊呂波字類抄（風間書房、昭和四十六年）
宇治拾遺物語（日本古典文学大系二十七、岩波書店、昭和三十五年）
宇津保物語（日本古典文学大系十〜十二、岩波書店、昭和三十四〜三十七年）
卜部兼永本延喜式祝詞（『祝詞全評釈』、右文書院、平成十二年）
雲図抄（群書類従六公事部、続群書類従完成会、昭和三十五年）
運歩色葉集（臨川書店、昭和四十四年）
栄華物語（日本古典文学大系七十五・七十六、岩波書店、昭和三十九・四十年）
永享大嘗会記（群書類従七公事部、続群書類従完成会、昭和三十四年）
延喜式（新訂増補国史大系、吉川弘文館、昭和四十七年）
延喜式（神道大系、神道大系編纂会、平成三年）
園太暦（史料纂集、続群書類従完成会、昭和四十五〜四十六年）
大鏡（日本古典文学大系二十一、岩波書店、昭和三十五年）
大祓詞後釈（本居宣長全集七、筑摩書房、昭和四十六年）
落窪物語（日本古典文学大系十三、岩波書店、昭和三十二年）
御伽草子（日本古典文学大系三十八、岩波書店、昭和三十三年）
温故知新書（尊経閣善本影印集成、八木書店、平成十二年）
下学集（天理図書館善本叢書五十九、八木書店、昭和五十八年）
神楽歌（日本古典文学大系三、岩波書店、昭和三十二年）

餝抄（群書類従八装束部、続群書類従完成会、昭和三十五年）
歌舞品目（続史籍集覧、臨川書店、昭和四十二年）
閑吟集（日本古典文学大系四十四、岩波書店、昭和三十四年）
漢書（中華書局、昭和三十七年）
官職秘抄（群書類聚五官職部、続群書類従完成会、昭和三十五年）
儀式（神道大系、神道大系編纂会、昭和五十五年）
九暦（大日本古記録、岩波書店、昭和五十九年）
教訓抄（続群書類従十九上管弦部、続群書類従完成会、昭和三十三年）
琴歌譜（日本古典文学大系三、岩波書店、昭和三十二年）
公事根源（新註皇学叢書五、廣文庫刊行会、昭和二年）
蔵人式（国書逸文、国書刊行会、平成七年）
華厳経音義私記（古辞書音義集成一、汲古書院、昭和五十三年）
源氏物語（日本古典文学大系十四～十八、岩波書店、昭和三十三～三十七年）
元和三年板下学集（古辞書叢刊二、新生社、昭和四十三年）
建保大祀神饌記（神道大系、神道大系編纂会、昭和六十年）
建武年中行事（群書類従六公事部、続群書類従完成会、昭和三十五年）
廣韻（台湾中華書局、昭和四十一年）
江記（江記逸文集成、国書刊行会、昭和六十年）
江家次第（神道大系、神道大系編纂会、平成三年）
江家次第秘抄（新訂増補故実叢書二、明治図書出版、昭和二十八年）
江次第鈔（続々群書類従六法制部、続群書類従完成会、昭和四十四年）
皇太神宮儀式帳（神道大系、神道大系編纂会、昭和五十四年）
古今和歌集（日本古典文学大系八、岩波書店、昭和三十三年）
国語（台湾中華書局、昭和四十一年）
古語拾遺（神道大系、神道大系編纂会、昭和六十一年）
古事記（新訂増補国史大系、吉川弘文館、平成十年）
古事記（日本古典文学大系一、岩波書店、昭和三十三年）
古事記伝（本居宣長全集九・十、筑摩書房、昭和四十三年）
後撰和歌集（新日本古典文学大系六、岩波書店、平成二年）
西宮記（神道大系、神道大系編纂会、平成五年）
西大寺資財流記帳（寧楽遺文中、東京堂出版、昭和三十七年）
催馬楽（日本古典文学大系三、岩波書店、昭和三十二年）
在民部卿家歌合（群書類従十二和歌部、続群書類従完成会、昭和三十五年）
左京大夫顕輔卿集（群書類従十四和歌部、続群書類従完成会、昭和三十五年）
山槐記（増補史料大成、臨川書店、昭和四十年）
散木奇歌集（群書類従十四和歌部、続群書類従完成会、昭和三十五年）
字鏡集（勉誠社、昭和五十三年、尊経閣善本影印集成（八木書店、平成十一年））
重種本神楽歌（天理図書館善本叢書十六、八木書店、昭和四十九年）
次将装束抄（群書類従八装束部、続群書類従完成会、昭和三十五年）
侍中群要（続々群書類従七法制部、続群書類従完成会、昭和四十四年）
侍中群要（目崎徳衛校訂解説、吉川弘文館、昭和六十年）
釈日本紀（新訂増補国史大系、吉川弘文館、平成十一年）
　釈紀とも略す。
釈名（台湾商務印書館、昭和五十四年）
拾遺和歌集（新日本古典文学大系七、岩波書店、平成二年）
集韻（台湾中華書局、昭和四十一年）

周易（十三經注疏、一八一五年阮元刻本、芸文印書館、昭和四十年）
拾芥抄（新訂増補故実叢書二十二、明治図書出版、昭和三十年）
袖中抄（新編国歌大観五、角川書店、昭和六十二年）
周礼（十三經注疏、一八一五年阮元刻本、芸文印書館、昭和四十年）
周礼正義（中華書局、昭和六十二年）
周礼通釈（秀英出版、昭和五十二～五十四年）
尚書（十三經注疏、一八一五年阮元刻本、芸文印書館、昭和四十年）
正倉院文書（大日本古文書二・四・十四・十五・十六・二十三、東京大学出版会、昭和五十七・五十八年）
小右記（大日本古記録、岩波書店、昭和三十四～六十一年）
続紀歴朝詔詞解（本居宣長全集七、筑摩書房、昭和四十六年）
続日本紀（新訂増補国史大系、吉川弘文館、昭和四十七年）
続紀とも略す。
続日本後紀（新訂増補国史大系、吉川弘文館、昭和四十七年）
続後紀とも略す。
書言字考節用集（前田書店、昭和五十年）
神祇官年中行事（群書類従六公事部、続群書類従完成会、昭和三十五年）
新儀式（群書類従六公事部、続群書類従完成会、昭和三十五年）
新古今和歌集（日本古典文学大系二十八、岩波書店、昭和三十三年）
新抄格勅符抄（新訂増補国史大系、吉川弘文館、平成十一年）
新撰字鏡（臨川書店、昭和四十八年）
新撰字鏡（群書類従二十八雑部、続群書類従完成会、昭和三十四年）
群書類従本新撰字鏡と表記。
新撰姓氏録（『新撰姓氏録の研究』本文篇（吉川弘文館、昭和三十七年）、『新撰姓氏録の研究』（国書刊行会、平成八年））

新唐書（中華書局、昭和五十年）
図書寮本類聚名義抄（勉誠社、昭和五十一年）
図書寮本名義抄と表記。
姓名録鈔（新訂増補史籍集覧公家部、臨川書店、昭和四十二年）
世俗諺文（古典保存会、昭和六年）
説文（『説文解字注』、上海古典籍出版社、昭和五十六年）
節用集（天理図書館善本叢書五十九（八木書店、昭和五十八年）、五本対照改編節用集（昭和三十五～四十五年））
続古事談（新日本古典文学大系四十一、岩波書店、平成十七年）
大安寺伽藍縁起幷流記資財帳（寧楽遺文中、東京堂出版、昭和三十七年）
大嘗会記永享二年権大外記康富記（神道大系、神道大系編纂会、昭和六十年）　康富記とも表記。
大嘗会儀式具釈（荷田全集七、名著刊行会、平成二年）
大嘗会御禊節下次第（群書類従七公事部、続群書類従完成会、昭和三十四年）
大嘗会御禊日例（群書類従七公事部、続群書類従完成会、昭和三十四年）
太神宮儀式解（増補大神宮叢書、吉川弘文館、平成十八年）
大内裏図考証（新訂増補故実叢書二十六～二十八、明治図書出版、昭和二十七年）
太平記（日本古典文学大系三十四～三十六、岩波書店、昭和三十五～三十七年）
内裏式（神道大系、神道大系編纂会、昭和五十五年）
竹取物語（日本古典文学大系九、岩波書店、昭和三十二年）
玉勝間（本居宣長全集一、筑摩書房、昭和四十三年）
歎異抄（日本古典文学大系八十二、岩波書店、昭和三十九年）

茶経（明徳出版社、昭和四十九年）
柱史抄（群書類従七公事部、続群書類従完成会、昭和三十四年）
中右記（増補史料大成、臨川書店、昭和四十年）
朝野群載（新訂増補国史大系、吉川弘文館、平成十一年）
堤中納言物語（日本古典文学大系十三、岩波書店、昭和三十二年）
徒然草（日本古典文学大系三十、岩波書店、昭和三十二年）
貞丈雑記（新訂増補故実叢書一、明治図書出版、昭和二十七年）
天徳四年内裏歌合（群書類従十二和歌部、続群書類従完成会、昭和三十五年）
殿暦（大日本古記録、岩波書店、昭和三十五〜四十年）
東宮年中行事（群書類従六公事部、続群書類従完成会、昭和三十五年）
唐祀令（『唐令拾遺補』、東京大学出版会、平成九年）
東大寺文書（大日本古文書、家わけ第十八ノ一、東京大学出版会、平成九年覆刻）
東大寺要録（全国書房、昭和十九年）
唐律疏義（中華書局、昭和五十八年）
土佐日記（日本古典文学大系二十、岩波書店、昭和三十二年）
止由気宮儀式帳（神道大系、神道大系編纂会、昭和五十四年）
とはずがたり（新日本古典文学大系五十、岩波書店、平成六年）
中務内侍日記（群書類従十八日記部、続群書類従完成会、昭和三十四年）
中臣寿詞講義（国書刊行会、昭和五十三年）
日葡辞書（岩波書店、昭和五十五年）
日本紀略（新訂増補国史大系、吉川弘文館、昭和五十四年）
紀略とも略す。
日本後紀（新訂増補国史大系、吉川弘文館、昭和四十七年）
後紀とも略す。
日本高僧伝要文抄（新訂増補国史大系、吉川弘文館、平成十二年）
日本三代実録（新訂増補国史大系、吉川弘文館、昭和四十八年）
三代実録とも略す。
日本書紀（新訂増補国史大系、吉川弘文館、昭和四十八年）
書紀とも略す。
日本書紀私記（新訂増補国史大系、吉川弘文館、平成十一年）
日本文徳天皇実録（新訂増補国史大系、吉川弘文館、昭和四十八年）
文徳天皇実録とも略す。
日本霊異記（日本古典文学大系七十、岩波書店、昭和四十二年）
年中行事歌合（群書類従六公事部、続群書類従完成会、昭和三十五年）
後愚昧記（大日本古記録、岩波書店、昭和五十五〜平成四年）
祝詞考（賀茂真淵全集七、続群書類従完成会、昭和五十九年）
白虎通（増訂漢魏叢書、大化書局、昭和五十八年）
白虎通義（上海古籍出版社、平成四年）
兵範記（増補史料大成、臨川書店、昭和四十年）
武器考証（新訂増補故実叢書二十、明治図書出版、昭和三十年）
藤波家旧蔵本荒木田守晨書写中臣寿詞（『大中臣祭主藤波家の歴史』、続群書類従完成会、平成五年）
藤波家所蔵応永八年書写天仁元年奏上本（『大中臣祭主藤波家の歴史』、続群書類従完成会、平成五年）
伏見院宸記（神道大系、神道大系編纂会、昭和六十年）
扶桑略記（新訂増補国史大系、吉川弘文館、平成十一年）
仏足石歌（日本古典文学大系三、岩波書店、昭和三十二年）
風土記（日本古典文学大系二、岩波書店、昭和三十三年）

平家物語（日本古典文学大系三十二・三十三、岩波書店、昭和三十四・三十五年）
平治物語（日本古典文学大系三十一、岩波書店、昭和三十六年）
弁内侍日記（群書類従十八日記部、続群書類従完成会、昭和三十四年）
保元物語（日本古典文学大系三十一、岩波書店、昭和三十六年）
北山抄（神道大系、神道大系編纂会、平成四年）
本草和名（続群書類従三十下雑部、続群書類従完成会、昭和三十四年）
本朝月令（神道資料叢刊八、皇學館大学神道研究所、平成十四年）
本朝法家文書目録（続々群書類従十六雑部、続群書類従完成会、昭和四十五年）
本朝世紀（新訂増補国史大系、吉川弘文館、平成十一年）
本朝文粋（新訂増補国史大系、吉川弘文館、平成十一年）
枕草子（日本古典文学大系十九、岩波書店、昭和三十三年）
満佐須計装束抄（群書類従八装束部、続群書類従完成会、昭和三十五年）
増鏡（新訂増補国史大系、吉川弘文館、平成十二年）
増鏡（日本古典文学大系八十七、岩波書店、昭和四十年）
万葉集（日本古典文学大系四〜七、岩波書店、昭和三十二〜三十七年）
御堂関白記（大日本古記録、岩波書店、昭和二十七〜二十九年）
名目鈔（群書類従二十六雑部、続群書類従完成会、昭和三十五年）
御代始鈔（群書類従二十六雑部、続群書類従完成会、昭和三十五年）
紫式部日記（日本古典文学大系十九、岩波書店、昭和三十三年）
明月記（史料纂集、続群書類従完成会、昭和四十六年）
宮主秘事口傳（『神道祭祀論考』、神道史学会、昭和五十四年）
大和物語（日本古典文学大系九、岩波書店、昭和三十二年）
有職袖中抄（新訂増補故実叢書十、明治図書出版、昭和三十年）
輿車図考附図（故実叢書、吉川半七、明治三十三年）
夜の寝覚（日本古典文学大系七十八、岩波書店、昭和三十九年）
礼記（十三經注疏、一八一五年阮元刻本、芸文印書館、昭和四十年）
令義解（新訂増補国史大系、吉川弘文館、昭和四十七年）
令集解（新訂増補国史大系、吉川弘文館、昭和四十九年）
類聚国史（新訂増補国史大系、吉川弘文館、昭和五十四年）
類聚雑要抄（『類聚雑要抄指図巻』、中央公論美術出版、平成十年）
類聚三代格（新訂増補国史大系、吉川弘文館、昭和四十七年）
類聚名義抄（風間書房、昭和五十三年）
名義抄と表記。
歴世服飾考（新訂増補故実叢書五、明治図書出版、昭和二十七年）
簾中抄（新訂増補史籍集覧公家部、臨川書店、昭和四十二年）
論語（岩波書店、昭和四十一年）
倭名類聚抄（臨川書店、昭和四十三年）
和名抄、十巻本和名抄と表記。

訓読註釈
儀式　践祚大嘗祭儀

儀式[一] 巻の第二[二]

踐祚[三]の大嘗祭[四]の儀[五] 上

即位と大嘗祭

天皇[六]の即位[七]す年に
七月以前[八]に即位さば當年[九]に事を行ひ 八月以後[十]には明年[十一]に事を
行へとは 受讓[十二]けて即位すを謂[十三]ふ 諒闇[十四]に登極[十五]すを謂ふに非[十六]ず

悠紀・主基の国郡をト定

大臣[十七] 敕[十八]を奉[十九]り 神祇官[二十]を召[二十一]し
密封[二十二]して 悠紀[二十三]・主基の國郡を卜定[二十四]めしめ
奏[二十五]に畫きたまふこと訖[二十六]れば 即ち[二十七]其[二十八]の國に下知[二十九]せよ
官符[三十]は別巻[三十一]に在[三十二]ること 下同[三十三][三十四]じ

一 字類抄下六十一ウに「儀式〔キシキ〕」、源氏物語葵に「ぎしき（儀式）もわざとならぬさまにて」とある。

二 名義抄僧下一〇七に「巻〔マキ〕」。

三 踐祚は、即位に同じ。祚は位。神祇令踐祚条集解に「古記云、踐祚之日、答、即位之日、（中略）、跡云、踐祚之日、謂即位之日也」とある。書紀推古天皇即位前紀の「令踐祚」に「アマツヒツギシラセム、アマツヒツキシラセマツラム」の訓。字類抄下一一〇ウに「踐祚〔センソ〕」とある。

四 神祇令大嘗祭条では、大嘗祭について、「毎世」・「毎年」という表現で、即位をともなう一世一度のものと、毎年十一月下の卯日のものと区別しているが、ともに「大嘗」と称している。令では「新嘗」の語は用いない。毎世のものは後に「踐祚大嘗祭（会）」と称するようになる。本書及び延喜式では、毎世のものを「踐祚の大嘗祭」、毎年のものを「新嘗」・「新嘗会」と一応書き分けられている。但し、延喜式においては、単に「大嘗祭（会）」「十一月大嘗（会）」とのみ記す場合は毎年の新嘗祭をも含む場合がある。このように両祭の名称区別の確立が遅れるのは、大嘗祭の成立が天武天皇・持統天皇朝であったことによるものであろう。新嘗・大嘗の語の変遷については、田中卓「奈良時代における〝新嘗〟と〝大嘗〟について」・「神嘗・相嘗・新嘗・大嘗の関係について」（皇學館大学神道研究所編『大嘗祭の研究』・『続大嘗祭の研究』所収、昭和五十三年・平成元年）、高森明勅「式における『大嘗』の表記について」（『国学院雑誌』八十七―十一、昭和六十一年）を参照。名義抄僧下八十二に「大嘗〔オホムベ〕」、古今集二十に「承和の御べ（おほむべ）」（一〇八二番）、書紀天武天皇二年十二月条の「大嘗」に「オホニヘ、オホヘニ、オホナヘ」の訓がある。また、「大嘗会」の音読は、宇津保物語忠こそに「大じやうゑ」、満佐須計装束抄二に「大じやうゑ」とある。名義抄法下九に「祭〔マツリ〕」。訓については、西宮一民「踐祚大嘗祭重要語彙攷証」（『大嘗祭の研究』所収）を参照。

儀[1]式[2]巻第二

踐祚大嘗祭儀上

天皇即位之年〔七月以前即位[3]、當年行事、八月[4]以後[5]、明年行事、謂受讓即位、非謂諒闇登極〕、大臣奉敕召[6]神祇官、密封令[7]卜[8]定悠紀・主基國郡、奏畫[9]訖、即下知其國〔官符在別巻、下同、〕

1 荷田本・信友本「貞觀」あり、信友本右傍「旧本无」。神宮一本「延喜」あり。
2 儀式巻第二、都立本なし。
3 荷田本・以文本「者」あり、荷田本注「諸本無」。信友本「者延」あり。
4 月、三手本「日」とし右傍「月乎」。
5 荷田本・以文本「者」あり、荷田本注「諸本無」。信友本「者延」あり。
6 召、都立本・神宮一本・三手本・宮本「臣」とし、都立本左傍「召イ」、神宮一本右傍「一作卜」、三手本右傍「召乎」。神宮本左傍「臣イ」。林本注「臣作レ召爲レ是」。谷本「卜」。
7 令、谷本・三手本「合」。神宮一本右傍「一作合」。
8 卜、神宮一本「十」とし右傍「卜」。
9 畫、神宮本・都立本・神宮一本・三手本・宮本「盡」とし、神宮一本右傍「一作書」、宮本右傍「畫」。

五 名義抄仏上三十三に「儀〔ノリ〕」。

六 儀制令天子条に「天皇　祭祀所レ稱」と規定される。同条義解に「凡自二天子一至二車駕一、皆是書記所レ用、至二風俗所一レ稱別、不レ依二文字一、假如、皇御孫命、及須明樂美御德之類也」とあり、天子・天皇・皇帝・陛下・太上天皇・乘輿・車駕は、書記に用いる尊称で、口頭の場合は、いずれも、皇御孫命（すめみまのみこと）、須明楽美御徳（すめらみこと）と称する。

七 書紀神武天皇元年正月条の「即帝位」に「アマツヒツキシロシメス」の訓。名目鈔に「即位〔ショクヰ〕」。

八 大嘗祭の斎行は、即位式が七月以前の場合は同年に、八月以降の場合は明年とする。同規定は践祚大嘗祭式定月条にもあり、これは受譲即位の場合の規定であるが、実際例に徴してみると、天武天皇より後鳥羽天皇迄において、同規定に合致しないのは、政変・遷都・宮都造営などの特殊な事情があった、持統天皇・淳仁天皇・平城天皇・嵯峨天皇・安徳天皇の五例のみであり、同規定は遵守されていたといえる（加茂正典「持統天皇五年十一月戊辰条について」『日本古代即位儀礼史の研究』、平成十一年）。書紀清寧天皇三年七月条の「七月」に「フミツキ」、同書安寧天皇即位前紀の「七月」に「フツキ」の訓。名義抄仏中一三七に「月〔ツキ〕」。書紀天武天皇四年五月条の「以前」の「以」に「ヨリ」の訓、同書景行天皇四年二月条の「前後」に「サキノチ」の訓。名義抄仏下末二十九に「前〔サキ〕」。

九 当年は、その年のこと。名義抄仏中八十七に「當時〔ソノカミ〕」とあり、同書仏上八十に「年〔トシ〕」。また、同書仏上八十に「事〔コト〕」、同書仏上四十二に「行〔オコナフ〕」。

十 字類抄上二十オに「八月〔ハツキ〕」。以後の訓は注八参照。名義抄仏上三十八に「後〔ノチ〕」。また、書紀神代紀海宮遊幸章の「以後」に「ユクサキ、ノチ」の訓。

十一 名義抄仏中一三七に「明〔アクルニ〕」。年は注九参照。

十二 先帝崩御以外の事情によって、皇位をお受けになること。名義抄僧中五十四に「受〔ウク〕」、同書法上五十七に「讓〔ユズル〕」。

十三 名義抄法上四十九に「謂〔イフ〕」。

十四 諒闇は、天皇が両親の喪に服したまう期間で、一年。書紀綏靖天皇即位前紀・履中天皇即位前紀の「諒闇」に「ミモノオモヒ、ミオモヒ」の訓。字類抄上七十四ウに「諒闇〔マコトニクラシ〕」。諒闇登極の場合の大嘗祭は、北山抄五大嘗会事によると朞年（満一年）後に延引される。

十五 登極は即位に同じ。極は北極、天子の位を象徴する。続日本紀元正天皇即位前紀に「受レ禪、即二位于大極殿一、詔曰、朕欽承二禪命一、不二敢推讓一、履レ祚登レ極」とある。

（七六〇頁へ続く）

凡そ諸國に送る官符幷せて牒は　事急がば驛傳に附け

自餘は　京に在る使幷せて雜掌に附けよ

悠紀・主基両所の検校行事を任命

次に　大・中納言　二人

參議　一人

を以ちて　悠紀・主基の兩所の撿挍と爲よ

行事は　四位　各一人

五位　三人　辨此の中に在れ

凡そ會所に直する諸の大夫は　雜役幷せて國忌・諸の

節會に參預らざるを責めざれ

諸司の判官已上四人　史此の中に在れ

一　名義抄仏下末十五に「凡〔オホヨソ、スベテ〕」。「おほよそ」はすべて、すべてを寄せ集めての意。

二　名義抄法上六十五に「諸〔モロモロ、シヨ〕」。

三　名義抄仏上五十九に「送〔オクル〕」。

四　名義抄仏下末二十三に「并〔アハセタリ、アフ、スミナラビ〕」。

五　「てふ」はまた「でふ」。牒は本来、主典以上の役人個人が事によって役所に進達する文書であるが、上下関係の明らかでない役所間でも用いられるようになった。文書形式は公式令牒式条に規定されている。字類抄下二十ウに「牒〔テフ〕」。六九〇頁注十三参照。

六　書紀仁徳天皇即位前紀の「急」に「イソギ」の訓。名義抄法中八十四に「急〔スミヤカナリ、タチマチ〕」。

七　東海道以下七道には三十里ごとに駅を置いて駅馬を備え、諸国の郡ごとには伝馬を備えて、交通連絡の用にあてた。儀式十に「飛駅儀」・「駅伝儀」として、発遣についての規定がある。名義抄僧中一〇九に「驛〔ムマヤ〕」。字類抄下十七ウに「驛傳〔ムマヤノツカヒ、エキテン〕」。

八　名義抄法中四十六に「附〔ツク〕」、同書仏上七に「付〔サツク、ツク〕」。

九　書紀神代紀神代七代章の「自餘」に「コレヨリアマリ、ソレヨリホカ」、同書顕宗天皇即位前紀の「自餘」に「コレヨリホカ」の訓。

十　「みさと」と訓むか「みやこ」と訓むか、用法の区別を付けるのは難しい。和名抄五は「京職〔美佐止豆加佐〕」、名義抄法下四十に「京〔ミヤコ〕」。

十一　諸国より公文を中央に持参する使者としての官吏を使といい、正税帳使・大帳使・貢調使、朝集使を四度使と総称する。名義抄仏上三十一に「使〔ツカヒ〕」。

十二　雑掌は、四度使の随員であるが、使の職務を代行することもあった。平家物語三に「遠藤六郎頼方をざつしやう（雑掌）

凡[1]送[2][3]諸[4]國官符幷牒[5]、事急者附驛傳、自餘附在京[6]
使幷雜掌〕、次以大・中納言二人、參議一人、
爲悠紀・主基兩所撿挍、行事四位各一人、
五位三人[7]〔辨在此[8]中、凡直[9]於會所諸大夫、不[10]責[11]
雜役幷國[12]忌[13]不參[14]預諸節[15]會〕、諸司判官已上四人
〔史在[16]此[17]中〕、

1 凡、神宮本・宮本「紀」とし、宮本右傍「凡」。都立本「記」。
2 送、宮本「道」とし右傍「送」。
3 荷田本・林本・神宮一本・信友本「遣」あり。神道本右傍「遣イ」あり。三手本「紀道」あり。以文本頭注「有遣字」あり。
4 諸、宮本「者」とし右傍「諸」。
5 牒、神宮本・都立本・神宮一本・谷本・三手本・宮本「條」とし、宮本右傍「牒」。林本注「諸本作條」。
6 林本「杜」あり。
7 三、神宮一本右傍「一作二」。谷本・三手本右傍「二イ」。
8 此、以文本「其」と訂正し頭注「此中一作其中、下皆効之」。
9 直、荷田本・林本「候」。神宮本・都立本・神宮一本・谷本・信友本「貢」。三手本「置」とし右傍「貢イ」。宮本「直」とし左傍「置直」。
10 不、都立本・神宮一本・三手本・信友本「分」とし、三手本右傍「不イ」。神宮本右傍「分イ」。宮本右傍「分」。
11 責、神宮本・都立本・神宮一本・三手本「貢」とし、三手本右傍「責イ」。宮本右傍「貢」。以文本「預」とし頭注「不預一作不責」。
12 國、神宮本左傍「司イ」。
13 忌、荷田本・林本・神宮一本・谷本・信友本「司」。三手本右傍「司イ」。宮本「同忠」とし右傍「司昨」。都立本「同」。
14 參、荷田本・林本・神宮本・都立本・神宮一本・谷本・三手本・宮本・信友本「各」とし、神宮本右傍「令イ」。
15 節、宮本「廊」とし右傍「節」。
16 林本「中」あり。
17 此、以文本「其」。

十三 名義抄法上四十六に「次〔ツキ〕」。
十四 太政官において大臣に次ぐ位置にあるのが大納言で、職員令太政官条義解には「謂、與㆓右大臣以上㆒、共參㆓議天下之庶事㆒、若右大臣以上並无者、卽大納言得㆓專行㆒」とある。和名抄五に「大納言〔於保伊毛乃萬宇須豆加佐〕」。黒川本字類抄中十二オに「大納言〔タイナコン〕」。
十五 中納言は令外の官。続日本紀慶雲二年四月条に「勅、依㆓官員令㆒、大納言四人、職掌既比㆓大臣㆒、官位亦超㆓諸卿㆒、朕顧念之、任重事密、充員難㆑滿、宜㆘廢㆓省二員㆒爲㆖定兩人㆒、更置㆓中納言三人㆒、以補㆗大納言不㆑足」とあり、大納言四人を減じて二人とし、中納言三人を置くとする。時代による変遷がある。和名抄五に「中納言〔奈加乃毛乃萬宇須豆加佐〕」。字類抄上七十一ウに「中納言〔チウナウコン〕」。
十六 参議は令外の官。大臣・納言に次ぐ重職で、朝政に参議する。奈良から平安初期にかけて変遷・改廃があったが、貞観の頃には八人存した。和名抄五に「參議〔於保萬豆利古止比止〕」。拾芥抄中に「參議〔マシヘハカル〕」。
十七 名義抄仏上四に「以〔モツ、モチヰル〕」。
十八 悠紀殿・主基殿の祭儀にかかわる諸事を管掌する臨時の役所を、それぞれ悠紀所（悠紀行事所）・主基所（主基行事所）という。名義抄法下七十二に「兩〔フタツ〕」、同書法下九十三に「所〔トコロ〕」。
十九 検校は、大納言・中納言より二名、参議より一名が任命され、多岐に亙る大嘗祭の祭儀全般を点検・監督する。黒川本字類抄中一〇〇ウに「撿挍〔ケンチヤウ、カンカヘクラフ〕」。仁安三（一一六八）年の高倉天皇大嘗祭では、検校は、大納言源雅通、権中納言藤原兼雅、参議右大弁藤原実綱が任命されている（兵範記同年四月二十八日条）。
二十 名義抄僧下七十九に「為〔ナス、タリ、ス、タメニ〕」。
二十一 行事は、四位官人各一人、五位三人（弁を入れる）、判官以上四人（史を入れる）、主典以下五人、官掌一人、使部・直丁各一人より構成され、行事所において、大嘗祭の実務全般を担当する。判官以上は奏聞、主典以下は大臣に上申して決定される。字類抄下六十五オに「行事〔キヤウシ〕」と訓む。兵範記仁安三年四月二十八日条に、高倉天皇大嘗祭における悠紀行事・主基行事の任用記事がある。
二十二 続紀天平神護元年三月条の詔に「於乃毛於乃毛」。書紀神代紀神世七代章の「各」に「オノモオノモ」の訓。
二十三 太政官の事務を掌る者で、職員令太政官条によれば、左大弁・右大弁・左中弁・右中弁・左少弁・右少
（七六一頁へ続く）

主典[一]已下[二]　五人　左右[三]の史[四]生各一人此の中に在れ

其[五]の判官已上は奏聞[六]し

主典已下は大臣に申せ[七]

其の諸[八]所等[九]の奏し[十]申すも亦同[十一]じくせよ

官掌[十二]　一人

使部[十三]

直丁[十四]　各一人

悠紀・主基行事所、小忌院を卜定

次に　撿挍の納言已下　神祇官を召し　悠紀[十五]・主基の

行事所　并せて小忌院等[十六]を　卜へしめよ

卜へ訖れば行事の史　大臣に申せ

一　令制の第四等官。和名抄五の「佑官」では、神祇官以下諸国に至る迄の、史・録・疏・主典・属・令史・将曹・志・典・軍曹・目・主張・書吏は「已上皆、佐官（さくわん）」とある。

二　書紀皇極天皇元年八月条の「以下」に「ヨリシモツカタ」の訓。名義抄仏上七十四は、以下・已下ともに「シモツカタ」とする。

三　名義抄仏上八十四に「左〔ヒダリ〕」・「右〔ミキ〕」。

四　史生は、主典より下級の官吏として太政官・八省・弾正台・摂津職・国などに置かれたが、ここは太政官の左史生・右史生各十人のうちからそれぞれ一人をあてるということであろう。令制においては、太政官には、史生十人、さらに左右弁官に左史生・右史生各十人が規定され、その後、増員され、中務省式諸司史生条では、太政官十一人（権一人）、左右弁官各十八人（各権二人）とする。史生の職掌は、職員令太政官条に「掌下繕二写公文一、行中署文案上、余史生准レ此」とあり、義解は、後者について「謂、行二官人所一、取二文案署一也」と説明している。和名抄五に「史生〔俗二音如レ賞〕」とあり、名目鈔に「史生〔シシヤウ〕」。拾芥抄中に「史生〔フンヒト〕」。

五　名義抄仏下末二十五に「其〔ソレ〕」。

六　天皇に奏上すること。黒川本字類抄中十八ウ「奏聞〔ソウモン〕」。書紀敏達天皇元年五月条の「奏聞」に「キコエタリ」の訓。

七　名義抄仏上八十二に「申〔マウス〕」。万葉集三六八八番歌に「波々尓麻乎之弖」（母にまをして）」とある。

八　悠紀・主基所の下に説けられる諸種の臨時の役所。後出（十八頁）。諸は四頁注二、所は四頁注十八参照。

九　名義抄僧上七十九に「等〔ラ〕」。等の訓は、人の場合は「ら」、それ以外は「なにと」、または「など」とすべきか。土佐日記十二月二十七日条に「酒なにともて追い来て」、二月四日条に「種々の美ほしき貝、石など多かり」とある。

十　書紀神代紀天孫降臨章の「奏」に「マウスコト」、同書景行

主典已下五人（左右史生各一人在此[1]中、其判官已上奏聞[2]、主典已[3]下申大臣、其諸[4]所等[5]奏[6]申[7]亦同）、官掌一人、使部・直丁[8]各一人、次[9]撿挍納言已下、召神祇官令卜悠紀・主基行事所幷小忌院等、卜訖行事史申大臣、

1 此、以文本「其」。
2 聞、信友本「間」。
3 已下、林本なし。
4 諸、信友本なし、頭注「諸」。
5 等、林本・都立本・神宮一本・谷本・三手本・以文本「掌」。荷田本注「諸所等元本作‐諸所掌‐」。宮本右傍「掌」。信友本頭注「官本作‐掌非也‐」。
6 奏、神宮本右傍「掌イ」。
7 申、信友本・以文本「事」とし、以文本「申」と訂正し頭注「奏事一作‐奏申‐」。神道本左傍「事イ」。
8 丁、林本「下」。谷本「十」。
9 次、林本・神宮一本・三手本「以」とし、神宮一本右傍「一作‐次」。

天皇四年二月条の「奏言之」に「マウシテマウサク」、同二十七年二月条の「奏言」に「マウサク」の訓。名義抄仏上八十二に「奏（ソウ）」、黒川本字類抄中十六ウに「奏（ソウス）」。申は注七参照。

十一 名義抄仏下四十に「亦（マタ）」。

十二 「くわじやう」とも。太政官の下級官吏で、左右各二人。職員令太政官条には、「掌下通‐伝訴人、検‐校使部、守‐当官府、廳事鋪設上」とある。和名抄五に「官掌（俗二音）」とあり、名目鈔に「官掌（クワジヤウ）」とある。拾芥抄中に「官掌（クワンジヤウ）」。

十三 令制では、太政官に左・右各八十人の使部が置かれ、また、他の官司にも必ず何人かの使部が配置されていた。式部省式諸司使部条では、太政官四十三人・左右弁官各三十人とする。職掌については、職員令神祇官条集解讃説に「官内雑使耳」とある。国史大系本四時祭式鎮魂条の「使部」に「シブ、ツカヒノトモ」の訓。

十四 令制では、太政官に左・右各四人の直丁が置かれ、また、他の官司にも必ず何人かの直丁が配置されていた。諸国から徴発される仕丁のうち、官司の雑役に就労するもの。職掌については、職員令神祇官条集解讃説に「官内駆使耳」と説かれている。書紀雄略天皇十一年十月条の「直丁」に「ツカヘノヨホロ」の訓。字類抄上二四ウに「丁（テイ、ヨホロ、夫也、仕丁、庖丁等）」とある。直（ぢき）の読みは、字類抄下八十四オに「質直（シチチキ）」とあり、丁（ちやう）は、平家物語六の「人丁が装束」の「丁」に「ちやう」の振仮名がある。

十五 行事所及び小忌の院は、然るべき所司のなかにト定によって設けられる。北山抄五大嘗会事に「行事辨以下、着‐官東廳、令下卜兩‐行事所・小忌所等上」とあり、その注記に「天慶記云、卜文二枚、一枚卜‐定行事所・小忌所、一枚卜‐定御井‐幷採‐大嘗殿材・御琴料材柏等山野、後日奏定、云々」と見える。天慶記とは、天慶九（九四六）年村上天皇大嘗祭の記録であろう（故実叢書本北山抄では天應記とする）。本朝世記によれば、近衛天皇康治元年の大嘗祭のときには、悠紀行事所には大膳職、主基行事所には民部省が宛てられ（八月十六日条）、山槐記によれば、後鳥羽天皇元暦元年の大嘗祭には、悠紀行事所に陰陽寮、主基行事所に一本御書所、小忌の院としては悠紀に大膳職東院、主基に同西院が定められている（八月二十二日条）。このとき大嘗祭検校の一人に任ぜられていた権大納言中山忠親（のち内大臣）の日記山槐記の詳しい記事は、右の沿革を知る上に参考とするに足るであろう。

十六 大嘗祭などのために行なわれる厳重な斎戒を小忌（をみ）という。小忌の院は、その斎戒にかかわる諸

（七六一頁へ続く）

行事所の鋪設

奏し訖れば　即ち陰陽寮[一]に仰せ[二]　吉日[三]を擇び[四]て　之[五]に着け[六]よ

是[七]より先[八]　權[九]に便き所を取り　行事所と爲よ

卽ち應[十]に鋪設[十一]を借り[十二]行ふ[十三]べき宣旨[十四]を　宮内省[十五]に下せ

宣旨は別巻[十六]に在ること　下皆同じ[十七]

其の座[十八]を設くる[十九]こと

撿校は　西[二十]に面き[二十一]北[二十二]を上[二十三]にせよ

行事四位已下は　南[二十四]に面き東[二十五]を上にせよ

主典は　東に面き北を上にせよ

諸所[二十六]の預幷せて國司[二十七]は　北に面き東を上にせよ

國司[二十八]　三位及び參議を帶ぶれば　茵[二十九]を設け

一 陰陽寮に命じて吉日を択ばせ、その日を以て事に着手せよの意。職員令陰陽寮条は、同寮の陰陽師について「掌占筮相地」とし、営繕令私第宅条は「宮内有㆓営造及修理㆒、皆令㆓陰陽寮擇㆒㆑日」と定めている。陰陽寮は、和名抄五に「於牟夜宇乃豆加佐」。官位令従五位条義解の「陰陽」に「ウラ」の訓。黒川本字類抄中七十ウに「陰陽〔ヲムヤウ〕」、拾芥抄中に「陰陽寮〔ヲンヤウ〕」。

二 名義抄仏上十に「仰〔ヲホス〕」。

三 名義抄仏中四十九に「吉〔ヨシ〕」、同書仏中八十五に「日〔ヒ〕」。

四 名義抄仏下本七十四に「採擇〔トリエラフ〕」。

五 名義抄仏上本六十に「之〔コレ〕」。

六 名義抄僧上三十七に「着〔ツク〕」。

七 名義抄仏中一〇六に「是〔コレ〕」。

八 名義抄仏下末十八に「先〔サキ〕」。

九 卜定によって設けられるより先に、権（かり）に便よき所を行事所とするということ。卜定された行事所に移る以前の仮の行事所については、類聚国史八の淳和天皇弘仁十四（八二三）年の大嘗祭記事の中に「十一月癸丑、（中略）、便以㆓治部省廳㆒爲㆓行事所㆒、唯齋院依㆓卜筮㆒定之、以㆓宮内省㆒爲㆓悠紀所㆒、以㆓中務省㆒爲㆓主基所㆒、作㆓借屋㆒用㆑之」とある。斎院とは小忌院のことである。また、小右記寛弘八（一〇一一）年八月十八日条、山槐記元暦元（一一八四）年八月二十日・二十二日条に記事が見える。小右記では、太政官東庁を仮の行事所とすること前例有りと記す。山槐記によれば、同じく太政官東庁を仮の行事所として、行事始めが同所において二十日に行われ、二十二日に卜定された行事所（悠紀行事所が陰陽寮、主基行事所が一本行事所）に各々移っている。名義抄仏下四十に「權〔カリニ〕」、書紀景行天皇十二年十月条の「權」に「カリニ」の訓。名義抄仏上三十に「便〔タヨリ〕」、同書仏中二に「取〔トル〕」。

十 黒川本字類抄中九十四オに「應〔マサニ〕」。

奏訖卽仰陰陽寮、擇吉日着之[1]〔先是權[2]取[3]便[4]所[5]爲行事所〕、卽應借[6]行[7]鋪設宣旨下宮內省〔宣旨在別巻、下皆同〕、其設座、撿挍西面北上、行事四位已下南面東上、主典東面北上、諸所預幷國司北面東上〔國司帶三[8]位及參議設茵、

1 着、都立本「署」。宮本右傍「署」。
2 權、神宮一本「擇」。
3 取、谷本「所」とし右傍「取作」。
4 便、神宮一本・三手本「使」とし、神宮一本左傍「一作便」。谷本「默」とし右傍「便」。林本注「使所非也」。
5 所、神宮本・谷本・信友本「処」。三手本・宮本「處」。神道本左傍「處イ」。
6 借、神宮本・都立本・神宮一本・谷本「諸」とし、神宮本右傍「偖イ」左傍「儲歟」。三手本「備」とし右傍「借イ」。宮本「偖」とし右傍「諸」。
7 行、神宮本右傍「所カ」。
8 三、神宮一本「二」とし右傍「一作三」。宮本なし、右傍「三」。

十一 鋪は漢音ホ、呉音フ。「しく」の意。鋪設は設備すること。職員令太政官条の官掌の職掌に「廳事鋪設」とあり、その集解讃説に「讃案ㇾ之、私辭所謂敷ㇾ席設席是也」と説く。黒川本字類抄中一〇七オに「鋪設〔シキマウク、フセツ〕」。

十二 名義抄仏上二十に「借〔カル〕」。

十三 名義抄仏上四十二に「行〔オコナフ〕」。

十四 勅旨または上宣（上卿の命令）を下達するための文書で、上位者の口頭命令を受けた下位者がその命令を記したもの。勅命を受けて上卿が宣した奉勅の宣旨と、勅命によらない上卿の判断に基づく上宣の宣旨との別があり、内容により、外記局または弁官局を選択して起草・発布せしめた。枕草子八十八に「せんじなどもてまゐり」、源氏物語朝顔に「せむじ、たいめむして」とある。名目鈔に「宣旨〔セムジ〕」。

十五 宮内省は、天皇や皇室に関する庶務を掌る。和名抄五に「美夜乃宇知乃都加佐」。黒川本字類抄中八十二オに「宮内省〔クナイ〕」。

十六 官符宣旨例の第十六号（六八二頁）が該当する。訓については二頁注三十一参照。

十七 官符宣旨例記載の宣旨書様（書式）は、第十五号（六八〇頁）・第十六号（六八二頁）・第二十二号（六九六頁）・第二十三号（七〇〇頁）・第三十一号（七二六頁）・第三十五号（七四二頁）・第三十六号（七四六頁）・第三十七号（七四八頁）である。下は二頁注三十三参照。名義抄仏中一〇〇に「皆〔ミナ〕」。

十八 「しきゐ」は「敷き藺」または「敷き居る」の意で、ござ、むしろなどを敷いた座のこと。書紀顕宗天皇即位前紀の「席」に「シキヰ」、同書敏達天皇十二年是歳条の「座」に「シキヰ」の訓。

十九 名義抄法上五十六に「設〔マウク〕」。

二十 名義抄法下七十二に「西〔ニシ〕」。

二十一 書紀欽明天皇二十三年七月是条歌謡に「那儞婆陛武岐底（難波へむきて）」とある。名義抄法上一〇〇に「面〔オモテ、ムカフ〕」。

二十二 名義抄法上九十九に「北〔キタ〕」。

二十三 名義抄仏上七十四に「上〔カミ〕」。

二十四 名義抄仏上八十五に「南〔ミナミ〕」。

二十五 東については、和名抄五に「東市司〔比牟加之乃以知乃官〕」とある。名義抄僧下九十九に「東〔ヒムガシ〕」。

二十六 諸所は、悠紀・主基各行事所の管轄下に設置される。預は所の責任者、本来他の官職にある者が臨時に出向した。十八頁に、諸所とその預が規定されている。

二十七 悠紀・主基の斎国国司。国は二頁注二十三、司は四頁注三十三参照。

二十八 遥授（任ぜられてもその国に赴かないこと）に

（七六一頁へ続く）

四位・五位は　席を同じくし

六位も亦　席を絶ちて末に在れ

才伎の長上　諸司の史生等は　四位・五位の後に在りて

北に面き東を上にせよ

其の座は兩所共に同じくせよ

行事始の日時を定める

其の行事を始むる日時は　陰陽寮をして之を定めしめよ

翻旧を進る

次に　翻舊を進るべき宣旨を　中務・民部の兩省に下せ

韓櫃二十合を充て収む

次に　韓櫃廿合を充て收むべき狀を　大藏省に下せ

凡そ物の數を注すこと　兩所共に同じくせよ

紙・筆・墨・硯を進らしめる

次に　紙・筆・墨を進るべき狀を　中務省に下し

一 藺（ゐ）・竹・藁（わら）などで編んだ敷物。長いものと短いものとがあった。名義抄法下一〇五に「席〔ムシロ、シキヰ〕」。四時祭式鳴雷神条の「席」に「ムシロ」の訓。和名抄十四に「莚〔無之路〕」。「席を同じくし」とは、同じむしろに複数の者が坐することをいうのであろう。

二 四位・五位席とは、むしろを別にして、末に位置せしめるようにするの意。名義抄法中一二二に「絶〔タツ〕」、同書仏下本一一三に「末〔スヱ〕」。

三 特殊な技能を以て諸司に任用され、毎日出勤する者。常時勤務する者を長上、分番勤務の者を番上という。書紀雄略天皇七年是歳条の「才伎」に「テヒト」の訓。同書持統天皇五年十一月条の「神祇官長上」の「長上」に「ナガツカヘ」の訓。名義抄仏下本三十三に「長〔チヤウ〕」、同書仏上七十四に「上〔シヤウ〕」。

四 前に対する後方のこと。書紀神代紀四神出生章六ノ一書に「背揮、此云、志理幣提爾布倶」とあり、「シリヘ、シリヱデニフク」の訓。名義抄仏上八十三に「後〔ノチ、ウシロ、シリヘ〕」。

五 悠紀所と主基所。

六 名義抄僧上四十八に「共〔トモニ〕」。

七 行事始の日時を陰陽寮が定めることについては、山槐記元暦元年八月二十日条に、内蔵助兼漏剋博士安倍朝臣晴綱による陰陽寮の勘文が掲載されている。行事始の日時は、「八月廿日丙子、申二點」と勘申された。行事始の日は、近衛天皇康治元年の場合が八月十六日（本朝世紀）、三条天皇寛弘八年の場合が八月二十三日（日本紀略・小右記）であった。

八 名義抄仏中二十二に「始〔ハシメ、ハシム〕」。

九 名義抄仏中八十五に「日〔ヒ〕」、同書仏中八十六に「時〔トキ〕」。

十 名義抄法下五十二に「定〔サダム〕」。

十一 翻旧とは、大嘗会行事所の事務用品の一つとして、二次使用するための反故文書のことで、中務・民部両省において保管

四位・五位同席、[1]六[2]位亦絶[3]席在末[4]〕、才[5]伎長上・諸司史生等在四位[6]・五位後、北面東上、其座[7]兩[8]所共同、其始行事日時、令陰陽寮定之、次可進翻舊宣旨下中務・民部兩省、次可充收韓櫃廿合狀下大藏省〔凡注[9]物數者、兩所[10]共同〕、次可進紙・筆・墨[11]狀[12]下中務省、

1 宮本「之」あり。
2 六、神宮本「之」とし左傍「六カ」。三手本「三」。神宮一本右傍「一作三」。谷本なし。
3 絶、林本・神宮一本「施」とし、神宮一本右傍「一作レ絶」。
4 末、谷本「東」。神宮一本右傍「一作レ東」。
5 才、神宮一本「木」とし右傍「才」。
6 四位、荷田本・林本・神宮本・都立本・神宮一本・谷本・三手本・宮本・信友本なし。
7 荷田本・林本・神宮本・都立本・神宮一本・谷本・三手本・宮本・信友本「四位」あり、荷田本注「其座下四位二字、當レ在二五位字上一、蓋錯乱」、信友本頭注「四位二字若在二下五位上一乎」。
8 兩、都立本「西」とし右傍「兩イ」。
9 注、林本「註」。神宮本・都立本・宮本「経」とし、宮本右傍「注」。
10 所、荷田本・林本・神宮本・都立本・神宮一本・谷本・三手本・宮本・信友本「度」とし、荷田本注「両度若両殿之誤乎」、林本注「處之誤」、宮本左傍「所」、信友本頭注「度蓋殿之誤乎」。
11 墨、神宮一本なし、右傍「墨」。
12 狀、宮本「伏」とし右傍「狀」。

期間を経過した戸籍・計帳・正税帳等の公文書をいうのである。儀式考のいうような、大嘗祭の古例を記した大嘗祭往代例文ではないであろう。正倉院文書の「本久」・「本旧」、名義抄の「反故」・「反古」（いずれも訓「ほく」）、和名抄の「反故」、みな同じものである。加茂正典「翻旧考」（『皇學館大学神道研究所紀要』十八、平成十四年）を参照。

十二 名義抄仏上五十八に「進〔ススム、タテマツル〕」。また、同書仏上七十六に「可〔ベシ〕」。

十三 中務省は、職員令中務省条によれば「掌下侍従、献替、賛二相禮儀一、審二署詔勅文案一、受レ事覆奏、宣旨、勞問、受二納上表一、監二修國史一、及女王内外命婦宮人等名帳、考叙、位記諸國戸籍、租調帳、僧尼名籍事上」とある。和名抄五に「奈加乃萬豆利古止乃豆加佐」、職員令中務省条集解跡説に「奈賀乃司」。

十四 民部省は、職員令民部省条によれば「掌二諸國戸口名籍、賦役、孝義、優復、蠲免、家人、奴婢、橋道、津濟、渠池、山川、藪沢、諸國田事一」とある。和名抄五に「多美乃都加佐」。黒川本字類抄下六十六ウに「民部省〔ミンフシヤウ〕」。

十五 櫃は、ふたのある大形の箱。和名抄十六に「櫃〔音與レ貴同、和名比都、俗二有長櫃、韓櫃・折櫃・小櫃等之名一〕」とある。韓櫃は、六本または四本の足がつき、白木造りが一般的。字類抄上九十九オに「韓櫃〔カラヒツ、辛櫃也〕」。名義抄仏下本一〇二に「櫃〔ヒツ〕」。官符宣旨例の第三十一号（七二六頁）が該当するのであろう。

十六 名義抄仏上八十二に「廿〔ニジフ〕」。また、合は、ふたのある容器を数える語。

十七 名義抄仏下末十六に「充〔アツ〕」。

十八 名義抄仏下末八に「収〔ヲサム〕」。

十九 書状のこと。名義抄仏下本一二九に「状〔カタチ、謝ウ（しやう）〕」。平家物語四の「牒状をこそおくりけれ、山門への状云」の「牒状」に「てうじやう」、「状云」に「じやうにいはく」の振り仮名が付されている。また、続日本紀神亀元年二月条即位詔の「狀々」に「サマザマ」の訓。

二十 大蔵省は、職員令大蔵省によれば「掌二出納、諸國調及銭、金銀珠玉、銅・鉄、骨角歯、羽毛、漆、帳幕、権衡、度量、売買估価、諸方貢献雑物事一」とある。和名抄五に「於保久良乃豆加佐」。

二十一 名義抄仏下末六に「物〔モノ〕」、同書僧中五十五に「數〔カズ〕」。

二十二 名義抄法上五十九に「註〔シルス〕」、字類抄下七十六オに「注〔シルス〕」。

二十三 和名抄十三に「紙古文作帋〔和名加美〕」、名義抄法中一三五に「紙〔カミ〕」。

二十四 筆は、和名抄十三に「布美天」。「ふみて」がやがて「ふで」となる。名義抄僧上六十一に「筆〔フミテ〕」。

二十五 名義抄法中六十八に「墨〔スミ〕」。

行事以下に百度を給う

所の雜物を請う

硯十枚を進るべき状を　宮内省に下せ

次に　行事以下に百度を蹔く給ふべき状を　所司に下せ

但し　其の代は　當國をして之を塡てしめよ

次に　正税の稲一萬束　卜食の郡の調・庸幷せて雜物を請ふべき状を奏聞し

凡そ　會所の雜物を請ひ借る奏は

正税の稲幷せて絹・布・綿・錢・米等の類には

行事幷せて國司の五位以上は名を署し

自餘の輕微き物には　署さず直に奏せよ

卽ち　兩國に下知せよ

一 硯は、和名抄十三に「須美須利」。「すみすり」が、やがて「すずり」となる。名義抄法中三に「硯〔スミスリ〕」。

二 枚は、紙など薄くて平らな物をいい、またそれらを数える単位。名義抄仏下本四十三に「扠〔ヒラ〕」。書紀斉明天皇四年是歳条の「羆皮七十枚」の「枚」に「ヒラ」の訓。

三 書紀皇極天皇元年八月条の「以下」に「ヨリシモツカタ」の訓。以は二頁注八、下は二頁注三十三参照。

四 官物の出納にあたるなど、いそがしい職務の者に特に給された食事で、主計式諸司百度条に「凡出₌納官物₋諸司、毎日給₌百度食₋」とある。百度食は、「ももどじき」また「ひゃくどじき」とも。名義抄仏上七十六に「百〔モモ〕」、字類抄上五十八オに「度〔ド〕」。

五 「しまらく」は「しばらく」の古形。名義抄法上八十八に「蹔〔シバラク〕」。万葉集三四七一に「思麻良久（しまらく）は寝つつもあらむを」とある。

六 名義抄法中一三四に「給〔タマフ〕」。

七 宮内省大膳職のことであろう。一三六頁に、宮内省に装束司の百度食を支給するように命じている。字類抄八十七オに「所司〔シヨシ〕」。

八 名義抄仏上三十一に「但〔タダシ〕」。

九 代（しろ）は、あたい、代価のこと。名義抄仏上十三に「代〔シロ〕」。

十 悠紀・主基の各斎国のこと。当は二頁注九参照。

十一 名義抄法中四十八に「塡〔ミツ、ウム〕」。

十二 田租として郡衙の正倉に蓄積された官稲。正税は、天平六（七三四）年、大税と郡稲その他の雑稲をまとめて成立。正税の管理は国司がおこない、その収支決算帳である正税帳は毎年作成され、中央に提出された。名義抄仏上七十五に「正〔者ウ（しやう）〕」、同書僧上一〇九に「税〔セイ〕」。稲については、和名抄十七に「唐韻云秳〔音活、漢語抄云乃古利之禰（のこりしね）〕」とあり、書紀顕宗天皇即位前紀の「十握稲」に「トツカ

[1]可進硯十枚狀[2]下宮內省、次可蹔[3]給行事以下
百[4]度狀[5]下所司、但[6]其[7]代令當國[8]塡[9]之、次[10]奏聞
可請[11]正稅稻一萬束・卜食郡調庸幷雜物之狀
〔凡會所請借[12]雜物奏、正稅稻幷絹・布・綿・錢・
米等類、行事幷國司五位以[13]上署名、自餘[14]輕微之物、
不署[15]直奏〕、卽下知兩國、

1 都立本・以文本「次」あり。宮本右傍「次」あり。
2 狀、宮本「伏」とし右傍「狀」。
3 蹔、荷田本・林本・信友本「暫」。神宮一本「蹔」。宮本右傍「蹔衍」。以文本なし。
4 百、信友本頭注「百未詳」。
5 狀、宮本「伏」とし右傍「狀」。
6 但、都立本「俱」。
7 其、神宮本・宮本「真」とし、神宮本右傍「奐イ」、宮本右傍「其」。
8 國、神宮本・宮本「園」とし、宮本右傍「國」。
9 塡、林本・神宮一本「鎭」とし、神宮一本右傍「一作塡」。
10 次、宮本なし、右傍「次」。
11 請、宮本「綪」とし右傍「請」。
12 借、谷本・以文本「供」。神宮一本左傍「一作供」。宮本右傍「供イ」。
13 以、林本なし。
14 谷本「之」あり。
15 署、神宮本・三手本・宮本「着」とし、神宮本左傍「署カ」、宮本右傍「署」。都立本・神宮一本なし、神宮一本右傍「一有署」。

シネ」の訓がある。字類抄下六オに「稲〔イネ〕」。正税一万束と斎郡調庸を両斎国に請求する太政官符は、官符宣旨例第三号に該当する（六二八頁参照）。

十三 収穫した稲を数える単位。十把を一束とする。黒川本字類抄中十七ウに「束〔ソク〕」。書紀大化二年正月条の「束」に「ツカ」の訓。

十四 亀卜を行なうとき、亀甲を灼（や）いて卜兆のあらわれることを、卜食すなわち「うらはみ」「うらはむ」という。神祇官の卜部が担当する。卜食の郡とは、悠紀郡・主基郡として卜定された郡の意。尚書洛誥の注（孔安国伝）に「卜必先墨畫㆑龜、然後灼㆑之、兆順食㆑墨」（十三經注疏・一八一五年阮元刻本）と見え、神祇令常祀条義解に、この文をそのまま転用して、「是爲㆓卜食㆒」と述べている。卜は二頁注二十四参照。食は、名義抄僧上一〇四に「食〔ハム〕」。

十五 税として国家に納める絹・絁・糸・綿・布などの物産。書紀崇神天皇十二年九月条の「調役」に「ツキエ、ミツキエ」の訓。伊勢大神宮式神嘗祭条の「調荷前」に「ミツキノサキ」の訓。名義抄法中一一〇に「調布〔ツギヌノ〕」。字類抄下七十七ウに「調〔テウ〕」。

十六 養老令では年に十日間の歳役を規定し、その代納の庸として、一日あたり二尺六寸の布を納めるとする。歳役は労役負担の一つで、京へ出仕して造営等の力役に就く。庸の品目は、布を基本として米・塩・綿など。書紀大化二年正月条の「庸」に「チカラシロ」、大化三年四月条の「庸調」に「チカラテ」の訓。

十七 雑は、黒川本字類抄中七十六に「種〔クサ〕」、雑〔同〕」、名義抄僧中一三七に「雑〔坐フ（ざふ）〕」、物は十頁注二十一参照。

十八 名義抄法上五十九に「請〔コフ〕」。

十九 六頁注六参照。

二十 四頁注二十五参照。

二十一 和名抄十二に「絹〔和名岐沼〕」。

二十二 和名抄十五に「布〔和名沼能〕」。

二十三 和名抄十二に「綿〔和名和太〕」。字類抄上八十八オに「綿〔メン、ワタ〕」。

二十四 「ぜに（銭）」は「せん」の変化した語で、竹取物語に「殿内のきぬ（絹）、わた（綿）、ぜに（銭）などあるかぎり」とある。和名抄十三に「紙錢」を「俗云加美勢迩（かみぜに）」とする。名義抄僧上一三〇に「銭〔ゼニ〕」。

二十五 書紀皇極天皇二年十月条歌謡に「古佐屢渠梅野倶（こさるこめやく）」と見える。和名抄十七に「陸詞切韻云米〔和名與禰（よね）〕、穀實也、（中略）唐韻云粣〔漢語抄云古米佐木（こめさき）、一云阿良毛土（あらもと）〕、米麦破也」、また、「糒〔篇同、今案俗云焼米、

（七六一頁へ続く）

両所印の作成

次に　兩所[一]の印を用[二]ゐるべき狀を奏聞し
大學寮[三]に仰[四]せて　字[五]の樣を進らしめ
內匠寮[六]を召して　木[七]を以ちて彫り作らしめ
其の文[八]に「悠紀所印」・「主基所印」と曰[九]ひ　竝[十]びに小篆[十一]の字
を用ゐよ
卽[十二]ち印を用ゐる狀を　五畿內[十三]・七道[十四]の諸國に下知[十五]せよ
次に　應[十六]に多毎物[十七]を行[十八]ふべき狀　符[十九]を兩國に下せ
次に　甕[二十]を買[二十一]ひ進るべき狀を　左右の京職[二十二]に下知せよ[二十三]

估価の帳・価長等の名簿を進る

次に　左右の京[二十四]に仰せて　估價[二十五]の帳　幷せて價長[二十六]等[二十七]の名簿[二十八]を進
らしめよ

一 悠紀行事所・主基行事所の印のこと。印の作り方や押し方については、公式令天子神璽条に定めがあり、内印（天皇御璽）は方三寸、外印（太政官の印）は方二寸半、諸司の印は方二寸二分、諸国の印は方二寸とあるが、内匠寮式内印・外印・諸司印・諸国印の各条によれば、いずれも銅印である。字類抄上八十二ウに「印〔イン、ヲシテ〕」。
二 名義抄仏中一三六に「用〔モツ、モチヰル、モチフ〕」。
三 大学寮は、官吏養成のための最高の教育機関で、頭以下の事務官の外に、博士・助教・音博士・書博士・算博士及び学生・算生がいた。書紀天武天皇四年正月条の「大學寮諸學生」の「大學」に「オホツカサ」・「學生」に「フムヤワラハ」、同書持統天皇五年四月条の「大學博士」に「フムヤノハカセ」の訓。官位令従五位条義解の「大學頭」の「大學」に「フムヤ」の訓。朝野群載六諸司訓詞に「大学寮〔フンヤノツカサ〕」。拾芥抄中の「大學頭」に「ブンカクツカサ」の訓。黒川本字類抄中十二オに「大學寮〔タイカクレウ〕」。
四 八頁注二参照。
五 「もじ」は、「もんじ」の「ん」（撥音）の表記が落ちたもの。印字の手本を書くのは、書博士（ふんのはかせ）の担当であった。字類抄下一〇五ウに「文字〔モンシ〕」。「ためし」は手本・規範の意。名義抄仏下本六十に「様〔タメシ、サマサマ〕」。
六 内匠寮は、神亀五年に設けられた令外の官で、中務省被管。供御雑器の製作、儀式における種々の舗設、調度の作製を掌る。和名抄五に「宇知乃多久美乃豆加佐」。朝野群載六に「内匠寮〔ウチノタクミノツカサ〕」。源氏物語桐壺に「たくみづかさ」。召は二頁注二十一参照。
七 北山抄・山槐記によれば、印材は黄楊（つげ）である。北山抄五大嘗会事に「仰二大學寮一、令レ進二字様一、召二内匠寮一、作二黄楊印一、用二印狀一、下二知諸國一」、山槐記元暦元年八月二十二日条に「文印者小、木印者大也者〔件印共以二黄楊木一彫レ之云々〕」とある。名義抄仏下本八十二に「木〔キ〕」。以は四頁注十七参

1 印、三手本「仰」。
2 字、神宮本・三手本・宮本「守」とし、神宮本右傍「字カ」、宮本右傍「字」。
3 召、神宮本・宮本「石」とし、神宮本右傍「召カ」、宮本右傍「召」。
4 竝、谷本「悉」。神宮一本右傍「一作悉」。宮本「羕」とし右傍「並」。
5 即、神宮本なし、右傍「即」。
6 印、林本・神宮一本・三手本「仰」とし、神宮一本右傍「一作印」。
7 買、谷本「置」。
8 信友本「之」あり。
9 狀、宮本「伏」とし右傍「狀」。
10 職、信友本「識」。
11 估、三手本「佑」とし右傍「沽乎」。

次奏聞可兩所用印[1]之狀、仰大學寮、令進字[2]様、召[3]内匠寮、以木彫作、其文曰、悠紀所印・主基所印、竝[4]用小篆字、即[5]用印[6]之狀、下知五畿内七道諸國、次應行多毎物之狀、下符兩國、次可買[7]進甕[8]狀[9]、下知左右京職[10]、次仰左右京、令進估[11]價帳幷價長等名簿、

照。「ゑる」は、利器をもって材にへこみをつけること。名義抄仏下本三十二に「彫〔ヱル〕」、新撰字鏡十に「雕〔恵留〕」。名義抄仏上三十三に「作〔ツクル〕」。

八 元暦元年の後鳥羽天皇の大嘗祭に検校の一人として奉仕した中山忠親（当時権大納言）の日記山槐記元暦元年八月二十二日条に、大学寮書博士中原季重の勘申した同年八月十三日の文書を引き、文字の様もそのままに写してあって、文印すなわち「悠紀所印」・「主基所印」という四字のものと共に、木印すなわち「悠」・「主」という一字のみのものも見える。文印は、それぞれの行事所の文書に用い、木印は、用材点定のときに木に印するものである。名義抄僧中六十一に「文〔フミ〕」。

○悠紀所文印　○悠紀所木印　○主基所文印　○主基木印

（山槐記元暦元年八月二十二日条より）

九 名義抄仏中八十六に「曰〔イフ、イハク〕」。

十 新撰字鏡一に「侔〔莫候反、並也等也類也比也、奈良不〕」。名義抄仏下末二十九に「並竝〔ナラビ、シカシナガラ、ヨル、ソフ、アラハル、禾ヒヤウ〕」。黒川本字類抄中三十六オに「並〔ナラフ〕」。書紀神代紀神代七代章の「並」に「ナラビニ」の訓。書紀の「並」の訓はすべて「ナラビニ」。

十一 秦代に、それ以前に行なわれていた籀文（ちゅうぶん、大篆ともいう）を簡略にして作られたものとされる。許慎が説文解字で解説を試みた文字がそれであり、印章には、普通この字体を用いる。名義抄法中六十八に「小〔セウ〕」。字類抄下二十一ウに「篆〔テン〕」。

十二 二頁注二十七参照。

十三 京周辺の山城・大和・河内・和泉・摂津の五国。書紀大化二年正月条の「畿内」に「ウチツクニ」の訓。名義抄仏上七十四に「五〔イツツ〕」。

十四 畿内を除く全国の国々を七つの道すなわち七ブロックに分け、東海道・東山道・北陸道・山陰道・山陽道・南海道・西海道とした。黒川本字類抄中三十五ウに「七〔ナナツ〕」。名義抄仏上八十三に「七〔ナナトコロ〕」、同書仏上四十四に「道〔ミチ〕」。黒川本字類抄下六十七ウに「道〔ミチ〕」。

十五 二頁注二十九参照。

十六 八頁注十参照。

十七 大嘗祭において、天皇より賜る酒食のことであるが、「ためつもの」という語の意味も、「天皇（または神）からの賜り物」ということであろう。西宮一民「践祚大嘗祭式重要語彙攷証」（『大嘗祭の研究』、昭和五十三年）参照。践祚大嘗祭式多明米事条の「多明

（七六二頁へ続く）

大舎人等を進る

次に　撿挍の宣に依り
中務省に仰せて　大舎人四人を進らしめ
式部省に仰せて　諸司の史生十人
散位・位子等卅人を進らしめ
民部省に仰せて　抜出の丁四人を進らしめよ

火長・衛士を請う

次に　火長四人
衛士八人を請ふ状を録し
辨の大夫　内侍に付けて奏聞し
訖れば　所司を喚し　之を仰せよ

所所の預を定める

次に　所所の預を定めよ

一　四頁注十九参照。
二　名義抄法下四十九に「宣〔セム〕」。
三　名義抄仏上二十八に「依〔ヨル〕」。
四　十頁注十三参照。
五　大舎人は、天皇に供奉し、宮中の宿衛等にあずかった。職員令では、中務省被管の左・右大舎人寮に各八百人が所属した。平安初期に官司の改編がなされ、大同二（八〇七）年十月十六日に内竪所を廃し、大舎人寮に併合した（類聚国史一〇七）。大同三（八〇八）年八月一日、左右大舎人寮を併せて一寮とし、少属一員を加えている（日本後紀）。さらに、弘仁十（八一九）年には、大舎人は四百人に減ぜられた（職員令大舎人寮条集解所引弘仁十年八月二十六日付太政官符）。なお、大同元年十二月四日の太政官符によれば、大舎人には、蔭子孫すなわち五位以上の者の子・孫より、容姿端正で書算に巧みな者を簡試して補するとある（類聚三代格四）。和名抄五に「大舎人寮〔於保止禰利乃豆加佐〕」。黒川本字類抄中七十ウに「大舎寮〔オホトネリ〕」。名目鈔に「大舎人〔オホトネリ〕」。拾芥抄中の「大舎人頭」の「大舎人」に「オホトネリ」の訓。
六　職員令式部省条に「掌下内外文官名帳、考課、選叙、礼儀、版位、位記、校二定勲績一、論レ功封賞、朝集、學校、策二試貢人一、禄賜、仮使、補二任家令一、功臣家傳田事上」。和名抄五に「乃利乃豆加佐」。字類抄下八十六ウに「式部省〔シキフシヤウ〕」。
七　六頁注四参照。
八　位はあるが官職のない者を散位と言い、その名帳は、式部省所管の散位寮が管理した。官位令従五位条義解の「散位頭」の「散位」に「ト子（ね）」の訓。字類抄下四十九ウに「散〔サンズ〕」、名義抄仏上三に「位〔ヰ〕」。
九　内六位以下、八位以上の者の嫡子を位子という。官職についていない位子は試験により選抜され、大舎人・兵衛・使部となった。位階に関しては、四位から八位は正・従をさらに上・下にわける各四階がある。また、五位以下には内位と外位の別

次依撿挍宣[1]、仰中務省、令進[2]大舎人四[3]人、
仰式部省[4]、令進諸司史[5]生十人、散位[6]・位子
等卅人、仰民部省、令進抜[7]出丁[8]四人、次[9]錄
請[10]火[11]長四人、衛士八人之[12]状、辨[13]大夫付内侍
奏聞、訖喚所司仰[14]之[15]、次[16]定所所[17]預、

1 宣、神宮本「宜」とし右傍「宣歟」。
2 進、谷本「追」。
3 四、宮本「日」とし右傍「四」。
4 省、宮本「才」とし右傍「省」。
5 史、宮本「吏」とし右傍「史」。
6 位、都立本・神宮一本・谷本・信友本「之」とし、信友本頭注「之一本作散」。神道本右傍「之イ」。神宮本・宮本「々」とし、神宮本右傍「之カ」、宮本右傍「之」。
7 抜、都立本・三手本・宮本「祓」とし、三手本右傍「抜乎」。神宮一本「移」とし右傍「一作抜」。
8 丁、神宮一本「下」とし右傍「一作丁」。
9 次、林本・神宮一本「以」とし、神宮一本右傍「一作次」。
10 請、谷本「諸」。神宮一本右傍「一作諸」。
11 火、林本・神宮本・都立本・神宮一本・三手本・宮本「史」とし、林本注「在満云、史長、火長之誤」、神宮本右傍「火カ」、都立本・神宮一本右傍「火」。
12 之、宮本「々」とし右傍「之」。
13 辨、林本「並」。神宮一本・三手本・宮本「并」とし、宮本右傍「弁」。神宮本右傍「并イ」。
14 仰、宮本「停」とし右傍「仰」。
15 之、神宮本・宮本「々」とし、神宮本右傍「之カ」、宮本右傍「之」。
16 次、谷本「以」。
17 所、神宮本・都立本・神宮一本・谷本・三手本・宮本「々」。

がある。外位は畿外の郡司・国博士・医師・中央に出仕した帳内・資人などに授与されることが多い。名義抄法下一三七に「子(シ)」。

十　十頁注十四参照。

十一　選抜された丁のこと。抜出は、名目鈔に「相撲抜出(ヌキデ)」。丁は、字類抄上一四ウに「丁(ヨホロ、夫也、仕丁、庖丁等也)」とあり、課役を負担する成年に達した男子のこと。仕丁は二十頁注九参照。正倉院文書の天平宝字五年奉写一切経所解に「仁部抜出仕丁一人　十月四日請得」(大日本古文書十五)、同年同所解にも「申仕丁并火頭等事　惣廿八人(坤宮仕丁七人、仁部抜出仕丁一人、左勇士火頭十六人、右勇士火頭四人)(中略)、仁部抜出仕丁秦稲依」(同十五)とあり、奉写一切経所において、駆使にあつべき者として「仁部抜出仕丁」を請い得たことが見える。仁部は仁部省のことで、当時の民部省のこと。仁部省より選抜された仕丁の意であろう。続日本紀養老三年七月辛卯条に、初めて抜出司を置いたとある。同司が平安以降は相撲司となり、諸国より相撲会に奉仕する相撲人を選抜・管理したのだとされるが、果たしてその解釈でよいのか、不審。儀式八の相撲節儀にも「抜出の丁」なる者は見えない。

十二「火長」は火(兵士十人)を統率する責任者。軍団以外に、左右衛門府、検非違使にも置かれた。軍防令兵士為火条に「凡兵士、十人爲二一火一」、新唐書五十兵志に「五十人爲レ隊、隊有レ正、十人爲レ火、火有レ長」とある。万葉集四三七三番歌の防人(さきもり)の歌の作者に「火長今奉部与曽布」の名が見え、正倉院文書天平宝字五年奉写一切経所の解(注十一前掲)にも「左勇士火頭、右勇士火頭」の語が出ている。勇士衛は当時の衛士府の称。黒川本字類抄中八十二オに「火長(クワチヤウ)」。

十三　公民各戸より徴発された兵士のうち、京へ向い宮門の警衛につく者を衛士、辺地の守りにつく者を防人(さきもり)と言う。令制では、衛士は衛門府及び左・右衛士府に配属されているが、弘仁二年十一月、衛士府は廃されて左・右衛門府となった。字類抄下九十オに「衛士(ヱシ)」。

十四　名義抄僧上一三七に「録(シルス)」。

十五　行事所の弁大夫。弁は四頁注二十三、大夫は四頁注二十七参照。

十六　内侍司(ないしのつかさ)に奉仕する女官。後宮職員令内侍司条に、尚侍(ないしのかみ)二人、典侍(ないしのすけ)四人、掌侍(ないしのじょう)四人及び女孺(にょじゅ、めのわらは)一〇〇人とあり、掌るところの第一は、「常侍、奏請、宣伝」に供奉することで、常侍(じゃうじ)とは天皇のおそばに仕えること、奏請(そうしゃう)とは奏上して勅を請うこと、宣伝(せんでん)とは勅を宣し伝えることである。

(七六二頁へ続く)

出納所[一]は　五位二人・六位已下[二]六人

齋場[三]の預は　五位五人・六位以下八人　標[四]并せて倉代[五]を隷け[六]よ

小忌所[七]は　五位四人・六位以下六人

細工所[八]は　畫[九]幷せて繡所を隷けよ　五位三人・六位以下八人

女工所[十]は　五位二人・六位以下四人

樂所[十一]は　五位四人・六位以下八人

風俗樂所[十二]は　五位二人・六位以下二人

和舞所[十三]は　五位二人・六位以下二人

大炊所[十四]は　人給所[十五]を隷けよ　六位以下六人

諸司の主典[十六]以下を用ゐよ

一　出納は物品の出し入れ。北野斎場の内・外の院や服院とは別に、それより先に出納所・細工所などの所が設けられる（四十頁）。字類抄下八十五オに「出納〔シュツナフ〕」。有職袖中鈔に「出納〔シュツノウ〕」。

二　十二頁注三参照。

三　斎場は大嘗祭にかかわる由加物（ゆかもの）、多毎物（ためつもの）などを清浄に整えるために、北野に設けられる（二十四頁）。斎場預は、北野斎場を管轄するとともに、標・倉代の管理も担当する。書紀神代紀天孫降臨章第二ノ一書に「齋庭此云踰貳波（ゆには）」。名義抄法中五十二に「場〔ニハ〕、塲〔ニハ〕」。

四　標は、標の山とも呼ばれるもので、北野の斎場の悠紀・主基の外院に、造標屋（しるしをつくるや）が各一宇設けられ、大嘗祭当日の卯の日には朝集院の庭中に、辰の日には豊楽院の庭中に運び置かれる。五十四頁注二参照。字類抄上五十一ウに「標〔シルシ〕」。雑式難波澪標条の「標」に「シルシ」の訓。名義抄仏下本一〇二に「標〔ヘウ〕」。また、和名抄四に「立標〔標読、師米〕」とある。原義は境域を示すしるし。

五　北野斎場の悠紀・主基外院に倉代の屋が三宇設けられる。倉代は輿として、標の山同様、卯日の朝、行列を以て宮中に運ばれるが、その形状は四七六頁以下を参照。名義抄僧中二に「倉〔クラ〕」、同書仏上十三に「代〔シロ〕」。

六　名義抄僧下七十六に「隷〔ツク〕」。

七　小忌及び小忌院については、六頁注十六参照。

八　山槐記元暦元年八月二十二日条によれば、悠紀所・主基所それぞれの絵所の絵師として、墨画・淡・作絵・張手、細工所には、御挿頭や御器のための雑工として、木道（このみち）・木工・漆工・決入工・蒔絵工・磨物工・鍛冶工・金物・鏡工・鋳物師・綾織・薄師・平文師・打物・繡工・玉工・轆轤工などの工人が配置されている（悠紀所・主基所で若干異同あり）。字類抄下四十五ウに「細工〔サイク〕」。

出納所五位二人・六位已[1]下六人、齋場預五位五人・六位以下八人[2]〔隷[3]標幷倉代〕、小忌所五位四人・六位以下六人、細工所〔隷[4]畫[5]幷繡所〕、五位三人・六位[6]以下八人、女工所五位二人・六位以下[7]四人、樂所五位四人・六位以下八人、風俗樂所五位二人・六位以下二人、和[8]舞所五位二[9]人・六位以下二人、大[10]炊所〔隷人給所[11]〕、六位以下六人〔用諸司主典以下〕、

1 已、荷田本・林本・神宮本・都立本・神宮一本・三手本・宮本・信友本「以」。神道本右傍「以イ」。
2 荷田本・林本・神宮本・都立本・神宮一本・谷本・三手本・信友本「注」あり。神道本右傍「注イアリ」。宮本「住」あり。
3 隷、荷田本・林本・神宮本・都立本・神宮一本・谷本・宮本「隸」。
4 隷、荷田本・林本・神宮本・都立本・神宮一本・谷本・三手本・宮本「隸」。
5 畫、神宮本「盡」。
6 位、宮本なし、右傍「位」。
7 以、神宮本「已」。
8 和、宮本、以下十三字小字。
9 二、神宮本右傍「三イ」。
10 大、宮本「天」とし左傍「大」。
11 隷、荷田本・林本・神宮本・都立本・神宮一本・谷本・宮本「隸」。

九 画所（ゑどころ）及び繡所（ぬひどころ）を、細工所が合せて管掌するということ。名義抄仏上七十七に「畫〔ヱ〕」、同書法中一二六「繡〔ヌヒモノ、ヌムモノ〕」。和名抄十二「繡〔訓沼無毛乃〕」。書紀推古天皇十三年四月条の「繡」に「ヌヒモノ」の訓。

十 女工所は、装束の衣などの染色・裁縫のことを担当する。四十頁に「内侍、就二女工所一行レ事」とあり、内侍（北山抄五では掌侍）が女工所勾当として加わる。弁内侍日記に「女く所」。加茂正典「大嘗祭の女工所について」（『日本古代即位儀礼史の研究』、平成十一年）参照。

十一 楽は雅楽。和名抄五に「雅樂寮〔宇多末比乃豆加佐〕」。書紀持統天皇元年正月条の「樂官」に「ウタマヒノツカサ」の訓。

十二 風俗楽を「くにぶりのうたまひ」と訓んだが、「くにぶり」について本書では「國風」（五〇二・五〇四・五四八頁）と「風俗」（五〇六・五四二・五四四頁）と二様の文字表現があり、践祚大嘗祭式では「國風」で一定している。事柄は同一である。書紀允恭天皇四十二年十一月条の「風俗」に「クニ」、同書清寧天皇三年九月条の「風俗」に「クニワサ、オホムタカラノアリカタ」、同書推古天皇十六年八月条の「風俗」に「シワザ、クニノワザ」の訓。黒川本字類抄中一〇六オに「風俗〔フソク〕」。五〇二頁注五（国風）参照。

十三 和舞を奏することは後出（五五〇頁）。古今和歌集一〇七〇番歌題詞に「ふるきやまとまひのうた」とある。伊勢大神宮式月次祭条の「倭儛」に「ヤマトマヰ」の訓。五五〇頁注二十一参照。

十四 大炊は、「おほいひ（大飯）」の約として「おほひ」と訓むべきであろう。和名抄五に「大炊寮〔於保爲乃豆加佐〕」。米などを炊（かし）くのが役目であり、斎場では、内院・外院それぞれに大炊屋が設けられる。

十五 食料などを分給することを人給（ひとたまひ）という。そもそも大炊寮の職掌に分給ということがあるので、大炊所にも人給所がつけられるのであろう。山槐記元暦元年八月二十二日条には「大炊幷人給所」とされている。和名抄十一に「副車〔會閉久流萬、俗云比度太萬比〕」とあり、副車（従者に貸し与える車）を「ひとたまひ」としている。枕草子二三七に「人だまひ」。

十六 六頁注一参照。

行事以下の食法

[一]其(そ)の[二]食法(けのののり・じきはふ)は
[三]行事(ぎやうじ)の主典已上(さくわんよりかみ)は　[四]日に[五]白米(しらげよね)一[六]升五合
[七]史生(ししやう)・大舎人(おほとねり)・官掌(くわんじやう)・使部(しぶ)・[八]國(くに)の書生(しよしやう)は　一升二合
火長(くわちやう)・[九]仕丁(つかへのよほろ・じちやう)は　[十]黑米(くろごめ)　八合
所所(ところところ)の[十一]判官代(じようだい)已上は　日に白米一升五合
主典代(さくわんだい)・[十二]膳部(かしはでべ)・國の書生は　一升二合
[十三]雜工(ざふく)は　二升
其の[十四]從者(ともびと)は
行事の五位已上は　三人
判官・主典代は　二人

一　二頁注二十八参照。
二　食（食物・食事）の支給法。名義抄僧上一〇四に「食〔自キ（じき）、ケ〕」、同書法上一に「法〔ノリ、ホウ〕」。源氏物語梅枝に「御いましめのふたつのはふ（法）」。
三　行事は四頁注二十一、已上は四頁注三十五参照。
四　八頁注三参照。
五　精白した米を「しらげ（白米）」という。新撰字鏡八に「稗粺〔志良介与祢〕」。名義抄法下三十五に「粺〔シラゲヨ子（ね）〕」。和名抄十七に、精白の程度によって糳を「萬之良介乃與禰（ましらけのよね）」、粺を「之良介乃與禰」、糲を「比良之良介乃與禰（ひらしらけのよね）」と訓んでいる。注十も参照。
六　升・合ともに容積の単位、斛の十分の一が斗、斗の十分の一が升、升の十分の一が合（雑令度十分条）。
七　史生は六頁注四、大舎人は十六頁注五、官掌は六頁注十二、使部は六頁注十三参照。
八　悠紀・主基両斎国の書生。一五八頁に「書生」、六一四頁に「國書生」と見える。書生は、諸官司で文書の浄書などを担当した下級事務職員。国衙・郡衙にも置かれた。名義抄仏中九十九に「書〔シヨ〕」、同書僧下九十一に「生〔者ウ（しやう）〕」。書紀推古天皇十年十月条の「書生」に「フムヒト」の訓。
九　律令制では、五十戸に二人、成年男子が労役のため三年間徴用され、官司などに配属された。労役に従事する立丁一人に、立丁の食事などを担当する廝丁一人が付く。書紀孝徳天皇大化二年正月条の「仕丁」に「ツカヘノヨホロ」の訓。丁は十六頁注十一参照。下学集に「仕丁〔ジチヤウ〕」。
十　精白していない米、すなわち玄米。それに当る漢字は糲であるが、和名抄十七は、崔禹錫の食経に「烏米、一名糲米」とあるのを引いて、その糲米を「比良之良介乃與禰」と訓み（注五）、本草和名十九は、稲米について、崔禹錫は稌米・烏米・𥻨・糲の四つの名をあげているとし、和名を「多々與禰」とする。十巻本和名抄九は、それらは俗に「久呂古米」というのと

其食法、行事主典已[1]上日白米一升五合、史生・大舍人・官掌・使[2]部・國[3]書生[4]一升二[5]合、火長・仕丁黑[6]米八合、所所[7]判官代已上日白米一升五合、主典代・膳部・國[8]書生[9]一升二合、雜工二升、其從[10]者行事五位已上三人、判官・主典代二人、

1 已、林本「以」。
2 使、宮本「楝」とし右傍「使」。神宮本右傍「楝イ」。
3 國、林本・神宮本・都立本・神宮一本・以文本「圖」とし、神宮一本右傍「一作國」、以文本右傍「國」。三手本右傍「圖乎」。信友本「図」とし頭注「一本作国」。
4 三手本右傍「日白米乎」あり。
5 二、神宮本右傍「五イ」左傍「三イ」。
6 三手本右傍「日乎」あり。
7 所、林本「司」。神宮本・都立本・谷本・三手本・宮本・信友本「々」。
8 國、林本・神宮本・都立本・神宮一本・三手本・宮本「圖」とし、神宮一本右傍「一作國」。信友本右傍「図」。
9 三手本右傍「日白米乎」あり。
10 從、谷本「徒」。

同じだと説いている。大膳職式賀茂条に「夫十五人、京職所ㇾ進、〔黒米一斗八升、夫食料〕」とあり、夫の食料としての黒米が規定されている。

十一 判官の代りにその事を行なう者として命ぜられた者。判官は四頁注三十四参照。

十二 食膳をととのえることを役目とする者で、令規定では大膳職（おほかしはでのつかさ）に一六〇人、内膳司（うちのかしはでのつかさ）には四十人の膳部が勤務していた。「て」は、人の意。新撰字鏡十に「廝〔加志波天〕」。名義抄仏中一三四に「膳〔カシハテ〕」。書紀雄略天皇元年十月条の「膳夫」に「カシハテへ」、同書天武天皇十三年十一月条の「膳臣」に「カシハテ」、同書朱鳥元年九月の「膳職事」に「カシハテノツカサ」の訓。四時祭式上春日祭条の「膳部」に「センフ」と、「膳部」の「部」に「へ」の訓があり、以上より、膳部を「かしはでべ」と訓読した。

十三 細工所などに勤務する諸種の工人。名義抄僧中一三七に「雑〔坐フ(ざふ)〕」。工を「く」と音読する例は、字類抄中八十ウに「工匠〔クケイ〕」。

十四 名義抄仏上四十に「従〔トモ〕」、同書仏中一〇〇に「者〔ヒト〕」。書紀皇極天皇元年四月条の「従者」に「トモヒト」の訓。

所所の五位已上は　二人　人別に赤米八合

所所の判官・主典代は　一人　人別に黒米八合

御帳帷・御鏡を繡う人を請う

御帳の帷　幷せて御鏡の緒等を繡はしめむが爲に　內豎

幷せて左右の近衛・兵衛等を請ふ奏を　內裏に進れ

近衛府の楽人・雅楽寮の歌女を請う

次に　左右の近衛府の樂人　幷せて雅樂寮の歌女等を請ふ奏

を進れ

諸寺の楽人・楽器の借用を請う

次に　諸寺の樂人・樂器を借る狀を牒し送れ

会料の正税を下知

次に　應に會の料の正稅を行ふべき狀を　諸國に下知せよ

会料の雑物を進めることを下知

次に　應に會所の雜物を運び進るべき狀を　諸國に下知せよ

北野の斎場を卜定

次に　應に齋場を卜定むべき狀を　山城の國に牒し送れ

一 名義抄仏上一に「人〔ヒト〕」、同書僧上九十二に「別〔コトニ、コトナリ〕」。

二 米粒に薄赤い斑点があり、弥生時代に中国から渡来した稲の原種とされる。唐法師（とうぼし）・大唐米（だいとうまい）とも。正倉院文書天平宝字三年越前国足羽郡書生解に「合粢斛伍斗〔赤六石五斗、黒一石五斗〕」（大日本古文書四）と見え、また、天平六年尾張国正税帳に「納二大炊寮酒料赤米貳伯伍拾玖斗一」とあり、大量の赤米を大炊寮の酒料として貢納している。さらに平城京木簡では、播磨・丹後・但馬から赤米が貢進されており、広地域に赤米が栽培されていたことを窺わせる。関根真隆『奈良朝食生活の研究』（平成元年）参照。名義抄仏上八十四に「赤〔アカシ〕」。

三「合」と「爲」の間、荷田本は「次」一字を補っている。荷田本のように、「次に」という語が有るべきであろうが、諸本いずれにも無い。

四 豊楽院の御座（悠紀帳・主基帳）を装飾する御帳。悠紀帳の鋪設は四三〇頁以下に規定されている。四三〇頁注十八参照。五二四頁に「御帳」と見える。帳は室内に垂れて隔てとするもの。御（おほむ）は神・天皇・貴人に対する尊敬の意を表す。「おほん」とも。名義抄仏上三十九に「御〔オホム〕」、黒川本字類抄六十五ウに「御〔オホム〕」。帳は、名義抄法中一〇五に「帳〔カタヒラ、トハリ、チヤウ〕」。書紀履中天皇即位前紀の「帳」に「トバリ」の訓。新撰字鏡四や和名抄十四は、幌を「止波利」と訓む。

五 帷は、几帳などに掛け、隔てとして用いた、裏のない一枚だけの布の意。また、裏のない衣のこともいう。和名抄十四に「帷〔和名加太比良〕」。

六 豊楽院の御座を装飾する御鏡。名義抄僧上一三七に「鏡〔カガミ〕」。書紀継体天皇元年二月条の「天子鏡劔璽」に「ミカガミミハカシミシルシ」の訓。四三二頁に「斗帳に懸くる料の鏡」とある。

1 所、林本「司」。荷田本・神宮本・都立本・谷本・三手本・宮本・信友本「々」。
2 人、神宮本・谷本・三手本・宮本「々」。
3 赤、荷田本・林本・信友本・以文本「白」。宮本右傍「白」。神宮一本「亦」。
4 所、林本「司」。神宮本・都立本・谷本・三手本・信友本「々」。
5 人、神宮本・谷本・三手本・宮本「々」。
6 荷田本・信友本・以文本「次」あり、荷田本注「諸本並無」。
7 都立本・以文本「造」あり。神道本右傍「造イアリ」あり。
8 帳帷、宮本「帷帳」。神宮本右傍「帷帳イ」。
9 緒、神宮本右傍「絹イ」。
10 豎、神宮本・神宮一本・三手本・宮本・信友本「竪」。谷本「堅」。
11 近衛兵衛、林本「兵衛近衛」。
12 近、神宮一本「進」とし右傍「一作近」。
13 送、神宮本「進」とし右傍「送イ」。宮本「途」とし右傍「送」。以文本なし、頭注「一有送字」。
14 寺、林本・都立本・神宮一本「司」。
15 神宮本・三手本・宮本「楽人」あり、神宮本左傍「已下二字衍カ」。
16 ト、神宮本右傍「合イ」。

所所[1]五位已上二人、人[2]別赤[3]米八合、所所[4]判官・主典代一人、人[5]別黒米八合、[6]爲令[7]繍御帳[8]帷幷御鏡緒[9]等、請内豎[10]幷左右近[11]衛・兵衛等奏進於内裏、次進請左右近[12]衛府樂人幷雅樂寮歌女等奏、次牒送[13]借諸寺[14]樂人[15]・樂器之狀、次應行會料正税之狀下知諸國、次應運進會所雜物之狀下知諸國、次應卜[16]定齋場之狀牒送山城國、

七 緒は、糸や紐など細長いもの。名義抄法中一一三に「緒〔ヲ〕」。

八 名義抄僧下七十九に「爲〔タメニ〕」。

九 和名抄五に「内監三百人〔俗云知比佐利良波〕」。「豎」に作ることも多いが、「豎」は「豎」の俗字。殿上に勤使した。童子が原則であるが、成人も存したようである。もと豎子と称したが、所管の役所のことを含めて、沿革は複雑で、日本後紀弘仁二年正月庚子条の制に「上殿舎人一百廿人、復二舊名一爲二内豎一」とあり、このときかこれに近い頃に、改めて内豎所も置かれたようである。官符宣旨例第三十七号（七四八頁）に「十二領内豎所料」とある。黒川本字類抄中三十八ウに「内豎〔ナイシウ〕」。中務内侍日記に「内しゆ」。

十 近衛府の兵士。朝野群載六諸司訓詞に「近衛府〔チカキマモリノツカサ〕」。中務省式時服条の「近衛府」に「チカキマモリノツカサ」の訓。拾芥抄中の「近衛大将」に「チカキマモリノツカサ」の訓。字類抄下十三オに「近衛府〔コンヱフ〕」。伊勢物語七十六に「このゑつかさ」、宇津保物語蔵開上に「左右こんゑ」、満佐須計装束抄二に「このゑづかさ」。

十一 兵衛府の兵士。書紀用明天皇元年五月条の「兵衛」に「ツハモノトネリ」、官位令従五位条義解の「兵衛督」に「ツハモノトネリノカミ」、中務省式諸司員条の「兵衛府」に「ツハモノトネリノツカサ」の訓。宇津保物語吹上上に「ひやうゑのつかさ」、字類抄下一〇〇オに「兵衛府〔ヒヤウヱフ〕」。二〇八頁注二参照。

十二 等は六頁注九、請は十二頁注十八、奏は二頁注二十五参照。

十三 宮中。宮殿や官庁のあったところを大内裏といい、その中の皇居のあったところを内裏という。書紀用明天皇二年四月条の「内裏」に「ヲホウチ」、同書大化元年八月条の「内裏」に「オホウチ」の訓。黒川本字類抄中九ウに「内裏〔タイリ〕」。進は十頁注十二参照。

十四 注十参照。近衛府は、天平神護元（七六五）年に成立の令外官。大同二（八〇七）年に近衛府を左近衛府、中衛府を右近衛府と改称した。職員は、大将・中将・少将・将監・将曹などで、近衛舎人は四〇〇人（後に六〇〇人）。衛府の制には変遷があったが、平安初期の官制改革の一環として、弘仁二（八一一）年に、左右近衛・左右兵衛・左右衛門の六衛府体制が成立する。

十五 近衛府の将監（じよう、しやうげん）・将曹（さくわん、しやうさう）、または府生に任ぜられた楽人をいう。三代実録貞観三年四月条に「喚二左右近衛樂人於北殿東庭一、奏二音樂一」と見える。書紀允恭天皇四十二年正月条の「樂人」に「ウタマヒノヒト」の訓。字類抄上一〇〇ウに「樂〔カク〕」。名義抄仏上一に「人〔ニン〕」。

（七六二頁へ続く）

其の日に至れば　撿校以下　神祇官を率て　北野に到り
其の地を卜定めよ
其の儀は
神祇官
悠紀・主基の兩の國司
幷せて　山城の國・郡司等
荒見河に就き　祓物を陳ね置け
各　五色の薄絁　各一尺
木綿　二斤
米　二升

一 名義抄仏上七十五に「至〔イタル〕」。
二 検校は四頁注十九、以下は十二頁注三、神祇官は二頁注二十参照。
三 名義抄仏上八十三に「率〔ヰル〕」。
四 北野の地名は、平安京の北の野の意。字類抄下六十四ウに「北野〔キタノ〕」。
五 名義抄僧上九十四に「到〔イタル〕」。
六 名義抄法中四十八に「地〔ツチ、トコロ〕」。
七 二頁注五参照。
八 律令制では、国の下に郡があり、郡の下に里があった。山城国の八郡については、二十二頁注二十七参照。国・郡は二頁注二十三参照。名義抄僧下一〇二に「司〔ツカサ〕」。黒川本字類抄中八十二オに「郡司〔クンシ〕」。等は六頁注九参照。
九 京都市内を北から南へ流れる紙屋川のことで、いま北野神社と平野神社との間を流れている。荒見（あらみ）とは、「あらいみ(散斎)」の意。名義抄僧上八に「荒〔アラシ〕」、同書仏中八十一に「見〔ミル〕」、同書法上一に「河〔カハ〕」。神祇官年中行事臨時大嘗会条によれば、荒見河祓には「中臣二人、卜部四人、神部等參勤」とする。
十 名義抄仏下末十九に「就〔ツク〕」。
十一 祓えのために差し出す物品。書紀神代紀宝鏡開始章に「秡具、波羅閇都母能(はらへつもの)」。
十二 名義抄法中四十六に「陳〔ノブ、ツラヌ、ツラナル〕」、同書僧中九に「置〔オク〕」。
十三 諸社への幣帛として「五色薄絁各〇尺」などという例が、延喜式にしばしば見える。五色とは、赤・青・黄・白・黒であって、五行説の影響かと言われることも多い。荒木田経雅は大神宮儀式解で、五色とは五種の義で青・黄・赤・白・黒をいうのではないと説く人もあるが、そうではない、やはりこの五つの色だと論じている。川出清彦『神社有職』（昭和五十四年）は、古くは必ずしも一定していないとして諸例をあげてい

1 於、林本・以文本なし。宮本右傍「イ无」。
2 卜、宮本「下」とし右傍「卜」。
3 林本注「漏也字」あり。宮本右傍「也」あり。以文本右傍「也」頭注「一本有也字」あり。
4 兩、宮本「西」とし右傍「両」。
5 國、林本なし。
6 就、荷田本・林本・神宮本・都立本・神宮一本・谷本・三手本・宮本「託」とし、荷田本注「若詣之誤乎」、林本注「詣之誤」、神宮本右傍「於カ」左傍「訖イ」。信友本「詣」。神道本右傍「詣イ」。
7 陳、神宮本・宮本「練」とし、神宮本右傍「凍イ」左傍「陳イ」。都立本「湅」。谷本「陣」。
8 三手本右傍「其料物乎」あり。
9 薄、神宮一本「簿」とし右傍「一作薄」。
10 木、宮本「不」とし右傍「木」。
11 二、宮本右傍「一イ」。

至於[1]其日、撿挍以下率神祇官、到北野卜[2]定其地、其儀[3]神祇官・悠紀・主基兩[4]國司幷山城國[5]・郡司等就[6]荒見河、陳[7]置祓物、各[8]五色薄[9]絁各一尺、木[10]綿二斤、米二[11]升、

る。訓みは「いつつのいろ」、または「いついろ」。仏足石歌に「伊都々乃毛乃（いつつのもの）」。書紀推古天皇十六年八月条の「五色綾羅」に「イツイロノウスハタ」。名義抄仏上七十四に「五〔イツツ〕」、同書僧下一二五に「色〔イロ〕」。「いろ」は「くさ」とも。五は十四頁注十三参照。

十四 名義抄法上七十四に「薄〔ウスシ、ヤハラカナリ〕」。和名抄十二に「絁〔和名阿之岐沼〕」、名義抄法中一一三に「絁〔アシギヌ〕」。賦役令調絹絁条義解に「謂、細爲レ絹也、麁爲レ絁也」とあり、太い絹糸で織ったものを絁とする。書紀大化二年正月条の「絁」に「フトキヌ」の訓。

十五 物の長さの単位。雑令度十分条に、十分が一寸、十寸が一尺、十尺が一丈とある。なお、測地用などの大尺は小尺の一・二倍。名義抄僧下一〇四に「尺〔者（しや）ク〕」。

十六 木綿（ゆふ）は、楮（こうぞ）の皮をさらして、細かにさいて糸様にしたもの。神事に用いた様子は、万葉集三七九番歌の「大伴坂上郎女祭神歌」にも見られる。「奥山の賢木（さかき）の枝に白香（しらか）つく、木綿（ゆふ）取りつけて齋戸（いはひべ）をいはひほりすゑ」。和名抄十三に「木綿〔和名由布〕」。名義抄法中一二二に「木綿〔ユフ〕」。字類抄下六十八オに「木綿〔ユフ〕」。

十七 物の重さの単位。雑令度十分条に、二十四銖が一両、十六両が一斤とある。一銖は中程度の大きさの黍一〇〇粒の重量であり（雑令度十分条義解）、唐制に準拠したもの。

十八 十二頁注二十五参照。

酒(さけ)[一]　一斗[二]

薄鰒(うすあはび)[三]

堅魚(かつを)[四]

海藻(め)[五]　各一連[六]

食薦(すこも)[七]　二枚[八]

干柏(ひがしは)[九]　六把[十]

竝(なら)[十一]びに國[十二]　辨備(わきまへそな)[十三]へよ

訖(をは)[十四]れば　行事(ぎやうじ)以下(よりしも)雜色人(ざふしきにん)[十五]以上(よりかみ)　共(とも)[十六]に祓(はらへ)[十七]の場(には)に就(つ)き

悠紀(ゆき)[十八]は上(かみ)[十九]に在(あ)り　主基(すき)[二十]は下(しも)に在れ

大祓(おほはらへ)[二十一]せよ

一 和名抄十六に「酒〔和名佐介〕」。名義抄法上四十四に「酒〔サケ〕」。

二 斗は容積の単位。斛の十分の一が斗、斗の十分の一が升、升の十分の一が合（雑令度十分条）。

三 名義抄法上四十二に「薄〔ウスシ〕」。和名抄十九に「鰒〔阿波比〕」。伊勢の神宮の神嘗祭神饌に用いられる鰒は、薄くのばして乾かし、玉貫鰒（たまぬきあわび、小口切に切り縄に貫いたもの）・身取鰒（みとりあわび、肉を薄く皮を剥くように剥いたもの）として供進される。

四 和名抄十九に、鰹魚を「加豆乎、式文用堅魚二字」とある。名義抄僧下一に「堅魚〔カツヲ〕」。

五 「め」は、わかめ・あらめ・にぎめ等の食用とする海藻の総称。肥前国風土記養父郡米多郷の地名説話に「此郷之中有レ井、名曰二米多井一、水味鹹、曩者海藻生二於此井之底一。纏向日代宮御宇天皇、巡狩之時、御二覧井底海藻一、即勅賜レ名曰二海藻生井一、今訛二米多井一、以二爲郷名一」とある。和名抄十七は海藻を「和名迩木米（にきめ）、俗用和布」、本草和名九は海藻を「和名之末毛（しまも）、一名尓岐女（にきめ）、一名於古（おこ）」。名義抄僧上二十七に「海藻〔ニギメ〕」。四時祭式祈年条の「海草」に「メ」の訓。黒川本字類抄下五十七ウに「和布〔メ〕」。

六 連は、篠竹・矢などを縄・紐などで一まとめにくくった物の数え方。七二四頁に「篦半連」とある。

七 食事のときに敷く。「す」は簀、すなわち竹や葦や薦（こも）を粗く編んで作った敷物。四時祭式上雷神条の「食薦」に「スコモ」の訓。十巻本和名抄六に「漢語抄云食單、須古毛」とあり、字類抄下一一六ウに「食単〔スコモ〕、食薦〔同〕」とする。

八 十二頁注二参照。

九 干は「ひる」。字類抄下九十五ウに「睎〔ヒル、音希、日氣乾也〕、晞干乾暵膜活旱晞〔已上同〕」とあることに拠る。柏は、ブナ科の落葉樹で飲酒の容器として用いられた。干柏は乾した

酒一斗[1]、薄鰒・堅魚・海藻各一連、食薦二枚、干柏六把、竝[2]國[3]辨備、訖行事以下雜色人以上、共就祓場〔悠紀在上、主基在下〕、

大祓

1 斗、神宮本右傍「舛イ」。
2 竝、神宮本・以文本「并」。
3 三手本右傍「司乎」あり。

柏。本儀の午の日の条にも「造酒司人別賜レ柏、即受レ酒而飲」ということが見える（五八〇頁）。和名抄二十に「柏一名栂〔和名加閉〕」とするが、また、「槲〔和名加之波〕唐韻云柏〔音帛、和名上同〕」ともあるので、柏も槲と同じく「加之波」ということになる。名義抄仏下本一一二に「柏〔カシハ〕」。

十 束ねたものを数える単位。

十一 十四頁注十参照。

十二 山城国。解除の祓物は、斎場が設けられる山城国が負担する。践祚大嘗祭式禁守条に「將レト二齋場一、先爲二解除一、其料物當國所レ輸」とある。国は二頁注二十三参照。

十三 神社関係者の間では、現在でも、祭場のしつらえをするのに弁備（べんび）という語を用いる。名義抄僧下六十五に「辨〔ワキマフ〕」、同書仏上三十五に「備〔ソナフ〕」。

十四 訖は二頁注二十六、行事は四頁注二十一、以下は十二頁注三参照。

十五 官司の四等官・品官（ほんかん）以外の官職で、大嘗祭の様々な雑務に従った者。品官は、四等官とは別系統の職事官（しきじかん）。以上は十二頁注二十七参照。枕草子五十三に「ざふしき」とある。

十六 十頁注六参照。

十七 祓は、名義抄法下七に「袚〔ハラヘ〕」、同書法下二十三に「秡〔ハラヘ、ヌサ〕」。場は、同書法中五十二に「場〔ニハ〕、塲〔ニハ〕」。

十八 二頁注二十三参照。

十九 上は河上側、下は河下側。名義抄仏上七十四に「上〔カミ、ウヘ〕」。兵範記仁安三年八月二十三日条（高倉天皇大嘗祭）によると、場所は荒見川東辺で、悠紀の幄は北に、主基の幄は南に設置されている。

二十 主基は二頁注二十二、下は二頁注三十三参照。

二十一 兵範記仁安三（一一六八）年八月二十三日条（高倉天皇大嘗祭）には、荒見川祓は先ず祭文、次に中臣祓とある。卜部兼永自筆本祝詞式六月晦日大祓条の「大祓」に「オオハラヘ」の訓。書紀天武天皇五年八月条の「大解除」の「解除」に「ハラヘ」の訓。三三八頁注十参照。

悠紀[一]先づ祓[二]詞を發[三]だせ　次に主基

訖れば　各幄[四]の下[五]に就き　斎場[六]を卜定めよ

悠紀は東[七]に在り　主基は西に在れ

行事以下　先づ同じく野中[八]に行き　其[九]の塊を執[十]り　將[十一]ち歸[十二]りて

之[十三]を卜へよ

其の料物[十四]は

各　酒　一斗

米[十五]　四升

木綿[十六]

麻[十七]　各一斤

一 名義抄仏下末十八に「先〔マヅ〕」。

二 兵範記に中臣祓とあるので（二十六頁注二十一参照）、祝詞式大祓条の大祓詞が奏上される。名義抄法上五十五に「詞〔コトバ〕」。

三 名義抄僧下一〇七に「發〔オコス、イダス〕」。

四 和名抄十四に「幄〔和名阿計波利〕」。名義抄法中一〇七に「幄〔アケハリ〕」。大蔵省式大祓条に「凡臨時大祓所、立二五丈幄二宇、七丈幄一宇一〔五丈一宇設二參議已上一人座一、一宇設二辨官座一、七丈一宇諸司立祓一〕」とある。またその幄の造り方についても、詳しく定められている。長さ五丈のもの、七丈のもの、いずれも広さは二丈四尺、柱を立て、なげしを渡し、帛を以て覆い囲む。

五 名義抄仏上七十四に「下〔モト〕」。

六 斎場は十八頁注三、卜定は二頁注二十四参照。

七 八頁注二十五参照。

八 野は名義抄僧下一〇〇に「野〔ノ〕」、中は同書仏上七十九に「中〔ナカ〕」、行は同書仏上八十二に「行〔ユク〕」。野中とは北野斎場予定地で、その塊（つちくれ）を採って持ち帰り、荒見川祓の後、荒見川辺の幄において斎場を卜定する。卜定された斎場地は、一辺四十八丈の正方形型で、四角に標を立て、賢木を立てるとする（三十頁参照）。兵範記仁安三年八月二十三日条では、偉鑒門中央から縄を北に八十三丈引き、更に同門東の柱巡りを去る東十四丈の地点を定め、その所を中心として一辺四十八丈の正方形型に縄を引き悠紀斎場所とし、その四至には「悠紀斎場所」と記された札が立てられ、また、その四角には榊を挿す。塊を卜うことについては、同記は上記文に続けて、史生等に斎場所中央の壌採取を命じ、右近馬場の母屋において神祇官を喚び亀卜によりその壌を占わせている。

九 其は二頁注二十八参照。塊は、名義抄法中五十三に「塊〔ツチクレ〕」。

十 名義抄仏下末十八に「執〔トル〕」。

（悠紀先發祓詞、次主基）、訖各就幄下、卜定
齋場（悠紀在東、主基在西、行事以下先同[1]行野中、
執其塊將[2]歸卜之）、其料物各酒[3]一斗、米[4]四升、
木綿・麻各一斤、

十一　名義抄仏下末八に「將（モツ）」。
十二　名義抄僧下一一三に「歸（カヘル）」。
十三　八頁注五参照。
十四　料は二十二頁注二十三、物は十頁注二十一参照。
十五　十二頁注二十五参照。
十六　二十四頁注十六参照。
十七　和名抄十四に「麻（乎）一云阿佐」。名義抄法下一〇三に「麻（ヲ、一云アサ）」。

1　同、林本・神宮一本・谷本・三手本・宮本「用同」。都立本「用」。神宮本なし。
2　將、三手本「時」。宮本「侍」。
3　林本・神宮一本・谷本・三手本・宮本「各」あり、林本注「衍字」。
4　宮本右傍「各」あり。

鰒
堅魚
海藻　各一連
腊　一斤
卜へ訖れば　標を四角に立て
　賢木を立て　木綿を着けよ
方四十八丈を限と爲
卽ち　山城の國の葛野・愛宕の兩の郡司をして之を守らしめよ

大嘗宮の用材採取の山野を卜定

次に大嘗宮の材木・萱　幷せて御琴の料材・柏等を採る山・
野を卜定め

一 魚や鳥の肉をまる干しにしたもの。和名抄十六に「腊〈和名木多比〉」。名義抄仏中一三五に「腊〈キタヒ〉」。
二 十八頁注四参照。斎場地に標を立てることは、二十八頁注八参照。
三 名義抄僧中十五に「四〈ヨツ、ヨモ〉」、同書仏下本九に「角〈スミ〉」。祝詞式御門祭条の「四角」に「ヨツノスミ、ヨスミ」の訓。
四 名義抄法上九十に「立〈タツ〉」。
五 和名抄十三が祭祀具としてあげ、「坂樹立刺立、爲祭神之木」という日本書紀私記の説明を引いているように、「さかき」は神事に用いられる木である。その木の種類が、常緑ではあるが、必ずしも現在「さかき」と呼ばれているツバキ科のものとは限らなかったと言われている。いまの「さかき」に一定した時期や経緯は明かでない。和名抄十三は楊氏漢語抄を引いて「佐加岐」に龍眼木を宛て、本草和名十三が龍眼を「佐加岐之美」としているが、龍眼木はムクロジ科の木であって、現在の榊（さかき）ではない。和名抄十三は「今按」として、本朝式が賢木の二字を用い、楊氏漢語抄が榊の字をも用いているのは「並未詳」としている。そのような混乱が上代に存した理由は不明である。なお、新撰字鏡七が「佐加木」という訓を宛てている榊・梻・椗・杜・龍眼のうち、榊と梻とは国字である。書紀景行天皇十二年条の「賢木」に「サカキ」の訓。字類抄下四十三ウに「賢木〈サカキ、本朝式用之〉」。西宮一民「サカキ（榊）考」（『上代祭祀と言語』所収、平成二年）参照。
六 木綿は二十四頁注十六、着は八頁注六参照。
七 方は、縦横の長さが同じであること。一辺四十八メートルの正方形。名義抄僧中三十に「方〈ハウ、ホウ〉」。北野斎場平面図参照。
八 名義抄僧中五十三に「丈〈チヤウ〉」。二十四頁注十五参照。
九 名義抄法中四十六に「限〈カギリ、カギル〉」。
十 名義抄仏下末二十九に「為〈ナル、セス〉」、字類抄下一一七

鰒・堅魚・海藻各一連、腊一斤、卜訖立標
四角[1]〔立賢木着[2]木綿〕、方四十[3]八[4]丈[5]爲限、卽
令山城國葛野・愛宕兩郡司守之、次卜定採
大嘗宮[6]材木[7]・萱幷[8]御琴料材柏等山野、

1 四、宮本「日」とし右傍「四」。
2 着、三手本・宮本「者」とし、三手本右傍「著歟」、宮本右傍「着」。
3 四十、宮本「卅」とし右傍「四」。信友本「州」とし左傍「卌也」。
4 八、林本なし。
5 丈、神宮本・宮本「人」とし、神宮本右傍「丈カ」、宮本右傍「丈」。
6 宮、宮本「官」とし右傍「宮」。
7 木、宮本「不」とし右傍「木」。
8 幷、林本「並」。

ウに「擬〔ス、スル〕将欲為〔遠支反〕作〔已上同〕」。四頁注二十参照。

十一 即は二頁注二十七、山城は二十二頁注二十七参照。

十二 京都盆地の北西部に位置し、桂川の南北に広がる。和名抄五に「葛野〔加止乃〕」、橋頭・大岡・山田・川辺・葛野・川島・上林・櫟原・下林・錦代・田邑の十二郷よりなる。二十二頁注二十七参照。

十三 和名抄五に「愛宕〔於多岐〕」、小野・蓼倉・栗野・大野・上粟田・下粟田・錦部・八坂・愛宕・出雲・鳥戸・賀茂の十二郷よりなる。二十二頁注二十七参照。

十四 両は四頁注十八、郡司は二十四頁注八参照。

十五 名義抄法下五十三に「守〔マモル〕」。

十六 四頁注十三参照。

十七 大嘗の訓音については、二頁注四参照。名義抄法下五十六に「宮〔ミヤ、クウ〕」。

十八 新撰字鏡七に「材〔衆木也〕」、字類抄下六十五ウに「木〔キ〕」として「材」も同じとする。名義抄仏下本八十二に「木〔キ〕」。

十九 萱は、薄・茅・萱など細長く強靭な葉を持った草の総称で、屋根・草壁の材料とする。屋根などを葺く草を「かや」と訓むことは、古事記上に「謂二天津日高日子波限建鵜葺草不レ合命一〔訓波限云二那藝佐一、訓葺草云二加夜一〕」とある。和名抄二十に「萱〔加夜〕」。

二十 践祚大嘗祭式埜守条に「凡應レ採二大嘗殿材幷御膳柏一山、及苅二葺草一野、齋場地等、八月上旬神祇官共二國司一卜定、〔將レ卜二齋場一先爲二解除一、其料物當國所レ輸〕訖卽申レ官、令二山野所屬郡司一人專當禁守一、勿レ入二穢人一〔採二鎭魂琴材一山准レ此、其鵄尾琴四面、令二内匠寮造一送二神祇官一〕」と見える。この御琴の製作については、官符宣旨例第二十九号（七二〇頁）が該当し、「供奉大嘗會御鎮魂料」とある。御は二十二頁注四参照。名義抄法中二十五に「琴〔コト〕」。山槐記元暦元年八月二十日条に、①大嘗宮材料を採るべき山、②萱を刈るべき野、③鵄尾琴材料を採るべき山、④柏を採るべき山野の卜定結果が記されている。悠紀の①は山城国愛宕郡（乙下合）、伊賀国名陰山（丙合）、②は近江国蒲生郡生野（乙下合）、摂津国島下郡文野（丙合）、③大和国吉野郡吉野山（丙合）、近江国高島郡板倉山（乙下合）、④河内国交野郡植原村（丙合）、近江国高島郡美屋野（乙下合）とあり、主基の①は山城国宇治郡（丙合）、丹波国桑田郡（乙下合）、②山城国宇治郡栗栖野（丙合）、摂津国島上郡水成野（乙下合）、③摂津国有磨郡有磨山（乙下合）、丹波国船井郡山（乙下合）、④は山城国乙訓郡大原野（乙下合）、丹波国桑田郡野山（丙合）とある。

（七六三頁へ続く）

雑物の交易を諸国に下知

即(すなは)ち　[一]卜食(うらはみ)の國に下知(くだしし・げち)らせよ

次に　應(まさ)に[二]雜物(くさぐさのもの・ざふもの)を[三]交易(けうやく)すべき狀(じやう)を　[四]諸國(もろもろのくに)に[五]牒(てふ)し送(おく)り[六]畢(を)へよ

小忌院を卜定

次に　[七]小忌院(をみのゐん)を卜定(うらへさだ・ぼくぢやう)め

訖(をは)れば　[八]宮主(みやじ)の[九]卜部(うらべ)　[十]行事(ぎやうじ)幷(あは)せて小忌の[十一]官人(つかさひと・くわんにん)以下(よりしも)を[十二]率(ゐ)て

小忌院を[十三]鎭(しづ)めよ

[十四]其(そ)の料(れう)は

[十五]各(おのもおのも)　五色(いつつのいろ)の薄絁(うすきあしぎぬ)　各一尺

[十六]倭文(しとり)　一尺

[十七]木綿(ゆふ)

[十八]麻(あさ)　各一斤

一 卜食は十二頁注十四、下知は二頁注二十九参照。

二 十二頁注十七参照。

三 正税で代価を支払い、諸国より貢進させることを交易といい、そのものを交易雑物と称した。黒川本字類抄中九十九ウに「交易〔ケウヤク〕」。

四 状は十頁注十九、諸国は四頁注二参照。

五 官符宣旨例第十三号（六七六頁）に該当する。牒の訓は四頁注五参照。

六 名義抄仏中一一一に「畢〔ヲハル〕」。

七 さきに①六頁に「召二神祇官一令レ卜二悠紀・主基行事所幷小忌院等一」とあり、②ここに「卜二定小忌院一」めて、そのあと「鎭二小忌院一」むとして、その祭の料が示され、さらに③三十六頁に「調二備供御幷小忌食一之院」を「鎭」むとして、同じ祭の料が示されている。後出一七二頁には「備二小忌食一院」とある。鈴木重胤（中臣寿詞講義）は、小忌院と小忌食院とは同じものと考えるが、①②③の三つの記事をどう解すべきか、明確ではない。践祚大嘗祭式料理院条には、「料二理御膳一、幷備二小齋人食一院」は、近宮の地を卜定するとある。三十六頁注十三参照。小忌院は六頁注十六、卜定は二頁注二十四参照。

八 宮主である卜部のこと。卜部は注九参照。宮主は神祇官の卜部の中から、特に亀卜に優れた者が任命された職掌。伊呂波字類抄九に「宮主〔ミヤシ、在神祇官〕」とあり、国史大系本践祚大嘗祭式麁妙服事条の「宮主」に「ミヤシユ」、同本四時祭式鎮魂条の「宮主」に「ミヤジユ」の訓。建保大祀神饌記に「みやし」。宮主は令規定には見えないが、続日本紀慶雲元（七〇四）年二月八日条に「神祇官大宮主入二長上例一」とあり、天皇に奉仕する大宮主が長上官となり、養老三年六月十九日条によれば宮主は把笏を許されている。官職秘抄に「卜部歴二宮主一、神祇官重職者無レ過二宮主一」とあり、宮主秘事口伝抄によると、御体御卜（おほみまのみうら）、神今食、節折、例幣、鎮魂祭、新嘗祭、大嘗祭などの祭儀に関わった。安江

1 卜、谷本「小」とし右傍「卜」。
2 宮、宮本「官」とし右傍「宮」。
3 幷、林本「並」。
4 官、林本・谷本「宮」。
5 木、宮本「不」とし右傍「木」。

郎下知卜食國、次應交易雜物之狀牒送諸國
畢、次卜[1]定小忌院、訖宮[2]主卜部率行事幷[3]小
忌官[4]人以下、鎭小忌院、其料各五色薄絁各
一尺、倭文一尺、木[5]綿・麻各一斤、

和宣「宮主の職掌に関する一考察」（『皇學館大学紀要』十八、昭和五十五年）・同『神道祭祀論考』（昭和五十四年）参照。

九 神祇官の伴部で、卜定のための亀卜を主な職掌とし、また、大祓の際の解除も担当した。養老職員令では定員二十人。大宝令の注釈書である古記に引かれる官員令別記によると、神祇官の卜部は、津嶋国（対馬）、伊岐国（壱岐）、伊豆国から貢進されていた。臨時祭式宮主卜部条に「凡宮主取㆓卜部堪㆑事者㆒任㆑之、其卜部取㆓三國卜術優長者㆒（伊豆五人、壱岐五人、対馬十人）、若取㆓在㆑都之人㆒者、自㆑非㆓卜術絶㆑群、不㆑得㆓輙充㆒」とあり、卜部の定員は二十名で、伊豆・壱岐・対馬の三国の卜術優長者を用いること、都に在住する者を卜部に用いる場合は卜術絶群でない限り採用されないこと、が知られる。四時祭式平岡祭条の「卜部」の「部」に「へ」の訓。黒川本字類抄中五十四ウに「卜部（ウラヘ）」。

十 四頁注二十一参照。

十一 律令制の官吏のことを官人という。官司の主典（サクワン）以上のみならず、下級職員である雑任（ザフニン）をも含めていう。書紀天武天皇十二年十二月条の「官人」に「ツカサヒト」の訓。祝詞式広瀬大忌祭条の「百官人」に「モモチノツカサヒト」の訓。東宮年中行事四月八日条に「くわむにん、くわんにん」。

十二 二十四頁注三参照。

二三 名義抄僧上一三七に「鎮（シズム）」。

二四 其は二頁注二十八、料は二十二頁注二十三参照。

二五 各は四頁注二十二、五色薄絁は二十四頁注十三・十四、尺は二十四頁注十五参照。

二六 わが国固有の織物。「しつ、しつおり」とも。書紀神代紀天孫降臨章に「倭文神、此云斯圖梨俄未（しとりがみ）」。同書天武天皇十三年十二月条に「倭文連（倭文、云之頭於利（しつおり））」。和名抄七に上野国那波郡の郷名「委文（之土利）」。

二七 二十四頁注十六参照。

二八 麻は二十八頁注十七、斤は二十四頁注十七参照。

綿（わた）[一]　二屯[二]

商布（たに）[三]　四段[四]

鍬（くは）[五]　五口[六]

米（よね・こめ）[七]　五升

酒（さけ）[八]　一斗

薄鰒（うすあはび）[九]

海藻（め）[十]　各一斤

柏（かしは）[十一]　六把

卜部（うらべ）の軾（ひざつき）[十二]の料の調布（つきのぬの・てうふ）[十三]　二端[十四]

竝（なら）[十五]びに國[十六]の物を以（も）ちて之（これ）に備（そな）へよ

一　十二頁注二十三参照。

二　屯は、令制下の綿の計量単位。賦役令調絹絁条によれば、調として、正丁一人につき綿一斤が課され、二斤が一屯となる。

三　和名抄十二に「商布〈和名多迩〉」。調・庸以外の布で、低質とされる。民部省式交易雑物条によれば、主として東国や北陸諸国から交易雑物の税品目として供進されている。また、内蔵寮式春日祭条では、幣帛の裏料として商布が用いられている。

四　段は、布の規格の単位。伊呂波字類抄六に「端〈タン、又用二段字一、錦布等員也、（中略）、商布二丈五尺爲レ端〉」とある。

五　和名抄十五に「鍫〈和名久波〉」。

六　刀剣、器具などを数えるのに用いる語。

七　米は十二頁注二十五、升は二十頁注六参照。

八　酒は二十六頁注一、斗は二十六頁注二参照。

九　二十六頁注三参照。

十　海藻は二十六頁注五、斤は二十四頁注十七参照。

十一　柏は二十六頁注九、把は二十六頁注十参照。

十二　軾は、祭祀などの際に、跪く時に敷く敷物。名義抄僧中八十五に「軾〈ヒザツキ〉」。安江和宣「軾（ひざつき）考」（『皇學館大学神道研究所所報』三十四、昭和六十二年）参照。料は二十二頁注二十三参照。

十三　調布は調の一品目で、麻布。和名抄十二に「調布読豆岐乃沼能」。名義抄法中一一〇に「調布〈ツギヌノ〉」。調は十二頁注十五参照。

十四　端は、布の規格の単位。賦役令調絹絁条によれば、調布として正丁一人につき二丈六尺が課され、二丁分の五丈二尺が一端となる。幅は二尺四寸。注四参照。

十五　十四頁注十参照。

十六　国は二頁注二十三、物は十頁注二十一、備は二十六頁注十三参照。

綿二屯、商布四段、鍬五口、米五升、酒一斗、薄鰒・海藻各一斤、柏六把[1]、卜部軾料調布二端、竝[2]以[3]國物備之、

1 把、三手本「扌」とし右傍「把乎抱イ」。宮本「抱」。
2 竝、以文本「并」。
3 以、神宮本・宮本「日」とし、神宮本右傍「用カ」、宮本右傍「以」。谷本「用」。

御井をト定

次に　御井（みゐ）[一]の所（ところ）を卜定（うらへさだ／ぼくぢやう）めよ

方（はう）一丈二尺

若（も）[二]し當處（そのところ）[三]の舊（ふる）[四]き井　卜食（うらは）[五]めば　卽（すなは）ち修理（をさめつく）[六]らしめて　之（これ）を用（もち）[七]ゐよ

所所の屋を定める

次に　所所の屋（や）[八]を定めよ

若し當所の舊き屋足（た）[九]らずば　權（かり）[十]に新（あらた）[十一]しき屋を作[十二]れ

供御并びに小忌の食を調える院を鎭める

次に　供御（みけ／くご）[十三]幷せて小忌（をみ）[十四]の食（け）を調（ととの）[十五]へ備（そな）ふる院（ゐん）[十六]を鎭（しづ）めよ

其（そ）[十七]の料（れう）は

各（おのもおのも）[十八]　五色（いつつのいろ）の薄絁（うすきあしぎぬ）[十九]　各一尺[二十]

倭文（しとり）　一尺

木綿（ゆふ）[二十一]

一　黒川本字類抄中五十五オに「井（セイ、ヰ）」。琴歌譜二番歌に「美爲乃宇へ（御井の上）」とある。

二　名義抄仏下末二十八に「若（モシ）」。

三　当は二頁注九参照。処は名義抄法下九十七に「處（トコロ）」。

四　名義抄僧上四十八に「舊（フルシ）」。

五　十二頁注十四参照。

六　和名抄五に「修理職（乎佐女豆久留豆加佐）」。

七　十四頁注二参照。

八　鈴木重胤（中臣寿詞講義）は、小忌院内の諸屋であるとする。名義抄法下九十二に「屋（ヤ）」。

九　名義抄法上七十三に「足（タル）」。

十　八頁注九参照。

十一　名義抄僧中三十三に「新（アラタシキ、アタラシ）」。

十二　十四頁注七参照。

十三　供御は、天皇・神の召し上り物。有職袖中鈔に「供御　帝ノ御飯也」とある。黒川本字類抄中八十オに「供御（クコ）」。小忌の食は、小忌の官人らの食する物。践祚大嘗祭式料理院条には「料二理御膳一、幷備二小齋人食一院」として、「近宮之地隨レ便卜定」とあり、院内に作るものとして、盛屋・酒屋・贄屋・器屋・大炊屋・供御膳屋・料理雑魚・備食屋各一宇を定め、「已上屋數及長広、隨二事閑繁一増減」とある。また「皆以レ板葺、掘二井一処一、其院四面各開二一門一」とも見える。一七二頁の九月下旬の記事に、「次始掘下備二小忌食一院凡酒甕上レ穴、幷始醸レ酒、次於二同院一大祓」と見える。六頁注十五、三十二頁注七を参照。

十四　小忌は六頁注十六参照。名義抄僧上一〇四に「食（ケ）」。黒川本字類抄中九十七オに「食（ケ、俗云朝食、夕食）」。

十五　調は、名義抄法上五十五に「調（トトノフ）」。備は二十六頁注十三参照。

十六　六頁注十六参照。

十七　其は二頁注二十八、料は二十二頁注二十三参照。

十八　四頁注二十二参照。

次卜定御井[1]所〔方一丈二[2]尺、若當處舊井卜食者、
卽使修理用之〕、次定所所[3]屋〔若當所舊[4]屋不足[5]
者、權[6]作新屋〕、次鎭調[7]備供御幷[8]小忌[9]食之院、
其料各五色薄[10]絁[11]各一尺[12]、倭[13]文[14]一尺、木[15]綿・

十九 底本「紗」、諸本により「絁」に改める。校異参照。絁は二十四頁注十四参照。
二十 二十四頁注十五参照。
二十一 二十四頁注十六参照。

1 井、宮本右傍「并」。
2 二、荷田本「三」。
3 所、神宮本・都立本・谷本・三手本・宮本・信友本「々」。
4 所、谷本なし。
5 足、谷本・三手本「立」。宮本右傍「立」
6 權、神宮一本「推」。
7 調、三手本「謝」。宮本右傍「謝」。
8 幷、林本「並」。神宮本・都立本・神宮一本「井」。宮本右傍「井イ」。
9 都立本右傍「卜」あり。宮本右傍「トイ」あり。
10 薄、荷田本注「諸本並無」。林本・神宮本・都立本・神宮一本・谷本・三手本・宮本なし、林本注「薄字アルヘシ」。
11 底本・神道本・三手本・宮本・故実本「紗」とし、神道本右傍「絁イ」、宮本右傍「絁」。荷田本・林本・神宮本・都立本・神宮一本・谷本・信友本・以文本「絁」。
12 尺、三手本「人」とし右傍「丈乎」。
13 倭、宮本「綫」とし右傍「倭」。
14 文、宮本「上」とし右傍「文」。
15 木、宮本「不」とし右傍「木」。

麻（あさ）　各一斤
綿（わた）[一]　二屯
商布（たに）　四段
鍬（くは）　五口
米（よね・こめ）[二]　五升
酒（さけ）[三]　一斗
薄鰒（うすあはび）[四]
海藻（め）　各一連
卜部（うらべ）の軾（ひざつき）[五]の料の布　二端
竝（なら）[六]びに國[七]の物を用（もち）ゐよ

一　十二頁注二十三参照。
二　十二頁注二十五参照。
三　酒は二十六頁注一、斗は二十六頁注二参照。
四　二十六頁注三参照。
五　二十二頁注二十三参照。
六　十四頁注十参照。
七　国は二頁注二十三、物は十頁注二十一参照。

麻各一斤、綿二屯、商布四段、鍬五口[1]、米五升、酒一斗、薄鰒・海藻各一連、卜部軾料布二端〔竝[2]用[3]國物[4]〕、

1 口、谷本「日」。
2 竝、以文本「并」。
3 竝用國物、荷田本大字、注「諸本小字」。以文本右傍「大書」。信友本頭注「可大書」。
4 物、神宮一本「次」とし左傍「一作物」。

諸所を卜定

次に　諸所[一]を卜定めよ

　出納・細工等の所を謂ふ[二]

内侍、女工所で事を始める

次に　内侍[三]　女工所に就き　事を行へ

大嘗宮の御衾幷びに雑物を請う

次に　大殿[四]の御衾[五]幷せて雑物を下すべき符[六]を　大藏[七]・宮内等の省に下せ

北野斎場の内院・外院・服院の地を点定

次に　齋場の預[八]の官人等　齋場の内[九]・外院　服院　幷せて雑殿[十]の地を點定[十一]めよ

外院は　方四十丈

内院は　十二丈

服院は　十丈

一 諸所は、十八頁にその名が出ている。代始和抄に、「卜定の行事所は、大内の諸司の中に卜食の所を用ゆ、所々の預主典代絵所木の道の工等、諸道の輩その事にしたがはずといふ事なし、一々しるすにいとまあらず」としている。兵範記仁安三年九月十三日条（高倉天皇大嘗祭）に、「右大史三善章貞、持二來始悠紀絵所日時勘文一、見了返下了、卽今日於二行事所一令レ書二始御屛風一帖一」として、その日時を当日すなわち九月十三日辛未の申二点と定めた陰陽寮の勘文を、女工所、風俗所及び小忌所を始める日時の勘文と共に引いている。六頁注八参照。

二 出納は十八頁注一、細工は十八頁注八、等は六頁注九、謂は二頁注十三参照。

三 内侍は十六頁注十六、女工所は十八頁注十、就は二十四頁注十参照。

四 大嘗宮。宮内省式大殿祭条に「大殿祭〈此云於保登能保加比（おほとのほかひ）〉」。

五 衾は寝る時などに体の上から覆い掛けるもの。ここは神のお召しになる夜具。御は二十二頁注四参照。衾は、和名抄十二に「衾〈和名布須萬〉」、名義抄法中一四四に「衾〈フスマ〉」。書紀神代紀天孫降臨章第四ノ一書の「眞床覆衾」に「マドコヲホノフスマ」・第六ノ一書の「眞床覆衾」に「マトコヲフノフスマ」の訓。雑物は十二頁注十七参照。

六 官符宣旨例第十八号の太政官符（六八四頁）が、この符と関係があろう。符は二頁注三十参照。

七 大蔵は十頁注二十、宮内は八頁注十五参照。

八 斎場預は十八頁注三、官人は三十二頁注十一、等は六頁注九参照。

九 悠紀・主基両斎国等より進められるもろもろのものは、北野の斎場に運ばれて、清浄の状態において調えられるのであるが、北野斎場には、内院・外院及び服院（神服院とも）が設けられた。八月、その地が点定されたのち、先ず外院の諸屋が設けられる（四十二頁以下）。御贄及び白酒・黒酒を調える内院の諸

次卜定諸所[1]〔謂出納・細工等所〕、次内侍就女工所行[2]事、次可下[3]大殿御[4]衾[5]幷[6]雑物符下大藏・宮内等省、次齋場預官[7]人等點[8]定[9]齋場内外院・服院幷[10]雑殿地〔外院方四十[11]丈、内院十二丈、服[12]院[13]十丈、

1 宮本「司」あり。
2 行、神宮本・都立本「軒」。
3 下、以文本「進」。
4 御、宮本なし、右傍「御」。
5 衾、三手本・宮本「今衣」とし、三手本右傍「衾カ」、宮本右傍「衾」。
6 幷、林本「並」。宮本なし、右傍「幷」。
7 官、神宮一本・谷本・三手本「宮」。
8 點、三手本「點野」。宮本「野」とし右傍「點」。
9 以文本「北野」あり。
10 幷、林本「並」。
11 四十、神宮一本「廾」とし右傍「一作卌」。宮本「此」とし右傍「卌」。神宮本・都立本・三手本「卅」。
12 服院十丈、三手本なし、右傍「服院十丈」。
13 十、宮本なし、右傍「十」。

屋は、九月下旬両国より到着した御穂並びに雑物を院外の権屋（かりや）に納めたのちに設置され（一七六頁以下）、服院の設けられるのは、神服使帰着の十月中旬以降である（三〇六頁以下）。名義抄僧下一〇九に「内〔ウチ、ナイ〕」、同書法下一三四に「外〔ト、クヱ〕」、同書法下一三四に「内外〔ウチトノ〕」。沙石集十末の「内外典籍」に「ナヒゲノデンシャク」の訓。名義抄仏中一三三に「服〔ハトリ〕」。伊勢大神宮式神衣祭条の「服部」に「ハトリ、ハトリヘ」、同じく「服織」に「ハトリ、ハトリヘ」の訓。

十 雑は四頁注二十八参照。名義抄僧中六十五に「殿〔トノ、テン〕」。地は二十四頁注六参照。

十一 一つ一つそれを特定すること。新撰字鏡十一に「點〔定也、評也〕」。名義抄仏下末五十七に「點〔シル、サス、カク〕」。定は二頁注二十四参照。字類抄下二十二ウに「點定〔評定分、テムチヤウ〕」。黒川本字類抄下十九オに「點定〔テンシヤウ〕」。

[一]其(そ)の内院(うちのゐん)(ない)の悠紀(ゆき)は　外院(とのゐん)(げ)の西(にし)に在(あ)れ

主基(すき)は　外院の東(ひむがし)[二]に在れ

服院(はとりのゐん)は　兩(ふたつ)[三]の内院の中間(あひだ)[四]に在れ　南に去(さ)[五]ること五許丈(ごぢやうばかり)[六]

斎場外院の雑屋を造る

始(はじ)[七]めて齋場(ゆには)[八](さいぢやう)の雜屋(くさぐさのや)(ざふをく)を搆(かま)[九]へ造(つく)れ

①庁

其の外院の南門(みなみのもん)[十]の北卅(さんじふ)[十一]許丈に　横(よこ)[十二]に七間(ま)[十三]の　廳(まつりごとどの)[十四]一字

西と北(きた)とに戶(と)[十五]あれ

長(なが)[十六]さ五丈六尺　廣(ひろ)[十七]さ一丈六尺

南と北との二(ふたつ)[十八]に面(む)きて庇(ひさし)[十九]有(あ)[二十]れ

②酒屋

其の北一許丈に　横に七間の　酒屋(さかや)[二十一]一字

西と南とに戶あれ

一　其は二頁注二十八、悠紀は二頁注二十三参照。
二　八頁注二十五参照。
三　四頁注十八参照。
四　名義抄仏上七十九に「中〔アヒタ〕」、同書法下七十六に「間〔アヒダ、マ、ケン〕」。字類抄下三十三ウに「間〔アヒタ〕」。
五　名義抄仏上八十四に「去〔サル〕」。
六　名義抄法上六十一に「許〔ハカリ〕」。
七　十頁注八参照。
八　北野斎場の外院の諸屋が、先ず搆作される。内院は、抜穂使が北野斎場に到着した九月下旬に搆作される（一六〇頁以下参照）。斎場は十八頁注三参照。
九　名義抄仏下本一〇八に「構〔カマフ〕」、同書仏下本五十一に「搆〔カマウ〕」。名義抄仏上五十八に「造〔ツクル〕」。
十　南は八頁注二十四参照。名義抄法下七十四に「門〔カド、モン〕」。
十一　名義抄仏上八十二に「卅〔三十、ミソ〕」。「みそ」の「そ」は十の意味。字類抄下四十八オに「卅〔サムシウ〕」、黒川本字類抄下三十九ウに「卅〔サンシウ〕」。
十二　書紀安閑天皇元年閏十二月条の「横逸」に「ヨコニコエイテ」の訓。
十三　柱と柱とのあいだを間（ま）という。訓については注四参照。儀式や延喜式では、一間は八尺である。
十四　庁は、官人の詰める建物。和名抄十に「廳汀反〔萬豆利古止乃〕」。名義抄法下一〇五に「廳〔マツリゴトドノ〕」、黒川本字類抄中八十九オに「廳〔チヤウ、マツリコトトノ〕」。北野斎場平面図参照。宇は、建物や屋根、天幕を数えるのに用いる語。
十五　名義抄法下九十二に「戸〔ト、ヘ〕」。
十六　名義抄仏下本三十三に「長〔ナガサ、チヤウ〕」。
十七　名義抄法下九十九に「廣〔ヒロシ〕」。
十八　名義抄仏上七十四に「二〔フタツ〕」。面は八頁注二十一参照。
十九　十巻本和名抄三に「庇〔比佐之〕」。新撰字鏡十に「庇〔比佐

其内院悠紀在外院西、主基在外院東[1]、服院在[2]両[3]
内[4]院中[5]間、南[6]去五[7]許丈)、始構造齋場雜屋、
其外院南門北卅[8]許丈[9]、横七間廳一宇(西[10]北
戸、長五丈六尺、廣一丈六尺、南北二面有庇)、
其北一許丈[11]、横七間酒屋一宇(西[12]南[13]戸、

志)」。

二十 名義抄仏上八十五に「有(アリ)」。

二十一 酒を造るための建物。酒殿（さかとの）というに同じ。酒（さか）と訓む例は、和名抄十六の「酒槽　槽(音曹酒槽、佐賀布禰(さかふね))、如二今酒槽一也」がある。

1 林本・神宮本・都立本・神宮一本・谷本・三手本「東服」あり。荷田本注「諸本有二東服二字一」。宮本「東」あり。
2 在、信友本「右」。
3 両、神宮本・谷本「西」とし、神宮本右傍「両イ」。宮本右傍「西」。
4 内、林本なし。
5 中、宮本「申」。
6 南、以文本「相」。
7 五、以文本「三」。
8 卅、以文本「廾」。宮本右傍「廾イ」。
9 丈、三手本・宮本「大」とし右傍「丈」。
10 西、三手本・宮本「両」。神宮本右傍「両」。
11 丈、宮本「大」とし右傍「丈」。
12 西、三手本・宮本「両」。神宮本右傍「両」。
13 南、神宮本「北」とし右傍「面イ」。

長さ五丈六尺　廣さ一丈六尺

南に面きて庇有れ

③人給屋

其の東[一]に　横に五間の　人給屋[二]一字

東の三間を室[三]と爲　西に側戸[四]あれ

其の庇も亦[五]壁[六]を隔[七]て　西に戸あれ

其の西の二間を竝びに堂[八]と爲

長さ四丈　廣さ一丈六尺なれ

④料理屋

其の南に　縦[九]に七間の　料理屋[十]一字

西に戸あれ

長さ五丈六尺　廣さ一丈六尺

一 八頁注二十五参照。

二 十八頁注十五参照。

三 建物の奥の部屋を室、表の部屋を堂という。黒川本字類抄中四十二オに「室〔シツ、ムロ〕」。為は四頁注二十参照。

四 側戸は不詳。新撰字鏡一に「側〔太知毛止保る〕辺也、傍也」。名義抄仏上二十三に「側〔ホトリ、カタハラ、ソハタツ、ソハム〕」。「そはむ」は、横を向く、わきを向く、傍らに寄せること。「そば」の用例は、枕草子三十六に「みす（御簾）のそばをいささかひきあげて」とある。戸は四十二頁注十五参照。

五 六頁注十一参照。

六 名義抄法中四十九に「壁〔カベ〕」。

七 新撰字鏡九に「障〔ヘタツ、隔也〕」。名義抄法中四十二に「隔〔ヘダツ、フサク〕」。字類抄上五十二オに「隔〔ヘタツ〕」。

八 注三参照。黒川本字類抄中一ウに「堂〔タウ〕」。

九 名義抄法中一三四に「縦〔タタシ、タタサマ〕」。黒川本字類抄中六オに「縦〔タタサマ〕」。「たて」の用例は、古今集五秋歌下に「霜のたて露のぬきこそ」とある。

十 料理は、食べることができるように材料をととのえ、加工すること。黒川本字類抄中十五オに「料理〔レウリ〕」。

長五丈六尺、廣一丈六尺、南面有庇〕、其東横
五間人給屋一宇〔東三間[1]爲室、西側戶、其庇
亦隔壁、西戶、其西二間竝[2]爲堂[3]、長四丈、廣[4]一
丈六尺〕、其南縱七間料理屋一宇〔西[5]戶、長
五丈六[6]尺、廣一丈六尺、

1 間、神宮一本「門」。
2 竝、林本・以文本「并」。
3 堂、神宮本なし。都立本・宮本「廣」とし、宮本右傍「堂」。谷本「堂廣」。
4 廣、都立本「高」。谷本「度」。
5 西、林本「西」以下「庇」以上十六字を本文とする。
6 六、林本・谷本・三手本・宮本「二」とし、宮本右傍「六」。神宮本右傍「二イ」。荷田本注「元本作二一丈二尺一」。

西に面きて庇有り　人給屋の西の簷[一]と相當[二]れ

⑤倉代屋・その一

其の南に　縦に九間の　倉代屋[三]一宇

長さ七丈四尺[四]　廣さ一丈六尺

東と西との二に面きて庇有れ

⑥倉代屋・その二

其の南に　縦に九間の　倉代屋一宇

長さ・廣さ・庇　竝[五]びに上に同じくせよ

⑦倉代屋・その三

其の東に　縦に九間の　倉代屋一宇

長さ・廣さ　上に同じくせよ

⑧官人宿屋

東門の北掖[六]に　北に去ること十三許丈　縦に五間の官人[七]の

宿屋[八]一宇

一 和名抄十に「檐〈和名能岐〉」。名義抄僧上七十八に「簷〈通檐字、ノキ〉」。黒川本字類抄中五十八オに「樒〈エン、ノキ〉」、軒〈同〉、簷〈同、又乍檐〉」。

二 相当は、対応すること、釣り合うこと、互いに合うこと。名義抄仏下本一一三に「相〈アフ〉」、同書仏中一一〇に「當〈アタツル〉」。字類抄下三十六オに「當〈アタル〉」。

三 十八頁注五。内院の倉代殿は一七八頁注六参照。

四 「縦に九間」とあるから、一間は八尺（四十二頁注十三参照）として、「七丈二尺」とすべきであろうか。校異参照。

五 並は十四頁注十、上は二十六頁注十九、同は二頁注三十四参照。

六 名義抄仏中一三〇に「腋〈ワキ〉」、同書仏下本六十五に「掖〈ワキヒタ〉」。字類抄上八十五ウに「掖〈エキ、ワキ〉」。

七 三十二頁注十一参照。

八 「とのゐ」は「殿居」の意で、宮中や官司に宿泊して勤務すること。字類抄上五十六ウに「直〈トノヰス、トノヰ〉」、宿〈シク、同〉」。直は四頁注二十六参照。

西[1]面[2]有庇、與[3]人給屋西簷相當〕、其南縱九間倉代屋一宇〔長七丈四[4]尺、廣一丈六尺、東西二面有庇〕、其南[5]縱九間倉代屋一宇〔長・廣・庇竝同上〕、其東[6]縱九[7]間倉代屋一宇〔長・廣[8]同上〕、東門北掖北去十三[9]許丈、縱五間官[10]人宿屋一宇

1 西、神宮本右傍「四イ」。
2 面、谷本「向」。
3 與、林本「與」以下「當」以上八字なし。
4 四、以文本「二」とし頭注「四尺」。宮本右傍「二イ」。
5 南、信友本「東」とし頭注「南」。
6 其東縱九間倉代屋一宇〔長廣同上〕、信友本なし、頭注「其東縱九間倉代屋一宇長廣庇同上」。
7 九、神宮一本「北」とし右傍「一作九」。
8 谷本・以文本「庇並」あり。荷田本注「蓋脱㆓庇並二字㆒」。神宮一本右傍「一本有㆓庇並二字㆒」。
9 十、以文本、消して右傍「削」。
10 官、神宮一本「宮」。

長さ四丈　廣さ一丈六尺

東と西とに庇有れ

⑨稲実公・物部男の宿所

南掖に　南に去ること十四許丈　横に五間の　屋一宇

西の二間を稲實の公の宿所と爲　南に戸あれ

東の三間を物部の男の宿所と爲　南に戸あれ

長さ三丈五尺　廣さ一丈四尺なれ

⑩造酒童女・物部女の宿所

其の南に　横に五間の　屋一宇

西の二間を造酒童女の宿所と爲

東の三間を物部の女の宿所と爲

竝びに南に戸あれ

一 稲実公は七十八頁注十八参照。

二 宿は四十六頁注八、所は四頁注十八参照。

三 物部男は七十八頁注八参照。物部は、書紀崇神天皇即位前紀の「物部」に「モノノヘ」の訓。字類抄下一〇六オに「物部〔モノヘ〕」。男は、書紀神代紀大八洲生成章に「少男焉〔少男此云烏等孤（をとこ）〕」。万葉集四三一七番歌に「乎等古乎美奈（をとこをみな）」。和名抄二に「夫〔和名乎宇止、一云乎止古〕」。書紀神代紀神代七代章の「男女」に「ヲトコヲンナ」の訓。

四 七十八頁注十参照。

五 物部女は七十八頁注八、物部は注三参照。女は、書紀神代紀大八洲生成章に「少女焉〔少女此云烏等咩（をとめ）〕」。古事記雄略天皇条に「麻比須流袁美那（舞するをみな）」。万葉集四三一七番歌に「乎等古乎美奈（をとこをみな）」。書紀神代紀神代七代章の「男女」に「ヲトコヲンナ」の訓。新撰字鏡三に「嬢〔乎美那〕」。名義抄仏中六に「女〔ヲムナ〕」。字類抄上八十一オに「女〔ヲムナ〕」。

1 西、神宮本右傍「面イ」。
2 五、谷本「九」。
3 其、宮本「具」とし右傍「其」。

〔長四丈、廣一丈六尺、東西[1]有庇〕、南掖南去十四許丈、横五間屋一宇〔西二間爲稻實公宿所、南戸、東三間爲物部男宿所、南戸、長三丈五[2]尺、廣一丈四尺〕、其[3]南横五間屋一宇〔西二間爲造酒童女宿所、東三間爲物部女宿所、竝南戸、

⑪大炊屋

長(なが)さ・廣(ひろ)さ　上(かみ)[一]に同(おな)じくせよ

酒屋(さかや)[二]より西(にし)に　横(よこ)に七間(ま)の大炊屋(おほひのや)[三]一宇

南(みなみ)と北(きた)とに庇有(ひさしあ)[四]れ

長さ五丈六尺　廣さ一丈六尺なれ

⑫雑物を納める屋

其(そ)[五]の南に四許丈(ぢやうばかり)にして　少(すこ)[六]し西に　縦(たて)に七間の　雑物(くさぐさのもの・ざふもの)[七]を

納(い)[八]るる屋(や)一宇

西[九]と東(ひむがし)とに戸(と)あれ

東に面(む)[十]きて庇有れ

長さ五丈六尺[十一]　廣さ一丈六尺なれ

⑬筥形を造り、并びに菜を漬ける屋

其の南に　縦に七間の　筥形(はこがた)[十二]を造(つく)[十三]り并(あは)せて菜(な)[十四]を漬(つ)くる屋一宇

一　二十六頁注十九参照。

二　四十二頁注十四参照。

三　大炊は十八頁注二十一参照。「おほひ」は「大飯（おほいひ）」のこと。

四　四十二頁注十九参照。

五　二頁注二十八参照。

六　名義抄僧下七十五に「少〔スクナシ、スコシ〕」。字類抄下一二〇ウに「少間〔スコシハカリ〕」。

七　十二頁注十七参照。

八　名義抄法中一三四に「納〔イル、ヲサム〕」。

九　底本は「西東戸」。次の造筥形漬菜屋は「東西戸」とする。校異参照。

十　八頁注二十一参照。

十一　「五丈」とする写本があるが、納雑物屋は七間であるので、大炊屋と同様「五丈六尺」とする底本に従う。校異参照。

十二　筥形とは、倉代と同様、斎場より大嘗宮に到る行列に、タメツモノを運ぶために用いられるもので、四八二頁以下に「次飯一百櫃〔實ニ明櫃一、居ニ白筥形一、擔丁二百人、部領左右各十人相夾〕」、「次酒一百缶〔蓋以ニ白木盤一、羃以ニ曝布一、居ニ黑木筥形一、飾以ニ美草一、其上挿ニ筥花一、擔丁二百人、部領左右各十人相夾〕」、「雑魚・菜一百缶〔蓋以ニ白木盤一、羃以ニ曝布一、居ニ黑木筥形一、擔丁・部領同上〕」と見える。形や大きさは不詳であるが、その筥形を造る屋をいうのである。ただし、斎田における抜穂のところ（一四八頁）で、御稲十四束を韓櫃七合に実て、その一合ずつを荷として薦でつつみ、筥形にすえよとある筥形は、「足の高さ一尺四寸」とある。和名抄一六に「楊氏漢語抄云、箱〔音相〕、篋〔苦協反〕、筥〔居許反〕、筐〔音匡〕、篚〔音匪、已上皆波古〕」とある。名義抄法中四十一に「莒〔ハコ〕」。同書仏下本三十一に「形〔カタチ、カタ〕」。

十三　四十二頁注九参照。

十四　十巻本和名抄九によれば、菜は「奈」、蔬は「久佐比良」。

長・廣同上）、酒屋以西横七間大炊屋一宇（南北有庇、長五丈六尺、廣一丈六尺）、其南四[1]許丈、少西縦七間納雑物屋一宇（西[2]東[3]戸、東面[4]有庇、長五丈六尺[5]、廣一丈六尺）、其南縦七間造筥形幷[6]漬菜屋一宇

黒川本字類抄中三十二ウに「菜（ナ）」。斎宮式年料供物条に「鹽五石（漬雑給菜料）」とあり、「漬」に「ツクル」の訓が付され、菜を漬ける料として塩が用いられている。名義抄法上二十一に「漬（ヒタス、ツク、ツケモノ）」。

1 四、信友本「面」。
2 西、林本・以文本「東」。三手本・宮本「両」とし、宮本右傍「西イ」。
3 東、林本・以文本「西」。
4 面、林本・神宮一本・谷本「西」とし、神宮一本右傍「一作西」。宮本右傍「西イ」。
5 六尺、荷田本・林本・神宮本・都立本・神宮一本・谷本・三手本・宮本・信友本なし、林本注「當レ有二六尺二字一」、宮本右傍「六尺」。
6 幷、林本「並」。

⑭抜穂の御稲を納める屋

東と西とに戸あれ
東に面きて庇有れ
其の南に　縦に七間の　抜穂[一]の御稲を納るる屋一宇
東と西とに戸あれ
東に面きて庇有れ
長さ・廣さ　竝びに上に同じくせよ

⑮大多米院

西門の北掖に　大多米院[二]有れ
東に門あれ

イ大多米院の酒屋

院[三]の門の北掖に　横に三間の　酒屋[四]一宇
南に戸あれ

一 悠紀・主基の斎田より抜き取って運ばれた稲穂。初穂四束は内院の高萱御倉に納められる（一八二頁）。太平記二十五の「抜穂ノ使」の「抜穂」に「ヌキボ」の訓。御稲は、神楽歌四十九番歌に「見之禰津久（みしね搗く）」。稲は十二頁注十二参照。

二 外院の一画に、特に大多米の院が設けられた。両斎国からは、抜穂の御稲と共に、その国の備米より多毎米（多明米）が献進される。官符宣旨例第五号（六三〇頁）に「多毎米卌斛〔大多毎黒木・白木酒料〕」とあり、また、践祚大嘗祭式多明米事条も三十斛とする。その米を以て、この大多米の院において多毎酒（ためさけ）、すなわち多毎物（ためつもの）としての酒が醸されたのである。黒川本字類抄中十二オに「多米〔タメ〕」。多毎物は十四頁注十七、院は六頁注十六参照。

三 大多米院。

四 四十二頁注二十一参照。

〔[1]東西戸、[2]東面有庇〕、其南縦七間納抜穂御稲
屋一宇〔[3]東西戸、東[4]面有庇、長・廣竝同上〕、
[5][6]西門北掖有大多米院〔[7]東門〕、院門北[8]掖横
三間酒屋一宇〔南戸、

1 東西、荷田本・神宮本・都立本・神宮一本・谷本・三手本・信友本「西東」とし、三手本「西」右傍「两字」。宮本「两東」とし「两」右傍「西イ」。神道本右傍「西東イ」。
2 東、神宮一本「西」とし右傍「一作レ東」。
3 東西、荷田本・神宮本・神宮一本・谷本・三手本・信友本「西東」とし、三手本「西」右傍「两イ」。神道本右傍「西東イ」。都立本・宮本「兩東」とし、宮本「两」右傍「西イ」。
4 面、三手本「西」。
5 林本「東」あり。荷田本注「元本有二東字一」あり。
6 西、宮本右傍「東イ」。
7 東門、以文本なし。
8 以文本「東門」あり。

長さ二丈四尺　廣さ一丈六尺
南に面きて庇有れ

ロ大多米院の麹屋

南掖に　横に三間の　麹室一字[一]
東に側戸[二]あれ
長さ・廣さ　酒屋に同じくせよ

ハ大多米院の大炊屋

兩屋の西の頭[三]に　縦に三間の　大炊屋一字
東に戸あれ
長さ・廣さ　麹室に同じくせよ

⑯標を造る屋

西門の南掖に　標[四]を造[五]る屋一字
廣さ方[六]四丈　高さ三丈八尺

一 和名抄十六に「釋名云麴〔和名加無太知〕、朽也、鬱レ之使二生レ衣朽敗一也」とある。名義抄仏上六十九に「麹〔カムタチ〕」。「かむたち」は「黴(かび)発(た)ち」の変化した語という。米を蒸して寝かし麴菌を増殖させるための温室。践祚大嘗祭式斎場に「但麴室塗レ壁」とする。黒川本字類抄中四十二オに「室〔ムロ〕」。

二 四十四頁注四参照。

三 名義抄仏下本二十一に「頭〔カシラ、ホトリ〕」。字類抄上九十六オに「頭〔トウ、カシラ〕」。

四 標(しるし)の山ともいう。代始和抄に「標山といふは、大嘗會のまへに兩國の國司列立すべき所のしるしの木に大なる山を造り、さまざまの作物を餝て、是を引立る事あり。此作物は本文の心を用ゆ。又、挿頭(かざし)の臺御屛風以下の本文をば、大學頭文章博士などかんがへ申すこと也」と説明している。類聚国史八に、弘仁十四(八二三)年十一月の淳和天皇大嘗会の標について、「唯標者、以レ榊造レ之、用二橘幷木綿等一餝レ之、卽書二悠紀主基字一、以着二樹末一、凡以二清素一、供二神態一耳」とし、そのときの清素の理由は「天下の騒動、人民に弊多き」に対する天皇の思し召しによることを記している。仁明天皇天長十(八三三)年の大嘗会について、続日本後紀天長十年十一月戊辰(十六日)条は、「其標、悠紀則慶山之上栽二梧桐一、兩鳳集二其上一、従二其樹中一起二五色雲一、雲上懸二悠紀近江四字一、其上有二日像一、日上有二半月像一、其山前有二天老及麟像一、其後有二連理呉竹一、主基則慶山之上栽二恒春樹一、樹上泛二五色卿雲一、雲上有レ霞、霞中掛二主基備中四字一、且其山上有下西王母獻二益地圖一、及偸二王母仙桃一童子、鸞鳳麒麟等像上、其下鶴立矣」とあり、この悠紀の標が風で折れた云々のことが見えている。大嘗祭当日の卯日、供神の物を北野斎場より大嘗宮に運ぶ悠紀・主基両国それぞれの行列の中に、標一基が加えられている(四五四頁)。その標は、応天門より入って朝集院の庭中に留め置かれ(四九〇頁)、翌辰日、大嘗宮の御儀がはてて、大嘗宮が壊却され、その地を

長二丈四尺、廣[1]一丈六[2]尺、南面有庇〕、南掖横
三間麴室一宇〔東側戸、長・廣同酒屋〕、兩[3]屋
西頭[4]縦三間大炊屋一宇〔東戸、長・廣同[5]麴室〕、
西門南掖造標屋一宇〔廣[6]方四丈、高三丈八尺、

1 廣、都立本・神宮一本「横」。
2 六、荷田本・林本・神宮本・都立本・神宮一本・谷本・三手本・宮本・信友本「二」とし、宮本右傍「六イ」。神道本右傍「二イ」。
3 兩、谷本「西」。
4 頭、神宮本「顯」とし右傍「頭」。宮本「顕」とし右傍「頭」。
5 同、林本「間」。
6 廣、林本注「衍字」。以文本なし。

鎮めることが終ると、標は、豊楽院の中庭に運び置かれる（五二〇頁）。標山に飾られる造作物は漢籍に出典を持つ祥瑞を象ったものであり、その典拠となる本文については、八木意知男『大嘗会本文の世界』（昭和六十四年）を参照。標は十八頁注四参照。
五 四十二頁注九参照。
六 三十頁注七参照。

⑰駅使・禰宜卜部の宿所

一 四面(よも)に庇(ひさし)有(あ)れ
其(そ)の南(みなみ)に　横(よこ)に五間(ま)の　屋(や)一宇
東(ひむがし)の三間を二 驛使(はゆまづかひ・えきし)の三 宿所(とのゐどころ)と爲(し)
西の二間を四 禰宜(ねぎ)の卜部(うらべ)の宿所と爲(し)
五 竝(なら)びに南に戸あれ
長(なが)さ三丈五尺　廣(ひろ)さ一丈四尺なれ

⑱神服長・神服女の宿所

其の南に　横に五間の　屋一宇
東の二間を六 神服(かむはとり)の長(をさ)の宿所と爲(し)
西の三間を七 神服(かむはとり)の女(をみな)の宿所と爲(し)
竝(なら)びに南に戸あれ

一 書紀雄略天皇二十年の「四隣」に「ヨモ」の訓。名義抄僧中十五に「四〔ヨツ、ヨモ〕」、同書法上一〇〇に「面〔オモテ〕」。面（も）は「おも〔面〕」の変化した語。おもて。万葉集三五一五に「阿我於毛〔わがおも〕」とある。

二 書紀天武天皇元年六月条の「驛使」に「ハイマツカイ」の訓。万葉集四一一〇番歌に「波由麻久太禮利〔はゆま下れり〕」。駅伝は四頁注七参照。

三 宿は四十六頁注八、所は四頁注十八参照。

四 禰宜たる卜部の意。禰宜は祭祀にたずさわる神職で、ここでは斎場における神事に奉仕した卜部のことをいう。抜穂使として両国に遣わされた各二人のうち、一人は稲実の卜部、一人は禰宜の卜部と言われた（七十二頁）。黒川本字類抄中三十一ウに「袮宜〔ネキ〕」。枕草子二三一に「社はねぎなと」とある。卜部は三十二頁注九参照。

五 十四頁注十参照。

六 神服長は二七四・三〇六頁に後出、二七四頁注五参照。字類抄上一二ウに「神服〔カムハトリ〕」。長は、行政区域としての里や、技能に関する集団などを統轄する人。日本霊異記下十四縁の訓釈に「長〔ヲサ〕」。名義抄仏下本二十三に「長〔ヲサ〕」。

七 神服女は二七四・三〇六頁に後出、三一四頁注八参照。一〇二頁では「織女六人」と見える。

四[1]面[2]有庇）、其南横五間屋[3]一宇（東三間爲驛使
宿所、西二[4]間爲[5][6]禰宜卜部宿所、竝南戸、長三丈
五尺、廣[7]一丈四尺）、其南横五間屋[8]一宇（東二
間爲神服長宿所[9]、西三間爲神服女宿所、竝南戸、

1 四、谷本なし。
2 面、三手本「南」とし右傍「面乎」。以文本「南」を「四」と訂正し頭注「作四面」。
3 屋、林本なし。
4 二、谷本・信友本「三」。
5 爲、神宮本・三手本・宮本「屋」とし、神宮本右傍「為歟」、宮本右傍「為」。
6 信友本「官」あり。
7 廣、神宮本・都立本・神宮一本・谷本・三手本・宮本「横」とし、宮本右傍「廣」。荷田本注「諸本作レ横」。
8 屋、林本なし。
9 所、宮本なし。

長さ・廣さ　上に同じくせよ

⑲斎場の御井及び童女の井を定める

御井は　院の外の　東北の角の　荒見川の東に在れ

童女の井は　其の東に在れ

大祓使発遣

八月の上旬に　大祓の使を卜定めて　發遣せ

左右の京には　一人

五畿内には　一人

七道には　各一人

下旬に　別に卜へて　更に復發遣せ

左右の京には　一人

五畿内には　一人

一　三十六頁注一参照。

二　書紀皇極天皇元年十二月条の「東北」に「ウシトラ」の訓。黒川本字類抄中五十一オに「艮〔コン、ウシトラ〕」。角の訓は三十頁注三参照。

三　二十四頁注九参照。名義抄仏上八十に「川〔カハ〕」。

四　二九〇頁に「次各禰宜卜部・郡司等率二造酒童女・物部人六人・工一人・夫十人一、始掘二齋場御井・童女井一」とある。童女は造酒童女（さかつこ）のこと。単に一般的に童女とある場合は、「めのわらは」。日本霊異記上九縁の訓釈に「童女〔二合、女乃和ら波〕」。造酒童女のことは、七十八頁注十参照。

五　字類抄上二十オに「八月〔ハツキ〕」。伊呂波字類抄二に「旬〔トヲカ〕」。

六　大嘗祭斎行のための天下諸国の大祓。左右京を始めとして五畿内・七道の諸国に大祓使が発遣される。神祇令諸国大祓条に「凡諸國須二大祓一者、毎郡出二刀一口・皮一張・鍬一口、及雑物等一、戸別麻一条、其國造出二馬一疋一」とあり、同条集解所引の古記説には「天皇即位、惣祭二天神地祇一、必須二天下大祓一、以外臨時在耳」とする。続日本紀天平宝字二年八月十六日条に「遣レ使大二祓天下諸國一、欲レ行二大嘗一故也」と見える。左右京職式大嘗大祓条によれば、京における大祓は、京職が贖物（あがもの）を弁備し、羅城門外に大祓使を迎え、集まった坊長以下百姓に大祓詞が宣読される。大祓使については、三代実録元慶元年八月二十五日条に「分二遣大中臣氏人於五畿七道諸國一、祓二除境内穢惡一、爲レ供二奉大嘗會一也」とある。祓の訓は二十六頁注十七参照。

七　二頁注二十四参照。

八　名義抄僧下一〇七に「發〔オコス、イダス〕」、同書仏上五十六に「遣〔ツカハス〕」。書紀皇極天皇元年九月条の「發」に「オコス」の訓。

九　左右京における大祓は注六参照。左右は六頁注三、京は四頁注十参照。

長・廣同上)、御井在院外東[1]北角[2]荒見[3]川東、
童女井在其東、八月上旬、卜定大祓使發遣
(左右京一人、五畿内一人、七道各一人)、下旬
別[4]卜更復發遣(左右京一人、五畿内一人、

1 東、以文本右傍「西歟」。
2 角、神宮本・都立本・宮本「南」とし、神宮本右傍「角カ」、宮本右傍「角」。
3 見、宮本なし、右傍「見」。
4 別、神宮本右傍「到カ」。

十 十四頁注十三参照。
十一 十四頁注十四参照。
十二 四頁注二十二参照。
十三 八月下旬の大祓使の発遣。左右京、五畿内と近江・伊賀・伊勢の三国に発遣される。なお、三三八頁に十月晦日の大祓、六二四頁に十一月晦日の解斎の大祓のことが見えているが、共に朱雀門において斎行される。
十四 二頁注三十一参照。
十五 名義抄僧中五十三に「更(サラニ)」。
十六 名義抄仏上三十八に「復(マタ)」。

近江(ちかつあふみ)[一]・伊賀(いが)[二]・伊勢(いせ)には　一人

奉幣使発遣

訖(をは)[三]れば　天神地祇(あまつかみくにつかみ)[四]に幣(みてぐら)[五]を奉(たてまつ)る使(つかひ)を發遣(おこしつかは)せ

大神宮(おほかみのみや)[六]には　諸王(おほきみたち)[七]の五位已上(よりかみ)　一人

中臣(なかとみ)[八]の長(このかみ)　一人

齋部(いむべ)[九]　一人

山城(やましろ)[十]・大和(おほやまと)・攝津(つ)には　各(おのもおのも)一人

河内(かふち)[十一]・和泉(いづみ)[十二]には　一人

七道(ななつのみち・しちだう)[十三]には　各一人を　中臣・齋部[十四]の二氏(ふたつのうぢ)相半(あひなかば)[十五]して　之(これ)[十六]を差(さ)[十七]せ

供神の雑器を監作

次に　宮内省(みやのうちのつかさ・くないしやう)[十八]の史生(ししやう)を差(さ)して　五箇(いつつ)[十九]の國(くに)に遣(つかは)し　神(かみ)[二十]に供(そな)[二十一]ふる雑器(ゆかもの)[二十二]を監作(みつくら)[二十三]しめよ

一 和名抄五に「近江〈知加津阿不三〉、伊賀〈以加〉、伊勢〈以世〉」。

二 践祚大嘗祭式大祓使事条には、伊賀国への発遣はなく、「近江・伊勢二箇國一人」とする。このことを、北山抄五大嘗会事も問題としており、「近江・伊勢一人、神祇官式如レ之、而儀式、伊賀加レ之、可レ依二彼式一歟」と記す。伊賀国が除外されたのは、仁和二年五月に近江新道（阿須波道）が開通し、同六月には、斎王の伊勢群行に近江新道を用いることが定められ（三代実録）、伊勢への参宮に伊賀国を通過する必要がなくなったためであろう（『訳注日本史料　延喜式上』補注、平成十二年）。

三 二頁注二十六参照。

四 大嘗祭の斎行を祈願して、伊勢の神宮を始めとして五畿七道の諸社に奉幣使が発遣される。大嘗会大奉幣ともいう。神祇令即位条の「凡天皇即位、惣祭天神地祇」がその法源と解釈する説もある。三代実録元慶元（八七七）年九月二十五日条に「分二遣中臣齋部両氏人於五畿七道諸國一、班二幣境内天神地祇三千一百卅四神一、縁レ供二奉大嘗會一也」とある。また兵範記仁安三（一一六八）年九月四日条に「大嘗會五畿七道大奉幣」と記されている。幣料は践祚大嘗祭式供幣条に規定がある。続紀天平十五年五月条に「阿麻豆可未〈あまつかみ〉」。書紀景行天皇十八年四月条の「天神地祇」に「アマツカミクニツカミ、アマツヤシロクニツヤシロ」の訓。

五 幣は、神に奉るものの総称。和名抄十三に「幣〈和名美天久良〉」、名義抄法中一〇二に「幣〈ミテグラ〉」。四時祭式祈年祭条の「幣帛」に「ミテクラ」の訓。書紀仲哀天皇八年九月条の「爲幣」に「マヒナヒタマヘ」の訓。幣帛については、谷省吾『祭祀と思想』第二章（昭和六十年）を参照。名義抄仏下末二十四に「奉〈タテマツル〉」。発遣は五十八頁注八参照。

六 伊勢の神宮のこと。伊勢大神宮式伊勢大神宮条に「大神宮三座〈在二度會郡宇治郷五十鈴河上一〉」とあり、「大神宮」に「オホカムノミヤ」の訓が付されている。神祇令常祀条は、伊勢の神宮への幣帛使は恒例・臨時ともに五位以上の卜食者を規定し、

近江・伊賀・伊勢一人〕、訖發遣[1]奉天神地祇幣使〔大[2]神宮諸王五位已上一人、中臣長一人、齋部一人、[3]山城・大和・攝津各一人、河内・和泉一人、七道各一人、中臣・齋部二氏相半[4]差[5]之〕、次差宮内省史生、遣五箇國、監作供神雜器、

1 遣、三手本・信友本「遺」。
2 大、荷田本・林本・神宮本・都立本・谷本・三手本・宮本・以文本「太」。
3 谷本「卜部一人」あり。
4 半、都立本・神宮一本「伴」。宮本右傍「伴」。
5 差、谷本・三手本・宮本「著」とし、宮本右傍「差」。

儀式五・九月十一日奉伊勢大神宮幣儀では、神宮神嘗祭への奉幣使は、卜定された五位以上の王一人、神祇官の中臣・忌部を規定する。四時祭式月次祭条の「大神宮」の「神宮」に「カムノミヤ」の訓。

七 書紀推古天皇十六年八月条の「諸王」に「モロモロノオホキミ」の訓。祝詞式六月晦大祓条の「親王諸王諸臣」に「ミコタチ大君達マチ君達」の訓。已上は四頁注三十五参照。

八 中臣及び斎部は、古来朝廷の祭祀に奉仕してきた氏である。践祚大嘗祭式供幣条は「中臣一人、忌部一人、卜部一人」とする。書紀神代紀宝鏡開始章の「中臣」に「ナカトミ」の訓。同書崇神天皇十二年三月条の「長幼」に「コノカミトオトト」、同書欽明天皇元年正月条の「長」に「コノカミ」の訓。一族の長のこと。

九 書紀神代紀宝鏡開始章の「忌部」に「イムベ」の訓。延暦二十二年三月十四日に斎部と改める（日本逸史、『訳注日本史料日本後紀』〈平成十五年〉）。名義抄法下三十九に「齋（イム）」。

十 践祚大嘗祭式供幣条には、「五畿内一人、七道各一人（中臣、忌部両氏供之）」とし、その幣法についての定めを、「其幣法、大所各絹五尺・五色薄絁各一尺・絲一絇・綿一屯・木綿二両・麻五両・小所各絹三尺・絲一絇・木綿二両・麻五両、裹薦惣九十枚、並以二大藏物一充レ之（大所、小所、並謂下諸社預二祈年祭一者上）、縄七十了、夫五十二人、杤五十二枚」と記している。山城は二十二頁注二十七参照。和名抄五に「大和（於保夜萬止）」。黒川本字類抄中八十八オに「大和（ヤマト）」。神名式摂津国条の「摂津國」に「ツノクニ」の訓。節用集に「摂津（ツノクニ）」。

十一 畿内の国。現在の大阪府北東部から南東部。和名抄五に「河内（加不知）」。和名抄五によれば、錦部（にしごり）郡・石川郡・古市郡・安宿（あすかべ）郡・大県（おおがた）郡・高安（たかやす）郡・河内郡・讃良（さらら）郡・茨田（まむた）郡・交野（かたの）郡・若江郡・渋川郡・志紀郡・丹比郡の十四郡より構成。国府は、志紀郡（藤井寺市）。一宮は、枚岡神社（東大阪市）。

十二 畿内の国。現在の大阪府南部。霊亀二（七一六）年、河内国より大鳥・和泉・日根の三郡が割かれ、和泉監が設置された。和泉監は天平十二（七四〇）年に廃止となり、三郡は河内国に再編されたが、天平宝字元（七五七）年、和泉国が分立した。和名抄五に「和泉（以都三）」とあり、同書によれば、大鳥（おおとり）郡・和泉（いずみ）郡・日根（ひね）郡の三郡より構成。国府は、和泉郡（和泉市）。一宮は、大鳥神社（堺市）。

十三 十四頁注十四参照。

十四 祭祀に関する中臣氏と斎部氏の争論に対して、日

（七六三頁へ続く）

河内・和泉の兩國には　一人

[一]尾張・[二]參河の兩國には　一人

[三]備前の國には　一人

[四]是より先に　所司　[五]預め雜器の[六]數を注し　官に申せ

國に[七]到れば　先づ祓へよ

其の[八]料は

[九]各　木綿

[十]麻　各六斤十兩

[十一]鍬　四口

[十二]熊の皮　二張[十三]

一 東海道の国。現在の愛知県北西部。和名抄五に「尾張〔乎波里〕」とあり、また、同書によれば、海部（あま）郡・中島（なかのしま）郡・葉栗（はぐり）郡・丹羽（にわ）郡・春部（かすがべ）郡・山田（やまだ）郡・愛智（あいち）郡・智多郡の八郡より構成。国府・国分寺は、中島郡（稲沢市）。一宮は、真清田神社（一宮市）。

二 東海道の国。現在の愛知県南東部。和名抄五に「參河〔三加波〕」とあり、また、同書によれば、碧海郡・額田郡・賀茂郡・幡豆郡・宝飯郡・八名郡・渥美郡・設楽郡の八郡より構成。国府・国分寺は宝飯郡（豊川市）、一宮は砥鹿神社（豊川市）。践祚大嘗祭式雑器条では、同じく参河とあるが、宮内省式大嘗年条には「河内、和泉兩國一人、尾張、美濃兩國一人、備前國一人」とあり、「美濃」とする。

三 山陽道の国。現在の岡山県南東部。和名抄五に「備前〔岐比乃美知乃久知〕」とあり、また、同書に依れば、和気（わけ）郡・磐梨（いわなす）郡・赤坂（あかさか）郡・邑久（おおく）郡・上道（かみつみち）郡・御野（みの）郡・津高（つたか）郡・児島（こじま）郡の八郡より構成。国分寺は、赤坂郡（山陽町）。一宮は、吉備津彦神社（岡山市）。

四 是は八頁注七、所司は十二頁注七参照。

五 名義抄僧中三十七に「預〔アラカシメ〕」。

六 数は十頁注二十一、注は十頁注二十二、官は二頁注三十、申は六頁注七参照。

七 到は二十四頁注五、先は二十八頁注一、祓は二十六頁注十七参照。

八 二十二頁注二十三参照。

九 各は四頁注二十二、木綿は二十四頁注十六参照。

十 二十八頁注十七参照。

十一 三十四頁注五参照。

十二 臨時祭式によれば、宮城四隅疫神祭・畿内堺十処疫神祭、蕃客送堺神祭・障神祭（蕃客入京に先立って京城の四隅で行な

（河内・和泉兩國一人、尾張・參河兩國一人、備前國[1]一人、先是所司預注[2]雜器數[3]申官）、到國先祓、其料各木綿・麻各六斤十[4]兩[5]、鍬四口、熊皮二張

われる）に、祭の料として、熊の皮が、牛・鹿・猪の皮と共に用いられている。古語拾遺の崇神天皇六年条には、「祭㆓八十萬群神㆒、仍定㆓天社國社及神地神戸㆒、始令㆑貢㆓男弭之調、女手末之調㆒、今神祇之祭、用㆓熊皮・鹿皮・角布等㆒、此縁也」と見える。名義抄仏下末五十二に「熊〔クマ〕」、同書僧中六十八に「皮〔カハ〕」。

十三　紙や皮などを数える単位。字類抄上六十八オに「張〔チヤウ、帋員也〕」。

1　國、神宮本なし。
2　注、林本「註」。神宮本・都立本「任」とし、神宮本右傍「注カ」。宮本「住」。
3　數、神宮一本「類」とし右傍「一作數」。
4　十、神宮一本「七」とし右傍「一作十」。
5　兩、谷本「西」。

已上(これよりかみ)は　官(くわん)の物(もの)[一]

米(よね・こめ)[二]・酒(さけ)・魚(うを)[三]・藻(め)[四]の類(たぐひ)は　國司(くにのつかさ)之(これ)を辨(わきま)へよ[五]

卽(すなは)ち[六]　五色(いつつのいろ)の幣(みてぐら)を奉(たてまつ)り

各一丈(おのもおのも)　官(くわん)[七]の物(もの)を用(もち)ゐよ

然(しか)[八]る後(のち)[九]に　始(はじ)[十]めて作(つく)れ

①河内の国

河内の國(かふちのくに)[十一]は　藺笥(ゐげ)[十二]	二十合	大手洗盆(おほたらひべ)[十三]	十八口
瓶(かめ)[十四]	十八口	小手洗盆(こたらひべ)[十五]	九口
短女坏(ひきめつき)[十六]	十六口	湯盆(ゆべ・ゆほとき)[十七]	十六口
小盤(こさら)[十八]	十六口	片盤(かたさら)[十九]	二十八口
高盤(たかさら)[二十]	百二十口	鹽坏(しほつき)[二十一]	十六口

一　践祚大嘗祭式雑器条では「並以二大藏物一充レ之」とある。官の音は二頁注三十参照。

二　米は十二頁注二十五、酒は二十六頁注一参照。

三　書紀継体天皇七年九月条に「美儺矢駄府紆嗚謨(みなしたふ、うをも)」。万葉集三六五三番歌に「安可思都流宇乎(明し釣るうを)」。和名抄十九に「魚(和名宇乎俗云伊遠)」。名義抄僧下一に「魚(イヲ、ウヲ)」。字類抄上四ウに「魚(イヲ)」、黒川本字類抄中四十八オに「奥(ウヲ)」。書紀神代紀神代七代章の「游魚」に「アソブウヲ、イヲ」の訓。

四　二十六頁注五参照。名義抄僧上二十七に「海藻(ニギメ)」。同書僧上二十七に「藻(モ、モハ)」。字類抄下一〇一ウに「藻(モ、又モハ、水菜也)」。

五　二十六頁注十三参照。

六　即は二頁注二十七参照。五色は二十四頁注十三、幣は六十頁注五参照。

七　官物は、践祚大嘗祭式雑器条では「並以二大藏物一充レ之」とある。用は十四頁注二参照。

八　名義抄仏下末五十に「然(シカリ、シカナリ、シカモ)」。

九　名義抄仏上三十八に「後(ノチ)」。

十　名義抄仏中二十二に「始(ハシメ、ハシム)」。作は十四頁注七参照。

十一　河内国雑器は、六五六頁から六六〇頁の官符宣旨例第十一号の官符と対応。また、践祚大嘗祭式雑器条と一致。河内国は六十頁注十一参照。

十二　藺は藺草。笥は、食物などを盛る器。和名抄十六に「笥(和名計)盛レ食器也」。名義抄僧上六十五に「藺笥(ヰゲ)」、同書僧上十七に「藺(ヰ)」、同書僧上六十五に「笥(ケ)」。践祚大嘗祭式雑器条の「藺笥」に「ヰケ」の訓。官符宣旨例(六五八頁)は「御飯笥廿合」とする。

十三　「おほたらひべ」または「おほたらひひらか」。「盆」は、谷本及び践祚大嘗祭式雑器条に「瓫」に作っているが、広韻上平

1 以文本「海」あり。
2 各一丈用官物、谷本なし。
3 盆、谷本「瓫」。
4 三手本・宮本「小盤十六口」あり、三手本右傍「五字イナシ」、三手本「小」右傍「片」。
5 片、三手本「斤」とし右傍「片」。宮本「行」とし右傍「片」。
6 鹽、神宮一本・三手本・宮本「監」とし、神宮一本右傍「一作塩」。

〔已上官物〕、米・酒・魚・[1]藻之類國司辨之、卽奉五色幣〔[2]各一丈、用官物〕、然後始作〔河内國藺笥二十合、大手洗盆十八口、瓶十八口、小手洗盆九口、短女坏十六口、湯盆[3]十六口、小盤十六口、[4][5]片盤二十八口、高盤百二十口、鹽[6]坏十六口、

聲一に「盆、瓦器亦作㆑瓫」とあるように、盆と瓫とは通じて用いる。盆の訓は、「叩盆」（六十六頁）について、官符宣旨例（六六二頁）に「叩戸」とあって、「たたいべ」と訓むべきだと思われるし、書紀神武天皇即位前紀戊午年九月条の訓注に「嚴瓫、此云㆓怡途背㆒（いつへ）」と見え、瓫を「へ」と訓ませていることから、ここは「おほたらひべ」と訓んでよいと思われる。和名抄十六には盆の訓は「比良加、俗云保止岐」とし、国史大系本踐祚大嘗祭式雑器条の「手洗瓫」に「タラヒヒラカ」の訓を付けているので、「おほたらひひらか」と訓んでもよいと思われる。タラヒは、テ（手）アラヒ（洗）の約。和名抄十四に、「盥」について「俗用㆓手洗二字㆒」と説明している。官符宣旨例（六五八頁）は「大御手洗十八口」とする。

十四 群書類従本新撰字鏡瓦部に「瓶〔水加女〕」。和名抄十六に「瓶子〔和名加米〕」。官符宣旨例は「甁」とする。

十五 大手洗盆に対して小型の「たらひべ」。官符宣旨例（六五八頁）は「小御手洗九口」とする。小の訓は、書紀崇神天皇十年九月条の「小虵」に「コヲロチ」の訓。

十六 坏は、名義抄法中五十九に「坏〔ツキ、サカツキ、ハイ〕」、飲食物を盛る土器。踐祚大嘗祭式雑器条の「短女坏」に「ヒキメツキ」の訓。官符宣旨例には「比岐女（ひきめ）坏」とある。白江恒夫「踐祚大嘗祭儀式の供神雑器について」（皇學館大学神道研究所編『続大嘗祭の研究』所収）は、高杯や山坏と連なって出てくる場合が多いことから、「ひき」は短の意としている。「め」は、白江は程度を表わす「め」と推測している。官符宣旨例（六五八頁）の「足下坏十六口」に相当するか。

十七 盆は、和名抄十六に「盆〔亦作瓫、辨色立成云比良加、俗云保止岐〕」、新撰字鏡五に「瓫盆〔保止支也〕」とあり、盆・瓫を「ほとき、ひらか」と訓んでいる。名義抄僧中十五に「盆〔ホトキ、ヒラカ〕」。官符宣旨例（六六〇頁）の「御手湯瓫十六口」、踐祚大嘗祭式雑器条の「湯瓫十六口」に相当すると思われ、後者の「湯瓫」の「瓫」に「ホトキ」の訓が付されている。名義抄法上三十三に「湯〔ユ〕」。

十八 和名抄十六に「盤〔佐良〕」。底が浅く、平たい。

十九 片盤、片坏（六十八頁）などの「片」の意味については、荒井秀規「延喜主計式の土器について」（『延喜式研究』二十、平成十六年）によると、①一方にだけ注ぎ口がある片口のもの、②蓋の無いもの、③蓋が無く片口のもの、④蓋が無く高台の付かないもの、などの諸説がある。名義抄仏下末六に「片〔カタハラ、カタハシ、カタヘ〕」。四時祭式上春日条の「片盤」の「片」に「カタ」の訓。官符宣旨例（六六〇頁）の「片盤五十六口」に相当するか。

二十 台をつけて高くした盤。皇太神宮儀式帳職掌雑任

（七六三頁へ続く）

粥盤[一]（かゆさら）　八口　前下大盤[二]（まへひくのおほさら）　五十六口
酒盞[三]（さかづき）　八口　盞[四]（さかづき）　二十口
多加須伎[五]（たかすき）　八十口　比良須伎[六]（ひらすき）　八十口
比良加[七]（ひらか）　三十口

②和泉の国

和泉の國[八]（いづみのくに）は
藺笥[九]（ゐげ）　九口　池由加[十]（いけゆか）　一口
由加[十一]（ゆか）　十口　鉢[十二]（はち）　一口
燈坏[十三]（あぶらつき）　六口　燈盤[十四]（あぶらさら）　六口
油瓶[十五]（あぶらかめ）　二口　叩盆[十六]（たたいべ）　六口

③尾張の国

尾張の國[十七]（をはり）は
甕[十八]（みか・もたひ）　八口　缶[十九]（ほとき）　五十口
筥坏[二十]（はこつき）　卌口　⿺瓦里[二十一]（さらけ）　八口

一 粥を盛る盤。和名抄十六に「粥、唐韻云饘〔諸延反、和名加太賀由〕、厚粥也」。名義抄僧中二十五に「粥〔カユ、シル、シラカユ〕」。盤は六十四頁注十八参照。官符宣旨例（六五八頁）は「片粥盤八口」とする。

二「前下」の意不詳、底本に「マヘヒクノ」の訓。官符宣旨例（六五八頁）も「前下大盤十六口」。主計寮式畿内調条に「粥前下盤六合」とある。

三 酒を盛る盞。酒は二十六頁注一参照。和名抄十六に「盃一名巵〔盃亦作杯巵、音支、和名佐賀都木〕、方言注云盞〔音與産同、和名同上〕、盃之最小者也」とある。名義抄僧中十四に「盞〔サカヅキ〕」。四時祭式大三輪条の「盞」に「サカツキ」の訓。官符宣旨例（六六〇頁）は「御酒坏八口」。

四 注三参照。

五 践祚大嘗祭式雑器条にも、河内国の造るべき物として「多加須伎八十口、比良須伎八十口」が挙げられている。同式神御雑物条に、両者の形状・装飾についての注記がある。すなわち多加須伎は高五寸五分、口径七寸、無蓋、折足四所で、比良須伎も同じであるが「足不折」とある。装飾については、四九二頁注二十一参照。また、五三二頁注十二も参照。

六 注五参照。官符宣旨例（六六〇頁）の「枚次材八十口」に相当するか。

七 書紀神武天皇即位前紀戊午年九月条に「平瓮、此云毘邏介（ひらか）」。盆・瓮を「ひらか、ほとき」と訓むことは、六十四頁注十七参照。なお、四二五頁に、径一尺三寸、深さ一尺四寸の松樹の比良加、六四六頁に、一斗を受ける比良加が見える。官符宣旨例（六六〇頁）は「大比良加卅口」とする。

八 和泉国雑器は、六六〇頁から六六二頁の官符宣旨例第十一号の官符と対応。また、践祚大嘗祭式雑器条と一致。和泉は六十頁注十二参照。

九 六十四頁注十二参照。官符宣旨例（六六二頁）は「御飯笥九合」とする。

粥[1]盤八口、前下大盤五十六口、酒盞八口、盞二十口、多加須伎八十口、比良須伎八十口、比良加三十口、和泉國藺[2]笥九口、池由加一口、由加十口、鉢[3]一[4]口、燈坏六口、燈[5]盤六口、油瓶二口[6]、叩盆六口、尾張國甕八口、缶五十口、筥坏卌[7]口[8]、𤭯[9]八口、

1 粥、神宮一本「盥」とし右傍「粥」。
2 藺、宮本「茴」とし右傍「藺」。
3 鉢、都立本・以文本「坩」とし、以文本「鉢」と訂正。
4 一、林本・神宮一本・三手本「十」とし、神宮一本右傍「二作一」。宮本右傍「十」。
5 燈、宮本「墱」とし右傍「燈」。
6 口、神宮一本・三手本・宮本なし、神宮一本右傍「二有口」。
7 卌、林本・神宮一本・谷本・三手本・宮本「卅」。
8 谷本「口」あり。
9 𤭯、三手本「[illegible]」。宮本「[illegible]」。

十 「ゆか」は、十巻本和名抄四に「由賀是齋甕之義」とある。白江恒夫（六十四頁注十六）は、「池由加は貯水・貯酒を本来の目的とした大型で神聖な器。由加は池由加に貯えられた水や酒を汲運することを本来の目的とした神聖な器である」とする。容量は、主計式畿内調条などによれば、池由加は五石を受け、由加・小由加・中由加はいずれも一石を受けるとある。践祚大嘗祭式雑器条の「池由加」に「イケユカ」、斎宮式供新嘗料条の「池由加」の「池」に「イケ」の訓。官符宣旨例（六六二頁）も「池由加一口」。

内膳司式年料条に「由加十六口〈汲二運水一料〉」と見える。

十一 注十参照。官符宣旨例（六六二頁）も「由加十口」。

十二 和名抄十六に「鉢〈今案、無二和名一、以レ音爲レ名〉」とし、十巻本和名抄四に「鉢〈俗云、波知〉」とする。主計式に調として見える鉢は、陶器であって金器ではない。四時祭式上神今食条に「陶鉢」と見え、「鉢」に「ハチ」の訓が付されている。名義抄僧上一二〇に「鉢〈ハチ〉」。官符宣旨例（六六二頁）は「坏一口」とする。

十三 火をともすために燈油を盛る坏。和名抄十二に「燈盞、和名阿布良都岐」。名義抄仏下末五十二に「燈〈トモシビ、アフラヒ〉」、「燈盞〈アブラツキ〉」。坏は六十四頁注十六参照。官符宣旨例（六六二頁）は「油坏六口」とする。

十四 油を盛る盤。大嘗祭当日の卯の日酉の刻に燈（ともしび）・燎（にはび）を悠紀・主基両院に用意すべきことを示した中に、燈坏・盤各八口があげられている（四八四頁以下）。大嘗祭式雑器条の「燈盤」に「アフラツキ、アフラヒノツキ」の訓。官符宣旨例（六六二頁）は「油盤六口」とする。

十五 燈油を入れておく瓶。和名抄十二に「油瓶〈和名阿不良加米（あふらかめ）〉」。名義抄法上二十七に「油〈アフラ〉」。

十六 官符宣旨例（六六二頁）には「叩戸六口」とある。四時祭式春日神四座祭条の「叩盆」に「タタイへ」の訓。同式平岡神四座祭条の「叩戸」の「叩」に「タタイ」の訓。内膳司式年料条の「叩瓫」に「タタイへホニ」の訓。正倉院文書に、「叩戸弐口」（天平宝字四年後一切経料雑物納帳・大日本古文書十四）、「陶叩戸二口」（宝亀四年奉写一切経所解案・同書二十一）と見え、また、「甘漬瓜茄子一叩戸」（天平勝宝三年浄清所解・同書十一）とあるように、漬け物を盛る器として使用されている。関根真隆は、叩戸を、やや大形の広口の須恵器と推定している（『奈良朝食生活の研究』、平成元年）。

十七 尾張国雑器は、六六二頁から六六六頁の官符宣旨例第十一号の官符と対応。また、践祚大嘗祭式雑器条と一致。尾張は六十二頁注一参照。

（七六三頁へ続く）

[一]盆(ほとき)へ　十口　　[二]短女坏(ひきめつき)　卅二口

[三]酒瓶(さかがめ)　八口　　[四]匜(はさふ)　十六口

[五]片坏(かたつき)　卌口　　[六]陶臼(すゑのうす)　八口

[七]飾廼(かざりさらけ)　八口　　[八]高盤(たかさら)　卌口

[九]坩(つぼ)　十二口　　[十]都婆波(つばは)　十二口

[十一]酒盞(さかづき)　十二口　　[十二]酒垂(さかたり)　八口

[十三]參河(みかは)の國(くに)は

[十四]等呂須伎(とろすき)　卌口　　[十五]都婆波(つばは)　卅二口

[十六]多志良加(たしらか)　八口

[十七]山坏(やまつき)　　[十八]小坏(こつき)　各六十口

[十九]已豆伎(いつき)　　[二十]匜(はさふ)　各六十口

一 六十四頁注十三・十七、六十六頁注十六参照。

二 六十四頁注十六参照。官符宣旨例（六六四頁）は「短女坏四十口」とする。

三 酒を入れておく瓶。酒は二十六頁注一、瓶は六十四頁注十四参照。官符宣旨例（六六四頁）は『御酒瓶八口』とする。

四 和名抄十四に「匜〔和名波迩佐布（はにさふ）〕」とあり、続けて、説文の「柄中有レ道、可二以注一レ水之器也」という説明を引き、「俗用二楾字一、所出未レ詳」、また或説として、「有レ柄、半挿二其内一、故呼爲二半挿一也」と記している。三五〇頁に「波佐布（はさふ）八口」とあり、また、皇太神宮儀式帳職掌雑任条に、御食（みけ）の神祭物（かんまつりのもの）として、「御波佐布卌二口」と見える。践祚大嘗祭式雑器条の「匜」に「ハサフ」の訓。名義抄仏上六十二に「匜〔ハンザフ〕」。黒川本字類抄上二十一ウに「匜〔イ、ハンサウ、私曰、匜音夷、洗手器、有柄、可二以注一レ水〕」とある。官符宣旨例（六六六頁）は「𤭯十六口」とする。本書に、匜・波左布・𤭯とあるのは、みな同じ器である。新撰字鏡五は、𤭯・⿺瓦楽・甀を「波尓佐不」とする。名義抄仏下本一二五に「楾〔ハンザフ〕」。

五 片は六十四頁注十九、坏は六十四頁注十六参照。

六 名義抄法中四十に「陶〔スヱモノ〕」、同書法中四十一に「莒陶〔ハコスヱ〕」。また、字類抄下一一六オに「陶〔スヱモノ、瓦器〕、陶器〔同〕」。陶器（すゑもの）は、高温で焼いた堅い土器。新撰字鏡十二に「臼〔宇須〕」、和名抄十六に「臼〔和名宇須〕」とし、穀を舂（つ）く器と説明している。官符宣旨例（六六六頁）は「瓦碓八口」とする。

七 大嘗祭式雑器条の「餝廼」に「カサリヘ」、その「廼」に「サラケ」の訓。廼は六十六頁注二十一参照。官符宣旨例（六六〇頁）にも「飾廼八口」。二三五頁に「飾廼酒十口〔装束同二黒酒一〕」と見える。

八 六十四頁注二十参照。

九 和名抄十六に「坩〔和名都保、今案木謂二之壺一、瓦謂二之坩一〕」

盆[1]十口、短女坏卅[2]二口、酒瓶八口、匜[3]十六[4]口、
片[5]坏卌[6]口、陶臼[7]八口、餝[8]廽[9]八[10]口、高盤[11]卌[12]口、坩[13][14]
十二口、[15]都[16]婆波十二口、酒盞十二口、酒垂[17]八口、
參河國等[18]呂須伎卌[19]口、都婆波卅[20]二口、多志良加
八口、山坏・小坏[21]各六十口、已豆[22]伎[23]・匜[24]各六[25]十
口[26]、

1 盆、谷本「瓫」。
2 卅、以文本「卌」。
3 匜、宮本「逸」とし右傍「匜」。
4 六、荷田本・林本・神宮本・都立本・神宮一本・三手本・宮本・信友本「八」とし、宮本右傍「六」。神道本左傍「八イ」。
5 片、宮本「行」とし右傍「片」。
6 卌、林本・神宮一本・三手本「卅」とし、神宮一本右傍「卌」。
7 臼、林本・神宮本・都立本・神宮一本・三手本・宮本なし、神宮一本「一作臼」。
8 餝、林本「鉔」。
9 廽、三手本・宮本「尰」。信友本「瓶」。
10 八、林本・神宮本・都立本・神宮一本・三手本「六」とし、都立本右傍「八」。
11 盤、都立本右傍「坏」。
12 卌、林本・神宮一本・三手本・宮本「卅」とし、神宮一本右傍「卌」。神宮本・都立本・信友本「廾」とし、都立本「イ卅」。
13 坩、三手本・宮本「炶」。
14 坩十、林本「十坩」。
15 口、神宮一本・三手本なし、三手本右傍「一有口」。
16 都、神宮本・三手本・宮本「部」とし、神宮本左傍「都カ」、三手本右傍「都歟」、宮本右傍「都」。谷本「部都」。
17 垂、都立本「缶」。
18 等、神宮一本「木」とし右傍「等」。
19 卌、神宮一本・三手本「卅」とし、神宮一本右傍「一作卌」。
20 二、宮本「口」。信友本「三」。
21 坏、宮本「怀」とし右傍「坏」。
22 豆、三手本・宮本「至」とし、宮本右傍「豆」。
23 伎、三手本・宮本「皮」とし、宮本右傍「伎」。
24 匜、宮本「逸」とし右傍「匜」。
25 六十、林本・三手本・宮本「十二」とし、三手本右傍「六十イ」、宮本右傍「六十」。
26 口、宮本なし、右傍「口」。

とあり、木器の場合は「壺」、陶器（土器）の場合は「坩」の字を宛てるのだという。名義抄法中六十一に「坩〔ツボ、ツハハ〕」。四時祭式上御贖条の「坩」に「ツホ、カハシリツキ」の訓。官符宣旨例（六六四頁）には「中坩十二口」とする。

十「つばは」は、白江説（六十四頁注十六）では、口部の広縁で鐔（つば）の様になっている器かという。官符宣旨例（六六四頁）には「大甓十二口」とする。甓は、甖と同じで、「かめ」の一種であろう。新撰字鏡五に「甓瓱〔二、坏〕」とある。大膳職式鎮魂条の「甓」に「ツハハ」、主殿寮式年料条の「廽」に「ツハハ」の訓が付されている。名義抄法中六十一に「坩〔ツボ、ツハハ〕」。

十一 六十六頁注三参照。官符宣旨例（六六八頁）の「小坏十二口」に相当するか。

十二 酒を貯え、盃に注ぐ器。斎宮式供新嘗料条の「酒垂」に「サカタレ」、四時祭式太詔戸条の「酒垂」に「サカタレ」の訓。古事記雄略天皇記の御製に「本陀理（ほだり、秀罇の意）」と見えるのによって、「さかたり」と訓む。官符宣旨例（六六六頁）に「酒垂八口」。

十三 参河国雑器は、六六六頁から六六八頁の官符宣旨例第十一号の官符と対応。「酒盞十二口」は、践祚大嘗祭式雑器条に見えないが、それ以外は一致する。参河国は六十二頁注二参照。

十四「とろすき」は、白江説によれば、取手をつけた器。践祚大嘗祭式供神御雑物条に、「造酒司所レ備等呂須伎十六口〔口別酒五升〕、都婆波卅二口〔十六口別酒一斗、十六口別五升、各以二八口一置二一案一〕、廽八口〔口別酒一斛五斗、各置二一案一〕、匜六十口、小盞六十口〔已上各盛レ筥置レ案〕、長女柏一筥〔置レ案〕、祭畢都婆波已上、亦置二山野淨地一余皆准レ上頒給」とある。官符宣旨例（六六六頁）に「等呂須伎卌口」。なお、造酒司式大嘗祭供神料条によると、酒を入れた等呂須伎十六口・都婆波卅二口以下の供神物は、卯日、朝堂院の昌福堂に奉安され、辰日

（七六四頁へ続く）

⑤備前の国

[二]備前の國（きびのみちのくち）は（くに）

[一]酒盞（さかづき）　十二口

[三]廽（さらけ）　卅口　[四]水瓮（みづへ）　卅口

[五]都婆波（つばは）　六十口　[六]缶（ほとき）　卅口

[七]置瓫（おきほとき）　卅口　[八]盞（さかづき）　十二口

[九]酒垂（さかたり）　卅口　[十]匜（はさふ）　卅口

[十一]筥瓶（はこかめ）　卅口　[十二]短女坏（ひきめつき）　卅口

[十三]山坏（やまつき）　卅口　[十四]片盤（かたさら）　卅口

[十五]酒盞（さかづき）　卅口　[十六]小坩（こつぼ）　卅口

[十七]陶臼（すゑのうす）　卅口　[十八]已豆伎（いつき）　卅口

抜穂使のト定・発遣

次に[十九]神祇官（かみつかさ）（じんぎくわん）[二十]抜穂（ぬきほ）の使（つかひ）を[二十一]ト定め（うらへさだ）（ぼくぢやう）[二十二]官（くわん）に[二十三]申（まを）して發遣（おこしつかは）せ

一 六十六頁注三参照。践祚大嘗祭式雑器条、官符宣旨例にも見えない。
二 備前国雑器は、六六八頁から六七二頁の官符宣旨例第十一号の官符と対応。「盞十二口」は、践祚大嘗祭式雑器条に見えないが、それ以外は一致する。備前国は六十二頁注三参照。
三 六十六頁注二十一参照。官符宣旨例（六六八頁）も「廽卅口」。
四 官符宣旨例（六六八頁）に「水戸卅口」とあるので、「みづへ」と訓むべきか。名義抄法上一に「水〔ミヅ〕」、同書僧中十八に「瓮〔へ〕」。瓮の訓については、六十四頁注十三・十七参照。群書類従本新撰字鏡瓦部に「瓮〔三加〕」とある。
五 六十八頁注十参照。践祚大嘗祭式雑器条は「都婆波六十口〔大卅口、小卅口〕」とする。官符宣旨例（六六八頁）も「都婆波六十口」。
六 六十六頁注十九参照。官符宣旨例（六六八頁）も「缶卅口」。
七 新撰字鏡五に「瓫〔謂之缶、即盆、保止支〕」とある。形状不詳。官符宣旨例（六六八頁）は「置蓋卅口」とする。
八 六十六頁注三参照。践祚大嘗祭式雑器条には見えない。官符宣旨例（六七〇頁）も「盞十二口」。
九 六十八頁注十二参照。官符宣旨例（六七〇頁）も「酒垂卅口」。
十 六十八頁注四参照。官符宣旨例（六八〇頁）は「[illegible]卅口」とする。
十一 四時祭式金岑社条の「筥瓶」に「ハコカメ」の訓。形状不詳。筥は五十頁注十二、瓶は六十四頁注十四参照。官符宣旨例（六七〇頁）も「筥瓶卅口」。
十二 六十四頁注十六参照。官符宣旨例（六七〇頁）も「短女坏卅口」。
十三 六十八頁注十七参照。官符宣旨例（六七〇頁）も「山坏卅口」。
十四 六十四頁注十九参照。官符宣旨例（六七〇頁）も「片盤卅口」。
十五 六十六頁注三参照。官符宣旨例（六七〇頁）の「酒壺卅口」。

1 林本・神宮一本・三手本・宮本「六十口」あり、神宮一本右傍「一本三字無」。
2 𤭯、荷田本・林本・神宮本・都立本・神宮一本・三手本・宮本・信友本「瓶」。
3 瓮、荷田本・林本・神宮本・都立本・神宮一本・三手本・宮本・信友本「瓫」。神道本右傍「瓫イ」。以文本「瓮」。谷本「𤭯」。
4 卅、三手本「冊」。
5 盎、荷田本「盖」。林本「蓋」。神宮一本・三手本・宮本「盎」とし、神宮一本右傍「盎」。信友本「蓋」。
6 林本・三手本「口」あり。宮本「口一」。
7 埀、神宮本・都立本・宮本「缶」。
8 匜、神宮一本「匜」とし右傍「匜」。
9 瓶、三手本なし、右傍「瓶」。
10 穗、宮本なし、右傍「穗」。
11 申、宮本「中」とし、右傍「申」。

酒盞十二口[1]、備前國𤭯[2]卅口、水瓮[3]卅口、都婆波六十口、缶[4]卅口、置盎[5]卅口[6]、盞十二口、酒埀[7]卅口、匜[8]卅口、筥瓶[9]卅口、短女坏卅口、山坏卅口、片盤卅口、酒盞卅口、小坩卅口、陶臼卅口、已豆伎卅口」、次神祇官卜定抜穗使[10]、申[11]官發遣

口」に相当するか。

十六 小さい坩。小は六十四頁注十五、坩は六十八頁注九参照。官符宣旨例（六七〇頁）も「小坩卅口」。

十七 六十八頁注六参照。官符宣旨例（六七〇頁）は「瓦碓卅口」とする。

十八 六十八頁注十九参照。官符宣旨例（六七〇頁）も「已豆伎卅口」。

十九 二頁注二十参照。

二十 悠紀・主基両斎国に到って、御田の御稲を抜取る行事（一三八頁以下）に奉仕するために遣わされるのが抜穂使である。抜穂使は斎郡に到着した後、大祓を修し、斎田（御田）六段と斎場とを卜定、在地の造酒童女・稲実公等の耕作者を決め、御稲を収穫、その御稲を京の北野斎場に運搬する。斎国における大嘗祭の弁備作業は、抜穂使到着後から開始される。践祚大嘗祭式抜穂条に「八月上旬、申レ官差ニ宮主一人、卜部三人ニ發遣、兩國各二人、其一人號ニ稲實卜部ニ、一人號ニ禰宜ニ」とあるように、両斎国に各二人が発遣され、その一人は稲実の卜部、他の一人は禰宜の卜部と称された。山槐記元暦元年八月二十六日条に「差ニ進悠紀所抜穗使ニ事、稲實卜部宮主従五位行權大祐卜部宿禰兼基、禰宜卜部従五位下卜部宿禰兼守、神部肆人」とあり、宮主が悠紀国の稲実の卜部となっている。悠紀国の稲実卜部を宮主が勤仕し、それ以外は卜部が勤仕した。悠紀国が稲実卜部一人（宮主）・禰宜卜部一人（卜部）、主基国が稲実卜部一人（卜部）・禰宜卜部一人（卜部）となる。神祇官の卜部は、職員令によれば定員二十人であるが、宮主はその最高位であった。宮主秘事口伝に「抑内宮主者、依レ為ニ朝家之重職ニ、父ヲモ兄ヲモ上首ヲモ超越シテ勤ニ悠紀大使ニ也、氏長者勤ニ主基大使ニ、第二官人者勤ニ悠紀小使ニ、第三者勤ニ主基小使ニ也」（安江和宣『神道祭祀論考』、昭和五十四年）とある。宮主については三十二頁注八参照。抜穂は五十二頁注一、使は四頁注十一参照。

二十一 二頁注二十四参照。

二十二 太政官。二頁注三十参照。

二十三 申は六頁注七、発遣は五十八頁注八参照。

［一］稲實（いなのみ）の卜部（うらべ）一人

［二］禰宜（ねぎ）の卜部一人

［三］國に到（いた）れば　［四］國司（くにのつかさ）を率（ゐ）て　［五］齋郡（いみのこほり／さいぐん）に［六］於（お）きて［七］大祓（おおはらへ）せよ

［八］齋郡の司并（あは）せて［九］百姓（おほむたから）も［十］亦預（またあづか）れ

［十一］其（そ）の料（れう）は

各（おのもおのも）［十二］馬（うま／むま）　一［十三］疋

［十四］太刀（たち）　一口［十五］

［十六］弓（ゆみ）　一張

［十七］鹿皮（かのかは）　一枚

［十八］庸布（ちからしろのぬの／ようふ）　一段

一　七十頁注二十参照。践祚大嘗祭式抜穂条の「稲實卜部」の「稲實」に「イナノミ」の訓。稲実公は七十八頁注十八参照。卜部は三十二頁注九参照。

二　七十頁注二十参照。禰宜は五十六頁注四参照。

三　悠紀・主基各斎国。国は二頁注二十三、到は二十四頁注五参照。

四　悠紀・主基各斎国の国司。国司は八頁注二十七、率は二十四頁注三参照。

五　御田が卜定されるべき郡を「斎郡」という。名義抄法下三十九に「齋〔イハフ、イム、モノイミ、ツツシム〕」。郡の訓は二頁注二十三参照。国郡卜定のことは二頁に見える。

六　名義抄僧中三十に「於〔オク、ココニ〕」。

七　二十六頁注二十一参照。

八　悠紀・主基各斎国の郡司。司は四頁注三十三参照。

九　おほむたから、おほみたから、ひとくさ。書紀崇神天皇十二年三月条の「百姓」に「ヲホムタカラ」、同書神武天皇即位前紀の「元元」に「オホムタカラ」、同書推古天皇十二年四月条の「人民」に「ヲムタカラ、オホムタカラ」・「兆民」に「ヲホムタカラ」の訓。十巻本和名抄一に「日本紀私記云、人民〔比止久佐、或説云於保无太加良〕」。名義抄僧下七十七に「人民〔ヒトクサ、或云オホムタカラ〕」。

十　亦は六頁注十一、預は四頁注三十一参照。

十一　神祇令諸国大祓条に規定される贖物は、刀・皮・鍬及び雑物・麻・馬である。五十八頁注六参照。其は二頁注二十八、料は二十二頁注二十三参照。

十二　書紀推古天皇二十年正月条の御歌に「宇摩奈羅麼、辟武伽能古摩〔うまならば、日向の駒〕」。万葉集四三七二番歌に「牟麻能都米〔むまのつめ〕」。土佐日記に「むまのはなむけす」。和名抄十一に「馬〔和名無萬〕」。名義抄僧中九十八に「馬〔ウマ〕」。黒川本字類抄中四十二ウに「馬〔ムマ〕」、同書中四十八オに「馬〔ウマ〕」。

〔稲實卜部一人、禰宜卜部一人〕、到國率國司、
於齋郡[1]大祓〔齋郡[2]司幷百姓亦預焉〕、其料各
馬一疋、太[3]刀一口、弓一張、鹿皮一枚、庸
布一段、

1 郡、神宮本・都立本・神宮一本・谷本・三手本・宮本「部」とし、神宮本右傍「郡イ」、神宮一本右傍「一作郡」、谷本右傍「郡」、三手本右傍「郡乎」。荷田本注「諸本作齋部」。
2 郡、神宮本・都立本・神宮一本・三手本・宮本「部」とし、神宮本右傍「郡イ」、神宮一本右傍「一作郡」、三手本右傍「郡乎」。荷田本注「諸本作齋部」。
3 太、荷田本・林本・神宮本・神宮一本・宮本「大」。

十三 動物・魚などの数を数えるのに用いる助数詞。また、布帛の長さの単位としても用いられる。字類抄下九十五ウに「疋〔ヒキ〕」。
十四 和名抄十三に「大刀〔和名太知〕」。書紀推古天皇二十年正月条の御歌に「多智」。
十五 刀剣、その他の器具を数える序数詞。
十六 和名抄十三に「弓〔和名由美〕」。張は六十二頁注十三参照。
十七 四時祭式大神社条・狭井社条・風神祭条などに、幣料として鹿の皮が規定されている。和名抄十八に「鹿〔和名加〕」。書紀仁徳天皇三十八年七月条の「鹿」に「カ」の訓。名義抄法下一一〇に「鹿〔カ〕」。皮は六十二頁注十二、枚は十二頁注二参照。
十八 庸として納められた布。庸は十二頁注十六、布は十二頁注二十二参照。段は三十四頁注四参照。

木綿[一](ゆふ)　一斤
堅魚[二](かつを)
鰒[三](あはび)
海藻[四](め)
滑海藻[五](あらめ)　各(おのもおのも)四斤
米[六](よね／こめ)
酒[七](さけ)　各四斗
鹽[八](しほ)　四升
已上[九](これよりかみ)　當郡[十](そのこほり)　之(これ)を輸[十一](いだ)せ
刀子[十二](かたな)　一口

一　木綿は二十四頁注十六、斤は二十四頁注十七参照。
二　二十六頁注四参照。
三　二十六頁注三参照。
四　二十六頁注五参照。
五　和名抄十七に「滑海藻〔阿良女、俗用荒布〕」。四時祭式上祈年祭条の「滑海藻」に「アラメ、マナカシ」の訓。神道宗紀「古代の「滑海藻」「末滑海藻」について」（皇學館大学神道研究所編『続大嘗祭の研究』、平成元年）を参照。
六　十二頁注二十五参照。
七　酒は二十六頁注一、斗は二十六頁注二参照。
八　六十四頁注二十一参照。
九　四頁注三十五参照。
十　斎郡のこと。当は二頁注九、郡は二頁注二十三参照。
十一　斎郡が支弁すること。名義抄僧中八十八に「輸〔イダス〕」。
十二　和名抄十五に「小刀〔加太奈〕」。名義抄僧上八十五に「刀〔カタナ〕」、小刀〔カタナ〕」。字類抄上九十九オに「刀〔タウ、カタナ、刀子〕」。書紀垂仁天皇八十八年七月条の「刀子」に「カタナ」の訓。

木綿一斤、堅魚・鰒・海藻・滑海藻各四斤、米・酒各四斗、鹽四升〔已上當郡輸[1]之〕、刀子一口、

1 輸、三手本・宮本「輸」とし、三手本右傍「輸乎」、宮本左傍「輸」。

箭（や）[一]　一隻[二]

鍬（くは）[三]　一口

麻（あさ）[四]　一斤

稲（しね）[五]　一束

已上（これよりかみ）　當郡（そのこほり）　諸郷（もろもろのさと）[六]に仰（おほ）[七]せ　郷別（ごと）に之を備（そな）へよ

軾（ひざつき）[八]の料（れう）の商布（たに）　四段

國（くに）[九]　輸（いだ）せ

祓（はら）[十]へ畢（をは）れば　直會（なほらひ）[十一]の酒（さけ）・肴（さかな）[十二]を賜（たま）[十三]へ

稲実殿地卜定

次に使（つかひ）[十四]　國司（くにのつかさ）と共（とも）に　稲實殿（いなのみのとの）[十五]の地（ところ）を卜定（うらへさだ／ぼくぢやう）[十六]めよ

卽（すなは）[十七]ち　木綿（ゆふ）を以（も）ちて賢木（さかき）に繋（か）[十八]け　地（ところ）の四角（よすみ）[十九]に立（た）てよ

一　和名抄十三に「箭　釋名云矢〔音矢、和名夜〕」。名義抄僧上六十九に「箭〔ヤ〕」。

二　矢・鳥などを数える助数詞。

三　三十四頁注五参照。

四　二十八頁注十七参照。

五　稲は十二頁注十二、束は十二頁注十三参照。

六　斎郡内の諸郷。当時の行政区画では、国の下位が郡、郡の下位が郷。諸は四頁注二参照。名義抄僧下九十五に「郷〔サト〕」。

七　仰は八頁注二、別は二十二頁注一、備は二十六頁注十三参照。

八　軾は三十四頁注十二、料は二十二頁注二十三、商布は三十四頁注三参照。

九　斎国が支弁する。

十　祓は二十六頁注十七、畢は三十二頁注六参照。

十一　祭儀の終了時に饗膳を賜わるのが直会（なほらひ）であるが、その意味については、諸説があって結着していない。谷省吾『祭祀と思想』第二章「神道の祭祀」を参照（昭和六十年）。皇太神宮儀式帳六月例条に「奈保良比」。続日本紀天平神護元年十一月条の称徳天皇大嘗祭宣命・神護景雲三年十一月条の称徳天皇新嘗祭宣命に「猶良比」。黒川本字類抄中三十五オに「直會〔ナウライ〕」。宮内省式新嘗小斎条の「直相」に「ナホラヒ」、大膳職式新嘗祭条の「神態直相」の「直相」に「ナホラヒ」の訓。酒は二十六頁注一参照。

十二　「さかな」は、酒の「な」の意。酒を飲むときに添えて食べる物。「な」は、野菜や肉類（魚・鳥・獣）など、副食とするすべてのもの。名義抄仏中一一九に「肴〔サカナ〕」。

十三　名義抄仏下本二十に「賜〔タマフ〕」。書紀神代紀上大八洲生成章第一ノ一書の「賜」に「タマフ」の訓。

十四　使は抜穂使。国司は斎国国司。共は十頁注六参照。

十五　斎田において収穫される稲穂を納める御殿を設けるための敷地を卜定する。供御料の初穂四束は高萱御倉に収納されるので（九十四頁注三参照）、稲実殿には自余の御稲が収納される

箭一[1]隻、鍬[2]一口、麻一斤、稲一束〔已上當郡[3]仰諸郷、郷[4]別備之〕、軾料商布四段〔國輪[5]〕、祓畢賜直會酒肴[6]、次使與國司共卜定稲實殿地、卽以木綿繫[7]賢木立地[8]四角、

のであろう。稲実は七十八頁注十八、殿は四十頁注十、地は二十四頁注六参照。践祚大嘗祭式抜穂条では「稲實齋屋」とする。八十二頁に「鎭稲實殿地」とある。

十六 二頁注二十四参照。

十七 即は二頁注二十七、木綿は二十四頁注十六、以は四頁注十七、賢木は三十頁注五参照。

十八 名義抄法中一二五に「繫〈カク〉」。

十九 四角は三十頁注三、立は三十頁注四参照。

1 一、荷田本・林本・信友本・以文本「廿」。

2 鍬、宮本なし、右傍「鍬」。

3 郡、神宮本・都立本・宮本「郷」とし、宮本右傍「郡」。

4 郷、神宮本・谷本・三手本・宮本「々」。

5 國輪、林本・神宮一本・三手本「同輪」。信友本なし、頭注「国輪若作同輪」。

6 肴、宮本「着」とし右傍「肴」。

7 繫、宮本「繋」とし右傍「繫」。

8 地、林本・神宮一本・三手本・宮本なし、三手本右傍「田乎」、宮本右傍「地」。

次に　御田[一]六段を卜定めよ

田を大田と稱ひ[二]　稻を撰子稻[三]と稱へ[四]

卽ち　使及び國司　御田に向ひ[五]

木綿を以ちて賢木に繫け　田の四角に立て

夫[六]四人をして　之を守らしめよ[七]

次に　物部の人[八]十五人　男六人・女九人[九]　を卜定めよ

造酒童女[十]　一人

當郡の大[十一]・少領[十二]の女[十三]の未だ[十四]嫁がざる[十五]を以ちて　卜食みて[十六]之に充てよ

神語[十七]に佐可都古といふ

稻實の公[十八]　一人

一 書紀神代紀上宝鏡開始章の「御田」に「ミタ」の訓。日本書紀私記乙本神代上に「爲御田時〔美太止之太万不止支（みたとしたまふとき）〕」。践祚大嘗祭式抜穂条には「凡抜穂田者、國別六段〔用二百姓所レ営田一、其代以二正税一給之〕」とする。御田はこの時点で始めて卜定され、それまでは斎郡全体が御田候補地である。

二 名義抄仏中一〇六に「田〔タ〕」。

三 名義抄法下十八に「稱〔イフ、イハク〕」。

四 「えらびのいね」のほか、「えらみのいね、えりしね、えりごのいね」などと訓みは考えられる。稲は十二頁注十二参照。名義抄仏下本七十六に「撰〔エラフ〕」。鈴木重胤は中臣寿詞講義上六で「えらみいね」とし、「其撰子稲とは、実を撰て奉れる由に依れり」と述べている。

五 名義抄法下四十に「向〔ムカフ〕」。

六 徴発されて労役に服する者。字類抄上一一四ウに「丁〔テイ、ヨホロ、夫也、仕丁、庖丁等也〕」とある。

七 三十頁注十五参照。

八 ここで「物部の人」と言ったのは、特に卜定されて祭事に奉仕する人々のことで、令制において囚獄司・衛門府・市司に属し、式部によって補任される伴部としての「物部」ではない。天神の寿詞（中臣の寿詞）でも「物部の人」と表現している。ここの十五人の内、男六人は稲実の公一人・焼灰一人・採薪四人の計六人、女九人は造酒童女一人・大酒波一人・大多米酒波一人・粉走二人・相作四人の計九人である。物部の訓は四十八頁注三参照。官符宣旨例第五号の官符（六三〇頁）にも「物部人十五人」と見え、「雑色人」とも表記する。践祚大嘗祭式抜穂条は「訖卜二定田及齋場雑色人等一〔歌人、歌女不レ卜〕、造酒兒一人（分注略）、御酒波一人、篩粉一人、共作二人、多明酒波一人、篩粉一人、共作二人〔已上並女〕、稲實公一人、焼灰一人、採薪四人、歌人廿人、歌女廿人」とある。

九 男は四十八頁注三、女は四十八頁注五参照。

次卜定御田六段[1]〔田稱大田[2]、稲稱撰子稲〕、卽使及國司向御田、以木綿繫賢[3]木、立田四角、令夫四人守之、次卜定物部人十[4]五人〔男六人・女九人〕、造酒童女一人、〔以當[5]郡大・少領女未嫁卜食[6]充之、神語佐可都古〕、稲實公一人、

1 段、林本「殿」。
2 田、谷本「祓」。
3 賢、林本「堅」。
4 十、宮本「下」とし右傍「十」。
5 當、宮本「常」とし右傍「當」。
6 以文本「者」あり。

十　一人、女子である。「神語佐可都古」とある。文字通り、大嘗祭の黒酒・白酒を造り奉る童女。御田において撰子稲を最初に抜き取り（一四〇頁）、また、北野斎場への御稲京進では輿に乗り（一五六頁）、北野斎場の鎮祭・造営・大嘗宮用材伐採の儀でも造酒童女がまず着手する。践祚大嘗祭式抜穂条に「造酒兒一人〔神語曰二佐可都古一、以二當郡大少領女未レ嫁卜食者一充之〕」とあり、その「造酒兒」に「サカツコ」の訓が付されている。江記天仁元年十一月二十一日条（鳥羽天皇大嘗祭）に「稲實公、忌子、八女等」、中務内侍日記正応元年条（伏見天皇大嘗祭）に「いなのみのおきな、いんこ、や女とかや」とあり、「忌子」と記されている。なお、神宮神嘗祭の由貴大御饌（ゆきのおほみけ）を内宮正殿に供進するのは、三人の物忌の童女である。正宮料は大物忌（おほものいみ）、東相殿料は宮守（みやもり）物忌、西相殿料は地祭（とこまつり）物忌が、物忌の父の介添えのもとに供進する。

十一　斎郡。七十四頁注十参照。

十二　郡の長官を大領、次官を少領という。書紀大化二年正月条の「大領」に「コホリノミヤツコ、オホミヤツコ」、「少領」に「スケノミヤツコ」の訓。北山抄三読奏事条に「大領〔古本〔コホリ〕乃ミヤツ古。又、大古本乃ミヤツ古〕、少領〔須介乃ミヤツ古〕、領〔古本乃ミヤツ古。或説、大領、於本以ミヤツ古、領、ミヤツ古。今説見レ上。是式部例歟〕」とあり、西宮記恒例一郡司読奏条に「大領〔古保乃見ヤツコ〕、少領〔爪〔ス〕ケノミヤツコ、又爪ナイミヤツコ〕」とある。

十三　生（む）す女（め）の意。息女のこと。名義抄仏中六に「女〔ムスメ〕」。書紀雄略天皇九年七月条の「田邊史伯孫女」の「女」に「ムスメ」の訓。和名抄二に「娘　説文云娘少女之称也、必良反〔和名無須女〕」。

十四　名義抄仏下本一一三に「未〔イマタニセズ、イマタニスマジ〕」。

十五　名義抄仏中二十二に「嫁〔トツク〕」。

十六　卜食は十二頁注十四、充は十頁注十七参照。

十七　神や神事にかかわる特別な表現のことば。儀式・延喜式などに、しばしば「神語に◯◯といふ」として出てくる。書紀欽明天皇十六年二月条の「神語」に「カムコト」の訓。西宮一民「践祚大嘗祭儀式の仮名表記をめぐって」（『続大嘗祭の研究』所収、平成元年）参照。

十八　一人、男子である。抜穂の行事においても、先づ造酒童女が御稲を抜き取り、次いで、稲実の公が奉仕する。践祚大嘗祭式抜穂条の「稲實卜部」の「稲實」に「イナノミ」の訓。御堂関白記長和五年十月二十九日条（後一条天皇大嘗祭）に「稲實翁」。中務内侍日記正応元年十一月二十一日条（伏見天皇大嘗祭）に「いなのみのおきなとて、ひん白く髭は帯のもとまで

（七六四頁へ続く）

一大酒波(おほさかなみ)　一人

二大多米酒波(おほためつさかなみ)　一人

三粉走(こはしり)　二人

四相作(あひつくり)　四人

五焼灰(はひやき)　一人

六採薪(かまぎこり)　四人

七歌人(うたびと)　廿人

八歌女(うため)　廿人

九歌人(うたびと)・歌女(うため)は　竝(なら)びに卜(うら)へざれ

抜穂使の明衣の料

次に　十使(つかひ)に十一明衣(あかはみやうえ)の料(れう)の

一 一人、女子。「おほさかなみ」、または「おほむさかなみ」。応永八（一四〇一）年書写の藤波本天神寿詞（中臣寿詞）の「酒波」に「サカナミ」の訓（藤森馨「古代の大中臣祭主家」、『大中臣祭主藤波家の歴史』所収、平成五年）。鈴木重胤は中臣寿詞講義下で「酒波の波は嘗にて、醸と云ふと同じ意の古言と聞えたり」という。践祚大嘗祭式抜穂条には「御酒波」。官符宣旨例第五号（六三〇頁以下）に「大酒波女一人、粉走一人、相作二人、大多米酒波女一人、粉走女一人、相作女二人」とあり、対応する践祚大嘗祭式抜穂条には「御酒波一人、篩粉一人、共作二人、多明酒波一人、篩粉一人、共作二人〔已上並女〕」とある。官符宣旨例の記載に従えば、「大酒波一人・粉走一人・相作二人」が神事料の白酒・黒酒を担当し、「大多米酒波女一人、粉走女一人、相作女二人」は多米都物の白酒・黒酒を担当するのであろう。

二 一人、女子。「ためつ」は、「ためつもの」の「ためつ」と同じで、賜の意（十四頁注十七参照）。五四〇頁に「次辨官班二給兩國多米都物於諸司一」とあり、辰・巳の日の節会に人々に賜わるものをいう。践祚大嘗祭式抜穂条の「多明酒波」に「タメツサカナミ」の訓。官符宣旨例（六三四頁）には「大多米酒波女一人」。

三 二人、いずれも女子である。応永八（一四〇一）年書写の藤波本天神寿詞（中臣寿詞）の「粉走」に「コハシリ」の訓。践祚大嘗祭式抜穂条は「篩粉一人」とし、その「篩」に「フルフ」の訓。国史大系本践祚大嘗祭式抜穂条の「篩粉」に「フルヒコ、コハシリ」の訓。造酒司式新嘗会白黒二酒料条の「絁大篩三条〔一条篩レ灰、二条篩レ酒、別五尺〕」について、鈴木重胤は中臣寿詞講義下で「白黒二酒を篩（ふるひ）を以て漉（こ）して滓（かす）を去り、又薬灰をも篩ひ漉す事などに仕奉（つかへまつ）れるなり」と説く。官符宣旨例（六三四頁）には「粉走一人」と「粉走女一人」とあり、前者が御酒波に従う者で、後者が大多米酒波に従う者であろう。

大酒波一人、大多米酒波一人、粉走二人、
相作[1]四人、焼灰[2]一人、採薪四人、歌人廿[3]人、
歌女廿人〔歌人・歌女竝不卜〕、次賜使明衣料

1 作、荷田本・神宮本・都立本・神宮一本・三手本・宮本・信友本「仕」。神道本右傍「仕イ」。林本「使」。
2 灰、谷本「炭」。神宮一本右傍「一作炭」。三手本右傍「炭乎」。
3 廿、信友本「卅」。

四 四人、いずれも女子。応永八年書写の藤波本天神寿詞（中臣寿詞）の「相作」に「アヒツクリ」の訓。践祚大嘗祭式抜穂条は「共作二人、（中略）共作一人」とし（注三参照）、国史大系本同条の「共作」に「アヒツクリ」の訓が付されている。鈴木重胤は中臣寿詞講義下で「造酒児は其長と有れば、酒波と相作とは、其を補佐(たすけ)て共に仕奉れる也」という。官符宣旨例（六三四頁）には「相作二人」と「相作女二人」とあり、前者が御酒波に従う者で、後者が大多米酒波に従う者であろう。

五 一人、男子である。践祚大嘗祭式抜穂条に「焼灰一人」。官符宣旨例（六三二頁）にも「灰焼一人」。応永八年書写の藤波本天神寿詞（中臣寿詞）の「灰焼」に「ハイヤキ」の訓。十一月上旬、斎場内院の御酒を醸（か）むことに関連して、白酒・黒酒に和（あわ）せるための薬灰（くすりのはひ）を卜食の山に入って焼き、それを御酒に和せる行事においても（三三八頁以下）、また大嘗祭に先立って七日の大嘗宮鎮地の祭儀の火を鑽る行事においても（三七二頁）、焼灰が奉仕する。

六 四人、男子である。官符宣旨例（六三四頁）も「採薪四人」とする。践祚大嘗祭式抜穂条にも「採薪四人」とあり、国史大系本同条の「採薪」に「キコリ」の訓が付されている。応永八年書写の藤波本天神寿詞（中臣寿詞）は「薪採」とし、「キコリ」の訓が付されている。名義抄僧上三十五に「薪〔タキキ〕」。黒川本類字抄下六十四オに「薪〔ミカマキ、或人云御卜〕」。主殿寮式年中薪条の「薪」に「カマキ」、兵部省式御薪条の「薪」に「ミカマキ」の訓。「かまぎ」は竈木の意。卯の日の斎場より大嘗宮への行列に「薪十荷」とあるについて、鈴木重胤は中臣寿詞講義下で「儀式に長各四尺以二黒葛一束二両端一と有て、常に正月十五日に供進ると、其長同じきを以て思ふに、此なむ大嘗宮の御竈にて採薪の仕奉れるならむを、其も又卜食の山にて採つらめども、具には記されざりける者なり」と述べている。正月十五日に、御薪（みかまぎ）を進る儀があり、薪は「たきぎ」でなく「まかまぎ」という。ここも「かまぎこり」と訓むべきであろう。

七 歌人は男子、歌女は女子。官符宣旨例（六三四頁）は「歌人卌人〔男廾人、女廾人〕」とする。践祚大嘗祭式抜穂条も「歌人廾人、歌女廾人」。大嘗祭の卯の日、大嘗宮に天皇出御したもう時、それぞれの国司に導かれて、大嘗宮の前庭において（五〇二・五〇四頁）、また辰の日にも豊楽院内において（二六八頁）、「國風、風俗」（くにぶり）を奏上する。装束については、三三二頁以下に見える。名義抄僧中四十八に「歌〔ウタ〕」、同書仏上一に「人〔ヒト〕」。

八 注七参照。訓は二十二頁注十七参照。

九 歌人・歌女の選定は卜定によらない。践祚大嘗祭式抜穂条にも「歌人、歌女不ㇾ卜」。並は十四頁注十、卜

（七六四頁へ続く）

[一]絹(きぬ)　二疋

[二]綿(わた)　八屯

[三]布(ぬの)　二端

[四]人別(ひとごと)に　絹　一疋

綿　四屯

布　一端

[五]國(くに)の物(もの)を用(もち)ゐよ

[六]を賜(たま)へ

稲実殿地の鎮地

次に　[七]稲實殿(いなのみのとの)の地(ところ)を鎭(しづ)めよ

[八]其(そ)の料(れう)は

一 絹の訓は十二頁注二十一、疋は七十二頁注十三参照。抜穂使明衣料は、官符宣旨例第三十三号の大蔵省宛官符（七三二・七三四頁）が対応すると考えられ、「絁、調綿、調布」とする。また、践祚大嘗祭式抜穂条にも「卜部二人、明衣料絁二疋、調布二端、綿八屯」とある。

二 綿は十二頁注二十三、屯は三十四頁注二参照。

三 布は十二頁注二十二、端は三十四頁注十四参照。

四 二十二頁注一参照。

五 践祚大嘗祭式抜穂条では、卜部・造酒童女・酒波の明衣料は「並用㆓大藏物㆒」とする。官符宣旨例（七三一・七三四頁）も、卜部・造酒童女・酒波の明衣料は大蔵省に請求されている。国は二頁注二十三、物は十頁注二十一、用は十四頁注二参照。

六 七十六頁注十三参照。

七 稲實殿は七十六頁注十五、地は二十四頁注六、鎮は三十二頁注十三参照。

八 鎮祭料。官符宣旨例第二十八号（七一六頁）・官符宣旨例第三十三号（七三四頁）が対応すると考えられ、「五色薄絁、倭文、木綿、麻」が大蔵省に、「鍬、小鍬、鎌、钁」が宮内省に請求されている。また、践祚大嘗祭式抜穂条にも「鎭齋場、其幣五色薄絁各五尺、木綿、麻各三斤、倭文五尺、鍬二口、斧、小斧、鎌二柄」とし、大蔵の物を用いるとする。其は二頁注二十八、料は二十二頁注二十三参照。

1 一、宮本なし、右傍「一」。
2 端、都立本「段」。

絹二疋、綿八屯、布二端〔人別絹一[1]疋、綿四屯、布一端[2]、用國物〕、次鎮稲實殿地、其料

各(おのもおのも)[一]　五色(いつつのいろ)の薄絁(うすきあしぎぬ)　各五尺
倭文(しとり)[二]　五尺
木綿(ゆふ)[三]
麻(あさ)[四]　各三斤
鍬(くは)[五]　二口
斧(をの)[六]
鎌(かま)[七]　各二柄[八]
已上(これよりかみ)[九]は　官(くわん)[十]の充(あ)つるところなり
庸布(ちからしろのぬの／ようふ)[十一]　二段
綿(わた)　二屯

一 各は四頁注二十二、五色薄絁は二十四頁注十三・十四、尺は二十四頁注十五参照。
二 三十二頁注十六参照。
三 二十四頁注十六参照。
四 麻は二十八頁注十七、斤は二十四頁注十七参照。
五 鍬は三十四頁注五、口は三十四頁注六参照。
六 和名抄十五に「斧〔和名乎能、一云與岐（よき）〕」、「釿〔和名天乎乃（てをの）〕」。
七 草や柴を刈る道具。和名抄十五に「鎌〔音廉〕、一名鍥〔音結、和名加末〕」。
八 手に握り持つ、刀剣・槍・如意・扇などを数える助数詞。
九 四頁注三十五参照。
十 八十二頁注八参照。官は二頁注三十、充は十頁注十七参照。
十一 七十二頁注十八参照。

各[1]五色薄絁[2]各五尺、倭文[3][4]五尺、木綿・麻各三[5]斤[6]、鍬二口、斧・鎌[7]各二柄（已上官所充）、庸布二段、綿二屯、

1 各、谷本・以文本なし、谷本右傍「各」。
2 絁、宮本「純」とし右傍「絁」。
3 倭文、宮本「榛交」とし右傍「倭文」。
4 倭文五尺、信友本なし。
5 三、谷本「五」。
6 斤、谷本「尺」とし右傍「斤」。
7 鎌、神宮本右傍「録イ」。

絁（いと）[一]　二絇[二]

軾（ひざつき）[三]の料（れう）の絹（きぬ）　二疋

米（よね・こめ）[四]

酒（さけ）[五]　各一斗（おのもおのも）

堅魚（かつを）[六]

鰒（あはび）[七]　各一連

海藻（め）[八]　一斤

稲（しね）[九]　四束

已上（これよりかみ）は　國（くに）[十]の物（もの）を用（もち）ゐよ

鎮（しづ）め畢（をは）[十一]れば

一 和名抄十四に「絁〔和名伊度〕」、名義抄法中一一一に「絁〔イト〕」。字類抄上八ウに「絁〔イト〕」。

二 糸の重さの単位。賦役令調絹絁条は十六両を一絇と規定する。名義抄法中一二四に「絇〔マトフ〕」。合せて搓（よ）った糸とされるが、より糸をまとめたものを絇というか。

三 軾は三十四頁注十二参照。

四 十二頁注二十五参照。

五 酒は二十六頁注一、斗は二十六頁注二参照。

六 二十六頁注四参照。

七 鰒は二十六頁注三、連は二十六頁注六参照。

八 二十六頁注五参照。

九 稲は十二頁注十二、束は十二頁注十三参照。

十 国は二頁注二十三、物は十頁注二十一参照。

十一 三十二頁注六参照。

絲二絇[1]、軾料絹二疋[2]、米・酒各一斗、堅
魚・鰒[3]各一連、海藻一斤[4]、稲四束[5]（已[6]上用
國物）、鎭畢、

1 絇、林本「絢」。神宮本・谷本・三手本「約」とし、神宮本右傍「絇」。
2 疋、林本「匹」。
3 谷本「魚」あり。
4 斤、神宮本・谷本・宮本「升」とし、神宮本右傍「斤カ」、宮本右傍「斤」。
5 束、神宮一本「東」。
6 已、谷本「以」。

使[一]　齋鉏[二]・鎌を執り
　草木[三]を芟[四]り除[五]き
　始[六]めて柱[七]の穴を掘[八]れ

稲実殿の院・門・殿・屋の配置・規模

①院

其の院[九]は
　方[十]十六丈
　柴[十一]を以ちて垣[十二]と爲よ
　　高[十三]さ四尺
　楉[十四]を以ちて之[十五]を結[十六]ふこと四節[十七]なれ

②門

門[十八]は　東の方[十九]に在り　葦[二十]と楉を編[二十一]みて扉[二十二]と爲よ
　高さ八尺　廣[二十三]さ一丈なれ

一 抜穂使。使の訓は四頁注十一参照。
二 名義抄法下三十九に「齋〔イモヒ、イハフ、イム、モノイミ、ツツシム〕」、同書僧上一一八に「鉏〔クハ、スキ〕」。践祚大嘗祭式斎場条の「齋鍬」の「齋」に「イミノ」の訓。祝詞式大殿祭条の「齋鉏」に「イムスキ」の訓。鉏は鋤のこと。土地を掘り起こす道具。和名抄十五に「釋名云、鋤〔土魚反、和名須岐〕、去ㇾ穢助ㇾ苗、（中略）、挿ㇾ地起ㇾ土也」。鎌は八十四頁注七、執は二十八頁注十参照。
三 和名抄二十に「草〔和名久佐〕」。名義抄僧上一に「草〔クサ〕」。木は十四頁注七参照。
四 名義抄僧上八に「芟〔カル〕」。
五 名義抄法中四十四に「除〔ノゾク〕」。
六 十頁注八参照。
七 名義抄仏下本一〇九に「柱〔ハシラ〕」。同書法下五十八に「穴〔アナ〕」。
八 底本「堀」。名義抄仏下本六十七に「掘〔ホル〕」。同書法中六十に「堀〔ホル、アハク〕」。
九 斎郡の斎場。一四〇頁には斎院と見える。殿・堂・屋などの建物をたて、まわりを垣でめぐらした一画を、「院」という。院の訓は、六頁注十六参照。
十 三十頁注七参照。
十一 和名抄二十に弁色立成を引いて「莱草」を「之波」と訓ませているが、莱草とは山野に生い茂る雑草のことである。「しば」は、垣に多く用いられるので、「籬」は普通「しばがき」と訓まれる。名義抄仏下本一〇〇に「柴〔シバ〕」。
十二 和名抄十に「垣〔和名賀岐〕」、名義抄法中五十五に「垣〔カキ〕」。
十三 名義抄法下四十三に「高〔タカサ〕」。
十四 木の細い枝である。新撰字鏡七に「楉〔之毛止〕」、日本霊異記下九縁の訓釈に「楉〔志母止〕」。和名抄十三には刑罰具として「笞〔和名之毛度〕」。

使執齋鉏[1]・鎌、艾[2]除草木、始堀柱穴、其[3]院方十六丈、以柴爲垣〔高四尺、以楉[4]結之[5]四節〕門在東方、編葦[6]・楉[7]爲扉[8]、〔高八尺、廣一[9]丈〕、

1 鉏、神宮本・三手本・宮本「鈕」とし、神宮本右傍「鉏カ」、宮本右傍「鉏」。谷本「劔」。
2 艾、信友本「苅」。神道本右傍「苅イ」。三手本なし、右傍「艾」。林本注「芟之誤」。
3 其、都立本・宮本「具」とし、宮本右傍「其」。
4 楉、三手本「栳」とし右傍「楉」。信友本「若木」。
5 之、谷本なし、左傍「之」。宮本「丨」とし右傍「之」。
6 葦、神宮本・宮本「壽」とし、宮本右傍「葦」。
7 楉、荷田本・林本・神宮本・都立本・神宮一本・谷本・三手本・宮本「若木」とし、三手本右傍「楉」、宮本右傍「楉」。神道本右傍「若木イ」。
8 扉、宮本「扇」とし右傍「扉」。
9 一丈、神宮本・都立本・神宮一本・谷本・宮本「二尺」。林本注「異本作二尺」。三手本右傍「二尺」。

十五 八頁注五参照。
十六 名義抄法中一二一に「結〔ユフ、ムスフ〕」。
十七 名義抄僧上七十七に「節〔フシ〕」。四節は四カ所で結ぶということか。
十八 門は四十二頁注十、東は八頁注二十五参照。
十九 名義抄僧中三十に「方〔カタ〕」。在は二頁注三十二参照。
二十 和名抄二十に「葦〔和名阿之〕」、名義抄僧上十一に「葦〔アシ〕」。
二十一 名義抄法中一二四に「編〔アム〕」。
二十二 和名抄十に「説文云扇〔式戰反、和名止比良〕、扉〔音非〕門扉也」。名義抄法下九十二に「扉〔トヒラ〕」。
二十三 広は四十二頁注十七、丈は三十頁注八参照。

院(ゐん)の四角(よすみ)[一]に　賢木(さかき)を挿(さ)[二]し　其(そ)の内(うち)[三]に雑殿(くさぐさのとの・ざふでん)[四]を構(かま)へ作(つく)れ

③抜穂使の政所屋

門(もん)を入(い)[五]ること二許丈(ぢやうばかり)[六]に　縦(たて)に三間(ま)の　使(つかひ)[七]の政所屋(まつりごとどころのや)[八]一宇

長(なが)さ二丈四尺　廣(ひろ)さ一丈二尺なれ

④抜穂使の宿屋

其(そ)[九]の北(きた)に　横(よこ)に五間の　抜穂(ぬきほ)[十]の使(つかひ)の宿屋(とのゐのや)一宇

南(みなみ)に戸(と)[十一]あれ

長さ二丈四尺　廣さ一丈二尺なれ

東(ひむがし)[十二]の三間は　稲實(いなのみ)の卜部(うらべ)の宿所(とのゐどころ)と為(し)

西(にし)の二間は　禰宜(ねぎ)[十三]の卜部の宿所と為(せ)よ

⑤物部男・稲実公の宿屋

其の西に　横に五間[十四]の　屋(や)一宇

南に戸あれ

一　四角は三十頁注三、賢木は三十頁注五参照。

二　名義抄仏下本五十八に「揷〔サシハサム〕」。字類抄下五十オに「挿〔サシハサム〕」。践祚大嘗祭式大嘗宮条の「挿」に「サス」の訓。

三　名義抄僧下一〇九に「内〔ウチ、イル〕」。

四　斎郡斎場には、①使所屋一宇（三間）、②抜穂使宿屋一宇（五間、東三間は稲実卜部宿所、西二間は禰宜卜部宿所）、③五間屋一宇（五間、東三間は物部男宿所、西二間は稲実公宿所）、④造酒童女宿屋一宇（三間）、⑤八神殿（八間）、⑥高萱御倉一宇（方一丈）、⑦稲実殿一宇（三間）、⑧物部女宿屋一宇（三間）、の八殿舎が建てられる。雑殿は四十頁注十、搆は四十二頁注九、作は十四頁注七参照。

五　名義抄僧下一〇九に「入〔イル〕」。

六　許は四十二頁注六、縦は四十四頁注九、間は四十二頁注四・十三参照。

七　抜穂の使（稲実の卜部及び禰宜の卜部）の執務とするところ。践祚大嘗祭式抜穂条には、「使衙屋一宇〔長四丈、廣一丈二尺〕」とする。名義抄僧中五十四に「政〔マツリコト〕」、黒川本字類抄中九十一ウに「政〔マツリコト〕」。使は四頁注十一、所は四頁注十八参照。

八　屋は三十六頁注八、宇は四十二頁十四参照。

九　其は二頁注二十八、横は四十二頁注十二参照。

十　抜穂使の宿泊所。後文にあるように東三間が稲実卜部、西二間が禰宜卜部の宿泊所となる。抜穂使は七十頁注二十、宿は四十六頁注八参照。

十一　四十二頁注十五参照。

十二　東は八頁注二十五、稲実卜部は七十頁注二十、為は三十頁注十参照。

十三　禰宜卜部は七十頁注二十、為は四頁注二十参照。

十四　践祚大嘗祭式抜穂条に、次の造酒童女の宿屋とあわせて、「稲實公等屋一宇、造酒児等屋一宇〔長各二丈、廣一丈二尺〕」

院四角插賢木、其内搆作雜殿、入[1]門二許丈、
縱三[2]間使政所屋一宇（長二丈四尺、廣一丈二[3]
尺）、其北横五間拔[4]穗[5]使[6]宿屋一宇（南戸、長
二丈四尺、廣一丈二[7]尺、東三間爲稻實卜部宿所、
西二間爲禰宜卜部宿所）、其西横五間屋一宇、
（南戸、

1 入、神宮一本「八」とし右傍「一作入」とある。
2 三、林本「二」。
3 二、林本「三」。
4 拔、神宮本「扱」とし右傍「拔歟」。
5 穗、神宮本・宮本「穙」とし、宮本右傍「穗」。
6 使、神宮本・都立本・宮本「移」とし、宮本右傍「使」。
7 二、林本「四」。

長さ・廣さ　上[一]に同じくし
東の三間は　物部[二]の男の宿所と為し
西の二間は　稲實[三]の公の宿所と為よ

⑥造酒童女の宿屋

其の西に　横に三間の　造酒童女[四]の宿屋一宇
南に戸あれ
長さ二丈　廣さ一丈二尺なれ

⑦八神殿

其の南に　少[五]し西に　縦に八間の　八神殿[六]
東に戸あれ
長さ[七]二丈四尺　廣さ七尺八寸
柱[八]は　高さ八尺なれ

一 二十六頁注十九参照。
二 物部男は四十八頁注三、宿は四十六頁注八、所は四頁注十八参照。
三 七十八頁注十八参照。
四 造酒童女は七十八頁注十、宿屋は四十六頁注八参照。
五 少は五十頁注六、縦は四十四頁注九参照。
六 八神については、一四二・一四四頁参照。名義抄仏下末二十六に「八〔ヤツ、ハチ〕」。「はしら」と訓む根拠としては、書紀神代紀四神出生章の「二神」に「フタハシラノカミ」の訓が付されている。平面図参照。
七 践祚大嘗祭式抜穂条は「所レ作八神殿一宇〔長四丈、廣一丈〕」とする。
八 八十八頁注七参照。

長・廣同上、東三間爲物部男宿所、西二間爲稻實公[1]宿所〕、其西横三間造酒童女宿屋一宇、〔南戸、長二丈[2]、[3]廣一丈二尺[4]〕、其南少西、縱八間八神殿、[5]〔東戸、長二丈四尺、廣七尺八寸、柱高八尺、

1 公、三手本・宮本「召」とし、三手本右傍「公乎」、宮本右傍「公」。
2 二、荷田本・神宮一本「一」とし、神宮一本右傍「一作二」。
3 信友本・以文本「四尺」あり。宮本右傍「四尺」あり。
4 二、林本「三」。
5 以文本「一宇」あり。宮本右傍「一宇」あり。

使[一]の政所屋と相對へ[二]

⑧高萱の御倉

其の南に　少し東に　高萱[三]の御倉一宇

北に戸あれ

方[四]一丈なれ

⑨稲実殿

其の東に　横に三間の　稲實殿[五]一宇

北に戸あれ

長さ二丈四尺　廣さ一丈二尺なれ

⑩物部女の宿屋

其の東に　横に三間の　物部[六]の女等の宿屋一宇

北に戸あれ

長さ・廣さ　上に同じくせよ

一　九十頁注七参照。

二　互いに向かい合うこと。相は四十六頁注二参照。名義抄法下一四四に「對〔ムカフ、アフ〕」。書紀神代紀瑞珠盟約章第三ノ一書の「相對」に「アイムカツテ」の訓。

三　初穂四束が高萱御倉に収納される（一四〇頁）。高萱御倉の内部は九十六頁以下を参照。高は八十八頁注十三、萱は三十頁注十九、倉は十八頁注五参照。書紀雄略天皇九年五月条の「御倉」に「ミクラ」の訓。北野斎場内院には高萱の片葺の御倉が構作される（一七六頁）。万葉集三四九七番歌に「禰自路多可我夜（ねじろたかがや）」とあり、根が白い、背の高い萱という。

四　三十頁注七参照。

五　七十六頁注十五参照。践祚大嘗祭式抜穂条には「稲實齋屋一宇〔長二丈、廣八尺〕」とする。

六　物部女は四十八頁注五、宿屋は四十六頁注八参照。

与使政所屋相對〕、其南少東高萱御倉一宇〔北戸、方一丈〕、其東横三間稲實殿[1]一宇〔北戸、長二丈四尺、廣一丈二尺〕、其東横三間物部女等[2]宿屋一宇〔北戸、長・廣同上〕、

1 殿、荷田本・林本・都立本・神宮一本・信友本「軽幄」。神道本右傍「軽幄イ」。神宮本・谷本・三手本・宮本「軽」とし、宮本右傍「殿」。
2 林本「童」あり。

稲実殿地の諸殿・屋の制

其(そ)の制(のり)[一]は[二]

イ八神殿

八神殿(やはしらのかみのとの・はっしん)[三]は
片廂(かたびさし)[四]と為(し)
葺(ふ)[五]くに青草(かや)[六]を以(も)[七]ちてせよ
内(うち)に竹棚(たかだな)[八]を安(お)[九]き　高(たか)さ四尺なれ
其の上(うへ)[十]に席(むしろ)を敷(し)[十一]きて　神座(かみのみくら)[十二]と為(せ)よ
蔀(しと)[十三]み廻(めぐ)[十四]らすに葦(あし)[十五]を以ちてし
東(ひむがし)の戸(と)を開(ひら)[十六]き　葦の簾(すだれ)[十七]を懸(か)[十八]けよ

ロ高萱の御倉

高萱(たかかや)の御倉(みくら)は
葺(ふ)[十九]き蔀(しと)むに青草(かや)を以(も)ちてし

一 書紀神代紀天孫降臨章の「其造宮之制」の「制」に「ノリ、カタチ」の訓。名義抄僧上八十七に「制〔ツクル、ツクリ〕」。
二 「也」を「は」と訓む根拠としては、書紀神代紀大八洲生成章の「是行也」に「コノタビハ」の訓、同書崇神天皇十年九月条の「日也人作」の「日也」に「ヒルハ」の訓が付されている。
三 九十二頁注六参照。八神殿は南北八間であるので、一間ごとに高さ四尺の竹棚の上に神座が設けられていたことになる。
四 片流れに傾斜するように屋根が設けられていること。名義抄仏下末六に「片〔カタハシ、カタハラ、カタヘ〕」、同書法下一〇〇に「庇〔ヒサシ〕」。
五 名義抄僧上十二に「葺〔フク〕」。
六 書紀顕宗天皇即位前紀の「取葺青葉者」の「青葉」に「カヤ」の訓。屋根を葺く草を「かや」と訓むことは、三十頁注十九参照。書紀神代紀宝鏡開始章の「青草」に「アヲクサ」の訓がある。
七 四頁注十七参照。
八 竹で作った棚。和名抄二十に「竹〔和名多計太〕」。名義抄僧上六十一に「竹〔タケ〕」、同書仏下本九十六に「棚〔タナ〕」。「竹」を「たか」と訓むことは、和名抄十四に「尺、竹量也〔太加波可利（たかはかり）〕」の例がある。「たか」は「たけ」の交替形。
九 そなえ据えること。名義抄仏下末二十八に「安〔オク、スフ〕」。
十 上は二十六頁注十九、席は十頁注一参照。
十一 名義抄僧中五十五に「敷〔シク〕」。
十二 神は六十頁注二十参照。書紀神代紀天孫降臨章に「天磐座〔天磐座、此云二阿麻能以簸矩羅一（あまのいはくら）〕」。同書天智天皇九年三月条の「諸神座」に「カミタチノミマシ」の訓。黒川本字類抄中七十一ウに「座〔クラ〕」。
十三 光や風雨をさえぎるために掛けるもので、「風〔し〕止〔とみ、とむ〕」の意か。字類抄下七十六に「蔀〔シトム〕」という用言の例が見える。和名抄十に「蔀」を「周禮注云、蔀〔音部、字

1 片、宮本「行」とし右傍「片」。
2 安、三手本右傍「案乎」。
3 以、谷本なし。
4 葦、神宮本「葺」。
5 開、宮本「間」とし右傍「開」。
6 葦、谷本「葺」。
7 倉、谷本「舍」とし右傍「倉」。三手本・宮本「會」とし、宮本右傍「倉」。

其制也、八神殿者爲片[1]廂、葺以青草、內安[2]竹棚（高四尺）、其上敷席爲神座、蔀廻以[3]葦[4]、開[5]東戸懸葦[6]簾、高萱御倉[7]者葺蔀以青草、

亦作レ蔀、和名之度美（しとみ）」、覆レ暖障レ光者也」とある。なお、和名抄が云う周礼注は、周易注（王弼）の誤りであろう。周易六の豊の卦に「蔀二其家一」（十三經注疏、一八一五年阮元刻本）とあり、その王弼注に「蔀、覆曖、彰二（ふさぐ）光明一之物也」（十三經注疏、一八一五年阮元刻本）とする。名義抄僧上四十三に「蔀（シトミ、カクフ、オホフ）」。
十四 書紀神代紀四神出生章第一ノ一書の「廻」に「メグラシテ」の訓。名義抄仏上五十一に「廻（メクル）」。
十五 八十八頁注二十参照。
十六 名義抄法下七十四に「開（ヒラク）」。
十七 葦や竹で作り、内外を隔て、また光をさえぎるために垂らすもの。新撰字鏡十二に「掲簾（須太礼阿久（すだれあく））」。名義抄僧上六十一に「簾（スダレ）」、
十八 名義抄法中九十九に「懸（カク）」。
十九 葺は注五、蔀は注十三、青草は注六参照。

北の戸[一]を開き　葦を以ちて扉と爲よ

内に竹棚[二]を作り

其の上に薦[三]を敷[四]き　以ちて御稲[五]を安け

ハ稲実殿

稲實殿[六]は

葺き蔀むに青草を以ちてし

戸も亦[七]草[八]を用ゐよ

ニ抜穂使宿屋

使の宿屋[九]は

葺くに青草を以ちてし　之を蔀むに葦を以ちてし

南の戸を開け

ホ抜穂使の政所屋

使の政所屋[十]は

一 戸は四十二頁注十五、葦は八十八頁注二十、扉は八十八頁注二十二参照。

二 竹棚は九十六頁注八、作は十四頁注七参照。

三 真菰（まこも）を編んで作ったむしろ。和名抄十四に「薦〔和名子毛〕、席也」。名義抄僧上四十に「薦〔コモ、ムシロ〕」。食薦は二十六頁注七参照。

四 九十六頁注十一参照

五 御稲は五十二頁注一、安は九十六頁注九参照。

六 七十六頁注十五参照。

七 亦は六頁注十一、用は十四頁注二参照。

八 草を「かや」と訓むことは、三十頁注十九参照。

九 抜穂使の宿屋のこと（九十頁）。使は四頁注十一、宿屋は四十六頁注八参照。

十 九十頁注七参照。

開北戸、以葦[1]爲扉、內作竹棚、其上敷薦以
安御稻[2]、稻[3]實殿者葺[4]蔀以青草、戸亦用草[5]、
使宿屋者葺[6]以青草、蔀[7]之[8]以葦[9]、開[10]南戸、使
政[11]所屋者

1 葦、神宮本・宮本「葉」とし、宮本右傍「葦」。
2 稻、谷本「棚」。
3 稻、神宮本・谷本・三手本・宮本・信友本「々」。
4 葺、三手本「葦」とし右傍「葺イ」。
5 三手本右傍「青乎」あり。
6 葺、三手本「葦」とし右傍「葺イ」。
7 都立本「同」あり。宮本右傍「同」あり。
8 之、以文本なし、頭注「一本有㆓之字㆒」。
9 葦、宮本「葉」とし右傍「葦」。
10 開、宮本「間」とし右傍「開」。
11 政、宮本「故」とし右傍「政」。

へ 造酒童女宿屋

葺き蔀むこと宿屋に[一]同じくし
[二]東の戸を開け

[三]造酒童女の宿屋は
葺き蔀むに青草を以ちてし
南の戸を開き　葦を以ちて扉と爲よ[四]

ト 稲実公・物部男宿屋

[五]稲實の公・物部の男の宿屋は
葺き蔀むに青草を以ちてし
南の戸を開き　葦を以ちて扉と爲よ

チ 物部女の宿屋

[六]物部の女の宿屋は
葺き蔀むに青草を以ちてし

一　九十八頁の使宿屋と同じ。
二　八頁注二十五参照。
三　七十八頁注十参照。
四　四頁注二十参照。
五　稲実公は七十八頁注十八、物部男は四十八頁注三参照。
六　四十八頁注五参照。

葺[1]蔀同[2]宿屋、開東戸、造酒童女宿屋者葺[3]蔀以青草、開南戸、以葦[4]爲扉、稲實公・物部男宿屋[5]葺蔀以青草、開南戸、以葦[6]爲扉、物部女宿屋[7]葺蔀以青草、

1 葺、三手本・信友本「葦」とし、三手本右傍「葺イ」、信友本頭注「葺」。
2 同、神宮本「開」とし右傍「同イ」。谷本・三手本・宮本「間」。
3 葺、三手本「葦」とし右傍「葺イ」。
4 葦、宮本「葉」とし右傍「葦」。
5 都立本「者」あり。林本注「脱者」あり。神道本右傍「者イアリ」あり。
6 葦、宮本「葉」とし右傍「葦」。
7 都立本「者」あり。林本注「脱者」あり。神道本右傍「者イアリ」あり。

[一]北（きた）の戸（と）を開（ひら）き　葦（あし）を以（も）ちて扉（とびら）と爲（せ）よ

[二]竝（なら）びに[三]黒木（くろき）を以ちて[四]搆（かま）へ作（つく）り　[五]倒（さかしま）に葺（ふ）け

[六]九月（ながつき）の上旬（かみのとをか）に　神祇官（かみつかさ／じんぎくわん）

[七]神服社（かむはとりのやしろ）の[八]神主（かむぬし）一人を[九]差（さ）して　[十]神服（かむはとり）の使（つかひ）と爲（し）

[十一]官（くわん）に申（まを）して[十二]驛鈴（むまやのすず／えきれい）　一口を賜（たま）ひ

[十三]參河（みかは）の國（くに）に遣（つかは）し

[十四]神戸（かむべ）を[十五]喚（め）し[十六]集（あつ）め

[十七]神服（かむみそ）を[十八]織（お）る[十九]長（をさ）　二人

[二十]織女（おりめ）　六人

[二十一]工手（てひと）　二人

一　北は八頁注二十二、戸は四十二頁注十五、開は九十六頁注十六、葦は八十八頁注二十、以は四頁注十七、扉は八十八頁注二十二参照。

二　十四頁注十参照。

三　皮つきのままの材木を黒木（くろき）という。斎郡斎場に建てられる八殿舎（九十頁注四）は、総て黒木で構作し、屋根は「倒葺（さかしまにふく）」。名義抄仏下末五十三に「黒（クロシ）」。木は十四頁注七参照。万葉集七七九番歌に「板盖之黒木乃屋根者」、源氏物語野分に「よしあるくろき（黒木）・あかき（赤木）の笆（ませ）をゆひまぜつつ」とある。

四　構は四十二頁注九、作は十四頁注七参照。

五　茅の穂先を下にして屋根を葺くこと。逆葺（さかぶき）とも。名義抄仏上二十三に「倒（サカサマ、サカシマ）」。万葉集一六三七番歌に「波太須珠寸、尾花逆葺、黒木用、造有室者、迄萬代（はだすすき、尾花逆葺き、黒木もち、造れる室は、万代までに）」とある。北野斎場内院の神座殿も、萱を用いて「倒葺」とある（一八二頁）。倒葺のことは、践祚大嘗祭式抜穂条には見えず、さらに、「掘井一處（蓋以片屋）」とある。

六　黒川本字類抄中三十二オに「九月（ナカツキ）」。上旬は五十八頁注五、神祇官は二頁注二十参照。

七　「神服社」及び「神服使」の場合の「神服」は「かむはとり」と訓み、「神服を織る」という場合の「神服」は「かむみそ」と訓むべきであろう。「はとり」は「はたおり」の約。神名式摂津国嶋上郡の「神服神社」の「神服」に「カムハトリ」の訓。字類抄上一一二ウに「神服（カムハトリ）」。釈日本紀二十秘訓の「神服部連」の「神服部」に「カムハトリ」の訓。書紀神武天皇即位前紀戊午年九月条の「社」に「ヤシロ」の訓。この神服（かむみそ）は、大嘗宮正殿の神座のわきに奠ぜられる和妙（にぎたへ）・麁妙（あらたへ）のうちの和妙であって、麁妙を阿波国が奉織するのに対し、和妙は、三河国の神戸より卜定された人々が奉仕して、北野の斎場の服院（四〇頁・三一

1 開、神宮本なし、右傍「開」。
2 爲扉、林本なし。
3 鈴、谷本「路」。
4 遣、三手本「遺」とし右傍「遣」。
5 戸、谷本「神」。

開[1]北戸、以葦爲扉[2]、竝以黒木搆作倒葺、九月上旬、神祇官差神服社神主一人、爲神服使、中官賜驛鈴[3]一口、遣[4]參河國喚集神戸[5]、卜定織神服長二人、織女六人、工手二人、

〇頁以下）で奉織するのである。神服使は、神服社の神主が指名される。神祇官年中行事に、「參河國和妙神服使、以㆓神服社神主氏人㆒、差㆓進之㆒」とあり、兵範記仁安三年九月四日条に引く神祇官差文に、「大嘗會神服使正六位上神服政景、神部二人」と見える。神服社については、三河国宝飫郡式内赤日子神社、同国八名郡の服部（和名抄六「波止利」）という郷名、神祇令孟夏条神衣祭の義解について「伊勢神宮祭也、此神服部等、齋戒潔清、以㆓參河赤引神調糸㆒、織㆓作神衣㆒」という記事などとの関連が、諸家によって指摘されているが、必ずしも明確な説はない。鈴木重胤（中臣寿詞講義）は、「神服社は、神名式に摂津国島上郡神服神社にて、其神主とは、姓氏録摂津國神別に服部連、熯之速日命十二世孫麻羅宿禰之後也、允恭天皇御世任㆓織部司㆒総㆓領諸國織部㆒、因号㆓服部連㆒と見えたる是なり、此氏の事及三河國の神服の事など、別に祝詞講義神衣祭条神服部連の解に合せ云るが如し、三河國神戸とは、服部神社の神戸なり、和名抄郷名に、同国八名郡服部（波止利）と有る是なる可し」とする。また、祝詞講義の伊勢太神宮四月神衣祭祝詞の条でも同様の説を述べている。

八 書紀神功皇后摂政前紀の「神主」に「カムヌシ」の訓。字類抄上一一二オに「神主〔カムヌシ〕」、黒川本字類抄上九十一ウに「神主〔カンヌシ〕」。

九 六十頁注十七参照。

十 神服使は注七、二七四頁注四参照。官符宣旨例第七号（六五〇頁）と対応する。

十一 官は二頁注三十、中は六頁注七参照。

十二 駅鈴は、公用で諸国に使する者に与えられた。駅は三十里ごとに設けられ、使の位によって鈴に刻まれた尅数に従って、駅馬が給された。駅鈴は、中務省の大・少の主鈴（すずのつかさ）が出納し、その授受は太政官の少納言が掌った。駅は四頁注七参照。書紀天武天皇元年六月条の「驛鈴」に「スス、ススノムマヤ」の訓。賜は七十六頁注十三参照。

十三 参河国は六十二頁注二、遣は五十八頁注八参照。

十四 神戸は、特定の神社に寄せられた封戸をいう。その神社に対し、租庸調、また労役を負担した。その戸籍は、国司が検校し神祇官が掌った。書紀崇神天皇七年十一月条の「神戸」に「カムヘ」の訓。新抄格勅符抄の神封部に、百七十二神に対し四千八百七十六戸の神戸が記載されている。伊勢大神の神戸は一千百三十戸で、その内、参河国分は二十戸である（大同元年牒）。なお、神戸については、神道大辞典（平凡社）に、祝宮静の詳細な解説がある。

十五 十六頁注二十参照。

十六 名義抄僧中一三五に「集〔アツム、アツマル〕」。

十七 和妙（あらたへ）のこと。注七参照。書紀神代紀

（七六四頁へ続く）

を卜定（うらへさだ／ぼくぢやう）[一]めよ

田舞の人等を請う

次（つぎ）に　田舞（たまひ）[二]の内舎人（うちとねり）[三]　六人

内豎（ちひさわらは／ないじゆ）[四]　六人

大歌生（おほうたのしやう）[五]　二人

彈琴（ことひき）[六]　一人

笛工（ふえふき）[七]　一人

御琴（おほむこと）[八]　一面[九]

を請（こ）[十]ふ状（じやう）を奏聞（そうもん）せよ

大嘗宮南北門及び大門の神楯・戟を造る

次に　左右（ひだりとみぎ／さう）[十一]の衞門府（ゆげひのつかさ／ゑもんふ）[十二]　官（くわん）に申（まを）し　兵庫寮（つはもののくらのつかさ／ひやうごれう）[十三]をして

大嘗宮（おほむべのみや／だいじやうくう）[十四]の　南北（みなみときた）[十五]の門（もん）の

一　二頁注二十四参照。

二　巳の日の儀、豊楽殿の悠紀の帳に出御のとき和舞（やまとまひ）が、主基の帳に出御のとき田舞が奏される（五五〇・五五二頁）。三代実録貞観元年十一月条（清和天皇大嘗祭）に「多治比氏奏二田舞一」とあり、西宮記臨時七大嘗会巳日には「奏二田舞一〔着二青摺衣一、儀式、内舎人六人幷多治比氏就レ幄、樂如二高麗一〕」とあり、多治比氏と内舎人が奏した。書紀天智天皇十年五月条の「田儛」に「タマヒ」の訓。皇太神宮儀式帳の「田儛」に「タツツマヒ」の訓。書紀顕宗天皇即位前紀に「殊儛」に「タタツマフマヒ、タツツマヒ、タツツノマ」の訓がある。田舞については、五五二頁注十三参照。

三　田舞を奏上する内舎人。五五二頁に「十人共舞」とあるので、舞人を務めるのであろう。和名抄五に「中務省内舎人〔宇知止祢利〕」。大和物語一五五に「うとねり」。黒川本字類抄中五十四ウに「内舎人〔ウトネリ、中務被管〕」。中務省に属し、職員令中務省条によれば、「内舎人九十人、掌下帯レ刀宿衛、供二奉雑使一、若駕行分中衛前後上」とある。大同三（八〇八）年に四十人に減員。宮内省式供奉践祚大嘗祭小斎条に「内舎人十人」とあり、官符宣旨例第三十七号（七四八頁）に、中務省に請われる小忌の青摺袍の料として、内舎人の料は細布十領とある。

四　二十二頁注九参照。ここで、田舞の内舎人六人、内豎六人とあるが、巳の日に田舞を奏するのは十人（五五二頁）。

五　大歌所の大歌生のことであろう。中務省式時服条の大舎人寮一百七人の中に「大歌生十人」とあり、舎人等が大歌生になったことが窺える。歌は八十頁注七、生は六頁注四参照。名義抄僧下九十一に「生〔者ウ（しやう）〕」とある。大歌については五七八頁注十参照。

六　大歌所の弾御琴師のことか。儀式五の大歌幷五節舞儀に、奏上に際して、大歌所の「左彈御琴師二人、次歌人十三人、次笛工四人、撃拍子四人、次鐘師一人、右彈御琴師二人」と規定され、また、西宮記臨時一臨時雑宣旨に「大歌所六位別當、御琴

1 田、宮本「日」とし右傍「田」。
2 豎、神宮本・神宮一本・谷本・宮本「竪」。三手本「竪」。
3 大、宮本なし、右傍「大」。
4 狀、宮本「伏」とし右傍「状」。
5 都立本「甲」あり。
6 兵庫寮、荷田本・信友本「造兵司」。神道本・神宮本・神宮一本・三手本右傍「造兵司」。
7 宮、宮本「官」とし右傍「宮」。
8 南、林本なし。

次請田[1]舞内舎人六人、内豎[2]六人、大[3]歌生二人、彈琴一人、笛工一人、御琴一面之狀[4]奏聞、次左右衛門府申[5]官、令兵庫寮[6]作大嘗宮[7]南[8]北門

師并和琴歌師」と見える。隼人司式大嘗条に「歌儛人（彈琴二人、吹笛二人、撃百子四人、拍手二人、歌二人、儛二人）」とある。書紀景行天皇四十年条の「倭琴彈原」に「コトヒキノハラ」の訓。

七 笛工は、奏楽において笛を吹く者。職員令雅楽寮条義解に「笛工八人（謂、供二此間樂一而吹レ笛者）」とあり、その「笛工」に「フエフキ」の訓が付されている。名義抄仏上七十六に「笛工（フエフキ）」。大歌所にも笛工が配置されていたことは注六参照。

八 三十頁注二十参照。

九 鏡、琴などの楽器、硯を数えるのに用いる数詞。

十 請は十二頁注十八、狀は十頁注十九、奏聞は六頁注六参照。

十一 六頁注三参照。

十二 衛門府は令制に規定された衛府の一つで、官制改革により変遷があるが、弘仁二（八一一）年に左右衛士府が左右衛門府と改称された。宮門・宮城門を禁衛すること、その出入りを監視することを掌った。和名抄五に「衛門府（由介比乃豆加佐）」。書紀皇極天皇四年六月条の「衛門府」に「ユケ、ユケヒ、ユケヒノツカサ」の訓。中務省式時服条の「衛門府」に「ユケオヒノツカサ」の訓。枕草子四十五に「ゆげひ（靫負）の佐（すけ）」。字類抄下九十オに「衛門府（ヱモンフ）」。

十三 兵庫寮は、和名抄五に「豆波毛乃々久良乃官」とある。字類抄下一〇〇オに「兵庫寮（ヒヤウコ）」。兵庫寮は、儀仗・兵器の安置・出納・曝涼をつかさどり、楯・桙のような兵器を造るのは造兵司の職掌である。従って、神楯や桙の作成が兵庫寮に命ぜられるのは、厳密に考えれば不審であり、寛平八（八九六）年に左・右兵庫寮と造兵司・鼓吹司とが兵庫寮一つに統合されてより後のことでなければならないという意見が存在し、それが本儀式が貞観のものではないという考えを導く一つの理由にもなっている。別聚符宣抄所収の延喜十三年八月二十九日付の宣旨によれば、儀式は未完で、草稿だけが存したというので、それに追改を加えたものが現存本儀式と考える説がある。石塚一石「三代儀式の成立について」（『日本上古史研究』七‐二、昭和三十八年）。これに対して、所功「「大嘗祭」儀式文の成立」（『平安朝儀式書成立史の研究』所収、昭和六十年）は、現存本儀式の践祚大嘗祭儀と践祚大嘗祭式についての詳細な逐条検討を行い、現存本儀式の践祚大嘗祭儀の内容は、ほぼ貞観年間にまで遡り得ると結論づけた。

十四 一頁注四・三十頁注十七参照。

十五 大嘗宮の南北の門については、三八四頁参照。南は八頁注二十四、北は八頁注二十二参照。門は、和名抄十に「加度（カド）」、名義抄法下七十四に「門（カド、

（七六四頁へ続く）

神楯(かむたて)[一]　四枚[二]

各(おのもおのも)[三]

長(なが)さ一丈二尺

上(かみ)の廣(ひろ)[四]さ三尺九寸[五]

中(なか)の廣さ四尺七寸

下(しも)の廣さ四尺四寸五分[六]

厚(あつ)[七]さ二寸なれ

[八]丹波(たには)の國(くに)の楯縫氏(たてぬひのうぢ)[九]　之(これ)を作(つく)れ

戟(ほこ)[十]　八竿[十一]

各　長さ一丈八尺なれ

[十二]紀伊(きい)の國の忌部氏(いむべのうぢ)[十三]　之を作れ

一　神楯及び戟の仕様について、践祚大嘗祭式神楯戟条に同様の記述があるが、兵庫寮式大嘗会条には、材料を含めて、次のような詳しい規定が見られる。「凡踐祚大嘗會新造神楯四枚〔各長一丈二尺四寸、本闊四尺四寸五分、中闊四尺七寸、末闊三尺九寸、厚二寸、丹波國楯縫氏造、戟八竿〔各長一丈八尺、紀伊國忌部氏造〕、其料黒牛皮八張〔各長八尺、廣六尺〕、掃墨一斗三升六合〔楯別二升八合、戟別三合〕、膠一斤十二兩〔以二二兩和掃墨一升一〕、酒六升八合〔以二一升和掃墨二升一〕、商布四段四尺〔裏料、楯別二丈六尺〕、糯米六升二合〔着裏料〕、漆二合〔燒塗料〕、面金四枚〔長各四尺、廣五寸、厚一分〕、鐵卅九斤十二兩、和炭十二石、工十二人、手力十二人、六寸平釘六十四隻〔楯別十六隻〕料、鐵十六斤、和炭五石、工五人、手力五人、二寸平釘七百八十隻〔楯別百九十五隻〕料、鐵廿四斤六兩、和炭十一石五斗、工十五人、手力十五人、戟鋒八隻料、鐵廿六斤八兩、和炭十二石、工廿人、手力十二人、食料一人日米二升、鹽二勺、海藻一把、醤滓二合、功錢〔其數隨時〕、並申レ官請受」。践祚大嘗祭式卯日条の「神楯戟」の「楯戟」に「タテホコ」、同式神楯戟条の「神楯」の「楯」に「タテ」の訓。名義抄仏下本一〇九に「楯〔タテ〕」。神を「かむ」と訓む用例は、書紀神功皇后摂政前紀の「神國」に「カムノクニ」の訓が付されている。

二　十二頁注二参照。

三　各は四頁注二十二、丈は三十頁注八、尺は二十四頁注十五参照。

四　四十二頁注十七参照。

五　物の長さの単位。雑令度十分条に、十分が一寸、十寸が一尺、十尺が一丈とある。

六　物の長さの単位。十分が一寸。注五参照。

七　名義抄法下一〇八に「厚〔アツシ〕」。

八　山陰道の国。現在の京都府中部・兵庫県南東部。和名抄五に「丹波〔太迩波(たには)〕」、とあり、桑田郡・船井郡・多紀郡・氷上（ひかみ）郡・天田（あまた）郡・何鹿（いかるが）郡の

神楯四枚〔各長一丈二尺、上廣三尺九寸、中廣四尺七寸、下廣四尺四寸五分、厚二寸、丹波國楯縫氏作[1]之〕、戟八竿〔各長一丈八尺、紀[2]伊國忌部氏作之、

1 作、神宮一本なし、右傍「作」。
2 紀、宮本「記」。

六郡から構成。国府は桑田郡（亀岡市）。黒川本字類抄中十二ウに「丹波〔タンハ〕」、拾芥抄中に「丹波〔タンハ、タニ〕」。

九 楯縫（たてぬひ）は、牛皮や板などを用いて楯を造ること。神楯の料に黒牛皮が用いられていることは、注一参照。出雲国風土記意宇郡楯縫郷条に「布都努志命之天石楯、縫置給之〔ぬひおきたまひき〕、故云二楯縫一」とある。民部省式山陰道出雲国の「楯縫」に「タテヌヒ」の訓。丹波国の楯縫氏は不詳。楯を作ることを職掌とする楯部については、日本書紀私記丙本垂仁天皇条に「楯部〔太氏奴比倍（たてぬひべ）〕」、とあり、また、書紀神代紀天孫降臨章第二ノ一書の「作楯者」に「タテヌイ」の訓が付されている。職員令造兵司条集解の雑工戸別記に「楯縫卅六戸」と見える。

十 注一参照。践祚大嘗祭式神楯戟条の「戟」に「ホコ」の訓。名義抄僧中四十一に「戟〔ホコ〕」。

十一 竿（さお）の類いを数える数詞。名義抄僧上六十六に「竿〔カン〕」とある。

十二 南海道の国。現在の和歌山県と三重県南部。和名抄五によれば、伊都郡・那賀郡・名草郡・海部郡・在田郡・日高郡・牟婁郡の七郡より構成。大化前代には、北部は紀伊国造、南部は熊野国造が支配した。国府は名草郡（和歌山市）、国分寺は那賀郡（紀の川市）、一宮は日前国懸神宮。字類抄下六十五オに「紀伊〔キイ〕」。

十三 書紀神代紀天孫降臨章第二ノ一書に「以二紀伊國忌部遠祖手置帆負神一（たおきほひのかみ）、定爲二作笠者一、彦狹知神（ひこさちのかみ）爲二作盾者一」とある。古語拾遺は、手置帆負神を讃岐国忌部の祖、彦狹知神を紀伊国忌の祖とし、この両神をして瑞殿を造宮させて、御笠、矛盾を作らせたとあり、さらに、手置帆負神・彦狹知神の二神の後裔については、「其裔今在二紀伊國名草郡御木・麁香二郷一」とする。和名抄九紀伊国名草郡に忌部郷がある。なお、永享大嘗会記によれば、永享二（一四三〇）年後花園天皇大嘗祭において、紀州鴨神社より楯一帖が供進されたことが確認される。

[一]竝(なら)びに[二]祭(まつ)り[三]畢(をは)れば　衛門府(ゆげひのつかさ／ゑもんふ)に収(をさ)めよ

を作(つく)らしめよ

[四]大門(おほきみかど／だいもん)の料(れう)の

大楯(おほだて)　六枚

戟(ほこ)　十二竿

も[五]亦(また)　[六]同(おな)じき寮(つかさ)をして　[七]修理(をさめつく)らしめよ

[八]又(また)　左右(ひだりとみぎ／さう)の衛門府　[九]官(くわん)に申(まを)し　諸國(もろもろのくに)をして

[十]程(ほと)を量(はか)りて　[十一]物部(もののべ)・[十二]門部(かどべ)・[十三]語部(かたらひべ)等を進(たてまつ)らしめよ

物部・門部・語部を進らせる

①物部

物部は　左右の[十四]京(みさと／みやこ)に　各(おのもおのも)廿人

②門部

門部は　[十五]左右に　各二人

一 十四頁注十参照。

二 名義抄法下九に「祭(マツリ)」。

三 畢は三十二頁注六、衛門府は一〇四頁注十二、収は十頁注十八参照。

四 朱雀門、応天門、会昌門のこと。この三門に大楯・戟が建てられる。践祚大嘗祭式神楯戟条に「又朱雀、應天、會昌等門所レ建大楯六枚、戟十二竿、亦令下同寮一修理上」とあり、兵庫寮式大門楯条には「建二大門一楯六枚、戟十二竿、若有二破損一者、待二衛門府移一寮即修理、其料物隨二損多少一請受」と見える。大(おほき)は、万葉集四四九一番歌に「於保吉宇美(おほき海)」の用例があり、名義抄仏下末三十一に「大(ヲホキナリ)」とある。門は一〇四頁注十五、料は二十二頁注二十三参照。

五 六頁注十一参照。

六 兵庫寮。同は二頁注三十四参照。名義抄法下四十七に「寮(ツカサ)」。

七 修理は、和名抄五の「修理職(乎佐女豆久留豆加佐(をさめつくるつかさ))」を訓拠とする。

八 名義抄僧中五十に「又(マタ)」。

九 官は二頁注三十、申は六頁注七、諸国は四頁注二参照。

十 程は、ここでは距離の意であろう。日本霊異記下十四に「刑行者之処、與長家之程、一里許」とあり、その訓釈に「程(ホト)」とある。新撰字鏡八に「程(限也、法也、量也、品也)」。名義抄法下八に「裎(ホト)」。量は、字類抄上二十八ウに「量(ハカル)」。

十一 四四〇頁に「石上・榎井二氏人各二人(着二明服一)、率二内物部卌人一(着二紺布衫一)」とあり、石上・榎井の両氏に率いられ、「内物部」として、大嘗宮の南北門を禁衛する。物部の訓は四十八頁注三、内物部は四四二頁注一参照。なお、物部は左右京より各二十人が選出されるが、左右京職所管の東西市司には物部各二十人が配されている(職員令東市司条)。

十二 四九四頁に「伴・佐伯宿禰各一人、各率二門部八人一(着二摺

竝祭畢[1]收衛門府〕、大門料大楯六枚、戟十二竿、亦令同寮[2]修理、又左右衛門[3]府申官、令[4]諸國量程[5]進物部・門部・語部等〔物部者左右京[6]各廿人、門部者左右[7]各二[8]人、

1 荷田本・信友本「便」あり、荷田本注「諸本並無」あり。神道本左傍「便イアリ」あり。
2 寮、荷田本・林本・三手本・信友本「司」。神道本右傍「司イ」、神宮本左傍「司イ」。神宮一本右傍「一作司」。谷本右傍「司イ」。以文本頭注「一本作司」。
3 門、宮本なし、右傍「門」。
4 林本「下」あり。
5 程、神宮一本「桯」とし右傍「程」。
6 京、宮本右傍「衛門」。
7 荷田本・都立本・信友本・以文本「京」あり、荷田本注「諸本並無」。神道本右傍「京イアリ」あり。谷本「衛門」あり。神宮一本右傍「一有二衛門二字一」あり。
8 二、谷本「三」。宮本「一」。

衫二〕、於二南門外一、通夜設二庭燎一」と見え、門部は大嘗宮南門外の庭燎を担当する。書紀白雉四年七月条の「門部金」に「カトヘノコカネ」の訓。門部は四四四頁注九参照。
一三 語部を「かたりべ」と訓むのが一般であるが、践祚大嘗祭式語部条の九条家本傍訓に「カタラヒヘ」とあり、書紀天武天皇十二年九月条の「語造」の「語」に「カタラヒ」の訓、釈日本紀二十一秘訓天武天皇下に「語造〔カタラヒノミヤツコ〕」とあることより、「かたらひべ」と訓む。「かたらひ」の用例は、万葉集四〇〇〇番歌に「余呂豆餘能可多良比具佐〔万代のかたらひ草〕」とある。なお、本書底本の傍訓も「カタラヒヘ」。天皇が大嘗宮に出御されると、伴・佐伯宿禰各一人が語部十五人を率て参入し、語部は「古詞」を奏上する（五〇二頁以下参照）。等は六頁注九、進は十頁注十二参照。
一四 京は四頁注十、各は四頁注二十二参照。
一五 「左・右」の下に「京」の字を補うべきであろう。践祚大嘗祭式語部条は、「門部左右京各二人、大和国八人、山城三人、伊勢二人、紀伊一人」とある。

[一]山城（やましろ）の國（くに）に　三人
[二]大和（おほやまと）の國に　八人
[三]伊勢（いせ）の國に　二人
[四]紀伊（きい）の國に　一人

[五]語部（かたらひべ）は
[六]美乃（みの）の國に　八人
[七]丹波（たには）の國に　[八]一人
[九]丹後（たにはのみちのしり）の國に　二人
[十]但馬（たじま）の國に　七人
[十一]因幡（いなば）の國に　三人
[十二]出雲（いづも）の國に　四人

一 一二二頁注二十七参照。
二 六十頁注十参照。
三 六十頁注一参照。
四 一〇六頁注十二参照。
五 語部は一〇八頁注十三、五〇二頁注七参照。奏上する古詞については、五〇二頁注十参照。語部の総数は、本儀は二十七人となるが、践祚大嘗祭式語部条は「丹波二人」として計二十八人とする。悠紀殿前庭で古詞を奏上する語部は十五人、主基殿前庭でも古詞奏上は十五人である（五〇二頁以下参照）。
六 東山道の国。現在の岐阜県南部。和名抄五によれば多芸郡・石津郡・不破郡・安八郡・池田郡・大野郡・本巣郡・席田郡・方県郡・厚見郡・各務郡・山県郡・武芸郡・郡上郡・賀茂郡・可児郡・土岐郡・恵奈郡の十八郡から構成。国府は不破郡（不破郡府中町）。一宮は南宮神社（不破郡垂井町）。万葉集三二四二番歌に「三野之國（みのの国）」、落窪物語四に「みの（美濃）にいたはりなし給ひつ」とある。
七 一〇六頁注八参照。
八 注五参照。
九 山陰道の国。現在の京都府北部。和名抄五に「太迩波乃美知乃之利」とあり、加佐郡・与謝郡・丹波郡・竹野郡・熊野郡の五郡から構成。国府は和名抄によれば加佐郡。一宮は籠神社（宮津市）。
十 山陰道の国。現在の兵庫県北部。和名抄五に「太知萬」とあり、朝来郡・養父郡・出石郡・気多郡・城崎郡・美含郡・二方郡・七美郡の八郡から構成。国府は気多郡（豊岡市）。一宮は出石神社（出石郡出石町）。
十一 山陰道の国。現在の鳥取県東部。和名抄五に「以奈八（いなは）」とあり、巨濃郡・法美郡・八神郡・智頭郡・邑美郡・高草郡・気多郡の七郡から構成。国府は法美郡（鳥取市）。一宮は宇部神社（鳥取市）。字類抄上十五ウに「因幡（イナハ）」。
十二 山陰道の国。現在の島根東部。和名抄五に「以豆毛（いつ

山城國三人、大和國八人、伊勢國二人、紀伊國一人、語部者美乃國八人、丹波國一[1]人、丹後國二人、但馬國七人、因幡國[2]三人、出雲國四人、

1　一、以文本「三」とし右傍「二〔延式〕」。
2　國、宮本なし、右傍「國」。

も〕」とあり、意宇郡・能義郡・島根郡・秋鹿郡・楯縫郡・出雲郡・神門郡・飯石郡・仁多郡・大原群の十郡から構成。国府は意宇郡（松江市）。一宮は、杵築大社（出雲大社、出雲市）。字類抄上十五ウに「出雲〔イツモ〕」、拾芥抄中に「出雲〔イツモ〕」。

紀伊・淡路・阿波三国に由加物を調進させる

淡路[一]の國に　一人

次に　神祇官[二]　卜部三人を差し　官[三]に申して　紀伊[四]・淡路・阿波[五]等[六]の國に差し遣し　由加物[七]を監作しめよ

各[八]　國に到れば　先づ[九]大祓せよ

其[十]の料は

各　馬[十一]　一疋

太刀[十二]　一口

弓[十三]　一張

箭[十四]　廿隻

鍬[十五]　一口

一 南海道の国。現在の兵庫県淡路島。和名抄五に「淡路〔阿波知〕」とあり、津名郡・三原郡の二郡より構成。国府・国分寺は三原郡（南あわじ市）、一宮は伊弉諾神社（淡路市）。

二 践祚大嘗祭式由加物条にも「九月上旬申レ官、差二卜部三人一遣二三國一」とある。この卜部三人は、由加物使として、紀伊・淡路・阿波の三国に各一人差遣された。兵範記仁安三年九月四日条（高倉天皇大嘗祭）の神祇官差文に、荒妙御衣使として、正六位上少史伊岐致頼と神部二人、由加物使として、紀伊国に伊岐致友と神部二人、淡路国に伊岐致親と神部二人、阿波国に少史伊岐致頼と神部二人、戸座（へざ）使として、少史伊岐致頼と神部二人と見える。また、神祇官年中行事にも、阿波国へは荒妙神服使一人・由加物使一人・戸座童使一人・神部二人、淡路国・紀伊国へはそれぞれ由加物使一人・神部二人を差し進めるとある。阿波国への荒妙神服使・由加物使・戸座使は、同一人が兼任する。「荒妙神服使」という名称は、本書にも践祚大嘗祭式にも見えない。戸座については、御禊に関して、践祚大嘗祭式給乗馬事条に「凡行幸陪従御巫、戸座、給二乗馬一」とあり、その戸座童が阿波国より卜貢され、御禊の儀に奉仕することは、宮主秘事口伝によっても知られる。神祇官は二頁注二十、卜部は三十二頁注九、差は六十頁注十七参照。

三 官は二頁注三十、申は六頁注七参照。

四 紀伊は一〇六頁注十二、淡路は注一参照。

五 南海道の国。現在の徳島県。和名抄五に「阿波」とあり、板野郡・阿波郡・美馬郡・三好郡・麻殖（おえ）郡・名東郡・名西郡・勝浦郡・那賀郡の九郡より構成。国府・国分寺は名東郡（徳島市）、一宮は大麻比古神社（鳴門市）。字類抄下四十ウに「阿波〔アハ〕」、拾芥抄中に「阿波〔アハ〕」とある。

六 等は六頁注九、遣は五十八頁注八参照。

七 由加物は、六十頁注二十二参照。紀伊・淡路・阿波の三国が弁備する由加物のことは、官符宣旨例第六号（六三六頁）が該当する。同六号によれば、紀伊国は海部郡、淡路国は御原郡、

淡路國二[1]人、次神祇官差卜部三人、申官[2]差
遣[3]紀伊・淡路・阿波[4]等國、監作由加物、各
到國先大[5]祓、其料各馬一疋[6]、太[7]刀一口、弓
一張、箭廿隻、鍬[8]一口、

1 二、宮本「三」とし右傍「二」。
2 申官、林本なし。宮本「宮」とし右傍「宦」。
3 遣、三手本「遺」とし右傍「遣」。
4 阿波、神宮本・宮本・信友本「河内」とし、神宮本右傍「阿波カ」、宮本右傍「阿波」。
5 大、宮本なし、右傍「大」。
6 疋、神宮一本「匹」。
7 太、林本・神宮本・谷本「大」。
8 鍬、神宮本・都立本「鉏」。宮本「釼」とし右傍「鍬」。

阿波国は那賀郡と麻殖郡の二郡。監作は六十頁注二十三参照。
八 各は四頁注二十二、到は二十四頁注五参照。
九 先は二十八頁注一、大祓は二十六頁注二十一参照。
十 其は二頁注二十八、料は二十二頁注二十三参照。
十一 馬は七十二頁注十二、疋は七十二頁注十三参照。
十二 太刀は七十二頁注十四、口は七十二頁注十五参照。
十三 弓は七十二頁注十六、張は六十二頁注十三参照。
十四 箭は七十六頁注一、隻は七十六頁注二参照。
十五 三十四頁注五参照。

[一]鹿皮（かのかは）　一張

[二]庸布（ちからしろのぬの／ようふ）　一段

[三]木綿（ゆふ）　八兩[四]

[五]麻（あさ）　一斤

[六]鰒（あはび）

[七]堅魚（かつを）

[八]海藻（め）

[九]滑海藻（あらめ）　各（おのもおのも）二斤

[十]鹽（しほ）　二升

[十一]米（よね／こめ）

一　七十二頁注十七参照。

二　庸は十二頁注十六、布は十二頁注二十二、段は三十四頁注四参照。

三　二十四頁注十六参照。

四　重さの単位。雑令度十分条義解によれば、中くらいの大きさの黍（きび）百粒を一銖（しゅ）とし、二十四銖を一両とした。

五　麻は二十八頁注十七、斤は二十四頁注十七参照。

六　二十六頁注三参照。

七　二十六頁注四参照。

八　二十六頁注五参照。

九　七十四頁注五参照。

十　塩は六十四頁注二十一、升は二十頁注六参照。

十一　十二頁注二十五参照。

鹿皮一張、庸布一段、木[1]綿八兩、麻一斤、

鰒・堅魚・海藻・滑[2]海藻各二斤、鹽二升、

米・

1 木、宮本「不」とし右傍「木」。
2 滑海藻、信友本なし。

酒[一]　各二斗

已上は[二]　當郡[三]　輸せ

馬　一疋

太刀　一口

弓　一張

箭　廿隻

鍬　一口

鹿皮　一張

庸布　一段

木綿

一 酒は二十六頁注一、斗は二十六頁注二参照。

二 一一二頁の馬一疋より酒二斗までの大祓の料。已上の訓は四頁注三十五参照。

三 当郡は、紀伊国海部郡、淡路国御原郡のことであろう。阿波国那賀郡・麻殖郡が支弁する料は一一八頁に見える。当は二頁注九、郡は二頁注二十三、輸は七十四頁注十一参照。

酒各二斗（已上當郡所輸）、馬一疋[1]、太[2]刀一口、弓一[3]張、箭廿隻、鍬一口、鹿皮一張、庸布一段、木綿・

1 疋、以文本「匹」。
2 太、林本・神宮本・谷本「大」。
3 一、谷本「二」とし右傍「一」。

麻(あさ)　各一斤(おのもおのも)
堅魚(かつを)
鰒(あはび)　各四斤
海藻(め)
滑海藻(あらめ)　各二斤
米(よね/こめ)
酒(さけ)　各四斗
鹽(しほ)　四升
[一]已上(これよりかみ)は　阿波(あは)の國の麻殖(をゑ)[二]・那賀(なか)[三]の兩郡(ふたつのこほり)　輸(いだ)せ

[四]其(そ)の　神(かみ)に供(そな)ふる幣物(みてぐらのもの)[五]

一 一一六頁の馬一疋より塩四升までの大祓の料。阿波国の那賀郡・麻殖郡両郡が支弁する。
二 阿波国北部の郡。現在の徳島県麻植郡。和名抄五に「麻殖〔乎恵(ヲヱ)〕」とあり、同書九によれば、呉島郷・忌部郷・川島郷・射立郷の四郷より構成。践祚大嘗祭式由加物条の「麻殖」に「ヲサカ」の訓。郡名の起源伝承については、一三〇頁注九参照。
三 阿波国南部の郡。現在の徳島県那賀郡・阿南市・小松島市。和名抄五に「那賀」とあり、同書九によれば、山代郷・大野郷・島根郷・坂野郷・幡羅郷・和泉郷・和射郷・海部郷の八郷より構成。字類抄下四十ウに「那賀〔ナカ〕」。両は四頁注十八、郡は二頁注二十三参照。
四 其は二頁注二十八、神は六十頁注二十、供は六十頁注二十一参照。
五 六十頁注五参照。

1 藻、谷本「澡」とし右傍「藻」。
2 阿、林本「河」。
3 那、神宮一本・三手本「郡」とし、神宮一本右傍「那」、三手本左傍「那」。
4 輸、谷本「斎」。

麻各一斤、堅魚・鰒各四斤、海藻[1]・滑海藻各二斤、米・酒各四斗、鹽四升〔已上阿[2]波國麻殖・那[3]賀兩郡所輸[4]〕、其供神幣物

並せて作る具
及び潜女の衣の料は
人別に　布一丈四尺
竝びに官の物を用ゐよ
但し　粮は　當國の正税を以ちて之を給へ
人別に　日に米二升　紀伊は七日
阿波は十日
其の物造り了れば　卜部　齋場に監送りて　兩國に分付けよ
但し　阿波の國の獻るところの
麁布

一　四頁注四参照。
二　作るための道具。作は十四頁注七参照。具は、書紀神代紀宝鏡開始章の「祓具」に「ハラヘツモノ」の訓。黒川本字類抄中七十七オに「具〔クス〕」。枕草子四十に「はかためのぐ〔歯固めの具〕」とある。
三　八頁注二十八参照。
四　海などにもぐって貝や海藻の類を取る女。和名抄二に「潜女〔和名加豆岐米（かつきめ）〕」。践祚大嘗祭式由加物条の「潜女」に「カツキメ」の訓。
五　名義抄法中三十六に「衣〔コロモ、キヌ〕」。料は二十二頁注二十三参照。官符宣旨例第六号に、紀伊国分として水裲布（したものぬの）二段一丈三尺（六四〇頁）、阿波国分として水裲布二段一丈三尺（六四六頁）が記されており、これが、潜女衣料に該当すると思われる。
六　人別は二十二頁注一、布は十二頁注二十二、丈は三十頁注八、尺は二十四頁注十五参照。
七　十四頁注十参照。
八　践祚大嘗祭式由加物条は「以二大藏物一充」とある。官は二頁注三十、物は十頁注二十一、用は十四頁注二参照。
九　十二頁注八参照。
十　食糧。潜女の食料であろう（注十一参照）。日本霊異記上三十の訓釈に「粮〔加利天（かりて）〕」。和名抄十六に「糧〔字亦作レ粮、和名加天（かて）〕」。名義抄法下三十二に「粮〔カテ〕」。
十一　官符宣旨例第六号に、紀伊国分として「米七斗〔人別日二升〕、右、潜女五人七箇日食、以二正税一充レ之」（六三八頁）、阿波国分として「米一斛、人別二升、薦一枚、右、潜女十人五箇日食料并用度、以二正税一充レ之」（六四二・六四四頁）とあり、粮が潜女用であれば、ここの当国とは、紀伊国と阿波国の二国のこととなる。当は二頁注九、国は二頁注二十三、以は四頁注十七、之は八頁注五、給は十二頁注六参照。
十二　日は八頁注三、米は十二頁注二十五、升は二十頁注六参照。

幷[1]作[2]具及[3]潛女衣料〈人別布一丈四尺〉、竝用官物、但粮以當國正税給之〈人別日[4]米二升、紀伊七日、阿[5]波十日〉、其物造了[6]、卜部監送齋場、分付兩[7]國、但阿波國所獻麁[8]布・

1 幷、林本「並」。
2 作、林本なし。
3 及、林本・神宮一本・三手本・宮本「乃」とし、林本注「及之誤」、神宮一本右傍「及」、宮本右傍「及」。
4 日、林本「日白」。神宮一本・三手本・信友本「白」とし、神宮一本右傍「一作日」。宮本右傍「日白」。
5 阿、林本「河」。
6 了、以文本「畢」。
7 兩、谷本「西」とし右傍「兩」。
8 麁、荷田本・宮本「廉」。信友本「鹿皮」。

十三 一〇六頁注十二参照。官符宣旨例第六号も、紀伊国は「潛女五人七箇日食」とする（注十一参照）。
十四 一一二頁注五参照。官符宣旨例第六号も、阿波国は「潛女十人五箇日食料」とする（注十一参照）。
十五 紀伊・淡路・阿波の三国が、それぞれに弁備した由加物は、由加物使の卜部が監督して北野斎場に供進される。但し、阿波国の麁妙服と木綿は、神祇官に一旦納入される。
十六 四十二頁注九参照。
十七 名義抄法下一四〇に「了〈ヲハル〉」とある。
十八 三国に発遣された由加物使の卜部。一一二頁注二参照。卜部の訓は三十二頁注九参照。
十九 北野斎場。十八頁注三、四十頁注九参照。
二十 監は六十頁注二十三、送は四頁注三参照。
二十一 両国は悠紀・主基の両斎国。両の訓は四頁注十八参照。分は、名義抄仏下末二十六に「分〈ワカツ、ワク〉」とある。付は十六頁注十七参照。
二十二 名義抄仏下本一二九に「献・獻〈タテマツル〉」とある。
二十三 麁布は、織り目のあらい布。この麁布は、卯の日の神供行列の条に見える「阿波國忌部所レ織麁妙服〈神語所謂阿良多倍、是也〉」（四八六頁）のことであって、同頁では麁妙服（あらたへ）と記している。京進された麁布と木綿は神祇官に保管され、卯の日、北野斎場よりの行列が朱雀門の前に到ったとき、神祇官を出た麁妙服は、阿波国の忌部一人を前行せしめ、繒服（にぎたへ）の列のあとに合流して大嘗宮に達し、繒服とともに悠紀・主基両正殿の神座の北に奠ぜられる。そのとき麁服の儀に奉仕するのは、忌部の官一人である（四九〇頁）。木綿については、麁妙服案に前行する、阿波の忌部一人が執る賢木に付ける木綿、同案を舁く四人が着ける木綿鬘（ゆふかづら）として用いられたのであろう（四八六頁）。臨時祭式御禊条の「麁御服」に「アラタヘノソ」、伊勢太神宮式神衣条の「荒妙」に「アラタヘ」の訓。古語拾遺に「織布〈古語、阿良多倍〉」とある。阿波国の忌部については、一三〇頁注九参照。

一木綿（ゆふ）は
二神祇官（じんぎくわん）に付（かみつかさ）けよ（さづ）

三紀伊（きい）の國は
四薄鰒（うすあはび）　　四連
五生鰒（いきあはび）
六生螺（いきつび）　　各六（おのもおのも）籠七
八都志毛（つしも）
九古毛（こも）　　各六籠
十螺（つび）貝の焼鹽（やきしほ）　十顆十一
竝（なら）びに賀多（かた）十二の潛女（かづきめ）十人をして
程（ほと）十三を量（はか）りて採備（とりそな）

一　一二〇頁注二十三参照。木綿は二十四頁注十六参照。
二　神祇官は二頁注二十、付は十六頁注十七参照。
三　紀伊国が弁備する由加物、幣帛、作具。官符宣旨例第六号（六二六頁～六四〇頁）と対応する。同六号によれば、紀伊国海部郡が担当する。紀伊国は一〇六頁注十二参照。
四　薄鰒は二十六頁注三、連は二十六頁注六参照。
五　名義抄仏上七十八に「生〔ウマル、イク〕」。書紀天武天皇五年八月条の「放生」に「イキモノ、イキハナツ」の訓。また、四時祭式平岡神条の「生鮭」の「生」に「ナマ」、内膳司式年料条の「雑生魚」の「生」に「ナマ」の訓。祝詞式出雲国造神賀詞の「白鵠乃生御調」に「シラトリノナマミツキ」の訓。宇津保物語吹上に「なま物(生物)、から物(干物)」とある。
六　螺（ら）は巻貝。蠃（ら）も同じ。名義抄僧下三十九に「螺〔ツヒ〕」。践祚大嘗祭式由加物条の「生螺」の「螺」に「ツヒ」の訓。本草和名十六に甲蠃子・栄螺子・板螺を「都比」、和名抄十九の甲蠃子の項に引く楊氏漢語抄には海蠃を「豆比」とする。
七　籠に入れた物の単位。
八　本草和名十九に鹿毛菜を「都之毛」。和名抄十七は「鹿尾菜、辨色立成云六味菜〔比須木毛〕、楊氏漢語抄云鹿尾菜」として、鹿尾菜と六味菜（ひすきも）を同じものとする。十巻本和名抄九は、「ひすきも」は「ひしきも」と同じく、俗に「ひじき」と云うと説いている。
九　本草和名十八に石蓴また海蓴を「古毛」と訓み、和名抄十七も石蓴を「古毛」と訓み、海蓴も同じとする。小甘藻（こあまも）の古名。正倉院文書天平宝字四年十二月二十一日付島政所符に「古毛二荷」と見える。
十　螺貝の貝殻に焼塩を盛ったものか。螺は注六参照。焼塩は、粗塩を炮烙などで焼いたもの。熱により、苦み・湿気がとれて食塩として適する。焼は、黒川本字類抄中八十六オに「焼〔ヤク〕」。塩は六十四頁注二十一参照。

1 鰒、宮本「螺」とし右傍「鰒」。
2 生、宮本「主」とし右傍「生」。
3 都、神宮本「部」とし右傍「都」。
4 古、神宮本左傍「イニナシ」。
5 毛、宮本なし、右傍「毛」。神宮本左傍「イニナシ」。
6 貝、三手本・宮本「具」とし、三手本右傍「貝」。

木綿付神祇官、紀伊國薄鰒四連、生鰒[1]・生[2]螺各六籠、都[3]志毛・古[4]毛[5]各六籠、螺貝[6]焼鹽十顆、竝令賀多潛女十人量程採備、

十一 果物など、粒状の物を数える数詞。官符宣旨例（六三八頁）は「五壺」とする。
十二 和名抄九の紀伊国海部郡に賀太（かた）郷とある。和歌山県北西部の海岸地域。潜女は一二〇頁注四参照。
十三 京進する距離を量って、鰒以下の貝類・海藻を採備せよの意であろう。程量は一〇八頁注十、採は三十頁注二十二、備は二十六頁注十三参照。

へしめよ

其（そ）の幣（みてぐら）は[一]

各（おのもおのも）[二] 五色（いつつのいろ）の薄絁（うすきあしぎぬ）　各一尺

倭文（しとり）[三]　一尺

木綿（ゆふ）

麻（あさ）[四]　各五兩

葉薦（はこも）[五]　一枚

潛女（かづきめ）[六]の須（もち）[七]ゐるところの鑿（のみ）[八]　十具[九]

刀子（かたな）[十]　二枚

淡路（あはぢ）[十一]の國は

一 幣物は、五色薄絁各一尺から葉薦一枚まで。其は二頁注二十八、幣は六十頁注五参照。

二 各は四頁注二十二、五色薄絁は二十四頁注十三・十四、尺は二十四頁注十五参照。

三 三十二頁注十六参照。

四 麻は二十八頁注十七、両は一一四頁注四参照。

五 薦（こも）は藁（わら）や莞草（ゐぐさ）などで編んだ敷物で、真菰（まこも）の葉で編んだものを葉薦という。官符宣旨例（六三八頁）には見えない。字類抄上二十一ウに「葉〔エフ、ハ〕」。名義抄僧上四十に「薦〔コモ〕」。散木奇歌集三秋に「柴の庵に、はこものかこひ」とある。枚は十二頁注二参照。

六 「潜女所須鑿十具」と「刀子二枚」は、潜女の作具である。

七 名義抄仏下本三十に「須〔モチイル〕」。書紀大化二年三月条の「須₂臣翼₁」の「須」に「モチヰル」の訓。

八 和名抄十五に「鑿〔和名能美（のみ）〕」、践祚大嘗祭式由加物条の「鑿」に「ノミ」の訓。

九 衣服、器具、食器に盛った食物など、主として、揃いになったものを数える助数詞。

十 七十四頁注十二参照。

十一 淡路国が弁備する由加物、幣帛、作具。官符宣旨例第六号（六四六頁～六五〇頁）と対応する。同六号によれば、淡路国御原郡が担当する。淡路国は一一二頁注一参照。

其幣各五[1]色薄絁各一尺、倭文一尺、木綿・麻各五兩、葉薦一枚、潜女所須[2]鑿十具、刀子二枚、淡路國

1　五、林本なし。
2　須、林本「用」。

瓫（ほとき）[一]　廿口

各（おのもおのも）　一[二]斗五升を受（う）[三]けよ

比良加（ひらか）[四]　一百口

各　一斗を受けよ

坩（つぼ）[五]　二百口

各　一斗を受けよ

其（そ）[六]の幣（みてぐら）は

各　五色（いつつのいろ）の薄絁（うすきあしぎぬ）　各三尺

倭文（しとり）　三尺

木綿（ゆふ）

一　書紀神武天皇即位前紀戊午年九月条に「平瓮、此云毘邏介（ひらか）」」、「嚴瓮、此云怡途背（いつへ）」」。和名抄十六には「瓫、唐韻云瓫〔蒲奔反、字亦作レ瓮、辨色立成云比良加、俗云保止岐〕、瓦器也、爾雅云瓮謂之缶〔音不〕、兼名苑云瓫一名盂〔音于〕」とあり、瓫・瓮は「ひらか、ほとき」と訓み、また、瓮は缶であるともする。新撰字鏡五に「瓮瓫〔保止支〕」。名義抄僧中二十一に「瓮〔ホトキ〕」。四時祭式御巫神祭条の「瓮堝」に「ホトキナヘ」、臨時祭式霹靂神祭条の「瓮」に「ヒラカ」、践祚大嘗祭式御禊条の「瓮」に「ホトキ」、同式雑器条の「大手洗瓮」の「瓮」に「ヒラカ、ホトキ」、内膳司式新嘗祭供御料条の「瓮」に「ホニ」の訓が付されている。瓫は六十四頁注十七、缶は六十六頁注十九参照。

二　斗は二十六頁注二、升は二十頁注六参照。

三　一斗五升が入るということ。受は二頁注十二参照。

四　六十六頁注七参照。

五　六十八頁注九参照。官符宣旨例（六四八頁）では「壺」に作る。

六　幣物は、五色薄絁各三尺から葉薦一枚まで。

瓫[1]廿口〔各受一斗五升〕、比良加[2]一百口〔各受一斗〕、坩二百口〔各受一斗〕、其幣各五色薄絁各三尺、倭文三尺、木綿・

1 瓫、三手本なし、右傍「瓫」。
2 林本「五」あり。

麻（あさ）　各一斤（おのもおのも）
葉薦（はこも）　一枚
作る具（つくるもの）は[一]
钁（くは）[二]
斧（をの）[三]
小斧（てをの）[四]　各二具
鎌（かま）[五]　二柄
造り訖（をは）れば[六]　當國（そのくに）[七]の凡直氏（をふしのあたひのうぢ）[八]一人をして　木綿鬘（ゆふかづら）[九]を
着（つ）け　賢木（さかき）[十]を執（と）りて　引道（みちび）[十一]かしめよ
阿波（あは）の國[十二]は

一　一二〇頁注二参照。作具は钁から鎌まで。
二　和名抄十五は「鍫」を「久波」と訓み、説文によって、钁は大鋤であると説いている。践祚大嘗祭式由加物条には「鑺」に作り、「クハ、スキ」の訓を付す。
三　和名抄十五に「斧〔和名乎能（をの）、一云與岐（よき）〕」とあり、また、「釿〔和名天乎乃（てをの）〕」とする。
四　注三参照。
五　鎌は八十四頁注七、柄は八十四頁注八参照。
六　造は四十二頁注九、訖は二頁注二十六参照。
七　淡路国。当は二頁注九、国は二頁注二十三参照。
八　凡直（をふしあたひ）は、大化前代において、諸国造を統轄する大国造に与えられた氏姓とされ、凡直氏は河内・安芸・淡路・讃岐・土佐・伊予・阿波などに分布。河内地方全体を統轄した凡川内（河内）直氏が著名。書紀神代紀瑞珠盟約章の「凡川内直」に「ヲフシカウチノアタイ」、同書天武天皇十二年九月条の「凡川内直」に「アフシカウチノ」、同十四年六月条の「凡川内連」に「ヲフシカウチノ」の訓。黒川本字類抄中七十一オに「凡河内〔オフシカウチ〕」。拾芥抄中に「凡河内〔ヲフシカウチ〕」、「凡海〔ヲシノウミ〕」とある。
九　木綿は二十四頁注十六参照。鬘は頭に巻く飾りのこと。木綿鬘は木綿で作った鬘で、神事に際して、髪や冠に付けたもの。名義抄仏下本三十六に「鬘〔カヅラ〕」、同書仏下本三十七に「髩〔カツラ〕」。四時祭式上大殿祭条の「木綿鬘」に「ユフノカツラ」の訓。着は八頁注六参照。
十　賢木は三十頁注五、執は二十八頁注十参照。
十一　名義抄仏上八十に「引〔ヒク〕」。同書仏上四十四に「道〔ミチ〕」。
十二　阿波国が弁備する由加物、幣帛、作具。官符宣旨例第六号（六四〇頁～六四六頁）と対応する。同六号によれば、阿波国那賀郡と麻殖郡が担当する。阿波国は一一二頁注五参照。

麻[1]各一斤、葉薦一枚、作具钁[2]・斧・小斧各二具、鎌二柄、造訖使當國凡直氏[3]一人、着[4][5]木綿鬘、執[6]賢[7]木引道[8]、阿波國

1 麻、宮本なし、右傍「麻」。
2 钁、荷田本・林本・神宮本・都立本・神宮一本・谷本・三手本・宮本「鑺」。
3 氏、林本・三手本・宮本「民」とし、三手本右傍「氏イ」、宮本右傍「氏」。
4 都立本「執」あり。
5 着、三手本・宮本「差」とし、宮本右傍「着」。
6 執、都立本なし。
7 賢、林本・信友本「堅」。
8 道、荷田本・神宮本・都立本・神宮一本・谷本・三手本・宮本・信友本「導」。神道本右傍「導イ」。林本「菓」。

[一]麁布（あらたへ）　一端
木綿（ゆふ）　六斤
[二]年魚（あゆ）　十五缶[三]
[四]蒜（ひる）の英（はな）根（ね）合漬（あへづけ）　十五缶
[五]乾羊蹄（ほししのね・ほししぶくさ）
[六]蹲鴟（いへついも）
[七]橘子（たちばなのみ）　各（おのもおのも）十五籠
[八]已上（これよりかみ）は　[九]忌部（いむべ）作（つく）れ
[十]鰒（あはび）　卌五編[十一]
鰒の鮨（すし）[十二]　十五坩[十三]

一　麁布は一二〇頁注二十三参照。官符宣旨例（六四二頁）は、麻殖郡が弁備する由加物として、「忌御服布二丈一尺」と記す。「忌御服布二丈一尺」は、悠紀・主基二国分として、倍して四丈二尺となるが、養老令によると　端は五丈二尺である（賦役令調絹絁条）。践祚大嘗祭式由加物条も「麁布一端」。端は三十四頁注十四参照。

二　和名抄十九は「鮎」を「安由」と訓み、さらに食経を引いて「春生夏長秋衰冬死、故名二年魚一也」とある。書紀神功皇后摂政前紀四月条の「細鱗魚」・「年魚」に「アユ」の訓。

三　六十六頁注十九参照。官符宣旨例（六四二頁）は「年魚七瓫半」とし「瓫」の字を用いる。践祚大嘗祭式由加物条も「缶」。

四　蒜の花・根を混ぜ合わせて漬けたものであろう。践祚大嘗祭式由加物条の「蒜英根合漬」の「蒜英根」に「ヒルハナネ」、「漬」に「ツケ」の訓。国史大系本同式同条の「蒜英根合漬」の「蒜英」に「ヒルノハナ」、「漬」に「ツケタル」の訓。名義抄僧中一に「合〔アフ、アハセテ〕」とある。官符宣旨例（六四二頁）は「蒜根并七瓫半」とする。なお、底本「茾」とし、「英」を欠画とする。

五　乾は、名義抄法下一四二に「乾〔ホス〕」。羊蹄を、本草和名十一は「之乃禰」、新撰字鏡七は「志乃祢」。和名抄十七は羊蹄菜を「之布久佐」また「之」。名義抄僧上二十五に「羊蹄菜〔シフクサ〕」。羊蹄は、「ぎしぎし」ともいい、タデ科の多年草。「しのね」は羊蹄の根ことで、主に薬用に用いるという。

六　蹲鴟は芋の別名。形が、うずくまった鴟（とび）に似ているからという。践祚大嘗祭式由加物条の「蹲鴟」に「イヘノイモ」の訓。和名抄十七に「芋〔以閉都以毛（いへついも）〕」とある。

七　橘は、和名抄十七に「橘〔居密反〕、一名金衣〔和名太知波奈〕」。子は、実（み）の意。「蓮子〔波知須乃美〕」（和名抄十七）というのと同じ。正倉院文書駿河国天平十年正税帳断簡に「橘子御贄」と見える。籠は一二二頁注七参照。

麁[1]布一端、木綿六斤、年魚十五缶、蒜[2]英[3]根

合[4]漬十五缶、乾羊蹄・蹲鴟・橘子各十五籠

〔已上忌部所作〕、鰒冊[5]五編、鰒鮨十五坩、

1 麁、神宮一本・宮本「廉」。
2 蒜、林本・神宮本・神宮一本・三手本・宮本「蒜」とし、林本注「蒜之誤」、神宮一本右傍「蒜」、宮本右傍「蒜」。
3 英、底本「英」。谷本「芙」。
4 合、三手本・宮本「令」とし、宮本右傍「合」。
5 冊、宮本右傍「卅」。

八 麁布一端から橘子十五籠までは、阿波国麻殖郡の忌部が弁備する。已上は四頁注三十五参照。

九 阿波国忌部が麁服を供進する起源伝承は、古語拾遺に、神武天皇の即位されたときのこととして、「仍令下天富命、率二日鷲命（ひわしのみこと）之孫一、求二肥饒地一、遣二阿波國一殖中穀麻種上、其裔、今在二彼國一、当二大嘗之年一、貢二木綿・麻布及種々物一、所以郡名爲二麻殖一之縁（ことのもと）也」とある。神名式阿波国麻殖郡条に、天日鷲神を祭る忌部神社が記載されている。式内忌部神社の社地は、明治二十五年に現在地の徳島市に移された。忌部は一〇六頁注十三、作は十四頁注七参照。

十 二十六頁注三参照。

十一 海草・緒など、連なったもの、また連ねられた物の単位。官符宣旨例（六四〇頁）は「薄蚫廿二連半」として、「連」の字を用いる。字類抄下三十四オに「編〔ヘン〕」。

十二 和名抄十六に「鮨〔和名須之〕」。正倉院文書天平九年但馬国正税帳断簡に「造難波宮司雇民食料、雑鮨伍斛」と見える。

十三 坩に入れた物の単位。官符宣旨例（六四〇頁）は「蚫鮓七壺半」として、「壺」の字を用いる。坩は六十八頁注九参照。

[一]細螺(しだたみ)
[二]棘甲蠃(うに)
[三]石華(せ)　等(なにと)　[四]并(あは)せて廿坩
已上(これよりかみ)は　[五]那賀(なか)の潜女(かづきめ)十人作(つく)れ
[六]其(そ)の幣(みてぐら)は
[七]各(おのもおのも)　五色(いつつのいろ)の薄絁(うすきあしぎぬ)　各六尺
[八]倭文(しとり)　六尺
[九]木綿(ゆふ)
[十]麻(あさ)　各二斤
[十一]葉薦(はこも)　一枚

一 和名抄十九に「小蠃子〔楊氏漢語抄云細螺、之太々美〕、貌似二甲蠃一而細小口、有二白玉之蓋一者也」とある。小さな巻貝。古事記神武天皇段の歌謡に「加牟加是能、伊勢能宇美能、意斐志尒、波比母登富呂布、志多陀美能(しただみの)」。
二 和名抄十九に「霊蠃子〔漢語抄云棘甲蠃、宇仁〕」とある。底本「棘甲蠃」に作り、和名抄は「棘甲蠃」とする。官符宣旨例(六四〇頁)も「棘甲蠃」とある。底本が用いる「蠃」の字について、平城京左京二条大路より出土した荷札木簡に「蕀甲蠃」の墨書が確認される(奈良文化財研究所HP木簡データーベース、画像番号6AFIU047/000396)ので、本書は底本の「蠃」の字を採用した。「棘」の字は、名義抄僧下七十七に「棘〔オソル〕」と見える。「蠃」は、多くの写本異同無し。荷田本・信友本は「蠃」に、神道本は「蠃」に、故実本は「蠃」に作る。校異参照。
三「かめのて」とも呼ばれ、海岸などに附着している節足動物である。万葉集三一九番・二九九一番歌に「石花」とある。出雲国風土記嶋根郡条には「石華〔字或作二蠣・犬脚一也、或蟥、犬脚者勢也〕」とあり、石華を「せ」と訓ませている。石華は、和名抄・本草和名が掲げる尨蹄子のことであろう。和名抄十九に「崔禹錫食經云尨蹄子〔和名勢(せ)〕、貌似二犬蹄一而附レ石生者也」とあり、本草和名十六には「尨蹄子〔貌似二犬蹄一而附レ石生者也、上麦江反、下音啼、出二崔禹一〕、和名世衣(せえ)」とする。文選の江賦(郭璞の策)にも、江中のふしぎな生物の一つとして石華をあげ、その李善注所引の臨海水土物志に「石華、附レ石生、肉中レ啖」と説明している。なお、和名抄が引いている兼名苑注に出ている石花はテングサであって、箋注(狩谷棭斎)の論じている通り、和名抄の指摘は失考である。等は六頁注九参照。
四 細螺・棘甲蠃・石華の三品で合わせて二十坩。官符宣旨例(六四〇頁)は「相作十壺」とする。并は四頁注四参照。
五 那賀郡は一一八注三、潜女は一二〇頁注四参照。

細螺・棘[1]甲[2]蠃[3]・石華[4]等[5]幷[6]廿坩〔已上那賀潛女十人所作〕、其幣各[7]五色薄絁各六尺、倭文六尺、木綿・麻各二斤、葉薦一枚、

1 棘、神道本「棘」。
2 甲、神宮一本「用」とし右傍「甲」。
3 蠃、神宮一本右傍「蠃」。荷田本・信友本「羸」。林本・故実本「蠃」とし、林本注「蠃之誤」。神道本「蠃」。三手本「蝸」。宮本「蠃」。
4 華、谷本「筆」。三手本右傍「葦イ」。
5 等、林本なし。
6 幷、林本「並」。
7 各、荷田本・神宮本・都立本・神宮一本・谷本・三手本・宮本なし、荷田本注「蓋脱二各字一」。林本注「闕各字」。

六 幣物は、五色薄絁各六尺から葉薦一枚まで。其は二頁注二十八、幣は六十頁注五参照。
七 各は四頁注二十二、五色薄絁は二十四頁注十三・十四、尺は二十四頁注十五参照。
八 三十二頁注十六参照。
九 二十四頁注十六参照。
十 麻は二十八頁注十七、斤は二十四頁注十七参照。
十一 葉薦は一一四頁注五、枚は十二頁注二参照。

[一]作(つく)る具(もの)は
钁(くは)
[二]斧(をの)
[三]小斧(てをの)　各(おのもおのも)四具
[四]鎌(かま)　四柄
[五]鑿(のみ)　十二具
[六]刀子(かたな)　四枚
[七]鉋(かな)　二枚
[八]火鑽(ひきり)　三枚
[九]並(なら)びに[十]忌部(いむべ)及(およ)び潜女(かづきめ)等(ら)をして　[十一]程(ほど)を量(はか)りて造備(つくりそな)へ

一　作具は钁から火鑽まで。作具は一二〇頁注二、钁は一二八頁注二参照。
二　一二八頁注三参照。
三　小斧は一二八頁注三、具は一二四頁注九参照。
四　鎌は八十四頁注七、柄は八十四頁注八参照。
五　一二四頁注八参照。
六　七十四頁注十二参照。
七　材木を削って平らにする工具。身が、わずかに反った槍の穂先のようになっている「やりがんな」のこと。践祚大嘗祭式由加物条は「鉇」に作る。和名抄十五に、鐁・鉇を「賀奈」と訓み、唐韻を引いて、「鐁」は、「平木器」とある。新撰字鏡六は、鐃を「加奈」と訓み、「平木鐵也」とする。字類抄上九十九ウは「鐁〔シ、カナ〕」、鍦〔同俗用也〕」とする。践祚大嘗祭式神服条の「鉋」に「カナ」の訓。
八　和名抄十二に、「火鑽」を「比岐利」、「燧」を「比宇知」とする。木を鑽（き）って火を造るのが「ひきり」、石を打って火を造るのが「ひうち」である。践祚大嘗祭式由加物条の「火鑽」に「ヒウチ、ヒキリ」の訓。
九　十四頁注十参照。
十　阿波国忌部と那賀潜女のこと。阿波国忌部は一三〇頁注九、那賀郡は一一八頁注三、潜女は一二〇頁注四、及は八頁注二十八参照。
十一　京進する距離を量って、造備せよの意であろう。程量は一〇八頁注十、造は四十二頁注九、備は二十六頁注十三参照。

作具钁[1]・斧・小斧各四具、鎌四柄、鑿十二
具、刀子四枚、鉋[2]二枚、火[3]鑽三[4]枚、竝令忌
部及潛女等、量[5]程造備、

1 钁、荷田本・林本・神宮本・都立本・神宮一本・谷本・三手本・宮本「鑺」とし、林本注「櫂之誤」。
2 鉋、荷田本・林本・神宮本・都立本・神宮一本・谷本・三手本・宮本・信友本「鉇」。
3 火、神宮本・谷本「大」。
4 三枚、以文本「二具」と訂正。
5 量、神宮本・三手本・宮本「童」とし、神宮本右傍「量カ」、三手本右傍「量」、宮本右傍「量」。

しめよ

其の三國の造る由加物の使　京に向ふ日　路次の國　路を掃き祇承れ

御禊の装束司の補任

九月の中旬に　御禊の装束司の　長官一人

次官一人

判官二人

主典二人

を任けよ

卽ち　百度を給ふべき宣旨を　宮内省に下せ

紙・筆・墨・硯・雜器等を請う

次に　紙・筆・墨・硯・雜器等を請ふべき狀を　解を修

一 由加物を弁備する紀伊・淡路・阿波の三国。黒川本字類抄下六十四オに「三〔ミツ〕」。枕草子一に「みつよつ、ふたつみつ」とある。国は二頁注二十三参照。

二 由加物使は一一二頁注二、由加物は一一二頁注七、使の訓は四頁注十一参照。

三 京は四頁注十、向は七十八頁注五、日は八頁注三参照。

四 路を行く間。路程。名義抄法上八十八に「路〔ミチ〕」。源氏物語須磨に「みちすがら」とある。字類抄上十九オに「路次〔ロシ〕」。なお、賦役令赴役身死条の「路次」に、釈説は「道次猶二道辺一」とし、同条義解には「路次」の「次」に「ホトリ、ツイテ」の訓が付されている。

五 名義抄仏下本四十五に「掃〔ハキクヅ〕」。

六 新撰字鏡十二に「祇承〔豆加戸万豆留〕」。伊勢物語六十に「しぞう(祇承)」。大切な朝使の赴いたとき、謹んで接待すること。鈴木重胤(中臣寿詞講義)は、「紀伊・淡路・阿波の三国より奉る由加物は、上に記せる五国の雑器よりは殊に重き由有が故に、国々にて路を掃ひて祇承する事、猶御稲の京に到るが如し」という。

七 九月は一〇二頁注六、中は二十八頁注八、旬は五十八頁注五参照。

八 御禊行幸のことは、一九〇頁以下参照。御は二十二頁注四参照。名義抄法下六に「禊〔キヨム、ハラへ、ミソキ〕」とある。字類抄下十ウに「御禊〔コケイ〕」。

九 装束は「よそほひ、よそひ」、音読は「しやうぞく、さうぞく」。古事記上に「岐美何余曽比斯〔君がよそひし〕」。仏足石歌碑十六番歌に「与曽保比〔よそほひ〕」。枕草子三十三に「よくさうぞく(装束)したる」、栄華物語一に「御さうぞく(装束)めでたく」、満佐須計装束抄に「ひめ君のさうぞく」とある。宇津保物語楼上下には「しやうぞ(装束)きて」とある。装束司は一九〇頁注九参照。

十 令制の第一等官。和名抄五の「長官」では、神祇官以下諸国

1 日、三手本・宮本「口」とし、三手本右傍「日乎」、宮本右傍「日」。
2 谷本「道」あり。神宮一本右傍「一有道」あり。
3 任、宮本「住」とし右傍「任」。

其三國造由加物使向京之日[1]、路次國掃路祇[2]承、九月中旬、任[3]御禊裝束司長官一人、次官一人、判官二人、主典二人、即可給百度之宣旨下宮内省、次可請紙・筆・墨・硯・雜器等之狀修解

に至る迄の、伯・卿・尹・長官・大夫・頭・正・奉膳・首・大将・督・尚侍・帥・将軍・守・大領・令は「已上皆、加美」とある。
十一 令制の第二等官。和名抄五の「次官」では、神祇官以下諸国に至る迄の、副・輔・弼・次官・亮・助・正・中少将・佐・典侍・貳・将軍・介・少領・扶は「已上皆、須介」とある。
十二 四頁注三十四参照。
十三 六頁注一参照。
十四 名義抄仏上二に「任〔マカス〕」。
十五 装束司に百度食を給う宣旨を宮内省に下す。即は二頁注二十七、百度は十二頁注四、給は十二頁注六、宣旨は八頁注十四参照。
十六 宮内省は八頁注十五、下は二頁注二十九参照。
十七 紙は十頁注二十三、筆は十頁注二十四、墨は十頁注二十五、硯は十二頁注一参照。
十八 雑は四頁注二十八参照。名義抄仏中四十五に「器〔ウツハモノ〕」。請は十二頁注十八、状は十頁注十九参照。
十九 令制において、下級の役所から上級の役所へ提出する上申文書。名義抄仏下本九に「解〔ケ〕」。
二十 名義抄仏上五に「修〔ヲサム、ツクル〕」。

めて　大臣（おほいまうちきみ）[一]に申（まを）せ

御禊の地・日時を卜定

次（つぎ）に　大臣（おほいまうちきみ）　神祇官（かみつかさ／じんぎくわん）[二]及（およ）び陰陽寮（うらのつかさ／おむやうれう）に仰（おほ）せ　御禊（おほむみそぎ／ごけい）の地（ところ）　幷（あは）せて

日時（ひとき）を卜定（うらへさだ／ぼくぢやう）[三]め　之（これ）を奏（まを）せ

訖（をは）[四]れば　長官以下（かみよりしも）[五]　陰陽寮を率（ゐ）て　占（うら）[六]へし方（かた）の河（かは）[七]の頭（ほとり）に就（つ）き

廣（ひろ）[八]く遡（はる）かなる地を擇（えら）[九]びて　點定（しるしさだ／てんぢやう）めよ

次に　文武（ふみとつはもの／ぶんぶ）[十]の諸司（もろもろのつかさ／しよし）を喚（め）し　陪從（そひしたが／べいじゆう）[十一]ふべき人數（ひとのかず）[十二]　幷（あは）せて装束（よそほひ／さうぞく）・

抜穂の事

雜物（くさぐさのもの／ざふもの）[十三]を勘申（かむがへまを／かんじん）[十四]さしめよ

是（こ）[十五]の月（つき）に　抜穂（ぬきほ）[十六]の使（つかひ）　國（くに）[十七]に在（あ）りて　國[十八]・郡司（こほりのつかさ）

物部（もののべ）[十九]の人

擔夫（もちよほろ）[二十]三百人

一 大臣は二頁注十七、申は六頁注七参照。

二 神祇官と陰陽寮が、御禊地並びに御禊日時を卜定する。太政官式践祚大嘗年条は「十月下旬天皇臨レ川禊潔而齋、預令三陰陽寮勘二申禊日一」とあり、陰陽寮による御禊日時の勘申だけが規定されている。これは、仁明天皇大嘗祭において賀茂川御禊が斎行され、以後の御禊河川は賀茂川（鴨河）に固定したためであろう。御禊河川については一九〇頁注二十五参照。神祇官は二頁注二十、陰陽寮は八頁注一、仰は八頁注二、地は二十四頁注六、并は四頁注四、日時は十頁注九参照。

三 卜定は二頁注二十四、之は八頁注五、奏は二頁注二十五・六頁注十参照。

四 二頁注二十六参照。

五 装束司の長官以下が、陰陽寮の勘申に基づいて、卜定された河川の御禊地点を点定する。陰陽寮による御禊地点定の勘文については、兵範記仁安元年十月十五日条に「陰陽寮、勘申、點定大嘗會御禊地事、乙方、卯與辰之間〔二条大路北邊、鴨川西邊〕」と見える。以下は十二頁注三、率は二十四頁注三参照。

六 名義抄仏中五十五に「占〔ウラ、ウラナフ〕」、同書僧中三十に「方〔カタ〕」。

七 名義抄法上一に「河〔カハ〕」、同書仏下本二十一に「頭〔カシラ、ホトリ〕」。就は二十四頁注十参照。

八 広は四十二頁注十七参照。名義抄仏上四十七に「遡〔ハルカナリ〕」。

九 擇は八頁注四、點定は四十頁注十一参照。

十 名義抄僧中六十一に「文〔フミ〕」、同書僧中四十一に「武〔ツハモノ〕」。諸司は四頁注三十三、喚は十六頁注二十参照。

十一 名義抄法中四十三に「陪〔ソフ〕」、同書仏上四十に「従〔シタカフ〕」。書紀神代紀天孫降臨章第二ノ一書の「陪従」に「ソヘハムヘラシメテ、ソヘテ、ソヘ、シタカヘテ」の訓。字類抄上五十三ウに「陪従〔ヘイシウ〕」。太政官式践祚大嘗年条に「前五日大臣及參議已上、定下五位以上應二陪従并留守一歴名上奏

1 并、林本「並」。
2 陰陽、信友本「陽陰」。
3 陪、谷本「倍」。
4 人、林本なし。
5 并、林本「並」。
6 拔、宮本「秡」とし右傍「拔」。
7 夫、谷本「史」とし右傍「夫」。

中大臣、次大臣仰神祇官及陰陽寮、卜定御禊地并[1]日時奏之、訖長官以下率陰陽[2]寮、就所占方河頭、擇廣遡地而點定、次喚文武諸司、勘申可陪[3]從之人[4]數并[5]裝束雜物、是月拔[6]穗使在國、率國郡司・物部人・擔夫[7]三百人、

聞、訖下二式部及裝束・次第等司一〔事見二儀式一〕」とあり、北山抄五大嘗会御禊条には「十月上旬、定二奏陪従五位以上八十二人、御前卌六人歴名一〔除二裝束司・次第司・諸衞佐等一〕、留守〔參議一人、辨官一人〕、諸衞代官一〔留守代官等、或後日定下〕、下二給裝束司一」と見える。

十二 人は二十二頁注一、数は十頁注二十一参照。

十三 十二頁注十七参照。

十四 名義抄僧上八十四に「勘〔カムガフ〕」。申は六頁注七参照。

十五 九月。是は八頁注七参照。名義抄仏中一三七に「月〔ツキ〕」。

十六 七十頁注二十参照。

十七 斎国のこと。国は二頁注二十三、在は二頁注三十二参照。

十八 国司は八頁注二十七、郡司は二十四頁注八参照。

十九 七十八頁注八参照。物部の訓は四十八頁注三参照。

二十 書紀持統天皇六年三月条の「荷丁」に「モチヨホロ」の訓。黒川本字類抄中十オに「擔夫〔モチフ、カチモチ、タンフ〕」。丁は、字類抄上一一四ウに「丁〔テイ、ヨホロ、夫也、仕丁、庖丁等也〕」。

初穂四束

を率（ゐ）て　水湄（みぎは）[一]に就（つ）きて解除（はらへ）[二]せよ
訖（をは）れば　御田（みた）[三]に至（いた）り　御稲（みしね）を抜取（ぬきと）[四]れ
造酒童女（さかつこ）[五]　之（これ）を先（さき）にせよ
稲實の公（いなのみのきみ）[六]　之に次（つ）げ[七]
酒波（さかなみ）[八]　之に次げ
物部（もののべ）[九]の男女（をとこをみな）　之に次げ
擔夫（もちよほろ）[十]　之に次げ
惣（すべ）[十一]て抜（ぬ）き得（う）[十二]れば　御稲の若干（そこばく）[十三]の束（つか）は　四把（も）[十四]を以ちて束と爲（せ）よ　之（これ）を　齋院（いみのゐん）[十五]に乾（ほ）[十六]し
就中（なかにつ）[十七]き　先（ま）[十八]づ抜（ぬ）ける四束（よつか）[十九]を以ちて　別（わか）[二十]ちて高萱（たかかや）[二十一]の御倉（みくら）に納（い）れ

一 湄は、新撰字鏡六に「湄〔波万又伊曽（はま、いそ）〕」とあり、水際のこと。名義抄法上四十三に「湄〔ホトリ〕」。十巻本和名抄一に「汀〔他丁反、和名美岐波（みぎは）〕」とある。
二 日本書紀私記乙本神代上に「其解除〔曽乃波良倍（そのはらへ）〕」。名義抄仏下本九に「觧除〔ハラヘ〕」。
三 御田は七十八頁注一、至は二十四頁注一参照。
四 根を残して切り取るのではなく、穂を抜き取るのである。御稲は五十二頁注一参照。名義抄仏下本五十に「抜〔ヌク〕」。取は八頁注九参照。
五 造酒童女が最初に御稲を抜き取る。造酒童女は七十八頁注十、之は八頁注五、先は八頁注八参照。
六 七十八頁注十八参照。
七 名義抄法上四十六に「次〔ツグ〕」。
八 八十頁注一参照。
九 七十八頁注八参照。物部男女の訓は四十八頁注三・五参照。践祚大嘗祭式抜穂事条は「雑色人」とする。
十 一三八頁注二十参照。践祚大嘗祭式抜穂事条は「庶民」とする。
十一 図書寮本名義抄法残欠に「惣〔スヘテ〕」。字類抄下一一七オに「都〔スフ、都合、スヘテ〕、惣〔作死反、皆也、合也〕」。
十二 名義抄仏上三十七に「得〔ウ〕」。
十三 書紀大化元年九月条の「若干」に「ソコハク」の訓。黒川本字類抄中十九ウに「若干〔ソコハク〕」。束は、名義抄僧下九十に「束〔ツカヌ、ツカム〕」。
十四 把は二十六頁注十、以は四頁注十七、為は四頁注二十参照。
十五 斎郡の斎場。八十八頁以下に見える稲実殿の院のこと。字類抄下五十四オに「齋院司〔サイヰンシ〕」。
十六 一三〇頁注五参照。
十七 名義抄仏上七十九に「就中〔ナカニツイテ、ナカムツクニ〕」、黒川本字類抄中三十七ウに「就中〔ナカンツクニ〕」。保元物語上に「なかんづく（就中）」。

就水湄[1]而解除、訖至御田、抜取御稲、造酒童女先之、稲實公次之、酒波次之、物部男女次之、擔夫次之、惣[2]抜[3]得御稲若干束（以四把為束）、乾之[4]齋院、就中以先抜[5][6]四束、
別納高萱御倉

1 湄、荷田本・林本・都立本・神宮一本・信友本・以文本「濱」とし、林本右傍「湄」。神道本右傍「濱イ」。
2 惣、谷本「捴」。
3 抜、三手本・宮本「祓」。
4 信友本「納」あり。荷田本注「蓋脱納字」あり。神道本右傍「納イアリ」あり。
5 抜、神宮本「秡」。谷本・三手本・宮本「四」とし、谷本右傍「秡イ」、宮本右傍「抜」。
6 三手本・宮本右傍「秡イ」。

十八 二十八頁注一参照。
十九 この初穂四束が供御料となる。践祚大嘗祭式抜穂事条に「共抜訖於齋院乾収、先割取初抜四束（四把爲束）、擬供御飯、自餘皆擬黑白二酒」とある。
二十 名義抄僧上九十二に「別（ワカツ）」。
二十一 高萱御倉は九十四頁注三、納は五十頁注八参照。

[一]會（まつり・ゑ）の日（ひ）　[二]稻實（いなのみ）の公（きみ）の負（お）[三]へる稻（みしね）[四]なり

[五]自餘（これよりほか）は　[六]白黑（しろとくろ）の二酒（ふたつのさけ）の料（れう）と爲（せ）よ

次（つぎ）に　[七]使（つかひ）　物部（もののべ）の人を率（ゐ）て　[八]始（はじ）めて[九]齋殿（いみのとの・さいでん）に入（い）れ

次に　[十]八神（やはしらのかみ・はつしん）

[十一]御歳（みとし）

[十二]高御魂（たかみむすび）

[十三]庭高日（にはたかつひ）

[十四]御食神（みけつかみ）

[十五]大宮賣（おほみやのめ）

[十六]事代主（ことしろぬし）

一　大嘗祭卯日。会は四頁注二十五参照。

二　稲実公が初穂四束を負うことは後文には見えない。卯日に行われる、北野斎場から大嘗宮への供神物行列においては、御稲輿一基の後に稲実公一人が続く（四五六頁）。

三　名義抄仏下本十七に「負〔オフ〕」。

四　名義抄仏下末十四に「也〔ナリ〕」。

五　四頁注九参照。

六　二八二頁注二参照。名義抄仏中一〇三に「白〔シロシ〕」、同書仏下末五十三に「黒〔クロシ〕」。酒は二十六頁注一、料は二十二頁注二十三参照。

七　抜穂使。使の訓は四頁注十一参照。

八　十頁注八参照。

九　院内の稲実殿。稲実殿は、践祚大嘗祭式抜穂条では「稲實齋屋」とする。斎は七十二頁注五、殿は四十頁注十、入は九十頁注五参照。

十　神名は、践祚大嘗祭式抜穂条と同じ。但し、同条では「大御食神」と表記する。六二四頁では、御膳（みけつ）八神とする。北野斎場内院においても神座殿（八神殿）が搆作され（一七六頁）、八神が奉斎される。践祚大嘗祭式斎場条にも「御膳八神」とある。八神の訓は九十二頁注六参照。鈴木重胤（中臣寿詞講義）は、この御膳八神を、大膳職の官衙神である「御膳神八座」（大膳職式御膳神条）と解している。

十一　本居宣長（古事記伝）が「登志と云名は穀を本にて、年月の登志は末なり」というように、「とし」は穀物、特に稲及びその実りのことで、大年神・御年神・若年神など、みな田の実りをもたらしたもう神々である。古事記上に、御年神とあり、大年（おほとし）神の御子。また、大年神の御子として、庭津日神、阿須波神、波比岐神、庭高津日神を記す。祝詞式祈年祭祝詞には「御年皇神等能前尓白久（みとしのすめがみたちのまへにまをさく）」とあり、祈年祭において、御歳社は、規定の幣帛に加えて白馬・白猪・白鶏が奉奠される（四時祭式祈年祭

〔會日稲實公所負稲也〕、自餘爲白黒[1]二酒料、次使率物部人、始入[2]齋殿、次祭八神〔御歳[3]・高御魂・庭高日・御食神[4]・大宮賣[5][6][7]・事代主・

1 白黒、林本「黒白」。
2 入、三手本・宮本「八」とし、三手本右傍「入乎」、宮本右傍「入」。
3 林本「神」あり。
4 食、底本・神宮本・谷本・三手本・宮本「倉」とし、神宮本右傍「食式」、谷本右傍「食カ」、三手本右傍「食」。
5 宮本「嘗」あり。
6 宮、宮本「官」とし右傍「宮」。
7 林本「比」あり。宮本右傍「比」あり。

官幣条）。御歳神に白猪・白馬・白鶏を献上することの起源伝承は、古語拾遺に語られている。名義抄法上九十七に「歳〔トシ、サイ〕」。践祚大嘗祭式抜穂条の「御歳」に「ミトシロ」。祝詞式祈年祭条の「御年皇神」の「御年」に「ミトシ」の訓が付されている。

十二 魂は「むすひ」と訓む。日本書紀は、「むすひ」に「産霊」（神代紀神代七代章）の字を当てている。本居宣長（古事記伝）が「凡て物を生成（ナ）すことの霊異（クシビ）なる御霊を申すなり」といっているように、「むす」は生成、「ひ」は霊なる力である。神祇官西院において御巫（みかむなぎ、祈年祭祝詞では大御巫）が祭る八柱の神は、「神産日（かみむすひ）神、高御産日（たかみむすひ）神、玉積産日（たまるむすひ）神、生産日（いくむすひ）神、足産日（たるむすひ）神、大宮売（おほみやのめ）神、御食津（みけつ）神、事代主（ことしろぬし）神」であり（神名式宮中神条）、神産日（神魂）神、玉積産日（玉留魂）神、生産日（生魂）神、足産日（足魂）神の四柱の「むすひ」の神は、ここの八柱には含まれていない。践祚大嘗祭式抜穂条の「高御魂神」に「タカミムスヒノ」の訓。

十三 庭高日神は、大年神の御子（注十一参照）。庭高日神という神名は、祝詞式祈年祭祝詞及び神名式には見えない。本居宣長（古事記伝）は、この院の八神を祭られることに関連して、「抑此ノ齋院は、御稲抜穂のためなる故に、御年ノ神・大御食神などを祭られ、又其庭を守リ坐ス故に、庭高津日ノ神を祭り、阿須波・波比岐（アスハ・ハヒギ）ノ二神も祭らる、由あるなるべし」と述べている。鈴木重胤（中臣寿詞上）は、庭火神の意に取り、竈神と解している。底本に「ニハタカヒ」の訓。

十四 底本「御倉神」。諸本により「御食神」に改める。校異参照。践祚大嘗祭式抜穂条では「大御食津神」。八神を総称する場合は、「御膳八神」と区別している（践祚大嘗祭式斎場条）。祝詞式祈年祭祝詞の大御巫の祭る神八座のうちの一座としてあげる場合にも「大御膳都神」と「大」の字が付されている。しかし、それに対応する神名式宮中神条（御巫祭神）では「御食津神」とする。四時祭式鎮魂祭条の神八座には、「御膳魂（みけつふむすひ）」と見える。また、神名式宮中神条には、大膳職に坐す神三座の一座として御食津神社の名が見え、それについて大膳職式御膳神条には、「御膳神八座」とある（注十参照）。さらに、斎宮式新嘗祭条の神八二十八座にも「膳部御食神一前」とあり、宮中だけでなく、斎宮寮でも奉斎されていた。践祚大嘗祭式抜穂条の「大御食神」の「大御食神」に「オホミケ」、同式斎場条の「御膳八神」の「御膳」に「ミケツ」の訓。

十五 祝詞式大殿祭祝詞に、詞別（ことわ）きて大宮売

（七六四頁へ続く）

[一]阿須波(あすは)

[二]波比岐(はひき)

を[三]祭(まつ)れ

[四]其(そ)の料(れう)は

[五]各座別(おのもおのもみくらごと)に　五色(いつつのいろ)の薄絁(うすきあしぎぬ)　各一尺

[六]絹(きぬ)　四尺

[七]倭文(しとり)　一尺

[八]木綿(ゆふ)　一兩

[九]絲(いと)　一絇

[十]綿(わた)　一屯

一　阿須波神は、大年神の御子（一四二頁注十一参照）。阿須波神は、波比伎神と共に、宮中の坐摩（ゐかすり）の巫が祭る神五座に含まれる。他の三座は、生井（いくゐ）神・福井（さくゐ）神・綱長井（つなかゐ）神。本居宣長（古事記伝）は、「名ノ義未ダ考ヘ得ず」としつつ、「足踏立(アシフミタツ)る地を守り坐ス神なるが故に、家毎に祭リしにや」とする。鈴木重胤（中臣寿詞上）は、阿須波神は大柴神、波比岐神は灰木神で、鎌に焼く柴・木のことを掌る神と解している。万葉集四三五〇番歌に「尓波奈加能、阿須波乃可美尓、古志波佐之、阿例波伊波ゝ牟、加倍理久麻泥尓(庭中のあすはの神に小柴さし吾は斎はむ帰り来までに)」とみえる。古事記上に「阿須波神(此神名以レ音)」とある。践祚大嘗祭式抜穂条の「阿須波神」の「阿須波」に「アスハ」、祝詞式祈年祭条の「阿須波」の「須波」に「スハ」の訓。

二　波比岐神は、大年神の御子（一四二頁注十一参照）。宮中の坐摩（ゐかすり）の巫が祭る神五座の内の一座。本居宣長（古事記伝）は、「名義は是レも未ダ思ヒ得ず」としながら、「其ノ波比入(ハヒイリ)の庭を守り坐ス神にやあらむ、故レ家毎に祭りしなるべし」とする。鈴木重胤（中臣寿詞上）は、灰木神と解している（一四二頁注十三参照）。皇大神宮所管社に、本宮板垣御門外に御鎮座の「屋乃波比伎神」がまします。皇太神宮年中行事には「矢乃箒」・「矢乃波波木」と表記される。古事記上に「波比岐神(此神名以レ音)」とある。祝詞式祈年祭祝詞の「婆比支」に「ハヒキ」の訓。

三　一〇八頁注二参照。

四　其は二頁注二十八、料は二十二頁注二十三参照。

五　各は四頁注二十二、座は九十六頁注十二、別は二十二頁注一、五色薄絁は二十四頁注十三・十四、尺は二十四頁注十五参照。

六　十二頁注二十一参照。

七　三十二頁注十六参照。

八　木綿は二十四頁注十六、両は一一四頁注四参照。

1 波、林本「被」。
2 波、谷本・宮本「々」。三手本「之」とし右傍「々」。
3 絇、神宮本・三手本「約」。

阿須波[1]・波[2]比岐〕、其料各座別五色薄絁各一尺、絹四尺、倭文一尺、木綿一兩、絲一絇[3]、綿一屯、

九　絲は八十六頁注一、絇は八十六頁注二参照。
十　綿は十二頁注二十三、屯は三十四頁注二参照。

布（ぬの）[一]　一段
鍬（くは）[二]　一口
稲（しね）[三]　一束
米（よね・こめ）[四]
酒（さけ）[五]　各（おのもおのも）四升
鰒（あはび）[六]
堅魚（かつを）[七]
海藻（め）[八]　各二斤
腊（きたひ）[九]
鹽（しほ）[十]　各二升

一　布は十二頁注二十二、段は三十四頁注四参照。
二　鍬は三十四頁注五、口は三十四頁注六参照。
三　稲は十二頁注十二、束は十二頁注十三参照。
四　十二頁注二十五参照。
五　酒は二十六頁注一、升は二十頁注六参照。
六　二十六頁注三参照。
七　二十六頁注四参照。
八　海藻は二十六頁注五、斤は二十四頁注十七参照。
九　三十頁注一参照。
十　六十四頁注二十一参照。

布一段、鍬一口、稲一束、米・酒各四升、
鰒・堅魚・海藻各二斤、腊・鹽各二升

一竝(なら)びに國(くに)二の物(もの)を用(もち)ゐよ
次(つぎ)に　三韓櫃(からひつ)七合を以(も)ちて
各(おのもおのも)　四長(なが)さ二尺六寸
五廣(ひろ)さ一尺八寸
六深(ふか)さ一尺二寸
七御稲(みしね)八十四束を九實(み)て
十合別(ごと)に二束
一合を十一荷(に)と爲(し)
十二之(これ)を十三裹(つつ)むに十四薦(こも)を以(も)ちてし
十五筥形(はこがた)に十六居(す)ゑよ

一　十四頁注十参照。
二　国は斎国のこと。用は十四頁注一参照。
三　抜穂の御稲は、韓櫃七合と籠若干合に分けて収納される。践祚大嘗祭式抜穂事条では「揔盛以レ籠」とあり、御稲は総て籠に入れられる。韓櫃は十頁注十五、合は十頁注十六、以は四頁注十七参照。
四　長は四十二頁注十六、寸は一〇六頁注五参照。
五　四十二頁注十七参照。
六　名義抄法上十に「深〔フカシ〕」。
七　五十二頁注一参照。
八　抜穂の御稲は、四把が一束（一四〇頁）。十二頁注十三参照。
九　名義抄法下五十三に「實〔ミツ〕」。満たすこと。
十　韓櫃一合に御稲二束を入れる。別は二十二頁注一参照。
十一　荷は肩に担ぐもの、担うもの。万葉集一九五二番歌に「今夜乃於保束無荷（こよひのおぼつかなきに）」とあり、新撰字鏡五に「駄〔尓於保須（におほす）〕」と訓む。荷を負わせるの意。名義抄僧上六に「荷〔ニ〕」。為は四頁注二十参照。
十二　八頁注五参照。
十三　底本「褁」。校異参照。新撰字鏡四に「褁裹〔豆ゝ牟〕」。名義抄法中一三七に「裹〔ツツム、マトフ〕、褁〔或〕」。黒川本字類抄中二十六オに「褁〔クワ、ツツム〕」。
十四　九十八頁注三・一二四頁注五参照。
十五　五十頁注十二参照。
十六　名義抄法下八十九に「居〔スフ、オク〕」。

〔並用國物〕、次以韓櫃七合〔各長二尺六寸[1]、廣一尺[2]八寸、深一尺二寸〕、實御稻十四束〔合[3]別二束〕、一合爲荷、褁[4]之以薦、居筥形

1 寸、神宮一本「尺」。
2 尺、都立本「丈」とし右傍「尺」。
3 合、谷本「各」。
4 褁、底本・荷田本・以文本・信友本「褁」。林本「裹」。神道本「褁」。神宮本・都立本・神宮一本・谷本・三手本・宮本・故実本「褁」とし、三手本右傍「褁イ」。

[一]足(あし)の高(たか)さ一尺四寸

[二]籠(こ)[三]若干(そこばく)合は

[四]數(かず)は　稲(みしね)の[五]多(おほ)き少(すくな)きに[六]隨(したが)へ

籠の[七]口徑(くちのわたり)は各(おのおの)二尺

深(ふか)さ各一尺五寸

合別(ごと)に　御稲(みしね)一束(そく)を實(み)て

二合を荷(に)と爲(し)

荷に[八]四脚(よつのあし)有(あ)れ

[九]木綿(ゆふ)・賢木(さかき)を以(も)ちて　籠(こ)の上(うへ)に插(さ)せ

[十]其(そ)の擔丁(もちよほろ)の[十一]外(ほか)に　[十二]更(さら)に[十三]攀(ひ)きて[十四]相副(あひそ)ふ者(ひと)有れ

一　名義抄法上七十三に「足〔アシ〕」。高は八十八頁注十三参照。

二　和名抄十六に「籠〔和名古〕」。名義抄僧上七十四に「籠〔コ、コモル〕」。践祚大嘗祭式抜穂事条には、「摠盛以レ籠、籠別一束、以二一籠一為二一荷一、荷別着レ足、蓋以二編茅一、挿二賢木一著二木綿一、訖令二駈使丁荷一、毎二十荷一子弟一人領之、卜部及國郡司率二雑色人以下一、前後検校運送」とある。

三　一四〇頁注十三参照。

四　籠の数量。数は十頁注二十一参照。

五　名義抄法下一三五に「多〔オホシ〕」、同書僧下七十五に「少〔スクナシ〕」。

六　名義抄法中三十九に「随〔シタカフ〕」。

七　名義抄仏中二十六に「口〔クチ〕」、同書仏上二十三に「徑〔ワタリ〕」。書紀皇極天皇二年四月条の「徑一寸」に「ワタリヒトキ」の訓。

八　名義抄僧中十五に「四〔ヨツ〕」、同書仏中一三二に「脚〔アシ〕」。有は四十二頁注二十参照。

九　木綿は二十四頁注十六、賢木は二十頁注五、挿は九十頁注二参照。践祚大嘗祭式抜穂事条は「挿二賢木一著二木綿一」とある（注二参照）。

十　其は二頁注二十八、擔夫は一三八頁注二十参照。

十一　名義抄法下一三四に「外〔ホカ〕」。

十二　五十八頁注十五参照。

十三　底本「攀」。「欅」とする写本もあるが、底本に従った。校異参照。名義抄仏下本五十九に「攀〔ヨツ、ヒク、モテアソフ〕」。

十四　相は四十六頁注二参照。名義抄僧上八十九に「副〔ソフ〕」。同書仏中一〇〇に「者〔ヒト、モノ〕」。

〔足高一尺四寸〕、籠若[1]干合〔數[2]隨稻多少[3]、籠口徑各二[4]尺、深各一尺五寸〕、合別實御稻一束、二合爲荷〔荷別[5]有四[6]脚、以[7]木綿・賢木插籠上、其擔丁外更有[8][9]攀[10]相副者、

1 若、谷本「居」とし右傍「若」。
2 數、神宮本「殿」とし、右傍「數カ」。谷本「穀」。三手本「穀」。宮本なし、右傍「数」。
3 少、神宮本・三手本・宮本「小」。
4 二、荷田本・林本・神宮本・神宮一本・谷本・三手本・宮本なし、荷田本注「蓋脱一字」、林本注「闕數目字」、三手本右傍「脱字」、宮本右傍「一」。都立本・信友本「一」。神道本右傍「一イ」。
5 別、宮本なし、右傍「別」。
6 四、神宮一本「西」とし右傍「四」。
7 以文本頭注「以木間一有着字」。
8 宮本右傍「不乎」。
9 宮本・信友本・以文本「着」あり。荷田本注「蓋脱着字」。神道本左傍「著イ」。
10 攀、荷田本・林本・神宮一本「襻」。神道本左傍「襻イ」。都立本なし。信友本「[illegible]」。

一下(しも)の鋪設(ほせつ)も亦同(またおな)じくせよ
二一(ひとり)の夫(よほろ)　三之(これ)を四擔(にな)へ
五以若是子弟廻立於内及盖等
六訖(をは)れば　七齋場(ゆにはさいぢやう)の門(もん)を八閇(と)ぢ
九上道(みちたち)して　十都(みやこ)に向(むか)へ

御稲、都に向かう

其(そ)の十一行列(つらなりぎやうれつ)は
十二健兒(こんでい)　四人
各(おのもおのも)　十三白木(しらき)を執(と)り　十四左右(ひだりとみぎさう)に列立(つらなりた)て
十五後陣(しりへのつら)の健兒(こんでい)も亦(また)同じくせよ
十六子弟(やから)　四人

一 下は二頁注三十三、鋪設は八頁注十一、亦は六頁注十一、同は二頁注三十四参照。
二 名義抄仏上七十三に「一〔ヒトツ、ヒトリ〕」。夫は七十八頁注六参照。
三 八頁注五参照。
四 名義抄仏下本七十に「擔〔ニナフ〕」。
五 「以」から「等」までの十二字、未詳。校注参照。一五四頁には「毎二十荷一子弟一人、執二白木一領レ之」とあり、践祚大嘗祭式抜穂事条は「訖令三駈使丁荷一、毎二十荷一子弟一人領レ之」とする。
六 二頁注二十六参照。
七 斎郡斎場の門。斎場は十八頁注三、門は四十二頁注十参照。
八 名義抄法下七十五に「閇〔トツ〕」。
九 書紀敏達天皇十二年是歳条の「發途」に「ミチタチス」の訓。釈日本紀秘訓五に「上洛東帰〔ミチタチシテヒムカシニカヘル〕」とある。
十 名義抄法中三十六に「都〔ミヤコ〕」、黒川本字類抄下六十一オに「都〔ミヤコ、ト〕」。向は七十八頁注五参照。
十一 新撰字鏡十二に「行ミ〔奈良夫、又豆良奴〕（ならふ又つらぬ）」。名義抄仏上四十二に「行〔ツラヌ〕」。同書法下一三三に「列〔ツラヌ、ツラナル〕」。書紀孝徳天皇即位前紀の「羅列匝拝」の「羅列」に「ツラナリ」の訓。
十二 訓読の古い例がないが、常例に従って「こんでい」と訓む。伊呂波字類抄七は「健児〔コンニ〕」とする。下学集に「犍児所〔コンテイシヨ〕」。兵士としての健児は、奈良時代の史料に現れるが、起源・沿革は余り明瞭でない。本書当時の健児は、延暦十一年六月、辺要の地を除いて諸国の兵士を廃止するに伴い、諸国の兵庫・鈴蔵・国府を守衛するため、郡司の子弟より選ばれることになったもの（類聚三代格十八所収太政官符）で、それ以前のものとは異質である。
十三 樹皮を削っただけの、木地のままの木材。神事には、多く

下鋪設亦同）、一夫擔之、以[1]若[2]是子弟、廻立於[3]內及盖[4]等、訖閇齋場門、上道向都、其行列健兒四人各執白[5]木[6]、左右列立（後陣健兒亦同）、子弟四人

1 以、以文本「以若」以下「等」以上十二字なし。
2 若是、荷田本注「若干之誤」。
3 於、林本なし。
4 盖、荷田本・神道本・谷本「蓋」。都立本・三手本「葢」。神宮一本「盍」。
5 荷田本・林本・神宮本・都立本・神宮一本・谷本・三手本・宮本・信友本「向」あり、荷田本注「蓋衍字」、林本注「衍字」、三手本右傍「衍文字」、信友本頭注「衍歟」。
6 木、以文本「杖」。

白木のものが用いられる。「白」を「しら」と訓む用例としては、名義抄僧中一三〇の「白鷹（シラタカ）」がある。閑吟集二四一に「しら木の弓を」とある。執は二十八頁注十参照。

一四 左右は六頁注三、列は注十一、立は三十頁注四参照。

一五 後は十頁注四参照。名義抄法中四十六に「陣（ツラヌ）」。書紀天武天皇元年七月条の「入陣」の「陣」に「ツラ」の訓。

一六 書紀敏達天皇十四年二月条の「子弟」に「ヤカラ」の訓があり、同族の者を「やから」という。四一六頁には「國司子弟」とあり、国司の子弟、また健児でない郡司の子弟をいうのであろう。

木綿(ゆふ)を着(つ)[一]けたる賢木(さかき)を執(と)り
　後陣(しりへのつら)の子弟(やから)も亦同(またおな)じくせよ
[二]之(これ)に次(つ)げ
[三]禰宜(ねぎ)の卜部(うらべ)
[四]途(みち)に當(あた)りて列(つら)なれ
[五]稲實(いなのみ)の公(きみ)
[六]木綿鬘(ゆふかづら)を着け　之に次げ
御稲(みしね)の韓櫃(からひつ)　幷(あは)せて籠(こ)　之に次げ
十荷毎(ごと)[七]に　子弟(やから)一人　白木(しらき)を執(と)りて　之を領(あづか)[八]れ
[九]物部(もののべ)の男(をとこ)　五人　之に次げ

一 八頁注六参照。
二 之は八頁注五、次は一四〇頁注七参照。
三 五十六頁注四参照。
四 当途は、行列として道を進む意。名義抄仏上五十二に「途〔ミチ〕」。當は四十六頁注二参照。
五 七十八頁注十八参照。践祚大嘗祭式抜穂事条には、「其行列者、御飯稲在レ前、自餘物次レ之、稲實公著二木綿鬘一引道」とある。
六 木綿鬘は一二八頁注九参照。
七 名義抄仏中二十四に「毎〔コトニ〕」。
八 名義抄仏下本二十四に「領〔アヅカル〕」。
九 物部男は六人で、稲実公が前行しているので、焼灰一人、採薪四人の計五人のことであろう。四十八頁注三、七十八頁注八参照。

執着木綿賢木〔後陣子弟亦同〕、次之、禰宜
卜部當途[1]而列、稲實公着木綿鬘次之、御稲
韓櫃幷[2]籠次之〔毎十荷子弟一人執白木[3]領之〕、
物部男五人次之、[4]

1 途、以文本「路」。
2 幷、林本「並」。
3 木、以文本「杖」。
4 荷田本・林本・神宮本・都立本・神宮一本・谷本・三手本・宮本「子弟四人」あり、荷田本注「子弟四人下依レ例蓋脱二次之二字一」、林本注「錯乱文」、宮本右傍「四字衍文」。信友本「子弟四人次之」あり。

一當郡(そのこほり)の鋪設(ほせつ)は　途(みち)に當(あた)りて列(つら)なれ

二疊(たたみ)

三茵(しとね)　各(おのおの)卌枚

四席(むしろ)

五長薦(ながこも)　各七十枚

六簀(す)　五十枚

子弟(やから)　四人

健兒(こんでい)　四人　之(これ)に次(つ)げ

七造酒童女(さかつこ)

八輿(こし)に九駕(の)りて　途(みち)に當(あた)れ

一 斎郡が弁備する鋪設用の料。北野斎場に供進される。当は二頁注九、郡は二頁注二十三、鋪設は八頁注十一参照。宮符宣旨例第五号の当郡鋪設料（六三二頁）に対応する。

二 織物や薦などで作った敷物の総称。今の畳表（むしろ・ござの類）にあたる。和名抄十四に「本朝式云掃部寮長畳・短畳〔和名太々美(たたみ)〕」。

三 茵は八頁注二十九、各は四頁注二十二、枚は十二頁注二参照。

四 十頁注一参照。

五 敷物の類。薦の長いもの。薦は一二四頁注五参照。

六 葦や割竹、細板を横に並べ、糸で粗く編み平面に仕立てたもの。敷物、建具、また、水などを通す道具としても用いられる。和名抄十に「蒋魴切韻云簀〔音責、功程式、板敷、簀子、須乃古〕、床上籍レ竹名也」とある。なお、籍は藉（しく）の誤りであろう。名義抄僧上七十一に「簀〔ス〕、簀子〔スノコ〕」。字類抄下一一六オに「簀〔ス〕」。掃部寮式年料鋪設条の「簀」に「ス」の訓。

七 七十八頁注十参照。

八 和名抄十一に「四聲字苑云轝〔音餘、字或作輿、和名古之〕、車無輪也」とある。二本の長柄の上に屋形があり、それに人をのせ、持ちあげ、または担いで運ぶ。職員令主殿寮条集解古記説に「輿無レ輪也、輦有レ輪也」とする。

九 名義抄僧中一〇九に「駕〔ノル〕」。

当郡鋪設当途[1]而列〔畳・茵[2]各卌[3]枚、席・長薦各七十[4]枚、簀五十枚〕、子弟四人、健児四人
次之、造酒童女駕輿当途[5]

1 途、以文本「路」。
2 茵、三手本「筒」。
3 卌、林本「卅」。
4 十、谷本「寸」。
5 途、以文本「路」。

擔丁[一]（もちよほろ）　四人

物部の女[二]（もののべ をみな）　九人　之に次げ（これ つ）

書生[三]（しよしやう）　一人　之に次げ

郡司[四]（こほりのつかさ）　之に次げ

國司[五]（くにのつかさ）　之に次げ

已上は[六]（これよりかみ）　私の馬に乗れ[七][八]（わたくし うま むま の）

稲實の卜部[九]（いなのみ うらべ）　之に次げ

御稲、北野斎場に至る

下旬に[十]（しものとをか）　京の齋場に至れば[十一]（みさと みやこ ゆには さいぢやう いた）

官人并せて國司[十二]（つかさひとあは くわんにん）　麻并せて鹽湯を持ちて[十三][十四]（ぬさ しほゆ も）　南門に迎へ[十五][十六]（みなみのもん むか）

御稲并せて雑物に灑ぎ[十七]（みしね くさぐさのもの ざふもの そそ）

一　一三八頁注二十参照。
二　物部女は九人で、輿に乗る造酒童女が前行しているので、残るのは、大酒波一人・大多米酒波一人・粉走二人・相作四人の計八人となる。四十八頁注五、七十八頁注八参照。
三　二十頁注八参照。
四　斎郡郡司。訓は二十四頁注八参照。
五　斎国国司。国は二頁注二十三、司は四頁注三十三参照。
六　四頁注三十五参照。
七　私は個人的なこと、公（おほやけ）でないことをいう。名義抄法下十二に「私〔ワタクシ〕」。馬は七十二頁注十二参照。
八　名義抄法下四十に「乗〔ノル〕」。
九　七十頁注二十・七十二頁注一参照。
十　九月下旬。践祚大嘗祭式抜穂事条には、「九月下旬到レ京、所二卜定一齋場院之外、預作二假屋一、暫収二御稲一」とある。下は二頁注三十三、旬は五十八頁注五参照。
十一　北野斎場のこと。北野斎場は内院、外院、服院より構成されるが、斎郡の御稲が到着した時は、外院の諸殿舎のみが造作されているだけである（四十二頁以下参照）。内院の諸殿舎の鎮地・造作は、これから開始される。服院の諸殿舎の鎮地・造作は、神服使の帰着後から行われる（三〇六頁以下参照）。京は四頁注十、斎場は十八頁注三、至は二十四頁注一参照。
十二　官人は三十二頁注十一、并は四頁注四参照。
十三　麻及び塩湯を以て祓えをするのである。後出の、大嘗祭当日の卯の日、北野斎場よりの行列が朝堂院に到着し、供物が応天門より入ったときの記事にも、「神祇官中臣一人率二神部等一持二祓麻・鹽湯一、灑二潔供神物并雑物一」と見える。名義抄法下一〇三に「御麻〔オホヌサ〕」。四時祭式中宮御贖条の「捧麻」の「麻」に「ヌサ」の訓。塩は六十四頁注二十一、湯は六十四頁注十七参照。
十四　名義抄仏下本七十一に「持〔モツ〕」。
十五　外院の南門（四十二頁参照）。訓は四十二頁注十参照。

擔丁四人）、物部女九人次之、書生一人次
之、郡司次之、國司次之（已上乘私馬）、稻
實卜[1]部次之、下旬至京齋場、官[2]人幷[3]國司持
麻幷[4]鹽湯[5]迎南門、灑御稻幷[6]雜物、

十六 名義抄仏上六十に「迎（ムカフ）」。
十七 名義抄法上三十五に「灑（ソソク）」、黒川本字類抄中十八オは「注（ソソク）」とし、その後に「灑」を含む文字を掲げ「已上注（そそく）也」とする。

1 三手本右傍「公手」あり。
2 官、谷本・宮本「宮」とし、谷本右傍「官イ」、宮本右傍「官」。
3 幷、林本「並」。
4 幷、林本「並」。
5 湯、宮本「陽」。
6 幷、林本「並」。

訖[一]れば　院[二]の外の権屋[三]　預[四]め先づ作り備へよ　に納[五]れよ
次に　明衣[六]を賜へ
造酒童女に　布[七]　二端
綿[八]　一屯六兩
酒波女[九]二人に　布[十]　一端三丈　人別[十一]に三丈六尺

稲実殿の地を鎮める

次に　稲實殿[十二]の地を鎭めよ
其[十三]の料は
各[十四]　五色の薄絁　各一尺
倭文[十五]　一尺
木綿[十六]

一 二頁注二十六参照。
二 践祚大嘗祭式抜穂事条には「所㆓卜定㆒斎場院之外、預作㆓假屋㆒、暫時収㆓御稲㆒」とある。院は六頁注十六、外は四十頁注九参照。
三 御稲と鋪設等の物は、一旦この権屋に収納され、その後、内院に遷納される（二九〇頁）。権は八頁注九、屋は三十六頁注八参照。
四 預は六十二頁注五、先は二十八頁注一、作は十四頁注七、備は二十六頁注十三参照。
五 五十頁注八参照。
六 明衣は八十頁注十一、賜は七十六頁注十三参照。
七 布は十二頁注二十二、端は三十四頁注十四参照。
八 綿は十二頁注二十三、屯は三十四頁注二、両は一一四頁注四参照。
九 大酒波（大酒波女）と大多米酒波（大多米酒波女）の二人。八十頁注一・二参照。
十 次に「人別三丈六尺」とあり、二人分であるので七丈二尺となる。賦役令調絹絁条では一端は五丈二尺とするので、同規定に従えば、ここは一端二丈ということになる。丈は三十頁注八参照。
十一 人別は二十二頁注一、尺は二十四頁注十五参照。
十二 北野斎場内院の敷地のこと。斎郡斎場の敷地も稲実殿地と称している（七十六頁）。稲実殿は七十六頁注十五、地は二十四頁注六、鎮は三十二頁注十三参照。
十三 其は二頁注二十八、料は二十二頁注二十三参照。
十四 各は四頁注二十二、五色薄絁は二十四頁注十三・十四参照。
十五 三十二頁注十六参照。
十六 二十四頁注十六参照。

訖納院外[1]權[2]屋〈預先作備〉、次賜明衣、造酒童女布二端、綿一屯六兩[3]、酒波女二人布一[4]端三丈[5]〈人別三丈[6]六尺〉、次鎮稲實殿地、其料各[7]五色薄絁各[8]一尺、倭文一尺、木綿・

1 院外、林本「外院」。
2 權、都立本「推」とし右傍「権」。宮本「蓷」とし右傍「権」。
3 兩、宮本「匁」とし右傍「兩」。
4 一、以文本「二」。
5 三、以文本「二」。林本注「蓋一端二丈之誤」。信友本頭注「二欤」。
6 丈、宮本「史」とし右傍「丈」。
7 各、以文本なし。
8 各、林本・神宮一本・三手本・宮本なし、宮本右傍「各」。

[一]麻（あさ）　各一斤

綿（わた）　[二]二屯

[三]商布（たに）　四段

[四]鍬（くは）　二口

[五]米（よね、こめ）　四升

[六]酒（さけ）　一斗

[七]薄鰒（うすあはび）

[八]海藻（め）　各一連

[九]雑の菓子（くさぐさのこのみ）　四升

[十]凡の料の布（おほよそのれうのぬの）　二端

一 麻は二十八頁注十七、斤は二十四頁注十七参照。

二 「三屯」とする写本もある。校異参照。但し、践祚大嘗祭式料理院条に鎮祭幣物の規定があり、綿については二屯とし、「餘祭不レ顯二幣物色數一者、皆准レ此」とする。

三 商布は三十四頁注三、段は三十四頁注四参照。

四 鍬は三十四頁注五、口は三十四頁注六参照。

五 米は十二頁注二十五、升は二十頁注六参照。

六 酒は二十六頁注一、斗は二十六頁注二参照。

七 二十六頁注三参照。

八 海藻は二十六頁注五、連は二十六頁注六参照。

九 雑は四頁注二十八参照。菓子は、和名抄十七に「果〈字或作菓、日本紀私記云古乃美、俗云久太毛乃〉」とある。書紀神代紀宝剣出現章第二ノ一書の「菓」に「コノミ」、同書応神天皇十九年十月条の「山菓」に「ヤマノクダモノ」の訓。名義抄僧上四十三に「菓〈クダモノ、コノミ〉」。字類抄下六ウに「菓〈クハ、コノミ〉」。

十 凡料とは、全体としてひとまとめにその料を表す言い方。凡は四頁注一参照。幣帛料の下に敷く、または包むためなどに用いる布のことであろう。

麻各一斤、綿二屯[1]、商布四段、鍬二口、米四升、酒一斗、薄鰒・海藻各一連、雑菓子四升、凡[2]料布二端

1 二、荷田本・林本・神宮一本・以文本「三」とし、荷田本注「一本作㆓二屯㆒」、神宮一本右傍「一作二」。信友本頭注「二屯官本作㆓三屯㆒非乎、式備㆓小忌食㆒院鎮祭料亦作㆓二屯㆒」。

2 凡、荷田本・神宮本・都立本・神宮一本・三手本・宮本「几」とし、神宮一本・宮本右傍「几」、三手本右傍「凡イ」、以文本「軾」。

竝びに國の物を用ゐよ

鎭め畢れば

造酒童女　先づ齋鉏を執り

地を掃き

幷せて　院の垣の四角の柱の穴を堀れ

先づ艮

次に巽

次に坤

次に乾

役夫　之を終へよ

一 並は十四頁注十参照。

二 国は二頁注二十三、物は十頁注二十一、用は十四頁注二参照。

三 鎮は三十二頁注十三、畢は三十二頁注六参照。

四 斎鉏は八十八頁注二、執は二十八頁注十参照。

五 掃は一三六頁注五参照。

六 方十二丈の内院を囲む垣を作るために、四角に柱穴を掘る。院は六頁注十六、垣は八十八頁注十二参照。

七 四角は三十頁注三、柱・穴は八十八頁注七、堀は八十八頁注八参照。

八 東北。黒川本字類抄中五十一オに「艮〔コン、ウシトラ〕」。

九 東南。名義抄仏下末二十六に「巽〔タツミ〕」。黒川本字類抄中六オに「巽〔タツミ〕」。

十 「次坤」の二字は、底本には無く、以文本のみに存す。校異参照。兵範記仁安三年十一月二日条の大嘗宮地四角に柱穴を掘るくだりに、「掘始四角柱穴等〔艮・巽・坤・乾〕」とあることも参照して、「次坤」の二字を入れる。坤は西南。名義抄法中四十八に「坤〔ヒツシサル〕」。黒川本字類抄下九十一オに「坤〔コン、ヒツジサル〕」。

十一 西北。字類抄上九オに「乹〔ケン、イヌヰ〕」。

十二 書紀仁徳天皇六十年十月条の「役丁」に「エヨホロ」、同書大化二年正月条の「仕丁」に「ツカヘノヨホロ」の訓。夫は七十八頁注六参照。

十三 名義抄法中一一二に「終〔ヲハル〕」。

（竝用國物）、鎮畢造酒童女先執齋鉏掃[1]地、
幷[2]堀院垣四角柱穴（艮、次巽、次坤[3]、次乾[4]、
役夫[5]終之）、

1 掃、宮本「⿰木帚」とし右傍「掃」。
2 幷、林本「並」。
3 次坤、諸本なし。以文本「次坤」あり。林本注「闕㆓次坤二字㆒」。宮本右傍「次坤」。
4 神道本左傍「次坤イアリ」。都立本左傍「次坤」。
5 夫、谷本「文」。

卜食の山において内院の材料を採る

次に　稲實(いなのみ)[一]の卜部(うらべ)
　造酒童女(さかつこ)
　國(くに)[二]・郡司(こほりのつかさ)　各一人
　物部(もののべ)[三]の男(をとこ)　六人
　子弟(やから)[四]　五人
　工(たくみ)[五]　十人
　夫等(よほろら)[六]
を率(ゐ)[七]て　内院(うちのゐん)[八](ない)の料材(れうのき)を採(と)[九]らむが為(ため)に　卜食(うらはみ)[十]の山(やま)に向(むか)ひ
　前(さき)[十一]の二日に　預(あらかじ)[十二]め行事所(ぎやうじどころ)[十三]に申(まを)せ
卽(すなは)[十四]ち　山(やま)[十五]の神(かみ)を祭(まつ)れ

一　七十頁注二十・七十二頁注一参照。
二　斎国の国郡司。国は二頁注二十三、司は四頁注三十三、郡司は二十四頁注八参照。
三　稲実公一人、焼灰一人、採薪四人の六人のこと。四十八頁注三、七十八頁注八参照。
四　一五二頁注十六参照。
五　手や道具を使って物を作ることを業とする者。和名抄二に「工〈和名太久美〉」。名義抄仏上七―五に「工〈タクミ、ツカサ〉」。一七二頁には工匠とある。
六　六頁注九参照。
七　二十四頁注三参照。
八　卜食山とあるので、内院料材のために、新たに山野を卜定するのではなく、既に卜定されている大嘗宮の材木・萱用の卜食山・野（三十頁参照）から採取されたのであろう。三十頁注二十参照。内院は四十頁注九、材は二十頁注十八参照。
九　採は三十頁注二十二、為は二十二頁注八参照。
十　卜食は十二頁注十四、山は三十頁注二十三、向は七十八頁注五参照。
十一　名義抄仏下末二十九に「前〈サキ、マヘ〉」。
十二　六十二頁注五参照。
十三　大嘗会行事所。四頁注二十一・六頁注十五参照。申は六頁注七参照。
十四　二頁注二十七参照。
十五　践祚大嘗祭式斎場条には、「卜部率㆓國郡司以下及役夫等㆒入㆓卜食山㆒採㆑材、卽祭㆓山神㆒、訖造酒兒先取㆓齋斧㆒始伐㆑木、然後諸工下㆑手、〈採㆓大嘗宮材㆒准㆑此〉」とある。神は六十頁注二十、祭は一〇八頁注二参照。

次稲實卜部率造酒童女・國郡司各一人、物
部男六人、子弟五人、工[1]十[2]人、夫等、爲採
內院料材、向卜食山〔前二[3]日[4]預申行事所〕、
卽祭山神、

1 三手本右傍「手乎」あり。
2 十、以文本「匠」。
3 二、以文本右傍「一」頭注「一字一本作二」。
4 二日、三手本・宮本「旨」とし右傍「二日也」。

[一]其(そ)の料(れう)は

[二]各(おのもおのも)　五色(いつつのいろ)の薄絁(うすきあしぎぬ)　各一尺

[三]倭文(しとり)　一尺

[四]木綿(ゆふ)

[五]麻(あさ)　各一斤

[六]鍬(くは)　二口

[七]米(よね/こめ)　五斗

[八]酒(さけ)　一缶

[九]鰒(あはび)

[十]堅魚(かつを)　各二連

一 其は二頁注二十八、料は二十二頁注二十三参照。
二 各は四頁注二十二、五色薄絁は二十四頁注十三・十四、尺は二十四頁注十五参照。
三 三十二頁注十六参照。
四 二十四頁注十六参照。
五 麻は二十八頁注十七、斤は二十四頁注十七参照。
六 鍬は三十四頁注五、口は三十四頁注六参照。
七 米は十二頁注二十五、斗は二十六頁注二参照。
八 二十六頁注一参照。
九 二十六頁注三参照。
十 堅魚は二十六頁注四、連は二十六頁注六参照。

其料各[1]五色薄絁各一尺、倭文一尺、木綿・麻各一斤、鍬二口、米五斗、酒一缶、鰒・堅魚各二連、

1 各、以文本なし。

一 雑魚(くさぐさのうを)の腊(きたひ)　一籠

二 海藻(め)　二連

三 鹽(しほ)　一升

四 雑(くさぐさ)の菓子(このみ)　一斗

五 稲(しね)　二束

六 軾(ひざつき)の料(れう)は

七 絁(あしぎぬ)　一疋

八 布(ぬの)　一端

九 綿(わた)　二屯

十 祭(まつ)り畢(をは)れば

一 雑は四頁注二十八、魚は六十四頁注三、腊は三十頁注一、籠は一二二頁注七参照。
二 二十六頁注五参照。
三 塩は六十四頁注二十一、升は二十頁注六参照。
四 一六二頁注九参照。
五 稲は十二頁注十二、束は十二頁注十三参照。
六 軾は三十四頁注十二、料は二十二頁注二十三参照。
七 絁は二十四頁注十四、疋は七十二頁注十三参照。
八 布は十二頁注二十二、端は三十四頁注十四参照。
九 綿は十二頁注二十三、屯は三十四頁注二参照。
十 祭は二頁注四、畢は三十二頁注六参照。

雑魚腊一籠、海藻二連、鹽一升、雑菓子一斗、稻二束、軾料絁一疋、布一端、綿二屯[1]、

祭畢

1 二、荷田本・林本・神宮一本・三手本「一」。

造酒童女[一](さかつこ)　先(ま)づ齋斧(いみをの)を執(と)り　樹(き)[二]を伐(き)れ

工匠[三](たくみ)　之(これ)に次(つ)げ

役夫[四](えよほろ)　之に次げ

訖(をは)[五]れば　歸(かへ)[六]り來(きた)り　自後(これよりのち)[七]は　工(たくみ)弁(あは)せて夫等(よほろら)[八]を遣(つかは)して　伐(き)[九]り運(はこ)ばしめよ

小忌の食を備える院に酒を醸す

次に　始(はじ)[十]めて小忌(をみ)[十一]の食(け)を備(そな)ふる院(ゐん)に　凡(おほよそ)[十二]の酒甕(さかみか)[十三]の穴(あな)[十四]を堀(ほ)り

弁(あは)せて始めて酒[十五]を釀(か)め

次に　同(おな)[十六]じき院(ゐん)に於(お)きて　大祓(おほはらへ)[十七]せよ

其(そ)[十八]の料(れう)は

各(おのもおのも)[十九]　五色(いつつのいろ)の薄絁(うすきあしぎぬ)　各二尺

一　造酒童女は七十八頁注十、先は二十八頁注一、斎は七十二頁注五、斧は八十四頁注六参照。

二　名義抄仏下本八十二に「樹〈キ〉」。同書仏上十三に「伐〈キル〉」。

三　黒川本字類抄中八オに「巧〈タクム、タクミ〉、近・工・邁・適〈已上同〉」とある。工は一六六頁注五、之は八頁注五、次は一四〇頁注七参照。

四　一六四頁注十二参照。

五　二頁注二十六参照。

六　帰は二十八頁注十二参照。名義抄僧下八十一に「來〈キタレリ、キタル〉」。

七　書紀神代紀宝剣出現章の「自後」に「コレヨリノチ、コレヨリ」の訓。

八　夫は七十八頁注六、等は六頁注九、遣は五十八頁注八参照。

九　伐は注二、運は二十二頁注二十五参照。

十　六十四頁注十参照。

十一　三十六頁に、「次鎭下調二備供御幷小忌食一之院上」とある。同頁注十四を参照。小忌は六頁注十六、食は二十頁注二、備は二十六頁注十三、院は六頁注十六参照。

十二　四頁注一参照。

十三　酒を醸造するための甕。醸造用の甕は、地面に穴を掘り、土中に据えられる。二八二頁に小斎御酒料の甕・𤭖を掘り据えるとある。甕は十四頁注二十参照。

十四　穴は八十八頁注七、堀は八十八頁注八参照。

十五　酒は二十六頁注一参照。醸は、新撰字鏡四に「醸〈佐介加牟〉」、名義抄僧下五十八に「醸〈ツクル、カム、サケカム、サケツクル〉」、字類抄上一〇二ウに「醸〈カム、醸酒〉」。古事記中国主歌謡に「加美斯意富美岐（かみしおほみき）」と見える。

十六　小忌食院。同は二頁注三十四、於は七十二頁注六参照。

十七　二十六頁注二十一参照。

十八　其は二頁注二十八、料は二十二頁注二十三参照。

造酒童女先[1]執齋斧伐[2]樹、工匠次之、役夫次之、訖歸來、自後遣[3]工幷[4]夫等伐[5]運、次始堀備小忌食院凡[6]酒甕穴、幷[7]始釀酒、次於[8]同[9]院大祓、其料各[10]五色薄絁各二尺、

十九 各は四頁注二十二、五色薄絁は二十四頁注十三・十四、尺は二十四頁注十五参照。

1 先、宮本「无」とし右傍「先」。
2 伐、三手本「代」とし右傍「伐乎」。
3 遣、三手本「遺」とし右傍「遣」。
4 幷、林本「並」。
5 伐、三手本「代」とし右傍「伐」。宮本右傍「代」。
6 凡、以文本「之」。宮本右傍「之」。
7 幷、林本「並」。
8 於、信友本なし。
9 同、神宮一本右傍「一作同」。
10 各、以文本なし。

木綿（ゆふ）[一]

麻（あさ）[二]　各二斤（おのもおのも）

酒（さけ）[三]

米（よね）（こめ）[四]　各一斗

薄鰒（うすあはび）[五]

堅魚（かつを）[六]　各一連

海藻（め）[七]　二連

鍬（くは）[八]　二口

軾（ひざつき）[九]の料（れう）の布（ぬの）　二端

竝（なら）[十]びに國（くに）[十一]の物（もの）を用（もち）ゐよ

一　二十四頁注十六参照。
二　麻は二十八頁注十七、斤は二十四頁注十七参照。
三　二十六頁注一参照。
四　米は十二頁注二十五、斗は二十八頁注二参照。
五　二十六頁注三参照。
六　堅魚は二十六頁注四、連は二十六頁注六参照。
七　二十六頁注五参照。
八　鍬は三十四頁注五、口は三十四頁注六参照。
九　軾は三十四頁注十二、料は二十二頁注二十三、布は十二頁注二十二、端は三十四頁注十四参照。
十　十四頁注十参照。
十一　国は二頁注二十三、物は十頁注二十一、用は十四頁注二参照。

木綿・麻各二斤、酒・米各一斗、薄鰒・堅魚各一連、海藻二連、鍬二口、軾料[1]布二[2]端〔竝用國物〕、

1 料、谷本なし。
2 二、信友本「一」。

内院の雑殿を作る

次に　始めて内院[一]の雑殿を作れ
造酒童女[二]　斎鉏を執り
　　稲實殿[三]の四角の柱の穴を掘れ
物部[四]　之に次げ
役夫[五]　之を終へよ

①神座殿

其の東門[六]の南掖に　縦[七]に八[八]間の　神座殿一字
　長[九]さ二丈四尺　廣さ七尺八寸
　柱は　高[十]さ七尺なれ
西[十一]に面き　庇[十二]有れ

②御倉

北掖に　高萱[十三]の片葺の　御倉一字

一　内院の諸殿舎が搆作される。北野斎場内院図参照。内院は四十頁注九、雑殿は四十頁注十、作は十四頁注七参照。
二　造酒童女が、斎鉏で稲実殿四角の柱穴を掘るという所作から、内院諸殿舎の搆作が始まる。造酒童女は七十八頁注十、斎鉏は八十八頁注二、執は二十八頁注十参照。
三　稲実殿は七十六頁注十五、四角は三十頁注三、柱・穴は八十八頁注七参照。
四　四十八頁注三、七十八頁注八参照。
五　役夫は一六四頁注十二、終は一六四頁注十三参照。
六　内院の東門。東は八頁注二十五、門は四十二頁注十、掖は四十六頁注六参照。
七　四十四頁注九参照。
八　斎郡斎場では八間八神殿（九十二頁）と表記する。践祚大嘗祭式在京斎場条は「八神殿」とある。神座殿の構造は一八二頁に見える。八神については一四二・一四四頁参照。間は四十二頁注十三、神座は九十六頁注十二、殿は四十頁注十参照。
九　斎郡斎場の八神殿の長さ・広さと同じ（九十二頁）。長は四十二頁注十六、広は四十二頁注十七参照。
十　斎郡斎場の八神殿の柱高は八尺（九十二頁）。高は八十八頁注十三参照。
十一　「四面」に作る写本あり、校異参照。面は八頁注二十一参照。
十二　庇は四十二頁注十九、有は四十二頁注二十参照。
十三　斎郡斎場では高萱御倉（九十四頁）と表記する。高萱御倉については九十四頁注三参照。一八二頁には高萱御倉とあり、「用ㇾ萱片葺」とする。片葺は、片庇の屋根に萱を葺くことか。践祚大嘗祭式在京斎場条には見えない。片の訓は六十四頁注十九、葺は九十六頁注五参照。

次始作內院雜殿、造酒童女[1]執齋鉏、堀稻實殿四角柱穴、物部次之、役夫終之、其東門南掖、縱八間神座殿一宇〔長二丈四尺、廣七尺八寸、柱[2]高七尺、[3]西面有庇〕、北掖高萱[4]片[5]葺

御倉一宇

1 信友本・以文本「先」あり。荷田本注「蓋脱二先字一」。林本注「先字ヲ脱ス」。神道本右傍「先イアリ」。

2 高、都立本「南」。

3 西、荷田本・林本・神宮本・都立本・神宮一本・谷本・三手本・宮本・信友本「四」とし、宮本右傍「西イ」。神道本左傍「四イ」。

4 片、三手本・宮本「行」とし、宮本右傍「片」。

5 葺、林本「嘗」。

徑（わたり）[一]八尺　高（たか）さ九尺なれ

③稲実殿

其（そ）の西（にし）に　横（よこ）[二]に三間（ま）の　稲實殿（いなのみのとの）[三]一宇

南（みなみ）に戸（と）[四]あれ

長（なが）[五]さ二丈四尺　廣（ひろ）さ一丈二尺

柱（はしら）は　高さ八尺なれ

④倉代殿

其の南に　縦（たて）に三間の　倉代殿（くらしろのとの）[六]一宇

⑤御贄殿

其の南に　縦に三間の　御贄殿（みにへのとの）[七]一宇

竝（なら）[八]びに西に戸（と）あれ

長さ二丈四尺　廣さ一丈二尺

柱は　高さ七尺なれ

一 斎郡斎場の高萱御倉は方一丈（九十四頁）。径は一五〇頁注七参照。

二 四十二頁注十二参照。

三 斎郡斎場も三間稲実殿（九十四頁）。践祚大嘗祭式在京斎場条は「稲實屋」。七十六頁注十五参照。

四 四十二頁注十五参照。

五 斎郡斎場の稲実殿と同じ。

六 倉代を弁備するための殿舎。倉代は十八頁注五参照。また、その形状は四七六頁に見える。北野斎場外院にも倉代屋が設けられている（四十六頁）。

七 神・天皇に奉る食事を調備する殿舎。新撰字鏡十に「贄〔尓戸（にへ）〕」。名義抄仏下本二十に「贄〔タカラ、ニヘ〕」。

八 十四頁注十参照。

〔徑[1]八尺、高九尺〕、其西[2]横三間稻實殿一宇〔南戸、長二丈四尺、廣一丈二[3]尺、柱[4]高八尺〕、其南縦三間倉代殿一宇、其南縦三間御贄殿一宇〔竝西[5]戸、長二[6]丈四尺、廣[7]一[8]丈二[9]尺、柱高七尺〕、

1 徑、三手本「經」とし右傍「徑」。宮本「侄」とし右傍「徑」。
2 西、三手本「两」とし右傍「西乎」。
3 二、林本・以文本「六」。宮本右傍「六イ」。
4 柱、宮本「往」とし右傍「柱」。
5 西、神宮一本「酒」とし右傍「一作酒」。
6 二、神宮一本「一」。
7 廣、三手本なし、右傍「廣乎」。
8 一、宮本「二」。
9 二、林本・以文本「六」。宮本右傍「六イ」。

⑥鋪設殿

其(そ)の南(みなみ)に　横(よこ)に三間(ま)の　鋪設殿(まうけのとの)[一]一宇
西(にし)に側戸(そばと)[二]あれ
稲實殿(いなのみのとの)と相對(あひむか)[三]ひ
長(なが)さ・廣(ひろ)さも亦(また)[四]同じくせよ

⑦黒酒殿

稲實殿の西に　横に三間の　黑酒殿(くろきのとの)[五]一宇

⑧白酒殿

其の西に　横に三間の　白酒殿(しろきのとの)[六]一宇
竝(なら)びに南に戸あれ

⑨麴室殿

其の南に　縱(たて)に三間の　麴室屋(かむたちのむろのや)[七]一宇

⑩大炊屋

其の南に　縱に三間の　大炊屋(おほひのや)[八]一宇
竝(なら)びに東(ひむがし)[九]に戸あれ

一 敷き設けるものを準備しておく所であろう。神社関係では、鋪設を「ほせつ」とよみ、祭典の設備を調えることをいう。践祚大嘗祭式在京斎場条には見えない。書紀神代紀海宮遊幸章の「鋪設」に「シキテ」の訓。黒川本字類抄中一〇七オに「鋪設〔シキマウク、フセツ〕」。
二 四十四頁注四参照。
三 九十四頁注二参照。
四 亦は六頁注十一、同は二頁注三十四参照。
五 供御料の黒酒を調備する殿舎。白酒・黒酒は二八二頁注二参照。
六 供御料の白酒を調備する殿舎。一八六頁注四参照。白酒・黒酒は二八二頁注二参照。
七 供御料の白酒・黒酒を醸すための麴を造る殿舎。麴室は五十四頁注一参照。
八 五十頁注三参照。
九 八頁注二十五参照。

其南横三間鋪設殿一宇〔西側戸與[1]稻實殿相對、長・廣亦同〕、稻實殿西横三間黑酒殿一宇、其西横三間白酒殿一宇〔並南戸〕、其南縱三間麴室屋一宇、其南縱三間大炊屋一宇〔並東戸〕。

1 與、宮本なし、右傍「与」。

⑪臼殿

其の南に　横に三間の　臼殿[一]一宇

東に側戸あれ

長さ・廣さ　竝びに稲實殿に同じくせよ

各殿の制

其の制[二]は

神座殿

神坐殿[三]は　搆[四]ふるに黑木を以ちてし

萱[五]を用ゐて倒[六]に葺き

内[七]に梠の棚を搆へ

席[八]を敷き

其の上に　更[九]に亦絁を敷け

御倉

高萱[十]の御倉は　四枝[十一]の黑木を以ちて柱[十二]と爲し

一 供御料の御稲をつく殿舎。和名抄十六に「四聲字苑云臼〈巨久反上声之重、和名宇須〉、舂レ穀器也」とある。

二 九十六頁注一参照。

三 一七六頁注八参照。一七六頁では神座殿とする。

四 搆は四十二頁注九、黒木は一〇二頁注三、以は四頁注十七参照。

五 萱は三十頁注十九、用は十四頁注二参照。

六 倒葺は一〇二頁注五、葺は九十六頁注五参照。

七 内は九十頁注三、梠は八十八頁注十四、棚は九十六頁注八参照。

八 席は十頁注一、敷は九十六頁注十一参照。

九 更は五十八頁注十五、絁は二十四頁注十四参照。

十 一七六頁注十三参照。一七六頁では高萱片葺御倉とする。

十一 「四枝」の枝は助数詞であろう。正倉院文書天平宝字六年正月十五日雑材納帳（大日本古文書十五）によれば、「黒木五枝、黒桁木六枝、黒木柱十根」と、枝と根との使い分けがある。長押・佐須・比蘇・桁などは枝、柱状のものは根、板状のものは枚である。ここは四本の黒木のことである。

十二 柱は八十八頁注七、為は四頁注二十参照。

其南横三間曰殿一宇〈東側戸、長・廣竝同稲實殿〉、其制也、神坐[1]殿者搆以黒木、用萱倒[2]葺、內搆楉棚敷席、其上更亦[3]敷絁、高萱

御倉者以四[4]枝[5]黒木爲柱、

1 坐、荷田本・林本・神宮一本・谷本・宮本「座」。
2 倒、谷本「例」。
3 亦、宮本右傍「並」。
4 四、神宮本右傍「西イ」。
5 枝、神宮本「枚」とし右傍「枝イ」左傍「祓」。宮本「秡」。

萱を用ゐて片葺にし
薦を壁代と為
内に梠の棚を搆へ　高さ四尺
御稲四束を　韓櫃に盛り
承塵の庸布五端
白櫃四合を　棚の上に安け

御贄殿は

搆ふるに黒木を以ちてし
萱を用ゐて之を葺き
柴を以ちて之を蔀み
板を編みて扉と為よ

一 一七六頁注十三参照。
二 九十八頁注三・一二四頁注五参照。
三 壁代は、壁の代りに用いるもので、代（しろ）は、本物の代りに本物と同じはたらきをするものをいう。名義抄法中四十九に「壁〔カベ〕」、同書仏上十三に「代〔シロ〕」。源氏物語若菜に「かべしろ（壁代）」とある。
四 斎郡より供進された初穂の御稲四束（一四〇頁）。御稲は五十二頁注一、束は十二頁注十三参照。
五 十頁注十五参照。
六 名義抄僧中三十八に「盛〔モル〕」。
七 塵の落ちるのを防ぐために、天井のように板・布・むしろなどを張り渡したもの。和名抄十四に「釋名云承塵〈此間名如レ字〉、施二於上一、承二塵土一也」とある。字類抄下七十五オに「承塵〔シヨウチン〕」。
八 庸は十二頁注十六、布は十二頁注二十二、端は三十四頁注十四参照。
九 白木で作った櫃。櫃は十頁注十五、合は十頁注十六参照。
十 九十六頁注九参照。
十一 一七八頁注七参照
十二 八十八頁注十一参照。
十三 九十六頁注十三参照。
十四 名義抄仏下本九十二に「板〔イタ〕」。
十五 編は八十八頁注二十一、扉は八十八頁注二十二、為は四頁注二十参照。

用[1]萱片[2]葺[3][4]、薦爲壁代、內搆椙棚〔高四尺〕、
御稲四束盛韓櫃[5]、承塵庸布五端[6]、白[7][8]櫃四合、
安於棚上、御贄殿者搆以黒木、用萱葺之、
以柴蔀之、編板[9]爲扉、

1 用、林本「以」。
2 片、三手本・宮本「行」。
3 葺、林本「嘗」。
4 林本・神宮一本・三手本「屋」あり。
5 櫃、三手本・宮本なし、三手本右傍「櫃乎」、宮本右傍「櫃」。
6 端、荷田本・神宮本・都立本・神宮一本・谷本・三手本・宮本・信友本「段」。
7 白、谷本「自」。
8 以文本「木」あり。宮本右傍「木」。
9 板、神宮本「枚」とし右傍「板」。

稲実殿

稲實殿（いなのみのとの）[一]も　亦之（またかく）[二]の如（ごと）くせよ

黒酒殿

黒酒殿（くろきのとの）[三]は　搆（かま）ふるに黒木（くろき）を以（も）ちてし

葺（ふ）き蔀（しと）むに萱（かや）を用（もち）ゐ

薦（こも）を壁代（かべしろ）と為（せ）よ

白酒殿

白酒殿（しろきのとの）[四]は　搆ふるに白木（しらき）[五]を以ちてし

自餘（これよりほか）[六]は　黒酒殿に同（おな）じくせよ

其（そ）の倉代（くらしろ）[七]・大炊（おほひ）・麴室（かむたちのむろ）・臼（うす）・鋪設（まうけ）等（なにと）の殿（との）は

竝（なら）びに御贄殿（みにへのとの）に同じくせよ

卜食の山において草を刈る

次に　國司（くにのつかさ）[八]　禰宜（ねぎ）[九]・造酒童女（さかつこ）[十]及（およ）[十一]び當郡司（そのこほりのつかさ）[十二]・役夫（えよほろら）[十三]等を率（ゐ）て

卜食（うらはみ）[十四]の野（の）[十五]に向（むか）ひ

一　七十六頁注十五参照。

二　名義抄仏上六十に「之〔カクノ、コレ、コノ〕」、同書仏中六に「如〔コトシ、モシ、カクノコトシ〕」。字類抄上一一〇ウに「如此〔カクノコトシ〕」。

三　一八〇頁注五、二八二頁注二参照。

四　一八〇頁注六、二八二頁注二参照。大嘗祭斎行のために造立される諸殿舎は、斎郡斎場の八宇の殿舎、京の北野斎場の内院十一宇の殿舎・外院二十宇の殿舎（庁以下、主基も同数の殿舎造立）、大嘗宮六宇の殿舎（以上、主基も同数の殿舎造立。但し、廻立殿は共通）、の計四十七宇である（両斎国合計すれば九十三宇）。この諸殿舎のうち、京の北野斎場外院の諸殿舎の結構材については規定が見えないが、それ以外の、斎郡斎場・北野斎場内院・大嘗宮に到るまでの殿舎は、唯一例を除いて、総て黒木造りの結構である。その、黒木造りの結構ではない唯一例とは、北野斎場内院に造立される、白酒を醸す白酒殿である。

五　一五二頁注十三参照。

六　四頁注九参照。

七　倉代殿は一七八頁注六、大炊屋は五十頁注三、麴室屋は一八〇頁注七、臼殿は一八二頁注一、鋪設殿は一八〇頁注一、等は六頁注九、殿は四十頁注十参照。

八　斎郡国司のことであろう。国は二頁注二十三、司は四頁注三十三参照。内院の木材を採取する時は、稲実卜部が造酒童女以下を率いて卜食山に向かった（一六六頁）。践祚大嘗祭式在京斎場条には「卜部率二郡司以下雑色人等一入二卜食野一苅レ草、即祭二野神一、訖造酒児先苅、次諸人下レ手〔苅二大嘗宮草一准レ此〕」とある。

九　禰宜の卜部であろう。五十六頁注四参照。

十　七十八頁注十参照。

十一　八頁注二十八参照。

十二　斎郡郡司。當は二頁注九、郡司は二十四頁注八参照。

[1]稲實殿亦如之、黒酒殿者搆以黒木、葺蔀用
萱、薦爲壁代、[2]白酒殿者搆以白木、自餘同
黒酒殿、其倉代・大炊・麴室[3]・臼・鋪設等
殿竝同御贄殿、次國司率禰宜[4]・[5]造酒童女及
當郡司・役夫等、向卜食野、

1 林本・神宮本・都立本・神宮一本・谷本・三手本・宮本「酒殿者搆以㆓白木㆒自餘同㆓黒木殿其倉代大炊麴㆒」あり、「酒」の上に三手本右傍「白乎」、同じく宮本右傍「白」、「麴」の下に林本・都立本・神宮一本「室」あり、同じく神宮本右傍「室カ」。
2 白酒殿者搆以白木自餘同黒酒殿其倉代大炊麴、林本・神宮本・都立本・神宮一本・谷本・三手本・宮本なし、三手本右傍「麴乎」。
3 室臼、神宮一本右傍「一本臼室」、谷本右傍「臼室カイ」。
4 宜、神宮一本「宣」とし右傍「宜」。
5 以文本「卜部」あり。

一三 役夫は一六四頁注十二、率は二十四頁注三参照。
一四 十二頁注十四参照。
一五 野は二十八頁注八、向は七十八頁注五参照。

[一]即ち(すなは)　野(の)の神(かみ)を祭(まつ)れ

[二]其(そ)の料(れう)は

[三]各(おのもおのも)　五色(いつつのいろ)の薄絁(うすきあしぎぬ)　各一尺

倭文(しとり)　一尺

[四]木綿(ゆふ)　一斤

[五]米(よね/こめ)

[六]酒(さけ)　各一斗

[七]鍬(くは)　一口

[八]堅魚(かつを)

[九]海藻(め)　各一連

一　即は二頁注二十七、神は六十頁注二十、祭は一〇八頁注二参照。
二　其は二頁注二十八、料は二十二頁注二十三参照。
三　各は四頁注二十二、五色薄絁は二十四頁注十三・十四、尺は二十四頁注十五参照。
四　二十四頁注十六参照。
五　十二頁注二十五参照。
六　酒は二十六頁注一、斗は二十六頁注二参照。
七　鍬は三十四頁注五、口は三十四頁注六参照。
八　二十六頁注四参照。
九　海藻は二十六頁注五、連は二十六頁注六参照。

卽祭野神、其料各[1]五色薄絁各一尺、倭[2]文一尺、木綿一斤、米・酒各一斗、鍬一口、[3]堅魚・海藻各一連、

1 各、以文本なし。
2 倭、宮本「矮」とし右傍「倭」。
3 信友本・以文本「鰒」あり。荷田本注「蓋脱二鰒字一」。神道本右傍「鰒イアリ」。宮本右傍「鰒」。

祭り畢れば[一]
造酒童女 先づ[二]齋鎌を執り
之[三]を艾れ
役夫等 之を終[四]へよ
訖[五]れば 歸り來り 自後[六]は 役夫をして艾り運[七]ばしめよ

十月上旬、史生・仕丁、装束司に出向

十月[八]の上旬に 装束司[九] 式部[十]・民部二省を喚[十一]し
諸司[十二]の史生 并[十三]せて拔出[十四]の仕丁二人を進[十五]らしめよ

天皇の御禊行幸の由を京職・山城国に通達

次に 其の地[十六]に行幸[十七]したまふべき狀[十八] 符[十九]を 京職[二十] 及[二十一]び山城の國に下[二十二]せ

行幸路・禊所の清掃を命ず

又[二十三] 道路[二十四] 并せて禊處[二十五]を掃[二十六]ふべき狀を 仰[二十七]せよ

一 三十二頁注六参照。
二 先は二十八頁注一、斎は七十二頁注五、鎌は八十四頁注七、執は二十八頁注十参照。
三 之は八頁注五、艾は八十八頁注四参照。
四 一六四頁注十三参照。
五 訖は二頁注二十六、帰は二十八頁注十二、来は一七二頁注六参照。
六 一七二頁注七参照。
七 二十二頁注二十五参照。
八 字類抄九十一オに「十月〔カミナツキ〕」。書紀神武天皇即位前紀の「十月」に「カムナツキ」の訓。古今和歌集一〇〇二番歌に「かみな月」とある。
九 装束の訓は一三六頁注九参照。装束司は、行幸や朝儀・公事に際して、設営や装飾・鋪設を掌るために任命される役職。装束司の任命は九月中旬（一三六頁）。太政官式践祚大嘗年条によると、御禊行幸の装束司並びに次第司の任命は御禊日の二十日程前で、装束司の構成は、御装束司長官一人（三位）、次官一人（五位の弁）、判官二人（一人は史）・主典二人（六位以下）と定められている。また、西宮記臨時七御禊事には「装束司、長官一人〔中納言、若參議〕、次官一人〔中辨、四位五位〕、判官二人〔史一人、内記一人〕、主典二人〔内藏屬一人、勘解由主典一人〕」とある。御禊装束司は次第司とともに、必要物品の申請・御禊地点定など、御禊行幸全般に関する設営や装飾・鋪設を掌った。また、続日本後紀承和五（八三八）年三月乙丑（八日）条の池田朝臣春野の卒伝には、春野が、天長十（八三三）年十月の仁明天皇の大嘗祭御禊行幸に際して、儀式の古体に通暁した「国老」として、装束の模範を示し、その儀制は唐制と同じと述べたことを記している。中嶋宏子「大嘗祭の御禊行幸」（『國學院雑誌』九十一－七、平成二年）参照。なお、太政官式行幸条によると、十日以上にわたる行幸に際しては、あらかじめ造行宮使を定め、装束司を任命するとし、装束

祭畢造酒童女先執齋鎌艾[1]之、役夫等[2]終[3]之、訖歸來、自後令役夫艾[4]運[5]、十[6]月上旬、裝束司喚式部・民部二省、令進諸司史生并[7]拔出仕丁二人、次[8]可[9]行幸其地[10]之狀、下符京職[11]及山城國、又仰可掃[12]道路并[13]禊處之狀、

1 艾、荷田本・林本・神宮一本・谷本・以文本「刈」。三手本「川」とし右傍「刈乎」。宮本「利」とし右傍「刈」。神宮本・信友本「苅」。神道本右傍「苅イ」。
2 等、林本なし。
3 終、谷本・宮本「給」とし、宮本右傍「終」。
4 艾、荷田本・林本・都立本・神宮一本・信友本「苅」。神道本右傍「苅イ」。神宮本・谷本・以文本「刈」。宮本「利」とし右傍「刈」。三手本「列」。
5 運、宮本「蓮」とし右傍「運」。
6 谷本「二」あり右傍「衍文」。
7 并、林本「並」。
8 次、林本・神宮一本なし、神宮一本右傍「一有次字」。
9 可、三手本なし、右傍「可」。
10 地、信友本「他」。
11 都立本「於」あり。
12 掃、谷本「拂」。
13 并、林本「並」。

司長官は三位一人、次官は五位二人、判官・主典は六位以下各三人とすると定めている。また、斎内親王の神宮参向に際しても、神祇官及び弁官の官人を中心とする装束司が任命される。

十 式部は十六頁注六、民部は十頁注十四参照。

十一 十六頁注二十参照。

十二 諸司は四頁注三十三、史生は六頁注四参照。

十三 四頁注四参照。

十四 選抜された仕丁のこと。抜出は十六頁注十一、仕丁は二十頁注九参照。

十五 十頁注十二参照。

十六 御禊地のこと。地は二十四頁注六参照。

十七 書紀安閑天皇元年閏十二月条の「行幸」に「ミユキ」の訓。字類抄下六十一オに「行幸(キヤウカウ)」。

十八 十頁注十九参照。

十九 二頁三十参照。

二十 十四頁注二十二参照。

二十一 及は八頁注二十八、山城国は二十二頁注二十七参照。

二十二 二頁二十九参照。

二十三 一〇八頁注八参照。

二十四 道は十四頁注十四、路は一三六頁注四参照。書紀神代紀天孫降臨章第五ノ一書の「道路」に「ミチ」の訓。官符宣旨例第二十四号(七〇二頁)に該当するか。

二十五 大嘗祭御禊行幸とは、大嘗祭の天皇神事に先立ち、十月の下旬、天皇親ら大内裏を出て、河原に行幸し禊祓をおこなう神事で、その文献上の確実な初見は、平城天皇大嘗祭の時で、日本紀略大同二(八〇七)年十月二十八日条の「車駕禊二葛野川一、依二大嘗會一也」である。平城天皇大嘗祭は、その後に発生した伊予親王事件のために延引となり、翌大同三年十月に再度、近江国の大津において御禊が斎行された。御禊河川は、嵯峨天皇大嘗祭では松崎川(左京区松ヶ崎)、淳和天皇大嘗祭では佐比川(南区鴨川と桂川の合流地点)、仁明天皇大嘗祭では賀茂川が選定され、以後は賀茂川(鴨河)に固定する。二条大路末または三条大路末の賀茂川の河原が禊處として点定されている例が多い。禊は一三六頁注八参照。處は、名義抄法下九十七に「厫(トコロ)」。

二十六 名義抄仏下本四十五に「掃(ハキクヅ、ハラフ、シツム)」。

二十七 八頁注二参照。

前後次第司を任命

次に　前・後の次第司を　任けよ
　御前の長官　一人
　　次官　一人
　　判官　二人
　　主典　二人
　御後の長官　一人
　　次官　一人
　　判官　二人
　　主典　二人

御禊行幸路を定む

次に　装束司の判官・主典各一人　國・郡司を率て　輦路

一 太政官式践祚大嘗年条によると、御禊行幸の装束司並びに次第司は、御禊日の二十日程前に任命される。次第司は前後に分かれ、その構成は、次第司御前長官一人（三位）、次官一人（五位）、判官二人・主典二人（六位以下）、次第司御後長官一人（三位）、次官一人（五位）、判官二人・主典二人（六位以下）、と定められている。また、西宮記臨時七御禊事には「御前次第司、長官一人〔中納言、若參議〕、次官一人〔式部少輔一人〕、判官二人〔式部丞、中務丞〕、主典二人〔式部錄、中務錄〕。御後、長官一人〔參議〕、次官一人〔兵部少輔一人〕、判官二人〔兵部丞、民部丞〕、主典二人〔兵部錄、民部錄〕」とある。次第司は行幸行列の次第を整える職掌の他、行幸道路・御禊地の検察等を掌った。中嶋宏子、一九〇頁注九前掲論文参照。前は一六六頁注十一、後は十頁注四参照。次第は、書紀崇神天皇十二年三月条の「次第」に「ツギテ、ツヒデ」、同書推古天皇二十年二月条の「次第」に「ツキテ」の訓。名義抄法上四十六に「次第〔シタイ〕」。字類抄下八十一オに「次〔ツキ、ツイテ、ヤトル〕」。

二 一三六頁注十四参照。

三 一三六頁注十参照。

四 一三六頁注十一参照。

五 四頁注三十四参照。

六 六頁注一参照。

七 四頁注二十二参照。

八 山城国の国司・郡司。国は二頁注二十三、司は四頁注三十三、郡司は二十四頁注八、率は二十四頁注三参照。

九 天皇の乗輿である御輦が進む道路のこと。名義抄僧中八十四に「輦〔テグルマ、コシ、レン〕」。御輦については、一九八頁注十二参照。

1 任、三手本「住」とし右傍「任」。
2 一、荷田本・林本・神宮一本・三手本・以文本「二」。宮本右傍「二イ」。

次任[1]前後次第司、御前長官一人、次官一人、判官二人、主典二人、御後長官一人、次官一人、判官二人、主典二人、次装束司判官・主典各一[2]人、率國郡司定輦路、

を定めよ

行幸路・禊所の点検

次に　次第司の長官以下　京職の官人及び國・郡司を率て
道・橋幷せて禊處を　撿察よ

諸衛府等の装束

次に　諸衛府の青摺の衣　幷せて左右の馬寮の騎士・居飼等
の装束
及び左右の衛門の門部と　數たの文武の官の留守等の事を
大臣に申して之を行へ

賑給

次に　賑給の使　左右の京の　各　亮一人
進一人
屬一人

一 十頁注十参照。
二 北山抄五大嘗会御禊事条には「判官以下巡二検道橋一」とある。以下は十二頁注三参照。
三 京職は十四頁注二十二、官人は二十二頁注十一、及は八頁注二十八参照。
四 十四頁注十四参照。
五 名義抄仏下本五十三に「橋〔ハシ〕」。
六 一九〇頁注二十五参照。
七 名義抄仏下本一〇三に「撿〔カムガフ〕」、同書法下五十に「察〔ミル〕」。黒川本字類抄中一〇〇オ「撿察〔ケンサツ〕」。
八 左右近衛府、左右兵衛府、左右衛門府のこと。名義抄仏上四十三に「衛〔マホリ、マモリ、マモル〕」。
九 祭祀において着用する神事服で、白布（白麻布）に山藍等で種々の模様を青く摺り付けたもの。大嘗祭・新嘗祭に奉仕する小忌の人（小忌は六頁注十六参照）が着用するので、小忌衣とも称するようになった。役割により区分がある。縫殿寮式鎮魂斎服条には、新嘗祭において諸司の小忌官人が着用する青摺衫の規定がある。満佐須計装束抄に「をみをきることは、そくたいのうへにあをずりをきるなり」とあり、その模様については、餝抄に「形木文小草・梅・柳・水蕨・雉・蝶・小鳥等也」とする。また、代始和抄には「しろき布をはりて、山藍ていふ草にてかた木を摺物なり」とある。衣は、名義抄法中一三六に「衣〔キヌ〕」、字類抄下五十八オに「衣〔キヌ〕」とある。官符宣旨例第三十七号（七四八頁以下）に、大嘗祭に供奉する小忌官人が着用する青摺袍が列挙されている。
十 左右は六頁注三参照。馬寮は、諸国の牧から貢納される馬の飼養・調教を管掌する官司。和名抄五に「左馬寮〔比多里乃牟万乃豆加佐〕」、「右馬寮〔美岐乃牟万乃豆加佐〕」。官位令従五位条義解の「左右馬頭」の「馬」に「ウマ」の訓。馬については七十二頁注十二参照。
十一 兵部省式勘籍補条に、左右馬寮の騎士、各寮十人は兵部省

1 次、神宮本・谷本・三手本・宮本・信友本「々」。
2 察、神宮一本・宮本「寮」とし、神宮一本・宮本右傍「察」。
3 幷、林本「並」。
4 摺、林本「搨」。
5 幷、林本「並」。
6 門、谷本・三手本・宮本「々」。
7 宮本・以文本「任」あり。
8 各亮、都立本「亮各」。神道本右傍「亮各イ」。

次次[1]第司長官以下、率京職官人及國郡司撿察[2]道橋幷[3]禊處、次諸衛府靑摺[4]衣幷[5]左右馬寮騎士・居飼等装束及左右衛門門[6]部・數文武官留守等事、申大臣行之、次[7]賑給使左右京各[8]亮一人、進一人、屬一人、

の解により勘籍し考に預かることが規定されており、左右馬寮に騎士が置かれていることが確認される。内蔵寮式大原野祭条に「騎士二人」とあり、また、類聚三代格天長三年二月十一日太政官符には、甲斐・武蔵両国の騎士が見える。書紀天武天皇十三年閏四月条の「騎士」に「ムマノリノヒト」、同書持統天皇六年三月条の「騎士」に「ウマノリ人」の訓。

十二 黒川本字類抄中五十八オに「猪甘〔ヰカヒ〕」。名義抄法下八十九に「居〔井ル〕」、同書僧上一〇五に「飼〔カフ〕」とある。御禊行幸装飾部類所引の保安四年朝記に「近衛八人、御厩舎人、居飼（ゐかい）」、同書所引永治二十廿六宇槐記に「舎人・居飼各十人」とある。名目鈔には、院中の御厩の職員として、別当をはじめ案主・舎人・居飼を挙げている。牛馬を養育するほか、行幸や摂関の出行には行列の騎馬に付き添い、また、列中に加わって威儀を飾った。等は六頁注九参照。

十三 一〇四頁注十二参照。

十四 衛門府の伴部で、衛士を率いて宮中諸門の開閉や守衛に就いた。四四四頁注九、訓は一〇八頁注十二参照。

十五 名義抄僧中五十五に「數〔アマタ〕」。

十六 一三八頁注十参照。

十七 留守は、儀制令車駕巡幸条義解に、執掌の長官の留まり守る者、例えば、監国の太子、もしくは契を執る公卿の類なり、とある。五位以上の御禊行幸陪従者と、留守者を定め、その歴名が奏聞されるのは五日前とする（太政官式践祚大嘗年条）。書紀斉明天皇四年十一月条の「留守官」に「トトマリマモルツカサ」、同書天武天皇元年六月条の「留守司」に「トトマリマモルツカサ」の訓。落窪物語一に「るす（留守）」とある。等は六頁注九、事は二頁注九参照。

十八 大臣は二頁注十七、申は六頁注七参照。

十九 之は八頁注五、行は二頁注九参照。

二十 賑給は、律令制下の救済制度で、貧者・病者などに米や塩が支給された。平安時代では、賑給の対象は平安京内の貧窮者に限定され、中期以降は年中行事化（五月）する。太政官式行幸経宿条に「其行幸路傍百姓困窮者賑恤」とあり、行幸に際して賑恤（賑給）が施された。北山抄五大嘗会御禊事条には「仰二京職一令レ差二進賑給使夾名一」と記し、京職が賑給使を務めた。字類抄下八十ウに「賑給〔シンキフ、充二人数一施レ物也〕」。名目鈔に「賑給〔シムゴウ、キウ或説歟〕」。書紀天武天皇九年十月条の「賑給」に「ユヘタマヒス」の訓。

二十一 左右京職のこと。

二十二 京職の第二等官。一三六頁注十一参照。

二十三 京職の第三等官。四頁注三十四参照。

二十四 京職の第四等官。六頁注一参照。

其の料物は

庸綿　百屯

錢　六貫文　大藏の物を用ゐよ

卽ち　使　大藏省に就きて　之を受けよ

禊所の幄幕処を点示

次に　大藏・木工等の省・寮を喚し

幄幕の處を　點し示さしめよ

御禊前日、禊所において幄幕を張る

禊に先つこと一日　次官以下主典已上

禊處に向ひて　幄幕を供へ張れ

天皇御禊座

其の御禊の座は　五丈の紺の幄二宇を　雙び立てよ

中に　百子帳を置け

一　其は二頁注二十八、料は二十二頁注二十三、物は十頁注二十一参照。

二　庸は十二頁注十六、綿は十二頁注二十三、屯は三十四頁注二参照。

三　十二頁注二十四参照。

四　貨幣の単位。銭貨一〇〇〇文が一貫文。

五　西宮記臨時七御禊事条には「料物自二大藏一下、或以二京職調錢一給」とある。大蔵省は十頁注二十、用は十四頁注二参照。

六　二頁注二十七参照。

七　二十四頁注十参照。

八　二頁注十二参照。

九　宮内の土木建築や木工品の製作を管掌する官司。京内の橋の修理などもおこなった。宮内省被管の官司。和名抄五に「古多久美乃豆加佐」。字類抄下一〇六オに「木工寮〈モクレウ〉」。

十　省の訓は八頁注十五、寮の訓は八頁注一参照。

十一　十六頁注二十参照。

十二　兵範記仁安三年十月二十日条によると、御禊地は東西四十丈・南北四十五丈を限度とし、南・西・北の三面に紺の大幔を引き廻して大垣とする。西南角より、北十七丈に西門、東一丈に南門を建て、両門の前には紺の大幔を立て屏とした。書紀斉明天皇二年是歳条の「紺幕」に「フカキハナダノアゲハリ」の訓。幄は二十八頁注四、處は一九〇頁注二十五参照。

十三　點は四十頁注十一参照。示は、名義抄法下一に「示〈シメス〉」。

十四　名義抄仏下末十八に「先〈サキ、マヅ、サキタツ〉」。

十五　次第司の次官・判官・主典。以下は十二頁注三、已上は四頁注三十五参照。

十六　禊處は一九〇頁注二十五、向は七十八頁注五参照。

十七　供は六十頁注二十一参照。張は、名義抄僧中二十六に「張〈ハル〉」。

十八　御禊のために天皇が着御される御座。北山抄五大嘗会御禊

其料物庸綿百屯、[1]錢六貫文〔用大藏物〕[2]、卽使[3]就大藏省受之、次喚大藏・木工等省寮[4]、點示幄幕之處[5]、先禊一日、次官以下・主典已[6]上、向禊處供張幄[7]幕[8]、其御禊座雙立五丈紺幄二宇[9]、中置百子帳[10]

1 荷田本・林本・神宮本・都立本・神宮一本・谷本・三手本・宮本・信友本「新至二事數一可レ定者」あり、荷田本注「蓋有二誤脱一」、林本注「恐有二闕文一、或錯乱文」、谷本「新」あり、右傍「料カ」、宮本「新」あり、左傍「料」。神道本注「一本、コノ次ニ、新至事數可定者ノ七字アリ」。以文本「料至二事數一可レ定者」あり、右傍「七字除」。
2 物、神宮本・宮本「姉」とし、神宮本右傍「郷イ」左傍「物カ」、宮本左傍「物」。
3 使、宮本右傍「便イ」。
4 寮、三手本「察」。
5 處、谷本「攸」。
6 己、都立本「以」。神道本右傍「以イ」。
7 幄、三手本「帳」とし右傍「幄」。
8 林本・神宮本・都立本・神宮一本・谷本・三手本・宮本「記標二(左右相去各一丈五尺)自二少納言一」あり、都立本・宮本「記」右傍「配」。荷田本注「諸本有二記標大字三字一、次有二左右相去画上一丈五尺小字九字一次有自二少納言大字四字一」。以文本「標」あり、「標」の上「立」を消し右傍「一削」、「標」の下小字「左右合去各一丈五尺」を消し右傍「一削」。
9 宇、三手本・宮本「掌」とし、三手本・宮本右傍「宇歟」。
10 帳、三手本「幄」。

事に「御禊幄」と見える。兵範記仁安三年十月二十日条に「臨レ河東向立二蔀屋二宇一、爲二御禊座一、合檐子午爲レ妻、其内板敷東面敷二縁二枚一、蔀屋半葺二檜皮一、其上葺レ苫、覆二纐纈斑幔一」と記す。二七二頁注九参照。御禊は一三六頁注八、座は八頁注十八参照。

十九 紺は注十二参照。臨時の祓に際して設置される五丈幄については、二十八頁注四参照。

二十 名義抄僧中五十四に「雙〔ナラブ〕」。立は三十頁注四参照。

二十一 二十八頁注八参照。

二十二 兵範記仁安三年十月二十日条によると、百子帳は、東西に双び立つ二宇の御座幄の内、東幄の中央間に立てられ、その鋪設は「葺二檳榔一、以二紅梅色絹一爲レ裏、其廻ニ懸二麹塵色涌雲綾帷六帖一(割書略)、其内敷二滿長筵一、其上敷二紫物氈代一(割書略)、其上立二平文大床子二脚一、其上敷二高麗褥二枚一、其上敷二東京錦茵一、大床子前敷二赤地錦氈代一(割書略)、其上敷二東京錦茵一(御禊之時御座也)」、百子帳南西北立ニ廻大宋御屏風六帖一」と記されている。掃部寮式大嘗会禊祓儲料条に「凡踐祚大嘗會禊祓儲料、軽幄百子帳、軟障大床子、屏風帳、茵等貯ニ納寮家一、臨レ時出用」とある。永和大嘗会記に「此百子帳といふことは、齊高帝百人を容せらるるをつくる。これより百子帳と申、所謂穹廬の名なり」とある。代始和抄御禊行幸条には「主上は百子帳の内の大床子に着御し給ふ、百子帳といふは、檳榔をもて頂をおほひて、四方に帷をかけて、前後をひらきて出入するやうに飾りたり、其中に毯代をしきて大床子を立たり、この床子につかせ給ふ也、百子の名其説いまだつまびらかならず、一には百子は多きをいふ、此帳をつくる支度のおほき心をいふべし」と説いている。享保八年版本の掃部寮式大嘗会禊祓儲料条頭注に「百子帳、躰如レ穿、丸栗片腹居、高七尺徑六尺餘許、以二錦絹等一縫張也」とある。置は二十四頁注十二参照。

第一・第二の柱を中流に搆へよ

之を去ること三丈に　紺の布を　垣代に懸けよ

其の門の内・外の屏に　斑幔を懸けよ

之を去ること四丈に　五丈の幄を立て

皇太子御禊処

皇太子の禊處と爲よ

之を去ること二丈に　五丈の幄を立て

神祇官祇候処の幄

神祇官の候ふ處と爲よ

之を去ること三丈に　五丈の幄を立て

御輦を置く幄

御輦を置く處と爲よ

方面は　各　地形に任せよ

一 第一と第二の柱は川中に立てる。柱は八十八頁注七参照。
二 書紀敏達天皇十年閏二月条の「泊瀬中流」の「中流」に「カハナカニ」の訓がある。搆は四十二頁注九参照。
三 去は四十二頁注五、丈は三十頁注八参照。
四 十二頁注二十二参照。
五 垣の代わりとするしきり。垣は八十八頁注十二、代は十八頁注五参照。教訓抄上に「垣代〔カキシロ〕四十人」とある。書紀大化二年三月条の「帷帳」に「カタビラカイシロ」の訓。懸は九十六頁注十八参照。
六 門は四十二頁注十、内外は四十頁注九参照。
七 字類抄上九十一ウに「障〔カキ〕」を挙げ、続けて「垣・屏・藩」を「籬也」とする。書紀継体天皇六年十二月条の「海表之蕃屏」の「蕃屏」に「マカキ、カクレ、カクシ」の訓。和名抄十には「屏、爾雅注云屏〔音餅〕、小墻當₂門中₁也」とある。
八 和名抄十四に「斑幔〔読、万多良万久〕」。名義抄法中一〇五に「斑幔〔マダラマク〕」。斑は種々の色、または濃淡が入り混じっていること。
九 書紀神武天皇四十二年正月条の「皇太子」に「ヒツギノミコ」、同書綏靖天皇二十五年正月条の「皇太子」に「ヒツギノミコ」の訓。
十 二頁注二十参照。
十一 名義抄仏上十七に「候〔サフラフ〕」。為は四頁注二十参照。
十二 天皇の正式の乗輿である鳳輦。二一六頁注十二参照。名義抄僧中八十四に「輦〔テグルマ、コシ、レン〕」。
十三 名義抄法上一〇〇に「面〔ムカフ〕」。新撰字鏡十に「方〔向也〕」とある。
十四 地は二十四頁注六参照。形は、名義抄仏下本三十一に「形〔カタチ〕」。
十五 名義抄仏上二に「任〔マカス〕」。

〔第一・第二柱[1]搆於中流[2]〕、去之三丈懸紺布垣代、其門內外屛懸斑[3]幔[4]、去之四丈立五丈[5]幄、爲皇太子禊處、去之二丈立五丈幄、爲神祇官候[6]處、去之三丈立五丈[7]幄、爲置御輦之處〔方面各任[8]地形〕、

1 柱、宮本「祉」。
2 中、神宮一本「用」とし右傍「一作中」。
3 斑、林本・神宮本・神宮一本・谷本・三手本・宮本「班」。
4 幔、林本「慢」。
5 丈、神宮本右傍「尺イ」。
6 候、宮本「隻」とし右傍「候」。
7 丈、神宮本右傍「尺イ」。
8 任、三手本「住」とし右傍「任」。

天皇御膳座

其(そ)の御膳(みけ)[一]の座(しきゐ)は　禊處(みそぎのところ)を去(さ)ること五十丈に
五丈の斑幕(まだらまく)[二]二宇を雙(なら)び立(た)てよ
中(なか)に　輕幄(かろきあげはり)[三]を置(お)け

皇太子の椅子

幄の中　東南(たつみ)[四]の邊(ほとり)[五]に　皇太子(ひつぎのみこ)の倚子(いし)[六]を立(た)てよ
之を去ること三丈に　七丈の幄を立て

侍従以上の祇候処の幄

親王(みこ)[七]以下(よりしも)侍從(おもとひとまちきみ・じじゅう)[八]已上(よりかみ)の候(さぶら)ふ處(ところ)と爲(せ)よ
之を去ること十丈に　五丈の幄(あげはり)を立(た)て

内膳司祇候処の幄

内膳司(うちのかしはでのつかさ・ないぜんし)[九]の候ふ處と爲(せ)よ

進物所の軽幄

其(そ)の前(さき)[十]に　輕幄(かろきあげはり)を設(まう)[十一]け　進物所(たまひどころ)[十二]と爲(せ)よ
又(また)[十三]　御幄(おほむあげはり)[十四]を去ること二丈に　七丈の幄二宇を立て

一 御禊の後、天皇が着御して御膳を召し上がる御座。二七二頁には、供膳所と見える。北山抄五大嘗会御禊事に「御膳幄」とある。御膳は「おもの」とも訓む。「みけ」は、神に供える御膳、また、天皇の御膳のことをいう。伊勢大神宮式度会宮神嘗祭条・同式御膳年料条・践祚大嘗祭式埜守条の「御膳」に「ミケ」の訓。皇太神宮儀式帳年中行事条に「伊須々〔乃〕宮〔仁〕御気立〔弖〕」とあり、その「御気」に「ミケ」の訓。「おもの」と訓む例としては、四時祭式忌火条・内膳司式年料条の「御膳」に「オモノ」の訓。黒川本字類抄中六十六オに「飯〔オモノ〕、膳〔同〕」。また、侍中群要三供朝夕御膳事に「於毛乃女須〔おものめす〕」と見える。

二 斑は一九八頁注八参照。幕は、和名抄十四に「幕〔音莫、和名萬玖〕」、名義抄法中一〇五に「幕〔マク〕」。

三 軽は十二頁注三十一、幄は二十八頁注四参照。

四 書紀神武天皇即位前紀己未年三月条の「東南」に「タツミノスミ」の訓。

五 名義抄仏上四十五に「邊〔ホトリ、サカヒ〕」。

六 座具の一つ。字類抄上八ウに「倚子〔イシ〕」。名目鈔に「倚子〔イシ〕」。

七 継嗣令皇兄弟子条は、天皇の兄弟、皇子を親王と規定したが、奈良時代末以後は親王宣下のあった皇族のみが親王、それ以外は諸王と称した。書紀天武天皇四年二月の「親王」に「ミコ」の訓。下学集に「親王〔シンワウ〕」。以下は十二頁注三参照。

八 職員令規定では中務省に所属し、定員八名、従五位下相当で、天皇に近侍して身辺の世話、また規諫をおこなうことを掌る。中務省式時服条に「侍従八人」とある。官職秘抄によれば定員八名の内三名は少納言が兼任する。和名抄五に「中務省侍従〔於毛止比止萬知岐美〕」。北山抄一元日節会事に「侍従〔末不千君達〕」、同書六補次侍従に「於毛東末不千君」とある。官員令従五位条義解の「侍従」に「オホトヒト」の訓。拾芥抄中に「侍従〔ヲモト人〕」。已上は四頁注三十五参照。

其御膳座[1]、去禊處五十丈、雙立五丈[2]斑幕[3]二宇、中[4]置輕幄、幄[5]中東南邊立皇太[6]子倚子、去之三丈立七丈[7]幄、爲親王以下・侍從已上候處、去之十丈立五丈幄、爲內膳司候處[8]、其前設輕幄、爲進物所、又去御幄二丈立七丈幄二宇、

1 座、以文本「屋」。
2 丈、宮本「十」とし右傍「丈」。
3 幕、林本・神宮一本・信友本「幔」とし、信友本頭注「斑幕官本作二斑幔一」。以文本「幄」とし頭注「班幄一作斑幔」。宮本右傍「幄イ」。
4 中、三手本なし。
5 幄、神宮本・谷本・三手本・宮本「々」。
6 太、宮本「大」。
7 丈、谷本・三手本・宮本「尺」とし、宮本右傍「丈」。神宮本右傍「尺イ」。
8 處、宮本「所」。

九 天皇（内廷）の食膳の調理を管掌する官司。宮内省被管の官司。和名抄五に「内膳司〈宇知乃加之波天乃官〉」。書紀安閑天皇元年四月条の「内膳卿」に「ウチノカシハデノツカサノカミ」の訓。黒川本字類抄中三十八ウに「内膳司〈ナイセンシ〉」。
十 一六六頁注十一参照。
十一 八頁注十一参照。
十二 北山抄五大嘗会御禊事条に「山城國獻物冊棒〈割書略〉、大臣問レ之、各稱二物名一、退付二進物所一」とあり、山城国から奉上された献物は進物所に納められている。常設の進物所は、内裏の安福殿の西、月華門外の南側に位置する。もと内膳司に属したが、後に他の所々と同じく蔵人の管轄となる。内膳司で作られた天皇の供御を温め直したり、簡単な調理をおこなった。諸国貢進の御贄はこの進物所と御厨子所に保管された。国史大系本内膳式供御月料条の「進物所」に「タマヒトコロ」の訓。
十三 一〇八頁注八参照。
十四 御膳幄のこと。

女御以下の祇候処の幄

［一］女御以下［二］女孺［三］以上の候ふ處と爲よ
［四］之を去ること四丈に　七丈の幄［五］を立て

皇太子休息処の幄

［六］皇太子の休息處［七］と爲よ

大垣の幔

其の大垣［八］は　紺［九］の布の幔を以ちて　之を爲り［十］
［十一］三面に門を開き　一面は流れ［十二］に臨［十三］ましめよ
大垣を去ること三丈に　五丈の幄を立て

大膳職祇候処の幄

［十四］大膳職の候［十五］ふ處と爲よ
之を去ること四丈に　五丈の幄を立て

太政官祇候処の幄

［十六］太政官の候ふ處と爲よ
［十七］自餘の諸幕は　本司之［十八］を設けよ

一 後宮女性の地位の一つ。皇后、中宮の下、更衣の上に格付けられる。后妃の地位を示す「女御」は桓武天皇朝に設置。当初、女御は嬪に准ずるものとして、四位・五位に叙されたが、親王・内親王を生んだ女御は、先帝崩後、従三位に叙されるようになった。字類抄上四十オに「女御〔ニヨウゴ〕」。名目鈔に「女御〔ニヨコ〕」。書紀雄略天皇七年是歳条の「女御」に「ミメ」の訓。

二 底本「以下」の二文字無し。「以下」二文字を脱文として補う。校異参照。

三 雑事に従事する下級の女官。女嬬、女豎とも。令制では、後宮の内侍司に百人、蔵司に十人、書司六人、薬司四人、兵司六人、闈司十人、殿司六人、掃司十人、の計百五十二人の女孺が定員化されていた。また、中務省式には縫司に百人が加わり、中宮女孺九十人、内教坊未選女孺五十人が見えている。書紀舒明天皇即位前紀・天武天皇元年六月条の「女孺」に「メノワラワ」の訓。字類抄上四十一オに「女孺〔ニヨシウ、女官也〕」。名目鈔は「女嬬〔ニヨジヨ〕」。以上は十二頁注二十七参照。

四 之は八頁注五、去は四十二頁注五、丈は三十頁注八参照。

五 幄は二十八頁注四、立は三十頁注四参照。

六 一九八頁注九参照。

七 「みやすみどころ」は、天皇・貴人を敬って、その休息所をいう。源氏物語桐壷に「御やすみ所にまかで給ひて」とある。名義抄仏上七に「休〔ヤスム〕」、同書法中七十一に「息〔ヤスム〕」。処は三十六頁注三参照。黒川本字類抄下六十六オに「御息所〔ミヤストコロ〕」。

八 御禊地の三面を紺の布幔で囲み、大垣とする。一九六頁注十二参照。大垣は、寺社・邸宅などの周囲を引き廻した大きな外囲いのこと。源氏物語賢木に「物はかなげなるこしばをおほがきにて」とある。名義抄仏下末三十一に「大〔ヲホキナリ、オホイサ〕」。垣は八十八頁注十二参照。

九 紺は一九六頁注十二、布は十二頁注二十二、幔は一九八頁注

1 以下、底本以下諸本なし。神道本右傍「以下イアリ」。
2 孺、林本・神宮本・都立本・谷本・三手本・故実本・信友本「嬬」。
3 太、神宮本「大」。
4 開、神宮本・神宮一本・谷本・宮本「間」とし、神宮本・宮本右傍「開」。
5 丈、三手本「汝」とし右傍「丈乎」。
6 太、谷本「大」。

爲女御以下[1]女孺[2]以上候處、去之四丈立七丈幄、爲皇太[3]子休息處、其大垣以紺布幔爲之、三面開[4]門、一面臨流、去大垣三丈立五丈[5]幄、爲大膳職候處、去之四丈立五丈幄、爲太[6]政官候處、自餘諸幕本司設之、

八、以は四頁注十七参照。
十 名義抄仏下末二十九に「為〔ツクル、ツクロフ〕」。
十一 三は一三六頁注一、面は八頁注二十一、門は四十二頁注十、開は九十六頁注十六参照。
十二 名義抄法上三十九に「流〔ナガレ、ナガル〕」。
十三 名義抄僧下七十六に「臨〔ノゾム、ムカフ〕」。
十四 宮内省被管の官司の一つ。朝廷における饗宴や神事・仏事等の饗膳・供物の調理と奉仕を担当する。また、親王以下官人の月料等を掌る。大膳は内膳に対する語で、主として臣下等に下賜する饗膳を管掌することによる。和名抄五に「大膳職〔於保加之波天乃豆加佐〕」。朝野群載六に「大膳職〔ヲホカシハテノツカサ〕」。黒川本字類抄中十二オに「大膳職〔タイセンシキ〕」。
十五 候は一九八頁注十一、処は三十六頁注三参照。
十六 国政を総括する国家の中枢機関。国政を審議し、奏宣を行ない、その執行を下命する。職員令では、議政官として、太政大臣・左大臣・右大臣・大納言を置き、その下に、事務部局として、少納言局（少納言・外記・史生）、弁官局（左弁官・右弁官に分かれ、それぞれに大・中・少の弁、大・中・少の史のほか、史生を置く）を設置する。八世紀初頭、国政議政官に、令外官として、中納言、参議が追加され、平安朝には内大臣も加わり、その全体を公卿と総称した。和名抄五に「大政官〔於保伊万豆利古止乃官〕」。朝野群載六に「太政官〔ヲホイマツリコトノツカサ〕」。黒川本字類抄中十二オに「太政官〔タイシヤウクワン〕」。
十七 自余は四頁注九、諸は四頁注二、幕は二〇〇頁注二参照。
十八 太政官幄までは、木工寮・大蔵省が設営する（西宮記臨時七）が、八省以下の幕は各自が設営するということか。本は、名義抄仏下本一一三に「本〔モト〕」とある。司は四頁注三十三、設は八頁注十九参照。

鹵簿の標を立てる

是の日　次第司の判官・主典　主禮等を率て　鹵簿の標を立てよ

騎の陣・歩の陣

騎の陣　連行き　相去る間一丈五尺

歩の陣　　七尺

禊所に標を立てる

即ち　禊所に到りて　亦　標を立てよ

節旗の標

後方の大門の右掖より　右に去ること四許丈に　節旗の標を立てよ

大臣の標

後に去ること一丈五尺に　大臣の標を立てよ

少納言の標

之を去ること一丈五尺に　少納言の標を立てよ

外記の標

之を去ること五許尺に　外記の標二つを立てよ

左右に相去ること　各　一丈五尺

一 御禊行幸前日。是は八頁注七参照。

二 次第司は一九二頁注一、判官は四頁注三十四、主典は六頁注一参照。

三 二二〇頁に「次主禮左右各一人〔以二諸司史生一爲レ之〕」とあり、諸司の史生が主礼に任用され、儀礼の非違を検察する。権記寛弘八（一〇一一）年十月二日条に「主禮式部史生安部爲茂」と見える。礼は、黒川本字類抄中四十オに「礼〔ライ、无礼、ライス〕」。等は六頁注九、率は二十四頁注三参照。

四 天子の行列。また、それを記した図のこと。宮衛令鹵簿条義解に「鹵簿者、鹵、楯也。簿、文籍也」とあり、鹵は大盾のことで、簿は行列の順序を記した帳簿をいい、大盾で警備された天子の行列、また、その行列図のことをいう。唐令には鹵簿令があり、また、大唐開元礼二に大駕鹵簿以下の規定があるが、日本令には存在しない。儀式二の御禊行幸条規定が、古代天皇の行幸鹵簿の具体的な形態を知ることができる最も纏まった史料である。北山抄五大嘗会御禊事に「先両三日、長官奏二鹵簿圖一〔前後次官各作レ之〕」とあり、前後次第司の次官が鹵簿図を作成し、長官が奏上する。書紀天武天皇七年四月条の「鹵簿」に「ミユキノツラ」の訓。釈日本紀二十一秘訓六にも「鹵簿〔ミユキノツラ〕」とある。名義抄僧上七十七に「鹵簿〔ロフ〕」、字類抄上十五オに「鹵簿〔ロフ〕」。

五 北山抄五大嘗会御禊事に「先一日、立レ標〔出御門前、美福門内外、河原四所立レ之〕」とある。出御門は西宮記臨時七御禊に内裏門とあり、建礼門。行幸出発時に、御前次第司は美福門に位置する（北山抄五）。江家次第十四大嘗祭御禊条に「次第司検二校標杭一事」と見え、標は杭状のものであることが窺える。二〇八頁の下馬標の割注に「高三許尺、下同」とある。標の訓は十八頁注四参照。

六 左右近衛式行幸条に「騎隊廿五人、堪二騎射一少將以下在二此中一、皆用二官馬一、以二行縢一代二脛巾一」とある。書紀天武天皇十三年閏四月条の「騎」に「ムマノリ」の訓。陣は一五二頁注十

是日次第[1]司判官・主典率主禮等、立鹵簿標、
騎陣連行、相去之閒[2]一丈五尺、歩陣七尺、
卽到禊所[3]亦[4]立標、自後方大門右掖[5]而右去四
許丈、立節旗標、後去一丈五尺立大臣標、
去之一丈五尺[6][7]立少納言標、去之五許尺立
外記標二〈左右相去各一丈五尺〉、

1 第、神宮本・谷本・宮本「弟」。
2 閒、神宮本・神宮一本・谷本・三手本「門」とし、神宮本右傍「間イ」。
3 所、林本「處」。
4 亦、林本・神宮本・都立本・神宮一本・谷本・三手本・宮本「示」とし、谷本右傍「亦カ」。荷田本注「諸本作レ示」。以文本頭注「一作並」。
5 掖、荷田本・林本・都立本・神宮本・三手本「腋」。神道本右傍「腋イ」。
6 尺、谷本「丈」。
7 三手本・宮本「五許尺」あり。

五参照。
七 連は、名義抄仏上五十六に「連〈ツラヌ、ツラナル〉」、行は、同書仏上四十二に「行〈ユク〉」。
八 騎陣は二列でその間隔が一丈五尺、歩陣も二列でその間隔が七尺ということか。相は四十六頁注二、去は四十二頁注五参照。間は、名義抄法下七十六に「閒〈マ、アヒタマ〉」。丈は三十頁注八、尺は二十四頁注十五参照。
九 書紀天武天皇十三年閏四月条の「歩卒」に「カチヒト、カチイクサ」の訓。名義抄法上九十七に「歩〈カチ、フ〉」。
十 即は二頁注二十七、到は二十四頁注五参照。
十一 六頁注十一参照。
十二 御禊地に標が立てられることは、注五参照。立は三十頁注四参照。
十三 十頁注四参照。
十四 大垣に設けられた正門のことであろう。大門の訓は一〇八頁注四参照。
十五 四十二頁注六参照。
十六 御禊行幸は、節旗の漸出から始まる。行幸開始の進鼓が撃たれると、まず、節旗が漸出し、宮城門外の標に就くと、乗輿（天皇）の出御となる。行幸鹵簿中の位置は、天皇に近く、前陣の左兵衛府—主礼・次第司—陰陽寮（漏刻器）—節旗—鑰—駅鈴—剣櫃—乗輿（天皇）の列次。節旗の実態・性格について
十七 節下（せちげ）の大臣。節旗の下に供奉する。北山抄五に「節下大臣」と見える。大臣は二頁注十七参照。
十八 太政官の職員。天皇に近侍し、尋常の小事を奏進し、内印・外印、駅鈴・伝符の出納を掌る。天皇に近侍するために中務省品官の侍従を兼任する。従五位相当で、令制の定員は三人。大同三（八〇八）年に一人（七六五頁へ続く）

は諸説があり、和田英松は大臣大将旗とし（「御即位礼及び大嘗祭の沿革」『国史国文の研究』、大正十五年）、出雲路通次郎は天皇旗としている（『大礼と朝儀付有職故実に関する講話』、昭和三十五年）。兵範記仁安元（一一六六）年十月十五日条（六条天皇大嘗祭）に、大嘗会御禊装束司次官であった平信範による「節旗」以下器仗の検察記事がある。加茂正典は、「節旗」実見記事からその特徴を復元した上で、周礼、儀礼、聶崇義の三礼図より窺える中国の天子旗「太常旗」と比較し、日本側の「節旗」は「太常旗」に範を求めて作製された旗であるとしている（「節旗考」『日本古代即位儀礼史の研究』、平成十一年）。節は、字類抄下一〇六ウに「莭〈セチ〉」。旗は、名義抄僧中二十八に「旗〈ハタ〉」。節は、旄節のこと。牝牛の尾を編んで作った、使臣又は大将の符信のこと。「おほがしら」ともいう。

鉦・鼓の標

少納言の標より　之を去ること一丈五尺に　[一]鉦の標を立てよ

之を去ること一丈に　[二]鼓の標を立てよ

兵庫寮の標

鉦・鼓の兩標の間より　左右に相去ること各一丈に　[三]兵庫寮の標二つを立てよ

鼓の標より之を去ること一丈　[四]更に右に[五]折るること二丈に

御前次第司の標

[六]御前次第司の長官の標を立てよ

其の後に之を去ること六尺に　[七]次官の標を立てよ

之を去ること六尺に　[八]判官の標を立てよ

之を去ること六尺に　[九]主典の標を立てよ

之を去ること一丈に　[十]主禮の標を立てよ

一　衛門府式行幸条と兵衛府式行幸条によると、左右衛門府と左右兵衛府は御禊行幸の調度として、各府、鉦鼓各一面を調えることが規定されている。また、兵庫寮式大儀鉦鼓条には、諸衛府が、大儀及び行幸時に用いる鉦鼓を撃つ人ならびに執夫は、兵庫寮が太政官に申請するとある。諸衛府において、鉦鼓は、進退や動静を節するための号令の役割を持つ（続日本紀養老五年十二月二十九日条）。また、朝賀・即位式においても鉦鼓が用いられる（儀式六元正朝賀儀）。書紀天智天皇称制辛酉年十二月条の「鼓鉦」に「ツツミカネ」の訓。名義抄僧上一二八に「鉦〔フリツツミ〕」。

二　和名抄四に「鼓〔和名都々美〕」。名義抄僧中六十八に「鼓〔ツヅミ〕」。

三　「鼓吹司」に作る写本あり。校異参照。二一二頁も「立二兵庫寮標二一」とある。兵庫寮は一〇四頁注十三参照。

四　五十八頁注十五参照。

五　名義抄仏下本七十二に「折〔ヲル〕」。

六　御前は一六六頁注十一、次第司は一九二頁注一、長官は一三六頁注十参照。

七　御前次第司の次官。次官は一三六頁注十一参照。

八　御前次第司の判官。判官は四頁注三十四参照。

九　御前次第司の主典。主典は六頁注一参照。

十　二〇四頁注三参照。

自少納言標、去之一丈五尺立鉦標去之一丈立鼓標、自鉦・鼓兩標閒、左右相去各一丈立兵庫寮[1]標二、自鼓標去之一丈、更右折二丈立御前次第[2]司長官標、其後去之六尺立次官標、去之六尺立判官標、去之六尺立主典標、去之一丈立主禮標、

1 兵庫寮、荷田本・信友本「鼓吹司」。林本「鼓吹司兵庫寮」。神道本・宮本右傍「鼓吹司イ」。神宮本左傍「鼓イ吹イ司イ」。神宮一本・三手本右傍「鼓吹司欤」。
2 第、神宮本・谷本「弟」。

左兵衛府陣の標

節旗[一]の標より　右に去ること四許丈に　左兵衛[二]の陣の留[三]まる標を立てよ

左衛門府陣の標

右に去ること四許丈に　左衛門[四]の陣の留まる標を立てよ

右に去ること十許丈に　諸司[五]の留まる標を立てよ

大臣下馬の標

左衛門の陣の標より　後[六]に相去ること十許丈に　大臣の下[七]馬るる標を立てよ

諸司下馬の標

之を去ること廿許丈に　諸司の下馬るる標二を立てよ

左右各一丈　高さ三許尺　下同じ

右兵衛府陣の標

左衛門の陣の標より　右に去ること四許丈に　右兵衛[八]の留まる標を立てよ

一 節旗は二〇四頁注十六、標は十八頁注四参照。

二 衛府の一つ。天皇を守衛し行幸に供奉する。また、夜間、京内の巡検を担当する。職員令規定では、兵衛は四百人で、郡司の子弟を主、位子の中等の者を従として構成される。左右の二府がある。兵衛は二十二頁注十一、陣は一五二頁注十五参照。

三 字類抄上六十ウに「留〔トトマル〕」。一九四頁注十七参照。

四 一〇四頁注十二参照。

五 四頁注三十三参照。

六 後は十頁注四、相は四十六頁注二、去は四十二頁注五参照。

七 下は、名義抄仏上七十四に「下〔オル、オロス〕」。馬は七十二頁注十二参照。

八 注二参照。

自節旗[1]標右去四許丈、立左兵衛陣留標、右去四許丈立左衛門陣留標、右去十許丈立諸司留標、自左衛門陣標後相去十許丈、立大臣下馬標、去之廿許丈立諸司下馬標二〔左右[2]各一丈[3]、高三許尺[4]、下同〕、自左衛門陣標右去四許丈立右兵衛[5]留標、

1 旗、宮本「旟」とし右傍「旗」。
2 林本・信友本・以文本「相去」あり。神道本右傍「相去イアリ」。宮本右傍「相去」。荷田本注「蓋脱㆓相去二字㆒」。
3 丈、荷田本・神宮本・都立本・神宮一本・谷本・三手本・宮本・信友本「尺」。林本注「一尺ハ一丈ノ誤」。
4 尺、林本・谷本・宮本「丈」とし、宮本右傍「尺」。
5 都立本・以文本「陣」あり。神道本右傍「陣イアリ」。荷田本注「蓋脱㆓陣字㆒」。林本注「漏陣字」。信友本「陳」あり。

左衛門府陣の標

右に去ること四許丈に　右衛門[一]の留まる標を立てよ

諸司の下馬標

其の後廿許丈に　諸司の下馬るる標を立てよ

路地神に奉幣

其の日[二]　平旦[三]に　神祇官[四]　路次[五]の神に幣[六]を奉れ

其の料[七]は　座別に　五色[八]の薄絁　各一尺

絁　五尺　小[九]さき所は三尺

絲[十]　一絇

綿[十一]　一屯

木綿[十二]　二両

麻[十三]　五両

裹薦[十四]及び擔夫[十五]は　幣の多[十六]き少きに准へ

一 一〇四頁注十二参照。
二 大嘗御禊行幸の当日。其は二頁注二十八参照。
三 「あかとき」を過ぎて、空がほのぼのと明けそめるころのことを「あけぼの」という。字類抄上五十二ウに「平旦〔アケホノ、ヘイタン〕」・「平明〔アケホノ、ヘイメイ〕」。書紀天武天皇七年四月条の「平旦時」の「平旦」に「トラ」の訓。
四 二頁注二十参照。
五 行幸路に鎮座する神々に幣を奉ること。践祚大嘗祭式路次神条にも「凡行幸為レ禊、路次辺神奉二幣帛一、座別五色薄絁各一尺、絁〔大五尺、小三尺〕、糸一絇、綿一屯、木綿二両、麻五両、裹薦、夫〔此二種准二幣多少一〕」とある。また、臨時祭式神幣条に路次神幣として、大社に、五色薄絁各一尺、絹五尺、糸一絇、綿一屯、木綿二両、麻五両、裹葉薦五尺、小社には、五色薄絁各一尺、絹三尺、糸一絇、綿一屯、木綿二両、麻五両、裹葉薦五尺、の幣帛が規定されている。路次は一三六頁注四参照。
六 幣・奉は六十頁注五参照。
七 料は二十二頁注二十三、座は九十六頁注十二、別は二十二頁注一参照。
八 五色薄絁は二十四頁注十三・十四、各は四頁注二十二、尺は二十四頁注十五参照。
九 践祚大嘗祭式供幣条の割注に「大所、小所、並謂下諸社預二祈年祭一者上」とあり、四時祭式祈年祭条・神名式天神地祇条の「小二千六百四十座」の内の、該当する小社の路次神へ幣帛を奉る。幣料は、注五参照。名義抄法中六十八に「小〔チヒサシ〕」。
十 絲は八十六頁注一、絇は八十六頁注二参照。
十一 綿は十二頁注二十三、屯は三十四頁注二参照。
十二 木綿は二十四頁注十六、両は一〇四頁注四参照。
十三 二十八頁注十七参照。
十四 幣帛を包むための薦。裹は一四八頁注十三、薦は二十六頁注七・一一四頁注五参照。国史大系本四時祭式祈年祭条の「裹葉薦」に「ツツムハコモ」、同本臨時祭式神幣条の「裹葉薦」

右去四許丈立右衛門[1]留標、其後廿許丈立諸司下馬標、其日平旦[2]、神祇官奉路次神幣、其料座別五色[3]薄絁各一尺、絁五尺（小所[4]三尺）、絲一絇[5]、綿一屯、木綿二兩、麻五兩、褁[6]薦及擔[7]夫[8]准幣多[9]少[10]、

1 都立本・以文本「陣」あり。神道本右傍「陣イアリ」あり。宮本右傍「陣」。荷田本注「蓋脱㆓陣字㆒」。林本注「漏㆓陣字㆒」。信友本「陳」あり。
2 旦、底本・荷田本・林本・都立本・谷本・三手本・宮本「且」。
3 五色、林本なし。
4 所、三手本「开」。
5 絇、神宮本・三手本・宮本「約」。
6 褁、底本・荷田本・神宮本「褁」。都立本・神宮一本・谷本・三手本・宮本「褁」。林本「裹」。
7 擔、宮本「檐」とし右傍「擔」。
8 夫、谷本「丈」。
9 多、三手本「夃」。
10 少、三手本・宮本「小」とし、三手本右傍「少」。

に「ツツムハコモ」の訓。
十五 一三八頁注二十参照。
十六 多少は一五〇頁注五参照。准は、黒川本字類抄中三十六ウに「准〔ナスラフ〕」。また、書紀天武天皇二年五月条の「准」に「ナツラヘ」の訓。

建礼門南、節旗の標　建禮門[一]の前　南に去ること十餘丈[二]に節旗[三]の標を立てよ

大臣の標　南に去ること一丈に　大臣[四]の標を立てよ

少納言の標　之を去ること一丈に　少納言[五]の標を立てよ

外記の標　之を去ること五尺に　外記[六]の標二を立てよ

左右[七]に相去ること各一丈

鉦鼓の標　少納言の標より　之を去ること一丈に　鉦[八]の標を立てよ

之を去ること一丈に　鼓[九]の標を立てよ

鉦・鼓の兩標の間[十]より　左右[十一]に相去ること一丈に

兵庫寮の標　兵庫寮の標二を立て[十二]よ

前後次第司の標　少納言の標より　左右に相去ること各二丈に

一　平安宮内裏外郭の南門。内裏内郭の南門である承明門とともに、紫宸殿の前方に開かれる門。黒川本字類抄中九十六オに「建礼〈ケンレイ〉門〈禁中南大門〉」。拾芥抄中に「建禮〈ケンレイ〉門」。

二　名義抄僧上一〇九に「餘〈アマリ、アマル〉」。

三　二〇四頁注十六参照。

四　節下大臣。二〇四頁注十七参照。

五　二〇四頁注十八参照。

六　外記は二〇四頁注十九、二は四十二頁注十八参照。

七　少納言標より南一丈の地点を起点とし、その東西各一丈に外記標を立てる。東西の外記二標の間隔は二丈となる。左右は六頁注三、相は四十六頁注二、去は四十二頁注五参照。

八　二〇六頁注一参照。

九　二〇六頁注二参照。

十　二〇四頁注八参照。

十一　鉦と鼓の間を起点として、その東西に兵庫寮標を立てる。東西の兵庫寮二標の間隔は一丈。兵庫寮は一〇四頁注十三参照。

十二　三十頁注四参照。

建禮門前南去十餘丈、[1]立[2]節旗標、南去一丈立大臣[3]標、去之一丈立少納言標、去之五尺立外記標二〔左右相去各一丈〕、自少納言標、去之一丈立鉦標、去之一丈立鼓[4]標、[5]自鉦・鼓兩標間、左右相去一丈、立兵庫寮[6]標[7]二、自少納言標、[8]左右相去各[9]二丈、

1 三手本、右傍「已下似重出」。
2 立、林本なし。
3 臣、神宮本「巨」。
4 鼓、信友本「鉦」とし頭注「皷」。
5 信友本、「去レ之一丈立二鉦標一、去レ之一丈立二皷標一」あり。
6 兵庫寮、荷田本「鼓吹司」。林本「鼓吹司兵庫寮」。神道本・三手本・神宮一本右傍「鼓吹司イ」。神宮本右傍「鼓イ吹イ司イ」。以文本頭注「兵庫寮一作鼓吹司」。谷本右傍「鼓吹司」。信友本「皷吹司」。
7 標、宮本「縹」とし右傍「標」。
8 荷田本・林本・神宮本・都立本・神宮一本・谷本・三手本・宮本「去之」あり、荷田本注「去之下蓋脱字」、林本注「奉政云、少納言文去之二字衍文」。信友本「去之〇」あり頭注「〇有脱字歟」。
9 神宮本・都立本・谷本「〔執物少納言従亦同〕少左右相去」あり。三手本「〔執物少納言徑亦同〕少左右相去」あり。宮本「〔執物少納言役亦同〕少左右相去」あり。

前[一]・後の次第司の長官[二]の標を立てよ
之を去ること一丈に　次官[三]の標を立てよ
之を去ること一丈に　判官[四]・主典の標を立てよ
之を去ること一丈五尺に　主禮[五]の標を立てよ
御前[六]の司　左に在れ　御後の司　右に在れ

行立標の点検

訖[七]りて　次第司　宮城門[八]の外に會集[九]ひ　行立[十]の標を撿挍[十一]へよ

行幸に従う五位以上の官人、諸司・諸衛、各自の標に就く

次に　扈従[十二]の五位已上[十三]　及び諸司[十四]・諸衛　各　標の下[十五]に就け
次第司の判官・主典　主禮等[十六]を率て　諸司の標の下に至[十七]り
省掌[十八]二人をして　左右に相分[十九]れ
陪従[二十]の六位以下[二十一]の官を　唱計[二十二]へしめよ

一 北山抄五大嘗会御禊行幸事には「御前次第司在二美福門一、御後司在二豊樂院不老門下一」とある。次第司は一九二頁注一参照。
二 一三六頁注十・一九二頁注一参照。
三 一三六頁注十一・一九二頁注一参照。
四 判官は四頁注三十四、主典は六頁注一参照。また、一九二頁注一参照。
五 二〇四頁注三参照。
六 御前次第司は東、御後次第司は西に位置する。在は二頁注三十二参照。
七 二頁注二十六参照。
八 宮城門は、平安宮外郭の宮城十二門のこと。営繕令京内大橋条に「宮城門前橋」とあり、同条集解に「宮城門前橋〈謂、十二門前溝橋也〉」とする。行幸出発時に、御前次第司は美福門に就いている（北山抄五）ので、美福門のことであろう。名義抄法下五十六に「宮〈ミヤ〉」、同書法中四十九に「城〈ミヤコ〉」。黒川本字類抄中七十一ウに「宮城〈クシヤウ〉」。外は四十頁注九参照。
九 名義抄僧中二に「會〈アフ〉」。同書僧中一三五に「集〈アツム、アツマリ〉」、黒川本字類抄中二十七オに「集〈ツトフ〉」。
十 名義抄仏上四十二に「行〈ユク、キヤウ〉」。立は三十頁注四参照。また、立を「りふ」と読むことは、字類抄上七十四ウの「立錐〈リウスイ〉」の例がある。
十一 名義抄仏下本五十三に「撿〈カムガフ〉」。同書仏下本五十に「挍〈カムガフ〉」。黒川本字類抄中一〇〇ウに「撿挍〈カンカヘクラフ、ケンチヤウ〉」。
十二 扈従は行幸に随従すること。六位以下は陪従としている（十行目）。新撰字鏡十一に「扈〈陪也〉」。名義抄仏上四十に「従〈シタカフ、トモ〉」。字類抄下三十四オに「扈従〈アヒシタカフ〉」。中務内侍日記に「こせうの女房御うしろにあゆみつづきて」とある。
十三 四頁注三十五参照。

立前後次[1]第司長官標、去之一丈立次官標、
去之一丈立判官・[2]主典標、去之[3]一丈五尺立
主[4]禮標（御前司[5]在左、御後司[6]在右）、訖次第司
會集宮城門外、撿挍[7]行立標、次扈[8]從五位已
上及諸司・諸衛各就標下、次[9]第司判官・主
典率主禮等、至諸司標[10]下、令省掌二人、左
右相分唱計陪從六位以下官[11]

1 第、三手本・宮本「等」とし右傍「第」。
2 主、宮本「生」とし右傍「主」。
3 一、谷本なし。
4 禮、林本「典」。
5 在左、荷田本・神宮本・都立本・神宮一本・谷本・三手本・宮本「左右」とし、宮本右傍「在左」。
6 在、荷田本・神宮本・都立本・神宮一本・谷本・三手本・宮本「左」とし、宮本右傍「在」。
7 神宮本・谷本「事」あり。
8 三手本・宮本「々」あり。神宮本「従」あり左傍「衍カ」。
9 第、神宮本・谷本・宮本「弟」。
10 下、三手本「卜」とし右傍「下乎合欤」。
11 以文本頭注「官下一有人字」あり。

十四 諸司は四頁注三十三、諸衛は一九四頁注八参照。
十五 下は二十八頁注五、就は二十四頁注十参照。
十六 等は六頁注九、率は二十四頁注三参照。
十七 二十四頁注一参照。
十八 養老令規定では、中務省をはじめ八省に二人ずつおかれ、省の雑務を担当する下級官人。式部式官掌省掌等条にも、省掌は、官掌・台掌・職掌・坊掌・寮掌・使掌・司掌とともに定員二名とある。拾芥抄中に「省掌〔シヤウシヤウ〕」。
十九 相は四十六頁注二参照。分は、名義抄仏下末二十六に「分〔ワカレタリ〕」。
二十 一三八頁注十一参照。従は、名義抄仏上四十に「従〔トモ〕」。先代旧事本紀六の「陪従先駈」に「ミトモミサキバラヒ」の訓。
二十一 十二頁注三参照。
二十二 陪従の六位以下官人の参列を、声を出して一人ずつ確認すること。儀式五天皇即位儀に「史生二人各持二大策一、共立二庭中一、唱二計五位以上一、随レ唱稱唯列立」とあり、唱計に応じて返事をしている。二六二頁に、直丁が唱計札・鹵簿札を持ち行幸に随行することが見える。名義抄仏中四十四に「唱〔トナフ〕」、同書法上六十に「計〔カゾフ〕」。

動・列陣・進の鼓

一五位已上　及び衛府の官人等は　唱への二限りに在らざれ

三時刻に　四動の鼓を五撃て

六刻を隔てて　七列陣の鼓を撃て

刻を隔てて　八進の鼓を撃て

節旗漸出

訖りて　九節旗　十漸く出でて　十一宮城門の外の標に就け

天皇出御

時に　十二乗輿　十三初めて　出でたまふ

十四警蹕　十五常の如し

前駈の次第　左右京職の兵士

其の十六前駈の十七次第は　十八京職の兵士　左右に各廿人

十九左京は左に在り　右京は右に在れ

東西市の官人

次に　二十市司の官人　左右に各二人

一　五位已上と衛府官人の唱計は行われない。五位以上の行幸扈従者の歴名は、五日前に奏聞されている。

二　限は三十頁注九、在は二頁注三十二参照。

三　名義抄仏中八十六に「時〔トキ〕」、同書僧上八十九に「刻〔キザム、トキ〕」。字類抄下六十オに「刻〔キサム、キサミ〕」。

四　兵庫寮式行幸条によれば、行幸当日の質明（夜明け）、兵庫寮は大臣の命を受け、動鼓を三度撃ち、装束が整え終われば、列陣鼓を一度撃ち、諸司の陣列が整えば、進鼓を三度撃ち、次に行鼓を三度撃つとある。また、進鼓三度については、一撃目は小音で次第に音を大きく撃つと定めている。名義抄僧上八十三に「動〔ドウ〕」。鼓は二〇六頁注二参照。

五　名義抄仏下本四十三に「撃〔ウツ〕」。

六　刻は注三、隔は四十四頁注七参照。

七　注四参照。

八　注四参照。字類抄下一一二ウに「進〔シン、セウ〕」。

九　二〇四頁注十六参照。節旗標は建礼門から南十丈あまりの地点に設置されている（二一二頁）。

十　「やくやく」は「やうやう」の古形で、重種本神楽歌に「哉求哉久（やくやく）」とある。名義抄法上三十三には「漸〔ヤウヤク〕」。出は、名義抄法上一二二に「出〔イヅ〕」。

十一　宮城門は、平安宮外郭の宮城十二門のこと。二一四頁注八参照。大嘗会御禊日例に「清和天皇　貞観元年〔己卯〕十一月廿一日〔癸卯〕、御禊四條末、東宮為内裏、辰四點、自西門出、南行自美福門出、到四條大路東折。陽成天皇　元慶元年〔丁酉〕十月廿九日〔丙申〕、御禊四條南路末、未一刻、御自美福門。光孝天皇　元慶八年〔甲辰〕十月廿八日〔乙卯〕、三條末、巳四刻、經建礼門・美福門等、自二條東行、自三條東行」とあり、美福門から京中に出御されている。外は四十頁注九、標は十八頁注四、就は二十四頁注十参照。

十二　鳳輦のこと。天皇の正式の乗輿。即位・大嘗祭・御禊・朝観など、最も重大な節会・行幸等に用いられる。屋形の土台に

〔五位已上[1]及衛府官人等不在[2]唱限〕、時刻[3]撃動鼓、
隔刻[4]撃列[5]陣鼓、隔刻[6]撃進鼓、訖節旗漸出、
就宮城門外標、于時乗輿初出、警[7]蹕如常、
其前[8][9]駈次第也、京職兵士左右各廿人〔左京[10]
在左、右京在右〕、次市司官人左右各二人

1 上、三手本・宮本なし、三手本右傍「下乎」、宮本右傍「上」あり。
2 不、林本・神宮一本・三手本・宮本なし、神宮一本右傍「有不字」、宮本右傍「不」。
3 刻、林本・三手本・宮本・神宮一本「剋」。
4 刻、林本・神宮本・神宮一本・都立本・谷本「剋」、三手本「尅」。
5 列、谷本「引」。
6 刻、林本・宮本・都立本・神宮一本「剋」、三手本「尅」。
7 警、神宮一本「驚」とし右傍「警」。
8 神宮本右傍「後カ」あり。
9 駈、荷田本・林本・神宮本・都立本・神宮一本・谷本・三手本・宮本「臨」とし、林本注「恐驅字」、宮本右傍「駈」。
10 左京、宮本「左在」とし右傍「京在」。

輦を付け、人が肩に担い移動する形式。四角に方形の屋根があり、頂上に金色の鳳凰が据えられている。背後に障屏があり、轅は黒漆塗りで縦五本、横二本、三方に御帳を垂らす。舁手（にないて）・綱持については、二四〇頁参照。近衛府式駕輿丁装束条には「凡供㆓奉行幸㆒駕輿丁者、駕別廿二人〔十二人擎㆓御輿㆒、自余執㆓前後綱㆒〕」とある。一九八頁では御輦とする。北山抄五大嘗会御禊事に「乗輿出御〔但御㆓鳳輦㆒〕」とある。同書九行幸には「内侍置㆓御劔於輦中御前㆒〔右頭外刃、舊例、後置㆑之云々〕、即御㆑輿、大將發㆓警蹕聲㆒〔若大將不㆑候者、中將發㆑之、御座定間稱㆑之、下御時、立定間稱㆑之〕、次璽筥傳㆓授初人㆒令㆑置㆓左邊㆒」とあり、行幸に際しては、内侍が御剣を輦中の御前に置き（柄頭を右に刃を外に向ける）、天皇駕御、璽筥を左辺に置く。鳳輦は、続日本後紀嘉祥三（八五〇）年正月癸未条の「于時鳳輦轝㆓於殿階㆒、天皇下殿、御㆑輦而出」、三代実録貞観十八（八七六）年十一月二十九日条の「皇太子受㆓天子神璽寶劔㆒、御㆓鳳輦㆒、歸㆓於東宮㆒」と見え、また、年中行事絵巻朝覲行幸図には、出御のために、紫宸殿南面に立つ天皇と、同殿南階下に迎える鳳輦が描かれている。書紀景行天皇四年二月条の「乗輿」に「スメラミコト」、同書天武天皇六年四月条の「乗輿」に「キミ」の訓。乗輿を「すめらみこと」と称することは、二頁注六参照。

十三 名義抄僧上八十六に「初〔ハジメテ〕」。

十四 天皇の出入御、行幸、供膳などの際に、先を追い戒めるために声を発すること。また、その声のこと。神の昇降、神殿の開閉、神饌行立においても行なわれる。侍中群要三供御膳事に「稱㆓警蹕㆒、其詞〔オシ〕」とある。書紀天武天皇七年四月条の「警蹕」に「ミサキオヒ」の訓。黒川本字類抄中九十八ウに「警蹕〔ケイヒツ〕」。北山抄八大嘗会御禊条に引く新儀式に、「新儀式云、御鳳輿不㆑稱㆓警蹕㆒、御禊之始稱㆑之」とある。西宮記臨時七次第司事に「行幸〔無㆓警蹕㆒、儀式注㆑有㆑由〕」とあり、北山抄五大嘗会御禊事も「行幸儀式如㆑常〔無㆓警蹕・鈴奏等㆒〕」とする。西宮記・北山抄とも、初めて警蹕が称されるのは、御禊の後、御膳幄に還御される時とする。二七〇頁注十参照。

十五 注十四参照。常は、名義抄法中一〇二に「常〔ツネニ〕」。如は一八六頁注二参照。

十六 名義抄僧中一〇一に「前駈〔オホムサキオヒ、サキバラヒ〕」。先代旧事本紀六の「陪従先駈」に「ミトモミサキバラヒ」の訓。

十七 一九二頁注一参照。

十八 京職は十四頁注二十二参照。兵は名義抄仏下末二十五に「兵〔ツハモノ〕」、書紀雄略天皇七年八月条の「兵士」に「イクサヒト」の訓。

十九 左京は左京職所属の兵士のこと。右京は右京職所

（七六五頁へ続く）

[一]東（ひむがし）・西（にし）　各（おのおの）二人　左右（ひだりとみぎ／さう）は上（かみ）に同（おな）じくせよ

左右京職の官人

次（つぎ）に　京職（みさとつかさ／きやうしき）の官人（つかさひと／くわんにん）　左右に各六人

[二]五位各一人　[三]此（こ）の中（なか）に在（あ）れ

神祇官

次に　[四]神祇官（かみつかさ／じんぎくわん）　左右に　各　[五]卜部（うらべ）一人

[六]神部（かむべ）一人

[七]官掌（くわんじやう）一人

[八]長上（ちやうじやう）一人

官人（つかさひと／くわんにん）三人

[九]執幣（みてぐらもち）の丁（よほろ）一人　[十]其（そ）の間（ま）に在（あ）れ

卜部と[十一]平頭（かしらをなら／へいとう）べよ

一　東は東市司、西は西市司。東市司は左京職に、西市司は右京職の後に続く。東は八頁注二十五、西は八頁注二十、上は四頁注三十五参照。

二　官位令によれば京職の大夫は正五位上相当で、亮は従五位下相当である。しかし、弘仁十三（八二二）年に大夫の相当位階は従四位下に改定されているので、本条に規定する五位は亮に該当する。

三　四頁注二十四参照。

四　二頁注二十参照。

五　三十二頁注九参照。

六　神祇官の伴部、養老職員令では定員三十人。神部は朝廷祭祀の実務を職掌とする。儀式一の園并韓神祭儀によって、神部の担当を窺うと、祭日当日の早朝の神院における供物弁備、庭中に賢木を設置、舞奉納をおこない、祭祀斎行上の多様で実務的な役割を担っていることが理解される。職員令神祇官条集解所引の讃記は、神部について「於二此司一、尤是名負色也、故置二卜部上一也」と、名負の氏族から採用されていることを記している。また、古語拾遺の「所遺十」には、神祇官神部は中臣・斎部・猿女・鏡作・玉作・盾作・神服・倭文・麻積の各氏から採用すべきであるのに、現在は中臣・斎部等二三の氏に限定され、他氏は考選に与らないとある。四時祭式下鎮魂祭条の「巫部神部」に「ウラヘカムヘ」、「神部」に「カムトモノヲ」の訓。

七　神祇官の官掌。職員令には見えないが、儀式一祈年祭儀に「神祇官掌二人」と見える。六頁注十二参照。

八　十頁注三参照。

九　執は二十八頁注十、幣は六十頁注五、丁は十六頁注十一参照。

十　其は二頁注二十八、間は二〇四頁注八、在は二頁注三十二参照。

十一　先頭の卜部に揃え並ぶこと。執幣丁は中央。平頭は、公式令平出条義解に「平出〈謂、平頭抄出。即據下當時天子及國忌可二廢務一者上、其下條闕字亦准レ此〉」とある。平出（平頭抄出）は、

（東西各二人、左右同上）、次京職官人左右[1]各
六人（五位各一人、在此中）、次神祇官左右
各卜部一人、神[2]部一人、官掌一人、長上一
人、官人三人、執幣丁一人在其間（與卜部
平頭）、

天皇または高貴の人名・称号に敬意を表すために、行を改めて頭に出し、他の行の頭と同じ高さに揃えて書くこと。名義抄仏上八十三に「平（タヒラカニ、ヒトシウス）」。

1 左右、林本なし。
2 神部一人、信友本なし、頭注「神部一人」。

次に　主禮[一]　左右に各一人

諸司の史生を以ちて[二]　之と爲よ

御前次第司の判官

次第司の判官[三]一人　其の間に在れ

主禮と平頭べよ　從[四]は　馬に近づきて[五]左右に各一人　下[六]同じ

弾正台

次に　彈正臺[七]

忠・疏[八]は左に在り　巡察[九]　右に在れ

兵部省

次に　兵部省[十]

主税・主計寮

次に　主税寮[十一]

次に　主計寮[十二]

民部省

次に　民部省[十三]

一　二〇四頁注三参照。

二　諸司は四頁注三十三、史生は六頁注四、以は四頁注十七、之は八頁注五、為は四頁注二十参照。

三　次第司は一九二頁注一、判官は四頁注三十四参照。

四　従は二十頁注十四、馬は七十二頁注十二参照。

五　名義抄仏上六十に「近〔チカツク〕」。

六　二頁注三十三参照。

七　令制官司の一。風俗を粛正し、内外を巡察して非違を糾弾し、弾奏（天皇への奏上）を行なう。養老職員令に、尹一人、弼一人、大忠一人・少忠二人、大疏一人・少疏一人・巡察弾正十人、史生六人、使部四十人、直丁二人を規定する。和名抄五に「弾正臺〔太々須豆加佐〕」。朝野群載六に「彈正臺〔タタス司〕」、黒川本字類抄中十二オに「彈正臺〔タンシヤウタイ〕」。

八　忠は弾正台の第三等官。簾中抄に「忠〔セウ〕」。四頁注三十四参照。疏は同台の第四等官。六頁注一参照。

九　巡察弾正のこと。宮城内外を巡察し、非違を指弾することを掌る（職員令）。令制の巡察弾正の定員は十人であったが、弘仁六年六月十四日格により二人が削減され、同十四年十一月十三日格により定員が六人となり、さらに天長三（八二六）年格で定員は四人となった。書紀持統天皇八年七月条の「巡察」に「ミル、メクリミル」の訓。官位令正七位条義解の「巡察」に「メクリミル」の訓。巡は、名義抄仏上五十七に「巡〔メグル〕」。察は一九四頁注七参照。

十　軍政全般を掌る。養老職員令の兵部省卿条に、内外の武官の名帳、考課、選叙、位記のこと、兵士以上の名帳、朝集、賜禄、仮使のこと、兵士の差発、兵器、儀仗、城隍、烽火のことを掌るとする。兵部省は軍事関係の事務を総轄し、軍事力の行使は衛府や将軍が担当する。和名抄五に「兵部省〔都波毛乃ゝ都加佐〕」。朝野群載六に「兵部省〔ツハモノノツカサ〕」。字類抄下一〇〇オに「兵部省〔ヒヤウフ〕」。

十一　民部省被管の官司。諸国の倉庫に収納されている田租、そ

1 一、三手本「四」とし右傍「一イ」。
2 爲、以文本頭注「一作充」。
3 一、林本「十」。
4 同、三手本・宮本「門」。
5 巡、宮本「寮」とし左傍「察」。
6 察、谷本・三手本「寮」。
7 荷田本・神宮本・都立本・谷本・三手本・宮本・信友本「属」あり、荷田本注「蓋衍字」、信友本頭注「属衍欤」。林本注「衍」。

次主禮左右各一人[1]〈以諸司史生爲[2]之〉、次第司判官一人在其間〈與主禮平頭、従近馬左右各一[3]人、下同[4]〉、次彈正臺〈忠・疏在左、巡[5]察[6]在[7]右〉、次兵部省、次主税寮、次主計寮、次民部省、

の出納や出挙、舂米の京進などの状況を把握することにより、地方財政の収支状況の監査を掌る。職員令主税寮条に、倉廩の出納、諸国の田租、舂米（しょうまい）、碾磑（てんがい）のことを掌るとする。和名抄五に「主税寮〈知加良乃豆加佐〉」。朝野群載六に「主税寮〈チカラノツカサ〉」。字類抄上七十一ウに「主税寮〈チカラレウ〉」。

十二 中央財政の収支を計算することを掌る。民部省被管の官司。諸国から貢納される庸調等の物を計納し、中央予算を計料し、その決算を検討する。養老職員令の主計寮頭条に、調及び雑物の計納、国用（予算）の支度、用度（支出）の勘勾のことを掌るとする。和名抄五に「主計寮〈加須不留豆加佐〉」。朝野群載六に「主計寮〈カスフルツカサ〉」。黒川本字類抄上九十一オに「主計寮〈カヒヘレウ、カスヘレウ〉」。官位令従五位条義解の「主計頭」に「カスヘノカミ」の訓。

十三 十頁注十四参照。

治部省　次（つぎ）に　[一]治部省（をさむるつかさ・ぢぶしやう）

散位寮　次に　[二]散位寮（とねのつかさ・さんゐれう）

大学寮　次に　[三]大學寮（ふむやのつかさ・だいがくれう）

式部省　次に　[四]式部省（のりのつかさ・しきぶしやう）

官史　次に　[五]官（くわん）の史（さくわん・し）

[六]已上（これよりかみ）　[七]相夾（あひはさ）みて　[八]道（みち）の左右（ひだりとみぎ・さう）に在（あ）れ　[九]其（そ）の人數（ひとのかず）　[十]時（とき）に隨（したが）ひて[十一]增減（ましへ）せ

[十二]下（しも）　[十三]數（かず）を注（しる）さざる者（ひと）も　亦同（またおな）じ

隼人司　次に　[十四]隼人司（はやひとのつかさ）　左右に　各（おのもおのも）　[十五]歩（かち・ふ）の陣（つら）五人

[十六]騎（むまのり・き）の陣（つら）二人

[十七]大衣（おほきぬ・だいえ）一人

一　姓氏・継嗣・婚姻及び系譜についての事務・訴訟を掌る。また、祥瑞に関すること、葬送儀礼・外交事務に関すること、仏教寺院・僧尼の管理統制も担当した。養老職員令の治部省卿条に、本姓、継嗣、婚姻、祥瑞、葬送、贈賻、国忌、諱（いみな）、諸蕃朝聘のことを掌るとする。和名抄五に「治部省〔乎佐牟留都加佐〕」。朝野群載六に「治部省〔ヲサムルツカサ〕」。字類抄上七十一ウに「治部省〔チフシヤフ〕」。

二　散位の名帳と上日の点検を掌る。式部省の被管。散位寮は寛平八（八九六）年に式部省に併合された。官位令従五位条義解の「散位頭」の「散位」に「トネ（ね）」の訓。散位は十六頁注八参照。

三　十四頁注三参照。

四　十六頁注六参照。

五　太政官の史。四頁注三十六参照。

六　四頁注三十五参照。

七　相は四十六頁注二参照。夾は、名義抄仏下末三十四に「夾〔ハサム〕」。

八　道は十四頁注十四、左右は六頁注三参照。

九　其は二頁注二十八、人は二十二頁注一、数は十頁注二十一参照。

十　時は十頁注九、随は一五〇頁注六参照。

十一　名義抄法中六十六に「増〔マス〕」、同書法上三十三に「減〔ヘス、ヘグ〕」。

十二　下は二頁注三十三参照。

十三　本儀式に人数規定が無い者も、時に従い増減すること。注は十頁注二十二、者は一五〇頁注十四、亦は六頁注十一参照。

十四　隼人は、古代の南九州の居住者に用いられた呼称。畿内と近国に移住した隼人を統轄することを掌る。衛門府の被管。延暦二十四（八〇五）年に隼人の朝貢が停止され、大同三（八〇八）年、隼人司は一旦廃止されるが、半年後に兵部省に復置される。隼人司に上番した隼人は元日・即位・蕃客入朝時・大嘗

次治部省[1]、次散位寮、次大學寮、次式部省、次官史[2]（已上相夾[3]在道左右、其人數隨時增減、下[4]不[5]注數者亦同）、次隼[6]人司、左右各歩陣[7]五人、騎陣[8]二人、大衣一[9]人、

1 次治部省、信友本なし、頭注「次治部省」。
2 史、谷本「次」。
3 夾、谷本「交」。
4 下、三手本・宮本「卜」とし右傍「下」。
5 不、林本なし。
6 隼、神宮一本「集」とし右傍「隼」。
7 陣、宮本「陳」。
8 陣、宮本「陳」。
9 一、神宮本「二」とし右傍「一イ」。

祭・行幸などに参加し、隼人舞の奏上や吠声（犬吠）を発した。また、竹製品を製作・貢納した。和名抄五に「隼人司（波夜比止乃豆加佐）」。書紀神代紀天孫降臨章の「隼人」に「ハイトン」、同書履中天皇即位前紀の「隼人」に「ハヤヒト」、同書欽明天皇元年三月条の「隼人」に「ハヤト、ハヤトム」の訓。中務省式時服条の「隼人司」の「隼人」に「ハヤフト」の訓。字類抄上三十五オに「隼人司（ハヤトリツカサ）」。

十五　二〇四頁注九参照。陣は一五二頁注十五参照。

十六　二〇四頁注六参照。

十七　隼人司に上番する隼人を、引率・監督する隼人の教導者。朝廷の儀式に参列し、また、行幸に随従する。隼人司式大衣条に「凡大衣者、擇譜代内、置左右各一人（大隅爲左、阿多爲右）、教導隼人、催造雑物、候時令吠」とあり、同式駕行条には「凡遠従駕行者、官人二人、史生二人、率大衣二人、番上隼人四人及今來隼人十人供奉」とする。また、同式大儀条によると、元日・即位・蕃客入朝儀では、大衣二人、番上隼人二十人、今来隼人二十人、白丁隼人百三十二人が官人に率いられ、応天門外左右に分陣する。大同三年七月二十六日格に「大衣二人、隼人□人」と見える（類聚三代格四）。隼人司式大儀条の「大衣」に「オホキヌ」の訓。

官人[一]一人

御前次第司の主典

次に　次第司[二]の主典一人　道の中央[三]に在れ　従[四]二人

御前次第司の次官

次に　主禮　左右に各一人

次第司の次官[五]一人　中に在れ　主禮と平頭べよ

左衛門府

次に　左衛門府[六]　左右に　各　衛士[七]百人

門部[八]卌人

其の間[九]に　府生[十]

醫師[十一]

志[十二]

尉[十三]

一　一三十二頁注十一参照。
二　次第司は一九二頁注一、主典は六頁注一参照。
三　書紀神武天皇即位前紀の「六合之中央」に「クニノモナカ」、同書天武天皇十一年八月条の「天中央」に「ソラノモナカ」、同書天武天皇十三年十一月是月条の「中央」に「ナカ」の訓。万葉集三一九番歌に「國之三中(国のみなか)」、同書三四六三番歌に「佐刀乃美奈可(里のみなか)」とある。宇津保物語楼上下に「ひ(燈)のほどまなか(真中)」とある。
四　二十頁注十四参照。
五　次官は一三六頁注十一・一九二頁注一参照。
六　一〇四頁注十二参照。
七　十六頁注十三参照。
八　一〇八頁注十二参照。
九　左右の衛士百人と門部三十人の間。其は二頁注二十八、間は二〇四頁注八参照。
十　左衛門府の府生。府生は、文官の史生に相当するものとされるが、職員令の五衛府の規定には無く、続日本紀神亀五（七二八）年八月条の中衛府が設置されたときの記事に、「府生六人」とあるのが初見である。兵部省式武官分条には、左右近衛府の府生は各六人、左右衛門府・左右兵衛府とも府生は各四人とし、補任は宣旨によることが規定されている。黒川本字類抄中一〇八オに「府生(フシヤウ)」。
十一　令規定では、衛門府医師は一人で、正八位下相当。和名抄五に「醫(久須之)」。官位令従七位条義解の「醫師」に「クスシ」の訓。
十二　左衛門府の第四等官。志は六頁注一参照。
十三　左衛門府の第三等官。尉は四頁注三十四参照。

官人一人、次次第司主典一人在道中央〔従
二人〕[1]、次主禮左右各一人、次第司次官一
人在中[2][3]〔[4]與主禮平頭〕、次左衞門府、左右各
衞士百人、門部卅人、[5]其間府生・醫師・
志・尉・

1　人、三手本左傍「与乎」。
2　以文本頭注「一有道字」あり。
3　都立本・以文本「央」あり。
4　與、神宮本・都立本・三手本「為」とし、神宮本右傍「与歟」。
5　以文本「在」あり。三手本右傍「在乎」あり。宮本右傍「在」あり。

佐[一](すけ)

纛(おほがしら・たう)[二]・鉦(かね・しやう)[三]・鼓(つづみ・こ)　之(これ)に次(つ)げ

督(かみ)[四]　之に次げ

内器仗

内器仗(うちつきぢやう)[五]　之に次げ

器仗をつかさどる者

次に　左右(ひだりとみぎ・さう)に　器仗(きぢやう)[六]を主(つかさど)[七]る者(ひと)　内器仗と平頭(かしらをなら・へいとう)べよ

衛府の佐以上の副馬

府衛(まもりのつかさ)の佐已上(すけよりかみ)[八]の副馬(そへむま)[九]　之に次げ

親王以下参議の蓑笠を持つ者

親王已下(みこよりしも)[十]参議(おほまつりごとひと・さんぎ)已上の蓑笠(みのかさ)[十一]を持(も)てる者(ひと)　之に次げ

主禮(しゆらい)[十二]　左右に各一人

御前次第司の判官

次第司(つぎてのつかさ・しだいし)[十三]の判官(じよう)一人　従(とも)二人　其(そ)の間(ま)に在(あ)れ

馬寮の儲馬

次に　左右(ひだりとみぎ・さう)[十四]の馬寮(むまのつかさ・めれう)　儲馬(まうけのむま)[十五]　左右に　各四疋

一　左衛門府の佐。佐は一三六頁注十一参照。

二　鷲像纛幡のこと。左右衛門府式行幸条に「但大嘗会祓禊用二鷲像纛幡一旒〔其執纛一人、著二末額、緋行縢、纈袍、帛博帯一騎馬、執纛綱二人、黄布衫、布帯、歩行、並用二兵庫寮夫一、他皆准レ此〕、鷹像隊幡四旒、小幡卌旒〔少減二於威儀幡一、他亦准レ之〕、鉦・鼓各一面一〔其用度雑物、及撃二鉦鼓一人、執纛夫等装束、並見二兵庫式一〕」とある。即位・朝賀においても、左右衛門府は会昌門外左右に鷲像纛幡と鷹像隊幡を建てる（儀式五・六）。大儀（即位・朝賀・外国使節上表）と大嘗祭御禊行幸において、威儀を示すために用いられる儀仗旗。纛幡は、上端に、牛の尾の毛（後には馬の毛や黒墨の苧）で覆った頭髪のような飾りを付け、その下に龍・鷲・熊などの絵が描かれた布を垂らした旗で、鷲像纛幡は鷲の絵が描かれている。文安御即位調度図に、衛門府の鷲像纛幡、鉦・鼓の絵図がある。栄花物語三十三に「大がしらなどいひて、例の恐しげに筋太き紙よりかけて、さすがにうるはしくて渡る」（着るはわびしと歎く女房）とある。伊呂波字類抄六に「纛〔オホカシハ、ヲホカシラ〕」。黒川本字類抄中六十六ウに「纛〔オニカシラ〕」。名義抄僧下一〇五に「纛〔オニカシラ〕」。

三　注二参照。鉦は二〇六頁注一、鼓は二〇六頁注二、之は八頁注五、次は一四〇頁注七参照。

四　左衛門府の督。督は一三六頁注十参照。

五　御料としての器仗のことであろう。器仗は注六参照。内を「うちつ」と訓む例は、書紀孝徳天皇即位前紀の「内臣」に「ウチツマチキミ」の訓が付されている。

六　器は軍器（武器・武具）、仗は、儀礼に用いる武器・武具のこと。職員令兵部省条の卿の掌に「兵器、儀仗」とあり、同条義解に「謂、用二之征伐一曰兵器、用二之禮容一曰儀仗」とする。軍防令出給器仗条義解にも「器者、軍器也、仗者儀仗也」とある。兵部省式器仗条では、諸儀に用いる器仗は、衛府が府別に庫に貯え儀に臨んで出用せよと定められている。また、同式諸

1 纛、三手本「毒」とし右傍「纛」。
2 宮本右傍「吹」あり。
3 器、荷田本・林本・神宮本・三手本・信友本なし。都立本・神宮一本・宮本「内仗」とし、都立本右傍「器イ」、神宮一本右傍「作器欤」、宮本右傍「器」。
4 持、荷田本・林本・神宮本・神宮一本・谷本・三手本・宮本・信友本なし、宮本右傍「持」。都立本「次」。
5 一人、林本・神宮一本・三手本なし。
6 疋、神宮一本・以文本「匹」。

佐・纛[1]・鉦・鼓[2]次之、督次之、内器[3]仗次之、次左右主器仗者（與内器仗平頭）、衛府佐已上副馬次之、持[4]親王已下・參議已上蓑笠者次之、主禮左右各一人、次第司判官一[5]人（從二人）、在其間、次左右馬寮儲馬左右各四疋[6]、

国器仗条によると、毎年諸国が作り京進する器仗は甲・横刀・弓・征箭・胡簶の五種類。
七 名義抄法下三十八に「主（ツカサドル）」。者は一五〇頁注十四参照。
八 四頁注三十五参照。
九 中心となる馬の脇につき従わせる馬、乗替え用の馬のこと。副は、名義抄僧上八十九に「副（ソヘ）」。馬は七十二頁注十二参照。黒川本字類抄中十六オに「騄（ソヘムマ也、ソヒムマ、乗替也）」。
十 親王は二〇〇頁注七、已下は六頁注二、参議は四頁注十六参照。
十一 蓑は萱・菅・藁などの茎や葉を編んで作った雨具。笠は頭にかぶる被り笠。和名抄十四に「蓑（蘓禾反、和名美能）、雨衣也」、「笠（力執反、和名加佐）、所＝以禦レ雨也」。書紀神武天皇即位前紀戊午年九月条の「蓑笠」に「ミノカサ」の訓。持は一五八頁注十四参照。
十二 二〇四頁注三参照。
十三 次第司は一九二頁注一、判官は四頁注三十四参照。
十四 一九四頁注十参照。
十五 予備として用意しておく馬。添え馬。名義抄仏上二十七に「儲（マウケ、マウク）」。宇津保物語祭の使に「よき御むまふたつ、ひとつはかざり、一つはまうけノ御むまにて」とある。

馬部[一]（めぶ） 各（おのもおのも）二人

騎士[二]（むまのりひと／きし） 各二人

史生[三]（ししやう） 各二人

馬醫[四]（むまのくすし） 各一人 之（これ）に次（つ）げ

次（つぎ）に 左兵衛府[五]（ひだりのつはものとねりのつかさ／さひやうゑふ） 左右（ひだりとみぎ／さう）に 各 兵衛[六]（つはものとねり／ひやうゑ）卌人

其（そ）の間（ま）に 府生[七]（ふしやう）

醫師[八]（くすし）

志[九]（さくわん）

尉[十]（じよう）

佐[十一]（すけ）

一 所属官司に上番して馬の飼育・管理を担当する伴部。令制では左右馬寮に各六十人、首馬署に十人が置かれていたが、延喜式では左右馬寮各三十人に減員される。左右馬寮式馬部条に「凡馬部卅人、取二負名入色者一充レ之」とあり、馬部は、世襲化された特定の氏の出身で、官途に就いている者より採用された。斎宮寮にも馬部が配置されていた。中務省式武官分条の「馬部」に「メフ」。平家物語六に「ともにめしぐ(具)したるめぶ」とある。

二 左右馬寮の騎士。騎士は一九四頁注十一参照。

三 左右馬寮の史生。史生は六頁注四参照。

四 左右馬寮の下級官人で、馬の治療を掌る。令規定では、定員二人、従八位上相当。馬は七十二頁注十二、医は二二四頁注十一参照。

五 二〇八頁注二・二十二頁注十一参照。

六 左兵衛府の兵衛。

七 左兵衛府の府生。二二四頁注十参照。

八 職員令規定では、左右兵衛府医師は各一人で、従八位下相当。

九 左兵衛府の第四等官。志は六頁注一参照。

十 左兵衛府の第三等官。尉は四頁注三十四参照。

十一 左兵衛府の第二等官。佐は一三六頁注十一参照。

馬部各二人、騎士各二人[1]、史生各二人、馬醫各一人次之、次左兵衛府、左右各兵衛卌人、[2]其[3]閒府生・醫師・志・尉・佐・

1 二、谷本「一」。
2 以文本「在」あり。三手本右傍「在乎」あり。宮本右傍「在」あり。
3 其、三手本右傍「已下重出字」。

纛（おほがしら）[一]・鉦（かね・しやう）[二]・鼓（つづみ・こ）　之（これ）に次（つ）げ

督（かみ）[三]　之に次げ

主禮（しゆらい）　左右（ひだりとみぎ・さう）に各（おのもおのも）一人

御前次第司の主典

次第司（つぎてのつかさ・しだいし）の主典（さくわん）一人　従（とも）二人　其（そ）の間（ま）に在（あ）れ

主禮　左右に各一人

御前次第司の長官

次第司（つぎてのつかさ・しだいし）[四]の長官（かみ）一人　従（とも）二人　其（そ）の間（ま）に在（あ）れ

陰陽寮

次（つぎ）に　陰陽寮（うらのつかさ・おむやうれう）[五]　左右に各三人　陰陽師（おむやうのし）[六]・漏刻博士（ときのはかせ・ろこく）[七]　此（こ）[八]の中（なか）に在れ

漏刻器（ときのきざみのうつはもの・ろこく）[九]　其の間に在れ

鼓吹司

次に　鼓吹司（つづみふえのつかさ・くすいし）[十]　左右に各　長上（ちやうじやう）[十一]一人

官人（つかさひと・くわんにん）[十二]一人

一 虎像纛幡のこと。虎の像を描いた大旗。纛は二二六頁注二参照。左右兵衛府式行幸条に「但大嘗會祓禊用㆓虎像纛幡一旒、鷹像隊幡四旒、小幡廿旒、鉦・鼓各一面㆒」とある。即位・朝賀においては、左右兵衛府は龍尾道東西階下に虎像纛幡と熊像隊幡を建てる（儀式五・六）。大儀（即位・朝賀・外国使節上表）と大嘗祭御禊行幸において、威儀を示すために用いられる儀仗旗。文安御即位調度図に、兵衛府の鉦・鼓の絵図がある。

二 左兵衛府の鉦鼓。注一参照。鉦は二〇六頁注一、鼓は二〇六頁注二参照。

三 左兵衛府の第一等官。督は一三六頁注十参照。

四 次第司は一九二頁注一、長官は一三六頁注十参照。

五 八頁注一参照。

六 陰陽寮所属の官人。職員令規定では、定員は六名で、従七位上相当。国家に変異あるごとに式盤を乗って吉凶を占うことを掌る。また、太宰府にも一人置かれた。書紀朱鳥元年正月条の「陰陽師」に「ヲムミヤウシ」の訓。

七 陰陽寮所属の官人。職員令規定では、定員二名で、従七位下相当。守辰（ときもり）丁二十人を指揮して漏刻によって時を計り、鐘鼓を打たせ時刻を知らせることを掌る。行幸に際しては、陰陽師二人、漏刻博士一人、守辰丁十二人が供奉する（陰陽寮式行幸条）。書紀斉明天皇六年五月是月条の「漏剋」に「トキノキサミ」の訓。黒川本字類抄上十六オに「漏剋〔ロコク、在㆓陰陽寮㆒〕」。官位令従七位条義解の「漏剋博士」の「漏剋」に「ロコク」の訓。有職袖中抄に「漏刻〔ロコク、トキモリ〕博士」。博士は、字類抄上三十五オに「博士〔ハカセ〕」。

八 此は四頁注二十四、中は二十八頁注八参照。

九 水を用いて時刻を計った時計。日本後紀弘仁二年三月二十五日条に「令㆑造㆓漏刻㆒」とある。中国伝来の水時計の一種で、銅壺などの容器に入れられた水が、小孔から漏れるようにして、下に漏水を受ける器を置き、その中に立てた箭の目盛が水上に現れるのを読み時刻を計る。書紀斉明天皇六年五月是月条に

1 督次之、三手本なし。
2 以文本「次」あり。
3 吹、谷本「次」。

纛・鉦・鼓次之、督[1]次之、主禮左右各一人、次第司主典一人〔従二人〕、在其間、[2]主禮左右各一人、次第司長官一人〔従二人〕、在其間、次陰陽寮左右各三人〔陰陽師・漏刻博士在此中〕、漏刻器在其間、次鼓吹[3]司、左右各長上一人、官人一人、

「皇太子、初造二漏剋一」とあるのが初見。器は二十二頁注二十参照。

十 令規定では、兵部省被管の官司で、正・佑・大令史・小令史・吹部・使部・直丁が置かれ、ほかに鼓吹戸が付属していた。その軍楽・戦闘・葬儀などに際しては軍楽が演奏されるが、その軍楽に用いられる鉦鼓や大角（はらのふえ）・小角（くだのふえ）を教習することを掌る。寛平八（八九六）年、左右兵庫司・造兵司とともに兵部省に併合され、兵庫寮となる。書紀神代紀四神出生章の「鼓吹幡旗」に「ツツミフエハタ」の訓。官位令正六位条義解の「鼓吹正」の「鼓吹」に「ツツミフエ」の訓。

十一 鼓吹司に長上官が設置されていたことは、大笛長上一員を廃して、鉦鼓長上一員を置くとした延暦十九（八〇〇）年十月七日付の太政官符より確認される（類聚三代格四）。兵庫寮式鼓吹戸条には「長上三人〈大、小角、鉦鼓各一人〉」とあり、長上は三人としている。長上については十頁注三参照。

十二 鼓吹司官人。三十二頁注十一参照。

節旗[一]　其の間に在れ

鉦・鼓[二]　之[三]に次げ

少納言

少納言[四]一人　之に次げ　従[五]四人

大臣

大臣[六]一人　之に次げ　従八人　物[七]を執れ　少納言の従も亦同じ[八]

外記

少し後に[九]　外記[十]　左右に各一人

侍医

侍醫[十一]　各一人　之に次げ

中務言

中務省[十二]　左右に　各　内舎人[十三]十五人

丞[十四]一人

侍従[十五]十四人　之に次げ

左右馬寮

左右の馬寮[十六]　左右に各六人　屬已上[十七]　頭已下[十八]

一　二〇四頁注十六参照。

二　鼓吹司の鉦鼓であろう。鼓吹司の鉦鼓のことは、儀式九「三月一日於二鼓吹司一試二生等一儀」に規定が見える。鼓吹司に、鉦鼓長上一員が置かれたのは延暦十九年のこと（二三〇頁注十一参照）。また、鼓吹司が兵庫寮に併合された後のことではあるが、兵庫寮式鼓吹部条には、鼓生十人・鉦生四人とある。

三　之は八頁注五、次は一四〇頁注七参照。

四　二〇四頁注十八参照。

五　二十頁注十四参照。

六　節下の大臣。二〇四頁注十七参照。大臣は二頁注十七参照。

七　執物は、儀式において威儀を示すために、特定の物品を手に執り持つこと。北山抄五大嘗会御禊事に「節下大臣及少納言、有二馬従・取物一」とある。大嘗会御禊節下次第には、節下大臣に従う供、取物として、「番長二人張二馬差綱一、次随身〔近衛一人、可レ持二弓箭一〕、次舎人居飼、次馬副十人、次手振十二人〔下為四人取物、鞭筥・笏筥・豹毯、若有二雲珠頸總一〕」とする。

八　執は二十八頁注十、物は十頁注二十一参照。

九　少は五十頁注六、後は十頁注四参照。

十　二〇四頁注十九参照。

十一　令規定では、中務省被管の内薬司に所属する職員で、定員四人、正六位下相当。天皇を診候（令集解所収古記説では脈を取り、病気色を見ること）し、医薬の事を掌る。また、御薬進上に先立って毒味をする。寛平八（八九六）年内薬司は宮内省被管の典薬寮に併合される。書紀朱鳥元年四月条の「侍醫」に「オモトクスシ」の訓。官員令正六位条義解の「内藥侍醫」の「侍醫」に「オホトクスシ」の訓。名目鈔に「侍醫〔ヲモトグスシ〕」。字類抄下八十六ウに「侍醫〔ジイ〕」。

十二　十頁注十三参照。

十三　中務省の内舎人。一〇四頁注三参照。内舎人が丞に率いられて行幸に随従することは、注十四参照。

節旗在其間、鉦・鼓次之、少納言一人次之〔従四人〕[1]、大臣一人次之〔従八人執物、少納言従亦同〕、少後外記左右各一人、侍醫各一人次之、[2]中務省左右各内舎人十五人、丞一人、侍従十四人次之、左右馬寮左右各六人、〔屬已上頭已下〕、

1 従四、宮本「役二」とし右傍「従四イ」。
2 都立本・以文本「次」あり。

十四 中務省の第三等官。丞は四頁注三十四参照。中務省式行幸条に「凡行幸者、丞以上率㆓内舎人㆒、候㆓閤門外㆒、分㆓列左右㆒、供㆓奉御前㆒、其次第在㆓近衛陣前、兵衛陣後㆒」とある。
十五 二〇〇頁注八参照。中務省式供奉城外行幸条によれば、城外行幸においては、留守を除く総ての侍従・次侍従が行幸に陪従する。
十六 一九四頁注十参照。
十七 左右馬寮の第四等官。職員令左馬寮条によれば、馬寮の四等官は、頭一人、助一人、大允一人・少允一人、大属一人・少属一人の計六人。属は六頁注一、已上は四頁注三十五参照。
十八 左右馬寮の第一等官。頭は一三六頁注十、已下は六頁注二参照。

右[一]の威[二]儀の御馬　一疋[三]　其の間に在れ
馬に近[四]づきて　左右に各騎士[五]五人
右兵衛[六]一人も　亦左右に在れ
馬寮[七]の第二の官人と　平頭べよ
左[八]の威儀の御馬　一疋　之に次げ
騎士・左兵衛[九]　竝[十]びに上に同じ

内記・典鑰・主鈴

次に　内記[十一]　左右に各一人
典鑰[十二]各一人　主鈴[十三]各一人　之に次げ

鑰負う馬

鑰負[十四]ふ馬　其の間に在れ
馬に近づきて　左右[十五]の近衛各一人をして　相夾[十六]ましめよ

一 校異参照。
二 天皇行幸の時、つき従わせる、飾りたてた馬。新儀式野行幸事条にも「乗輿出御、（中略）、扈従群官行列如レ常、（中略）、親王公卿及殿上侍臣等在二乗輿後一又左右馬寮官人随二威儀御馬一同候」とあり、馬寮官人が威儀の御馬を従える。左馬寮式御馬条に「凡行幸御馬一疋、馬子八人〔右兵衛二人、馬部六人〕、其装束人別緋袍〔夏単衣〕、襖子〔夏不レ須〕、帛汗衫各一領、調布袴一腰、細布帯一条〔長一丈〕、並随二穢損一申レ官請受〔狩野行幸之日、著二緋細布袍袴一〕」とある。威儀の御馬に置く鞍については、内蔵寮式造皮功条に「造二威儀御鞍一具一料、錦六尺、紫帛二丈、細布二丈、繭五両、獨彩氈方三尺五寸」と規定されている。威儀の御馬に鞍が置かれていることは、注十一の内記式を参照。書紀天武天皇十三年閏四月条の「威儀」に「ヨソホヒ」の訓。黒川本字類抄中五十七オに「威儀〔カシツク、ヰキ〕」。御は二十二頁注四、馬は七十二頁注十二参照。
三 疋は七十二頁注十三、其は二頁注二十八、間は二〇四頁注八、在は二頁注三十二参照。
四 二二〇頁注五参照。
五 一九四頁注十一参照。
六 二〇八頁注二・二十二頁注十一参照。
七 威儀の御馬を中央として、その左右に、内側から騎士各五人、兵衛各一人、馬寮官人各六人が位置する。騎士の先頭と兵衛は直線上に並び、その外側にいる馬寮の二番目の官人と並ぶということであろう。平頭は二一八頁注十一参照。
八 校異参照。
九 校異参照。
十 並は十四頁注十、上は二十六頁注十九参照
十一 中務省に職事官（品官、ほんかん）として所属した書記官。令規定では、大内記・中内記・少内記に分かれ、定員は各二人で、それぞれ正六位上・正七位上・正八位上に相当。詔勅の起草、天皇の行動の記録を掌った。太政官の外記と対をなす。内

[1]右威儀御馬一疋在其間〔近馬左右各騎士五人、[2]右兵衛[3]一人、[4]亦在左右、[5]與馬寮第二官人平頭〕、[6]左威儀御馬一疋次之〔騎士・[7]左兵衛竝同上〕、次内記左右各一人、典[8]鑰各一人、主鈴各一人次之、負鑰馬在其間〔近馬令左右近衛各一人相夾、

1 右、林本・神宮一本「左」。神道本「右」とし右傍「左カ」。信友本頭注「按左可在後右却可在右」。
2 右、林本「左」。神道本「右」とし右傍「左カ」。
3 一人、荷田本注「若二人之誤乎」。以文本頭注「一作二人」。
4 亦在左右與馬寮第二官人平頭、林本なし。
5 與、神宮本・都立本・神宮一本・谷本・三手本・宮本なし、三手本右傍「与乎」。荷田本頭注「諸本並無」。
6 左、林本・神宮本・三手本「右」。神道本「左」とし右傍「右カ」。
7 左、荷田本・林本・神宮本・都立本・谷本・三手本・宮本「右」とし、宮本右傍「左」。神道本右傍「右イ」。
8 鑰、荷田本・神宮本・都立本・神宮一本・谷本・三手本・信友本・以文本「鎰」。林本「鎰」。宮本「監」とし右傍「鎰」。

記式供奉行幸条に「凡供二奉行幸一、遠處、内記二人、史生一人、内記分二在左右一、領二被レ鞍御馬一官人之後、駄レ鈴馬、主鈴之前、近處、内記一人、史生一人」とあり、内記の位置は本条と一致する。和名抄五に「内記〔宇知乃之流須豆加佐〕」。黒川本字類抄中三十八ウに「内記〔ナイキ〕」。

十二 中務省に所属した品官（職事官）の一つ。令規定では、大典鎰・少典鎰に分かれ、定員は各二人で、それぞれ従七位下・従八位上に相当。同省の監物のもとで、中央官司が管理する蔵の管鑰（管鑰は鍵のこと）の出納と、蔵の開閉のことを掌った。監物式請鑰条・典鑰式請匙条によれば、監物は典鑰を率いて毎朝参内し、女官の闈司を介して図書寮・民部省・大蔵省・掃部寮・大膳職・主殿寮・大炊寮の鑰を請い、夕方に返進した。官位令従八位条義解の「少典鑰」の「典鑰」に「カキノ司、カイトリ」の訓。拾芥抄中に「典鎰〔カギノツカサ、テンヤク〕」。和名抄十に「鑰匙〔門乃加岐〕」とある。

十三 中務省に所属した品官（職事官）の一つ。令規定では、大主鈴・少主鈴に分かれ、定員は各二人で、それぞれ正七位下・正八位上に相当。少納言の監督下において、内印、駅鈴・伝符、飛駅の函鈴の出納を掌った。主鈴式従駕内印条に「凡行幸従レ駕内印、幷驛鈴傳符等、皆納二漆篚子一、主鈴與二少納言一共預供奉、其駄者左右馬寮充之」とあり、行幸に際しては、内印、駅鈴・伝符等は漆の篚子（竹で編んだ丈の高い匣）に納め、主鈴と少納言が供奉する。主鈴式の「主鈴」に「スス」の訓。官位令正七位条義解の「大主鈴」の「主鈴」に「ススノツカサ」の訓。字類抄下一二一ウに「主鈴〔ススツカサ〕」。拾芥抄中「主鈴〔シユレイ〕」。

十四 管鑰を負い、行幸に従う駄馬のこと。管鑰については注十二参照。鑰は、名義抄僧上一一八に「鑰〔カギ〕」。書紀天智天皇三年十二月条の「鑰匙」に「カギ」の訓。負は一四二頁注三参照。

十五 二十二頁注十参照。

十六 二二二頁注七参照。

典鑰と平頭べよ

鈴負う馬

一 鈴負ふ馬　之に次げ

二 近衛　相夾むことも　亦上に同じ

少納言

三 少納言一人　之に次げ

東宮の前駆

其の次に　四 東宮の前駈 五　六 亮　左に在れ

学士

七 學士　右に在れ

侍従

八 侍従二人　之に次げ

四位を之と爲よ 九

十 左右に相分れよ

竝びに陣の内に在れ 十一

一 内印、駅鈴・伝符等を負い、行幸に従う駄馬のこと。内印は「天皇御璽」の印文で、印面は三寸四方、公式令規定では五位以上の位記と諸国に下す文書に捺す。駅鈴は駅使に国家が支給する鈴で、それにより駅馬を利用する。伝符は伝馬の使用許可書で、緊急を要する通信用の駅鈴と異なり、新任国司の任地赴任などに使用された。内記式供奉行幸条・主鈴式従駕内印条については、二三四頁注十一・十三参照。また、左右馬寮式巡幸条によれば、巡幸の鈴印を負う駄は、櫪飼（櫪は飼葉桶、厩のこと）強壮のものを用いると規定されている。名義抄僧上一一八に「鈴〔スズ〕」。

二 左右近衛府式行幸条に「凡行幸者、將監一人升自西階、受取御劔供奉、卽率近衛二人護之、亦令近衛二人護印鈴」とある。

三 内印、駅鈴・伝符を少納言と主鈴が供奉することは、二三四頁注十三参照。

四 皇太子、または皇太子の居所をさす。東宮については、東宮職員令義解に「太子之所居也」とあり、さらに、同令集解では、太子の宮名を東宮と称し（朱説）、御子宮は御所の東に位置することから東宮と云う（穴説）と説明する。御所の東に位置するのは、四時の気は東から発するという五行説に拠るとされる。書紀敏達天皇五年三月条の「東宮」に「日次ノミコ、マウケノキミ、ミコノミヤ」の訓。釈日本紀十八秘訓に「東宮〔ヒツキノミコ、又説、マウケノキミ〕」。また、書紀持統天皇十一年二月条の「東宮大傅」に「ミコノミヤノオホキカシツキ」の訓。官位令従四位条義解の「春宮大夫」に「ミコノミヤノカミ」の訓。和名抄五に「春宮坊〔美古乃美夜乃豆加佐〕」。

五 二一六頁注十六参照。

六 春宮坊の第二等官。官位令、東宮職員令春宮坊によれば、定員一人で、従五位下相当。春宮坊は皇太子の家政機関で、三監・六署を管する。亮は一三六頁注十一参照。

七 皇太子に師範として先哲典籍を教授する官。官位令、東宮職

與典鑰平頭〕、負鈴馬次之〔近衛相夾、亦同上〕、
少納言一人次之、其次東宮前駈、亮在左、
學士在右、侍從二人次之〔四位爲之、左右相
分、竝在陣内〕、

員令東宮学士条によれば、定員二人で、従五位下相当。官位令従五位条義解の「皇太子學士」の「學士」に「フミハカセ」の訓。宇津保物語菊の宴に「春宮にはがくし（学士）」とある。

八 次文に四位の者を侍従とするとある。侍従は二〇〇頁注八参照。

九 四頁注二十参照。

十 左右は六頁注三、相は四十六頁注二、分は一二〇頁注二十一参照。

十一 陣は一五二頁注十五、内は九十頁注三参照。

東宮
御剣の櫃
将監
風土を暗唱する者
参議以上親王以下
左右近衛府の騎陣・歩陣

東宮(ひつぎのみこ)[一] 少(すこ)[二]し後(しりへ)に 中(なか)に在(いま)[三]せ
物(もの)[四]を執(と)る者(ひと) 左右(ひだりとみぎ)(さう)に各(おのもおのも)若干(そこばく)[五]人 之(これ)[六]に従(したが)へ
次(つぎ)に 御劒(おほむつるぎ)[七]の櫃(ひつ) 中に在(あ)れ
櫃に近(ちか)づきて 左右の近衛(ちかきまもり)(このゑ)[八]各二人をして 前後(さきとしりへ)[九]に相夾(あひはさ)ましめよ
将監(じょう)(しやうげん)[十] 各一人 其の外(と)[十一]に在(あ)れ
風土(くにぶり)[十二]を諳(そらに)[十三]する者(ひと) 左右に各一人
參議以上親王以下(おほまつりごとひとよりかみみこよりしも)(さんぎ)[十四] 左右に相分(あひわか)れて 中に在れ
左右の近衛府(ちかきまもりのつかさ)(このゑふ)[十五] 左右に各 騎(むまのり)(き)[十六]の陣(つら)廿五人
歩(かち)(ふ)[十七]の陣(つら)卅人
騎(むまのり)(き)の陣の內(うち)に在(あ)れ

一 皇太子。二三六頁注四参照。
二 少は五十頁注六、後は十頁注四参照。
三 名義抄仏上八十四に「在〔アリマシマス〕」。字類抄上十ウに「在〔イマス〕、坐〔同〕」。用例としては、万葉集八〇〇番歌に「大王伊摩周（おほきみいます）」。
四 二三二頁注七参照。物は十頁注二十一、執は二十八頁注十、者は一五〇頁注十四参照。
五 一四〇頁注十三参照。
六 之は八頁注五、従は一三八頁注十一参照。
七 大刀契の櫃。大刀契は、大刀と契（割符）の二種からなり、皇位継承において、三種の神器など共に新帝に伝えられる宝器。温明殿の神器・宝器が後涼殿に移御する記事である本朝世紀天慶元（九三八）年七月十三日条に、「細櫃等五合〔大刀契在二此中一〕」とあり、大刀契櫃は温明殿に安置されていた。北山抄九行幸に「左右将監昇レ自二西階一、舁二大刀契櫃一、授二大舎人一、候二御輿前一〔近衛副レ之〕」とあり、行幸に際しては、左右近衛将監が紫宸殿西階より昇って大刀契櫃を舁ぎ降ろし、乗輿（鳳輦）の前を進む。大刀契については、大石良材『日本王権の成立』（昭和五十年）を参照。和名抄十三に「刀 四聲字苑云似レ劒而一刃曰レ刀」、「劒 四聲字苑云似レ刀而両刃曰レ劒」とあり、劒は両刃で、刀は片刃。書紀神代紀宝剣出現章に「草薙劒、此云二倶娑那伎能都留伎（くさなぎのつるぎ）一」。名義抄僧上九十四に「劒〔タチ、ワキハサム、両刃刀、ツルギ〕」。黒川本字類抄中二十四オに「劔〔ツルキ、三尺暁霜〕」。書紀継体天皇元年二月条の「鏡劔璽」に「ミカカミ、ミハカシ、ミシルシ」の訓。櫃は十頁注十五参照。
八 二三六頁注二参照。近衛は二十二頁注十参照。
九 一六六頁注十一参照。
十 近衛府の第三等官。将監は四頁注三十四参照。黒川本字類抄下一〇六ウに「将監〔シヤウケン〕」。宇津保物語吹上上に「しやうげん」。

東宮少後在中、執物者左右各若干人從之、

次御劔櫃在中〔近櫃令[1]左右近衛各二人前後相夾、將監各一人在其外〕、諳[2]風土者[3]左右各一人、

參議以上親王以下[4]、左右相分在中、左右近衛府、左右各騎陣廿五人、步陣卅人〔在騎陣內、

1 令、三手本・宮本「合」とし、宮本右傍「令」。神宮本右傍「合イ」。

2 諳、神宮本「請」とし右傍「諳イ」。谷本「諳」とし右傍「諸カ」。宮本「諳」とし右傍「諳」。

3 者、都立本「堵」。

4 親王以下、以文本右傍「四字分注歟」。

十一　四十頁注九参照。

十二　西宮記臨時七御禊事に「仰二山城國一令レ進二諳風者二人一」とあり、山城国が諳風者二人を進上する。江家次第十四大嘗会御禊定事によると、「諳二風土一者」とは御禊当該地域の村邑名号を諳誦し、その名を称申することができる者のこと。絵師が御禊地の絵図を描き、村邑名号が書き付けられる。兵範記仁安三年十月十二日条に「語二風土一者召二出東庭一〔一人衣冠、一人布衣冠〕」と見える。「くにぶり」については十八頁注十二参照。

十三　名義抄法上四十八に「諳〔ソラニス〕」。黒川本字類抄中十六ウに「諳〔ソラニス〕」。

十四　参議は四頁注十六、以上は十二頁注二十七、親王は二〇〇頁注七、以下は十二頁注三参照。

十五　二十二頁注十四参照。

十六　二〇四頁注六参照。

十七　二〇四頁注九参照。

[一]輿の後も亦同じ

近衛大将・少将

[二]少將各一人　[三]大將各一人　左右に相分れて　歩の陣の内に在れ

乗輿

[四]乘輿　之に次ぎたまふ[五]

近衛中将・少将

[六]中將各一人　少將各一人　[七]左右に相分れて　乘輿の後に在れ

輿の前の両綱の駕丁[八]　[九]各六人　之を擎け[十]

[十一]輿長・[十二]左近衛　各一人　其の外に在れ

其の兩綱の駕丁[十三]　各十人　左近衛の丁十人

[十四]左兵衛の丁十人

輿前の駕丁・衛府・大舎人

[十五]大舎人　左右に各一人[十六]　之に次げ　[十七]第四の丁に當れ

左近衛　左右に各一人　之に次げ　第六の丁に當れ

一 鳳輦のこと。鳳輦については、二一六頁注十二参照。輿は一五六頁注八参照。一九八頁には御輦とある。亦は六頁注十一参照。

二 近衛少将。近衛府の第二等官。定員は、天平神護元年の近衛府成立時は一名であったが、天応元年に二名となり、大同二年の左右近衛府への改組にともなって左右各二名となった。正五位下相当（類聚三代格四所収天平神護元年二月三日勅）。少将の訓は一三六頁注十一参照。明月記建久七年四月二十一日条に、左近衛権少将藤原定家を「ヒダンノチカイマモリノツカサノンノスナイスケ藤原定家」と記す。

三 近衛大将。近衛府の長官。正三位相当。大将の訓は一三六頁注十参照。宇津保物語国譲下に「ちかきまもりのつかさのかみ」とある。

四 二一六頁注十二参照。

五 一四〇頁注七参照。

六 近衛中将。近衛府の第二等官で、少将の上位。定員は、天平神護元年の近衛府成立時は一名、延暦十八年に二名となるが、大同二年の左右近衛府への改組にともなって左右各一名に復した。従四位下相当（類聚三代格四所収天平神護元年二月三日勅）。中将の訓は一三六頁注十一参照。殿暦康和五年正月七日条の宣命に、左近衛権中将を「左ノチカキマホリノツカサノカリノオホ井スケ」とする。字類抄上七十一ウに「中将〔チウシヤウ〕」。

七 六頁注三参照。

八 北山抄九行幸に「乗輿出㆓承明門㆒之間、大將越㆑闈召㆓大舎人㆒二音、大舎人稱唯、仰云、御綱張〔禮〕」とあり、乗輿が承明門を出御する間、近衛大将が大舎人を召して、鳳輦の御綱を張ることを命じる。両は四頁注十八参照。綱は、名義抄法中一二一に「綱〔ツナ〕」。

九 左右近衛府式番長駕輿丁条によれば、駕輿丁は次のように規定されている。駕輿丁は百一人で、隊正二人、火長十人、直丁

輿後亦同〕、少將各一人、大將各一人、左右相分在歩陣內、乘輿次之、中將各一人、少將各一人、左右相分在乘輿後、輿[1]前兩綱駕丁各六人擎之、輿長左近衛各一人在其外、其兩綱駕丁各十人〔左近衛丁十人、左兵[2]衛丁十人〕、大舍人左右各一人次之〔當第四[3]丁〕、左近衛左右各一人次之〔當第六[4]丁〕、

1 輿、荷田本注「輿前以下當第二丁以上六許行、未二會通一蓋有二錯乱脱文一」。信友本頭注「自二輿前両綱一至二当第二十一之文、未レ可レ會通蓋有二錯乱脱文一」。
2 兵、神宮本「近」とし右傍「兵イ」。
3 四、以文本「二」。林本注「衛府及大舎人當丁次序ヲ亂ル、何ソ四六八十ト次テ二ヲ後ニセンヤ、是無レ他轉寫ノトキ四ニ始リ十ニ至リ二ノ遺ルニ及テ改寫ヲ勞メ已ム事ヲ不レ得〆終ニ次スル也宜ク改テ二四六ト書ヘシ」。
4 六、林本・以文本「四」。

一人、丁八十八人で構成されていた。また、左右近衛府式駕輿丁装束条によれば、行幸に供奉する駕輿丁は駕別に二十二人、その内十二人が御輿を肩に担ぎ、十人が前後の綱を執る。駕輿丁の装束は、皂頭巾、皂緌、緋帛衫、調布襖、貲布衫、紫大纈、褶、白布袴、白布帯、白布脛巾を着用する。中宮の御輿も同じ。名義抄僧中一〇九に「駕〔カカク、ノル、カ〕」。書紀天武天皇元年六月条の「駕」に「オホムマ」、「従駕」に「オホムトモニツカヘマツル」の訓。丁の訓は十六頁注十一参照。

十　名義抄仏下本四十二に「擎〔ササク、カキアク〕」。

十一　左右近衛府式輿長条によれば、行幸時の輿長は五名で、近衛の内から膂力のあるものを択び充てる。紅染の布衫を着用し、弓箭を帯びない。国史大系本左右近衛府式輿長条の「御輿長」に「ミコシヲサ」の訓、斎宮式河頭禊条の「輿長」に「ミコシヲサ」の訓。

十二　近衛は二十二頁注十、外の訓は四十頁注九参照。

十三　鳳輦の前の綱を執る駕丁のことであろう。

十四　二〇八頁注二参照。

十五　十六頁注五参照。

十六　各は四頁注二十二、之は八頁注五参照。

十七　大舎人各一人は、左右各十人の執綱駕丁の内、第四番目の執綱駕丁のそれぞれの外側に位置せよとの意か。当は四十六頁注二参照。なお、以文本は「第二丁」に作り、十行目を「第四丁」、次頁一行目を「第六丁」、次頁二行目を「第八丁」、次頁三行目を「第十丁」とする。校異参照。

大舎人　左右に各一人　之に次げ　第八の丁に當れ

左兵衛　左右に各一人　之に次げ　第十の丁に當れ

大舎人　左右に各一人　之に次げ　第二の丁に當れ

竝[一]びに綱[二]の外に在れ

輿後の衛府・大舎人・駕丁

輿の後の衛府[三]及び大舎人・駕丁も　亦此[四]に准へ

繖を執る者

其[五]の後陣の繖[六]を執[七]る者二人　之に次げ

左右に相夾[八]みて　綱[九]の末に在れ

左右近衛府の騎陣・歩陣

左右の近衛府　左右に各騎の陣十一人・歩の陣十人　之に次げ

主水

主水[十]　漿[十一]を捧[十二]ぐること左右に各一人

歩の陣の末に在れ

一 十四頁注十参照。

二 それぞれの執綱駕丁に付く大舎人・左近衛・左兵衛は、綱の外側に位置する。

三 左右近衛府、左右兵衛府。及は八頁注二十八参照。

四 此は四頁注二十四、准は二一〇頁注十六参照。

五 其は二頁注二十八、後陣は一五二頁注十五参照。

六 絹または織物を張った長柄の傘。天皇・貴人の行列の際などに後ろからさしかける。儀制令蓋条に皇太子以下の使用する蓋が規定されている。新撰字鏡四に「繖〔傘同、桑爛反蓋也、支如加佐〕」。和名抄十四に「華蓋〔和名岐沼加散〕」。名義抄法中一三五に「繖〔キヌカサ、カサ、ヌサ、亦傘〕」。

七 執は二十八頁注十、者は一五〇頁注十四参照。

八 二二二頁注七参照。

九 鳳輦の後の両綱の末にそれぞれ位置する。末は十頁注二参照。

十 主水司。令制の宮内省被管の官司。天皇に供進する水・粥・氷のことを掌った。和名抄五に「主水司〔毛比止里乃豆加佐〕」。「もひ」は水・汁を入れる食器のことで、転じて水・飲料水の意に用いられる。書紀神武天皇二年二月条の「主水部」に「モフトリラ、モヒトリラ、モムトリラ」の訓。官位令従六位条義解の「主水正」に「モントンノカミ」の訓。黒川本字類抄下一〇〇ウに「主氷司〔モトリツカサ〕」。拾芥抄中に「主氷正〔モトリノツカサ〕」。

十一 後宮職員令水司条集解所引古記に「漿水、以二粟米飯一漬二水汁一、名為レ漿也、粟水訓耳」とあり、漿水を、粟米飯をもって水汁に漬けたものとしている。華厳経音義私記に「漿、音將、訓古美豆(こみづ)」。和名抄十六では、漿を「和名豆久利美豆(つくりみづ)、俗云邇於毛比(におもひ)」とし、さらに、白飲のことを「和名古美都(こみづ)、今案濃漿之名也」と説明している。新撰字鏡巻四に「鐮〔古水〕」。名義抄法上四十三に「漿〔コムツ、ツクリ水、ニオモヒ〕」。官位令従六位条義解の「主漿首」の「主漿」に「コムツ」の訓。

大舍人左右各一人次之〔當第八[1]丁〕、左[2]兵衛
左右各一人次之〔當第十[3]丁〕、大舍人左右各
一[4]人次之〔當第二[5]丁〕、竝在綱[6]外〔輿後衛府及
大舍人駕丁亦准此〕、其後陣執纖者二人次之
〔左右相夾[7]在綱末〕、左右近衞府、左右各騎
陣[8]十[9]一人、歩陣十人次之、[10]主水捧漿左右
各一人〔在歩陣末〕、

十三　名義抄仏下本三十九に「捧〔ササグ〕」。

1　八、林本・以文本「六」。
2　「左」以下十四字、宮本割注。
3　十、林本・以文本「八」。宮本「十」とし左傍「八」。
4　一、神宮一本「二」。
5　二、林本・以文本「十」。
6　綱、谷本「納」。
7　夾、谷本「交」。
8　林本・神宮本・都立本・谷本・三手本・宮本「各」あり、都立本右傍「衍字也」。荷田本頭注「諸本有各字」あり。
9　一、信友本・以文本なし。荷田本注「蓋衍字」。
10　荷田本・信友本・以文本「次」あり。荷田本注「蓋次之下脱二次字一」。

東豎子

[一]少(すこ)し後(しりへ)に　[二]東豎子(あづまわらは)　左右(ひだりとみぎ／さう)に各(おのもおのも)一人

[三]中路(みちなか)に在(あ)り　繖(きぬがさ)を執(と)る者(ひと)と[四]相當(あひあた)れ

内侍

[五]内侍(ないし)　左右に各一人　之(これ)に次(つ)げ

女蔵人

[六]女蔵人(にょくらうど)　各四人　之に次げ

内蔵の筥持

[七]内蔵(うちのくら)の[八]筥持(はこもち)　各一人　之に次げ

左右近衛府の騎陣・歩陣

左右の[九]近衛府(ちかきまもりのつかさ／このゑふ)　左右に各騎(むまのり／き)の陣(つら)十人・歩(かち／ふ)の陣十人

腰輿

[十]腰輿(たこし／えうよ)　[十一]其(そ)の間(ま)に在れ

菅蓋・紫蓋

[十二]菅蓋(すげのみかさ／くわんがい)・[十三]紫蓋(むらさきのきぬがさ／しがい)　之に次げ

翳執る者

輿(たこし)の左右に　[十四]翳(さしは／えい)を執(と)る者(ひと)　各(おのもおのも)二人

輿に[十五]近(ちか)づきて相夾(あひはさ)め

一 少は五十頁注六、後は十頁注四参照。

二 内侍司に所属する女官。枕草子一五六に「行幸のをりのひめまうち君」とあるように、姫大夫（ひめもうちきみ）とも云い、行幸の際に馬に乗って供奉した少女。西宮記臨時五行幸に、中院行幸時は「東豎取二御插鞋一」とある。年中行事絵巻には馬に乗って行幸に供奉する東豎子が描かれている。中務省式新嘗会条・縫殿寮式女官地条・内蔵寮式踏歌装束条に見え、行幸のほか、新嘗祭・正月の踏歌節会にも奉仕した。中務省式新嘗会条・縫殿寮式女官地条・内蔵寮式踏歌装束条の「東豎子」に「アツマワラハ」の訓。字類抄下四十一オに「東竪子〔アヅマワラワ、三子之孫葉歟、代々同名字也〕」。名目鈔に「東竪子〔アツマワラハ、女官也〕」。一条兼良の公事根源・江次第鈔によると、姫大夫、転じて姫松は、三つ子は天子を守るという故事に因み三つ子の童女が用いられ、紀朝臣季明・河内宿禰友成という男子名で呼ばれたという。

三 道の中央部のこと。書紀天智天皇七年是歳条の「中路」に「ミチナカ、ナカミチ」の訓。

四 前行の左右の執繖者に揃えることであろう。相当は四十六頁注二参照。

五 十六頁注十六参照。

六 宮中に仕えた女官。蔵人式によると、女蔵人は、宮中における公事・儀式の補佐、御手水・御膳の供進などの日常の行事を掌った。中宮職式群官朝賀条に「内侍一人、率二女蔵人三人一、納二祿物於櫃一合一」、内蔵寮式踏歌装束条に「踏歌人等装束料、女蔵人四人」と見える。また本条より、大嘗祭御禊行幸にも供奉したことが知られる。江次第鈔一に「命婦者中臈女房、藏人者下臈女房也」とあり、女蔵人は下臈女房とする。名目鈔に「女藏人〔ニヨクラフド〕」。蔵人は二四六頁注一参照。

七 内蔵寮。令制の中務省被管の官司。天皇の歴代宝物や日常用いる物品の調達・保管、また、諸社への幣物の弁備を掌る。職員令内蔵寮条によれば、金銀珠玉・宝器・錦綾・雑綵・氈褥

少後東豎子左右各一人〔在中路、與執繖者相當〕、内侍左右各一人次之、女藏人各[1]四人次之、内藏筥持各一人次之、左右近衛府、左右各騎陣十人、歩陣十人、腰輿在其閒、菅蓋・紫蓋次之、輿左右[2]執[3]翳者各二人〔近輿相夾〕、

1 各、荷田本なし。
2 荷田本・神宮本・谷本・三手本・宮本・信友本「卜」あり、荷田本注「卜字一本作㆑長並未㆑解㆑義若衍字乎」、宮本右傍「長」、信友本右傍「長イ」頭注「卜長並不㆑解蓋衍字乎」。林本・都立本・神宮一本・以文本「長」あり。
3 翳、谷本「醫」とし右傍「翳カ」。

（せんにく）・諸蕃貢献の奇瑋（きゐ）物・年料の供進御服、及び別勅用物の出納・調進を規定する。平安朝に入ると、諸国・諸司から納入される物品の出納のほか、寮が、供御の櫛や夾纈などの染め物、色紙・油・陶器・木器・蓆・灰・炭まで製造するようになる。和名抄五に「内藏寮〔宇知乃久良乃豆加佐〕」。黒川本字類抄中五十四ウに「内蔵寮〔ウチノクラレウ〕」。官位令従五位条義解の「内藏頭」に「ウチノクラノカミ」の訓。源氏物語桐壷に「くらづかさ（内蔵寮）」。

八 内蔵寮の蔵部のことであろう。元日朝賀式・即位式においては、蔵部八人は威儀の柳筥を執って列立する（儀式六元正朝賀儀）。筥は五十頁注十二、持は一五八頁注十四参照。

九 二十二頁注十参照。

十 駕輿丁が轅（ながえ）を、肩ではなく、手で担ぐことを特徴とする輿の一つ。轅の位置が担ぎ手の腰の部分に当ることから腰輿という。屋形は切妻。北山抄五大嘗会御禊事に「先御㆓御膳幄㆒、（中略）、時刻、駕㆓腰輿移㆓御御禊幄㆒」とあり、天皇は、鳳輦で御禊地の御膳幄に着御、その後、腰輿に乗り換えて御禊幄に移御される。和名抄十一に「腰輿〔和名太古之〕」。名義抄仏下末二十五に「腰輿〔タコシ〕」。皇太神宮儀式帳皇太神御形新宮遷奉時行事の「手輿」に「タゴシ」の訓。黒川本字類抄中五オ「舁輿〔エウヨ、タコシ〕」。

十一 其は二頁注二十八、閒は四十二頁注四参照。

十二 菅で作った、背後からさしかけるかさ。行幸の時などに頭上にさしかけた。皇太神宮儀式帳新宮遷奉御装束用物事の「菅御笠」に「スゲノミカサ」、「紫衣笠」に「ムラサキノキヌガサ」の訓。中川経雅の大神宮儀式解によれば、紫衣笠は晴儀用、菅御笠は雨儀用とする。五〇〇頁に「車持朝臣一人執㆓菅蓋㆒、子部宿禰・笠取直各一人、共膝行執㆓蓋綱㆒」と見える。

十三 紫色のきぬがさ。注十二参照。字類抄下七十四ウに「紫盖〔シカイ、行具也〕」。儀制令蓋条に、皇太子以下の蓋の材質・形状が規定されている。

十四 貴人の顔をさし隠すために用いる団扇（うちわ）。鳥の羽・薄絹などを張って作るもの、また菅を編んで作るものがある。長い柄が付けられている。即位・朝賀において、奉翳女孺が高御座に翳を差し出し、翳を開く儀が行われる。行幸・遷宮においても用いられる。蓋などとともに、威儀を整えるためのものであり、また、所在を示す目印ともなった。万葉集三八八二番歌に「指羽」とあり、皇太神宮儀式帳にも「紫刺羽二柄、菅刺羽二柄」と見える。伊勢大神宮式度会宮装束条の「紫翳」の「翳」に「サシハ」の訓。

十五 近は二二〇頁注五、相夾は二二二頁注七参照。

男蔵人

次（つぎ）に　男蔵人（をとこくらうど）[一]　左右（ひだりとみぎ／さう）に各（おのもおのも）三人

主殿寮允以上

次に　主殿寮（とのもりのつかさ／しゆでんれう）[二]の允已上（じようよりかみ）[三]　左右に各一人　之（これ）に次（つ）げ

紫蓋（むらさきのきぬがさ／しがい）と平頭（かしらをなら／へいとう）[四]べよ

雨革・蓑笠

腰輿（たこし／えうよ）の雨革（あまがは）[五]・人給（ひとだまひ／にんきふ）[六]の蓑笠（みのかさ）[七]　分（わか）[八]れて道（みち）の左右に在（あ）れ

雨革　右に在れ

蓑笠　左に在れ

覆筥・御厠の幔

覆筥（おほひばこ）[九]・御厠（みかはや）[十]の斑幔（まだらまく）[十一]　其（そ）[十二]の内（うち）に在れ

覆筥（おほひばこ）　右に在れ

斑幔（まだらまく）　左に在れ

小幔・風炉

小幔（ちひさきまく）[十三]・風爐（ふろ）[十四]　其の内に在れ

一 蔵人所の職員。蔵人式日行事条に「卯尅、（中略）、男蔵人上二格子一、（中略）、亥尅、男蔵人祗候、宸儀御二寝殿一之時、卸下二格子一」と見え、陪膳・宿直など天皇の日常の雑事を掌り、また、秘書官的役割を担った。蔵人所は、薬子の変に際し、機密保持のために、弘仁元（八一〇）年三月、嵯峨天皇によって設置されたという。令外官。黒川本字類抄中八十二オに「蔵人〔クラウト〕」。

二 令制の宮内省被管の官司。職員令主殿寮条によれば、天皇の輿輦・蓋笠・繖扇・帷帳の管理、湯沐の調進、殿庭の掃除、燈燭・松柴・炭燎のことを掌った。四等官の下に伴部として殿部四十人が規定されている。三代実録元慶六年十二月二十五日条には、主殿寮からの上申に依り、殿部は、大化前代からの名負氏である日置・子部・車持・笠取・鴨の五氏が務めていたが、定員が確保できず、十五人は他氏を以て補任すると記されている。和名抄五に「主殿寮〔止乃毛里乃豆加佐〕」。字類抄上六十四オに「主殿寮〔トノモリレウ〕」。書紀神武天皇二年二月条の「主殿」に「トノモリ」の訓。官位令従五位条義解の「主殿頭」の「主殿」に「トノモリ」の訓。枕草子二七八に「とのも（主殿）の女官」とあり、東宮年中行事に「しゆでんしよ（主殿署）」とある。

三 主殿寮の第三等官。允は四頁注三十四、已上は四頁注三十五参照。

四 紫蓋を捧持する者と揃え並ぶこと。平頭は二一八頁注十一参照。

五 雨天の際、輦・輿・車などの屋形を囲み覆う雨具。浅黄染めの生（すずし）の平絹に油を塗るという。西宮記臨時三車条に「雨皮、公卿以上車張」とある。また、蜻蛉日記下に「あまがは（雨皮）はりたるくるま（車）さしよせ」と見える。輿車図考附図には雨皮で鳳輦を覆っている様を描いた図が収載されている。

六 人々に分給する蓑笠。人給は十八頁注十五参照。宮内省式菖蒲条に「人給〔乃〕菖蒲進〔登〕申」とあり、儀式十・十一月一日

1 人左右、林本なし。
2 斑、林本・神宮本・神宮一本・谷本・三手本・宮本「班」。
3 斑、林本・神宮本・神宮一本・谷本・三手本・宮本「班」。

次男藏人[1]左右各三人、次主殿寮允已上、左右各一人次之（與紫蓋平頭）、腰輿雨革・人給蓑笠分在道左右、（雨革在右、蓑笠在左）、覆筥・御廁斑[2]幔在其內（覆筥在右、斑[3]幔在左）、小幔・風爐在其內

進御暦儀に「人給暦進（良久乎）」と見える。

七 二二六頁注十一参照。

八 分は二一四頁注十九、道は十四頁注十四、在は二頁注三十二参照。

九 便器である樋筥を覆う筥か。覆は名義抄法下七十一に「覆（オホフ）」。筥の訓は五十頁注十二参照。

十 便所。古事記伝二十は、河・溝に作られたことが語源とする。十巻本和名抄三に「廁（音四、賀波夜）」。四時祭式大殿条の「廁殿」に「カハヤノトノ、ミカハ、カハヤ」の訓。枕草子二十四に「みかはやうどのずさ（御廁人の従者）」とある。

十一 一九八頁注八参照。

十二 其は二頁注二十八、内は九十頁注三参照。

十三 小の訓は二一〇頁注九、幔の訓は一九八頁注八参照。

十四 暖を取り、また、湯を沸かすための火器。土製・銅製・鉄製などがある。内匠寮式賀茂初斎院条に「白銅風爐一具」が見える。下学集五十九オに「風爐（フロ）」。

小幔　右に在れ
風爐　左に在れ

御櫛机

内藏の御櫛机　雨革の後に在れ

掃部寮官人

次に　掃部寮の官人　左右に各一人
騎の陣と相當れ

胡床・水樽

胡床・水樽　分れて道の左右に在れ
胡床　雨革に當れ
水樽　蓑笠に當れ

御茵・松明

御茵・松明　其の内に在れ
御茵　右に在れ

一　内蔵寮。二四四頁注七参照。

二　櫛は名義抄仏下本一一五に「櫛〔クシ〕」。机は、和名抄十六に「唐韻云机〔音與几同、和名都久恵〕」とあることより、「つくゑ」とされてきたが、小川本願経四分律平安初期点・法華経義疏紙背和訓に「ツ支江」とあり、「つくえ」であると指摘されている（築島裕『平安時代語新論』、昭和四十四年）。内匠寮式賀茂初斎院条に「櫛机一具〔長一尺五寸、廣一尺三寸、足高九寸〕」と見える。御料・中宮料・春宮料の櫛については、内蔵寮式年料梳条に規定がある。

三　十頁注四参照。

四　養老令制では大蔵省被管の官司（掃部司）。朝廷において挙行される行事・儀式・祭祀の鋪設、また、宮中の掃除を掌る。弘仁十一（八二〇）年、宮内省被管の内掃部司と併合され、宮内省被管掃部寮となった。令規定では、掃部司の伴部である掃部の定員は十人。掃部寮成立の弘仁十一年閏正月五日付太政官奏（類聚三代格四）によれば、その官員は主殿寮と同じとするので、主殿寮伴部の殿部四十人と同じく、掃部寮の掃部も四十人とされたのであろう。和名抄五に「掃部寮〔加牟毛里乃豆加佐〕」。また、和名抄六の和泉国和泉郡掃守郷に「掃守〔加尒毛利〕」とある。字類抄上一二一オに「掃部寮〔カモリ〕」。書紀天武天皇十三年十二月条の「掃部連」の「掃部」に「カモム」の訓。中務省式諸司員条の「掃部寮」の「掃部」に「カモリ」の訓。官位令正六位条義解の「掃部正」の「掃部」に「カモリ」の訓。古語拾遺には、「于レ時掃守連遠祖天忍人命供奉陪侍、作レ箒掃レ蟹、仍掌二鋪設一、遂以爲レ職、號曰二蟹守一〔今俗謂二之掃守一者、彼詞之転也〕」とあり、掃守連の遠祖天忍人命が鋪設に際して箒で蟹を掃い、その職掌を以て、蟹守（かにもり）と名付けられたという伝承がある。

五　三十二頁注十一参照。

六　騎陣は二〇四頁注六、相当は四十六頁注二参照。

七　折り畳むことができる一人用の腰掛けで、主に戸外で用いる。

（小幔在右、風爐在左）、內藏御櫛机在雨[1]革之後、次掃部寮官人左右各一人（與騎陣相當）、胡床・水樽分在道左右（胡床當於雨[2]革、水樽當於蓑笠）、御茵[3]・松明在其內（御茵[4]在右、

1 雨、神宮本「両」。
2 雨、神宮本「両」。
3 茵、林本・都立本・神宮一本・以文本「筒」とし、都立本右傍「尿筒也」、神宮一本右傍「一作茵」。
4 茵、林本・都立本・神宮一本・以文本「筒」。

匈奴などの北方遊牧民族が使用していたものが、漢代までに中国に伝わったという。和名抄十七に「胡床〈阿久良〉」。名義抄法下一〇六に「胡床〈アグラ〉」。字類抄下三十二オに「胡床〈コシヤウ、アクラ〉」。中務省式大儀条に「胡床〈其輔胡床以二虎皮一敷之〉」とあり、その「胡床」に「アクラ」の訓が付されている。書紀敏達天皇十四年三月条の「胡床」に「アグラ」の訓。「あぐら」は、足（あ）座（くら）の意で座席のこと。古事記雄略天皇記に「阿具良爾伊麻志〈あぐらにいまし〉」と見える。

八 水は七十頁注四参照。樽は水・酒・油などの液体を貯える木製容器。古事記雄略天皇記の御製に「本陀理〈ほだり、秀罇の意〉」と見える。「たり」は「たる」の古形。元和三年板下学集に「榼〈タル〉、樽〈タル〉、棰〈タル、三字ノ義同シ也、但棰ハ日本ノ字也〉」（古辞書叢刊二所収）とある。

九 雨皮は右（二四六頁）。

十 蓑笠は左（二四六頁）。

十一 座ったり臥したりする時に敷く敷物。現在の座布団の原型。宮中・上級貴族用の織製と、官庁などで用いられる藺席（いむしろ）のものに大別される。清涼殿昼の御座の茵は、類聚雑要抄指図巻に図があり、方三尺五寸、表は唐綾、中は京莚の芯に綿を載せ、裏は濃紫の打絹、幅五寸の東京錦の縁をつける。和名抄十四に「茵〈和名之土禰〉」。名義抄仏中一一一に「狭畳〈サタタミ、俗云、シトネ、是也〉」。御は二十二頁注四参照。

十二 松の老木の、脂分の多い芯部分などを束ねて、燃焼させ照明とするもの。軍防令火炬条義解に「松明〈謂、松明是松之有レ脂者也〉」と説明する。名義抄仏下本八十六に「松明〈マツ〉」。黒川本字類抄中五ウに「松明〈タヒマツ〉、續松〈同、俗用之〉」、さらに、同書中二十四オに「續松〈ツキマツ、又タイマツ、又ツイマツ〉」とする。和名抄十二に「今案松明者今之續松乎」とある。国史大系本斎宮式月料条の「松明」に「マツアカシ、マツ」の訓。宇津保物語初秋に「たいまつのひかり〈松明の光〉」と見える。

松明（たいまつ）　左（ひだり）に在（あ）れ

簀・軽幄

簀（す）[一]・輕幄（かろきあげはり）[二]　其（そ）の內（うち）に在れ

簀　右（みぎ）に在れ

軽幄　左に在れ

炭櫃・御酒

主殿（とのもり）[三]の炭櫃（すびつ）[四]・造酒（さけ）[五]の御酒（みき）[六]　分（わか）[七]れて道（みち）の左右（ひだりとみぎ／さう）に在（あ）れ

炭櫃（すびつ）　胡床（あぐら）に當（あた）れ

御酒（みき）　水樽（みづたり）に當れ

献物所の櫃

次に　獻物所（たてまつりものどころ）[八]の櫃（ひつ）[九]　左右に各（おのもおのも）一合　中路（みちなか）[十]に在れ

膳部・酒部

次（つぎ）に　膳部（かしはでべ）[十一]・酒部（さかべ）[十二]　分（わか）れて道（みち）の左右（ひだりとみぎ／さう）に在（あ）れ

膳部　炭櫃（すびつ）に當（あた）れ

一　一五六頁注六参照。

二　軽は十二頁注三十一、幄は二十八頁注四参照。

三　主殿寮。二四六頁注二参照。

四　暖をとるための火鉢。宇津保物語蔵開下に「すびつにひ（炭櫃に火）などおこしたり」とある。字類抄下一一六ウに「炭櫃〔スヒツ〕」。

五　造酒司。宮内省被管の官司で、供御（天皇・中宮・東宮用）及び朝廷の諸節会・神事に用いられる酒・醴（あまざけ）・酢などを醸造する。和名抄七に「造酒司〔佐希乃司〕」。字類抄下五十四オに「造酒司〔サケツカヒ〕」。中務省式時服条の「造酒司」に「サケノツカサ」の訓。

六「み」は接頭語。神や貴人に捧げる酒。古事記仲哀天皇記歌謡に「許能美岐袁、迦美祁牟比登波（このみきを、醸みけむ人は）」、同書応神天皇記歌謡に「須須許里賀、迦美斯美岐邇（すすこりが、醸みしみきに）」と見える。祝詞式春日祭条の「御酒」に「ミワ、ミキ」、民部省式営田条の「黒白二酒」の「酒」に「ミキ」の訓。

七　分は二一四頁注十九、道は十四頁注十四、在は二頁注三十二参照。

八　書紀神功皇后摂政四十七年四月条の「獻物」に「タテマツリモノ」の訓。西宮記臨時七御禊次第司に「大臣着㆓御前㆒、山城國獻㆑物（大臣問㆓稱名㆒、作（依カ）㆑仰付㆓膳部㆒）」、北山抄五大嘗会御禊事に「大臣候㆓御前座㆒山城國獻物冊捧、（中略）、大臣問㆑之、各稱㆓物名㆒、退付㆓進物所㆒」とある。山城国より献物が奉呈され、御膳が供された後、山城国献物の物名を称する儀が行われる。献物所は、これらの献物を最初に安置する施設か。

九　十頁注十五参照。

十　二四四頁注三参照。

十一　二十頁注十二参照。

十二　宮内省造酒司に所属した伴部。職員令造酒司条によれば、定員は六十人で、「掌㆑供㆓行觴㆒」と規定され、朝廷の節会にお

松明在左〕、簀・輕幄在其内〔簀在右、輕幄在左〕、主殿炭櫃・造酒御酒分在道左右〔炭櫃當於胡床、御酒當於水[1]樽〕、次獻物所櫃左右各一合在中路、次膳部・酒部分在道左右〔膳部當於炭櫃、

1 水、宮本「木」とし右傍「水」。

いて列席者に酒を供することを職掌とする。二八八頁にも酒部一人と見え、白酒・黒酒の醸造に加わっている。字類抄下五十五オに「酒部〔サカヘ〕」。

酒部(さかべ)　御酒(みき)に當(あた)れ

内豎

次(つぎ)に　[一]執物(とりもの)の[二]内豎(ちひさわらは／ないじゅ)　左右(ひだりとみぎ／さう)に各(おのもおのも)十人

近衛少将以上の副馬

次に　左右の[三]近衛少將已上(ちかきまもりのすないすけよりかみ／このゑせうしやう)の[四]副馬(そへむま)　左右に各四疋[五]

次に　[六]撿挍(けんげう)の女孺(めのわらは／にょじゅ)　左右に各一人

女孺・釆女

次に　女孺(めのわらは／にょじゅ)　左右に各三人

次に　[七]釆女(うねめ)　左右に各八人

御廁人・洗人

次に　[八]御廁人(みかはやうど)　左右に各一人

次に　[九]洗人(すましびと)　左右に各一人

次に　[十]撿挍(けんげう)の女孺(めのわらは／にょじゅ)　左右に各一人

和琴・御硯

次に　[十一]圖書(ふみ／づしょ)の[十二]和琴(やまとごと／わごん)・[十三]御硯(おほむすみすり)　之(これ)に次(つ)げ

一 二三二頁注七参照。

二 二十二頁注九参照。

三 二四〇頁注二参照。

四 二二六頁注九参照。

五 七十二頁注十三参照。

六 女官を点検し、誤りを正す役割の女孺。検校は四頁注十九、女孺は二〇二頁注三参照。

七 後宮に仕えた女官。大化前代、国造などの地方豪族が子弟（兵衛）や子女（釆女）を大和朝廷に貢進したことが起源とされる。書紀大化二年正月条の改新詔によれば、釆女は、郡の少領以上の姉妹及び子女で、形容端正な者を貢進するとあり、また、後宮職員令氏女釆女条義解にも「其貢二釆女一者、郡少領以上姉妹及女、形容端正者、皆申二中務省一奏聞」と規定されている。後宮職員令によると、水司には釆女六人、膳司には六十人が配属され、さらに縫司・縫殿寮・中宮職等にも所属した。宮内省被管の釆女司が管轄した。大同二（八〇七）年十一月、諸国の釆女貢進が停止されるが、弘仁年間に再び旧に復した。黒川本字類抄中五十四ウに「釆女〈ウ子（ね）メ〉」。書紀允恭天皇四十二年十一月条の「釆女」に「ウネヘ」の訓。中務省式時服条の「釆女司」に「ウネヘノツカサ」の訓。和名抄六の伊勢国三重郡郷名に「釆女〈宇禰倍〉」。

八 宮中・斎院等で廁の清掃管理を掌った官女。内裏では台盤所に属した。枕草子二十四に「みかはやうど〈御廁人〉」とある。台記別記久安六（一一五〇）年正月十九日条に「女官祿、（中略）、大盤所、長女〈をさめ〉九人〈各正絹一疋〉、御廁人九人〈同〉」と見える。「みかはやひと」の転。

九 宮中で樋（便器）の清掃管理を掌った官女。樋洗（ひすまし）のこと。宇津保物語梅の花笠に「しもづかへ〈下仕〉はかち〈徒歩〉よりあユ〈歩〉ム、ひすまし〈樋洗〉六人、あをに〈青丹〉のうへのきぬきてあゆみヌ」とあり、主人の外出時には樋を持って従った。樋洗を略して「すまし」とも言い、枕草子八十七に

1 衞、林本「御」。
2 孺、林本・都立本・谷本「嬬」。
3 孺、林本・都立本・谷本「嬬」。
4 次、宮本なし。
5 都立本「嬬」あり。宮本右傍「嬬」あり。信友本・以文本「孺」あり。荷田本注「蓋脱二孺字一」あり。神道本右傍「孺イアリ」あり。
6 左右、以文本なし。
7 次、荷田本・林本・都立本・神宮一本なし。信友本頭注「次一本无」。
8 之、荷田本・林本・神宮本・都立本・神宮一本・三手本・宮本・信友本なし、三手本右傍「之乎」。

酒部當於御酒〕、次執物內豎左右各十人、次左右近衞[1]少將已上副馬左右各四疋、次撿挍女孺[2]左右各一人、次女孺[3]左右各三人、采女左右各八人、次[4]御廁人左右各一人、次洗人左右各一人、次撿挍女[孺][5]左右[6]各一人、次圖書和琴・御硯次[7]之[8]

「その程も、これがうしろめたければ、おほやけ人、すまし・長女(をさめ)などして、たえずいましめにやる」とある。注八の御廁人と区別されているのは、廁と樋の清掃・管理は別であったためか。斎宮式初斎院別当以下条の「洗人」に「スマシムト」の訓。

十 底本「撿挍女」。諸本により、「女」の下に「孺」字を補う。校異参照。本頁四行目には「撿挍女孺」とある。

十一 中務省被管の図書寮。宮中の図書と仏像の保管、国史の編纂、書物の筆写と校正、装潢(そうこう)、さらに諸司への紙・筆・硯の支給を掌った。和名抄五に「圖書寮〈不美乃豆加佐〉」。朝野群載六諸司訓詞に「圖書寮〈フンノツカサ〉」。黒川本字類抄中二十九オに「圖書寮〈フムノツカサ、ツシヨレウ〉」。官位令従五位条義解の「圖書頭」の「圖書」に「フム」の訓。

十二 図書寮式行幸従駕条に「凡行幸従レ駕御研案一具〈研一口、筆十管、銀小磓一口、墨四廷、雑色紙數不レ定〉、和琴二面〈御一面、凡一面〉、柳筥一合〈納二赤地兩面袋一〉、地圖一巻〈以二細布一爲レ之、納二赤地兩面袋一〉、儲幕四条〈二絁、二布、並隨レ破請替〉」と規定され、図書寮は行幸に際して、研案一具(研・筆・銀小磓・墨・雑色紙)、和琴二面(一面は御料)、地図一巻、柳筥一合、儲幕四条を持ち従う。和名抄四の「日本琴」に、体は箏に似て短小、六絃で「俗用二倭琴二字一、夜万止古止」とある。字類抄上八十八オに「倭琴〈ワコン〉」。

十三 図書寮式行幸従駕条に「研(すずり)一口」とある。注十二参照。御は二十二頁注四、硯は十二頁注一参照。

和琴(やまとごと/わごん) 右(みぎ)に在(あ)れ[一]

御硯(おほむすみすり) 左に在れ

坊官・主蔵

次(つぎ)に　春宮坊(みこのみやのつかさ)[二]の官人(つかさひと/くわんにん)・主藏(みこのみやのくら/しゆぞう)[三]の官人　左右(ひだりとみぎ/さう)に各(おのもおのも)一人

坊官　右に在れ

主藏　左に在れ

坊(みこのみや)の儲筥(まうけのはこ)[四]・儲漿(まうけのこみづ)[五]　其(そ)の両(ふたつ)[六]の間(ま)に在(あ)れ

儲筥　左に在れ

儲漿　右に在れ

坊の蔵人

坊(みこのみや)[七]の藏人(くらうど)　左右に各一人

坊の雨装・殿守

坊の雨裝(あめのよそほひ)[八]・殿守(おほとのもり)[九]　其(そ)の両(ふたつ)の間(ま)に在(あ)れ

一　二頁注三十二参照。

二　皇太子に付せられ、家政を担当する官司。名称は唐制の左右春坊による。令制では、被管として、舎人・主膳・主蔵の三監と、主殿・主書・主漿・主工・主兵・主馬の五署が置かれた。大同二（八〇七）年に三監が併合縮小され、その後は主膳監、主殿・主馬署が存続したようである。春宮坊式では主膳監と主殿署のみを掲げる。官位令従四位条義解の「春宮大夫」に「ミコノミヤノカミ」、同令従五位条義解の「春宮亮」の「春宮」に「ミコノ宮、シユンク」の訓。元和三年板下学集に「春宮〔トウグウ、即チ東宮也〕」。東宮は二三六頁注四、官人は三十二頁注十一参照。

三　春宮坊被管の主蔵監。東宮職員令によれば、皇太子の用いる金玉、宝器、衣服などのことを掌った。官位令従六位条義解の「主蔵正」の「主蔵」に「クラ」の訓。

四　皇太子が用いる筥。儲は二二六頁注十五、筥の訓は五十頁注十二参照。

五　皇太子が用いる漿。漿は二四二頁注十一参照。

六　両は四頁注十八、間は二〇四頁注八参照。

七　春宮坊の蔵人。日本紀略寛仁元（一〇一七）年八月九日条に、敦良親王を皇太弟とし、春宮蔵人・殿上人を定めたと見える。蔵人の訓は二四六頁注一参照。

八　二四六頁には「雨革・蓑笠」とある。名義抄法下六十五に「雨〔アメ〕」、同書法中一五一に「装〔ヨソホヒ〕」。

九　主殿署伴部の殿掃部のことか。斎宮式監送使条に「殿守」、同式給馬条に「輿長及殿守」と見え、斎宮寮に殿守が置かれ、また、斎王群行に随従している。同条の「殿守」に「オホトノモリ」の訓。

〈和琴在右、御硯在左[1]〉、次春宮坊官人・主藏官人左右各一人〈坊官在右[2]、主藏在左[3]〉、坊儲筥[4]・儲漿在其兩間〈儲筥在左[5]、儲漿在右[6]〉、坊藏人左右各一人、坊雨裝・殿守在其兩間

1 左、都立本「右」。神道本左傍「右イ」。
2 右、都立本「左」。神道本右傍「左イ」。
3 左、都立本「右」。神道本左傍「右イ」。
4 筥、谷本「箱」。
5 左、谷本「右」。
6 右、谷本「左」。

殿守（おほとのもり）　左（ひだり）に在（あ）れ
雨装（あめのよそほひ）　右（みぎ）に在れ

主殿・主膳の官人

[一]主殿（みこのみやのとのもり・しゆでん）・[二]主膳（みこのみやのかしはでら・しゆぜん）[三]等の官人（つかさひと・くわんにん）　各一人（おのもおのも）　[四]分（わか）れて道（みち）の左右（ひだりとみぎ・さう）に在れ
主殿　左に在れ
主膳　右に在れ

女孺・采女

[五]女孺（めのわらは・にょじゅ）・采女（うねめ）　[六]之（これ）に次（つ）げ

内蔵の儲の銭・御韓櫃

[七]内蔵（うちのくら）の儲銭（[八]まうけのぜに）　之に次げ
[九]同（おな）じき寮（つかさ）の[十]御韓櫃（おほむからひつ）　[十一]各[十二]四合　之に次げ
官人　各一人　之（これ）に次（つ）げ

蔵人所の御韓櫃

[十三]蔵人所（くらうど）の御韓櫃（おほむからひつ）　之に次げ

一 春宮坊被管の主殿署。東宮職員令主殿署条によれば、皇太子の湯沐・燈燭・洒掃（洒は水を打つこと）・鋪設のことを掌った。和名抄五に「主殿署〔美古乃美夜乃止乃毛里乃豆加佐〕」。官位令従六位条義解の「主殿首」に「トノモリノカミ」の訓。
二 春宮坊被管の主膳監。東宮職員令主膳監条によれば、皇太子の食膳とその毒味のことを掌った。和名抄五に「主膳監〔美古乃美夜乃加之波天乃豆加佐〕」。字類抄下一二一ウに「主膳〔スセン〕」。官位令従六位条義解の「主膳正」の「主膳」に「カシハテ」の訓。
三 六頁注九参照。
四 分は二一四頁注十九、道は十四頁注十四参照。
五 二〇二頁注三参照。
六 之は八頁注五、次は一四〇頁注七参照。
七 二四四頁注七参照。
八 前もって用意しておく銭のこと。西宮記臨時五行幸に「内蔵入レ銭餌袋〔如レ常〕」とあり、その文に対する頭注として、「件銭、御菓子直云々、人酒飯等加二輿丁等食料一也云々」と記されており、菓子または輿丁の酒飯を購入するための銭として用意されたのであろう。儲は二二六頁注十五、銭は十二頁注二十四参照。
九 内蔵寮。同は二頁注三十四参照。寮は名義抄法下四十七に「寮〔ツカサ〕」。
十 御は二十二頁注四、韓櫃は十頁注十五参照。
十一 「各」、林本「各」の上に「左右」あるか、又は「各」字を衍字とする。校異参照。
十二 十頁注十六参照。
十三 二四六頁注一参照。

（殿守在左、雨装在右）、主殿・主膳等[1]官人各
一人、分在道左右（主殿在左、主膳在右）、
女孺[2]・采[3]女次之、内藏儲錢次之、同寮御韓
櫃[4]各[5]四合次之、官人各[6]一人次之、藏人所御
韓櫃次之、

1 等、以文本なし。荷田本注「蓋衍字」。林本注「衍字」。神道本右傍「衍カ」。信友本頭注「衍字欤」。
2 孺、林本・神宮本・都立本・谷本「嬬」。
3 采、宮本「米」とし右傍「采」。
4 以文本右傍「左右挑レ例」あり。
5 各、林本注「内藏御韓櫃各四合、各字不詳、恐各上闕二左右二字一、不然バ各衍字、無二左右一テ各ト云べカラズ前考遺漏、延喜式交合スヘシ」。
6 宮本右傍「左右」あり。

出納[一](しゅつなふ)　之(これ)に次(つ)げ

雑色[二](ざふしき)　之に次げ

縫殿の御韓櫃　縫殿(ぬひどの)[三]の御韓櫃(おほむからひつ)　各六合(おのもおのも)[四]　之に次げ

官人(つかさひと・くわんにん)　各一人　之に次げ

図書寮の駄餉　圖書(ふみ・づしよ)[五]の駄餉(におひむまのかれひ)[六]　之に次げ

右兵衛府　右兵衛府(みぎのつはものとねりのつかさ・うひやうゑふ)[七]　左右に各兵衛(つはものとねり・ひやうゑ)[八]五十五人

掃部寮(かむもりのつかさ)[九]と相當(あひあた)れ

督(かみ)[十]・佐(すけ)・尉(じよう)・志(さくわん)・醫師(くすし)・府生(ふしやう)　其(そ)の兩(ふたつ)の間(ま)に在(あ)れ

次(つぎ)に　主禮(しゆらい)[十一]　左右(ひだりとみぎ・さう)に各一人

御後次第司の長官　次第司(つぎてのつかさ・しだいし)[十二]の長官(かみ)　其(そ)の間(ま)に在(あ)れ　從(とも)[十三]二人

一 蔵人所に所属し、宣旨をはじめとする文書・書籍などの出し入れ、また見参の書写を職掌とする。訓は十八頁注一参照。

二 蔵人所に所属し雑務を職掌とする。雑色人については二十六頁注十五参照。枕草子二四六に「ざふしき（雑色）の蔵人になりたる、めでたし」とあり、無位の雑色が六位蔵人に昇進することが窺える。

三 中務省被管の縫殿寮。職員令縫殿寮条によれば、女王及び内外命婦宮人の名帳・考課、御服及び賞賜用の衣服を裁縫することを掌った。和名抄五に「縫殿寮〈奴比止乃々豆加佐〉」。枕草子三十九に「ぬひどの」。字類抄上七十八ウに「縫殿寮〈ヌイヒトノレウ〉」。

四 「各六合」、以文本「左右各六合」とする。校異参照。

五 中務省被管の図書寮。二五二頁注十一参照。

六 馬が負っている乾飯（かれひ、ほしいひ）のこと。駄は、名義抄僧中一〇〇に「駄〈ニオヒウマ〉」、字類抄上三十六ウに「駄〈ニオヒムマ、負物者也〉」とある。書紀天武天皇元年六月条の「伊勢國駄五十匹」の「駄」に「ニオヒムマ」の訓。餉（乾飯）は、飯を干した携帯用の食料。「かれひ」は、乾飯（かれいひ）のこと。万葉集八八八番歌に「一云、可例比（かれひ）」とある。新撰字鏡四に「餱〈胡溝反平乾飯也、食也、加礼伊比、又保志比〉」。和名抄十六に「餉〈訓加礼比於久留（かれひおくる）、俗云加礼比〉、以ㇾ食遺ㇾ人也」。名義抄僧上一〇八に「餉〈カレイヒ〉」。西宮記臨時五行幸には「城外、（中略）、大炊、入ㇾ餉櫃負ㇾ馬、内藏、入ㇾ銭餌袋」と見える。

七 二十二頁注十一、二〇八頁注二参照。

八 二十二頁注十一、二〇八頁注二参照。

九 掃部寮は二四八頁注四、相当は四十六頁注二参照。

十 右兵衛府の四等官と医師・府生のこと。督は一三六頁注十、佐は一三六頁注十一、尉は四頁注三十四、志は六頁注一、医師は二二四頁注十一、府生は二二四頁注十参照。

十一 二〇四頁注三参照。

出納次之、雜色次之、縫殿御韓櫃[1]各[2]六合次之、官[3]人各一人次之、圖書駄餉次之、右兵衛府左右各兵衛五十五人（與掃部寮相當[4]）、督・佐・尉・志・醫師・府生在其兩間、次主禮左右各一[5]人、次第司長官在其間（從二[6]人）、

十二　次第司は一九二頁注一、長官は一三六頁注十参照。
十三　二十頁注十四参照。

1 以文本右傍「左右」あり。
2 各、林本注「縫殿御韓櫃各六合、各字不詳、恐各上闕㆓左右二字㆒、不然バ各衍字、無㆓左右㆒テ各ト云ベカラズ前考遺漏、延喜式交合スヘシ」。
3 官、宮本「宮」とし右傍「官」。神宮本左傍「宮イ」。
4 相當、荷田本・林本・神宮一本「平頭」。神道本左傍「平頭イ」。
5 一、神宮一本「二」。
6 二、荷田本・林本・神宮本・都立本・神宮一本・谷本・三手本・宮本「八」。

御後次第司の判官

東宮の儲馬

衞府の佐以上の副馬

諸司の蓑笠を持つ者

非違を捉搦する者

御後次第司の次官

兵部の省掌

次に　主禮　左右に各一人

次第司の判官[一]一人　其の間に在れ　從二人

東宮の儲馬[二]　之に次げ

衞府の佐[三]已上[四]の副馬[五]　各三疋[六]　分れて道の左右に在れ

諸司の蓑笠[七]を持てる者[八]　之に次げ

非違[九]を捉[十]へ搦むる者　各一人　之に次げ

右近衞[十一]を以ちて　之[十二]と爲よ　下同じ

主禮　左右に各一人　之に次げ

次第司の次官[十三]一人　從二人　其の間に在れ

次に兵部[十四]の省掌[十五]　左右に各一人

一　四頁注三十四参照。

二　東宮の予備用の馬。東宮は二三六頁注四、儲馬は二二六頁注十五参照。

三　衛府佐とあるので、兵衛府・衛門府のことか。衛府は一九四頁注八参照。

四　佐は一三六頁注十一、已上は四頁注三十五参照。

五　二二六頁注九参照。

六　七十二頁注十三参照。

七　諸司用の蓑笠。諸司は四頁注三十三、蓑笠は二二六頁注十一参照。

八　持は一五八頁注十四、者は一五〇頁注十四参照。

九　非違は法・礼儀に違反すること、道に外れること。書紀大化二年正月条の「非違」に「ノリニタカヘル」の訓。宇津保物語あて宮に「ひゐ（非違）のぜう（尉）、すけ（佐）などしてオ（逐）ひやれり」とある。黒川本字類抄中一〇〇ウに「撿非違使〔ケンヒヰシ〕」。

十　捉は、名義抄仏下本七十七に「捉〔トル、トラフ〕」。搦は、同書仏下本七十八に「搦〔カラム、トラフ〕」。

十一　「兵衛」とする写本多し、以文本・信友本も「兵衛」に作る。校異参照。近衛は二十二頁注十参照。

十二　之は八頁注五、為は四頁注二十、下は二頁注三十三参照。

十三　次第司次官は一九二頁注一、次官の訓は一三六頁注十一参照。

十四　兵部省。二一〇頁注十参照。

十五　二一四頁注十八参照。

次主禮左右各一人、次第司判官一人在其間
〔從二人〕、東宮儲馬次之、衞府佐[1]已上副馬
各三疋、分在道左右、持諸司蓑笠者次之、
捉[2]搦[3]非違者各一人次之〔以右近衞[4]爲之、下同〕、
主禮左右各一人次之、次第司次官一人〔從
二人[5]〕、在其間、次兵部省掌左右各一人、

1 佐、宮本「枮」とし右傍「佐」。
2 捉、神宮本・三手本・宮本「投」とし、神宮本左傍「抵歟」、三手本右傍「捉乎」、宮本右傍「捉」。
3 搦、宮本「榒」とし右傍「搦」。
4 近衞、荷田本・林本・都立本・神宮一本・谷本・信友本・以文本「兵衞」。神道本・神宮本・三手本右傍「兵イ」。
5 二、荷田本・林本・神宮本・都立本・神宮一本・谷本・三手本・宮本・信友本「四」。

御後次第司の主典

次第司の主典一人　従二人　其の間に在れ

唱計札・鹵簿札を持つ直丁

唱計及び鹵簿の札を持てる直丁　各一人

唱計　左に在れ

鹵簿　右に在れ

主典の馬の腹と相當れ

竝びに省掌の内に在れ

大舎人寮の官人

次に　大舎人寮の官人　左右に各二人

図書寮の官人

圖書の官人　左右に各一人

内蔵寮の官人

内藏寮の官人　各一人　之に次げ

縫殿寮の官人

縫殿寮の官人　各一人　之に次げ

一 次第司主典は一九二頁注一、主典の訓は六頁注一参照。

二 二一四頁注二十二参照。字類抄上十一ウ「唱〔シヤウ〕」。計を「けい」と読むことは、黒川本字類抄中九十九ウの「計略〔ケイリヤク〕」の用例がある。

三 八頁注二十八参照。

四 二〇四頁注四参照。

五 「ふみいた（文板）」が原義で、「ふみた」、「ふだ」に転化する。和名抄十三に「簡〔古限反、和名不美太（ふみた）〕、所以寫書紀事者也、兼名苑云、牘〔音讀〕、一名札〔音察〕、簡也」、「籍〔音席、和名與簡札同〕」とある。黒川本字類抄中一〇三ウに「札〔サツ〕」。書紀天智天皇元年五月条の「金策」に「コカネノフタ」の訓。

六 六頁注十四参照。

七 馬に乗っている次第司の主典を中央として、唱計札を持つ直丁が左、鹵簿札を持つ直丁が右で、主典が乗る馬の腹の辺りに位置すること。さらにその外側左右に兵部省掌各一人が位置する。馬は七十二頁注十二参照、腹は、名義抄仏中一一八に「腹〔ハラ〕」。相当は四十六頁注二参照。

八 並は十四頁注十、内は九十頁注三参照。

九 中務省被管官司。十六頁注五参照。

十 図書寮。二五二頁注十一参照。

十一 二四四頁注七参照。

十二 之は八頁注五、次は一四〇頁注七参照。

十三 二五八頁注三参照。

[1]次第司主典一人〔従二人〕、在其間、持唱計
及鹵簿札[2]直丁各一人〔唱計[3]在左、鹵簿在右、
與[4]主典馬腹相當、竝在省掌内〕、次大舍人寮官
人左右各二人、圖書[5]官人左右各一人、内藏
寮官人各一人次之、縫殿寮官人各一人次之、

1　谷本「次之」あり。
2　直丁各一人、荷田本なし。
3　在、谷本「左」。
4　主、三手本「生」。
5　荷田本・林本・信友本・以文本「寮」あり、荷田本注「諸本並無、今依二前後例一私補レ之」。神道本右傍「寮イアリ」あり。宮本右傍「寮」あり。

内匠寮の官人、調度の韓櫃

内薬寮の官人、御薬の韓櫃

大蔵省の官人

宮内省の官人

主殿寮の官人

典薬寮の官人、韓櫃

進物所の膳部、韓櫃

[一]内匠寮（うちのたくみのつかさ）の官人（つかさひと／くわんにん）　各（おのもおのも）一人　之（これ）に次（つ）げ

[二]儲（まうけ）の調度（ととのへもの）の韓櫃（からひつ）　[三]其（そ）の間（ま）に在（あ）れ

[四]内薬司（うちのくすりのつかさ／ないやくし）の官人　[五]左右（ひだりとみぎ／さう）に各一人

[六]御薬（おほむくすり）の儲の韓櫃　其（そ）の間（ま）に在（あ）れ

次（つぎ）に　[七]大蔵省（おほくらのつかさ）の官人　各一人　[八]道（みち）の左右に在れ

[九]宮内省（みやのうちのつかさ／くないしやう）の官人　各一人　之に次げ

[十]主殿寮（とのもりのつかさ／しゆでんれう）の官人　各一人　之に次げ

[十一]典薬寮（くすりのつかさ／てんやくれう）の官人　左右に各一人

[十二]御薬（おほむくすり）の儲（まうけ）の韓櫃　其の間に在れ

[十三]進物所（たまひものどころ）の[十四]膳部（かしはでべ）　[十五]各二人　道（みち）の左右に在れ

一 十四頁注六参照。

二 予備の調度品を入れた韓櫃。儲は二二六頁注十五参照。調度は、名義抄法上五十五に「調〔トトノフ〕」。書紀斉明天皇五年七月条の「調度」に「ソナヘ」の訓が付されているので、「そなへもの」とも訓むことができる。七二〇頁にも調度が見える。韓櫃は十頁注十五参照。

三 其は二頁注二十八、間は二〇四頁注八、在は二頁注三十二参照。

四 中務省被管の官司。天皇・皇后・東宮の診察、薬香の管理、薬の調合などの内廷医療を掌った。官位令正六位条義解の「内薬正」の訓に「内ノクスリノ正」とあるので、内薬司は「ウチノクスリノツカサ」と訓むのであろう。

五 六頁注三参照。

六 御薬を入れる予備の韓櫃。内薬司の薬であるので、天皇・皇后・東宮用の薬。御は二十二頁注四参照。薬は、名義抄僧上六に「薬〔クスリ〕」。

七 十頁注二十参照。

八 十四頁注十四参照。

九 八頁注十五参照。

十 二四六頁注二参照。

十一 宮内省被管の官司。官人に対する医療と医師の養成を掌る。四等官のほか、医・針・按摩・呪禁の各師、医・針・按摩・呪禁の各博士と各生、薬園師と薬園生が所属し、品部として薬戸・乳戸が上番した。和名抄五に「典薬寮〔久須里乃豆加佐〕」。官位令従五位下条義解の「典薬頭」の「典薬」に「クスリ」の訓。字類抄下二十三ウに「典薬寮〔テンヤクレウ〕」。

十二 典薬寮の薬であるので、官人用の薬。

十三 二〇〇頁注十二参照。

十四 二十頁注十二参照。

十五 四頁注二十二参照。

内匠寮官人各一人次之、儲調度韓櫃在其間、
内薬司官人左右各一人、[1]御薬儲韓櫃在其間、
次大蔵省官人各一[2]人、在道左右、宮内省官
人各一人次之、主殿寮官人各一人次之、典
薬寮官人左右各一人、御薬儲韓櫃在其間、
進物所膳部各三人在道左右、

1　都立本「次」あり。
2　一、故実本「二」。

進物所の御韓櫃二合　其の間に在れ

[一]内膳司の正[二]　幷せて奉膳　道の左右に在れ

正　左に在れ

奉膳　右に在れ

[三]典膳　左右に各一人　之に次げ

[四]御膳の韓櫃十合　其の間に在れ

[五]第一の韓櫃　正・奉膳と平頭べよ

[六]主水司の官人　各一人　道の左右に在れ

[七]大膳職の官人　各一人　之に次げ

[八]大炊寮の官人　各一人　之に次げ

内膳司の正・奉膳・典膳、韓櫃

主水司の官人

大膳職の官人

大炊寮の官人

一 二〇〇頁注九参照。

二 職員令内膳司条によれば、内膳司の長官を奉膳二人とし、天皇の御膳と毒味を掌ると規定する。神護景雲二（七六八）年二月の勅により、高橋・安曇二氏を内膳司の長官に任用する場合は奉膳と称し、他氏を用いる時は正を称することとなる（続日本紀同年二月癸巳条）。正・奉膳は一三六頁注十参照。書紀持統天皇元年正月条の「奉膳」に「ウチノカシハテツカサノカミ」の訓。字類抄上一一二オに「奉膳〔フセン、同用内膳司〕」。幷は四頁注四参照。

三 職員令内膳司条に典膳六人とあり、内膳司の第三等官。食材を吟味して御膳を調理することを掌る。典膳は四頁注三十四参照。字類抄下二十三ウに「典膳〔テンセン、在内膳司〕」。

四 二〇〇頁注一参照。

五 先頭の御膳を納めた韓櫃を中央として、その左に内膳司の正が、右に奉膳が位置し、揃い並ぶこと。平頭は二一八頁注十一参照。

六 主水司は二四二頁注十、官人は三十二頁注十一参照。

七 二〇二頁注十四参照。

八 宮内省被管の官司。職員令大炊寮条によれば、諸国から進納される舂米や雑穀を収納し、それらを諸司に食料として分給することを掌る。さらに、大炊寮式では、宮内省管轄の官田から収穫された稲粟を収納し、新嘗祭などの神事や天皇への供御に供することが規定されている。和名抄五に「大炊寮〔於保爲乃豆加佐〕」。書紀天智天皇十年十二月条の「大炊省」に「オホヒツカサ」の訓。官位令従五位条義解の「大炊頭」の「大炊」に「オホヰ」の訓。黒川本字類抄中七一ウに「大炊寮〔オホヰ〕」。釈日本紀二十秘訓五に「大炊寮〔オホヒツカサ〕」。

進物所御韓櫃二合在其閒[1]、內膳司正幷[2]奉膳在道左右〔正在左、奉膳在右〕、典膳左右各一人次之、御膳韓櫃十合在其閒〔第[3]一韓櫃與正・奉膳平頭〕、主水司官人各一人、在道左右、大膳職官人各一人次之、大炊寮官人各一人次之、

1 閒、宮本「門」とし右傍「間歟」。
2 幷、林本「並」。
3 第、三手本「苐」とし右傍「弟」。

造酒司の官人

[一]造酒司(さけのつかさ)の官人(つかさひと/くわんにん)　各(おのおの)一人　之(これ)に次(つ)げ

采女司の官人

[二]采女司(うねめのつかさ)の官人　各一人　之に次げ

[三]非違(ひゐ)を捉(とら)[四]へ搦(から)むる者(ひと)　各一人　之に次げ

[五]主禮(しゅらい)　各一人　道(みち)の左右(ひだりとみぎ/さう)に在(あ)れ

御後次第司の判官

[六]次第司(つぎてのつかさ/しだいし)の判官(じょう)一人　其(そ)の間(ま)に在れ　從(とも)二人

木工寮の官人

[七]木工寮(こだくみのつかさ/もくれう)の官人　各一人　道の左右に在れ

兵庫寮の官人

[八]兵庫寮(つはもののくらのつかさ/ひやうごれう)の官人　各一人　之に次げ

雅楽寮の官人

[九]雅樂寮(うたまひのつかさ)の官人　各一人　之に次げ

右衛門府

[十]右衛門府(みぎのゆげひのつかさ/うゑもんふ)　左右に各門部(かどべ)[十一]卅人・衛士(ゑじ)[十二]百人

[十三]右兵衛(みぎのつはものとねり/うひやうゑ)の陣(つら)と相當(あひあた)[十四]れ

一 二五〇頁注五参照。

二 宮内省被管の官司。職員令采女司条によれば、采女を管轄することを掌った。大同三（八〇八）年正月に縫殿寮に併合されたが（類聚三代格四）、弘仁三（八一二）年二月に復置された（日本後紀）。二五二頁注七参照。

三 二六〇頁注九参照。

四 捉搦は二六〇頁注十、者は一五〇頁注十四参照。

五 二〇四頁注三参照。

六 次第司は一九二頁注一、判官の訓は四頁注三十四参照。

七 一九六頁注九参照。

八 一〇四頁注十三参照。

九 二十二頁注十六参照。

十 一〇四頁注十二参照。

十一 宮城門を守衛する衛門府の伴部。職員令衛門府条では衛門府の門部は二〇〇人とするが、中務省式時服条によれば、左右衛門府の門部は各六十六人。四四四頁注九、訓は一〇八頁注十二参照。

十二 十六頁注十三参照。令では衛門府の衛士定員規定は見えないが、中務省式時服条によれば、左右衛門府の衛士は各六〇〇人。

十三 二〇八頁注二参照。

十四 四十六頁注二参照。

造酒司官人各一人次之、釆女司官人各一人次之、捉[1]搦[2]非違者各一人次之、主禮各一人在道左右、次第司判官一人在其間〔從二人〕、木工寮官人各一人在道左右、兵庫寮[3]官[4]人[5]各一人次之、雅樂寮官人各一人次之、右衛門[6]府左右各門部卌人、衛士百人〔與右兵衛陣相當〕、

1 捉、谷本「投」。
2 搦、宮本「榒」。
3 兵庫寮、荷田本「造兵司」。神宮本・谷本・三手本右傍「造兵司イ」。
4 官、林本なし。
5 人、林本・三手本なし、三手本右傍「人乎」。
6 右衛門、林本「衛門」。都立本「右兵衛」。

[一]督(かみ)・佐(すけ)・尉(じよう)・志(さくわん)・醫師(くすし)・府生(ふしやう)　其(そ)の間(ま)に在(あ)れ

非違を捉搦する者

非違(ひゐ)を捉(とら)へ搦(から)むる者(ひと)　左右(ひだりとみぎ／さう)に各(おのおの)一人

雅樂寮(うたまひのつかさ)と相當(あひあた)[二]れ

主禮(しゆらい)　左右に各一人　之(これ)に次(つ)げ

御後次第司の主典

[三]次第司(つぎてのつかさ／しだいし)の主典(さくわん)一人　其の間に在れ　從(とも)二人

左右馬寮の儲の御馬

[四]左右(ひだりとみぎ／さう)の馬寮(むまのつかさ／めれう)の儲(まうけ)[五]の御馬(おほむうま／むま)　左右に各四疋

[六]馬醫(むまのくすし)　左右に各一人　之に次げ

史生

[七]史生(ししやう)　各一人　之に次げ

装束司の長官以下、列立

[八]装束司(よそほひのつかさ／さうぞくし)の長官(かみ)以下(よりしも)[九]　警蹕(みさきおひ／けいひつ)[十]を聞(き)[十一]き　豫(あらかじ)[十二]め出(いで)て　路邊(みちのへ)[十三]に　列立(つらなりた)[十四]て

[十五]異位重行(いゐぢゆうぎやう)せよ

一　右衛門府の四等官と医師・府生のこと。左衛門府は前陣鹵簿に位置する（二二四頁）。督は一三六頁注十、佐は一三六頁注十一、尉は四頁注三十四、志は六頁注一、医師は二二四頁注十、府生は二二四頁注十参照。

二　雅楽寮官人の左右に位置する。

三　次第司は一九二頁注一、主典の訓は六頁注一参照。

四　一九四頁注十参照。

五　前陣の威儀御馬（二三四頁）のための儲馬か。儲馬は二二六頁注十五、御は二十二頁注四、馬は七十二頁注十二参照。

六　二二八頁注四参照。

七　中務省式時服条によれば、左右馬寮の史生は各四人。史生は六頁注四参照。

八　装束司長官以下は、御禊地にて、行幸鹵簿を出迎える。北山抄五大嘗会御禊事に「行幸儀式如ㇾ常〔無二警蹕鈴奏等一〕、到二河原頓宮一、參議以上下ㇾ馬、列二立西幔門外一、其南邊、装束司長官以下、北面列立〔長官拂曉到二頓宮 行事、還御時供奉、安和以來不二供奉一、天慶、依二供奉公卿少數一、殊有二宣旨一扈從、仍不二迎謁ㇾ之一〕」とあり、装束司長官は御禊当日の払暁に御禊地に到着している。また、天慶以来は宣旨により行幸に扈従することとなり、御禊地で迎謁することはなくなったとする。装束司は一九〇頁注九、装束の訓は一三六頁注九、長官の訓は一三六頁注十参照。

九　十二頁注三参照。

十　二一六頁注十四参照。西宮記臨時七御禊事に「還二御膳幄一〔初稱二警蹕一〕、少納言進ㇾ鈴〔無二奏詞一〕」、北山抄五大嘗会御禊事にも「御禊畢、大炊寮散米、又御二御膳幄一〔於二御禊幄一駕二御輿一間、初稱二警蹕一、少納言進ㇾ鈴〔不ㇾ奏〕〕」とあり、御禊を畢えられた後、御膳幄に還御の時、初めて警蹕を称すとする（江家次第十四御禊も同じ）。

十一　名義抄法下七十五に「聞〔キク〕」。

十二　予は六十二頁注五、出は二一六頁注十参照。

督・佐・尉・志・醫師・府生在其間、捉[1]搦非違者左右各一人（與雅樂寮相當）、主禮左右各一[2]人次之、次第司主典一人在其間（從二人）、左右馬寮儲御馬左右各四疋、馬醫左右各一人次之、史生各一人次之、裝束司長官以下聞警[3]蹕、豫[4]出列立路邊（異位重行）、

1 捉、神宮本・谷本・三手本・宮本「投」。
2 一、林本「丁」。
3 警、神宮一本「驚」とし右傍「驚歟」。
4 豫、林本「預」。

三三 路は一三六頁注四参照。邊は、書紀神代紀神代七代章の「大苫邊尊」の「大苫邊」に「オホトマベ」の訓、同書神代紀海宮遊幸章の「海邊」に「ウミベタ」の訓がある。また、同書神功皇后摂政前紀の「道邊」の「邊」には「ホトリ」の訓。「ヘ」は、そば、ほとりの意。

三四 列は一五二頁注十一、立は三十頁注四参照。

三五 朝廷の公事における親王以下諸臣の庭上での列立のあり方をいう。高位の者から順に前より後ろへ、また同位の者は横一列に並んだが、江家次第一にも「異位重行体有二説々一」と言うように、儀式により、また時代により、必ずしも一定していない。内裏式の元正受群臣朝賀式并会に、「親王以下五位以上、東西分レ頭、立二庭中一、去レ版南一許丈、異位重行（挟二馳道一、立レ東者、用レ西爲レ上、立レ西者、用レ東爲レ上）」とある。荷田在満の羽倉考に「異位重行之事」という詳しい研究があり、藤原定能の四節八座抄、一条兼良の江次第抄の図示も参考になる。

天皇、禊所に出御、皇太子参詣

禊詞を奏す

供膳所に遷御

陪従五位以上に衣被を賜う

還宮

一乘輿（すめらみこと）二禊所（みそぎのところ）に三御（おはしま）す後（のち）　四皇太子（ひつぎのみこ）　五歩（かち）より六行（ゆ）きて七參詣（まゐ）ります

八時刻（とき）に　神祇官（かみつかさ）　九禊詞（はらへのことば）を十奏（まを）せ

十一訖（をは）りて　十二供膳所（みけどころ）に十三遷御（うつりたま）ふ

十四陪從（とも）の五位以上（よりかみ）に　十五衣被（かづけもの）を十六賜（たま）ふこと十七各差有（おのもおのもしなあ）り

十八山城（やましろ）の國（くに）の掾（じよう）以上は　十九御衣（みそ）

訖りて　二十車駕（すめらみこと）　還宮（おほみやにかへ）りたまふ

一 二一六頁注十二参照。

二 御禊座（御禊幄）のこと。一九六頁注十八参照。禊処は一九〇頁注二十五参照。

三 書紀天武天皇即位前紀の「御二嶋宮一」の「御」に「オハシマス」の訓、同書皇極天皇四年六月条の「天皇御二大極殿一」の「御二大極殿一」に「タカミクラニマシマス」の訓。

四 一九八頁注九参照。

五 二〇四頁注九参照。

六 名義抄仏上四十二に「行〔ユク〕」。

七 参は、名義抄僧下一〇〇に「參〔マイル〕」。詣は、同書法上七十二に「詣〔マイル〕」。枕草子一〇四に「東宮にまゐり給う」とある。

八 時刻は二一六頁注三、神祇官は二頁注二十参照。

九 天皇の御禊次第は、西宮記臨時七御禊事・北山抄五大嘗会御禊事・江家次第十四御禊に記事がある。江家次第によれば、以下のようになる。主上は百子帳後方より入御。執柄、中臣女、公卿、装束司・次第司が着座。主上に御手水を供す。主上は百子帳前の平鋪（ひらしき）座に着御。宮主参入、神祇官は、折敷（おしき）と祓物を御禊幄の東庭石畳上に置く。祭主は御麻（ぬさ）を奉り、中臣女が主上に伝進。御吻の後、中臣女に返したまう。神祇官人は御贖物（あがもの）を奉り、御巫が伝進。五位蔵人は執柄の御祓物を献り、神祇官人は公卿以下の祓物を置く。宮主が解除詞を奏す。大炊官人は五穀を撒く。神祇官は大麻を公卿座に引く。御巫は主上の祓物を撤下し、関白の祓物を撤下する。北山抄・江家次第ともに、禊詞を解除詞とし、宮主が奏上するとしている。また、兵範記仁安三年十月二十一日条（高倉天皇大嘗祭御禊）でも「宮主奏二解除詞一了」と記している。禊は、名義抄法下六に「禊〔キヨム、ハラヘ、ミソキ〕」。詞は、同書法上五十五に「詞〔コトバ〕」。なお、解除は、名義抄仏下本九に「解除〔ハラヘ〕」。

十 一六頁注十参照。

乗輿[1][2]御禊所之後、皇太子歩行參詣[3]、時刻[4]神祇官奏禊詞、訖遷[5]御供膳所、賜陪従五位以上衣被、各有差〔山城國[6]掾以上御衣〕、訖車駕還宮、

1 輿、宮本「輿」とし右傍「輿」。
2 三手本右傍「幸乎」あり。
3 詣、宮本「詣」とし右傍「詣」。
4 刻、神宮本・都立本・三手本「剋」。神宮一本「剋」。
5 遷、谷本「迁」。
6 國、宮本「囯」。

十一 二頁注二十六参照。

十二 御膳座（御膳幄）のこと。二〇〇頁注一参照。大嘗会御禊節下次第には、「御輿入二西門御直會殿一〔謂二御膳幄一也〕」とあり、御膳幄を御直会殿としている。

十三 名義抄仏上四十六に「遷〔ウツル〕」。

十四 陪従は二一四頁注二十、以上は十二頁注二十七参照。

十五 労をねぎらい、功を賞して授ける衣服類のこと。対象者の肩などにうちかけて与えたことからいう。北山抄五大嘗会御禊事に「親王以下進二禄所一給レ禄〔天慶例、一拝後、或取レ手、或被レ懸レ頸云々〕」とあり、禄は手で受け取るか、または、受け手の頸に掛けられた。西宮記臨時七御禊事に「參議已上大褂、四位被、五位襖子、山城守・介襖子、賀茂禰宜同レ之」とある。書紀天智天皇元年五月条の「爵祿」に「カツケモノ」の訓。栄花物語とりべ野に「上達部の禄・殿上人のかづけ物など皆し盡くさせ給へり」とある。

十六 七十六頁注十三参照。

十七 名義抄仏下末二十八に「差〔シナ〕」。書紀欽明天皇二年三月条の「贈物各有レ差」の「差」に「シナ」の訓。有は四十二頁注二十参照。

十八 山城国司の掾以上。山城国は諸風者二人を進上し（二三八頁注十二）、献物を奉上している（二五〇頁注八）。山城国は二十二頁注二十七、掾は四頁注三十四参照。

十九 天皇より下賜された御衣。黒川本字類抄下六十四オに「御衣絹〔ミソキヌ〕」。伊勢大神宮式神嘗祭条の「大神宮御衣」の「御衣」に「ミソ」の訓。「おほむそ」とも。源氏物語空蝉に「ありつる小袿を、さすがに、御ぞ（衣）の下に引き入れて」とある。

二十 車駕は、儀制令天子条に「車駕〔行幸所レ称〕」とあり、行幸時における天皇の表記法である。二頁注六参照。書紀仁徳天皇三十年十一月条の「車駕還宮」の「車駕」に「スメラミコト」、その「宮」に「大ミヤニ、トツミヤ」の訓、同書神代紀海宮遊幸章の「還宮」に「カヘリマス、モトノミヤニ」の訓。車は、和名抄十一の車駕の項に「尺遮反（シヤ）、一音居（キヨ）、和名久留萬（クルマ）」とあるように、キョとシャと二種の音があり、広韻にもシャ（尺遮切）とキョ（居）の二音があると記されているが、後漢劉熙の釈名には、古くはキョ（居）、今はシャ（舎）というとある。左右馬寮式五月五日節式条に、車駕を「居駕」と書き、儀制令義解内閣文庫蔵旧紅葉山文庫本の傍訓に車駕の事を「キョ」と訓んだ例もあり、中山忠親の著とされている貴嶺問答も、車駕の車をキョと訓ませており、音読の場合、キョが普通であったのであろう。

儀式（ぎしき）[一]　巻（まき）の第三

踐祚（せんそ）[二]の大嘗祭（おほむべのまつり・だいじやうさい）の儀（のり・ぎ）　中

神服使、調糸を持って到来

十月（かむなづき）[三]の上旬（かみのとをか）に　神服（かむはとり）[四]の使（つかひ）　服（はとり）[五]の長（をさ）・織女（おりめ）[六]・工手（てひとら）[七]等十[八]人を率（ゐ）て

神服部（かむはとりべ）[九]の輸（いだ）[十]すところの　調絲（みつきのいと・てう）[十一]十絇（く）を持（も）[十二]ちて到來（いたりきた・たうらい）[十三]れ

悠紀（ゆき）[十四]・主基（すき）　各（おのもおのも）五人

八神を祭る

次（つぎ）に　各八神（やはしらのかみ・はつしん）[十五]　名號（みな）[十六]　を祭（まつ）[十七]れ

其（そ）[十八]の料（れう）は

各　五色（いつつのいろ）[十九]の薄絁（うすきあしぎぬ）　各一尺

絁（あしぎぬ）[二十]　三丈[二十一]二尺　座別（みくらごと）に四尺

一 儀式は二頁注一、巻は二頁注二参照。

二 踐祚は二頁注三、大嘗祭は二頁注四、儀は二頁注五参照。

三 十月は一九〇頁注八、旬は五十八頁注五参照。

四 神服使は神服社の神主が務め、九月上旬、三河国に発遣され、同国の神戸より神服を織る長二人・織女六人・工手二人を卜定した（一〇二頁）。神服使は、神服部が貢納した絹糸十絇（悠紀・主基各五絇）を奉持して、神服長・織女・工人等を率いて京の斎場に至る。悠紀・主基各々五人（長一人・織女三人・工手一人）にわかれて神服の繒服（和妙、にぎたへ）を織る。卯日の朝に北野斎場から供神物が搬入される行列中、繒服案の前に位置する「神服宿禰一人」（四五〇頁）が神服使。神服社については、一〇二頁注七参照。官符宣旨例第七号（六五〇頁）と対応する。

五 神服（和妙）を織る神服の長。一〇二頁に、神服を織る長二人とある。卯日の北野の斎場から大嘗宮への行列では「神祇官神部四人」の前行に次いで「神服長二人」が位置し、それに「神服男七十二人」「神服女五十人」が従う（四四八頁参照）。服の訓は四十頁注九、長は五十六頁注六参照。

六 神服を織る女性。官符宣旨例（六五〇頁）には、「服部女三人」とある。織女は一〇二頁注二十参照。

七 一〇二頁注二十一・一六六頁注五参照。

八 等は六頁注九、率は二十四頁注三参照。

九 三河国において、繒服（和妙）を織るための絹糸を弁備する伴部。令制以前、神服部宿禰氏に管掌された、三河国の部民を起源とするか。釈日本紀二十秘訓の「神服部連」の「神服部」に「カムハトリ」の訓。伊勢太神宮式神衣条の「服部氏」の「服部」に「ハトリ、ハトリヘ」の訓。

十 七十四頁注十一参照。

十一 伊勢神宮の神衣（かむみそ）祭に供進される神衣も、神衣と敷和衣（うつはた）の二種類がある。神衣は神服部が三河国の「赤引神調糸（あかひきのかみのつきのいと）」を用いて、敷

儀式巻第三[1][2][3]

践祚大嘗祭儀[4]中

十月上旬、神服使率服長・織女・工手等十[5]人、持神服部所輸調絲十絇[6]到來〔悠紀・主基各五人〕、次各祭八神〔名[7]號〕[8]、其料[9]各五色薄絁各一尺、絁三丈二尺〔座別[10]四尺[11]〕、

1 荷田本・都立本「貞觀」あり。神宮一本「延喜」あり。神道本右傍「貞觀イアリ」。
2 三、都立本「八」。
3 林本「巻」あり。
4 祭、神宮本・神宮一本・谷本・三手本「會」。宮本なし、右傍「會祭」。林本注「祭舊作會、奉政作祭」。
5 手、信友本「午」。
6 絇、宮本「絲」。
7 名、神宮本右傍「各イ」。
8 林本・宮本・信友本「見上」あり、林本注「伊庭本、漏小見上二字」。神道本右傍「見上イアリ」あり。
9 料、宮本「新」とし右傍「料」。
10 別、谷本「列」。
11 尺、谷本・三手本・宮本「丈」とし、宮本右傍「尺」。

和衣は麻績連が麻を用いて、それぞれ奉織する（神祇令神衣祭条義解・集解）。皇太神宮儀式帳年中行事并月記事の「赤引調糸」に「アカヒキノミツギノイト」の訓。調は十二頁注十五、絲は八十六頁注一、絇は八十六頁注二参照。

十二 一五八頁注十四参照。

十三 到は、名義抄僧上九十四に「到〔イタル〕」。来は一七二頁注六参照。黒川本字類抄中十ウに「到來〔タウライ〕」。

十四 長一人・織女三人・工手一人の五人が一組となり、それぞれ悠紀・主基の和妙を奉織する。悠紀・主基は二頁注二十三、各は四頁注二十二参照。

十五 践祚大嘗祭式神服条に「帰二向京齋場一、先祭二織屋一、然後始織」とあり、京に到着した三河の織女等が祭る織屋の八柱の神と考えられる。奉織始祭であろう。八神の神名は明らかではない。「各」というのは、悠紀・主基各々の神服殿のことである。神服院が造立されるのは十月中旬のこと。斎郡と北野斎場に祀られる御膳八神（一四二頁以下参照）とは異なる。八神の訓は九十二頁注六参照。

十六 名は十二頁注二十八参照。号は、名義抄仏中三十七に「号〔ナ、ナヅク〕」。なお、「名號」の下に「見上」の二字を入れる写本があるが、この八神を御膳八神と考定した者の後補であろう。校異参照。

十七 一〇八頁注二参照。

十八 其は二頁注二十八、料は二十二頁注二十三参照。

十九 五色薄絁は二十四頁注十三・十四、尺は二十四頁注十五参照。

二十 二十四頁注十四参照。

二十一 丈は三十頁注八、座は九十六頁注十二、別は二十二頁注一参照。

木綿（ゆふ）[一]　二斤

絲（いと）[二]

綿（わた）[三]　各（おのもおのも）八斤　座別（みくらごと）に一斤

商布（たに）[四]　八段

鍬（くは）[五]　八口

麻（あさ）[六]　四斤

酒（さけ）[七]　一缶

米（よね・こめ）[八]　五斗

鰒（あはび）[九]

堅魚（かつを）[十]　各一連

一　木綿は二十四頁注十六、斤は二十四頁注十七参照。

二　八十六頁注一参照。

三　十二頁注二十三参照。

四　商布は三十四頁注三、段は三十四頁注四参照。

五　鍬は三十四頁注五、口は三十四頁注六参照。

六　二十八頁注十七参照。

七　酒は二十六頁注一、缶は六十六頁注十九参照。

八　米は十二頁注二十五、斗は二十六頁注二参照。

九　二十六頁注三参照。

十　堅魚は二十六頁注四、連は二十六頁注六参照。

1 缶、宮本「缶」とし右傍「缶」。

木綿二斤、絲・綿各八斤（座別一斤）、商布八段、鍬八口、麻四斤、酒一缶[1]、米五斗、鰒・堅魚各一連、

雑腊（くさぐさのきたひ）[一]　一籠

海藻（め）[二]　一連

鹽（しほ）[三]　二升

雑の菓子（くさぐさのこのみ）[四]　一斗

凡（おほよそ）[五]の料（れう）の布（ぬの）[六]　二段

又（また）[七]　各稲實（おのおのいなのみ）[八]の卜部（うらべ）・禰宜（ねぎ）[九]の卜部二人に　明衣（あかは・みやうえ）[十]各一具を賜（たま）へ

竝（なら）[十一]びに國（くに）[十二]の物（もの）を用（もち）ゐよ

小斎の麹室を鎮む

次（つぎ）に　各　小斎（をみ）[十三]の麹室（かむたちのむろ）を鎮（しづ）[十四]めよ

其（そ）の料（れう）は

木綿（ゆふ）　五斤[十五]

一　雑は四頁注二十八、腊は三十頁注一、籠は一二二頁注七参照。

二　二十六頁注五参照。

三　塩は六十四頁注二十一、升は二十頁注六参照。

四　一六二頁注九参照。

五　一六二頁注十参照。凡は四頁注一、料は二十二頁注二十三参照。

六　十二頁注二十二参照。

七　一〇八頁注八参照。

八　七十頁注二十参照。稲実は七十二頁注一、卜部は三十二頁注九参照。

九　七十頁注二十参照。禰宜は五十六頁注四参照。

十　明衣は八十頁注十一、具は一二四頁注九、賜は七十六頁注十三参照。

十一　十四頁注十参照。

十二　両斎国がそれぞれ負担すること。国は二頁注二十三、物は十頁注二十一、用は十四頁注二参照。

十三　小斎、小忌は特に厳しい斎戒のこと、六頁注十六参照。六頁では小忌と表記する。麹室は五十四頁注一参照。内院の麹室屋（一八〇頁）の鎮祭。なお、「小斎」を「卜斎」とする写本がある。校異参照。

十四　三十二頁注十三参照。

十五　底本「枚」とするが、諸本により「斤」に改める。都立本・神宮一本・荷田本・林本・信友本・神道本は「斤」に作る。校異参照。

雑腊一籠、海藻一連、鹽二升、雑菓子一斗、
凡[1]料[2]布二[3]段、又賜各稲實卜部・禰宜卜部二
人明衣各一具〔並用國物〕、次各鎮小[4]齋麹室、
其料木綿五斤[5]、

1 凡、林本「瓦」とし注「凡之誤」。神宮本「瓩」とし左傍「包カ」。宮本「瓦」とし右傍「包」「九イ」。
2 料、宮本「粁」とし右傍「料」。
3 二、神宮本左傍「一イ」。
4 小、荷田本・林本・神宮本・都立本・神宮一本・谷本・三手本・宮本「卜」とし、神宮本右傍「小カ」、宮本右傍「小イ」。
5 斤、底本・神宮本・谷本・三手本・宮本・故実本・以文本「枚」とし、宮本右傍「斤也」。荷田本・林本・神道本・都立本・神宮一本・信友本「斤」。

紙(かみ)[一]　四枚
堅魚(かつを)[二]
薄鰒(うすあはび)[三]　各(おのもおのも)一連
雑腊(くさぐさのきたひ)　一升[四]
酒(さけ)　五升
米(よね)(こめ)　二升
橘子(たちばなのみ)[五]　二十顆
蘿菔(おほね)[六]　一把

並(なら)びに國(くに)[七]の物(もの)を用(もち)ゐよ

麴料の米を納入

鎮(しづ)[八]め畢(をは)れば　即(すなは)[九]ち始(はじ)めて　各　麴(かむたち)[十]の料(れう)の米を納(をさ)[十一]めよ

一　紙は十頁注二十三、枚は十二頁注二参照。
二　二十六頁注四参照。
三　薄鰒は二十六頁注三、連は二十六頁注六参照。なお、「鰒」を「鮑」に作る諸本多し。校異参照。
四　二七八頁では「雑腊一籠」とある。
五　橘子は一三〇頁注七、顆は一二二頁注十一参照。
六　大根の古名。和名抄十七に「葍〔和名於保禰、俗用大根二字〕、（中略）、孟詵食経云蘿菔〔上音羅、今案萊菔・蘿菔皆葍之通稱也〕」とあり、萊菔・蘿菔は葍の通称とする。名義抄僧上三十四に「葍〔オホネ〕、蘆菔〔オホネ〕」。黒川本字類抄中六十三ウに「蘆菔〔オホ子（ね）〕、葍〔同〕、大根〔同〕、萊菔〔同〕、蘆菔〔同〕、蘿菔〔同〕」。把は二十六頁注十参照。
七　両斎国が負担すること。
八　鎮は三十二頁注十三、畢は三十二頁注六参照。
九　即は二頁注二十七、始は十頁注八参照。
十　麴料となる米を麴室に納入する。麴は五十四頁注一、料は二十二頁注二十三参照。
十一　名義抄法中一三四に「納〔ヲサム、イル〕」。

紙四枚、堅魚・薄[1]鰒[2]各一連、雜腊一升、酒五升、米二升、橘子二十[3]顆[4]、蘿菔一把〔竝用國物〕、鎭畢卽始各納麴料米、

1 薄、三手本「藻」とし右傍「薄」。
2 鰒、荷田本・林本・神宮本・都立本・神宮一本・谷本・三手本・信友本「鮑」。神宮一本「蚫」。
3 二十、荷田本・神宮本・都立本・神宮一本・谷本・三手本・宮本・信友本なし、宮本右傍「廾」。
4 顆、荷田本・神宮本・都立本・神宮一本・谷本・三手本・信友本「菓」。宮本なし、右傍「顆」。

三酒の麹料

厥(そ)[一]の明(あくるひ)　各(おのもおのも)　白黒(しろとくろ)[二]并(あは)[三]せて大多米(おほため)[四]の　三酒(みつのさけ)[五]の麹(かむたち)の料(れう)の飯(いひ)[六]を炊(かし)[七]け

御酒料の甕・甅を掘据える

次(つぎ)に　各　小斎(をみ)[八]の御酒(みき)の料(れう)の
甕(みか)(もたひ)[九]　四口　造酒司(さけのつかさ)[十]の卜食(うらはみ)[十一]の甕
甅(さらけ)[十二]　四口　國(くに)[十三]の所役(えたち)
を掘(ほ)[十四]り居(す)ゑよ

六神を祭る

次に　各　稲實(いなのみ)[十五]の卜部(うらべ)・禰宜(ねぎ)の卜部(うらべ)　造酒童女(さかつこ)[十六]并(あは)せて物部(もののべ)[十七]の
人等(ひとら)[十八]を率(ゐ)て　六神(むはしらのかみ)[十九]　竈(かまど)[二十]・門(かど)[二十一]・井(ゐ)[二十二]・山積(やまつみ)[二十三]・意加美(おかみ)[二十四]・水(みつ)[二十五]の神(かみ)　を祭(まつ)れ
其(そ)の料(れう)は
各　五色(いつつのいろ)[二十六]の薄絁(うすきあしぎぬ)　各三尺
倭文(しとり)[二十七]　一尺

一厥明は、その明日、夜明けのこと。周礼地官の「厥明、郷老及郷大夫羣吏、獻二賢能之書于王一」の注に「厥、其也、其賓之明日也」（十三経注疏一八一五年阮元刻本周礼注疏）とある。厥は、名義抄法下一〇七に「厥〔ソレ〕」。明は、同書仏中一三七に「明〔アス、アクル二〕」。

二大嘗祭・新嘗祭や伊勢神宮の神嘗祭の由貴大御饌に用いられる神酒。大嘗祭では、悠紀・主基の斎田で収穫された初穂四束は供御の御飯に用いられ、その残りで「白酒・黒酒」が醸造された（一四二頁）。十一月上旬、卜食の山に入り、木を焼いて得た薬灰を御酒に和（あ）えて、内院の白黒二酒・大多米院の白黒二酒を醸す。その製法は、本儀では「焼レ得薬灰一斛一、訖以二薬灰一和二御酒一〔五斗和二内院白黒二酒一、五斗和二大多米院白黒二酒一〕」（三四四―三四六頁）とあるように白酒・黒酒ともに薬灰を和えるとする。一方、造酒司式新嘗会白黒二酒料条では「熟後以二久佐木灰三升一〔採二御生気方木一〕、和二合一甕一、是稱二黒貴一、其一甕不レ和。是稱二白貴一」とあり、久佐木（くさき、臭木、クマカヅラ科の落葉小高木）の灰を和えた神酒を黒酒、和えない神酒を白酒としている。黒酒・白酒（くろき・しろき）の「き」を「酒（き）」のこととして、黒酒を黒色の酒、白酒を白色の酒とすることが通説であるが、西宮一民「践祚大嘗祭儀式の假名表記をめぐって」（『続大嘗祭の研究』所収、平成元年）は、続日本紀天平神護元（七六五）年十一月庚辰条の「黒紀・白紀乃御酒」に、上代特殊仮名遣いの乙類の「き」が字音仮名として用いられていることに着目し、「酒（き）」は甲類であるので、「黒紀・白紀」は「黒い酒・白い酒」の語義ではなく、「黒木御酒・白木御酒」（五二八頁）の表記があることより、「黒き・白き」の「き」は、乙類の「木（き）」のことで、御酒に合わせる「木を焼いて作る薬灰」のことではないかと推測する。加茂正典「白酒・黒酒のこと」（『悠久』一二二、平成二十二年）は、本儀においては白酒・黒酒ともに同量の薬灰を和合して醸造するので、白・黒は酒の色による相違ではないこ

厥明各炊白黑幷[1]大多米三酒麹料飯、次各堀[2]居小[3]齋御酒[4]料甕四口〈造酒司卜食甕〉、甀四口〈國[5]所役〉、次各稲實卜部・禰宜[6]卜部率造酒童女幷[7]物部人[8]等、祭六神〈竈・門・井・山積・意加美・水神〉、其料各五色薄絁各三尺、倭文一尺、

1 幷、林本「並」。
2 堀、荷田本・神道本・信友本「掘」。
3 小、神宮本・谷本・三手本・宮本「水」とし、神宮本・宮本右傍「小」。神宮一本「卜」。
4 酒、宮本なし、右傍「酒」。
5 國、底本なし。荷田本・林本・都立本・神宮一本・宮本「國」あり。神道本右傍「國イアリ」。
6 禰宜卜部、宮本なし、右傍「称宜卜部」。
7 幷、林本「並」。
8 人、宮本なし、右傍「人」。

とを確認した上で、西宮説を踏まえ、白酒を醸造する白酒殿のみが白木造りで、黒酒殿を含むそれ以外の大嘗祭の殿舎はすべて黒木造りで結構されることに着目し（一八六頁注四）、白酒は白木造りの殿で醸造される御酒、黒酒は黒木造りの殿で醸造される御酒の意が原義であろうとする。白酒・黒酒の表記例としては、五八六頁に「黒岐白岐乃御酒」、三代実録元慶八年十一月二十五日条に「黒支白支乃御酒」、朝野群載十二に「黒支白支乃御酒」（新嘗会）・「黒幾白幾乃御酒」（大嘗会）、柱史抄上に「黒支白支乃御酒」、中臣寿詞に「黒木・白木乃大御酒」とある。

三 四頁注四参照。

四 節会において臣下に賜る御酒。大多米院において醸造される。多毎物は十四頁注十七、大多米院は五十二頁注二参照。

五 三の訓は、一三六頁注一参照。

六 名義抄僧上一〇五に「飯〔イヒ〕」。

七 名義抄仏下末四十三に「炊〔カシク、イヒカシク、ヒタク〕」。

八 小斎は六頁注十六、御酒は二五〇頁注六参照。「小齋」を「卜齋」に作る写本あり。校異参照。

九 十四頁注二十参照。践祚大嘗祭式酒米事条には「凡春二黒白酒料米一者、（中略）、國別所レ須甕四口、甀四口〈各二口黒酒料、二口白酒料、並大膳職所レ充〉」とあり、国別で甕二口・甀二口が黒酒料、甕二口・甀二口を白酒料とする。口は三十四頁注六参照。

十 二五〇頁注五参照。践祚大嘗祭式酒米事条には「大膳職所レ充」とある。

十一 十二頁注十四参照。宮主秘事口伝大嘗会造酒司卜形事に、文保二（一三一八）年十一月に行われた、主基の白黒酒に用いる甀（みか）の卜定結果が記されており、卜合・卜不合の卜定は宮主の所役とする。

十二 六十六頁注二十一参照。

十三 底本「所役」。「國所役」に作る写本多く、諸本に従い「國」一字を補い、「國所役」とする。校異参照。役は四頁注二十八参照。

十四 地面を掘り、小斎の御酒を醸造するための甕、甀を土中に据えること。なお、造酒司には、大刀自などの名称を持つ造醸用の大甕があり、口の部分二尺だけを地表面に出して、下は土中に埋め込んであったという（続古事談一）。堀は八十八頁注八、居は一四八頁注十六参照。

十五 稲実卜部は七十頁注二十・七十二頁注一、禰宜卜部は七十頁注二十・五十六頁注四参照。

十六 七十八頁注十参照。

十七 四十八頁注三・七十八頁注八参照。

十八 等は六頁注九、率は二十四頁注三参照。

十九 醸造に必要な火・水・山の神々や境界の門の神が

（七六五頁へ続く）

[一]木綿(ゆふ)　三斤
[二]鰒(あはび)
[三]堅魚(かつを)
[四]海藻(め)　各(おのもおのも)三連
[五]鹽(しほ)　二升
[六]滑海藻(あらめ)　二連
[七]米(よね)(こめ)
[八]酒(さけ)　各一斗二升
[九]凡(おほよそ)の料(れう)は
[十]絁(あしぎぬ)　二疋

一　木綿は二十四頁注十六、斤は二十四頁注十七参照。
二　二十六頁注三参照。
三　二十六頁注四参照。
四　海藻は二十六頁注五、連は二十六頁注六参照。
五　塩は六十四頁注二十一、升は二十頁注六参照。
六　七十四頁注五参照。
七　十二頁注二十五参照。
八　酒は二十六頁注一、斗は二十六頁注二参照。
九　凡料は一六二頁注十、凡の訓は四頁注一、料は二十二頁注二十三参照。
十　二十四頁注十四参照。

木綿三斤、鰒・堅魚・海藻各三連、鹽二升、滑海藻二連、米・酒各一斗二升、凡[1]料絁二疋、

1 凡、林本・都立本・神宮一本・三手本「瓦」とし、林本注「凡之誤」。神宮本「瓦」とし右傍「包カ」。宮本「瓦」とし右傍「几」。

絲[一] 二絇

布[二] 二段

庸布[三] 四段

並[四]びに國[五]の物を用ゐよ

大多米の酒料の甕・甅を掘り据える

次に 各[六] 齋院[七]の大多米[八]の酒の料の

甕[九] 八口

甅[十] 四口

を掘り居ゑよ[十一]

物部人に明衣料を賜う

次に 各 物部[十二]の人に 明衣[十三]の料を賜へ[十四]

稲實の卜部[十五]二人の料の布 一段一丈 衣[十六]・袴一具の料

一 絲は八十六頁注一、絇は八十六頁注二参照。
二 布は十二頁注二十二、段は三十四頁注四参照。
三 庸は十二頁注十六、布は十二頁注二十二参照。
四 十四頁注十参照。
五 両斎国が負担する。国は二頁注二十三、物は十頁注二十一、用は十四頁注二参照。
六 四頁注二十二参照。
七 北野斎場。
八 大多米酒を醸造するために、甕、甅を土中に掘り据える。二八二頁注四参照。
九 十四頁注二十参照。
十 六十六頁注二十一参照。
十一 二八二頁注十四参照。
十二 斎郡において卜定された物部人は十五人であるが（七十八頁注八）、明衣を賜るのは、その十五人と、稲実卜部二人、酒部一人、駈使丁四人の計二十二人。
十三 八十頁注十一参照。
十四 七十六頁注十三参照。
十五 稲実卜部は各斎国一人であるので、稲実卜部一人と禰宜卜部一人のことであろう。「稲實卜部・禰宜卜部二人」に作る写本あり。校異参照。稲実卜部は七十頁注二十参照。
十六 衣は一九四頁注九参照。袴は、和名抄十二に「袴〈和名八賀萬〉」。名義抄法中一五一に「袴〈ハカマ〉」。字類抄上二十六オに「袴〈コ、ハカマ〉」。具は一二四頁注九参照。

絲二絇[1]、布二段、庸布四段〔並用國物〕、次
各堀[2]居齋院大多米酒料甕八口、甈四口、次
各賜物部人明衣料、稲實卜部[3]二人料布一段
一丈〔衣・袴一具料〕、

1 絇、神宮本「約」とし右傍「絇イ」。
2 堀、荷田本・神道本・信友本「掘」。林本注「掘之誤。」。
3 都立本・以文本「祢宜卜部」あり、以文本頭注「一本無」。宮本右傍「祢宜卜部」。

[一]稲實(いなのみ)の公(きみ)一人・[二]酒部(さかべ)一人・[三]燒灰(はひやき)一人・[四]採薪(かまぎこり)四人・[五]駈使丁(はせつかひのよほろ)四人

[六]幷(あは)せて十一人の料(れう)　[七]六段三丈四尺

[八]人別(ひとごと)に　衣(きぬ)の料　[九]三丈　[十]袴(はかま)の料　六尺

[十一]童女(さかつこ)一人・[十二]酒波(さかなみ)二人・[十三]粉走(こはしり)二人・[十四]相作(あひつくり)四人

幷せて九人の料　[十五]三端三丈四尺

衣の料　人別に　一丈八尺

又(また)　童女一人・[十六]物部(もののべ)の女(をみな)八人・酒部(さかべ)一人・燒灰(はひやき)一人・駈使丁(はせつかひのよほろ)

四人

幷せて十五人の[十七]冠(かうぶり)の料　一段三尺

人別に三尺

一　七十八頁注十八参照。

二　造酒司の伴部。二五〇頁注十二参照。

三　八十頁注五参照。

四　八十頁注六参照。

五　宮廷の神事、その他の雑役に駆使された者。ここでは、白酒・黒酒の造醸に従事する。斎宮式月料節料条に「凡齋内親王月料及節料等、皆准二在京一、其官人、（中略）、仕丁十五人、駈使丁二十五人、飼丁八人〈取二神郡幷神戸仕丁一充レ之〉」とあり、駈使丁二十五人は神郡並びに神戸の仕丁から選出されている。古事記上歌謡に「阿麻波勢豆加比（あまはせつかひ）」とある。書紀敏達天皇十二年是歳条の「駈使」に「ツカヒト、カリサケツカフ、ヤリサケツカフ」の訓。丁は十六頁注十一参照。

六　四頁注四参照。

七　底本「段」。「端」に作る写本多し。校異参照。五行目に「九人料三端三丈四尺」、九行目には「十五人冠料一段三尺」とする。段は三十四頁注四参照。

八　二十二頁注一参照。

九　林本「二丈之誤」と指摘する。校異参照。

十　袴は二八六頁注十六参照。

十一　七十八頁注十参照。

十二　大酒波一人と大多米酒波一人のこと。八十頁注一・二参照。

十三　八十頁注三参照。

十四　八十頁注四参照。「相仕」に作る写本あり。校異参照。

十五　三十四頁注十四参照。

十六　酒波二人、粉走二人、相作四人の八人。七十八頁注八参照。物部・女の訓は四十八頁注三・五参照。

十七　頭にかぶるかぶり物のこと。「かがふる」の名詞形。新撰字鏡十二に「褁頭〈加我不利須〉、幞頭〈加ゝ不利須〉」。和名抄十二に「幞頭〈加宇布利〉」。名義抄法下五十四に「冠〈カウブリ〉」。料は二十二頁注二十三参照。

稲實公一人、酒部一人、燒灰[1]一人、採薪四人、駈使丁四人幷十一人料六[2]段[3]三丈四尺〔人別衣料三[4]丈、袴[5]料[6]六尺〕、童女一[7]人、酒波[8]二人、粉走二人、相作[9]四人幷九人料[10]三端三丈四尺〔衣料[11]別一丈八尺〕、又童女一人、物部女八人、酒部一人、燒灰[12]一人、駈使丁四人幷[13]十五人冠料一段三尺〔人別三尺〕、

1 灰、三手本右傍「炭乎」。
2 都立本「布」あり。宮本右傍「布」、神道本右傍「布イアリ」。
3 段、荷田本・林本・神宮本・都立本・神宮一本・谷本・三手本・宮本「端」。
4 三、宮本右傍「二」。林本注「二丈之誤」。
5 袴、信友本なし、頭注「袴」。
6 料、荷田本・林本・神宮本・都立本・神宮一本・谷本・三手本・宮本なし。
7 一、三手本「六」。
8 波、谷本「婆」。
9 作、荷田本・林本・都立本・神宮一本「仕」。三手本「仕乎」。神宮本・宮本なし、宮本右傍「作」。
10 以文本「布」あり右傍「古本无」。宮本右傍「布」。
11 荷田本・谷本・信友本「人」あり、荷田本注「諸本並無、今依前後例私補之」。林本注「脱人字」。神道本右傍「人イアリ」。三手本右傍「人乎」。
12 灰、三手本右傍「炭」。信友本頭注「或炭云歟」。
13 幷、林本「並」。

又 物部[一]の男六人・女九人
幷せて十五人の襷[二]の料 一段三丈三尺
人別に 五尺 竝びに國の物を用ゐよ

斎場の御井・童女の井を掘る

次に 各 禰宜[三]の卜部・郡司[四]等 造酒童女・物部[五]の人六人・工[六]一人・夫[七]十人を率て 始[八]めて斎場[九]の御井・童女[十]の井を堀れ
時[十一]に 童女 先[十二]づ齋鉏[十三]を執[十四]りて 御井を堀れ
次に 禰宜[十五] 鉏を執りて 童女の井を堀れ
物部の人・工・夫 之[十六]を終へよ

抜穂御稲と雑物、内院に遷納

次に 各 抜穂[十七]の御稲 幷せて雑物[十八]を 内院[十九]に遷[二十]し納めよ

御稲を舂く

次に 始めて 各 御稲を舂[二十一]け

一 七十八頁注八、物部男女の訓は四十八頁注三・五参照。
二 襷は神を祭る際に肩に掛ける紐状のもの。供え物をするのに袖が触れないためにしたものであろう。つたの類を使うこともあるが、のち一般に楮の繊維で作った。和名抄十二に「続斉諧記云織成襷〔本朝式用二此字一云二多須岐一、今案所出音義未詳〕」とある。名義抄法中一四二に「襷〔タスキ、チハヤ〕」。四時祭式大殿祭条の「木綿鬘襷」に「ユフカツラノタスキ」の訓。
三 七十頁注二十参照。禰宜は五十六頁注四参照。
四 斎郡郡司。郡司は、令制下の地方官で、国司の下で一郡を統治した。大宝令以後は、大領・小領・主政・主帳の四等官で構成された。郡司は令制以前の国造の系譜を引く在地豪族が優先的に補任され、終身官で代々世襲された。郡司は二十四頁注八、等は六頁注九参照。
五 稲実公一人、焼灰一人、採薪四人の物部男六人のことであろう。七十八頁注八参照。内院の料材を採取する時も物部男六人、工一人、夫等が随行している（一六六頁）。
六 一六六頁注五参照。
七 夫は七十八頁注六、率は二十四頁注三参照。
八 六十四頁注十参照。
九 北野斎場の御井は、外院の外の東北の角、荒見川の東に掘られ、その東に童女の井が掘られる（五十八頁）。斎場は十八頁注三・四十頁注九参照。
十 童女は造酒童女のこと。七十八頁注十参照。関連は五十八頁注四。
十一 十頁注九参照。
十二 二十八頁注一参照。
十三 八十八頁注二参照。斎鉏とは神事に用いられる清浄な鉏であり、造酒童女がこれを用いて儀礼的に穴を掘る所作をして、井戸を掘る起工の儀式とした。
十四 二十八頁注十参照。
十五 禰宜卜部のこと。践祚大嘗祭式在京斎場条には「造酒兒井

又物部男六人、女九人幷[1]十五人襷料[2]一段三丈三尺〈人別五尺、竝[3]用國物〉、次[4]各禰宜卜部・郡司等率造酒童女・物部人六人・工[5]一人・夫十人、始堀[6]齋場御井[7]・童女井、于[8]時童女先執齋鉏、堀[9]御井、次禰宜執鉏、堀[10]童女井、物部人・工・夫終[11]之、次各抜穂御稲幷[12]雑物遷[13]納内院、次始各舂[14]御稲、

1 幷、林本「並」。
2 宮本右傍「布」あり。
3 竝、三手本「并」。
4 次、林本・都立本・神宮一本・三手本・宮本「以」とし、林本注「次之誤」、宮本右傍「次」。荷田本注「次字諸本作レ以、今私改レ之」。
5 三手本右傍「手乎」あり。
6 堀、荷田本・林本・神道本「掘」。
7 井、宮本「并」とし右傍「井」。
8 宮本右傍「造酒」あり。
9 堀、荷田本・林本・神道本「掘」。宮本なし、右傍「堀」。
10 堀、荷田本・林本・神道本「掘」。
11 終、神宮本・三手本・宮本「給」とし、神宮本左傍「次カ」、三手本右傍「終乎」、宮本右傍「終」。都立本右傍「給イ」。
12 幷、林本「並」。
13 遷、神道本「遷」とし右傍「送イ」。神宮本・宮本「迁」とし、神宮本左傍「送イ」、宮本右傍「送」。都立本「遷」とし右傍「送イ」。
14 舂、三手本「春」とし右傍「春乎」。

者、稲實卜部始掘」とあり、稲実卜部が童女の井を最初に掘るとする。
十六 之は八頁注五、終は一六四頁注十三参照。
十七 斎国から供進された抜穂御稲と雑物は、北野斎場の外に設けられた仮屋に安置されていた（一六〇頁）。抜穂御稲は五十二頁注一参照。抜穂の儀は一四〇頁に見える。
十八 御稲と共に斎国から運ばれた雑物。一五八頁にも「御稲幷雑物」とあり、一五六頁以下に見える当郡鋪設物（畳・茵・席・長薦・簀）のことであろう。雑物の訓は十二頁注十七参照。
十九 北野斎場内院。四十頁注九参照。内院の諸殿舎の造立は、一七六頁以下に見える。
二十 遷は二七二頁注十三、納は二八〇頁注十一参照。
二十一 舂は、穀物の殻などを取り除いたり、精白したりすること。新撰字鏡十一に「舂〔稲豆久（つく）〕」。名義抄仏下本七十三に「擣〔ツク、ウツ、（中略）、又作二春・壽一〕」とある。

造酒童女 之を先にせよ[一]

[二]大酒波・[三]仕女等 之を終へよ

小斎院の御酒を醸む

次に始めて各 [四]小斎院の[五]御酒を醸め

大膳職雑器料

次に各 [六]大膳職の

[七]水戸 五口

[八]都婆波 四口

[九]酒缶 二口

[十]陶臼 二口

[十一]匜 二口

[十二]坏 廿口

一 八頁注八参照。

二 八十頁注一参照。「大酒波仕女等終之」の八字について、林本は「文八字、大字ノ本文ナルヘシ」と指摘する。校異参照。

三 鈴木重胤の中臣寿詞講義には「大酒波・仕女と有る仕女は、相作の事にて、御酒波の姉女と云には非ず」とあり、践祚大嘗祭式酒米事条には「次諸女共舂」とする。大酒波を手伝って御稲を舂く相作のことであろう。仕は、名義抄仏上二に「仕〔ツカフ、ミヤツカヘ〕」、また、二十頁注九参照。女を「め」と訓む例は、書紀神代紀四神出生章の「泉津醜女」に「ヨモツシコメ」の訓がある。

四 六頁注十六・三十二頁注七参照。

五 御酒は二五〇頁注六、醸は一七二頁注十五参照。

六 卯日の神事に用いる雑器料として、大膳職が次に列挙される水戸（みづへ）以下の器物を弁備する。水戸五口から高盤廿脚（たかさら、二九六頁）までは神祇官からの請求によるもので、一部異同もあるが、官符宣旨例第三十三号の筥一合（七三六頁）から高盤廿口（七四〇頁）までに対応する。また、缶廿七口（二九六頁）から荒筥四口（三〇二頁）までは斎国からの請求によるもので、官符宣旨例第二十五号（七〇四頁以下）に対応する。官符宣旨例第二十五号には「供奉大嘗會神態料」とある。大膳職は二〇二頁注十四参照。

七 備前国由加物に水瓮（七十頁）があり、それに対応する官符宣旨例第十一号には水戸（六六八頁）としている（七十頁注四）。へ（瓮）は酒食を入れる容器。また調理用の器具をさすこともある。水戸は水を入れる容器であろう。皇太神宮儀式帳職掌雑任条に「水戸十五口」とある。名義抄法下九十二に「戸〔ト、ヘ〕」。斎宮式祓条の「水戸」の「戸」に「へ」の訓。

八 六十八頁注十参照。官符宣旨例（七三八頁）では「都婆波𤭯二口」とする。

九 缶は六十六頁注十九参照。官符宣旨例（七三六頁）の「酒垂二口」と対応するか。

造酒童女先[1]之（[2]大酒波仕女等終[3]之）、次始各
醸小斎院御酒、次各受大膳職水戸五口、都[4]
婆波[5]四口、酒缶[6]二口[7]、陶臼二口、匜[8]二口、
坏廿口、

1 先、林本・神宮本・都立本・神宮一本・三手本・宮本なし、三手本右傍「終乎」、宮本右傍「先」。谷本「終」。
2 大酒波仕女等終之、荷田本注「大酒波以下八字、依レ例蓋大字」、林本注「註文八字、大字ノ本文ナルヘシ、前後文、物部次レ之、役夫終レ之、工夫終レ之、夫等終レ之ト皆本行ニ書ス」。
3 終、神宮本・都立本・三手本・宮本「給」とし、三手本右傍「終乎」、宮本左傍「終」。
4 都婆波四口酒缶二口陶臼二口、信友本なし。
5 波、宮本なし、右傍「波」。
6 缶、林本「垂」とし注「缶之誤」。神宮本・三手本「正」。神宮一本なし。
7 口、神宮本・神宮一本・宮本なし、宮本右傍「口」。
8 匜、三手本「巵」。宮本「迤」。

十 六十八頁注六参照。官符宣旨例（七三八頁）では「陶碓二口」とする。
十一 六十八頁注四参照。官符宣旨例（七三六頁）では「波佐布二口」とする。
十三 六十四頁注十六参照。

一 小坏（こつき）　二口

二 短女坏（ひきめつき）　廿口

三 高坏（たかつき）　廿口

四 筥坏（はこつき）　廿口

五 足舉（あしあげ）の取次（とりすき）　廿口

六 御取次（みとりすき）　廿口

七 多志良加（たしらか）　二口

八 土師（はじ）の韓竈（からかま）　一口

九 瓫（ほとき）　二口

十 堝（なべ）　二口

一 六十八頁注十八参照。官符宣旨例（七三六頁）に「小坏二口」とする。

二 六十四頁注十六参照。

三 黒川本字類抄中五オに「高坏〈タカツキ〉」。食物を盛る台。円形または方形の皿に長い一本の脚を付したもの。官符宣旨例（七三八頁）に「高坏廿口」。

四 六十六頁注二十参照。官符宣旨例（七三六頁）に「筥坏廿口」。

五 取次は「等呂須伎」（六十八頁注十四）と同じく、取手のついた器のことか。主計寮式畿内調条に「脚短杯有レ蓋十三合、無蓋廿口」とあるのによれば、「足」は高坏の足であり、「足挙」とは脚を高くした杯のことか。また、同式畿内調条に「等呂須伎四口〈受二五升一〉」とあり、取次も容量が五升程度の大型の高坏か。官符宣旨例（七三八頁）に「足舉取次廿口」。

六 注五参照。主計寮式諸国調条に「御取坏」と見える。

七 六十八頁注十六参照。官符宣旨例（七三八頁）に「多志良加廿口」。

八 土師は、埴輪などの素焼土器（土師器）を作ることを職掌とした人、またその土器のこと。韓竈は朝鮮から渡来した竈。四時祭式鎮魂祭条に「韓竈一具、杓四柄、（中略）、右其日、御巫於二斎院一舂レ稲、簸以二篚筥一、炊以二韓竈一」とあり、炊飯に韓竈を用いた。また、四時祭式平岡四座祭には「韓竈一具〈醸レ酒料、用二河内國正税一〉」とあり、酒の醸造にも用いられた。官符宣旨例（七三八頁）には「贄土師物韓竈一口」とする。前川明久「贄土師韓竈考」（『日本古代氏族と王権の研究』所収、昭和六十一年）によれば、贄土師物韓竈は、贄土師連氏が統率する贄土師部が作製・貢納した竈であり、贄土師部の職掌説話は書紀雄略天皇十七年三月条に記されている。正倉院文書天平十七年四月十七日付大膳職解に「従七位下行少屬贄土師連佐美万里」と見える（大日本古文書二―）。書紀神代紀瑞珠盟約章の「土師連」の「土師」に「ハシ」の訓。践祚大嘗祭式卯日条の「韓

1 坏、神宮一本「抔」。
2 高、三手本「商」とし右傍「高乎」。
3 擧、林本・神道本・故実本「擧」。神宮本「舉」。神宮一本「挙」。宮本「挙」。
4 取、荷田本・神宮本・都立本・神宮一本・谷本・三手本・宮本「几」とし、宮本右傍「几取」。林本「凡」とし注「前後無御凡次、延喜式亦無、上下有足擧取次、然バ不足擧取次モ有ヘキカ、然バ凡ハ取ノ草ヲ誤テ凡、次ハ取次ヲ誤ニ非ヤ」。
5 志、三手本・宮本「恙」とし、三手本右傍「志乎」、宮本右傍「志」。

小坏[1]二口、短女坏廿口、高[2]坏廿口、筥坏廿口、足擧[3]取次廿口、御取[4]次廿口、多志[5]良加二口、土師韓竈一口、瓫二口、堝二口、

竈」に「カラカマ」の訓。
九 六十四頁注十三・十七参照。官符宣旨例（七三八頁）に「瓫二口」。
十 肴（な）を煮る瓫（へ）の意か。和名抄十六に「堝〔古禾反、奈閉、今案金謂之鍋、瓦謂之堝、字或相通用〕」とあり、堝は陶器製であろう。名義抄法中五十三に「堝〔ナヘ、ツチナヘ〕」。官符宣旨例（七四〇頁）に「堝二口」。

一高盤(たかさら)　廿脚

二已上(これよりかみ)は　三神祇官(かみつかさ／じんぎくわん)の解(げ)に四依(よ)りて　充(あ)つるところなり

五缶(ほとき)　廿七口

六着足の坏(あしつき)　廿口

七山瓶(やまかめ)　四口

八平瓶(ひらかめ)　四口

九匜(はさふ)　八口

十短女坏(ひきめつき)　四十口

十一小坏(こつき)　八口

十二酒垂(さかたり)　八口

一　六十四頁注二十参照。官符宣旨例（七四〇頁）には「高盤廿口」とする。

二　水戸五口から高盤廿脚までの器は、神祇官の解を受けて、太政官が大膳職に調備させる。二九二頁注六参照。已上は四頁注三十五参照。

三　神祇官は二頁注二十、解は一三六頁注十九参照。神祇官も太政官への上申は解を用いた。

四　依は十六頁注三、充は十頁注十七参照。

五　六十六頁注十九参照。官符宣旨例第二十五号（七〇四頁）に「缶廿七口」。

六　足が付いた杯。官符宣旨例（七〇四頁）に「足着坏廿口」。

七　山は背が高いの意であろう。山の訓は三十頁注二十三、瓶は六十四頁注十四参照。官符宣旨例（七〇四頁）は「山瓶」大小各四口とする。

八　背の低い瓶。字類抄下一〇〇ウに「平〔ヒラ〕」。瓶は六十四頁注十四参照。

九　六十八頁注四参照。官符宣旨例（七〇四頁）は「波佐布八口」。

十　六十四頁注十六参照。官符宣旨例（七〇六頁）は「比岐女坏卌口」。

十一　六十八頁注十八参照。官符宣旨例（七〇四頁）に「小坏八口」。

十二　六十八頁注十二参照。官符宣旨例（七〇六頁）に「酒垂八口」。

高盤廿脚[1]〔已上依神祇官解所充[2]〕、缶廿七口、

着足坏廿口、山瓶四口、平瓶四口[3]、匜[4]八口、

短女坏四十口[5]、小坏八口、酒垂[6]八口、

1 脚、信友本「口」。荷田本注「若廿口之誤乎」。
2 充、神宮本・都立本・谷本・三手本・宮本「宛」。
3 平瓶四口、林本なし。
4 匜、三手本「巵」。
5 口、宮本なし、右傍「口」。
6 垂、神宮一本・谷本「缶」とし、神宮一本右傍「一作瓦」、谷本右傍「垂イ」。

坏（つき）[一]　四十口

都婆波（つばは）[二]　十八口

陶臼（すゑのうす）[三]　四具[四]

瓫（ほとき）[五]　八口

堝（なべ）[六]　廿口

叩戸（たたいべ）[七]　八口

盤（さら）[八]　卌枚[九]

陶鉢（すゑのはち）[十]　十六口

土師の缶（はじのほとき）[十一]　四口

片垸（かたまり）[十二]　六十口

一　六十四頁注十六参照。官符宣旨例（七〇六頁）は「坏卌口」。

二　六十八頁注十参照。官符宣旨例（七〇四頁）は「都婆巴大小各四口」とする。

三　六十八頁注六参照。官符宣旨例（七〇六頁）は「陶碓四口」とする。

四　一二四頁注九参照。

五　六十四頁注十三・十七参照。官符宣旨例（七〇六頁）に「瓫八口」。

六　二九四頁注十参照。

七　六十六頁注十六参照。戸は二九二頁注七参照。官符宣旨例（七〇八頁）に「叩戸八口」。

八　六十四頁注十八参照。官符宣旨例（七〇八頁）に「盤卌口」。

九　十二頁注二参照。

十　陶器の鉢。陶は六十八頁注六、鉢は六十六頁注十二参照。

十一　土師は二九四頁注八、缶は六十六頁注十九参照。

十二　片は六十四頁注十九参照。垸は、水や酒などを盛る椀（わん）状の容器。新撰字鏡七に「椀〔万利〕」。和名抄十六に「盌、説文云盌〔辨色立成云末里、俗云毛比〕、小盂也」。名義抄仏下本一一八に「椀〔マリ、モヒ〕」。黒川本字類抄中九十二オに「盌〔ワン、マリ、又作椀、鳥管反、一云モヒ〕」。四時祭式神今食条の「土片椀」の「椀」に「モヒ」、同式平岡神条の「垸形」に「モヒカタ」、同式忌火条の「土片垸」の「垸」に「モヒ」の訓。官符宣旨例（七〇八頁）に「片垸六十口」。

坏四十口、都婆[1]波[2]十八口、陶臼四具、瓮八口、堝廿口、叩戸八口、盤卌枚、陶鉢十六口、土師缶[3]四口、片埦[4]六十口、

1 婆、荷田本・神宮本・谷本・三手本・宮本「波」とし、三手本右傍「婆乎」。
2 波、神宮本・谷本・三手本「々」。宮本「〻」。
3 缶、神宮本・三手本・宮本「与」とし、宮本右傍「雍」。谷本「与」。
4 埦、荷田本・林本・都立本・三手本・宮本・信友本「垸」とし、宮本右傍「埦カ」。谷本「椀」。

一 比良可（ひらか）　廿口

二 御笥（みけ）　四合三

四 水垸（みづまり）　四口

五 片盤（かたさら）　廿七口

六 御笥筥（みけのはこ）　廿八合

七 高坏（たかつき）　四十口

八 足舉（あしあげ）の取次（とりすき）　二十口

九 壺（つぼ）　四十口

十 筥坏（はこつき）　四十口

十一 多志良加（たしらか）　四口

一 六十六頁注七参照。官符宣旨例（七〇八頁）に「比良加廿口」。

二 笥は六十四頁注十二参照。皇太神宮儀式帳職掌雑任条の「御笥作内人」の「御笥」に「ミケ」の訓。官符宣旨例（七一〇頁）は「御笥四口」とする。

三 十頁注十五参照。

四 水を盛る椀状の容器。垸は二九八頁注十二参照。皇太神宮儀式帳職掌雑任条の「水真利六十口」に「ミヅマリロクジフク」の訓。官符宣旨例（七一〇頁）に「水垸四口」。

五 六十四頁注十九参照。官符宣旨例（七〇八頁）に「片盤廿七口」。

六 御笥を入れる箱。官符宣旨例（七一〇頁）は「御食筥廿八口」とする。筥の訓は五十頁注十二参照。

七 二九四頁注三参照。官符宣旨例（七〇六頁）に「高坏卌口」。

八 二九四頁注五参照。官符宣旨例（七〇六頁）は「足舉取次廿具」とする。

九 名義抄仏上七十六に「壺〔ツホ〕」、書紀敏達天皇十三年九月条に「壺〔此云、都苻〕」、満佐須計装束抄二に「つぼにてもやなぐゐ」。和名抄十六に「壺〔音胡、和名都保〕」、また、「楊氏漢語抄云坩〔和名都保、今案木謂二之壺一、瓦謂二之坩一〕」とある。今案によれば、木製は壺、瓦製のものを坩とする。坩は六十八頁注九参照。官符宣旨例（七〇六頁）に「壺卌口」。

十 六十六頁注二十参照。官符宣旨例（七〇四頁）に「筥坏卌口」。

十一 六十八頁注十六参照。官符宣旨例（七〇四頁）に「多志良加四口」。

比良可廿口、御笥四合[1]、水垸[2]四口、片盤廿七口、御笥筥廿八合、高坏四十口、足擧[3]取次二十口、壺四[4]十口、筥坏四[5]十口、多[6]志良可[7]四口、

1 合、谷本「口」。
2 垸、荷田本・林本・都立本・神宮本・神宮一本「垸」とし、神宮本右傍「垸カ」。
3 擧、林本・神道本・故実本「擧」。神宮本・神宮一本・三手本・宮本「挙」。
4 四十、神宮一本「卅」とし右傍「一作冊」。宮本「冊」とし右傍「卅」。以文本頭注「一作三十口」。
5 四十、神宮一本「卅」とし右傍「一作冊」。
6 多、谷本なし。
7 可、林本・谷本「加」。

[一]土師(はじ)の韓竈(からかま)　二具

[二]洗盤(あらひさら)　八口

[三]荒筥(あらはこ)　四口

[四]已上(これよりかみ)は　國(くに)の解(げ)に依(よ)りて　充(あ)つるところなり

を受(う)けよ

大多米の酒殿の神を祭る

[五]中旬(なかのとをか)　[六]各(おのもおのも)　[七]大多米(おほため)の[八]酒殿(さかどの)の[九]神(かみ)を祭(まつ)れ

其(そ)の料(れう)は

各　[十]五色(いつつのいろ)の薄絁(うすきあしぎぬ)　各一尺

[十一]倭文(しとり)　一尺

[十二]木綿(ゆふ)

一　二九四頁注八参照。官符宣旨例（七〇六頁）は「土師韓竈二口」とする。具は一二四頁注九参照。

二　洗いすすぐために用いる盤。内膳司式年料条に「洗盤十二口〈四口磨₂御米₁料、八口洗₂作雑淬漬物₁料〉」と見える。名義抄法上三に「洗〈アラフ、スマス〉」。盤は六十四頁注十八、口は三十四頁注六参照。官符宣旨例（七〇八頁）は「洗盤八口」。

三　供神物や天皇の御供物などを納める木箱。四時祭式園韓神条に神祭料として「荒筥八合」が規定されている。その用途としては、内膳司式年料条に「荒筥五十七合〈十二合涼₂御飯₁料、四合洗₂納雑韲物₁料、四合洗₂納雑虀菜₁料、卌七合儲料〉」とあり、御飯を冷ます、雑韲（なます）物を洗い納める料として用いられ、また、四時祭式鎮魂祭条に「御巫於₂官齋院₁舂ㇾ稲、簸以₂麁筥₁、炊以₂韓竈₁」とあり、舂いた稲を振り動かして糠などを取り除く料としても用いられている。九条家本同条の「麁筥」には「如₂柳筥₁也」の朱筆傍書が付されている。臨時祭式荒筥条には「凡因幡、伯耆兩國所ㇾ進相嘗祭料荒筥八十八合〈國別卌四合〉、毎年以₂神税₁交易」とある。四時祭式園韓神条の「荒筥」に「アラハコ」の訓、同式神今食条の「麁筥」に「アラハコ」の訓。名義抄僧上六十四に「簏筥〈アラバコ〉」。官符宣旨例（七〇八頁）には「荒筥四合」とする。口は三十四頁注六参照。

四　缶卄七口から荒筥四口までの器は、斎国の解を受けて、太政官が大膳職に調備させる。已上は四頁注三十五参照。

五　十月中旬。中は二十八頁注八、旬は五十八頁注五参照。

六　悠紀・主基両外院。各は四頁注二十二参照。

七　大多米院のこと。五十二頁注二参照。

八　酒を造るための殿舎で、五十二頁には「酒屋一宇」とある。大多米院の「酒屋」のことであろう。神楽歌八十五に「左加登乃波〈酒殿は〉」、同八十六に「佐可止乃波」とある。酒は二十六頁注一、殿は四十頁注十参照。

九　践祚大嘗祭式酒米事条に「始釀ㇾ酒日、祭₂酒神₁」とある。

土[1]師韓竈二具、洗盤八口、荒[2]筥四口〔已上依國解[3]所充[4]〕、中旬各祭大[5]多米酒殿神、其料各[6]五色薄絁各一尺、倭文一尺、木綿・

1 土、神宮一本「上」とし右傍「土」。
2 荒、宮本「荒」と右傍「荒」。
3 解、神宮本・都立本・神宮一本・谷本・三手本・宮本なし。
4 充、神宮本・都立本・谷本・三手本・宮本「死」。
5 大、神宮本「太」。
6 各、林本なし。

なお、神名式造酒司坐神六座条に、酒殿神社二座として「酒彌豆男神・酒彌豆女神」の神名がみえる。神は六十頁注二十、祭は一〇八頁注二参照。

十 五色薄絁は二十四頁注十三・十四、尺は二十四頁注十五参照。

十一 三十二頁注十六参照。

十二 二十四頁注十六参照。

麻（あさ）[一]　各（おのもおのも）一斤
鰒（あはび）[二]
堅魚（かつを）[三]
海藻（め）[四]　各一連
鹽（しほ）[五]　二顆
酒（さけ）[六]　一斗
米（よね・こめ）[七]　四升
鍬（くは）[八]　五口
布（ぬの）[九]　二端
商布（たに）[十]　四段

一　麻は二十八頁注十七、斤は二十四頁注十七参照。
二　二十六頁注三参照。
三　二十六頁注四参照。
四　海藻は二十六頁注五、連は二十六頁注六参照。
五　塩は六十四頁注二十一、顆は一二二頁注十一参照。
六　酒は二十六頁注一、斗は二十六頁注二参照。
七　米は十二頁注二十五、升は二十頁注六参照。
八　三十四頁注五参照。
九　布は十二頁注二十二、端は三十四頁注十四参照。
十　商布は三十四頁注三、段は三十四頁注四参照。

麻各一斤、鰒・堅魚・海藻各一連、鹽二顆、酒一斗、米四升、鍬五口、布二端[1]、商布四段、

1 端、谷本「叚」。

大多米の酒を醸む

神服院の地を鎮む

[一]訖(をは)りて始(はじ)めて各(おのもおのも)[二]大多米(おほため)の酒(さけ)を醸(か)め[三]

次(つぎ)に各 神服(かむはとり)[四]の使(つかひ)并(あは)[五]せて國司(くにのつかさ)[六]・齋場(ゆには)[七]の預(あづかり) 服(はとり)[八]の長(をさ)・織女(おりめ)[九]

等(ら)を率(ゐ)て 神服院(かむはとりのゐん)[十]の地(ところ)[十一]を鎮(しづ)めよ

其(そ)[十二]の料(れう)は

各 五色(いつつのいろ)の薄絁(うすきあしぎぬ)[十三] 各一尺

倭文(しとり)[十四] 一尺

木綿(ゆふ)[十五] 五両

麻(あさ)[十六] 一斤五両

鍬(くは)[十七] 四口

米(よね)[十八]

一 訖は二頁注二十六、始は十頁注八参照。

二 臣下に賜る酒。「ためつもの」の酒のこと。十四頁注十七・五十二頁注二参照。官符宣旨例第五号（六三〇頁）に「多毎米卅斛（大多毎黒木・白木酒料）」とあり、各斎国から供進された米三十斛を用いて、大多米の黒酒・白酒の二酒を醸す。

三 一七二頁注十五参照。

四 神服使は二七四頁注四、神服社は一〇二頁注七、神服の訓は五十六頁注六参照。

五 四頁注四参照。

六 斎国国司。神服院は悠紀・主基両斎国が協力して造作される（三一二頁）。国は二頁注二十三、司は四頁注三十三参照。

七 十八頁注三参照。十八頁には「五位五人・六位以下八人」とある。

八 二七四頁注五参照。

九 織女は一〇二頁注二十、等は六頁注九、率は二十四頁注三参照。

十 神服院地の鎮祭。神服院の殿舎は三一二頁以下に見える。神服院は四十頁注九参照。践祚大嘗祭式神服条に「歸二向京齋場一、先祭二織屋一、然後始織」とある。

十一 地は二十四頁注六、鎮は三十二頁注十三参照。

十二 其は二頁注二十八、料は二十二頁注二十二参照。

十三 五色薄絁は二十四頁注十三・十四、尺は二十四頁注十五参照。

十四 三十二頁注十六参照。

十五 木綿は二十四頁注十六、両は一一四頁注四参照。

十六 麻は二十八頁注十七、斤は二十四頁注十七参照。

十七 三十四頁注五参照。

十八 十二頁注二十五参照。

訖始各釀大多米酒、次各神服使幷[1]國司・齋場預率服[2]長・織[3]女等、鎮神服院地、其料各五色薄絁各一尺、倭文一尺、木綿五兩、麻一斤五兩、鍬四口、米・

1 幷、林本「並」。
2 服、三手本「股」とし右傍「服乎」。宮本なし、右傍「服」。
3 織、三手本「紙」とし右傍「織乎」。

酒（一）（さけ）　各一斗（おのもおのも）
堅魚（二）（かつを）
鰒（三）（あはび）
海藻（四）（め）　各一連
坏（五）（つき）　四口
瓶（六）（かめ）　四口
其（そ）の調度（七）（ととのへもの）は
服板（八）（はたいた）　七枚
長（九）（なが）さ　各八尺　廣（ひろ）さ　二尺　厚（あつ）さ　二寸
籰（十）（わく）　二十口

一 酒は二十六頁注一、斗は二十六頁注二参照。
二 二十六頁注四参照。
三 二十六頁注三参照。
四 海藻は二十六頁注五、連は二十六頁注六参照。
五 六十四頁注十六参照。
六 六十四頁注十四参照。
七 神服院に設営される調度品及び実際に奉織時に用いる道具。調度の訓は二六四頁注二参照。
八 織機の骨組みなどに用いる板のことか。正倉院文書天平宝字六年正月十五日付雑材并桧皮和炭等納帳に「中取料波多板二枚〔各長八尺、廣一尺八寸、厚一寸半〕」（大日本古文書五）とあり、中取料の波多板（はたいた）の規格は本条の服板とほぼ同じである。中取とは、木工寮式神事并年料供御条に見える「中取案」のことで、物を載せて二人で担ぎ運ぶ台のこと。また、内匠寮式年料屏風条に「年料五尺屏風骨五十帖料、（中略）、波多板四枚〔作₂鑄物押形₁料〕」と見え、波多板は鋳物の押形を作るためにも用いられた。和名抄十五に「板〔歩綰反、伊太、功程式有₂波多板、歩板₁〕」。「服」を「ハタ」と訓む用例は、書紀神代紀宝鏡開始章の「齋服殿」に「インハタトノ」の訓。名義抄仏中一三三に「服〔ハトリ〕」。枚は十二頁注二参照。
九 長は四十二頁注十六、広は四十二頁注十七、厚は一〇六頁注七参照。
十 綛糸（かせいと）を巻き返す道具。二本または四本の木を打ちつけ、中央部に軸を設けて回転するようにしたもの。和名抄十四に「説文云籰〔越縛反、俗云本音之重〕、收絲者也、字亦作䈠、唐韻云柅〔女履反、和名和久乃江（わくのえ）〕籰柄也」とある。新撰字鏡十二に「篗〔和久〕」。名義抄僧上七十二に「籰〔ワク〕」。字類抄上八十八オに「籰〔クリク、ワク〕」。

1 板、宮本「[illegible]」とし右傍「板」。
2 廣、神宮本右傍「横イ」。
3 籆、荷田本・信友本「篗」。神宮本右傍「篧イ」。神宮一本・谷本・三手本・宮本「篧」。

酒各一斗、堅魚・鰒・海藻各一連、坏四口、瓶四口、其調度服板[1]七枚〈長各八尺、廣[2]二尺、厚二寸〉、籆[3]二十口、

神服使・服長・織女の明衣料

一 席（むしろ）　三枚

二 薦（こも）　七枚

三 茵（しとね）　四枚

四 服（はた）の覆（おほひ）の庸布（ちからしろのぬの／ようふ）　一段

五 知岐黒綿　一屯

六 使（つかひ）幷（あは）せて服（はとり）の長（をさ）・織女（おりめ）等の七明衣（あかは／みやうえ）の料（れう）は

布（ぬの）　五端三丈一尺

使一人・長二人　各（おのもおのも）二丈

織女六人　各一丈六尺

八 巾（たのごひ／きん）の料　各三尺三寸

一 十頁注一参照。

二 九十八頁注三・一二四頁注五参照。

三 八頁注二十九参照。

四 織機を覆うために用いる庸布であろう。内蔵寮式機覆条に「機覆幷襻褌料布五端」とあり、その「機覆」に「ハタノ（オ）ホヒ」の訓が付せられている。書紀神代紀宝鏡開始章の「齋服殿」に「インハタトノ」の訓。覆は二四六頁注九、庸布は七十二頁注十八参照。

五 不詳。知岐は地名か。黒綿の用例は、正倉院文書宝亀三年二月六日付奉写一切経所請用注文（大日本古文書六）に「庸幷黒綿二百五十八屯」、民部省式大宰府仕丁条に「黒綿卅斤」と見える。綿は十二頁注二十三参照。なお、底本以下諸本総て「知岐黒綿」に作るが、仮に、「知岐里綿」とすれば、「ちきり（知岐利、縢）」は経糸を巻き取る機の部品のこととなる。和名抄十二に「織縢〔知岐利〕」とある。

六 神服使。

七 八十頁注十一参照。

八 布で作り、頭にかぶるもの、また、手拭いとして用いる。和名抄十二に「辨色立成云巾子〔此間巾音如ㇾ渾〕、幞頭具、所ㆍ以挿ㇾ髻者也」とある。同書十四に「手巾〔和名太乃古比〕」。名義抄法中一〇二に「巾〔ノゴフ〕」、手巾〔タノゴヒ〕、巾箱〔タノゴヒノハコ〕」。字類抄下六ウに「巾子〔キン、コジ〕」、黒川本字類抄中五オに「手巾〔キン、タナコヒ〕」。伊勢大神宮式装束条の「細布巾」の「巾」に「ノコヒ」、践作大嘗祭式料理条の「手巾」に「タノコヒ」の訓。

席三枚、薦七枚、茵[1]四枚、服[2]覆庸布一段、
知[3]岐黒綿一屯、使幷服長[4]・織女等明衣[5]料布[6]
五[7]端三丈一尺〈使一人、長二人、各二丈[8]、織女
六人、各一丈[9]六尺、巾[10]料各三[11]尺三寸、

1 茵、林本・神宮一本・三手本「筒」とし、神宮一本右傍「一作茵」。神宮本右傍「筒イ」。都立本「笥」。
2 服、谷本「眼」とし右傍「服」。
3 知岐黒、林本注「知岐黒未詳、庸布ニ次テ有レバ、疑ラクハ知可良カ、只舊本ノ誤ヲ存シテ後學者ヲ待」。
4 長、宮本なし、右傍「長」。
5 衣、三手本・宮本なし、宮本右傍「衣」。
6 布五端三丈一尺、林本注「布五端三丈一尺ハ、二十四丈一尺也」。
7 五、谷本「二」。
8 丈、神宮本・都立本・谷本・三手本・宮本「尺」とし、神宮本右傍「丈カ」。林本注「註ノ丈尺惣テ二十一丈八尺三寸也、餘二丈二尺七寸」。
9 丈、信友本「尺」とし左傍「丈」。
10 巾、神宮本右傍「中イ」。
11 三手本「即」あり。

一褌(ちはや)の料(れう)　各(おのもおのも)五尺

二襷(たすき)の料　各五尺

神服院を造る

三即(すなは)ち　四兩國(ふたつのくに)　五相共(あひとも)に神服院(かむはとりのゐん)を造(つく)れ

一院に　六四屋(やあ)有れ

七國毎(ごと)に　二屋を造れ

造酒童女、四角の柱穴を掘る

先(ま)づ　八造酒童女(さかつこ)　九鋤(すき)を執(と)りて　十初(はじ)めて四角(よすみ)の柱(はしら)の穴(あな)を掘(ほ)れ

十一工(たくみ)・夫(よほろ)　之(これ)を終(を)へよ

神服院の制

十二其(そ)の制(のり)は

十三門(もん)を　十四東(ひむがし)・十五北(きた)の十六兩方(ふたつのかた)に開(ひら)け

北門(きたのもん)の十七掖(わき)に　十八横(よこ)に十九五間(ま)の　神服殿(かむはとりのとの)一宇二十

一 神事などにおいて、奉仕者が着用する斎服の一つ。采女司式によれば、神今食・新嘗祭において采女は望陁布褌を着用することが見え、白布製で表着の上に付け斎服であることを示した。和名抄十二に「本朝式云、襷褌各一条〔褌讀レ知波夜一、今案不レ詳〕」とある。名義抄法中一四六に「褌〔チハヤ、タスキ〕」。内蔵寮式機覆条の「襷褌料布五端」の「襷褌」に「タスキチハヤ」の訓。

二 二九〇頁注二参照。

三 二頁注二十七参照。

四 神服院は一院で、悠紀・主基両斎国が協力して神服院を造作する。両は四頁注十八、国は二頁注二十三参照。

五 相は四十六頁注二、共は十頁注六、造は四十二頁注九参照。

六 悠紀国が造る五間の神服殿・五間屋と、主基国が造る五間の神服殿・五間屋のこと。いずれも黒木造で萱葺き、葉柴を蔀とする。以下、神服院復元図参照。践祚大嘗祭式神服条では、神服院に設けられるのは、悠紀・主基の神服殿各一宇、神服男女憩屋各一宇、祝部憩屋一宇の五宇とする。屋は三十六頁注八、有は四十二頁注二十参照。

七 一五四頁注七参照。

八 七十八頁注十参照。

九 鋤は、和名抄十五に「鋤〔土魚反、和名須岐〕」、名義抄僧上一一八に「鋤〔クハ、スキ〕」。執は一十八頁注十参照。

十 初は二一六頁注十三、四角は三十頁注三、柱・穴は八十八頁注七、堀は八十八頁注八参照。

十一 工は一六六頁注五、夫は七十八頁注六、之は八頁注五、終は一六四頁注十三参照。

十二 制は九十六頁注一、也は九十六頁注二参照。

十三 四十二頁注十参照。

十四 裏松固禅の大内裏図考証三付録、川出清彦『祭祀概説』（昭和五十三年）、池浩三『家屋文鏡の世界』（昭和五十八年）の北野斎場復元図では、神服院の門を南北としている。但し、底本

欅料各五尺、欅料各五尺〕、卽[1]兩國相共造神服
院〔一院有四屋、每國造二屋〕、先造酒童女執
鋤[2]、初堀[3]四角柱穴[4]、工[5]・夫終[6]之、其制也、
開門東・北[7]兩方、北[8]門[9]掖[10]横五[11]間神服殿一宇

以下諸本総て「東」に作る。東は八頁注二十五参照。
十五　八頁注二十二参照。
十六　両は四頁注十八、方は八十八頁注十九、開は九十六頁注十六参照。
十七　四十六頁注六参照。林本に「下文、北門西掖ト云ニ准シテ、此北門下、闕㆓東字㆒」と指摘する。校異参照。
十八　四十二頁注十二参照。
十九　悠紀国の神服殿。この殿舎において、三河国の神服部が貢納した絹糸を用いて、悠紀殿に奉安される神服（和妙）が奉織される。間は四十二頁注十三、神服の訓は五十六頁注六、殿の訓は四十頁注十参照。
二十　四十二頁注十四参照。

1 卽、三手本なし。
2 鋤、林本「鉏」。
3 堀、荷田本・林本・神道本・信友本「掘」。
4 穴、宮本「空」とし右傍「穴」。
5 工、神宮本・都立本・宮本なし、宮本右傍「工」あり。
6 終、都立本・三手本・宮本「給」とし、三手本右傍「終乎」、宮本右傍「終」。
7 北、宮本「此」とし右傍「北」。神宮本右傍「此イ」。
8 北、宮本「此」とし右傍「北」。神宮本右傍「此イ」。
9 林本注に「下文、西掖ト云ニ准シテ、此北門下、闕㆓東字㆒」。
10 掖、都立本「腋」。神道本右傍「腋イ」。
11 五、荷田本・林本・神宮本・都立本・神宮一本・谷本・三手本・宮本・信友本・以文本「三」とし、宮本右傍「五イ」、以文本右傍「五」頭注「三字疑五字誤」。

[一]南に戸あれ　[二]長さ三丈五尺　廣さ一丈二尺なれ

[三]南の垣の下に　横に[四]五間の　屋一宇

[五]服殿と[六]相對へ

西の三間は　[七]壁を隔てて　[八]神服女の[九]宿所と爲

東の二間を　[十]服丁の宿所と爲

[十一]竝びに北に戸あれ　長さ三丈五尺　廣さ一丈二尺なれ

[十二]已上の二宇　悠紀　之を造れ

北門の西掖に　[十三]縱に[十四]五間の　屋一宇

東に戸あれ

南の垣の下に　横に[十五]五間の　屋一宇

一 南は八頁注二十四、戸は四十二頁注十五参照。
二 長は四十二頁注十六、広は四十二頁注十七参照。
三 神服院を廻る垣の南側の垣。垣は八十八頁注十二、下は二頁注三十三参照。
四 壁を隔てて、西三間が神服女の宿所、東二間が服丁の宿所。屋は三十六頁注八参照。
五 悠紀の神服殿。服は四十頁注九、殿は四十頁注十参照。
六 九十四頁注二参照。
七 壁は四十四頁注六、隔は四十四頁注七参照。
八 神服（和妙）を織る女性。一〇二・二七四頁には織女と見え、三河国の神戸より卜定された織女六人（悠紀・主基各三人）のこと（二七四頁注四参照）。官符宣旨例第七号（六五〇頁）には「服部女三人」とある。但し、卯日の供神物行列（四四八頁）には、神服男七十二人・神服女五十人とあるので、神服女とは、織女六人（各三人）と、織女を補助する神服女四十四人（各二十二人）も含めた名称か。神服の訓は五十六頁注六、女の訓は四十八頁注五参照。
九 宿は四十六頁注八、所は四頁注十八、爲は四頁注二十参照。
十 織機を維持するための技能者であり、神服長二人・織女六人とともに、三河国神戸より卜定された工手二人（悠紀・主基各一人）のことであろう。一〇二頁汻二十一、丁は十六頁注十一参照。
十一 十四頁注十参照。
十二 神服殿一宇と五間屋一宇は、悠紀国が造作する。已上は四頁注三十五、悠紀は二頁注二十三、造は四十二頁注九参照。
十三 底本以下諸本多く「縱」とする。三手本「従」に作り、「横乎」の傍書あり。校異参照。縦は四十四頁注九参照。
十四 主基国の神服殿。この殿舎において、主基殿に奉安される神服（和妙）が奉織される。裏松固禅の大内裏図考証三付録、川出清彦『祭祀概説』（昭和五十三年）、池浩三『家屋文鏡の世界』（昭和五十八年）の神服院図では、この五間屋を主基神服

〔南戸長三丈五尺[1]、廣一丈二尺〕、南垣下横五間屋一宇〔與服殿相對、西[2]三間隔壁爲神服女宿所、東二間爲服丁宿所、竝北[3]戸、長三丈五尺[4]、廣一丈二尺、已上二[5]宇悠紀[6]造之〕、北[7]門西掖[8]縦[9]五間屋一宇〔東戸〕、南垣下横五[10]間屋一宇

殿とし、悠紀神服殿と同じく東西の殿舎として復元している。

十五　悠紀国の五間屋と同じく、構造は三間が神服女の宿所、二間が服丁の宿所となっているのであろう。

1 尺、宮本なし、一字空白。
2 西、三手本「兩」とし右傍「西乎」。
3 北、宮本「此」とし右傍「北」。
4 尺、三手本「丈」とし右傍「尺」。
5 二、神宮本右傍「一イ」。
6 紀、神宮本・谷本・宮本「基」。三手本なし、右傍「紀乎」左傍「基イ」。
7 北、三手本・宮本「此」とし、三手本右傍「北乎」、宮本右傍「北」。
8 掖、都立本「腋」。神道本右傍「腋」。
9 縦、神宮本・三手本・宮本「従」とし、神宮本右傍「縦カ」、三手本右傍「横乎」、宮本右傍「縦」。
10 五、荷田本・林本・神宮本・都立本・神宮一本・谷本・三手本・宮本「三」とし、宮本右傍「五イ」。

北(きた)に戸(と)あれ

[一]已上(これよりかみ)は　主基(すき)　之(これ)を造(つく)れ

竝(なら)びに[二]搆(かま)ふるに[三]黑木(くろき)を以(も)ちてし　[四]葺(ふ)くに萱(かや)を以ちてし

[五]葉柴(はしば)を以ちて之を[六]蔀(しと)め

内院の酒殿の神を祭る

次(つぎ)に　[七]各(おのもおのも)　[八]内院(うちのゐん/ない)の[九]酒殿(さかどの)の神(かみ)を祭(まつ)れ

其(そ)の料(れう)は

[十]五色の薄絁(いつつのいろのうすきあしぎぬ)　各一尺

[十一]倭文(しとり)　一尺

[十二]木綿(ゆふ)

[十三]麻(あさ)　各一斤

一　縦五間屋一宇と横五間屋一宇は主基国が造作する。主基は二一頁注二十三参照。

二　四十二頁注九参照。

三　黒木は一〇二頁注三、以は四頁注十七参照。

四　葺は九十六頁注五、萱は三十頁注十九参照。

五　葉は、和名抄二十に「葉〔和名波〕」、字類抄二十一ウに「葉〔エフ、ハ〕」。柴は八十八頁注十一参照。

六　九十六頁注十三参照。

七　悠紀・主基の両内院。

八　四十頁注九参照。

九　悠紀・主基両内院にそれぞれ設けられる黒酒殿・白酒殿に祭られる神。内院において御酒造醸が始まるのは十一月上旬（三三八頁）。践祚大嘗祭式酒米事条には「始釀レ酒日、祭二酒神一」とある。酒殿は三〇二頁注八、神は六十頁注二十、祭は一〇八頁注二参照。

十　五色薄絁は二十四頁注十三・十四、尺は二十四頁注十五参照。

十一　三十二頁注十六参照。

十二　二十四頁注十六参照。

十三　麻は二十八頁注十七、斤は二十四頁注十七参照。

〔北[1]戸、已上主基造之〕、竝[2]搆[3]以黑木、葺以萱、
以葉[4]柴蔀之、次各祭內院酒殿神、其料[5]五色
薄絁各一尺、倭文一尺、木綿・麻各一斤、

1 北、三手本・宮本「此」とし、三手本右傍「北乎」、宮本右傍「北」。
2 竝、三手本右傍「煎」。宮本「煎」とし右傍「前並」。
3 搆、三手本「間」とし右傍「摘」。
4 葉、宮本「茱」とし右傍「葉」。
5 宮本「各」あり。林本注「五色上有二各字一、是也、此書闕漏」。

[一]鍬（くは）　八口

[二]鰒（あはび）

[三]堅魚（かつを）

[四]海藻（め）　各一連

[五]雑の菓子（くさぐさのこのみ）　一斗

[六]柏（かしは）　五把

[七]米（よね・こめ）　五斗

[八]酒（さけ）　一缶

[九]雑腊（くさぐさのきたひ）　三籠

[十]凡（おほよそ）の料（れう）は

一　鍬は三十四頁注五、口は三十四頁注六参照。
二　二十六頁注三参照。
三　二十六頁注四参照。
四　海藻は二十六頁注五、連は二十六頁注六参照。
五　雑菓子は一六二頁注九、斗は二一六頁注二参照。
六　柏は二十六頁注九、把は二十六頁注十参照。
七　十二頁注二十五参照。
八　酒は二十六頁注一、缶は一三〇頁注三参照。
九　雑は四頁注二十八、腊は三十頁注一、籠は一二二頁注七参照。
十　一六二頁注十参照。凡は四頁注一、料は二十二頁注二十三参照。

鍬八口、鰒・堅魚・海藻各一連、雑菓[1]子一斗、柏五把、米五斗、酒一缶、雑腊三籠、

凡[2]料

1 菓、林本「果」とし注「又果作レ菓、果ハ菓ノ本字、菓は俗字」。
2 凡、林本・神宮本・都立本・神宮一本・宮本「門」とし、宮本右傍「几」。

絁 二尺
布[一] 五段
綿[二] 二屯
國[三]の物を用ゐよ

大嘗宮の御殿料の伐採

次に 各[四] 大嘗宮[五]の御殿[六]の料[七]の材を採[八]らむが爲に 禰宜[九]の卜部・國司[十] 造酒童女[十一]・物部[十二]の人幷[十三]せて夫[十四]等を率て 卜食[十五]の山に向ひ 山[十六]の神を祭れ

卜食の山の神を祭る

其の料は
五色の薄絁 各一尺
倭文 一尺

一 布は十二頁注二十二、段は三十四頁注四参照。
二 綿は十二頁注二十三、屯は三十四頁注二参照。
三 悠紀・主基両斎国が弁備する。国は二頁注二十三、物は十頁注二十一、用は十四頁注二参照。
四 悠紀・主基各斎国。各は四頁注二十二参照。
五 大嘗宮の御殿の料材を伐採するために、卜食の山に赴く。大嘗宮は三八二頁注十三参照。大嘗は二頁注四、宮は三十頁注十七参照。
六 大嘗宮の諸殿舎造立は、三八二頁以下に見える。御は二十二頁注四、殿は四十頁注十参照。
七 料は二十二頁注二十三、材は三十頁注十八参照。
八 採は三十頁注二十二、為は二十二頁注八参照。
九 五十六頁注四・七十頁注二十参照。
十 悠紀・主基両斎国の各国司。
十一 七十八頁注十参照。
十二 七十八頁注八、物部の訓は四十八頁注三参照。
十三 四頁注四参照。
十四 夫は七十八頁注六、等は六頁注九、率は二十四頁注三参照。
十五 大嘗宮の用材を伐採する山を卜定することは、三十頁以下に見える。三十頁注二十参照。卜食は十二頁注十四、山は三十頁注二十三参照。
十六 大嘗宮の用材を伐採する山に坐す神。用材を伐採する前に、山神を祭る。神は六十頁注二十、祭は一〇八頁注二参照。

絁二尺[1]、布五段[2]、綿二屯（用國物）、次各為
採大嘗宮御殿料材、禰宜卜部・國司率造酒
童女・物部人幷[3]夫[4]等、向卜[5]食山、祭山神、
其料五色薄絁各一尺、倭文一尺、

1 尺、荷田本「疋」。神道本右傍「疋イ」。
2 段、谷本「端」。
3 幷、林本「並」。
4 三手本右傍「工乎」あり。
5 卜、都立本「卜」。三手本「下」とし右傍「卜乎」。宮本「下」とし右傍「卜」。

木綿（ゆふ）[一]

麻（あさ）[二]　各一斤

鍬（くは）[三]　二口

米（よね・こめ）[四]　五斗

酒（さけ）[五]　一缶

鰒（あはび）[六]

堅魚（かつを）[七]　各二連

雑魚（くさぐさのうを）の腊（きたひ）[八]　一籠

海藻（め）[九]　二連

鹽（しほ）[十]　一斗

一　二十四頁注十六参照。
二　二十八頁注十七参照。
三　三十四頁注五参照。
四　十二頁注二十五参照。
五　二十六頁注一参照。
六　二十六頁注三参照。
七　二十六頁注四参照。
八　雑は四頁注二十八、魚は六十四頁注三、腊は三十頁注一参照。
九　海藻は二十六頁注五、連は二十六頁注六参照。
十　六十四頁注二十一参照。

木綿・麻[1]各一斤、鍬[2][3]二口、米五斗、酒一缶、鰒・堅魚各二連、雜魚腊一籠、海藻二連、鹽一斗[4]、

1 麻、宮本なし、右傍「麻」。
2 林本・神宮本・神宮一本・三手本・宮本・信友本「鍬八口鰒堅魚海藻各一連雜菓子一斗柏五把米五斗酒一缶雜腊三籠凡料絁二疋布五端綿二屯〔用國物〕次各為採大嘗宮御殿料材禰宜卜部國司率造酒童女物部人并夫等向卜食山祭山神其料五色薄絁各一尺倭文一尺木綿麻各一斤」あり、信友本頭注「鍬已下一斤已上重複欤」。都立本「鍬八口鰒堅魚海藻各一連雜菓子一斗柏五把米五斗酒一缶雜腊三籠凡料絁二疋布五端綿二屯〔用國物〕」あり。
3 鍬以下三十二字、都立本なし。
4 斗、宮本右傍「升乎」。

雑の菓子　一斗
稲　二束
軾の料は
絁　一疋
布　一端
綿　二屯
國の物を用ゐよ
祭り畢れば
造酒童女　斧を執りて　樹を伐れ
夫等　之を終へ　運び置け

一 雑菓子は一六二頁注九、斗は二十六頁注二参照。
二 稲は十二頁注十二、束は十二頁注十三参照。
三 三十四頁注十二参照。
四 絁は二十四頁注十四、疋は七十二頁注十三参照。
五 布は十二頁注二十二、端は三十四頁注十四参照。
六 綿は十二頁注二十三、屯は三十四頁注二参照。
七 悠紀・主基両斎国が弁備する。国は二頁注二十三、物は十頁注二十一、用は十四頁注二参照。
八 三十二頁注六参照。
九 斧は八十四頁注六、執は二十八頁注十参照。
十 樹木伐採式であり、造酒童女が儀礼的に斧で木を切る所作をする。樹・伐は一七二頁注二参照。
十一 一六四頁注十三参照。
十二 運置場所が記されていないが、伐採された用材、採取された萓は北野斎場に運ばれ安置される。萓が斎場に運置されることは三二八頁に明記され、また、三三六頁に、十月下旬、北野斎場外院において大嘗宮殿舎の用材・萓の工作が始まることが見える。林本は、「運置」の下に「漏二斎場二字一」と指摘する。校異参照。運は二十二頁注二十五、置は二十四頁注十二参照。

雜菓子一斗、稻二[1]束、軾料絁一疋[2]、布一端、
綿二[3]屯（用國物）、祭畢造酒童女執斧伐樹、
夫[4]等終之運置[5][6]、

1 二、谷本「一」。
2 疋、神宮一本「匹」。
3 二、荷田本・林本・神宮一本・三手本「一」。
4 夫、宮本「天」とし右傍「夫」。
5 置、谷本・三手本・宮本「量」とし、三手本右傍「置」。
6 荷田本「齋場」あり。林本注「置下、漏㆓齋場二字㆒、下文造酒童女執㆑鎌刈㆑之、夫等終㆑之、運置齋場ト云ヲ以テ可㆓准知㆒」。

大嘗宮の御殿料の萱を刈る

次（つぎ）に　各（おのもおのも）[1]　同（おな）[2]じき殿（との）の料（れう）の萱（かや）[3]を艾（か）[4]らむが為（ため）に　稲實（いなのみ）[5]の卜部（うらべ）の宮主（みやじ）・禰宜（ねぎ）[6]の卜部（うらべ）・國司（くにのつかさ）[7]・郡司（こほりのつかさ）[8]　造酒童女（さかつこ）[9]・物部（もののべ）[10]の男（をとこ）并（あは）[11]せて夫等（よほろら）を率（ゐ）[12]て

卜食の野の神を祭る

卜食（うらはみ）[13]の野（の）に向（むか）ひ　野の神（かみ）[14]を祭（まつ）れ

其（そ）の料（れう）は

五色（いつつのいろ）[15]の薄絁（うすきあしぎぬ）　各一尺

倭文（しとり）[16]　一尺

木綿（ゆふ）[17]　一斤

鍬（くは）[18]　一口

鰒（あはび）[19]

堅魚（かつを）[20]

一　悠紀・主基の各斎国。各は四頁注二十二参照。
二　大嘗宮の諸殿舎。同は二頁注三十四、殿は四十頁注十、料は二十二頁注二十三参照。
三　三十頁注十九参照。
四　艾は八十八頁注四、為は二十二頁注八参照。
五　稲実卜部である宮主のこと。宮主は悠紀国の稲実卜部を務めた（七十頁注二十参照）。卜部は三十二頁注九、宮主は三十二頁注八参照。なお、大嘗宮の料材を伐採する条には、稲実卜部宮主は見えない（三二〇頁）。
六　七十頁注二十参照。禰宜は五十六頁注四参照。
七　悠紀・主基斎国の各国司。
八　悠紀・主基斎郡の各郡司。なお、大嘗宮の料材を伐採する条には、斎郡郡司は見えない（三二〇頁）。郡司は二十四頁注八・二九〇頁注四参照。
九　七十八頁注十参照。
十　稲実公一人、焼灰一人、採薪四人の六人のことであろう。一六六頁の内院の料材伐採条に「物部男六人」とある。七十八頁注八参照。
十一　四頁注四参照。
十二　二十四頁注三参照。
十三　大嘗宮の萱を刈る野を卜定することは、三十頁以下に見える。三十頁注二十参照。卜食は十二頁注十四、野は二十八頁注八、向は七十八頁注五参照。
十四　大嘗宮の萱を採取する野に坐す神。萱を採取する前に、野の神を祭る。古事記上に「次生野神、名鹿屋野比賣神、又名謂野椎神」とある。神は六十頁注二十、祭は一〇八頁注二参照。
十五　二十四頁注十三・十四参照。
十六　三十二頁注十六参照。
十七　二十四頁注十六参照。
十八　三十四頁注五参照。

次各[1]爲艾[2]同殿料萱、稲實卜部宮主・禰宜卜部・國司・郡司率造酒童女・物部男幷[3]夫[4]等、向卜[5]食野、祭野[6]神、其料五色薄絁各一尺、倭文[7]一尺、木綿一斤、[8]鍬一口、鰒・堅魚・

1 各、荷田本・林本・神宮本・都立本・神宮一本・谷本・三手本・宮本「終」。神道本右傍「終」。
2 艾、宮本「列」とし右傍「刈」。
3 幷、林本「並」。
4 夫、谷本「文」。
5 卜、三手本・宮本「下」とし、三手本右傍「卜乎」、宮本右傍「卜」。
6 野、宮本なし。
7 文、三手本「大」とし右傍「文」。
8 三手本「一」あり右傍「衍文字」。

十九　二十六頁注三参照。
二十　二十六頁注四参照。

海藻[一] 各一連
米[二]
酒[三] 各一斗
國[四]の物を用ゐよ
祭り畢れば 造酒童女[五] 鎌[六]を執りて之を芟れ
夫等 之を終へ 齋場[七]へ運び置け

豊楽殿御座の板敷構作

各 木工寮[八]に仰[九]せて 長上[十]の工十人を進[十一]らしめ 豐樂殿[十二]の御座[十三]の板敷[十四]を搆[十五]へ作れ

豊楽院の掃除

衞門府[十六]に仰せて 豐樂院[十七]を掃除[十八]け

道・橋の掃除

京職[十九]に仰せて 道[二十]・橋を掃除け

一 海藻は二十六頁注五、連は二十五頁注六参照。
二 十二頁注二十五参照。
三 酒は二十六頁注一、斗は二十六頁注二参照。
四 悠紀・主基両斎国が弁備する。
五 造酒童女が萱を刈る所作を行う。
六 八十四頁注七参照。
七 北野斎場のこと。十月中旬に卜定の山野において採取された大嘗宮用材の黒木・萱は、北野斎場に運搬され、外院で工作される（三三六頁）。黒木・萱が、大嘗宮が造立される朝堂院第二殿前に運び込まれるのは、十一月の祭日（卯日）の十日ほど前のことである（三七二頁）。北野斎場は四十頁注九参照。
八 一九六頁注九参照。
九 八頁注二参照。
十 大同三年十二月十五日格（類聚三代格四）によれば、木工寮の長上十七員のうち九員を減じ、定員は八員となる。しかし、中務省式時服条は木工寮の長上は十三人とし、式部省式考人条は同寮の長上工は十四人とし、その内訳は木工七人、土工一人、瓦工一人、轆轤工一人、檜皮工一人、鍛冶工一人、石灰工一人とする。長上は十頁注三、工は一六六頁注五参照。
十一 十頁注十一参照。
十二 平安宮朝堂院の西隣に位置する豊楽院の正殿。豊楽院の北方中央に位置する。豊楽院は西宮記八に「天子宴會之處」とあり、豊楽殿に天皇の臨御を仰ぎ、元日節会、七日白馬節会、十六日踏歌節会、十七日大射、新嘗祭・大嘗祭の辰巳午日節会、蕃客入朝時等の国家的饗宴がおこなわれた。豊楽殿は発掘調査により、東西七間、南北二間の南面した東西棟であることが確認されている。平家物語一の「豊楽院」に「ぶらくゐん」の振仮名が付されている。拾芥抄中に「豊樂〔ブラク〕門」。名義抄僧中六十五に「殿〔トノ、テン〕」。
十三 辰・巳日の悠紀・主基帳（五二四頁以下）、午日の高御座（五五四頁以下）のことであろう。内蔵寮式元日大極装束条の

海藻各一連、米・酒各一斗〔用國物〕、祭畢
造酒童女執鎌芟之、夫等[1]終之、運置齋場、
各[2]仰[3]木工寮、令進長上工十人[4]、搆作豐樂殿
御座板敷、仰[5]衞[6]門府、掃除[7]豐樂院、仰[8]京職
掃除道橋、

1 等、三手本・宮本「尋」とし、三手本右傍「等乎」、宮本右傍「等」。
2 各、林本注「次之誤」。神道本右傍「次イアリ」。宮本右傍「次」。
3 仰、三手本・宮本「御」とし、宮本右傍「仰」。
4 人、神宮一本なし、右傍「人」。
5 仰、神宮本・三手本・宮本「作」とし、神宮本右傍「仰イ」、宮本右傍「次仰」。
6 衞、神宮本・三手本・宮本「御」とし、神宮本右傍「衞カ」、宮本右傍「衞」。神宮一本「右」。
7 除、谷本「部」。
8 仰、三手本・宮本「御」とし、宮本右傍「仰」。

「高御座」の「御座」に「ミクラ」の訓。書紀神代紀宝鏡開始章第二ノ一書の「御席」に「ミマシ」、同書皇極天皇四年六月条の「御座」に「オモト」、同書白雉元年二月条の「御座」に「オマシ」の訓。座は九十六頁注十二参照。

十四 御帳を設置するための板張りの床。板は一八四頁注十四、敷は九十六頁注十一参照。

十五 搆は四十二頁注九、作は十四頁注七参照。

十六 一〇四頁注十二参照。衛門府が豊楽院を掃除することは、左右衛門府式八省掃除条に「凡八省院廻、左右相分掃除〈豊樂院亦同〉」とある。

十七 注十二参照。践祚大嘗祭式辰日条に「先レ是所司預掃二除豊樂院一」とある。

十八 掃は一三六頁注五参照。除は、名義抄法中四十四に「除〈ノゾク、ハラフ、サラフ〉」。字類抄下五十二オに「掃除〈セウチ〉」、黒川本字類抄下四十二ウに「掃除〈サウチ〉」。

十九 十四頁注二十二参照。この「掃除道橋」は、官符宣旨例第二十四号（七〇二頁）と対応するのであろう。

二十 道は十四頁注十四、橋は一九四頁注五参照。

調献物料の絹

市人を召して　調獻の物の料の絹を奏らしめ　美木を以ちて
軸と爲よ

膳部の交名

諸氏の長者に仰せて　容儀端正しく　膳部に堪へたる者の
交名を進らしめよ

散斎・致斎

次に　神祇官の解に依りて　太政官の符を　左右の京・五畿内の
諸國司に下し　散齋・致齋及び諸の忌むべき事を告知らせよ
謂は　散齋は一月　致齋は三日　丑從り卯に至れ

忌むべき事

其の齋月は　佛齋・淸食に預り　喪を弔ひ　病を問ひ　宍を
食ふこと得ざれ
亦　刑殺を判らざれ

一 平安京の東西の市町に市籍を持ち、市町で交易を行う権利を有していた人。職員令東市司条集解に「朱云、市内非違、凡不レ限二市人一也」、東西市司式市籍条に「凡市人籍、毎年造進」と見える。和名抄十一に「市郭児〔和名伊知比止〕、一云市人」。字類抄上五ウに「市人〔イチヒト〕」。召は二頁注二十一参照。
二 書紀天智天皇元年六月条の「進レ調獻レ物」に「ミツキタテマツル」の訓。調は十二頁注十五、料は二十二頁注二十三、絹は十二頁注二十一参照。
三 「奏」を「たてまつる」と訓む用例は、書紀推古天皇八年是歳条の「奏表」に「タテマツリマウシフミ」の訓。「奉」に作る写本あり。校異参照。
四 美は、名義抄仏下末二十九に「美〔ヨシ、カホヨシ〕」、書紀神武天皇即位前紀の「美地」に「ヨキクニ」の訓。木は十四頁注七、以は四頁注十七参照。
五 巻くものの心（しん）にする丸い棒。字類抄上六十七ウに「軸〔ヂク〕」。源氏物語絵合に「ぢく（軸）、へうし（表紙）、ひも（紐）の飾り」とある。為は四頁注二十参照。
六 氏長者は氏族の長、一門一族の統率者。諸は四頁注二、氏は六十頁注十四参照。字類抄上六十九ウに「長者〔チヤウシヤ〕」。
七 容儀は、立ち居振る舞いや姿形、さらには礼儀作法にかなった身のこなしをいう。名義抄法下五十に「容〔カホ、カタチ〕」、同書仏上三十三に「儀〔カタチヨシ〕」。書紀雄略天皇元年三月是月条の「容儀」に「スカタ」、同書継体天皇元年正月条の「容儀」に「ヨソヒ」、同書皇極天皇三年正月条の「容止」に「スカタ、カタチ」、同書持統天皇称制前紀の「容止」に「ミカホ」の訓。端正は、字類抄下六十四ウに「端正〔キラキラシ〕」。書紀神代紀海宮遊幸章第三ノ一書の「端正」に「キラキラシキ」の訓。日本書紀私記乙本に「端正〔支良支良之〕」。日本霊異記中三十一縁の訓釈に「容〔カヲ〕、端正〔二合岐良支良シ〕」。書紀景行天皇四年二月条の「容姿端正」に「カホキラキラシ」の訓。

召市人令奏[1]調獻物料絹、以美木爲軸、仰[2]諸氏[3]長者、令進容儀端正堪膳部者交[4]名、次依神祇官解、太政官下符左右京・五畿內・諸國司、告知散齋・致齋[5][6]及諸可忌之事〔謂、散齋一月、致齋三日、從丑至卯〕、其齋月不得預佛齋・淸食、弔[7]喪問病食宍[8]、亦不判刑殺、

1 奏、都立本・谷本「奉」。林本注「奏、奉之誤、准㆓文例㆒可㆑作㆑進」。神道本右傍「奉イ」。宮本右傍「奉乎」。
2 仰、三手本なし、右傍「卯乎」。宮本「卬」とし右傍「仰」。
3 氏、三手本・宮本「民」とし、三手本右傍「氏」、宮本右傍「氏」。神宮本左傍「民イ」。
4 交、神宮本「夾」。都立本・三手本・宮本「夹」。
5 齋。宮本なし、右傍「齋」。
6 林本・谷本・三手本「致」あり、林本注「奉政傍注衍字、是也」、三手本右傍「衍文カ」。
7 弔、林本「矛」とし注「弔之誤。」。
8 宍、宮本「究」とし右傍「宍」。

八 二十頁注十二参照。
九 名義抄法中六十一に「堪〔タヘタル〕」。者は一五〇頁注十四参照。
十 参役者の人名を連記した名簿。名簿を「なつき」と訓むことは、十四頁注二十七参照。交は、名義抄僧中五十三に「交〔ケウ〕」。保元物語上に「ぶし(武士)のけうみやう(交名)」とある。
十一 官符宣旨例第二十一号の太政官符に、本条の神祇官解が引用されている（六九六頁）。神祇官は二頁注二十、解は一三六頁注十九参照。
十二 名義抄仏上二十八に「依〔ヨル〕」。
十三 太政官から神祇官・八省・弾正台・太宰府・諸国に発給される下達文書。弁官が作成し、書式は公式令符式条に規定されている。太政官は二〇二頁注十六参照。本条は官符宣旨例第二十一号（六九二頁以下）に対応する。また、践祚大嘗祭式散斎・致斎条にもほぼ同規定が見える。
十四 左右は六頁注三、京は四頁注十参照。左右京を管轄するのは京職。京職は十四頁注二十二参照。
十五 五畿内は十四頁注十三、下は二頁注三十三参照。
十六 祭祀に奉仕する者が、一定期間行う潔斎・物忌のこと。礼記祭義に「致㆓齋於内㆒、散㆓齋於外㆒」（十三経注疏）とあり、致斎は専ら内面を清明とするための物忌、散斎はその略式で行動などを慎むこととされる。唐の祀令においても散斎・致斎を区別する。神祇令散斎条の規定では、散斎期間は諸司は政務を執るが、弔喪、病を問うこと、食肉、死刑等の判決執行に関与すること、音楽を作すこと、穢悪に与ることは禁止され、致斎期間に入ると、祭祀のみに専念し、他の政務はすべて廃すとされる。更に、同令月斎条に「凡一月齋爲㆓大祀㆒、三日齋爲㆓中祀㆒、一日齋爲㆓小祀㆒」とあり、散斎期間により祭祀が大・中・小祀に区分される。四時祭式大中小祀条では大嘗祭は大祀に規定される。和泉式部集二に「契りしを、違ふへしやは、いつくしき、あらいみまいみ」とある。字類抄下三十ウに「散齋〔アライミ、云神事後精進歟〕」。同書上七ウに「致齋〔チサイ、イミサス〕」、同書上六十九オに「致齋〔イタスモノイミヲ、チサイ、イミサスヲ云也〕」。園太暦観応二年三月条に「所謂散齋者荒忌、致齋者眞忌也」とある。及は八頁注二十八参照。
十七 官符宣旨例（六九四頁）には、「可忌事六條」とある。忌は、名義抄法中七十に「忌〔イム〕」。事は二頁注九参照。
十八 告は、名義抄仏中六十一に「告〔ツグ〕」。知は二頁注二十九参照。
十九 名義抄法上四十七に「言〔イフ心ハ〕」、同書法上四十九に「謂〔イフ、イハク、ノタウハク、オモフ〕」。字類抄上十ウに「謂〔イハク、又イフ〕」、同書上十二

（七六五頁へ続く）

罪人(つみびと)[一]を決罰(くゑちばち)せざれ

音樂(おむがく)[二]を作(おこ)さざれ

忌詞

其(そ)の忌語(いみことば)[三]は　死(しぬ)[四]を奈保流(なほる)と稱(い)ひ

病(やまひ)[五]を夜須彌(やすみ)と稱ひ

哭(なく)[六]を鹽垂(しほたる)と稱ひ

血(ち)[七]を赤汗(あせ)と稱ひ

宍(しし)[八]を菌(たけ)[九]と稱へ　宍人(ししひと)[十]の姓(な)[十一]も亦同(またおな)じ

風俗歌人の装束

風俗(くにぶり)[十二]の歌人(うたびと)　兩國(ふたつのくに)[十三]の男女(をとこをみな)　各(おのおの)二十人の装束(よそほひ・さうぞく)[十四]

男は　細布(ほそぬの)[十五]の摺(すり)の袍(うへのきぬ・はう)[十六]　各一領[十七]

襖子(あをし)[十八]

一 罪名を決断し刑罰を加えてはならない。官符宣旨例（六九四頁）も「決₌罰罪人₋」。罪は、名義抄僧中十一に「罪〔ツミ〕」。人は二十二頁注一参照。決を「くゑち」と訓む用例は、歎異抄九に「くゑちぢやう（決定）」。罰は、字類抄上二十四ウに「罰〔バツ〕」。「ばち」は「ばつ」の転。

二 歌舞音楽を停止すること。官符宣旨例（六九四頁）は「作₌音樂₋事〔調₌習供ₗ神之樂₋、不ₗ在₌此限₋〕」とする。神祇令散斎条義解に「不ₗ作₌絲竹歌儛之類₋也」とある。音楽は、節用集に「音樂〔ヲンガク〕」。作は、名義抄仏上三十三に「作〔ヲコス〕」。

三 忌み慎んで言わない言葉。不浄に関わる言葉を忌避して使用禁止とし、さらにその代用の言葉の使用が求められている。官符宣旨例（六九四頁）は「言語事」。忌は、字類抄下一〇二ウに「物忌〔モノイミ〕」。枕草子一九六に「い（忌）みたらんやうに」と見える。語は、名義抄法上五十七に「語〔コト、コトバ〕」。忌詞の語釈については、西宮一民「斎宮の忌詞について」（『皇學館大学紀要』十二、昭和四十九年）参照。なお、皇太神宮儀式帳、斎宮式忌詞条には仏教関係の忌語も規定されている。本条では、仏教行為の忌避を規定するが、仏教関係の忌語は見えない。

四 死は不浄の極致とされたため、反対語の「なほる（直）」と言い換えたもの。官符宣旨例（六九四頁）は「死稱₌奈保留₋」。皇太神宮儀式帳に「死〔乎〕奈保利物〔止〕云」、斎宮式忌詞条に「死稱₌奈保流₋」とある。死は、名義抄仏上七十八に「死〔シヌ〕」。称は七十八頁注三参照。

五「やすむ」には病気が治るという意味があり、病を忌み嫌い反対語の「やすみ」と言い換えたもの。官符宣旨例（六九四頁）は「病稱₌夜須美₋」。皇太神宮儀式帳に「病〔乎〕慰〔止〕云」、斎宮式忌詞条に「病稱₌夜須美₋」とある。病は三三〇頁注二十九参照。

六 哭は葬式や墓前において大声で泣くこと。哭する時には涙が

不決罰罪人[1]、不作音樂、其忌語、死稱奈保
流、病[2]稱夜須彌、哭[3]稱鹽垂、血[4]稱赤汗、宍[5]
稱菌[6]〔宍[7]人姓亦同〕、風[8]俗歌人兩國男女各[9]二
十人、裝束男細布[10]摺[11]袍[12]各一領、襖[13]子・

1 人、都立本「文」。谷本・宮本「又」とし、宮本右傍「人」。
2 病、宮本「痛」とし右傍「病」。
3 哭、宮本「哭」とし右傍「哭」。
4 血、宮本「皿」とし右傍「血」。
5 宍、谷本・宮本「完」。三手本なし、右傍「宍」。
6 菌、神宮一本「茵」。三手本「薗」。
7 宍、三手本なし、右傍「宍」。宮本「完」。
8 林本注「風俗ノ上、次賜二字ヲ闕也」。
9 各、林本なし。
10 神宮本右傍「青カ」。
11 摺、林本注「搨之誤」。
12 袍、三手本なし、右傍「袍」。
13 襖、神宮本「礼」。谷本・三手本・宮本「禮」。

出てきて衣襟に塩が垂れるので哭くことを「しほたる」と言った。従来「しほたれ」と訓まれていたが、「哭く」は終止形なので、「塩垂」も終止形「しほたる」と訓む。官符宣旨例（六九四頁）も「哭稱二鹽垂一」。皇太神宮儀式帳に「鳴〔乎〕鹽垂〔止〕云」、斎宮式忌詞条に「哭稱二鹽垂一」とある。哭は、名義抄仏中三十一に「哭〔ナク〕」。鹽垂は、同書法上十四に「泣々〔シホタル〕」。国史大系本斎宮式忌詞条の「鹽垂」に「シホタル」の訓。

七 血は神事において忌み嫌われたので、同じく人体から流れ出る汗と言い換えたもの。官符宣旨例（六九四頁）も「血稱二赤汗一」。皇太神宮儀式帳に「血〔乎〕阿世〔止〕云」、斎宮式忌詞条に「血稱二阿世一」とある。血は、名義抄僧中十六に「血〔チ〕」。汗は、同書法上二に「汗〔アセ〕」。兵範記仁安三年九月七日条に「一、言語〔死稱二奈保留一、血稱二赤汗一〕」と見え、また、拾芥抄下に「忌血事、右大嘗會云、其言語稱二赤汗一」とある。

八 三三〇頁注三十参照。

九 菌はきのこ類のこと。肉食を忌むことから、猪や鹿と同様、山野に生育するきのこ類と言い換えたもの。官符宣旨例（六九四頁）は「宍人姓稱二菌人一」。皇太神宮儀式帳に「完〔乎〕多気〔止〕云」、斎宮式忌詞条に「宍稱レ菌」とある。和名抄十六に「食経云菌茸〔菌有二木菌・土菌・石菌一、和名皆多介〕」。

十 氏族名の「ししひと」も「たけひと」と言い換えること。宍人氏は大彦命の後裔氏族。氏族名は、鳥獣の肉を調理する品部である宍人部を管掌したことによる。天武天皇十三（六八四）年十一月の八色の姓制定に際し、朝臣を賜る。書紀神代紀天孫降臨章の「宍人」に「シシヒト」、同書天武天皇十三年十一月条の「完人臣」の「完人」に「シシヒト」の訓。

十一 書紀景行天皇四十年是歳条の「欲レ知二姓名一」に「ミナウケタマハラム」、同書欽明天皇即位前紀の「姓字」に「カバネ、名也、カバネアザナ」の訓。名義抄仏中二十二に「姓〔性〕」。同は二頁注三十四参照。

十二 悠紀・主基の両国斎郡から、それぞれ選出された歌人二十人・歌女二十人のこと。八十頁注七参照。風俗は十八頁注十二参照。

十三 注十二参照。両は四頁注十八、国は二頁注二十三参照。男女は四十八頁注三・五参照。

十四 一三六頁注九参照。

十五 細布は、細かい糸で織った上質の布。主計寮式諸国調条に「細布二丁成レ端」とある。書紀天武天皇十年十月条の「細布」に「ホソヌノ」の訓。摺は、名義抄仏下本五十二に「摺〔スル〕」。

十六 束帯や衣冠などの時に着る盤領（まるえり）の表衣（うわぎ）。和名抄十二に「袍〔和名宇倍乃岐沼〕」。

（七六六頁へ続く）

[一]汗衫(かにさむ)
[二]半臂(はんぴ)　各(おのもおのも)一領
[三]白き絁(あしぎぬ)の綿(わた)の袴(はかま)　一腰[四]
細布(ほそぬの)の襪(したくづ)[五]　一兩[六]
[七]舞人(まひびと)八人　[八]布(ぬの)の帯(おび)・[九]末額(まかう)を着(つ)け　各[十]阿禮(あれ)の末(すゑ)を執(と)れ
女(をみな)は　各　[十一]領巾(ひれ)　一條[十二]
[十三]襠(うちかけ)　一領
[十四]長袖(ながそで)の衣(きぬ)　一領
汗衫　一領
[十五]小襖子(こあをし)　一領

一 汗を取るための一重の衣が原義であるが、次第に上着として用いられ、枕草子一三四に「かざみ(汗衫)はしりなが(尻長)といへかし」とあるように、後部が長い形状。三善清行の意見封事十二箇条「請レ禁二奢侈一事」に「見二貞観元慶之代一、親王公卿、皆以二生筑紫絹一為二夏汗衫一、曝絁為二表袴一、東絁為レ韈、染絁為二履裏一、而今諸司史生、皆以二白縑一為二汗衫一、白絹為二表袴一、白綾為レ韈、茆褐為二履裏一」とある。新撰字鏡十二に「衱〔加尒佐无〕」。字類抄上九十八ウに「汗衱〔カサミ、俗〕」。玄蕃寮式講師法服条の「汗衫」に「カムサム」の訓。
二 袍と下襲（したがさね）の間につける、袖がない短い衣。名称は、着用すると臂の半ばまで達することによる。新撰字鏡十二に「半臂〔波尒比〕」。和名抄十二に「半臂〔此間名如レ字、但下音比〕」。名義抄仏中一二五に「半臂〔ハンビ〕」。字類抄上二十六オに「半臂〔ハムヒ〕」。名目鈔に「半臂〔ハムビ〕」。
三 白い絁で作られ、中に綿を入れた袴。白は一四二頁注六、絁は二十四頁注十四、綿は十二頁注二十三、袴は二八六頁注十六参照。
四 袴・刀など腰につけるものを数えるのに用いる助数詞。
五 沓（くつ）の下に用いる、足袋状の布帛類のはきもの。「したうづ」とも。和名抄十二に「襪〔和名之太久頭〕、足衣也」。名義抄法中一三八に「襪〔シタウヅ、シタウク〕」。
六 二つで一組になっている物を数えるときに用いる助数詞。皇太神宮儀式帳の出座御床装束物七十二種に「錦御襪八兩」とある。
七 風俗の舞を舞う人。名義抄仏上三十四に「儛〔マヒ、マフ〕」、同書僧下一〇七に「舞〔マフ、マヒ〕」。人は二十二頁注一参照。
八 白い麻布の帯。和名抄十二に「本朝式云白布帯〔沼能於比〕」。名義抄法中一〇九に「帯〔オビタリ、オビク〕」。黒川本字類抄中六十六オに「帯〔オヒ〕」。布は十二頁注二十一参照。
九 冠や烏帽子の揺れ動きを防ぐために、引き締めておく鉢巻き状のもの。威儀の武官や競馬の乗尻（のりじり）、非常の際の

汗衫・半臂各一領、白絁綿袴一腰、細布襪一兩〔舞人八人着[1]布帯末額、各執阿[2]禮末[3]〕、女各領巾一條、襠一領[4]、長袖衣一領[5]、汗[6]衫一領、小襖子一領、

1 着、宮本「若」とし右傍「着」。
2 阿、神宮本・谷本・宮本「河」。
3 末、荷田本・林本・神宮本・都立本・神宮一本・信友本「未」とし、荷田本注「末」。
4 領、宮本右傍「腰」。
5 領、宮本右傍「腰」。
6 汗、神宮本・谷本・三手本・宮本「衦」。

参向などに用いる。名義抄仏下本二十二に「末額〔此間音、末カウ〕」。黒川本字類抄中九十二オに「末額〔マカウ〕」。衣服令武官朝服条に「會集等日、加二朱末額・挂甲一」、内裏式中十二月大儺式に「紺布衣・朱末額」とある。着は八頁注六参照。

十 阿礼は神の出現のことで、神の依ましとなる、綾絹・鈴などを付けた榊の採物のことをいうか。内蔵寮式賀茂祭条に「賀茂祭　下社、上社、松尾社、（中略）、阿禮料五色帛各六疋〔下社二疋、上社四疋〕、盛二阿禮一料筥八合〔下社三合、上社五合、並方一尺六寸〕」と見える。書紀雄略天皇二年七月条の「阿禮奴跪」に「アレトクワ」の訓。風雅和歌集十五に「みあれ木に、ゆふしでかけし、神山の、すそののあふひ、いつかわすれむ」（新編国歌大観一四八八）とある。末は十頁注二、執は二十八頁注十参照。「阿禮末」の「末」を「未」に作る写本あり、校異参照。

十一 首から肩に掛けて左右へ長く垂らした白い布。主として女性が用いた。和名抄十二に「領巾〔日本紀私記云二比禮一〕」。書紀天武天皇十一年三月条に「亦膳夫、釆女等之手繦、肩巾〔肩巾、此云二比例一〕、並莫レ服」、万葉集八七一番歌に「比例」とある。

十二 糸・帯・縄・幕・川・道など、主として細長いものを数えるのに用いる助数詞。

十三 和名抄十二に「裲襠　唐韻云襠〔音當〕、兩襠衣名也、釈名云兩襠〔今案兩或作レ裲、和名宇知加介〕、其一當胸、其一當背也、唐令云慶善樂舞四人碧綾襠〔上音苦盍反〕」とあるのによれば、長方形の布帛の中央に孔を穿って頭を入れ、胸部と背部に当てて付ける貫頭衣の舞装束のことである。名義抄法中一四四に「裲襠〔ウチカケ〕」。舞楽図説所収の高野山学侶宝蔵中古器楽装束写に裲襠図が見える（故実叢書）。

十四 長は四十二頁注十六参照。袖は、名義抄法中一三七に「袖〔ソデ〕」。衣は一九四頁注九参照。

十五 襖子は三三二頁注十八参照。

裳[一]　一腰
袴[二]　一腰
下袴[三]　一腰
下裙の帯[四]　一條
絁の襪[五]　一兩
細布の襪[六]　一兩
線鞋[七]　一兩
錦鞋[八]　一兩
釵[九]　一枚

下旬[十]　始めて[十一]　外院[十二]に於きて　大嘗宮[十三]の雜殿[十四]を搆[十五]へよ

一 裳は、腰から下に巻き付けた衣服の総称。衣服令皇太子条・内親王条、同条集解によれば、皇太子礼服は白袴の上に褶（ひらみ）と称する下裳を着け、内親王礼服は褶の上に纈裙（ゆはたのも）を着けると規定している。和名抄十二に「裙裳〔裙帯付〕 釋名云上曰レ裙〔唐韻云音與群、同字亦作レ裠〕、下曰レ裳〔音常、和名毛〕」とある。名義抄法中一五一に「裳〔モ〕」。

二 袴は二八六頁注十六参照。

三 肌袴のこと。上にはく表袴に対して、その下に着ける袴をいう。名義抄仏上七十四に「下〔シタ〕」。字類抄下七十四オに「褌〔シタノハカマ〕、下袴〔同、俗用レ之〕」。

四 裙は裳と同じく、下半身を巻く衣服で、名義抄法中一三八に「裙〔モ〕」、字類抄下一〇三オに「裳〔シヤウ、モ〕、裙〔同〕」とある。注一参照。帯は三三四頁注八参照。

五 絁で作った襪。絁は二十四頁注十四、襪は三三四頁注五参照。

六 細布で作った襪。細布は三三二頁注十五参照。

七 布帛製で、糸を編んで作った括り緒のある沓。幼童や舞人などが用いた。和名抄十二に「辨色立成云線鞋〔上仙戰反、字亦作レ綫、下戸隹反、亦戸皆反、楊氏漢語抄云線鞋、千開乃久都〕、絁綫兼用男女通著」とある。字類抄下一〇八ウに「線鞋〔センカイノクツ〕」。

八 錦で作った浅沓。錦は、金糸・銀糸・色糸を使って織り成した絹織物。内蔵寮式作履料条に「皇后宮錦鞋卅九兩」と見える。和名抄十二に「辨色立成云錦鞋〔此間音今開〕、以レ綵爲レ之、形如二皮履一〔綵音采、綾綵也〕」とある。字類抄下五十八ウに「錦鞋〔キムカイ〕」。

九 女性の頭髪にさす髪飾り。和名抄十二に「簪〔作倉反、又則岑反、和名加無左之〕、挿冠釘也」。名義抄僧上一二四に「釵〔カムザシ、カムザス〕」。枚は十二頁注二参照。

十 十月下旬。下は二頁注三十三、旬は五十八頁注五参照。

十一 六十四頁注十参照。

裳[1]一腰、袴一腰、下袴一腰、下裙[2]帯一條、
絁襪一兩[3]、細[4]布襪一兩[5]、線[6]鞋一兩、錦[7]鞋一
兩、釵一枚[8]、下旬始於外[9]院、搆大嘗宮雑殿、

十二 北野斎場の外院。卜定の山野にて採取された大嘗宮用材の黒木・萱が、北野斎場に運搬されたのは十月中旬（三二八頁）。下旬から、外院において、大嘗宮用材の製材・加工、萱の工作が開始される。朝堂院における大嘗宮造立が始まるのは、十一月卯日の七日前（三七二頁以下）。

十三 三八二頁注十三参照。大嘗は二頁注四、宮は三十頁注十七参照。

十四 大嘗宮の殿舎。雑殿の訓は四十頁注十参照。

十五 四十二頁注九参照。

1 裳、神宮本「褰」とし右傍「裳カ」。三手本・宮本「襄」とし、宮本右傍「裳」。
2 裙、神宮本右傍「裾」。
3 兩、神宮本・谷本・三手本・宮本「量」。
4 細布襪一、宮本なし、右傍「細布襪一」。
5 兩、神宮本・神宮一本・谷本・三手本「量」とし、神宮一本右傍「両イ」。宮本なし、右傍「量」。
6 線、神宮本・三手本・宮本「鞢」。
7 錦鞋一兩、林本なし。
8 枚、林本注「以上大小一百十三字、不㆑屬㆓前後文㆒、疑上下有㆓闕字㆒乎、或錯亂文乎、今按、下ノ賜㆓物部人等行列日装束㆒段ノ稲實公賜㆓装束㆒ノ下次賜㆓部領並擔夫等装束㆒上ニ在テ、風俗ノ上、次賜二字ヲ闕也、猶其所ニ註ス」。以文本「風俗歌人」より「釵一枚」まで百十四字なし。
9 外、都立本「内」。

天皇祓禊

次に　[一]天皇　[二]卜食の川に[三]幸して　[四]祓禊したまふ

[五]其の儀は　[六]上に見ゆ

大祓

[七]晩日　[八]朱雀門の[九]前に於きて　[十]大祓せよ

其の儀は　[十一]二季に同じ

内院の酒を醸む

[十二]十一月上旬　始めて　[十三]内院の[十四]御酒を醸め

三国の御贄を進る

次に　[十五]三國の料の[十六]御贄を進れ

[十七]國幷せて物の數は　[十八]上に見ゆ

薬灰を焼く

次に　[十九]各　[二十]藥灰を燒け

[二十一]使の造酒司の酒部一人　[二十二]燒灰幷せて[二十三]夫五人を率て　[二十四]卜食の

山に向ひ　[二十五]山の神を祭れ

一 一二頁注六参照。

二 一九〇頁注二十五参照。卜食は十二頁注十四、川は五十八頁注三参照。

三 字類抄上七ウに「幸〔イテマス、臨幸也〕」。書紀崇神天皇七年二月条の「天皇乃幸㆓于神淺茅原㆒」の「幸」に「イデマシテ、イマシ」の訓。

四 大嘗祭御禊。書紀天武天皇七年是春条の「祓禊」に「ハラヘス」、斎宮式祓禊条の「祓禊」に「ミソキ」の訓。

五 其は二頁注二十八、儀は二頁注五参照。

六 御禊行幸次第は、一九〇頁から二七二頁までに詳細に規定されている。見は、名義抄仏中八十一に「見〔ミル、ミユ〕」。上は八頁注二十三参照。

七 晩日は日暮れのこと。名義抄仏中一〇〇に「早晩〔オソシ、クレ、ヨフベ、ユウクレ、ヒクレ〕」。儀式五大祓儀によれば、大祓に参集するのは午四刻（午後零時半頃）であり、祝詞式の六月晦大祓祝詞には「今年六月晦日夕日之降〔乃〕大祓〔尓〕、祓給〔比〕清給事」とあり、夕方に斎行された。「晩」を「晦」に作る一本あり、それ以外は総て「晩」とする。校異参照。六二四頁には「晦日於㆓朱雀門㆒大祓、如㆓二季儀㆒」とある。なお、兵範記仁安三年十月二十九日条に「所司存㆑式、朱雀門裝束如㆑例、未剋事具、牒㆓主基㆒、右少辨自㆓行事所㆒來臨、女工所内侍同到來、次下官自㆓行事所㆒著㆓門座、悠紀内侍同出合〔令㆑乘㆓下官車㆒〕、大夫史以下著㆓門座㆒如㆓前々㆒、内侍二車引㆓立門外壇㆒、祓儀如㆓去月々㆒、次解除了」とある。同年十月は小月であるので、高倉天皇大嘗祭の十月大祓は晦日に斎行されている。

八 平安宮の宮城十二門の一つで、二条大路に南面する中央の門。平安京の中央を南北に縦貫する朱雀大路の北端に位置する。釈日本紀二十秘訓五に「朱雀門〔シユシヤクモン〕」。宇津保物語楼上上に「すざくもん（朱雀門）」。催馬楽浅緑に「新京朱左可（すさか）」。源氏物語橋姫に「すざく（朱雀）院」とある。

九 名義抄仏下末二十九に「前〔マヘ、サキ〕」。

次天皇幸卜[1]食川祓禊[2]、其儀〔見上〕、晩[3]日於朱[4]雀門前大祓、其儀同二季[5]、十一月上旬、始醸内院御酒、次進三[6]國料御贄〔國幷[7]物數見上〕、次各焼藥灰、使造酒司酒部一人率焼灰幷[8]夫五人、向卜食山、祭山[9]神、

1 卜、三手本・宮本「下」とし、三手本右傍「卜乎」、宮本右傍「卜」。
2 祓禊、林本なし。
3 晩、谷本「晦」、谷本右傍「晦」
4 朱、宮本「来」とし右傍「朱」。
5 二季、荷田本・林本・都立本・神宮一本「上」。神宮本・三手本・宮本「二年」とし、神宮本「年」の右傍「季カ」、宮本右傍「二季」。
6 三、荷田本・林本・都立本・神宮一本「二」とし、神宮一本右傍「一作三」。宮本右傍「二」。
7 幷、林本・宮本「並」。
8 幷、林本「並」。
9 祭山、三手本・宮本なし、三手本右傍「祭山乎」、宮本右傍「祭山」。谷本「山」なし。

十 人々の犯した罪や災気をはらう全朝廷を対象とする祭儀で、毎年恒例の六月と十二月の晦日の大祓と、臨時の大祓がある。六月・十二月晦日の大祓については、神祇令大祓条に規定があり、天皇に対して、中臣が御祓麻（おほぬさ）を奉上し、東西の文部が祓刀（はらへのたち）を奉献、祓詞（はらへのことば）を奏上、その後、百官男女を祓所に集めて中臣が祓詞を読み、卜部が解（はら）え除（のぞ）く、という二つの祭祀から構成されている。儀式五の二季晦日御贖（あがもの）儀・大祓儀、四時祭式大祓条・御贖条によると、大祓の日、内裏の天皇に、中臣が御麻を、東西文部が横刀を、中臣・宮主・卜部が荒（あら）世・和（にき）世の御服を奉る御贖儀が斎行される。その後、大臣以下諸司百官が朱雀門に会して、中臣が祓詞を読み、卜部が解除する大祓儀が斎行される。六二四頁に十一月斎月後の大祓が見える。名義抄法下二十三に「秡〔俗祓字、ハラヘ、ヌサ〕」。二十六頁注二十一参照。

十一 毎年恒例の六月と十二月の晦日の大祓のこと。季は、名義抄法下十五に「季〔スヱ、ヲハリ〕」。字類抄下五十五ウに「季〔キ、四季、二季〕」。同は二頁注三十四参照。

十二 黒川本字類抄下六十七ウに「十一月〔俗霜月、シモツキ〕」。上旬は五十八頁注五参照。

十三 四十頁注九参照。悠紀・主基両内院の黒酒殿・白酒殿において御酒の醸造が始まる。内院の酒殿神を祭ることは三一六頁に見える。

十四 御酒は二五〇頁注六、醸は一七二頁注十五参照。

十五 阿波・淡路・紀伊の三国。由加物を調進させるために、この三国に卜部を派遣したのは九月上旬。一一二頁参照。料は二十二頁注二十三参照。

十六 一一二頁では由加物とある。三国が調進する由加物の品目・数量は一一二頁以下一三四頁に記載されている。由加物は六十頁注二十二、贄の訓は一七八頁注七、進は十頁注十二参照。

十七 并は四頁注四、物数は十頁注二十一参照。

十八 一一二頁から一三六頁参照。また、官符宣旨例第六号（六三六頁から六五〇頁）も参照。

十九 四頁注二十二参照。

二十 二八二頁注二参照。一斛の薬灰をつくり、内院の白黒二酒に五斗の薬灰、大多米院の白黒二酒に五斗の薬灰を和える（三四四頁以下）。造酒司式新嘗白黒二酒料条は「久佐木灰」とする。名義抄僧上六に「薬〔クスリ〕」。同書仏下末四十六に「灰〔ハヒ〕」。焼は一一二頁注十参照。

二十一 使は四頁注十一、造酒司は二五〇頁注五、酒部は二五〇頁注十二参照。

二十二 八十頁注五参照。践祚大嘗祭式薬灰条では、「凡造酒司酒部一人、率焼灰一人、駈使五人、入卜食

（七六六頁へ続く）

其(そ)の料(れう)は

一五色(いつつのいろ)の薄絁(うすきあしぎぬ)　各一尺

二倭文(しとり)　一尺

三木綿(ゆふ)　二兩

四鍬(くは)　一口

五米(よねこめ)

六酒(さけ)　各一斗

七雜魚(くさぐさのうを)の腊(きたひ)　一籠

八海藻(め)　一連

九滑海藻(あらめ)　一束

一　五色薄絁は二十四頁注十三・十四、尺は二十四頁注十五参照。

二　三十二頁注十六参照。

三　木綿は二十四頁注十六、兩は一一四頁注四参照。

四　鍬は三十四頁注五、口は三十四頁注六参照。

五　十二頁注二十五参照。

六　酒は二十六頁注一、斗は二十六頁注二参照。

七　雜は四頁注二十八、魚は六十四頁注三、腊は三十頁注一、籠は一二二頁注七参照。

八　海藻は二十六頁注五、連は二十六頁注六参照。

九　滑海藻は七十四頁注五、束は十二頁注十三参照。

其料五色薄絁各一尺[1]、倭文一尺、木綿二両、鍬一口、米・酒各一斗、雑魚腊一籠、海藻一連、滑海藻一束、

1 尺、神宮本「人」。

鰒（あはび）[一]

堅魚（かつを）[二]　各一連

鹽（しほ）[三]　五升

凡（おほよそ）[四]の料（れう）は

絹（きぬ）[五]　一尺

布（ぬの）[六]　一端

酒部（さかべ）[七]の明衣（あかは／みやうえ）の料は

布（ぬの）　一端

灰（はひ）[八]を燒（や）く料の雜物（くさぐさのもの／ざふもの）は

斧（をの）[九]　一柄

一　二十六頁注三参照。
二　二十六頁注四参照。
三　塩は六十四頁注二十一、升は二十頁注六参照。
四　一六二頁注十参照。
五　十二頁注二十一参照。
六　布は十二頁注二十二、端は三十四頁注十四参照。
七　酒部は二五〇頁注十二、明衣は八十頁注十一、料は二十二頁注二十三参照。
八　焼灰は、薬灰をつくること。薬灰は三三八頁注二十、雑物は十二頁注十七参照。
九　斧は八十四頁注六、柄は八十四頁注八参照。

鰒・堅魚各一連、鹽五升、凡[1]料、絹一尺[2]、布一端、酒部明衣料布一端、燒灰料雜物、斧一柄、

1 凡、宮本・荷田本・三手本「几」。神宮本「包」とし右傍「几イ」。都立本「九」とし右傍「包」。
2 尺、神宮本右傍「丈」。

鉈（なた）[一]

鎌（かま）[二]　各一柄

堝（なべ）[三]　一口

水椀（みづまり）[四]　一口

苫（とま）[五]　二枚

明櫃（あかひつ）[六]　二合

疊（たたみ）[七]　一枚

篩（ふるひ）[八]の料（れう）の絁（あしぎぬ）　七尺

其（そ）の山（やま）[九]に住（す）[十]むこと一宿（ひとよ）[十一]にして　薬灰（くすりのはひ）一斛（こく）[十二]を焼（や）[十三]き得（え）よ

訖（をは）[十四]れば　薬灰を以（も）[十五]ちて　御酒（みき）[十六]に和（あへ）[十七]よ

一 「なた」は、短くて刃先が厚く幅の広い刃物。薪などを割るのに用いる道具。新撰字鏡六に「鉈〔金万利、又奈太〕」。底本「鉛」、「釿」に作る諸本あり。校異参照。

二 八十四頁注七参照。

三 二九四頁注十参照。

四 水を盛る椀状の容器。新撰字鏡七に「椀〔坏也、小蓋也、留也、万利〕」。和名抄十六に「金椀、日本霊異記云其器皆鋺〔俗云賀奈萬利〕」。黒川本字類抄中九十二オに「盌〔ワン、マリ、又作椀、烏管反、一云モヒ〕」。書紀継体天皇元年三月条の「椀子皇子」の「椀子」に「マリコ」の訓。三〇〇頁注四参照。底本「椀」、「垸」に作る諸本あり、校異参照。

五 菅（すげ）や茅などを菰状に編んだもので、小屋の屋根を葺いたり、周囲を覆うのに用いる。和名抄十一に「苫〔士廉反、和名度萬〕、編二菅茅一以覆レ屋也」。名義抄僧上十五に「苫〔トマ〕」。枚は十二頁注二参照。

六 祭祀に用いられる白木の櫃。薬灰を入れるものであろう。四時祭式雷神条の「明櫃」の「明」に「アカキ」、主計寮畿内調条の「明櫃」に「アカヒツ」の訓。櫃は十頁注十五、合は十頁注十六参照。

七 一五六頁注二参照。

八 篩は粉末状のものなどを、粗いものと、細かいものとに選別する道具。絁を用いて、焼いた灰を篩う。和名抄十六に「説文云篩〔音師字、亦作レ簁、和名布流比〕、除レ麁去レ細之竹器也」。名義抄僧上八十に「篩〔フルヒ〕」。践祚大嘗祭式抜穂条に「篩粉」と見えることについては、八十頁注三参照。料は二十二頁注二十三、絁は二十四頁注十四参照。

九 薬灰を得る卜食の山。山は三十頁注二十三参照。

十 名義抄仏上三に「住〔スム〕」。

十一 書紀天智天皇三年十二月是月条の「一宿」に「ヒトヨ」の訓。

十二 二十六頁注二参照。字類抄下七ッに「斛〔コク、十斗爲レ斛〕」。

鍬[1]・鎌各一柄、堝一口、水椀[2]一口、苫[3]二枚、
明櫃二合、疊[4]一枚、篩[5]料絁七尺、其住[6]山一[7]
宿、焼得藥[8]灰一斛[9]、訖以藥[10]灰、和御酒、

1 鍬、荷田本・林本・都立本・神宮一本・信友本・以文本「釿」とし、以文本右傍「鍬」頭注「釿一本作鍬」。神道本右傍「釿イ」。宮本右傍「釿」。
2 椀、荷田本・林本・神宮本・都立本・神宮一本・谷本・三手本・宮本・信友本「垸」とし、林本「垸之誤」、神宮本右傍「垸カ」。神道本右傍「垸イ」。
3 苫、林本・神宮本・神宮一本・三手本「苔」。谷本「笘」。
4 一、故実本「二」。
5 篩、三手本なし、右傍「篩」。
6 住、神宮本右傍「往カ」。
7 一、三手本・宮本なし、宮本右傍「一」。
8 藥、三手本なし、右傍「茉」。
9 斛、林本「解」。神宮一本なし。宮本「解」。信友本「解」。
10 藥、三手本なし、右傍「茉」。

十三 焼は一二二頁注十、得は一四〇頁注十二参照。
十四 二頁注二十六参照。
十五 四頁注十七参照。
十六 二五〇頁注六参照。
十七 新撰字鏡十二に「調和（塩安不（しほあふ））」。名義抄仏中四十九に「和（アマナフ、アヘモノ）」。字類抄下三十一オも「和」を「アヘモノ」とする。白酒・黒酒ともに薬灰を入れ和える。

五斗は　内院の白黒の二酒に和よ

五斗は　大多米院の白黒の二酒に和よ

御贄百捧を献る

次に　各　會所の御贄百捧以上を獻れ

度度の記文を撿ふるに　獻物は　定まれる數　有ること無し

時に隨ひて增損せ

其の行列の儀は

子弟二人　白木を捧げて　前行け

五位已上六人　之に次げ

國司二人　之に次げ

介以上

一 北野斎場内院の白酒殿・黒酒殿において醸造される白酒・黒酒。内院は四十頁注九、白黒二酒は二八二頁注二参照。

二 北野斎場大多米院において醸造される白酒・黒酒。大多米院は五十二頁注二参照。

三 大嘗会行事所（悠紀行事所・主基行事所）。四頁注二十五・六頁注十五参照。

四 御贄は、当時鮮味と称し、辰日節会、巳日節会において悠紀・主基各斎国の国司より献上される。五四二頁に「悠紀獻㆓當時鮮味㆒」と見える。北山抄五大嘗会事辰日に「悠紀獻㆓當時鮮味㆒（中略）、大臣問㆑之、稱唯、申云、悠紀所進㆓御贄㆒、稱㆓物名㆒如㆑常」とある。御贄の数量は下条に定数無しとするが、西宮記臨時七大嘗会辰日に「行事辨已下國司獻物」として「枝物廿五、櫃物廿五」とあり、また、兵範記仁安三年十一月二十三日条には「悠紀國司進レル物」として、「件鮮味籠物三十捧、常捧物也、折櫃物二十合入㆓菓子㆒了」と記している。贄は一七八頁注七、百は十二頁注四、捧は二四二頁注十二参照。なお、底本「捧」、「棒」に作る諸本あり。校異参照。以上は十二頁注二十七、献は一二〇頁注二十二参照。

五 度度の記文は、各代の大嘗祭ごとに作成された大嘗祭記録。内裏式の「大嘗会式」を基にして、天長年間頃より比較的詳細な「大嘗会記」が作成されるようになる。西宮記、北山抄に、その書名と逸文が多く引用されている。所功「「大嘗祭」儀式文の成立」（『平安朝儀式書成立史の研究』、昭和六十年）参照。度は、名義抄法下一〇五に「度〔タビ〕」。記は、同書法上六十七に「記〔シルス〕」。文は十四頁注八、検は二一四頁注十一参照。

六 書紀神功皇后摂政四十七年四月条の「獻物」に「タテマツリモノ」の訓。

七 名義抄法下五十二に「定〔サダム〕」。数は十頁注二十一参照。

八 有は四十二頁注二十参照。無は、名義抄仏下末五十一に「無〔ナシ〕」。

（五斗和内[1]院白黒二酒、五斗和大多[2]米院白黒二酒）、
次各獻會所御贄百捧[3]以上、（撿度度記文、獻
物無[4]有定數、隨時增損[5]）、其行列儀也、子弟
二人捧白木前行、五位已上六人次[6]之[7]、國司
二[8]人次之（介以[9]上）、

1 内、谷本「同」。
2 多、神宮本・谷本・三手本・宮本なし、神宮本左傍「多」、三手本右傍「多乎」。
3 捧、林本・都立本・神宮一本・宮本「棒」。
4 無、宮本「元」とし右傍「无」。
5 損、林本なし。谷本「減」。宮本左傍「減イ」。
6 次、神宮本・都立本・三手本・宮本なし、都立本右傍「次」、三手本右傍「次乎」。
7 之、宮本右傍「次之」。
8 二人、神宮本「夫」。三手本・宮本「天」とし、宮本右傍「二人」。
9 以、林本「已」。

九 時は十頁注九、随は一五〇頁注六参照。
十 増損は増減の意。増は二二二頁注十一参照。損は、説文解字に「損、減也」とある。減は、名義抄法上三十三に「減（ヘス）」。
十一 この行列は、悠紀・主基各斎国の国司が担当する。其は二頁注二十八、行列は一五二頁注十一、儀は二頁注五参照。
十二 国司の子弟。子弟は一五二頁注十六参照。
十三 一五二頁注十三参照。
十四 前は一六六頁注十一、行は二七二頁注六参照。書紀大化五年三月条の「就前行」に「サイタチテ」の訓。
十五 四頁注三十五参照。
十六 之は八頁注五、次は一四〇頁注七参照。
十七 悠紀・主基各斎国の国司。
十八 国司の守または介が担当する。介は一三六頁注十一参照。

[一]木綿(ゆふ)を着(つ)けたる賢木(さかき)を　[二]捧(ささ)ぐる子弟(やから)二人　之(これ)に次(つ)げ

[三]祓麻(はらへのぬさ)を着けたる賢木を　捧ぐる子弟二人　之に次げ

　[四]已上(これよりかみ)は　左右(ひだりとみぎ)(さう)に分(わか)れよ

[五]櫃(ひつ)の物(もの)　之に次げ

[六]屯櫃　之に次げ

[七]缶(ほとき)の物　之に次げ

[八]松明(たいまつ)　之に次げ

[九]蔀(しとみ)　之に次げ

[十]薬灰(くすりのはひ)　之に次げ

　已上は[十一]途(みち)の中(なか)に列(つらな)れ

一 木綿は二十四頁注十六、着は八頁注六、賢木は三十頁注五参照。

二 二四二頁注十二参照。

三 祓えに用いる麻（ぬさ）。神祇令大祓条に「凡六月十二月晦日大祓者、中臣上㆓御祓麻㆒」と見える。祓は二十六頁注十七、麻は一五八頁注十三参照。

四 ここまでは、道の左右に二列に分かれて進むこと。已上は四頁注三十五、左右は六頁注三、分は二一四頁注十九参照。

五 西宮記臨時七大嘗会辰日に「櫃物廿五」、兵範記仁安三年十一月二十三日条には「折櫃物二十合入㆓菓子㆒了」とある。三四六頁注四参照。櫃は十頁注十五、物は十頁注二十一参照。

六 不詳。底本以下諸本総て「屯櫃」。校異参照。

七 六十六頁注十九参照。

八 二四八頁注十二参照。

九 九十六頁注十三参照。

十 二八二頁注二・三三八頁注二十参照。底本「藥」、「荒」に作る写本あり、校異参照。

十一 櫃物から薬灰までは、道の中央を一列で進むこと。途は一五四頁注四、中は二十八頁注八、列は一五二頁注十一参照。

捧着木綿賢木子弟二人次之、捧着祓麻[1]賢木子弟二人次之〔已上左右分[2]〕、櫃物次之、屯[3]櫃次之、缶物次之、松明次之、蔀次之、藥[4]灰次之〔已上列途中〕、

1 麻、谷本「床」。
2 分、谷本・三手本「方」。神宮本右傍「方イ」。宮本「汅」とし左傍「分」。
3 屯、神宮本右傍「長イ」。宮本右傍「長イ」。
4 藥、荷田本・林本・神宮本・都立本・神宮一本・信友本「荒」とし、神宮本左傍「荒イ」、神宮一本右傍「一作藥」。三手本なし、右傍「蒠」。宮本「蒠」とし右傍「薬」。

賢木を捧ぐる子弟二人　左右[一]に分頭[二]りて　後[三]に在れ

木綿を着けたる賢木を　捧ぐる子弟二人　之に次げ

國司[四]二人　之に次げ

目以上[五]

白木を捧ぐる子弟　之に次げ

惣て[六]　内膳司[七]に納め　受領[八]りて　主殿[九]・造酒等の寮司[十]に送れ

二所の供御の雑器

次に　二所[十一]の供御[十二]の雜器を　内膳等の諸司に送れ

記すところの物の數は　只一所[十三]の料を擧[十四]げよ

内膳司の供御雑器

内膳司

御机[十五]　六前[十六]

一 六頁注三参照。

二 分頭は、手分けをすること。子弟二人が左右に分かれて薬灰に従う。新撰字鏡十二に「分頭〈手阿加利弖（てあかりて）〉」。太政官式鎮魂条に「左右史生等分頭巡検」と見える。

三 後は十頁注四、在は二頁注三十二参照。

四 悠紀・主基斎国の各国司。

五 国司の目以上の者が担当する。目は六頁注一、以上は十二頁注二十七参照。

六 悠紀・主基斎国の各国司から献上された御贄は、内膳司に納められ、その後、主殿寮・造酒司などに送られる。惣は一四〇頁注十一参照。

七 内膳司は二〇〇頁注九、納は二八〇頁注十一参照。

八 受領は、物を受け取ること。受は二頁注十二、領は一五四頁注八参照。源氏物語帚木に「ずりやう（受領）といひて」とある。

九 主殿寮と造酒司。主殿寮は二四六頁注二、造酒司は二五〇頁注五、等は六頁注九参照。

十 寮の訓は八頁注一、司は四頁注三十三、送は四頁注三参照。

十一 悠紀・主基二所のこと。六一四頁に「悠紀・主基二所雑色人」と見える。二は四十二頁注十八、所は四頁注十八参照。

十二 三五四頁に「通用二箇日」、三五六頁に「初日料」、三五八頁に「次日料」とあるので、辰日節会、巳日節会に天皇がお使いになる食器・什器などの料。三七〇頁には「御器」とある。供御は三十六頁注十三、雑器は一三六頁注十八参照。

十三 只一所は、悠紀・主基とも同種同数であるので、一所分の料のみを記すこと。只は、名義抄仏中四十九に「只〈シハラク、タタ〉」。一は、同書仏上七十三に「一〈ヒトツ、ヒトリ〉」。

十四 名義抄仏下本五十九に「舉〈アグ〉」。

十五 内膳司は、「御机六前」より三五八頁の「盤褥卅枚」迄、三六八頁の「御飯櫃十二合・御膳机袋六口」の供御雑器を受理する。三五二頁に「御前御机」とある。御は二十二頁注四、机は二四八頁注二参照。

捧賢木子弟二人左右分頭[1]在後[2]、捧着木綿賢木子弟二人次之、國司二人次之〔目[3]以[4]上〕、捧白木子弟[5]次之、惣納內膳司、受領送主殿・造酒等寮司、次二所[6]供御雜器送內膳等諸司〔所記物數只擧[7]一所料〕、內膳司御机六前

三六 机を数える助数詞。名義抄仏下末二十九に「前〔是(ぜ)ン〕」。四時祭式大宮売神四座祭条に「机四前〔高・長各四尺、廣二尺〕、切机二前」とある。

1 頭、都立本・神宮一本「頒」とし、神宮一本右傍「一作頭」。神道本右傍「頒イ」。
2 後、荷田本・神宮一本「被」。林本・神宮本・都立本・三手本・宮本「彼」とし、神宮本左傍「被」、三手本右傍「後乎」、宮本右傍「後」。
3 目、谷本「見」。
4 以、谷本なし。
5 荷田本・信友本「二人」あり。宮本右傍「二人」あり。林本注「捧白木子弟下、前行ノ捧白木子弟ニ准ゞ、闕二人二字」あり。
6 所、林本・神宮本・都立本・神宮一本・谷本・三手本・宮本「前」。荷田本注「二所諸本作二前今私改之」。以文本頭注「二所一作二前」。
7 擧、林本・神道本・故実本「舉」。

一 御前の御机（おほむまへのおほむつくえ）　一前

二 副の御机（そへのおほむつくえ）　二前

三 菓子の御机（このみのおほむつくえ）　一前

副の御机　二前

四 銀鏤の御飯笥（しろかねのちりばめ・ぎんる／おほむいひのけ）　一合

五 径七寸（わたり）　深さ七寸（ふか）

六 盤（さら）　一枚

径八寸（わたり）　深さ二分（ふか）

七 御飯の白筥（おほむいひのしらはこ）　一合

八 銀の筯壺（しろかねのはしつぼ）　二口

一 天皇の御座の前に据え置かれる御膳の机。斎宮式年料供物条に「御前案三脚〈長各三尺、高八寸、廣一尺八寸〉」と見える。御前は三三八頁注九参照。

二 中心となる机の脇に付き従う机。副は一五〇頁注十四参照。

三 菓子を載せる机。菓子は一六二頁注九参照。

四 銀は、和名抄十一に「和名之路加禰」。鏤は、新撰字鏡六に「鏤〈金乃知利婆（享和本・金乃知利婆女）〉」、名義抄僧上一二八に「鏤〈キザム、チリバム〉」。書紀欽明天皇二十三年八月条の「銅鏤鍾」に「アカラノチリハメセルカネ」の訓。釈紀十八秘訓三に「銅鏤鍾〈アカカ子ノチリハメセルカ子〉」。御飯笥は御飯を盛る器。飯は二八二頁注六、笥は六十四頁注十二参照。

五 径は一五〇頁注七、深は一四八頁注六参照。

六 盤は六十四頁注十八、枚は十二頁注二参照。

七 御飯を入れる白筥。白筥は、削っただけの木地のままの白木で作った筥。「白」を「しら」と訓む用例は、一五二頁注十三参照。筥は五十頁注十二、合は十頁注十六参照。

八 箸を入れるための銀製の壺。銀は注四参照。筯は、和名抄十四に「箸唐韻云筯〈遅倨反、和名波之〉、匙也、字亦作㆑箸」。名義抄僧上六十二に「筯〈ハシ〉」。壺は三〇〇頁注九参照。内匠寮式膳櫃条に「銀箸三具〈各長八寸四分〉、（中略）、銀箸臺二口料、（中略）、銀唾壺一口」と見えるので、本条は銀製の箸壺の意であろう。なお、銀の筯壺に入れられるのは銀箸であろう。類聚雑要抄四に「銀箸一雙、長八寸四分」とある銀箸図が見える。口は三十四頁注六参照。

1 机、宮本「朷」とし右傍「机」。
2 鏤、神宮本・宮本「鋑」。
3 七、宮本「一」。荷田本・林本・神宮本・神宮一本・三手本・信友本なし。
4 分、荷田本・林本・神宮一本・信友本「寸」。宮本右傍「寸イ」。

〔御前御机一前、副御机二前、菓子御机[1]一前、副御机二前〕、銀鏤[2]御飯笥一合〔徑七寸、深七寸[3]〕、
盤一枚〔徑八寸、深二分[4]〕、御飯白筥一合、
銀筋壺二口、

[一]鈍金(にびこがね)の甕瓶(あへもののかめ)　二口

[二]受(う)くること　各(おのもおのも)二合

[三]江沼(えぬ)の貝花(かひのはな)　五十八口

[四]洲濱(すはま)を造(つく)りて　盤(さら)に居(す)ゑ[五]　雑(くさぐさ)の美(うるは)[六]しき草木(くさき)を樹(う)[七]ゑよ

[八]夜久貝(やくがひ)の甕坏(あへもののつき)　八口

[九]朱漆(あかうるし)の窪手代(くぼてしろ)　二口

[十]二箇日(ふつか)に通(かよ)[十一]ひ用(もち)ゐよ

[十二]褥(しとね)　六枚

[十三]覆(おほひ)の紗(うすはた・しや)　六條

[十四]帶(おび)　十二條

一 鈍は、名義抄僧上一二三に「鈍〈ニブシ〉」、字類抄上三十八ウに「鈍色〈ニフイロ〉」。源氏物語葵に「にびいろ(鈍色)のなほし(直衣)」とある。金は、和名抄十一に「金（中略）、説文云銑〈和名古加禰〉、金之最有二光澤一也」、字類抄下六ウに「金〈コカネ〉」。万葉集四〇九四番歌には「久我禰（くがね）」とある。甕は、野菜・魚介類などを酢などで混ぜ合わせて作った料理で、和名抄十六に「四声字苑云甕〈即嵇反、訓安不（あふ）、一云阿倍毛乃〉、擣二薑蒜一以レ醋和レ之」とある。名義抄法下三十九に「甕〈アヘモノ〉」。瓶は六十四頁注十四参照。

二 それぞれの甕瓶の容量は二合。合は一升の十分の一。受は二頁注十二、各は四頁注二十二参照。

三 江沼は、加賀国の江沼郡の地名か。同国江沼郡については、和名抄七に「加賀國江沼郡」、兵部省式駅伝条に「加賀國驛馬、（中略）、傳馬〈江沼、加賀郡各五疋〉」とあり、神名式加賀国条の「江沼郡」に「エヌ」、民部省式北陸道加賀国条の「江沼」に「エノ」の訓が付されている。貝は、名義抄仏下本十三に「貝〈カヒ〉」。花は、同書僧上五に「花〈ハナ〉」。貝花は、貝殻を花びらのように模して作った装飾品か。底本「貝花」、「花貝」とする写本あり。校異参照。花貝は桜貝の異名。

四 洲浜の風景に似せた作った台に、山水・草木・花鳥などの景物をあしらった小形の造り物。饗宴や歌会などの飾り物。在民部卿家歌合に「左には山のかたを洲濱につくり」、古今和歌集二七二番歌詞書に「おなじ御時せられける菊合に、すはまをつくりて」とある。造は四十二頁注九参照。

五 一四八頁注十六参照。

六 名義抄仏下末二十九に「美〈ウルハシ〉」。草木は八十八頁注三参照。

七 名義抄仏下本八十二に「樹〈ウフ〉」。

八 夜久貝は、和名抄十九に「錦貝　辨色立成云錦貝〈夜久乃斑貝、今案本文未詳、但俗説西海有二夜久島一、彼島所レ出也〉」とあり、奄美諸島以南の太平洋熱帯地域に生息する夜光貝。呼称

鈍[1]金甕瓶二口〔受各[2]二合〕、江沼貝花[3]五十八口[4]〔造洲濱居[5]盤、樹雑美草[6]木[7]〕、夜久貝[8]甕坏[9]八口、朱漆[10]窪手[11]代二口〔通用二箇[12]日〕、褥六枚、覆紗六條、帯十二條、

1 鈍、荷田本・林本・神宮本「純」。谷本・三手本・宮本「紀」とし、三手本右傍「純見下」、宮本右傍「純」。
2 受各、信友本「各受」。荷田本注「蓋各受之誤」。神道本右傍「各受イ」。
3 貝花、都立本・神宮一本・信友本・以文本「花貝」とし、以文本右傍「貝花」。神道本右傍「花貝イ」。宮本右傍「花具」。
4 口、谷本「合」。
5 居、神宮本・谷本・三手本・宮本「吉」とし、宮本右傍「居」。
6 草、荷田本・神宮本・谷本・三手本・宮本「菓」とし、宮本右傍「草」。
7 木、谷本「子」。
8 貝、神宮本・谷本・三手本・宮本「具」とし、神宮本左傍「貝カ」。
9 坏、林本なし。
10 漆、神宮本・神宮一本・三手本・宮本「染」とし、神宮一本右傍「一作漆」、宮本左傍「漆イ」。
11 手、三手本「キ」とし右傍「手乎」。宮本「干」とし右傍「手」。
12 箇、荷田本・林本「个」。神道本左傍「个イ」。神宮本・都立本・谷本・三手本・宮本「ケ」。神宮一本「亽」。

は屋久島から献上されたことによるという。屋久島からの方物献上記事は、続日本紀文武天皇三年七月条に「夜久、菴美、度感等人従二朝宰一而來二貢方物一、授レ位賜レ物各有レ差、其度感嶋通二中國一於是始矣」とある。甕は注一、坏は六十四頁注十六参照。

九 朱漆は、漆に辰砂（しんしゃ）などを混ぜ合わせて作る朱色の塗料。朱は、名義抄仏下本九十三に「朱〔アカシ〕」。漆は、同書法上二十六に「漆〔ウルシ、クロシ、ヌル〕」。窪手は、柏の葉を合わせ竹針で四角を刺し綴じて中をくぼませ、神膳の食器としたもの。葉椀とも書く。和名抄十三に「葉椀、本朝式云十一月辰日宴会其飲器、參議以上朱漆椀、五位以上葉椀〔和語云久保天〕」とある。ここは、窪手代としての、朱塗りの椀のことであろう。黒川本字類抄中七十五オに「菜椀〔エフワン、クホテ〕、菽〔同〕、窪手〔俗用レ之、同〕」。代は、同書仏上十二に「代〔シロ〕」。なお、大膳職式宴会雑給条に「右新嘗祭宴食料依二前件一、其雑器親王已下三位已上朱漆、四位已上烏漆」とある。大嘗祭式供神雑物条の「葉椀」に「クホテ、久菩弖」の訓。

十 辰日節会と巳日節会の両日に使用する。名義抄仏中八十五に「二日〔フツカ〕」。

十一 名義抄仏上五十六に「通〔カヨフ〕」。用は十四頁注二参照。

十二 褥は、座具として下に敷く敷物のことであるが、本条は御机六前の下に敷く褥のことか。三五八頁に「盤褥」と見える。和名抄十四に「茵〔褥附〕、野王曰茵〔音因、和名之土禰〕、茵褥又以二虎豹皮一為レ之」。名義抄法中一四四に「褥〔シトネ〕」。茵は八頁注二十九、枚は十二頁注二参照。

十三 覆いに用いる紗。御机六前の覆いか。覆は二四六頁注九参照。紗は、生糸を絡織（からみおり）にした織物。織り目があらく薄地である。和名抄十二に「四声字苑云紗〔所加反、俗音射〕、似レ絹太輕薄也」。名義抄法中一三四に「紗〔シヤ、ウスモノ、カトリ〕」。書紀天武天皇十一年六月条の「漆紗」に「ウルシヌリノウスハタ」の訓。條は三三四頁注十二参照。

十四 帯は三三四頁注八参照。

已上の褥[一]・帯・心葉[二]等は　紗・綾[三]・羅[四]　染[五]・摺[六]　之を雑用[七]ゐよ

長さ[八]・廣さは　宜しき[九]に随ひて　之を制[十]れ

右　初[十一]の日の料

御机[十二]　六前

銀鏤の御飯笥[十三]　一合

徑[十四]・深さは　初の日に同じ

盤[十五]　一枚

徑は　上[十六]に同じ

御飯の白筥[十七]　一合

銀の筯壺[十八]　二口

一　褥・帯・心葉等の材質は紗・綾・羅を用い、彩色も染めものと摺りものの両方を用いて作る。已上は四頁注三十五参照。

二　心葉は造花の飾り物で、饗膳の四角や洲浜の装飾、贈り物などの上を覆う綾などの中央と四角の装飾、また、神事に供奉する官人の冠の巾子に挿すことなどに用いる。源氏物語梅枝に「こころば(心葉)」。名目鈔に「心葉〔ココロバ、付レ冠、纏二日蔭糸一〕」。類聚雑要抄四に心葉図が見える。等は六頁注九参照。

三　綾は、斜交した織文を織り出した絹織物。和名抄十二に「綾〔和名阿夜〕」。名義抄法中一二六に「綾〔アヤ〕」。書紀神功皇后摂政前紀の「綾羅縑絹」に「キヌカトリ、アヤキヌカトリキヌ」、同書推古天皇十六年八月条の「五色綾羅」の「綾羅」に「アヤウスハタ、ウスハタ」の訓。日本書紀私記丙本に「綾羅縑絹〔安也岐奴〕」。

四　羅は、網目状に薄く織った絹織物。名義抄僧中十一に「羅〔ウスモノ〕」、黒川本字類抄中四十オに「羅〔ラ〕」。書紀大化三年是歳条の「漆羅」に「ウルシノウスモノ、ウルシヌリウスハタ」の訓。注三参照。日本書紀私記丙本の「綾羅縑絹」に「安也岐奴」の訓。「うすはた(薄機)」は、薄い絹織物のこと。

五　染は絹布を染めること。名義抄法上十に「染〔ソム〕」。

六　摺は絹布に模様をすりつけること。三三二頁注十五参照

七　名義抄僧中一三七に「雑〔マジフ、マジハル〕」。

八　長は四十二頁注十六、広は四十二頁注十七参照。

九　名義抄法下四十五に「宜〔ヨロシク〕」。随は一五〇頁注六参照。

十　名義抄僧上八十七に「制〔ツクル、ツクリ〕」。

十一　初日は辰日節会のこと。初は二一六頁注十三、日は八頁注三、料は二十二頁注二十三参照。

十二　御机は三五〇頁注十五、前は三五〇頁注十六参照。

十三　銀鏤御飯笥は三五二頁注四、合は十頁注十六参照。

十四　径は一五〇頁注七、深は一四八頁注六参照。

十五　六十四頁注十八参照。

〔已上褥・帯・心葉等、紗[1]綾羅染[2]摺[3]雑用之、長・廣隨宜[4]制之〕、右、初日料御机六前、銀鏤[5]御[6]飯笥一合〔徑・深同初日〕、盤一枚〔徑[7]同上〕、御飯白筥一合、銀筯壺二口、

1 紗、神宮本「沙」とし左傍「紗」。
2 染、谷本「深」。
3 摺、谷本「擢」
4 宜、神宮一本「宣」。谷本・以文本「時」とし、以文本右傍「宜」頭注「注宜一作時」。宮本右傍「時イ」。信友本「宜」。
5 鏤、神宮本・宮本「鍐」。
6 御、林本なし。
7 都立本「深」あり。神道本右傍「深イアリ」あり。三手本右傍「深乎」あり。宮本右傍「深」あり。

十六 八頁注二十三参照。
十七 三五二頁注七参照。
十八 三五二頁注八参照。

[一]鈍金（にびこがね）の瓺瓶（あへもののかめ）　二口

[二]受（う）くること　各（おのもおのも）　上（かみ）に同（おな）じ

[三]銀（しろかね）の瓺坏（あへもののつき）　八口

[四]盤（さら）　卌枚

[五]褥（しとね）　六枚

[六]覆（おほひ）の紗（うすはた／しや）　六條

[七]帯（おび）　十二條

[八]盤の褥　卌枚

[九]已上（これよりかみ）の[十]餝（かざり）は　初（はじめ）の日（ひ）に同じ

右（みぎ）　[十一]次（つぎ）の日の料（れう）

一　三五四頁注一参照。
二　三五四頁に「受各二合」とある。受は二頁注十二参照。
三　瓺（あへもの）を盛る銀製の坏。銀は三五二頁注四、瓺は三五四頁注一、坏は六十四頁注十六参照。
四　六十四頁注十八参照。
五　三五四頁注十二参照。
六　三五四頁注十三参照。
七　三三四頁注八参照。
八　盤の下に敷く褥。
九　三五〇頁の御机から盤褥までは、初日の辰日節会と同じ飾り付けをする。
十　名義抄僧上一〇九に「餝〔カザル、カザリ〕」。
十一　次日は巳日節会。次は四頁注十三、料は二十二頁注二十三参照。

鈍[1]金盞瓶二口〔受[2]各[3]同上〕、銀盞坏八口、盤卅枚、褥六枚、覆紗六條、帶十二條、盤褥卅枚〔已上飾同初日〕、右、次日料、

1 鈍、荷田本・林本・神宮一本・谷本・三手本「純」。神宮本「〻」。宮本なし、左傍「純」。
2 受、神道本右傍「各イ」。
3 各、神道本右傍「受イ」。

造酒司の供御雑器

一 造酒司(さけのつかさ)

二 御机(おほむつくえ)　三前

三 御酒(みき)の壺(つぼ)　一口

四 御盞(おほむさかづき)　四合

径(わたり)三寸

五 御酒の臺(だい)　四枚

六 各(おのもおのも)　小盤(こさら)に居(す)ゑよ

七 杓(ひさこ)　二柄

八 銀(しろかね)の鐺子(さすなべ)　一合

径(わたり)七寸　九 二箇日(ふつか)に通(かよ)ひ用(もち)ゐよ

一 二五〇頁注五参照。

二 造酒司は、「御机三前」より三六四頁の「帯六條」迄、三六八頁の「御飯櫃四合・御膳机覆三枚」の供御雑器を受理する。御は二十二頁注四、机は二四八頁注二、前は三五〇頁注十六参照。

三 酒壷は、酒を入れ貯えておく壷。更級日記竹芝寺に「つくりすへたるさかつぼ(酒壷)」とあり、内匠寮式銀器条に「酒壺一合〔径六寸、深一寸七分〕料、銀大七斤八両」と見える。御酒は二五〇頁注六、壷は三〇〇頁注九参照。

四 御酒を飲む杯。助数詞に合とあるので、蓋付きの杯であろう。盞は六十六頁注三参照。

五 御酒を載せる台。台は、黒川本字類抄中四十七オに「臺〔タイ、ウテナ〕」。源氏物語常夏に「かがり(篝)火のだい(臺)一つ、こなたに」とあり、内匠寮式銀器条に「酒臺一口〔高六寸三分、廣六寸〕料、銀大一斤四両」と見える。枚は十二頁注二参照。

六 各は四頁注二十二、小盤は六十四頁注十八、居は一四八頁注十六参照。

七 木・竹・金属製の器に柄をつけたもので、水・酒などを汲むのに用いる。和名抄十六に「唐韻云杓〔音與酌同、和名比佐古〕」。名義抄仏下本一〇六に「杓〔ヒサコ〕」、字類抄下九十四ウに「杓〔シヤク、ヒモロ、斟水器也〕」。内匠寮式銀器条に「杓一柄〔茎長一尺七寸、受三合〕料、銀大十両」とある。柄は八十四頁注八参照。

八 銀は三五二頁注四参照。鐺子は、名義抄僧上一一八に「鐺子〔サスナベ〕」とあり、同書僧上一二五の「銚子〔サシナベ、サスナベ〕」のこと。銚子は、弦(つる)がついて注ぎ口のある鍋。湯をわかしたり酒を温めたりするのに用いる。和名抄十六に「辨色立成云銚子、佐之奈閉(さしなへ)、俗云佐須奈倍(さすなへ)」。新撰字鏡六に「鍋〔佐須奈戸〕」。また、正倉院文書供養料雑物進上啓に「佐志奈閇一口」(大日本古文書十五)、万葉集三八二四番歌に「刺名倍尓(さしなへに)」と見える。

造酒司御机三前、御酒壺一口、御盞四合[1]〔徑三寸〕、御酒臺四枚〔各居小盤〕、杓二柄、
銀鐺子一合〔徑七寸、通用二箇[2]日〕、

1 合、荷田本・林本・都立本・神宮一本・三手本・信友本「口」とし、林本注「伊庭本盞四口、作二四合一非」。神道本右傍「口イ」。宮本右傍「口」。

2 箇、荷田本・林本「个」。神道本右傍「个イ」。神宮本・都立本・谷本・三手本・宮本「ケ」。神宮一本「介」。

九 辰日節会と巳日節会の二日間。二箇日は三五四頁注十、通は三五四頁注十一、用は十四頁注二参照。

一褥　　三枚
二覆の紗　　三條
三帯　　六條
四装束は　五御膳の机に同じ
右　六初の日の料
七御机　　三前
八御酒の壺　　一口
九盤に居ゑよ
十御盞　　四合
十一臺幷せて小盤を副へよ

一　三五四頁注十二参照。
二　三五四頁注十三参照。
三　三三四頁注八参照。
四　一三六頁注九参照。
五　御酒等を載せる御机の飾り付けは、造酒司が担当し、三五二頁の「御机六前」と同様とする。但し、造酒司が弁備するのは御机三前。御膳は二〇〇頁注一、机は二四八頁注二、同は二頁注三十四参照。
六　辰日節会に用いる料。初は二一六頁注十三、日は八頁注三、料は二十二頁注二十三参照。
七　御は二十二頁注四、机は二四八頁注二、前は三五〇頁注十六参照。
八　御酒壺は三六〇頁注三、口は三十四頁注六参照。
九　盤は六十四頁注十八、居は一四八頁注十六参照。
十　御盞は三六〇頁注四、盞は六十六頁注三参照。
十一　台は三六〇頁注五、幷は四頁注四、小盤は六十四頁注十八、副は一五〇頁注十四参照。

褥三枚、覆紗三條、帯六條〈装束同[1]御膳机〉、
右、初日料[2]御机三前、御酒壺一口〈居盤〉、
御盞四合[3]〈副[4]臺[5]幷小盤〉、

1 同、林本・神宮本・都立本・神宮一本・谷本・三手本・宮本「用」。
2 林本「御机」より「次日料」まで四十二字なし。
3 合、都立本・神宮一本「口」。神道本右傍「口イ」。宮本右傍「口」。
4 副、荷田本・神宮本・都立本・神宮一本・宮本「制」とし、荷田本注「副之誤」、神宮一本右傍「一作副」、宮本右傍「副」。
5 臺、三手本・宮本「基」とし、宮本右傍「駄」。神宮本右傍「基イ」。

杓（ひさこ）[一]　一柄

褥（しとね）[二]　三枚

覆（おほひ）[三]　三條

帯（おび）[四]　六條

装束（よそほひ／さうぞく）は　御膳（みけ）[五]の机（つくえ）に同（おな）じ

右（みぎ）　次（つぎ）[六]の日（ひ）の料（れう）

主水司の供御雑器

主水司（もひとりのつかさ／しゆすいし）[七]

御机（おほむつくえ）[八]　一前

銀（しろかね）[九]の御水鋺（みもひのかなまり）　一合

徑（わたり）[十]六寸　深（ふか）さ[十一]一寸五分　二箇日（ふつか）[十二]に通（かよ）ひ用（もち）ゐよ

一 三六〇頁注七参照。
二 三五四頁注十二参照。
三 底本「覆」。「覆紗」に作る写本あり。校異注参照。覆は二四六頁注九参照。三五四頁・三五八頁は「覆紗」とする。本条も「覆紗」とあるべきか。覆紗は三五四頁注十三参照。
四 三三四頁注八参照。
五 三六二頁注五参照。
六 巳日節会の料。次は四頁注十三、日は八頁注三、料は二十二頁注二十三参照。
七 二四二頁注十参照。
八 主水司は、「御机一前」より三六六頁の「御膳下机六前」迄、三六八頁の「御飯櫃二合・御膳杌袋一枚」の供御雑器を受理する。御は二十二頁注四、机は二四八頁注二、前は三五〇頁注十六参照。
九 水を入れるための銀製の椀。銀は三五二頁注四参照。御水は「みもひ」、催馬楽飛鳥井に「美毛比」とあり、飲料水のこと。書紀景行天皇十八年四月条の「冷水」に「サムキミモヰ」の訓。鋺は金属製の椀。新撰字鏡六に「鋺〔加奈万利〕」。和名抄十六に「鋺〔俗云賀奈萬利〕」。名義抄僧上一二八に「鋺〔カナマリ、宜レ用二金椀一字〕」。字類抄上九十九オに「鋺〔カナマリ〕」。日本霊異記中十四の訓釈に「鋺〔カナマリ〕」。
十 径は一五〇頁注七参照。
十一 深は一四八頁注六、分は一〇六頁注六参照。
十二 辰日節会と巳日節会の両日に用いる。二箇日は三五四頁注十、通は三五四頁注十一、用は十四頁注二参照。

杓一柄、褥三枚[1]、覆三條[2]、帶六條〔裝束同[3]
御膳[4]机〕、右、次日料主水司御机一前、銀
御水鋺一合〔徑六寸、深一寸五分、通用[5]二箇[6]日〕、

1 枚、林本なし。神宮本・三手本・神宮一本・宮本「前」とし、神宮一本右傍「一作枚」、宮本右傍「枚」。
2 都立本・神宮一本・信友本「紗」あり。神道本右傍「紗イアリ」あり。三手本右傍「紗乎」あり。
3 同、都立本・神宮一本・三手本・宮本「用」とし、宮本右傍「同」。神宮本右傍「用イ」。
4 膳、神宮本「前」とし左傍「膳イ」。
5 用、三手本なし、右傍「用カ」。
6 箇、荷田本・林本・神宮一本「个」。神道本左傍「个イ」。神宮本・都立本・谷本・三手本・宮本「ケ」。

一冷(さまし)の鋺(かなまり)　二口
二盤(さら)　三枚
三褥(しとね)を敷(し)け
右(みぎ)　四初(はじめ)の日(ひ)の料(れう)
御机(おほむつくえ)　一前
冷(さまし)の鋺(かなまり)　二口
五褥(しとね)を敷(し)きたる盤(さら)に居(す)ゑよ
右　六次(つぎ)の日の料
七御膳(みけ)の下机(したつくえ)　六前
八日別(ごと)に三前

一　冷は、名義抄法上四十六に「冷〔スズシ、スサマシ、ヒヤヤカナリ、サムシ、コホル、キヨシ〕」。鋺は三六四頁注九参照。初日料が銀の御水鋺一合と冷鋺二口で、次日料は冷鋺二口とするので、冷鋺も冷やした御水を入れる器であろう。
二　銀の御水鋺一合と冷鋺二口の盤。その下に褥を敷く。盤は六十四頁注十八、枚は十二頁注二参照。
三　褥は三五四頁注十二、敷は九十六頁注十一参照。
四　辰日節会の料。初は二一六頁注十三、日は八頁注三、料は二十二頁注二十三参照。
五　冷鋺二口を盤に据え、その下に褥を敷く。居は一四八頁注十六参照。
六　巳日節会の料。次は四頁注十三参照。
七　御膳は二〇〇頁注一参照。下机は、机の下に据えて置く机。天徳四年内裏歌合に「献二和歌洲浜一〔紫檀押物花足蘇方下机〕」、源氏物語絵合に「沈の箱に浅香のしたづくゑ（下机）」と見える。下は三三六頁注三、机は二四八頁注二参照。
八　辰日節会と巳日節会にそれぞれ御膳の下机三前を用いる。別は二十二頁注一参照。

冷鋺二口、盤三枚〔敷褥〕、右、初日料、御机一前、冷鋺二口〔居敷[1]褥[2]盤[3]〕、右、次日料

御膳下机六前〔日別三前〕、

1 敷、神道本右傍「盤」。
2 褥、神道本左傍「敷」。
3 盤、神道本左傍「裖」。

[一]御飯(おほむいひ)の櫃(ひつ)　十二合
　日別(ひごと)に六合
[二]御膳(みけ)の机(つくえ)の袋(ふくろ)　六口
　右(みぎ)　[三]内膳司(うちのかしはでのつかさ/ないぜんし)に送(おく)れ
御飯の櫃　四合
　[四]日別に二合
[五]御膳の机(つくえ)の覆(おほひ)　三枚
　右　[六]造酒司(さけのつかさ)に送れ
御飯の櫃(ひつ)　二合
　日別に一合

一 御飯を入れる櫃。御は二十二頁注四、飯は二八二頁注六、櫃は十頁注十五参照。三五二頁に御飯白筥とある。合は十頁注十六参照。
二 御膳の机を入れる袋。名義抄仏上十三に「帒〔フクロ〕、袋〔俗〕」。黒川本字類抄中一〇四オに「袋〔フクロ、又作レ帒〕」。御膳は二〇〇頁注一、机は二四八頁注二参照。
三 内膳司は二〇〇頁注九、送は四頁注三参照。
四 三六六頁注八参照。
五 御膳の机の覆い。覆は二四六頁注九、枚は十二頁注二参照。
六 二五〇頁注五参照。

御飯櫃十二合[1]〔日別[2]六合〕、御膳机[3]袋[4]六口[5]、右、進内膳司、御飯櫃四合〔日[6]別二合〕、御膳机覆三[7]枚、右、進造酒司、御飯櫃二合〔日別一合〕、

1 合、神宮一本「口」。
2 別、谷本「別」とし右傍「別」。
3 机、林本なし。
4 袋、宮本右傍「覆イ」。
5 口、宮本「合」。
6 日、荷田本「二」。三手本「目」。
7 三、荷田本・神宮一本・三手本・信友本「二」とし、荷田本注「三」。神道本右傍「二イ」。

御膳の机の袋[一] 一枚

右 主水司[二]に送れ

下机[三] 十八前

内膳司[四]に送れ

二箇日[五]に通ひ用ゐよ

度度[六]の記文を撿ふるに 上[七]の件の御器等[八] 彼此[九]同じからず

時[十]に随ひて増減せ

東宮坊に献る雑物

次に 春宮坊[十一]に献る雑物[十二]を 主膳監[十三]に送れ

物[十四]の数は 供御[十五]に半減せ

膳部等に青摺の袍を賜う

次に 各 膳部[十六]に供奉る[十七]べき者・國司[十八]の同族 及び諸[十九]の氏人に

一 三六八頁注二参照。

二 二四二頁注十参照。

三 三六六頁注七参照。

四 二〇〇頁注九参照。

五 辰日節会と巳日節会の両日に用いる。三五四頁注十・十一参照。

六 代々の大嘗祭の記録では、上記の御器の数量に定数はなく、時々の状況に従って数量は増減させる。度度記文は三四六頁注五、検は二一四頁注十一参照。

七 上は八頁注二十三参照。件は、既知の事柄を指して言う。名義抄仏上十七に「件〔クタムノ〕」。黒川本字類抄中七十八オに「件〔クタノ〕」。大和物語一六八に「かむ(上)のくだりをけい(啓)せさせけり」とある。

八 二所供御雑器（三五〇頁）のこと。御は二十二頁注四、器は一三六頁注十八、等は六頁注九参照。

九 名義抄仏上三十九に「彼〔カレ、カシコ、ソレ、ソコ〕」。字類抄上一一〇ウに「彼此〔カレコレ〕」。此は四頁注二十四参照。

十 時は十頁注九、随は一五〇頁注六、増減は二二二頁注十一参照。

十一 春宮坊は二五四頁注二、献は二一〇頁注二十二参照。

十二 皇太子の辰日節会・巳日節会の雑器料。雑器数は供御雑器の半分となる。雑物は十二頁注十七参照。

十三 春宮坊の被管。皇太子の御膳を調進し、試食のことを掌った。和名抄五に「主膳監〔美古乃美夜乃加之波天乃豆加佐〕」。字類抄下一二ウに「主膳〔スサン〕」。朝野群載六に「主膳監〔カシハテノツカサ〕」。東宮年中行事に「しゆぜんけむ(主膳監)」。監は、源氏物語玉鬘に「たいふのげん(大夫の監)」とある。定員は正一人、佑一人、令史一人に、膳部六十人。大同二年に主漿署を併合した（類聚三代格四大同二年八月十二日太政官符）。

十四 十頁注二十一参照。

1 袋、宮本右傍「覆イ」。荷田本注「袋一枚二依上例一蓋覆一枚之誤、若袋一口之誤」。
2 枚、神道本右傍「口イ」。都立本「口」。
3 箇、荷田本・林本・神宮一本「个」とし、荷田本注「箇」。神宮本・都立本・谷本・三手本・宮本「ケ」。信友本「介」。
4 度、神宮本・都立本・神宮一本・谷本・三手本「々」。宮本「ミ」。
5 文、神宮一本「之」。
6 送、林本「造」。

御膳机袋[1]一枚[2]、右、送主水司、下机十八前〔送内膳司、通用二箇[3]日、撿度度[4]記文[5]、上件御器等彼此不同、隨時增減〕、次獻春宮坊雜物送[6]主膳監〔物數半減供御〕、次各賜可供奉膳部者・國司同族及諸氏人

十五 天皇に献ずる供御の半分の数を皇太子に献ずる。供御は三十六頁注十三、半は六十頁注十五、減は二三二頁注十一参照。

十六 二十頁注十二参照。

十七 「つかへまつる」は、「つかふ」の連用形に、謙譲を表す「まつる」が付いたもの。奉仕すること。ここでは役割として膳部をつとめること。黒川本字類抄中八十一オに「供奉〔クフ〕」。書紀持統天皇五年十一月条の「供奉」に「ソノコトニツカムマツル」、続紀天平十四年正月条の「供奉良米」に「ツカヘマツラメ」の訓。供は六十頁注二十一参照。者は一五〇頁注十四参照。

十八 悠紀・主基両斎国の国司の同族（一族）のこと。国は二頁注二十三、司は四頁注三十三参照。同族は、黒川本字類抄中八十三ウに「族〔ヤカラ〕」。書紀白雉元年二月条の「同族」に「ヤカラ」の訓。子弟（やから）は一五二頁注十六参照。未日の賜録記事に、国書生・子弟等に庸綿賜録のことが見える（六一四頁）。北山抄五大嘗会事に「催二國司眷屬一事〔五位以上、一方卌人〕」とあり、両斎国を合わせて国司眷属（五位以上）八十人が奉仕する。

十九 西宮記臨時七大嘗会事に「王卿出二膳部一〔親王・大臣八人、納言六人、參議四人〕」とある。北山抄五大嘗会事には「廻二仰膳部一事〔王卿書レ之、大学寮差二進學生一、又校書殿内豎等、一方百人〕」とし、仁和四年宇多天皇大嘗祭における膳部一〇〇人の内訳を掲げている。諸は四頁注二、氏は六十頁注十四、人は二十二頁注一参照。

[一]青摺の袍 各一領を賜へ
其[二]の表は 山藍[三]を以ちて 之を摺れ[四]
裏[五]は 浅緑

大嘗宮の材・萱を朝堂院に運ぶ

祭[六]に先つこと十餘日に 各 大嘗宮[七]の料の雑材[八] 幷せて萱を
朝堂[九]の第二殿[十]の前に運び置け

大嘗宮の斎殿の地を鎮める

祭[十一]に先つこと七日に 大嘗宮の齋殿[十二]の地を鎮めよ
其[十三]の儀は
神祇官[十四]の中臣[十五]・忌部の官人 次[十六]に依り 悠紀の國司及び
稲實[十七]の卜部・禰宜の卜部・造酒童女[十八]・焼灰等を率て 鎮料[十九]の
雑物[二十]二輦を持たしめ 朝堂院[二十一]の南掖門[二十二]より[二十三]入れよ

一 青摺は一九四頁注九、袍は三三二頁注十六、領は三三二頁注十七、賜は七十六頁注十三参照。

二 袍の表を山藍の汁で摺りつけて、草木・花鳥などの模様を染め出しにする。其は二頁注二十八参照。表は、和名抄十二に「表裏 説文云表〔碑矯反、宇閉(うへ)〕、衣外也、裏〔音理、宇良(うら)〕、衣内也」、名義抄法中一三六に「表〔ウヘ、アラハス〕」。枕草子二九四に「うらうへ(裏表)」。

三 山藍は、山麓の陰地に群生するトウダイグサ科の多年草。葉をしぼった汁で衣を染めた。大嘗祭・新嘗祭などの小忌衣は、山藍で模様を摺り染めにした。和名抄十四に「唐韻云藍〔魯甘反〕、染草也、澱〔音殿、和名阿井之流(あゐしる)〕」、(中略)、蓼藍〔多天阿井(たであゐ)〕」。名義抄僧上十九に「藍〔アヰ〕」。源氏物語若菜下に「山あゐ(藍)に摺れる」とある。以は四頁注十七参照。

四 三三二頁注十五参照。

五 袍の裏地は浅緑の布。裏は、名義抄法中一三七に「裏〔ウラ〕」。注二参照。浅は、同書法上七に「浅〔アサシ〕」。緑は同書法中一三五に「緑〔ミドリ〕」。催馬楽浅緑に「安左美止利(あさみどり)」、源氏物語梅枝に「あさみどり(浅緑)」。

六 鎮魂祭が斎行される寅日から、大嘗祭の致斎期間となる。祭は二頁注四、先は一九六頁注十四参照。書紀雄略天皇八年二月条の「十余日」に「トウカアマリ」、同書欽明天皇五年二月条の「十日」に「トヲカ」の訓。余は二一二頁注二参照。

七 北野斎場において加工されていた大嘗宮用材の黒木・萱が、斎殿地となる朝堂院に運搬される。北野斎場における造作は三三六頁参照。大嘗宮は三八二頁注十三、訓は二頁注四・三十頁注十七、料は二十二頁注二十三参照。

八 大嘗宮造立に用いられる材木・萱を伐採・採取する山野がト定されることは三十頁以下参照。また、三二〇頁以下には、料材伐採・萱採取の祭儀次第が記されている。材は三十頁注十八、幷は四頁注四、萱は三十頁注十九参照。

青摺袍各一領〔其[1]表以山[2]藍摺之、裏淺緑〕、先祭十餘日、各大嘗宮料雜材幷[3]萱、運置[4]朝堂[5]第二殿前、先祭七日[6]、鎭大嘗宮齋殿[7]地、其儀也、神祇官中臣・忌部官[8]人、依次率悠紀國司及稻實卜部・禰宜卜部・造酒童女・燒灰等、令持鎭料雜[9]物二輦、入自朝堂院南掖門、

1 三手本「上」あり。
2 山、神宮本・都立本・谷本・三手本・宮本「小」とし、神宮本右傍「山カ」。
3 幷、林本「並」。
4 置、神宮本・三手本・宮本「量」とし、三手本右傍「置乎」、宮本右傍「置」。
5 堂、三手本「嘗」とし右傍「堂也」。宮本「裳」とし右傍「堂也」。
6 日、三手本「目」。
7 殿、神宮本右傍「置カ」。
8 官、三手本・宮本「宮」とし、宮本右傍「官」。
9 雜、神道本右傍「絎イ」。

九 朝堂院の中域のこと。朝堂院は内裏の南西に位置し、即位式・朝賀式、また、大嘗祭などの国家的儀式・祭祀が挙行される大内裏の正庁。八省院ともいう。朝堂院内部は、大極殿院の北域、朝堂院の中域、朝集院の南域に三区分され、北域の中央には正庁の大極殿が位置し、中域は中央を朝庭として十二堂が建ち並び、南域には東西に東朝集堂・西朝集堂が位置する。朝堂院南面の正門は応天門、同門と相対する内郭門が会昌門。朝は、字類抄下二十二オに「朝廷〔テウテイ〕」。堂は、名義抄法中五十に「堂〔タウ〕」。書紀崇神天皇六十年七月条の「朝廷」に「ミカド」、同書清寧天皇四年正月条の「朝堂」に「ミカド」の訓。

十 第二殿は、東の第二堂（含章堂）と西の第二堂（含嘉堂）のことであろう。両堂の前に大嘗宮料材を安置する。三七四頁では第二堂とある。前は三三八頁注九、運は二十二頁注二十五、置は二十四頁注十二参照。

十一 三九六頁に「五日之内造畢」、北山抄五大嘗会事に「其宮五日内造了」とあり、大嘗宮は大嘗祭の七日前から五日間で造立される。兵範記仁安三年十一月十五日条に「次著二行事所一、巡二検大嘗宮幷廻立殿作事一」とあり、同月二十二日に斎行される七日前に大嘗宮の造立が開始されている。書紀神功皇后摂政前紀の「七日七夜」に「ナヌカナナヨ」の訓。

十二 大嘗宮両院の地を鎮める。斎は七十二頁注五、殿は四十頁注十、地は二十四頁注六、鎮は三十二頁注十三参照。

十三 儀は二頁注五参照。也を「は」と訓むことは九十六頁注二参照。

十四 二頁注二十参照。

十五 中臣は六十頁注八、忌部は六十頁注九、官人は三十二頁注十一参照。

十六 続日本紀文武天皇元年八月条の「大八嶋國將知次〔止〕」の「次」に「ツギテ」、祝詞式出雲国造神賀詞に「天津次」の「次」に「ツイテ」の訓。依は三三〇頁注十二参照。

十七 稲実卜部は七十頁注二十・七十二頁注一、禰宜卜部は五十六頁注四・七十頁注二十参照。

十八 造酒童女は七十八頁注十、焼灰は八十頁注五、等は六頁注九、率は二十四頁注三参照。

十九 鎮地祭の料物。鎮地祭の幣物と斎殿地を鎮めるための鎮物（しづめもの）のこと。幣物の品目は三七八頁以下に見える。鎮は三十二頁注十三、料は二十二頁注二十三、雑物は十二頁注十七参照。

二十 鎮料を二輦に載せる。輦は一九八頁注十二・二一六頁注十二、持は一五八頁注十四参照。

二十一 注九参照。院の訓は六頁注十六参照。

二十二 践祚大嘗祭式大嘗宮条には「各自二朝堂院東西腋門一入、至二宮地一〔龍尾道南庭〕」とある。掖は四十六

（七六六頁へ続く）

童女、木燧を鑽る

酒一缶[一]　之[二]に次げ

鍬[三]四柄　布[四]に裹め　之に次げ

木綿[五]を着けたる賢木[六]を　執る子弟[七]二人　之に次げ

丈尺[八]を執る工二人　之に次げ

龍尾道[九]の南庭[十]の第二堂[十一]の間[十二]に到りて　少時[十三]　跪き[十四]侍れ[十五]

悠紀[十六]は　左に在れ

主基[十七]は　右に在れ

時[十八]に　燒灰[十九]　造酒童女[二十]を率て　參進め[二十一]

童女[二十二]　始めて　木燧[二十三]を鑽れ[二十四]

次に　稻實の公[二十五]　火[二十六]を鑽り出だせ

一　酒は二十六頁注一、缶は六十六頁注十九参照。
二　之は八頁注五、次は一四〇頁注七参照。
三　鍬は三十四頁注五、柄は八十四頁注八参照。
四　布は十二頁注二十二、裹は一四八頁注十三参照。
五　木綿は二十四頁注十六、着は八頁注六参照。
六　賢木は三十頁注五、執は二十八頁注十参照。
七　斎国の国司子弟、または斎郡の郡司子弟であろう。三四八頁の「捧下着二木綿一賢木上子弟」は国司子弟。子弟は一五二頁注十六参照。
八　丈尺は、長さや距離を測るものさし。職員令大蔵省条義解に「卿一人、掌二出納、（中略）、度量〈謂、丈尺為レ度也、升斗為レ量也〉」とある。名義抄僧中五十三に「丈〈チヤウ〉」。同書僧下一〇四に「尺〈者（しや）ク〉」。丈・尺は二十四頁注十五、工は一六六頁注五参照。
九　平安宮朝堂院において、北の大極殿と南の朝堂・朝庭との境に設けられた東西方向の壇状の施設。名義抄僧下七十四に「龍〈リウ〉」。同書仏上四十四に「馬道〈メダウ〉」。字類抄上七十四ウに「龍尾〈リヨウヒ〉」。黒川本字類抄上五十九ウに「龍尾〈リヤウヒ、リヨウヒ〉」。同書下六十一オに「道〈タウ、ミチ〉」。
十　庭は、字類抄上三十六オに「庭〈ニハ〉」。書紀推古天皇二十年是歳条の「南庭」に「ヲホハ、オオニハ」、同三十六年三月条の「南庭」に「ヲホニハ、オホハ」の訓。
十一　東の第二堂（含章堂）と西の第二堂（含嘉堂）の間。
十二　間は四十二頁注十三、到は二十四頁注五参照。
十三　名義抄仏上十五に「俄〈シバラク〉」、同書仏中八十七に「片時〈シバラク〉」、同書仏中九十二に「暫〈シバラク〉」、同僧下七十五に「少〈シバラク〉」万葉集三四七一番歌に「思麻良久（しまらく）は寝つつも」。十二頁注五参照。
十四　名義抄法上八十に「跪〈ヒサマツク、アシスリ〉」。黒川本字類抄中五十オは「跪」を「ウスクマル」とする。書紀雄略天皇即位前紀の「跪拝」に「ヒサマツキヲガム」、同書継体天皇元

酒[1]一缶次之、鍬四柄（裹布）、次之、執着木綿賢[2]木子弟二人次之、執丈[3]尺[4]工二人次之、到龍尾道南庭第二[5]堂間[6]、少時跪侍（悠紀在左、主基在右）、于時燒灰率造酒童女參進、童女始鑽[7]木[8]燧、次稻實公鑽出火[9]、

1 酒、三手本右傍「其料乎」。
2 賢、神宮一本「實」とし右傍「一作賢」。
3 丈、神宮一本「文」。谷本「大」。
4 尺、谷本「夫」。
5 二、谷本「一」。荷田本注「第一二之誤、若第二三之誤」。
6 間、神宮本・谷本・三手本「門」とし、神宮本右傍「間カ」。
7 鑽、三手本「鎮」。
8 木、都立本「火」。神道本右傍「火イ」。
9 火、宮本「史」とし右傍「火」。

年二月条の「跪」に「ヒサマツイテ」の訓。
十五 名義抄仏上二十五に「侍（ハムヘリ、サブラフ、ツカウマツル）」。字類抄上二十九オに「侍（ハヘリ）」。
十六 悠紀国は南庭の東側に控える。悠紀は二頁注二十三、左は六頁注三、在は二頁注三十二参照。
十七 主基国は南庭の西側に控える。主基は二頁注二十三、右は六頁注三参照。
十八 十頁注九参照。
十九 八十頁注五参照。
二十 造酒童女は七十八頁注十、率は二十四頁注三参照。
二十一 参は四頁注三十一参照。名義抄仏上五十八に「進（ススム）」。黒川本字類抄中九十三ウに「叅（マイル）、詣（又マウツ）、入進（已上同）」。書紀舒明天皇即位前紀の「参進」に「マウデ」の訓。古事記下仁徳天皇記に「麻韋久禮（まゐくれ）」。
二十二 造酒童女のこと。
二十三 一三四頁注八参照。名義抄仏下末四十三に「燧（ヒウチ、ヒキリノヒ）」。践祚大嘗祭式卯日条の「火燧」に「ヒキリ」の訓。白虎通に「燧人、謂二之燧人一何、鑽二木燧一取レ火、教二民熟食、養レ人、利レ性、避レ臭、去レ毒、謂二之燧人一也」とある（増訂漢魏叢書本）。底本「木燧」、「火燧」とする写本あり。校異参照。
二十四 名義抄僧上一二五に「鑽（キル）」。
二十五 七十八頁注十八参照。
二十六 造酒童女が火鑽の所作を行い、稲実公が実際に火をきり出す。名義抄仏下末三十六に「火（ヒ）」。出は二一六頁注十参照。

次（つぎ）に　焼灰（はひやき）　火（ひ）を吹（ふ）け[一]

次に　子弟（やから）[二]　松明（たいまつ）[三]を以（も）ちて　之（これ）を炬（とも）せ[四]

東北（うしとら）[五]の角（すみ）に一人

東南（たつみ）[六]の角に一人

所所（ところところ）[七]　便（たより）[八]に随（したが）ひて六人

訖（をは）[九]りて　稲實（いなのみ）の卜部（うらべ）　鎮物（しづめもの）[十]を辨備（わきまへそな）へ　童女（さかつこ）[十一]を率（ゐ）て

先（ま）[十二]づ　東北[十三]の角を鎮（しづ）めよ

次に　東門（ひむがしのもん）[十四]

次に　東南[十五]の角

次に　南門（みなみのもん）[十六]

一　焼灰は、そのきり出した火を薪などに移し、盛んに燃えるように火を吹いておこす。名義抄仏中四十九に「吹〔フク〕」。

二　三七四頁注七、子弟は一五二頁注十六参照。

三　松明は二四八頁注十二、以は四頁注十七参照。

四　新撰字鏡一に「炬〔太比又止毛志比（たひ又ともしひ）〕」。名義抄仏下末四十六に「炬〔トモシビ、タチアカシ、コカス〕」。本条では動詞として「ともせ」と訓む。

五　東北は五十八頁注二、角は三十頁注三参照。

六　二〇〇頁注四参照。

七　東北と東南以外に、六人が朝堂院南庭の適所に松明を灯す。字類抄上六十オに「攸〔トコロ〕、処、所、所〔上同〕」。同書上六十一ウに「処々〔トコロトコロ〕」。

八　便は八頁注九、随は一五〇頁注六参照。

九　二頁注二十六参照。

十　斎殿地の神を鎮めるための物。鎮は三十二頁注十三、物は十頁注二十一、弁備は二十六頁注十三参照。

十一　造酒童女のこと。

十二　二十八頁注一参照。

十三　大嘗宮の東北角。大嘗宮平面図参照。

十四　大嘗宮の東門。東は八頁注二十五、門は四十二頁注十参照。大嘗宮平面図参照。

十五　大嘗宮の東南角。大嘗宮平面図参照。

十六　大嘗宮の南門。南は八頁注二十四参照。大嘗宮平面図参照。

次焼灰吹火[1]、次子弟[2]以松明炬[3]之（東北[4]角一人、
東[5]南[6]角一人、所[7]所[8]随便[9]六人）、訖稲實卜部辨備
鎮物、率童女先鎮東北[10]角、次東[11]門、次[12]東南
角、次南門、

1 火、宮本「文」とし右傍「火」。
2 弟、三手本「第」とし右傍「弟乎」。
3 炬、三手本「炬」とし右傍「炬乎」。
4 北、三手本・宮本「此」とし、三手本右傍「北乎」、宮本右傍「北」。
5 東、宮本「東」とし右傍「東」。
6 南、谷本・三手本・宮本なし、宮本右傍「南」。
7 三手本「東」あり。
8 所、神宮本・宮本「〻」。都立本・神宮一本・谷本・三手本「々」。
9 便、谷本「使」。
10 北、宮本「此」とし右傍「北」。
11 東、谷本「弟」。神宮本左傍「弟イ」。三手本「苐」とし右傍「第乎」。宮本「弟」とし右傍「東」。
12 次、宮本なし、右傍「次」。

次に　中央[一]
主基[二]も　此に准へ
其の料は[三]
庸布[四]　四段
安藝の木綿[五]　一斤
凡の木綿[六]　二斤
堅魚[七]
海藻[八]　各十斤
腊[九]　一斗[十]六升
鹽[十一]　四升

一　悠紀院の中央。中央は二二四頁注三参照。大嘗宮平面図参照。
二　主基の鎮地次第も悠紀に准ずる。川出清彦は、西南角、西門、西北角、北門、中央の順とする（『祭祀概説』、昭和五十三年）。主基は二頁注二十三、此は四頁注二十四、准は二一〇頁注十六参照。
三　鎮地祭の幣物の料。鎮物ではない。践祚大嘗祭式大嘗宮条に「鎮㆓祭其地㆒、國別所㆑備幣物、庸布四段、安藝木綿一斤、凡木綿二斤、麻二斤、鍬八口、米一斗、清酒二斗、濁酒八升、鰒四斤、堅魚十斤、海藻十斤、腊一斗六升、鹽四升、𤭯十口、坏十口」とある。
四　庸布は七十二頁注十八、段は三十四頁注四参照。
五　安芸国産の木綿のことであろう。安芸国の交易雑物として木綿二百五十斤が課されている（民部省式交易雑物条）。和名抄八によれば安芸国賀茂郡に木綿郷が見える。字類抄下四十ウに「安藝〈アキ〉」。木綿は二十四頁注十六、斤は二十四頁注十七参照。
六　産地を特定しない木綿のこと。凡料は一六二頁注十参照。
七　二十六頁注四参照。
八　二十六頁注五参照。
九　三十頁注一参照。
十　斗は二十六頁注二、升は二十頁注六参照。
十一　六十四頁注二十一参照。

次中央〔主基准[1]此〕、其料庸布四段、安藝木綿一斤、凡木綿二斤、[2]堅魚・海藻各十斤、腊一斗六升、鹽四升、

1 准、谷本「準」。
2 信友本頭注「依二大嘗式一、木綿二斤下、脱二麻二斤鍬八口米一斗清酒二斗濁酒八升鰒四斤二十字一乎」。

瓶[一](かめ)　十口
食薦[二](すこも)　十枚
雜の菓子[三](くさぐさのこのみ)　五升
柏[四](かしは)　五把

宮主、祝詞を読む

宮主[五](みやじ)　祭文[六](さいもん)を執(と)り　南門[七](みなみのもん)の內(うち)に入(い)り　再拜[八](ふたたびをろが・さいはい)むこと兩段(ふたたび)
訖(をは)[九]りて　祝詞[十](のりとごと)を讀(よ)[十一]め
主基[十二](すき)も　其(そ)の門(もん)の內(うち)に入(い)りて　再拜め

童女、殿の四角の柱の穴を掘る

鎭(しづ)[十三]め畢(をは)りて　二國[十四](ふたつのくに)の童女(さかつこ)　各(おのもおのも)　木綿[十五](ゆふ)を着(つ)けたる賢木(さかき)を
執(と)りて　神殿[十六](かむとの)の四角[十七](よすみ)幷(あは)せて門(もん)の處(ところ)に捌(わか)[十八]て
訖りて　齋鍬[十九](いみくは)を執り

一 瓶は六十四頁注十四、口は三十四頁注六参照。
二 食薦は二十六頁注七、枚は十二頁注二参照。
三 雑菓子は一六二頁注九参照。
四 柏は二十六頁注九、把は二十六頁注十参照。
五 三十二頁注八参照。
六 祭文は、祭祀において神に奏上する詞。祝詞を記した文のこと。続日本紀延暦六（七八七）年十一月条に「祀二天神於交野一、其祭文曰」とみえる。枕草子二五八に「宮のべのさいもん（祭文）読む人」。執は二十八頁注十参照。
七 三七六頁の南門を指し、大嘗宮の南門の立つべき所を意味する。南門は四十二頁注十、内は九十頁注三、入は九十頁注五参照。
八 再拝は二度拝礼すること。江家次第一元日に「次向レ乾再拜、先突二左膝一、先突二右膝一、次起時左膝爲レ先、九条殿記云、凡拜時先突二右足一、屈二御前方一、是爲レ令二懐中扇・畳紙不一レ落也、然而此拜先二右足一、屈二御前方一歟」とあり、拝（起拝）は跪きながらおこなう。両段はそれを二回繰り返すことで、合計四度の拝をおこなう。北山抄一四方拝事に「本朝之風、四度拜レ神、謂二之兩段再拜一」とある。再は、名義抄仏上七十五に「再〔フタタヒ〕」。拝は、同書仏下本四十三に「拜〔ヲガム、ヌク〕」、黒川本字類抄中六十五ウに「拜〔オカム〕」。日本書紀景行天皇四十年七月条の「再拜」に「オガム玉ヒテ、フタタビヲカミタテ祭給」、同書継体天皇元年二月条の「再拝」に「ヲカム、ヲカミタテマツル、フタタビヲガム」、同書推古天皇十六年八月条の「兩度再拜」に「フタヨリヲカムテ」の訓。また、同書推古天皇二十年正月条歌謡に「烏呂餓弥弖〔をろかみて〕」とあり、「ヲロカミテ」の訓が付されている。続日本紀天平勝宝元年四月甲午条宣命の「人等率〔天〕禮拜仕奉事」の「禮拜」に「ヲロガミ」の訓。
九 二頁注二十六参照。
十 大嘗宮の宮地を鎮めるために、その土地を領有する神に対して奏上する祝詞。祝詞とは、祭祀において、神に奏上する一定

1 詞、荷田本・三手本・宮本「祠」。
2 捌、林本・神宮一本・谷本「八」。宮本「㭊」とし右傍「立於」。荷田本注「播之誤」。
3 并、林本「並」。
4 鍬、宮本「伏」。

瓶十口、食薦十枚、雜菓子五升、柏五把、宮主執祭文、入南門內、再拜兩段、訖讀祝詞[1]〔主基入其門內再拜〕、鎭畢二國童女各執着木綿賢木、捌[2]神殿四角并[3]門處、訖執齋鍬[4]

の文体を持った詞であり、「のり」は「宣る」(呪的発言・重大発言)の名詞形、「と」は呪的な事柄に付ける接尾語や呪術的な言葉、また処とする解釈がある。祝詞とは言霊の信仰に基づき、神に対して祭る者が言葉を通してまごころをこめた感謝と祈りを表明するものである。古事記上に「布刀詔戸言(ふとのりとごと)」。書紀神代紀宝鏡開始章第三ノ一書に「太諄辭此云二布斗能理斗一(ふとのりと)」。万葉集四〇三一番歌に「敷刀能里等其等(ふとのりとごと)」。神祇令季冬条集解に「跡云、祝詞祓詞者、法刀言(のりとごと)也、穴云、祓詞者、可レ讀二解除事(はらへごと)一、但上條祝詞者、可レ讀二法刀事(のりとごと)一、此自二久世一所二讀傳一耳」とあり、祝詞を「のりとごと」と訓むことが古くからの読み伝えであるとする。「のりとごと」は「のりと」に「こと(言)」を添えた語形。皇太神宮儀式帳皇太神御形新宮遷奉時儀式行事に「告刀」とあり、「ノリト」の訓が付されている。伊勢大神宮式月次祭条の「詔刀」に「ノト」、掃部寮式諸司年料条の「大祓祝詞座」の「祝詞」に「ノトコト」の訓。名義抄法上五十五に「祝詞(ノトコト、ハラヘリ)」。

十一 名義抄法上四十七に「讀(ヨム)」。

十二 主基国も悠紀国と同様に南門内に入って再拝する。主基は二頁注二十三、入は九十頁注五参照。

十三 鎮は三十二頁注十三、畢は三十二頁注六参照。

十四 悠紀・主基各斎国の造酒童女。二は四十二頁注十八、国は二頁注二十三、造酒童女は七十八頁注十参照。

十五 木綿は二十四頁注十六、着は八頁注六、賢木は三十頁注五参照。

十六 悠紀殿・主基殿の立つべき場所の四角。四時祭式園韓神条の「神殿」に「カムトノ」の訓。

十七 四角は三十頁注三、并は四頁注四、処は一九〇頁注二十五参照。

十八 神殿の四角並びに門の立つべき場所に、木綿を付けた榊を刺すこと。践祚大嘗祭式大嘗宮条には「二國造酒兒各執二賢木一著二木綿一、竪二於院四角及門處一」とある。

十九 践祚大嘗祭式斎場条の「齋鍬」の「齋」に「イミ」の訓。斎は八十八頁注二、鍬は三十四頁注五参照。

國別に四柄　布の袋を以ちゐ　結ぶに木綿を以ちゐよ

始めて　殿の四角の柱の埳を堀れ　埳別に八鍬

然る後　諸工　一時に手を起せ

大嘗宮地

其の宮地は　東西廿一丈四尺

南北十五丈

之を中に分け　東を悠紀院と爲し

西を主基院と爲せよ

大嘗宮の垣

其の宮の垣の

柴を挎ひて垣と爲し　八重に押收めよ

垣の末に　插し挎ふ椎の枝は

一 柄は八十四頁注八参照。
二 「納以二布袋一」とする写本あり。校異注参照。践祚大嘗祭式大嘗宮条は「訖執二齋鍬一(國別四柄、納以二布袋一結以二木綿一)」とする。布は十二頁注二十二、袋は三六八頁注二参照。
三 名義抄仏上四に「以〔モチウ〕」。
四 名義抄法中一二一に「結〔ムスフ、ユフ〕」。木綿は二十四頁注十六参照。
五 六十四頁注十参照。
六 八十八頁注七参照。
七 名義抄法中五十七に「埳〔アナ〕」。践祚大嘗祭式斎場条の「柱埳」の「埳」に「アナ」の訓。埳は埳の譌字（諸橋轍次『大漢和辞典』）。堀は八十八頁注八参照。
八 造酒童女が斎鍬で八度、穴を掘る所作をする。八は九十二頁注六、鍬は三十四頁注五参照。
九 然は六十四頁注八、後は六十四頁注九参照。
十 諸は四頁注二、工は一六六頁注五参照。践祚大嘗祭式大嘗宮条の「諸工」に「カタヘノタクミ」の訓。
十一 一時は、何人かが同時にそろっての意。日本書紀私記丙本に「一時〔毛呂止毛尓〕」。
十二 起手は、実際に工らが大嘗宮の柱の穴を掘り始めること。起は名義抄仏上六十六に「起〔オコス、タツ、ツクル〕」。手は同書仏下本三十八に「手〔テ〕」。
十三 大嘗宮は、大嘗祭において天皇が神事を斎行される殿舎。その結構は、周囲を宮垣で廻らし、正門（南門）・東門・西門・北門が開かれる。宮内は、中央の中籬により東西に中分され、東が悠紀院、西が主基院となる。悠紀院・主基院にはいずれも正殿（悠紀殿・主基殿）があり、このほかに膳屋・臼屋・厠屋などが附属する。院内の殿舎は同一規模・規格で、位置は対蹠となる。大嘗宮北門の北には廻立殿が設けられる。悠紀殿・主基殿は斎場であって、その構造は三八八頁以下に見え、南北縦に五間で長さ四丈、広さ一丈六尺、柱の高さ一丈、椽の

〔國別四[1]柄、[2]以布袋、結以木綿〕、始堀[3]殿四[4]角柱[5]埳[6]〔埳[7]別八鍬[8]〕、然後諸工一時起手[9]、其宮地東西廿一丈四尺、南北十五丈、中分之、東爲悠紀院、西爲主基院、其宮垣〔拵[10]柴[11]爲垣、押收八重、垣末插拵[12]椎枝者、

1 四、三手本「西」とし右傍「四」。
2 荷田本・神宮本・都立本・谷本・三手本・信友本「納」あり、荷田本注「諸本並無今依㆓延喜大嘗式㆒私補㆑之」。林本注「延喜式有㆓細字㆒、之書脱漏」あり。神道本右傍「納イアリ」あり。宮本右傍「納イ」あり。
3 堀、荷田本・神宮本「掘」。三手本・宮本「堙」とし、三手本右傍「埋乎」、宮本右傍「堀」。
4 四、谷本「西」とし右傍「四」。
5 柱、宮本右傍「捌」。
6 埳、林本「豎」。三手本・宮本「稲」とし、宮本右傍「埳乎」。
7 埳、三手本「垧」。宮本「臼」とし右傍「埳」。
8 鍬、神宮一本なし。
9 手、林本・神宮一本・三手本・宮本「拝」。神宮本・都立本「干」。
10 拵、荷田本・林本・神宮一本・谷本「将」。神道本右傍「將イ」。都立本「将」。宮本右傍「将」。
11 柴、三手本「紫」とし右傍「柴」。
12 拵、荷田本・神宮一本・谷本「将」。林本・都立本「拵」。神道本右傍「將イ」。宮本左傍「将」。

長さ一丈三尺である。内部は二部屋からなり、北の三間を室とし、南の二間を堂とした。材料は黒木を用い、屋根は萱葺の上に千木を着け、五尺の堅魚木八枝を置く。床は地面に束草（つかかや）を敷き、播磨の簀、その上に席（むしろ）を敷いた。壁は草（かや）を芯とし、表を伊勢の斑席、裏を小町席で覆った。室には白端の御畳を重ねた神座が設けられ、堂には神事に奉仕する釆女らの座がある。廻立殿は大嘗宮の北にあり、東西棟で広さは正殿とほぼ同じ（四〇〇頁）。大嘗宮は朝堂院の龍尾道下の南庭、東の第二堂（含章堂）と西の第二堂（含嘉堂）の間に造営するもので、造営も撤去も悠紀・主基の斎国の人夫によって行われた。祭儀の七日前に着工し、二日前に完成させる。造立の前には鎮地祭、造立後には殿祭と門祭が神祇官の中臣・忌部らによって斎行される。大嘗祭の卯日神事が終わると、辰日には撤去し、資材や調度は中臣・忌部に賜るのが慣例であった。大嘗宮平面図参照。なお、奈良文化財研究所の平城宮第一六三・一六九・三六七次発掘調査において、平城宮東区朝堂院・中央区朝堂院より五時期の大嘗宮遺構跡が検出されている（奈良文化財研究所『昭和59年度平城宮発掘調査部発掘調査概報』・『同60年度同調査概報』、平城第三六七次調査現地説明会資料、平成十六年）。書紀斉明天皇二年是歳条の「宮地」の「地」に「トコロ」、同書天武天皇十三年三月条の「宮室之地」に「ミヤトコロ、ミヤコトコロ」の訓。宮は三十頁注十七、地は二十四頁注六参照。

十四 丈は三十頁注八、尺は二十四頁注十五参照。

十五 宮地を東西に半分に分け、東を悠紀院、西を主基院とする。名義抄仏上七十九に「中〔ナカハ〕」。

十六 名義抄仏下末二十六に「分〔ワカツ、ワク、ワカレタリ〕」。

十七 大嘗宮平面図参照。悠紀は二頁注二十三、院は六頁注十六、為は四頁注二十参照。

十八 大嘗宮平面図参照。主基は二頁注二十三参照。

十九 宮は三十頁注十七、垣は八十八頁注十二参照。

二十 八十八頁注十一参照。

二十一 栫は、説文に「以㆓柴木㆒壅（ふさぐ）也」とあり、柴を立てて塞ぐ意である。和名抄十に「籬〔栫字附〕釈名云籬〔和名末加岐、一云末世〕、以㆑柴作㆑之、踈離也、説文云栫〔七見反、和名加久布〕、以㆑柴壅㆑之」。名義抄仏下本八十二に「拵〔カコフ〕」。字類抄上一〇二ウに「栫〔カコフ〕」。

二十二 幾重にも重ねる意。垣を八重に作ることは、古事記上神代記に「夜久毛多都、伊豆毛夜弊賀岐、都麻碁微尓、夜弊賀岐都久流、曽能夜弊賀岐袁〔八雲立つ、出雲八重垣、妻籠みに、八重垣作るその八重垣を〕」、同書清寧天皇記に「夜弊能斯婆加岐〔八重の柴垣〕」と見える。書紀神代紀天孫降臨章の「八重」に「ヤヘ、

（七六六頁へ続く）

[一]古語に所謂[二]　[三]志比乃和恵
[四]正南に[五]一門を開き
[六]高さ・廣さ各一丈二尺　[七]梠を扉と爲よ　[八]諸門も亦同じ
其の[九]小さき門は　[十]准ひて減せ
[十一]内に[十二]屏籬を樹て[十三]よ　長さ二丈
[十四]正東より少し北に[十五]一門を開き
[十六]外に屏籬を樹てよ
長さ二丈五尺　悠紀の國作れ
[十七]正北にも亦一門を開き
内に屏籬を樹てよ

一 常識的には「昔からの言葉」と言えようが、「実物は分かっており、昔からそう言っているのだが、なぜそう言うのか分からない」場合に付す術語的なものとする説もある（西宮一民「践祚大嘗祭儀式の仮名表記をめぐって」『続大嘗祭の研究』所収、平成元年）。書紀神武天皇元年是歳条の「古語」に「フルコト」、同書敏達天皇十年二月条の「古語」に「フルコト」の訓。
二 名義抄法上四十九に「所謂〈イハユル〉」。
三「しひのわゐ」は、「椎の、輪植ゐ」の意で、「椎の枝を、柴垣の末を折り曲げた箇所に挿し立てたもの」という（西宮一民、注一論文）。践祚大嘗祭式大嘗宮条では「將レ柴爲レ垣、押二椊八重垣末一、挿將二椎枝一〈古語所レ謂志比乃和恵〉」とある。
四 宮地の真南。名義抄仏上七十四に「正〈マサシ、マサニ〉」。黒川本字類抄中九十三ウに「正」を「マサニ」と訓む。南は八頁注二十四参照。
五 大嘗宮南門。大嘗宮平面図参照。一は三五〇頁注十三、門は四十二頁注十、開は九十六頁注十六参照。
六 践祚大嘗祭式大嘗宮条では「諸門高九尺、廣八尺〈小門准レ減〉」とする。高は八十八頁注十二、広は四十二頁注十七、各は四頁注二十二参照。
七 梠は八十八頁注十四、扉は八十八頁注二十二参照。
八 東門・西門・北門のこと。諸は四頁注二、亦は六頁注十一、同は二頁注三十四参照。
九 中垣に設けられる小門。三八八頁に見える。大嘗宮平面図参照。小は二一〇頁注九参照。
十 准は二一〇頁注十六、減は二二二頁注十一参照。
十一 九十頁注三参照。
十二 南門の内に立てられる屏籬。大嘗宮平面図参照。屏は、名義抄法下九十に「屏〈カクル、カクス、ヘタツ〉」。籬は、和名抄十に「籬〈栫字附〉　釋名云籬〈和名末加岐、一云末世〉、以レ柴作レ之、踈離也」。名義抄僧上七十に「籬〈マガキ〉」。書紀継

1 古、宮本「右」とし右傍「古」。
2 乃、三手本・宮本「及」とし、三手本右傍「乃」。
3 開、三手本「門」。
4 荷田本・信友本「編」あり、荷田本注「編字諸本並無、今依延喜大嘗式私補之」。
5 諸、林本・神宮本・都立本・神宮一本・谷本・三手本「謂」。荷田本注「諸門諸本作謂門、今依同式私改之」。
6 丈、神宮一本「之」。
7 神宮本「亦」あり。神道本右傍「亦イアリ」あり。都立本右傍「亦イ」あり。
8 紀、神宮一本「記」。
9 樹、三手本・宮本「桝」とし、三手本右傍「樹乎」、宮本右傍「樹」。

古[1]語所謂志比乃[2]和惠）、正南開[3]一門（高・廣各一丈二尺、楉[4]爲扉、諸[5]門亦同、其小門准減）、內樹屛籬（長二丈[6]）、正東少北開[7]一門、外樹屛籬（長二丈五尺、悠紀[8]國作）、正北亦開一門、內樹[9]屛籬、

体天皇六年十二月条の「蕃屛」に「マカキ、カクレ、カクシ」の訓。
十三 名義抄仏下本八十二に「樹（タツ）」。
十四 正東は宮地の真東。正東より少し北に東門が設けられる。東は八頁注二十五参照。少は五十頁注六参照。
十五 東門。
十六 東門の外に立てられる屛籬。大嘗宮平面図参照。名義抄法下一三四に「外（ト）」。
十七 宮地の真北。正北に北門が設けられる。北は八頁注二十二参照。

[一]正西より少し北に一門を開き
外に屏籬を樹てよ
主基の國作れ
[二]南北の兩門の間に　[三]縦に[四]中の籬有れ
長さ十丈
[五]其の南端に[六]道を[七]通せ
道の南の籬は　長さ一丈
道の北の籬は　長さ九丈
[八]兩國　中分ちて　[九]之を造れ
[十]中の[十一]籬以東　一丈五[十二]許尺に　[十三]悠紀の中の垣有れ

一 正西は宮地の真西。正西より少し北に西門が設けられる。西は八頁注二十参照。
二 大嘗宮の南門から北門に至るまでの間。両は四頁注十八、門は四十二頁注十、間は二〇四頁注八参照。
三 四十四頁注九参照。
四 悠紀院と主基院の境に南北に設けられる中籬のこと。大嘗宮平面図参照。中は二十八頁注八、籬は三八四頁注十二、有は四十二頁注二十参照。
五 中籬は全体で十丈であるが、中籬北端から九丈の地点に、悠紀殿・主基殿への出入りのため通路が設けられ、さらに、南に一丈の中籬が設置される。大嘗宮平面図参照。其は二頁注二十八参照。端は、名義抄法上九十に「端〔ハシ〕」。字類抄上二十八オに「端〔ハン、ハシ〕」。
六 十四頁注十四参照。天皇が正殿に進まれるための御道。布単が敷かれる。
七 名義抄仏上五十六に「通〔トホル〕」。
八 中籬は、悠紀・主基両斎国が折半して造作する。中は三八二頁注十五、分は一二〇頁注二十一参照。
九 之は八頁注五、造は四十二頁注九参照。
十 二十八頁注八参照。
十一 以は二頁注八、東は八頁注二十五参照。
十二 四十二頁注六参照。
十三 各院を南北に区切るための垣。中垣とは、さらにその院の中を区切る垣のこと。この中垣は、践祚大嘗祭式には見えない。大嘗宮平面図参照。垣は八十八頁注十二参照。

正西少北開一門、外樹屛籬〔主基國作〕、南
北[1]兩門間、縱有中籬〔長十丈〕、其[2]南端通[3]道
〔道南[4]籬長一丈、道北[5]籬長九丈[6]、兩國中分造之〕、
中籬以東一丈五許尺、有悠紀[7]中垣[8]、

1 北、三手本なし、右傍「北」。
2 其、宮本なし、右傍「其」。
3 通、都立本右傍「造」。
4 南、三手本なし。
5 北、宮本「此」とし右傍「北」。
6 丈、神宮本・谷本「尺」とし、神宮本右傍「丈イ」。神宮一本右傍「一作尺」。都立本左傍「尺イ」。
7 紀、宮本「記」。
8 垣、信友本「籬」とし頭注「垣」。

大嘗宮正殿

其の南北の兩端に　各小き門を開け

南北の宮の垣と相去ること　各三丈

其の南北の門の間に　中の垣有れ

其の南に　縱に五間の　正殿一宇

長さ四丈　廣さ一丈六尺　柱の高さ一丈　椽の長さ一丈三尺

葛野席を以ちて　其の上を覆へ

梲の高さ四尺

北の三間を以ちて　室と爲よ

南の戸は　席を蔀め

南の二間を以ちて　堂と爲よ

一 悠紀殿の区画に出入りするための南の小門と、膳屋等の区画に出入りするための北の小門。中垣の南北小門は、それぞれ南北の宮垣から三丈の地点に設けられる。大嘗宮平面図参照。小は二一〇頁注九、門は四十二頁注十参照。開は九十六頁注十六参照。

二 相は四十六頁注二、去は四十二頁注五参照。

三 二〇四頁注八参照。

四 悠紀殿の区画と膳屋等の区画を区切る東西の中垣。大嘗宮平面図参照。

五 大嘗宮の正殿。悠紀殿・主基殿のこと。北三間の室と南二間の堂よりなる。四十頁には大殿とある。「おほとの」は宮殿の正殿を言い、書紀白雉五年十月条の「天皇崩二于正寢一」の「正寢」に「オホトノ」の訓が付されている。名義抄僧中六十五に「御殿〔オホトノ〕」。皇太神宮儀式帳太宮壹院条の「正殿」に「シヤウデン」の訓。大嘗宮は三八二頁注十三、間は四十二頁注十三、宇は四十二頁注十四参照。

六 屋根を支えるために、棟木から軒まで並べて渡す木。和名抄十に「釋名云榱〔和名太流岐、楊氏漢語抄云波閉岐〕、（中略）、兼名苑云橑〔音老〕、一名椽〔音傳〕、間枎〔漢語抄云間枎、太留木〕」。名義抄仏下本九十六に「椽〔タルキ〕」。黒川本字類抄中一ウに「榱」を「タルキ」とする。丈・尺は二十四頁注十五参照。

七 山城国の葛野産の席のこと。葛野は三十頁注十二、席は十頁注一参照。悠紀院用に弁備される葛野席は百五十枚（三九六頁）。斎宮式造備雑物条に「葛野席十一枚」とあり、朝野群載四の嘉承二年十一月二十八日伊勢斎王帰京国々所課支配状に「山城國、可レ造二相樂頓宮一、可レ裝二辨川船一」の料として「葛野筵百枚」を掲げている。以は四頁注十七参照。

八 椽の上を葛野席で覆うこと。上は、名義抄仏上七十四に「上〔カミ、ウヘ〕」。覆は二四六頁注九参照。

九 梁の上に立てて棟木を支える短い柱のこと。新撰字鏡七に

1 兩、谷本「西」。
2 北、神宮本・都立本・神宮一本・谷本・三手本・宮本「小」とし、宮本右傍「北」。神道本右傍「小イアリ」。
3 荷田本・信友本「小」あり、荷田本注「小ナシ」。
4 間、谷本・三手本・宮本「門」とし、三手本右傍「間乎」、宮本右傍「間」。
5 梲、神道本「棁」。神宮本・谷本・三手本「椀」。
6 四、神宮一本「西」とし右傍「一作四」。
7 北、宮本「此」とし右傍「北」。
8 室、谷本「宣」。三手本「宜」とし右傍「宣イ」。宮本「宜」とし右傍「室」。
9 南、荷田本・林本・神宮本・都立本・神宮一本・谷本・三手本・宮本・信友本「布」とし、林本注「今按、布、南之誤」、都立本左傍「南開」、宮本右傍「南」。
10 林本注「闕㆓爲扉二字㆒」あり。宮本右傍「為㆑扉」あり。
11 爲、林本・神宮一本・谷本・三手本・宮本なし、林本注「闕㆓爲字㆒」、宮本右傍「為」。

其南北兩[1]端各開小門〈與南北宮垣相去各三丈〉、其南北[2][3]門間有中垣、其南縦五間[4]正殿一宇〈長四丈、廣一丈六尺、柱高一丈、椽長一丈三尺、以葛野席覆其上、梲[5]高四[6]尺、以北[7]三間爲室[8]、南[9]戸蔀席、[10]以南二間爲[11]堂、

「梲〈小短柱也、宇太知〉」。和名抄十に「梲〈和名宇太知〉」。名義抄仏下本九十九に「梲〈ウダチ〉」。正倉院文書天平宝字五年十二月二十八日付矢口公吉人屋丈尺勘注解に「宇太知二枝〈枝別長五尺四寸、廣八寸、厚四寸〉」（大日本古文書四）と見える。
十 正殿の北三間が室で、ここに神座と御座が鋪設される。大嘗宮正殿図参照。三を「み」と訓む用例は、名義抄仏上五十八に「三遍〈ミカヘリ〉」、同書仏上七十六に「三百〈ミホ〉」。室は四十四頁注三、為は四頁注二十参照。
十一 堂の南側の戸。堂は注十二参照。南戸は席（むしろ）で蔀み扉とする。践祚大嘗祭式大嘗宮条には「南開㆓一戸㆒、蔀席爲㆑扉」とある。南は八頁注二十四、戸は四十二頁注十五、席は十頁注一、蔀は九十六頁注十三参照。
十二 正殿の南二間が堂で、ここに宮主座と采女（うねめ）座が鋪設される。源氏物語末摘花に「ふたま(二間)のきはなる障子」とある。堂は四十四頁注八参照。

甍に　五尺の堅魚木八枝を置き　搏風を着けよ
搆ふるに黑木を以ちてし　葺くに青草を以ちてせよ
其の上に　黑木を以ちて　町形と爲　黑葛を以ちて　之を結べ
檜の竿を以ちて　承塵の骨と爲　黑葛を以ちて　之を結べ
小町席を以ちて　承塵と爲よ
壁は　蔀むに草を以ちてし　表に　伊勢の斑席を用ゐ
裡に　小町席を用ゐよ
地に鋪くに束草　所謂阿都加草　を以ちてし　播磨の簀を
以ちて　其の上に加へ　簀の上に席を加へよ
既にして　掃部寮は　白端の御疊を以ちて　席の上に加へ

一 屋根の最も高い所、上棟のこと。新撰字鏡十二に「脊」を「伊良加」。和名抄十に「釋名云屋背曰甍〔和名伊良賀〕」。名義抄僧上四十九に「甍〔イラカ〕」。

二 堅魚木は棟木（むなぎ）の上に、これと直角に並べた装飾の木。大嘗宮正殿には堅魚木を八本置く。古事記雄略天皇記に、志幾の大県主が堅魚木を上げた屋を作り、天皇はその家に使者を派遣して焼却を命じたが、大県主は白犬を献上し、焼却を免れたという記事があり、人臣が堅魚木を上げることは禁止されていたことが窺える。皇太神宮儀式帳太宮壹院条の「堅魚木」に「カツヲギ」の訓。堅魚は二十六頁注四、木は十四頁注七、枝は三八二頁注二十六参照。

三 二十四頁注十二参照。

四 破風の木材を棟上で交差させ、屋根上に突出させたもの。「ひぎ」とも。古事記神代記に「於二高天原一氷木多迦斯理〔ひぎたかしり〕」。皇太神宮儀式帳太宮壹院条に「上搏風肆枚〔長二丈八尺、弘八寸、厚四寸〕、號稱二比木一」とあり、その「上搏風肆枚」に「アゲハフシマイ」、「比木」に「ヒギ」の訓。正倉院文書天平宝字六年七月二十一日付の造石山院所返抄に「比木六枝」（大日本古文書五）とある。十巻本和名抄三に「榑風辨色立成云、榑風板〔比宜（ひぎ）〕、上音布悪反、楊氏漢語抄同〕」。書紀神武天皇元年是歳条の「峻峙搏風」に「チギタカシリテ」の訓。日本書紀私記丙本に「峻峙榑風於二高天之原一〔太加安末乃波良仁千木太加之利天〕」。字類抄上二十ウに「榑風〔ハクフウ、ハフ〕」。着は八頁注六参照。

五 皮付きのままの材木で構築する。搆は四十二頁注九、黑木は一〇二頁注三参照。

六 刈り取った青草で屋根を葺く。葺は九十六頁注五、青草は九十六頁注六参照。

七 葺いた青草の上に、黑木で作った格子状の枠を乗せて押さえること。和名抄一に「町蒼頡篇云町、他丁反〔和名末知（まち）〕、田區也」とあり、町とは田の区切りのこと。町形は田字形の称。

1 置、三手本・宮本「量」とし、宮本右傍「置」。神宮本左傍「量カ」。
2 五、神宮一本「王」。
3 搏、三手本「持」とし右傍「桴」。宮本「持」とし左傍「破」。
4 爲、神道本右傍「爲天井イアリ」。都立本右傍「為天井イ」。
5 骨、林本・神宮一本・谷本・宮本・三手本「葺」とし、宮本右傍「骨」。神宮本右傍「葺イ」。
6 斑、荷田本・林本・神宮本・神宮一本・谷本・三手本「班」。
7 束、林本・三手本・宮本「東」とし、三手本右傍「束乎」、宮本右傍「束」。
8 荷田本・林本・神宮本・都立本・神宮一本・谷本・信友本「竹」あり。神道本右傍「竹イアリ」あり。
9 荷田本・林本・神宮本・都立本・神宮一本・信友本「竹」あり。神道本右傍「竹イアリ」あり。谷本・三手本・宮本「以」あり、宮本右傍「竹簀」。

甍置[1]五[2]尺堅魚木八枝、着搏[3]風、搆以黒木、葺以青草、其上以黒木爲町形、以黒葛結之、以檜竿爲[4]承塵骨[5]、以黒葛結之、以小町席爲承塵、壁蔀以草、表用伊勢斑[6]席、裡用小町席、鋪地以束[7]草（所謂阿都加草）、以播磨[8]簀加其上[9]、簀上加席、既而掃部寮以白端御疊加席上、

名義抄仏中一〇八に「町（マチ）」。同書仏下本三十一に「形（カタチ、カタ）」。

八 つづらふじ科の落葉草本。つづら藤などのつる草の総称。名義抄僧上四十七に「黒葛（ツヅラ）」。黒川本字類抄中二十一オに「黒葛（ツツラ）」。四時祭式餝神殿料条の「黒葛」に「ツツラ」の訓。

九 之は八頁注五、結は三八二頁注四参照。

十 檜の枝や葉を取り去った細長い幹のこと。桧は、和名抄二十に「爾雅云檜柏葉松身（和名非）」、名義抄仏下本九十一に「檜（ヒノキ、ヒ）」。竿は、和名抄十一に「唐韻云檣（音高、字亦作ㇾ篙、和名佐乎）、棹竿也、方言云刺船竹也」、名義抄僧上六十六「竿（カン、サヲフタ）」、字類抄下四十七ウに「竿（ウ、サウ）」。

十一 承塵は一八四頁注七参照。承塵骨は防塵用の席（むしろ）などを下から支える木のこと。和名抄三に「野王案云骨（忽反、和名保禰）、肉之核也」。名義抄仏下本五に「骨（ホネ）」。

十二 掃部寮式諸司年料条に「内藏寮年料藍染所、席十枚、折薦十五枚、年料供御幷雑給履屜料、小町席（其數臨時定之）」とあり、内蔵寮の供御並びに履屜（くつのしき）料として小町席が用いられている。右条の「小町席」に「コマチムシロ」の訓。内蔵寮式諸国年料条に「細貫筵六十枚、小町席三百枚、食筵一枚、右上野國交易所ㇾ進」とあり、上野国が小町席三百枚を交易雑物として貢進している。上野国が小町席を貢進することは、延喜十四年八月十五日付太政官符にも「諸國例進地子雑物」として「上野國商布九百八十段、細貫筵十張、小町筵七百六十枚、食筵廿枚」（政事要略五十三）と見える。左右京職式戸籍条に「戸籍帙料、小町席、黄帛、黄糸」とある。席は十頁注一参照。

十三 壁は、草を芯として、表（外壁側）は伊勢の斑席、裏（内壁側）は小町席とする。壁は四十四頁注六参照。

十四 伊勢大神宮式調度条の「南草葺御門」の「草」に「カヤ」の訓。

十五 表は三七二頁注二参照。

十六 伊勢国産の席であろう。斑は種々の色、または濃淡が入り混じっていること。名義抄法中十四に「斑（マダラナリ、マタラカ）」。伊勢は六十頁注一、斑は一九八頁注八、用は十四頁注二参照。

十七 裡は裏と同字。「裏」を「裡」として表記する用例は、西大寺資財流記帳に「内裡」（『寧楽遺文』）とある。裏は三七二頁注二参照。

十八 地面の上に、束ねた草を敷く。その上に、播磨の簀を敷き、さらにその上に席を敷きのべる。兵範記仁安三年十一月二十二日（高倉天皇大嘗祭）条に「板敷用二播磨簀一、其上展二弘筵一」とある。書紀神代紀神代七代章の「古天地未ㇾ剖」の「地」に「ツチ」の訓。

（七六六頁へ続く）

坂枕[一]を以ちて　疊の上に施[二]けよ

內藏寮[三]は　布[四]の幌を以ちて　戸に懸けよ

其の堂[五]の東・南・西の三面は　並[六]びに表は葦[七]の簾　裡は

席[八]の障子

但[九]し　西面[十]の二間は　簾を卷[十一]け

御廁

正殿[十二]の東南に　横に　御廁[十三]一宇

長[十四]さ一丈　廣さ八尺　高さ七尺

西[十五]の戸・壁幷せて扉等の制は　正殿に同じ

膳屋

中[十六]の垣の北六許尺に　横に五間[十七]の　膳屋一宇

其の制は　正殿に同じ

一 神座の御畳の上に置かれる御枕。白布の縁で編んだ薦を芯とする枕。掃部寮式年料鋪設条の六月神今食御料に「白布端坂枕一枚〔長三尺、廣四尺〕」とあり、その材料は、同条の六月神今食神事料に「御坂枕一枚〔長三尺、廣四尺〕料、編薦一枚、織席一枚、端料曝布一尺七寸五分、麻二兩、木綿一兩」と規定されている。同右条の「御坂枕」に「ミサカマクラ」の訓。なお、践祚大嘗祭式御服条の「繒枕」には「サカマクラ、キヌマクラ」の訓。

二 名義抄僧中三十に「施〔マウク〕」。

三 二四四頁注七参照。

四 堂の南側の戸（南戸）に、戸を開けた時に内部が見えないように、布の幌を戸に懸ける。六八八頁に「大殿戸一具幌料」とある。布は十二頁注二十二参照。幌は、新撰字鏡四に「幌〔窓簾也、止波利〕」、和名抄十四に「幌〔和名止波利〕」、名義抄法中一〇九に「幌〔トバリ〕」。戸は四十二頁注十五、懸は九十六頁注十八参照。

五 堂内の東・南・西の三面は、表（外側）を葦の簾、裏（内側）は席の障子とする。但し、西面の二間のみは簾を巻き上げる。堂は四十四頁注八・三八八頁注十二、東は八頁注二十五、南は八頁注二十四、西は八頁注二十、三は一三六頁注一、面は八頁注二十一参照。

六 十四頁注十参照。

七 葦は水辺に自生するイネ科の多年草。葦簾は葦の茎を編み作った簾。堂内の室との境を除く三面に、表は葦の簾を掛け、裏側には席障子を設ける。葦は、名義抄僧上十一に「葦〔アシ〕」。簾は九十六頁注十七参照。

八 席を張った障子。席は十頁注一参照。障子は室の内外を仕切ったり、視野を遮る障屏具。和名抄十四に「障子　漢語鈔云障子〔屛風之屬也〕」。源氏物語末摘花に「ふたま（二間）のきはなるさうじ（障子）」。黒川本字類抄下六十八オに「障子〔シヤウシ〕」。

以坂[1]枕施疊上、內藏寮以[2]布幌[3]懸[4]戸、其堂東南西三[5]面、竝[6]表葦簾[7]、裡席障子、但西面二間巻[8]簾[9]、正殿東南横御廁一宇〔長一丈、廣八尺[10]、高七尺、西戸壁[11]幷扉等制同正殿〕、中垣北[12]六許尺、横五間[13]膳[14]屋一宇〔其制同正殿〕、

1 坂、宮本「板」とし右傍「坂」。
2 以、神宮本・三手本・宮本「然」とし、神宮本右傍「イニナシ」左傍「懸カ」、宮本右傍「以」。谷本「懸」。信友本頭注「以字大嘗式亦无」。
3 幌、荷田本「愰」。三手本・宮本「垸」とし、宮本右傍「幌」。
4 懸、谷本・三手本・宮本「悠」とし、宮本右傍「懸」。
5 谷本・三手本・宮本「四」あり。
6 竝、三手本・宮本「丞」とし、宮本右傍「並」。
7 簾、三手本・宮本「莒」とし、宮本右傍「廉」。
8 巻、三手本なし、右傍「巻」。
9 簾、神道本右傍「以イアリ」。
10 尺、三手本「丈」。林本注「伊庭本作八丈非」。
11 壁、宮本「刷」とし右傍「壁」。
12 北、神宮本・谷本・三手本・宮本「地」。
13 間、神宮一本「門」とし右傍「一作間」。
14 三手本「御乎」あり。

九 十二頁注八参照。
十 堂の西面二間は簾を巻き上げておく。間は四十二頁注十二参照。
十一 名義抄僧下一〇七に「巻〔マキ、マク〕」。
十二 悠紀殿のこと。正殿は三八八頁注五、東南は二〇〇頁注四、横は四十二頁注十二参照。
十三 二四六頁注十参照。掃部寮式践祚大嘗会条に「御廁殿鋪二折薦八重帖一枚一」、践祚大嘗祭式大嘗宮条には「正殿東南造二御廁一宇一〔長一丈、廣八尺〕、其壁同二正殿一、西面開レ戸」とある。兵範記仁安三年十一月二十二日条には「門内左方有二悠紀神殿一（中略）、巽角有二御樋殿一〔二間、東西妻〕」と見える。宇は四十二頁注十四参照。
十四 長は四十二頁注十六、丈は三十頁注八、広は四十二頁注十七、尺は二十四頁注十五、高は八十八頁注十三参照。
十五 御廁は西面に戸を開く。注十三参照。戸は四十二頁注十五、壁は四十四頁注六、并は四頁注四、扉は八十八頁注二十二、等は六頁注九、制は九十六頁注一参照。
十六 悠紀院を東西に区切る中垣より北六尺程の地点。中垣は三八八頁注四参照。垣は八十八頁注十二、許は四十二頁注六参照。
十七 五は二十四頁注十三参照。膳屋は正殿と同じ五間造りで、東の三間は御飯を炊き、御膳を調備するところ。西の二間が御膳を盛り付けるところ。践祚大嘗祭式大嘗宮条にも「膳屋一宇〔長廣與二正殿一同〕」とある。国史大系本践祚大嘗祭式同条の「膳屋」に「カシハテヤ」、その「膳」に「ミケ」の訓が付されている。膳は二十頁注十二、屋は三十六頁注八参照。

東[一]の三間は　蔀[二]むに柴を以ちてし　裏[三]に葛野席を用ゐよ
西・東の壁の下[四]に　梠[五]の棚を作れ　高さ二尺
西の二間を　盛所[六]と爲よ
其の西[七]・南の間は　皆[八]　席・柴を以ちて　之を蔀め

臼屋

北[九]の垣の南六許尺に　横に三間の　臼屋[十]一宇
長さ一丈六尺　廣さ一丈
盛殿[十一]の東の頭[十二]と相對へ

神服の柏棚

其の西に　縱に　神服[十三]の柏棚
左右に　各[十四]四柱有れ
長さ一丈五尺　廣さ五尺　高さ四尺

一　御膳調備所。三九二頁注十七参照。東は八頁注二十五、間は四十二頁注十三参照。
二　壁は、柴を芯にして作り、裏側には葛野席を張る。蔀は九十六頁注十三、柴は八十八頁注十一、以は四頁注十七参照。
三　裏は三七二頁注二、葛野席は三八八頁注七、用は十四頁注二参照。
四　下は二十八頁注五参照。
五　梠を編んで作った棚。梠は八十八頁注十四、棚は九十六頁注八、作は十四頁注七参照。
六　膳屋の西二間は、御膳を盛り付ける所。践祚大嘗祭式大嘗宮条では「此院東北角造二膳屋一宇一〔長廣與二正殿一同〕、端當二東西一、東端二間蔀以二椎柴一、東壁下作二棚閣一、西端三間爲レ盛レ膳所一」とあり、東を二間、西を三間とし、西三間を盛膳所とする。内膳司式供御月料条の「盛所」に「アサメトコロ」の訓。盛は一八四頁注六、為は四頁注二十参照。
七　盛所の西と南は席・柴で覆いふさぐ。底本「西南間」。「西南門」に作る写本あり。校異参照。間は四十二頁注十三参照。
八　名義抄仏中一〇〇に「皆〔ミナ〕」。
九　悠紀院の北垣より南六尺程の地点。
十　臼屋は御稲を舂く所。践祚大嘗祭式大嘗宮条は「膳屋以北造二臼屋一宇一〔長一丈四尺、廣八尺〕、蔀以二椎柴一、西端開レ戸」とする。臼は一八二頁注一、屋は三十六頁注八参照。
十一　膳屋の西二間の盛所のことであろう。注六参照。殿は四十頁注十参照。
十二　臼屋は、臼屋の西端が、盛殿（膳屋の盛所）の東端と揃う位置に搆作される。東は八頁注二十五、頭は五十四頁注三、相対は九十四頁注二参照。
十三　繒服・麁服（和妙・麁妙、にぎたへ・あらたへ）の神服を一時奉安する棚。長帖・短帖・薦などの神座料も鋪設迄の間、奉安されたか（川出清彦『祭祀概説』、昭和五十三年）。神服は一〇二頁注十七、柏は二十六頁注九参照。なお、膳屋の棚は梠

1 西、荷田本・信友本なし、荷田本注「諸本有西字」。谷本「酉」。
2 楉、宮本「桾」とし右傍「楉」。
3 間、神宮一本・三手本「門」とし、神宮一本右傍「一作間」、三手本右傍「間乎」。
4 荷田本・林本・神宮本・都立本・神宮一本・信友本「膳」あり。宮本右傍「膳」あり。
5 間、荷田本・林本・神宮本・都立本・神宮一本・谷本・三手本・信友本「門」とし、林本注「疑間之誤」。
6 席、林本・三手本・宮本「序」とし、林本注「序柴、疑席柴之誤」。荷田本注「席柴諸本作序柴今私改之」。
7 北、宮本「此」とし右傍「北」。神宮本右傍「此イ」。
8 三、宮本右傍「二」。
9 間、信友本「門」。
10 臼、林本「舊」とし注「舊省分臼字、伊庭本作舊誤」。神宮一本・宮本「旧」とし、宮本右傍「臼」。
11 盛、荷田本・信友本「正」とし、荷田本注「諸本作盛殿今私改之」。宮本左傍「正」。
12 西、宮本右傍「南」。
13 柏、神宮本右傍「拘イ」。宮本右傍「楉」。
14 柱、神宮本右傍「桂イ」左傍「桓イ」。
15 五、宮本「八」。
16 五、谷本なし、右傍「九」。

東三間蔀以柴、裏用葛野席、西[1]東壁下作楉[2]棚〈高二尺〉、西二間[3]為盛所[4]、其西南間[5]皆以席[6]柴蔀之、北[7]垣南六許尺、横三[8]間[9]臼[10]屋一宇〈長一丈六尺、廣一丈、與盛[11]殿東頭相對〉、其西[12]縦神服柏[13]棚〈左右各有四柱[14]・長一丈五[15]尺、廣五[16]尺、高四尺〉、

棚とする。
十四 各は四頁注二十二、柱は八十八頁注七、有は四十二頁注二十参照。

[一]五日(いつか)の内(うち)に造(つく)り畢(を)へよ

[二]須(もち)ゐるところは

[三]榵(しもと)　六百荷

[四]柴(しば)　千二百荷

[五]葛(つづら/かづら)　二百荷

[六]椎(しひ)の枝(え)　二百五十荷

[七]承塵(しようぢん)の骨(ほね)の料(れう)の[八]檜榑(ひぐれ)　卅四村[九]

[十]葺草(ふきかや)　千圍[十一]

[十二]葛野席(かどのむしろ)　百五十枚

[十三]小町席(こまち)　百枚

一　大嘗宮は五日間で造り終える。書紀清寧天皇四年閏五月条の「五日」に「イツカ」の訓。造は四十二頁注九、畢は三十二頁注六参照。

二　大嘗宮造立に用いる料。須は一二四頁注七参照。

三　榵は八十八頁注十四、荷は一四八頁注十一参照。

四　八十八頁注十一参照。

五　つづら藤など、野生の蔓植物の総称。三九〇頁には黒葛とある。三九〇頁注八参照。新撰字鏡七に「葛〈加豆良〉」。和名抄二十に「葛穀一名鹿豆〈葛音割、和名久須加豆良乃美〈くずかづらのみ〉〉」。名義抄僧上四十七に「葛〈カヅラ、クスカツラ〉・黒葛〈ツヅラ〉」。黒川本字類抄中七十二ウに「葛〈クスカツラ、又カツラ〉」。古事記中景行天皇記に「都豆良佐波麻岐（つづらさはまき）」とある。

六　三八二頁注二十六、三八四頁注三参照。

七　承塵骨は三九〇頁注十一、料は二十二頁注二十三参照。

八　三九〇頁では承塵骨は檜竿とする。檜榑は、檜の板材のこと。名義抄仏下本一一三に「檜榑〈ヒグレ〉」。伊勢大神宮式神宝条の「檜榑九村」の「檜榑」に「ヒノクレ」、四時祭式筋神殿料条の「檜榑一村」の「檜榑」に「ヒクレ」の訓。榑は、延暦十年六月二十二日付太政官符に「應ㇾ定二榑丈尺一事、（中略）、長一丈二尺、廣六寸、厚四寸令ㇾ作」（類聚三代格十八）とある。

九　底本「村」。「材」「枚」とする写本あり。校異参照。村は、群塊をなすものの助数詞。用例としては、注八参照。また、正倉院文書天平宝字二年写経食料雑物納帳九月五日条（大日本古文書四）に「松一村」とある。

十　屋根を葺くための草。三十頁注十九参照。

十一　圍は、物の周囲の長さを表す単位。一圍（囲）は、両手を広げてひと囲みする長さ・大きさのこと。伊勢大神宮式神宝条の「蒲一圍」の「圍」に「ニキリ」の訓。

十二　三八八頁注七参照。

十三　三九〇頁注十二参照。

五日[1]之內[2]造畢、所須[3]楉[4]六百荷、柴千二百荷、
葛二百荷、椎枝[5]二百五十荷、承塵骨料檜榑
卌四村[6]、葺草千圍、葛野席百五十枚、小町
席百枚、

1 日、三手本「月」。
2 內、神宮本・故実本「二」。
3 所須楉六百荷、三手本なし。
4 楉、谷本・宮本「梠」とし、宮本右傍「楉」。
5 枝、三手本「枚」とし右傍「枝乎」。
6 村、林本「荷」とし注「伊庭本、村、作レ材者是、材木堪用者、村聚落也」。信友本「材」。谷本神道本右傍「材イ」。都立本右傍「材」。谷本「枚」。神宮一本右傍「一作枚」。

伊勢の斑席〔一〕　五十枚

其の主基院〔二〕の制作・装束は　皆　悠紀に准へ

既〔三〕にして　中臣〔四〕・忌部　御巫〔五〕等を率て　殿及〔六〕び門を祭れ

殿・門を祭る

其の料は

各〔七〕　五色〔八〕の薄絁　各三尺

絲〔九〕　二兩

安藝〔十〕の木綿　一斤

筥〔十一〕　二合

案〔十二〕　一脚〔十三〕

米〔十四〕

一　三九〇頁注十六参照。

二　主基院の構作・装いは、悠紀殿と同じ。制は九十六頁注一、装束は一三六頁注九、皆は三九四頁注八、准は二一〇頁注十六参照。

三　三九〇頁注二十六参照。

四　中臣は六十頁注八、忌部は六十頁注九参照。

五　神祇官に所属し、宮廷の祭祀に奉仕した巫女。職員令神祇官条集解所引の別記によると、御巫は五人で、その内訳は、大和国より採用する御巫（大御巫）は二人、平城京左京より採用する生嶋巫一人、同右京より採用する座摩（ゐかすり）巫一人・御門巫一人とある。この御巫たちは、神祇官西院に鎮座する二十三座の神々を奉祭する。御巫（大御巫）一人は、同西院の八神殿に鎮座する神産日神・高御産日神・玉積産日神・生産日神・足産日神・大宮売神・御食津神・事代主神の八神を奉祭し、天皇守護を祈願する。また、中宮と東宮を守護する八神を奉祭する御巫各一人もいた。なお、座摩巫は生井神・福井神・綱長井神・波比祇神・阿須波神の五座の神、御門巫は櫛石窓神・豊石窓神の八座の神、生嶋巫は生嶋神・足嶋神の二座の神を奉祭した（神名式宮中神条）。御巫は鎮魂祭・新嘗祭などの朝廷四時祭、大嘗祭などの臨時祭にも奉仕した。御巫の選出・待遇については、臨時祭式御巫条・時服条参照。職員令神祇官条集解に「跡云、巫、神奈伎」、新撰字鏡十一に「巫〈加无奈支〉」、和名抄二に「巫〈和名加牟奈岐〉」、書紀天武天皇十三年閏四月条の「巫祝」に「カムナキハウリ」の訓。四時祭式大殿祭条の「御巫」に「ミカンナキ、カムノコ」の訓。等は六頁注九、率は二十四頁注三参照。

六　新築成った御殿・御門を鎮め、平安を祈るための祭。名義抄僧中六十五に「御殿〈オホトノ〉」。及は八頁注二十八、門は一〇四頁注十五、祭は一〇八頁注二参照。なお、儀式一大殿祭儀に、仁寿殿における大殿祭の祭儀次第が規定されている。同規定によると、忌部は玉を執って殿の四角に懸け、御巫が米・

伊勢斑[1]席五十枚、其主基院制作・裝[2]束皆[3]准悠紀焉、既而中臣・忌部率御巫等、祭殿及門、其料[4]各五色薄絁各三尺、絲二兩、安藝木綿一斤、筥二合、案二脚、米・

1 斑、荷田本・林本・神宮本・神宮一本・谷本・三手本・宮本「班」。
2 裝、宮本「袋」。
3 皆、林本なし。
4 料、宮本「粁」とし右傍「料」。

酒・切木綿を殿内の四角に散らす、中臣は御殿の南に侍し、忌部は巽に向かって微声で大殿祭の祝詞を奏上する。
七 四頁注二十二参照。
八 五色薄絁は二十四頁注十三・十四、尺は二十四頁注十五参照。
九 絲は八十六頁注一、兩は一一四頁注四参照。
十 安芸木綿は三七八頁注五、斤は二十四頁注十七参照。
十一 五十頁注十二参照。合とあるので蓋付の筥であろう。合は十頁注十六参照。
十二 名義抄仏下本一一一に「案〔ツクヱ〕」。字類抄下三十二ウに「隶〔アン〕」。机は二四八頁注二参照。
十三 主に机、椅子など足の付いた道具類を数える場合に用いる助数詞。
十四 十二頁注二十五参照。

酒[一] 各二升
瓶[二] 二口
坏[三] 二口
木工寮[四] 大嘗院[五]以北[六]に 横に五間の 廻立殿[七]を造れ
長さ四丈 廣さ一丈六尺
其の西の三間[八]は 席を以ちて 之を蔀め
東・南[九]に戸あれ
搆ふる[十]に黒木を以ちてし 葺くに板を以ちてせよ
掃部寮[十一] 苫[十二]を以ちて 板の上を覆ひ 席を以ちて 承塵と爲よ
主殿寮[十三] 斑幔[十四]を以ちて 東・西・北の三間に張れ

一 酒は二十六頁注一、升は二十頁注六参照。
二 瓶は六十四頁注十四、口は三十四頁注六参照。
三 六十四頁注十六参照。
四 廻立殿は木工寮が構作する。木工寮は一九六頁注九参照。
五 悠紀院と主基院を合わせた区画。大嘗宮復元図参照。大嘗は二頁注四、院は六頁注十六参照。大嘗宮は三十頁注十七・三八二頁注十三参照。
六 以は二頁注八参照。
七 廻立殿は、大嘗宮の北にあり、東西棟で正殿と同じ五間造り。その中の御湯殿において天皇は小忌の御湯の儀を行われ、身を清めてから祭服を召される。そののち悠紀殿に入御され、神饌を御親供になり、御退出の後、廻立殿に還られ、再びお湯を召して祭服に更められて、主基殿で同様の儀を行われる。廻立殿の儀については四九六頁以下参照。北山抄五大嘗会事に「先レ祭七日、兩國、龍尾道前造二大嘗宮一、（中略）、其北三許丈、木工寮造二廻立殿一〈卯酉爲レ妻、東南有レ戸〉、東去二許丈、造二片庇一爲二御釜殿一」とあり、同書によれば、廻立殿は東西を妻とする建物で、大嘗宮北の三許丈の地点に造立される。また、その東の二許丈の所に片庇の御釜殿が設けられる。大嘗宮平面図参照。増鏡草枕文永十一年十一月条に「くわいりう殿」とある。伊呂波字類抄六に「廻立殿〈クワイリウ（フ）テン、大嘗會時、殿名也〉」。間は四十二頁注十三、造は四十二頁注九参照。
八 廻立殿の西三間は席で閉じ塞ぐ。西宮記臨時七大嘗会事に「御二廻立殿一〈在二大嘗宮北一、〈五間〉、東爲二御湯殿一、西爲二御在所一、南北戸レ有〉」とあり、西の三間は御在所、東の二間は御湯殿として用いられた。席は十頁注一、之は八頁注五、蔀は九十六頁注十三参照。
九 廻立殿の東と南に戸を設ける。北山抄五大嘗会事に「經二廻立殿北西一、入レ自二南方一、御二廻立殿一〈仁和四年御記云、入レ自二南戸一、先御二西方御床一〉」とあり、天皇は北から西を廻り、南の戸より廻立殿に入御される。南は八頁注二十四、戸は四十二

酒各二升、瓶二口、坏二口、木工寮於[1]大嘗院以北[2]、横[3]造五間廻立殿（長四丈、廣一丈六尺、其西三間[4]以席蔀之、東南戸[5][6]）、搆以黒木、葺[7]以板、掃部寮以苫[8]覆板上、以席爲承塵、主殿寮以斑[9]幔、張東西北[10]三間

1 於、三手本「拾」とし右傍「於乎」。
2 北、宮本「此」とし右傍「北」。
3 横、谷本なし。
4 其西三間、林本なし。
5 谷本「開」あり。神宮一本右傍「一有開字」あり。宮本右傍「開」あり。
6 戸、神宮本なし。
7 葺、谷本「並」とし右傍「葺」。
8 苫、三手本「莒」。
9 斑、荷田本・林本・神宮本・神宮一本・谷本・三手本・宮本「班」。
10 北、宮本「此」とし右傍「北」。

頁注十五参照。
十 黒木（皮付きのままの材木）で構築し、屋根は板葺き。搆は四十二頁注九、黒木は一〇二頁注三、葺は九十六頁注五、板は一八四頁注十四参照。
十一 二四八頁注四参照。
十二 板葺の上を苫で覆い、席を屋根裏からの塵除けにする。正殿の承塵は小町席（三九〇頁）。苫は三四四頁注五、上は三八八頁注八、覆は二四六頁注九、承塵は一八四頁注七、為は四頁注二十参照。
十三 二四六頁注二参照。
十四 斑幕を用いて廻立殿の東・西・北を囲む。大嘗宮平面図参照。斑幕は一九八頁注八、張は一九六頁注十七参照。

大嘗宮(おほむべのみや／だいじやうくう)(一)の北(きた)の垣(かき)より　廻立殿以北(くわいりふでんよりきた)を籠(こ)(二)めよ

大嘗殿に須いる物

其(そ)の大嘗殿(おほむべのとの)(三)に須(もち)(四)ゐるところの

長帖(ながだたみ)(五)　十二枚

短帖(みじかだたみ)(六)　六枚

薦(こも)(七)　十六張

預(あらかじ)(八)め　掃部寮(かむもりのつかさ)(九)をして　造(つく)り備(そな)へしめよ

御服(みそ)(十)　二具

衾(ふすま)(十一)　三條

繒枕(きぬまくら／さかまくら)(十二)　二枚

絹(きぬ)(十三)の幞頭(かうぶり)　三枚

一 大嘗宮の北垣から廻立殿の北側まで、東・西・北に斑幕を張り、廻立殿を囲む。北垣は三九四頁に見える。

二 名義抄僧上七十四に「籠〔コモル、メクル〕」。

三 大嘗殿の神座料と御料。

四 一二四頁注七参照。

五 悠紀殿の室中央に鋪設される神座の長帖。畳は一五六頁注二参照。三九〇頁に白端御畳とある。掃部寮式践祚大嘗会条に「鋪₂白端御帖十一枚、布端御坂枕一枚、於悠紀正殿中央₁」とあり、その白端御帖十一枚の種類は、同式年料鋪設条に「六月神今食〔十二月神今食、十一月新嘗祭亦同〕、御料、黄帛端短帖一枚〔方四尺〕、白布端帖二枚〔各長一丈二尺五寸、廣四尺〕、白布端帖二枚〔各長九尺、廣四尺五寸、一枚無₂裏布₁〕、白布端帖二枚〔各長九尺、廣四尺〕、白布端帖一枚〔各長八尺、廣四尺〕、白布端帖四枚〔各長六尺、廣四尺、二枚無₂裏布₁〕」と規定されている。なお、掃部寮式は長帖である白端御帖を十一枚とするが、本条は十二枚とし、践祚大嘗祭式御帖条も「凡大嘗殿所ㇾ須長帖十二枚、短帖六枚、簾十六張、預令₂掃部寮造備₁」とする。神座の鋪設については、牟禮仁『大嘗・遷宮と聖なるもの』第一篇（皇學館大学出版部、平成十一年）参照。臨時祭式供神装束条の「黄端帖」の「帖」に「タタミ」の訓。黒川本字類抄中五オに「疊〔テウ、タタミ、タタム〕、怗〔同〕」。枚は十二頁注二参照。

六 掃部寮式年料鋪設条に「六月神今食〔十二月神今食、十一月新嘗祭亦同〕、御料、黄帛端短帖一枚〔方四尺〕」とあり、神今食・新嘗祭の短帖は四尺の正方形の帖である。名義抄僧中三十三に「短〔ミジカシ〕」。建保大祀神饌記に「みしかたたみ」。

七 薦は一二四頁注五参照。江記天仁元年十一月二十一日条に引用される或説によれば、室中央に鋪設される九尺帖二帖の上に敷かれる帖は、薦七枚と莚一枚とする。張は六十二頁注十三参照。

八 六十二頁注五参照。

〔自大嘗宮北垣、籠廻立殿以北[1]〕、其大嘗殿所須長帖十二枚、短帖六枚、薦[2]十六張、預令掃部寮造備、御服二具、衾[3]三條、繪[4]枕[5]二枚、絹幞頭三枚、

1 北、宮本「此」とし右傍「北」。
2 薦、信友本「簾」。
3 衾、宮本「令衣」とし右傍「今衣」。
4 繪、宮本「僧」とし右傍「繪」。林本・都立本・神宮一本・谷本・三手本「坂」とし、林本注「衣笠本及延喜式、坂作レ繪」。以文本頭注「一作二坂枕一」。
5 枕、林本・神宮本・都立本・神宮一本・谷本・宮本「枕」とし、林本注「枕之誤」。

九 長帖・短帖・薦は掃部寮が弁備する。造は四十二頁注九、備は二十六頁注十三参照。
十 践祚大嘗祭式御服条に「凡御二大嘗殿一之時、所レ服御服二具」とあるように、天皇が大嘗殿に出御される時にお召しになる御服。四九六頁には祭服とある。祭服は四九六頁注十六参照。縫殿寮式新嘗御服条には「帛袍二領〔別一疋八尺五寸〕、綿六屯〔別三屯〕、襖子二領〔別一疋一丈五尺〕、綿六屯〔別三屯〕、汗衫二領〔別三丈七尺五寸〕、袴二腰、中袴二腰、綿六屯、褌二腰」とある。名義抄仏中一三三に「御服〔ミソ〕」。臨時祭式供神装束条の「神衣」に「ミソ」、伊勢大神宮式神嘗祭条の「御衣」に「ミソ」の訓。具は一二四頁注九参照。
十一 四十頁注五参照。大蔵・宮内両省に対して、大嘗宮の御衾並びに雑物料を請求することは四十頁に見える。また官符宣旨例第十八号（六八四頁）に対応する。践祚大嘗祭式御服条では「衾三條、敷衾三條」とする。条は三三四頁注十二参照。
十二 三九二頁注一参照。三九二頁は坂枕とする。践祚大嘗祭式御服条も「繪枕二枚」とあり、その「繪枕」に「サカマクラ、キヌマクラ」の訓が付されている。繪は、和名抄十二に「陸詞切韻云絹〔和名岐沼〕、繪帛也」とある。底本「繪」、「坂」とする写本あり。
十三 天皇が大嘗殿に出御される時に着用される絹の御冠のことで、御幘ともいう。江家次第十五大嘗会卯日に「御幘令レ廻二御巾子一給、不三必曳二廻御額一、童帝無二供レ幘之儀一」とある。新撰字鏡十二に「裹頭〔加我不利須〕、幞頭〔加加不利須〕」。和名抄十二の「冠〔幞頭附〕」の項に「辨色立成云幞頭〔加宇布利〕」。名義抄法中一〇三に「幞頭〔カウブリ〕」。字類抄上九十八ウに「冠〔カウフリ〕、帔〔同〕、樸頭〔同〕」。縫殿寮式御贖服条の「幞頭」に「カウフリ」の訓。絹は十二頁注二十一参照。践祚大嘗祭式御服条も「絹幞頭三枚」。

望[一]陀の布の單(まうだのぬののひとへ)　二條

幌[二](とばり)　二具

筥[三](はこ)　三合

幷[四](あは)せて人給[五](ひとたまひ／にんきふ)の衾(ふすま)　八條

單　四條

預(あらかじ)め　縫殿寮[六](ぬひどののつかさ)をして　縫[七](ぬ)ひ備(そな)へしめよ

料理に須いる物

料理[八](れうり)に須(もち)ゐるところの

刀子[九](かたな)　百七十枚　長は八十八枚　中は二枚　小は八十枚

韲實[十](あへもののみ)の筥(はこ)　三合

木綿[十一](ゆふ)　十八斤

一　上総国望陀郡（千葉県君津郡）から産出した布で織った単仕立の衣。賦役令調絹絁条に「望陁布、四丁成端〔長五丈二尺、廣二尺八寸〕」とあり、大蔵省式賜蕃客例条には、「大唐皇〔銀大五百兩、水織絁、美濃絁各二百疋、（中略）、望陁布一百端〕」とあり、唐皇帝への贈答品の一つとして、望陀布一百端が規定されている。和名抄十二に「又有㆓信濃、望陁等名㆒、望陁者、上総國郡名也、其体與㆓他國調布㆒頗別異、故以㆑所㆑出㆓國郡名㆒爲㆑名也」と見え、信濃布・望陀布などの名称は、その形状の特異性より、所出国郡を付されていると説明する。宮原武夫「上総の望陀布と美濃」（『古代国家と東国』所収、平成八年）参照。和名抄五の上総国郡名に「望陀〔末宇太〕」。布は十二頁注二十二参照。単は裏地の付いていない衣。名義抄仏中三十二に「単〔ヒトヘ〕」。践祚大嘗祭式御服条は「望陀布單二張」。

二　幌は三九二頁注四、具は一二四頁注九参照。官符宣旨例第十八号（六八八頁）には「大殿戸一具幌料」とある。践祚大嘗祭式御服条も「幌二具」。

三　践祚大嘗祭式御服条も「筥二合」。筥は五十頁注十二、合は十頁注十六参照。

四　四頁注四参照。

五　践祚大嘗祭式御服条には「供㆓同殿㆒衾八條、單四張」とあり、大嘗殿内において神饌行立に奉仕する宮主、釆女のための料か。五一〇頁に釆女八人と見える。なお、前行する典水二人を入れると十人となる（五一〇頁）。人給は十八頁注十五、衾は四十頁注五参照。

六　韲は二五八頁注三参照。御服二具より単四条までは縫殿寮が縫い作る。官符宣旨例第十八号（六八八頁）には「已上縫殿寮所㆓縫作㆒、卽縫女等卜食令㆑縫」とある。践祚大嘗祭式御服条には「預令㆓縫殿寮裁縫辨備㆒〔並盛㆑櫃〕」とする。

七　名義抄法中一三〇に「縫〔ヌフ〕」。備は二十六頁注十三参照。

八　四十四頁注十参照。

九　七十四頁注十二参照。践祚大嘗祭式料理条に「凡料理所㆑須

望陀[1]布單二條、幌二具、筥[2]三合、并[3]人給[4]衾八條、單四條、預令縫殿寮縫[5]備、料理所[6]須[7]刀子百七十枚〔長八十八枚、中二枚、小八十枚〕、甕[8]實[9]筥[10]三合、木綿十八斤、

1 陀、林本「陁」。三手本・宮本「施」とし、三手本右傍「陁乎」。神宮本「柁」。都立本「陒」。
2 筥、三手本「苫」。都立本「莒」。宮本「苔」とし右傍「莒」。林本注「筥三合、衍文、甕實筥三合の錯乱」。
3 并、林本「並」。
4 給、谷本「絡」。
5 縫、三手本・宮本「継」とし、宮本右傍「縫」。神宮本右傍「継」。
6 三手本右傍「所乎」あり。
7 林本注「上大嘗殿所須ニ准メ、料理所下、更ニ一ノ所アルベシ」あり。
8 甕、神宮本・三手本・宮本「扉」。林本注「伊庭本、甕作扉」。谷本「櫃」。以文本なし。
9 實、宮本右傍「盛」。以文本「盛」を「甕實」と朱で訂正し頭注「一作二甕實二字一」と朱書。
10 筥、三手本「苔」。林本注「筥作レ苔、並誤」。

刀子一百七十枚〔長八十八、中二、小八十、並盛二筥一合一〕」とある。また、同式卯日条に「納二刀子一折櫃一合」が見える。
十　甕は三五四頁注一参照。実は名義抄法下五十三に「實〔ミ〕」。
十一　官符宣旨例第十八号（六八八頁）には「木綿大九斤〔用二大嘗宮一料〕」とある。践祚大嘗祭式料理条も「木綿十八斤」。木綿は二十四頁注十六、斤は二十四頁注十七参照。

物部の人等に装束を賜う

造酒童女装束

巾の料の布　三段二丈四尺

竝びに官の物を以ちて　兩國に分付けよ

是より先　神祇官　解を修めて　官に申せ

官　符を所司に下し　充てしめよ

神祇官　之を受け　兩國に頒て

次に　物部の人等に　行列の日の装束を賜へ

造酒童女には

纐纈の表衣　一領

藍地の青草摺の綿の袍　一領

支子染の綿の衣　一領

一 手拭いのこと。践祚大嘗祭式料理条には「手巾料調布三端二丈四尺」とある。巾は三一〇頁注八、布は十二頁注二十二参照。

二 十四頁注十参照。

三 官は太政官。四〇二頁の長帖から四〇六頁の巾料の布までは、神祇官解により太政官に上申し、官物を悠紀・主基両斎国に分給する。官は二頁注三十、物は十頁注二十一、以は四頁注十七、両は四頁注十八、国は二頁注二十三参照。

四 一二〇頁注二十一参照。底本「付」。「封」に作る写本あり。校異参照。

五 先立って神祇官は解によって、物品請求を太政官に上申する。本条の神祇官解は官符宣旨例第十八号（六八八頁）に見える。神祇官は二頁注二十参照。

六 解は一三六頁注十九、修は一三六頁注二十参照。

七 六頁注七参照。

八 官符宣旨例第十八号の太政官符（六八四頁）に該当する。符は二頁注三十参照。

九 官符宣旨例第十八号太政官符の宛先は、大蔵省と宮内省。所司は十二頁注七、下は二頁注二十九参照。

十 十頁注十七参照。

十一 神祇官が請求した物品を受け取り、悠紀・主基両斎国に分給する。之は八頁注五、受は二頁注十二参照。

十二 名義抄仏下本二十二に「頒〔ワカツ〕」。

十三 物部人は七十八頁注八、等は六頁注九参照。

十四 卯日の朝、悠紀・主基両斎国が神饌を北野斎場から大嘗宮に供納する行列。四四六頁以下に行列の詳細が見られる。行列は一五二頁注十一、日は八頁注三参照。

十五 装束は一三六頁注九、賜は七十六頁注十三参照。

十六 七十八頁注十参照。

十七 纐纈は、絞り染のこと。布を糸などで所々を結び、浸染めして紋様を表す技法。纈は、新撰字鏡二に「纈〔由波太〕」、和名抄十五に「纐読由波太」、また、和名抄十二に「纈〔夾纈、此

巾料布[1]三段[2]二丈四[3]尺[4]、竝[5]以官物分付[6]兩國〔先是神祇官修[7]解[8]申[9]官[10]、官下符所司令充[11]、神祇官受之、頒[12]兩國〕、次賜物部人[13]等行列日裝束、造酒童女[14]纐纈表衣一領、藍地青草[15]摺綿[16]袍[17]一領、支子染綿衣一領、

間云加宇介知〕」。字類抄上九十九オに「纐纈〔カウケチ、又乍交纈〕」。表衣は、枕草子二七八に「うはぎ〔表着〕」とある。

十八 藍地の布に、山藍の汁で紋様を摺り出した綿入れの袍。藍は三七二頁注三参照。地は、名義抄法中四十八に「地〔チ〕」。青摺は一九四頁注九、綿は十二頁注二十三、袍は三三二頁注十六、領は三三二頁注十七参照。

十九 梔子（くちなし）の実で染めた綿入れの衣。新撰字鏡七に「支子〔久知奈之〕」。和名抄十四に「唐韻云梔〔音支〕、子木實可レ染二黄色一者也、今案醫家書等用二支子二字一〔和名久知奈之〕」とある。書紀天武天皇十年八月条の「支子」に「クチナシ」の訓。染は三五六頁注五、衣は一九四頁注九参照。

1 布三、林本「三布」。
2 段、信友本「端」。
3 四、宮本なし、右傍「四」。
4 尺、宮本「ソ」とし右傍「尺」。
5 竝、三手本・宮本「丞」。神宮本左傍「丞イ」。
6 付、荷田本・信友本「附」とし、荷田本注「分附諸本作二分封一今依二延喜大嘗式一私改レ之」。神道本右傍「附イ」。林本・神宮本・都立本・神宮一本・三手本「封」。宮本「對」とし右傍「附」。谷本「對」。
7 修、谷本「備」とし右傍「脩」。宮本「循」とし左傍「修」。
8 解、信友本「鮮」。
9 申、都立本・谷本・三手本・宮本「由」。
10 官、都立本・谷本・三手本なし。
11 充、神宮本・谷本・三手本・宮本「宛」。都立本「宛」。
12 頒、神宮本・都立本・谷本・三手本・宮本「須」。
13 人、三手本「又」。神宮本右傍「又イ」。
14 女、谷本なし。
15 草、三手本・宮本「芋」とし、宮本右傍「草」。神宮本右傍「芋イ」。
16 綿、谷本「錦」。
17 袍、神宮本・宮本「施」とし、神宮本右傍「袍」、宮本右傍「袍」。

[一]紅染(くれなゐぞめ)の單衣(ひとへきぬ)　一領

[二]白絹(しらきぬ)の袴(はかま)　一腰

[三]赤裳(あかも)　一腰

[四]支子染(くちなしぞめ)の下裳(したも)　一腰

[五]赤の薄機(うすはた)の引(ひき)下裳　一腰

[六]板押(いたおし)の羅(うすはた)(ら)の帯(おび)　一條

[七]小(ちひさ)き刀子(かたな)　一具

[八]錦(にしき)の襪(したくづ)　一兩

[九]皺文(ひきはだ)の沓(くつ)　一兩

[十]大酒波(おほさかなみ)・[十一]大多米酒波(おほためつさかなみ)・[十二]粉走(こはしり)・[十三]相作(あひつくり)には

一 紅染めの単衣。正倉院宝物の「紅染布」・「紅赤布」は、紅花の染料で染めたものという（関根真隆『奈良朝服飾の研究』、昭和六十一年）。紅は、和名抄十四に「紅藍〔久禮乃阿井〕、呉藍〔同上〕」、名義抄法中一一五に「紅〔クレナヰ〕」。染は三五六頁注五参照。単衣は、和名抄十二に「單〔單衣比止閉岐沼〕」、名義抄法中一三六に「単衣〔ヒトヘキヌ〕」。単は四〇四頁注一参照。

二 絹の袴。書紀武烈天皇八年三月条の「衣以綾紈」に「アヤシラキヌ」の訓が付されており、紈はよく練った絹のこと。伊勢物語八十七に「しらぎぬ（白絹）」、満佐須計装束抄三に「しろぎぬ（白絹）」。白は一四二頁注六、絹は十二頁注二十一、袴は二八六頁注十六、腰は三三四頁注四参照。

三 赤は二十二頁注二、裳は三三六頁注一参照。万葉集三六一〇番歌に「安可毛（あかも）」。源氏物語真木柱に「あかもたれひきいにし（赤裳垂れ引きいにし）」とある。底本「赤」。「東」に作る写本あり。校異参照。

四 梔子の実で染めた下裳。褶（しびら）の下に着けた裳。上裳（うはも）の対。催馬楽十二番歌に「之太毛乃春曾奴禮（下裳の裾ぬれ）」。支子染については四〇六注十九参照。

五 赤い羅や紗などの薄い絹織物で作った下裳か。薄機は、書紀推古天皇十六年八月条の「五色綾羅」の「綾羅」に「ウスハタ」の訓。また、織部司式織手条の「薄機織手」の「薄機」に「ウスモノ」の訓。薄は二十四頁注十四参照。機は、名義抄仏下本九十五に「機〔ハタモノ、ハタ〕」、字類抄上二十六ウに「機〔キ、ハタ、織絹布器也〕」とある。引は、引腰のことで、裳の腰の緒の余りのことをいうか。元来は結び余りを長く引いたが、やがて小腰で結ぶようになり、別に付けて装飾とした。下裳に付けて垂らすものか。引は一二八頁注十一参照。

六 不詳。板押は染色技法のことか。板は一八四頁注十四、押は三八二頁注二十三、羅は三五六頁注四、帯は三三四頁注八参照。

七 小は二一〇頁注九、刀子は七十四頁注十二、具は一二四頁注

紅染單衣一領、白絹袴一腰、赤[1]裳一腰、支子染下裳一腰、赤薄機[2]引下裳一腰、板[3]押羅帶一條、小刀子一具、錦[4]襪[5]一兩、皺[6]文沓一兩、大酒波・大多米酒[7]波・粉[8]走・相作[9]

九参照。
八 錦で作った襪。錦は、金糸・銀糸・色糸を使って織り成した絹織物。和名抄十二に「錦〔居飲反、和名迩之岐〕」。名義抄僧上一三八に「錦〔ニシキ〕」。襪は三三四頁注五、両は三三四頁注六参照。
九 皺文は、ひきがえるのような皺（しわ）のある革のこと。名義抄僧中七十七に「皺文韉〔ヒキハタノシタクラ〕」。斎宮式造備雑物条の「皺文韉」の「皺文」に「ヒキハタ」の訓。沓は、名義抄僧中七十九に「鞜〔沓、クツ〕」。
十 八十頁注一参照。
十一 八十頁注二参照。
十二 八十頁注三参照。
十三 八十頁注四参照。

1 赤、荷田本・神宮本・都立本・神宮一本・谷本・三手本・宮本「東」とし、荷田本注「蓋赤裳之誤」、宮本右傍「赤」。神道本右傍「東イ」。林本「束」。
2 機、神宮本・三手本「栊」。宮本「梳」とし右傍「栈」。
3 板、神宮本なし、右傍「坂カ」。谷本「腰」。三手本「々」。宮本「ゝ」。
4 錦、林本注「疑綿襪」。神道本右傍「紅染イ」。
5 襪、宮本「襪」とし右傍「襪」。
6 皺、宮本「鄱」とし右傍「皺」。林本・都立本・神宮一本「皷」とし、林本注「皷即皺字」、神宮一本右傍「一作皺」。神宮本・三手本「副」とし、神宮本右傍「皺カ」。
7 酒、神宮本・三手本・宮本「須」とし、神宮本右傍「酒イ」、三手本右傍「酒乎」、宮本右傍「酒」。
8 粉、神宮本・三手本・宮本「判」とし、神宮本右傍「粉イ」、三手本右傍「粉乎」、宮本右傍「粉」。林本注「伊庭本、粉作〻判」。
9 作、荷田本・林本・都立本・神宮一本・信友本「仕」。以文本頭注「作一作〻仕」。神宮本・三手本・宮本「紅」とし、三手本右傍「仕乎」、宮本右傍「仕」。

各(おのもおのも)[一]紵(からむし)の青摺(あをずり)の單衣(ひとへきぬ)　一領

[二]緑地(みどりぢ)の青草摺(あをくさずり)の綿(わた)の袍(うへのきぬ・はう)　一領

[三]支子染(くちなしぞめ)の綿(わた)の衣(きぬ)　一領

[四]紅花染(くれなゐぞめ)の單衣　一領

[五]赤裳(あかも)　一腰

[六]支子染の下裳(したも)　一腰

[七]赤の薄機(うすはた)の引(ひき)下裳　一腰

[八]板押(いたおし)の羅(うすはた・ら)の帯(おび)　一條

[九]小(ちひさ)き刀子(かたな)　一具

[十]深(ふか)き紅染(くれなゐぞめ)の襪(したくづ)　一兩

一 紵は、いらくさ科の多年草、茎の繊維から織物を作る。紵の布に山藍の汁で紋様を摺り出した単衣。和名抄十四に「周禮注云苧〔直呂反上声之重、和名加良無之〕」。書紀持統天皇七年三月条の「紵」に「カラムシ」の訓。内蔵寮式諸陵幣条の「苧」に「ヲ、カラムシ」の訓。字類抄上九十二ウに「苧〔チヨ、カラウシ〕」。また、紵は「てづくりのぬの」とも訓む。名義抄法中一一〇に「紵〔テヅクリノヌノ〕」。斎宮式年料供物条の「紵布」に「テツクリノヌノ」の訓。青摺は一九四頁注九、単衣は四〇八頁注一、領は三三二頁注十七参照。

二 緑地の布に、山藍の汁で紋様を摺り出した綿入れの袍。緑は三七二頁注五、地は四〇六頁注十八、青草摺は四〇六頁注十八、綿は十二頁注二十三、袍は三三二頁注十六参照。

三 四〇六頁注十九参照。

四 紅花の染料で染めた単衣。黒川本字類抄中七十六ウに「紅花〔クレナヰ〕」。四〇八頁は「紅染單衣」とする。

五 四〇八頁注三参照。

六 四〇八頁注四参照。

七 四〇八頁注五参照。

八 四〇八頁注六参照。條は三三四頁注十二参照。

九 小は二一〇頁注九、刀子は七十四頁注十二参照。

十 濃い紅染めの襪。深は名義抄法上十に「深〔フカシ〕」。紅は四〇八頁注一、染は三五六頁注五、襪は三三四頁注五参照。

各紆青摺單衣一領、緑地青草摺綿[1]袍[2]一領、
支子染綿衣一領、紅花染單衣一領、赤[3]裳一
腰[4]、支子染下裳一腰、赤薄機[5]引下裳一腰、
板[6]押[7]羅帶一條、小刀子一具、深[8]紅染襪一兩、

1 綿、谷本「錦」。神宮一本右傍「一作錦」。三手本
2 袍、神宮本「絁」とし右傍「袍イ」。三手本「絁」。宮本「栬」。
3 赤、底本・神道本「赤」とし、神道本右傍「東イ」。荷田本・林本・神宮本・都立本・神宮一本・谷本・三手本・宮本・故実本・信友本・以文本「東」とし、荷田本注「東裳蓋赤裳之誤」。
4 腰、谷本「領」。
5 機、神宮本・谷本・三手本・宮本「梲」。
6 板、神宮本・谷本・三手本・宮本「坂」。
7 押、谷本「持」を消して右傍「押」。宮本「坤」。
8 深、神宮本・神宮一本・谷本・三手本・宮本「染」とし、神宮本右傍「深カ」、宮本右傍「深」。都立本なし。神道本右傍「イナシ」。以文本頭注「一本深字無」。

[一]皺文(ひきはだ)の沓(くつ)　一兩

稲実公装束

[二]稲實(いなのみ)の公(きみ)には

紵(からむし)の青摺(あをずり)の單衣(ひとへきぬ)　一領

[三]紅花染(くれなゐぞめ)の汗衫(かにさむ)　一領

[四]白絹(しらきぬ)の綿(わた)の袴(はかま)　一腰

[五]支子染(くちなしぞめ)の襖子(あをし)　一領

[六]調布(つきのぬの)(てうふ)の袴　一腰

[七]調布の襪(したくづ)　一兩

皺文(ひきはだ)の沓(くつ)　一兩

部領・担夫等に装束を賜う

次に　[八]部領(ことり)幷(あは)せて[九]擔夫(もちよほろら)等の[十]装束(よそほひ)(さうぞく)を賜(たま)へ

一 四〇八頁注九参照。
二 七十八頁注十八参照。
三 紅花の染料で染めた汗衫。紅花は四一〇頁注四、染は三五六頁注五、汗衫は三三四頁注一参照。
四 絹で作った綿入れの袴。白絹袴は四〇八頁注二、綿は十二頁注二十三参照。
五 支子染は四〇六頁注十九、襖子は三三二頁注十八参照。
六 調布で作った袴。調布は三十四頁注十三、袴は二八六頁注十六参照。
七 調布で作った襪。襪は三三四頁注五、両は三三四頁注六参照。
八 兵士・役夫などの集団や物資の輸送にあたり、それを統率する責任者。「ことり」は「事執(ことり)」の義とされる。律令制下では、防人部領使をはじめ、俘囚(ふしゅう)や御贄・馬・鷹など各種の部領使が正税帳や計会帳に見える。書紀推古天皇十九年五月条の「部領」に「コトリ」の訓。釈日本紀秘訓十九に「前部領〔サキノコトリ〕」、後部領〔シリヘノコトリ〕」。幷は四頁注四参照。
九 擔夫は一三八頁注二十、等は六頁注九参照。
十 装束は一三六頁注九、賜は七十六頁注十三参照。

皺[1]文沓一兩、稲實公紵青摺單衣一領、紅花染汗[2]衫[3]一領、白絹綿袴一腰、支[4]子染襖[5]子一領、調布袴一腰、調布襪一兩、皺[6]文沓一兩、[7]次賜部領幷[8]擔夫等装束、

1 皺、神宮本・都立本・神宮一本・三手本・宮本「皷」。林本「綿」。
2 汗、神宮本「行」。谷本「衦」。三手本「杆」。宮本「衦」。
3 衫、神宮本・宮本「衩」。
4 支、底本・荷田本・神宮本・都立本・神宮一本・谷本・三手本・宮本・故実本「攴」。
5 襖、三手本・宮本「[糸奥]」とし、宮本右傍「襖」。
6 皺、林本・神宮本・都立本・神宮一本・三手本・宮本「皷」。
7 以文本「風俗歌人兩國男女各二十人装束男細布摺袍各一領襖子汗衫半臂各一領白絁綿袴一腰細布襪一兩（舞人八人着布帯末額各執阿礼末）女各領巾一條襠一領長袖衣一領汗衫一領小襖子一領裳一腰袴一腰下袴一腰下裙帯一條絁襪一兩細布襪一兩線鞋一兩錦鞋一兩釵一枚」あり。
8 幷、林本「並」。

標部領装束

標[一]の部領には

各[二]纐纈の袍　一領

細布[三]の袴　一腰

細布[四]の帯　一腰

調布[五]の襪　一兩

自余の部領装束

自餘[六]の部領には

各　青摺[七]の調布の衣　一領

調布[八]の帯　一條

其の脛巾[九]・菲[十]は　私[十一]に之を設けよ

擔夫装束

擔夫[十二]には

一 標の山を運ぶ部領。標は十八頁注四・五十四頁注四参照。

二 纐纈染めの袍。纐纈は四〇六頁注十七、袍は三三二頁注十六参照。

三 細布で作った袴。細布は三三二頁注十五、袴は二八六頁注十六、腰は三三四頁注四参照。

四 細布で作った帯。帯は三三四頁注八参照。

五 四一二頁注七参照。

六 四頁注九参照。

七 青摺の調布で作った衣。青摺は一九四頁注九、調布は三十四頁注十三、衣は一九四頁注九参照。

八 調布で作った帯。

九 脛（はぎ）に巻き付け、紐で結び、脚を保護し、かつ動きやすくする布。藁・蒲などの草製もある。和名抄十四に「本朝式云脛巾〔俗云波々岐〕」。名義抄法中一〇二に「脛巾〔ハバキ〕」。

十 藁を編み作った草履、沓、深沓のこと。和名抄十二に「史記注云屩〔和名和良久豆〕、草扉也」。名義抄僧上三十八に「菲〔ワラグツ〕」。

十一 脛巾と菲は、奉仕者が各自で準備をする。私は一五八頁注七、之は八頁注五、設は八頁注十九参照。

十二 一三八頁注二十参照。

標部領各纐纈袍一領、細布袴一腰、細布帯
一腰[1]、調布襪[2]一兩[3]、自餘部領各青摺調[4]布衣
一領、調布帯一條、其脛巾菲[5][6]私[7]設之、擔夫

1 腰、信友本「條」。荷田本注「蓋帯一條之誤」。林本注「當作レ條」。故実本「領」。
2 襪、神宮本・谷本・三手本・宮本「袴」とし、宮本右傍「襪」。神宮一本右傍「一作袴」。林本注「伊庭本襪作レ袴、非、何ゾ兩ト云ン」。
3 兩、宮本右傍「領」。
4 調、神宮本「縉」とし右傍「謂イ」左傍「調カ」。宮本「謂」とし右傍「調」。
5 菲、林本なし。
6 信友本「蒲」あり。
7 私、神宮本・三手本・宮本「松」とし、神宮本右傍「私カ」、宮本右傍「蒲私」。林本・都立本・神宮一本「蒲」とし、林本注「衣笠本、伊庭本、蒲設之蒲、作松誤」、神宮一本右傍「一作私」。神道本右傍「蒲イアリ」。荷田本「蒲松」とし注「蓋私設之之誤」。

各（おのもおのも）　[一]青摺（あをずり）の庸布（ちからしろのぬの／ようふ）の衣（きぬ）　一領

調布（つきのぬの／てうふ）の帯　一條

[二]庸布（ちからしろのぬの／ようふ）の袴（はかま）　一腰

[三]冠（かうぶり）　一條

[四]巾子（こんじ）　一口

[五]庸布の襪（したぐづ）　一兩

菲（わらぐつ）

[六]蒲（かま）の脛巾（はばき）　各一具

[七]其（そ）の　部領（ことり）は　[八]國司（くにのつかさ）の子弟（やから）・百姓（おほむたから）の[九]容止端正（かたちきらきら）しき[十]者（ひと）を

[十一]簡用（えらびもち）ゐよ

一 青摺の庸布で作った衣。青摺は一九四頁注九、庸は十二頁注十六、布は十二頁注二十二、衣は一九四頁注九参照。

二 庸布で作った袴。袴は二八六頁注十六参照。

三 冠は二八八頁注十七参照。

四 冠の頂上の後部に高く突き出ている部分で、髻（もとどり）を納める。和名抄十二に「辨色立成云巾子〈此間巾音如レ渾〉、幞頭具所ニ以挿レ髻者也」とある。新撰字鏡十二に「巾子〈斤自〉」。名義抄法中一〇二に「巾子〈コンジ〉」。口は三十四頁注六参照。

五 庸布で作った襪。襪は三三四頁注五参照。

六 蒲の葉を編み作った脛巾。蒲は、和名抄二十に「蒲〈和名加末〉」、名義抄僧上十八に「蒲〈カマ〉」。脛巾は四一四頁注九、具は一二四頁注九参照。

七 其は二頁注二十八、部領は四一二頁注八参照。

八 悠紀・主基両斎国国司の子弟と百姓。国は二頁注二十三、司は四頁注三十三参照。子弟は一五二頁注十六、百姓は七十二頁注九参照。

九 容止は、書紀皇極天皇三年正月条の「容止」に「スカタ、カタチ」、同書持統天皇称制前紀の「容止」に「ミカホ」の訓。端正は三三〇頁注七参照。

十 一五〇頁注十四参照。

十一 簡は選ぶこと。部領は、国司の子弟・百姓から、容姿端正な者が選ばれ用いられる。名義抄僧上七十八に「簡〈エラブ〉」、同書僧上十六に「蕳〈エラフ〉」。字類抄下十六オに「蕳〈エラフ〉」。用は十四頁注二参照。

各青摺庸布衣一領、調布帶一條、庸布袴一腰、冠一條、巾子一口、庸布襪一兩、菲蒲脛巾各一具、其部領簡用國司子弟・百姓容止[1]端正者、

1 止、荷田本・林本・都立本「儀」。神道本右傍「儀イ」。宮本右傍「儀」。林本注「衣笠本、伊庭本、容儀作二容止一、未レ知二孰是一」。

寅日

祭[一]に前つこと一日

所司[二] 承光[三]・顯[四]章兩堂の前に 縦[五]に七丈の幄 各一宇を

小斎の座

立て 小齋[六]の人の座を設けよ

天皇[七] 悠紀殿[八]に御せば 東の幄に在り

主基殿[九]に御せば 西の幄に在れ

暉章堂[十]の前に 横[十一]に五丈の幄 二宇を立て

参議以上の座

西の一宇を 參議已上[十二]の座と爲

五位以上の座

東の一宇を 五位以上[十三]の座と爲よ

皇太子の軽幄

其の參議以上の幄以北[十四] 二許丈に 皇太子[十五]の輕幄を立てよ

修式堂[十六]の前に 五丈の幄 二宇を立て

一 大嘗祭前日の十一月寅日。前は、書紀神代紀天孫降臨章第五ノ一書の「前日」に「サキノヒ、サキヒ、サキツヒ」、同書白雉元年二月条の「在前」に「サイタチテ、サイタテ」の訓。世俗諺文鎌倉期点に「したに居る者は前（サキタツ）」。祭は二頁注四参照。一日は、書紀垂仁天皇二十五年二月条の「一日」に「ヒトヒ」の訓。

二 木工寮と掃部寮であろう。木工寮式諸節条に「凡諸節及公會處應レ設二幄幔一者、寮依レ例預樹二柱桁一」。所司の訓は十二頁注七参照。

三 朝堂院十二堂の一。承光堂は東方北より三番目に位置し、顯章堂は西方北より三番目に位置し、両堂相対する。拾芥抄中に「承光堂（シヤウクワウ）」。朝堂院大嘗宮図参照。

四 拾芥抄中の「顯章堂」に「ケンシヤウ」。朝堂院大嘗宮図参照。両は四頁注十八、堂は四十四頁注八、前は三三八頁注九参照。

五 承光・顕章の両堂の前に、それぞれ、南北に七丈の幄を立てること。この幄には小斎人の座が設けられる。朝堂院大嘗宮図参照。縦は四十四頁注九、丈は三十頁注八、幄は二十八頁注四、各は四頁注二十二、宇は四十二頁注十四、立は三十頁注四参照。

六 小斎（忌）人は神事に直接奉仕する者で、卜定によって決定される。小斎王卿と小斎官人の座。四三〇頁に「小齋親王已下及群官」、五〇〇頁に「小齋群官各就二其座一」とある。小斎は六頁注十六、座は八頁注十八、設は八頁注十九参照。

七 二頁注六参照。

八 天皇が悠紀殿に渡御されると、小齋人は承光堂前の幄に伺候する。北山抄五大嘗会事に「爲二小忌座一（東悠紀、西主基）」とある。悠紀殿は三八二頁注十三・三八八頁注五参照。御は二七二頁注三、東は八頁注二十五、在は二頁注三十二参照。

九 天皇が主基殿に渡御されると、小齋人は顕章堂前の幄に伺候する。

十 朝堂院十二堂の一。東側の第五堂。拾芥抄中に「暉章堂（ク

前祭一日、所司於承光・顯[1]章[2]兩堂前、縱立七丈[3]幄各[4]一宇、設小齋人座[5]（天皇御悠紀殿在東幄、御主基殿在西幄）、暉章堂[6]前横立五丈幄二宇、西一宇爲參議已上座、東一宇爲五位以[7]上座、其參議以上幄以北[8]二許丈、立皇太子輕幄、修式堂前立五丈幄二宇、

ヰシヤウ）」。

十一 暉章堂の前に、東西に五丈の幄二宇を立て、西の幄に参議以上、東の幄には五位以上の官人の座が設けられる。朝堂院大嘗宮図参照。皇太子・親王・大臣以下群官が朝堂に参入し、所定の幄に着くことは、五〇四頁以下に見える。横は四十二頁注十二参照。

十二 参議已上とは、太政大臣・左右大臣・大中納言と参議。参議は四頁注十六、已上は四頁注三十五参照。

十三 非参議の四位と五位の者。以上は十二頁注二十七参照。

十四 以は二頁注八、北は八頁注二十二、許丈は四十二頁注六参照。

十五 皇太子の座が設けられる輕幄。皇太子は一九八頁注九、軽は十二頁注三十一、幄は二十八頁注四参照。北山抄五大嘗会事に「設二皇太子輕幄一（近例不レ設、依レ無二其人一也）」とある。朝堂院大嘗宮図参照。

十六 朝堂院十二堂の一。西側の第五堂。拾芥抄中に「脩式堂（シユシキ）」。修式堂の前に、東西に五丈の幄二宇を立てる。東の幄には親王座、西の幄は五位以上の座が設けられる。朝堂院大嘗宮図参照。

1 顯、宮本「頭」とし右傍「顕」。
2 章、宮本「童」とし右傍「章」。
3 丈、三手本「文」とし右傍「丈乎」。宮本「尺」とし右傍「丈」。
4 各、神宮一本「古」とし右傍「一作各」。谷本「合」。
5 座、荷田本・林本・神宮本・都立本・神宮一本・谷本・三手本・宮本「屋」とし、荷田本注「蓋小斎人座之誤」。
6 堂、宮本「裳」とし右傍「堂」。
7 以、信友本「已」。神道本右傍「已イ」。
8 北、宮本「此」とし右傍「北」。

親王の座

五位以上の座

内侍の座

参議以上に斎服を賜う

神祇官の伯以下弾琴以上の斎服

東(ひむがし)の一宇に　[一]親王(みこ)の座(しきゐ)を設(まう)け

西(にし)の一宇に　[二]五位已上(よりかみ)の座を設けよ

[三]廻立殿(くわいりふでん)の北(きた)に　横に五丈の幄(あげはり)　一宇を立(た)て　[四]内侍(ないし)の座を設けよ

[五]同(おな)じき日(ひ)　[六]薄暮(ゆふまぐれ)に　參議(おほまつりごとひと／さんぎ)已上(よりかみ)　[七]宮内省(みやのうちのつかさ／くないしやう)に[八]就(むか)ひ　[九]齋服(いみのきぬ)を賜(たま)はらしめよ

[十]神祇官(かみつかさ／じんぎくわん)の[十一]伯已下(かみよりしも)　[十二]彈琴(みことひき)已上　十三人に

伯(かみ)　一人

[十三]副(すけ)　二人

[十四]祐(じよう)　二人

[十五]史(さくわん)　二人

[十六]宮主(みやじ)　二人

一 親王は二〇〇頁注七、座は八頁注十八、設は八頁注十九参照。北山抄五大嘗会事に「東爲二親王座一〔承平以來記云、大忌王卿主基座云々、非也〕」とある。

二 暉章堂前の五位以上の幄に入れない、非参議の四位と五位の官人の幄。これ以外の幄について、北山抄五大嘗会事は「西爲二五位以上座一〔新式云、暉章・修式両堂後、立二六位幄一云々。近例不レ立レ之。記文云、承光堂南・明禮堂北、立二五丈幄一、爲二厨家辨備所一、大嘗宮南門外、南去三許丈、設二左右近幄一、東西相對。安和記云、諸大夫幄東、立二五丈幄一、辨・少納言以下、行事所召使以上候レ之〕、子細在二儀式幷指圖一」と記している。

三 四〇〇頁注七参照。

四 廻立殿の北に、東西に五丈の幄一宇を立て、内侍の座を設ける。内侍は十六頁注十六参照。朝堂院大嘗宮図参照。

五 寅日。同は二頁注三十四、日は八頁注三参照。

六 夕暮れ。「まぐれ」は「目暮」の意で、目が暗闇にとざされて物が見えない頃をいう。字類抄下六十五ウに「薄暮〔ユフマクレ〕」。源氏物語若紫に「夕まぐれほのかに」。

七 宮内省において、鎮魂祭が斎行される。四時祭式鎮魂祭条に「中寅日晡時〔中宮鎭魂同日祭之〕、五位已上及諸司官人參二集宮内省一、式部依レ例檢レ列、大臣若參議已上就二西舍座一、神祇官人已下神部已上著二青摺衣一」とあり、儀式五鎮魂祭儀には「酉二点、大臣以下就二西舍座一、神祇伯以下率二琴師・御巫・神部・卜部等一、著二榛摺衣一」とある。鎮魂祭は大嘗祭・新嘗祭の前日、十一月の寅日に斎行され、祭祀の意義を、職員令神祇伯条義解は、遊離する運魂を招いて身体の中府に鎮めることとする。祭儀次第は、儀式五鎮魂祭儀などによると、夕刻、宮内省正庁に神祇官西院八神殿の神々の神座を設け、神座の前に天皇の御衣（みそ）筥を置く。御巫・猿女らの神楽舞を奏上。御巫が伏せた宇気槽（うけふね）の上に立ち、琴の音に合わせて桙（ほこ）で槽を撞く。十回撞くごとに神祇伯が木綿（ゆふ）を結ぶ。この間、女蔵人が御衣筥を開いて振り動かし、鎮魂祭が斎行さ

1 一、林本「二」。
2 伯、神宮一本「柏」とし右傍「伯」。
3 二、神宮一本「一」とし右傍「一作二」。

東一宇設親王座、西一宇設五位已上座、廻立殿北横立五丈幄一[1]宇、設内侍座、同日薄暮、参議已上就宮内省、令賜齋服、神祇官伯[2]已下、弾琴已上十三人〔伯一人、副二人、祐二人、史二人[3]、宮主二人、

れる。神祇伯が結んだ木綿（御玉緒）は神祇官西院の斎戸（いはひど）の神殿に収められ、十二月には斎戸祭が斎行される。中宮・東宮のための鎮魂祭も斎行された。宮内省は八頁注十五参照。

八 名義抄僧下一〇一に「就〔ムカフ〕」。

九 神事服、小忌衣（をみごろも）のこと。践祚大嘗祭式斎服条に「小斎親王以下皆青摺袍、五位以上紅紐〔浅深相副〕、自餘皆結紐」とする。参議以上の斎服については、北山抄五大嘗会事に「卯日平明、（中略）、卜二所司小忌人一〔同二新嘗会一〔新式云、参議以上侍従等、寅日卜レ之。内侍・命婦・藏人等、卯日卜レ之。給二榛藍摺綿袍、并青摺衣等一也〕〕」とあり、諸司小忌人の卜定後、榛藍摺綿袍と青摺衣を給うことが見える。また、「戌刻、（中略）、小忌親王、納言、参議各一人、供奉如レ常〔朝服上着二所司青摺一〕」とあり、朝服の上に着す「方形で前合わせのもの、身丈は短く、所謂うはっぱり式のもの」（川出清彦『祭祀概説』、昭和五十三年）であろう。斎服については、四時祭式春日祭条に、春日祭における物忌・神主・神祇官人・弾琴（みことひき）・膳部・卜部の斎服料が規定されている。また、助無知秘抄、次将装束抄、鈴木重胤の祝詞講義二十五を参照。斎は七十二頁注五参照。服は名義抄仏中一三三に「服〔キヌ〕」。書紀神代紀宝鏡開始章の「齋服殿」に「インハタトノ」、国史大系本縫殿寮式鎮魂斎服条の「鎮魂齋服」に「タマシツメノイムハトリ」の訓。賜は七十六頁注十三参照。

十 二頁注二十参照。

十一 神祇官の長官で、官位令規定では従四位下相当。縫殿寮式鎮魂斎服条（新嘗祭も同じ）に伯以下弾琴十三人の斎服料が規定されている。また、践祚大嘗祭式斎服条を参照。伯は一三六頁注十参照。

十二 四時祭式鎮魂祭条に「弾琴二人」と見え、鎮魂祭において笛に合わせて琴を弾く者。縫殿寮式鎮魂斎服条に「神祇官伯已下弾琴已上十三人」とあり、神祇官に所属した。儀式五鎮魂祭儀には「琴師」とし、さらに「伯命、琴笛相和」とある。四時祭式春日祭条の「弾琴」に「ミコトヒキ」、同式鎮魂祭条の「弾琴」に「ミコトヒキ」の訓。

十三 神祇官の第二等官。職員令規定では大副一人（従五位下相当）、少副一人（正六位上相当）。副は一三六頁注十一参照。

十四 神祇官の第三等官。職員令規定では大祐一人（従六位上相当）、少祐一人（従六位下相当）。祐は四頁注三十四参照。

十五 神祇官の第四等官。職員令規定では大史一人（正八位下相当）、少史一人（従八位上相当）。史は六頁注一参照。

十六 三十二頁注八参照。

〔一〕卜（うら）の長上（ちやうじやう）　一人

〔二〕巫部（かむなぎ）　一人

弾琴（みことひき）　二人

各（おのもおのも）　〔三〕榛藍摺（はりあゐずり）の綿（わた）の

袍（うへのきぬ）（はう）　一領

〔四〕白袴（しろばかま）　一腰

史生以下斎服

〔五〕史生已下（ししやうよりしも）　〔六〕神服已上（かむはとりよりかみ）　〔七〕百卅七人

史生　四人

〔八〕神部（かむべ）　廿四人

〔九〕卜部（うらべ）　十六人

一　神祇官に所属した卜部の長上官。二名が選出され、卜長上と称した。宝亀六（七七五）年五月十九日付勅に「勅卜長上右簡ニ定卜部等中一、推二卜尤長二人一、以任二長上一、永爲二恒例一」（類聚三代格四）とあり、同年五月より、長上官としての卜部二人が神祇官に置かれた。四時祭式鎮魂祭条には「亀卜長上二人」と見える。卜は二頁注二十四、卜部は三十二頁注九、長上は十頁注三参照。

二　儀式五鎮魂祭儀に「御巫始舞、毎レ舞巫部誉レ舞三廻〔誉云、阿奈逐缶（あなたふ）〕」とあり、鎮魂祭において、巫部は御巫の舞の度に神楽舞を誉める。「あなたふ」は「あなたふし」の意であろう。書紀天武天皇十三年十二月条の「巫部連」の「巫部」に「カムナキ」の訓。四時祭式鎮魂条の「巫部」に「ウラヘ」の訓。巫は三九八頁注五参照。

三　榛はかばのき科の落葉高木。はんのき。染料・顔料として実や樹皮が用いられる。藍はたで科の一年草。共に、染色法により種々の色が現われる。榛の木の実汁と山藍の汁とをもって紋様を摺り出した綿入れの袍。書紀朱鳥元年正月条の「蓁摺御衣」の「蓁摺」に「ハリスリ」の訓。践祚大嘗祭式斎服条の「榛藍摺綿袍」の「榛藍摺」に「ハリアヰスリ」、縫殿寮式鎮魂祭斎服条の「榛摺帛」の「榛摺」に「ハリスリ」の訓。綿は十二頁注二十三、袍は三三二頁注十六、領は三三二頁注十七参照。

四　白は一四二頁注六、袴は二八六頁注十六、腰は三三四頁注四参照。

五　神祇官料として、史生以下神服までの一三七人に、斎服の青摺袍が賜与される。官符宣旨例第二十七号（七五二頁）に「百卅七領神祇官料」と見え、その内訳・人数も本条と一致する。その料は佐渡布が用いられる。史生は六頁注四、已下は六頁注二参照。

六　四二四頁に神服七十六人とある。七五二頁の官符宣旨例も神服七十六人とする。なお、卯日の北野斎場からの神饌供進行列では（四四八頁以下）、神服長二人、神服男七十二人、神服女

1 琴、宮本「琴」とし右傍「祭」。
2 榛、三手本「棒」。宮本「棒」とするも消して右傍「榛」。林本注「伊庭本、榛藍作㆓棒藍㆒、非」。
3 綿、谷本「錦」。神宮一本右傍「一作錦」。
4 卜、林本「下」。

卜長上一人、巫部一人、彈琴[1]二人）、各榛[2]藍摺
綿[3]袍一領、白袴一腰、史生已下・神服已上
百卅七人（史生四人、神部廿四人、卜[4]部十六人、

五十人、神服宿禰一人と、繒服案を担ぐ神服六人とある。神服七十六人とは、神服長二人、神服男七十二人、繒服を担ぐ神服二人のことであろう。神服の訓は五十六頁注六、已上は四頁注三十五参照。
七 官符宣旨例（七五二頁）も「百卅七領」。
八 二一八頁注六参照。
九 三十二頁注九参照。

御巫・猿女斎服

使部[一] 十二人

阿波の國の忌部[二] 五人

神服[三] 七十六人

各 青摺の布の衫[四] 一領

中務の錄[五] 名を唱へ[六]

縫殿の屬[七] 之を賜へ

御巫[八]・猿女[九] 各四人は

各 綠の袍[十] 一領

綠の表[十一] 帛の裡 別に二丈[十二]

綿[十三] 二屯

一 神祇官の使部。職員令神祇官条の規定では定員三十人。六頁注十三参照。

二 一二〇頁注二十三・一三〇頁注九参照。阿波國の忌部が麁妙服（あらたへ）を奉織し、麁妙服と木綿は京進され、神祇官に保管されている。卯日の北野斎場からの神供行列が朱雀門前に至った際に、阿波国の麁妙服が列に加わる。四八六頁に、阿波の忌部一人が前行し、四人が麁妙服案を担ぐとあり、阿波國忌部は五人である。官符宣旨例（七五二頁）は「忌部五人」。阿波国は一一二頁注五参照。

三 四二二頁注六参照。

四 青摺は一九四頁注九、布は十二頁注二十二参照。衫は、ひとえの衣。和名抄十二に「汗衫唐令云諸給二時服一夏則汗衫一領〔衫音所銜反、衣名也〕」とある。字類抄下九十四ウに「單衣〔ヒトヘキヌ〕、衫〔同〕」。践祚大嘗祭式斎服条の「衫」に「ヒトヘキヌ、ヒトヘ」の訓。

五 中務省の第四等官。中務省は十頁注十三、録は六頁注一参照。

六 斎服賜与のために、一人ずつ名を呼ぶこと。名は十二頁注二十八、唱は二一四頁注二十二参照。

七 縫殿寮の第四等官。践祚大嘗祭式斎服条に「神祇官齋服、令二縫殿寮縫備一」とあり、斎服は縫殿寮が弁備する。縫殿寮は二五八頁注三、属は六頁注一、之は八頁注五、賜は七十六頁注十三参照。

八 三九八頁注五参照。鎮魂祭において、御巫・猿女らは神楽舞を奏上し、御巫が伏せた宇気槽（うけふね）の上に立ち、琴の音に合わせて桙（ほこ）で槽を撞く。四二〇頁注七参照。四時祭式鎮魂祭条によれば、御巫一人・御門巫一人・生嶋巫一人・座摩巫一人の四人に斎服を賜う。践祚大嘗祭式斎服条には「其御巫、猿女等服者、依二新嘗例一」とある。

九 宮中の女官の一つで、天鈿女命の子孫を称する猿女氏より任命され、鎮魂祭に奉仕し、舞を奏上した（儀式五鎮魂祭儀）。古語拾遺に「凡鎮魂之儀者、天鈿女命之遺跡也、然則御巫之職、

使部十二人、阿波國忌部五人、神服七十六人〕、
各青摺布衫[1]一領、中務錄唱名[2]、縫殿屬賜之、
御巫・猿女各四人、各緑[3]袍一領〔緑[4]表・帛
裡[5]、別三丈〕、綿二屯、

1 衫、三手本「袂」。宮本「扨」とし右傍「衫」。
2 名、神宮一本「各」。
3 緑、谷本「縁」。
4 緑、谷本「縁」。
5 裡、三手本「裎」。宮本「桯」。

應レ任二舊氏一、而今所レ選不レ論二他氏一、所レ遺九也」とある。猿女氏は本来、神祇官神部であったと思われるが、平安時代には、縫殿寮の解をもとに、内侍の奏によって補任され、同寮に出仕していた（西宮記臨時一）。弘仁四年十月二十八日付太政官符に「定二猨女公氏之女一人一、進二縫殿寮一」（類聚三代格一）とある。縫殿寮式鎮魂斎服条に猿女四人の装束料が規定されている。書紀宝鏡開始章の「猿女君」に「サルメノキミ」の訓。践祚大嘗祭式斎服条の「猿女」に「サルメ」の訓。

十 緑地の袍のこと。緑は三七二頁注五、袍は三三二頁注十六参照。

十一 表が緑地で、裏側が帛であること。表は三七二頁注二参照。帛は、和名抄十二に「帛〔蒲角反、俗云波久乃岐奴〕」。名義抄法中一〇九に「帛〔ハクノキヌ〕」。裡は三九〇頁注十七参照。

十二 別に三丈を支給するということ。縫殿寮式鎮魂斎服条も「猿女四人、緑袍四領〔緑表帛裡、別三丈〕」とある。別は二十二頁注一、丈は三十頁注八参照。

十三 綿は十二頁注二十三、屯は三十四頁注二参照。

[一]兩面の帯　一條

長さ一丈九寸　[二]廣さ五寸

[三]汗衫　一領　三丈

[四]綠の裙　一腰

綠の表　帛の裡　別に三丈

[五]裙・腰の料

[六]縹の帛　一條

長さ一丈五尺

綿　二屯

[七]下裙　一腰

一　両面錦の帯のこと。両面錦とは輪違いの文様を織り出した錦。大饗雑事に「兩面ハわちがへ也」と説く。満佐須計装束抄に「これはあかきもんある両めんのへりなり」。名義抄法下七十二に「兩〔リヤウ〕」。同書法下一〇〇に「面〔メン〕」。帯は三三四頁注八頁参照。

二　底本「長一丈九寸」、「長一尺九寸」に作る写本あり。縫殿寮式鎮魂斎服条では「兩面紐四條〔別長一尺九寸、廣五寸〕」とする。

三　三三四頁注一参照。

四　緑地の裙。裙は三三六頁注四参照。

五　裙を腰のところで結ぶ紐のこと。名義抄仏中一三五に「腰〔コシ〕」。料は二十二頁注二十三参照。

六　もとは露草の花で染めた薄い青色をいったが、縫殿寮式雑染用度条によれば、深縹・中縹・次縹・浅縹の別があり、染料は藍が用いられている。名義抄法中一一九に「縹〔ハナダ〕」。字類抄上二十八オに「縹〔ハナタ、青黄色也〕」。

七　表着の下に着す裙のこと。下裙は三三六頁注四参照。

両面帯一條〔長一丈[1]九寸[2]、廣五寸[3]〕、汗衫[4]一領〔三丈〕、緣[5]裙[6]一腰[7]〔緣[8]表[9]・帛裡[10]、別三丈〕、

裙・腰料縹帛一條〔長一丈[11]五尺〕、綿二屯、

下裙[12]一腰

1 丈、神宮本・谷本・宮本・三手本「尺」とし、神宮本右傍「丈カ」、三手本右傍「丈乎」。
2 寸、信友本「尺」。神道本左傍「尺イ」。三手本右傍「尺乎」。
3 寸、三手本「尺」とし右傍「寸乎」。
4 衫、神宮本「衩」。宮本「衩」。
5 緣、谷本「縁」。
6 裙、神宮本右傍「裾」。
7 腰、谷本「領」。
8 緣、谷本「縁」。
9 表、宮本「末」。
10 裡、都立本「裏」。宮本「程」とし右傍「裡」。
11 丈、林本なし。
12 裙、神宮一本「裾」。

裙三丈　腰一丈五尺

袴[一]一腰　三尺

綿一屯

縹の帯[二]一條

長さ六尺　廣さ四寸五分[三]

細布の髪髻[四]一條

長さ二丈

緋の帔[五]一條

緋の表[六]　帛の裡　別に一丈五尺

細布の衫[七]一領

一 袴は二八六頁注十六、腰は三三四頁注四参照。

二 縹は四二六頁注六、帯は三三四頁注八、条は三三四頁注十二参照。

三 底本「四寸五寸」、「四寸五分」に作る写本あり。校異参照。また、縫殿寮式鎮魂斎服条は「縹帯四條〔別長六尺、廣四寸五分〕」とある。諸本により、底本「四寸五寸」を「四寸五分」に改める。

四 髻（もとどり）を束ねて結うために用いる細布のことであろう。細布は三三二頁注十五参照。底本「髩」、「髻」に作る写本あり。校異参照。四時祭式鎮魂祭条の御巫装束に「髻髪幷襪料細布一丈」とあり、「髻髪」に「モトユヒ」の訓。伊勢大神宮式荒祭条の「髻結」に「モトユヒ」の訓。名義抄仏下本三十七に「髻〔モトトリ〕、髻〔モトユヒ〕、髩〔モトトリ〕」。

五 緋地の帔。緋は、名義抄法中一二八に「緋〔アケ、アカシ〕」。字類抄下三十三オに「緋〔アケ、絳色也〕」。書紀天智天皇六年閏十一月条の「緋廿四疋」の「緋」に「アケ」の訓。帔は、帯を締めた衣服の上から打ち掛けて着るもの。和名抄十二に「幗 釋名云幗〔和名知岐利加宇不利、今老嫗載レ之〕、覆二髻上一者也、唐韻云幗、婦人喪冠也」とあり、髻上より覆う、被るものとする。名義抄法中一一〇に「帔〔ウチカケキヌ、チキリカウフリ〕」。縫殿寮式鎮魂斎服条の猿女装束に「緋帔四條」とあり、その「帔」に「チキリコウフリ、ウチカケ」の訓。

六 表が緋地で、裏側が帛であること。表は三七二頁注二、裡は三九〇頁注十七、帛は四二四頁注十一参照。

七 四二四頁注四参照。底本「衫」、信友本「襪」に作る。校異参照。縫殿寮式鎮魂斎服条の猿女装束には「細布袜四兩」とある。袜は、襪のこと。

〔裙三丈、腰一[1]丈五尺〕、袴一腰〔三尺[2]〕、綿一屯、縹帯一條〔長六尺、廣四寸五分[3]〕、細布髪髻[4]一條〔長二丈〕、緋帔[5]一條〔緋表[6]・帛裡[7]、別一丈五尺〕、細布衫[8]一領[9]

1 一、宮本「二」。
2 尺、信友本「丈」。荷田本注「蓋三丈之誤」。林本注「上ノ稲実公已下十一人ノ袴料ニ准〆六尺ナルヘシ」。
3 分、荷田本・林本・神道本・神宮一本・三手本・信友本「分」。底本・神宮本・都立本・谷本・宮本・故実本・以文本「寸」。
4 髻、荷田本・林本・神宮本・宮本・信友本「髺」とし、神宮本右傍「髻イ」、宮本右傍「髻」。都立本「髺」。神宮一本「鬠」。三手本「髻」。
5 帔、谷本「被」。
6 表、宮本「来」とし右傍「表」。
7 裡、都立本「裏」。
8 衫、荷田本・信友本「襪」とし、荷田本注「細布襪諸本作細布衫或作細布袂」。神宮本・宮本「袂」とし、宮本右傍「衫」。
9 領、荷田本・神宮本・谷本・三手本・宮本「両」。

長さ三尺

線鞋　一兩

小斎親王以下に青摺衫を賜う

次に　小齋の親王已下及び群官　幷せて內侍已下
女孺已上に　青摺の衫　各一領を賜へ
五位已上は男女を謂はず　淺きもの深きもの相副へたる
紅染の垂紐　自餘は結紐
祭及び宴會には　同じく着くるに　日蔭鬘を加へよ

豊楽院御座の装飾

訖りて　各　豐樂院の御座を裝飾れ
塗漆の斗帳　一基
方一丈四尺五寸

一 線鞋は三三六頁注八、両は三三四頁注六参照。
二 小齋は六頁注十六・四一八頁注六参照。親王は二〇〇頁注七参照。践祚大嘗祭式斎服条にも「小齋親王以下皆青摺袍、五位以上紅紐〔淺深相副〕、自餘皆結紐」とある。
三 群は、名義抄僧中九十七に「群〔モロモロ〕」。官は、同書法下五十四に「官〔ツカサ〕」。書紀大化二年三月条の「群官」に「モロモロノオムノコ」の訓。
四 十六頁注十六参照。
五 二〇二頁注三参照。
六 一九四頁注九参照。
七 男は四十八頁注三、女は四十八頁注五参照。
八 名義抄法上四十九に「謂〔イフ、イハク〕」。
九 染色が浅い、深いの意であろう。浅は、名義抄法上七に「淺〔アサシ〕」。深は四一〇頁注十、相副は一五〇頁注十四参照。
十 紅染は四〇八頁注一参照。垂紐は肩に結び垂らした紐。垂は、名義抄法下三十九に「垂〔タル〕」。紐は、同書法中一二三に「紆〔ヒモ、フスブ〕、紐〔同〕」。
十一 四頁注九参照。
十二 紐を組み肩に付けたものという。名義抄法中一二一に「結〔ムスフ、ユフ〕」。
十三 卯日の神事と辰・巳・午日の節会のこと。祭は二頁注四、及は八頁注二十八参照。宴会は、書紀允恭天皇七年十二月条の「宴會」に「トヨノアカリ、ウタケ」の訓。
十四 神事に奉仕する官人などが、冠から左右に懸け垂らし、斎忌を示したもの。本来は、山地に生ずる常緑羊歯の一種の蔓草で、冠の巾子（こんじ、こじ）の根にまとう。これを「かざし」として太陽光を防ぐことから日蔭という。鬘は、頭に巻く飾りのこと。書紀神代紀宝鏡開始章に「以二天香山之眞坂樹板一爲レ鬘、以レ蘿〔此云二比舸礙一（ひかげ）〕、爲二手繦一〔手繦、此云二多須枳一（たすき）〕」とある。和名抄十二に「蘿鬘日本紀私記云、爲レ鬘以レ蘿〔和語云、比加介加都良〕」。名義抄仏下本三十七に

〔長三尺〕、線[1]鞋一兩、次賜小齋親王已下及群官[2]幷[3]内侍已下・女孺[4]已上[5]靑摺衫[6]各一領[7]、〔五位已上不謂男女、淺深相副、紅染垂紐[8]、自餘結[9]紐[10]、祭及[11]宴會同[12]着[13]加日蔭鬘[14]〕、訖各裝飾豐樂院御座、塗[15]漆[16]斗帳一基[17]〔方一丈四尺五寸、

1 線、林本「綿」とし注「伊庭本、作緑鞋著非」。
2 官、宮本「宮」とし右傍「官」。
3 幷、林本「並」。
4 孺、林本・都立本・神宮一本・谷本「嬬」。宮本「縛」とし右傍「嬬」。
5 上、神宮本左傍「下イ」。
6 衫、神宮本・宮本「衩」。
7 領、谷本「鎖」。
8 紐、林本・三手本「紀」。都立本「紉」。
9 神宮本左傍「組イ」あり。
10 紐、三手本「紀」。
11 及、三手本「反」。林本注「舊本並伊庭本作㆑反」。
12 同、信友本「日」。荷田本注「同著蓋日皆之誤」。神道本左傍「日イ」。
13 着、荷田本・林本・神道本・谷本「著」。信友本「皆」。神道本左傍「皆イ」、宮本右傍「皆」。
14 鬘、林本・神宮本・都立本・神宮一本・三手本・宮本「縵」。谷本「蘰」。
15 塗、神宮本左傍「塗イ」。
16 漆、荷田本「柒」とし注「塗柒諸本作㆓塗染㆒」。林本・神宮本・都立本・神宮一本・谷本・三手本・宮本「染」とし、都立本・宮本右傍「漆」。
17 基、神宮本右傍「臺」。

「蘿鬘〔ヒカケカツラ〕」。字類抄下九十四ウに「蘿鬘〔ヒカケカツラ、祭具也〕」。践祚大嘗祭式斎服条には「親王以下女孺以上、皆日蔭鬘」とする。餝抄日陰条に「平治秘記曰、日陰蘰、結㆓冠巾子㆒〔結目有㆓纓上㆒、組用㆓青糸㆒、又以㆑糸造㆑之、小枝少々在㆑之云々、予用㆓生蘰㆒〕、圓結〔白組、若少人或用㆓紅梅㆒、又白相交、又用㆓萌木㆒云々、今度不㆑見〕、以㆓細絲㆒付㆑蘰也、冠ノ上結、前方二筋、後方二筋垂也、或三筋、今度〔嘉禎〕、大嘗會、通成朝臣用㆓青糸日蔭㆒、實基卿曰、尤有㆓其謂㆒云々」とある。

十五 二頁注二十六参照。

十六 豊楽殿に鋪設される御座のこと。豊楽殿は三二八頁注十二参照。木工寮が豊楽殿御座の板敷を構作することは、三二八頁に見える。

十七 名義抄法中一五一に「装〔ヨソホヒ、カサル、ヨソフ〕」。同書僧上一〇九に「飾〔カザル〕」。字類抄上一〇三オに「飾〔カサル、又乍餝〕」。

十八 豊楽殿上に設けられる悠紀御帳・主基御帳のこと。悠紀御帳は東の第三間中央、主基御帳は西の第三間中央に、悠紀・主基の両斎国が豊楽殿上に設ける（五二四頁）。斗帳は、壇を構え、その上に、御帳の四隅に当たる土居（つちゐ、柱を立てる木の台）を設けて、三本ずつの柱を建て、榑（くれ）で天井を組み、帷を垂らして鋪設する。西宮記臨時七大嘗会辰日に「天皇御㆓悠紀御帳㆒〔稱㆓警蹕㆒、入㆑夜兩國立㆓柱松㆒、記文云、主殿擧㆑火云々、高座東西兩國構㆘壇與㆓高座壇㆒等㆖〔壇内皆施㆓紺摺布㆒〕、有㆑欄、東西北有㆓登階㆒、各立㆓御帳㆒、懸㆓角鏡㆒、有㆓御倚子・置物机〔左右〕、采女草墪・師子形㆒〔二〕、傍立㆓御屏風㆒、壇後各曳㆓高松軟障㆒〔有㆑臺〕〕」とある。北山抄五大嘗会事辰日装束には「兩國、豐樂殿東西第三間、構㆑壇〔繼高座壇、悠紀有㆓東階㆒、主基有㆓東階㆒、東修理職、西木工寮作㆑之〕、其上立㆓御帳㆒、巻㆓三面帷㆒〔承平、又巻㆓乾艮二角㆒云々、而天慶例如㆑之〕、前後懸㆓犀角鏡等㆒、中央立㆓御椅子㆒〔承平・平文、天慶・螺鈿〕、立㆓置物机㆒、置㆓師子形㆒如㆑常〔有㆓御脇足・銀鏤唾壺・蒔絵火桶・炭取等㆒云々、置所可㆑尋〕」と記す。また、兵範記仁安三年十一月十日条（高倉天皇大嘗祭）に「黑塗斗帳一具、帷八帖〔四幅四帖、面小葵文綾、裏白絹練張〕、在㆓帽額一条㆒」とあり、悠紀帳・主基帳は黒漆塗りであることが確認される。漆は、和名抄十五に「漆〔音七、宇流之〕」、名義抄法上二十六に「漆〔ウルシ〕」。塗は、名義抄法中六十七に「塗〔ヌル〕」。斗帳は、和名抄十四に「帳　釋名云帳〔猪高反、此間音長〕、（中略）、小帳曰斗〔俗云斗帳、一云屏幔〕」、下学集に「斗帳〔トチヤウ〕」。

十九 台や足などがあって、立てて据えておく物を数えるのに用いる助数詞。

二十 方は三十頁注七参照。内匠寮式御帳条には「御斗帳一具〔高八尺一寸、方一丈二尺二寸〕」とある。

一[一]窠の白綾の覆の上に　白地の摸摺[二]を帷[三]の表と為　白絹[四]を裡と為

同[五]じき色を帽額[六]と為

深[七]き蘇芳の板押[八]の羅を緒[九]と為よ

斗帳[十]に懸くる料の鏡[十一]　二面

徑[十二]一尺一寸

御床子[十三]　一脚

長[十四]さ八尺　廣さ五尺　高さ一尺二寸

藍染[十五]の綾を以ちて　覆と為

長さ一丈四尺

五幅[十六]の淺黄[十七]の遠山の綾を　垂帷[十八]と為よ

一 一窠は大陸伝来の紋様で、鳥が穴に産卵して育成することを形象したものという。織部司式綾条に「一窠、二窠及菱、小花等綾」とある。名義抄法下六十に「窠〔トリノス、ハナノシヘス〕」。一窠紋の白綾を覆いとすること。白は一四二頁注六、綾は三五六頁注三、覆は二四六頁注九、上は三八八頁注八参照。

二 摸は、和名抄十四に「唐韻云模〔莫胡反、俗語加太岐〕、法也形也」、名義抄仏下本五十五に「摸〔カタキ〕」とあり、形木（型となる木）のこと。摸摺は形木を用いて模様を染め出す技法であろう。宇津保物語吹上上に「かたぎ（形木）のもむ（文）を織つけたる狩の御衣」と見える。地は四〇六頁注十八、摺は三三二頁注十五参照。

三 二十二頁注五参照。御帳の帷と御鏡の緒を繍うことは二十二頁に見える。

四 白絹は四〇八頁注二、裡は三九〇頁注十七参照。

五 同は二頁注三十四、色は二十四頁注十三参照。

六 御簾や斗帳を垂らす際に、その上端部に横に張り渡す布帛で、上長押などとの接した所を隠し装飾する。字類抄下一〇三オに「帽額〔モカウ〕」。枕草子八十九に「もかう（帽額）あざやかなる」。

七 深は四一〇頁注十参照。蘇芳はインド・マライ方面に産する荳科に属する木で、材は弓などに作り、その削り屑は紅色の染料となる。和名抄二十に「蘇敬本草注云蘇枋〔唐韻作放、音與㆑方同、俗云須房〕」。名義抄仏下九十六に「蘇枋〔スハウ〕」。

八 板押は四〇八頁注六、羅は三五六頁注四参照。

九 二十二頁注七参照。御帳の帷を巻き上げるために用いる。

十 斗帳は四三〇頁注十八、懸は九十六頁注十八、料は二十二頁注二十三参照。

十一 御帳内に懸けられる鏡。御帳後方の東西の柱に各一面が懸けられる。西宮記臨時七大嘗会辰日に「懸㆓角鏡㆒」とあり、北山抄五大嘗会事辰日装束には「前後懸㆓犀角・鏡等㆒」とある。四三〇頁注十八参照。類聚雑要抄四の御帳図では、御帳前方の東西の柱に犀角の懸角各一枚、御帳後方の東西の柱に鏡各一面

一窠白綾[1]覆上、白地摸[2]摺爲帷表、白絹爲裡[3]、同色爲帽[4]額、深蘇芳[5]板押羅爲緒〕、懸斗帳料鏡二面〔徑一尺一寸〕、御床[6]子一脚〔長八尺、廣五尺、高一尺[7]二寸、以藍染綾爲覆、長一丈四尺[8]、五幅淺黄遠山[9][10]綾爲垂帷[11][12]〕、

1 綾、都立本・谷本・三手本「綾」。
2 摸、林本・都立本・神宮一本「模」。
3 裡、都立本「裏」。
4 帽、三手本「帽」とし右傍「帽乎」
5 芳、荷田本・神宮本・三手本・宮本・信友本「方」。
6 床、三手本「牀」とし右傍「床」。
7 尺、宮本「丈」とし右傍「尺」。
8 尺、谷本「丈」とし左傍「尺」。
9 山、林本・神宮本・都立本・神宮一本・谷本・三手本・宮本「小」とし、荷田本注「遠山綾諸本作遠小綾或作遠小菱染」。
10 綾、林本・都立本・神宮一本「菱」とし、林本注「衣笠本、伊庭本、注ノ菱作レ綾、今按ニ、本漏レ菱、此書漏レ綾、當レ作二遠小菱綾一」。宮本右傍「菱」左傍「菱綾」。
11 帷、林本「帳」。
12 荷田本・林本・神宮本・都立本・神宮一本・谷本・三手本・宮本・信友本「云云」あり、荷田本注「二字蓋衍字」、林本注「在満云、注尾云云二字衍、又按、在満カ説非」。

が懸けられている。鏡は二十二頁注六参照。

十二 径は一五〇頁注七、尺は二十四頁注十五、寸は一〇六頁注五参照。

十三 御は二十二頁注四参照。床子は腰掛けの一種。寄りかかりはなく、机形で、脚が付いた長方形の台。満佐須計装束抄によれば、大床子の上面は、簀子張りになっており、その上に高麗端の菅円座を敷くとある。字類抄下七十四ウに「床子〔シヤウシ〕」。枕草子一六一に「さうじ(床子)どもを、みなうち倒し」。西宮記臨時七大嘗会辰日には「有二御倚子・置物机〔左右〕、釆女草墪・師子形一」とある。注十一参照。脚は三九八頁注十三参照。

十四 長は四十二頁注十六、広は四十二頁注十七、高は八十八頁注十三参照。

十五 藍の染料で染めた綾。藍は三七二頁注三、染は三五六頁注五、綾は三五六頁注三、以は四頁注十七参照。

十六 幅は、名義抄法中一〇三に「幅〔ハタハリ、絹布等幅也〕」、字類抄上二十六に「幅〔ハタハリノ〕」。

十七 浅黄は薄黄色。浅は四三〇頁注九参照。黄は、名義抄僧上一一三に「黄金〔コカネ、キカネ〕」、源氏物語絵合に「き(黄)なる玉」。遠山は、織部司式綾条に「師子、鷹葦、遠山等綾」とあり、遠い山並を題材とした絵。名義抄仏上五十八に「遠〔トホシ〕」、宇津保物語国譲下に「うすいろ(薄色)のあを(襖)、つゆくさ(露草)してとホ山にす(摺)れり」。蜻蛉日記に「とを山をながめやれば」とある。底本「遠山綾」。「山」を「小」に、「綾」を「菱」に作る写本あり。校異参照。

十八 垂は四三〇頁注十、帷は二十二頁注五参照。

[一]錦端の龍鬢の御帖　二枚

長さ八尺　廣さ五尺

[二]下敷の御疊　十五枚

長さ各八尺　廣さ各四尺

[三]出雲席　[四]紫地の黄文の兩面の端

[五]三尺の屛風　一具

[六]五尺の屛風　二具

[七]濱椿の二尺の[八]几帳　二基

三尺の[九]一窠の白綾の[十]御褥　二枚

[十一]羅の繡の縁

一　錦端は錦を用いた畳の縁。錦は四〇八頁注八、端は三九〇頁注二十八参照。龍鬢御帖は、藺草をいろいろの色で染めて織った帖。和名抄十四に「五綵龍鬢筵」、民部省式交易雑物条の武蔵国に「龍鬢席卅枚」と見える。字類抄上七十三ウに「龍鬢〔リウヒン〕」。帖は四〇二頁注六参照。類聚雑要抄・類聚雑要抄指図巻に龍鬢地鋪の図がある。

二　龍鬢御帖の下に敷く御疊であろう。掃部寮式年料鋪設条の「下敷」に「シタシキ」。疊は一五八頁注二参照。

三　出雲産の席。斎宮式造備雑物条に「出雲席二枚」と見える。枕草子一四九に「いやしげなるもの、（中略）、まことのいづもむしろ（出雲筵）」。席は十頁注一参照。

四　紫地で黄色の輪違いの紋様がある縁を付けること。紫は、名義抄法中一三五に「紫〔ムラサキ、ツツム〕」。地は四〇六頁注十八参照。文は、名義抄僧中六十一に「文〔アヤ〕」。黄は四三二頁注十七、両面は四二六頁注一参照。

五　屛風は、室内に立て、装飾を兼ねて風を防ぎ仕切りに用いる障屛具。北山抄五大嘗会事辰日装束条に「御帳東西、立二四尺屛風一、乾北艮三方、立二五尺屛風四帖一〈天慶記云、御帳艮角、立二五尺屛風一帖一、乾角立二同屛風二帖一、其一帖立迴爲二隱所一云々〉」とある。字類抄下九十四ウに「屛風〔ヒヤウフ、俗云雲母〕」。源氏物語総角に「簾垂にびやうぶ（屛風）をそへて」。具は一二四頁注九参照。

六　注五参照。

七　落葉低木の蔓荊（はまごう）、椨（たぶのき）、柾（まさき）などの別称とされる。机等の材に用いられる。濱は、名義抄法上二十一に「濱〔ハマ〕」。椿は、和名抄二十に「唐韻云椿〔勅倫反、和名豆波木〕」、名義抄仏下本八十四に「椿〔ツハキ、ツハキノキ〕」。後拾遺和歌集四三五番歌に「君が代はかぎりもあらじはまつばき（浜椿）」。

八　障屛具の一種。土居（つちゐ、柱を立てる木の台）の上に二本の柱（足）を立て、横木（手ともいう）を渡し、これに帳を

錦[1]端龍鬢御帖二枚〔長八尺、廣五尺〕、下敷御疊十五枚〔長[2]各[3]八[4]尺、廣[5]各四[6]尺、出雲席、紫[7]地黄文兩面[8]端〕、三尺屛風一具、五尺屛風二[9]具、濱椿[10]二尺[11]几[12]帳二基、三尺一窠[13]白綾御褥二枚〔羅[14]繡[15]緣[16]〕、

掛けて垂らす。字類抄下五十八オに「几帳〔キチヤウ〕」。宇津保物語俊蔭に「四尺のびやうぶきちやう〔屛風・几帳〕」。類聚雑要抄に几帳の図がある。基は四三〇頁注十九参照。

九 窠は四三二頁注一、白は一四二頁注六、綾は三五六頁注三参照。

十 褥は、座したり臥したりする時、下に敷く敷物。天皇の御料。褥については三五四頁注十二、枚は十二頁注二参照。

十一 刺繡を施した羅を縁とする。羅は三五六頁注四参照。繡は、名義抄法中一二六に「繡〔ヌヒモノ、ヌムモノ〕」、字類抄上七十七ウに「繡〔シウ、ヌヒモノ〕」。書紀推古天皇十三年四月の「銅繡」に「アカカネヌヒモノ」。縁は、名義抄法中一三四に「縁〔ヘリ、ハタ〕」、黒川本字類抄中一〇四オに「縁〔フチ、ハタ〕」。

1 錦、信友本「綿」。
2 長、荷田本「廣」。
3 各、三手本なし。
4 八、荷田本「四」。
5 廣、荷田本「長」。
6 四、荷田本「八」。
7 紫、谷本「祭」。
8 面、宮本「而」とし右傍「面」。
9 二、谷本「一」。
10 椿、神宮本左傍「樁イ」。
11 尺、林本注「前之誤」。
12 几、神宮一本「凡」とし右傍「几」。
13 窠、神宮本「窶」とし左傍「窠カ」。都立本・神宮一本「窠」。三手本「宴」とし右傍「窶イ」。林本注「伊庭本、窠作宴者非」。宮本「宴」とし右傍「窠」。
14 羅、荷田本注「羅緑緑蓋緑羅縁之誤」。
15 繡、荷田本・神宮一本・林本「縁」。神宮本・谷本・宮本「緑」とし、神宮本左傍「緑イ」。三手本・信友本「緑」とし、信友本頭注「当作緑罗緑欤」。
16 緣、荷田本・林本・神宮本・都立本・神宮一本・三手本・宮本・信友本「緑」。

[一]白絹(しらきぬ)の御衾(おほむふすま)　二條

[二]淺(あさ)き蘇芳(すはう)摺(ずり)の御衾(おほむふすま)　二條

[三]白(しろ)き羅(うすはた/ら)の草木鳥獸(くさきとりけもの)の繡(ぬひもの)の縁(ふち)の御坂枕[四](おほむさかまくら)　二枚

[五]綵色(いろどり)の羅(うすはた/ら)の繡(ぬひもの)の御几[六](おほむおしまづき)　二枚

[七]摺(すり)の大服(たいふく)の御衣(みそ)　二領

[八]已上(これよりかみ)の五種(くさ)は　韓櫃[九](からひつ)五合　榻足[十](しぢあし)の案(つくえ)に居(す)ゑ　兩面[十一](りやうめん)を以(も)ちて覆(おほひ)と爲(せ)よ

卯日、諸神に幣帛を班つ

卯(う)の日(ひ)　平明[十二](あけぼの/へいめい)に　神祇官[十三](かみつかさ/じんぎくわん)　幣帛[十四](みてぐら)を諸神[十五](もろもろのかみ)に班(あか)て

[十六]祈年祭(としごひのまつり)の案上[十七](あんじやう)の神(かみ)を謂(い)ふ

[十八]座別(みくらごと)に　絁[十九](あしぎぬ)　五尺

[二十]五色(いつつのいろ)の薄絁(うすきあしぎぬ)　各(おのもおのも)一尺

一　天皇の御料の御衾。白絹は四〇八頁注二、御衾については四十頁注五参照。

二　天皇の御料の御衾。浅は四三〇頁注九、蘇芳は四三二頁注七、摺は三三二頁注十五参照。

三　草木鳥獣を刺繡した白羅を縁とする。羅は三五六頁注四、草は八十八頁注三、木は十四頁注七参照。鳥は、和名抄十八に「禽〔和名與レ鳥同、土里(とり)〕」、名義抄僧中一一〇に「鳥〔トリ〕」。獣は、和名抄十五に「獸〔和名介毛乃(けもの)〕」、名義抄仏下本一三一に「獸〔ケモノ〕」、同書仏中一二二に「畜〔ケタモノ〕」、黒川本字類抄中九十六ウに「畜〔ケダモノ〕、獸〔ケモノ〕」。書紀神代紀宝剣出現章第六ノ一書の「鳥獣」に「トリケダモノ」、同書景行天皇四十年七月条の「獣」に「ケモノ」の訓。

四　天皇の御料の御坂枕。坂枕については三九二頁注一参照。

五　綵色は刺繡糸などを用いて色を付けること。字類抄下五十一オに「綵色〔イロトル、サイシキ〕」。

六　天皇の御料の御几。几は、肘を載せて寄りかかり、くつろぐための道具。脇息。和名抄十四に「几〔於之万都岐〕」。名義抄仏下末十五に「几〔オシマヅキ〕」。

七　不詳。摺は三三二頁注十五、御衣の訓は二七二頁注十九参照。

八　御褥、御衾、御坂枕、御几、御衣までの五種類の御料。已上は四頁注三十五、五は二十四頁注十三参照。種は、名義抄法下十九に「種〔クサ〕」、黒川本字類抄中七十六ウに「種〔クサ〕」。

九　韓櫃は十頁注十五、合は十頁注十六参照。

十　榻足が付いた案。榻は、和名抄十一に「榻〔和名之知〕、床也」とある。腰掛け、台、寝台の意で、後には、轅の台をも意味するようになる。新撰字鏡七に「榻〔支持也〕」。名義抄仏下本九十八に「榻〔シヂ〕」。足は一五〇頁注一参照。正倉院文書天平勝宝八歳六月二十一日の東大寺献物帳に、漆櫃を載せる榻足机が見える（大日本古文書四）。榻足は曲線をつけた鷺足のことであろう。北野天神縁起に描かれている榻は、轅の台であ

白絹御衾二條、浅蘇芳摺御衾二條、白羅草木・鳥獣繡縁[1]御坂[2]枕二枚、綵色羅繡御几[3]二枚、[4]摺大服御衣二領〔已上五[5]種、韓櫃五合[6]〕、居榻[7]足[8]案、以兩面爲覆〕、卯日平明、神祇官班幣帛[9]於諸神〔謂祈年祭案上神〕、座別絁[10]五尺、五色薄絁各一尺、

1 縁、荷田本・神宮本・三手本・宮本「方」。
2 坂、谷本・宮本・信友本「板」。
3 信友本「覆」あり。荷田本注「蓋脱㆓覆字㆒」あり。神道本右傍「覆イアリ」あり。宮本右傍「覆」あり。神宮本「帳」あり、左傍「イニナシ」。都立本右傍「帳」あり。
4 林本注「恐有㆓闕文㆒」あり。
5 五、林本なし。
6 合、宮本「令」とし右傍「合」。
7 榻、林本「搨」とし注「伊庭本作㆑摺者、習俗之誤」。神宮本・三手本・宮本「摺」。谷本「榻」。
8 足、神宮本左傍「定イ」。
9 帛、三手本・宮本「泉」とし、三手本右傍「帛乎」。
10 林本注「脱各字各諸神各也」あり。

るが、机に似た形状で、四足の黒漆塗の鷺足が付されている。案は三九八頁注十二、居は一四八頁注十六参照。
十一 両面錦のこと。四二六頁注一参照。以は四頁注十七、覆は二四六頁注九参照。
十二 暁を過ぎて空がほのぼのと明け染めるころ。字類抄上五十二ウに「平明〔アケホノ、ヘイメイ〕」。卯は三三〇頁注二十四、日は八頁注三参照。
十三 二頁注二十参照。
十四 次行に祈年祭案上神とあり、二月四日に神祇官を斎場として斎行される祈年祭において、神祇官から三〇四座の神々に案上幣（案の上に載せられた幣）が奉奠される。この三〇四座の神々に奉奠される案上幣には、主神とそれ以外の神との区別がある（四時祭式祈年祭条）。大嘗祭卯日の班幣は、毎年の新嘗祭卯日の班幣と同じで、この三〇四座の神々を対象とし、その幣物は、四時祭式新嘗祭条に、社として「座別絁五尺、五色薄絁各一尺、倭文一尺、木綿二兩、麻五兩、四座置一束、八座置一束、楯一枚、槍鋒一竿、社別庸布一丈四尺、裹葉薦五尺」、前（主神以外の神）には庸布を除く、と規定されている。名義抄法中一一〇に「幣布〔オホミテグラ〕」、書紀推古天皇二十六年是年条の「幣帛」に「ミテクラ」の訓、四時祭式祈年祭条の「幣帛」に「ミテクラ」の訓。
十五 神祇官から案上幣が奉奠される三〇四座の神々。四時祭式祈年祭条、神名式に規定されている。諸は四頁注二、神は六十頁注二十参照。班は、名義抄法中十四に「班〔アカツ〕」。
十六 凶災無く、気候が順調に進み、一年の豊穣を祈願する律令国家の恒例祭祀。年は穀物・穀物の実りのこと。六月と十二月の月次祭、十一月の新嘗祭とともに重要祭祀。儀式一の二月四日祈年祭儀、四時祭式祭日条・祈年祭条・祈年祭官幣条・祈年祭国幣条に、以下の祭儀次第が規定されている。祭日は二月四日、伯以下の神祇官人と大臣以下の官人が神祇官西院に参集。中臣が祝詞を読み、全国の諸社より参向した祝部に忌部が幣帛を頒つ。神名式記載の三一三二座の全官社（式内社）が対象となる。但し、大嘗祭卯日朝の神祇官班幣は三一三二座の全官社ではなく、神祇官から案上幣が奉奠される三〇四座を対象とする。四時祭式祈年条の「祈年」に「トシコヒ」、同式祭祀大中小条の「祈年」に「コヒトシ」の訓。名義抄仏上八十に「祈年〔トシコヒ〕」。謂は四三〇頁注八参照。
十七 案は、字類抄下三十二ウに「案〔アン、云按、几属也〕」。上は、名義抄仏上七十四に「上〔シヤウ〕」。
十八 座は九十六頁注十二、別は二十二頁注一参照。
十九 絁は二十四頁注十四、尺は二十四頁注十五参照。
二十 五色薄絁は二十四頁注十三・十四参照。

[一]倭文（しとり）　一尺

[二]木綿（ゆふ）　二両

[三]麻（あさ）　五両

[四]四座置（よくらおき）　一束

[五]八座置（やくらおき）　一束

[六]楯（たて）　一枚

[七]槍（ほこ）　一竿

[八]褁葉薦（つつむはこも）　五枚

[九]庸布（ちからしろのぬの／ようふ）　一丈四尺

[十]前（まへ）の神は布（ぬの）を除（のぞ）け

一 三十二頁注十六参照。
二 木綿は二十四頁注十六、両は一一四頁注四参照。
三 二十八頁注十七参照。
四 木工寮式供神料条に「四座置・八座置〔以㆑木爲㆑之、長者二尺四寸、短者一尺二寸、各以㆓八枚㆒爲㆑束、名稱㆓八座置㆒、長短各以㆓四枚㆒爲㆑束、名稱㆓四座置㆒〕」とあり、細木を四本ずつ束ねたものが四座置、八本ずつ束ねたものが八座置とする。古事記伝では、「置座はもと祓物を据え置く座の意味で、四座置・八座置も、元来四座の置物・八座の置物といふ意で、千座置戸と同じく其の置き座の数に就いて云ったもので、一種の名称ではない」と、原義が忘れられ、千座置戸の祓物が形式化したものと説く。釈日本紀七述義三の千座置戸条に「四座置・八座置者、是祓具也」とある。四時祭式祈年祭条の「四座置」に「ヨクラオキ」の訓。
五 注四参照。斎宮式祭料条の「八座置」の「八座」に「ヤクラ」の訓。
六 一〇六頁注一参照。幣物としての楯は、四時祭式祈年祭条に「楯一枚」が見える。枚は十二頁注二参照。
七 幣物としての槍は、四時祭式祈年祭条に「槍鋒一竿」と見え、その「槍鋒」に「ホコノサキ」の訓。書紀崇神天皇四十八年正月条の「槍」に「ホコ」の訓。
八 幣帛を包むための葉薦。二一〇頁注十四参照。褁は一四八頁注十三、葉薦は一二四頁注五参照。底本「褁」、「褁」とする写本あり。校異参照。
九 七十二頁注十八参照。
十 主祭神以外の神のこと。案上幣に預かる三〇四座のうち、主祭神は一九八座で、前の神は一〇六座。案上幣に預かる前の神への幣物は、庸布のみを除く。四時祭式祈年祭条の「前一百六座」の「前」に「マヘ」の訓。除は八十八頁注五参照。

倭文一尺、木綿二兩、麻[1]五兩、四座置一束、
八座置一束、楯一枚、槍一竿、褁[2]葉薦五枚[3]、
庸布一丈四尺〔前[4]神除布〕、

1 麻、宮本「床」とし右傍「麻」。
2 褁、底本・神宮本「褁」。荷田本・林本・都立本・谷本・三手本・宮本・故実本「裹」とし、林本注「裹之誤」。神宮一本「褁」。
3 枚、谷本・三手本・宮本「尺」とし、宮本右傍「枚」。林本注「伊庭本五枚作二五尺一者誤」。
4 前、宮本右傍「並イ」。

諸司の小斎人を卜定

是の日　中臣の官　卜部を率て　宮内省に於きて　諸司の小齋の人を卜へよ

中臣・忌部官、衾単を悠紀殿に置き奉る

訖りて　各私舎に還り　沐浴し　齋服きて　赴き集へ

別に　中臣・忌部の官　各一人を差し　縫殿・大藏等の官人を率て　衾單を　大嘗宮の悠紀殿に置き奉り

御服・絹幞頭を廻立殿に置き奉る

内藏の官人を率て　御服幷せて絹の幞頭を　廻立殿に置き奉れ

諸衛、大儀を設く

諸衛　大儀を設け　諸司　威儀の物を陳ぬること　元日儀の如くせよ

但し　兵部　左右の兵庫は與らざれ

石上・榎井二氏、大嘗宮南北の門に神楯・戟を立てる

石上・榎井の二氏の人　各二人　明服を着けよ

一 卯日。是は八頁注七、日は八頁注三参照。
二 中臣は六十頁注八、官の訓は二頁注二十・三十参照。
三 卜部は三十二頁注九、率は二十四頁注三参照。
四 宮内省は八頁注十五、於は七十二頁注六参照。
五 大嘗祭に諸司として供奉する小斎人を、宮内省において卜定する。卜食者は自宅で沐浴の後、斎服（小忌衣）を着して参集する。践祚大嘗祭式卯日条にも同規定がある。官符宣旨例第三十七号（七四八頁）によると、諸司の小斎人への斎服（青摺袍）班賜数は八六八領。この内、一三七領は神祇官料（七五二頁）で、神祇官人への斎服班賜は寅日に行われている（四二〇頁）。新嘗祭においても、神祇官を除く諸司小斎の卜定は、卯日に宮内省で行われ、その人数は、中務省式小忌侍従条に「省丞録各一人、内舎人四人、内記・監物・主鈴・典鑰各一人、中宮職十五人、大舎人寮十二人、内蔵寮四人、縫殿寮四人、内侍以下一百人」とある。小忌官人の人数については、岡田莊司「神今食と新嘗祭・大嘗祭」（『大嘗の祭り』所収、平成二年）参照。諸司は四頁注三十三、小斎は六頁注十六、小斎人は四一八頁注六、卜は二頁注二十四参照。
六 二頁注二十六参照。
七 自宅。私は一五八頁注七参照。舎は名義抄僧中一に「舎〈ヤ〉」。
八 名義抄仏上五十に「還〈カヘル〉」。字類抄上一〇三オに「返〈カヘル、カヘス、返物〉、還〈又カヘテ〉」。
九 名義抄法上七に「沐浴〈ユアム〉」。字類抄下六十七オに「浴〈ヨク、ユアム〉」。
十 四二〇頁注九参照。
十一 赴は名義抄仏上六十五に「赴〈オモムク〉」。集は二一四頁注九参照。
十三 北山抄五大嘗会事によれば、卯日の申時（午後三時から五時頃）以前に、大嘗宮南北門に楯鉾を立てるなどの諸事が整えられる。酉刻（午後五時頃）より、掃部寮が大嘗殿に神座・御座を供し、その後、中臣・忌部の官人が、縫殿寮・大蔵省の官

是日中臣官率卜部、於宮内省、卜諸司小齋人、訖各還私舍、沐浴齋服赴[1]集、別[2]差中臣・忌部官各一人、率縫殿・大藏等官人、奉置衾單於大嘗宮[3]悠紀殿、率內藏官人、奉置御服幷[4]絹幞[5]頭於廻立殿、諸衞[6]設[7]大儀、諸司陳威儀物、如元日儀、但兵部・左右兵庫[8]不與焉、石[9]上・榎[10]井二氏人各二人〔着明[11]服[12]〕、

1 赴、谷本「起」。
2 別、林本・都立本・神宮一本「列」とし、林本注「列差、衣笠本、伊庭本、及延喜式作二別差一者是」。
3 宮、谷本・宮本「官」。
4 幷、林本「並」。
5 幞、三手本なし、右傍「幞」。
6 衞、宮本なし。
7 設、宮本右傍「衞」。
8 庫、林本注「左右兵庫當作二兵衞一、兵庫寮無二左右一」。
9 石、神宮一本「右」。
10 榎、三手本なし、右傍「榎乎」。
11 明、荷田本・林本・神宮本・神宮一本・三手本・宮本・信友本「服」とし、荷田本注「服明蓋朝服之誤」、林本注「服明、延喜式作二朝服一者是、若ハ明服ノ顚倒乎」、宮本右傍「朝」、信友本頭注「大嘗式石上榎井二氏各二人皆朝服率内」。谷本「朝」。神道本右傍「朝カ」。
12 服、荷田本・林本・神宮本・神宮一本・三手本・宮本・信友本「明」。

人を率いて悠紀殿の神座に衾・単を、内蔵寮官人を率いて廻立殿に御服・絹幞頭を奉奠する。江記天仁元年十一月二十一日条にも、小忌公卿の指示により掃部官人が大嘗宮の神座帖を鋪設した後に、「中臣・忌部各一人率二縫殿・大藏等官人一令レ置二衾單於大嘗宮悠紀殿神座上一」と記されている。忌部は六十頁注九、差は六十頁注十七参照。
十三 縫殿寮は二五八頁注三、大蔵省は十頁注二十、等は六頁注九、官人は三十二頁注十一参照。
十四 四十頁注五参照。四〇二頁には「衾三條」とある。
十五 四〇四頁注一参照。四〇四頁には「望陀布單二條」とある。
十六 三八二頁注十三参照。大嘗の訓は二頁注四、宮は三十頁注十七参照。大嘗宮造立のことは三八二頁以下に見える。
十七 三八八頁注五参照。悠紀は二頁注二十三参照。
十八 置は、二十四頁注十二参照。奉は、書紀神代紀瑞珠盟約章第一ノ一書の「奉レ助二天孫一」の「奉助」に「タスケマツリ」の訓。
十九 二四四頁注七参照。西宮記臨時七大嘗会事に「内藏寮官人、奉レ置二御絹幞廻立殿一、御服二具、衾三條」とある。
二十 四〇二頁注十参照。四〇二頁には「御服二具」とある。并は四頁注四参照。
二十一 四〇二頁注十三参照。四〇二頁には「絹幞頭三枚」とある。
二十二 四〇〇頁注七参照。
二十三 左右近衛府・左右兵衛府・左右衛門府。一九四頁注八参照。
二十四 左右近衛府・左右衛門府・左右兵衛府式に、大儀・中儀・小儀の各規定があり、各儀における装束・幡旗以下が定められている。左右近衛府式大儀条に「大儀〔謂元日、即位及受蕃國使表〕」とあり、元日朝賀式、即位式、蕃国使の表を受く式を大儀とする。大嘗祭において六衛府は、原則、大儀規程に従うが、以下の特例が規定されている。左右近衛府については、その小斎官人は青摺衫を着し自余の装束は元日朝賀と同じであること、纛隊幡・鉦鼓を除くこと、辰日は武礼冠・裲襠・挂甲を除くこと、巳・午日は脛巾・末額を除くこと（同式大嘗小斎条）。左右衛門府は、装束は元日朝賀と同じであるが、纛隊幡・鉦鼓を除くこと（同式大嘗会陣条）。左右兵衛府については、その小斎官人装束は近衛府に准じ、纛隊幡・鉦鼓を除くこと（同式大嘗小斎条）。左右近衛府、左右衛門府、左右兵衛門の各屯陣は四四四頁参照。名義抄仏下末三十一に「大〔タイ〕」、字類抄下五十七ウに「儀〔キ〕」。設は八頁注十九参照。
二十五 四四四頁以下に、中務省の輔・丞が大舎人寮と舎人を率い、宮内省の輔・丞が主殿寮・掃守寮と殿部・掃部を率い、公服を着して、威儀物を執るとある。
（七六七頁へ続く）

一内物部卌人　二紺布の衫を着けよ　を率て

三大嘗宮の南北の門に　四神の楯と戟を立てよ

　五門別に　楯　二枚

　　戟　四竿

六木工寮　預め格木を　七二門の左右に設けよ

八其の楯戟等の物は　九祭事畢りて　左右の十衛門府に収めよ

物部、神楯の下の胡床に就く

訖りて　十一物部分れて　左右の楯の下の十二胡床に就け

門別に　物部廿人　左右各十人

十三五人を列と為　六尺を間と為よ

伴・佐伯の氏人、南門の左右内掖の胡床に就く

十四伴・佐伯の氏人　十五各一人分れて　南門の左右の十六内掖の胡床に就け

一 左右京から物部として選抜された四十人。一〇八頁及び同頁注十一参照。内の訓は二二六頁注五、物部の訓は四十八頁注三参照。

二 紺は一九六頁注十二、布は十二頁注二十二、衫は四二四頁注四、着は八頁注六、率は二十四頁注三参照。践祚大嘗祭式卯日条も「着₂紺布衫₁」とある。官符宣旨例第二十三号（七〇〇頁）が物部装束料の宣旨例である。

三 大嘗宮平面図参照。南は八頁注二十四、北は八頁注二十二、門は一〇四頁注十五参照。

四 楯は丹波国楯縫氏、戟は紀伊国忌部氏が作製する（一〇六頁参照）。一〇六頁注一・九・十三、立は三十頁注四参照。

五 別は二十二頁注一、枚は十二頁注二、竿は一〇六頁注十一参照。

六 木工寮は一九六頁注九、預は六十二頁注五参照。

七 格木は神楯戟を建てるための支え木。格は、新撰字鏡七に「格〔椸也〕」、椸〔格也、豆奈也〕」、同書七に「桁〔椸、介太又豆奈械也（けた又つなき）〕」。践祚大嘗祭式卯日条の「格木」に「タナ」の訓。設は八頁注十九参照。

八 其は二頁注二十八、等は六頁注九参照。

九 祭は二頁注四、事は二頁注九、畢は三十二頁六参照。

十 衛門府は一〇四頁注十二、収は十頁注十八参照。

十一 内物部のこと。注一参照。分は二一四頁注十九、下は二十八頁注五参照。

十二 胡床は二四八頁注七、就は二十四頁注十参照。

十三 一列が五人で、それが二列に並び、前列と後列の間が六尺となる。列は一五二頁注十一、為は四頁注二十、間は二〇四頁注八参照。

十四 大伴氏は軍事的伴造氏族の雄で、天武天皇十三年の八色の姓制定で宿禰。記紀・新撰姓氏録の記事より復元される大伴氏の職掌は、国造・地方豪族からなる靫負（ゆげひ）や、同族の佐伯連、配下の来目直等を従えて、天皇と皇居を守り、また、

率内物部卌人[1]〈着紺布衫[2]〉、立大嘗宮南[3]北門神[4]楯・戟〈門別[5]楯二[6]枚、戟四竿、木工寮[7]預[8]設格木[9]於二門左右、其楯・戟等物[10]、祭事畢収[11]左右衛門府〉、訖物部分就左右楯下胡床〈門別[12]物部廿人、左右各十[13]人[14]、五人爲列[15]、六尺[16]爲間〉、伴・佐伯氏人[17]各一[18]人、分就南門左右内[19]掖胡床[20]、

1 卌、都立本右傍「卅イ」。
2 衫、三手本・宮本「私」。神宮本「衩」。
3 南、信友本なし。
4 神、三手本「設」。林本注「伊庭本、神作レ設、非、又注、無二木字一者脱漏」。
5 別、谷本「列」。
6 二、神宮一本「一」。
7 寮、宮本右傍「衫」。
8 預、神宮本・三手本・宮本「須」とし、神宮本左傍「預カ」。
9 木、谷本・三手本・宮本なし、宮本右傍「木」。
10 戟、谷本なし。
11 収、三手本・宮本「以」とし、宮本右傍「収」。
12 別、谷本「部」。
13 十、神宮本・都立本・三手本・宮本なし。
14 人、神宮本・都立本なし。
15 列、神宮本・三手本・宮本なし。
16 尺、三手本「人」。
17 人、以文本なし、右傍「人」頭注「一本氏各間有人字」。
18 一、荷田本・信友本「二」とし、荷田本注「元本作二一人一」。林本注「異本為二二人一」。神道本右傍「二イ」。神宮一本右傍「二」。
19 内、荷田本・林本・都立本・神宮一本・信友本「外」とし、林本注「伊庭本、外掖作二内掖一者是」、都立本左傍「内」。神道本右傍「外イ」。谷本右傍「外イ」。
20 床、三手本「牀」とし右傍「床」。

宮城の諸門の警備を担当した山部連など十余の氏族を指揮下に置いていた。八世紀以後の大伴氏は新興の藤原氏に押され、勢力は振るわなかったが、兵部省・衛門府などの上級官人に任命され、征夷の将軍となったものも少なくない。弘仁十四年に即位した淳和天皇の諱（大伴親王）のために、氏名は伴に改められた。貞観八年の応天門の変で伴善男が失脚した後は、大伴氏は衰退する。佐伯氏も軍事的伴造氏族の雄で、天武天皇十三年の八色の姓制定で宿禰。軍事的任務に就き、宮門警備を担当した。新撰姓氏録左京神別中の佐伯連（宿禰）条に、大伴宿禰と同祖で、大伴室屋（むろや）大連の後とある。さらに、雄略天皇朝に室屋が衛門と開闔の任務を与えられたが、一身では重任で耐え難いとして、子の語（かたり）と共に左右を守ることを許され、のち、大伴・佐伯の二氏が左右に分かれ衛門と開闔を掌ることになったという伝承を持つ。佐伯氏は門号氏族で、宮城には佐伯門（後の藻壁門）がある。なお、宝亀元（七七〇）年十一月の光仁天皇大嘗祭では、大伴宿禰古慈斐と佐伯宿禰今毛人が大嘗宮南門の開閉を担当している。四四〇頁注三十一も参照。字類抄上六十四ウに「伴〈トモ〉」、同書下五十四ウに「佐伯〈サヘキ〉」。氏は六十頁注十四、人は二十二頁注一参照。

十五 践祚大嘗祭式卯日条には「伴・佐伯各二人、分就二南門左右外掖胡床一」とあり、伴・佐伯氏人は各二人とし、就く位置を大嘗宮南門左右の外掖の胡床とする。北山抄五は「伴・佐伯氏各一人、〈中略〉、分就二南門左右一〈儀式、注二内掖一、新式及神祇式、注二外掖一、天慶記、内掖云々〉」と両説を述べている。なお、康富記永享二（一四三〇）年十一月十八日条（後花園天皇大嘗祭）に「伴佐伯、〈中略〉、在二鳥居内床子一〈對二東西一、開門之後可レ出二鳥居外一也〉」とあり、伴・佐伯は鳥居（南門）内にいて、開門の後、外掖に出るとする。

十六 大嘗宮南門内の左右。注十五参照。内は九十頁注三、掖は四十六頁注六参照。

左右近衛中将以下分衛

左右の[一]近衛の中将已下　[二]各隊仗を引き　[三]分れて大嘗宮を衛れ

左右兵衛督以下分衛

左右の[四]兵衛の督以下　各[五]部隊を引き　分れて[六]其の方を衛れ

左右衛門督以下分衛

左右の[七]衛門の督以下　各其の隊を引き　[八]分れて其の方及び門を
衛れ

門部、諸門の出入を糺察

[九]門部　[十]諸門の出入を[十一]糺察よ

隼人、朝集殿の前に立ち発声

[十二]隼人司　隼人を率て　分れて左右の[十三]朝集殿の前に立ち　開門を
[十四]待ちて　[十五]乃ち[十六]聲を發せ

[十七]中務の輔・丞　[十八]大舎人寮及び[十九]舎人を率て
[二十]宮内の輔・丞　[二十一]主殿・掃守等の寮　及び[二十二]殿部・[二十三]掃部等を率て
竝びに[二十四]公服きて　[二十五]威儀の物を執り　左右に[二十六]分れて陣れ

一 近衛府の第二等官。近衛府は二十二頁注十、中将は二四〇頁注六、已下は六頁注二参照。

二 威儀を正した衛府の隊列。宮衛令有非違条に「謂、隊仗者、衛士陣、謂二之隊一也、兵衛内舎人陣、謂二之仗一也」とある。隊は、名義抄僧上一三二に「隊〔タイ〕」。仗は、黒川本字類抄中一〇〇ウに「傔仗〔ケンチヤウ〕」、書紀舒明天皇九年是歳条の「仗」に「ツハモノ」、同書白雉元年二月条の「隊仗」に「ツハモノヨソホヒ」の訓。引は一二八頁注十一参照。

三 近衛・兵衛・衛門府官人は各々小斎・大斎に分かれる。その布陣は、北山抄五大嘗会事卯日に「諸衛設二大儀一、分衛如レ常〔除二纛隊旗幷鉦鼓一、承平記云、近衛小忌陣、在二大嘗宮内一、大忌陣、在二南門外一、兵衛陣、在二兩横堂間一、衛門陣、在二會昌門外一、其小忌陣、在二同門之内一〕」とある。さらに、江記天仁元年十一月二十一日条では「近衛小忌陣在二大嘗宮内左右一、同大忌陣在二同門外左右一、左右兵衛陣在二兩横堂間一〔小忌北、大忌南〕、左右衛門小忌陣在二會昌門内一、同大忌陣同門外一」と記している。近衛小忌陣は大嘗宮内の左右、同大忌陣は同門外の左右、左右兵衛陣は両横堂間（含章堂と含嘉堂）で小忌が北、大忌が南、左右衛門小忌陣は会昌門内、同大忌陣は同門外にそれぞれ位置する。分は二一四頁注十九参照。衛は、名義抄仏上四十三に「衛〔マモル〕」。

四 兵衛府の長官。兵衛府は二十二頁注十一、督は一三六頁注十、以下は十二頁注三参照。

五 部は、名義抄法中三十七に「部〔ブ〕」。隊は注二参照。宮衛令車駕臨幸条義解に「凡車駕有レ所二臨幸一、若夜行、部隊主帥〔謂、五十人爲レ隊、卽五十人以上長、是爲二主帥一也〕、各相辨識」とある。

六 注三参照。其は二頁注二十八、方は八十八頁注十九参照。

七 衛門府の長官。衛門府は一〇四頁注十二参照。

八 注三参照。なお、元日朝賀式では、衛門府は会昌門・応天門・朱雀門、さらに、朱雀門外より教業・豊財両坊（左京三

左右近衛中將已[1]下、各引隊[2]仗、分衛大嘗宮、
左右兵衛督以下、各引部[3]隊、分衛其方、左
右衛門督以下、各引其[4]隊、分衛其方及門、
門[5]部紀察[6]諸門出入、隼人司率隼人、分立左
右朝集殿[7]前、待開門乃[8]發聲、中務輔[9]・丞率
大舎人[10]寮及舎人、宮内輔・丞率主殿・掃守[11]
等寮及殿部・掃[12]部[13]等、竝[14]公服、執威儀物、
左右分陣[15]、

1 已、荷田本・林本・神宮本・都立本・神宮一本・谷本・三手本・宮本「以」。神道本右傍「以イ」。
2 三手本右傍「部乎」あり。
3 部、信友本「其」。林本注「衣笠本、兵部督下之部隊作㆓其隊㆒」。神道本右傍「其イ」。
4 神宮本左傍「部カ」あり。
5 門、都立本なし。三手本・宮本・信友本「々」。
6 察、宮本「寮」とし傍「察」。
7 殿、荷田本・信友本「堂」とし、荷田本注「朝集堂諸本作㆓朝集殿㆒今依㆓延喜大嘗式㆒私改㆑之」。神道本「堂イ」。都立本右傍「堂」。
8 乃、林本・神宮本・都立本・神宮一本・三手本・谷本「及」とし、林本注「乃乃誤」、谷本右傍「乃」。
9 輔、宮本なし、右傍「輔」。
10 人、林本なし。
11 守、神道本・信友本「部」。宮本右傍「部」。
12 掃、宮本・信友本なし、宮本右傍「掃守」。
13 部、三手本・宮本・信友本なし。
14 竝、神宮本「并」。三手本なし、右傍「兼イ」。宮本「兼」。
15 陣、荷田本・神宮本・信友本「陳」。

条・右京三条）小路に至るまで衛士が隊し、分衛する（儀式六元正朝賀儀）。及は八頁注二十八、門は四十二頁注十参照。

九 衛門府の下級職員で、衛士を率いて宮中諸門の開閉や守衛に就いた。中務省式時服条に門部六十六人と見え、また、兵部省式門部条によれば、衛門府門部は先ず負名入色人（なおひのにふしき、伴部に選出される特定氏族の者で官途に就いている者）より選ぶとする。門部の訓は一〇八頁注十二参照。

十 諸は四頁注二、門は四十二頁注十、出は二一六頁注十、入は九十頁注五参照。

十一 紀は、名義抄仏下末十四に「紀〔タタス〕」。察は、同書法下五十に「察〔ミル〕」。

十二 二二二頁注十四参照。

十三 朝集堂とも。朝堂院の南域。平安宮では応天門の内、会昌門の外に形成される朝集院の中に、東西に相対して東朝集堂・西朝集堂がある。官人の待機所、また、外国使節の饗応などに使用された（日本紀略延喜二十年五月十六日条）。朝は、字類抄下二十四ウに「朝〔テウ、アシタ〕」。集は、名義抄僧中一三五に「集〔自（じ）フ〕」、源氏物語梅枝に「延喜のみかどの、古今和歌しふ（集）」。前は三三八頁注九参照。

十四 名義抄仏上四十二に「待〔マツ〕」。

十五 名義抄僧下一〇八に「乃〔スナハチ〕」。

十六 隼人の吠声のこと。隼人は群官が参入するときに吠声を発した（五〇四頁参照）。隼人司式大嘗条には「凡践祚大嘗日、分陣㆓應天門内左右㆒、其群官初入發㆑吠」とあり、隼人は応天門内左右に分陣するとある。書紀神代紀海宮遊幸章第二ノ一書に「是以火酢芹命苗裔諸隼人等、至㆑今不㆑離㆓天皇宮墻之傍㆒、代吠狗而奉事者矣、世人不㆑債㆓失針㆒此其縁也」と見える。声は、名義抄仏中一に「聲〔コヱ〕」。発は二十八頁注二参照。

十七 輔は中務省の第二等官、丞は同省の第三等官。中務省は十頁注十三、輔は一三六頁注十一、丞は四頁注三十四参照。

十八 十六頁注五参照。

十九 大舎人のこと。十六頁注五参照。

二十 宮内省の第二等官と第三等官。宮内省は八頁注十五参照。

二十一 主殿寮は二四六頁注二、掃部寮は二四八頁注四参照。本条「掃守」とするが、二四八頁は「掃部寮」。

二十二 殿部は主殿寮の伴部。二四六頁注二参照。斎宮式新嘗祭条の「殿部」に「トノモ」の訓。

二十三 掃部は掃部寮の伴部。二四八頁注四参照。率は二十四頁注三参照。

二十四 朝服及び制服のことであろう。制服は、衣服令制服条に規定があり、無位官人が着する朝服のこと。制服は黄袍。式部省式公服条に「凡朝廷集會者、職事・

（七六七頁へ続く）

皇太子以下の版

一式部　皇太子以下二の版三を　大嘗宮四の南門の外庭に設けよ

主殿寮、浴湯を供奉する

五申の時以前　内辨六已七に設け　主殿寮　浴湯八に供奉れ

九巳の時　大齋

十酉の時　小齋

悠紀・主基、北野斎場より大嘗宮に向う

十一時刻に　悠紀十二・主基　共に齋場十三より發ち十四　大嘗宮に詣れ十五

悠紀は　宮城十六の東路より

主基は　西路十七よりし

共に南十八に行け

供進物行列

其の行列十九は

神祇官神部

二十神祇官の神部四人　前行け

一 十六頁注六参照。

二 一九八頁注九参照。

三 版は版位とも云い、朝廷において儀式を執行するとき、群臣の列位を定めるために庭上に置いた木の板。儀制令版位条の規定によれば、七寸四方で厚さは五寸。唐制に淵源しており、唐令では皇帝・皇太子及び諸臣の版があり、各々大きさを異にしている。日本では天皇の版はない。版位は式部省が管轄した。字類抄上五十一ウに「版位〔ヘンヰ、標シルシ木也、以木爲書籍是也〕」。

四 式部省式大嘗会条に「大嘗宮南庭置皇太子已下及奏宿・語部・歌人等版位」とあり、北山抄五大嘗会事には「式部設親王以下版於大嘗宮南門外庭〔門南去二丈五尺、置二奏事版、東西去一丈五尺、重行置親王以下版〕」とある。外の訓は四十頁注九、庭は三七四頁注十、設は八頁注十九参照。

五 践祚大嘗祭式卯日条では「申時以前内辨已設」の八文字なく、「巳時、主殿寮供奉大斎御湯」とする。北山抄五大嘗会事では「申時以前、庶事成畢、酉刻、掃部寮以神座・御座、供于嘗殿」とある。申は名義抄仏上八十に「申〔サル〕」。時は十頁注九、以前は二頁注八参照。底本「申時」。「巳時」に作り「以前内辨已設」の六文字が無い写本あり。校異参照。

六 内弁は即位・節会などの儀式のときに、会昌門（内裏の場合は承明門）の内側において儀式の進行を主導する公卿。多くは第一の大臣が任命され、内弁大臣ともいう。名目鈔に「内弁〔ナイベム〕」。会昌門（承明門）の外側において公事を奉行する官人は外弁。

七 名義抄仏下末十三に「已〔スデニ〕」。設は八頁注十九参照。

八 天皇が潔斎されるために主殿寮が御湯を供奉する。践祚大嘗祭式卯日条には「主殿寮供奉御湯三度〔一度大齋湯、於常宮供之、二度小齋湯、並於廻立殿供之〕、（中略）、巳時、主殿寮供奉大齋御湯」とあり、主殿寮が御湯を供奉することは三度あり、最初は、巳時（午前九時―同十一時頃）、内裏の常の

1 版、三手本「版」とし右傍「版乎」。
2 申、荷田本・神宮一本・信友本「巳」。
3 以前内辨已設、荷田本・神宮一本なし。神道本右傍「衍カ」。都立本右傍「六字衍字乎」。
4 設、都立本「時」とし右傍「設乎」。神道本右傍「時イ」。
5 奉、林本・都立本・神宮一本「御」とし、林本注「衣笠本、伊庭本、トモニ作レ奉」。神道本右傍「御イ」。
6 浴、谷本「洛」。
7 刻、谷本・三手本「剋」。
8 詣、谷本「諸」。

式部設皇太子以下版[1]於大嘗宮南門外庭、申[2]
時以[3]前内辨已設[4]主殿寮供奉[5]浴[6]湯〔巳時大齋、
酉時小齋〕、時刻[7]悠紀・主基共發自齋場、詣[8]
大嘗宮〔悠紀自宮城東路、主基自西路、共南行〕、
其行列也、神祇官神部四人前行

御殿において、大斎の御湯を供奉する。次の二度は廻立殿において小斎の御湯を供奉するとある。儀式は異なり、次条に「巳時大齋、酉時小齋」とある。天皇が廻立殿に出御されるのは戌時（午後七時―同九時頃）である（四九六頁）ので、「酉時小齋」の御湯は廻立殿ではなく、内裏の常の御殿において供奉されるのであろう。従って、儀式では常の御殿において大斎の御湯・小斎の御湯が供されていたこととなる。儀式本条と践祚大嘗祭式卯日条規定の相違については、北山抄五大嘗会事に「時刻、主殿寮供二御浴一〔巳時大忌、酉時小忌、式云、頃年唯供二大忌一不レ供二小忌一、新式云、小忌於二廻立殿一供レ之〕」と述べる。常の御殿における小斎の御湯供奉は行われなくなったのであろう。名義抄法上三十三に「湯〔ユ〕」。字類抄下六十七オに「浴〔ヨク、ユアム〕」。名義抄法上七に「沐浴〔ユアム〕」。供奉は三七〇頁注十七参照。

九 巳時（午前九時―同十一時頃）、主殿寮が内裏（常の御殿）において大斎の御湯を供する。大斎（忌）は、神事のための厳重な斎戒をいう小斎（忌）に対する語で、小斎までの厳重斎戒を求められない斎戒のことをいう。大嘗祭において、小斎官人は卜定によって決定され、所役により大嘗宮に入るが、大斎官人は卜定されず大嘗宮に入ることは禁じられる。巳は、黒川本字類抄下六十四オに「巳〔ミ〕」。時は二一六頁注三、大は二頁注四参照、名義抄仏下末三十一に「大〔ヲホキナリ、オホイサ〕」。斎は七十二頁注五参照。

十 酉時（午後五時―同七時頃）、主殿寮が内裏（常の御殿）において小斎の御湯を供する。酉は、字類抄上五十八オに「酉〔トリ〕」。小斎（忌）は六頁注十六参照。

十一 北野斎場から、悠紀・主基両国によって、白酒、黒酒、御贄、神服、新穀の供神物が大嘗宮へ運搬される。践祚大嘗祭式卯日条に「巳時、主殿寮供二奉大齋御湯一、同剋、兩國供物發レ自二齋場一、向二大嘗宮一」とあり、その時刻は、天皇に大斎の御湯を供奉する時と同時の巳時。供神物が朱雀門に至るのは、同式麁妙服事条では未時（午後一時―同三時）以前とする。時刻は二一六頁注三参照。

十二 悠紀、主基は二頁注二十三、共は十頁注六参照。

十三 北野斎場。十八頁注三・四十頁注九参照。北野斎場卜定は二十四頁以下に見える。

十四 書紀崇神天皇十年十月条の「發路」に「ミチタチヌ、ミチタチス、ミチタチ」の訓。名義抄僧下一〇七に「發〔イダス、ユク、オコス〕」。

十五 名義抄法上七十二に「詣〔マイル〕」。枕草子一〇四に「御車にてまゐり」。

十六 北野斎場を出発した行列は、宮城北門の偉鑒門で左右に分かれ、悠紀は左京の大宮大路、主基は右京の

（七六八頁へ続く）

[一]青摺の布の衫　幷せて[二]日蔭鬘を着け　[三]木綿を着けたる賢木を執り

左右に分れよ

[四]神祇官の行列　[五]繒服の案以上は　[六]未だ[七]朱雀に到らざる[八]間　[九]只悠紀の

前に列れ

神服長

次に　[十]神服の長二人

青摺の布の衫　幷せて日蔭鬘を着け　賢木を執り　分れて左右に在れ

神服男

次に　[十一]神服の男七十二人

青摺の布の衫　幷せて日蔭鬘を着け　[十二]各酒柏を執れ

[十三]所謂酒柏とは　[十四]弓絃葉を以ちて[十五]白木に[十六]挾み　[十七]四重別に四枚　左右に在れ

神服女

次に　[十八]神服の女五十人

一　青摺は一九四頁注九、布は十二頁注二十二、衫は四二四頁注四参照。

二　日蔭鬘は四三〇頁注十四、着は八頁注六参照。

三　木綿を付けた賢木。木綿は二十四頁注十六、賢木は三十頁注五、執は二十八頁注十参照。

四　北野斎場より朱雀門に至るまでの間は、神祇官から繒服案（四五〇頁）までが前行し、その後に悠紀国が続く（主基国の行列も同じ）。繒服は斎場より供神行列で供進されるが、麁服（阿波の忌部奉織）は神祇官庁に弁備されている。供神行列が朱雀門前へ至る前に、麁服は神祇官庁より出て、同門前で待ち、列に加わる（四八六頁）。

五　四五〇頁注十二参照。

六　七十八頁注十四参照。

七　朱雀門。三三八頁注八、到は二十四頁注五参照。

八　名義抄法下七十六に「間〔アヒタ、マ〕」。

九　只は三五〇頁注十三、列は一五二頁注十一参照。

十　二七四頁注五参照。神服の訓は五十六頁注六参照。

十一　四二二頁注六参照。

十二　次条に、弓絃葉を四枚重ねて四重とし白木に差し挟んだものとある。酒を飲む、または酌むための器。践祚大嘗祭式麁妙服事条に「神祇官一人引二神服男女等一、到二於大嘗宮膳殿一、置二酒柏一出」とあり、神服男女が執る酒柏は膳殿に置かれる。酒柏は二十六頁注一、柏は二十六頁注九参照。

十三　三八四頁注二参照。

十四　山地に自生するトウダイグサ科の常緑高木。新葉が成長してから、譲るように古い葉が落ちるのでこの名がある。万葉集三五七二番歌に「由豆流波」。斎宮式供新嘗料条の「弓絃葉一荷」の「弓絃葉」に「ユツルハ」の訓。

十五　一五二頁注十三参照。

十六　字類抄下五十オに「拺〔サシハサム〕」とあり、「挾」も同じとする。

〔着青摺布衫[1]幷[2]日蔭鬘[3]、執着木綿賢木、分左右[4]、
神祇官行列繪[5]服[6]案以上者、未到朱雀之間[7]、只列
悠紀前〕、次[8]神服長二[9]人[10]〔着青摺布衫[11]幷[12]日蔭鬘[13]、
執賢木、分在左右[14][15]〕、次神服男七十二人〔着青
摺布衫[16]幷[17]日蔭鬘[18]、各執酒柏、所謂酒柏者、以弓
絃[19]葉挾白木、四重[20]別四枚、[21]在左右〕、次[22]神服女
五[23]十人

1 衫、神宮本・宮本「衩」。谷本「杉」とし右傍「衫カ」。
2 幷、林本「並」。
3 鬘、林本「縵」。神宮本・都立本「緆」。神宮一本・谷本・三手本「蘰」。宮本「湯」。
4 荷田本・信友本「在」あり、荷田本注「諸本並無、今依二前後例一私補レ之」。神道本左傍「在イアリ」あり。宮本右傍「在」あり。
5 繪、三手本・宮本「僧」とし、宮本右傍「繒」。
6 服、神宮本左傍「殿イ」。
7 神宮本右傍「門カ」あり。
8 次、宮本なし、右傍「次」。
9 二、林本注「伊庭本二人作二丈一字一、非」。三手本・宮本「文」とし、宮本右傍「二人」左傍「ヒ」。
10 人、三手本・宮本なし。
11 衫、神宮本・宮本「衩」。
12 幷、林本「並」。
13 鬘、林本・神宮一本「縵」。神宮本・都立本「緆」。谷本・三手本「蘰」。宮本「湯」。
14 右、三手本なし、右傍「右」。
15 都立本・三手本「云云」あり。谷本・宮本「々々々々」あり。神宮一本「左右」あり。
16 衫、神宮本・宮本「杈」とし右傍「杉」。
17 幷、林本「並」。
18 鬘、林本・神宮一本・三手本「縵」。神宮本・都立本「緆」。谷本「蘰」。宮本「湯」。
19 絃、荷田本・林本・神宮本・都立本・神宮一本・宮本「弦」。神道本右傍「弦イ」。三手本「強」。
20 林本注「延喜式、更有二重字一、此書脱漏」あり。宮本右傍「重」あり。
21 信友本「分」あり。荷田本注「蓋脱二分字一」あり。神道本左傍「分イアリ」あり。
22 次、谷本なし。
23 五、神宮本左傍「忍イ」。宮本「亐」とし右傍「五」。

十七 名義抄法下四十二に「重〔カサヌ、カサナル〕」。別は二十二頁注一参照。
十八 神服女は三一四頁注八参照。

神祇官人

衣の色[一] 幷せて執物等上に同じ　相對ひ分れて[二] 左右に在れ

神祇官人[三]一人　路の中央に立て[四]

前行の神部の後[五]　神服の長の前　當色[六]・木綿鬘[七]を着け　笏[八]を把れ[九]

神服宿禰

次に　神服[十]の宿禰一人

當色・木綿襷[十一]・日蔭鬘を着けよ

繒服案

次に　繒服[十二]の案

細籠[十三]に納め　案の上に置き　神服二人之を舁け[十四]　青摺の布の衫・

木綿鬘を着けよ

案の長さ[十五]四尺二寸　廣さ二尺　高さ三尺八寸

斎国前行

次に　國[十六]の前行二十人

一 神服男と同じく、青摺布衫で日陰鬘を着け、酒柏を執る。衣は一二〇頁注五、色は二十四頁注十三、執物は二三二頁注七、等は六頁注九、上は二十六頁注十九、同は二頁注三十四参照。

二 相対は九十四頁注二参照。分は二一四頁注十九参照。

三 神祇官は二頁注二十、官人は三十二頁注十一参照。

四 路は一三六頁注四、中央は二二四頁注三、立は三十頁注四参照。

五 十頁注四参照。

六 当色は官位相当の服装のこと。衣服令に位階に応じた規定がある。紫式部日記に「白きたうじき(当色)きて」。

七 木綿で作った鬘。一二八頁注九参照。

八 儀礼等に際して威儀を正すために、官人が手に執る長方形の板。衣服令に位階に応じた規定がある。和名抄十四に「四声字苑云笏〔音忽、俗云尺〕」。字類抄下七十四オに「笏〔コツ、シヤク、一名手板也〕」。

九 名義抄仏下本四十に「把〔トル〕」。

十 神服使のこと。二七四頁注四参照。書紀天武天皇十三年十月条の「宿禰」に「スクネ」の訓。

十一 木綿で作った襷。神事に際して、肩に掛ける。万葉集三二八八番歌に「木綿手次」と見える。書紀允恭天皇四年九月条の「木綿手繦」に「ユフタスキ」の訓。皇太神宮儀式帳二月例の「左右肩〔仁〕木綿多須岐懸〔弖〕」に「ミギヒダリノカタニユフタスキカケテ」の訓。木綿は二十四頁注十六、襷は二九〇頁注二参照。

十二 細籠に繒服を納め案上に置いたもの。繒服は、北野斎場の神服院において、貢納された三河国の絹糸を用いて織女が奉織した和妙(にぎたへ)。一〇二頁注七・二七四頁注四参照。繒は名義抄法中一一に「繒〔カトリ〕」とあり、細かい絹糸で織った絹織物のこと。古語拾遺に「神衣所謂和衣〔古語尓伎多倍〕」。伊勢太神宮式神衣条の「大神宮和妙衣」の「和妙衣」に「ニキタへ、ニコタへノミソ」の訓。案は三九八頁注十一参照。

〔衣色幷[1]執物等同上[2]、相對分在左右〕、[3]神祇官人一人立路中央〔前行神部之後、神服長[4]之前、着[5]當色木綿鬘[6]把笏〕、次神服宿禰[7]一人〔着當色木綿襷[8]、日蔭鬘[9]〕、次繒[10]服案[11]〔納細籠、置案上、神服[12]二人舁之、着青摺布衫[13]、木綿鬘[14]、案[15]長四尺二寸、廣二尺、高三尺八寸〕、次國前行[16]二十人

繒服案以下に見える案・机・台は、官符宣旨例第三十五号（七四二頁）に対応する。七四四頁に「繒服案壹前」と見える。官符宣旨例第三十五号は木工寮への弁官下文であり、供神行列に用いる木工品は、木工寮が製作する。

十三 竹製の目の細い籠。細は、名義抄法中一二三に「細〈ホソシ、スクナシ〉」。籠は一五〇頁注二参照。書紀神代紀海宮遊幸に「無目籠」とあり「マナシカタマ」の訓が付されている。納は二八〇頁注十一参照。麁妙服も細籠に納め案上に置く（四八六頁）。

十四 名義抄仏下末二十三に「舁〈カク〉」。

十五 長は四十二頁注十六、尺は二十四頁注十五、寸は一〇六頁注五、広は四十二頁注十七、高は八十八頁注十三参照。

十六 悠紀国。国は二頁注二十三参照。

1 幷、林本「並」。
2 上、三手本「工」。
3 三手本右傍「次乎」あり。
4 長、谷本「之」として消す。
5 着、谷本なし。
6 鬘、林本・神宮一本・三手本「縵」。神宮本・都立本・宮本「縵」。谷本「蘰」。
7 禰、谷本「祢」。
8 襷、三手本「袴」。宮本「𢘿」とし右傍「襷」。
9 鬘、林本・神宮一本・三手本「縵」。神宮本・都立本・宮本「緆」。谷本「蘰」。
10 繒、三手本・宮本「僧」とし、三手本右傍「繒乎」、宮本右傍「繒」。
11 林本注「闕幾脚字」あり。
12 服、荷田本注「元本作神部」。林本・神宮一本「部」とし、林本注「舊本並衣笠本作二神服一奉政改レ之」。
13 衫、神宮本「衩」。宮本「抉」。
14 鬘、林本・神宮一本・三手本「縵」。神宮本・都立本・宮本「緆」。谷本「蘰」。
15 案、信友本「按」。
16 二十、荷田本・林本・神宮本・都立本・神宮一本・谷本・三手本・宮本「卄」。神道本・信友本「廿」。

湯

主礼

次第司

左右に各十人　相分れて[一]行列れ　[二]退紅染の布の衫・[三]布の帶を着け

[四]白杖を執れ　國の前行以下の行列は　[五]主基も亦之に同じ

次に　[六]湯二舁

[七]部領各二人　左右に相夾み　[八]擔丁各二人　[九]松樹の比良加に納れ

[十]黒木の案に居ゑ　[十一]飾るに木綿・賢木を以ちてせよ

其の比良加は　[十二]徑一尺三寸　深さ一尺四寸

次に　[十三]主禮二人

左右に相分れ　諸司の[十四]史生を用ゐよ　以下皆同じ

次に　[十五]次第司一人

諸司の[十六]主典を用ゐよ

一 行列は一五二頁注十一参照。
二 退紅染は薄い紅色。粗く一入（ひとしお）だけ染めるからこの名があるという。また、真紅を洗い落した洗い染めの意ともいう。新撰字鏡十二に「退紅〔洗曽女〕」。縫殿寮式雑染用度条の「退紅帛」の「退紅」に「アラソメ」の訓。布は十二頁注二十二、衫は四二四頁注四参照。
三 三三四頁注八参照。
四 白木の杖。行列採物の一つで、非常を防ぎ、且つ歩行を助けるための杖であろう。平家物語一鹿谷に「神人しらつえ(杖)をもて」とある。白は一五二頁注十三参照。杖は、名義抄仏下末一〇五に「杖〔ツヱ〕」、黒川本字類抄二十四オに「杖〔チヤウ、ツヱ〕」。執は二十八頁注十参照。以下は十二頁注三参照。
五 国の前行二十人以下の行列次第は、主基国も悠紀国と同じ。主基は二頁注二十三、亦は六頁注十一、之は八頁注五、同は二頁注三十四参照。
六 湯は四四六頁注八、舁は四五〇頁注十四参照。湯二舁、主礼二人、次第司一人、標一基は践祚大嘗祭式卯日条には見えない。
七 四一二頁注八参照。各は四頁注二十二、相は四十六頁注二、夾は二二二頁注七参照。
八 一三八頁注二十参照。
九 松の樹で作った比良加。次条に径一尺三寸・深一尺四寸とある。松は、名義抄仏下本八十六に「松〔マツ〕」。樹は一七二頁注二、比良加は六十六頁注七参照。納は五十頁注八参照。
十 黒木で作った案。黒木は一〇二頁注三、案は三九八頁注十二参照。居は一四八頁注十六参照。
十一 四三〇頁注十七参照。木綿は二十四頁注十六、賢木は三十頁注五参照。
十二 一五〇頁注七参照。深は一四八頁注六参照。
十三 二〇四頁注三参照。
十四 六頁注四参照。用は十四頁注一参照。以下は十二頁注三、皆は三九四頁注八参照。

〔左右[1]各十人、相分行列、着退紅染布衫[2]・布帯・執白杖[3]、國前行以下行列、主基亦同之〕、湯二舁[4]〔部領[5]各二人、左右相夾[6]、擔丁各二人、納松樹比良加、居黒木案[7]、飾[8]以木綿・賢木、其比良加徑一尺三[9]寸、深一尺四寸〕、次主禮二人〔左右相分、用諸司史生、以下皆同〕、次次[10]第[11]司一人〔用諸司主典[12]〕、

十五 供神物行列の行列次第を整える次第司。次第司は一九二頁注一参照。
十六 六頁注一参照。

1 左右、信友本「右左」。
2 衫、宮本「秋」とし右傍「衫」。
3 杖、神宮本「丈」とし右傍「杖カ」。三手本「文」。宮本「丈」とし右傍「杖」。信友本「枚」。
4 舁、宮本右傍「與」。
5 領、神宮一本「類」。
6 夾、林本「挾」。
7 案、神宮一本「柴」とし右傍「一作案」。三手本「安」とし左傍「案」。
8 飾、林本・神宮本・都立本・神宮一本・谷本・三手本・宮本「餝」。
9 三、神宮一本「二」。
10 次、三手本・宮本「々」。
11 第、神宮本・谷本・宮本「弟」。
12 神宮本「諸」あり。三手本・宮本「諸司主」あり。

標

次に標[一]一基

部領左右に二人相夾み　退紅染の布の衫・白布の[二]袴・帯・襪・菲を着けよ

曳夫[三]二十人　黄地[四]に黒摺の布の衫・白き袴・帯・脛巾[五]・菲を着けよ

行事・国郡司

次に行事[六]及び國[七]・郡司幷せて眷族[八]等の五位已上

當色[九]を着け　白木[十]を杖とし　左右に分列れ

稲実卜部

次に　稲實の卜部[十一]一人　中央[十二]に在れ

當色・木綿襷[十三]・日蔭鬘を着けよ

造酒童女

次に　造酒童女[十四]一人

細布[十五]の明衣・日蔭鬘を着け　白木[十六]の輿に乗れ　夫[十七]四人之を擔へ[十八]　部領左右に各一人相夾み　青摺[十九]の布の衫・白布の袴・帯・脛巾・菲・日蔭鬘を着け

一 十八頁注四・五十四頁注四参照。曳夫二十とあり、標は曳山。四九〇頁に朝集院庭中に留めると見える。基は四三〇頁注十九参照。

二 白布は、平家物語一俊寛沙汰鵜川軍に「しろぬの(白布)五十端送られけり」と見える。袴は二八六頁注十六、帯は三三四頁注八、襪は三三四頁注五、菲は四一四頁注十参照。

三 曳は、名義抄僧中四十三に「曳(ヒク)」。夫は七十八頁注六参照。

四 黄は四三二頁注十七、地は四〇六頁注十八参照。黒は一四二頁注六、摺は三三二頁注十五参照。布は十二頁注二十二、衫は四二四頁注四参照。

五 四一四頁注九参照。

六 悠紀行事所の行事であろう。四頁注二十一参照。

七 悠紀国の国司と郡司。国は二頁注二十三、司は四頁注三十三、郡司は二十四頁注八参照。并は四頁注四参照。

八 同族の者。斎国より北野斎場への行列次第には子弟とある(一五二頁)。眷は、名義抄仏中七十四に「眷(コヒシカヘリミル、シタシ、クワン)」。族は、同書僧中三十に「族(ヤカラ、ソク)」。書紀敏達天皇十二年是歳条の「眷族」に「ヤカラ」の訓。黒川本字類抄中八十オに「眷属(クワンソク、僕従分)」。宇津保物語俊蔭に「くゑんぞく(眷属)のかなしきによりて」、平家物語三有王に「四五百人の所従けんぞく(眷属)に圍饒せられて」。

九 四五〇頁注六参照。

十 国の前行二十人は白仗を執る(四五二頁)。白木は一五二頁注十三、杖は四五二頁注四参照。分は二一四頁注十九、列は一五二頁注十一参照。

十一 稲実の卜部として悠紀国に発遣された宮主。七十頁注二十・七十二頁注一参照。卜部は三十二頁注九参照。

十二 二二四頁注三参照。在は二頁注三十二参照。

十三 木綿襷は四五〇頁注七、日蔭鬘は四三〇頁注十四参照。

次標一基〔部領左右二[1]人相夾[2]、着退紅染布衫[3]・
白布袴・帯・襪[4]・菲[5]、曳夫二十[6]人、着黄地黒摺
布衫[7]・白[8]袴・帯・脛巾・菲[9]〕、次行事及國郡司
幷舂族等五位已上〔着當色杖[10]白木[11]、左右分[12]
列[13]〕、次稲實卜部一人在中央〔着當色木綿
襷[14]・日蔭鬘[15]〕、次造酒童女[16][17]一人〔着細布明衣・
日蔭鬘[18]、乗白木輿、夫[19]四人擔之、部領左右各一
人相夾[20]、着青[21]摺布衫[22]・白布袴・帯・脛巾・菲[23]・
日蔭鬘[24]、

一四 七十八頁注十参照。
一五 細布で作った明衣。細布は三三二頁注十五、明衣は八十頁注十一参照。稲実の公、造酒童女などの物部人に明衣料を賜うことは二八八頁に見える。
一六 白木は一五二頁注十三、輿は一五六頁注八参照。乗は一五八頁注八参照。
一七 夫は七十八頁注六参照。
一八 名義抄仏下末七十に「擔〔ニナフ、オフ〕」。
一九 青摺は一九四頁注九、布は布は十二頁注二十二、衫は四二四頁注四参照。

1 荷田本・信友本「各」あり、荷田本注「諸本並無」あり、信友本頭注「下例皆有各字」あり。神道本注「各イアリ」あり。
2 夾、林本「挟」。
3 衫、宮本「杦」。
4 以文本「脛巾」あり、朱で消し、頭注「一本有脛巾二字」と朱書。
5 菲、谷本「韮」。
6 二十、荷田本・神宮本・都立本・神宮一本・谷本・三手本・宮本「廾」。林本・信友本「廿」。神道本右傍「廿イ」。
7 衫、林本「縿」。宮本「杦」。
8 荷田本・信友本「布」あり、荷田本注「諸本無布字今依前後例私補之」、信友本頭注「前後例皆有布字」。林本注「漏布字」あり。宮本右傍「布」あり。
9 菲、谷本「韮」。
10 杖、神宮本・谷本・三手本「枝」とし、三手本右傍「杖」。宮本「技」とし右傍「持」。信友本なし。
11 信友本「杖」あり。
12 分、神宮本右傍「相イ」。
13 列、神宮本・都立本・神宮一本・谷本・三手本・宮本「別」。
14 襷、宮本「袴」。
15 鬘、林本・神宮一本・三手本「縵」。神宮本・都立本・宮本「緆」。谷本「蘰」。
16 女、神宮本・谷本・三手本・宮本なし、宮本右傍「女」。都立本「子」とし右傍「女」。
17 信友本「廿」あり。
18 鬘、林本・神宮一本・三手本「縵」。神宮本・都立本・宮本「緆」。谷本「蘰」。
19 夫、神宮一本・宮本「夫」とし、宮本右傍「夫」。
20 夾、谷本「交」。
21 青、信友本なし。
22 衫、神宮本・宮本「衩」、谷本「衫」。
23 菲、谷本「韮」。
24 鬘、荷田本・神宮一本・三手本・故実本・以文本「縵」。神宮本・都立本・宮本「縵」。谷本「蘰」。

白木を杖とせよ

御稲輿

次に　御稲[一]の輿一基

布[二]の袋に納れ　黒木[三]の輿に居ゑよ

擔丁四人　部領左右に各一人相夾め

稲実公

次に　稲實[四]一人

青摺の布の衫・木綿襷・日蔭蔓を着けよ

御膳足別案

次に　御膳[五]の足別[六]の案八脚

各長さ四尺二寸　廣さ二尺　高さ二尺五寸

敷く[七]に曝布を以ちてし　覆ふ[八]に緋の油單を以ちてし　緑[九]の帯を以ちてする

こと二所　物部[十]の女之を戴き[十一]　細布の衫・木綿襷・日蔭蔓を着け　髻[十二]を垂[十三]

一 御稲は斎田において収穫した抜穂の御稲。黒木の輿に乗せられる。御稲は五十二頁注一、稲は十二頁注十二参照。

二 布は十二頁注二十二、袋は三六八頁注二参照。

三 一〇二頁注三参照。居は一四八頁注十六参照。

四 稲実公のこと。七十八注十八参照。底本「稲實」。「稲實公」に作る写本あり。校異参照。践祚大嘗祭式卯日条は「稲實公」。

五 二〇〇頁注一参照。

六 足を取り外すことができる案。名義抄仏下本一一一に「足別案〔アシワケノツクヱ〕」。縫殿寮式三年雑物条の「白木脚別机」の「脚別机」に「アシワケ」の訓。案は三九八頁注十二、脚は三九八頁注十三参照。践祚大嘗祭式卯日条は「戴二御膳案一女八人」とする。

七 敷は九十六頁注十一参照。曝布は灰汁で煮た後、水洗いし、日光に干すなどして、白くした布。名義抄仏中九十四に「曝布〔サラシヌノ〕」。字類抄下四十八オに「曝布〔サラス、ホス、カハク〕」。以は四頁注十七参照。

八 覆は二四六頁注九参照。緋油単は緋地の油単。緋は四二八頁注五参照。油単は、一重の布や紙などに油を染み込ませ、防水・防寒に用いたもの。字類抄下六十八オに「油單〔ユタン俗〕」。枕草子一〇八に「あたらしきゆたん(油単)に」。

九 御膳の足別案は曝布を敷き、緋油単で覆い、緑の帯を以て二所を結ぶ。緑は三七二頁注五、帯は三三四頁注八参照。二は四十二頁注十八、所は四頁注十八参照。

十 案を戴く物部女。践祚大嘗祭式卯日条では八人とする。注六参照。物部女は四十八頁注五参照。

十一 名義抄僧中四十二に「戴〔イタダク〕」。

十二 うなゐ。子供などが髪を肩の辺りまで垂らしていること。また、その髪のこと。和名抄二に「髫髪〔和名宇奈為〕」。名義抄仏下本三十六に「髫髪〔ウナヒ〕」。黒川本字類抄中四十八ウに「髫髪〔テウハツ、ウナヰ〕」。

十三 名義抄法下三十九に「垂〔タル〕」。

杖[1]白木〕、次御稲輿一基〔納[2]布袋[3]居黒木輿、擔丁[4]四人、部領左右各一人相夾[5]〕、次稲實[6]一人〔着靑摺布衫[7]・木綿襷・日蔭鬘[8]〕、次御膳足別案八脚〔各長[9]四尺二寸、廣二尺、高二尺五寸、敷以曝布、覆以緋油[10]單、以綠[11]帶[12]二所、物[13]部女戴[14]之、着細布衫[15]・木綿襷・日蔭鬘[16]垂髩[17]、

1 杖、神宮本「棱」。三手本・宮本「枝」とし、三手本右傍「杖乎」、宮本右傍「持」。
2 納、林本・三手本「細」とし、林本注「細布袋、延喜式作㆓納稲布袋四字㆒者是、此書誤字闕文」。
3 袋、信友本「帒」。
4 丁、信友本「寸」。
5 夾、谷本「交」。
6 荷田本・谷本・宮本・信友本「公」あり、荷田本注「諸本並無今依㆓延喜大嘗式㆒私補㆑之」、信友本頭注「巻第二所々有㆓稲実公㆒大嘗式亦有㆓公字㆒」。林本注「延喜式實下有㆓公字㆒、此書脱漏」あり。神道本右傍「公イアリ」あり。
7 衫、神宮本・宮本「衩」。
8 鬘、林本「縵」。神宮本・都立本・宮本「縵」。神宮一本・谷本・三手本「蘰」。
9 各長、谷本「長各」。
10 油、荷田本・林本・神宮本・都立本・神宮一本・三手本・宮本「細」とし、荷田本注「蓋油單之誤」、林本注「油單之誤」、宮本右傍「油」。
11 綠、谷本「縁」。信友本「線」。
12 荷田本・信友本「結」あり、荷田本注「諸本並無今依例私補之」。林本注「闕結字」あり。宮本右傍「結」あり。神道本右傍「結イアリ」あり。都立本「結之」あり。
13 物、神宮本・都立本・神宮一本・谷本・三手本・宮本「賜」とし、宮本右傍「物」。
14 戴、林本・谷本「載」。
15 衫、神宮本・宮本「衩」。
16 鬘、林本「縵」。神宮本・宮本「縵」。都立本「縵」。神宮一本・谷本・三手本「蘰」。
17 髩、林本・神宮本・都立本・神宮一本・三手本なし、林本注「垂下闕髩字」。荷田本頭注「諸本並無」。谷本・宮本「髻」。

らせ

[一]部領左右に各四人相夾め

御酒足別案

次に　[二]御酒の足別の案一脚

長さ三尺八寸　廣さ二尺　高さ三尺　敷くに曝布を以ちてし　覆ふに緋の油單を以ちてし　綠の帶を以ちてすること二所　大案の上に[三]居ゑよ

[四]擔丁四人　部領左右に各一人相夾め

主礼

次に　[五]主禮二人

次第司

次に　[六]次第司一人

次に　[七]黑酒二[八]瓶

各一石五斗を納る　[九]白木の盤を以ちて[十]蓋と爲し　覆ふに曝布を以ちてし　結[十一]

一　四一二頁注八参照。各は四頁注二十二、相は四十六頁注二、夾は二二二頁注七参照。

二　御酒は二五〇頁注六参照。踐祚大嘗祭式卯日条は「御酒案一脚」。

三　上は三八八頁注八、居は一四八頁注十六参照。

四　一三八頁注二十参照。

五　二〇四頁注三参照。

六　一九二頁注一参照。

七　二八二頁注二参照。

八　六十四頁注十四参照。底本「瓶」。「甀」に作る写本あり。校異参照。四六〇頁には「甀」とし、また、白酒は「白酒二甀」とある。踐祚大嘗祭式卯日条は「黒酒二甀」。

九　白木で作られた盤。白木は一五二頁注十三、盤は六十四頁注十八参照。黒酒の瓶（甀）は白木の盤で蓋をして、全体を曝布で覆い、木綿を用いて結ぶ。

十　名義抄僧中十五に「盖〈フタ〉」。和名抄十九に「角盖〈都比乃不太（つひのふた）〉」・「玉盖〈之太々美乃不太（したゞみのふた）〉」。為は四頁注二十参照。

十一　三八二頁注四参照。

部領左右各四人相夾[1]）、次御酒足別案一[2]脚（長三尺八寸、廣二尺、高三尺、敷以曝布、覆以[3]緋油[4]單、以緑[5]帶[6]二所、居大案上、擔丁四[7]人、部領左右各一[8]人相夾[9]）、次主禮二人、次次第[10]司一人、次黑酒二[11]瓶[12]（各納一石五斗、以白木盤爲盖、覆以曝布、結

1 夾、谷本「交」。
2 一、宮本「二」とし右傍「一イ」。
3 以、信友本「次」とし頭注「次以乎」。
4 油、荷田本・林本・神宮本・都立本・神宮一本・三手本・宮本「細」とし、荷田本注「蓋油單之誤」、林本注「油單之誤」、宮本右傍「油」。
5 緑、谷本・宮本「縁」。
6 荷田本・信友本「結」あり、荷田本注「諸本並無今依レ例私補レ之」。神道本右傍「結イアリ」あり。宮本右傍「結」あり。
7 四、宮本「隆」。
8 一、林本「二」あり。
9 夾、谷本「交」。
10 第、神宮本・谷本「弟」。
11 二、三手本「三」。
12 瓶、荷田本・宮本・信友本「甈」とし、荷田本注「二甈諸本作二二瓶一」、信友本頭注「大嘗式作レ甈、考其文与二白酒一無レ異作レ瓶非」。林本・神宮本・都立本・神宮一本・以文本「甋」とし、林本注「延喜式甋作レ甈者是」。神道本右傍「甈イ」。谷本右傍「甈イ」。宮本「甋イ」。

ぶに木綿[一]を以ちてし　六角[二]の黒木の輿[三]に載せよ
其[四]の葺くに表は檜葉[五]を以ちてし　裡[六]に斑席[七]を以ちてし　布を帖[八]みて
甅[九]の下に敷き　結[十]ぶに綱を以ちてし　飾[十一]るに蘿葛[十二]を以ちてせよ
擔丁各八人　部領左右に各二人

白酒

次に　白酒[十三]二甅
裝束[十四]幷せて部領・擔丁は　黒酒に同じ

由加物

次に　由加物[十五]八舁
四尺の明櫃[十六]八合を以ちて神の物を納れ　各大案[十七]に居ゑよ
各長さ九尺　廣さ二尺二寸　高さ二尺
覆ふに食筵[十八]を以ちてし　布の綱を以ちて二所を結べ

一 二十四頁注十六参照。
二 黒木で作った六角形の輿であろう。六は、名義抄仏下末二十六に「六〔リク、ロク、ムツ〕」。角は、字類抄上一〇二オに「廉〔カト〕、替、稜、角〔已上同〕」。黒木は一〇二頁注三、輿は一五六頁注八参照。践祚大嘗祭式卯日条は「黒木輿」。
三 名義抄僧中三十九に「載〔ノス、ノル〕」。
四 六角の黒木輿に、畳んだ布を敷き、その上に、曝布で覆われた黒酒の甅を載せ、その上に斑席を張り、さらにその上に檜葉を葺く。綱で結び固定して、蘿葛で飾る。其は二頁注二十八、葺は九十六頁注五、表は三七二頁注二参照。
五 檜の葉。檜は三九〇頁注十、葉は一二四頁注五参照。
六 三九〇頁注十七参照。
七 種々の色、または濃淡が入り交じった席。斑は一九八頁注八、席は十頁注一参照。三九〇頁に伊勢の斑席が見える。
八 名義抄法中一〇三に「帖〔タタム、カサヌ〕」。
九 六十六頁注二十一参照。下は三三六頁注三、敷は九十六頁注十一参照。
十 三八二頁注四参照。綱は二四〇頁注八参照。
十一 四三〇頁注十七参照。
十二 山野に自生する蔓草（ヒカゲノカズラ科の常緑シダ植物）のこと。蘿は、和名抄二十に「唐韻云蘿〔魯何反、日本紀私記云蘿比加介〕、女蘿也」、名義抄仏下本三十七に「蘿蔓〔ヒカケカツラ〕」。葛は三九六頁注五、日蔭鬘は四三〇頁注十四参照。
十三 二八二頁注二参照。甅は六十六頁注二十一参照。
十四 一三六頁注九参照。
十五 由加物は、河内・和泉・尾張・参河・備前の五国が弁備する供神雑器（六十頁）と、紀伊・淡路・阿波の三国が弁備する海産物を中心とした由加物（一一二頁）がある。六十頁注二十二・一一二頁注七参照。舁は四五〇頁注十四参照。
十六 三四四頁注六参照。合は十頁注十六、納は五十頁注八参照。
十七 各は四頁注二十二、案は三九八頁注十二、居は一四八頁注

以木綿、載[1]六角黒木輿、其葺[2]表以檜葉、裡[3]以斑[4]席、帖布敷趕[5]下、結以綱[6]、飾[7]以蘿[8]葛、擔丁[9]各八人、部領左右各二人）、次白酒二趕[10]、（装束幷[11]部領・擔丁同黒酒）、次由加物八舁[12]、（以四尺明櫃[13]八合納神物、各居大案、各長九尺、廣二尺二寸、高二尺、覆以食筵[14]、以布綱結二所、

十六参照。

六 食（け）は食事・食物のこと。二十頁注二参照。筵は敷物のことで、和名抄十四に「説文云筵〔音延、和名無之呂〕」、名義抄僧上七十九に「筵〔ムシロ、ナカムシロ〕」、黒川本字類抄中四十四オに「筵〔エン、ムシロ、竹席也〕」。席は十頁注一参照。

1 載、荷田本注「諸本為㆑戴今依㆓同式㆒私改㆑之」。林本・神宮一本・三手本・宮本「戴」とし、林本注「伊庭本、戴、作㆑載者是」。
2 葺、荷田本・林本・都立本・神宮一本・宮本「葺」。谷本「𠮷」。
3 裡、神宮本「裏」。
4 斑、荷田本・林本・神宮本・神宮一本・谷本・三手本・宮本「班」。
5 趕、林本「踶」。
6 綱、神宮本「䋄」とし左傍「綱カ」。三手本「䋄」。宮本「緹」。
7 飾、林本・神宮本・都立本・神宮一本・谷本・三手本・宮本・故実本・信友本「餝」。以文本なし。
8 蘿、三手本「羅」。
9 丁、信友本「下」。
10 趕、谷本「瓶」とし右傍「趕イ」。
11 幷、神宮本・三手本・宮本「再」とし、神宮本右傍「並カ」。
12 舁、谷本・宮本右傍「輿イ」。
13 櫃、神宮本「樻」。宮本「槓」。三手本「横」。
14 筵、荷田本・神宮本・都立本・神宮一本・三手本・宮本「莚」とし、荷田本注「蓋食薦之誤」。信友本「薦」。神道本左傍「薦イ」。

木燧　杵　箕

擔丁[一]卅二人　部領左右に各四人相夾め

次に[二]　木燧[三]一荷

白筥[四]二合に納れ　呉竹[五]を臺と爲　覆ふに緑の纐纈[六]を以ちてし　結ぶに[七]

木綿を以ちてし　布の綱を以ちて之を維ぎ[八]　其の上[九]に賢木を插せ

擔丁一人　部領左右[十]に一人相夾め

次に[十一]　杵[十二]四枚

納るるに布の袋を以ちてし　呉竹を臺と爲　飾るに木綿賢木[十三]を以ちてせよ

擔丁一人　部領左右に各一人相夾め

次に　箕[十四]二枚

裹[十五]むに曝布を以ちてし　呉竹を臺と爲　飾るに木綿賢木を以ちてせよ

一 底本「卅」。「卌」に作る写本あり。校異参照。践祚大嘗祭式卯日条も由加物の輿を担ぐ夫は三十二人となる。
二 践祚大嘗祭式卯日条では、由加物八輿と火燧一荷の間に「次切机四脚、加下納二刀子一折櫃二合上〔裹以二曝布一、以レ案爲二一荷一、荷別夫二人〕」の二十七文字がある。校異参照。
三 一三四頁注八、三七四頁注二十二参照。荷は一四八頁注十一参照。践祚大嘗祭式卯日条は「火燧一荷」とする。
四 三五二頁注七参照。
五 呉から渡来した竹の意で、丈低く、節が多く、葉の細い竹。現在の淡竹（はちく）にあたるという。和名抄二十に「文字集略云[illegible]〔音茸、楊氏漢語抄云呉竹也、和語云久禮太介〕」。黒川本字類抄中七十二オに「呉竹〔クレタケ〕」。台は三六〇頁注五、為は四頁注二十参照。
六 緑地の纐纈染め。緑は三七二頁注五、纐纈は四〇六頁注十七参照。
七 三八二頁注四参照。木綿は二十四頁注十六参照。
八 名義抄法中一一四に「維〔ツナグ〕」。
九 上は三八八頁注八、賢木は三十頁注五、挿は九十頁注二参照。
十 底本「左右一人」。「左右各一人」に作る写本あり。校異参照。杵四枚条には「左右各一人相夾」とある。
十一 践祚大嘗祭式卯日条では、火燧一荷と杵四枚の間に「次臼一腰〔納以二布袋一、結以二布帯一、覆レ口以二白木盤一、裹以二細席一、夫二人〕」の二十五文字がある。校異参照。
十二 臼の中にある穀物などを搗くための道具。和名抄十六に「杵〔岐禰〕、舂槌也」。字類抄上五十八オに「杵〔キネ〕」。枚は十二頁注二、袋は三六八頁注二参照。
十三 木綿を取り付けた賢木。木綿は二十四頁注十六、賢木は三十頁注五参照。
十四 穀物などをあおり振り、穀やごみをより分ける農具。和名抄十六に「説文云箕〔音姫、和名美〕、除レ糞レ簸米之器也」。黒川本字類抄下六十三ウに「箕〔ミ、簸米之竹器〕」。

擔丁卅[1]二人、部領左右各四人相夾[2]〕、次[3]木[4]燧一荷〔納白筥二合、呉竹爲臺、覆以緑[5][6][7]纐纈、結[8]以木綿、以布[9][10][11][12]綱維之、其上插[13]賢木、擔丁一人、部領左右[14]一人相夾[15]〕、次[16][17]杵四枚〔納以布袋、呉竹爲臺、飾[18]以木綿賢木、擔丁一人、部領左右各一人相夾[19]〕、次箕二枚〔裹[20]以曝布、呉竹爲臺、飾[21]以木綿賢木、

十五 一四八頁注十三参照。曝布は四五六頁注七参照。

1 卅、荷田本・神宮本・都立本・神宮一本・三手本・信友本「卌」。宮本右傍「卌イ」。林本注「衣笠本。伊庭本。卌作冊者非。」。
2 夾、谷本「交」。
3 次、荷田本・林本・都立本・神宮一本・信友本「切机四脚加納刀子折櫃二合〔裹以曝布以案為一荷別夫二人〕次」あり、宮本は右傍にあり、荷田本注「次切机以下夫二人以上大字十三字小字十四字諸本闕㆑之」。以文本頭注「木燧上脱㆓切机㆒歟」。
4 木、荷田本・都立本・神宮一本・信友本「火」とし、荷田本注「火燧元本作㆓木燧㆒」。林本注「木燧延喜式、作㆓火燧㆒者是」。神道本左傍・谷本右傍「火イ」。宮本右傍「火」。
5 緑、神宮本・谷本「縁」。
6 三手本「以緑」あり。宮本「以」あり。
7 纐、谷本・三手本なし。宮本「緑」を消して右傍「纐」。
8 結、神宮本なし。
9 布、宮本「木」を消して右傍「布」。
10 宮本「綱」あり。
11 綱、神宮本・三手本・宮本「緹」とし、神宮本左傍「綱カ」。
12 宮本「結」あり。
13 插、都立本「挾」。
14 荷田本・林本・神宮本・都立本・神宮一本・宮本・信友本「各」あり。神道本左傍「各イアリ」。
15 夾、谷本「交」。
16 荷田本・林本・神宮一本・信友本「臼一腰〔納以布袋結以布帯覆口以白木盤裹以細席夫二人〕次」あり、宮本右傍にあり、都立本「朱分虫滅」に加えて同じくあり、荷田本注「次臼以下夫二人以上大字四字小字二十一字諸本闕㆑之」、信友本頭注「次臼以下同上亦知猶可㆑有㆓十余字㆒」。
17 杵、宮本、この条なく「箕」に続く。
18 飾、林本・神宮本・都立本・神宮一本・谷本・三手本・信友本「餝」。
19 夾、谷本「交」。
20 裹、荷田本・林本・都立本・神宮一本・谷本・三手本「褁」。
21 飾、林本・神宮本・都立本・神宮一本・三手本・宮本・信友本「餝」。

薪

擔丁[一](もちよほろ)一人　部領(ことり)左右(ひだりとみぎ)に各(おのもおのも)一人相夾(あひはさ)め

次(つぎ)に　薪[二](かまぎ)十荷

長(なが)さ各四尺

黒葛[三](つづら)を以(も)ちて　兩端[四](ふたつのはし)を束[五](つか)ね　裹(つつ)むに細席[六](ほそむしろ)を以(も)ちてし　黒木[七](くろき)の臺(だい)に居(す)ゑ

飾(かざ)るに蘿[八](ひかげ)・賢木(さかき)を以ちてせよ

擔丁(もちよほろ)十人　部領(ことり)左右に各二人相夾め

火台

次に　火臺[九](ひのだい・くわだい)四荷

各方[十](はう)二尺　高(たか)さ三尺四寸

搆[十一](かま)ふるに檜木[十二](ひのき)を以ちてし　塗[十三](ぬ)るに白土[十四](しらつち)を以(も)ちてし　覆[十五](おほ)ふに細席(ほそむしろ)を以ちてし　布[十六](ぬの)の綱(つな)を以ちて四所(よつのところ)に之を結(むす)べ　飾(かざ)るに木綿(ゆふ)賢木(さかき)を以ちてせよ

一　一三八頁注二十参照。部領は四一二頁注八、各は四頁注二十二、相は四十六頁注二、夾は二二二頁注七参照。

二　竃で焚く薪のこと。八十頁注六参照。

三　三九〇頁注八参照。

四　両は四頁注十八、端は三八六頁注五参照。

五　たばねること。名義抄僧下九十に「束〔ツカヌ、ツカム〕」。

六　細い藺（ゐ）・竹・藁で編んだ席か。細は四五〇頁注十三、席は十頁注二参照。

七　黒木で作った台。黒木は一〇二頁注三、台は三六〇頁注五参照。

八　四六〇頁注十二参照。

九　檜木で方二尺、高さ三尺四寸の台を作り、白土を塗布したもの。火は、名義抄仏下末三十六に「火〔クワ〕」、三七四頁注二十六参照。官符宣旨例第三十五号（七四四頁）に「置火臺一前」が見える。

十　三十頁注七参照。

十一　四十二頁注九参照。

十二　檜木は日本特産のヒノキ科の常緑高木。字類抄下九十一ウに「檜〔ヒノキ〕」。檜は三九〇頁注十、木は十四頁注七参照。

十三　四三〇頁注十八参照。

十四　和名抄一に「堊唐韻云白土也、音悪〔和名之良豆知〕」。壁を塗る材料、また、砂やふのりを混ぜて漆喰にする。

十五　覆は二四六頁注九参照。

十六　布は十二頁注二十二、綱は二四〇頁注八、四は一五〇頁注八、所は四頁注十八参照。

擔丁一人、部領左右[1]各一人相夾[2]〉、次薪十荷〈長
各四尺、以黒葛束[3]兩[4]端、褁[5]以細席、居黒[6]木臺、
餝[7]以蘿賢木、擔丁十[8]人、部領左右各二人相夾[9]〉、
次火[10]臺四荷〈各方二尺、高三尺四寸、搆[11]以檜木、
塗以白土、覆以細席[12]、以布綱[13][14]四所結[15]之[16]、[17]餝[18]以木[19]
綿賢木、

1 左右、林本なし。
2 夾、谷本「交」。
3 束、都立本「子」。三手本・宮本「東」とし、宮本右傍「束」。神宮本右傍「東イ」。
4 兩、三手本・宮本「西」とし、宮本右傍「両」。神宮本右傍「西イ」。
5 褁、荷田本・林本・都立本・神宮一本・谷本・三手本・宮本「褁」とし、林本注「褁之誤」。神道本「裹」。
6 黒、信友本なし。
7 餝、林本・神宮本・都立本・神宮一本・谷本・三手本・宮本・信友本「餝」。
8 十、荷田本・林本・神宮本・都立本・神宮一本・谷本・三手本・宮本「一」とし、宮本右傍「十」。信友本頭注「依丁例擔皆挙惣数荷別則一人物合則十人大嘗式亦曰夫十人」。
9 夾、谷本「交」。宮本「夭」とし右傍「夾」。
10 火、神宮本右傍「大イ」。
11 搆、林本・神道本「構」。
12 席、神宮一本右傍「一作布」。
13 綱、神宮本注「綱一作結」。
14 都立本「結」あり。神宮一本右傍「結イアリ」あり。
15 結、神宮本・都立本・谷本・三手本なし。
16 之、神宮本・都立本・谷本・三手本なし。
17 宮本、「枠」条が入る。神道本右傍「イナシ」。
18 餝、林本・神宮本・都立本・神宮一本・谷本・三手本・宮本・信友本「餝」。
19 木、信友本「本」。

擔丁八人　部領左右に各一人相夾め

主礼

次に　主禮[一]二人

次第司

次に　次第司[二]一人

松明

次に　松明[三]四荷

長さ各四尺

黒葛を以ちて　兩端を束ね　裹むに細席を以ちてし　黒木の臺に居ゑ

飾るに木綿賢木を以ちてせよ

擔丁四人　部領左右に各二人相夾め

土火爐

次に　土[四]の火爐四荷

各廣さ方二尺五寸

一 二〇四頁注三参照。

二 四五二頁注十五参照。

三 二四八頁注十二参照。

四 土は、名義抄法中四十八に「土〔ツチ〕」。火爐は、火を入れて煮炊き、また暖をとるためのもの。和名抄十二に「火爐　聲類云爐〔音盧、楊氏漢語抄云火爐、比多岐〕、火爐火所レ居也」とある。椿の木で方形に作り、白土を塗布して作る。火は四六四頁注九参照。爐は、字類抄上十八に「爐〔ロ〕」。官符宣旨例第三十五号（七四四頁）に「置火爐二前」とある。木工寮式神事年料供御条に「土火爐」が見える。

擔丁八人、部領左右各[1]一人相夾[2]〕、次主禮二人、
次次第[3]司[4]一[5]人、次松明四荷〔長各四尺、以黒
葛束[6]兩[7]端、褁[8]以細席、居黒木臺、飾[9]以木綿賢木、
擔丁四人、部領左右各二人相夾[10]〕[11]、次土火爐[12]四
荷〔各廣方二尺五寸、

1 各、林本・神宮一本・三手本・宮本なし、林本注「漏各字」。
2 夾、谷本「交」。
3 第、神宮本・谷本「弟」。
4 司、信友本「同」とし右傍「司」。
5 一、荷田本・林本・神宮本・都立本・神宮一本・谷本・三手本・宮本・信友本「十」とし、林本注「疑一人之誤」。宮本右傍「一」。
6 束、三手本・宮本「東」とし、宮本右傍「束」。神宮本右傍「東イ」。
7 兩、三手本・信友本「西」。神宮本右傍「西イ」。
8 褁、荷田本・林本・都立本・神宮一本・谷本・三手本「褁」。神道本「裹」。
9 飾、林本・神宮本・都立本・神宮一本・谷本・三手本・宮本・信友本「餝」。
10 夾、谷本「交」。
11 三手本「〻」あり。
12 爐、神宮本・谷本・三手本・宮本「炉」。

搆ふるに椿木[一]を以ちてし　塗るに白土を以ちてし　覆ふに細席を以ちてし　懸くる[二]に布の綱を以ちてせよ

擔丁十六人　別[三]に四人　部領左右に各二人相夾め

槲葉

次に　槲葉[四]二荷

荷別[五]に四束

卜食[六]の野の柏を用ゐ　裹む[七]に細席を以ちてし　結ぶ[八]に黒葛を以ちてし

木の臺に着け[九]　飾る[十]に木綿賢木を以ちてせよ

擔丁[十一]二人　部領左右に各一人相夾め

食薦・置簀

次に　食薦[十二]幷せて置簀[十三]一荷

各十枚

一　つばき科の常緑高木または低木。四三四頁注七参照。

二　九十六頁注十八参照。

三　別は二頁注三十一参照。践祚大嘗祭式卯日条には「荷別四人」とある。本条も践祚大嘗祭式卯日条も、土火爐を担ぐ担丁（夫）の総計は十六人で一致する。底本「別四人」。「荷別四人」を推定する写本もあるが、本条前後の担丁数は総計で記されており（四六〇頁の由加物八舁に担丁三十二人、四七〇頁の御水六輿に担丁二十四人）、本条のみ荷別人数を記すとするのは無理がある。校異参照。予備として、別に四人を用意することか。

四　卜食の野において採取された槲（柏）の葉。神饌を盛るのに用いる。槲は二十六頁注九、葉は一二四頁注五参照。

五　一四八頁注十一参照。

六　柏を採る野を卜定することは、三十頁以下に見える。卜食は十二頁注十四、野は二十八頁注八、柏は二十六頁注九、用は十四頁注二参照。

七　裹は一四八頁注十三、細席は四六四頁注六参照。

八　結は三八二頁注四、黒葛は三九〇頁注八参照。

九　底本「着木臺」。校異参照。着は八頁注六参照。

十　飾は三五八頁注十、木綿賢木は四四八頁注三参照。

十一　一三八頁注二十参照。部領は四一二頁注八、各は四頁注二十二、相は四十六頁注二、夾は二二二頁注七参照。

十二　二十六頁注七参照。幷は四頁注四参照。

十三　貫簀の一つで、簀で手洗いの水などが飛び散らないよう、盥（たらい）などの上に置くもの。四時祭式春日祭条の「置簀」に「オキス」の訓。簀は一五六頁注六参照。

搆[1]以椿木、塗以白土、覆以細席[2]、懸以布綱[3]、擔
丁十[4]六人[5]、[6]別四人、部領左右各二人相夾[7]〕、次
槲[8]葉二荷〔荷別四束、用卜[9]食[10]野柏、褁[11]以細席、
結[12]以黒葛、着[13]木臺、飾[14]以木綿賢木、擔丁二人、
部領左右各一人相夾[15]〕、次食薦幷置簀一荷〔各
十枚、

1 搆、林本・神道本・信友本・以文本「構」。谷本「擒」。宮本「栟」とし右傍「搆」。
2 席、神宮本「帝」。
3 綱、林本「鋼」。都立本「網」。神宮一本「細」。谷本「綱」。三手本・宮本「綑」。
4 十、三手本・宮本「廾」とし、宮本右傍「十イ」。
5 人、三手本・宮本なし、宮本右傍「人」。
6 信友本「荷」あり。荷田本注「蓋脱二荷字一」あり。林本注「闕二荷字一」あり。神道本左傍「荷イアリ」あり。宮本右傍「荷」あり。
7 夾、谷本「交」。
8 槲、林本・神宮本・都立本・神宮一本・谷本・三手本・宮本「檞」。
9 卜、三手本・宮本「下」とし、三手本右傍「卜乎」、宮本右傍「卜」。
10 宮本「部」あり。
11 褁、荷田本・林本・都立本・神宮一本・谷本・三手本「褁」とし、林本注「裹之誤」。神道本「裹」。
12 結、谷本「納」。三手本・宮本「細」とし、三手本右傍「結カ」、宮本右傍「結」。
13 着、信友本「居白」。荷田本注「蓋居白二字之誤」。神道本右傍「居白イ」。宮本右傍「居黒」。谷本「居」。
14 飾、林本・神宮本・都立本・神宮一本・谷本・三手本・宮本・信友本「餝」。
15 夾、谷本「交」。

韓竈

裹むに曝布[一]を以ちてし　之を明櫃[二]に納れ　大案[三]に置け

擔丁二人　部領左右に各一人相夾め

次に　韓竈[四]一具

納[五]るるに明櫃を以ちてし　大案に置き　覆ふに緋[六]の油單を以ちてし

結ぶに緑[七]の帶を以ちてし　布の綱を以ちて之を維[八]げ

擔丁六人　部領左右に各一人相夾め

御水

次に　御水[九]六甅

齋場[十]の御井の水を用ゐ　盖[十一]ふに白木[十二]の盤を以ちてし　冪[十三]ふに曝布を以ちてし　木綿を以ちて之を結び　布を帖[十四]みて　甅の下[十五]に敷き　六角[十六]の黒木の輿に居ゑ　飾るに黃木[十七]の葉を以ちてし　其の上に蒒[十八]〔艹＋匏〕を插せ

一　四五六頁注十七参照。以は四頁注十七参照。

二　三四四頁注六参照。納は五十頁注八参照。

三　案は三九八頁注十二、置は二十四頁注十二参照。

四　二九四頁注八参照。官符宣旨例第三十五号（七四四頁）に「置韓竈一前」が見える。

五　五十頁注八参照。

六　緋は四二八頁注五、油単は四五六頁注八参照。

七　緑は三七二頁注五、帯は三三四頁注八参照。

八　四六二頁注八参照。

九　北野斎場の御井から汲んだ御水。御水は三六四頁注九参照。甅は六十六頁注二十一参照。

十　北野斎場に設けられた御井のこと。御井・童女井の場所は五十八頁、北野斎場に御井・童女の井を掘ることは二九〇頁に見える。斎場は十八頁注三・四十頁注九、御井は三十六頁注一参照。用は十四頁注二参照。

十一　名義抄僧中十五に「盖〔フタ、オホフ〕」。

十二　白木で作った盤を蓋とする。白木は一五二頁注十三、盤は六十四頁注十八参照。

十三　冪は覆うの意。新撰字鏡四に「冪〔覆レ食巾也〕」とあり、また、周礼天官冢宰上冪人条の鄭玄注に「冪、覆也」とある。底本「羃」。校異参照。

十四　四六〇頁注八参照。

十五　下は三三六頁注三、敷は九十六頁注十一参照。

十六　四六〇頁注二参照。居は一四八頁注十六参照。

十七　底本「黄木葉」。「草木葉」に作る写本あり。校異参照。践祚大嘗祭式卯日条は「草木葉」とする。

十八　蒒は、新撰字鏡七に「蒒〔不留比也〕」。御水を濾すための布であろう。〔艹＋匏〕は古辞書類に見えないが、匏はひさご（瓢簞）のことで、御水を汲むための具。和名抄十六に「唐韻云杓〔音與レ酌同、和名比佐古〕、斟水器也、瓢〔符宵反、和名奈利比佐古（なりひさご）〕、瓠也、瓠〔音與レ護同〕、匏也、匏〔薄交反〕、可

裹[1]以曝布、納[2]之明櫃、置於大案、擔丁二人、部領左右各一人相夾〕、次韓竈一具〔納以明櫃、置於大案、覆以緋油[3]單[4]、結以綠[5]帶、以布綱維[6][7]之、擔丁六人、部領左右各一人相夾〕、次御水六𨏍〔用齋場御井水、盖[8]以白木盤、冪[9]以曝布、以木綿結之、帖[10]布[11]敷𨏍[12]下、居六角黑木輿、飾[13]以黃[14]木葉[15]、其上插[16]薜[17]葹[18]、

㆑為㆓飲器㆒者也」とあり、瓢、瓠、匏は同じで、「なりひさご」、飲器と説明する。名義抄僧下一〇八には「匏〔ヒサコ〕」。薜葹は、御水の𨏍の上に、飾りとして掛けられる葉の上に挿す。挿は九十頁注二参照。

1 裹、荷田本・林本・都立本・神宮一本・谷本・三手本「褁」。神道本「裏」。
2 納、宮本「細」とし右傍「納以イ」。荷田本注「納之蓋納以之誤」。
3 油、荷田本・林本・神宮本・都立本・神宮一本・三手本・宮本「細」とし、林本注「細單油單之誤。」、荷田本注「細單蓋油單之誤」、宮本右傍「油」。
4 單、神宮一本・谷本・三手本右傍「一作油」。
5 綠、谷本・故実本「縁」。
6 宮本右傍「結」あり。
7 維、都立本右傍「結」。
8 盖、荷田本「蓋」。林本・神道本・都立本・谷本・宮本「蓋」。神宮一本・三手本「蓋」。
9 冪、神道本・故実本「冪」。谷本「冪」。荷田本・林本・神宮本・都立本・神宮一本・信友本「口幕」とし、林本注「伊庭本、口作四、非」、神宮本「口」左傍「四イ」。三手本・宮本「四幕」とし、宮本右傍「口冪クチツ、ミ」。
10 帖、宮本「拈」とし右傍「帖」。
11 布、信友本「帯」。
12 𨏍、林本「𨏍」。
13 飾、林本・神宮本・信友本「餝」。
14 黃、荷田本・谷本・信友本「草」とし、荷田本注「草木諸本作黃木」。神道本右傍「草イ」。神宮一本右傍「一作草」。宮本右傍「草」。
15 葉、宮本「菓」とし右傍「葉」。
16 插、神宮一本「棒」。
17 薜、荷田本・都立本「篩」。林本注「薜葹。篩匏之誤」。神道本右傍「飾イ」。宮本「薜葉」二字とし右傍「𧄍ま」。
18 葹、神宮本・都立本「葹」。宮本「葹」とし右傍「葹」。

擔丁廿四人　部領左右に各六人相夾め　已上[一]　竝びに神に供ふる物を
置き　皆賢木を插せ

禰宜卜部

次に　禰宜[二]の卜部一人
當色[三]・木綿[四]襷・日蔭蔓を着けよ　已上の當色は　皆官之[五]を給へ

六位以下の国郡司

次に　六[六]位已下の國・郡司
竝びに當色・日蔭蔓を着け　白木[七]を杖とし　分れて左右に在れ

酒盞案

次に　酒盞[八]の案一脚
敷[九]くに曝布を以ちてし　覆[十]ふに縹[十一]の油單を以ちてし　綠の帯を以ちて
二[十二]處之を結べ
擔丁四人　部領左右に各一人相夾め

一　四五〇頁の繒服案から四七〇頁の御水までが供神物（神御料）で、賢木を挿す。底本「已上並置供神物、皆挿賢木」。践祚大嘗祭式卯日条には「已上並神御物、皆挿賢木」とあることより、林本・荷田本は本条の「置」字を衍字とする。校異参照。「置」字、やや不審であるが、諸本に異同無く、本文のように試訓した。已上は四頁注三十五、並は十四頁注十、供は六十頁注二十一、神は六十頁注二十、置は二十四頁注十二参照。皆は三九四頁注八、賢木は三十頁注五、挿は九十頁注二参照。
二　抜穂使として悠紀国に発遣された卜部。五十六頁注四・七十頁注二十参照。
三　四五〇頁注六参照。
四　木綿襷は四五〇頁注十一、日蔭蔓は四三〇頁注十四参照。着は八頁注六参照。
五　太政官のこと。太政官は二〇二頁注十六参照。給は十二頁注六参照。
六　五位已上の国郡司は前行で、四五四頁に見える。国は二頁注二十三、司は四頁注三十三、郡司は二十四頁注八参照。
七　前行の五位已上の国郡司等も白木を杖とする。四五四頁参照。白木は一五二頁注十三、白杖は四五二頁注四参照。分は二一四頁注十九、在は二頁注三十二参照。
八　五二八頁の多米都物色目の詞章によれば、酒盞案・黒酒十缶以下四八〇頁の雑魚鮨一百缶までが献物（供御料）。四八〇頁の肴物・菓子十輿以下四八四頁の雑魚・菜一百缶までが多米都物（臣下料）。酒盞は六十六頁注三、案は三九八頁注十二、脚は三九八頁注十三参照。
九　九十六頁注十一参照。曝布は四五六頁注七参照。
十　二四六頁注九参照。
十一　縹色の油単。縹は四二六頁注六、油単は四五六頁注八参照。
十二　緑の帯で二箇所を結ぶ。二は四十二頁注十八、處は一九〇頁注二十五参照。

擔丁[1]廿四人、部領左右各六人相[2]夾、已上笠[3]置供
[4]神物皆挿[5]賢木〕、次禰宜卜部一人〔着[6]當色木綿
[7]欅・日蔭[8]鬘、已上當色皆官給之〕、次六位已下
國郡司〔笠着[9]當色日蔭[10]鬘、[11]杖白木、分在左右〕、
次酒盞案一脚〔敷以[12]曝布、覆以縹[13]油[14]單、以[15]綠帯
二[16]處結之、擔丁四人、部領左右各[17][18]一人相[19]夾〕、

1 廿、神宮本・宮本「女」とし、宮本右傍「廾」。
2 夾、谷本「交」。
3 置、荷田本・信友本なし、荷田本注「諸本有二置字一今依二同式一私削レ之」。林本注「衍字、延喜式無レ置證トス」神道本左傍「イナシ」。
4 神、信友本「雜」。
5 宮本「草」あり左傍「父」。
6 當、信友本「常」。
7 欅、底本・荷田本・林本「襷」とし、林本注「襷之誤」。神道本・故実本「襷」。神宮本「樣」。都立本・谷本「樣」。神宮一本「縨」。三手本・宮本「縨」。
8 鬘、林本・神宮一本・三手本「縵」。神宮本・都立本・加賀本・宮本「緆」。谷本「蘰」。
9 當、信友本「常」。
10 鬘、林本・神宮一本・三手本「縵」。神宮本・都立本・宮本「緆」。谷本「蘰」。
11 杖、三手本なし、右傍「杖」。宮本「以」とし右傍「杖」。
12 曝、宮本なし、右傍「曝」。
13 油、荷田本・林本・神宮本・都立本・神宮一本・三手本・宮本「細」とし、荷田本注「細單、蓋油單之誤」、林本注「細單、油單之誤」、神宮一本「一作油」、宮本右傍「油」。
14 單、三手本「草」とし右傍「單」。
15 綠、谷本「綫」。宮本「縁」。
16 處、信友本「所」。神道本右傍「所イ」。
17 谷本・三手本・宮本「五人」あり、宮本「五人」間右傍「各」あり。
18 一、神宮本左傍「五イ」。
19 夾、谷本「交」。

黒酒

次に　黒酒十缶[一]

盖ふに[二]白木の盤を以ちてし　冪ふに[三]曝布を以ちてし　結ぶに木綿[四]を

以ちてし　黒木の輿に居ゑ　布の綱を以ちて之を維ぎ[五]　美草[六]を以ちて

飾と為　上に居ゑ　蒒菀[七]を插せ

擔丁廿人　部領左右に各五人相夾め

主礼

次に　主禮[八]二人

次第司

次に　次第司[九]一人

白酒

次に　白酒[十]十缶

装束及び[十一]擔丁・部領は　黒酒と同じ

飾廼酒

次に　飾廼酒[十二]十口

一　二八二頁注二参照。缶は六十六頁注十九参照。
二　盖は四七〇頁注十一参照。
三　四七〇頁注十三参照。校異参照。
四　二十四頁注十六参照。
五　四六二頁注八参照。
六　美は三三〇頁注四、草は八十八頁注三参照。飾は三五八頁注十、為は四頁注二十参照。
七　四七〇頁注十八参照。校異参照。
八　二〇四頁注三参照。
九　四五二頁注十五参照。
十　二八二頁注二参照。
十一　白酒十缶の装束、担丁・部領の人数は、一行目の黒酒十缶と同じ。装束は一三六頁注九、及は八頁注二十八参照。
十二　飾廼は六十八頁注七、酒は二五〇頁注六参照。践祚大嘗祭式卯日条は「飾酒十廼」とする。

次黒酒十缶、〔盖[1][2]以白[3]木盤、冪[4]以曝布、結以木綿、居黒木輿[5]、以布綱[6]維之、以[7]美草爲飾[8]居[9]上、插蒒[10]𧂭[11]、擔丁廿人、部領左右各五人相夾[12]〕、次主禮二人、次次第[13]司一人、次白酒十[14]缶〔装束及擔丁・部領同黒酒〕、次飾[15]醴[16]酒十口

1 谷本・三手本・宮本「白」あり。神宮本「缶」あり右傍「白イ」。
2 盖、荷田本「蓋」。林本・神道本・都立本・信友本「蓋」。谷本「葢」。三手本・宮本「盇」。
3 白、谷本・三手本・宮本なし、宮本右傍「白」。
4 冪、神道本・故実本「羃」。谷本「幂」。荷田本・林本・神宮本・都立本・神宮一本・三手本・宮本・信友本「口幕」とし、宮本右傍「冪」。
5 谷本「木」あり。
6 宮本右傍「結」あり。
7 以、信友本なし。
8 飾、林本・神宮本・都立本・神宮一本・三手本・宮本・信友本「餝」。
9 宮本右傍「其」あり。
10 蒒、荷田本・都立本「篩」。神宮本・谷本「蒂」。宮本「茚」。
11 𧂭、林本注「挿蒒𧂭、挿篩、匏之誤考見上」神宮本・都立本「𧂭」。谷本「䒾」。
12 夾、谷本「交」。
13 第、神宮本・谷本・宮本「弟」。
14 十、宮本「丁」とし右傍「十」。
15 飾、林本・神宮本・都立本・神宮一本・谷本・三手本・宮本・信友本「餝」。
16 酒、神宮本左傍「イニナシ」。

装束[一]は　黒酒に同じ
擔丁八十人　部領左右に各五人相夾め
次に　膳部[二]卅二人
左右に分列れ[三]　下皆之に倣へ[四]
次に　倉代[五]十輿
黒木[六]の四角の屋形[七]を作り　檜葉[八]を葺き　其の裡[九]に布を張り　塗る[十]に白土を以ちてし　其の屋形に白き細布[十一]の鴛鴦[十二]の障子[十三]を以ちて四面[十四]に立て　輿別に厨子形[十五]一基を居ゑ　牙床[十六]を着け　敷くに曝布[十七]を以ちてし　四尺の折櫃[十八]四合を居ゑ　別に肴[十九]物・菓子[二十]等の類を實て　飾るに美草を以ちてし　縹[二十一]の帯を以ちて二處に之を結べ

一 飾黒酒十口の装束も、四七四頁の黒酒十缶と同じである。
二 二十頁注十二、三七〇頁注十九参照。
三 分は二一四頁注十九、列は一五二頁注十一参照。
四 名義抄仏上十四に「倣〔ナラフ、ナスラフ〕」。
五 倉代の輿の装束は、以下のようになる。輿の上に、四面に障子を立てた、黒木作りの四角の屋形を構え、その中に、厨子形一基を据える。厨子形の中に牙床を設けて曝布を敷き、その牙床の上に四尺の折櫃四合を納める。別に肴物・菓子類を置き、美草で飾り付ける。倉代は、倉（屋形）に納められた大切な品の意であろう（川出清彦『祭祀概説』、昭和五十三年）。倉代の輿は四八〇頁まで見え、合計すると四十輿になり、践祚大嘗祭式卯日条の「倉代物四十輿」と一致する。倉代は十八頁注五、輿は一五六頁注八参照。
六 黒木一〇二頁注三、四は一五〇頁注八、角は四六〇頁注二参照。
七 輿や牛車の上に設けた、家の形をした覆い。和名抄十一に「車盖〔俗車屋形、夜加太〕」。黒川本字類抄中八十二ウに「車盖〔ヤカタ〕、屋形〔同、俗用レ之〕」。作は十四頁注七参照。
八 四六〇頁注五参照。葺は九十六頁注五参照。
九 三九〇頁注十七参照。
十 塗は四三〇頁注十八、白土は四六四頁注十四参照。
十一 三三二頁注十五参照。
十二 おしどり。ガンカモ科の水鳥。万葉集二四九一番歌に「男爲鳥（をしどり）」。和名抄十八に「鴛鴦〔冤鴦二音、和名乎之〕」。名義抄僧中一一六に「鴛鴛〔ヲシ〕、鴛鴦〔ヲシ、上ヲヲシ、下メヲシ〕」。白の細布に鴛鴦の絵を縫い付けた、または描いたものか。
十三 三九二頁注八参照。
十四 五十六頁注一参照。立は三十頁注四参照。
十五 厨子は、前面に両開きの扉を付けた木製箱型の什器。黒川本字類抄中二十四オに「厨子〔ツシ〕、竪櫃〔同、ツシ〕」。基は

〔装束同黒酒、擔丁八十人、部領左右各五人相夾[1]〕、次膳部卅[2]二[3]人〔左右分列[4]、下皆倣[5]之[6]〕、次倉代十輿〔作黒木四角屋形[7]、葺[8][9]檜葉、其裡張布、塗以白[10]土[11]、其屋[12]形[13]以白細布鴛鴦障子、立于四面、輿別[14]居厨子形[15]一基、着牙床、敷[16]以曝布、居四尺折[17]櫃四合、別[18]實[19]肴[20]物・菓子等類、飾[21]以美草[22]、以縹帯二處[23]結之、

四三〇頁注十九、居は一四八頁注十六参照。

十六 胡床に倣った座具。格狭間（こうざま）付きの台。和名抄十四に「牙床〈楊氏漢語抄云牙床、久禮度古〉」。黒川本字類抄中七十六オに「牙床〈カサウ、クレトコ〉」。呉床にも作り、皇太神宮儀式帳荒祭宮遷時装束合廿種神財八種の「呉床」に「クレトコ、アグラ」の訓。胡床については、二四八頁注七参照。

十七 四五六頁注七参照。

十八 食物を盛り入れる容器の一つで、檜などの薄板を四角、六角などに折り曲げて作る。蓋を付ける。源氏物語若菜上に「をりひつ物四十」。名義抄仏下本七十二に「折〈ヲル〉」。櫃は十頁注十五参照。

十九 肴は七十六頁注十二、物は十頁注二十一参照。

二十 一六二頁注九参照。等は六頁注九、類は十二頁注二十六、実は一四八頁注九参照。

二十一 縹は四二六頁注六、帯は三三四頁注八参照。

1 夾、谷本「交」。
2 卅、宮本右傍「卌イ」。
3 二、林本・神宮一本「五」とし、林本注「異本作卅二人、者是、伊庭本、亦作二」、神宮一本右傍「二イ」。信友本頭注「宮本作卅五人、奇数不分別、且下皆卅二人也」。
4 列、神宮本・三手本・宮本「別」。
5 倣、荷田本・林本・都立本・信友本「效」。神道本左傍「效イ」。神宮本・宮本「放」。
6 之、荷田本・神宮本・都立本・谷本・宮本・信友本「此」。神道本左傍「此イ」。
7 形、林本「刑」。
8 葺、都立本・神宮一本・谷本・宮本「萺」。
9 宮本右傍「以」あり。
10 白、荷田本・林本・神宮本・都立本・神宮一本・谷本・三手本・宮本・信友本なし、宮本右傍「白」。
11 土、荷田本・林本・神宮本・都立本・神宮一本・谷本・三手本・宮本・信友本なし、宮本右傍「土」。
12 屋、荷田本・林本・神宮本・都立本・神宮一本・谷本・三手本・宮本・信友本なし、宮本右傍「屋」。
13 形、荷田本・林本・神道本・三手本・宮本「刑」とし、荷田本注「其刑、一本作其形、並未解義」、神道本左傍「別イ」、宮本右傍「形」。信友本頭注「其形二字未解義」。
14 別、宮本「副」。
15 形、林本・神宮本・神宮一本・三手本・宮本「刑」とし、神宮一本右傍「一作形」、宮本右傍「形」。
16 敷、林本「數」。
17 折、神宮本・三手本・宮本「料」とし、宮本右傍「折」。
18 宮本「々」あり。
19 實、林本なし。
20 肴、信友本「者」。
21 飾、林本・神宮本・都立本・神宮一本・三手本・宮本・信友本「餝」。
22 草、三手本・宮本「菓」とし、三手本右傍「草カ」、宮本右傍「草」。
23 處、信友本「所」。神道本左傍「所イ」。

一擔丁八十人　部領左右に各十人相夾め　下皆之に倣へ

膳部　次に　二膳部卌二人

倉代　次に　三倉代五輿

主礼　四次に　五主禮二人

次第司　次に　六次第司一人

倉代　次に　倉代五輿

膳部　次に　膳部卌二人

倉代　次に　倉代十輿

膳部　次に　膳部卌二人

倉代　次に　倉代五輿

一 擔丁は一三八頁注二十、部領は四一二頁注八、各は四頁注二十二、相夾は二二二頁注七、皆は三九四頁注八、倣は四七六頁注四参照。
二 二十頁注十二・三七〇頁注十九参照。
三 四七六頁注五参照。
四 林本は、「次主礼」の前に、「膳部卌二人」の六文字を欠くかとする。校異参照。
五 二〇四頁注三参照。
六 四五二頁注十五参照。

擔丁八十人、部領左右各十人相夾[1]、下皆倣[2]之[3]、
次膳部卅二人、次倉代五輿、次[4]主[5]禮二人、
次次第[6]司一人、次倉代五輿、次膳部卅[7]二人、
次倉代十輿、次膳部卅二人、次倉代五輿、

1 夾、谷本「交」。
2 倣、荷田本・林本・神宮本・都立本・神宮一本・信友本「效」。神道本左傍「效イ」。宮本「放」。
3 之、荷田本・神宮本・都立本・神宮一本・谷本・信友本・以文本「此」。神道本左傍「此イ」。宮本「比」。
4 次、林本注「次主禮上准㆓上下例㆒闕㆓次膳部卅二人六字㆒」。
5 以文本「膳部卅二人次」あり、消して右傍「可囲」。
6 第、神宮本・谷本・宮本「弟」。
7 卅、神宮本・都立本・谷本・三手本・宮本「廾」とし、谷本右傍「卅歟」、宮本右傍「卅」。

主礼

次(つぎ)に　主禮(しゆらい)[一]二人

次第司

次に　次第司(つぎてのつかさ/しだいし)[二]一人

倉代

次に　倉代(くらしろ)[三]五輿

膳部

次に　膳部(かしはでべ)卅二人

雑魚鮨

次に　雜魚(くさぐさのうを)[四]の鮨(すし)一百缶(ほとき)

蓋(おほ)[五]ふに白木(しらき)[六]の盤(さら)を以(も)ちてし　冪(おほ)[七]ふに曝布(さらしぬの)を以ちてし　檜木(ひのき)[八]の臺(だい)に居(す)ゑよ

擔丁(もちよほろ)[九]二百人　部領(ことり)左右(ひだりとみぎ/さう)に各(おのもおのも)十人相夾(あひはさ)め

主礼

次に　主禮(しゆらい)二人

次第司

次に　次第司(つぎてのつかさ/しだいし)一人

肴物・菓子

次に　肴物(さかな)[十]・菓子(このみ)十輿

一　一二〇四頁注三参照。
二　四五二頁注十五参照。
三　四七六頁注五参照。
四　雑は四頁注二十八、魚は六十四頁注三、鮨は一三〇頁注十二参照。缶は六十六頁注十九参照。
五　四七〇頁注十一参照。
六　四七〇頁注十二参照
七　四七〇頁注十三参照。曝布は四五六頁注七参照。
八　四六四頁注十二参照。台は三六〇頁注五、居は一四八頁注十六参照。
九　擔丁は一三八頁注二十、部領は四一二頁注八、各は四頁注二十二、相夾は二二二頁注七参照。
十　四七二頁注八参照。肴は七十六頁注十二、物は十頁注二十一、菓子は一六二頁注九参照。

次[1]主禮二人、次次[2]第[3]司一人、次倉代五輿、
次膳部卅二人、次[4]雜魚鮨[5]一百缶（盖[6]以白木盤、
羃[7]以曝[8]布、居檜木臺[9]、擔丁二[10]百[11]人、部領左右各
十人相夾）、次主禮二人、次次第[12]司一人、次
肴物・菓子十輿

1 宮本右傍「次膳部卅二人」あり。
2 次、林本なし。
3 第、神宮本・谷本・宮本「弟」。
4 次、信友本なし。
5 鮨、林本「脂」。都立本・三手本「鮪」。
6 盖、林本・神道本・都立本「蓋」。荷田本・谷本・信友本「葢」。神宮一本・三手本・宮本「盇」。
7 羃、神道本・故実本「冪」。谷本「暴」。荷田本・林本・都立本・信友本「口幕」。神宮本・三手本・宮本「日幕」とし、三手本「日」右傍「口乎」、宮本右傍「口羃」。神宮一本「口羃」。
8 曝、林本「幕」。
9 臺、神宮一本「基」。
10 二、神宮本右傍「百イ」。谷本・三手本・宮本「百」とし、宮本右傍「二イ」。
11 百、神宮本右傍「二イ」。谷本・三手本・宮本「二」。
12 第、神宮本・谷本・宮本「弟」。

櫃[一]に實[二]て　黒木[三]の輿に居ゑ　布[四]の綱を以ちて之を結べ
擔丁卌人　部領左右[五]に五人相夾め

飯

次に　飯[六]一百櫃
明櫃[七]に實て　白き[八]筥形に居ゑよ
擔丁二百人　部領左右に各十人相夾め

主礼

次に　主禮二人

次第司

次に　次第司一人

酒

次に　酒[九]一百缶
蓋[十]ふに白木の盤を以ちてし　冪ふに曝布を以ちてし　黒木[十一]の筥形に居ゑ
餝[十二]るに美草を以ちてし　其[十三]の上に筥花[十四]を插せ

一　十頁注十五参照。
二　一四八頁注九参照。
三　黒木で作った輿。黒木は一〇二頁注三、輿は一五六頁注八参照。
四　布は十二頁注二十二、綱は二四〇頁注八参照。以は四頁注十七、結は三八二頁注四参照。
五　底本「部領左右五人」。「部領左右各五人」に作る写本あり。校異参照。
六　二八二頁注六参照。櫃は十頁注十五参照。
七　三四四頁注六参照。
八　白は一四二頁注六、筥形は五十頁注十二参照。底本「白筥形」。荷田本は「白木筥形」の誤りと指摘する。校異参照。
九　二五〇頁注六参照。缶は六十六頁注十九参照。
十　四七〇頁注十一参照。
十一　黒木で作った筥形。黒木は一〇二頁注三、筥形は五十頁注十二参照。
十二　三五八頁注十参照。美は三三〇頁注四、草は八十八頁注三参照。
十三　其は二頁注二十八、上は三八八貞注八参照。
十四　未詳。校異参照。御水（四七〇頁）・黒酒・白酒・飾廼酒（四七四頁）には、蒒蓹を挿す。挿は九十頁注二参照。

〔實櫃居黑木輿、[1]以布綱結之、擔丁[2]卌人、部領左右[3]五人相夾〕、次[4]飯一百櫃〔實明櫃、居[5]白[6]筥形、擔丁二百人、部領左右各十人相夾〕、次主禮二人、次次[7]第司一人、次酒一百缶〔[8]盖以白木盤、[9]冪以曝布、居黑木筥形、[10]飾以美草、其上插[11]筥[12]花、

1　以、谷本「次」。
2　卌、林本・神宮本・神宮一本・谷本・三手本・宮本「卅」とし、林本注「延喜式作二卌人一者是」。荷田本注「諸本作卅人」。信友本頭注「大嘗式曰輿別夫四人案十輿之夫合四十人也卅人則一輿以三人擔之未二甘心一」。
3　荷田本・都立本「各」あり、荷田本注「各字諸本並無」。神道本左傍「各脱カ」あり。
4　宮本、この項なし。
5　白、荷田本注「白筥形依二前後例一蓋白木筥形四字之誤」。
6　信友本「木」あり。
7　第、神宮本・谷本・宮本「弟」。
8　盖、林本・神道本・都立本「蓋」。荷田本・信友本「蓋」。神宮一本・谷本・三手本・宮本「盞」。
9　冪、神道本・故実本「羃」。谷本「冪」。荷田本・林本・都立本・神宮一本・信友本「口幕」。神宮本・三手本・宮本「具幕」とし、神宮本「具」右傍「其」、宮本右傍「冪」。
10　飾、林本・神宮本・都立本・神宮一本・三手本・宮本・信友本「餝」。谷本「節」。
11　筥、荷田本・神宮本・都立本・神宮一本・三手本・宮本「莒」とし、荷田本注「莒花蓋菓花之誤」。林本注「挿莒花、挿餝菀之誤」。信友本頭注「筥花、若菓花之誤、乎但草花之誤乎」。
12　花、神宮本「形」。

擔丁(もちよほろ)二百人　部領(ことり)左右(ひだりとみぎ・さう)に各(おのもおのも)十人相夾(あひはさ)め

雑魚・菜

次(つぎ)に　[一]雑魚(くさぐさのうを)・菜(な)一百缶

[二]蓋(おほ)ふに白木(しらき)の盤(さら)を以(も)ちてし　冪(おほ)ふに曝布(さらしぬの)を以ちてし　黒木(くろき)の筥形(はこがた)に居(す)ゑよ

[三]擔丁(もちよほろ)・部領(ことり)は上(かみ)[四]に同じ

主礼

次に　主禮(しゆらい)二人

次第司

[五]次第司(つぎてのつかさ・しだいし)一人

後陣

[六]後陣(しりへのつら)廿人

[七]左右(ひだりとみぎ・さう)に分列(わかれつらな)れ

朱雀大路

[八]共(とも)に[九]七條(しちでう)の衢(ちまた)に到(いた)りて相會(あひあ)ひて　[十]朱雀大路(しゆしやくおほぢ)に出(い)でよ

[十一]時(とき)に　[十二]神祇官(かみつかさ・じんぎくわん)并(あは)せて神服(かむはとり)等(ら)　[十三]悠紀(ゆき)の行列(つらなり・ぎやうれつ)より　[十四]進(すす)みて大路の中央(もなか)[十五]

一　雑は四頁注二十八、魚は六十四頁注三、菜は五十頁注十四参照。

二　蓋は四七〇頁注十一、白木盤は四七〇頁注十二、冪は四七〇頁注十三、曝布は四五六頁注七、黒木筥形は四八二頁注十一、居は一四八頁注十六参照。

三　一三八頁注二十参照。部領は四一二頁注八参照。

四　担丁・部領の人数は、前行の酒百缶と同じ。上は二十六頁注十九、同は二頁注三十四参照。

五　底本「次第司」。林本・荷田本「次次第司」に作るべきとする。校異参照。

六　一五二頁注十五参照。

七　左右は六頁注三、分は二一四頁注十九、列は一五二頁注十一参照。

八　十頁注六参照。

九　朱雀七条。衢は道路の分岐点。悠紀国の供神行列は大宮大路を、主基国の供神行列は西大宮大路を、それぞれ七条まで南下し、悠紀国は西に、主基国は東に七条大路を進み、朱雀七条の衢において出会う。平安京供神行列経路図参照。七は、名義抄仏上七十三に「七〔漆、ナナトコロ〕」。条は、名義抄僧中七十九に「篠〔條テウ〕」、字類抄下十八ウに「條〔デウ〕」。堤中納言物語よしなしごとに「七でう（條）の」。衢は、名義抄仏上四十三に「衢〔チマタ〕」、字類抄上六十五ウに「衢〔チマタ〕」。到は二十四頁注五、相は四十六頁注二、会は二一四頁注九参照。

十　平安京の中央を南北に縦貫する大路。南端は京の正門の羅城門、北端は大内裏正門である朱雀門。朱雀大路を中心として左京と右京に分けられる。朱雀は三三八頁注八参照。大路は、黒川字類抄中六十二ウに「大路〔オホチ〕」。出は二一六頁注十参照。

十一　十頁注九参照。

十二　悠紀国の行列は、神祇官、神服宿祢以下の神服が先頭を務めている（四四六頁以下参照）。神祇官は二頁注二十、并は四

擔丁二百人、部領左右各十人相夾〕、次[1]雜[2]魚・[3]
菜一百缶〔盖[4]以白木盤、冪[5]以曝布、居黑木筥形、
擔丁[6]・部領[7]同上〕、次主禮二人、次[8][9]第[10]司一人、
後陣[11]廿人〔左右分列[12]〕、共到七條衢而相會、
出朱雀大路、于時神祇官幷[13]神服等、自悠紀
行列、進[14]立大路中央、

頁注四、神服は五十六頁注六、一七四頁注四・注五、等は六頁注九参照。

十三 悠紀は二頁注二十三、行列は一五二頁注十一参照。

十四 三七四頁注二十一参照。

十五 二二四頁注三参照。

1 次、信友本なし。
2 雜、三手本・宮本「離」とし、三手本右傍「雜乎」。林本注「伊庭本、雜作離、非」。
3 信友本「并」あり頭注「大嘗式有并字」。宮本右傍「并」あり。荷田本注「蓋脱二并字一」あり。林本注「延喜式菜上有二並字一者是、此書脱漏」あり。
4 盖、林本・神道本・都立本「蓋」。荷田本・信友本「葢」。神宮一本・三手本・宮本「益」。谷本「益」。
5 冪、神道本・故実本「羃」。谷本「冪」。荷田本・林本・神宮本・都立本・信友本「口幕」。神宮一本「口幕」。三手本「日幕」。宮本「日冪」。
6 丁、谷本「下」。
7 領、三手本・宮本なし、三手本右傍「領カ」。
8 荷田本・都立本「次」あり、荷田本注「諸本並無今依レ例私補レ之」。林本注「次第司上、更可レ有二次字一」あり。神道本右傍「次イアリ」あり。
9 次、谷本・信友本「々」。
10 第、神宮本・谷本・三手本・宮本「弟」。
11 陣、荷田本・林本「珍」とし、荷田本注「後珍若後鎮之誤乎」。都立本・神宮一本・宮本・信友本「珎」とし、宮本右傍「陣」、信友本頭注「珎字鎮或陣乎」。神宮本左傍「珎イ」。谷本「珎」。三手本「珎」。
12 列、神宮本・三手本・宮本「別」とし、宮本左傍「列」。
13 幷、荷田本「並」。
14 進、神宮本右傍「追イ」。

に立ち　兩國相分れて左右に在れ
悠紀は　左に在り
主基は　右に在れ

朱雀門前

朱雀門の前に到り　須臾留止れ

阿波国忌部の麁妙服

是より先　阿波國の忌部　織るところの麁妙服　神語に所謂阿良多倍は是なり　は　預め神祇官に辨備へ　納るるに細籠を以ちてし
案の上に置き　四角に賢木を立てよ
阿波の忌部一人　木綿を着けたる賢木を執りて前行け
四人は案を舁き　竝びに木綿鬘を着けよ
供物　未だ朱雀門に到らざる前　預め神祇官より出でて相待ち

一　三十頁注四参照。
二　悠紀・主基両国の供神行列。両は四頁注十八、国は二頁注二十三、相分は二一四頁注十九、在は二頁注三十二参照。
三　悠紀は東側、主基は西側にあって、朱雀大路を北上する。
四　悠紀・主基両国の供神物が朱雀門前に到るのは、未時（午後一時―同三時頃）以前。四四六頁注十一参照。朱雀門は三三八頁注八、前は三三八頁注九参照。
五　字類抄下七十九オに「湏臾〔シハラク、シユ〕」。書紀神代紀海宮遊幸章第三ノ一書の「須臾」に「シバラクシテ、シバラクアテ」の訓。
六　留は、名義抄仏中一一一に「留〔トドム、トドマル〕」。止は、同書法上九十七に「止〔トドマル〕」。
七　阿波国の忌部が麁妙服を奉織すること、京進して神祇官に納められることは、一二〇頁・一三〇頁に見える。是は八頁注七、先は八頁注八参照。
八　一三〇頁注九参照。阿波国は一一二頁注五参照。
九　一〇二頁注十八参照。
十　一二〇頁注二十三参照。麁妙服は神祇官庁に弁備されている。供神行列が朱雀門前へ至る前に、麁妙服の案は神祇官庁より出て、同門前で、北上して来る神祇官・繒服案を中央とする両斎国を待ち、列に加わる。麁妙服の案は、繒服の案の後に就く。
十一　七十八頁注十七参照。所謂は三八四頁注二参照。
十二　一二〇頁・一三〇頁は「麁布」、四九〇頁は「麁服」とある。
十三　預は六十二頁注五、神祇官は二頁注二十参照。平安宮の神祇官庁舎は郁芳門内の南掖。
十四　二十六頁注十三参照。
十五　納は二八〇頁注十一、細籠は四五〇頁注十三参照。
十六　案は三九八頁注十二、上は三八八頁注八、置は二十四頁注十二参照。
十七　践祚大嘗祭式卯日条には「四角立二賢木一着二木綿一」とある。四角は三十頁注三、賢木は三十頁注五、立は三十頁注四参照。

兩國相分在左右〔悠紀在左、主基在右〕、到朱雀門前、須臾留止[1]、先是阿波國忌部所織麁[2]妙[3]服〔神語[4]所謂阿良多倍[5]、是也〕、預於神祇官辨[6]備、納以細籠、置於案上、四角立賢木、阿波忌部一人執着木綿賢木前行[7]、四人舁案、竝[8]着木綿鬘[9]、供物未到朱雀門前、預出自神祇官而相待[10]、

1 止、谷本・三手本・宮本「上」とし、三手本右傍「止乎」、宮本右傍「止」。
2 麁、荷田本「麤」。神宮一本「麁」。宮本「麁」。
3 妙、林本「紗」。
4 語、都立本「服」。
5 倍、信友本「陪」。
6 辨、荷田本・林本・都立本・神宮一本・信友本「設」。神宮本・谷本「弁」とし、神宮本左傍「設イ」。三手本・宮本「并」とし、三手本右傍「弁乎」、宮本右傍「弁」。
7 信友本「着木綿」あり頭注「大嘗式有㆓着木綿三字㆒」。荷田本注「蓋脱㆓著木綿三字㆒」あり。宮本右傍「著木綿」あり。以文本頭注「着木綿之三字古本无」あり。
8 竝着木綿鬘、信友本・以文本小字、以文本右傍「本行」。荷田本注「並著木綿鬘五字依㆑例蓋小字」。神道本右傍「小字イ」。
9 鬘、林本・神宮一本「縵」。都立本・三手本・宮本「緆」。谷本「蘰」。
10 待、神宮本・三手本・宮本「持」とし、神宮本左傍「待カ」、三手本右傍「待乎」、宮本右傍「待」。林本注「伊庭本作㆓又相待㆒作㆓相持㆒者非」。

十七 木綿を着けた賢木。阿波国が麁妙服とともに木綿を献上することは一二〇頁に見える。木綿は二十四頁注十六、着は八頁注六、執は二十八頁注十、前行は三四六頁注十四参照。
十八 四五〇頁注十四参照。
十九 並は十四頁注十、木綿鬘は一一八頁注九参照。
二十 供神物。供は六十頁注二十一、物は十頁注二十一参照。
二十一 七十八頁注十四参照。前は一六六頁注十一参照。
二十二 相は四十六頁注二、待は四四四頁注十四参照。なお、供神物が朱雀門前の石橋を渡るときは、石橋の上に仮橋が架けられる。曳山である標を通過させるための処置であろう。北山抄五大嘗会事に「預仰㆓京職幷畿内國々㆒、令㆓修固㆒、又朱雀門前石橋上、度㆓假橋㆒事、仰㆓京職㆒、門内幷應天門修理職」とあり、また、兵範記仁安三年十一月二十二日条に「悠紀標、（中略）、立㆓會昌門外㆒〔朱雀門橋左右京職構㆑之、應天門内外仮橋、卜食國構㆑之〕」と見える。

衛門、会昌・応天・朱雀門を開く

隼人、犬声を発す

供神物を灑ぎ潔める

供物既に到れば　進みて繒服の案の後に就け
立ち定まりて　衛門　會昌・應天・朱雀の三門を開くこと　元會儀の如くせよ
供物　應天門を入るや　隼人百餘人　門内に在り　胡床より起ち　犬聲を發すこと三節せよ
神祇官の中臣一人　神部等を率て　祓麻・鹽湯を持ち　神に供ふる物幷せて雜物を　灑ぎ潔めよ
訖りて　神祇官一人　神服の男女等を率て　膳屋に到り　酒柏を置き　退出でよ
次に　神祇官　左右に分列り　兩國の供物を率て　參入れ

一 既は三九〇頁注二十六、到は二十四頁注五参照。
二 繒妙服。四五〇頁注十二参照。後は十頁注四、就は二十四頁注十参照。
三 立は三十頁注四、定は十頁注十参照。
四 衛門府。一〇四頁注十二参照。
五 会昌門は平安宮朝堂院の内郭門で、南の応天門と相対する。大極殿と十二堂のある北部と朝集堂のある南部を区切る。拾芥抄中に「會昌門〔クワイシヤウ〕」。平家物語一内裏炎上に「くわいしやうもん(會昌門)」。
六 応天門は平安宮朝堂院南面の正門。拾芥抄中に「應天門〔ヲウテン〕」。平家物語一内裏炎上に「おうでんもん(應天門)」。
七 朱雀門は三三八頁注八参照。三は一三六頁注一、門は四十二注十、開は九十六頁注十六参照。
八 元日朝賀式のこと。書紀持統天皇四年正月条の「元會儀」に「ムツキノツイタチノヒノヨソホヒ」の訓。四四〇頁注二十七参照。如は一八六頁注二参照。
九 九十頁注五参照。
十 二二二頁注十四参照。
十一 百は、名義抄仏上七十六に「百〔ヒヤク〕」。余は二一二頁注二参照。
十二 隼人司式大嘗条に「凡踐祚大嘗日、分陣應天門内左右、其群官初入發吠」とある。四四四頁には、隼人は左右の朝集殿前に分立とする。内は九十頁注三、在は二頁注三十二参照。
十三 二四八頁注七参照。
十四 名義抄仏上六十六に「起〔オコス、タツ〕」。
十五 四四四頁注十六参照。名義抄仏下本一二七「犬〔イヌ〕」、書紀神代紀海宮遊幸章第二ノ一書の「吠狗」に「ホユルイヌシテ、ホユルイヌニ」の訓。
十六 隼人司式習吠条に「凡今來隼人、令大衣習吠、左發本声、右發末声、惣大声十遍、小声一遍、訖一人更發細声二遍」とある。節は八十八頁注十七参照。

供物既到、進就繒[1]服案後、立定、衞門開會昌・應天・朱雀三門、如元會[2]儀、供[3]物入[4]應天門、隼人百餘人在門內、自胡床[5]起、發犬[6]聲三節、神祇官中臣一人率神部等、持祓麻・鹽湯、灑潔供神物幷[7]雜物、訖神祇官一人率神服男女等、到膳屋、置酒柏[8]退出、次神祇官左右分列[9]、率兩國供物參入

1 繒、三手本・宮本「僧」とし、宮本右傍「繒」。
2 會、林本・神宮一本・谷本「日」。
3 供、宮本「僎」とし右傍「供」。
4 入、神宮本・都立本・三手本・宮本「人」とし、神宮本右傍「入カ」、三手本右傍「入乎」、宮本右傍「入」。
5 床、三手本「状」とし右傍「床」。
6 犬、林本・谷本・三手本・信友本「大」とし、林本注「伊庭本、大作ㇾ犬者是」。
7 幷、林本「並」。
8 柏、三手本「拘」とし右傍「扚乎」。宮本「拘」とし右傍「柏」。
9 列、荷田本・林本・神宮本・都立本・神宮一本・三手本・宮本「別」とし、荷田本注「分別蓋分列之誤」。谷本「引」。

十七 中臣は六十頁注八、神部は二一八頁注六、等は六頁注九、率は二十四頁注三参照。
十八 斎郡よりの御稲が北野斎場の南門に到った時も、御稲及び雑物を麻・塩湯を用いて祓いをおこなっている（一五八頁）。祓麻は一五八頁注十三・三四八頁注三、塩湯は一五八頁注十三、持は一五八頁注十四参照。
十九 卯日の神事に用いられる供神物。四五〇頁の繒服から四七〇頁の御水までの供神物（標は除く）と麁妙服のこと。この供神物のみが会昌門内の大嘗宮に供納される。神は六十頁注二十、供は六十頁注二十一、物は十頁注二十一、并は四頁注四参照。
二十 供神物以外の節会に用いられる多毎物（ためつもの）。四七二頁の酒盞から四八四頁の雑魚菜まで。雑物は十二頁注十七参照。
二十一 灑は一五八頁注十七参照。潔は、名義抄法下三十九に「潔齋〔モノイス、キヨマハル〕」、字類抄下六十ウに「清〔セイ、キヨム〕」とあり「潔」も同じとする。
二十二 四四八頁に神服男七十二人、神服女五十人とあり、各人は酒柏を執っている。神服は五十六頁注六、男は四十八頁注三、女は四十八頁注五参照。
二十三 三九二頁注十七参照。
二十四 四四八頁注十二参照。
二十五 退は、名義抄仏上四十八に「退〔マカル〕」。出は二一六頁注十参照。
二十六 分は二一四頁注十九、列は一五二頁注十一参照。
二十七 悠紀・主基両斎国。両は四頁注十八、国は二頁注二十三参照。
二十八 参は二七二頁注七、入は九十頁注五参照。

神に供ふる物を除く[一]の外及び標等は[二]　皆朝集院[三]の庭中に留め　各分ちて[四]
東西の殿[五]に安置け[六]

大嘗宮[七]の南門の外に到れば　即ち悠紀[八]は左より廻り　主基は右より廻り　共に北門に到り　神祇官[九]　神服[十]の宿禰を率て　入りて繒服の案を　悠紀殿[十一]の神座の上に奠れ[十二]

繒服案を悠紀殿の神座の上に奠る

次に　忌部の官一人[十三]　入りて麁服[十四]の案を　同じ座の上に奠り
共[十五]に訖りて引出でよ

麁服案を悠紀殿の神座の上に奠る

乃ち[十六]　兩國の獻物[十七]は　各膳屋に収めよ
訖りて　衛門府[十八]　三門[十九]を閉ぢよ[二十]
神祇官　北門[二十一]の內の左掖に留候へ

一 除は八十八頁注五、外は一五〇頁注十一、及は八頁注二十八参照。
二 十八頁注四、五十四頁注四参照。
三 皆は三九四頁注八、朝集院は四四四頁注十三、院は六頁注十六、庭は三七四頁注十、中は二十八頁注八、留は四八六頁注六参照。
四 各は四頁注二十二、分は一二〇頁注二十一参照。
五 東西の朝集堂。東は八頁注二十五、西は八頁注二十、殿は四十頁注十参照。
六 北山抄五大嘗会事も「兩國標留二會昌門前一、倉代物置二東西堂一」とあり、標は会昌門前に留められ、倉代物は東西の朝集堂に安置されたとする。中右記寛治元年十一月十九日（堀河天皇大嘗祭）条には「兩國引二標山一、國司等着二小忌一、行事辨同着之、引二入朱雀門一、立二會昌門中一」と記されている。安は、名義抄仏下末二十八に「安〔オク〕」。置は二十四頁注十一参照。
七 三八二頁注十三参照。大嘗の訓は二頁注四、宮は三十頁注十七、南は八頁注二十四、門は一〇四頁注十五、外は三八四頁注十六、到は二十四頁注五、即は二頁注二十七参照。
八 大嘗宮南門外から、悠紀は大嘗宮の東を、主基は西を廻り、北門に到る。廻は九十六頁注十四、共は十頁注六参照。
九 二頁注二十参照。
十 神服使のこと。二七四頁注四参照。四五〇頁に神服宿禰一人とある。宿禰の訓は四五〇頁注十参照。
十一 悠紀殿の神座は鋪設されている（四四〇頁）。悠紀殿の室に鋪設された神座の御帖の上に、神祇官が神服宿禰を率いて繒服案を奉奠し、忌部官一人は麁服案を奉奠する。宮主秘事口伝大嘗会に「宮主與二神服長一令レ舁二繒服案一〔差レ笏舁、於二案下一差レ之〕、宮主者舁二後方一、神服長者舁二前方一也、經二神座西北兩方一、立二懸長疊上一、案外ヲ主上御通達之間、廣立也、御通達無二違亂一之様立レ之、是故實也〔神服長ハ官方催也〕。次小使與二齋部官人一、舁二荒妙案一〔小使者後方、齋部者前方〕、各先於二案下一、

1 標、神宮本左傍「槽イ」。
2 分、林本「別」。
3 安、林本・神宮本・都立本・神宮一本・谷本・三手本・宮本「案」とし、林本頭注「安置諸本作二案置一」、神宮本注「延喜式作レ安、此書誤」。
4 宮、三手本「官」。
5 北、宮本「此」とし右傍「北」。
6 林本・神宮一本「部」あり、林本注「伊庭本、無二服部之部一者是」。
7 奠、宮本「貟」とし右傍「置」左傍「奠」。
8 繒、三手本・宮本「僧」とし、宮本右傍「繒」。
9 林本「部」あり。
10 麁、荷田本「麤」。林本「庶」とし注「麁之誤」。神宮一本・宮本「庡」。三手本「鹿」とし右傍「麁妙乎」。
11 都立本「妙」あり。
12 共訖、神道本右傍「訖共イ」。信友本「訖共」とし頭注「大嘗式作二訖共一」。荷田本注「共訖、蓋訖共之誤」。
13 引、宮本「刹」とし右傍「引」。
14 收、神宮一本・故実本「收」。林本注「収、收之誤」。
15 膳屋訖衛門府閉三、神宮本なし。
16 閉、底本・都立本・故実本「閇」。三手本「門」。宮本なし、右傍「閉」。

〔除供神物之外及標等[1]、皆留朝集院庭中、各分[2]安[3]置東西殿〕、到大嘗宮[4]南門外、即悠紀左廻、主基右廻、共到北[5]門、神祇官率神服宿禰[6]、入奠[7]繒[8]服案於悠紀殿神座上、次忌部[9]官一人入奠麁[10][11]服案於同座上、共訖[12]引[13]出、乃兩國獻物各收[14]膳[15]屋、訖衛門府閉[16]三門、神祇官留候於北門内左掖、

差レ笏立二神座西方一南北行也。次各退出、次主基神殿者、大使與二神服長一、各於二案下一差レ笏、舁二繒服案一、經二神座西北両方一、立二東方一、立二懸長疊上一、案外ヲ主上御通達之間、廣立也、次各抜レ笏退出、次小使與二齋部官人一、舁二荒妙案一〔先於二案下一、各差レ笏、小使後方、齋部者前方〕、立二神座西方一〔南北行也〕。」とあり、繒服案は東北、麁服案は西北に立てられる。悠紀殿は三八八頁注五、神座は九十六頁注十二、上は三八八頁注八参照。
十二 名義抄仏下末二十六に「奠〔タテマツル〕」。
十三 忌部は六十頁注九、官は二頁注三十・四三〇頁注三参照。
十四 四八六頁注十参照。底本「麁服」。「麁妙服」に作る一本あり。校異参照。
十五 底本「共訖」。荷田本「訖共」の誤りとする。校異参照。訖は二頁注二十六、引は一二八頁注十一、出は二一六頁注十参照。
十六 四四四頁注十五参照。
十七 供神物。両斎国の献物は膳屋に供納される。践祚大嘗祭式卯日条には「兩國獻物各収二盛殿一」とある。献物の訓は三四六頁注六、膳屋は三九二頁注十七、収は十頁注十八参照。
十八 一〇四頁注十二参照。
十九 会昌、応天、朱雀の三門。
二十 名義抄法下七十五に「閉〔トヅ〕」。
二十一 大嘗宮北門。神祇官は北門の東掖に祇候する。掖は四十六頁注六、候は一九八頁注十一、留は四八六頁注六参照。

造酒童女、御飯の稲を舂く

御飯を炊く

御膳を料理

高橋朝臣・安曇宿禰、多賀須伎を大嘗宮に奉覧

造酒童女[一] 先づ 御飯[二]の稲を舂け
次に 酒波等[三] 共に 手[四]を易へず 且[五]つ舂き 且つ歌[六]へ
歌詞[七]は 當時之を制れ
舂き畢[八]れば 伴造[九] 火[十]を鑽りて授け 安曇宿禰[十一] 火[十二]を吹き
伴造 御飯を炊[十三]け
内膳司[十四] 諸氏[十五]の伴造を率て 各其の職[十六]に供へ 御膳[十七]を料理[十八]れ
宮内省[十九]の官人 左右に分れて 大膳職[二十]・造酒司を率て
各 其の備[二十一]ふるところの 神に供ふる物を陳ねよ
高橋朝臣[二十二]一人・安曇宿禰一人 各多賀須伎[二十三]を擎[二十四]げ 其の膳部[二十五]も
亦 次に依りて立て

一 臼屋において、まず、造酒童女が杵で御稲を舂き、続いて酒波が、稲舂歌を歌いつつ、手をかえず舂き終える。四六二頁に杵四枚と見える。造酒童女は七十八頁注十、先は二十八頁注一参照。

二 御は二十二頁注四、飯は二八二頁注六、稲は十二頁注十二、舂は二九〇頁注二十一参照。

三 八十頁注一参照。中右記天仁元年十一月二十一日条に「八女謳㆑歌、御装束如㆑式」とあり、大酒波、大多米酒波、粉走（二人）、相作（四人）の計八女のことであろう。等は六頁注九参照。

四 手は三八二頁注十二参照。易は、名義抄仏中九十に「易〔カフ、カハル〕」。

五 名義抄仏上七十八に「且〔カツハ、カツカツ〕」。書紀神代紀天孫降臨章の「且喜且慟」に「カツヨロコビカツマドウ」の訓。

六 稲舂歌を歌う。名義抄僧中四十八に「歌〔ウタフ〕」。栄花物語十に「悠紀のかたのいねつきうた（稲舂歌）」とある。

七 稲舂歌は、悠紀・主基で各一首が作られる。勅撰集入集の稲舂歌として、新古今集に、仁安元（一一六六）年六条天皇大嘗祭悠紀稲舂歌の「近江のや坂田の稲をかけつみて道あるみよの初めにぞつく」がある。八木意知男『大嘗会和歌の世界』（昭和六十一年）参照。詞は二十八頁注二、当は二頁注九、時は十頁注九、之は八頁注五、制は三五六頁注十参照。

八 三十二頁注六参照。

九 内膳司の伴部である膳部。膳部については二十頁注十二参照。膳屋の東三間で御飯を炊き、御膳を料理する。書紀欽明天皇元年七月条の「秦伴造」に「ハタノトモノミヤツコ」の訓。なお、高橋氏文に「今令㆑鑽㆓忌火㆒大伴造者、物部豊日連之後也」とあり、鈴木重胤は本条の伴造をこの「大伴造」に比定している（中臣寿詞講義上）。

十 一三四頁注八参照。授は、名義抄仏下本七十九に「授〔サヅク、ウク〕」。

造酒童女先春御飯稻[1]、次酒波等共不易手[2]、且春且歌〔歌詞當時制之〕、春畢伴造鑽火授[3]、安曇宿禰吹火[4]、伴造炊[5]御飯[6]、内膳司率諸氏[7]伴造、各供其職、料理御膳、宮内省官人[8]左右分[9]、率大膳職・造酒司、各陳[10]其所備供神物、高橋朝臣一人・安曇宿禰一人各擎多賀須伎[11]、其膳部[12]亦依次而立、

1 稻、三手本「韜」とし右傍「稲乎」。宮本「韜」とし右傍「稲」。林本注「伊庭本、稲作レ韜、非」。
2 手、都立本・宮本「乎」とし、宮本右傍「手」。三手本「平」。
3 授、信友本なし、頭注「案大嘗式文亦不レ可レ有二授字一」。荷田本注「授字蓋衍字」。林本注「衍字」。神道本右傍「イナシ」。
4 火、三手本「大」。
5 炊、宮本なし、右傍「炊」。
6 飯、谷本「殿」。宮本右傍「制」。
7 諸、林本「所」。
8 人、林本なし。
9 分、三手本なし、右傍「各」。
10 陳、林本・神宮一本・谷本・三手本「陣」。
11 伎、都立本「支」。谷本「岐」。
12 荷田本・都立本・信友本「酒部」あり、荷田本注「酒部二字諸本並無」。神道本右傍「酒部イアリ」あり。

十一 阿曇宿禰とも。海人部の伴造氏族。天武天皇朝の八色賜姓で宿禰となる。安曇氏は、高橋氏と共に、令制以前の職掌より、内膳司の奉膳（長官）・典膳（判官）に任命されることが慣例となる。本朝月令六月十一日神今食祭条所引の延暦十一年太政官符は、霊亀二（七一六）年十二月の神今食において、奉膳の安曇宿禰刀と典膳の高橋朝臣乎具須比が神饌供奉の前後次第について争論となったことを伝えている。延暦十（七九一）年、内膳奉膳安曇宿禰継成が勅旨に背き、翌年佐渡に配流となり、以後、内膳の職を失うこととなり、衰退する。字類抄下四十一ウに「安曇〔アツミ、已上宿祢〕」。書紀四神出生章第六ノ一書の「阿曇連」に「アヅミノムラジ」の訓。宿禰は四五〇頁注十参照。

十二 火をおこすために、息を強く吹きかけること。吹は三七六頁注一参照。

十三 二八二頁注七参照。

十四 二〇〇頁注九参照。

十五 職員令内膳司条集解に高橋・阿曇両氏を名負人と記す。高橋・阿曇両氏とその同族の氏のことか。諸は四頁注二、氏は六十頁注十四、率は二十四頁注三参照。

十六 名義抄仏上八十八に「職〔ツカサ〕」。供は六十頁注二十一・三七〇頁注十七参照。

十七 二〇〇頁注一参照。

十八 四十四頁注十参照。宇治拾遺物語五十九段に「この雉子、い(生)けながらつくりてく(食)はん」とある。

十九 宮内省は八頁注十五、官人は三十二頁注十一参照。

二十 大膳職は二〇二頁注十四、造酒司は二五〇頁注五参照。

二十一 大膳職、造酒司がそれぞれに弁備する供神物の品目は、践祚大嘗祭式供神雑物条に「凡供二神御一雑物者、大膳職所レ備、多加須伎八十枚〔高五寸五分、口徑七寸、無レ蓋、折レ足四所、別盛二隠岐鰒、烏賊各十四兩、熬海鼠十五兩、魚腊一升、海菜十兩、鹽五勺一〕、並居二葉椀一〔久菩弖〕、覆以二笠形葉盤一〔比良弖、似二笠形一〕、以二木綿一結垂裝餝、比良須伎八十枚〔高及口徑裝餝與二多加須伎一同、但足不レ折、別盛具物種種別五合〕、山坏卌口〔別盛二貽鮓、鰒鮓各一升一、裝餝與二比良須伎一同〕、麁盛白筥三百合〔長一尺五寸、廣一尺二寸、深三寸〕、盛二東鰒一筥五合〔別納二十斤一〕、隠岐鰒筥十六合〔別納二十二斤一〕、熬海鼠筥十六合〔別納二十二斤一〕、烏賊筥十二合〔別納二六斤一〕、佐渡鰒筥四合〔別納二十斤一〕、煮堅魚筥十五合〔別一籠不レ開〕、堅魚筥廿四合〔別納二十二斤一〕、腊筥五十五合〔別一籠不レ開〕、與理刀魚筥十一合〔別納二一斗五升一〕、鮭筥二合〔別納二十隻一〕、昆布筥四合〔別納二十五斤一〕、海松筥六合〔別納二六斤一〕、紫菜筥四合〔別一籠不レ開〕、海藻筥六合〔別納二六斤一〕、

（七六八頁へ続く）

並びに大嘗宮に入り　共に殿に升り案の頭に就け

立ち定りて　前頭　先づ案の上に奠り　自餘は次を以ちて手傳に奉奠り　訖りて相顧みて退出よ

明日撤ぐるにも亦　是の如くせよ

酉刻、燈・燎を悠紀・主基の両院に設く

酉の刻　主殿寮　寮の火を以ちて　燈・燎を　悠紀・主基の兩院に設けよ

院別に二燈　二燎

南門の外に通夜庭燎を設く

伴・佐伯宿禰各一人　各門部八人　青摺の衫を着けよ　を率て南門の外に通夜庭燎を設けよ

悠紀・主基の兩國は

一 三八二頁注十三参照。大嘗の訓は二頁注四、宮は三十頁注十七、入は九十頁注五参照。
二 正殿。底本「共神殿就案頭」。「共昇殿就案頭」・「共升殿就案頭」に作る写本あり。校異参照。践祚大嘗祭式卯日条は「共升レ殿就二案頭一」とする。信友本に従い、底本の「神殿」を「升殿」に改める。「升殿」の語は、五三二頁に「皇太子升殿」と見える。殿は四十頁注四参照。
三 案は三九八頁注十二、頭は五十四頁注三参照。就は二十四頁注十参照。
四 先頭。書紀白雉元年二月条の「前頭」に「マヘ」の訓。前は一六六頁注十一、先は二十八頁注一、上は三八八頁注八、奠は四九〇頁注十二参照。
五 四頁注九参照。
六 手から手に渡すこと。手は三八二頁注十二参照。伝は、名義抄仏上二十五に「傳〔ツテニ〕」。奉は六十頁注五、訖は二頁注二十六参照。
七 相は四十六頁注二参照。顧は、名義抄仏下本二十三に「顧〔カヘリミル〕」。退出は四八八頁注二十五参照。
八 辰日に撤下される。明日は、字類抄下二十四ウに「明日〔アス〕」、翌〔同、又アクルヒ〕」、書紀仲哀天皇九年二月条の「明日」に「クルツヒ」、同書仁徳天皇三十年九月条の「明日」の「明」に「クルツ、アクル」の訓。撤は、名義抄仏下本六十四に「撤〔サル、トル〕」。
九 名義抄仏中六に「如是〔カクノゴトク〕」。
十 午後五時から午後七時頃。酉は四四六頁注十、刻は二一六頁注三参照。
十一 二四六頁注二参照。
十二 主殿寮より出す斎火。江家次第十五大嘗会に「主殿寮以二斎火一設二燈燎於兩院一、各二燈二燎」とある。
十三 燈は灯火のことで、名義抄仏下末五十二に「燈〔トモシビ、トホシビ、アフラヒ〕」。斎宮式勢江州忌条の「燈」に「ミアカ

竝入大嘗宮、共[1]升[2]殿就案頭、立定前頭先奠案上、自餘以次手[3]傳奉奠、訖相顧退出〔明日撤亦如是〕、酉刻[4]主殿寮以寮火、設燈・燎於悠紀・主基兩院〔院別二燈・二燎[5]〕、伴・佐伯宿[6]禰各一人、各率門部八人〔着青摺衫[7]〕、於[8]南門外、通夜設庭燎、悠紀・主基兩[9]國[10]

1 共、神宮本左傍「供カ」。
2 升、底本・神道本・谷本・三手本・宮本「神」。荷田本・信友本「升」、林本・都立本「昇」。神道本右傍「昇イ」。神宮一本「昇」。宮本右傍「昇」。
3 手、都立本・宮本「乎」とし、宮本右傍「手」。
4 刻、林本・神宮本・都立本・神宮一本「剋」とし、林本注「刻之誤」。谷本「尅」。三手本「剋」。
5 燎、都立本「寮」とし右傍「燎」。
6 宿禰、谷本「禰」。
7 衫、神宮本・宮本「衩」。神宮本左傍「衣イ」。
8 於、神宮本右傍「在イ」。
9 兩、谷本「四」。
10 國、宮本右傍「同」。

シ」の訓。燎は、庭火のことで、和名抄十二に「庭燎　四聲字苑云燎〔力照反、和名迩波比、毛詩有庭燎篇〕、庭火也」。字類抄上三十八オに「庭燎〔テイレウ、ニハヒ、庭火也〕」。国史大系本主殿寮式釈奠条の「燈」に「ニハヒ」の訓。悠紀・主基は二頁注二十三、両は四頁注十八、院は六頁注十六、設は八頁注十九参照。

一四 二十二頁注一参照。

一五 四四二頁注十四参照。宿禰は四五〇頁注十参照。

一六 一〇八頁注十二参照。門部は、左右京・山城国・大和国・伊勢国・紀伊国より選出された（一〇八頁）。

一七 青摺は一九四頁注九、衫は四二四頁注四、着は八頁注六参照。

一八 大嘗宮南門。南は八頁注二十四、門は一〇四頁注十五、外は三八四頁注十六参照。

一九 通夜は、黒川本字類抄中二十八オに「通夜〔ヨモスカラ〕」、書紀履中天皇即位前紀の「通夜」に「ヨモスガラ」の訓。庭燎は注十三参照。

御殿油(おほとのあぶら)[一]二斗　卯(う)[二]の日(ひ)より午(むま)[三]の日(ひ)に至(いた)る夜別(よごと)[四]に五升

燈坏(あぶらつき)[五]・盤(さら)　各(おのもおのも)八口

燈炷(とうじみ)[六]の布(ぬの)八尺　夜別(よごと)に二尺

炭(すみ)[七]八石　日別に二石

松明(たいまつ)[八]三百廿把　長(なが)さ各八尺　夜別に八十把

薪(かまぎ)[九]千二百斤　日別に三百斤

を進(たてまつ)れ

戌刻、鸞輿廻立殿に出御

戌(いぬ)の刻(とき)[十]　鸞輿(すめらみこと・らんよ)[十一]　廻立殿(くわいりふでん)[十二]に御(おはしま)[十三]す

主殿寮(とのもりのつかさ・しゆでんれう)　浴湯(ゆあみ)[十四]を供(たてまつ)[十五]れ

大嘗宮に出御

即(すなは)ち　祭服(みそ)[十六]を着(つ)けたまひ　大嘗宮(おほむべのみや・だいじやうくう)[十七]に御(おはしま)す

一 御殿の灯明に用いる油。名義抄僧中六十五に「御殿〔オホトノ〕」、同書法上二十七に「油〔アフラ〕」。源氏物語澪標に「内はおほとのあぶら(大殿油)」。斗は二十六頁注二参照。

二 卯日より午日の豊明節会までの四日間。卯は三三〇頁注二十四、日は八頁注三参照。

三 名義抄仏上八十三に「午〔ムマトキ〕」、黒川本字類抄中四十四ウに「午〔ムマ〕」。至は二十四頁注一参照。

四 名義抄法下四十に「夜〔ヨル、コハ、ヤ〕」、字類抄上一一三オに「夜〔ヨル、ヨ〕」。別は二十二頁注一参照。

五 燈坏は六十六頁注十三、油盤は六十六頁注十四、口は三十四頁注六参照。

六 燈炷は、燈油を入れた油皿に浸して火を点ずる燈心のこと。ここでは布を用いる。和名抄十二に「燈心　考聲切韻云炷〔音主又去声、和名度宇之美、心音訛也〕、燈心也」。名義抄仏下末三十八に「炷〔トウジミ〕」、字類抄上五十七オに「燈心〔トウシミ〕、炷〔同〕」。布は十二頁注二十二、尺は二十四頁注十五参照。

七 名義抄仏下末五十二に「炭〔スミ、アラスミ〕」。斎宮式月料条の「炭」に「アラスミ」の訓。

八 二四八頁注十二参照。把は二十六頁注十、長は四十二頁注十六参照。

九 八十頁注六参照。斤は二十四頁注十七、進は十頁注十二参照。

十 午後七時から午後九時頃。天皇が内裏（常の御殿）から朝堂院の大嘗宮に出御される。悠紀御膳の行立が始まるのは亥一刻（午後九時頃）。字類抄上九オに「戌〔イヌ〕」。

十一 天子の正式の乗輿である鳳輦のこと。二一六頁注十二参照。天子の乗輿・車駕を「すめらみこと」と称することは、二頁注六参照。帛御衣を召された天皇は、鳳輦にて、建禮門より出御され、昭訓門から朝堂院に入御、東廊壇上（または龍尾道東階上ともいう）において腰輿に移御され、廻立殿に入御される。大嘗宮行幸では、鈴奏（すずのそう）はなく、また、警蹕も称えられない（西宮記五の八省行幸に「鈴奏〔神事不〕」とある）。

進御殿油二斗〔自卯日至于午日、夜別五升[1]〕、燈坏盤各八口、燈炷布八尺〔夜別二尺〕、炭八石[2]〔日別二石〕、松明三百廿把〔長各八尺、夜別八十把〕、薪[3]千二百斤〔日別三百斤〕、戌刻[4]鸞輿御廻立殿、主殿[5]寮供浴[6]湯、即着祭服、御大嘗宮、

1 升、谷本「外」。三手本「舛」。
2 石、三手本「口」。
3 薪、信友本「新」。
4 刻、神宮本・都立本・谷本「剋」。
5 主殿、信友本なし、頭注にあり。
6 浴、信友本なし。

駅鈴・大刀契は近衛が供奉する。西宮記臨時七大嘗会に「服二帛御衣一、乗二鳳輿一、小忌王卿前行、小忌近衛陣帯二弓箭一供奉、諸衛服二大儀一扈従、大刀契共候、出二宮門一、入二昭訓門一、於二廊下一移二腰輿一、御二廻立殿一、近代、於二龍尾階上一移御」とある。北山抄五大嘗会事には「戌刻、鸞輿出レ自二建禮門一、入レ自二昭訓門一、於二東廊壇上一、改レ駕二腰輿一〔式文如レ此、仁和四年御記云、太政大臣奏云、至二昭訓門一、移二御腰輿一、自レ是微行、至二神殿一云々、清涼抄云、於二龍尾道東階上一、移御者、寛平九年以来如レ之、掃部寮敷二筵於乗輿東邊一、其上昇レ居二腰輿一、御レ之云々〕」とあり、また、「經二廻立殿北西一、入レ自二南方一、御二廻立殿一〔不レ奏レ鈴、持候、式云、是夜不レ警蹕一、入御後殊禁二高聲一、仁和四年記云、入レ自二南戸一、先御二西方御床一也〕」と記している。

十二 四〇〇頁注七参照。廻立殿は、西三間と東二間に仕切られ、西を御在所（兵範記では御所）、東を御湯殿と称する（西宮記臨時七大嘗会事、兵範記仁安三年十一月二十二日条）。殿内は簀を床として張り、その上に席を加える。西三間の御在所は、黄端の帖八枚を敷き、その中央に御牀二脚を並び立て、御牀の上には暈繝端の御帖各一枚を加え、黄の帊（おほひ）を懸ける。御牀の東西には白端の御帖四枚が敷かれる（掃部寮式大嘗会条）。東二間の御湯殿は、中央に御槽を東西の妻に置く。御槽には絹覆と蓋がある。その北には白木の床子二脚が立てられ、一脚の上には御帷と御河薬が置かれている（江記天仁元年十一月二十一日、兵範記仁安三年十一月二十二日条）。内蔵寮官人が御服・絹幞頭を廻立殿に奉置したことは四四〇頁に見える。

十三 一七二頁注二参照。天皇は廻立殿の北西を経て、南戸より廻立殿に入御される。入御の後は高声が禁じられる。また、仁和四年記によれば、南戸より入御の後、先ず西方の御床（牀）に着御される（北山抄五大嘗会事、注十一参照）。

十四 四四六頁注八参照。主殿寮が小忌の御湯を供奉すること。御湯殿の儀を、江記天仁元年十一月二十一日条によって伺うと、御槽にまず下水を入れ、次に御湯を入れること七度。主殿寮の小忌官人が右手で御湯を合わせること七度。蓋（二幅布）を張る。天皇が御湯殿に渡御されると、蓋が取られ、天皇は御帷（北山抄五・江家次第十五には天羽衣とある）を召されて御槽に入られる。次に御背を摩り奉ること三度。御帷を槽中に脱ぎ捨て、御槽から上がられ、他の御帷を召し拭われる。次に御河薬を供す。天皇は西の間の御在所に還御される。西宮記臨時七大嘗会事に「主殿供二（御）湯一〔以二大鐐一沸二御湯一、兩國進レ船、天皇着二天羽衣一、浴レ之如レ常〕」とある。北山抄五大嘗会事には「主殿寮供二御浴一〔自二東戸一供レ之〕、即着二祭服一〔本服二帛御衣一、仁和記云、御二東方小床一、着二天羽衣一、供二御湯一了、

（七六八頁へ続く）

二幅の布単を通途に鋪く

大藏省[一]　預め[二]二幅の布單[三]を以ちて　其の通途[四]に鋪け

其の宮中[五]の地面に鋪くに　八幅の布單を以ちてせよ

上[六]に宮内[七]の輔二人　左右に膝行き[八]　葉薦[九]を敷け

掃部の允以上二人[十]　後に従ひ[十一]　且つ之を巻け

敢て踏まざれ[十二]

還りますにも亦[十三]　之の如くせよ

其の葉薦は　掃部寮　之を設けよ

大臣、中臣・忌部・御巫・猿女を率いて前行

大臣一人[十四]　中臣[十五]・忌部・御巫[十六]・猿女[十七]を率て　前に行け

大臣は[十八]　中央に在り

中臣・忌部は　左右に在れ

一 十頁注二十参照。
二 六十二頁注五参照。
三 廻立殿から大嘗宮正殿（悠紀殿・主基殿）まで、天皇が渡御される御道に敷かれる。次条及び、北山抄五大嘗会事にも「大藏省鋪二二幅布單一〔其宮中地、鋪以二八幅布單八条一〕」とあり、八幅の布単の上に二幅の布単が敷かれる。江家次第十五大嘗会に「御二悠紀殿一〔主上徒跣、不二著レ履給一、供奉人亦同〕」とあり、天皇は素足で大嘗宮に渡御される。供奉人も同じ。幅は四三二頁注十六、布は十二頁注二十二、単は四〇四頁注一参照。
四 通は、名義抄仏上五十二に「途〔ミチ〕」。鋪は、三九〇頁注十九参照。
五 注三参照。宮は三十頁注十七、中は二十八頁注八、地は三九〇頁注十八参照。面は、名義抄法上一〇〇に「面〔オモテ〕」。
六 名義抄仏上七十四に「上〔マヘ〕」。
七 宮内省の第二等官。宮内省は八頁注十五、輔は一三六頁注十一、左右は六頁注三参照。
八 膝をついて進む。膝は、名義抄仏中一一三に「膝〔ヒザ〕」。膝行は、字類抄下九十四オに「軾〔ヒサツキ〕、膝突〔同、俗用之〕」、黒川本字類抄中五十七ウに「膝行〔シツカウ、ヰザル〕」。源氏物語末摘花に「ゐざり入り給ふさま」。
九 布単の上に、天皇が歩まれるところだけに、葉薦を鋪く。天皇の御歩に従って葉薦を展べ、後ろからこれを巻き上げ、余人をしてこれを踏ませない。葉薦役には、前行の展べる方に宮内輔二人、後行の巻く方には掃部充以上二人が奉仕し、ともに膝をついて進む。葉薦は一二四頁注五、敷は九十六頁注十一参照。
十 掃部寮の第三等官。掃部寮は二四八注四、允は四四頁注三十四、以上は十二頁注二十七参照。
十一 十頁注四参照。従は一三八頁注十一、且は四九二頁注五、之は八頁注五、巻は三九二頁注十一参照。
十二 敢は、名義抄僧中六十に「敢〔アヘテ〕」。踏は、同書法上七十四に「踏〔フム〕」。

大藏省預以二[1]幅布單、鋪其通途〔其宮中地面鋪以八幅[2]布單、[3]上宮內輔[4]二人左[5][6]右膝行[7]敷葉[8]薦[9]、掃[10]部允以上二人從後且卷之〕、不敢踏[11]、還亦如之〔其葉薦者掃部寮設之〕、大臣一人率中臣・忌部・御巫・猿女前行〔大臣在中央、中[12]臣[13]・[14]忌部在[15]左[16]右〕、

1 二、三手本・宮本なし、宮本右傍「二」。
2 幅、三手本・宮本なし、宮本右傍「幅」。
3 宮本右傍「其」あり。
4 輔、神宮本「脯」。
5 左、神宮本・谷本・宮本「在」とし、神宮本左傍「左カ」。
6 宮本右傍「左」あり。
7 行、三手本「片」とし右傍「行乎」。
8 葉、荷田本・林本・神宮本・都立本・神宮一本・谷本・三手本・宮本・信友本「萓」とし、林本注「亦萓屋、葉薦之誤」、神宮本左傍「葉カ」、都立本左傍「葉」、宮本右傍「葉」。
9 薦、林本・神宮一本・谷本・三手本・宮本「屋」とし、宮本右傍「薦」。神宮本「薦」とし左傍「屋イ」。
10 掃以下十二文字、荷田本・林本・神宮本・都立本・神宮一本・谷本・三手本・宮本・信友本大字。神道本左傍「大字イ」。
11 踏、林本「蹈」とし注「踏之誤」。神宮一本「蹈」。
12 中、林本・神宮本・都立本・宮本なし、宮本右傍「中臣」。
13 臣、林本・神宮本・神宮一本・谷本・三手本・宮本「在」。
14 荷田本・信友本「在左」あり。宮本左傍「左」あり。
15 在、林本・神宮本・神宮一本・三手本・宮本・信友本なし。
16 左、荷田本なし。宮本右傍「在」。

十三 悠紀殿から廻立殿への還御の時も、葉薦の上を歩まれる。還は二七二頁注二十、亦は六頁注十一、如之は一八六頁注二参照。
十四 二頁注十七参照。
十五 六十頁注八参照。
十六 三九八頁注五・四二四頁注八参照。
十七 四二四頁注九参照。率は二十四頁注三、前行は三四六頁注十四参照。
十八 北山抄五大嘗会事に「大臣〔脱㆑劔把㆑笏〕、率㆓中臣・忌部㆒在㆓御前㆒〔大臣在㆓中央㆒、中臣在㆑左、忌部在㆑右、天慶外記云々、依敷㆓布單㆒、大臣隨㆓便宜㆒、奉㆓仕右邊㆒者、案㆑之、葉薦人不㆑可㆑踏、至㆓于布單㆒、無㆑妨㆓大臣踏㆒歟、（下略）〕、御巫・猿女左右前行」とある。中央は二二四頁注三、在は二頁注三十二参照。

主殿官、燭を秉る

[一]主殿官二人　燭[二]を秉りて　路[三]を照らせ

車持朝臣は菅蓋を、子部宿禰・笠取直は蓋の綱を執る

[四]車持朝臣一人　[五]菅蓋を執り　[六]子部宿禰・[七]笠取直各一人共[八]に
膝行き蓋の綱を執れ
[九]還りますにも亦　是の如くせよ

小斎群官参入

既に　悠紀の正殿[十]に御せば[十一]　小斎[十二]の群官　各其の座に就け
但し　大斎[十三]の人は　宮門[十四]の外に留まり　其の内[十五]に入らざれ

大嘗宮・朝堂院の南門を開く

訖りて[十六]　伴[十七]・佐伯宿禰各一人　大嘗宮の南門を開き　衛門府[十八]は
[十九]朝堂院の南門を開け

吉野国栖・楢笛工参入

[二十]宮内の官人　吉野[二十一]の國栖十二人・楢[二十二]の笛工十二人　竝びに青摺[二十三]の
布の衫を着けよ　を率て　朝堂院の南の左掖門[二十四]より入り　位[二十五]に

一　西宮記臨時七大嘗会には「主殿官人二人秉レ燭迎」とあり、北山抄五大嘗会事には「主殿官人二人秉燭照路〈式云、左右小忌少将各一人前行云々、近代無二此例一〉」とする。主殿寮は二四六頁注二、官は二頁注三十・四三〇頁注三参照。

二　燭は、名義抄仏下末四十二に「燭〈トモシヒ〉」、字類抄上五十七に「燈〈トモシヒ〉、燃〈同〉、燭〈同〉」。秉は、名義抄法下四十に「秉〈トル〉」。字類抄上五十二に「秉燭〈トモシヒヲトル〉」。

三　路は一三六頁注四参照。照は、名義抄仏下末三十八に「照〈テラス〉」。

四　車持部を管掌した伴造氏族。姓は君。車持部は、天皇の輿輦、朝廷の車のことを掌った。天武天皇十三年、朝臣の姓を賜る。新撰姓氏録左京皇別下に、「豊城入彦命八世孫身狭君之後也、雄略天皇御世、供進乗輿。仍賜二姓車持公一」と見える。三代実録元慶六年十二月二十五日条に「聴下主殿寮殿部十人、以二異姓一入レ色加中補其闕上。先レ是、宮内省言、主殿寮申請、検二職員令一、殿部卌人以二日置、子部、車持、笠取、鴨五姓人一爲レ之」とあり、車持氏は、日置・子部・笠取・鴨の四氏と共に、名負氏族として、主殿寮殿部として奉仕していた。黒川本字類抄中八十二オに「車持〈クルマモチ〉」。書紀天武天皇十三年十一月の「車持君」の「車持」に「クルマモチ」の訓。朝臣は四九二頁注二十二参照。

五　二四四頁注十二参照。執は二十八頁注十参照。

六　主殿寮殿部の名負氏族。注四参照。新撰姓氏録右京神別下に「子部、火明命三世孫、建刀米命之後也」とある。また、三代実録貞観十六年十二月二十五日条に子部宿禰の賜姓記事が見え、「天御中主尊之後」とする。国史大系本践祚大嘗祭式麁妙服条の「子部宿禰」の「子部」に「コヘ」の訓。書紀天武天皇十三年十二月条の「児部連」の「児部」に「コヘ」の訓。

七　主殿寮殿部の名負氏族。注四参照。笠は二二六頁注十一、取は八頁注九参照。古今和歌集二六三番歌に「あめふればかさと

主殿官[1]二[2]人秉[3]燭照路、車持朝臣一人執菅蓋[4]、子部宿禰・笠取直各一人、共膝行執蓋[5]綱、還亦如是、既御悠紀正殿、小齋群[6]官各就其座、但大齋人留宮[7]門外、不入其内、訖伴・佐伯宿禰各一人、開大嘗宮南門、衛門府開朝堂院南門、宮内官[8]人率吉野國栖十二人・楢[9]笛工十二人（並着青摺布衫[10]）、入自朝堂院南[11]左[12]掖[13]門、就位

1 荷田本・林本・神宮一本・都立本・信友本「宸儀始出」あり、都立本右傍「虫滅以二延喜式一補レ之」。宮本右傍「宸儀始出」あり。神道本右傍「一本、コノ次ニ、蠹損箇所アリ」あり。以文本「宸儀始出」を消し右傍「古本无」あり。
2 荷田本・信友本「人」あり、荷田本注「諸本並無今依二延喜大嘗式一私補レ之」、神道本左傍「人イアリ」あり。都立本右傍「人」あり。
3 秉、宮本「東」とし右傍「秉」。
4 蓋、林本・谷本「葢」。神宮一本・三手本・宮本「蓋」。
5 蓋、神宮本「盖」。神宮一本・三手本・宮本「蓋」。谷本「蓋」。
6 群、谷本「拜」。
7 宮、信友本「官」とし右傍「宮」。
8 官、三手本「宮」とし右傍「官乎」。
9 楢、神宮本「猶」とし右傍「楢イ」。宮本「楢」とし右傍「楢」。
10 衫、神宮本「衩」。宮本「秋衫」。
11 南、谷本右傍「東イ」。
12 左、宮本「在」とし右傍「左」。
13 掖、三手本・宮本「掾」とし、三手本右傍「掖乎」、宮本右傍「掖」。

り山のもみぢはは」とある。直は、字類抄上三十五ウに「直（アタヒ）」。各は四頁注二十二参照。
八 共は十頁注六、膝行は四九八頁注八、綱は二四〇頁注八、執は二十八頁注十参照。
九 悠紀殿から廻立殿への還御の時も、同じく御菅蓋を差し掛ける。如是は四九四頁注九参照。
十 悠紀殿。三八八頁注五参照。
十一 北山抄五大嘗会事に「御二悠紀正殿一（仁和記云、自二南簷一開レ簾入御、次御二中央戸坤一）」とあり、また、江家次第十五大嘗会も「仁和記云、自二南簷一開レ簾御レ之」」とある。仁和記によれば、悠紀正殿の南の簷（のき・ひさし）より、簾を巻き上げ、殿内に入御され、堂の西南に御される。なお、西宮記臨時七には「天皇入レ自二乾方一（主基入レ自二巽方一。中將持二御劔一候）、主水供二御手水一（入二神殿一後供云々。可レ尋）」とする。御は二七二頁注三参照。
十二 小斎（忌）の官人が、大嘗宮南門の南に鋪設された小斎人幄の座に就く。小斎人幄・座は四一八頁に見える。西宮記臨時七に「小忌王卿着レ幕（天慶、大臣着二左近小忌幕一、在二大嘗宮南門内東掖一）」とある。北山抄五には「御二悠紀正殿一（仁和記云、自二南簷一開レ簾御レ之。天慶記、大臣就二左近小忌幄一、行事云々。寛平例如レ之）、小忌群官着二其座一（王卿經二大嘗宮東辺一就レ之、西面北上、弁・少納言以下幷侍従等、同就二此座一、大忌人不レ入二大嘗宮及廻立殿一也）」とする。小斎は六頁注十六、小斎人は四一八頁注六、群官は四三〇頁注三、座は八頁注十八、就は二十四頁注十参照。
十三 大斎（忌）の官人は、大嘗宮内及び廻立殿内には入ることができない。注十二の北山抄の記事を参照。
十四 大嘗宮の門の外。宮は二十頁注十七、門は一〇四頁注十五、外は三八四頁注十六、留は四八六頁注六参照。
十五 内は九十頁注三、入は九十頁注五参照。
十六 二頁注二十六参照。
十七 四四二頁注十四参照。開は九十六頁注十六参照。
十八 一〇四頁注十二参照。
十九 会昌門のこと。北山抄五に「次開レ門（伴・佐伯宿禰開二大嘗宮南門一、衛門開二會昌門一）」とある。朝堂院は三七二頁注九、会昌門は四八八頁注五参照。
二十 宮内省は八頁注十五、官人は三十二頁注十一参照。
二十一 国栖は、国巣（古事記）・国樔（書紀）とも。大和国吉野郡に山居した民。楢の笛工とともに、大嘗祭卯日には古風を、午日には歌笛を奏し御贄を献上している（五七六頁）。また、宮内省式国栖条に「凡諸節会、吉野國栖献二御贄一奏二歌笛一、毎レ節以二十七人一爲レ定（國栖十二人、笛工五人、但笛工二人、在二山城國

（七六九頁へ続く）

就きて　古風を奏れ

悠紀の国風奏上

悠紀の國司　歌人を率て同じき門より入り　位に就きて　國風を奏れ

語部の古詞奏上

伴・佐伯宿禰各一人　語部十五人　青摺の衫を着けよ　を率て亦入りて　位に就き　古詞を奏れ

伴は　左掖より入り

佐伯は　右掖より入れ

並びに掃部寮　鋪設けよ

前の座　國栖

次に　歌女

一 国栖の奏。書紀応神天皇十九年条に記す歌詞か（五〇〇頁注二十一参照）。実態は不詳であるが、北山抄五大嘗会事に「先國栖奏二古風五成一〔承平記云、其笛似二以レ指摩レ孔也〕」とある（江家次第十五もほぼ同文）。また、西宮記臨時七大嘗会事には「笛工十六人奏二風俗一」とする。国栖・笛工は五〇〇頁注二十一・二十二参照。古は、名義抄仏上八十五に「古〔イニシヘ〕」。書紀垂仁天皇二十八年十一月条の「古風」に「イニシヘノリ」の訓。

二 三三〇頁注三参照。続日本後紀承和十二年正月条に「万飛多天萬川流（まひたてまつる）」とある。

三 悠紀国の歌人と歌女。八十頁注七・八参照。八十頁には歌人廿人、歌女廿人とある。

四 国栖と同じく章徳門から入り、大嘗宮南門外の東掖の大忌近衛陣の南に置かれる版位に就く。五〇〇頁注二十五参照。同は二頁注三十四参照。

五 悠紀国の風俗歌。歌詞を含め実態は不詳であるが、北山抄五大嘗会事に「悠紀國奏二國風四成一〔其聲似二神歌一遲、主基丹波國、奏二早歌一云々〕」とある（江家次第十五もほぼ同文）。また、西宮記臨時七では風俗を奏すとしている。十八頁注十二参照。

六 四四二頁注十四参照。

七 一〇八頁注十三・一一〇頁注五参照。その出身国は一一〇頁参照。西宮記臨時七は「伴・佐率二語部一〔着二摺衣一、入レ自二東西腋門一就レ位。出雲・美濃・但馬・近江、或伊勢・山城・紀伊・丹波・丹後・因幡・淡路、語部着二摺衣一入。伴東、佐西。奏二古調一、前座國栖、次歌人、次語部、國司在二哥人東一〕」とある。江家次第十五大嘗会には「語部奏二古詞一〔其音似レ祝、又渉二哥聲一。出雲・美濃・但馬語各各奏レ之〕」とする。

八 六頁注十一参照。

九 大忌近衛陣の南の版位に就く。五〇〇頁注二十五参照。

十 詞章の内容は不詳であるが、地方の古伝承、国つ神からの寿詞と推測される。その語り方は、北山抄五大嘗会事に「其音似

奏古風、悠紀國司率歌人、入自同門、就位奏國風、伴・佐伯宿[1]禰各一人、率語部十五人〔着青摺衫[2][3]〕、亦入就位奏古詞〔伴入自左掖、[4]佐伯入自右掖〕[5]、並掃部寮鋪設〔前座國栖、次歌女、

1 伯宿、林本「宿伯」。
2 衫、林本「衫」。神宮本「衩」。宮本「衩」。
3 宮本「衫」あり。
4 以文本「門」を消し右傍「古本无」。
5 以文本「門」を消し右傍「古本无」。

レ祝、又渉二哥聲一」とあり、祝詞のようで歌の箇所もあった。また、その写本頭注（神道大系本・故実叢書本）に「古次第云、語部奏二古詞一、賜二松明一讀レ之」とあるので、書かれたものを読み上げたらしい。天皇が悠紀殿に出御されるのは戌四刻（午後八時半頃）とされ（川出清彦『祭祀概論』、昭和五十三年）、悠紀の神饌行立が始まるのが亥一刻（午後九時頃）であり、その間に、古風・風俗・古詞奏上、皇太子以下群官の拝礼、宿直名簿の奏上がおこなわれる。語部の古詞・国栖の古風は、応永二十二（一四一五）年の称光天皇大嘗祭まで奏上されていたが、以後は廃絶する（加茂正典「語部考証二題」『日本古代即位儀礼史の研究』、平成十一年）。国史大系本践祚大嘗祭式麁妙服条の「古詞」に「フルコト」の訓。

十一 章徳門。中門である会昌門の東廊にある掖門、左廂門とも。興礼門と相対する。

十二 興礼門。中門である会昌門の西廊にある掖門、右廂門とも。章徳門と相対する。

十三 国栖・悠紀国司・歌女・語部の座は掃部寮が鋪設する。掃部寮は二四八頁注四参照。

十四 黒川本字類抄中一〇七オに「鋪設〔シキマウク〕」。

十五 次条に北面東上とあり、また、「國司座在二歌女人以東一」とするので、国栖の座が最も東で、次に悠紀国司、歌女・語部の座となる。全員、北（大嘗宮の方向）を向く。前は一六六頁注十一、座は八頁注十八参照。

十六 五〇〇頁注二十一参照。

十七 八十頁注七参照。訓は二十二頁注十七参照。

次に　語部(かたらひべ)

[一]皆(みな)　北(きた)に面(む)き[二]東(ひむがし)を上(かみ)にせよ

[三]國司(くにのつかさ)の座(しきゐ)は　歌女(うため)の人以東(よりひむがし)に在(あ)れ

皇太子・親王・大臣以下着座

[四]皇太子(ひつぎのみこ)　[五]東方(ひむがしのかた)の南掖門(みなみのわきのもん)より入(い)り　[六]親王(みこ)　[七]西門(にしのもん)より入り

[八]大臣以下(おほいまうちぎみよりしも)　[九]南門(みなみのもん)より入りて　各幄(おのもおのもあげばり)[十]の下(もと)の座(しきゐ)に就(つ)け

六位以下列立

[十一]六位以下(よりしも)　[十二]暉章(きしやう)・修式兩堂(しゆしきふたつのだう)の後(しりへ)に在れ　[十三]次(つぎて)に依(よ)りて列立(つらなりた)て

[十四]其(そ)の群官(もろもろのつかさひと)　[十五]初(はじ)めて入(い)るや　[十六]隼人(はやひと)　聲(こゑ)を發(いだ)し　[十七]立(た)ち定(さだ)まるや

[十八]乃(すなは)ち止(や)めよ

国栖の古風奏上

[十九]訖(をは)りて　[二十]國栖(くず)　古風(いにしへぶり)を奏(たてまつ)ること[二十一]五成

悠紀の国風奏上

次に　[二十二]悠紀國(ゆきのくに)　國風(くにぶり)を奏(たてまつ)ること四成

一 三九四頁注八参照。
二 八頁注二十五参照。
三 悠紀国司の座。五〇二頁注十五参照。国は二頁注二十三、司は四頁注三十三参照。
四 一九八頁注九参照。
五 感化門。践祚大嘗祭式麁妙服条条は「東南掖門」とする。方は八十八頁注十九、掖は四十六頁注六参照。
六 二〇〇頁注七参照。
七 章善門。
八 二頁注十七参照。以下は十二頁注三参照。
九 会昌門。
十 皇太子・親王・参議以上・五位以上官人の各幄を立てることは、四一八頁以下に見える。朝堂院図参照。幄は二十八頁注四、下は二十八頁注五、就は二十四頁注十参照。
十一 六位以下の官人は、暉章・修式両堂の南側に列立する。
十二 暉章堂は四一八頁注十、修式堂は四一八頁注十六参照。後は十頁注四参照。
十三 次は三七二頁注十六、依は三三〇頁注十二、列は一五二頁注十一、立は三十頁注四参照。
十四 大臣以下五位以上の官人と六位以下の官人。其は二頁注二十八、群官は四三〇頁注三参照。
十五 二一六頁注十三参照。
十六 隼人は応天門内左右に分陣して、犬声を発す（四八八頁）。隼人は二二二頁注十四、発声は四四四頁注十六、四八八頁注十五・十六参照。
十七 立は三十頁注四、定は十頁注十参照。
十八 乃は四四四頁注十五参照。止は、名義抄法上九十七に「止〔ヤム〕」。
十九 二頁注二十六参照。
二十 国栖は五〇〇頁注二十一、古風は五〇二頁注一、奏は三三〇頁注三・五〇二頁注二参照。本条の「訖國栖奏古風五成、次次語部[1]、皆北面東上、國司座在歌女人[2]以東）、皇太子入自東方南掖門、親王入自西[3]門、大[4]臣以下[5]入自南門、各就幄下座、六位以下在暉章・修式兩堂後、依次列立、其群[6]官[7]初入、隼人發聲立定乃[8]止[9]、訖國栖奏古風、五成[10]、[11]次[12]悠紀國奏國風、四成、

1 部、神宮本・都立本・三手本・宮本なし、神宮本左傍「部カ」。
2 人、信友本なし。荷田本注「若衍字乎」。林本注「衍字、上文無二人字一、篇中無二歌女人一」。神道本左傍「イナシ」。
3 西、荷田本注「元本作南門、案二延喜大嘗式一亦作二西門一仍今従二別本一」。林本・神宮本・谷本・三手本・宮本「南」とし、宮本右傍「西」。信友本頭注「西宮記作レ南非也、式亦作レ西」。
4 大、宮本「〆」。
5 下、宮本なし、右傍「下」。
6 群、信友本「郡」。
7 官、都立本「臣」。神宮本左傍「臣イ」。
8 乃、三手本「及」とし右傍「乃」。
9 止、林本「上」とし注「延喜式、上作レ止是也」。三手本右傍「上イ」。
10 都立本、送り仮名「タヒ」あり。
11 都立本、送り仮名「ル」あり。
12 次、宮本なし、右傍「次」。

悠紀國奏國風四成、次語部奏古詞」、底本以下諸本異同無し。底本以下に従えば、国栖の古風・悠紀國の國風・語部の古詞は、皇太子以下群臣が朝堂に参入する前（五〇〇頁）と、所定の門より参入し幄座に着した後の二度に亙って奏上されることとなる。踐祚大嘗祭式卯日条、西宮記臨時七大嘗会事、北山抄五大嘗会事、江家次第十五大嘗会は、いずれも国栖の古風・悠紀國の国風・語部の古詞奏上は一度とするが、その奏上の順序に違いが見られる。踐祚大嘗祭式卯日条は、国栖の古風・悠紀の国風・語部の古詞は、皇太子・親王・大臣以下官人の参入前に奏上され、皇太子以下群臣の参着後は隼人舞が奏上される。西宮記臨時七大嘗会事も踐祚大嘗祭式卯日条と同規定。北山抄五大嘗会事は、大忌親王・大臣以下が参入し幄座に就いた後に、国栖・悠紀歌人・語部が参入して、国栖の古風五成・悠紀の国風四成・語部の古詞が奏上され、その次に隼人舞とする。このことについて、同書は「儀式、國栖參入後、群臣參着云々、而新式次第如レ此」として、儀式は、国栖が参入した後に群臣の参着とするが、新式次第は群臣参着後に国栖奏以下が奏されると説明する。江家次第十五大嘗会は北山抄と同規定である。

二十一 成は、奏するところが一たび終ること。周礼春官楽師に「凡樂レ成則告レ備」とあり、その鄭玄注に「成謂二所レ奏一竟一」とある（十三經注疏、阮元刻本）。なお、都立本は「五タヒ成ル」とする。校異参照。

二十二 注二十参照。悠紀は二頁注二十三、国風は五〇二頁注五参照。

語部の古詞奏上

次に　語部[一](かたらひべ)　古詞(ふるごと)を奏(たてまつ)れ

隼人司の風俗歌舞奏上

次に　隼人司[二](はやひとのつかさ)　隼人等(ら)を率(ゐ)て　興禮門[三](きやうらいもん)従(よ)り参入(まゐりい)り　御在所[四](おましどころ)の屏[五](かきの)外(と)に　北(きた)に向(むか)ひて立(た)ち　風俗[六](くにぶり)の歌舞(うたまひ)を奏(たてまつ)れ

主基[七](すき)も亦同(またおな)じ

皇太子以下五位以上跪いて拍手

皇太子以下[八](ひつぎのみこよりしも)・五位以上(よりかみ)　庭中(にはなか)の版(へん)に就(つ)き　跪[九](ひざまつ)きて手[十](て)を拍(う)つこと四度

八開手

度別[十一](たびごと)に八遍(たび)　神語[十二](かむごと)に所謂(いはゆる)八開手[十三](やひらで)是(これ)なり

皇太子　先[十四](ま)づ手を拍ちて南(みなみ)に退[十五](しりぞ)き　次に五位以上　手を拍て

六位以下(よりしも)も亦(また)　是[十六](かく)の如(ごと)くせよ

其(そ)の小齋[十七](をみ)の人は　拍[十八]つ限(かぎ)りに在(あ)らざれ

一　五〇四頁注二十参照。語部は一〇八頁注十三・一一〇頁注五・五〇二頁注七、古詞は五〇二頁注十参照。

二　二二二頁注十四参照。等は六頁注九、率は二十四頁注三参照。

三　五〇二頁注十二参照。拾芥抄中に「興禮門〔キヤウライ〕」。従は三三〇頁注二十三、参は二七二頁注七、入は九十頁注五参照。

四　天皇の御在所（おましどころ）。悠紀殿。天皇は悠紀殿の堂の西南（中戸の西南）に御されている（五〇〇頁注十一）。伏見院宸記に「暫立二中戸南掖一〔過レ西〕、聞二神膳警聲一入二中戸一〔闕白褰レ幌〕」とあり、悠紀神饌の警声を聞かれると、中戸より神座が鋪設されている室に入御される。書紀神代紀宝鏡開始章第二ノ一書の「御席」に「ミマシ」、同書皇極天皇四年六月条の「御座」に「オモト」、同書白雉元年二月条の「御座」に「オマシ」の訓。源氏物語須磨に「おまし(御座)所」とある。在は、名義抄仏上八十四に「在〔アリマシマス、ハムヘリ〕」。

五　屏は一九八頁注七、外は三八四頁注十六参照。向は七十八頁注五参照。

六　隼人司式践祚大嘗祭条によると、弾琴二人、吹笛二人、撃百子四人、拍手二人、歌二人、儛二人で奏上する。北山抄五大嘗会事・江家次第十五大嘗会には「二人舞」とある。践祚大嘗祭式鹿妙服事条に「進二於楯前一、拍レ手歌儛」。風俗は十八頁注十二、歌は八十頁注七、舞は三三四頁注七参照。

七　天皇が主基殿に出御された時も、同じ奏上が行われる。主基は二頁注二十三参照。

八　皇太子以下五位以上は庭中の版に就き、跪いて手を打つ。皇太子は一九八頁注九参照。庭は三七四頁注十、中は二十八頁注八、版は四四六頁注三参照。

九　名義抄法上八十に「跪〔ヒサマツク〕」、字類抄下九十三ウに「跪〔ヒサマツク〕」。書紀雄略天皇即位前紀の「跪拜」に「ヒサマツキヲガム」の訓。

十　手は三八二頁注十二参照。拍は、名義抄仏下本四十八に「拍

次語部奏古詞、次隼人司率隼人等、従[1]興禮門参入、於御在所屏外、北向[2]立、奏風俗歌舞〔主基亦同〕、皇太子以下・五位以上、就庭中版[3]、跪[4]拍[5]手四度〔度別八遍、神語所謂八開手[6]是也、皇太子先[7]拍手南[8]退、次五位以上[9]拍手〕、六位以下亦如是〔其小齋人不在拍限[10]〕、

1 従、宮本「位」とし右傍「従」。
2 向、荷田本・神宮本・都立本・谷本・信友本「面」とし、林本注「衣笠本、北向作北面」。神道本右傍「面イ」。
3 版、三手本「欣」。
4 跪、三手本「駞」とし右傍「跪乎」。
5 拍、信友本「柏」。
6 手、宮本「乎」とし右傍「手」。
7 先、都立本・三手本・宮本「告」とし、都立本右傍「先乎」、宮本右傍「先」。
8 南、荷田本・谷本・信友本「而」とし、荷田本注「諸本作二南退一、今依二延喜大嘗式一私改レ之」。
9 上、三手本・宮本なし、三手本右傍「下カ」。
10 都立本「手」あり。神道本左傍「手イアリ」あり。三手本右傍「手カ」あり。宮本右傍「手」あり。

〔ウツ〕」。度は三四六頁注五参照。
十一 注十三参照。別は二十二頁注一参照。遍は、名義抄仏上五十八に「遍〔ヘム〕」、一遍〔ヒトタヒ〕」、書紀天武天皇元年三月条の「三遍擧哀」の「遍」に「タビ」の訓。
十二 七十八頁注十七参照。所謂は三八四頁注二参照。
十三 「ひらて」は、開いた手のひらのことで、手のひらを合わせて打つこと。八回の拍手を四度繰り返す。神語とあるように、神事において用いられる、神を拝する作法。八開手の作法は、伊勢神宮の祭祀においても用いられ、伊勢大神宮式月次祭条には、「齋内親王幷衆官以下、再拝拍二八開手一、次拍二短手一再拝、如レ此兩遍」と規定されており、その「八開手」に「ヤヒラテ」の訓が付されている。江記天仁元年十一月二十一日条には、「跪挿レ笏拍レ手四度〔度別八遍、神語所謂八開手是也、拍了少揖〕」とある。是は八頁注七参照。
十四 二十八頁注一参照。
十五 名義抄仏上四十八に「退〔シリソク〕」。
十六 四九四頁注九参照。
十七 大嘗宮内及び小忌幄に祇候している小忌の人。小忌は六頁注十六参照。
十八 小忌の人は手を拍たない。限は三十頁注九、在は二頁注三十二参照。

安倍朝臣、侍宿の文武官分番以上の簿を奏上

亥一刻、御膳供進

膳夫伴造、前行

[一]訖(をは)りて　退出(まかりい)でよ

[二]唯(ただ)　[三]五位以上(よりかみ)は　退(しりぞ)きて[四]幄(あげはり)の座(しきゐ)に就(つ)け

[五]座定(さだ)まりて　[六]安倍朝臣(あべのあそみ)の氏(うぢ)の五位二人　左右に相分(あひわか)れて　共(とも)に

[七]版位(へんゐ)に就(つ)き　[八]宿(とのゐ)に侍(はべ)る文武(ふみとつはもの)(ぶんぶ)の官(つかさ)(くわん)の分番以上(ぶんばんよりかみ)の簿(なつき)を奏(まを)せ

[九]主典以上(さくわんよりかみ)は　[十]姓名(かばねな)を書(か)け　[十一]分番は　唯其(ただそ)の数(かず)のみ

[十二]凡(おほよ)そ事(こと)を御在所(おましどころ)に奏(まを)す者(ひと)は　皆跪(みなひざまつ)け　[十三]若(も)し雨(あめ)湿ならば　[十四]則(すなは)ち立(た)ちて奏せ

其(そ)の簿(なつき)は　[十五]辨官(おほともひのつかさ)(べんくわん)　[十六]諸司(もろもろのつかさ)(しよし)に仰(おほ)せて　之(これ)を進(たてまつ)らしめ　即(すなは)ち安倍朝臣の氏に[十七]賜(たま)へ

[十八]亥(ゐ)の一刻(ひとつとき)　[十九]御膳(みけ)を供(たてまつ)り　[二十]四刻之(よつときこれ)を撤(さ)げよ

其(そ)の[二十一]次第(つぎて)は

[二十二]膳夫(かしはで)の伴造(とものみやつこ)　一人　[二十三]火炬(たひ)を執(と)りて　前行(さきにゆ)け

一 六位以下の官人は朝堂の朝庭より退出する。訖は二頁注二十六、退出は四八八頁注二十五参照。

二 名義抄仏中五十九に「唯〔タタ、ヒトリ〕」。

三 皇太子・親王・五位以上の官人は、暉章・修式両堂北の所定の幄に戻り、座に就く。以上は十一頁注二十七参照。

四 幄は二十八頁注四、座は八頁注十八、就は二十四頁注十参照。

五 三四六頁注七参照。

六 阿部氏とも。孝元天皇の皇子大彦命を祖とする（書紀）。安倍氏は、重要政務の合議に参画した大夫（まえつきみ）として大和朝廷に仕え、天武天皇十三年の八色の姓制定で、朝臣を賜った。光仁天皇大嘗祭（続日本紀宝亀二年十一月条）において、内蔵頭阿倍息道、阿倍草麻呂が諸司の宿侍名簿を奏上している。字類抄下四十一オに「安倍〔アヘ〕」。書紀天武天皇十三年十一月条の「阿倍臣」の「阿倍」に「アヘ」の訓。朝臣は四九二頁注二十二、氏は六十頁注十四、相分は二一四頁注十九参照。

七 四四六頁注三、五〇〇頁注二十五参照。

八 宿直として祇候している、分番以上の文武官の名簿を奏上する。北山抄五大嘗会事には「安倍朝臣五位二人・六位四人〔儀式云、五位三人、而新式如ㇾ之〕」とある。また、江家次第十五大嘗会卯日では、奏上時、左右門部が燭を秉るとする。安倍氏が侍宿官人の名簿を奏上することは、大化前代の同氏の職掌（統轄職）に由来するとする説（佐藤長門「阿倍氏と王権儀礼」『日本歴史』五四〇、平成五年）もある。宿は四十六頁注八、侍は三七四頁注十五、文武は一三八頁注十、官は二頁注三十・四三〇頁注三参照。分は、字類抄上八十八ウに「分〔フン〕」。番は、同書上二十八ウに「番〔ハン〕」。なお、分番については十頁注三も参照。簿は十四頁注二十八、奏は六頁注十参照。

九 六頁注一参照。

十 氏名に朝臣などの姓を加えた姓書（かばねがき）。諸司の第四等官以上の者については、氏姓を記すこと。姓は、書紀允恭

訖退出、唯五位以上退就幄座、座[1]定安倍朝臣氏五位二人[2]左右[3]相分、共就位[4]、奏侍宿文武官分番以上簿〔主典以上書[5]姓[6]名、分番[7]唯[8]其數、凡[9]奏事於御在所者皆跪、若雨濕[10]則立奏、其簿辨官仰諸司進之、卽賜安倍朝臣氏〕、亥一刻[11]供御膳、四刻撤之、其次第也、膳夫[12]伴造一人執火[13]炬[14]前行[15]

1 座、神宮本・谷本・三手本・宮本「々」。
2 二、林本注「伊庭本、二人作二三人一者非、左右相分、二人可レ知」。神宮本・谷本・三手本・宮本「三」とし、神宮本左傍「二イ」、宮本右傍「二」。
3 信友本「六位六人」あり。荷田本注「二人下依二延喜大嘗式一蓋脱二六位六人四字一」あり。
4 林本・神宮本・都立本・宮本・神宮一本・谷本・三手本・信友本「版」あり。神道本右傍「版イアリ」あり。
5 書、林本注「延喜式、書作レ盡者非」。谷本「圡」。
6 姓、谷本「性」。宮本「inar」。
7 番、信友本「審」。
8 荷田本・信友本「奏」あり、荷田本注「諸本並無今依二延喜大嘗式一私補レ之」。神道本右傍「奏イアリ」あり。
9 凡、以文本頭注「今拠凢下十六字延喜式文後入加書歟」。
10 濕、三手本「温」とし左傍「湿乎」。
11 刻、神宮本・谷本「剋」。
12 夫、信友本「部」。荷田本注「蓋膳部之誤、延喜大嘗式作二膳部一蓋因音読伝写所誤」。
13 火、神宮本左傍「大イ」。
14 炬、三手本「炬」とし右傍「炬」。宮本「炬」とし右傍「炬」。
15 行、宮本なし、右傍「行」。

天皇二年二月条の「姓」に「カバネ」、同四年九月条の「姓名」に「カバネ、カバネナ」の訓。書は、名義抄仏中九十九に「書〔カク〕」。

十一 分番の者については、人数のみを奏上する。践祚大嘗祭式鹿妙服事条も「分番唯奏二其數一」とある。数は十頁注二十一参照。

十二 凡は四頁注一、事は二頁注九、御在所は五〇六頁注四、者は一五〇頁注十四、皆は三九四頁注八参照。

十三 若は三十六頁注二、雨は二五四頁注八参照。湿は、名義抄法上十五に「濕〔ウルフ、シフ〕」。

十四 名義抄僧上九十四に「則〔スナハチ〕」。立は三十頁注四参照。

十五 四頁注二十三参照。書紀天武天皇七年十月条の「大辨官」に「オホトモヒノツカサ」の訓。

十六 諸司は四頁注三十三、仰は八頁注二、之は八頁注五、進は十頁注十二、即は二頁注二十七参照。

十七 七十六頁注十三参照。

十八 午後九時頃。黒川本字類抄中五十六ウに「亥〔ヰ〕」。一は三五〇頁注十三、刻は二一六頁注三参照。五〇六頁注四参照。

十九 悠紀神饌。御膳は二〇〇頁注一、供は四九六頁注十五参照。

二十 午後十時半頃。亥四刻に悠紀神饌を撤下する。四は一五〇頁注八、撤は四九四頁注八参照。

二十一 一九二頁注一参照。

二十二 膳夫を統率する伴造。悠紀の神饌行立の先頭に膳夫の伴造が立つ。践祚大嘗祭式鹿妙服事条は「最前内膳司膳部伴造一人」とする。膳夫は二十頁注十二参照。書紀景行天皇四十年七月条の「膳夫」に「かしはで」の訓。伴造は四九二頁注九参照。江家次第十五大嘗会卯日に、「亥一刻、采女申レ時〔取二削木一、就二殿南戸邊一申レ時〕。皇上召二御手水一〔女藏人伝供、近例頭・藏人奉レ之〕、入レ自二中戸一經二神座西并北一、著二神座以東御座二」とあり、悠紀神饌の行立が始まる前に、天皇は堂より神座が鋪設されている室に進まれ、神座東の御座に著御される。五〇六頁注四も参照。

二十三 手に持って照明とする火。松の脂の多い部分を竹葦などで束ねて作る。書紀神代紀四神出生章第六ノ一書に「秉炬、此云二多妃一」とある。同書雄略天皇十三年八月条の「火炬」に「トモシビ」の訓。執は二十八頁注十、前は一六六頁注十一、行は二七二頁注六参照。

盆を提げ　灰炭を撲て

采女朝臣

次に　采女朝臣二人　左右に分列れ

宮主

次に　宮主の卜部一人　鬘・襷を着け　竹杖を執り　道の中央に在れ

水取

水取一人　海老鰭の盥槽を執りて　之に次げ

水部

水部一人　多志良加を執りて　之に次げ

典水

典水二人　之に次げ

一人は　巾の筥を執り

一人は　刀子の筥を執れ

采女

采女八人　各供神幷せて供御の雑物等を執りて　之に次げ

一 火炬の灰を受けるための盆をさげること。践祚大嘗祭式麁妙服事条に「執二火炬一撲レ盆」とあり、その「火炬撲盆」に「ホソノツノホトキ」の訓を付す。また、江記天仁元年十一月二十一日条には「伴造一人執二燎火一、以レ瓫懸レ頸受レ爐」とある。盆は、六十四頁注十三・十七参照。提は、名義抄仏下本七十八に「提〔ヒサク、ヒサケ、トル〕」。灰は三三八頁注二十、炭は四九六頁注七参照。撲は、名義抄仏下本五十五に「撲〔ウツ〕」。

二 采女氏は、令制以前、宮中の采女を管掌することを職掌とした。天武天皇十三年十一月に朝臣を賜り、采女朝臣となる（書紀）。古事記神武天皇記によれば、邇芸速日（にぎはやひ）命の子の宇摩志摩遅（うましまぢ）命を始祖とする。物部系氏族。本条以下に、供神・供御料を執る采女が続くのは、采女朝臣の職掌に由来するのであろう。践祚大嘗祭式麁妙服事条は「采女司采女朝臣二人」。江記天仁元年十一月二十一日条には「采女朝臣一人捧二削木一、稱二警蹕一」とある。書紀天武天皇十三年十一月条の「采女臣」の「采女」に「ウネメ」の訓。朝臣は四九二頁注二十二参照。

三 左右は六頁注三、分は二一四頁注十九、列は一五二頁注十一参照。

四 三十二頁注八参照。

五 鬘は一二八頁注九、襷は二九〇頁注二、着は八頁注六参照。

六 宮主が、殿内において、神饌供神に仕える采女に指し教える竹杖。宮主秘事口伝には、七節竹とする。宮主秘事口伝神膳供進習礼事に「一、七節竹二〔悠紀一、主基一〕、仰二内膳司一、可レ請二取之一。宮主參二入神殿一時持レ副レ笏、令レ參二候以二此竹杖一。神膳次第、令レ指二教于采女一也」とある。建保大祀神饌記に「たけのつえ」。竹は九十六頁注八、杖は四五二頁注四、執は二十八頁注十、道は十四頁注十四参照。

七 二二四頁注三参照。在は二頁注三十二参照。

八 践祚大嘗祭式麁妙服事条は「主水司水取連一人」。水取氏は宮廷の飲料水や氷を扱う水取部を管掌する伴造氏族。天武天皇

〔提[1]盆[2]撲灰炭〕、次采朝臣二人左右分列[3]、次宮主卜部一人着鬘[4]襷執竹[5]杖[6]、在道中央、水取[7]一人執海老鰭盥槽[8]次之、水部一人執多志良加次之、典水二人〔一人執巾筥[9]、一人執刀[10]子筥[11]〕、次之、采女八人各執供神幷[12]供御雑物等次之、

1 三手本「提盆灰炭」四字小字、続けて「撲次采女」以下大字。
2 盆、信友本「分」。
3 列、都立本「別」。
4 鬘、林本・神宮一本・三手本「縵」。神宮本・都立本・宮本「緆」。谷本「蘰」。
5 竹、神宮本左傍「行イ」。三手本・宮本「行」とし、宮本右傍「竹」。
6 杖、神宮一本「枝」。
7 宮本右傍「亭」あり。
8 槽、宮本なし、右傍「槽イ」。
9 筥、都立本「子」。
10 刀、信友本「巾」。
11 筥、信友本大字。
12 幷、林本「並」。

十二年九月に連姓を賜わり、水取連となる（書紀）。新撰姓氏録左京・右京神別によれば、水取連は饒速日（にぎはやひ）命の六世の孫、伊香我色雄（いかがしこを）命の後とする。物部系氏族。令制下、水取連氏は、主水司また同司の水部に、名負いの官人として仕えた。字類抄下一〇六オに「水取〔モヰトリ〕」。天武天皇十二年九月条の「水取造」に「モムトムノミヤツコ」の訓。拾芥抄中に「氷取〔モトリ〕」。

九 御手水を受けるための器。海老の鰭（ひれ）の形に似せて造ることによる。海老は、和名抄十九に「鰕〔音遐、和名衣比、俗用二海老二字一〕」。鰭は、同書十九に「文選注云鰭〔音耆、和名波太、俗云比禮〕、魚背上鬣也」。盥は、名義抄僧中十三に「盥〔タラヒ、テアラフ、クチススク〕」。槽は、和名抄十五に「槽〔音曹、和名與レ舟同〕」。践祚大嘗祭式鹿妙服事条は「蝦鰭盥槽」とあり、「蝦鰭盥槽」に「エヒノハタフネ」、「盥槽」に「アラヒフネ」の訓。国史大系本践祚大嘗祭式鹿妙服事条は「蝦鰭盥槽」に「エヒノハタアラヒフネ」の訓。斎宮式供新嘗料の「蝦鰭槽」に「エヒハタフネ」の訓。建保大祀神饌記に「えひのはたふね」。江記天仁元年十一月二十一日条には「蝦鰭船〔是土手洗也〕」と記されている。寸法については、宮主秘事口伝神膳供進習礼事に「長一尺二寸五分、廣四寸余、云々、或説長二尺餘、云々」とある。官符宣旨例第三十三号（七三二頁）に、大嘗会調度として海老鰭槽一隻が民部省に請求されている。次は一四〇頁注七参照。

十 主水司の伴部。注八参照。主水司は二四二頁注十参照。斎宮式初斎院別当条に「水部」に「モトリ」の訓。建保大祀神饌記に「もとり一人たしらかをとる」。

十一 六十八頁注十六参照。御手水用の水を入れ、注ぐための器。江記天仁元年十一月二十一日条には「多志良加〔土瓶也〕」とある。

十二 後宮十二司の水司の第二等官。後宮職員令水司条によれば、定員は二人で、尚水と共に、漿水・雑の粥を奉ることを掌る。中務省式宮人時服員条に「水司九人〔尚水一、典水二人〕」とあり、「水司」に「モトリ」、「尚水」に「カミ」、「典水」に「スケ」の訓。同式女官馬料条の「典水」に「モトツカサノスケ」の訓。

十三 三一〇頁注八参照。筥は五十頁注十二参照。江記天仁元年十一月二十一日条に「一人執二御巾葛筥一」とあり、建保大祀神饌記には「一人御たなこひのはこをとる〔ぬのひときれをいれたり〕」とある。

十四 刀子を入れた筥。刀子は七十四頁注十二参照。江記天仁元年十一月二十一日条に「一人執二御楊枝葛筥一〔納二御楊枝幷刀子・藁等一、或説藁穂一把十筋許〕」とあり、建保大祀神饌記には「一人御やうしのはこをとる〔御やうし二、こかたな・わらすへ十すちあり、このはこは、たけをまけてほねとして、くろきかつらに

（七六九頁へ続く）

高橋朝臣、鰒汁漬を供進

内膳司（うちのかしはでのつかさ／ないぜんし）[一]の高橋朝臣（たかはしのあそみ）[二]一人　鰒（あはび）[三]の汁漬（しるひち）を執（と）りて　之（これ）に次（つ）げ

安曇宿禰、海藻汁漬を供進

安曇宿禰（あづみのすくね）[四]一人　海藻（め）[五]の汁漬（しるひち）を執りて　之に次げ

膳部（かしはでべ）[六]六人　各供神幷（かみにそなふるあは／ぐしん）[七]せて供御（みけ／くご）の雑物（くさぐさのものなにと／ざふもの）等を執りて　之に次げ

酒部（さかべ）[八]四人　之（これ）に次げ

二人は　酒（みき）[九]の案（つくえ／あん）を舁（か）き

二人は　黒白酒（くろきしろき）[十]の案を舁け

薦享（すすめう）[十一]けたまふこと已（すで）に畢（をは）れば　撤（さ）[十二]ぐるも亦（また）　之（かく）の如（ごと）くせよ

廻立殿に還御

子（ね）[十三]の一刻（ひとつとき）　神祇官（かみつかさ／じんぎくわん）[十四]　内膳（うちのかしはで）の膳部（かしはでべら）等を率（ゐ）て　主基（すき）[十五]の膳屋（かしはでや）に遷（うつ）り

神（かみ）[十六]に供（そな）ふる饌（みけ）[十七]を料理（つく）[十八]れ

宸儀（すめらみこと／しんぎ）[十九]　廻立殿（くわいりふでん）[二十]に還御（かへりたま）ふ　其（そ）[二十一]の儀（のり／ぎ）　初（はじめ）の如（ごと）くせよ

一　二〇〇頁注九参照。

二　四九二頁注二十二参照。

三　鰒は二十六頁注三参照。汁は、名義抄法上二に「汁〔シル〕」。漬は、同書法上二十一に「漬〔ヒタス、ツク〕」、図書寮本名義抄に「漬〔ヒチテ〕」。践祚大嘗祭式鹿妙服事条の「鰒汁漬」の「汁漬」に「シルヒチ」の訓。「ひち（漬ち）」は、びっしょりと濡れること。蒸した鰒を味付けした汁に漬けたものか。江記天仁元年十一月二十一日条には、鰒汁漬・海藻汁漬は陶器に盛るとする。

四　四九二頁注十一参照。宿祢は四五〇頁注十参照。

五　海藻は二十六頁注五、汁漬は注三参照。海藻を塩・酒などで味付けした汁に漬けたものか。

六　膳部は二十頁注十二参照。践祚大嘗祭式鹿妙服事条は「膳部五人」とするが、その割注に「但一人守レ棚不レ闕二行列一」とあるので、行立に預かる膳部は四人となる。江記天仁元年十一月二十一日条も膳部は四人。

七　五一〇頁注十六参照。膳部が供進する供神料・供御料については、践祚大嘗祭式鹿妙服事条に「膳部五人〔一人執二鰒羹坏一、一人執二海藻羹坏一、二人執二羹堝案一、但一人守レ棚不レ闕二行列一〕」とあり、江記天仁元年十一月二十一日条には「次膳部二人各執二空盞一〔可レ盛二二種御羹之料一、同用二陶器一、以上四口器各居二短高坏一、以二葉盤一覆レ之、以二木綿一結レ之、高坏下鋪二枚手一〕、二人舁二御羹八足机一〔居二羹堝二口一、一口鮑羹、一口和布、皆不レ用レ鹽、切干海松和レ之、其堝覆レ用二平手一、以二木綿一結レ之〕」とある。

八　二五〇頁注十二参照。

九　酒は二五〇頁注六、案は三九八頁注十二、舁は四五〇頁注十四参照。江記天仁元年十一月二十一日条に「造酒司酒部二人舁二御酒案八足一、納二酒於平居瓶一居レ之、以二陶器一覆レ瓶、着二柏葉盤一、結以二木綿一」とある。

十　白酒・黒酒は二八二頁注二参照。

內膳司高橋朝臣一人執鰒汁漬[1]次之、安曇宿
禰一人執海藻汁漬次之、膳部六人各執供神
幷供御雜物等次之、酒部四人〔二人舁酒案、
二人舁黑[2]・白酒案〕、次[3]之[4]、薦享[5]已畢、撤亦
如之、子一刻[6]神祇官率內膳膳部[7]等、遷於主
基膳屋、料[8]理[9]供[10]神饌、宸儀還御廻立殿、其
儀如初、

1 漬、谷本「濆」。
2 黒、宮本「曰」。
3 次、都立本右傍「依」。
4 之、都立本右傍「次イ」。
5 享、神宮本「亨」。
6 刻、神宮本・谷本「剋」。
7 膳、信友本なし。
8 料、三手本なし。宮本「[illegible]」とし右傍「料理」。
9 理、宮本なし。
10 供、谷本なし。

十一 天皇が自ら神饌を奉り（神饌御親供）、天皇も召し上がること。薦は、名義抄僧上四十に「薦〔ススム〕」、践祚大嘗祭式鹿妙服事条の「薦主基御膳」の「薦」に「ススム」の訓。享は、名義抄法下四十二に「享〔ウク〕」、書紀崇神天皇七年二月条の「不享」に「ウケタマハヌコト、ウケ給ザルコト」の訓。已は四四六頁注七、畢は三十二頁注六参照。薦享の儀については、川出清彦『祭祀概説』（昭和五十三年）、安江和宣「大嘗祭の神饌供進」（『神道史研究』二十七-四、昭和五十四年）、同「大嘗祭に於ける神饌御供進の御儀」（『続大嘗祭の研究』、平成元年）、同「『江記』天仁大嘗会記事の検討」（『神道古典研究』十一、平成元年）、同「『天仁大嘗会記』卯日の亥一刻の条に関する一考察」（『神道宗教』一六八・一六九、平成九年）を参照。

十二 神饌撤下の次第も、行立と同じ順序でおこなう。撤は四九四頁注八、亦は六頁注十一、如之は一八六頁注二参照。

十三 午後十一時頃。主基院の膳屋において、主基神饌の調備がはじまる。名義抄法下一三七に「子〔ネ〕」、黒川本字類抄中三十一オに「子〔子（ね）〕」。一は三五〇頁注十三、刻は二一六頁注三参照。

十四 二頁注二十参照。率は二十四頁注三参照。

十五 主基院の膳屋。膳屋は三九二頁注十七、遷は二七二頁注十三参照。

十六 神は六十頁注二十、供は六十頁注二十一参照。

十七 書紀雄略天皇十二年十月条に「饌〔饌者、御膳之物也〕」とあり、その「饌」に「ミケツモノ、オホモノ」、その「御膳」に「ミケツモノ」の訓が付されている。伊勢大神宮式神部条の「朝夕之饌」の「饌」に「ミケ」の訓。

十八 四十四頁注十、四九二頁注十八参照。

十九 天皇。宸は天子の居所のこと。二頁注六参照。書紀崇神天皇四年十月条の「宸極」に「アマツヒツギ」の訓。平家物語五の「宸儀南殿」に「しんぎなんでん」の振り仮名。

二十 四〇〇頁注七参照。悠紀殿における儀を終えられ、廻立殿に還御される。還は四四〇頁注八参照。

二十一 還御の様は、廻立殿出御の時と同じ。廻立殿の出御は四九六頁以下参照。其は二頁注二十八、儀は二頁注五、初は二一六頁注十三、如は一八六頁注二参照。

主基の正殿に遷御

寅一刻、主基御膳を供進

〔一〕主殿寮（とのもりのつかさ・しゆでんれう）　〔二〕浴湯（ゆあみ）を供（たてまつ）れ

〔三〕訖（をは）りて　〔四〕御服（みそ）を易（か）へたまひ　〔五〕主基（すき）の正殿（おほとの・しやうでん）に遷御（うつりたま）ふ

〔六〕其（そ）の儀（のり）　一（もは）ら悠紀（ゆき）の如（ごと）くせよ

〔七〕皇太子以下（ひつぎのみこよりしも）　手（て）を拍（う）ち　及（およ）び國栖（くず）等（ら）　古風（いにしへぶり）等（なにと）を奏（たてまつ）る事（こと）も

亦（また）　同（おな）じくせよ

〔八〕寅（とら）の一刻（ひとつとき）　〔九〕主基（すき）の御膳（みけ）を供（たてまつ）れ

〔十〕進退（まゐりまか）ることも亦（また）　悠紀（ゆき）の如（ごと）くせよ

一 二四六頁注二参照。

二 四九六頁注十四、訓は四四六頁注八参照。主基殿への出御のために、廻立殿において主殿寮が小忌の御湯を供する。江記天仁元年十一月二十一日条に「次子刻御湯殿、次御手水、采女時申」とあり、小忌の御湯を供するのは子刻（午後十一時から午前一時頃）。供は四九六頁注十五参照。

三 二頁注二十六参照。

四 祭服。祭服は四九六頁注十六参照。御服の訓は四〇二頁注十参照。主基殿用の祭服を召される。易は四九二頁注四参照。

五 江記天仁元年十一月二十一日条に「丑刻御二主基殿一〔作法同上、但經二大嘗宮東方一入レ自レ南、御厠在二西南一故也〕」とあり、主基殿への出御は丑刻（午前一時から午前三時頃）。正殿は三八八頁注五、遷御は二七二頁注十三参照。

六 五〇〇頁以下参照。一は、名義抄仏上七十三に「一〔モハラ〕」。北山抄五大嘗会事に「御二主基殿一、其儀、一同二悠紀一、小忌群官度二馳道一、就二主基幄一〔新式云、大忌不レ遷、又大忌座、悠紀・主基不二分別一、而承平以來、大忌又遷云々、非也〕」とあり、小忌（斎）官人は馳道を渡り、主基の小忌幄に移動する（四一八頁注八・九参照）。

七 五〇四頁以下に見える、皇太子以下群臣の拍手、国栖の古風・斎国の国風・語部の古詞奏上が、主基殿に向けておこなわれる。但し、国風は主基国の国風が奏上される。皇太子は一九八頁注九、以下は十二頁注三、拍手は五〇六頁注十・十三、及は八頁注二十八、国栖は五〇〇頁注二十一、等は六頁注九、古風は五〇二頁注一、奏は三三〇頁注三・五〇二頁注二、事は二頁注九、亦は六頁注十一参照。

八 午前三時頃。字類抄上五十八オに「寅〔トラ〕」。

九 主基国が調備した御膳。御膳は二〇〇頁注一参照。江記天仁元年十一月二十一日条に「曉之御膳」とある。

十 進は、名義抄仏上五十八に「進〔ススム、マイル〕」。退は、同書仏上四十八に「退〔シリソク、マカル〕」。

主殿寮供浴湯、訖易御服、遷御主基正殿、其儀一如悠紀、皇太子以下拍手及國栖等奏古風等事亦同、寅一刻[1]供主基御膳、進退亦如悠紀、

1 刻、谷本「尅」。

践祚大嘗祭儀下

儀式[一]　巻の第四

践祚[二]の大嘗祭[三]の儀　下

辰の日卯一刻、廻立殿に還御

辰[四]の日　卯[五]の一刻　宸儀[六]　廻立殿に還御ふ　一ら初の儀の如くせよ

御服[七]を易へたまひ　本宮[八]に還御ふ　警蹕[九]・侍衛[十]　常の如くせよ

祭禮[十一]　已に畢りて　百官[十二]　各退り　伴[十三]・佐伯宿禰　大嘗宮[十四]の門を閉ぢよ

卯二刻、大嘗宮殿を鎮祭

二刻[十五]　神祇官[十六]の中臣・忌部　御巫[十七]等を率て　大嘗宮の殿を鎮祭[十八]れ

其[十九]の幣は　初の如くせよ

大嘗宮を壊却

訖[二十]りて　卽ち兩國の人夫に　大嘗宮を壞却[二十一]たしめよ

一　儀式は二頁注一、巻は二頁注二参照。

二　二頁注三参照。

三　大嘗祭は二頁注四、儀は二頁注五参照。

四　辰は、黒川本字類抄中六に「辰〈タツ〉」。日は八頁注三参照。

五　午前五時頃。卯は三三〇頁注二十四、一は三五〇頁注十三、刻は二一六頁注三参照。

六　主基殿の儀を終え、天皇は再び廻立殿に還御される。宸儀は五一二頁注十九、廻立殿は四〇〇頁注七参照。その還御の行列は出御儀と同じで、四九六頁以下に見える。

七　祭服より帛御衣に着替えられる。祭服は四九六頁注十六、御服の訓は四〇二頁注十、易は四九二頁注四参照。西宮記臨時七大嘗会事に「御二豊樂院清暑堂一〈改二祭服帛御衣一、見二仁和別式一也〉」とある。

八　常の御殿。仁寿殿と考えられる。卯四刻に神祇官が仁寿殿において大殿祭を斎行している。(五二二頁)。書紀神代紀海宮遊幸章第二ノ一書の「本宮」に「モトツミヤ」の訓。仁寿殿は五二二頁注三参照。なお、西宮記臨時七、北山抄五大嘗会事、江家次第十五大嘗会は、いずれも、廻立殿還御の後は、本宮に還御されることなく、朝堂院の光範門を出て、不老門から豊楽院に入り、清暑堂に着御されるとする。

九　二一六頁注十四参照。北山抄五大嘗会事に「安和私記云、於二廻立殿一駕二御輿一時、初稱二警蹕一」とある。大嘗宮への行幸は警蹕を称えない。四九六頁注十一参照。

十　侍は、名義抄仏上二十五に「侍〈サブラフ〉」、音は字類抄下八十六に「侍醫〈シイ〉」。衛は、名義抄仏上四十三に「衛〈マモル、ヱ〉」。万葉集一九八八番歌に「佐母良比不得者〈さもらひ得ねば〉」、古今和歌集序に「さぶらふ人人をめして」。常は二一六頁注十五参照。

十一　大嘗祭卯日の神事のこと。祭は、名義抄法下九に「祭〈マツリ〉」。礼は、同書法下八に「禮〈ヲガム、ウヤマフ〉」。已は四四六頁注七、畢は三十二頁注六参照。

[1]儀式巻第四[2]

践祚大嘗祭[3]儀[4]下

辰日卯一刻[5]、宸儀還御廻立殿、一如初儀、易御服還御本宮、警蹕・侍衛如常、祭禮[6]已[7]畢、百官各退、伴・佐伯宿禰[8]閇大嘗宮門[9]、二刻[10]神祇官中臣・忌部率御巫等、鎮祭大嘗宮殿、其幣如初、訖[11]卽令兩國人夫壞却大嘗宮、

1 荷田本・都立本・信友本「貞観」あり、信友本「貞観」を四角で囲み右傍「旧本无」。神道本右傍「貞観イアリ」あり。神宮一本「延喜」あり。
2 四、都立本「九」。
3 祭、宮本右傍「會」。
4 儀、林本なし。
5 刻、神宮本・都立本・谷本「剋」。
6 禮、神宮本左傍「祀カ」。
7 已、荷田本「巳」。
8 閇、神道本・神宮本「閉」。
9 門、林本「間」。
10 刻、神宮本・谷本「尅」。
11 訖、神宮本「記」とし左傍「訖カ」。

十二 五位以上六位以下の京官。百は、名義抄仏上七十六に「百〔モモ、モモチ〕」、四八八頁注十一参照。官は二頁注三十・四三〇注三参照。書紀顕宗天皇即位前紀の「百官」に「モモノツカサ」の訓。退は四八八頁注二十五参照。

十三 四四二頁注十四参照。宿禰は四五〇頁注十参照。

十四 伴宿禰、佐伯宿禰各一人が大嘗宮の南門を閉じる。伴・佐伯宿禰が大嘗宮の南門を開くことは、五〇〇頁に見える。大嘗宮は三十頁注十七・三八二頁注十三、門は一〇四頁注十五参照。閇は、名義抄法下七十五に「閇〔トツ、フサク〕」。

十五 卯二刻。午前五時半頃。二は四十二頁注十八、刻は二一六頁注三参照。

十六 神祇官は二頁注二十、中臣・忌部は六十頁注八・注九・注十四参照。

十七 御巫は三九八頁注五、等は六頁注九、率は二十四頁注三参照。

十八 神事が終了した大嘗宮の殿舎を鎮め祭ること。大嘗宮はその後、壊却される。大嘗宮が造立された時に、中臣・忌部が御巫を率いて大殿祭・御門祭を斎行したことは、三九八頁に見える。殿は四十頁注十、鎮は三十二頁注十三、祭は一〇八頁注二参照。

十九 幣料は、大嘗宮造立時の大殿祭・御門祭と同じ。三九八頁以下に見える。幣は六十頁注五参照。

二十 悠紀・主基両斎国の人夫により、大嘗宮は壊却される。訖は二頁注二十六、即は二頁注二十七、悠紀・主基は二頁注二十三、両は四頁注十八、夫は七十八頁注六参照。書紀天武天皇二年十二月条の「人夫」に「オホムタカラ」の訓。なお、続日本紀和銅元年十一月二十七日条（元明天皇大嘗祭）に「神祇官及遠江・但馬二國郡司、幷國人男女惣一千八百五十四人、叙レ位賜レ祿、各有レ差」とあり、両斎国国人は合わせて一六〇〇人程度が奉仕していることとなる。

二十一 壊は、名義抄法中六十五に「壊〔ヤフル、コボル〕」、字類抄下八ウに「壊〔コホツ〕」。却は、名義抄僧下一一〇に「却〔スツ、カヘル、カヘス、シリゾク〕」。

祭服・神座料等を忌部等に賜う

其の[一]御服・[二]衾・單・[三]狹帖・[四]短席　幷せて[五]廻立殿及び[六]浴湯に
供奉りし具は　[七]竝びに忌部に賜へ
[八]須ゐしところの　雜火を經し類は　[九]宮主の卜部に賜へ
[十]自餘の雜物　及び[十一]殿舍・屛籬は　[十二]中臣に賜へ

大嘗宮旧地を鎮祭

訖りて　各　[十三]大嘗宮の舊地を鎭めよ
[十四]其の料は
[十五]庸布　四段
[十六]木綿　二斤
[十七]麻　二斤十兩
[十八]鍬　八口

一 大嘗宮正殿で召された祭服のこと。衾・単・狭帖・短席は大嘗宮の神座料・御料。四〇二頁・四四〇頁参照。祭服は四九六頁注十六、御服の訓は四〇二頁注十参照。
二 衾は四十頁注五、単は四〇四頁注一参照。
三 名義抄仏中一一一に「狭畳〈サダタミ、俗云シトネ〉」。国史大系本掃部寮式奏御卜条の「狭帖」に「サタタミ」の訓。帖は四〇二頁注五、畳は一五六頁注二参照。
四 短は四〇二頁注六、席は十頁注一参照。掃部寮式諸司年料条の「短席」に「サムシロ」の訓。字類抄下四十七ウに「狭廗〈サムシロ〉」。并は四頁注四参照。
五 四〇〇頁注七参照。及は八頁注二十八参照。
六 廻立殿における小忌のお湯の浴湯に用いられた御料。浴湯は四九六頁注十四、浴湯の訓は四四六頁注八、供奉は三七〇頁注十七、具は一二〇頁注二参照。
七 並は十四頁注十、忌部は六十頁注九、賜は七十六頁注十三参照。
八 西宮記臨時七に「給二火具宮主一」とあり、神饌調備に用いた、木燧、火台、土の火爐（四六二頁以下）などを宮主に賜う。須は一二四頁注七、雑は四頁注二十八、火は三七四頁注二十六参照。経は、字類抄上五十二オに「経〈ヘル、ヘタリ〉」。類は十二頁注二十六参照。
九 殿内において、采女を教示した宮主。五一〇頁に見える。宮主は三十二頁注八参照。
十 自餘は四頁注九、雑物は十二頁注十七参照。
十一 殿は四十頁注十参照。舎は、書紀推古天皇二年二月条の「佛舎」に「ホトケノヲホトノ」の訓。屛籬は三八四頁注十二参照。
十二 六十頁注八参照。
十三 後鎮祭。大嘗宮を壊却し、その地をならし終わって、再び斎行される鎮地祭。践祚大嘗祭式大嘗宮条に「後鎭料、亦准レ此」と見える。また、止由気宮儀式帳高宮宮地鎮祭用物にも

其御服・衾・單・狹帖・短席[1]幷廻立殿及供奉浴湯之具、笠賜忌部、所須雜經[2]火[3]之類、賜宮[4]主卜部、自餘雜物及殿舍・屛籬賜中臣、訖各鎭大嘗宮[5]舊[6]地、其料庸布四段、木綿二斤、麻二斤十兩、鍬八口、

1 荷田本注「短下依㆓延喜大嘗式㆒蓋脱㆓帖字㆒」あり。宮本右傍「帖」あり。信友本「帖」あり頭注「短下依㆓延喜大嘗式㆒蓋有㆓帖字㆒」。
2 谷本・信友本「物」あり。荷田本・信友本頭注「雑下依㆓延喜大嘗式㆒蓋脱㆓物字㆒」あり。林本注「雑下、延喜式、有㆓物字㆒、此書脱漏」あり。神宮本左傍「物カ」あり。都立本右傍「物イ」あり。三手本右傍「物乎」あり。宮本右傍「物」あり。
3 火、宮本「大」とし右傍「火」。
4 宮、宮本「官」とし右傍「宮」。
5 宮、谷本「會」。
6 舊、三手本「田」。宮本なし、右傍「田」「旧」。

「後鎭物如㆑始」とある。大嘗宮造立前に斎行される鎮地祭は、三七二頁を参照。旧は、名義抄僧上四十八に「舊〔モト〕」。地は二十四頁注六参照。
十四 其は二頁注二十八、料は二十二頁注二十三参照。
十五 庸は十二頁注十六、布は十二頁注二十二、段は三十四頁注四参照。
十六 木綿は二十四頁注十六、斤は二十四頁注十七参照。
十七 麻は二十八頁注十七、両は一一四頁注四参照。
十八 鍬は三十四頁注五、口は三十四頁注六参照。

標・倉代等を豊楽院に運ぶ

[一]米(よね・こめ)
[二]濁酒(にごりさけ)　各(おのもおのも)八升
[三]鰒(あはび)　四斤十両
[四]堅魚(かつを)
[五]海藻(め)　各十斤六両
[六]腊(きたひ)　一斗六升
[七]鹽(しほ)　四升
[八]瓺(かめ)
[九]坏(つき)　各八口

訖(をは)りて　[十]兩國(ふたつのくに)の標(しるし・へう)　[十一]幷(あは)せて[十二]倉代等(くらしろなにと)の雜物(くさぐさのもの・ざふもの)を　[十三]豐樂院(ぶらくゐん)の中庭(なかには)

一 十二頁注二十五参照。
二 濁酒は、醸した後、糟をこしていない白濁した酒。濁は、名義抄法上四十一に「濁〔ニゴル〕」、同書僧下五十六に「醪醪〔ニゴリサケ、モロミ、カスコメ〕」。四時祭式大神条の「濁酒」に「クロキ、ニコレル」の訓。酒は二十六頁注一参照。升は二十頁注六参照。
三 二十六頁注三参照。
四 二十六頁注四参照。
五 二十六頁注五参照。
六 三十頁注一参照。斗は二十六頁注二参照。
七 六十四頁注二十一参照。
八 六十四頁注十四参照。
九 六十四頁注十六参照。
十 悠紀・主基両斎国の標。両国の標は朝集院の庭中に留め置かれていた（四九〇頁）。故実叢書本北山抄五大嘗会事に「顕陽・承歡兩堂第一間前、移二立兩國標一」とあり、両国の標は豊楽院に運ばれ、悠紀国標は顕陽堂第一間の前に、主基国標は承歓堂第一間の前に、それぞれ立てられた。標は十八頁注四・五十四頁注四参照。
十一 四頁注四参照。
十二 四七六頁以下に、悠紀国分として、倉代四十輿、雑魚鮨百缶、肴物・菓子十輿、飯百櫃、酒百缶、雑魚・菜百缶が記されている。北山抄五大嘗会事に「観徳・明義兩堂前、運二置倉代等物一〔謂二長物一〕」とある。倉代は十八頁注五・四七六頁注五、等は六頁注九、雑物は十二頁注十七参照。
十三 豊楽院は三二八頁注十二参照。中は二十八頁注八、庭は三七四頁注十参照。書紀敏達天皇元年六月条の「中庭」に「ニハナカ」、同書白雉元年二月条の「中庭」に「オホハ」の訓。運は二十二頁注二十五、置は二十四頁注十二参照。

1 米、三手本・宮本「未」とし、宮本右傍「米」。神宮本左傍「未イ」。
2 濁、谷本・宮本「浊」。神宮本左傍「大イ」。
3 瓶、荷田本・林本・神宮一本「跐」。
4 代、谷本なし、左傍「代」。
5 中庭、荷田本・信友本頭注「中庭依二延喜大嘗式一蓋庭中之誤」。宮本「中」と「庭」の反転を示す線あり。

米[1]・濁[2]酒各八升、鰒四斤十兩、堅魚・海藻
各十斤六兩、腊一斗六升、鹽四升、瓶[3]・坏
各八口、訖兩國標幷倉代[4]等雜物、運置於豊
樂院中[5]庭、

に運(はこ)び置(お)け

部領(ことり)[一]・擔丁(もちよほろ) 皆(みな) 退出(まかりい)でよ

四刻、仁寿殿を祭る

四刻(よつとき)[二] 神祇官(かみつかさ)(じんぎくわん) 仁壽殿(じじゆうでん)[三]を祭(まつ)れ

其(そ)[四]の料(れう)は

絲(いと)[五] 四兩

安藝(あき)の木綿(ゆふ)[六] 一斤

筥(はこ)[七] 四合 各 徑(わたり)[八]一尺五寸

米(よね)(こめ) 四升

酒(さけ)[九] 二升

瓶(かめ) 一口

一 部領は四一二頁注八、擔丁は一三八頁注二十、皆は三九四頁注八、退出は四八八頁注二十五参照。

二 卯四刻。午前六時半頃。四は一五〇頁注八、刻は二一六頁注三、神祇官は二頁注二十参照。

三 仁寿殿における大殿祭。仁寿殿は、内裏紫宸殿の北に位置する東西棟の殿舎で、光孝天皇のころまでは常御殿（御在所）として用いられており、そのため、石灰壇や浴殿・厠殿（儀式一大殿祭儀）が設けられていた。儀式一大殿祭儀には、仁寿殿における大殿祭儀を「神今食・大嘗會等祭前後必有㆓此祭㆒、但祭前者不㆓奏聞㆒、亦無㆑賜㆑祿」と規定する。大殿祭は三九八頁注六参照。仁寿殿は、黒川本字類抄ト六十八オに「仁壽殿〔シンシウ〕」、拾芥抄中には「仁壽殿〔シンシユ〕」とある。枕草子九十に「じじゆうでん」。宇津保物語菊の宴に「じじゆうでん(仁壽殿)」。祭は一〇八頁注二参照。

四 其は二頁注二十八、料は二十二頁注二十三参照。

五 八十六頁注一参照。

六 三七八頁注五参照。

七 五十頁注十二・三九八頁注十一参照。

八 一五〇頁注七参照。尺は二十四頁注十五、寸は一〇六頁注五参照。

九 二十六頁注一参照。

1 丁、宮本「寸」とし右傍「丁」。
2 刻、神宮本・谷本「剋」。
3 絲、神宮本左傍「緖イ」。
4 筥、宮本「苫」とし右傍「莒」。
5 米、宮本「未」とし右傍「米」。
6 瓶、荷田本・林本・神宮本・神宮一本・宮本・信友本「⿰石迷」。

部領・擔丁[1]皆退出、四刻[2]神祇官祭仁壽殿、
其料絲[3]四兩、安藝木綿一斤、筥[4]四合（各徑一尺五寸）、米[5]四升、酒二升、瓶[6]一口、

盞　二口
案　二脚

豊楽院を掃除

是より先　所司　預め豐樂院を掃除け

悠紀主基両国、御帳を設く

兩國　各　御帳を殿の上に設けよ
悠紀は　東の第三の間の中央に　主基は　西の第三の間に　立てよ
諸司の供へ帳ることは　元會儀の如くせよ
式部　預め版を置け

辰二刻、車駕豊楽院に幸す

辰の二刻　車駕　豐樂院に幸し　須臾　清暑堂に留りて
乃ち悠紀の帳に御すとき　所司　豐樂・儀鸞兩門を開け

皇太子版に就く

皇太子　東の北掖門より入り

一　六十六頁注三参照。
二　三九八頁注十二参照。脚は三九八頁注十三参照。
三　衛門府。衛門府が豊楽院を掃除することは、三二八頁注十七参照。所司の訓は十二頁注七参照。
四　預は六十二頁注五、掃除は三二八頁注十八参照。
五　悠紀国、主基国。二頁注二十三参照。両の訓は四頁注十八、各は四頁注二十二参照。
六　天皇が着御される悠紀帳・主基帳を、豊楽殿上に鋪設すること。悠紀帳の構作・装飾は、四三〇頁以下に規定されており、また、同頁注十六以下を参照。御帳は二十二頁注四、殿は四十頁注十、上は三八八頁注八、設は八頁注十九参照。
七　豊楽殿は、東西七間、南北二間の南面した東西棟で、悠紀帳は、豊楽殿の東三間の中央に鋪設される。豊楽殿は三二八頁注十二、悠紀は二頁注二十三、東は八頁注二十五、間は四十二頁注十三、中央は二二四頁注三参照。
八　主基帳は、豊楽殿の西三間に鋪設される。北山抄五大嘗会事に「悠紀立㆓東第三間中央㆒、主基立㆓西第三間㆒」。江家次第十五には「悠紀帳立㆓東第三間㆒、主基立㆓西第三間南廂㆒」とする。主基は二頁注二十三、立は三十頁注四参照。
九　北山抄五も「諸司供張如㆓元會儀㆒」。江家次第十五は「諸司供張如㆓元會㆒」。諸司は四頁注三十三、供は六十頁注二十一、張は一九六頁注十七参照。
十　元日節会。元日節会は、儀式六元日御豊楽院儀に儀式次第の規定がある。元会儀は四八八頁注八、如は一八六頁注二参照。
十一　式部省。十六頁注六参照。
十二　豊楽殿南の庭上に、皇太子以下群臣の版位を置くこと。版は四四六頁注三、置は二十四頁注十二参照。
十三　午前七時半頃。辰は五一六頁注四、二は四十二頁注十八、刻は二一六頁注三参照。
十四　天皇。二頁注六・二七二頁注二十参照。西宮記臨時七大嘗会事に「入㆑自㆓不老門㆒」とあり、豊楽院北門の不老門より入

盞二口、案二脚、先是所司預掃除豐樂院、兩國各設御帳於殿上〈悠紀立東[1]第三[2]間中央、主基西第三間〉、諸司供張如元會儀、式部預置版、[3]辰二刻[4]車駕幸於豐樂院、須臾留清暑堂、乃御悠紀帳、所司開[5]豐樂・儀鸞兩門、皇太子入自東[6]北掖門

1 東、林本なし。
2 三、林本「二」。
3 都立本「位」あり。宮本右傍「位イ」あり。
4 刻、神宮本・谷本「剋」。
5 開、三手本「閇」とし右傍「開乎」。
6 林本「方」あり注「中篇伴佐伯宿禰率語部奏古詞下ニ皇太子入自東方南掖門ト云ニ準シテ東下北上闕方字」。

御される。五一六頁注八参照。
十五 三二八頁注十二参照。幸は三三八頁注三参照。
十六 四八六頁注五参照。
十七 平安宮豊楽院の堂宇。北面回廊の中央門である不老門の南に位置し、正殿である豊楽殿の後房にあたる。豊楽殿とは渡廊で結ばれている。天皇が豊楽殿に出御される際の控えの堂。三代実録貞観元（八五九）年十一月十七日条（清和天皇大嘗祭辰日）には「是夜、天皇留㆓御豐樂殿後房㆒、文武百官侍宿、親王已下參議已上侍㆓御在所㆒、琴歌神宴、終夜歡樂、賜㆓御衣㆒」とあり、辰日の夜、清和天皇は清暑堂に宿泊され、琴歌神宴が催された。同記事が清暑堂御神楽の国史上の初見。西宮記臨時七に「清暑堂七間、東三間爲㆓御在所㆒」とある。豊楽院図参照。平家物語五の「清暑堂」に「せいしよだう」の振り仮名。留は四八六頁注六参照。
十八 天皇が悠紀帳に着御される。乃は四四四頁注十五、御は二七二頁注三参照。
十九 西宮記臨時七に「兵衞開㆓儀鸞門㆒、衞門開㆓豐樂門㆒」とあり、北山抄五大嘗会事は「所司開㆓儀鸞・豐樂兩門㆒〈近衞々門開㆑之〉」とする。
二十 豊楽門は豊楽院南面の中央門。拾芥抄中に「謂㆓之南(面)外大門㆒」とある。三二八頁注十二参照。
二十一 儀鸞門は豊楽院内郭南面の中央門。拾芥抄中に「儀鸞門〈キラン〉」。豊楽院図参照。両は四頁注十八、門は四十二頁注十、開は九十六頁注十六参照。
二十二 一九八頁注九参照。
二十三 逢春門。掖は四十六頁注六、入は九十頁注五参照。

親王以下版に就く

[一]親王以下の版に就くを待ちて　乃ち入れ
親王[二]已下五位以上　左右に相分れて　[三]儀鸞門の東西の戸より
入りて　各　版に就け
六位以下　[四]相續ぎて參入り　立ち定まれ

中臣、天神寿詞を奏上、忌部、神璽の鏡剣を奉上

[五]神祇官の中臣　[六]賢木を捧げ　儀鸞門の東戸より入りて　版に
就き　[七]跪きて　[八]天神の壽詞を奏せ　[九]群臣　[十]共に跪け
[十一]忌部　[十二]神璽の鏡・劔を奉れ
共に[十三]退出でよ
親王已下　共に[十四]起て

弁の大夫、多米都物の色目を奏上

次に　[十五]辨の大夫　[十六]同じき門より入りて　版に就き　跪きて

一 親王以下五位以上が、庭中の版に就き、六位以下が立定した後、皇太子が参入される。親王は二〇〇頁注七、以下は十二頁注三、就は二十四頁注十、待は四四四頁注十四参照。

二 已下は六頁注二、以上は十二頁注二十七参照。左右は六頁注三、相分は二一四頁注十九参照。

三 儀鸞門には、中央と東西の三戸があり、その東西の戸。戸は四十二頁注十五参照。

四 相は四十六頁注二参照。続は、名義抄法中一一七に「續〈ツク、ツラヌ〉」。書紀神功皇后摂政五十二年九月条の「相續」に「アヒツヒテ」の訓。参は二七二頁注七、入は九十頁注五参照。立は三十頁注四、定は三四六頁注七参照。

五 神祇官は二頁注二十、中臣は六十頁注八参照。中臣氏が天神寿詞を奏上する。この時、中臣氏は浅沓を着す（西宮記臨時七大嘗会事）。

六 賢木は三十頁注五、捧は二四二頁注十二参照。践祚大嘗祭式辰日条には「中臣執二賢木一副レ笏」とあり、北山抄五大嘗会事に「式云、捧二玉籤一。神祇式云、賢木副レ笏。承平例、賢木加上注二壽詞一紙上云々」とある。賢木に笏を副えて奏上する。寿詞奏上時に中臣氏が執る賢木については、神籬とするなど諸説があるが、寿詞中の、天上より降された「天の玉櫛」を象徴したものであろう（粕谷興紀「中臣寿詞の「天つ水」神話について」『続大嘗祭の研究』所収）。

七 五〇六頁注九参照。雨儀の場合は立って奏上する（北山抄五）。

八 持統天皇の即位式記事である、書紀持統天皇四（六九〇）年正月一日条の「神祇伯中臣大嶋朝臣讀二天神壽詞一、畢忌部宿禰色夫知奉三上神璽劍鏡於皇后一、皇后卽二天皇位一」が文献上の確実な初見で、翌五年十一月戊辰条（持統天皇大嘗祭）にも「大嘗、神祇伯中臣大嶋朝臣讀二天神壽詞一」とあり、これらの儀をもとに、神祇令践祚条「凡踐祚之日、中臣奏二天神之壽詞一、忌部上二神璽之鏡劍一」が規定された。光仁天皇大嘗祭においても、大中臣朝臣清麻呂が「神壽詞」を奏上している（続日本紀宝亀

〔侍[1]親王以下就版乃入〕、親王已[2]下・五位以上、左右相分、入自儀鸞門東西戸各就版、六位以下相續參入立定、神祇官中臣捧賢木、入自儀鸞門東戸就版[3]、跪奏[4]天神之壽詞〔群臣共跪〕、忌部[5][6]奉神璽之鏡劔、共退出、親王已[7]下共起、次辨大夫入自同門就版[8]、跪

1 侍、神宮本・都立本「侍」とし、神宮本注「侍當作待」、都立本右傍「待」。
2 已、荷田本・林本・神宮本・都立本・神宮一本・谷本・三手本・宮本・信友本「以」。
3 都立本「位」あり。宮本右傍「位イ」あり。
4 奏、林本「奉」。
5 荷田本・林本・谷本・信友本「入」あり、荷田本注「入字諸本作レ令、今依二延喜大嘗式一私改レ之、元本無二入字令字一、等蓋元元本作レ令而元本以其不レ可レ解二妄削一者乎」、林本注「衣笠本有二令字一、延喜式有二入字一奉作レ秦此書闕二入字一衣笠本作レ令者非」、信友本頭注「入奉諸本作二令奉一今依二延喜大嘗式一欤」あり。神宮本・都立本・神宮一本「令」あり、神宮本右傍「イニナシ」。宮本「今」あり右傍「入奉」。
6 奉、神宮本・都立本・神宮一本・谷本「奏」とし、神宮本右傍「奉イ」。宮本なし。
7 已、都立本・信友本「以」。神道本右傍「以イ」。
8 都立本・神宮本「位」あり。宮本右傍「位イ」あり。

二〈七七一〉年十一月二十一日条）。神祇令践祚条規定にあるように、中臣氏が天神寿詞を奏上し、忌部氏が神璽の鏡剣を奉上することは即位式の儀であったが、即位式が唐風に儀式整備される過程で、両儀は平安初期に、その奏上・奉上の場を大嘗祭に移行させ、以後、大嘗祭辰日の節会が開始される前の行事（辰日前段行事）として定着した（加茂正典「大嘗祭〝辰日前段行事〟考」『日本古代即位儀礼史の研究』、平成十一年）。伝存する天神寿詞（中臣寿詞）の詞章は、中臣氏の祖神天児屋根命が天の二上に上り、皇祖の神から、皇孫命の御膳つ水として用いる天つ水を湧出させる「天の玉櫛」を賜る前半部と、大嘗祭に関する後半部より構成されている。天神寿詞（中臣寿詞）は、天仁元（一一〇八）年の鳥羽天皇大嘗祭の時に奏上された詞章（西田長男「中臣寿詞攷」〈岡田精司編『大嘗祭と新嘗』所収、昭和五十四年〉、谷省吾「『藤波家譜』付録の中臣寿詞」〈『皇學館大学神道研究所所報』二十四、昭和五十八年〉、小松馨「新発見の藤波家所蔵『中臣秘書〈天神寿詞〉』の紹介と考察」〈『國學院大學日本文化研究所紀要』七十、平成四年〉）、康治元（一一四二）年の近衛天皇大嘗祭の時に奏上された詞章（台記別記）などが現存する。天神は六十頁注四参照。寿詞は、書紀持統天皇四年正月条の「天神壽詞」の「壽詞」に「コトフキ、ヨコトコトフキ、コトホキコト、ヨコト」の訓。奏は六頁注十参照。

九 書紀景行天皇十二年十月条の「群臣」に「マチキムタチ」の訓。同書景行天皇十八年七月条の歌謡に「魔幣莬耆瀰（まへつきみ）」。

十 雨儀の場合、王卿は顕陽堂に、五位以上は承歓堂に、六位以下は両堂の東西面にそれぞれ立つ（北山抄五）。

十一 忌部氏による神璽鏡剣奉上の儀。その職掌説話は、古語拾遺に「至二于磯城瑞垣朝一、漸畏二神威一、同レ殿不レ安、故更令下齋部氏率二石凝姥神裔・天目一箇神裔二氏一、更鑄レ鏡造上レ剣、以爲二護御璽一、是今践祚天之日、所レ献神璽鏡剣也」とある。忌部は六十頁注九参照。

十二 皇位を象徴する宝器。神祇令践祚条義解に「謂、璽信也。猶云神明之徴信。此即以二鏡剣一稱レ璽」とある。忌部氏による神璽鏡剣奉上の儀の文献上の初見は、書紀持統天皇四年正月一日条（持統天皇即位式）。神祇令践祚条にも規定があり、その後の変遷については本頁注八参照。北山抄五大嘗会事に「忌部奉二神璽鏡剣一、共退出〔群臣起。式云、天長以來此事停止。清涼抄云、近代不レ給二此神璽一、只奏二其詞一者。而寛平以後記文、忌部惣不二參入一。天慶記云、頼基申云、件鏡剣、自二御所一蹔下令レ奉レ之。而天長式、奏輒給二重物一、非レ無二事危一者。其後忌部雖レ申不レ給〕」とあり、天長十（八三三）年の仁明天皇大嘗祭から、忌部氏の神璽鏡剣奉上儀は停止されることとなる。その理由は、儀式（七六九頁へ続く）

[一]兩國の獻れる多米都物の色目を奏せ

其の[二]詞に云はく

悠紀に[三]供奉る　其の[四]國宰姓名等が進れる[五]雜物　[六]合せて

若干荷

[七]就中　[八]獻物は　[九]黑木の御酒若干缶　[十]白木の御酒若干缶

[十一]餝䢇若干口　[十二]倉代若干輿　[十三]缶の物若干缶

[十四]多米都物は　[十五]雜の菓子若干輿　[十六]飯若干櫃　[十七]酒若干缶

[十八]缶の物若干缶

[十九]主基に供奉る　其の國宰姓名等が進れる雜物　合せて

若干荷

一　悠紀国と主基国より献上された多米都物の目録を奏上すること。多米都物は十四頁注十七参照。色目は、字類抄下八十二ウに「色目〔シキモク〕」。践祚大嘗祭式辰日条に「所レ獻供御及多明物色目」とあり、次条の色目の詞章には、献物と多米都物が奏上されているので、本来この個所は、「所獻獻物及多米都物色目」であり、「獻物及」の三文字の脱文を推定する説がある（二二頁注四前掲、西宮一民論文）。

二　詞は二十八頁注二参照。云は、名義抄法下四十二に「云〔イハク〕」。

三　三七〇頁注十七参照。

四　宰は、和名抄五に「大宰府〔於保美古止毛知乃司〕」、書紀神功皇后摂政前紀の「宰」に「ミコトモチ」の訓、名義抄法下五十二に「宰〔ツカサドル〕」。姓名は五〇八頁注十参照。進は十頁注十二参照。

五　献物と多米都物のこと。これらは、卯日、朝集院庭中に留め置かれていた（四九〇頁）。雑物は十二頁注十七参照。

六　合は名義抄僧中一に「合〔アハセテ、アフ〕」。若干は一四〇頁注十三、荷は一四八頁注十一参照。

七　一四〇頁注十七参照。

八　悠紀国から献物として献上された品々。訓は三四六頁注六参照。

九　四七四頁には黒酒十缶とある。黒酒は二八二頁注二、黒木は一〇二頁注三、御酒は二五〇頁注六、缶は一三〇頁注三参照。

十　四七四頁には白酒十缶とある。白酒は二八二頁注二、白は一四二頁注六、木は十四頁注七参照。

十一　四七四頁には餝䢇酒十口とある。餝䢇酒は四七四頁注十二、䢇は六十六頁注二十一、口は三十四頁注六参照。

十二　四七六頁以下では、倉代は合計四十輿となる。倉代は十八頁注五・四七六頁注五、輿は一五六頁注八参照。

十三　四八〇頁には、雑魚鮨一百缶とある。缶は六十六頁注十九、物は十頁注二十一参照。

奏[1]兩國所獻多米都物色目、其詞云、悠紀〔爾〕供[2]奉〔留〕其[3]國宰[4]姓名等〔加〕進〔禮留〕雜物、合[5]若干荷、就中獻物黒木御酒若干缶、白木御酒若干缶、飾䭔若干口、倉代若干輿、[6]缶物若干缶、多米都物雜菓子若干輿、飯若干櫃[7]、酒若干缶[8]、缶[9]物若干缶、主基〔爾〕供奉〔留〕其[10]國宰[11]姓名等〔加〕進〔禮留〕雜物、合[12]若干荷、

1 奏、神宮一本「奏」。
2 供、信友本「仕」。
3 其、荷田本・信友本「某」とし、荷田本注「某国宰諸本作二其国宰一今私改レ之」。神道本右傍「某イ」。
4 宰、神宮本「官」とし左傍「宰イ」。
5 合、宮本「令」とし右傍「合」。
6 谷本・三手本・宮本「缶物若干輿缶物若干輿」あり、宮本最初の「干輿」間右傍「缶」。
7 櫃、神宮本・都立本・神宮一本・三手本・宮本・信友本「積」とし、神宮本左傍「櫃カ」、神宮一本右傍「一作櫃」、宮本右傍「櫃」、信友本右傍「櫃」とし頭注「若干積蓋若干櫃之誤、巻第三行列中有二飯一百櫃一」。荷田本注「諸本作二若干積一今私改レ之、卯日詣二大嘗宮一之行列日、飯一百櫃」。林本注「中篇悠紀主基發レ自二齊場一詣二大嘗宮一行列、飯一百櫃〔實二明櫃一〕、ト云ヲ證ス」。
8 干、宮本なし、右傍「干」。
9 諸本なし、谷本・信友本「缶」あり。荷田本注「物若干缶上依二上例一蓋脱二缶字一」あり。林本注「又物若干缶、似錯乱中篇飯酒ニ次デ雜魚並菜一百缶トアル即是也、以二雜魚並菜四字一可レ代二物一字一」あり。神道本右傍「缶イアリ」あり。神宮一本右傍「一有缶字」あり。三手本右傍「缶乎」あり。宮本右傍「雜魚并菜」あり。
10 其、荷田本・信友本「某」とし、荷田本注「某国宰諸本作二其国宰一今私改レ之」。神道本右傍「某イ」。
11 宰、神宮本「官」とし左傍「宰イ」。
12 合、谷本「各」。

十四 悠紀国から多米都物として献上された品々。
十五 四八〇頁には、肴物・菓子十輿とある。肴は七十六頁注十二、菓子は一六二頁注九参照。
十六 四八二頁には、飯一百櫃とある。飯は二八二頁注六、櫃は十頁注十五参照。
十七 四八二頁には、酒一百缶とある。酒は二十六頁注一参照。
十八 四八四頁には、雑魚・菜一百缶とある。底本「物若干缶」、信友本「缶物若干缶」に作る。校異参照。献物の詞章に「缶物若干缶」とあり、雑魚鮨一百缶に該当すること（注十三参照）、本条が雑魚・菜一百缶に該当することより、信友本に従った。
十九 主基国の献物と多米都物の詞章。

就中　獻物　云云[一]

多米都物　云云

進れる事を　申し[二]賜はくと奏す

といふ

皇太子以下拍手して退出

訖[三]りて　退出でよ

皇太子[四]　先づ跪きて　手[五]を拍ちて　退出でよ

次に　五位以上[六]　共に手を拍て

次に　六位以下[七]　手を拍て

四段[八]　段別[九]に八度　所謂[十]　八開手[十一]なる者なり

訖りて　次[十二]を以ちて　退出でよ

一 書紀神代紀天孫降臨第六ノ一書の「云云」に「シカシカ」の訓。黒川本字類抄中五十三ウに「云云(ウンウン)」。

二 悠紀・主基両斎国が以上の品々を進上したことを申し上げて下さい、という依頼により弁大夫が奏上する。申は六頁注七、賜は七十六頁注十三、奏は六頁注十参照。

三 訖は二頁注二十六、退出は四八八頁注二十五参照。

四 皇太子は一九八頁注九、先は二一八頁注一、跪は五〇六頁注九参照。

五 皇太子、五位以上、六位以下は八開手を打ち拝礼。手は三八二頁注十二、拍は五〇六頁注十参照。

六 以上は十二頁注二十七、共は十頁注六参照。

七 十二頁注三参照。

八 五〇六頁には、四度とある。四は三十頁注三参照。段は、書紀神代紀瑞珠盟約章の「三段」に「ミキタ」、同書崇峻天皇即位前紀の「八段」に「ヤキタ」の訓。「きだ」は物の切れ、きざみ目を数える語。

九 別は二十二頁注一、八は九十二頁注六、度は三四六頁注五参照。

十 三八四頁注二参照。

十一 五〇六頁注十三参照。者は一五〇頁注十四参照。なお、北山抄五大嘗会事には「寛平式云、天長記文、拍手在㆘辨奏㆓物数㆒之前㆖、但拍了起、辨出後退出云々、而承平有㆑議、辨未㆑参之前、拍手即退出」とあり、親王、五位以上、六位以下の八開手、退出は、多米都物の奏上前とする。

十二 次は三七二頁注十六、以は四頁注十七参照。

就中献物〔云云[1]〕、多米都物〔云云[2]〕、進〔禮留〕事〔乎〕、申賜〔波久止〕奏、訖退出、

皇太子先跪拍手退出、次五位以上共[3]拍手、

次六位以下拍手、四段〔段別八度、所謂八開手者[4]也〕、訖以次退出、

1 云云、荷田本・神宮一本大字。神道本右傍「大字イ」。神宮本大字で「云ゝ」。三手本・宮本小字で「云ゝ」。

2 云云、荷田本・神宮一本大字。神道本右傍「大字イ」。神宮本大字で「云ゝ」。三手本・宮本小字で「云ゝ」。

3 共、林本「供」。

4 者、神宮本左傍「是カ」。

大臣謝座、升殿

[一]式部　版を取りて　退出でよ

[二]是の時　[三]大臣　[四]左近の[五]陣の西の頭の少し南に於きて　[六]謝座みて

[七]東階より升りて　[八]凡そ殿に升る者は　皆此の階を用ゐよ　[九]座に就け

宮内省多賀須伎等を庭中に進列

[十]宮内省　[十一]大膳職・造酒司を率て　[十二]備ふるところの多賀須伎・

比良須伎等の物を　[十三]庭中に進り列ねて　[十四]即ち将ち去れ

皇太子謝座酒

次に　皇太子　[十五]殿に升り　座の東に到りて西に面き　[十六]謝座酒

みて座に就け

大臣、舎人を喚ぶ

訖りて　[十七]大臣　[十八]舎人を喚すこと二聲

舎人　共に[十九]稱唯せ　[二十]逢春門の外に候へ

少納言版に就く

[二十一]少納言　之に[二十二]代りて　逢春門より入り　版に就け

一 式部省は十六頁注六、版は四四六頁注三、取は八頁注九参照。
二 是は八頁注七、時は十頁注九参照。
三 豊楽院における節会の進行を掌る内弁を勤める大臣のこと。訓は二頁注十七参照。西宮記臨時七大嘗会事に「内辨（靴）、参上（先着兀子、在逢春門北一間壇上）、内辨起座、到左仗南頭、謝座了、自南面東階、昇殿着座。小忌座依一行在上」とあり、内弁を勤める大臣は、逢春門の北一間の壇上に設けられた兀子から、庭上を進み、豊楽殿の前庭東に位置する左近衛府の陣の南頭において謝座、豊楽殿南面の東階から殿を昇り着座する。なお、近衛陣については、西宮記臨時七に「近衛入自青綺・白綺兩門、陣殿庭左右」とある。
四 左近衛府の陣。豊楽殿の前庭東に位置する。注三参照。近衛府は二十二頁注十参照。源氏物語絵合に「さこむ（左近）の中将」。陣は、字類抄上六十五に「陣（チン）」、平家物語五の「先陣」に「せんじん」の振り仮名。
五 左近衛府陣の西の先頭より少し南に下がった位置。西は八頁注二十、頭の訓は五十四頁注三、少は五十頁注六、南は八頁注二十四、於は七十二頁注六参照。
六 次条には謝座酒とある。雑式公宴酒食条に「凡公宴賜酒食、親王以下皆列庭中再拜（謂之謝座）、訖行酒人、把空盞授貫首者、跪受盞再拜（謂之謝酒）」とあり、謝座は庭中に立ち再拝すること、行酒人（造酒司の正）より貫首（首席者）が空盞を授かり、跪いて再拝することが謝酒。年中行事絵巻仁寿殿内宴図には、官人が東庭に北上西面に列立し、空盞を捧げた所役が貫首に歩み寄る場面が描かれている。「をろがむ」は、書紀推古天皇二十年正月条に「烏呂餓瀰弖（をろがみて）」とある。三八〇頁注八参照。謝は、字類抄上三十二に「拜謝（ハイシヤ）」。座は、字類抄上六十五に「陣座（チンノサ）」。なお、大唐開元礼九十七皇帝千秋節御楼受群臣朝賀并会に「群官等俱出謝酒、訖就位」と見える。
七 豊楽殿南面の東階。東は八頁注二十五参照。階は、和名抄十

式部取版退出[1]、是時大臣於左近陣西頭少南謝座、升[2]自東階〔凡升[3]殿者皆用此階〕、就座、宮内省率大膳職・造酒司所備多賀須伎[4]・比[5]良須伎等物、進列[6]庭中、即將去、次皇太子升[7]殿、到[8]座東而[9]西面、謝座酒[10]就座、訖[11]大臣喚舎人、二聲、舎人共[12]稱唯[13]〔候逢春門外〕、少納言代之、入自逢春門就版、

1 都立本「位」あり。
2 升、神宮本「昇」。宮本右傍「昇」。神宮一本「外」。
3 升、神宮本・都立本「昇」。宮本右傍「昇」。
4 須、三手本・宮本なし、三手本右傍「須乎」。
5 比良須伎、信友本なし、頭注にあり。
6 列、神宮本・都立本・神宮一本・三手本「別」とし、神宮本右傍「列カ」、都立本右傍「列乎」、三手本右傍「於乎」。
7 升、神宮本・都立本「昇」。
8 到、三手本「別」。
9 而、三手本・宮本「面」。林本注「伊庭本、而西之而作㆑面」。
10 林本・都立本・神宮一本・谷本「謝」あり、林本注「漏㆓謝酒之謝㆒並非」。荷田本注「謝座酒三字、元本作㆓謝座謝酒四字㆒但諸本此所皆為㆓三字㆒蓋元本妄加者仍今従㆓諸本㆒」あり。
11 訖、三手本「託」。
12 共、三手本右傍「唯乎」。
13 唯、三手本・宮本なし、宮本右傍「唯」。

に「考聲切韻云堦〔音皆、俗爲㆓階字㆒、波之、一訓之奈〕」、名義抄法中四十に「階〔ハシ〕」、書紀欽明天皇十五年十二月条の「階下」に「ハシノシタ、ハシシタ」の訓。升は、名義抄僧下一〇九に「升〔ノホル〕」。

八 豊楽殿に升殿する者は東階を用いる。凡は四頁注一、殿は四十頁注十、者は一五〇頁注十四、皆は三九四頁注八、此は四頁注二十四、用は十四頁注二参照。

九 座は八頁注十八、就は二十四頁注十参照。

十 八頁注十五参照。

十一 大膳職は二〇二頁注十四、造酒司は二五〇頁注五、率は二十四頁注三参照。

十二 多賀須伎・比良須伎の庭上進見の儀。大膳職・造酒司が弁備した多賀須伎・比良須伎は、卯日に朝堂院の昌福堂に陳列され（四九二頁・同頁注二十一参照）、辰日に豊楽院において庭上進見の儀がおこなわれる。西宮記臨時七大嘗会事に「宮内省率㆓大膳・造酒司㆒、覧㆓多賀須伎・比良須伎㆒〔入㆑自㆓逢春門西面㆒、列㆓立庭前㆒、經㆓御覧㆒退出〕」とあり、北山抄五大嘗会事には「宮内省率㆓大膳職・造酒司㆒、多賀須伎・比良須伎〔窪手等也。造酒司等召㆓須伎・都婆波瓶㆒也〕、進列㆓庭中㆒、即将去〔承平記云、入㆑自㆓顯陽堂南標前㆒北面列立、出㆑自㆓承歡堂南㆒、天慶、入㆑自㆓逢春門㆒、西面列立云々〕」とある。備は二十六頁注十二、多賀須伎は六十六頁注五、比良須伎は六十六頁注六、等は六頁注九、物は十頁注二十一参照。

十三 庭は三七四頁注十、中は二十八頁注八、進は十頁注十二、列は一五二頁注十一参照。

十四 即は二頁注二十七、将は二十八頁注十一、去は四十二頁注五参照。

十五 豊楽殿。到は二十四頁注五、西は八頁注二十、面は八頁二十一参照。

十六 注六参照。五三八頁以下に、造酒司の正が空盞を貫主（首席者）に授け、貫主は跪いて受け再拝することが見える。酒は、字類抄上一〇九オに「行酒〔カウシユ〕、向酒〔カウシユ〕」。底本「謝座酒」。「謝座謝酒」に作る写本あり。校異参照。

十七 内弁の大臣。注三参照。

十八 十六頁注五参照。喚は十六頁注二十、二は四十二頁注十八、聲は四四四頁注十六参照。大舎人寮式大嘗会条に「凡踐祚大嘗會幸㆓豐樂院㆒者、舎人四人共㆓少納言㆒候㆓逢春門外㆒、大臣喚㆓舎人㆒、共稱唯、少納言替入」とある。

十九 召しに応じて、官人が「おお」と称して答えること。謹んで承諾する意。書紀神武天皇即位前紀戊午年六月条の「曰㆓唯唯㆒」に「越越(をを)トマウス」の訓。黒川本字類抄中五十七ウに「唯稱〔ヰシヨウ〕」。

二十 豊楽院内郭門で、栖霞楼と顕陽堂を結ぶ東廊の中

（七七〇頁へ続く）

大臣宣

一大臣　大夫等を喚せと宣れ

少納言　稱唯し　二儀鸞門の東戸より出でて　三斑幔の南の面に立ち　北に面き　之を喚せ

親王以下称唯

四親王以下　五位以上　共に稱唯せ

五小齋　先づ聲を發し　六群臣　之に次げ

次に　六位以下　稱唯せ　七下皆之に倣へ

親王以下、儀鸞門より参入

訖りて　親王以下　八參議以上　儀鸞門の東戸より入れ

九神祇官　小齋の列にして　大齋の前に列れ

十五位以上六位以下　十一亦同じ

下皆之に同じ

一 内弁の大臣が、小斎（忌）官人、親王以下の群官の参入を促すこと。大夫は四頁注二十七参照。西宮記臨時七大嘗会事には「内辨仰云、刀禰召〔せ〕」とある。刀禰（とね）は主典以上の官人のこと。宣は、名義抄法下四十九に「宣〔ノブ、ノタブ〕」。

二 儀鸞門は五二四頁注二十一参照。儀鸞門には中央と東西に戸があり、その東戸。五二六頁注三参照。東は八頁注二十五、戸は四十二頁注十五、出は二一六頁注十参照。

三 親王以下群官が就いている斑幕の南側に立って、北面して喚す。斑幕は一九八頁注八参照。面は、名義抄法上一〇〇に「面〔オモテ〕」。

四 二〇〇頁注七参照。

五 小斎（忌）王卿と小斎官人。小斎は六頁注十六・四一八頁注六、先は二十八頁注一、発は二十八頁注三参照。

六 群臣は五二六頁注九、之は八頁注五、次は一四〇頁注七参照。

七 下は二頁注三十三、皆は三九四頁注八、倣は四七六頁注四参照。

八 四頁注十六参照。

九 神祇官人は、小斎人（小斎王卿と小斎官人）の列に連なり、また、大斎官人の列の前に列立すること。神祇官は二頁注二十、列は一五二頁注十一、大斎は四四六頁注九、前は一六六頁注十一参照。

十 参議以上は参入しているので、参議を除く四位以下の官人のこと。

十一 四位以下の官人も、小斎を前列とし大斎を後列として列立する。

大臣宣喚大夫等、少納言稱唯、出自儀鸞門東戸、立斑幔[1]南[2]面、北面喚之、親王以下・五位以上共稱唯（小齋先發聲、群臣次之）、次六位以下稱唯（下皆[3]倣之）、訖親王以下・參議以上、入自儀鸞門東戸（神祇官列[4]小齋列・大齋前、五位以上・六位以下亦同、下[5]皆同之[6]）、

1 南、信友本なし。
2 面、荷田本・林本・都立本・神宮一本・信友本「西」とし、林本注「衣笠本、伊庭本、南西作南面並是」。
3 倣、荷田本・林本・神宮本・都立本・神宮一本・谷本・信友本「效」。神道本左傍「效イ」。
4 信友本「小斎前」あり。荷田本注「小齊上蓋脱小齊前三字」あり。以文本頭注「列小間一本小齋前」あり。
5 皆、三手本「階」。
6 荷田本・林本・神宮本・都立本・神宮一本・谷本・三手本・宮本・信友本「也」あり。

五位以上、儀鸞門より参入

一門(もん)を入(い)る比(ころほひ)　二諸仗(もろもろのつはもの/しよぢやう)　共(とも)に起(た)て

次に　五位以上(よりかみ)　三左右(ひだりとみぎ/さう)に分(わか)れて入(い)れ

四竝(なら)びに東西(ひむがしとにし)の戸(と)を開(ひら)け　但(ただ)し小齋(をみ)の人(ひと)　東戸(ひむがしのと)より入れ　五六位以下　亦同じ

式部録、容止を称す

六式部(のり/しきぶ)の錄(さくわん)二人　左右に相分(あひわか)れて　七屏(かき)の内(うち)に進(すす)み立(た)ちて　八互(たがひ)に

九容止(ふるまふ)と稱(い)へ

省掌、容止を称す

次に　六位已下(よりしも)　分れて入りて　十省掌(しやうしやう)二人　亦　容止と稱へ

參議(おほまつりごとひと/さんぎ)以下(よりしも)　十一行間(あひだ)は相去(あひさ)ること三許丈(じやうばかり)　十二親王(みこ)に後(おく)るること五許丈

十三四位は連屬(つらなり)て　參議に十四后(おく)るること七許丈

十五五位の最後者(もともしりへのひと)　十六觀德(くわんとく)・明義(めいぎ)兩堂(ふたつのだう)の北(きた)の頭(かしら)に到(いた)れば　六位以下始(はじ)めて十七入(い)れ

十八異位重行(いゐちゆうぎやう)に立(た)ち定(さだ)まれ

一 儀鸞門。門の訓は四十二頁注十参照。比は、名義抄法上九十八に「比〔コロホヒ、コノコロ〕」、字類抄下九ウに「比〔コロヲヒ〕」。

二 威儀を正した衛府の隊列のこと。四四四頁注二参照。諸は四頁注二、仗は四四四頁注二、起は四八八頁注十四参照。なお、儀鸞門を開くのは、西宮記は兵衛府、北山抄では近衛府とする。五二四頁注十九参照。

三 儀鸞門の東西の戸より分かれて入る。小斎官人は東戸より入る。左右は六頁注三、分は二一四頁注十九参照。

四 並は十四頁注十、開は九十六頁注十六、但は十二頁注八、人は二十二頁注一参照。

五 六位以下の小斎官人も儀鸞門の東戸より入る。

六 式部省の第四等官。式部省は十六頁注六、録は六頁注一参照。

七 群臣は儀鸞門の東西戸より参入するので、その東西戸の内側に設けられた屏。屏は一九八頁注七、内は九十頁注三、進は三七四頁注二十一、立は三十頁注四参照。

八 黒川本字類抄中八ウに「互〔タカイニ〕」。

九 西宮記臨時七大嘗会事に「式部錄稱二容止詞一云〔不留末不〕」とあり、参入する群官に対して、式部が「ふるまふ」と称し、儀式作法にかなった容儀について、注意を喚起する。書紀允恭天皇即位前紀の「容止」に「ミヤフルマヒ、ミフルマヒ」の訓。称は七十八頁注三参照。

十 式部省の省掌。省掌は二一四頁注十八参照。

十一 参議以下の列は、列間の間隔を三丈程を取り、庭上の所定の位置まで進むこと。間は、名義抄法下七十六に「間〔アヒダ、マ〕」。相は四十六頁注二、去は四十二頁注五、許は四十二頁注六、丈は三十頁注八参照。

十二 参議以下は、親王の列より五丈程間隔を取り、後に続くこと。親王は二〇〇頁注七参照。後は、名義抄仏上三十八に「後〔ヲクレタリ、ヲクル〕」。

十三 四位官人は、参議の列より七丈程間隔を取り、後に続くこ

[1]比入門諸仗共起、次五位以上左右分入〔竝[2]開東西戸、但小齋人入自東戸、六位以下亦同〕、式部録二人左右相分、進[3]立屛内、[4]互稱容止、次六位[5]已下分入、省掌[6]二人亦稱容止〔參議[7]以下[8]行開相去三許丈、後於親王五許丈、四位連屬、后於參議七許丈、五位最後者到[9]觀德・明義兩堂北頭、六位[10]以下始入〕、異位重行立定

1 比、神宮本・谷本・三手本・宮本「北」とし、三手本右傍「皆乎」。神宮本別筆で「北一作比宜従」。
2 開、神道本右傍「用カ」。信友本頭注「並開依二午日儀一蓋並用之誤」。三手本右傍「囲乎」。
3 立、三手本・宮本「之」とし、宮本右傍「立」。林本注「伊庭本、立作之、非」。
4 互、三手本・宮本「牙」。林本注「互作レ牙平之誤、平互俗字」。
5 已、都立本「以」。
6 二人、林本なし。
7 以、荷田本・林本・神宮本・都立本・神宮一本・谷本・三手本・宮本・信友本「已」。神道本右傍「已イ」。
8 行、谷本「列」。
9 觀、林本・都立本・神宮一本・三手本・宮本「歡」。荷田本注「諸本作二歡徳一今私改レ之」。
10 以、荷田本・林本・神宮一本「已」。

と。連は二〇四頁注七参照。属は、名義抄法下九十に「属〔ツラナル〕」、

十四 名義抄僧下一〇二に「后〔ノチ〕」。黒川本字類抄中六十オには「後〔ノチ〕」とし、「后」も同義とするので、「后」を「おくる」と訓読した。後は注十二参照。

十五 五位官人の最後の者が、観徳・明義両堂の北端に到れば、六位以下が儀鸞門より参入する。最は、名義抄法下五十四に「最〔モトモ〕」。後は十頁注四、者は一五〇頁注十四参照。

十六 ともに豊楽院九堂の一つ。観徳堂は延明門の南西に位置する南北十九間の堂で、西の明義堂と相対する。明義堂は万秋門の南東に位置する南北十九間の堂で、東の観徳堂と相対する。両堂とも東西面に各五か所の石階がある。節会などにおいて、六位以下の座が設けられる。豊楽院図参照。拾芥抄中に「観徳堂〔クワントク〕」、「明儀堂〔メイキ〕」。両は四頁注十八、堂は四十四頁注八、頭は五十四頁注三、到は二十四頁注五参照。

十七 始は六十四頁注十、入は九十頁注五参照。

十八 二七〇頁注十五参照。立は三十頁注四、定は三四六頁注七参照。

參議已上幷せて小齋の人[一]　東の方に列れ[二]　四位已下[三]　東西に分かれて
中庭に列れ　未だ入らざる前[四]　酒部等[五]　各酒樽の下に立て[六]

大臣宣

大臣[七]　侍座と宣れ[八]

親王以下称唯謝座

親王以下　稱唯し[九]　謝座め[十]
小齋の者　先づ拜み[十一]　群臣[十二]　之に次げ

貫首謝座

訖りて[十三]　造酒正[十四]　空盞を把り[十五]　來りて　貫首に授けよ[十六]
授け受くるには[十七]　共に跪け
更に還却くこと[十八]　二三許丈　北に面きて立ちて　謝酒め[十九]
訖りて　造酒正[二十]　盞を把り　樽所に還れ

参議以上、顕陽・承歓両堂に就く

參議以上[二十一]　分れて　顯陽・承歡兩堂に就け[二十二]

一 親王以下参議以上と小斎人は豊楽殿前庭の東方に列立する。并は四頁注四、小斎は六頁注十六・四一八頁注六参照。
二 東は八頁注二十五、方は八十八頁注十九、列は一五二頁注十一参照。
三 四位以下五位以上は、豊楽殿前庭の東西に分かれて列立する。已下は六頁注二、分は二一四頁注十九、中庭は五二〇頁注十三参照。
四 親王以下が参入する前。未は七十八頁注十四、前は一六六頁注十一参照。
五 二五〇頁注十二参照。等は六頁注九参照。
六 酒を貯えている樽。酒は二十六頁注一、樽は二四八頁注八参照。下は二十八頁注五参照。
七 内弁大臣。五三二頁注三参照。訓は二頁注十七参照。
八 北山抄一元日節会事に「大臣宣侍座〔之支尹〕」とあり、江家次第十五には「内辨宣、敷居〔尓〕」とある。「しきゐん、しきゐ、しきゐに」は、朝廷の節会などで、侍座を宣する時の慣用語。八頁注十八参照。宣は五三四頁注一参照。
九 五三二頁注十九参照。
十 五三二頁注六参照。
十一 先は二十八頁注一、拝は三八〇頁注八参照。
十二 群臣は五二六頁注九、之は八頁注五、次は一四〇頁注七参照。
十三 二頁注二十六参照。
十四 造酒司の長官。造酒司は二五〇頁注五、正は一三六頁注十参照。
十五 空の盞。名義抄法下五十八に「空〔ウツホ〕」、黒川本字類抄中十五ウに「空〔コウ、ソラ〕」、名目鈔に「空盞〔コウザン〕」。とはずがたり一に「からさかづき（空盃）」。盞は六十六頁注三、把は四五〇頁注九、来は一七二頁注六参照。
十六 列立している列の首席の者。江家次第十五大嘗会辰日に「貫主人跪取レ之、不レ取レ盤、群臣再拝、跪返二上之一」とあり、

〔參議已上幷[1]小齋人列[2][3]東[4]方、四位已[5]下東西分列[6][7]中庭、未[8]入之前、酒部等各立[9]酒樽[10]下〕、大臣宣侍座、親王以下稱唯、謝座〔小齋者先拜、群臣次之〕、訖造酒正把空盞來[11]授貫首〔授受[12]共跪[13]〕、更還却二・三許丈、北面立謝酒、訖造酒正把[14]盞還樽[15]所、參議以上分就顯陽・承歡兩堂

1 幷、林本・神宮一本「辨」。神宮本・都立本・三手本・宮本「弁」とし、宮本右傍「并」。荷田本頭注「諸本作㆑弁今私改㆑之」。信友本「羊」。
2 信友本「別」あり。
3 列、都立本・三手本・宮本「別」。荷田本注「諸本作㆓別東方㆒今私改㆑之」。林本注「別、列之誤、下、東西分別列中庭上云ヲ證」。
4 東、谷本「束」。
5 已、宮本「以」。
6 荷田本・林本・都立本・神宮一本・三手本・宮本「別」あり。
7 神宮本「到」あり。
8 未、信友本「奉」。
9 立、神宮本なし。
10 樽、荷田本・神宮本・都立本・神宮一本・信友本「罇」。谷本「鐏」。三手本「蹲」。
11 來、以下「還」まで荷田本なし。
12 受、三手本なし。
13 跪、三手本なし。
14 把、荷田本・神宮本・都立本・神宮一本・谷本・三手本・宮本・信友本なし、都立本右傍「把イ」、谷本右傍「把歟」、宮本右傍「把」。
15 樽、荷田本・林本・都立本・神宮一本・信友本「罇」。谷本「鐏」。神宮本・三手本・宮本「蹲」とし、宮本右傍「罇」。

貫主は跪いて盤上の空盞を取り、再拝、再び跪いて空盞を返上する。五三二頁注六参照。黒川本字類抄中八十一ウに「貫首〔クワンス〕」。平家物語一の「貫首」に「くわんじゅ」の振り仮名。授は四九二頁注十参照。
十七 受は二頁注十二、共は十頁注六、跪は五〇六頁注九参照。
十八 空盞を拝受した地点より、二・三丈下がって、北に向き、立って、謝酒の拝礼をおこなう。更は五十八頁注十五参照。還は、名義抄仏上五十に「還〔シリソク〕」。却は、同書僧下一一〇に「却〔シリゾク〕」。面は八頁注二十一参照。
十九 五三二頁注六参照。
二十 造酒正が貫主より盞を受け取り、酒樽の所に還る。本頁注十六参照。盞は六十六頁注三、還は二七二頁注二十参照。
二十一 公卿のこと。太政大臣、左右大臣、大・中納言、参議、及び三位以上の朝官。以上は十二頁注二十七参照。
二十二 ともに豊楽院九堂の一つ。顕陽堂は延明門の北西に位置する南北十九間の堂で、西の承歓堂と相対する。承歓堂は万秋門の北東に位置する南北十九間の堂で、東の顕陽堂と相対する。両堂とも東西面に各五か所の石階がある。節会などにおいて、四位・五位の座が設けられる。豊楽院図参照。拾芥抄中に「顕陽堂〔ケンヤウ〕」。承は、字類抄下六十九オに「汞〔ショウ〕明门」。歓は、同書上一一五オに「歡〔クワン〕」。就は二十四頁注十参照。践祚大嘗祭式辰日条は「顕陽・承観二堂座」。

一 參議(おほまつりごとひとよりかみ／さんぎ)已上の兩三人(ふたりみたり)　殿(との)に升(のぼ)れ　二 四位以下(よりしも)　相共(あひとも)に之(これ)に就(つ)け

三 必(かなら)ずしも　參議の升り畢(をは)るを待(ま)たざれ

六位以下官人、觀德・明義兩堂に就く

四 六位以下　分れて　觀德(くわんとく)・明義(めいぎ)兩堂(ふたつのだう)に就け

五 訖(をは)りて　六 諸仗(もろもろのつはもの／しよぢやう)　共(とも)に居(ゐ)よ 七

悠紀(ゆき)の國(くに)　八 別(べち)の貢物(みつぎもの)を將(も)ちて　參入(まゐりい)れ

巳一刻、御膳を供す

九 巳(み)の一刻(ひとつとき)　十 御膳(みけ)を供(たてまつ)れ

五位以上に饌を賜う

次に　五位已上(よりかみ)に　十一 饌(おもの)を賜(たま)へ

十二 小齋(をみ)は　悠紀(ゆき)の國之(くにこれ)を給(たま)へ

十三 大齋(おほいみ)は　所司(ところのつかさ／しよし)之を給へ

弁官、多米都物を班給

次に　十四 辨官(おほともひのつかさ／べんくわん)　十五 兩國(ふたつのくに)の多米都物(ためつもの)を　十六 諸司(もろもろのつかさ／しよし)に班(あか)ち給へ

一 參議以上の者のうち、二人か三人は、豊楽殿に昇殿する。北山抄五大嘗会事に「參議以上、經二陣前一上レ殿」とあり、參議以上が左近衛陣の前を経て豊楽殿へ昇殿する。両は、名義抄法下七十二に「兩〔フタリ〕」。三人は、書紀崇神天皇七年八月条の「三人」に「ミタリ」の訓。殿は四十頁注十、升は五三二頁注七参照。

二 四位と五位の官人は、顕陽・承歓の両堂に設けられた座に就く。相は四十六頁注二、共は十頁注六参照。

三 四位・五位官人が顕陽・承歓両堂に升るのは、參議以上の升殿が終るまでを必ずしも待つ必要は無い。必は、名義抄僧下一〇七に「必〔カナラス〕」。畢は三十二頁注六、待は四四頁注十四参照。

四 六位以下の官人は、観徳・明義の両堂の座に就く。観徳・明義両堂は五三六頁注十六参照。

五 殿上、堂上の座が定まり訖わっての意。訖は二頁注二十六参照。

六 五三六頁注二参照。

七 名義抄法下八十九に「居〔ヰル〕」。

八 悠紀国から献上される別の貢物。献物、多米都物（五二八頁）とは別の貢物のこと。五四四頁以下に「御插頭、和琴二面、人給和琴二面、衾若干条、襖子若干領」とある。また、五四八頁には「別貢物幷御插頭等」と見える。続日本後紀天長十年十一月己巳条（仁明天皇大嘗祭）に「悠紀獻二屏風卌帖一、主基御插頭花二机、和琴二机、厨子十基、屏風廿帖」とある。北山抄五大嘗会事に「式、此次悠紀國將二別貢物一參入者、而近例無二所見一、新式謂二插頭等一、然而相異之由、卽見二儀式・清涼抄一、謂二獻物一又不レ可レ然歟、天長記、群臣着レ座後、獻二御屏風・厨子等一有レ數、其後又獻二御插頭等一、然則往昔有二如レ此別貢一也、而近代無二其事一云々」とあり、北山抄の時点では別貢物の参入は所見無しとするが、引用される天長記によれば、御屏風、厨子、御挿頭等の献上が行われていた。天長記の記事は、前掲の続日

〔參議已[1]上兩[2]三人升[3]殿、四[4]位以下相共就之、不[5]必
待參議升[6]畢[7]〕、六位以下分就觀[8]德・明義[9]兩堂、
訖諸仗共居[10]、悠紀國將別貢物參入、巳一刻[11]
供御膳、次賜五位已[12]上饌〔小齋[13]悠紀國給之、
大齋[14]所司給之[15]〕、次[16]辨官班給兩國多米都物於
諸司、

1 已、信友本「以」。神道本右傍「以イ」。
2 兩、神宮本左傍「西イ」。
3 升、都立本「昇」。宮本右傍「昇」。
4 四、神宮一本なし。
5 不、宮本「本」とし右傍「未」。
6 升、都立本「昇」。宮本右傍「昇」。
7 畢、三手本「異」とし右傍「畢」。
8 觀、林本・都立本・神宮一本・三手本・宮本「歡」とし、林本注「舊作二觀德一他書皆同、九條改作二歡觀德明義一既正、然作レ歡、蓋有レ説、未レ考、下同」。信友本「歓」。
9 義、神宮本「儀」。
10 居、三手本「君」とし右傍「居乎」。
11 刻、神宮本・谷本「剋」。
12 已、都立本「以」。
13 林本大字「ハ」あり。
14 林本大字「ハ」あり。
15 之、神宮本・三手本なし。
16 次、宮本右傍「令イ」。

本後紀天長十年十一月条に対応するのであろう。なお、西宮記臨時七・北山抄五では、御挿頭、和琴等は大嘗会行事所の検校以下の行事が供進している。五四四頁注九参照。別は、名義抄僧上九十二に「別〔ヘチ〕」、黒川本字類抄中一〇七に「分別〔フンヘチ〕」。貢は、名義抄仏下本十九に「貢〔ミツキモノ〕」。将は二十八頁注十一、参は二七二頁注七、入は九十頁注五参照。

九 午前九時頃。巳は四四六頁注九、一は三五〇頁注十三、刻は二一六頁注三参照。

十 悠紀国の御膳。践祚大嘗祭式辰日条は「朝膳」とする。西宮記臨時七大嘗会事に「内膳供二御膳一」とある。御膳は二〇〇頁注一参照。供は四九六頁注十五参照。供御膳の次第・品目は江家次第十五大嘗会辰日、江記天仁元年十一月二十二日条に詳細な記事がある。

十一 書紀雄略天皇十二年十月条に「饌〔饌者、御膳之物也〕」とあり、その「饌」に「ミケツモノ、オホモノ」の訓が付されている。「おほ(大)もの」が「おもの」となる。二〇〇頁注一参照。賜は七十六頁注十三参照。

十二 五位以上の小斎官人への饌は、悠紀国が給う。江家次第十五には悠紀国司とする。給は十二頁注六参照。

十三 大斎官人への饌は、所司が給う。西宮記臨時七には大膳職が担当するとある。大斎(忌)は四四六頁注九、所司は十二頁注七参照。

十四 弁官が、悠紀・主基両斎国より献上された多米都物を諸司に班給する。弁官は四頁注二十三・五〇八頁注十五参照。

十五 五二八頁注一参照。多米都物は十四頁注十七参照。多米都物色目の奏上は五二六頁、その品目は五二八頁に見える。

十六 北山抄五大嘗会事に「近例、明日出御以前給レ之、悠紀給二左管諸司一、主基給二右管諸司一」とあり、悠紀国の多米都物は左弁官が管掌する諸司に、主基国の多米都物は右弁官が管掌する諸司に賜った。諸司は四頁注三十三、班は四三六頁注十五参照。

悠紀、当時鮮味を献上

悠紀(ゆき) 當時(そのとき)[一]の鮮味(あざらけきもの)を獻(たてまつ)れ

鉦人、鉦を撃つ

時(とき)に 鉦人(かねひと)[二] 鉦(しやう)一懸(かねひとかけ)[三]を持(も)ちて 儀鸞門(ぎらんもん)[四]より入(い)り 悠紀(ゆき)[五]の幄(あげはり)に置(お)け

執槌人(つちとりひと)[六] 參入(まゐりい)り 鉦の下(もと)に就(つ)き 北(きた)[七]に首(むか)ひ 地(つち)に伏(ふ)せよ

當色(たうじき)[八]の麻鞋(をくつ)を着(つ)けよ

須臾(しまらく)[九]するや 即(すなは)[十]ち起(た)ちて 鉦を撃(う)つこと二度(ふたたび)[十一] 度別(ごと)[十二]に三下(みたび)

訖(をは)りて 地に伏せよ

風俗歌人参入

次(つぎ)に 國司(くにのつかさ)[十三] 風俗(くにぶり)[十四]の歌人等(うたびとら)を率(ゐ)て 且(か)[十五]つ歌(うた)ひて 還(かへ)る時(とき)も亦同(またおな)じ

參入(まゐりい)[十六]り 國司前(くにのつかささき)[十七]に立(た)て 次(つぎ)に音聲人(おんじやうにん)[十八] 次に歌女(うため)[十九] 次に男(うたを)[二十] 庭中(にはなか)[二十一]に立(た)て

歌人(うたびと) 先(ま)づ幄(あげはり)に入(い)れ

次に 國司 幄の座(しきゐ)[二十二]に就け

一 悠紀国司が献上する御贄。三四六頁に見える御贄百捧のこと。三四六頁注四参照。北山抄五大嘗会事に「悠紀獻二當時鮮味一〔行事辨率二國司及膳部等一執レ之、入レ自二顯陽堂南腋門一、經二堂西壇下一、立二馳道東一、北面西上、（中略）〕、大臣問之、稱唯、申云、悠紀所進二御贄一、稱二物名一如レ常（割注略）、大臣仰云、賜二膳部一〔或仰レ給二御厨子所一、寛平・天慶例也〕、稱唯、出レ自二逢春門一、付二内膳一」とある。当は二頁注九、時は十頁注九参照。鮮は、名義抄僧下二に「鮮〔アザラケキ、アザラケシ〕」。味は、同書仏中三十四に「味〔アチハヒ、アチハフ〕」。献は一二〇頁注二十二参照。

二 兵庫寮式分配夫条に「撃二鉦・鼓一人及執夫」とあり、兵庫寮官人と鉦を設置する執夫のことであろう。二〇六頁注一参照。北山抄五大嘗会事に「次國司着二幄座一〔儀式云、先鉦一懸置二幄前一、次握レ槌者就二鉦下一、北首伏レ地、須臾起撃二鉦二度一、度別三下訖、又伏レ地、國司着レ座後、更起撃レ鉦如レ初、天長例如レ之、又載二清涼抄一、而他式幷日記、無二所見一、近代無二此儀一歟〕」とある。

三 兵庫寮式大儀条に「鉦加二角槌二柄一、鼓木槌二柄、並有二簨簴一」と規定され、鉦鼓は簨簴（鉦鼓を懸ける横木）に懸け用いられる。また、角槌二柄を加える。鉦は二〇六頁注一、懸は九十六頁注十八参照。

四 五二四頁注二十一参照。入は九十頁注五参照。

五 悠紀国の幄。北山抄五大嘗会事辰日装束に「立二兩國標一〔天慶記云、去二殿階一十六丈、兩國標間八許丈〕、其南立二樂人幄一〔南去五許丈、卯酉妻〕」とあり、両斎国の標よりそれぞれ五丈程南に、悠紀・主基の楽人幄が設けられた（悠紀幄は東、主基幄は西）。なお、悠紀国標は顕陽堂第一間の前、主基国標は承歓堂第一間の前に立てられている（五二〇頁注十参照）。幄は二十八頁注四、置は二十四頁注十二参照。

六 槌は鉦を撃つための具。鉦は角槌で撃つ。注三参照。槌は、名義抄仏下本五十八に「搥〔ツチ〕」。執は二十八頁注十参照。

悠紀獻當時鮮味、于[1]時鉦[2]人持鉦一懸、入自儀鸞門、置悠紀幄、執[3]槌人[4]參入就鉦下、北[5]首伏地[6]〔着當色[7]麻鞋[8]〕、須臾即起[9]擊鉦二[10]度〔度別三[11]下〕、訖伏地、次國司率風俗歌人等、且歌〔還時[12]亦同〕、參入〔國司立[13]前、次[14]音[15]聲[16]人、次歌女、次男〕、立庭中、歌人先入幄、次國司就幄座、

1 于時、林本なし。
2 鉦、荷田本・神宮本・都立本・神宮一本・谷本・三手本・宮本「給」とし、荷田本注「給人蓋鉦人誤」、林本注「給人ハ鉦人ノ誤」、宮本右傍「怜」左傍「鉦」。
3 執、荷田本・神宮本・都立本・神宮一本・三手本・宮本なし、荷田本注「蓋脱₂握字₁北山曰握槌者就₂鉦下₁」、林本注「伊庭本有₂執字₁、此書脱漏」、宮本右傍「執」。信友本「握」とし頭注「槌上依₂北山抄₁蓋脱₂握字₁」。神道本右傍「握イ」。
4 人、荷田本・林本・神宮本・都立本・神宮一本・谷本・三手本・宮本・信友本なし、宮本右傍「人」。
5 北、神宮本・都立本・神宮一本「此」とし、都立本右傍「北」、神宮一本右傍「一作北」。
6 地、以降、神宮一本重複あり。
7 色、三手本なし。
8 鞋、谷本「草」。
9 起、神宮本・都立本・三手本・宮本「赴」とし、都立本右傍「起イ」、宮本右傍「起」。
10 二、都立本「三」。
11 三、底本・神道本・神宮一本・故実本「二」とし、神道本左傍「三イ」。神宮一本右傍「一作レ三」。林本注「伊庭本作₂二下₁誤、諸儀皆三下也」。
12 時、荷田本・神宮本・都立本・神宮一本・三手本・宮本「付」とし、荷田本注「蓋還時之誤」、林本「時之誤」、神宮一本右傍「一作レ時」、宮本右傍「時」。
13 立、宮本「三」とし右傍「立」。
14 次、神宮本・三手本・宮本「以」とし、神宮本右傍「次カ」、宮本右傍「次」。
15 音、宮本「旨」とし右傍「音」。神宮本右傍「旨イ」。
16 谷本大字「ノ」あり。

七 北は八頁注二十二参照。首は、名義抄仏下末二十八に「首〔ムカフ、オモムク〕」。地は三九〇頁注十八参照。伏は、名義抄仏上十三に「伏〔フス〕」。

八 当色は四五〇頁注六参照。麻鞜は麻を素材として作った鞋。和名抄十二に「麻鞋、和名乎久豆、辨色立成云麻鞋以レ麻爲レ之」、黒川本字類抄中六十六ウに「麻鞋〔オクツ〕」。鞋は三三六頁注七、着は八頁注六参照。

九 四八六頁注五参照。

十 即は二頁注二十七、起は四八八頁注十四、撃は二一六頁注五参照。

十一 二は、名義抄仏上七十四に「二〔フタタヒ〕」。度は三四六頁注五参照。

十二 別は二十二頁注一参照。三下については、書紀神代紀海宮遊幸章第四ノ一書の「三下」に「ミタビ」の訓。底本「度別二下」。殆どの写本が「度別三下」に作る。校異参照。また、北山抄五大嘗会事も「度別三下」とする（注二参照）ので、底本の「二」を改め、諸本に従い「度別三下」とする。

十三 悠紀国の国司。国は二頁注二十三、司は四頁注三十三参照。

十四 風俗を奏する悠紀の歌人等。五〇二頁では国風とある。五〇二頁注五参照。風俗は十八頁注十二、歌人は八十頁注七、等は六頁注九、率は二十四頁注三参照。

十五 風俗歌を歌いながら儀鸞門より庭中に参入する。退出の時も同じ。北山抄五大嘗会事に「國司率₂風俗哥人等₁、入レ自₂儀鸞門₁、且哥參入」とある。且は四九二頁注五、歌は四九二頁注六、還は二七二頁注二十、時は十頁注九、亦は六頁注十一、同は二頁注三十四参照。

十六 参は二七二頁注七、入は九十頁注五参照。

十七 北山抄五大嘗会事に「儀式云、國司立レ前、音聲人、次哥女、次哥男、天慶記云、前男廿人、後女廿人、樂人在₂寂後₁」とある。八十頁にも歌人二十人、歌女二十人とある。前は一六六頁

（七七〇頁へ続く）

地に伏したる者[一] 更に起ちて 鉦を撃つこと 初めの儀の如くせよ[二]　（鉦を撃つ）

幄に入りて[三] 乃ち[四]風俗の歌儛を奏れ　（風俗の歌儛を奏上）

儛は八人を以ちてし[五] 咸之に列れ[六]

次に 所司[七]の樂を奏れ　（所司楽を奏上）

訖りて[八] 退出でよ

次に 御插頭[九]　（御挿頭・琴等を献上）

花足机[十]に盛り 高机[十一]に居ゑ 紗[十二]を以ちて覆と爲よ 五位六人之を舁け[十三]

和琴[十四] 二面

各長さ六尺[十五] 袋に納れ 花足机に盛り 高机に居ゑ 紗を以ちて之を覆へ

人給の和琴[十六] 二面

一 執槌人のこと（五四二頁）。者は一五〇頁注十四、更は五十八頁注十五参照。

二 五四二頁に「撃鉦二度〔度別三下〕」とある。五四二頁注十二参照。初は二一六頁注十三、儀は一頁注五、如は一八六頁注二参照。

三 西宮記臨時七に「持二鉦鼓一哥人入レ幄」とあり、歌人、国司、そして、鉦鼓を持つ楽人が悠紀幄に入ればの意であろう。風俗歌儛は悠紀幄で奏上される。

四 乃は四四四頁注十五、風俗は十八頁注十二・五〇二頁注五、歌は八十頁注七参照。儛は、名義抄仏上三十四に「儛〔マヒ、マフ〕」。奏は三三〇頁注三・五〇二頁注二参照。

五 書紀舒明天皇即位前紀の「八人」に「ヤタリ」の訓。以は四頁注十七参照。

六 名義抄僧中四十に「咸〔ミナ〕」。列は一五二頁注十一参照。

七 雅楽寮の奏楽か。五五二頁には雅楽寮の奏楽とある。北山抄五大嘗会事に「次所司奏レ樂、新式云、今不レ奏」とある。西宮記臨時七大嘗会・江家次第十五大嘗会には見えない。所司の訓は十二頁注七、楽は十八頁注十一参照。

八 訖は二頁注二十六、退出は四八八頁注二十五参照。

九 御挿頭から五四六頁の襖子まで、悠紀国から献上された別貢物。別貢物は五四〇頁注八参照。御挿頭は、冠の巾子の下縁に挿す、季節の花・枝、または造花のこと。和名抄四に「插頭花　楊氏漢語抄云鈔頭花〔賀佐之、俗用二挿頭花一〕」とある。西宮記臨時七に「撿挍已下供二御插頭・琴等一〔着レ靴入レ自二逢春門一、舁二御插頭花臺・御琴一〔皆有レ臺〕、舁レ自二南中階一、立二御座前南檐一、一大臣若親王起レ座、至二案下一、插レ笏執二插頭一渡二王卿座上一、至二御壇階一、脱レ靴昇、跪候二御屛風南妻一、天皇有二許気一、登二御帳臺一、刺二左方巾下一、著レ靴、自二王卿座下一還、（中略）、辨以下執二王卿插頭一、插二右方巾下一、王卿已下降レ殿拜舞、天慶、不レ拜、又式不レ見、仁和別式、先供二天皇一、臣下拜、次給二臣下一、天皇〔本文〕、王・大臣藤、納言櫻、參議黃花〕」とあり、天皇の御

伏地者[1]更[2]起、撃鉦如初儀、入幄乃奏風俗歌

儛[3]〔儛以[4]八人、咸[5]列之〕、次奏所司樂、訖退出、

次獻御插頭〔盛花足[6]机[7]、居高机、以紗爲覆、五

位六人[8]舁之〕・和琴二面〔各長六尺、納袋[9]盛[10]花

足[11]机、[12]居高机[13]、以紗覆之〕・人給和琴二面・

1 者、林本注「入幄乃奏之幄ノ下ノ准二スルニ伏地者闕二者字一」。
2 更、宮本「吏」とし右傍「更」。
3 儛、都立本「舞」。
4 以、林本「人」。宮本右傍「人」。
5 咸、神宮本・三手本・宮本「感」。林本注「伊庭本、咸作感者非」。
6 足、神宮本・都立本・谷本・三手本・宮本「之」とし、神宮本右傍「足カ」、三手本右傍「足乎」、宮本右傍「足」。
7 机、谷本「札」。
8 宮本右傍「位イ」あり。
9 袋、林本注「伊庭本、袋作レ装、非」。神宮本・三手本・宮本「装」とし、神宮本右傍「袋カ」、三手本・宮本右傍「袋」。
10 盛、都立本「此下有二重複一除レ之」とし頭注「重複分　盛花之（右傍「足」）机居高机以紗覆之」。神宮一本、以下なし。
11 足、宮本「之」とし右傍「足」。
12 信友本「居机」あり。
13 机、宮本「枕」。

挿頭は、巾子の左下に、王卿以下は巾子の右下に挿し、王・大臣は藤、納言は櫻、参議は黄花とする。北山抄五大嘗会事にも「撿校納言以下（割注略）、率二悠記行事大夫等一、舁二御插頭・倭琴等案一〔御插頭新勘作レ之、和琴二面入レ袋、各居二高机一、有二覆等一、五位六人、舁二一案一也〕」とある。名義抄僧上五に「頭花〔カザシ〕」。字類抄上九十八ウに「揷頭花〔サフ、カサシ〕」。

十 足に花の紋様を付けた机。花は三五四頁注三、足は一五〇頁注一、机は二四八頁注二、盛は一八四頁注六参照。

十一 脚の高い机。高は八十八頁注十三、居は一四八頁注十六参照。

十二 覆いとするための紗。紗は三五四頁注十三、覆は二四六頁注九、為は四頁注二十参照。

十三 北山抄五にも、五位六人が一案を舁くとある（注九参照）。六人は、書紀推古天皇三十二年九月条の「僧八百十六人」の「六人」に「ムタリ」の訓。舁は四五〇頁注十四参照。

十四 二五二頁注十二参照。面は一〇四頁注九参照。

十五 長は四十二頁注十六、袋は三六八頁注二、納は五十頁注八参照。

十六 十八頁注十五参照。

皇帝、清暑堂に御す
宸儀出御
大臣、昇殿し座に就く
皇太子以下、座に就く
參議以上、謝座謝酒

衾[一]　若干條[二]　六幅と四幅と相離れ[三]
襖子[四]　若干領
　衾・襖子は　韓櫃[五]に納れ　机に居ゑ　綠の覆を加へよ
を獻れ[六]
訖りて[七]　皇帝[八]　清暑堂[九]に御ふ
未だ[十]主基の帳に御さざる前に　皇太子[十一]以下參議以上　殿[十二]を
下りて　階[十三]の下を經て　西の方に度れ
宸儀[十四]　出御[十五]しし後　大臣[十六]　西の階より昇りて[十七]　座に就け[十八]
次に　皇太子已下[十九]　亦　座に就くこと　竝びに[二十]悠紀の儀[二十一]の如し
次に　參議已上[二十二]　右近の陣[二十三]の西の頭より參入りて　謝座酒みて[二十四]

一　五五〇頁に四位以上の賜禄品とある。衾は四十頁注五参照。
二　若干は一四〇頁注十三、条は三三四頁注十二参照。
三　六幅の衾と四幅の衾の両方を混ぜること。幅は四三二頁注十六、相は四十六頁注二、雑は三五六頁注七参照。
四　五五〇頁に五位の賜禄品とある。襖子は三三二頁注十八、領は三三二頁注十七参照。
五　韓櫃は十頁注十五、緑は三七二頁注五、加は三九〇頁注二十四参照。
六　一二〇頁注二十二参照。江家次第十五大嘗会では、御挿頭・和琴等の献上は三献の時とする。
七　辰日節会の悠紀の儀が訖る。訖は二頁注二十六参照。
八　二頁注六参照。儀制令天子条に「皇帝、華夷所レ称」とある。
九　清暑堂より出御され（五二四頁）、清暑堂に還御される。清暑堂は五二四頁注十七、御は二七二頁注三、還御は五一六頁注十六参照。
十　主基帳着御の前。未は七十八頁注十四、主基帳は五二四頁注六・八、御は注十五参照。前は一六六頁注十一参照。
十一　皇太子は一九八頁注九、以下は十二頁注三、参議は四頁注十六、以上は十二頁注二十七参照。
十二　殿は豊楽殿。豊楽殿は三二八頁注十二、殿は四十頁注十、下は二〇八頁注七参照。底本「殿下」。「下殿」に作る写本有り、校異参照。
十三　天皇が清暑堂に還御された間、豊楽殿上の皇太子・王卿は、その南面東階から降り、南面中階の前を通り、南面西階の方に移る。西宮記臨時七大嘗会事に「入御〈儀式云、此間御二清暑堂一、撤二朝膳一、王卿已下・上官皆渡レ西、無二定座一、西方主基設レ饗、如二東儀一云々〉」とある。階は五三二頁注七、下は二十八頁注五、経は五一八頁注八、西は八頁注二十、方は八十八頁注十九参照。度は、名義抄法下一〇五に「度〈ワタル〉」。
十四　五一二頁注十九参照。
十五　天皇は清暑堂から豊楽殿へ再度出御され、主基帳に着御、

衾若干條〔六幅・四幅相雜[1]〕・襖子若干領〔衾・襖子納韓櫃、居机加綠覆〕、訖皇帝御淸暑[2]堂、未御主基帳前、皇太子以[3]下・參議以上[4]、[5]殿[6]下經階下度西方、宸儀出御之後、大臣昇自西階就座、次皇太子已[7]下亦就座[8]、竝[9]如悠紀儀、次參[10]議[11]已上參入[12]自右近陣西頭、謝座[13]酒

1 四、谷本「一」。
2 暑、神宮一本・三手本「署」。
3 以、荷田本・林本・神宮本・神宮一本・谷本・三手本・宮本・信友本「已」。神道本右傍「已イ」。
4 上、谷本「下」。
5 宮本右傍「下」あり。
6 殿下、都立本・信友本「下殿」。荷田本注「蓋下殿之誤」。林本注「下殿之誤」。神道本右傍「下殿イ」。
7 已、荷田本・林本・都立本・神宮一本・宮本・信友本「以」とし、都立本「以下亦」右傍「朱分以延喜式補之」。神道本右傍「以イ」。神宮本・谷本・三手本「已下亦」なし、神宮本注「イニ欠ナシ」、三手本注「本破損」。以文本「以下亦就主基」を消し「已下亦」とし右傍「本破損」、頭注「古本皇太子以下六字虫損空白」。
8 荷田本・林本・都立本・神宮一本・信友本「主基」あり。神道本右傍「主基イアリ」あり。宮本右傍「主基」あり。
9 竝如、荷田本・神宮本・都立本・神宮一本・谷本・三手本・宮本「如竝」とし、荷田本注「如竝蓋竝如之誤」、三手本右傍「下上カ」。
10 參議已上、以文本なし、右傍「參議已上」あり、頭注「参自間古本四五字計空白」。
11 議已上參、荷田本・林本・神宮本・都立本・神宮一本・谷本・三手本・宮本・信友本なし、神宮本注「イニ欠ナシ」。
12 入、神宮本・谷本・三手本なし。
13 林本・都立本「謝」あり、林本注「闕₂謝字₁注文既有₂謝字₁」。宮本右傍「謝」あり。

主基の儀に臨まれる。万葉集一四五二番歌に「伊而麻左自常屋（いでまさじとや）」。「いでます」は「いづ（出）」に尊敬の「ます」が付いた語で、「おいでになる」の意。出は二一六頁注十、後は六十四頁注九参照。
十六 内弁の大臣。五三二頁注三参照。訓は二頁注十七参照。
十七 名義抄仏中八十八に「昇〔ノボル〕」。
十八 内弁大臣は南面西階から豊楽殿に昇り、座に就く。座は八頁注十八、就は二十四頁注十参照。
十九 皇太子以下も南面西階から豊楽殿に昇り、座に就く。皇太子は一九八頁注九、已下は六頁注二、亦は六頁注十一参照。底本「座」。「主基座」に作る写本有り。校異参照。
二十 十四頁注十参照。底本「竝如」。「如竝」に作る写本多し。校異参照。
二十一 主基の儀は悠紀の儀に准じる。悠紀の儀は五二四頁以下に見える。悠紀は二頁注二十三、儀は二頁注五、如は一八六頁注二参照。
二十二 参議は四頁注十六、已上は四頁注三十五参照。
二十三 豊楽殿前庭西に設けられた右近衛府陣の西の先頭。右近は、宇津保物語蔵開下に「うこむのぢむ（右近の陣）に着きぬ」。陣は五三二頁注四、頭は五十四頁注三、参は二七二頁注七、入は九十頁注五参照。
二十四 五三二頁注六・十六参照。

座に就け
小斎の四位以下　馳道を度り　共に謝座謝酒め
訖りて　諸仗　居よ
次に　御膳を供り　群臣に饌を賜ひ　國風を奏れ

主基の別貢物

別の貢物　并せて御插頭等を獻る事　一ら悠紀に同じ

悠紀の祿・獻物を前庭に列ねる

次に　悠紀の祿・獻物の韓櫃を　殿の前庭に列ねよ

五位以上・皇太子の見參歷名奏上

外記　式部に仰せて　五位已上の見參の歷名を進らしめよ
外記　皇太子の見參を加へ註し　大臣に進れ
大臣　執りて奏せ

酉刻、賜祿

酉の刻　主殿寮　燭を擧げ　祿を賜へ

一 六頁注十六・四一八頁注六参照。
二 馳道は、和名抄十に「馳道、漢書注云馳道天子所レ行之道也」とあり、天皇が通行される輦路のこと。豊楽院を東と西に二分する南北の中央線。小斎（忌）四位以下については、北山抄五大嘗会事に「小忌五位以上直度、列二立馳道西一（寛平記云、神祇大副安則率二小忌少納言以下一、度二馳道一、承平記、標南五丈列立、主基所寄人等也云々）」とあり、さらに、「小忌諸大夫、着二承歡堂座一、大忌各在二本座一」とする。小斎（忌）五位以上が馳道を渡り、馳道の西に列立し、その後、承歓堂の座に就く。大斎（忌）官人は移動しない。江家次第十五大嘗会も「小忌五位以上直度、則二立馳道西一」とある。字類抄上六十五オに「馳道〔チタウ、天子所行之通也〕」、名目鈔に「馳道〔チダウ〕」。
三 共は十頁注六、謝座・謝酒は五三二頁注六・十六参照。
四 訖は二頁注二十六、諸仗は五三六頁注二、居は五四〇頁注七参照。
五 主基国の御膳。五四〇頁注十参照。御膳は二〇〇頁注一、供は四九六頁注十五参照。
六 群臣は五二六頁注九、饌は五四〇注十一、賜は七十六頁注十三参照。
七 主基国の国風奏上。悠紀国の風俗歌舞奏上は五四二頁以下に見える。国風は五〇二頁注五、奏は三三〇頁注三・五〇二頁注二参照。
八 主基国の別貢物。五四〇頁注八参照。
九 并は四頁注四、御挿頭は五四四頁注九、等は六頁注九、献は一二〇頁注二十二、事は二頁注九参照。なお、北山抄五大嘗会事は、辰日の主基の儀においては、「但、無二插頭事一（式、似二兩日共可レ獻、而例、辰日悠紀獻レ之、巳日主基獻レ之）」とする。
十 五一四頁注六参照。
十一 悠紀国の禄と献物を納めた韓櫃。禄の品目は五五〇頁に見える。禄は、名義抄法下五に「禄〔タマフ〕」。字類抄上十七ウに「禄〔ロク、賜也〕」。献物は三四六頁注六、韓櫃は十頁注十

就座〔小齋四位以[1]下度馳道、共謝[2]座・謝酒〕、
訖諸仗[3][4]居、次供御膳[5]、賜群臣饌、奏國風、
獻別貢物幷御插頭等事、一同悠紀、次悠紀
祿[6]・獻物韓櫃列于[7]殿前庭、外記仰式部、令
進五位已[8]上見參歷名、外記加註皇太子見參、
進大臣、大臣[9]執奏之、酉刻主殿寮擧[10]燭賜祿

1 以、信友本「已」。神道本右傍「已イ」。
2 謝、林本注「伊庭本注、謝共ニ無、亦闕漏」。
3 三手本右傍「衛乎」あり。
4 仗、三手本・宮本「伏」。
5 林本「次」あり注「上ノ次賜五位已上饌ニ准ゾ闕二次字一」。
6 祿、神宮本「録」。
7 于、神宮一本「子」。
8 已、都立本「以」。
9 大臣、林本なし。
10 擧、林本注「擧燭、衣笠本、作二乘燭一者是乎」。

五参照。
十二 豊楽殿前庭。豊楽殿は三二八頁注十二、前は三三八頁注九、庭は三七四頁注十、列は一五二頁注十一参照。
十三 二〇四頁注十九参照。
十四 式部省は内外の文官の名簿を管掌した。十六頁注六参照。仰は八頁注二参照。
十五 卯日神事・辰日節会に出席した五位以上官人の名簿。賜禄のために式部省が作成して、外記に進上した。見参は、節会などに出席すること。黒川本字類抄中一〇〇オに「見叅〔ケンサン〕」。紫式部日記寛弘五年九月十七日条に「げざん（見参）の文」。歴名は、姓名を順次記すこと。また、その名簿のこと。名簿は十四頁注二十八参照。歴は、字類抄上二十四オに「歴〔レキ〕」。名は、黒川本字類抄下六十五ウに「名字〔ミヤウシ〕」。進は十頁注十二参照。
十六 皇太子が参列された場合は、外記が式部省作成の名簿に加筆して、大臣に奏上する。外記は記録官として朝廷の日記を担当し、外記日記を作成することも職掌とする。皇太子は一九八頁注九、加は三九〇頁注二十四参照。註は、名義抄法上五十九に「註〔シルス〕」。
十七 内弁の大臣。五三二頁注三参照。訓は二頁注十七参照。
十八 執は二十八頁注十、奏は六頁注十参照。
十九 酉刻は午後五時から午後七時頃。酉は四四六頁注十、刻は二一六頁注三参照。
二十 二四六頁注二参照。燭は五〇〇頁注二、挙は三五〇頁注十四参照。
二十一 辰日賜禄は、五五〇頁に「悠紀國司賜レ之」とある。

一参議一人　二祿を賜ふ所に就け　三少納言名を喚せ　四悠紀の國司之を賜へ
四位已上　五衾　一條
五位　六襖子　一領
七未だ解由を得ざる者も亦預れ　八七十已上の者　九參面ずと雖も　特に之を賜へ　十祿物の殘は　内侍司に進れ

清暑堂還御

十一訖りて　十二清暑堂に御ふ

巳日

十三巳の日　十四辰の刻　十五悠紀の帳に御す　其の儀　十六一ら辰の日に同じ
十七群臣　十八一兩巡の後　十九悠紀の人　儀鸞門より入りて　二十中庭の

悠紀、和舞を奏上

左の幄に就き　二十一和舞を奏れ　二十二十人　共に舞へ
訖りて　二十三退出でよ

一 四頁注十六参照。
二 北山抄五大嘗会事に「祿辛櫃立二馳道東一、新式云、立二標南一」とある。所は四頁注十八参照。
三 少納言が見参歴名を用いて賜禄対象者を召喚する。少納言は二〇四頁注十八、名は十二頁注二十八、喚は十六頁注二十参照。
四 悠紀国国司が悠紀国の禄を授ける。国は二頁注二十三、司は四頁注三十三、賜は七十六頁注十三参照。
五 悠紀国より別貢品として献上された衾若干条のこと（五四六頁）。衾は四十頁注五参照。条は三三四頁注十二参照。三代実録貞観元年十一月十七日条（清和天皇大嘗祭辰日）に「日暮、以二悠紀國所レ獻衣被一、賜二親王已下五位已上一」と見える。
六 悠紀国より別貢品として献上された襖子若干領のこと（五四六頁）。注五参照。襖子は三三二頁注十八参照。領は三三二頁注十七参照。
七 未は七十八頁注十四参照。解由は、解由状のことで、国司などの官人の交替時、収支決算を確認した後任者が、前任者に交替事務完了を認証して与える文書。交替事務が完了していない場合は、不与解由状が発行されることもあった。未得解由者は解由状を発行されていない官人。解由は、黒川本字類抄中九十九オに「解由(ケユ)」、土佐日記に「げゆ(解由)などとりて」。得は一四〇頁注十二、者は一五〇頁注十四参照。預は四頁注三十一参照。
八 書紀神武天皇七十六年条の「七十有六年」に「ナナソチアマリムトセ」の訓。土佐日記に「ななそぢ(七十)」。
九 七十歳以上の官人は参集していなくとも賜禄に与る。北山抄五大嘗会事にも「儀式云、未レ得二解由一者預レ之、七十以上者、雖レ不レ參悉預レ之」とある。參面は、先方に出向いて直接対面すること。参は四頁注三十一参照。面は、名義抄仏上七十九に「面(ムカフ、ソムク)」。雖は、同書僧中一三四に「雖(イヘドモ)」。特は、同書仏下末二に「特(コトニ)」。
十 賜禄の残部は内侍司に進上される。禄物は五四八頁注十一参

〔参議[1]一人就賜禄所、少納言喚名、悠紀國司賜之〕、四位已上衾一條、五位襖子一領〔未得解由者亦預[2]、七十已上者雖不参面[3]特[4]賜之、禄物殘進内侍司[5]〕、訖御清暑堂、巳日辰刻御悠紀帳、其儀一同辰日、群臣一兩巡[6]後、悠紀人[7]入自儀鸞門、就中庭左幄[8]奏和舞〔十人共舞〕、訖退出、

1 議、三手本「記」。
2 三手本右傍「之乎」あり。
3 面、神宮本「西」とし左傍「面イ」。信友本「而」。荷田本注「蓋雖不参而推賜之之誤」。
4 特、荷田本・神宮本・都立本・神宮一本・谷本・三手本・宮本「搆」とし、宮本右傍「特」。林本「構」とし注「疑特之誤」。信友本「推」。
5 司、林本「所」。
6 巡、底本「廵」。荷田本「廵」。
7 荷田本「等」あり注「准主基人等闕等字」。宮本小字「等」あり。
8 幄、谷本「掖」。

照。残は、名義抄法下一三三に「残〔ノコル、ノコリ〕」。進は、同書仏上五十八に「進〔マイル〕」。内侍は十六頁注十六、司は四頁注三十三参照。

十一 辰日の主基の儀が訖り、天皇は清暑堂に還御される。訖は二頁注二十六参照。

十二 三代実録貞観元年十一月十七日条（清和天皇大嘗祭辰日）によれば、辰日の夜、清和天皇は清暑堂に留御され、親王以下参議が侍して、琴歌神宴（清暑堂御神楽）が終夜催された。五二四頁注十七参照。御は二七二頁注三・五四六頁注九参照。

十三 巳日節会。主基の節会とも称される。五五二頁注八参照。巳は四四六頁注九、日は八頁注三参照。

十四 午前七時から午前九時頃。践祚大嘗祭式巳日条は「辰二點（午前七時半）」とする。辰は五一六頁注四、刻は二一六頁注三参照。

十五 天皇はまず悠紀の帳に出御される。悠紀帳は四三〇頁注十八参照。其は二頁注二十八、儀は二頁注五参照。

十六 辰日と同じ。辰日節会は五二四頁以下参照。一は五一四頁注六参照。

十七 五二六頁注九参照。

十八 一献または二献の後。北山抄二豊明節会事に「次供₂御酒₁、次給₂群臣₁、觴行一両巡」とある。觴は酒杯のこと。なお、江家次第十五大嘗会巳日は、風俗奏は一献後のこととする。一は、書紀神代紀四神出生章第十一ノ一書の「一日一夜」に「ヒトヒヒトヨ」の訓。両は、同書履中天皇三年十一月条の「両枝船」に「フタマタフネ」の訓。巡は二二〇頁注九、後は六十四頁注九参照。

十九 辰日には、悠紀国は風俗の歌儛を奏上した。五四二頁以下参照。儀鸞門は五二四頁注二十一参照。

二十 悠紀の幄。五四二頁注五参照。中庭は五二〇頁注十三、幄は二十八頁注四参照。

二十一 和舞は十八頁注十三、奏は三三〇頁注三・五〇二頁注二参照。本来は大和地方の風俗舞であったのが朝廷に採用されたものか。本条では悠紀人の和舞奏、その次に、雅楽寮の楽奏上とするが、践祚大嘗祭式巳日条は和舞奏、風俗楽奏上とする。また、西宮記臨時七大嘗会巳日は倭舞奏、その次に、悠紀国の風俗奏上とし、北山抄五大嘗会事は悠紀人の倭舞奏、その次に、風俗奏上とし、江家次第十五大嘗会巳日は悠紀国の風俗、その次に、和儛奏上として、諸書一致しない。和舞は、西宮記・北山抄・江家次第によれば、青摺を着した舞人・歌人が奉仕し、舞人は内舎人が、琴・笛・歌人は大歌所の楽人が務めた。西宮記は歌人を二人とするが、北山抄・江家次第では歌人・舞人は各十人である。和舞は、西宮記臨時七に「着₂青摺₁、其所五位内舎人弾ㇾ琴、二人哥人入ㇾ自₂南門₁着₂床子₁、亦弾ㇾ琴、

（七七〇頁へ続く）

雅楽寮、楽を奏上

次に　雅樂寮[一]　樂人[二]を率て　亦入りて　同じき[三]幄に就き
樂[四]を奏れ

未刻、主基帳に御す

未[五]の刻　主基[六]の帳に御す　其の儀　上に同じ

主基の献物を前庭に列ねる

卽[七]ち　國[八]の獻物の韓櫃を　殿[九]の前庭に列ねよ

御膳を供す

次に　御膳[十]を供れ

主基、田舞を奏上

次に　主基[十一]の人等入りて　中庭[十二]の右の幄に就き　田舞[十三]を奏れ
十人共に舞へ
訖りて　退出でよ

次に　御膳を薦[十四]めよ

雅楽寮、楽を奏上

次に　雅樂寮　樂を奏りて　退出でよ

一　二十二頁注十六参照。雅楽寮式節会条に「凡諸節會日、省輔・丞・錄各一人、將二寮屬以上及雜樂歌人、歌女等一、候二閤門外一」とある。
二　職員令雅楽寮条によれば、四等官を除く雅楽寮の構成は「歌師四人、歌人卅人、歌女一百人、儛師四人、儛生百人、笛師二人、笛生六人、笛工八人、唐樂師十二人、樂生六十人、高麗樂師四人、樂生廿人、百濟樂師四人、樂生廿人、新羅樂師四人、樂生廿人、伎樂師一人、腰皷師二人、使部廿人、直丁二人、樂戸」。楽人の訓は二十二頁注十五、率は二十四頁注三参照。
三　悠紀の幄。五四二頁注五参照。就は二十四頁注十参照。
四　楽は十八頁注十一参照。五四四頁の所司楽と対応するのであろう。和舞と奏楽については五五〇頁注二十一参照。
五　午後一時から午後三時頃。未は、字類抄下九十五オに「未〔ヒツシ〕」。源氏物語夕霧に「ひつじさる(未申)」。践祚大嘗祭式巳日条は「未二點(午後一時半)」とする。
六　主基帳着御。主基帳は四三〇頁注十八・五二四頁注八参照。
七　二頁注二十七参照。
八　主基国から献上された禄・献物を入れた韓櫃が、豊楽殿前庭に陳列される。巳日は主基国よりの献物、賜禄が行われる。悠紀国の禄・献物の陳列の儀は五四八頁参照。献物は三四六頁注六、韓櫃は十頁注十五参照。
九　豊楽殿。豊楽殿は三二八頁注十二参照。殿は四十頁注十、前は三三八頁注九、庭は三七四頁注十、列は一五二頁注十一参照。
十　西宮記臨時七大嘗会巳日に「内膳供二御膳一〔或田舞後供レ之〕」とある。御膳は二〇〇頁注一、供は四九六頁注十五参照。
十一　辰日には、主基国は国風を奏上した。五四八頁参照。等は六頁注九参照。
十二　主基の幄（主基の楽人幄）。五四二頁注五参照。
十三　一〇四頁注二参照。本条では主基人の田舞奏、その次に、雅楽寮の楽奏上とするが、践祚大嘗祭式巳日条は田舞奏、風俗楽奏上とする。また、西宮記臨時七大嘗会巳日は田舞奏、その

次雅樂寮率樂人、亦入就同[1]幄奏樂、未[2]刻御主基帳[3]、其儀同上、卽[4]國[5]獻物韓櫃列于殿前庭、次供御膳、次主基人等入、就中庭右幄奏田舞〔十人共[6]舞〕、訖退出、次薦御膳、次雅樂寮奏[7]樂退出、

1 同、谷本・三手本・宮本「門」とし、谷本右傍「問イ」、宮本右傍「同」。林本注「伊庭本、同幄作二門幄一」。
2 未、神宮本「來」とし右傍「未」。
3 帳、三手本・宮本「幄」とし、宮本右傍「帳」。荷田本注「作二主基幄一並非」。
4 卽、神宮一本「郎」とし右傍「即」。林本注「即ハ次ノ誤」。三手本右傍「脱字乎」。宮本右傍「次主基禄」。
5 林本「録」あり注「國衍字、而テ國ノ上、闕二主基二字一、國下、闕禄字」。
6 共、宮本なし。
7 奏、以降、神宮一本重複なし。

次に、風俗奏上とし、北山抄五大嘗会事は主基人の田舞奏、その次に、風俗奏上とし、江家次第十五大嘗会巳日は主基国の風俗、その次に、田儛奏上として、諸書一致しない。田舞は、西宮記・北山抄・江家次第によれば、多治比氏と内舎人が奉仕している。西宮記臨時七に「着二青摺衣一、儀式、内舎人六人幷多治比氏就レ幄、樂如二高麗一、初居レ舞、次立入、天慶、午日奏、失也、延喜式、御膳後舞レ之、儀式、御膳前舞レ（之）」とあり、北山抄五には「多治比氏内舎人等供奉、舞人十人、承平記云、樂人着二幄座一、奏二音樂一、天慶記云、件舞稱二大哥一不レ具、不レ進、卽仰下明日可二供奉一之由上、有レ例故也云々」とする。江家次第十五は「多治比氏内舎人等供奉、舞人十人、樂人著二幄座一奏二音樂一」。なお、風俗については、西宮記臨時七は「奏二風俗一（如レ前、儀式、雅樂奏レ樂退出了、記文不レ注）」とし、江家次第十五は「奏二主基風俗一（如二悠紀儀一）」と記す。

十四 五一二頁注十一参照。

酉刻、賜禄

一酉の刻　二禄を賜ふこと　辰の日の儀に同じ

亥刻、清暑堂還御

三亥の刻　四清暑堂に御ふ

午日

五午の日　六卯の刻　七悠紀・主基兩國の帳を撤げよ

八所司　九高御座を裝飾れ

舞台

十舞臺を十一殿の前に搆へよ

殿の十二南階より　南に十三去ること十一丈七尺　高さ三尺　方六丈

楽人幄

十四樂人の幄を　舞臺の十五東南の角に設けよ

南に去ること十六八許丈　東に去ること二許丈

宣命版

十七中務省　舞臺の北四丈に　十八宣命の版を置け

尋常版

南に去ること一許丈に　十九尋常の版を置け

一 午後五時から午後七時頃。

二 主基国国司が主基国の禄を授ける。悠紀の賜禄の儀と同じで、五四八頁以下に見える。北山抄五大嘗会巳日に「次給二主基禄一〔辛櫃立二馳道西一〕」とある。賜は七十六頁注十三参照。

三 午後九時から午後十一時頃。亥は五〇八頁注十八参照。

四 西宮記臨時七大嘗会巳日に「於二清暑堂一、有二御遊神樂禄一」、北山抄五大嘗会事巳日に「御二清暑堂一、有二御遊事一」とあり、清暑堂において琴歌神宴（清暑堂御神楽）が催される。五二四頁注十七・五五〇頁注十二参照。御は五四六頁注九参照。

五 午日の節会。豊明（とよのあかり）の節会ともいう。大嘗祭に小斎（忌）・大斎（忌）として供奉した親王・公卿以下の文武官人、悠紀・主基両斎国の国郡司以下の供奉者への、叙位・賜宴・賜禄が行われる。中務内侍日記に「ゆふきしゆきのせちゑ、とよのあかりのせちゑ」とある。

六 午前五時から午前七時頃。卯は三三〇頁注二十四参照。践祚大嘗祭式午日条は「卯一點(午前五時)」とする。

七 豊楽殿殿上に鋪設されていた悠紀帳・主基帳を撤去して高御座が鋪設される。両の訓は四頁注十八、帳は二十二頁注四、撤は四九四頁注八参照。

八 内匠寮と掃部寮。注九参照。所司の訓は十二頁注七参照。

九 天皇の御座で皇位を象徴するもの。豊楽殿中央の壇上に鋪設される。即位式・元日朝賀式においては、天皇は大極殿に鋪設された高御座に着御され、群臣の賀を受けられる。高御座は、内蔵寮式元日大極装束条・高御座帊条、内匠寮式大極殿装飾条に規定が見え、形状は八角形。最古の図は、平安後期から鎌倉初期に成立した文安御即位調度図に見える。豊楽殿における高御座の鋪設については、儀式六元日御豊楽院儀に「内匠寮官人率二雑工等一、構二立御斗帳於豊樂殿高御座上一、立二軟障臺九基於高御座東西一、（中略）掃部寮敷二御座於高御座一」とある。続日本紀文武天皇元年八月条の「高御座」に「タカミクラ」、玄蕃寮式仁王会条の「高御座」に「タカミクラ」の訓。装飾は四三

酉刻賜祿、同辰日儀、亥刻御清暑堂、午日卯刻撤悠紀・主基兩國帳、所司裝飾[1]高御座、搆舞臺於殿前〔自殿南階南去十一丈七尺、高三[2]尺、[3]方六丈[4]〕、設樂人幄於舞臺東南角〔南去八許丈、東去二許丈〕、中務省舞臺北四丈、置宣命版、南去[5]一許丈、置尋常版、

1 飾、信友本「餝」。
2 三、宮本「二」とし右傍「三」。
3 宮本右傍「六寸」あり。
4 丈、谷本「尺」。
5 去、神宮本なし。

〇頁注十七参照。

十 久米舞、吉志舞、五節舞が奏上される舞台。豊楽院南庭に構作され、次条に高さ三尺、方六丈とある。舞は三三四頁注七、台は三六〇頁注五参照。宇津保物語吹上上に「ぢむ(沈)のぶたい(舞台)」。

十一 舞台は、豊楽殿南階の南十一丈七尺の地点の庭上に構作される。殿は四十頁注十、前は三三八頁注九、搆は四十二頁注九参照。豊楽院午日節会図参照。

十二 豊楽殿南の中央の階段。階は五三二頁注七参照。

十三 去は四十二頁注五、丈は三十頁注八、尺は二十四頁注十五、高は八十八頁注十三、方は三十頁注七参照。

十四 楽人は二十二頁注十五、幄は二十八頁注四参照。

十五 東南は二〇〇頁注四、角は三十頁注三、設は八頁注十九参照。

十六 許丈は四十二頁注六、東は八頁注二十五参照。

十七 十頁注十三参照。

十八 宣命を宣制する版。宣命は、天皇の命（みことのり）を宣（の）ること。宣命文は五七〇頁以下、五八六頁以下に見える。書紀天智天皇十年正月条の「宣命」に「ミコトノリス」の訓。平家物語三赦文の「宣命」に「せんみやう」の振り仮名。版は四四六頁注三、置は二十四頁注十二参照。

十九 親王以下諸臣が列立する位置を示す版位。尋は、名義抄法下一四三に「尋〔ツ子(ね)ニ〕、尋常〔トコトハ、ヨノツ子〕」。常は、同書法中一〇二に「常〔ツ子ニ、ツヒニ〕」。黒川本字類抄下八十一オに「尋常〔ヨノツ子、シンシヤウ〕」。

辰刻、歴名を内侍に賜う

掃部寮[一] 位記[二]の案を 版[三]の東と西に立てよ 尋常[四]の版より 南に去ること四尺 東に折ること一丈に 親王の位記の案を立てよ 南に去ること七許尺に 三位已上[五]の案を立てよ 南に去ること七許尺に 四位已下[六]の案を立てよ 兵部[七]は西に在りて 之に准へ

所司預め[八] 御膳[九]幷せて群臣の饌を辨ふること[十] 常[十一]の如くせよ

辰の刻[十二] 敍づべき人の歴名[十三]を 内侍[十四]に賜へ

内侍 東の檻[十五]に臨みて 大臣[十六]に授けよ

大臣 内豎[十七]を喚して 式・兵[十八]の二省を喚せと宣れ

二省の丞[十九] 各一人 参入れ

大臣 歴名を賜ひて 召計へしめよ[二十]

一 二四八頁注四参照。

二 位記筥を載せる案。位記筥は五五八頁に見える。位記は、官位を授けるときに発給する公文書。位階に応じて区別され、公式令に、勅授の位記（五位以上）・奏授の位記（六位以下）・判授の位記（外八位及び初位）の書式規定がある。勅授位記は勅旨により中務省の内記が作成するので、内印（天皇御璽）が捺された。奏授位記・判授位記については、文官は式部省、武官は兵部省、女官は中務省において作成し、外印（太政官印）を捺す。また、内記式位記条に五位以上位記の書式規定がある。宇津保物語吹上下に「ゐき(位記)」。案は三九八頁注十二参照。

三 尋常版のこと。立は三十頁注四参照。

四 尋常版から南に四尺去り、東に一丈の地点に親王の位記案、その南に七尺去った地点に三位以上の位記案、さらに南に七尺去った地点に四位以下の位記案が設置される。馳道を挟み、東が文官、西が武官となり、武官の位記案は文官位記案に准じて設置される。折は二〇六頁注五、親王は二〇〇頁注七参照。豊楽院午日節会図参照。

五 四頁注三十五参照。

六 六頁注二参照。

七 兵部省のこと。兵部省は二二〇頁注十参照。武官位記は兵部省が担当する（五六〇頁以下参照）。西は八頁注二十、在は二頁注三十二、之は八頁注五、准は二一〇頁注十六参照。

八 御膳は内膳職が供進し、群臣の饌は大膳職が賜う。西宮記臨時七大嘗会午日に「内膳供二御膳一（御器、兩國所レ供、大膳給二王卿膳一）」、北山抄五大嘗会事に「大膳職賜二群臣饌一」とある。所司は十二頁注七、預は六十二頁注五参照。

九 御膳は二〇〇頁注一、并は四頁注四、群臣は五二六頁注九、饌は五四〇注十一参照。

十 弁は、書紀顕宗天皇即位前紀の「辨二新嘗供物一」に「ニハナヘノタテマツリモノソナフ、ニヒナヒノタテマツリモノソナフ」の訓。

掃部寮立位[1]記案於版東西〔自尋常版、南去四尺、東折[2]一丈[3]、立親王位記案、南去七許尺立三位已上案[4]、南去七許尺立四位已下[5]案、兵部在西准之〕、所司預辨[6]御膳幷群臣饌如常、辰刻賜可敍人歴名於内侍、内侍[7]臨東檻授大臣、大臣[8]喚内豎[9]宣、喚式・兵[10]二省、二省丞各一人參入、大臣賜歴名令召計[11]、

1 位、宮本「信」とし右傍「位」。
2 折一、宮本なし、右傍「折一」。
3 丈、三手本「文」とし右傍「丈乎」。
4 案、神宮一本なし、右傍「案カ」。
5 下、林本「上」。
6 都立本・谷本「備」あり。三手本・宮本右傍「備」あり。神宮一本右傍「一有二備字一」あり。荷田本注「下蓋脱二備字一」あり。
7 内侍、神宮本・谷本「々々」、宮本「内々」とし「々」右傍「侍」。
8 大臣、神宮本・谷本「々々」。信友本なし。
9 豎、林本・神宮本・神宮一本・谷本・三手本・宮本「竪」。
10 兵、三手本なし、右傍「脱字乎」左傍「兵乎」。
11 計、林本「許」。

十一 常は二一六頁注十五、如は一八六頁注二参照。
十二 午前七時から午後九時頃。辰は五一六頁注四、刻は二一六頁注三参照。
十三 叙位対象者の名簿。叙は、名義抄僧中五十二に「叙〔ツイヅ、ツイテ〕」。「ついづ」は順序をつけること。歴名は五四八頁注十五参照。
十四 内侍は十六頁注十六、賜は七十六頁注十三参照。
十五 豊楽殿の欄干。殿上の内侍が庭上の大臣へ豊楽殿の手すり越しに歴名を渡す。檻は、和名抄十に「檻〔音監文選檻、讀師説、於波之萬〕、殿上欄也」、名義抄仏下本一一一に「檻〔オバシマ〕」。臨は二〇二頁注十三参照。
十六 内弁の大臣。五三二頁注三参照。大臣の訓は二頁注十七、授は四九二頁注十参照。
十七 内豎は二十二頁注九、喚は十六頁注二十参照。
十八 式部省と兵部省。式部省は内外文官の名簿を、兵部省は内外武官の名簿を管掌する。式部省は十六頁注六、兵部省は二二〇頁注十参照。二は四十二頁注十八、省の訓は十頁注十四、宣は五三四頁注一参照。
十九 丞は第三等官。四頁注三十四参照。職員令によれば、式部省は大丞二人・少丞二人、兵部省は大丞一人・少丞二人。各は四頁注二十二、参は二七二頁注七、入は九十頁注五参照。
二十 式部省と兵部省の丞が、それぞれ文官・武官の参集を歴名を用いて確認する。召は二頁注二十一、計は二一四頁注二十二参照。

皇帝、豊楽殿の高御座に遷御

[一]時刻に [二]皇帝 清暑堂より出で [三]豊樂殿の高御座に遷御ふ

內侍 [四]位記の筥を [五]大臣の座の前に置け

[六]卽ち 東の檻に臨みて 大臣を喚せ

大臣謝座、升殿し座に就く

大臣 [七]稱唯し [八]左近の陣の西の頭に到り [九]謝座み [十]東階より

[十一]升りて 座に就け

皇太子謝座酒

次に [十二]皇太子 同じき階より升りて 座の東に至り [十三]西に

面き 謝座酒みて 座に就け

[十四]所司 [十五]儀鸞・豊樂兩門を開け

[十六]闈司二人 分れて [十七]逢春門の南北に[十八]坐よ [十九]掃部寮 預め座を設けよ

大臣 內豎を喚すこと [二十]二聲

一 天皇が清暑堂より出御され、豊楽殿上の高御座に着御される。時刻は二一六頁注三参照。践祚大嘗祭式午日条は、高御座着御を辰二點（午前七時半）とする。

二 二頁注六・五四六頁注八参照。清暑堂は五二四頁注十七、出は二一六頁注十参照。

三 大嘗祭において、天皇が高御座に着御されるのは午日だけである。豊楽殿は三一八頁注十二、高御座は五五四頁注九、遷御は二七二頁注十三参照。

四 位記を入れた筥。位記は五五六頁注二、筥は五十頁注十二参照。

五 内弁大臣の座。内弁大臣は五三二頁注三、大臣は二頁注十七、座は八頁注十八、前は三三八頁注九、置は二十四頁注十二参照。

六 二頁注二十七参照。

七 五三二頁注十九参照。

八 豊楽殿前庭東側の左近衛府陣の西の先頭。左近陣は五三二頁注四、頭は五十四頁注三、到は二一四頁注五参照。

九 五三二頁注六参照。

十 内弁大臣は豊楽殿の東階から升殿して座に就く。東は八頁注二十五、階は五三二頁注七参照。

十一 升は五三二頁注七、就は二十四頁注十参照。

十二 皇太子も豊楽殿の東階から升殿する。皇太子は一九八頁注九、同は二頁注三十四、至は二十四頁注一参照。

十三 西面とあるので、皇太子の座は高御座の東に設けられる。面は八頁注二十一、謝座酒は五三二頁注六・十六参照。

十四 五二四頁注十九参照。訓は十二頁注七参照。

十五 儀鸞門は五二四頁注二十一、豊楽門は五二四頁注二十、開は九十六頁注十六参照。

十六 闈司は後宮十二司の一つ。宮中の門の鍵を預り、その出納を掌る。後宮職員令闈司条に「尚闈一人〈掌宮閤管鑰、及出納之事〉、典闈四人〈掌同尚闈〉、女孺十人」とある。闈は、宮中の門のこと。監物式請鑰条に「美可度能都可佐」。四時祭式

時刻皇帝出自清暑[1]堂、遷[2]御[3]豊楽殿高御座、
内侍置位記[4]筥於大臣之座前、即臨東檻喚大
臣、大臣[5]稱唯[6]、到左近陣[7]西頭謝座、升[8]自
東階就座、次皇太子升[9]自同階、至座東西[10][11]
面[12]、[13]謝座酒[14]就座、所司開儀鸞・豊楽兩門、
闈[15]司二人分[16]坐逢春門南北（掃部寮預[17]設座）、
大臣喚内豎二聲、

1 暑、神宮一本・三手本「署」。
2 遷、林本「迁」。
3 林本「御」あり。
4 記、林本「紀」。
5 大臣、神宮本・谷本「々々」。
6 信友本「称唯」あり。
7 陣、宮本「陳」。
8 升、神宮本「昇」。三手本右傍「昇乎」。宮本右傍「昇」。
9 升、都立本「昇」。三手本右傍「昇乎」。宮本右傍「昇」。
10 都立本「而」あり。
11 西、神宮本「而」とし右傍「西カ」。三手本・宮本「面」とし、宮本右傍「西」。
12 面、三手本・宮本「而」とし、宮本右傍「面」。
13 荷田本・林本・神宮一本「而」あり。
14 荷田本・都立本・信友本「謝」あり、荷田本注「元本作二謝座酒三字一、但正月七日儀亦作二四字一仍今従二別本一」、信友本頭注「酒上蓋脱二謝字一但雖レ署亦似二可而七日儀一亦作二謝座謝酒一」。林本注「酒上疑レ闕二謝字一」あり。宮本右傍「謝」あり。
15 闈、林本・都立本・神宮一本・谷本・宮本「國」とし、林本注「闈之誤」、神宮一本右傍「一作闈」、谷本右傍「闈イ」、宮本右傍「闈」。神宮本・三手本「国」。以文本頭注「闈」。
16 分、荷田本注「諸本作二分坐一」。林本・都立本・神宮一本・谷本「令」とし、林本注「分之誤」、神宮一本右傍「一作分」、谷本右傍「分カ」。神宮本・三手本・宮本「合」とし、神宮本左傍「令カ」、宮本右傍「分」。
17 預、三手本・宮本「頭」とし、宮本右傍「預」。

ト御体条の「闈司」に「ミカトツカサ」の訓。黒川本字類抄中五十七ウに「闈司（ヰシ、女官也）」。分は二一四頁注十九参照。
十七 五三二頁注二十参照。
十八 名義抄法中六十七に「坐（ヰル）」。書紀神武天皇即位前紀戊午年十月条の「坐定」に「ヰシヅマリテ」、同書景行天皇十二年十二月条の「坐」に「ヰナガラニ」の訓。
十九 掃部寮が闈司の座を設ける。掃部寮は二四八頁注四、預は六十二頁注五、座は八頁注十八、設は八頁注十九参照。
二十 二は四十二頁注十八、聲は四四四頁注十六参照。

大臣宣

[一]内豎共に稱唯せ
[二]大夫 [三]元内豎爲りし者 一人 [四]趨りて 左近の陣の西の頭に立て
大臣 [五]式部省と兵部省とを喚せと宣れ
[六]稱唯し 退出でて 之を喚せ
式・兵の兩省の[七]輔 稱唯し 逢春門より入りて 左近の陣
の[八]西南の頭に立て [九]若し [十]位記の筥多くば [十一]丞等相從へ

大臣、式部を喚す

[十二]大臣 式部省を喚せ
[十三]輔 稱唯し 東階より升りて 位記の筥を受け [十四]本所に復れ
[十五]若し 三位已上に敍づべくば 初めに受くる四位已下の筥を以ちて
丞に授け [十六]更に升りて 三位已上の筥を受けよ 兵部も亦同じ

一 内豎は二十二頁注九、共は十頁注六、称唯は五三二頁注十九参照。
二 内豎であった大夫が左近陣の西頭に立つ。内弁大臣の命を受け、式部省と兵部省の輔を喚ぶため。大夫は四頁注二十七参照。
三 元は、名義抄仏下末二十に「元〔モト〕」。為は、同書僧下七十九に「爲〔タリ〕」。者は一五〇頁注十四参照。
四 名義抄仏上六十七に「趨〔ワシル〕」。字類抄上八十七オに「趍〔シ、ワシル〕」とし「趨」も同じとする。「わしる」は急ぎ歩くこと。徒然草七十四に「東西にいそぎ、南北にわしる」とある。
五 式部省は十六頁注六、兵部省は二二〇頁注十、喚は十六頁注二十参照。
六 元内豎の大夫が称唯し、退出して式部・兵部両省の輔を喚ぶ。称唯は五三二頁注十九、退出は四八八頁注二十五参照。
七 第二等官。一三六頁注十一参照。式部・兵部両省の輔が、それぞれ文官・武官の位記筥を受け取るために参入する。入は九十頁注五参照。
八 書紀皇極天皇元年八月条の「西南」に「ヒツジサル」。
九 三十六頁注二参照。
十 位記の筥が多い場合は、丞が従う。位記筥は五五八頁注四、多は一五〇頁注五参照。
十一 丞は、式部・兵部両省の第三等官。四頁注三十四参照。相は四十六頁注二、従は一三八頁注十一参照。
十二 豊楽殿上の内弁大臣が、庭上の式部省輔を喚ぶ。
十三 式部省の輔は称唯し豊楽殿東階より昇殿。位記の筥を受け取り、庭上の左近陣の西南に戻る。東は八頁注二十五、階・升は五三二頁注七、受は二頁注十二参照。
十四 本は、名義抄仏下本一一三に「本〔モト〕」。復は、同書仏上三十八に「復〔カヘリテ、カヘル〕」。所は四頁注十八参照。
十五 三位以上の位記がある時は、最初に受け取る四位以下の位記筥を丞に授け、再び昇殿して三位以上の位記筥を受け取る。

內豎共稱唯、大夫[1]〔元[2]爲內豎者〕、一人趨立左近陣西頭、大臣宣喚式部省・兵部省、稱唯退出[3]喚之、式・兵兩省輔稱唯、入自逢春門、立左近陣西南頭〔若多位記[4]筥[5]者、丞等相從〕、大臣喚式部省[6]、輔稱唯、升[7]自東階、受位記筥復本所〔若可敍三位已上者、以初所受四位已[8]下[9]筥授丞、更升[10]受三位已上筥、兵部亦同〕、

1 夫、神宮本左傍「天イ」。
2 元、以文本頭注「注元一作レ先」。
3 三手本右傍「脱字乎」あり。
4 記、林本「紀」。
5 筥、宮本「言」とし右傍「筥」。
6 省、林本注「式部省ノ下、伊庭本無二輔字一者、闕文」。
7 升、都立本「昇」。宮本右傍「昇」。
8 已、神宮本「以」。
9 下、荷田本・林本・神宮本・都立本・神宮一本・谷本・三手本・宮本・信友本「上」とし、林本注「下之誤」、宮本右傍「下イ」。以文本頭注「四位已上一作下」。
10 升、神宮本・都立本「昇」。宮本右傍「昇」。

兵部省が位記筥を受け取る場合も同じ次第。已上は四頁注三十五、叙は五五六頁注十三、初は二一六頁注十三、已下は六頁注二、以は四頁注十七、授は四九一頁注十参照。

十六 更は五十八頁注十五、亦は六頁注十一参照。

大臣、兵部を喚す

大臣　兵部省を喚せ
輔　稱唯し　同じき階を升りて　位記の筥を受け　本所に復れ
次に依り　直に進みて　机の上に置き　兵部　馳道を渡り　之を置け　退出でよ
次に　大臣　舎人を喚すこと　二聲
舎人　共に稱唯せ
少納言　之に代りて　逢春門より入り　版に就け

大臣、大夫等を喚す

大臣　大夫等を喚せと宣れ
少納言　稱唯し　儀鸞門より出でて　之を喚せ

親王以下称唯

親王已下　列に依りて　稱唯し　小齋の人　先に聲へ　群臣之に次げ

一　豊楽殿東階。
二　次は三七二頁注十六、依は三三〇頁注十二参照。
三　式部・兵部両省の輔は、それぞれ直進して位記筥を位記案（机）上に置く。位記案（机）が設置されている地点は五五六頁・同頁注四参照。直は十二頁注三十二、進は三七四頁注二十一参照。
四　五五六頁には「位記案」とある。机は二四八頁注二、上は三八八頁注八参照。
五　兵部省（武官）の位記案は豊楽殿南庭西側であり、兵部省輔は馳道を渡り、東より西に直進する。馳道は五四八頁注二参照。渡は、名義抄法上十二に「渡〔ワタル〕」。
六　四八八頁注二十五参照。
七　内弁大臣が舎人を喚び、少納言が逢春門より参入して版に就き、大臣の宣を受けて儀鸞門外の親王以下群臣の参入を促す。辰日の次第（五三二頁以下）と同じ。舎人は十六頁注五参照。
八　少納言は二〇四頁注十八、代は五三二頁注二十二、逢春門は五三二頁注二十、入は九十頁注五、版は四四六頁注三、就は二十四頁注十参照。
九　大夫は四頁注二十七、宣は五三四頁注一参照。
十　儀鸞門は五二四頁注二十一、出は二一六頁注十参照。
十一　一二〇〇頁注七参照。
十二　一五二頁注十一参照。底本「列」。「例」に作る写本有り。校異参照。
十三　まず小齋人が称唯、次に群臣が称唯する。小斎人は六頁注十六・四一八頁注六、先は八頁注八参照。
十四　名義抄仏中一に「聲〔イラフ〕」。群臣は五二六頁注九、次は一四〇頁注七参照。

大臣喚兵部省、輔稱唯、升[1][2]同階、受位記筥復本所、依次直進置机上〔兵部渡[3]馳道置之〕、退出、次大臣喚舍人二聲、舍人共稱唯、少納言代之、入[4]自逢春門就版、大臣宣喚大夫等、少納言稱唯、出自儀鸞門喚之、親王已下依列[5]稱唯〔小齋人先聲[6]、群臣次之、

1 升、都立本「昇」。宮本右傍「昇」。
2 荷田本「自」あり注「諸本並無」。林本注「闕二自字一」あり。
3 渡、荷田本・林本・神宮本・都立本・神宮一本・谷本・三手本・宮本・信友本「度」。神道本右傍「度イ」。
4 入、信友本なし。
5 列、荷田本・林本・神宮本・都立本・神宮一本・谷本・三手本・宮本・信友本「例」とし、神宮本左傍「列イ」、都立本右傍「列乎」、宮本右傍「列」。神道本右傍「例イ」。以文本頭注「列一作レ例」。
6 荷田本「發」あり注「諸本並無」。谷本「発」あり。林本注「闕二發字一」あり。神道本右傍「發脱カ」あり。信友本頭注「蓋脱二発字一」あり。

一 下同じ

参議以上参入

二 參議以上　一列に　儀鸞門の東戸より入れ

三 門を入る比　諸仗　共に起て

五位以上参入

次に　四 五位已上　左右に相分れて入れ　五 竝びに東西の戸を用ゐよ

式部録、容止を称す

六 式部の録二人　左右に相分れて進み　七 屏の内に立ちて　八 互に

容止と稱へ

六位以下参入

次に　六位以下入りて　九 省掌　亦　容止と稱ひて　立ち定めよ

竝びに十 北に面き　異位重行し　東に在る者は　西を以ちて上と爲よ

西に在る者は　東を以ちて上と爲よ

十一 大臣　十二 侍座と宣れ

一 二頁注三十三参照。

二 親王・参議以上は一列で儀鸞門東戸から参入する。参議は四頁注十六、以上は十二頁注二十七、一は三五〇頁注十三・四一八頁注一参照。列は、名義抄僧上九十四に「列〔ツラ〕」。平家物語二蘇武に「ひとつら（一行）」。儀鸞門東戸は五二六頁注三、東は八頁注二十五、戸は四十二頁注十五参照。

三 門は四十二頁注十、比は五三六頁注一、諸仗は五三六頁注二、起は四八八頁注十四参照。

四 五位以上は左右に分かれ、儀鸞門の東西の戸より参入する。左右は六頁注三、相分は二一四頁注十九参照。

五 並は十四頁注十、用は十四頁注二参照。

六 五三六頁注六参照。式部省の録が、参入する群官に対して、儀式作法にかなった容儀について注意を喚起する。

七 屏は五三六頁注七、内は九十頁注三参照。

八 互は五三六頁注八、容止は五三六頁注九、称は七十八頁注三参照。

九 式部省の省掌。省掌は二一四頁注十八、亦は六頁注十一、立は三十頁注四、定は十頁注十参照。

十 親王・公卿以下の群官は、北面して異位重行で列立する。馳道を挟み、東側に列立する官人は西を上位、西側に列立する官人は東を上位とする。なお、北山抄五大嘗会事に「親王以下參入〔准二七日儀一〕舞臺中央以東二丈、南去一許丈以南、可レ立レ標也〕」とある。面は八頁注二十一、異位重行は二七〇頁注十五、在は二頁注三十二、者は一五〇頁注十四、以は四頁注十七、上は二十六頁注十九、為は四頁注二十参照。

十一 内弁の大臣。五三二頁注三参照。訓は二頁注十七参照。

十二 侍座は五三八頁注八参照。宣は五三四頁注一参照。

下同〕、參議以上一列、入自儀鸞門東戸、比[1]入門諸仗共起、次[2]五位已上左右相分入〔竝用東西戸〕、式部錄二人左右相分、進立屛[3]內、互[4]稱容止、次六位以[5]下入[6]、省掌亦稱容止、立定〔竝北面[7]、異位重行、在東者以西爲上、在西者以東爲上〕、大臣宣侍[8]座、

1 比、神宮本・谷本・三手本・宮本「北」とし、神宮本右傍「比カ」、宮本右傍「比」。
2 次、都立本・信友本なし、都立本右傍「次」。神宮本左傍「イナシ」。
3 屛、宮本「屖」とし右傍「屛」。
4 互、宮本「牙」。林本注「伊庭本作﹅牙、即省文」。三手本なし、右傍「牙」。
5 以、荷田本・林本・神宮本・都立本・神宮一本・谷本・三手本・宮本・信友本「已」。神道本「已イ」。
6 入、神宮本・信友本「八」。
7 面、林本「西」。
8 侍座、神宮本・三手本・宮本「座侍」、宮本には反転を示す線あり。

謝座酒

列[一]に依りて　称唯[二]して　謝座酒みて　座[三]に就け

訖[四]りて　諸衛　共に居よ

次に　内記[五]　宣命[六]の文を以ちて　大臣に進めよ

大臣[七]　執りて　之を奏せ

大臣、宣命文を授く

訖りて　大臣　宣命[八]に堪へたる參議以上一人を喚し　宣命の文を　授けよ[九]

受けて　即ち　本座[十]に復れ

叙位者参入

次に　式部[十一]・兵部の兩省　叙位[十二]づべき者を率て　分れて儀鸞門[十三]の東西より入りて　諸仗[十四]　起て　中庭に立て

皇太子[十五]　座の東に立ちて　西に面け

一　一五二頁注十一参照。底本「列」。「例」に作る写本有り。校異参照。

二　称唯は五三二頁注十九、謝座酒は五三二頁注六・十六参照。

三　五六八頁に「參議以上下レ殿」とあるので、參議以上は豊楽殿の座に、四位・五位官人は顕陽・承歓両堂の座に、六位以下官人は観徳・明義両堂の座に就く。五三八頁以下参照。座は八頁注十八、就は二十四頁注十参照。

四　訖は二頁注二十六、諸衛は一九四頁注八、居は五四〇頁注七参照。

五　二三四頁注十一参照。宣命は内記が起草する。

六　宣命は、口頭で群臣に宣制された天皇の命令。また、その命令を宣命体で表記した詔書のこと。五五四頁注十八参照。文は十四頁注八、進は十頁注十二参照。

七　内弁大臣は宣命文を天皇に奏す。執は二十八頁注十、奏は三三〇頁注三参照。

八　宣命宣制に適した參議以上の者。宣命を発声するのが上手く、誤りなく宣制する參議が選ばれるのであろう。堪は三三〇頁注九、參議は四頁注十六参照。

九　四九二頁注十参照。

十　豊楽殿の殿上の座。五六八頁に「參議以上下レ殿」とある。本は五六〇頁注十四、座は八頁注十八、復は五六〇頁注十四参照。

十一　式部省は文官の叙位官人、兵部省は武官の叙位官人を率いて儀鸞門の東西戸より参入し、庭中に列立する。式部省は十六頁注六、兵部省は二二〇頁注十、両は四頁注十八参照。

十二　叙は五五六頁注十三、位は五〇〇頁注二十五参照。午日叙位は、践祚大嘗祭式午日条に「四點、叙二位兩國司及氏氏人等一〔叙位人數依二勅處分一〕」とあり、辰四点（午前八時半頃）とする。豊楽院における叙位者の位置は、北山抄五大嘗会事に「二省率二叙人一參入〔舞臺東南角、東去二丈、南折一丈、以レ南立レ標、兵部准レ之、寛平例如レ之〕」とある。平家物語一東宮立の

依列[1]稱唯、謝座酒就座、訖諸衞共居、次[2]內記[3]以宣命文進大[4]臣、大臣執奏之、訖大臣喚堪宣命參議以上一人、授宣命文、受卽復本座、次式部・兵部兩省率可敍位者、分入自儀鸞門東西[5]〔諸仗起[6]〕、立於中庭、皇太子立座東西面、

1 列、荷田本・林本・都立本・神宮一本・谷本・三手本・宮本・信友本「例」とし、宮本右傍「列」。神道本右傍「例イ」。以文本頭注「列一作レ例」。
2 次、林本なし。
3 記、林本「紀」。
4 大臣大臣、神宮本・谷本「大臣々々」。宮本「大々臣々」とし「々臣」右傍「臣大」。
5 林本注「闕戸字」あり。宮本右傍「戸」あり。
6 起、谷本「立」。

「敍位除目」に「じよゐじもく」の振り仮名。率は二十四頁注三参照。
十三 五二六頁注三参照。
十四 諸仗は五三六頁注二、起は四八八頁注十四、中庭は五二〇頁注十三、立は三十頁注四参照。
十五 皇太子は豊楽殿殿上の座の東に立ち、西面、高御座の天皇にお向きになる。皇太子の座は高御座の東に設けられている。五五八頁注十三参照。皇太子は一九八頁注九、座は八頁注十八、面は八頁注二十一参照。

参議以下、殿・堂を降り列立

次に　親王以下[一]　共に降り[二]て立て
[三]参議以上は　殿を下り　[四]左近の陣の南三丈に到り[五]　西に面き北を上に[六]立て　[七]四位已下は　参議以上の殿を下るるを見て　則ち應ひ[八]て倶下り[九]　升るも同じ　[十]但し[十一]宣命の者は　[十二]獨り座よ　[十三]四位已下は　降りて堂の前に立て　各　東西に堂を去ること二丈　[十四]若し　大臣の敍位に預る者は　[十五]便ち往きて　列に就け

宣命大夫、宣命宣制

[十六]宣命の大夫　[十七]殿を下り　進みて[十八]版に就き　[十九]宣制れ
[二十]其の詞に云はく
[二十一]天皇が大命らまと勅ふ大命を　[二十二]諸聞食へよと宣ふ
といふ

一 親王以下参議以上は豊楽殿から、四位・五位官人は顕陽・承歓両堂から、六位以下官人は観徳・明義両堂から降りて庭上に列立する。五六六頁注三参照。北山抄五大嘗会事に「參議以上、左近陣南三丈、西面北上、重行列立、四位以下、降二立堂前一去レ堂二丈」とある。親王は二〇〇頁注七、以下は十二頁注三参照。

二 名義抄法中四十に「降〔クダス、クダル〕」。

三 参議以上は豊楽殿から降り、左近衛陣の南三丈の地点において、北を上位として西に向き列立する。参議は四頁注十六、以上は十二頁注二十七、殿は四十頁注十、下は二〇八頁注七参照。

四 左近衛府の陣。豊楽殿の前庭東に設けられる。五三二頁注四参照。丈は三十頁注八参照。

五 底本「到」。「列」に作る写本あり。校異参照。到は二十四頁注五参照。

六 八頁注二十三参照。

七 四位以下は、参議以上の下殿を見て、それに応じて各堂より降る。堂に升る時も同じ。見は三三八頁注六、則は五〇八頁注十四参照。

八 名義抄法中九十九に「應〔シタカフ〕」。

九 名義抄仏上三十一に「倶〔ミナ〕」。升は五三二頁注七、同は二頁注三十四参照。

十 十二頁注八参照。

十一 次条に宣命大夫とある。宣命大夫（参議以上）は豊楽殿上の座に残る。宣命は五五四頁注十八・五六六頁注六参照。

十二 独は、名義抄仏下本一三〇に「獨〔ヒトリ〕」。座は、黒川本字類抄中五十六オに「坐〔ヰル〕」とし、「座」も同じとする。

十三 顕陽・承歓両堂の四位・五位官人、観徳・明義両堂の六位以下官人は、各堂の前の二丈の地点（顕陽・観徳両堂は東、承歓・明義両堂は西）に列立する。堂は四十四頁注八、前は三三八頁注九、各は四頁注二十二、去は四十二頁注五参照。

十四 大臣が叙位にあずかる場合は、庭上の叙位者の列に加わる。

1 荷田本・林本・神宮本・都立本・神宮一本・谷本・三手本・宮本・以文本「之」あり、荷田本注「蓋衍字」、林本注「衍字」、三手本右傍「定乎」、宮本右傍「仍」。
2 到、荷田本・林本・神宮本・都立本・神宮一本・谷本・三手本・宮本・以文本「列」とし、荷田本注「蓋到之誤」。神道本右傍「列カ」。
3 已、宮本「以」。
4 以、都立本「已」。
5 上、神宮本・谷本・三手本・宮本なし、宮本右傍「上」。
6 升、都立本「昇」。宮本右傍「昇」。
7 座、荷田本・神宮本「坐」とし、荷田本注「諸本作二獨座一今私改レ之」。
8 已、荷田本・林本・神宮一本「以」。
9 便、神宮本・神宮一本・谷本・三手本・宮本「使」とし、宮本右傍「便」。
10 往、底本・荷田本・林本・神宮本・都立本・神宮一本・谷本・三手本・宮本「徃」。
11 三手本・宮本「容」あり。林本注「有二容字一衍文」あり。谷本「宕」あり。
12 命、林本「其」。

次親王以下共降立[1]〔參議以上下殿、到[2]左近陣
南三丈、西面北上立、四位已[3]下見參議以上[4]下[5]殿、
則應倶下、升[6]同、但宣命者獨座[7]、四位已[8]下降立
堂前、各東西去堂二丈、若大臣預敍位者便[9]往[10]就
列〕、宣命大夫下殿、進[11]就版宣制、其詞云、
天皇〔我〕大命〔良萬止〕敕大命[12]〔乎〕、諸
聞食〔止〕宣、

若は三十六頁注二一、大臣の訓は二頁注十七、預は四頁注三十一参照。

十五 便は、名義抄仏上三十に「便(スナハチ)」。往は、同書仏上三十七に「往(ユク)」。列は一五二頁注十一、就は二十四頁注十参照。

十六 五六六頁注八参照。宣命宣制に堪える参議以上の官人が選出される。大夫は四頁注二十七参照。

十七 豊楽殿。進は三七四頁注二十一参照。

十八 宣命版。舞台の北四丈の地点に置かれる。五五四頁参照。版は四四六頁注三参照。

十九 制は天子の仰せごとで、命(みことのり)を宣(の)ること。宣命を読み上げること。宣は五三四頁注一参照。制は、書紀応神天皇二十五年条の「承二制天朝一」の「制」に「ノリ、ヲホセコト」、同書継体天皇六年十二月条の「制旨」に「ミコトノムネ」の訓。大嘗会儀式具釈九に「宣制とは、制もミコトノリと訓す。詔命を宣読む義なり、昔は宣命と云ふも宣読む態を云ふ、中古以来は其文を指して宣命と云ふが故に、読む態を宣制と称して之を分つ」とある。歴朝詔詞解一には「宣命といふ目(ナ)は、此續紀の十の巻に、始めて見えて、そは命(ミコト)を宣(ノル)よしにて、宣とは命(ミコト)を受伝へて、告聞(ノリキカ)するをいふ也」とある。

二十 其は二頁注二十八、詞は二十八頁注二一、云は五二八頁注二参照。

二十一 天皇大命は、続日本紀文武天皇元年八月庚辰条の「天皇大命」に「スメラガオホミコト」の訓。天皇は二頁注六参照。大命良万止は、「大命」に強く指定する意の接尾語「ら」「ま」が付いたもの。勅は二頁注十八参照。同書天平勝宝元年七月甲午条の「勅」に「ノリタマフ」の訓。

二十二 諸は四頁注二参照。聞食は、名義抄僧上一〇四に「聞食(キキタマフ、キコシメス)」。続日本紀文武天皇元年八月庚辰条の「諸聞食」に「モロモロキコシメサヘ」の訓。宣は五三四頁注一参照。

皇太子、称唯再拝

皇太子[一]　先づ稱唯し

次に　親王以下[二]　共に稱唯せ

親王以下再拝

皇太子　先づ再拜め[三]

次に　親王已下[四]　共に再拜め

大夫、更に宣命を宣制

更に宣りて云はく

悠紀・主基[五]に奉仕る兩國の國司等　日夜怠る事無く務め結[六]り　勤しく[七]奉仕るに依りて治め賜ふ　又奉仕る人等の中に其の仕奉る[八]狀の隨に治め賜ふ人も在り　又御意[九]の愛盛に治め賜ふ人人[十]も一・二在り　故是を以ちて[十一]　冠位[十二]を上げ賜ひ治め賜はくと詔ふ[十三]　天皇が大命を衆聞食へ[十四]よと宣ふ

一　皇太子は一九八頁注九、先は二十八頁注一、称唯は五三二頁注十九参照。

二　親王は二〇〇頁注七、以下は十二頁注三参照。

三　三八〇頁注八参照。

四　六頁注二参照。

五　悠紀・主基両斎国の国司・郡司以下の供奉者の功績を労い、昇叙する旨を宣する。悠紀・主基は二頁注二十三、奉は二頁注十九、仕は二九二頁注三参照。奉仕は、続日本紀天平神護元年八月庚申条の「奉仕」に「ツカヘマツレ」の訓。両は四頁注十八、国は二頁注二十三、司は四頁注三十三参照。等は、書紀白雉元年二月条の「等」に「ドモ」、続日本紀天平神護元年十一月庚辰条の「由紀須伎二國守等」の「等」に「ドモ」の訓。日夜は、書紀仁徳天皇十年十月条の「日夜」に「ヒルヨル」の訓。怠は、名義抄法中七十九に「怠〔オコタル〕」。事は二頁注九参照。無は、名義抄仏下末五十一に「無〔ナシ〕」。なお、類聚国史八大嘗会弘仁十四（八二三）年十一月甲午条（淳和天皇大嘗祭）に「天皇大命〔良万止〕勅大命〔乎〕、諸聞食〔止〕宣、悠紀主基〔尓〕奉ㇾ仕〔流〕二國〔乃〕國司郡司等、日夜怠事無〔久〕務〔米〕志麻理、伊佐乎志久仕奉〔流尓〕依〔氐〕治賜〔布〕、又奉ㇾ仕人等中〔尓〕其奉ㇾ仕〔流〕狀〔乃〕隨〔仁〕、治賜人〔毛〕在、又御意〔乃〕愛盛〔尓〕治賜人〔毛〕在、故是以冠位上賜治賜〔波久止〕詔天皇大命〔乎〕、衆聞食〔止〕宣」とあり、語句の僅かな相違を除けば、同文である。

六　しっかりと勤めるの意。務は、名義抄僧上八十三に「務〔ツトム〕」。結は、底本以下諸本「給」。校異参照。類聚国史八大嘗会弘仁十四年十一月庚午条に「務〔米〕志麻理」とある（注五参照）こと、歴朝詔詞解一が、続日本紀文武天皇元年八月庚辰条写本の「務給而」を誤りとして「務結而」とすることより、底本の「給」を「結」に改めた。結は、続日本紀慶雲四年七月壬子条の「弥務〔尓〕弥結〔尓〕」に「イヤツトメイヤシマリ」の訓。

1 荷田本注「皇太子先称唯以下共再拝以上二十九字、諸本小字、今依二下例一私改為二大字一」あり。信友本「皇太子」以下二十九字を小字とし頭注「皇太子以下小字二十九字、依二下例一蓋大字」。
2 三手本・宮本「上」あり。
3 以、荷田本・林本・神宮本・都立本・谷本・三手本・宮本「已」。神道本右傍「已イ」。
4 荷田本・信友本「訖」あり、荷田本注「諸本並無、今依二下例一私補レ之」、信友本注「諸本无、今依二下例一補レ之」。宮本右傍「訖」あり。
5 已、荷田本・神宮一本「以」。
6 國司等日夜無怠事久務給利勤之久奉仕爾依天、荷田本・林本・神宮本・都立本・神宮一本・谷本・三手本・宮本・信友本なし、荷田本・信友本「司」あり、荷田本注「諸本並無、今私補レ之」。
7 結、諸本全て「給」。
8 盛、諸本全て「感」。
9 人、都立本・谷本「々」。

皇[1]太子先稱唯、次親[2]王以[3]下共稱唯、[4]皇太子先再拜、次親王已[5]下共再拜、更宣云、悠紀・主基〔爾〕奉仕〔留〕兩國〔乃〕國[6]司等、日夜無怠事〔久〕務結[7]〔利〕、勤〔之久〕奉仕〔爾〕依〔天〕治賜〔布〕、又奉仕人等中〔爾〕、其仕奉〔留〕狀〔乃〕隨〔爾〕治賜人〔毛〕在、又御意〔乃〕愛盛[8]〔爾〕治賜人人[9]〔毛〕一二在、故是以冠位上賜、治賜〔波久止〕詔天皇〔我〕大命〔乎〕、衆聞食〔止〕宣、

七「いさをし」は「いさを(勇男)」の形容詞化。勤勉であるの意。書紀推古天皇十二年四月条の「無レ忠二於君一」の「忠」に「イサヲシキコト、イサヲシ」の訓。類聚国史八大嘗会弘仁十四年十一月庚午条に「伊佐乎志久奉仕(流爾)依(氏)」とある(注五参照)。依は三三〇頁注十二参照。治は、名義抄法上三十二に「治(ヲサム)」。賜は七十六頁注十三、又は一〇八頁注八、人は二十二頁注一、中は二十八頁注八参照。

八 仕は二九二頁注三、奉は二頁注十九参照。仕奉・状は、続日本紀文武天皇元年八月庚辰条の「仕奉(禮良牟)狀隨」の「仕奉」に「ツカヘマツ」、「狀隨」に「サマノマニマ」の訓。状は十頁注十九、在は二頁注三十二参照。

九 御の訓は三十六頁注一参照。意は、名義抄法中七十六に「意(ココロ)」。続日本紀慶雲四年四月庚辰条の「御意」に「ミココロ」の訓。愛盛(めでのさかり)は、寵愛される盛りにあること。万葉集八九四番歌に「愛能盛尓」、続日本紀天平宝字元年八月庚辰条の「愛盛」に「メデノサカリ」の訓。「盛」、底本「感」、諸本も総て「感」に作る。校異参照。愛盛は万葉集に用例が見え、類聚国史八大嘗会弘仁十四年十一月庚午条に「御意(乃)愛盛(尓)」とあり、日本文徳天皇実録仁寿元年十一月甲午条(文徳天皇大嘗祭)に「御意(乃)愛盛(尓)」、日本三代実録貞観元年十一月十九日条(清和天皇大嘗祭)にも「御意(乃)愛盛(尓)」とあることより、底本の「感」を「盛」に改めた。なお、感は、名義抄僧中三十八に「感(ホム)」。

十 人は二十二頁注一参照。続日本紀和銅元年正月乙巳条の「人々」に「ヒトビト」の訓。一は、名義抄仏上七十三に「一(ヒトリ)」。二は、同書仏上七十四に「二(フタツ、フタリ)」。

十一 続日本紀慶雲四年七月壬子条の「故是以」に「カレココヲモテ」の訓。故は、名義抄僧中五十四に「故(カレ)」。是は八頁注七、以は四頁注十七参照。

十二 位階のこと。冠は二八八頁注十七、位の訓は五〇〇頁注二十五参照。書紀推古天皇十一年十二月条の「冠位」に「カフフリノクライ」、続日本紀天平宝字元年八月庚辰条の「冠位上賜」に「カガフリクラヰアゲタマヒ」の訓。上は、名義抄仏上七十四に「上(アグ)」。

十三 続日本紀文武天皇元年八月庚辰条の「詔大命」に「ノリタマフオホミコト」の訓。名義抄法上六十に「詔(オホセノ下)」。

十四 衆は、名義抄僧中六に「衆(モロモロ)」。続日本紀慶雲四年七月壬子条の「衆聞宣」に「モロモロキコシメサヘトノル」の訓。

といふ

[一]皇太子　先づ称唯し

次に　親王以下　称唯せ

訖りて　皇太子　先づ[二]再拝め

次に　親王以下　[三]小齋　先づ拝め

宣命大夫、本座に復す

[四]宣命の大夫　本座に復れ

親王以下本座に復す

[五]親王以下　亦本座に復れ

[六]式部　[七]案に就き　[八]唱に依りて之を叙でよ

[九]兵部も亦　之の如くせよ

親王以下叙位

[十]卿は親王を叙でよ　[十一]大輔は三位以上を叙でよ　[十二]少輔は五位以上を叙でよ　[十三]但し

一 皇太子は一九八頁注九、先は二十八頁注一、称唯は五三二頁注十九参照。

二 三八〇頁注八参照。

三 六頁注十六・四一八頁注六参照。

四 宣命大夫は豊楽殿に升り、殿上の座に就く。宣命大夫は五六八頁注十六、本座は五六六頁注十、復は五六〇頁注十四参照。

五 親王以下参議以上は豊楽殿、四位・五位の官人は顕陽・承歓両堂、六位以下の官人は観徳・明義両堂の座に就く。五六八頁注一参照。

六 文官の位記は式部省が授ける。式部省は十六頁注六参照。

七 位記案のこと。五五六頁注二参照。親王以下の各位記案の設置場所は、五五六頁注四参照。就は二十四頁注十参照。

八 二一四頁注二十二。儀式七正月七日儀に「式部卿進到二案下一、開レ筥執二位記一唱授、叙人称唯、趨進跪受、一拝就レ列〔若有二不レ参者一、其人代者受二位記一直退出〕、唱授訖覆レ筥復二本列一」とある。式部省官人が位記を読み、授けるのであろう。依は三三〇頁注十二、叙は五五六頁注十三参照。

九 武官の位記は兵部省が授ける。兵部省は二二〇頁注十、如之は一八六頁注二参照。

十 中務省の長官。卿は一三六頁注十参照。位記は、中務省卿が親王に、同省大輔が三位以上の官人に、同省少輔が四位・五位官人に授ける。儀式七正月七日儀に「大少輔亦同レ之、卿叙二親王一、大輔叙二三位已上及四位参議一、少輔叙二五位已上一、親王任レ卿、大輔帯二参議一者、令下二権輔一授上レ之」とあり、大輔は三位以上と参議に位記を授ける。親王は二〇〇頁注七参照。

十一 中務省の第二等官で、少輔の上に位するもの。輔は一三六頁注十一参照。官位令正五位条の「中務大輔」の「大輔」に「オホイスケ」の訓。省では「大輔」という。源氏物語末摘花に「兵部のたいふ(大輔)」。以上は十二頁注二十七参照。

十二 中務省の第二等官で、大輔の下に位するもの。官位令従五位条の「中務少輔」の「少輔」に「スナイスケ」の訓。源氏物

1 荷田本「共再拝」あり注「諸本並無、今依レ例私補レ之」。林本注「闕二共再拝三字一」あり。信友本頭注「親王以下下依二上例一蓋脱二共再拝三字一」あり。宮本右傍「共再拝」あり。
2 以、荷田本・林本・都立本・神宮一本・谷本・三手本・宮本・信友本「已」。神道本右傍「已イ」。
3 信友本「次」あり。荷田本注「蓋脱二次字一」あり。神道本右傍「次イアリ」あり。
4 三、林本注「衣笠本作二二位一、諸儀皆三位者、衣笠本非」。神宮本・都立本・神宮一本・三手本・宮本「二」とし、都立本右傍「三」、神宮一本右傍「一作三」、宮本右傍「三」。
5 以、荷田本・林本・神宮一本・三手本・宮本「已」。
6 以、林本「已」。

皇太子先稱唯、次親王以下稱唯、訖皇太子先再拜、次親王以下[1]〔小齋先拜〕、宣命大夫復本座、親王以[2]下亦復本座、式部就案、依[3]唱敍之、兵部亦如之〔卿敍親王、大輔敍三[4]位以[5]上、少輔敍五位以[6]上、但

語浮舟に「しきぶ(式部)のせう(少輔)」。
十三 十二頁注八参照。

親王[一]を敍づるには　親王先に入れ　次に式部の卿　其の敍づること畢りて　卿は先に出でよ　次に親王は拜舞[二]ひて退れ

親王拜舞

訖[三]りて　兩省　退出でよ

敍位者拜舞

次に　敍でられし人等[四]　馳道[五]に相近づきて拜舞へ
必[六]ずしも　二省の門を出づるを待たざれ
訖りて　退出でよ　諸仗[七]　居よ

位記筥を撤却

爰[八]に　式[九]・兵の兩省の丞　逢春[十]・承秋の兩門より入り　筥[十一]を執りて　退出でよ

位記案を撤却

訖りて　掃部寮[十二]　分れて同じき門より入り　位記の案を撤げよ

親族拜舞

次に　新[十三]に敍でられし人の親族[十四]　下りて拜舞へ

一 親王が叙位者の場合は、親王が式部卿より先に入り、親王が位記を受理した後、式部卿が先に退出する。親王は拝舞して退出する。先は八頁注八、入は九十頁注五、其は二頁注二十八、畢は三十二頁注六参照。

二 叙位・賜禄などにおいて謝意・祝意を表す拝礼の形式。まず再拝、立ったまま上体を前屈させ袖を垂らす、左右左に袖と顔を振り向ける。次に跪いて同様の左右左の作法を行い、跪いたまま小揖、立って再拝する。侍中群要一に「拜舞〔先再拜、若有レ官者、笏置二左手一下二地上一起再拜、次乍レ立垂レ袖左右左、次臥左右左、次乍レ居小揖、次乍レ立再拜、次乍レ立小揖〕」とあり、後愚昧記貞治三（一三六四）年正月七日条には「九条大納言拜舞之時、先三拜〔常儀可レ為二一拜一〕、立左右左右〔可レ為二左右左一〕、居左右左右〔可レ為二左右左一〕」とする。名目鈔に「拜舞〔ハイム〕」。拝は三八〇頁注八、舞は三三四頁注七、退は四八八頁注二十五参照。

三 訖は二頁注二十六、両は四頁注十八、退出は四八八頁注二十五参照。

四 人は二十二頁注一、等は六頁注九参照。

五 文官の叙位者は馳道の西、武官の叙位者は馳道の東に近づいて拝舞する。儀式七正月七日儀に「被レ叙人等相二依馳道一拜舞」とある。馳道は五四八頁注二、相は四十六頁注二、近は二二〇頁注五参照。

六 拝舞は、必ずしも式部・兵部両省の退出を待つ必要はない。必は五四〇頁注三参照。二省は式部省と兵部省、五五六頁注十八参照。門は四十二頁注十、待は四四四頁注十四参照。

七 諸仗は五三六頁注二、居は五四〇頁注七参照。

八 名義抄僧中五十四に「爰〔ココニ〕」。

九 式部・兵部両省の丞。丞は第三等官、四頁注三十四・五五六頁注十九参照。

十 逢春門は五三二頁注二十参照。承秋門は豊楽院内郭門で、霽景楼より承歓（観）堂に至る廊の中央に位置する門。逢春門と

敍[1]親王者[2]、親王先入、次式部卿[3]、其[4]敍畢卿先出、次親王、拝舞退〕、訖兩省退出、次被[5]敍人等相近[6]馳道拝舞〔不必待二省[7]出門〕、訖[8]退出、諸仗居、爰式・兵[9]兩省丞入自逢春・承秋兩門、執筥退出、訖掃部寮分入自同門[10]、撤位記案、次[11]新敍人親族下而拝舞、

1 敍、宮本なし、右傍「叙」。
2 者親王、三手本なし、右傍「者親王」。
3 式部卿、林本注「兵部卿之誤」。
4 其、林本・都立本・神宮一本・三手本・宮本「共」とし、林本注「衣笠本、共作㆑其者非、共叙畢ハ二省共ニ叙畢ヲ云フ」。谷本右傍「共イ」。
5 被、宮本「被」とし右傍「被」。
6 近、神宮本左傍「進カ」。宮本右傍「進イ」。以文本「進」を「近」と訂正し頭注「近一作進」。
7 省、宮本「有」とし右傍「省」。
8 訖、林本注「伊庭本無㆓訖退之訖㆒者、闕文」。
9 兵、林本「部」。
10 門、三手本・宮本なし、三手本右傍「門乎」、宮本「門」。
11 次、神宮本・都立本・宮本「以」とし、神宮本左傍「次カ」、宮本右傍「次」。

相対する。承秋は、字類抄下六十九オに「汞〔シヨウ〕明門」、名義抄法下十三に「秋〔シウ〕」、字類抄下二十四ウに「秋〔シウ、アキ〕」。

十一 位記を納めていた筥。五五八頁注四参照。執は二十八頁注十参照。

十二 掃部寮が位記案を撤去する。掃部寮は二四八頁注四、分は二一四頁注十九、位記案は五五六頁注二・四、撤は四九四頁注八参照。

十三 三十六頁注十一参照。

十四 初めて叙位された者の親族。親族拝を行う。儀式七正月七日儀に「新叙者親族在㆓殿上・堂上㆒者、各降拝舞、訖復㆓本座㆒」、北山抄五大嘗会事に「親族拝舞」、江家次第十五大嘗会午日に「王卿下㆑堂列立拝舞〔群臣同㆑之、謂㆓之親族拝㆒〕」とある。族は、書紀神代紀四神出生章第十ノ一書に「不負於族、此云㆓宇我邏磨概茸㆒〔うがらまけじ〕」。親族は、同書景行天皇二十七年十二月条の「親族」に「ヤカラ、ウカラヤカラ」の訓。下は二〇八頁注七参照。

訖りて　本座に復れ

御膳を益供

所司[一]　御膳[二]を益供[三]へよ　其の御器[四]は　便ち兩國の設くるを用ゐよ

親王以下　諸仗　共に起て

次に　主膳監[五]　東宮[六]の饌を益供へよ

大膳職[七]　群臣の饌を　益送[八]れ

吉野国栖、歌笛を奏上

一觴[九]の後　吉野[十]の國栖　儀鸞門の外に於きて　歌[十一]と笛とを奏れ　并[十二]せて御贄を獻れ

伴・佐伯両氏、久米舞を奏上

訖りて　伴[十三]・佐伯の兩氏　舞人を率て　儀鸞門より入り　左は伴氏　右は佐伯氏　五位已上相分[十四]れて列れ　中庭の床子に就き

所司[十五]　預め設けよ　久米舞[十六]を奏れ　廿人[十七]　二列にて舞へ

一 内膳司が天皇に御膳を供進する。西宮記臨時七大嘗会午日に「内膳供二御膳一〔御器、兩國所供、大膳給二王卿膳一〕」とあり、内裏式正月七日会式に「所司預辨二供御饌幷群臣座饌等一」とある。所司は十二頁注七参照。

二 二〇〇頁注一参照。

三 益供は、御膳を陪膳の所役に取り次いで奉ること。益進については、儀式七正月七日儀に「益二供御饌一〔左右各三人、其次第采女司前行、次正・奉膳左右相分擎二御饌一、典膳次レ之、典膳不レ足者用二進物所人一〕、升レ自二西階一、至二第一階一而留授二采女一、降レ階趨退、初内膳司擎二御饌一進時、近仗起、供レ饌畢、乃群臣居、主膳監益二供東宮饌一、大膳職益二賜群臣饌一」とある。益は、新撰字鏡十一に「益〔進也、加也〕」、名義抄僧中十二に「益〔ヤク〕」。供は、六十頁注二十一参照。名義抄仏上二十七に「供〔クウ〕」。

四 天皇に供進される御膳を盛る御器は、悠紀・主基両斎国が弁備する。注一の西宮記参照。北山抄五大嘗会事に「所司供二御膳一〔其器、便用二兩國所レ設、自二中階一可レ供歟〕」とある。御器は三七〇頁注八、便は五六八頁注十五参照。両国は悠紀・主基両斎国、二頁注二十三参照。設は八頁注十九、用は十四頁注二参照。

五 三七〇頁注十三参照。主膳監が皇太子に饌を供進する。

六 東宮は二三六頁注四、饌は五四〇頁注十一参照。

七 二〇二頁注十四参照。大膳職が群臣に饌を賜う。注一の西宮記参照。

八 儀式七正月七日儀には「大膳職益二賜群臣饌一」とする。送は四頁注三参照。名義抄仏上五十九に「送〔ソウ〕」。

九 一献。西宮記臨時七大嘗会午日・江家次第十五大嘗会午日は「一獻」、北山抄五大嘗会事は「一觴」とする。三献まで行われる（西宮記・北山抄・江家次第）。字類抄上三十オに「始〔ハシメ、ハシム〕」とし、「一」も「始」と同義とする。觴は酒杯のことで、名義抄仏下本九に「觴〔サカヅキ〕」。後は六十四頁注

訖復本座、所司盛[1]供御膳〔其御器[2]便[3]用兩國設[4][5]〕、親王以下諸仗共起、次主[6]膳監盛[7]供東宮饌、大膳職盛[8]送群臣饌、一觴之後、吉野國栖於儀鸞門外、奏歌笛幷獻御贄[9]、訖伴佐伯兩氏率舞人入自儀鸞門〔左伴氏、右佐伯氏、五位已[10]上相分而列[11]〕、就中庭床[12]子〔所司預設〕、奏久米[13]舞〔廿人、二列而舞[14]〕、

1 盛、荷田本・信友本「羞」。林本注「羞供之誤」。神宮一本「蓋」とし右傍「一作益」。
2 器、林本「噐」とし注「噐即器字」。
3 便、神宮一本「使」。
4 設、信友本「所」とし頭注「両国没立依二北山一蓋両国所レ設立誤」。
5 荷田本・林本・神宮本・都立本・神宮一本・谷本・三手本・宮本「之」あり、荷田本注「設之蓋所設之誤、北山作二所設一」。信友本「没」あり。
6 主、宮本「承」とし右傍「主」。
7 盛、荷田本・信友本「羞」。神宮一本「蓋」とし右傍「一作レ益」。
8 盛、神宮一本「蓋」とし右傍「一作レ益」。信友本「羞」。
9 贄、三手本・宮本「執」とし、三手本右傍「贄乎」、宮本右傍「贄」。
10 已、谷本「以」。
11 列、荷田本「引」。神道本左傍「引カ」。
12 床、三手本「状」とし右傍「床」。
13 久米、三手本「文未」とし右傍「久米乎」。宮本「文米」とし「文」右傍「久」。
14 廿人二列而舞、宮本なし、右傍「注ニイ廿人二列而舞」。

九参照。

十 吉野の国栖が儀鸞門の外で歌笛を奏し、御贄を献上する。儀式五大歌幷五節舞儀に「次歌人幷琴師。笛工等候二儀鸞門屛幔外一、吉野國栖奏二歌笛一」とあり、江家次第十五大嘗会には「國栖奏二歌笛一〔於二會昌門外一奏レ之〕」とする。吉野国栖は五〇〇頁注二十一、儀鸞門は五二四頁注二十一、外は三八四頁注十六、於は七十二頁注六参照。

十一 歌は八十頁注七参照。笛は、名義抄僧上八十に「笛〔フエ〕」。奏は三三〇頁注三・五〇二頁注二、楢笛工は五〇〇頁注二十二参照。

十二 幷は四頁注四、御贄は三四六頁注四、献は一二〇頁注二十二参照。

十三 伴・佐伯の両氏が久米舞を奏上する。伴・佐伯両氏は四四二頁注十四、両は四頁注十八、氏は六十頁注十四、舞人は三三四頁注七、率は二十四頁注三、入は九十頁注五参照。

十四 相分は二一四頁注十九、列は一五二頁注十一、中庭は五二〇頁注十三、床子は四三二頁注十三、就は二十四頁注十参照。

十五 掃部寮。預は六十二頁注五、設は八頁注十九参照。

十六 神武天皇が菟田の兄猾（うだのえうかし）を討たれた時の戦勝の歌（久米歌）に、舞をつけたもの。古くは久米部の歌舞であったと思われるが、大伴氏・佐伯氏が伝承し、大嘗祭の豊明節会において奏上された。久米歌は、書紀神武天皇即位前紀戊午年八月条に「于儾能多伽機珥(菟田の高城に)、辭藝和奈陂蘆(鴫わな張る)、和餓末菟夜(我が待つや)、辭藝破佐夜羅孺(鴫はさやらず)、伊殊區波辭(いすくはし)、區旎羅佐夜離(くぢらさやり)、固奈瀰餓(こなみが)、那居波佐麼(肴乞はさば)、多智曾麼能(立そばの)、未廼那鶏句塢(実の無けくを)、居氣辭被惠禰(こきしひゑね)、宇破奈利餓(うはなりが)、那居波佐磨(肴乞はさば)、伊智佐介幾(いちさかき)、未廼於朋鶏句塢(実の多けくを)、居氣儾被惠禰(こきだひゑね)、是謂二來目歌一、今樂府奏二此歌一者、猶有二手量大小及音聲巨細一、此古之遺式也」とある。続日本紀天平勝宝元年十二月条に「作二大唐渤海呉樂、五節田儛、久米儛一」と見える。また、職員令雅楽寮条集解所引の大属尾張浄足説に「久米儛、大伴彈レ琴、佐伯持レ刀儛、卽斬二蜘蛛一、唯今琴取二人、儛人八人、大伴佐伯不レ別也」とあり、刀を持って舞い蜘蛛を斬るという。北山抄五大嘗会事に「奏二久米舞一〔伴(左)・佐伯(右)、五位以上相分引立、舞人廿人、琴工六人、(中略)、承平記云、於二舞臺東一供奉、舞人在二前後一、端者服二四位袍一、中間服二五位袍一、皆帶レ劒、終頭拔レ劒舞、歌以レ琴爲レ節、舞如二駿河舞一〕」とある（江家次第十五大嘗会も略同文）。官符宣旨例第三十六号（七四六頁）に久米舞料の金作剣が見える。久米は、黒川本字類抄中八十二オ

（七七〇頁へ続く）

[一]訖りて　退出でよ

安倍氏、吉志舞を奏上

次に　[二]安倍氏の人　五位已上相分れて列れ　[三]吉志舞を奏れ
[四]出入の門　幷せて人數・行列等　久米舞に同じ

訖りて　退出でよ

悠紀主基国、風俗楽奏上

次に　悠紀・主基の兩の[五]國司　歌人・歌女を率て　[六]同じき門の東西の戸より入り　[七]左右の幄に就き　[八]風俗の樂を奏れ
[九]歌舞一曲して　退出でよ

大歌所、五節舞を奏上

次に　[十]大歌幷せて[十一]五節の舞を奏れ

訖りて　[十二]皇太子　先づ起ち　座の後に在れ

小斎親王以下五位以上、殿堂を降り庭上に列立し拝舞

次に　[十三]小齋の親王已下　五位已上　殿と堂とを下り　列立て

一 訖は二頁注二十六、退出は四八八頁注二十五参照。
二 安倍氏が吉志舞を奏上する。安倍氏は五〇八頁注六参照。
三 北山抄五大嘗会事に「次安倍氏二奏吉志舞一〈五位以上引レ之、設二床子等一如レ前、作二高麗亂聲一、而進舞者、廿人、樂人廿人、安倍・吉志・大國・三宅・日下部・難波等氏供奉、寛平記云、王四人、着二六位袍闕腋一打二懸甲冑一、取レ桙、承平記云、於二舞臺西一奏レ之、引頭二人立二臺下一、舞人在二前後一、端者服二甲冑一、在二中間一者、幞二頭冠・末額・褐衣・褊襠一、皆執二楯戟一、舞レ酣拔レ刀云々〉」とあり、安倍氏・吉志氏・大国氏・三宅氏・日下部氏・難波氏が供奉する。舞人は二十人、楽人も二十人で、甲冑を着し、楯桙を持ち抜刀して舞うとある。前田家巻子本北山抄五大嘗会事の裏書に「吏部王記云、昔安部氏先祖、令三勅伐二新羅一有レ功、大嘗會日、報レ命、因奏二此舞一、故相伝、爲二大嘗會之舞一云々」(史料纂集本吏部王記)とあり、勅を受け、新羅征討に功績を上げた安倍氏の先祖が、復命として吉志舞を大嘗祭において奏上したという由来を記している。書紀神功皇后摂政元年二月条の「吉師祖」の「吉師」に「キシ」の訓。
四 出は二一六頁注十、入は九十頁注五、門は四十二頁注十、幷は四頁注四、人は二十二頁注一、数は十頁注二十一、行列は一五二頁注十一、等は六頁注九参照。
五 悠紀・主基両斎国の国司が歌人・歌女を率いて風俗楽を奏上する。国は二頁注二十三、司は四頁注三十三、歌人は八十頁注七、歌女は二十二頁注十七参照。
六 儀鸞門の東西戸。五三四頁注二参照。戸は四十二頁注十五参照。
七 悠紀は東の楽人幄、主基は西の楽人幄に就く。五四二頁注五参照。幄は二十八頁注四参照。
八 十八頁注十二・五〇二頁注五・五四二頁注十四参照。斎国の風俗奏、践祚大嘗祭式午日条に見えない。また、西宮記臨時七大嘗会午日に「二獻、仰二御酒勅使一〈如レ例、兩國哥人奏二風俗一者、先レ是酒、而記文不レ注、又近年不レ奏〉」とある。楽は十八

訖退出、次安倍氏人[1]〔五位已上相分而列[2]〕、奏吉志[3]舞〔出入門幷人數行列等、同久米舞〕、訖[4]退出、次悠紀・主基兩國司率歌人・歌女、入[5]同門東西戶、就左右幄、奏風俗樂、歌舞一曲退出、次奏大[6]歌幷五節舞、訖皇太子先起在座後、次小齋親王已下五位已[7]上、下[8]殿堂[9]列立

1 倍、林本「部」。
2 列、荷田本「引」とし注「而引亦諸本作二而列一今私改レ之」。神道本左傍「引カ」。信友本頭注「列字盖引字誤、北山曰安倍氏奏吉志儛五位以上引之云云、引頭二人立臺下相分而列蓋相分而引之誤、既注レ右」。
3 吉志、谷本「言志」。信友本頭注「信友按、北山抄ニ次安倍氏奏吉志舞畢各退出トアリテ分書ニ儀式云次両国奏風俗一曲トアルハ共儀式ノ文ヲ撮テ引タルナリ」。
4 訖、都立本なし、右傍「訖イ」。
5 信友本「自」あり。林本注「闕自字」あり。荷田本注「蓋脱自字」あり。三手本右傍「自乎」あり。
6 大、三手本・宮本「文」とし、三手本右傍「丈イ」左傍「大乎」、宮本右傍「大」。
7 已、荷田本・林本・神宮本・神宮一本・谷本・三手本・宮本・信友本「以」。神道本右傍「以イ」。
8 下、三手本なし、右傍「下」。
9 神宮本「前」あり左傍「イニナシ」。都立本右傍「前イ」あり。宮本右傍「前」あり。

頁注十一参照。
九 歌舞は五〇六頁注六、一は五五〇頁注十八参照。曲は、名義抄僧下一二五に「曲〔メグル〕」。
十 大歌は、元日節会・白馬（あをうま）節会・踏歌節会、新嘗祭・大嘗祭の節会などで歌われた古来の歌謡。日本の歌曲である風俗歌・催馬楽・神楽歌などのことをさし、それらの歌謡より、大歌として、宮中の大歌所で採用され伝習された。北山抄五大嘗会事に「大哥別當下レ殿、出二南門一、率二哥人一參入、於二舞臺南頭一、奏二大哥一〔新式云、大哥樂器參入、次掃部立二床子一、次別當率二哥人一參入云々、若是參來申歟、承平・天慶外記々云、別當下レ殿南行、於二觀德堂巽角一、率二哥人一參入云々〕、大臣奏レ令三參議喚二別當一〔臨レ檻召レ之如レ常〕、別當昇レ殿着レ座、亦召二大哥人於舞臺北一」とあり、大歌所の別当が歌人・楽人を率いて奏上した。続日本紀天応元年（七八一）十一月条に「宴二五位已上一、奏二雅樂寮樂及大歌於庭一」と見える。大歌所の初見は文徳天皇実録嘉祥三年（八五〇）十一月六日条であるが、歌儛所（万葉集一〇一一・一〇一二番歌題詞）と雅楽寮の古来歌舞を前身として、遅くとも九世紀初頭には成立していたとされる。なお、践祚大嘗祭式午日条によれば、大歌・五節舞奏上は申一点（午後三時頃）。大歌は、拾芥抄中に「大歌所〔オホタ〕」、中務内侍日記に「大うた所」。大歌生は一〇四頁注五頁参照。
十一 新嘗祭・大嘗祭の豊明節会に奏される五節舞姫の舞。西宮記臨時七大嘗会に「五節舞五人〔哥人就二床子一〕」、北山抄五大嘗会事に「五節舞姫五人」とある。内裏式十一月新嘗会式条に「大歌別當大夫率二歌者一參入就レ座、座定奏二大歌一舞二五節一」とあり、大歌所が大歌を奏し、舞姫が五節の舞を舞う。職員令雅楽寮条集解所引の大属尾張浄足説に「五節儛十六人」、三代実録貞観五年十一月十五日条に「天皇御二前殿一宴二於群臣一、奏二大歌五節舞一、賜レ祿如レ常」と見え、また、儀式五大歌并五節舞儀には「奏二五節歌一、于レ時儛妓四人」とあり、儛妓を四人とする。五節舞は、帳台試（丑日）、御前試（寅日）、童女御覧（卯日）の儀を経て、午日の豊明節会において（新嘗祭では辰日の豊明節会）奏上される。五節の由来については、江家次第十五節帳台試所引本朝月令逸文に「本朝月令云、五節舞者、淨御原天皇之所レ制也、天皇御二吉野宮一、日暮彈レ琴有レ興、俄爾之間、前岫之下、雲氣忽起、疑如二高唐神女一、髣髴應レ曲而舞、獨入二天矚一、他人无レ見、擧レ袖五變、故謂二之五節一、其歌曰、乎度綿度茂（をとめとも）、邕度綿左備須茂（をとめさひすも）、可良多萬乎（からたまを）、多茂度邇麻岐底（たもとにまきて）、乎度綿左備須茂（をとめさひすも）」とあり、天武天皇の吉野宮行幸時に、日暮れに琴を弾くと前岫（いただき、みね）の雲中より神女が現れ、「乙女ども、乙女さびすも、から玉を袂に
（七七〇頁へ続く）

参議以上は　左近の陣より南に三丈　更に西に折ること一丈　西に面き北を上にせよ　四位以下は　各堂の前に立て　堂を去ること二丈にあれ　次に大斎の親王以下　又下り共に拝舞へ

雅楽寮、立歌を奏上

次に　治部の雅楽　工人を率て　立歌を奏れ　訖りて　退出でよ

禄の床子を鋪設

次に　掃部寮　祿の床を　舞臺の南に立てよ

神服女、解斎の和舞を奏上

次に　神服の女四人　舞臺の北に　解齋く和舞を供れ

次に　神祇官の中臣・忌部　及び小齋の侍從以下番上以上　左右に分れて入れ　造酒司　人別に柏を賜へ

一 参議以上は、左近衛府の陣より南に三丈、更に西に一丈の地点において、北を上位として西に向き列立する。北山抄五大嘗会事に「參議以上、左近陣南三丈西折一丈、西面列立、式文如レ之、而承平以後外記々、列二立左仗南頭一云々」とある。五六八頁では左近陣の南三丈とする。参議は四頁注十六、左近陣は五三二頁注四、丈は三十頁注八、更は五十八頁注十五、折は二〇六頁注五参照。

二 面は八頁注二十一、上は八頁注二十三参照。

三 五六八頁注十三参照。堂は四十四頁注八、前は三三八頁注九、立は三十頁注四、去は四十二頁注五参照。

四 大斎は四四六頁注九、拝舞は五七四頁注二参照。

五 治部省被管の雅楽寮のこと。治部省は二二二頁注一、雅楽寮は二十二頁注十六参照。

六 工は楽人のことで、ここでは笛工のことをいう。礼記注疏三十九楽記の注に「樂人稱レ工」（一八一五年阮元刻本）とある。笛工は雅楽寮に属し、儀式において笛の演奏を行う。一〇四頁注七参照。

七 雅楽寮の立歌奏上は践祚大嘗祭式午日条には見えない。西宮記臨時七大嘗会午日に「儀式、雅樂奏レ樂者、而記文、無二所見一」とし、北山抄五大嘗会事にも「儀式、此次雅樂奏二立哥一者、寛平式、年來無二此事一云々」とあり、大嘗祭における立歌奏上は早く停止されたようで、江家次第十五も同儀の規定は無い。儀式五新嘗会儀に「治部・雅樂率二工人等一、參入奏二立歌一〔或有レ勅停レ之〕」とある。また、儀式七正月七日儀には「大歌・立歌人等奏レ歌如レ常、或不二必召一〔若有二蕃客一、亦不レ奏二立歌一〕」とする。立歌は立奏形態で歌を奏したものか。歌舞品目に「立樂〔節會ノ日、庭上ニシテ伶人立ナガラ樂ヲ奏スルノ稱也〕」とある。立は三十頁注四、教訓抄に「立〔タチ〕樂」。歌は八十頁注七参照。

八 二四八頁注四参照。

九 六〇〇頁には「祿床子」と見え、禄を置くための床子のこと。

1 林本注「闕二去字一」あり。宮本右傍「去」あり。
2 以、神道本右傍「已イ」。信友本「已」。
3 堂、林本注「又各堂不詳」。
4 二、信友本「一」。
5 次、荷田本注「次大齋以下拜舞也以上十三字蓋大字」。神道本左傍「大字カ」。信友本頭注「次大斎已下十三字依新嘗会儀式蓋大字而最末也字衍字歟」。
6 也、荷田本注「蓋衍字」。
7 床、三手本「状」とし右傍「床イ」。
8 林本・神宮本・都立本・神宮一本・谷本・三手本・宮本・信友本「殿」あり、林本注「殿上闕下字」宮本「殿」右上「下」あり、信友本頭注「殿字蓋衍字、北山亦无、北山曰神服四人於舞臺北倶解斎和舞、江次第曰神服女云云」。荷田本注「諸本有二殿字一」あり。
9 解、谷本「鮮」。宮本「觧」とし右傍「解」。
10 柏、宮本「拍」とし右傍「柏」。

〔參議以上自左近陣南三丈[1]、更西折一丈、西面北上、四位以[2]下立各堂[3]前、去堂二[4]丈、次[5]大齋親王以下又下、共拜舞也[6]〕、次治部雅樂率工人奏立歌、訖退出、次掃部寮立祿床[7]於舞臺南、次神服女四人[8]於舞臺北、供解[9]齋和舞、次神祇官中臣忌部及小齋侍從以下番上以上、左右分入、造酒司人別賜柏[10]、

掃部寮式大嘗祭条に「立二積レ祿床一」、西宮記臨時七大嘗会午日に「掃部立二祿臺一、大藏積レ祿」、北山抄五大嘗会事に「掃部寮立二祿床於舞臺南一〔式、和舞前立レ之、而近例如レ之〕」とある。祿は五四八頁注十一参照。床子は四つ脚の付いた台、四三二頁注十三参照。名義抄法下一〇六に「床〔ユカ〕」。舞台は五五四頁注十・十一参照。

十 三一四頁注八参照。四人は、書紀景行天皇十二年九月条の「四人」に「ヨタリ、ヨツタリ」の訓。

十一 神事の斎戒を解き、平常に復すること。神服女が解斎の大和舞を舞う。西宮記臨時七大嘗会午日に「解齋舞〔神服女人於二舞臺北一舞、中臣・忌部舞、侍從・大舍人・左近・右近各卅人、兵衞等、天慶、一度舞、造酒司賜二柏酒一令レ飲、以レ柏爲レ蘰起舞〕」とあり、北山抄五大嘗会事に「次神服女四人、於二舞臺北一、供二解齋和舞一〔儀式云、於二舞臺北一奏レ之、新式云、神祇官着二舞臺南座一、奏二神哥一、神服女入レ自二承秋門一、進二西階下一舞レ之、承平記云、於二臺西一供奉、哥人在二臺北一云々〕」とある。解は、名義抄仏下本九に「解〔トク、ケ〕」。斎は七十二頁注五参照。中務内侍日記に「げさい(解斎)の御てうづ(手水)」。

十二 五五〇頁注二十一参照。和舞の訓は十八頁注十三、供は四九六頁注十五参照。

十三 神祇官の中臣・忌部と、小斎(忌)として供奉した侍従以下番上までの官人が、酒と柏を賜り、その柏を鬘にして解斎の和舞を舞う。北山抄五大嘗会事に「次神祇官小忌侍従以下・番上以上、左右分入、奏二和舞一〔造酒司持二酒壺一、人別給二長目柏一、受レ酒飲了、以レ柏爲レ蘰起舞、先神祇官、中臣・忌部各一人、次侍從廿人、次大舍人廿人、次左近卅人、次右近卅人、次左右兵衞、近例、有二宣旨一一度舞、又内舍人十人、侍從次舞云々、而式、無二内舍人一〕」とある。注十一の西宮記参照。神祇官は二頁注二十、中臣・忌部は六十頁注八・九参照。侍従は二〇〇頁注八、番上は十頁注三、番は五〇八頁注八参照。

十四 造酒司は二五〇頁注五、人別は二十二頁注一参照。

十五 二十六頁注九参照。四四八頁には酒柏とある。柏に酒を入れて飲むことは、古事記応神天皇記に「天皇、聞三看豊明一之日、於二髪長比賣一令レ握二大御酒柏一、賜二其太子一」と見える。賜は七十六頁注十三参照。

即ち　酒[一]を受けて飲め

神祇官以下、和舞を奏上

訖りて　柏[二]を以ちて鬘と爲て　和舞せよ

先づ神祇官[三]　次に侍從　次に大舍人　次に左近衛　次に右近衛

次に左兵衛　次に右兵衛なり

弁大夫、禄の数を奏上

訖りて　辨[四]の大夫　版に就き　祿の數を奏せ

其[五]の詞に云はく

絹[六]若干疋　綿若干屯を進らすと申す

といふ

大膳・大炊・造酒と斎国国司に酒食を賜う

訖りて　大膳[七]・大炊・造酒　及び兩の國司に酒食[八]を給へ

斎服を解き、常服を着す

訖りて　齋服[九]を解き　常服[十]を着けよ

一 酒は二五〇頁注六、受は二頁注十二参照。飲は、名義抄僧上一一二に「飲〔ノム〕」。

二 酒を飲み干した柏を鬘として解斎の和舞を舞う。以は四頁注十七、鬘は一二八頁注九、為は四頁注二十参照。

三 和舞を舞う官人数は五八〇頁注十三参照。神祇官は二頁注二十、侍従は二〇〇頁注八、大舎人は十六頁注五、左右近衛府は二十二頁注十、左右兵衛府は二十二頁注十一参照。

四 五二六頁注十五参照。弁大夫が版に就いて賜禄の品名と数量を奏す。詞章は次条に見える。賜禄に与るのは、神祇官の中臣・忌部と、小斎（忌）として供奉した侍従・大舎人・左右近衛府・左右兵衛府の官人。先に解斎の和舞を舞った神服女四人も賜禄に与るのであろう。西宮記臨時七大嘗会午日には「辨奏二目録一〔儀式云、此間大膳・大炊・造酒及兩國酒食、了二解齋一着二常服一〕」とある。弁大夫は辰日に悠紀・主基両斎国の多米都物色目を奏上している（五二六頁・五二八頁参照）。弁は四頁注二十三、大夫は四頁注二十七、版は四四六頁注三、就は二十四頁注十、禄は五四八頁注二十一、数は十頁注二十一、奏は六頁注十参照。

五 其は二頁注二十八、詞は二十八頁注二、云は五二八頁注二参照。

六 絹・綿を賜う。絹は十二頁注二十一、若干は一四〇頁注十三、疋は七十二頁注十三、綿は十二頁注二十三、屯は三十四頁注二、進は五一四頁注十、申は六頁注七参照。

七 大膳職・大炊寮・造酒司と悠紀・主基両斎国の国司に酒食を給う。西宮記臨時七大嘗会では、弁が目録を奏上している間に給わるとする（注四参照）。大膳職は二〇二頁注十四、大炊寮は二六六頁注八、造酒司は二五〇頁注五参照。

八 酒は二五〇頁注六、食は二十頁注二、給は十二頁注六参照。

九 斎服（小忌衣）を脱ぎ、斎戒を解くこと。小斎（忌）としての役割を終える。践祚大嘗祭式午日条に「脱二齋服一復レ常」とある。神祇官の伯以下に斎服が班賜されたのは寅日（四二〇頁

1 鬘、林本「縵」とし右傍「鬘之誤」。神宮本・都立本・三手本・宮本「緆」。谷本「蘰」。
2 而、谷本「面」。
3 次、谷本「汝」。
4 左、三手本なし、右傍「左カ」。
5 近、諸本全て「兵」。
6 疋、神宮一本「匹」。
7 解、荷田本・谷本・三手本・宮本「釋」とし、荷田本注「元本作二解齋服一」、宮本右傍「解イ」。神宮本右傍「釋イ」。信友本頭注「解一本作レ釈北山亦曰釈各服」。

卽受酒而飲、訖以柏爲鬘[1]而[2]和舞（先神祇官、次[3]侍從、次大舍人、次左[4]近[5]衞、次右近衞、次左兵衞、次右兵衞也）、訖辨大夫就版奏祿數、其詞云、絹若干疋[6]・綿若干屯進（止）申、訖給大膳・大炊・造酒及兩國司酒食、訖解[7]齋服、着常服、

参照）。斎服は四二〇頁注九、解は五八〇頁注十一参照。
十 常の服装（朝服）に戻る。北山抄五大嘗会事には「釋二齋服一、着二常服一者、而神祇式、於二宮内一解齋復レ常云々」とある。常は二一六頁注十五参照。服は、名義抄仏中一三三に「服（コロモ）」。着は八頁注六参照。

一是(ここ)に　二外記(とのしるすつかさ・げき)　皇太子(ひつぎのみこ)の見參(げんざん)を錄(しる)せ
三式部省(のりのつかさ・しきぶしやう)　親王(みこ)と五位以上(よりかみ)の見參の文(ふみ)を進(たてまつ)れ

外記、大臣に見参文を進める

外記　之(これ)を受(う)け　四計會(かぞへあは)せて更(さら)に一通を寫(うつ)し　五祿法(たまひもののり・ろくはふ)に副(そ)へて
大臣(おほいまうちきみ)に進(たてまつ)れ

内記、宣命文を大臣に進める

六内記(うちのしるすつかさ・ないき)　亦宣命(またみことのり・せんみやう)の文(ふみ)を進れ
七大臣　執(と)りて之(これ)を奏(まを)せ
又(また)　八宣命に堪(た)へたる參議(おほまつりごとひと・さんぎ)以上一人を定(さだ)め　之を奏せ

大臣、宣命文を大夫に授ける

九畢(をは)りて　大臣　宣命の大夫(まへつきみ・たいふ)を喚(め)し　宣命の文を付(さづ)けよ
十之(これ)を受け　座(しきゐ)に復(かへ)れ

大臣、見参文を参議に付ける

十一次(つぎ)に　見參の文を以(も)ちて　參議一人に付けよ

一 名義抄仏中九十五に「是〔ココニ〕」。
二 外記が皇太子の見参（参列）を記す。五四八頁注十六参照。外記は二〇四頁注十九、皇太子は一九八頁注九、見参は五四八頁注十五、録は十六頁注十四参照。
三 式部省が、賜禄に与かる親王と五位以上官人の見参名簿を進める。五四八頁には「見參歴名」とある。式部省は十六頁注六、親王は二〇〇頁注七、文は十四頁注八、進は十頁注十二参照。
四 計会は、計らい合わせること、対比照合すること。外記は見参名簿を対比照合し、更に一通を写して、禄法と共に内弁の大臣に奉る。計は二一四頁注二十二、会は二一四頁注九、更は五十八頁注十五参照。写は、名義抄法下五十五に「寫〔ウツス〕」。
五 賜禄の品目・数量を規定したもの。禄法は、続日本紀和銅四年十月条に「勅依₌品位₋始定₌祿法₋、職事二品二位、絁卅疋、絲一百絢、錢二千文」と見える。大嘗会儀式具釈に「祿法は字の如し、祿の員數を記せる文なり。中古以前は見參をば式部省より進つり、其見參を外記に賜ひ、外記更に計會して祿法を制す」とある。大嘗祭供奉者への賜禄記事は、天武天皇大嘗祭・持統天皇大嘗祭から見える（書紀天武天皇二年十二月・持統天皇五年十一月条）。禄は五四八頁注十一、法は二十頁注二参照。禄法は、名目鈔に「祿法〔ロクホウ〕」。副は一五〇頁注十四、大臣は二頁注十七参照。
六 内記は作成した宣命文を内弁大臣に奉る。内記は二三四頁注十一、亦は六頁注十一、宣命は五五四頁注十八参照。
七 内弁大臣は、見参文・禄法と宣命文を天皇に奏覧する。西宮記臨時七大嘗会午日に「内辨奏₌宣命・見參₋」とある。執は二十八頁注十、奏は六頁注十参照。
八 参議以上より、宣命を宣制する宣命大夫一名を選定し、天皇に奏上する。五六六頁注八参照。堪は三三〇頁注九、参議は四頁注十六、定は二頁注二十四参照。
九 畢は三十二頁注六、宣命大夫は五六八頁注十六、大夫は四頁注二十七、喚は十六頁注二十、付は十六頁注十七参照。

1 外、神宮本・谷本・三手本・宮本「殊」とし、宮本右傍「外」。
2 荷田本・信友本「以下」あり、荷田本注「諸本並無今依レ例私補レ之」。林本注「闕二以下二字一」あり。神道本右傍「以下イアリ」あり。
3 之、荷田本・林本・神宮本・都立本・神宮一本・谷本・三手本・宮本「主」とし、荷田本注「蓋受之之誤」、林本注「之之誤」、神宮本右傍「生イ」左傍「之カ」、宮本右傍「之」。
4 副、荷田本・林本・都立本・神宮一本・谷本・三手本・宮本・信友本「制」とし、都立本左傍「副イ」、宮本右傍「副イ」。神宮本左傍「制イ」。
5 畢、信友本「訖」。

於是外記[1]録皇太子見參、式部省進親王[2]五位以上見參文、外記受之[3]計會、更寫一通、副[4]祿法進大臣、內記亦進宣命文、大臣執奏之、又定堪宣命參議以上一人奏之、畢[5]大臣喚宣命大夫、付宣命文、受之復座、次以見參文、付參議一人、

十 宣命大夫は宣命文を拝受して座に復す。座は八頁注十八、復は五六〇頁注十四参照。
十一 内弁大臣は参議一人に見参文を授け、参議は賜禄の座に就く。見参文は注三参照。

之を受け　祿を賜ふ座に就け

皇太子立ち、群臣列立

一皇太子　先づ座を起ち　座の後に在れ

次に　二群臣　下りて列立つこと　常の如し

宣命大夫、宣命宣制

訖りて　三宣命の大夫　殿を下りて版に就き　四宣制りて云はく

五天皇が詔旨らまと宣ふ大命を　衆聞食へと宣ふ

といふ

皇太子以下再拜

皇太子以下　六稱唯し　再拜め

更に宣りて云はく

七今日は大嘗の直會の豐樂聞食す日に在り　八故是を以ちて黑き白きの御酒　九赤丹の穂に十食へゑらき　十一罷れと爲てなも常も賜ふ十二御物

一皇太子は豊楽殿殿上の座の東に立ち、西にお向きになる。五六六頁注十五参照。先は二十八頁注一、起は四八八頁注十四、座は八頁注十八、後は十頁注四、在は二頁注三十二参照。

二参議以上は豊楽殿から、四位以下は各堂より降り、庭上に列立する。五六八頁注一・三・十三参照。北山抄五大嘗会事に「群臣下レ殿列立〔其所、同二五節拜一〕」とある。群臣は五二六頁注九、下は二〇八頁注七、列は一五二頁注十一、立は三十頁注四、常は二一六頁注十五、如は一八六頁注二参照。

三宣命大夫は、豊楽殿を降りて庭上の版に就き、宣制する。西宮記臨時七大嘗会午日に「宣命使就レ版〔宣制二段、拜舞〕」、江家次第十五大嘗会午日に「宣命使就レ版〔宣制一段、再拜、又宣制、拜舞〕」とある。宣命版は五五四頁及び同頁注十八参照。

四宣制は五六八頁注十九、云は五二八頁注二参照。

五天皇は二頁注六・五六八頁注二十一参照。詔旨は、みことのりの趣旨で、書紀大化元年七月条の「詔旨」に「オホムコトラマ」の訓。詔は五七〇頁注十三参照。「良末（らま）」は五六八頁注二十一参照。宣は五三四頁注一、大命は五六八頁注二十一、衆は五七〇頁注十四、聞食は五六八頁注二十二参照。朝野群載十二内記大嘗祭宣命書様に「大嘗會、天皇〔我〕大命〔良末止〕勅大命〔乎〕、諸聞食〔止〕宣、今日〔波〕大嘗會〔乃〕直相〔乃〕、豐樂畢日〔尓〕在、故是以、黑〔幾〕白〔幾乃〕御酒、赤丹〔乃〕穗〔尓〕食〔ヘ惠良支〕罷〔止〕爲〔天奈牟〕、常〔毛〕賜〔布〕、酒〔乃〕幣〔乃〕御物賜〔久止〕宣」とあり、本条の宣命文とほぼ同文。また、類例の宣命として、続日本紀天平神護元年十一月庚辰条（称徳天皇大嘗祭）、同書神護景雲三年十一月壬辰条（称徳天皇新嘗祭）、三代実録元慶八年十一月二十五日条（光孝天皇大嘗祭）が挙げられる。

六称唯は五三二頁注十九、再拝は三八〇頁注八参照。

七宣命の本文。皇太子以下群臣に、黒酒・白酒を顔色が赤くなるまでに飲み楽しみ、更に御物を下賜する旨が宣制される。今日以下は、続日本紀天平神護元年十一月庚辰条の「今日〔方〕大

受之就賜祿座、皇太子先起座[1]在座後、次群臣下而列立如常、訖宣命大夫下殿就版、宣制云、天皇〔我〕詔旨〔良末止[2]〕宣〔不[3]〕大[4]命〔乎〕、衆聞食〔閉止〕宣、皇太子以下稱唯再拜、更宣云[5]、今日〔波[6]〕大嘗〔乃〕直會〔乃〕豐樂聞食日〔爾〕在[7]、故是以黑[8]〔岐〕白[9]〔岐乃[10]〕御酒、赤丹〔乃〕穗〔爾〕食〔惠良岐[11]〕罷[12]〔止〕爲〔氏奈毛[13]〕、常〔毛〕賜御物

1 座、荷田本・林本・信友本なし、林本注「伊庭本、先起下、有二座字一、上ノ大歌五節ノ次ニ有此文デ起下無座バ、伊庭本、衍字」。
2 末、荷田本・林本・信友本「万」とし、林本注「末」。神道本右傍「萬イ」。
3 不、荷田本・信友本「布」。宮本なし。神道本右傍「布イ」。
4 大、神宮一本「太」。三手本・宮本「本」とし、三手本右傍「大乎」、宮本右傍「大」。
5 神宮本左傍「命イ」あり。
6 波、三手本「彼」とし、右傍「波カ」。
7 在、三手本「右」とし右傍「在乎」。
8 黑、三手本「里」とし右傍「黑乎」。
9 白、三手本「目」とし右傍「白乎」。
10 乃、信友本なし。
11 惠良岐、信友本頭注「恵良岐三字依二七日議九月九日儀一尓蓋大字」。
12 罷、神宮本・谷本「罪」。
13 氏、神宮本・都立本・谷本・信友本・以文本「弖」。三手本・宮本「弓」とし、三手本右傍「氏乎」、宮本右傍「弖」。

新嘗〔乃〕猶良比〔乃〕豊明聞行日〔仁〕」の「今日」に「ケフ」、「猶良比」に「ナホラヒ」、「豊明」に「トヨノアカリ」、「聞行日」に「キコシメスヒ」の訓。今日は、黒川本字類抄中九十五ウに「今日〔ケフ〕」。大嘗は二頁注四、直会は七十六頁注十一参照。豊楽は、注五の朝野群載十二に「豐樂」とあり、源氏物語総角に「とよのあかりは、けふ(今日)ぞかし」、中務内侍日記に「ゆふきしゆきのせちゑ、とよのあかりのせちゑ」。聞食は五六八頁注二十二、日は八頁注三、在は二頁注三十二参照。

八 故是は五七〇頁注十一、黒酒・白酒は二八二頁注二、御酒は二五〇頁注六参照。

九 酒食で顔が赤くなるさまをいう。赤く美しい意である「丹(に)の秀(ほ)」に「赤」を冠した語。祝詞式龍田風神祭条の「赤丹〔乃〕穗〔尓〕聞食〔須〕五穀物〔乎〕」の「赤丹」に「アカニ」、「穗」に「ホ」の訓。赤は二十二頁注二参照。丹は、名義抄仏下本四に「丹〔ニ、アカシ〕」。穂は、字類抄上四十二オに「穂〔ホ〕」。

十「たまへ」は、下二段動詞「たまふ」の連用形で、物をいただく意。多く飲食物の場合にいう。「ゑらき」は、四段動詞「ゑらく」の連用形で、喜び楽しみ笑う意。続日本紀天平神護元年十一月庚辰条に「多末倍恵良〔伎〕(たまへゑらき)、常〔毛〕賜酒幣〔乃〕物」。

十一 名義抄僧中九に「罷〔マカル〕」。為は四頁注二十、常は二一六頁注十五、賜は七十六頁注十三参照。

十二 天皇から下賜される品。酒幣（さかまひ）の物（注十の続日本紀参照）。続日本紀天平神護元年十一月庚辰条の「御物賜〔方久止〕宣」の「御物」に「オホミモノ」、同書天平宝字二年八月庚子条の「大御物賜〔夫〕」の「大御物」に「オホミモノ」の訓。なお、「おもの(御膳)」などの接頭語「お」は、「おほみ→おほむ→おを(お)ん→おん→お」、という過程を経て成立したという。物は十頁注二十一、賜は七十六頁注十三参照。

賜はくと宣ふ

といふ

群臣拝舞

一次を以ちて稱唯し　倶　拝舞へ

二宣命の大夫　座に復れ

三皇太子以下　各　座に復れ

四式部の輔二人　札を執りて　左右に相分れ　版の南に立ち

五親王以下の名を唱へよ

賜禄

六次を以ちて稱唯して進み　祿を受け　再拝みて退出でよ

乘輿還宮

七乘輿　八還宮りたまふ

掃部寮、解斎座を鋪設

九晩頭に　十掃部寮　十一解齋く十二公卿以下の座を　十三宮内省の廳事に設

一 皇太子以下群臣、順次称唯し、拝舞する。次は三七二頁注十六、以は四頁注十七、称唯は五三二頁注十九、倶は五六八頁注九、拝舞は五七四頁注二参照。

二 宣命大夫が豊楽殿殿上の座に復し、続いて皇太子以下群臣が各座に復す。

三 皇太子は一九八頁注九、以下は十二頁注三参照。

四 式部省の輔二人は、唱計の札を執り、左右に分かれて版（尋常版であろう）の南に立ち、親王以下の名を唱える。式部省は十六頁注六、輔は一三六頁注十一、札は二六二頁注五、執は二十八頁注十、左右は六頁注三、相分は二一四頁注十九、版は四四六頁注三、南は八頁注二十四、立は三十頁注四参照。

五 親王は二〇〇頁注七、名は十二頁注二十八、唱は二一四頁注二十二参照。

六 名を呼ばれた親王以下群臣は、称唯して禄を受け、再拝して退出する。進は三七四頁注二十一、禄は五四八頁注十一、受は二頁注十二、再拝は三八〇頁注八、退出は四八八頁注二十五参照。

七 二一六頁注十二参照。

八 天皇は常の御殿（内裏の仁寿殿と考えられる）に還御される。五一六頁には「本宮還御」とある（同頁注八参照）。天皇は、辰日と巳日の両日は、豊楽殿後房の清暑堂に還御されるが（五四六頁・五五四頁）、午日の節会終了後は常の御殿に還御される。西宮記臨時七大嘗会午日に「天皇入御、帰㆓本宮㆒〔諸衛将執㆑戟、中臣進㆑麻、御㆓南殿㆒、有㆓鈴奏・名謁㆒〕」、北山抄五大嘗会事に「乗輿還㆑宮〔衛府公卿不㆑帯㆓弓箭㆒、次将等又不㆑帯㆑之、執㆑仗供奉〕、到㆓建禮門㆒、神祇官進㆓御麻㆒〔天慶、不㆑奉㆑之、後日進㆓過状㆒〕、到㆓紫宸殿㆒、鈴奏等如㆑常」とある。還宮は二七二頁注二十参照。

九 日の暮れる頃。夕方。続日本紀天平二年正月条に「天皇御㆓大安殿㆒宴㆓五位已上㆒、晩頭、移㆓幸皇后宮㆒」、同十年七月条に「天皇御㆓大藏省㆒覧㆓相撲㆒、晩頭轉御㆓西池宮㆒」と見える。名義

賜〔久止〕宣、以次稱唯、倶拝舞、宣命大
夫復座、皇太子以下各復座、式部輔二人執
札[1]、左右相分立版南、唱親王以下名[2]、以次
稱唯、進受祿、再拝退出、乗輿還宮、晩頭
掃部寮設解[3]齋公卿以下座於宮内省廳事、

1 札、都立本「机」。三手本「礼」。
2 名、林本・都立本・神宮一本・三手本・宮本「各」とし、都立本・宮本右傍「名」、神宮一本右傍「一作名」。信友本頭注「名一本作㆑各非也、延喜式部式曰輔执札互唱名」。
3 解、三手本・宮本「斛」とし、三手本右傍「解乎」。

抄仏中一〇〇に「早晩〔クレ、ヨフベ、ユフクレ〕」、字類抄上三十一ウに「晩頭〔ハムトウ〕」。

十 掃部寮は、宮内省正庁に、小斎（忌）官人の解斎のための座を鋪設する。掃部寮は二四八頁注四参照。

十一 五八〇頁注十一参照。

十二 太政大臣、左右大臣、大中納言、参議及び三位以上の上級官人の称。訓の「まへつきみ」は「前つ君」の意。もと天皇の御前に伺候する人を敬っていう語で、天皇に仕える高官の総称。書紀景行天皇十八年七月条歌謡に「魔幣菟耆瀰（まへつきみ）」、同書仲哀天皇二年三月条の「卿大夫」に「マチキムタチ」、同書顕宗天皇二年三月条の「公卿大夫」に「マチキムタチ」の訓。名義抄僧上七十九に「卿等〔マチキムタチ〕」。源氏物語胡蝶に「くぎやう（公卿）といへど」。座は八頁注十八参照。

十三 宮内省正庁。宮内省は八頁注十五、庁は四十二頁注十四参照。庁事は正庁のことで、職員令解太政官条に「釋云、廳事者、官司所㆑聽㆓政事㆒之處、謂㆓之廳事㆒也」とある。事は、名義抄仏上八十に「事〔コト、ジ〕」。宮内省正庁における小斎（忌）官人の解斎のことは、儀式五新嘗会儀に「小齋人等集㆓宮内省㆒解齋〔其儀具㆓踐祚大嘗祭儀㆒〕」、同書一・六月十一日神今食儀にも「辨大夫率㆓小齋人㆒、到㆓宮内省㆒、就㆓解齋座㆒」と見える。宮内省では、寅日の薄暮に斎服の賜与があり（四二〇頁以下）、卯日には諸司小斎の卜定が行われた（四四〇頁）。設は八頁注十九参照。

解斎座

けよ

其の面と位とは

東の方　西に面き　公卿一人の座を設けよ

北の方　南に面き　東を上に　次侍従以上の座

南の方　北に面き　東を上に　神祇官の座

其の　北に面き　東を上に　雅樂寮の座

西の方　東に面き　北を上に　官の史　及び中務・宮内に供奉る所司の座

小斎の解斎

豐樂殿の宴畢りて　未だ祿を賜はざる前に　小齋の公卿一人　史及び中務・宮内に供奉る所司等を率て　宮内省に向へ

一 以下、座の鋪設について記される。面は八頁注二十一、位は五〇〇頁注二十五参照。

二 東は八頁注二十五、方は八十八頁注十九、西は八頁注二十一参照。

三 北は八頁注二十二、南は八頁注二十四、上は八頁注二十三参照。

四 次侍従は、侍従に准じて任命され、侍従と同じく御前に伺候して雑事を掌り、祭儀や節会で侍従を補佐した。八省その他の諸官から、四位・五位の中で年功のある人が選ばれた。宮内省式大嘗小斎条に践祚大嘗祭の供奉小斎として「次侍従巳上廿人」が規定されている。侍従は二〇〇頁注八参照。

五 二頁注二十参照。

六 底本「其」。諸本も「其」に作るが、「共」と傍書する写本あり。また、以文本頭書は「其一作レ共」とし、信友本は「其」と「北」の間に脱字を疑い、頭書に「有二脱字一歟、末歟、前歟、後歟」とする。校異参照。神祇官の次に雅楽寮の座を鋪設し、神祇官・雅楽寮と横一列に並ぶのであろう。雅楽寮は二十二頁注十六参照。

七 太政官の第四等官である大史・少史。四頁注三十六参照。及は八頁注二十八参照。

八 中務省・宮内省被管所司の小斎（忌）官人。五八〇頁に見える「神祇官中臣・忌部及小齋侍従以下番上以上」の内、神祇官の中臣・忌部と侍従を除いた「番上以上」の小斎（忌）官人に該当するのであろう。五八〇頁十三参照。中務省は十頁注十三、宮内省は八頁注十五、供奉は三七〇頁注十七、所司は十二頁注七参照。

九 豊楽殿は三二八頁注十二参照。宴は、書紀崇神天皇八年十二月条の「宴」に「トヨノアカリス、トヨノアカリシ給」の訓。宴会は四三〇頁注十三、畢は三十二頁注六参照。

十 豊明節会の宴終了後、賜禄の前に、宮内省正庁で小斎公卿以下の解斎が行われる。践祚大嘗祭式午日条に「是日、小齋侍従

其[1]面位也、東方西面、設公卿一人座、北方南面東上、[2]次侍従以上座、南方北面東上、神祇官座、其[3][4]北面東上、雅樂寮座、西方東面北上、官史[5]及中務・宮内供奉所司座、豊樂殿[6]宴畢、未[7]賜祿之前、小[8]齋公卿一人率史及中務・宮内[9]供奉所司等、向宮内省、

以下於二宮内省一解齋、歌舞如レ常、大膳、大炊、造酒及兩國司給二酒食一、訖脱二齋服一復レ常」。未は七十八頁注十四、祿は五四八注十一、賜は七十六頁注十三、前は一六六頁注十一、小斎（忌）は六頁注十六・四一八頁注六参照。

十二　等は六頁注九、率は二十四頁注三、向は七十八頁注五参照。

1 其、神宮本「具」とし右傍「其イ」左傍「其カ」。
2 都立本「設」あり。
3 其、神宮本右傍「共カ」。宮本右傍「共」。以文本「共」を「其」と訂正し頭注「其一作レ共」。
4 荷田本注「其下蓋脱字」あり。林本注「其下疑レ有二闕文一」あり。神道本右傍「末脱カ」あり。信友本頭注「有二脱字一歟、末歟、前歟、後歟」あり。
5 史、林本「吏」。
6 殿、林本注「伊庭本、無二殿字一、今按、豊楽非二殿名一」。
7 未、谷本「来」とし右傍「未」。
8 小、神宮本左傍「トイ」。
9 内、神宮本左傍「冂イ」。

神祇官・雅楽寮、解斎の歌を奏す

宮内省丞以下、和舞を舞う

[一]神祇官（かみつかさ） 先づ座に就け

次に公卿已下（まへつきみたちよりしも）[二] 次に依り座に就け

公卿は 東の側の階（ひむがしのかたはらのはし）[三]を用ゐ 侍従以上（おもとひとまちきみよりかみ）[四]は 北の東の一階（ひとつのはし）[五]を用ゐ 自餘（これよりほか）[六]は 西の側の階を用ゐよ

訖りて（をはりて）[七] 神祇官[八] 解齋く（いみをとく）[九]歌を奏ること一成[十]

次に 雅樂寮（うたまひのつかさ）[十一] 同じき歌を奏れ

宮内（みやのうち）の丞（じよう）二人[十二] 先づ和舞（やまとまひ）せよ

次に 神祇（かみ）の祐（じよう）一人[十三]

次に 侍従 二人

次に 內舍人（うちとねり）[十四] 二人

一 神祇官は二頁注二十、先は二十八頁注一、座は八頁注十八、就は二十四頁注十参照。
二 公卿は東階より、侍従以上（四位・五位）は北東階より、六位以下は西階より、宮内省正庁に昇り、各座に就く。已下は六頁注二、次は三七二頁注十六、依は三三〇頁注十二参照。
三 名義抄仏上二十三に「側〔カタハラ〕」。階は五三二頁注七、用は十四頁注二参照。
四 二〇〇頁注八参照。
五 大内裏図考証二十六の宮内省正庁図には、東側階、西側階、南面東階・南面西階の四つの階が描かれている。しかし、本条からすれば、北面にも東階と西階とが設置されていたと考えられ、侍従以上は北面東階から正庁に昇った。
六 四頁注九参照。
七 二頁注二十六参照。
八 神祇官が解斎歌を一度奏す。
九 不詳。中臣寿詞講義上にも「今傳はらず」とある。解斎は五八〇頁注十一、歌は八十頁注七、奏は三三〇頁注三・五〇二頁注二参照。
十 一度。五〇四頁注二十一参照。
十一 雅楽寮は二十二頁注十六、同は二頁注三十四参照。
十二 宮内省の丞二人が解斎の和舞を舞う。宮内省式新嘗会解斎条に「凡新嘗會解齋幷鎭魂〔東宮亦同〕、園韓神祭、丞已上一人與諸司共和儛」とあり、新嘗祭の解斎では、宮内丞以上一人が諸司と共に舞う。宮内省は八頁注十五、丞は四頁注三十四、和舞は十八頁注十三・五五〇頁注二十一参照。
十三 神祇官の祐一人が同じく和舞を舞い、次いで、侍従一人、内舎人二人、大舎人二人が和舞を舞う。祐は四頁注三十四・四二〇頁注十四参照。
十四 一〇四頁注三参照。

神祇官[1]先就座、次公卿已[2]下依[3]次就座〔公卿用東側階、侍從以[4]上用北[5]東[6][7]一[8]階、自[9]餘用西側階〕、訖神祇[10]官奏解[11]齋歌、一成、次雅樂寮奏同歌、宮内丞二人先和舞、次神祇祐一人、次侍從二人、次内舍人二人、

1 官、林本「宮」。
2 已、荷田本・林本・神宮本・都立本・神宮一本・谷本・三手本・宮本・信友本「以」。神道本右傍「以イ」。
3 依次、林本なし。
4 以、谷本「已」。
5 北、三手本・宮本「此」とし、宮本右傍「北」。
6 東、林本「第」。
7 以文本「第」を朱で消し右傍「可削」。
8 一、神宮本左傍「之」。
9 自、三手本・宮本「白」とし、三手本右傍「自カ」、宮本右傍「自」。
10 祇、神宮本・谷本・三手本・宮本なし、神宮本左傍「祇カ」、三手本右傍「祇乎」。
11 解、三手本・宮本「斛」とし、三手本右傍「解乎」。

次(つぎ)に　大舎人(おほとねり)[一]　二人

訖(をは)りて　辨の大夫(おほともひ／べんのたいふ)[二]　官掌(くわんじやう)[三]を喚(め)すこと二聲(ふたこゑ)

官掌　稱唯(ををとまを／ゐしよう)[四]し　庭中(にはなか)に立(た)て

辨の大夫　問(と)[五]ひて云(い)はく　阿誰(た)[六]そ　といへ

官掌　姓名(かばねな)[七]を稱(い)へ

辨の大夫　命(おほ)[八]せて云はく　宮内省(みやのうちのつかさ／くないしやう)を喚せ　といへ

官掌　稱唯し　退(しりぞ)[九]きて喚すこと二聲

錄(さくわん)[十]　稱唯し　進(すす)みて立て　官掌の立ちし所(ところ)

辨の大夫　問ひて云(い)はく　阿誰(た)そ　といへ

錄　官姓名(つかさかばねな)[十一]を稱へ

一　十六頁注五参照。

二　弁大夫は、二度、官掌を呼ぶ。斎戒を解かれた公卿以下に御飯を賜う。以下の次第は、儀式一・六月十一日神今食儀にも規定されている。弁大夫は、儀式を担当し執り行う役をつとめる弁官。行事弁。弁は四頁注二十三、大夫は四頁注二十七参照。

三　官掌は六頁注十二、喚は十六頁注二十、二は四十二頁注十八、声は四四四頁注十六参照。

四　称唯は五三二頁注十九、庭は三七四頁注十、中は二十八頁注八、立は三十頁注四参照。

五　名義抄法下八十二に「問〈トフ〉」。云は五二八頁注二参照。

六　弁大夫が官掌の姓名を問う。阿は、人を呼ぶ時に冠して用いる語で、六朝頃の俗語という。誰は、名義抄法上五十一に「誰〈タレ〉」。万葉集二五四五番歌に「誰彼（たそかれ）」。大舎人寮式奏事条に「凡諸司奏㆑事者、舎人四人詣㆓閤門㆒、第一者再唱㆓闈司㆒、闈司問曰、阿誰、舎人稱㆓姓名㆒、即申曰、其事申給〈牟登〉某官姓名門候〈登〉申、闈司就㆑版奏曰、其事申給〈牟登〉某官姓名叫㆑門故〈尓〉申、勅曰、令㆑奏、闈司伝宣云、令㆓姓名等申㆒、舎人共稱唯、但神今食新嘗祭取㆓小齋人㆒」とある。

七　姓名は五〇八頁注十、称は七十八頁注三参照。

八　書紀斉明天皇六年十月条の「命」に「オホセテ」、同書天武天皇二年二月条の「命」に「ミコトヲホセテ」の訓。名義抄僧中三に「命〈ヲシフ、ノタマフ〉」。

九　五〇六頁注十五参照。

十　宮内省の録。録は六頁注一、進は三七四頁注二十一、所は四頁注十八参照。

十一　宮内省の録は官職・姓名を答える。官の訓は二頁注二十・三十参照。

次大舎人二人、訖辨大夫喚官[1]掌、二聲、官掌稱唯立庭中、辨大夫問云、阿誰[2]、官掌稱[3]姓名、辨大夫命云[4]、喚宮內省、官掌稱唯退喚、二聲、錄稱唯進立〔官掌立所〕、辨大夫問云[5]、阿[6]誰、錄稱官[7]姓名、

1 官、谷本「宮」。
2 阿誰、林本注「阿唯何唯之誤」。
3 林本注「衣笠本、伊庭本、姓名上有㆓官字㆒、此書脱漏」あり。
4 云、谷本「曰」。三手本・宮本「衣」とし、三手本右傍「云乎」、宮本右傍「云」。
5 云、都立本・三手本・宮本「之」とし、都立本・宮本右傍「云」。
6 阿、谷本・宮本「何」。
7 官、林本・神宮一本なし。

[一]大夫　仰せて　[二]御飯[三]早速賜へしめよ　といへ
録　稱唯し　[四]膳部を喚すこと二聲
膳部　五・六人共に稱唯せ
録　仰せて云はく　御飯賜へ　といへ
膳部　稱唯せ
[五]録以下　相分れて之を賜へ
録　[六]申して云はく　御飯賜はり畢りぬ　といへ

公卿以下手を拍ち、御飯を賜る

[七]公卿以下　手を拍つこと四段　各　退出でよ

未日、神祇官・諸司の六位以下官人と斎国の国郡司、賜禄

[八]未の日　神祇官　幷せて諸司の[九]六位以下の官人以下　[十]及び
[十一]兩の齋國の國・郡司[十二]役夫以上に　祿を賜へ

一 弁大夫は録に御飯の弁備を命じる。大夫は四頁注二十七、仰は八頁注二参照。
二 御は二十二頁注四、飯は二八二頁注六参照。儀式一・六月十一日神今食儀にも、神事終了後、弁大夫が小斎人等を率いて宮内省に設けられた解斎座に就いた後、「辨大夫命云、御飯早速賜、錄稱唯」とある。宮内省式神今食解斎条には「錄宣、給レ食、卽給レ饌行レ酒」とする。
三 早は、名義抄仏中一〇〇に「早〔トシ〕」。速は、同書仏上四十八に「速〔スミヤカニ、トシ〕」。「とく」は「とし」の連用形の副詞化した語。
四 二十頁注十二参照。
五 録と膳部は御飯を賜い、配膳が終わると、録は弁大夫に復命する。以下は十二頁注三、相分は二一四頁注十九、之は八頁注五参照。
六 申は六頁注七、畢は三十二頁注六参照。
七 公卿以下は手を拍ち、各々退出する。拍手は八開手であろう。五〇六頁注十三・五三〇頁参照。儀式一・六月十一日神今食儀には「諸司共拍レ手三段〔先後稱唯〕、酒盞三行、亦拍レ手一段、各了依レ次散去」とある。公卿は五八八頁注十二、手は三八二頁注十二、拍は五〇六頁注十、四段は五三〇頁注八、退出は四八八頁注二十五参照。
八 神祇官と諸司の六位以下の官人、悠紀・主基両斎国の国司・郡司、役夫以上に、儀鸞門外において禄を賜う。天皇は出御されない。践祚大嘗祭式午日条では午日の行事とする（注九参照）。西宮記臨時七大嘗会午日に「未日、賜二祿郡司一、卜部向二兩國一解齋、大殿祭・御竈祭・炊殿祭事」とあり、北山抄五大嘗会事には「未日、於二儀鸞門外一、賜二神祇官幷諸司六位以下、及兩國郡役夫以上祿一」とある。未は五五二頁注五、日は八頁注三、神祇官は二頁注二十、幷は四頁注四、諸司は四頁注三十三、官人は三十二頁注十一参照。
九 底本「六位以下官人以下」。信友本は「六位」の下の「以

[1]大夫仰[2]、御飯早速令賜、録稱唯喚膳部、
二聲、膳部五六人共稱唯、録仰云、御飯賜
部、膳部稱唯、録以下相分賜之、録申云、
御飯賜畢、公卿以下拍[3]手四段、各[4]退出、未
日賜神祇官幷諸司六位以[5]下官人以[6]下及兩齋
國國[7]・郡[8]司役夫以上祿、

1 林本注「闕二辨字一」あり。宮本右傍「弁」あり。
2 三手本右傍「云乎」あり。
3 拍、三手本・宮本「柏」とし、宮本右傍「拍」。
4 三手本「各」あり。林本注「伊庭本、各下更有二各字一」あり。
5 以下、荷田本注「蓋衍字」。信友本頭注「以下二字蓋衍字、延喜大嘗式曰諸司六位官以下及両国駈使丁以上給禄」。
6 以下、林本なし。神道本右傍「衍カ」。都立本「以上」。
7 國、林本・神宮一本なし、林本注「國司之司、舊本並、衣笠本、伊庭本、作々、是國ヲ重疊スル也、奉政政作レ司」。神宮本・都立本・谷本・三手本・宮本「々」。
8 郡、三手本「群」とし右傍「群乎」。

下」を衍字とし、また、林本は「官人」の下の「以下」無し。校異参照。践祚大嘗祭式午日条は「諸司六位官以下及兩國駈使丁以上給レ祿」とある。
十 八頁注二十八参照。
十一 悠紀・主基両斎国国司と両国内の郡司。六〇四頁の宣命に「悠紀主基兩國司郡司」。両は四頁注十八、斎は七十二頁注五、国は二頁注二十三、司は四頁注三十三、郡司は二十四頁注八参照。
十二 役夫は一六四頁注十二、以上は十二頁注二十七、禄の訓は五四八頁注十一、賜は七十六頁注十三参照。

儀鸞門前賜禄

[一]其の儀は
[二]平明　[三]所司　[四]儀鸞門の東の第一の間より
[五]南に去ること一許丈　更に東に折るること五許尺に　南
[六]に面きて　[七]敕使の參議の床子を設けよ

床子

[八]東に去ること一許丈に　辨の大夫の床子
其の[九]南に面き　[十]式部の輔の床子
其の東に　一許丈に　[十一]官の史の床子
其の南に　[十二]式部の丞の床子
[十三]竝びに西に面けよ
[十四]其の南に五許尺　更に西に折るること五許尺に　[十五]式部の錄の

一 其は二頁注二十八、儀は二頁注五参照。
二 四三六頁注十二参照。
三 六〇〇頁に掃部寮とある。所司は十二頁注七参照。
四 大内裏図考証四之下に「古本拾芥抄曰、儀鸞門、正中五間戸三間、又圖曰、儀鸞門五間三戸」とあり、儀鸞門は東西五間で三戸が設けられていた。末日の賜禄は、儀鸞門と豊楽門の間、儀鸞門前庭で行われる。儀鸞門は五二四頁注二十一・五二六頁注三、東は八頁注二十五、間は四十二注十三参照。儀鸞門賜禄図参照。
五 南は八頁注二十四、去は四十二頁注五、許は四十二頁注六、丈は三十頁注八、更は五十八頁注十五、東は八頁注二十五、折は二〇六頁注五、尺は二十四頁注十五参照。
六 八頁注二十一参照。
七 参議が勅使を務め、宣命を宣制する。六〇二頁以下参照。勅使参議の床子は、儀鸞門の東第一間より南に一丈、更にその地点から東へ五尺の位置に、南面きに鋪設する。勅は二頁注十八参照。名義抄僧上八十三に「勅〔オホセコト、ノリ〕」。使は四頁注十一参照。書紀継体天皇二十三年三月条の「勅使」に「ミカドツカヒ」の訓。参議は四頁注十六、床子は四三二頁注十三、設は八頁注十九参照。
八 勅使参議の床子より東に一丈の地点に、弁大夫の床子を設ける。弁大夫は五二六頁注十五参照。
九 底本「南面」。「南」に作る写本あり。校異注参照。
十 式部省の次官。式部省は十六頁注六、輔は一三六頁注十一参照。
十一 太政官の史。四頁注三十六参照。
十二 式部省の第三等官。丞は四頁注三十四参照。
十三 弁大夫・式部輔・官史・式部丞の床子は西に向く。並は十四頁注十、西は八頁注二十参照。
十四 式部丞の床子から南に五尺、更に西に五尺の地点に、式部録の床子を北に向き四脚置く。

其儀也、平明所司自[1]儀鸞門東[2]第一間[3]、南去
一許丈、更東折五許[4]尺[5]、南面設敕使參議床[6]
子[7]、東[8]去一許丈、辨大夫[9]床[10]子、其南面[11]式部
輔床[12]子[13]、其東[14]一許[15]丈、官史床[16]子[17]、其南式部
丞床[18]子[19]、竝西面、其南五許尺、更西折五許
尺[20]、式部錄

三五　式部省の第四等官。録は六頁注一参照。

1　神宮本右傍「入乎」あり。
2　東、神宮本なし、左傍「東」。
3　間、神宮本「門」。
4　三手本右傍「丈乎」あり。
5　尺、神宮本「丈」。谷本「丈」。三手本・宮本「及」とし、宮本右傍「尺」。
6　床、三手本「牀」とし右傍「床イ」。
7　子、林本注「伊庭本、脱二床子之子一」。谷本・三手本・宮本なし、神宮本左傍「イニナシ」。三手本右傍「子乎」、宮本右傍「子」。
8　信友本行間に小字「其」あり頭注「東去上脱二其字一欤」。荷田本注「蓋脱二其字一」あり。
9　夫、神宮本「弁」とし右傍「夫カ」。
10　床、三手本「牀」とし右傍「床イ」。
11　面、神宮本・都立本・神宮一本・谷本・三手本・宮本・信友本なし。荷田本注「蓋衍字」、神道本右傍「イナシ」。
12　床、三手本「牀」とし右傍「床」。
13　子、谷本・三手本・宮本なし、三手本右傍「子乎」、宮本右傍「子」。神宮本左傍「イニナシ」。
14　荷田本・林本・神宮一本・三手本・信友本「去」あり。宮本右傍「去」あり。
15　許、林本・神宮一本なし。三手本・宮本「去」とし、三手本右傍「許乎」、宮本右傍「許」。
16　床、三手本「牀」とし右傍「床」。
17　子、神宮本左傍「イニナシ」。谷本・三手本・宮本なし、三手本右傍「子乎」、宮本右傍「子」。
18　床、三手本「牀」とし右傍「床」。
19　子、神宮本左傍「イニナシ」。谷本・三手本・宮本なし、三手本右傍「子乎」。
20　尺、谷本「丈」。

[一]床子(しやうじ)四脚を北(きた)に面(む)けよ
[二]門(もん)の西(にし)に　式部(のり／しきぶ)の輔(すけ)と相對(あひむか)ひ　[三]兵部(つはもの／ひやうぶ)の輔の床子
[四]其(そ)の西に　一許丈(ちやうばかり)に　[五]兵部の丞(じよう)の床子
[六]其の南(みなみ)に　五許尺(しやくばかり)　更(さら)に東(ひむがし)に折(を)ること五許尺に　[七]兵部の錄(さくわん)の床子四脚
[八]大藏(おほくら)の丞・錄の床子は　祿(たまひもの／ろく)の床子の前(まへ)に在(あ)れ　左右(ひだりとみぎ／さう)に相(あひ)[九]分(わか)れて　[十]門に當(あた)れ

中務省、宣命の版位を置く

[十一]訖(をは)りて　[十二]中務省(なかのまつりごとのつかさ／なかつかさしやう)　儀鸞門(ぎらんもん)の前の[十三]正中(もなか／せいちう)に　南に去(さ)ること三許丈に　[十四]宣命(みことのり／せんみやう)の版(へん)を置(お)け

掃部寮、祿を置く床子を鋪設

[十五]南に去ること三許丈に　[十六]掃部寮(かむもりのつかさ)　左右に相分れて　[十七]祿(たまひもの／ろく)を[十八]積(つ)む床子

一 床子は四三二頁注十三、脚は三九八頁注十三参照。
二 儀鸞門前庭の西側には、武官を対象とする兵部省の床子を設ける。兵部輔の床子は、式部輔の床子と向かい合う。門は四十二頁注十、相対は九十四頁注二参照。儀鸞門賜禄図参照。
三 兵部省の次官。兵部省は二二〇頁注十参照。
四 兵部輔の床子の西一丈に兵部丞の床子。許は四十二頁注六、丈は三十頁注八参照。
五 兵部省の第三等官。
六 兵部丞の床子の南五尺、更に東に五尺の地点に兵部録の床子四脚。
七 兵部省の第四等官。
八 大蔵丞・録は、大蔵省の第三等官と第四等官。大蔵丞と録の床子は、左右の禄床子の前に設ける。大蔵省は十頁注二十、前は三三八頁注九、在は二頁注三十二、左右は六頁注三参照。
九 二一四頁注十九参照。
十 儀鸞門。当は四十六頁注二参照。
十一 二頁注二十六参照。
十二 中務省は、儀鸞門前の正中、門から南に三丈の地点に宣命の版を置く。中務省は十頁注十三参照。
十三 中央。正を「セイ」と訓む用例は、黒川本字類抄中十四ウに「廉正〔レンセイ〕」。中を「チウ」と訓む用例は、字類抄上六十九オに「中央〔チウヤウ〕」。中央は二二四頁注三参照。
十四 宣命版は五五四頁注十八、置は一十四頁注十二参照。
十五 宣命版から南に三丈の地点に、左右に積禄の床子を設ける。
十六 二四八頁注四参照。
十七 五四八注十一参照。
十八 名義抄法下二十四に「積〔ツム〕」。

床子[1]四脚北面、門西[2]與式部輔相對、兵部輔
床子[3]、其西一許丈、兵部丞床子[4]、其南五許
尺、更東折五許尺[5]、兵部録床子[6]四脚、大藏
丞録床子[7]在祿[8]床子[9]前[10]、左右相分當門、訖中
務省於儀鸞門前正中、南去三許丈、置宣命
版、南去三許丈、掃部寮左右相分、設積祿
床子[11]、

1 床、三手本「牀」とし右傍「床乎」。
2 都立本「内」あり。宮本右傍「内イ」あり。
3 床、三手本「牀」とし右傍「床イ」。
4 床、三手本「牀」とし右傍「床イ」。
5 尺、神宮本「丈」とし右傍「尺イ」。
6 床、三手本「牀」とし右傍「床」。
7 床、三手本「牀」とし右傍「床イ」。
8 祿、神宮本左傍「イニナシ」。
9 床、三手本「牀」とし右傍「床イ」。神宮本左傍「イニナシ」。
10 子、神宮本・谷本・三手本・宮本なし、宮本右傍「子」。
11 床、三手本「牀」とし右傍「床」。

を設（まう）けよ

大蔵省、禄を床子に置く

[一]大蔵省（おほくらのつかさ）　禄物（たまひもの）を床子（しやうじ）の上（うへ）に積（つ）め

午刻、勅使床子に就く

[二]午（むま）の刻（とき）　[三]勅使（みことのりのつかひ）の参議（おほまつりごとひと・さんぎ）一人　床子に就（つ）け[四]

弁大夫以下床子に就く

次に　[五]弁（おほともひ・べん）の大夫（たいふ）　[六]式（のり・しき）・兵（つはもの・ひやう）の二省（ふたつのつかさ）の輔（すけ）　[七]官（くわん）の史（さくわん・し）以下（よりしも）　[八]次（つぎて）に床子に就け

禄（たまひもの・ろく）を賜（たま）[九]はるべき者（ひと）　禄の床子の南（みなみ）の頭（かしら）[十]に群立（あつまりた）[十一]て

宣命使宣制

訖（をは）りて　[十二]勅使　床子より起（た）ち　南に去ること二許丈　更（さら）に西に折（を）れて去ること二許丈　[十三]進（すす）みて版（へん）に就き　[十四]宣制（みことのりの）れ

[十五]其（そ）の詞（みことば）に云（い）はく

[十六]天皇（すめら）が大命（おほみこと）らまと勅（のりたま）ふ大命を　衆聞食（もろもろききたま）へよと宣（のりたま）ふ

一 大蔵省は十頁注二十、禄は五四八頁注十一、床子は四三二頁注十三、上は三八八頁注八、積は六〇〇頁注十八参照。

二 午前十一時から午後一時頃。午は四九六頁注三、刻は二一六頁注三参照。

三 五九八頁注七参照。

四 二十四頁注十参照。

五 弁大夫は五九四頁注二参照。

六 式部省と兵部省の輔。二は四十二頁注十八、省の訓は十頁注十四参照。

七 官史は五九〇頁注七、以下は十二頁注三参照。

八 底本「次」。「依次」に作る写本あり。校異参照。次は三七二頁注十六参照。

九 賜は七十六頁注十三、者は一五〇頁注十四参照。

十 五十四頁注三参照。

十一 群は、名義抄僧中九十七に「群〔ムラカル、アツメタリ、アツマル〕」。立は三十頁注四参照。

十二 勅使は床子より立ち、南に二丈、西に二丈進み、宣命の版に就いて宣制する。北山抄五大嘗会事に「參議爲二勅使一、率二辨官一行レ事、參議卽宣制」とある。起は四八八頁注十四参照。

十三 三七四頁注二十一参照。

十四 五六八頁注十九参照。

十五 其は二頁注二十八、詞は二十八頁注二、云は五二八頁注二参照。

十六 宣命の本条は五六八頁・五八六頁参照。文徳天皇実録仁寿元（八五一）年十一月乙未（二十七日）条（文徳天皇大嘗祭）に「策命曰、天皇〔我〕大命〔良萬止〕勅大命〔乎〕衆聞給〔止〕宣、神祇官人等〔乎〕始〔天〕、大嘗會〔尓〕參出來〔天〕仕奉〔流〕悠紀主基二國〔乃〕國司郡司百姓、及司司人〔止毛〕番上以上〔尓〕御物賜〔布〕、又悠紀主基兩國〔乃〕主典〔與利〕以下、國醫師〔尓〕至〔萬弖〕、及諸郡司主帳已上〔乃〕把レ笏者〔尓〕、位一階上賜治賜〔布〕、又悠紀國〔乃〕今年庸物、主基國〔乃〕今年田租免賜〔布〕、兩國

大藏省積祿物於床[1]子上、午刻敕使參議一人
就床[2]子、次辨大夫、式兵[3]二省輔・官史[4]以下、
[5]次就床[6]子、可賜祿者、群立[7][8]祿床[9]子[10]南頭、訖[11]
・敕使起自床[12]子、南去二許丈、更折西去[13]二許
丈、進就版宣制、其詞云、天皇〔我〕大命
〔良萬止〕敕大命〔乎〕、衆聞食〔止〕宣〔布〕[14]、

〔乃〕卜相郡司〔尓波〕特御物賜〔波久止〕宣」とあり、悠紀・主基両斎国の国司・郡司、百姓、諸司の番上以上に御物を賜うこと、悠紀・主基両斎国の主典以下国医師までと、諸郡司の主帳以上で把笏の者に、位一階を昇叙すること、悠紀国の今年の庸物、主基国の今年の田租を免除すること、悠紀・主基両国の斎郡郡司には更に御物を賜うことが宣せられる。また、三代実録貞観元（八五九）年十一月二十日辛未条（清和天皇大嘗祭）にも同文宣命が見える。続日本紀和銅元年十一月条（元明天皇大嘗祭）には「神祇官及遠江但馬二國郡司、幷國人男女惣一千八百五十四人、叙レ位賜レ祿各有レ差」とある。

1 床、三手本「牀」とし右傍「床イ」。
2 床、三手本「牀」とし右傍「床イ」。
3 兵、林本「部」。
4 史、林本「吏」。
5 都立本・信友本「依」あり。荷田本注「蓋脱二依字一」あり。林本注「當レ有二依字一」。神道本右傍「依イアリ」。宮本右傍「依」あり。
6 床、三手本「牀」。
7 立、都立本「臣」。
8 都立本「就」あり。
9 床、三手本「牀」とし右傍「床イ」。
10 子、神宮本左傍「イニナシ」。谷本・三手本・宮本なし、宮本右傍「子」。
11 訖、谷本「記」。
12 床、三手本「牀」とし右傍「床イ」。
13 去、神宮本右傍「者イ」。
14 布、三手本・宮本大字「布」とし、三手本右傍「細字カ」。

といふ

賜禄者再拝

禄[一]を賜はるべき者　共に稱唯して　再拜め

又宣りて云はく

国・郡司賜禄

神祇官[二]の人等を始めて　大嘗會[三]に參來りて仕奉る

悠紀[四]・主基の兩國司・郡司[五]・百姓[六]　及び司司[七]の人ども　番上[八]

以上に御物[九]を賜ふ　又卜食める[十]二郡司には　特[十一]に御物加[十二]

へ賜はくと宣ふ

或[十三]いは時に敕有りて　兩國の舊負[十四]　若[十五]しくは雜庸幷せて物を免[十六]す

といふ

賜禄者拝舞

祿を賜はるべき者　共に稱唯して　拜舞[十七]へ

一 禄は五四八頁注十一、賜は七十六頁注十三、共は十頁注六、称唯は五三二頁注十九、再拝は三八〇頁注八参照。

二 神祇官の官人を始めとして、大嘗会に供奉した悠紀・主基両斎国の国司・郡司、百姓、そして諸司の番上以上に御物を賜う。また斎郡郡司には、特に御物を加増して下賜する。神祇官は二頁注二十、人は二十二頁注一、等は六頁注九、始は十頁注八参照。

三 二頁注四参照。践祚大嘗祭儀において「大嘗會」表記は本条が初出。名目鈔に「大嘗會〈ダイジヤウヱ〉」、「新嘗會〈ニイナメノマツリ、シンシヤウヱ〉」。参は二七二頁注七、来は二七四頁注十三、仕奉は五七〇頁注八参照。

四 悠紀・主基は二頁注二十三、両は四頁注十八、国は二頁注二十三、司は四頁注三十三参照。

五 悠紀・主基両国の斎郡郡司だけでなく、京に参集した同両国内の郡司も賜禄に与る。六一〇頁参照。郡司は二十四頁注八参照。

六 百姓は七十二頁注九、及は八頁注二十八参照。

七 「司司人」は、六〇六頁に、諸司の判官・主典、史生・掌、内豎・大舎人・喚使等とある。司司は、続日本紀神亀元年二月条の「官々」に「ツカサツカサ」の訓。

八 十頁注三・五〇八頁注八参照。書紀欽明天皇十四年六月条の「依レ番上下」に「ツカヒニマウテキマカル」の訓。

九 五八六頁注十二参照。御物の品目は六〇六頁以下に規定されている。以上は十二頁注二十七参照。

十 悠紀・主基両斎郡の郡司。卜食は十二頁注十四、二は四十二頁注十八参照。

十一 斎郡の郡司（大領・少領）には、絹・綿・調布とは別に馬一疋が下賜される（六一〇頁参照）。特は五五〇頁注九参照。

十二 加は三九〇頁注二十四、賜は七十六頁注十三参照。

十三 勅により、両斎国の負債や庸物が免除されることもある。或は、名義抄僧中三十九に「或〈アルイハ〉」。時は十頁注九、

1 始、都立本小字。
2 神宮本・都立本・谷本・宮本・信友本・以文本「弖」。
3 嘗、底本・故実本「掌」。
4 氏、神宮本・都立本・谷本・宮本・信友本・以文本「弖」。
5 郡、三手本・宮本「群」とし、三手本右傍「郡乎」。
6 司、神宮本・都立本・谷本・三手本「々」。宮本右傍「々」。
7 特、都立本・谷本・三手本・宮本「持」とし、宮本右傍「特」。
8 加賜、宮本なし、右傍「加賜」。
9 時、信友本「特」。荷田本注「時有レ勅、蓋特有レ勅之布誤」。林本注「在満云、注時、特之誤」。神道本右傍「特イ」。
10 舊、宮本右傍「田イ」。
11 幷、信友本「等」。荷田本注「幷物、蓋等物之誤」。林本注「並物貢物之誤」。神道本左傍「等イ」。宮本右傍「負」。

可賜祿者共稱唯再拜、又宣云、神祇官人等〔乎〕始[1]〔氏〕[2]、大嘗[3]會〔爾〕參來〔氏〕[4]、仕奉〔流〕悠紀・主基兩國司・郡[5]司・百姓及司司[6]人〔止毛〕、番上以上〔爾〕御物賜〔布〕、又卜食〔留〕二郡司〔爾波〕、特[7]御物加[8]賜〔波久止〕宣〔或時[9]有敕、免兩國舊[10]負若雜庸幷[11]物〕、

可賜祿者、共稱唯拜舞、

勅は二頁注十八、有は四十二頁注二十参照。
十四 完済されていない国の負債・債務（租税の未納）。旧は三十六頁注四参照。負は、字類抄上六十四オに「負〔フ〕」。
十五 若は三十六頁注二、雑は四頁注二十八、庸は十二頁注十六、幷は四頁注四、物は十頁注二十一参照。文徳天皇実録仁寿元（八五一）年十一月乙未条（文徳天皇大嘗祭）の策命によれば、悠紀国については同年の庸物、主基国については同年の田租が免除されている。六〇二頁注十六参照。
十六 名義抄仏下末十六に「免〔ユルス〕」。
十七 五七四頁注二参照。

宣命使、本座に復す

訖りて　勅使　床子に復れ

式部・兵部唱名

次に　式・兵の二省の録　分れて四番に札を執りて　名を唱へよ

大藏省　隨ひて　卽ち之を賜へ

禄法

其の祿法は

神祇の齋主　馬一疋を加へ賜へ

諸司の判官に　各　綿五屯

主典に　各　四屯

史生と掌等に　各　三屯

內竪・大舍人・喚使等　亦同じ

自餘の番上に　各　二屯

一 勅使は五九八頁注七、床子は四三二頁注十三、復は五六〇頁注十四参照。
二 式部省と兵部省の録。式部省は十六頁注六、兵部省は二二〇頁注十、二は四十二頁注十八、録は六頁注一、分は二一四頁注十九参照。
三 式部省・兵部省共に録は四人（大録一人、少録三人）であるので、各省二人が一組となり、式部省二組・兵部省二組の計四組となることであろう。四は一五〇頁注八参照。番は、名義抄法下三十四に「畨〔ツカヒ〕」。
四 賜禄者名を記した札。式部省と兵部省の録が、札により見参の賜禄者の歴名を唱える。札は二六二頁注五、執は二十八頁注十参照。
五 名は十二頁注二十八、唱は二一四頁注二十二参照。
六 唱名に従い、大蔵省の丞と録が禄を賜う（六〇〇頁参照）。大蔵省は十頁注二十参照。
七 其は二頁注二十八、禄法は五八四頁注五参照。
八 神祇官の伯と大副。伯と大副には、綿五屯に加えて、馬一頭も下賜される。践祚大嘗祭式午日条に「酉二點、皇太子已下、五位已上給レ祿各有レ差、又諸司六位官以下及領國駈使丁以上給レ祿〔神祇伯大副及齋郡少領以上、加二給馬一疋一〕」とある。書紀神代紀天孫降臨章第二ノ一書に「齋主神號二齋之大人一（中略）齋主、此云二伊幡毘一（いはひ）」とあり、その「齋主神」に「イハイヌシノカミ、イハヒ」の訓。同書神武天皇即位前紀戊午年九月条に「朕親作二顯齋一〔顯齋、此云二于圖詩怡破毘一（うつしいはひ）〕、用レ汝爲二齋主一」とあり、その「齋主」に「イミノヌシ、イヤノウシ」の訓。
九 馬は七十二頁注十二、疋は七十二頁注十三参照。
十 諸司の第三等官。諸司は四頁注三十三、判官は四頁注三十四参照。
十一 各は四頁注二十二、綿は十二頁注二十三、屯は三十四頁注二参照。

訖敕使復床[1]子、次式兵二省錄[2]分四番、執札[3]唱名、大藏省隨即賜之、其祿法神祇齋主[4]（加賜馬一[5]疋[6]）、諸司判官各綿五屯、主典各四屯、史生[7]掌等各[8]三[9]屯（内豎・大舍人・喚使等亦[10]同）、自餘[11]番上各二屯、

十三 諸司の第四等官。六頁注一参照。
十三 六頁注四参照。
十四 官掌・省掌等。官掌は六頁注十二、省掌は二一四頁注十八参照。
十五 内豎は二十二頁注九、大舎人は十六頁注五参照。
十六 人を喚びむかえるための使。太政官の召使（式部省式召使条）などが務めたか。国史大系本内蔵寮式使装束条の「喚使」に「メシツカヒ」の訓。黒川本字類抄下六十ウに「㕣使〈メシツカヒ〉」。名目鈔に「召使〈メシヅカイ〉」。等は六頁注九、亦は六頁注十一、同は二頁注三十四参照。
十七 自余は四頁注九、番上は十頁注三・五八〇頁注十三参照。

1 床、三手本「牀」とし右傍「床イ」。
2 錄、荷田本・神宮一本・三手本・宮本「禄」とし、荷田本注「二省禄、蓋㆓二省録之誤㆒」。
3 札、都立本・谷本・宮本「机」とし、林本注「伊庭本、札作㆑机非、札者名簿之第札也」。
4 林本注「齋主下注、准㆓大少領㆒注、可㆑在㆓綿五屯㆒」あり。
5 一、三手本・宮本なし、宮本右傍「一」あり。
6 疋、以文本「匹」。
7 谷本「官」あり。神宮一本右傍「一有㆓官字㆒」あり。宮本右傍「有官イ」あり。
8 各、信友本なし。
9 三、神宮一本「二」とし右傍「一作㆑三」。
10 亦、林本・神宮本・都立本・神宮一本・谷本・宮本「互」とし、林本注「㣺之誤、㣺古亦字」、神宮本左傍「㣺カ」、宮本右傍「亦」。三手本「氐」。
11 餘、荷田本・林本・都立本・神宮一本「舎人」とし、荷田本注「自舎人三字、諸本作㆓自舎二字㆒無㆓人字㆒案自舎蓋自餘之誤、餘畧作㆑余、余与㆑舎近似之誤乎、元本蓋因㆑作㆓自舎㆒妄加㆓人字㆒者乎」、神宮一本右傍「一作㆑餘」。三手本・宮本「舎」とし、三手本右傍「余乎」、宮本右傍「餘人」。

[一]悠紀・主基兩國の守[二]・介に　各　絹[三]十疋

綿[四]廿屯

調布[五]廿端

掾[六]に　各　絹五疋

綿十屯

調布六端

目[七]に　各　絹三疋

綿六屯

調布四端

史生[八]・博士・醫師に　各　絹二疋

一 悠紀・主基は二頁注二十三、両は四頁注十八参照。

二 守は国司の長官で第一等官、介は国司の次官で第二等官。守は一三六頁注十、介は一三六頁注十一、各は四頁注二十二参照。

三 絹は十二頁注二十一、疋は七十二頁注十三参照。

四 綿は十二頁注二十三、屯は三十四頁注二参照。

五 調布は三十四頁注十三、端は三十四頁注十四参照。

六 国司の第三等官。四頁注三十四参照。

七 国司の第四等官。六頁注一参照。

八 斎国の国史生・国博士・国医師のこと。国史生は、令制では国の等級にかかわらず定員は三人であったが、神亀五（七二八）年、宝亀十（七七九）年の改定を経て、大国五人、上国四人、中国三人、下国二人となり、また、当国の者は任用されない（式部省式諸国史生条）。国博士は、国に設置された地方教育機関である国学の教官で、国学生を教育した。定員は一人。国医師は、国の医療及び医療行政を担当し、また、国医生を教育した。定員は一人。史生は六頁注四、博士は二三〇頁注七、医師は二二四頁注十一参照。

悠紀主基兩國守・介各絹十疋、綿廿屯、調布廿端、掾各絹五疋[1]、綿十屯、調布六端、目各絹三疋[2]、綿六屯、調布四端、史生・博士・醫師各絹二疋、

1 疋、神宮一本「匹」。
2 疋、神宮一本「匹」。

綿四屯
調布三端

斎郡司賜禄

一 斎郡の大・少領に　各　絹四疋
綿十屯
調布六端
大・少領は　二 馬一疋を加へ賜へ

三 主政・帳に　各　絹二疋
綿四屯
調布二端

諸郡司賜禄

四 諸郡の大・少領に　各　絹三疋

一 悠紀・主基両国の斎郡郡司。大領は郡司の第一等官、少領は郡司の第二等官。斎郡は七十二頁注五、大領・少領は七十八頁注十二、また、大領は一三六頁注十、少領は同頁注十一参照。
二 斎郡の大領と少領には、さらに馬一頭が下賜される。六〇四頁の宣命に、斎郡郡司には御物を加え賜うとある。馬は七十二頁注十二、加は三九〇頁注二十四、賜は七十六頁注十三参照。
三 悠紀・主基両国の斎郡郡司。主政は郡司の第三等官、主帳は郡司の第四等官。主政は四頁注三十四、主帳は六頁注一参照。主政・主帳は、書紀大化二年正月条の「主政」に「マツリコトヒト」、「主帳」に「フミヒト」の訓。但し、職員令大郡条集解に「穴云、主帳无レ訓也」とあり、また、式部省式用音条にも「凡喚二主政帳・知勝船事一、並用レ音」とある。主政・主帳は音読が慣用であったか。
四 悠紀・主基両国内における斎郡を除く全郡司の大領と少領。諸は四頁注二十参照。

綿四屯、調布三端、齋郡大・少領各絹四疋、綿十屯、調布六端〔大少[1]領加賜馬一疋[2]〕、主政・[3][4]帳各絹二疋[5]、綿四屯、調布二端、諸[6]郡大・少領各絹三疋[7]、

1 少、信友本なし。荷田本注「蓋衍字」。林本注「少字衍」。
2 疋、林本・神宮一本「匹」。
3 宮本右傍「主」あり。
4 帳、林本・都立本・神宮一本なし。
5 疋、神宮一本「匹」。
6 諸以下十六字、荷田本・林本・神宮本・都立本・神宮一本・谷本・三手本・宮本・信友本なし、荷田本注「調布二端下、依二下國郡司妻賜禄一之文、明脱二諸郡大少領禄法一但其負数不レ可レ考也」、神宮本右傍「諸郡大少領」、信友本頭注「主政帳各絹一疋上、准二下同郡司妻賜禄文一蓋脱諸郡大少領禄法其負不レ可レ知也」。以文本頭注「諸郡以下十六字古本無」。
7 疋、以文本「匹」。

綿[一]六屯
調布[二]三端
主政・帳[三]に　各　絹[四]一疋
綿三屯
調布二端
其[五]の國に在る司幷せて郡司は　賜ふ限りに在らず
造酒童女[六]・稲實[七]の公・焼灰[八]・大酒波[九]・粉走[十]に
各　絹一疋
綿二屯
調布一端

造酒童女以下賜禄

一 綿は十二頁注二十三、屯は三十四頁注二参照。
二 調布は三十四頁注十三、端は三十四頁注十四参照。
三 斎郡を除く全郡の主政と主帳。主政・主帳は六一〇頁注三、各は四頁注二十二参照。
四 絹は十二頁注二十一、疋は七十二頁注十三参照。
五 悠紀・主基両斎国に残留している国司と郡司は賜禄に与らない。其は二頁注二十八、国は二頁注二十三、在は二頁注三十二、司は四注三十三、并は四頁注四、郡司は二十四頁注八、限は三十頁注九参照。
六 七十八頁注十参照。
七 七十八頁注十八参照。
八 八十頁注五参照。
九 八十頁注一参照。
十 八十頁注三参照。

綿六屯、調布三端、主政[1]・[2][3]帳各絹一疋、綿
[4]三屯、調布二端[5]〈其在國[6]司幷[7]郡司不在賜限〉、
造酒童女・稲實公・[8]焼灰・大酒波・粉走・[9]
各絹一疋、綿二屯、調布一端、

1 政、荷田本注「元本無、諸本皆有、元本不レ考、此上有二脱文一而妄削者非也、仍今従二諸本一」。林本・都立本・神宮一本なし。
2 宮本右傍「主」あり。
3 帳、三手本右傍「帳乎」。
4 三、神宮本「二」とし右傍「三イ」。
5 端、谷本「段」。
6 宮本右傍「々」あり。
7 郡、神宮一本「都」とし右傍「郡」。三手本「群」とし右傍「郡乎」。
8 焼灰、神宮本・都立本・三手本・宮本・信友本「焼炭」とし、信友本頭注「炭灰歟」。
9 宮本右傍「相仕」あり。

相作女[一]・大多米酒波女[二]・粉走[三]・相作[四]・採薪[五]等に
　各 調布一端
風俗[六]の歌人幷せて國[七]の書生・子弟[八]等に
　各 庸綿[九]二屯
撰丁[十]に　各 綿一屯
又[十一] 悠紀[十二]・主基の二所の雑色人に 等第[十三]に随ひて 之を賜へ
一等[十四]に　各 綿四屯
二等に　三屯
三等に　二屯
祝部[十五]に　各 綿四屯

一 相作のこと。八十頁注四参照。官符宣旨例第五号（六三四頁）にも「相作女二人」と見える。
二 大多米酒波のこと。官符宣旨例第五号（六三四頁）にも「大多米酒波女一人」と見える。大多米酒波は八十頁注二、酒波女は八十頁注一参照。
三 八十頁注三参照。
四 八十頁注四参照。官符宣旨例第五号（六三四頁）にも「相作二人」と見える。
五 採薪は八十頁注六、等は六頁注九参照。
六 悠紀・主基両国の斎郡から、それぞれ選出された歌人二十人・歌女二十人のこと。三三二頁に風俗歌人とある。風俗は十八頁注十二、風俗歌は五〇二頁注五、歌人は八十頁注七参照。
七 二十頁注八参照。悠紀・主基両斎国の書生。
八 悠紀・主基両斎国の国司・郡司の子弟。御稲を斎郡より供進する行列（一五二頁以下）、御贄百捧の献上行列（三四六頁以下）、北野斎場よりの神饌行列（四一六頁）に随行している。子弟は一五二頁注十六参照。
九 庸として納められた綿。一九六頁にも見える。庸は十二頁注十六、綿は十二頁注二十三参照。
十 底本「撰丁」。「擔丁」に作る写本あり。校異参照。撰は、集韻上声五に「撰簋」を掲げ、撰を「持也、具也」とする（台湾中華書局版）。簋は竹製の高坏のこと。具は供えること。丁は十六頁注十一参照。擔丁は一三八頁注二十参照。
十一 一〇八頁注八参照。
十二 悠紀行事所・主基行事所において、雑色人として、大嘗祭斎行のために様々な雑務に従った者。二十六頁に「行事以下雑色人」と見える。悠紀・主基は二頁注二十三、二は四十二頁注十八、所は四頁注十八、雑色人は二十六頁注十五参照。
十三 賜禄の等級。一等から三等までである。等は、字類抄下七十二オに「品[シナ]」とあり、「等」も同じとする。書紀持統天皇四年四月の「等」に「シナ」の訓。第は、名義抄僧上三十七

相作[1]女・大多[2]米酒波女・粉走[3]・相作[4][5]・採薪
等各調布一端、風俗歌人幷[6]國書生・子弟[7]等
各庸綿二屯、撰[8]丁各綿一屯、又悠紀・主基
二所雑色人隨[9]等第[10]賜之、一等各綿四屯、二
等三屯、三等二屯、祝部各綿四屯、

1 作、荷田本・林本・神宮本・都立本・神宮一本・谷本・三手本・宮本・信友本「仕」とし、宮本「相仕女」を衍文とす。
2 多、谷本「田」。三手本・宮本「西」とし、三手本右傍「多乎」、宮本右傍「多」。神宮本左傍「西イ」。
3 宮本右傍「女」あり。以文本「女」を朱で消し右傍「女ノ字本ノ二ニアリ」あり。
4 作、荷田本・神宮本・都立本・神宮一本・谷本・三手本・宮本・信友本「仕」。
5 宮本右傍「女」あり。以文本「女」を朱で消し右傍「同上」あり。
6 幷國、神宮本・宮本「国并」とし、宮本右傍「并國」。三手本「国」右傍「圖乎」。
7 子弟、荷田本注「諸本並作二弟子一今私改レ之」。林本・神宮本・都立本・神宮一本・谷本・三手本・宮本「弟子」とし、宮本には反転記号あり。
8 撰、荷田本・林本・神宮一本・信友本「擔」。神道本右傍「擔イ」。神宮本・都立本・宮本右傍「擔」。三手本右傍「擔乎」。
9 隨、都立本「簿」とし右傍「隨」。
10 第、三手本「苐」とし右傍「第イ」。

に「苐（ツイヅ、ツイデ）」。「つぎて」は「ついで」の古形。随は一五〇頁注六、之は八頁注五、賜は七十六頁注十三参照。
一四 一は三五〇頁注十三参照。「きざみ」の用例は、源氏物語桐壺に「ひと（一）きざみのくらゐ（位）」。名義抄僧上七十九に「等（トウ）」。
一五 神社において神主・禰宜に次ぐ神事奉仕者。職員令神祇官条義解に「其祝者、國司於二神戸中一簡定、即申二太政官一、若無二戸人一者、通取二庶人一」とあり、各社の神戸より選出され、その名籍は神祇官の伯が管掌した。十巻本和名抄一に「祝（和名波不利）」。名義抄法下五に「祝（ハフリ）」。四時祭式祈年条の「祝部」に「ハフリヘ」の訓。

伴・佐伯賜禄

一開門幷せて二久米舞に供奉る　三伴・佐伯宿禰の

四主典以上に　各　五綿廿屯

六散位幷せて七蔭子孫等に　各　綿十屯

神服以下賜禄

八神事に供奉る

九神服に　各　絹一疋

十神主に　各　絹一疋　綿四屯

調布一端

十一服の長に　各　絹一疋　綿一屯

一 伴・佐伯両氏が大嘗宮の南門を開くことは五〇〇頁に、閉じることは五一六頁に見える。開は九十六頁注十六、門は一〇四頁注十五、幷は四頁注四参照。

二 伴・佐伯両氏の久米舞奏上は、五七六頁に見える。久米舞は五七六頁注十六、供奉は三七〇頁注十七参照。

三 伴・佐伯は四四二頁注十四、宿禰は四五〇頁注十参照。

四 伴・佐伯両氏の氏人で六位以下主典以上の者。主典は六頁注一、以上は十二頁注二十七、各は四頁注二十二参照。

五 綿は十二頁注二十三、屯は三十四頁注二参照。

六 伴・佐伯両氏の氏人で散位の者。散位は十六頁注八参照。

七 伴・佐伯両氏の氏人で蔭位を授かっている者。選叙令五位以上・受位条規定では、父祖が五位以上の位を授かっていると、その子・孫は試験を経ずして二十一歳になると一定の位を賜り、相当する官職に任ぜられた。その位のことを蔭位といい、蔭位を授かる者を蔭子・蔭孫と称した。蔭を「おん」と音読する用例は、伊呂波字類抄六に「蔭贖〔オムソク〕」。子は、名義抄法下一三七に「子〔コ〕」。孫は、日本霊異記中十六縁の訓釈に「息〔于万古(うまこ)〕」、和名抄二に「孫」を「無万古(むまご)」。源氏物語末摘花に「むまご(孫)」、徒然草一に「うまご(孫)」。

八 神服（和妙服）奉織・奉献に供奉したこと。神（かむ）の訓は五十六頁注六参照。事は、名義抄仏上八十に「事〔禾(わ)ザ〕」。源氏物語葵に「常のかむわざ(神事)」。

九 四二四頁に見える神服七十六人のことであろう。但し、この七十六人は神服長二人を含めた人数であり、本条では神服七十四人となる。神服は四二二頁注六、神服の訓は五十六頁注六参照。なお、神服の妻への賜禄が絹一疋・調布一端・綿一屯とある（六二〇頁）ので、林本は、本条の神服への賜禄物に脱文を疑う。校異参照。

十 神服社の神主。神服使として三河国に派遣され（一〇二頁）、絹糸を奉持し、神服長等を率いて帰京する（二七四頁）。一〇二頁注七参照。神主の訓は一〇二頁注八参照。

供奉開門[1]幷久米舞伴・佐伯宿禰主典以上各綿廿屯、散位幷蔭子孫等各綿十[2]屯、供奉神事神服[3]各絹一疋、神主各絹一疋[4]、綿四屯、調布一端、服長各絹一疋、綿一屯、

十一 神服の長。二七四頁注五参照。

1 開門、神宮本・都立本「閒門」。
2 十、都立本「廾」。神宮一本「二」。
3 神服、林本注「神服ノ祿、闕文アルヘシ」。
4 疋、神宮本・都立本「尺」とし、神宮本右傍「疋イ」、都立本右傍「疋」。

国司以下郡司以上の妻に賜禄

服[一]の女に　各　調布一端

又　勅使[二]の内侍[三]　中重[四]に於きて　見参[五]の國司以下郡司以上[六]の

妻[七]を　對勘へ[八]　祿を賜へ

禄法

其の祿法[九]は

守・介[十]の妻に　各　絹六疋

綿廿屯

調布十端

掾[十一]の妻に　各　絹四疋

綿八屯

調布五端

一　神服の女。三一四頁注八参照。
二　五九八頁注七参照。
三　十六頁注十六参照。
四　内裏を囲む外郭門、即ち、南面中央の建礼門（その東西端に春華・修明門）、東面の建春門、西面の宜秋門、北面中央の朔平門（その西端に式乾門）の七門の内側。儀鸞門前でおこなわれる国郡司以下への賜禄儀に準じて、承明門前庭を会場としたか。斎宮式中重庭条の「中重」の「重」に「へ」の訓。平家物語十一鏡に「内裏なかのへ（中重）」。名目鈔に「中重（ナカノヘ）」。於は七十二頁注六参照。
五　五四八頁注十五参照。賜禄の場に参列していること。
六　悠紀・主基両斎国の国司、斎郡郡司、斎郡以外の郡司、斎国の史生・博士・医師及び神服のそれぞれの妻に禄を賜う。妻子への賜禄のことは、続日本紀神亀元年十一月壬午条（聖武天皇大嘗祭）に「賜二饗百寮主典已上於朝堂一、又賜二無位宗室、諸司番上及兩國郡司幷妻子、酒食幷禄一」と見える。
七　名義抄仏中七に「妻（メ、ツマ）」。
八　賜禄対象者が、実際に参列しているかを歴名などで確認すること。対は、名義抄法下一四四に「對（ムカフ、アタル、タイ）」。勘は、同書僧上八十四に「勘（カムガフ、サタム）」。勘の音読例は、字類抄上一〇八ウに「勘問（カンモン）」。
九　禄法は五八四頁注五、禄は五四八頁注十一参照。
十　斎国国司の長官と次官の妻。守・介以下への賜禄は六〇八頁以下参照。守は一三六頁注十、介は一三六頁注十一参照。
十一　斎国国司の第三等官の妻。掾は四頁注三十四参照。

服女各調布一端、又敕使內侍於中重、對勘見參國司以下郡司以上妻賜祿、其祿法也、守・介妻各絹六疋、綿廿屯、調布十端、掾[1]妻各絹四疋、綿八屯、調布五端、

1 掾、都立本「録」とし右傍「掾」。谷本「椽」。宮本「禄」とし右傍「掾」。

目[一]の妻に　各 絹[二]二疋
　　綿[三]六屯
　　調布[四]二端

史生[五]・博士・醫師の妻に　各 絹二疋
　　綿二屯
　　調布二端

神事[六]に供奉る神服の妻に　絹[七]一疋
　　調布[八]一端
　　綿一屯

齋郡[九]の大・少領の妻に　各 絹三疋

一 斎国国司の第四等官の妻。目は六頁注一、各は四頁注二十二参照。
二 絹は十二頁注二十一、疋は七十二頁注十三参照。
三 綿は十二頁注二十三、屯は三十四頁注二参照。
四 調布は三十四頁注十三、端は三十四頁注十四参照。
五 斎国の史生・博士・医師の妻。史生・博士・医師は六〇八頁注八参照。
六 神事供奉は六一六頁注八参照。六一六頁に見える神服の妻であるが、神服への賜禄は、各絹一疋とする。本条によれば、その妻への賜禄物の方が多い。
七 底本「絹」、「各絹」に作る一本あり。校異参照。
八 禄物を列挙する前後の例は絹・綿・調布の順であるが、本条では絹・調布・綿の順となっている。
九 斎郡郡司の長官と次官の妻。斎郡の大領・少領以下への賜禄は六一〇頁以下参照。斎郡は七十二頁注五参照。大領・少領は七十八頁注十二参照。また、大領は一三六頁注十、少領は一三六頁注十一参照。

目[1]妻各絹二疋、綿六屯、調布二端、史生・
博士[2]・醫師妻各絹二疋、綿二屯、調布二端、
供奉神事神[3]服妻[4]絹一疋、調布一端、綿一屯、
齋郡大・少領妻各絹三疋、

1 目、三手本・宮本「自」とし、三手本「目乎」、宮本「目」。
2 士、神宮一本「主」とし右傍「士カ」。
3 神宮本なし、右傍「神」。
4 谷本「各」あり。林本注「脱二各字一」あり。

綿六屯

調布三端

一主政・帳の妻に　各　絹二疋

綿二屯

調布二端

二諸郡の大・少領の妻に　各　絹二疋

綿二屯

調布二端

三主政・帳の妻に　各　絹一疋

綿二屯

一 斎郡郡司の第三等官と第四等官の妻。主政・主帳は六一〇頁注三、妻は六一八頁注七参照。

二 斎国における斎郡以外の全郡司の長官と次官の妻。大領・少領は七十八頁注十二参照。また、大領は一三六頁注十、少領は同頁注十一参照。

三 斎国における斎郡以外の全郡司の第三等官と第四等官の妻。

綿六屯、調布三端、主政・[1]帳[2]妻各絹二疋、
綿二屯、調布二端、諸郡大・少領妻各絹二
疋、綿二屯、調布二端、主政[3]・帳[4]妻各絹一
疋、綿二屯、

1 宮本右傍「主」あり。
2 都立本・神宮一本なし。
3 政、都立本・神宮一本なし。
4 帳、三手本・宮本「惟」とし宮本右傍「主帳」。

調布二端

晦日朱雀門にて大祓

[一]晦日　[二]朱雀門に於きて　[三]大祓すること　[四]二季の儀の如くせよ

斎国の御膳八神を祭る

[五]十二月の上旬　[六]禰宜の卜部を差して　[七]兩の齋國に遣し　[八]御膳八神を祭れ

物部等解斎

訖りて　[九]物部の人等を召集へ　[十]解齋く解除をせよ

[十一]祭祀幷せて解除に用度は　一ら初に同じ　[十二]兼ね用物を副へよ

一「つきごもり」とも。十一月晦日。十一月一日から始まった散斎月の最終日。日本霊異記上十二縁の訓釈に「晦〈川支己毛利（つきこもり）〉」、新撰字鏡一に「曖、扶菊反晦也、豆支己毛利（つきこもり）」、名義抄仏中九十二に「晦〈ツゴモリ〉」。土佐日記承平五年一月二十日条に「ただひのへぬるかずを、けふいくか、はつか、みそかとかぞふれば」。日は八頁注三参照。

二 朱雀門は三三八頁注八、於は七十二頁注六参照。

三 朱雀門前の大祓。三三八頁注十参照。散斎月に入る前の朱雀門前大祓は三三八頁に見える。十一月晦日大祓は、践祚大嘗祭式解斎条にも規定され（注五参照）。また、文徳天皇実録仁寿元年十一月二十九条（文徳天皇大嘗祭）に「丁酉晦、大祓於朱雀門前、謂之解齋」、三代実録貞観元年十一月三十日条（清和天皇大嘗祭）にも「辛巳、大祓於朱雀門前、大嘗祭解齋也」とある。大祓の訓は二十六頁注二十一参照。

四 毎年恒例の六月・十二月の晦日に斎行される大祓のこと。三三八頁注十参照。二季は三三八頁注十一、儀は二頁注五、如は一八六頁注二参照。

五 践祚大嘗祭式解斎条に「凡大嘗祭畢、差禰宜卜部二人、遣兩齋國、祭御膳神八座、即爲解齋、明日燒却齋場、其供神物者、以當國物充之、晦日在京諸司集祓、准二季儀」とある。十二月は、黒川本字類抄下六十七ウに「臈月〈シハス〉」、十二月〈同〉」。上旬は五十八頁注五参照。

六 彌宜卜部は五十六頁注四・七十頁注二十、差は六十頁注十七参照。

七 悠紀・主基の両斎国。両の訓は四頁注十八、斎は七十二頁注五、国は二頁注二十三、遣は五十八頁注八参照。

八 斎郡斎場に設けられた八神殿に奉祀されている八神。一四二頁注十から一四四頁注二までを参照。御膳の訓は二〇〇頁注一、八神の訓は九十二頁注六、祭は一〇八頁注二参照。

九 物部人は七十八頁注八、物部の訓は四十八頁注三、等は六頁注九、召は二頁注二十一、集は二一四頁注九参照。

調布二端、晦日於朱雀門大祓、如二季儀[1]、
十二月上旬、差[2]禰[3]宜卜部、遣兩齋國、祭[4]御
膳八[5]神、訖[6]召集物部人等、解齋解除〔祭祀
幷解除用度一同初、副[7]兼[8]用物〕、

1 如二季儀、林本なし。
2 差、神宮本・三手本・宮本「羞」。神宮一本「着」。
3 禰、信友本「祢」。三手本・宮本「禄」とし、三手本右傍「祢乎」。
4 祭、神宮本「各」とし右傍「祭」。宮本「条」とし右傍「祭」。
5 八、荷田本・林本・神宮本・都立本・神宮一本・三手本・宮本・信友本「以」とし、林本「八之誤」、都立本右傍「神八」、神宮一本「右傍「一作八」」、宮本右傍「八」。
6 訖、神宮本「託」とし右傍「訖イ」。
7 副、荷田本注「副兼用物未レ解レ義」。林本注「副兼未レ詳」。信友本頭注「副兼用物未レ解」。
8 兼、底本、欠画「兼」。

十一 解斎は五八〇頁注十一、解除は一四〇頁注二参照。践祚大嘗祭式解斎条によれば、物部人等の解斎・解除がおこなわれた翌日、斎郡斎場が焼却される（注五参照）。
十二 八神を祭る料、また物部人の解除料は、抜穂使が斎郡到着後、それぞれ斎行された時と同じ料を弁備すること。八神の祭料は一四四頁以下に記されている。また、国司・郡司、物部人、担夫の解除のことは一三八頁に見える。祭祀は、字類抄下一一〇オに「祭祀〔マツリ、サイシ〕」、名義抄法下三に「祀〔マツル、マツリ〕」。幷は四頁注四参照。用度は、字類抄上一一七に「用度〔モチヰハカリコトヲ、ヨウト〕」。用は十四頁注二、一は五一四頁注六、初は二一六頁注十三、同は二頁注三十四参照。
十三 底本「副兼用物」、諸本異同無し。林本・荷田本は未詳とする。校異参照。兼は、字類抄上一〇二ウに「兼〔カヌ〕」。物は十頁注二十一、副は一五〇頁注十四参照。

諸司・諸国に下す官符・宣旨例

諸司・諸國に頒ち下す　官符・宣旨の例

卜定結果を両斎国国司に下達

1 太政官符す　其の國司

應に悠紀に供奉るべき事　主基も亦同じ

右　神祇官の解を得るに偁ふ　應に大嘗會の悠紀に供奉るべき彼の國の其の郡　卜定むること件の如し　者れば　國宜しく承知りて　符到らば　奉行ふべし

辨　位　姓　名　　史　位　姓　名

年　月　日　　下皆同じ

両斎国のことを諸国司に下達

2 太政官符す　五畿内・七道の諸の國司

一 大嘗祭斎行のために、諸司・諸国に下達される官符・宣旨の書式例が以下列挙される。諸司は四頁注三十三、諸は四頁注二、国は二頁注二十三参照。

二 頒は四〇六頁注十二、下は二頁注二十九参照。

三 官符は二頁注三十、宣旨は八頁注十四参照。「ためし」は、建礼門院右京大夫集に「うきためし(例)こそ」とあり、国史大系本践祚大嘗祭式神楯戟条の「様」に「タメシ」の訓が付されている。名義抄仏上二十三に「例〔ツネナリ、トモカラ、ナラフ〕」。

四 官符宣旨例第一号。悠紀・主基斎国の各国司への太政官符。悠紀国国司に悠紀国郡卜定、主基国国司に主基国郡卜定の結果を通知して、大嘗祭の斎国として供奉することを命じる。二頁以下の「大臣奉レ勅召二神祇官一、密封令レ卜二定悠紀・主基國郡一、奏書訖、卽下二知其國一〔官符在二別巻一、下同、凡送二諸國一官符幷牒、事急者附二驛傳一、自餘附二在レ京使幷雜掌一〕」と対応する。太政官符の様式は、公式令符式条に規定されている。太政官は二〇二頁注十六参照。

五 卜定された国名が記載される。底本「其」。「某」に作る写本あり。校異参照。

六 国は二頁注二十三、司は四頁注三十三参照。

七 八頁注十参照。

八 悠紀国として供奉すること。悠紀は二頁注二十三、供奉は三七〇頁注十七、事は二頁注九参照。

九 主基国国司への太政官符も、悠紀を主基に替える以外は同文。主基は二頁注二十三、亦は六頁注十一、同は二頁注三十四参照。

十 六頁注三参照。

十一 神祇官において卜定された国郡名を、神祇官から太政官に上申した解。「應供奉大嘗會」から「卜定如件」までが神祇官の解。神祇官は二頁注二十、解は一三六頁注十九、得は一四〇頁注十二参照。

十二 名義抄仏上二十九に「偁〔イハク、ノタマハリ、イフ〕」。字

頒[1]下諸司・諸國、官符・宣旨例[2]

太[3]政官符其國司[4]

　應供奉悠紀事（主基亦同[5]）、

右、得神祇官解偁、應[6]供奉大嘗會悠紀彼國其[7]郡卜定如件者[8]、國宜承知、符[9]到奉行、

辨[10]位姓名　　　史位姓名[11]

　　年[12]月日　　　下皆同

太[13]政官符五畿内七道諸國司

1 頒下諸司、都立本・神宮一本小字、都立本左傍「四字大字」。
2 符、三手本「府」とし右傍「符乎」。
3 太、信友本「大」。
4 其、荷田本・林本・都立本・神宮一本「某」。神道本右傍「某イ」。以文本「某」を「其」と訂正し頭注「其一本作某下同」。
5 亦、神宮一本・谷本・宮本「互」。神宮本「夃」。林本注「互夃之誤」。宮本右傍「亦」。
6 應、谷本なし。
7 其、荷田本・林本・都立本・神宮一本「某」。神道本右傍「某イ」。谷本「斎」。三手本・宮本「基」とし右傍「某」。
8 者、林本注「者字屬上句尾可ㇾ続、下同、如ㇾ件者、卜可ㇾ読、習俗不ㇾ得ㇾ改、悲哉」。
9 符、三手本「府」とし右傍「符乎」。
10 辨位姓名、荷田本「年月日」。都立本・信友本「年月日不皆同」とし「不」右傍「下」。神宮本「年月日不改同」とし右傍「辨位姓名イ二」「不」の左傍「下カ」。
11 名、宮本「各」とし右傍「名」。
12 年月日下皆同、荷田本「辨位姓名（下皆同）」とし注「元本以㆓辨位姓名四字㆒置㆓右行㆒以㆓年月日三字㆒置㆓左行㆒者、蓋不ㇾ知㆓官符躰㆒而定改者也、仍今従㆓諸本㆒」・「下皆同三字、諸本大字、今依㆓上文主基亦同四字例㆒私改為㆓小字㆒」。林本・神宮本「年月日　下皆同」とし、林本注「下皆同三字、小書注文ナルベシ」。神宮本・都立本・信友本「辨位姓名」。宮本「年月日不皆同」とし「不」右傍「下」。
13 太、神宮本・谷本「大」。

類抄上十ウに「偁、云、遵（已上同、イフ）」。稱は七十八頁注三参照。

十三 二頁注四、六〇四頁注三参照。

十四 名義抄仏上三十九に「彼（ソレ、ソコ）」。郡は二頁注二十三参照。

十五 二頁注二十四参照。

十六 「如件」は文書の末尾に書かれる常套句。右の通りである。件は既知の事柄をさしていう。三七〇頁注七参照。如は一八六頁注二参照。

十七 字類抄下二十一ウに「者（テヘリ）」。

十八 三五六頁注九参照。

十九 名義抄仏下本六十に「汞（ウケタマハル）」。知は二頁注二十九参照。

二十 符の実行を命じること。到は二十四頁注五、奉は二頁注十九、行は二頁注九参照。

二十一 本官符の作成者である弁官の位署（官職、官位、姓名を記すこと）。太政官符は弁官において作成され、弁と史が位署する。公式令符式条では「大辨位姓名」とある。弁は四頁注二十三、位は五〇〇頁注二十五、姓名は五〇八注十参照。

二十二 本官符の作成者である史の位署。史は四頁注三十六参照。

二十三 本官符の作成日。これに続けて、公式令符式条では「使人位姓名、鈴剋（傳符亦准ㇾ此）」とあり、使人の位姓名と用いる駅鈴（伝符）の剋数を記すこととなっていた。年は二頁注九、月は二頁注八・十、日は十頁注九参照。

二十四 以下の官符は、本官符書式に同じとして、弁・史の位署、年月日を省略している。下は二頁注三十三、皆は三九四頁注八参照。「下皆同」の三文字について、林本は「下皆同三字、小書注文ナルベシ」とする。校異参照。

二十五 官符宣旨例第二号。五畿内と七道の諸国国司への太政官符。悠紀・主基両斎国が卜定されたこと、両斎国に、遅滞無く、神

（七七〇頁へ続く）

其の國[一] 悠紀 其の國 主基

右[二] 大臣の宣を被るに偁ふ[三] 前[四]の件の兩國[五] 今年[六]應に大嘗會に供奉るべし 宜しく諸國に仰せて 件の兩國の[七]誂ふるところの事[八] 早速[九]に行はしめ 拘留[十]を致[十一]すこと勿[十二]るべし 者れば 諸國承知[十三]りて 宣に依[十四]りて之を行へ

雑用料のことを両斎国国司に下達

3 太政官符[十五]す 其の國司[十六] 兩所[十七] 共に此の符を用ゐよ 下皆之に倣[十八]へ

正税[十九]の稻 壹萬束 卜食[二十]の郡の調[二十一]・庸及び封物

右 大嘗會に供奉る雜用の料[二十二] 例に依りて充[二十三]つるところ 件の如し 國宜しく承知りて 件に依りて之を行ふべし 其の[二十四]

一 卜定された国名が記載される。

二 上卿の大臣が口頭で命令を下すこと。大臣は二頁注十七参照。大臣の宣は、「前件兩國」から「勿拘留」まで。宣は、名義抄法下四十九に「宣〔セム〕」。

三 大臣からの命令を受けること。「かがふり」は「かうぶり」の古形。日本書紀私記乙本神代上に「蒙恩頼嘗〔美陁万乃不由乎加々不禮里(みたまのふゆをかがふれり)〕」。名義抄法中一四六に「被〔カウフル、カウフラシム〕」。

四 一六六頁注十一参照。

五 悠紀・主基両斎国。二頁注二十三参照。

六 字類抄下一ウに「今年〔コトシ〕」。

七 八頁注二参照。

八 両斎国が神事斎行の為に依頼することを、速やかに実施し、遅滞を致すことがないようにすべき、の意。誂は、人にものを依頼すること、依頼して作らせること。書紀垂仁天皇四年九月条の「誂」に「アトラヘテ、アツラヘテ」の訓。

九 早は、名義抄仏中一〇〇に「早〔スミヤカナリ、スミヤカニ〕」。速は、同書仏上四十八に「速〔スミヤカニ〕」。行は二頁注九参照。

十 留め置くこと。字類抄下十一ウに「㧇留〔コウリウ〕」。

十一 名義抄僧中六十一に「致〔イタス、イタル〕」。

十二 名義抄法下五十七に「勿〔ナシ、ナカレ〕」。

十三 底本「諸國承知」。「諸國宜承知」に作る諸本あり。校異参照。

十四 三三〇頁注十二参照。

十五 官符宣旨例第三号。悠紀国・主基国の各斎国国司への太政官符。大嘗会雑用料として、斎国の正税稲一万束、斎郡の調・庸及び封物を充てることを命じる。十二頁の「次奏下聞可レ請二正税稲一萬束・卜食郡調庸幷雜物之狀上〔凡會所請レ借二雜物一奏、正税稻幷絹・布・綿・錢・米等類、行事幷國司五位上署レ名、自餘輕微之物、不レ署直奏〕、卽下二知兩國一」に対応する。儀式

其國[1]〔悠紀〕其國[2]〔主基〕

右、被大臣[3]宣偁、前件兩國、今年應供奉大嘗會、宜仰諸國、件兩國所誂[4]事、早速令行、勿致拘[5]留者、諸國[6]承知、依宣行之、

太[7]政[8]官符其國[9]司〔兩所[10]共用此符[11]、下皆倣[12]之〕、

正稅稻壹萬束　[13]卜食郡調庸及封[14]物

右、供奉大嘗會雜用料、依例所充如件、國宜承知、依件[15]行之、其[16]

本文により、本官符の宛先が悠紀・主基の両斎国であり、正税稲以下は大嘗会行事所の予算にもなっていたことが判る。また、本官符によって、斎郡内の食封についての処理が理解され、儀式本文と官符宣旨例の補完関係を示す例となる。

十六　悠紀国司、主基国司。

十七　両所は悠紀国と主基国のこと。両斎国宛は共に本官符を用いる。両所は四頁注十八、共は十頁注六、此は四頁注二十四、用は十四頁注二参照。

十八　四七六頁注四参照。

十九　十二頁注十二参照。

二十　斎郡。卜食は十二頁注十四、郡は二頁注二十三参照。

二十一　調は十二頁注十五、庸は十二頁注十六、及は八頁注二十八、物は十頁注二十一参照。封物は、食封内の封戸が、封戸主及び本国に納入する負担物の総称。封戸が負担する調庸の総てと租の半分は、封戸主（食封を賜った者）への支給物となり、残る租の半分は、本国の正税として納入される（賦役令封戸条）。本条の封物とは、封戸が正税として負担する官稲のことと考えられる。封は、黒川本字類抄中一〇二ウに「封〔ホウ、フ、フウス〕」。食封は六三〇頁注一参照。

二十二　雑は四頁注二十八、用は十四頁注二、料は二十二頁注二十三参照。

二十三　十頁注十七参照。

二十四　斎郡のこと。

1 其、荷田本・林本・都立本・神宮一本「某」。神道本右傍「某イ」。

2 其、荷田本・林本・都立本・神宮一本「某」。神道本右傍「某イ」。

3 臣、三手本・宮本「卜」とし、三手本「臣乎」、宮本右傍「臣」。

4 誂、荷田本注「所誂諸本作二所誹一今私改レ之」。林本・神宮本・神宮一本・三手本・宮本「誹」とし、林本「誂ノ誤、誂アトラフト訓ス」、神宮本右傍「誂カ」左傍「課カ」、神宮一本右傍「一作誂」、宮本右傍「課」。

5 拘、底本・故実本「拘」。荷田本・林本・神道本・神宮一本・谷本「拘」。神宮本「拘」とし右傍「抑カ」。都立本「拘」。三手本・宮本「物」とし、宮本右傍「拘」。

6 荷田本・林本・都立本・神宮一本・谷本・信友本「宜」あり。神宮本右傍「宜カ」あり。宮本右傍「宜」あり。

7 太、神宮本・谷本・信友本「大」。

8 政、以文本「嘗」。

9 其、荷田本・林本・神宮一本・信友本「某」。神道本右傍「某イ」。

10 所、神宮本「国」。

11 符、三手本「府」とし右傍「符乎」。

12 倣、荷田本・林本・都立本・神宮一本・谷本・宮本・信友本「效」。神道本右傍「效イ」。神宮本「傚」。

13 以文本一字空白なし、「一字空白ノ事」あり。

14 封、神宮本「對」とし左傍「封カ」。三手本「對」とし右傍「雜乎」。宮本「對」とし右傍「封雜イ」。林本注「伊庭本、封物食封之封作レ對、並非、封物雜物之誤、即雜用也」。以文本頭注「封物一作二雜物一」。

15 件、谷本「例」。神宮本右傍「例イ」。都立本・宮本右傍「例」。神宮一本右傍「一作レ例」。三手本右傍「宣乎」。

16 其、神宮一本・信友本「某」。神道本右傍「某イ」。

卜食の郡　若し食封有らば[一]　換ふるに[二]他の郡を以ちてせよ

雑物運進のことを諸国司に下達

4 太政官符す[三]　其の道の諸の國司

應に大嘗會所の[四]　雜物を[五]運び進る[六]べき事

右　大臣の宣を被るに偁ふ　會の料の交易[七]の雜物　宜しく傜夫[八]を差して　例に依りて運び進るべし　者れば　諸國宜しく承知りて　宣に依りて之を行ふべし

用度・雑色人のことを両斎国国司に下達

5 太政官符す[九]　其の國司[十]

多毎米[十一]　卅斛　大多毎黒木[十二]・白木の酒の料

一 斎郡内に食封が設けられている場合。若は三十六頁注二参照。食封は、特定数の公民の戸を賜り、その戸の課口が負担する調庸、班給される口分田の田租の半分を収得させる制度。品封、位封、職封、功封、寺封などの区別がある。位封、職封などの支給課戸数は賦役令食封条に規定がある。書紀大化二年正月条の「食封」に「ヘヒト」の訓。名義抄僧上一〇四に「食〔自(じ)キ〕」。黒川本字類抄中一〇二ウに「封〔ホウ、フ、フウス〕」。有は四十二頁注二十参照。

二 斎郡内の食封が封戸主に負担する封物を、他郡が代替して補填することか。換は、名義抄仏下本七十四に「換〔カフ〕」。他は、同書仏上三十二に「他〔ホカ〕」。以は四頁注十七参照。

三 官符宣旨例第四号。該当する道内の諸国司への太政官符。大嘗会料の交易雑物を、傜夫をして京進させることを命じる。二十二頁の「次應レ運二進會所雜物一之狀、下二知諸國一」に対応する。大嘗会料の交易雑物については、官符宣旨例第十二号（六七四頁）、第十三号（六七六頁）が関連する。

四 大嘗会行事所（悠紀行事所、主基行事所）。四頁注二十五参照。

五 十二頁注十七参照。

六 運は二十二頁注二十五、進は十頁注十二参照。

七 三十二頁注三参照。

八 雑徭（一年間に六十日以内の労役）として、国郡司から徴発され、労働や運送に従事した人夫。傜夫の訓は、夫（よほろ、七十八頁注六）、役夫（えよほろ、一六四頁注十二）に准じた。傜は、名義抄仏上二十二に「傜〔ツカフ〕」。差は六十頁注十七参照。

九 官符宣旨例第五号。悠紀・主基両斎国への太政官符。斎郡において、多毎米卅斛以下の用度を弁備することと、造酒童女以下の物部人を選定することを両斎国国司に命じる。多毎米のことは、十四頁の「次應レ行二多毎物一之狀、下二符兩國一」に対応するのであろう。また、当郡鋪設料の畳以下簀は、一五六頁の

卜食郡若有食封[1]、換[2]以他郡、

太[3]政官符其[4]道諸國[5]司

　應運進大嘗會所[6]雜物事

右、被大臣宣偁、會料交易雜物、宜差[7]傜[8]夫、依例令運進者、諸國宜[9]承知、依宣[10]行之、

太[11]政官符[12]其[13]國司

多毎[14]米卅斛〔大[15]多毎[16][17]黑木・白木酒[18]料[19]〕、

「當郡鋪設當途而列〔畳・茵卌枚、席・長薦各七十枚〕」に対応し、造酒童女以下十五人の物部人を卜定することは、七十八頁以下の「次卜㆓定物部人十五人㆒〔男六人、女九人〕、造酒童女一人〔以㆓當郡大・少領女未㆑嫁卜食充㆑之、神語佐加都古〕、稲實公一人、大酒波一人、大多米酒波一人、粉走二人、相作四人、焼灰一人、採薪四人、歌人廿人、歌女廿人〔歌人・歌女竝不㆑卜〕」に対応する。

十　悠紀・主基両斎国の各国司。

十一　節会において、臣下に賜る大多米酒の原料となる米。多毎物は十四頁注十七、大多米酒は三〇六頁注二、斛は三四四頁注十二参照。

十二　大多米酒として臣下に賜る黒酒・白酒。大多毎は八十頁注二、黒酒・白酒は二八二頁注二、酒は二五〇頁注六参照。

1 封、神宮本「對」とし左傍「封カ」。三手本・宮本「對」とし、三手本右傍「封乎」、宮本右傍「封」。
2 換、神宮本左傍「損イ」。
3 太、神宮本・谷本「大」。
4 其、荷田本・林本・神宮本・都立本・神宮一本・谷本・三手本・宮本「某」。神道本右傍「某イ」。
5 國、三手本なし。林本「伊庭本、無㆓國司之國者、脱漏㆒」。
6 所、谷本なし。神宮本右傍「新カ」。
7 差、神宮本・三手本「着」とし、神宮本右傍「差カ」。都立本・宮本「着」とし、宮本右傍「差」。
8 傜、荷田本「徭」。林本・神道本「傜」。故実本「偪」。
9 宜、三手本・宮本「者」とし、三手本右傍「衍文字」。
10 宣、三手本「宜」とし右傍「宣乎」。宮本「宜」とし右傍「宣」。
11 太、神宮本「大」。
12 符、谷本「府」。
13 其、荷田本・林本・都立本・神宮一本・信友本「某」。神道本右傍「某イ」。
14 毎、都立本・神宮一本「女」。
15 大、神宮一本・三手本・宮本「太」とし、三手本右傍「大カ」。
16 毎、都立本・神宮一本「女」。
17 神宮本・三手本・宮本「日」あり。都立本右傍「白イ」あり。
18 酒、三手本・宮本「涌」とし、宮本左傍「酒」。
19 料、三手本「断」。

一駈使（はせつかひ）　三百人
二當郡（そのこほり）の鋪設（ほせつ）の疊（たたみ）三　卌枚
四短疊（みじかだたみ）　卌枚
五席（むしろ）　七十枚
六長薦（ながこも）　七十枚
七簀（す）　五十枚
八物部（もののべ）の人（ひと）　十五人
九造酒童女（さかつこ）　一人
十稲實（いなのみ）の公（きみ）　一人
十一灰焼（はひやき）　一人

一　二八八頁注五参照。一三八頁の「擔夫三百人」のことであろう。二八八頁では「駈使丁」とある。
二　斎郡が弁備する鋪設用の料。一五六頁注一参照。當は二頁注九、郡は二頁注二十三、鋪設は八頁注十一参照。
三　一五六頁注二参照。一五六頁も「疊卌枚」。枚は十二頁注二参照。
四　四〇二頁注六参照。一五六頁には見えない。
五　十頁注一参照。一五六頁も「席七十枚」。
六　一五六頁注五参照。一五六頁も「長薦七十枚」。薦は一二四頁注五参照。
七　一五六頁注六参照。一五六頁も「簀五十枚」。
八　物部人は七十八頁注八、物部の訓は四十八頁注三参照。
九　七十八頁注十参照。
十　七十八注十八参照。
十一　八十頁注五参照。八十頁・六一二頁は「焼灰」とする。

駈[1]使[2]三百人、當郡鋪設疊卌枚[3]、短[4]疊卌[5]枚、
席七十[6]枚、長薦[7]七十枚、簀五十枚、物部人
十五[8]人、造酒童女一人、稲實公一人、灰焼[9]
一人、

1 駈使三百人、林本なし。
2 信友本「丁」あり。荷田本注「駈使下蓋脱二丁字一」あり。神道本「丁イアリ」あり。
3 卌、林本・都立本・神宮一本・三手本「卅」とし、林本注「衣笠本、卅枚作二卌枚一、是非未考」、神宮一本右傍「一作卌」。宮本右傍「卅」。
4 短、三手本・宮本「雉」とし、宮本右傍「短」。
5 卌、荷田本注「短疊卌枚元本作二短疊卅枚一」。信友本頭注「卌一本作レ卅、但延喜大嘗式亦作二四十枚一」。
6 十、谷本「寸」。
7 薦、宮本右傍「席」。
8 五、荷田本・林本・神宮本・都立本・神宮一本・谷本・三手本・宮本・信友本なし。以文本行間に朱で「五」あり頭注「物部拠二前文一作二十五人一」。
9 灰焼、荷田本・林本・神宮一本「焼灰」。神道本右傍「焼灰」。都立本「灰焼」右傍「炭」。

大酒波女[一]　一人

粉走[二]　一人

相作[三]　二人

大多米酒波女[四]　一人

粉走女[五]　一人

相作女[六]　二人

採薪[七]　四人

歌人[八]　卌人　男廿人　女廿人

右神祇官[九]の解を得るに偁ふ　大嘗會[十]に供奉る用度　幷[十一]せて雜色人等[十二]　且[十三]申[十四]し送ること　件[十五]の如し　者[十六]れば　國宜[十七]しく

一　八十頁注一参照。八十頁・六一二頁は「大酒波」とする。女を「め」と訓むことは二十二頁注十七参照。

二　八十頁注三参照。

三　八十頁注四参照。

四　八十頁注二参照。八十頁は「大多米酒波」、六一四頁では「大多米酒波女」とする。

五　八十頁注三参照。八十頁・六一四頁は「粉走」とする。

六　八十頁注四参照。八十頁は「相作」、六一四頁では「相作女」とする。

七　八十頁注六参照。

八　八十頁注七・八・九参照。

九　斎郡において、多毎米卅斛以下の用度の弁備と、造酒童女以下の雑色人の卜定・選定を、斎国の各国司に申し送ることを神祇官から太政官に上申した解。「供奉大嘗會」から「申送如件」までが神祇官の解。神祇官は二頁注二十、解は一三六頁注十九、得は一四〇頁注十二、偁は六二六頁注十二参照。

十　大嘗会は二頁注四・六〇四頁注三、供奉は三七〇頁注十七、用度は六二四頁注十一参照。

十一　四頁注四参照。

十二　造酒童女以下十五人の物部人、歌人（男二十人・女二十人）、駈使三百人のこと。雑色人は二十六頁注十五、等は六頁注九参照。

十三　名義抄仏上七十八に「且（カツカツ、カツハ、マタ、シバラク）」。「かつがつ」は、とり急いでの意。底本「且」、「宣」に作る写本多し。校異参照。

十四　申は六頁注七、送は四頁注三参照。

十五　件は六二六頁注十六・三七〇頁注七、如は一八六頁注二参照。

十六　六二六頁注十七参照。

十七　宜は三五六頁注九参照。

大酒波女一人、粉走[1]一人、相作[2]二[3]人、大多
米酒波[4]女[5]一人、粉走女一人、相作[6]女二人、
採薪四人、歌人卌人（男廿人、女廿[7]人）、
右、得神祇官解[8]偁、供奉大嘗會用度幷雜色
人等、且[9]申送如件者、國宜[10]

1 神宮本・谷本・三手本・宮本「女」あり。林本「伊庭本、粉走下、有二女字一者錯二乱文一」あり。以文本頭注「粉走下一有二女字一」あり。
2 作、荷田本・林本・神宮本・都立本・神宮一本・谷本・三手本・宮本・信友本「仕」。以文本「仕」を「作」と訂正し頭注「相仕、想相作歟拠二前文一可レ作二二人一」。
3 二、荷田本・林本・神宮本・都立本・神宮一本・谷本・三手本・宮本・信友本「一」。
4 波女、谷本「婆」。
5 女、神宮本なし。
6 作、荷田本・林本・神宮本・都立本・神宮一本・谷本・三手本・宮本・信友本「仕」。
7 廿、都立本「二十」。
8 解、宮本「斛」。
9 且、荷田本・林本・都立本・神宮一本・宮本「宣」とし、荷田本注「宣申送一本作二且申送一依レ例蓋所申送之誤」、宮本右傍「宣」。信友本「所」。
10 宜、底本・都立本・神宮一本・谷本・三手本・宮本「宜」。

承知(うけたまはりし)[一]りて　例(ためし)に依(よ)りて之(これ)を行(おこな)ふべし

由加物弁備のことを紀伊・阿波・淡路の三国司に下達

6 [二]太政官符(おほいまつりごとのつかさふ／だいじやうくわんふ)す　諸(もろもろ)の國司(くにのつかさ)

①紀伊国

[三]紀伊(きい)の國(くに)

[四]海部(あま)の郡(こほり)

[五]薄鰒(うすあはび)　[六]二連

[七]生蚫(いきあはび)　[八]三籠

[九]生螺(いきつび)　三籠

[十]都志毛(つしも)　三籠

[十一]古毛(こも)　三籠

一 承は六二六頁注十九、知は二頁注二十九、例は六二六頁注三、依は三三〇頁注十二、之は八頁注五、行は二頁注九参照。

二 官符宣旨例第六号。紀伊国・阿波国・淡路国の各国司への太政官符。大嘗祭の由加物を弁備し、その京進を命じる。一一二頁の「次神祇官差二卜部三人一、申官差二遣紀伊・淡路・阿波等國一、監二作由加物一」から、一三六頁の「其三國造由加物使向レ京之日、路次國掃レ路祇承」までと対応する。本文では紀伊・淡路・阿波の順で記されている。本文と本官符の品目はほぼ一致するが、数量については、本官符では半分となっている。悠紀分、主基分として下達されたのであろう。太政官は二〇二頁注十六、符は二頁注三十参照。由加物使は一一二頁注二、由加物は一一二頁注七参照。

三 一〇六頁注十二参照。

四 紀伊国の郡。和名抄九によれば、賀太郷・浜中郷・全戸郷・埄家郷の四郷より構成。同書五に「海部〔阿末〕」。海岸地域にあたり、海部が居住した。

五 二十六頁注三参照。一一二頁は「薄鰒四連」とする。

六 二十六頁注六参照。

七 一一二頁注五参照。蚫は、新撰字鏡八に「蚫〔阿波比〕」。一一二頁は「生鰒六籠」とする。

八 一一二頁注七参照。

九 一一二頁注六参照。一一二頁は「生螺六籠」とする。

十 一一二頁注八参照。一一二頁は「都志毛六籠」とする。

十一 一一二頁注九参照。一一二頁は「古毛六籠」とする。

承知、依例行之、
太[1]政官符[2]諸國司
紀伊國　海部郡
薄[3]鰒[4]二連、生蚫[5]三籠[6]、生螺[7]三籠[8]、都志毛
三籠、古毛三籠、

1 太、神宮本・谷本「大」。
2 符、谷本「府」。
3 薄、谷本・三手本・宮本以降「古毛三籠」まで小字。
4 鰒、荷田本・林本・神宮本・都立本・神宮一本・信友本「鮑」。神道本右傍「鮑イ」。三手本・宮本「鯉」。
5 蚫、荷田本・林本・神宮本・都立本・神宮一本・谷本・三手本・宮本・信友本「鮑」。神道本右傍「鮑イ」。
6 籠、谷本・三手本・宮本「連」。
7 螺、三手本・宮本「鮑」。
8 三手本・宮本「生螺三篭」あり。

螺貝の焼鹽　五壺

右六種は國造り備ふところなり

米　七斗　人別に　日に二升

右　潜女五人　七箇日の食　正税を以ちて　之に充てよ

五色の薄絁　各五寸

倭文　五寸

木綿　二兩二分

麻　二兩二分

鑿　五柄

刀子　一柄

一 一一二頁注十参照。一一二頁は「螺貝焼鹽十顆」とする。
二 三〇〇頁注九参照。
三 四三六頁注八参照。
四 薄鰒以下の六品は、紀伊国が弁備する。採備するのは、賀太郷の潜女十人（一一二頁）。
五 造は四十二頁注九、備は二十六頁注十三参照。
六 賀太郷の潜女五人の七日分の米。一日分が一人二升で、正税より支出する。米は十二頁注二十五、斗は二十六頁注二参照。
七 潜女粮が一日二升であることは一一〇頁にも見える。人別は二十二頁注一、日は十頁注九、升は二十頁注六参照。
八 一二〇頁注四参照。一一二頁は賀多の潜女十人とする。
九 七日は三七二頁注十一、食は二十頁注二参照。
十 正税は十二頁注十二、以は四頁注十七、充は十頁注十七参照。
十一 二十四頁注十三・十四参照。一一四頁は「五色薄絁各一尺」とする。寸は一〇六頁注五参照。
十二 三十二頁注十六参照。一一四頁は「倭文一尺」とする。
十三 二十四頁注十六参照。一一四頁は「木綿五兩」とする。両は一一四頁注四、分は一〇六頁注六参照。
十四 二十八頁注十七参照。一一四頁は「麻五兩」とする。
十五 一一四頁注八参照。一一四頁は「鑿十具」とする。柄は八十四頁注八参照。
十六 七十四頁注十二参照。一一四頁は「刀子二枚」とする。

螺[1]貝焼鹽[2]五壺、右六種、國所造備、米七
斗、[3][4]人別[5]日二升、右、[6]潛女五人七箇日食、
[7]以正税[8]充之、五色薄絁各五寸、倭文五寸、
木綿二兩二分、麻二兩二分、鑿五柄、刀子
一柄、

1 貝、底本・荷田本・林本・神道本・都立本・神宮一本「貝」。神宮本・三手本・宮本「見」とし、宮本右傍「貝」。
2 五壺、宮本右傍「十顆イ」。
3 以文本一字空白なし、「一字空白」あり。
4 人別日二升、神道本右傍「大字イ」。神宮本・谷本・三手本・宮本大字。
5 日、三手本「目」。
6 潛女、林本注「上篇為賀多潛女和名抄紀伊国海部郡賀太即是」。
7 以、谷本なし。
8 充、神宮本・都立本・三手本・宮本「宛」。

水褌(したもぬの)[一]の布　　二段一丈三尺

右(みぎ)は　幣帛(みてぐら)[二]幷(あは)せて潜女(かづきめ)等(ら)の料(れう)に　給(たま)[三]ひ分(わか)つところなり

②阿波国

阿波(あは)の國(くに)[四]

那賀(なか)の郡(こほり)[五]

薄鮑(うすあはび)[六]　　廿二連半

鮑(あはび)の鮓(すし)[七]　　七壺半

細螺(しただみ)[八]

棘甲蠃(うに)[九]

石花(せ)[十]　相作(あひつく)[十一]ること十壺

麻殖(をゑ)[十二]の郡

一 褌は、名義抄法中一四一に「褌〔シタノハカマ、シタモ、スマシモノ〕」。潜女が海に入る時に身につける下裳の布。布は十二頁注二十二、段は三十四頁注四、丈は三十頁注八、尺は二十四頁注十五参照。一二四頁には水褌布は見えない。

二 一二四頁を参照すれば、六三八頁の五色薄絁から麻までが幣帛料、鑿・刀子・水褌布が潜女料（用具）となる。幣帛は四三六頁注十四、料は二十二頁注二十三参照。

三 給は十二頁注六、分は一二〇頁注二十一参照。

四 一一二頁注五参照。

五 一一八頁注三参照。

六 二十六頁注三参照。鮑は六三六頁注七参照。一三〇頁は「鰒卌五編」とする。

七 鮓は、名義抄僧下九に「鮓〔スシ〕」。一三〇頁は「鰒鮨十五坩」とする。

八 一三二頁注一参照。

九 一三二頁注二参照。底本「棘甲羸」。多くの写本異同無し。荷田本・神道本は「棘甲贏」に、故実本は「棘甲蠃」に作る。校異参照。

十 一三二頁注三参照。

十一 細螺・棘甲蠃・石花の三品を合わせて十壺とすること。一三二頁は「細螺・棘甲蠃・石華等幷廿坩」とする。相は四十六頁注二、作は十四頁注七参照。

十二 一一八頁注二参照。郡名の起源伝承は一三〇頁注九参照。

水褌[1]布二段一丈[2]三尺、右、幣帛幷潛女等料

所給分[3]、

阿波國　那[4]賀郡[5]

薄[6]蚫[7]廿二連半、蚫[8]鮓七壺半、細[9]螺・棘[10]甲

羸[11]・石花相[12]作[13]十[14]壺、

麻殖郡

1 褌、林本「伊庭本、褌作レ禈、非」。神宮本「禈」。谷本・三手本「禅」。宮本「桿」とし右傍「禈」。

2 一、宮本右傍「二イ」。林本注「一文作二丈一者是」。以文本頭注「一丈一作二一丈一」。

3 分、林本注「分作レト、即分字草書之轉訛」。谷本・宮本「ト」とし、宮本右傍「分」。

4 那、三手本「郡」とし右傍「那」。

5 郡、林本「伊庭本、無二郡字一脱漏」。三手本・宮本なし、三手本右傍「郡乎」、宮本右傍「郡」。

6 薄、三手本左傍「已下細字乎」。

7 蚫、荷田本・林本・神宮本・都立本・神宮一本・谷本・三手本・宮本・信友本「鮑」。神道本右傍「鮑イ」。

8 蚫、荷田本・林本・神宮本・都立本・神宮一本・谷本・三手本・宮本「鮑」。神道本右傍「鮑イ」。

9 細、神宮本・神宮一本・谷本・三手本・宮本・信友本なし、宮本右傍「細」。林本注「闕細字」。

10 棘、林本・神宮一本・三手本・宮本「蕀」とし、林本「棘之誤」、神宮一本右傍「一作レ棘」、三手本右傍「莿螺　蕀字下ニ置テモ訓同欤」。神道本「棘」。

11 羸、荷田本・信友本「羸」。林本・故実本「羸」とし、林本注「羸之誤」。神道本「羸」。

12 相、信友本「并」とし、頭注「相一壺蓋并十壺之誤、今此所物数挙二巻第二一所レ挙之半、而巻第二曰細螺棘甲羸石華等并廿坩文下文曰蒜英根并七瓫半」。荷田本注「相十壺蓋并十壺」。林本「並乃誤、トモニト訓ス」。神道本右傍「幷イ」。神宮本左傍「各カ」。

13 作、荷田本・林本・神宮本・都立本・神宮一本・谷本・三手本・宮本・信友本なし、宮本右傍「作」。

14 十、林本注「廿之誤」。

[一]忌御服の布（いみのみそぬの）　二丈一尺

[二]木綿（ゆふ）　三斤

[三]年魚（あゆ）　七缻[四]半

[五]蒜（ひる）の根（ね）弁（あ）へ　七缻半

[六]乾羊蹄（ほしし のね／ほししぶくさ）　七籠半

[七]蹲鴟（いへついも）　七籠半

[八]橘子（たちばなのみ）　七籠半

[九]右（みぎ）十二種（くさ）は　[十]國造（くにつく）り備（そな）ふところなり

[十一]米（よね／こめ）　一斛　[十二]人別（ひとごと）に二升

[十三]薦（こも）　一枚

一　阿波国忌部が奉織する麁妙服（あらたへ）の料。一三〇頁は「麁布一端」とする。なお、四八六頁では「麁妙服」とある。一二〇頁注二十三・一三〇頁注一参照。忌は三三〇頁注十七、御服は四〇二頁注十参照。

二　麁妙服と共に京進される木綿。一三〇頁は「木綿六斤」とする。一二〇頁注二十三参照。木綿は二十四頁注十六、斤は二十四頁注十七参照。

三　一三〇頁注二参照。一三〇頁は「年魚十五缶」とする。

四　一二六頁注一参照。

五　一三〇頁注四参照。一三〇頁は「蒜英根合漬十五缶」とする。并は、名義抄仏下末二十三に「并〔アハセタリ、アフ、ヒラク〕」。「あへ」は混ぜ合わせること。

六　一三〇頁注五参照。一三〇頁は「乾羊蹄十五籠」とする。

七　一三〇頁注六参照。一三〇頁は「蹲鴟十五籠」とする。

八　一三〇頁注七参照。一三〇頁は「橘子十五籠」とする。

九　右は六頁注三、種は四三六頁注八参照。

十　六四〇頁の薄蚫から橘子までの十二品は、阿波国が弁備する。一三〇頁以下によれば、麁布・木綿・年魚・蒜英根合漬・乾羊蹄・蹲鴟・橘子の七品は忌部が弁備し、鰒・鰒鮨・細螺・棘甲蠃・石華の五品は那賀郡の潜女が弁備する。造は四十二頁注九、備は二十六頁注十三参照。

十一　薄鰒以下の五品を採備する那賀の潜女十人の五日分の米。一日分が一人二升で、正税より支出する（一二〇頁参照）。米は十二頁注二十五、斛は三四四頁注十二参照。

十二　潜女一人に支給される米は、一日分として二升。潜女粮が一日二升であることは一二〇頁にも見える。人別は二十二頁注一参照。底本「人別二升」、「人別日二升」に作る写本あり。校異参照。

十三　一二四頁注五参照。

忌御服布二丈一尺、木綿三斤[1]、年魚七瓮
斗、蒜[2]根[3][4]幷[5]七瓮斗、乾羊蹄七斗[6]、蹲鴟七籠
斗、橘子七籠斗[7]、右十二種、國所造備、米
一斛、人[8]別[9]二升[10]、薦[11]一枚、

1 三、林本「六斤之誤」。
2 荷田本・都立本「英」あり、荷田本注「諸本並無、今依二巻第二一私補レ之」。林本注「闕二英字一」あり。信友本頭注「蒜下蓋脱二英字一、巻第二日蒜英根合漬十五缶」あり。以文本行間に「英」あるも消して頭注「蒜根幷、前文作二蒜英根合漬一」。
3 根、林本注「根下闕二合漬二字一」。宮本右傍「葉イ」。
4 宮本右傍「合漬」あり。
5 幷、林本注「衍字」。
6 斗、林本注「伊庭本無二斗字一者脱漏」。
7 斗、三手本右傍「已上細字乎」。
8 人別二升、荷田本・林本・神宮本・都立本・神宮一本・三手本・宮本・信友本小字。
9 荷田本・神宮一本・信友本「日」あり。林本右傍「日イアリ」あり。
10 信友本右傍「官本」あり。
11 薦一枚、三手本・宮本小字。

右[一]潜女十人　[二]五箇日の食の料　[三]并せて[四]用度は　[五]正税を以ちて　之に充てよ

[六]五色の薄絁　各三尺[七]

[八]倭文　三尺

[九]木綿　一斤[十]

[十一]麻　一斤

[十二]钁　二口[十三]

[十四]斧　二柄[十五]

[十六]小斧　二柄

[十七]鎌　二柄

一　那賀郡の潜女。潜女は一二〇頁注四参照。一三二頁に那賀の潜女十人とある。
二　五日は三九六頁注一、食は二十頁注二、料は二十二頁注二十三参照。
三　四頁注四参照。
四　六四二頁に見える薦一枚のことであろう。用度は六二四頁注十一参照。
五　正税は十二頁注十二、以は四頁注十七、充は十頁注十七参照。
六　二十四頁注十三・十四参照。一三二頁は「五色薄絁各六尺」とする。
七　二十四頁注十五参照。
八　三十二頁注十六参照。一三二頁は「倭文六尺」とする。
九　二十四頁注十六参照。一三二頁は「木綿二斤」とする。
十　二十四頁注十七参照。
十一　二十八頁注十七参照。一三二頁は「麻二斤」とする。
十二　一二八頁注二参照。一三四頁は「钁四具」とする。
十三　三十四頁六参照。
十四　一二八頁注三参照。一三四頁は「斧四具」とする。
十五　八十四頁八参照。
十六　一二八頁注三参照。一三四頁は「小斧四具」とする。
十七　八十四頁注七参照。一三四頁は「鎌四柄」とする。

右、潜女十八五箇日食料并用度、以正税充[1]之、五色薄絁各三尺、倭文三尺、木綿一斤、麻一斤、钁[2]二口、斧二柄、小斧二柄、鎌二柄、

1 充、神宮本・都立本・谷本・三手本・宮本「宛」とし、宮本右傍「充イ」。
2 钁、荷田本・林本・神宮本・都立本・神宮一本・谷本・三手本・宮本「鑃」とし、林本注「櫂之誤」、宮本右傍「櫂イ」。以文本「櫂」を「钁」と訂正し頭注「钁一作レ櫂下効レ此」。

鑿[一]　六柄
刀子[二]　二柄
鉋[三]　一柄
錐[四]　二具
水褌の布[五]　二段一丈三尺
右十三種は[六]幣帛并せて潜女等の料に[七][八]充つるところなり

③淡路国

淡路の國[九]
御原の郡[十]
瓮[十一]　十口　各一斗五升を受けよ[十二]
比良加[十三]　五十口　各一斗を受けよ

一　一二四頁注八参照。一三四頁は「鑿十二具」とする。
二　七十四頁注十二参照。一三四頁は「刀子四枚」とする。
三　一三四頁注七参照。一三四頁は「鉋二枚」とする。
四　先端が鋭くとがった鉄の棒に木の柄を付けたもので、小さい穴をあけるために用いる工具。和名抄十五に「錐〔和名岐利〕」。一三四頁には「火鑽三枚」とある。具は一二四頁注九参照。
五　六四〇頁注一参照。布は十二頁注二十二参照。
六　一三二・一三四頁によれば、五色薄絁から水褌布までの十三品目の内、五色薄絁・倭文・木綿・麻が幣帛料、钁・斧・小斧・鎌・刀子・鉋・錐・水褌布が那賀の潜女料（作具）。種は四三六頁注八参照。
七　幣帛は四三六頁注十四、并は四頁注四参照。
八　料は二十二頁注二十三、充は十頁注十七参照。
九　一一二頁注一参照。
十　淡路国御原（三原）郡。南西部に位置する。和名抄九に「三原郡〔美波良〕」とあり、倭文郷・幡多郷・養宜郷・榎列郷・神稲郷・阿万郷・賀集郷の七郷より構成。
十一　一二六頁注一参照。一二六頁は「瓮廿口」とする。
十二　一斗五升が入るということ。受は二頁注十二参照。
十三　六十六頁注七参照。一二六頁は「比良加一百口」とする。

鑿[1]六柄、刀子二柄、鉋[2]一柄、錐二具[3]、水褌[4]
布二段一丈三尺、右十三種、幣帛幷潛[5]女等
料所充[6]、
淡路國　御原郡
瓫十[7]口〔受[8]各一斗五升〕、比良加五十口〔受[9]
各一斗〕、

1 鑿、林本「鑽」とするも注「鑒、鑿之誤」。宮本「鏨」。荷田本・都立本・神宮一本・谷本「鑒」。宮本「鏨」。
2 鉋、荷田本・信友本「鉇」。林本「鉈」。神宮本・都立本・神宮一本・谷本・三手本・宮本「鉋」。
3 具、谷本「口」。
4 褌、神宮本・谷本・三手本・宮本「襌」とし、宮本右傍「褌」。
5 潛、神宮一本「替」。
6 充、林本注「伊庭本、作宛非」。神宮本・都立本・神宮一本・谷本・三手本・宮本「宛」とし、宮本右傍「充イ」。
7 十口、宮本なし。
8 受各、荷田本「各受」。神道本右傍「各受カ」。
9 受各、荷田本・信友本「各受」。神道本右傍「各受イ」。三手本・宮本「五丈各」とし「五丈」右傍「受」。

壺（つぼ）[一]　百口　各一斗を受けよ

右三種（みぎみくさ）[二]は　國造（くにつく）[三]り備（そな）ふところなり

五色（いつつのいろ）[四]の薄絁（うすきあしぎぬ）　各一尺五寸[五]

倭文（しとり）[六]　一尺五寸

木綿（ゆふ）[七]

麻（あさ）[八]　各八兩[九]

钁（くは）[十]　一口[十一]

斧（をの）[十二]　一柄[十三]

小斧（てをの）[十四]　一柄

鎌（かま）[十五]　一柄

一　六十八頁注九・三〇〇頁注九参照。一二六頁は「坩二百口」とする。
二　四三六頁注八参照。
三　瓫・比良加・壺の三品目は、淡路国が弁備する。造は四十二頁注九、備は二十六頁注十三参照。
四　二十四頁注十三・十四参照。一二六頁は「五色薄絁各三尺」とする。
五　尺は二十四頁注十五、寸は一〇六頁注五参照。
六　三十二頁注十六参照。一二六頁は「倭文三尺」とする。
七　二十四頁注十六参照。一二六頁は「木綿一斤」とする。
八　二十八頁注十七参照。一二八頁は「麻一斤」とする。
九　一一四頁注四参照。
十　一二八頁注二参照。一二八頁は「钁二具」とする。
十一　三十四頁注六参照。
十二　一二八頁注三参照。一二八頁は「斧二具」とする。
十三　八十四頁八参照。
十四　一二八頁注三参照。一二八頁は「小斧二具」とする。
十五　八十四頁注七参照。一二八頁は「鎌二柄」とする。

壺百口（受各[1]一斗）、右三種、國所造備、五色薄絁各一尺五寸、倭文一尺五寸、木綿・麻各八兩、钁[2]一口、斧一柄、小[3]斧一柄、鎌一柄、

1 受各、荷田本・信友本「各受」とし、荷田本注「各受諸本作二受各一今依二巻第二一私改レ之、下皆同」、信友本頭注「受各二字三所皆各受誤出二第二一」。神道本右傍「各受イ」。
2 钁、荷田本・林本・都立本・神宮一本・谷本・三手本・宮本「钁」とし、林本注「櫂之誤」。宮本右傍「櫂イ」。
3 小、信友本なし。

薦[一]　一張[二]

右九種は[三]　幣帛の料に[四]　給ひ分つところなり

以前[五]　神祇官の[六]解を得るに偁ふ[七]　大嘗會に[八]供奉る其の所の[九]

由加物[十]　例に依りて[十一]請ふところ　件の如し[十二]　者れば[十三]　國宜し[十四]

く承知り　數に依りて[十五]　造り備へて進上るべし[十六]

神服のことを三河国司に下達

7 太政官符す[十七]　參河の國司[十八]

應に[十九]

服部の女[二十]　三人

服の長[二十一]　一人

一　一二四頁注五参照。

二　六十二頁注十三参照。

三　一二六・一二八頁を参照すれば、五色薄絁・倭文・木綿・麻が幣帛料、钁・斧・小斧・鎌・薦が作具となる。

四　幣帛は四三六頁注十四、料は二十二頁注二十三、給は十二頁注六、分は一二〇頁注二十一参照。

五　以前は、右、右に記したことの意。名義抄仏下末二十九に「前〔サキ〕」。

六　紀伊・阿波・淡路の各国司に、大嘗祭に用いられる由加物の弁備と、その進上（京進）を命じるように、神祇官が太政官に上申した解。神祇官の解は「供奉大嘗會」から「依例所請如件」まで。神祇官は二頁注二十、解は一三六頁注十九参照。

七　得は一四〇頁注十二、偁は六二六頁注十二参照。

八　大嘗会は二頁注四・六〇四頁注三、供奉は三七〇頁注十七参照。

九　悠紀行事所、主基行事所のこと。四頁注十八・六頁注十五参照。

十　一一二頁注七参照。

十一　例は六二六頁注三、依は三三〇頁注十二、請は十二頁注十八参照。

十二　「如件」は六二六頁注十六参照。件は三七〇頁注七、如は一八六頁注二参照。

十三　六二六頁注十七参照。

十四　紀伊・阿波・淡路の各国。宜は三五六頁注九、承知は六二六頁注十九参照。

十五　十頁注二十一参照。

十六　進は十頁注十二参照。上は、名義抄仏上七十四に「上〔タテマツル〕」。

十七　官符宣旨例第七号。参河国司への太政官符。同国国司に、神服使を発遣することを通知し、服部女と服長、神調糸五絇を進上（京進）することを命じる。神服使発遣は九月上旬のこと

鷹[1]一張、右九種、幣帛料所給分[2]、

以前、得神祇官解偁、供奉大嘗會其[3]所由[4]加物、依[5]例所請[6]如[7]件者、國宜[8]承知、依數造備進上、

太政官符參河國司[9]

應進上服部女三[10]人、服長一人、

1 鷹一張、谷本なし。
2 分、神宮一本右傍「一作レト」。谷本「ト」とし右傍「下カ」。宮本右傍「ト」。
3 其、荷田本「某」とし注「某所諸本作二其所一今依例私改レ之」。
4 由、谷本「申」。
5 依、神宮本・谷本・三手本・宮本「臨」とし、神宮本「依カ」、宮本右傍「依」。
6 請、三手本・宮本「諸」とし、三手本右傍「請乎」、宮本右傍「請」。
7 如、信友本「加」。
8 宜、神宮本・三手本なし、神宮本右傍「宜カ」。
9 司、林本なし。
10 三、神宮本右傍「二イ」。

で、十月上旬に、神服使が服長・織女・工手等十人を率い、神調糸とともに京の北野斎場に帰着する。神服の繒服（和妙、にぎたへ）の奉織が始まる。一〇二頁の「九月上旬、神祇官差二神服社神主一人一、爲二神服使一、申レ官賜二驛鈴一口一、遣二參河國一喚二集神戸一、卜下定織二神服一長二人、織女六人、工手二人上」と対応する。また、神服使の帰着は二七四頁に「十月上旬、神服使率二服長・織女・工手等十人一、持二神服部所レ輸調絲十絇一到來〔悠紀・主基各五人〕」とある。人数・神調糸絢数は、本文では悠紀・主基両国分、官符例では悠紀・主基各国分となっている。

十八 六十二頁注二参照。

十九 八頁注十参照。

二十 参河国の神戸より卜定され、神調糸を用いて神服の繒服を奉織する女性。一〇二頁には「織女六人」、三一四頁では「神服女」とある。三一四頁注八参照。伊勢大神宮式神衣条の「服部」に「ハトリ、ハトリヘ」の訓。

二十一 一〇二頁注十九・二七四頁注五参照。一〇二頁には神服を織る長二人とする。

神[一]の調絲　五絇[二]
を進上るべし
使[三]　其位[四]　神服の某甲[五]
右　大嘗會[六]に供奉らむが爲に　其[七]の所　件[八]の人を差し　使[九]に
充[十]へて喚すところ　件[十一]の如し　國宜[十二]しく承知りて　調絲[十三]を賷[十四]し
め　例[十五]に依りて　進上るべし

雑用料のことを諸国司に下達

8 太政官符す[十六]　其[十七]の道の諸の國司
其の國の稻[十八]　若干束
右　大臣[十九]の宣を被るに偁ふ[二十]　件[二十一]の稻　宜[二十二]しく大嘗會の其の所の

一 二七四頁注十一参照。二七四頁には「調絲十絇」とある。
二 八十六頁注二参照。
三 神服使。神服使は一〇二頁注七・二七四頁注四、使は四頁注十一参照。
四 発遣される神服使の位階と名が記される。兵範記仁安三年九月四日条に「大嘗會神服使、正六位上神服政景、神部二人」と見える。其は二頁頁注二十八、位は五〇〇頁注二十五、神服は五十六頁注六参照。
五 名義抄仏中一〇七に「某甲〔ソレカシ〕」。
六 大嘗会は二頁注四・六〇四頁注二、供奉は三七〇頁注十七、為は二十二頁注八参照。
七 悠紀行事所、主基行事所のこと。大嘗会行事所。四頁注十八・六頁注十五参照。
八 件人は服部女と服長のこと。件は三七〇頁注七、人は二十二頁注一参照。差は、指名して任命すること。六十頁注十七参照。
九 神服使を使いとして、服部女・服長を招喚すること。
十 名義抄仏下末十六に「充〔アツ、ソフ〕」。喚は十六頁注二十参照。
十一 六二六頁注十六参照。
十二 参河国。宜は三五六頁注九、承知は六二六頁注十九参照。
十三 参河国より神調の糸を供進すること。
十四 名義抄仏下本十四に「賷〔モツ、オフ、トル、タモツ、ツツム〕」。
十五 例は六二六頁注三、依は十六頁注三、進上は六五〇頁注十六参照。
十六 官符宣旨例第八号。該当する道内の諸国司への太政官符。大臣の宣を受け、大嘗会行事所の雑用料に充てるための稲若干束を確保しておくこと、その代価は来年の出挙によって賄うことを命じる。太政官は二〇二頁注十六、符は二頁注三十参照。
十七 其は二頁注二十八、道は十四頁注十四、諸は四頁注二、国は二頁注二十三、司は四頁注三十三参照。

神[1][2]調絲五[3]絇、使[4]其[5]位神服某甲[6]、
右、爲供奉大嘗會、其[7]所差[8]件人、充[9]使所喚
如件[10]、國宜承知[11]、[12]使[13]賷[14]調絲、依例進上、
太政官符其[15]道諸國司
　其[16]國稲若干束
右、被大臣宣偁、件稲宜充[17]大嘗會其[18]所

十八 稲は十二頁注十二、若干は一四〇頁注十三参照。
十九 大臣の宣は「件稲宜充」から「依數令塡」まで。大臣宣は六二八頁注二参照。
二十 被は六二八頁注三、偁は六二六頁注十二参照。
二十一 其国の稲若干束のこと。件は三七〇頁注七参照。
二十二 悠紀行事所、主基行事所。

1 以文本「神服部所レ輸」を朱で消し頭注「服部所輸四字一古本無」。
2 神道本右傍「服脱カ」あり。三手本右傍「服乎」あり。
3 五、荷田本・林本・神宮本・都立本・神宮一本・谷本・三手本・宮本・信友本・以文本「伍」とし、以文本頭注「前文拾絇、悠紀五絇然」。神道本右傍「伍イ」。
4 使、荷田本注「使以下甲以上七字諸本連属上文今私改レ之」。
5 其、荷田本・林本・都立本・神宮一本・谷本・信友本「某」。神道本右傍「某イ」。以文本「某」を「其」と訂正し下に「中本」とあり。
6 甲、都立本・神宮一本・谷本・宮本・信友本「申」とし、神宮一本右傍「一作甲」、宮本右傍「甲」。
7 其、荷田本「某」とし注「某所元本作二其所一一本作二共所一今依レ例私改レ之」。神宮本・宮本・信友本「共」とし、宮本右傍「其」。都立本右傍「共イ」。
8 荷田本・林本・神宮本・都立本・神宮一本・谷本・三手本・宮本・信友本「供」あり、荷田本注「供字蓋衍字、是件字近似重複乎」、信友本右傍「衍字歟」。
9 充、神宮本・都立本・谷本・三手本・宮本「宛」。
10 三手本右傍「者乎」あり。
11 知、林本・宮本「如」。
12 荷田本・神宮本・都立本・神宮一本・谷本・三手本・信友本「如」あり。宮本「知」あり。
13 使、谷本「便」。
14 賷、荷田本・林本・神宮本・都立本・神宮一本・谷本・三手本・宮本「貲」とし、荷田本注「蓋賷調絲之後」、宮本右傍「賷」。
15 其、荷田本・林本・神宮一本・谷本・信友本「某」。神道本右傍「某イ」。
16 其、荷田本・林本・神宮一本・谷本・信友本「某」。神道本右傍「某イ」。
17 充、神宮本・都立本・谷本・三手本・宮本「宛」。
18 其、荷田本「某」。

[一]雑用の料に充つべし　[二]但し　[三]彼の代は　[四]來年の[五]出擧の數に依り
て[六]塡めしめよ　[七]者れば　[八]諸國承知りて　宣に依りて　[九]之を行へ

大嘗会料のことを両斎国国司に下達

[9] [十]太政官符す　其の國司
[十一]正税の稲　若干束
右　大嘗會の料に充てむが爲に　[十二]當年の[十三]公廨を[十四]募ること　彼
の國の請ふところ　件の如し　[十五]大臣宣すらく　[十六]敕を奉るに
宜しく之に充つべし　者れば　國宜しく承知りて　宣に依り
て　[十七]充て收むべし

一　雑は四頁注二十八、用は十四頁注二、料は二十二頁注二十三、充は十頁注十七参照。
二　十二頁注八参照。
三　大嘗祭の雑用料として使用される各国の稲若干束は、来年の出挙の利益によって補塡する。彼は六二六頁注十四、代は十二頁注九参照。
四　書紀推古天皇二十九年二月是月条の「來年」に「コム、キタラントシ」の訓。万葉集五四一番歌に「來世尒毛（こむよにも）」、源氏物語夕顔に「こんよ（來ん世）」とある。年は二頁注九参照。
五　律令制下で行われた利息付きの貸し付け制度。雑令公私以財物・以稲粟・出挙条に規定があり、財物全般が貸借の対象となる。国家が実施する公出挙と、私人が行う私出挙がある。一年契約で、稲粟の公出挙の場合、利息の限度は五割（私出挙では限度は十割）であった。また、債務不履行時の財物差し押さえや、労働による債務返還も定められている。名義抄僧下八十三に「出〔スイ〕」、同書仏下本五十九に「擧〔コ〕」。字類抄下八十二オに「出擧〔イラス、シユツコ〕」。
六　名義抄法中四十八に「塡〔ミツ、ウム〕」。
七　六二六頁注十七参照。
八　底本「諸國承知」、「諸國宜承知」に作る写本あり。校異参照。
九　之は八頁注五、行は二頁注九参照。
十　官符宣旨例第九号。該当する国司への太政官符。各国から、正税稲若干束を大嘗会料に充てる財源として、当年の公廨を募ることの許可を求める解が上申され、勅を奉った大臣の宣を受け、公廨を実施し大嘗会料に充てることを命じる。二十二頁の「次應レ行二會料正稅一之狀下二知諸國一」に対応するか。
十一　十二頁注十二参照。
十二　その年のこと。大嘗祭が斎行される今年のこと。二頁注九参照。
十三　公廨は、公廨稲のことで、公出挙の一つ。天平十七（七四五）年に制定され、正税稲を割いて出挙し、その利稲を官物の

1 料、三手本「新」とし右傍「料乎」。
2 塡、林本・神宮本・都立本・神宮一本・谷本・三手本・宮本「須」とし、神宮一本右傍「一作塡」、宮本右傍「塡」。信友本「頃」。
3 荷田本・林本・都立本・神宮一本・信友本「宜」あり。宮本右傍「宜」あり。
4 其、荷田本・林本・神宮一本・信友本「某」。神道本右傍「某イ」。
5 充、神宮本・都立本・谷本・三手本・宮本「宛」。
6 廨、三手本なし、右傍「廨」。
7 所、神宮本・神宮一本・三手本・宮本なし。
8 請、神宮本・神宮一本・三手本・宮本「諸」とし、神宮本右傍「請イ」、神宮一本右傍「一作所請」、宮本右傍「所請」。
9 荷田本・林本・都立本・神宮一本・信友本「者」あり、林本注「伊庭本、件下無二者字一者是、者衍字」。神道本右傍「者イアリ」あり。宮本右傍「者イ」あり。
10 充、神宮本・都立本・谷本・三手本・宮本「宛」とし、宮本右傍「充」。
11 充、神宮本・都立本・谷本・三手本・宮本「宛」。
12 收、林本注「收之誤」。神道本・故実本「收」。

雜用料[1]、但彼代者來年出擧、依數令塡[2]者、
諸國[3]承知、依宣行之、
太政官符其[4]國司
　正税稻若干束
右、爲充[5]大嘗會料、募當年公廨[6]、彼國所[7]請[8]
如件[9]、大臣宣、奉敕宜充[10]之者、國宜承知、
依宣充[11]收[12]、

未納・欠損の補塡、国儲、国司得分に充てた。黒川本字類抄中八十オに「公廨〔クケ〕」。
一四 名義抄仏下末二十九に「募〔ツノル〕」。
一五 大臣の宣は「奉勅宜充之」。大臣宣は六二八頁注二参照。
一六 天皇の勅旨を奉ること。勅旨は天皇の御命令を下達するための公文書で、公式令勅旨式条に書式・発布手続きが規定されている。天皇の勅旨を受けた者が、中務省に伝達し、内記が本文を起草する。同省は起草文を天皇に覆奏し、天皇の御許可を得て、同省卿以下が署名した上で、太政官の弁官にその写しを送る。弁官局で大弁以下が署名し、施行となる。詔書に対して、御画日、太政官の覆奏、御画可も無く、手続きとしては簡略化されている。また、その発布は太政官符によっておこなわれた。以上が公式令の規定であるが、公式令書式の勅は伝存せず、実態としては、太政官の議政官の内の一人である上卿が勅を奉り、その上卿宣を受けて、弁官が太政官符を作成して勅旨が下達されたと推定されている。勅は二頁注十八、奉は二頁注十九参照。
一七 正税稲若干束を公廨出挙より捻出し、大嘗会料に充て収めること。収は十頁注十八参照。

雑用料の薪を山城国司に通知

10 大嘗會其の所牒す　山城の國司

應に　薪　五百荷を採るべし

牒す　會所の雑用の料に用ゐむが為に　牒を送ること　件の如し　國宜しく狀を察　便の郡に仰せて　採り進らしむべし

但し　其の價直は　例に依りて充て行へ　專當る郡司を定め其の夾名を送れ　牒到らば狀に准へ　故に牒す

由加物造作と潔祓を五国に下達

11 太政官符す　諸國　國毎に符有れ

應に　新器を造らしむべし

①河内国

河内の國

一 官符宣旨例第十号。山城国司への大嘗会行事所（悠紀行事所、主基行事所）牒。大嘗会行事所の雑用料として、薪五百荷を採取する郡を選定し、薪五百荷を納入すること、そのことに専従する郡司を定め、その郡司名を通知することを、山城国司に求める。牒は四頁注五参照。

二 二十二頁注二十七参照。

三 応は八頁注十、薪は八十頁注六、荷は一四八頁注十一、採は三十頁注二十二参照。

四 悠紀行事所、主基行事所。大嘗会は二頁注四、六〇四頁注三参照。

五 雑は四頁注二十八、用は十四頁注二、料は二十二頁注二十三参照。

六 四頁注三参照。

七 山城国司は国内をよく視察して、便宜の郡を選定して、薪五百荷を納入させること。宜は三五六頁注九、状は十頁注十九、察は一九四頁注七参照。

八 便は八頁注九、郡は二頁注二十三、仰は八頁注二参照。

九 薪五百荷の価格、値段のこと。名義抄仏上二十に「價〔アタヒ〕」、同書仏上八十四に「直〔アタヒ〕」。

十 通例または前例に従って支払うこと。例は六二六頁注三、依は十六頁注三参照。

十一 薪五百荷の納入に専従する郡司。専は、名義抄法下一四三に「専〔モハラ〕」。当は四十六頁注二参照。字類抄下一一三オに「専當〔センタウ〕」。

十二 十頁注十参照。

十三 名簿のこと。専当郡司の名簿。交名と同じ。三三〇頁注十参照。

十四 二十四頁注五参照。

十五 牒の指示に従うこと。状は十頁注十九、准は二一〇頁注十六参照。

十六 名義抄僧中五十四に「故〔コトサラニ、カレ〕」。

大嘗會[1]其[2]所牒山城國司
　應採薪五百荷、
牒[3]、爲用會所雜用料、牒送如件、國[4]宜察[5][6]狀、
仰[7]便[8]郡令採進、但其價直[9]依例充[10]行、定專當
郡司、送其夾[11]名、牒[12]到准狀、故牒、
太政官符諸國[13]〔毎國有符〕
　應造新[14]器、河内國

1 大、荷田本注「大嘗會某所以下諸本連屬上文者非也、元本牒字上更加㆓某所二字㆒物弥非也、仍今私改㆑之」。信友本「大」以下六字なし。以文本「大」以下十字を行間に朱書。
2 其、荷田本・林本・神宮一本「某」。
3 牒、信友本なし、前行に「大嘗會某所牒」あり。
4 國、三手本「圀」。
5 察、神宮本・三手本・宮本「寮」とし、神宮本右傍「察カ」、宮本右傍「察」。
6 都立本・神宮一本「之」あり。宮本右傍「之」あり。
7 仰、谷本「御」とし右傍「仰」。
8 便、神宮一本「使」とし右傍「一作㆑便」。
9 直、神宮一本「宜」とし右傍「一作㆑直」。
10 充、神宮本・都立本・谷本・三手本・宮本宮本右傍「宜イ」。
11 夾、荷田本・林本・神宮本・神宮一本・谷本・信友本「交」。都立本「夹」。宮本「来」とし右傍「夾」。
12 牒、谷本「臨」。
13 信友本「司」あり。荷田本注「依㆓前後例㆒蓋脱㆓司字㆒」あり。宮本右傍「司」あり。都立本「太政官符」を二重線で消す。
14 新、荷田本・谷本・信友本「雑」とし、荷田本「諸本作㆓新器㆒今依㆓延喜大嘗式㆒私改㆑之、此符末文亦曰、應㆑須㆓雑物并潔祓具㆒如㆓上件㆒」、信友本頭注「新器蓋雑器誤、延喜大嘗式作㆓雑器㆒、下文亦曰応㆑須㆓雑物并潔祓㆒云云」。以文本「雑」を「新」と訂正し頭注「新一作㆑雑」。

「宛」。

十七 官符宣旨例第十一号。河内国・和泉国・尾張国・参河国・備前国の五箇国への太政官符。各国が担当する新器の弁備と、穢悪（天罪・国罪）が生じた場合の潔祓を命じる。この新器は、六十頁には「供神雑器」とあり、また、践祚大嘗祭式雑器条に「應㆑供㆓神御㆒雑器〔神語曰㆓由加物㆒〕」とある。六十頁注二十二参照。本官符は、本文の六十二頁から七十頁に対応するが、器名・個数に若干の相違がある。また、践祚大嘗祭式雑器条にも規定がある。なお、河内国と和泉国の両国が造作する器は御料、尾張国・参河国・備前国の三箇国が造作する器は人給料として用いられる。この供神雑器の製造を監督するために、八月上旬、宮内省の史生が五箇国に派遣される（六十頁以下）。なお、宮内省式大嘗会年条には「凡践祚大嘗會年、省遣㆓史生三人㆒、催㆘五國供㆓神御㆒料雑器㆖〔河内・和泉兩國一人、尾張・美濃兩國一人、備前國一人〕」とあり、新器製造は参河国ではなく、美濃国とする。
十八 河内国・和泉国・尾張国・参河国・備前国の五箇国。
十九 実際に作成される太政官符は、上記五箇国の各国宛に下達される。毎は一五四頁注七参照。
二十 供神雑器、由加物のこと。六十頁注二十二参照。新は、名義抄僧中三十三に「新〔アラタシキ〕」。器は、同書仏中四十五に「器〔ウツハモノ〕」。
二十一 六十頁注十一・六十四注十一参照。

御飯笥(おほむいひのけ)[一]　廿合[二]

水平[三]　十合

水片坫[四]　廿口[五]

大御手洗(おほみたらひ)[六]　十八口

小御手洗(こみたらひ)[七]　九口

足下坏(あしひきのつき)[八]　十六口

御鹽坏(みしほのつき)[九]　十六口

後盤(しりさら)[十]　八口

前下大盤(まへひくのおほさら)[十一]　十六口[十二]

片粥盤(かたかゆさら)[十三]　八口

一　御は二十二頁注四、飯は二八二頁注六参照。笥は、和名抄十六に「笥〈思吏反、和名計〉、盛食器也」とあり、御飯笥は御飯を盛る器。六十四頁は「藺笥二十合」とする。

二　十頁注十六参照。

三　不詳。水平を水瓶とする説もある（荒井秀規「延喜主計式の土器について（上）」『延喜式研究』二十、平成十六年）。

四　不詳。坫は杯の台のこと。

五　三十四頁注六参照。

六　六十四頁注十三参照。六十四頁は「大手洗盆十八口」とする。

七　六十四頁注十五参照。六十四頁は「小手洗盆九口」とする。

八　底本、「足下」に「アシヒキ」の訓を付す。六十四頁の「短女杯十六口」に相当するか。六十四頁注十六参照。

九　六十四頁注二十一参照。六十四頁は「鹽杯十六口」とする。

十　正倉院文書天平宝字六年筥陶司充器注文（大日本古文書五）に「後盤弐拾口」と見え、主膳監式年料条に「板蓋、後盤各五口〈徑八寸、盛二水鋺・粥鋺一料〉」とある。主膳監式の規定より、その用途は、鋺などの下に敷くものであった。斎宮式年料供物条の「後盤」に「シリサラ」の訓。和名抄十六に「酒臺子、辨色立成云酒臺子〈志利佐良、今案所出未詳〉」。盤は六十四頁注十八参照。

十一　六十六頁注二参照。六十六頁は「前下大盤五十六口」とする。

十二　底本「十六口」。「五十六口」に作る一本あり。校異参照。

十三　片は六十四頁注十九、粥盤は六十六頁注一参照。六十六頁は「粥盤八口」とする。

御飯笥廿合、水[1]平[2]十合、水片坫[3]廿口[4]、大[5]御
手洗十八口、小御手洗九口、足下坏十六口、
御鹽[6]坏[7]十六口、後[8]盤八口、前下大盤[9]十六口、
片粥盤八口、

1 水平、都立本「水戸」。
2 平、荷田本・林本・都立本・神宮一本・信友本「戸」とし、神宮一本右傍「一作㆑平」。三手本右傍「疋乎」。宮本右傍「戸」。
3 坫、林本注「坫、説文、屛也障也、今此ニサハリト訓スルハ説文ニ依ルニ似タリ、器皿類サハリト名ツクル物未考」。三手本「枯」。宮本「枯」とし右傍「坫也」さらに右傍「坏イ」。信友本頭注「毛遂案坫都倉切音店、説文屛也、障也、論語云云又上坫所㆔以蔵㆓食物㆒也、和名抄無所見」。以文本頭注「坫一作㆑坏下同」。
4 口、都立本・信友本「合」。
5 大、神宮本・神宮一本・三手本・宮本「太」。
6 鹽、宮本「塩」とし右傍「鹽」。
7 坏、三手本・宮本なし、宮本右傍「坏」。
8 後、林本「御」。信友本なし。
9 荷田本・都立本「五」あり、荷田本注「諸本作㆓十六口㆒、今依㆓延喜大嘗式㆒私改㆑之、此書巻第二亦作㆓五十六口㆒」。神道本右傍「五脱カ」あり。宮本右傍「五イ」あり。信友本頭注「十六口上蓋脱㆓五字㆒延喜大嘗式作㆓五十六口㆒巻第二亦作㆓五十六口㆒」あり。以文本頭注「大盤下一有㆓五字㆒」あり。

大片坫[一]　卌六口

御手(みて)の湯(ゆ)瓫(べ/ほとき)[二]　十六口

片盤(かたさら)[三]　五十六口

御酒坏(みきのつき)[四]　八口

間坏(まつき)[五]　廿口

大高坏(おほたかつき)[六]　卌口

枚次材(ひらすき)[七]　八十口

次材高坏(すきのたかつき)[八]　八十口

大比良加(おほひらか)[九]　卅口

②和泉国

和泉の國(いづみのくに)[十]

一 不詳。坫は杯の台のこと。

二 御手は、書紀神代紀宝鏡開始章の「御手」に「ミテ」の訓。湯・瓫は六十四頁注十七参照。また、瓫は一二六頁注一も参照。六十四頁は「湯瓫十六口」とする。

三 六十四頁注十九参照。六十四頁は「片盤二十八口」とする。

四 御酒は二五〇頁注六、坏は六十四頁注十六参照。六十六頁は「酒盞八口」とする。

五 間は、名義抄法下七十六に「間〔ハシタ、マ〕」。国史大系本主計寮式畿内調条の「間坏」に「マツキ」の訓。六十六頁の「盞二十口」に相当するか。

六 高坏は二九四頁注三参照。

七 六十六頁注五参照。六十六頁は「比良須伎八十口」とする。枚は、名義抄仏下本四十三に「枚〔ヒラ〕」、字類抄下九十五ウに「枚〔ヒラ〕」、践祚大嘗祭式麁妙服事条の「枚」に「ヒラ」の訓。次は、書紀天武天皇五年九月条に「次〔次、此云二須伎一也〕」、名義抄法上四十六に「次〔ツキ〕」。材は三十頁注十八参照。

八 次材は注七、高坏は二九四頁注三参照。

九 六十六頁注七参照。六十六頁は「比良加三十口」とする。

十 六十頁注十二・六十六頁注八参照。

大片坫[1]冊[2]六口、　御手湯瓫十六口、　片盤五
十六口、　御酒坏八口、　閇坏廿口、　大高坏冊[3]
口、　枚[4]次[5]材[6]八十口、　次材[7]高坏[8]八十口、　大[9]比
良加卅[10]口、

和泉國

1　坫、三手本「坫」とし右傍「埋乎」。宮本右傍「坏イ」。
2　冊、以文本頭注「大片坫冊一作卅」。
3　冊、以文本頭注「大高坏冊一作卅」。
4　枚、荷田本注「諸本作㆓牧次坏㆒今私改㆑之、延喜大嘗式作㆓比良須伎八十口㆒」。林本・都立本・神宮一本・三手本・宮本「牧」とし、林本注「牧之誤」。神宮本「枚次」。谷本「牧次」。信友本頭注「枚次一本作㆓牧次㆒誤延喜大嘗式曰比良須伎八十口」。
5　次材、以文本「坏」を「次材」と訂正し頭注「枚坏一作枚次材」。
6　材、荷田本・林本・神宮一本・信友本「坏」とし、林本注「衍字」、神宮一本右傍「一作㆑材」。神宮本・三手本・宮本「林」とし、神宮本左傍「坏カ」、宮本右傍「坏」。
7　材、荷田本・林本・都立本・神宮一本・信友本「坏」とし、林本注「次坏二字衍」。神宮本・三手本・宮本「林」。神宮一本右傍「一作㆑材」。
8　宮本右傍「坏」あり。
9　大、荷田本「天」とし注「蓋大比良加之誤」。林本注「又舊本、比作㆓天地二字㆒、タデト假名ヲ付ス奉政改㆑之、依㆑式也」。神宮本・都立本・神宮一本・三手本・宮本「天地」とし、神宮本「地」左傍「比カ」、神宮一本左傍「比カ」、三手本「地」右傍「比乎」、宮本「天」左傍「大」・「地」右傍「比イ」。
10　卅、林本注「衣笠本作㆑冊非、延喜式亦爲㆓三十口㆒」。神宮本「冊」。

御飯笥(おほむいひのけ)[一] 九合[二]

池由加(いけゆか)[三] 一口[四]

由加(ゆか)[五] 十口

坏(はち)[六] 一口

油盤(あぶらさら)[七] 六口

油瓶(あぶらかめ)[八] 二合

叩戸(たたいべ)[九] 六口

油坏(あぶらつき)[十] 六口

已上(これよりかみ)[十一] 御料(おほむれう)

尾張の國(をはりのくに)[十二]

一 六五八頁注一参照。六十六頁は「薗笥九口」とする。

二 十頁注十六参照。

三 六十六頁注十参照。六十六頁も「池由加一口」とする。

四 三十四頁注六参照。

五 六十六頁注十参照。六十六頁も「由加十口」とする。

六 坏は、正倉院文書天平六年造仏所作物帳（大日本古文書一）に「造瓷坏四口」と見え、「瓷坏」は、施釉陶器製の鉢とされる（関根真隆『奈良朝食生活の研究』、昭和四十四年）。土師器、須恵器、陶器製の鉢のことであろう。四時祭式神今食条には「陶鉢八口」とある。名義抄法中五十九に「坏〔谷岸字〕」。六十六頁は「鉢一口」とする。

七 油は六十六頁注十五、盤は六十四頁注十八参照。六十六頁は「燈盤六口」とする。

八 六十六頁注十五参照。六十六頁は「油瓶二口」とする。

九 六十六頁注十六参照。戸は二九・二頁注七参照。六十六頁は「叩盆六口」とする。

十 六十六頁注十三参照。六十六頁は「燈杯六口」とする。

十一 六五八頁の「御飯笥廿合」から六六二頁の「油杯六口」までが、天皇が用いられる新器。河内国と和泉国の両国が弁備する。已上は四頁注三十五、御は二十二頁注四、料は二十二頁注二十三参照。

十二 六十二頁注一、六十六頁注十七参照。

御飯笥九合、池由[1]加一口、由加十口、坏[2]一口、油盤六口[3]、油瓶[4]二合[5]、叩[6]戸[7]六口[8]、油坏六口、已上御料、

尾張國

1 由、三手本「田」。
2 坏、底本・神道本・宮本・故実本「坏」とし、宮本右傍「坏」さらに右傍「鉢イ」。荷田本注「鉢字元本作レ坏、一本作レ坏、今依二延喜大嘗式一私改レ之此書巻第二亦作レ鉢」。林本・都立本・神宮一本「坏」とし、都立本右傍「鉢」、神宮一本右傍「一作鉢」。三手本「扌」とし右傍「坏乎」。信友本頭注「鉢一本作レ坏不可也、延喜大嘗式作レ鉢、此書巻第二亦作レ鉢」。以文本「坏」を「坏」と訂正し頭注「坏一作坏」。
3 口、荷田本注「元本作二油盤六合一、但延喜大嘗式亦作二燈盤六口一仍今従二別本一」。林本・神宮一本「合」とし、林本注「口之誤」、神宮一本右傍「一作口」。信友本右傍「合官」頭注「合今従二一本一、延喜大嘗曰灯盤六口」。
4 瓶、神宮本・都立本・谷本・三手本・宮本「瓶」。信友本「瓶」。
5 合、宮本「口」。林本注「口之誤」。神宮一本右傍「一作口」。
6 叩、荷田本「叩」とし注「叩」。三手本・宮本「叩」。
7 戸、神宮本左傍「瓫」。以文本「戸」を「瓫」と訂正後「戸」と訂正し頭注「叩戸一作二叩瓫一」。
8 口、荷田本「合」とし注「口」。

[一]甕(みか・もたひ)　各八口

[二]𤮍(さらけ)　各八口

[三]瓫(ほとき)　五十口

[四]高坏(たかつき)　卌口

[五]𤭯(みづかめ)　十口

[六]中坩(なかつぼ)　十二口

[七]短女坏(ひきめつき)　四十口

[八]御酒瓶(みきのかめ)　八口

[九]大甀(おほつばは)　十二口

[十]小坏(こつき)　十二口

一　十四頁注二十参照。六十六頁も「甕八口」とする。

二　六十六頁注二十一参照。六十六頁も「𤮍八口」とする。

三　六十四頁注十七・一二六頁注一参照。六十六頁は「缶五十口」とする。

四　二九四頁注三参照。

五　底本「𤭯」。諸本異同無し。底本以下諸本に「ミカメ」の訓が付されている。校異参照。林本は「字書無レ所レ見」として、𤭯の誤りとする。𤭯は、享和本新撰字鏡三十四に「𤭯〈水加女（みづかめ）〉」とある。底本以下諸本の訓も参酌して「𤭯」を「みづかめ」と試訓した。なお、主計寮式畿内調条に「水𤭯」と見える。

六　中は二十八頁頁注八、坩は六十八頁注九参照。六十八頁は「坩十二口」とする。中坩は中程度の大きさの坩。主計寮式諸国調条に「大壺、中壺、小壺」が見える。

七　六十四頁注十六参照。六十八頁は「短女坏卌二口」とする。

八　六十八頁注三参照。御酒は二五〇頁注六参照。六十八頁は「酒瓶八口」とする。

九　六十八注十参照。大膳職式鎮魂条の「甀一口」の「甀」に「ツハハ」の訓。新撰字鏡五に「甀・瓨〈二、坏〉」とあり、坏とする。主計寮式畿内調条に「大甀、中甀」が見える。六十八頁は「都婆波十二口」とする。

十　六十八頁注十八参照。六十八頁の「酒盞十二口」に相当するか。

甕・甅各八口、瓫五十口、高坏冊[1]口、瓱[2]十口、中坩十二口、短女坏四十[3]口、御酒瓶[4]八口、大甖[5]十二口、小坏十二口、

1 冊、以文本頭注「高坏冊一作卅」。
2 瓱、底本・都立本・故実本に振り仮名「ミカメ」。宮本右傍「𤭯」。林本注「字書無レ所レ見、アメト訓スルニ依ルニ、𤭯之誤」。
3 四十、荷田本・林本・神宮本・都立本・神宮一本・三手本・宮本「冊」。谷本「卅」。以文本頭注「短女坏四十一作レ卅」。
4 瓶、荷田本・林本・神宮本・都立本・神宮一本・谷本・宮本・信友本「𤭯」。三手本なし。
5 甖、林本注「疑罌之誤」。

[一]飾廽(かざりさらけ)　八口[二]

[三]𤭯(はさふ)　十六口

[四]片坏(かたつき)　卌口

[五]酒垂(さかたり)　八口

[六]瓦碓(すゑのうす)　八口

[七]筥坏(はこつき)　卌口

④三河国

[八]參河(みかは)の國(くに)

[九]等呂須岐(とろすき)　卌口

[十]都婆波(つばは)　卅二口

[十一]多比良加(たしらか)　八口

一　六十八頁注七参照。六十八頁も「飾廽八口」とする。
二　三十四頁六参照。
三　六十八頁注四参照。六十八頁は「匜十六口」とする。
四　片は六十四頁注十九、坏は六十四頁注十六参照。六十八頁も「片坏卌口」とする。
五　六十八頁注十二参照。六十八頁も「酒垂八口」とする。
六　六十八頁注六参照。瓦は、和名抄十六に「瓦器、一云陶器、陶音桃、瓦器、須恵宇都波毛乃（すゑうつはもの）」。碓は、新撰字鏡五に「碓〔宇須〕」、和名抄十六に「碓〔音與対同、亦作レ碓、和名賀良宇須（からうす）〕、踏舂具也」、名義抄法中六に「碓〔ウス〕」。六十八頁は「陶臼八口」とする。
七　六十六頁注二十参照。六十六頁も「筥坏卌口」とする。
八　六十二頁注二参照。
九　六十八頁注十四参照。六十八頁は「等呂須伎卌口」とする。
十　六十八注十・六六四頁注九参照。六十八頁も「都婆波卅二口」とする。
十一　六十八頁注十六参照。六十八頁も「多志良加八口」とする。

飾[1]磓八口、磓[2]十六口、片[3]坏卌[4]口、酒垂[5]八口、
瓦碓八口、筥[6]坏卌[7]口、
參[8]河國
等呂須岐卌[9]口、都婆波卅[10]二口、多志良加八
口、

1 飾、荷田本・林本・神宮本・都立本・神宮一本・谷本・三手本・宮本・信友本「餝」。
2 磓、林本「䃶」とし注「磓之誤。」。
3 片、宮本「枰」とし右傍「片」。
4 卌、以文本頭注「片坏卌作㆑卅」。
5 垂、荷田本・林本・谷本「垂」とし、林本注「缶之誤」。都立本「垂」とし右傍「タレ」左傍「イ缶」。神宮一本・三手本「垂」。宮本「垂」とし右傍「缶イ」。
6 筥、林本・神宮本・三手本・宮本「莒」とし、林本注「筥之誤」。
7 卌、以文本頭注「筥坏卌一作㆑卅」。
8 以下「畔放」まで神宮本・都立本・神宮一本・谷本・三手本・信友本なし、信友本頭注「三河国頭書ニシテ三河国已下応潔祓穢悪以上十三行一百二十二字諸本並脱㆑之、今依㆓前後文巻第二丈(ママ)延喜大嘗式ホ㆒補㆑之」とあり。荷田本注「參河國以下應潔祓穢悪以上一百十五字諸本並無、元本依㆓延喜大嘗式㆒補之、且依㆓前後列間改㆑字者蓋是也、仍今従㆓元本㆒但其中猶㆑有㆑未蓋者亦私改㆑之補㆑之」。宮本「付箋」とあり。以文本頭注「已下十行古本無以校本補之」。
9 卌、荷田本注「卌口式作㆓四十口㆒元本依㆑式不㆑改今依㆓前後例㆒私改㆑之、以下至㆓備前国雑物㆒之間卅卌字皆倣㆑之」。林本・宮本「四十」。
10 卅、林本・宮本「三十」。

山坏（やまつき）[一]
小坏（こつき）[二]　各六十口
已豆伎（いつき）[三]
⿰石⿺辶思（はさふ）[四]　各六十口

⑤備前国

備前の國（きびのみちのくち　くに）[五]
⿰石⿺辶里（さらけ）[六]　卅口
水戸（みづへ）[七]　卅口
都婆波（つばは）[八]　六十口
盆（ほとき）[九]　卅口
置蓋（おきふた）[十]　卅口

一　六十八頁注十七参照。六十八頁も「山坏六十口」とする。
二　六十八頁注十八参照。六十八頁も「小坏六十口」とする。
三　六十八頁注十九参照。六十八頁も「已豆伎六十口」とする。
四　六十八頁注四参照。六十八頁は「匜六十口」とする。
五　六十二頁注三・七十頁注二参照
六　六十六頁注二十一参照。七十頁も「⿰石⿺辶里卅口」とする。
七　二九二頁注七参照。七十頁は「水瓮卅口」とする。
八　六十八頁注十参照。七十頁も「都婆波六十口」とする。
九　六十四頁注十三・十七、六十六頁注十九参照。七十頁は「缶卅口」とする。
十　底本「置蓋」。諸本異同無し。置は二十四頁注十二、蓋は四五八頁注十参照。主計寮式畿内調条に「缶蓋六口（徑六寸）」と見え、置蓋は前条の盆の蓋となるか。七十頁は「置盎卅口」とする。

山坏・小坏各六十口、已豆伎・䟽各六十口、

備前國

𨘯卅[1]口、水戸[2]卅[3]口、都婆波六十口、瓫[4]卅[5]口[6]、

置蓋卅[7]口、

1 卅、林本・宮本「三十」。
2 戸、以文本頭注「戸一作瓫」。
3 卅、林本・宮本「三十」。
4 瓫、荷田本「瓮」。林本なし。
5 卅、林本なし。宮本「三十」。
6 口、林本なし。
7 卅、林本・宮本「三十」。

一 酒垂（さかたり）　卅口 二

三 盞（さかづき）　十二口

四 𤭯（はさふ）　卅口

五 筥瓶（はこがめ）　卅口

六 短女坏（ひきめつき）　卅口

七 山坏（やまつき）　卅口

八 片盤（かたさら）　卅口

九 酒壺（さかつぼ）　卅口

十 小坩（こつぼ）　卅口

十一 瓦碓（すゑのうす）　卅口

一 六十八頁注十二参照。七十頁も「酒垂卅口」とする。
二 三十四頁六参照。
三 六十六頁注三参照。七十頁も「盞十二口」とする。
四 六十八頁注四参照。七十頁は「匜卅口」とする。
五 七十頁注十一参照。七十頁も「筥瓶卅口」とする。
六 六十四頁注十六参照。七十頁も「短女坏卅口」とする。
七 六十八頁注十七参照。七十頁も「山坏卅口」とする。
八 六十四頁注十九参照。七十頁も「片盤卅口」とする。
九 底本「酒壺」、「酒盞」に作る写本あり。校異参照。酒は二十六頁注一、壷は三〇〇頁注九参照。酒（さか）と訓む用例は四十二頁注二十一参照。七十頁の「酒盞卅口」に相当するか。
十 七十頁注十六参照。七十頁も「小坩卅口」とする。
十一 六十八頁注六・六六六頁注六参照。七十頁は「陶臼卅口」とする。

酒[1]甀[2]卅[3]口、盞[4]十二口、䍃[5]卅口、筥瓶[6]卅口、

短女坏卅口、山坏卅口、片盤卅口、酒壺[7]卅

口、小坩卅口、瓦碓卅口、

1 酒甀卅口盞十二口、荷田本「盞十二口酒甀卅口」。

2 甀、荷田本・林本・神道本「垂」とし林本注「缶之誤」。宮本「缶」とし右傍「缶イ」。

3 卅、林本・宮本「三十」。

4 盞十二口、林本・宮本なし。

5 䍃、林本注「䍃、䍃之誤」。

6 瓶、荷田本・林本・宮本「䍃」。

7 壺、荷田本・林本・宮本「盞」。以文本「盞」を「壺」と訂正し頭注「酒盞一作㆓酒壺㆒」。

[一]巳豆伎(いつき)　卅口

[二]巳上(これよりかみ)　[三]人給(ひとたまひ)の料(れう)

[四]應(まさ)に　[五]穢悪(けがれ)を潔(きよ)め祓(はら)ふべし

[六]畔放(あはなち)　[七]溝埋(みぞうめ)　[八]樋放(ひはなち)　[九]頻蒔(しきまき)　[十]串刺(くしさし)　[十一]生剝(いけはぎ)　[十二]逆剝(さかはぎ)　[十三]屎戸(くそと)　已上　[十四]天罪(あまつつみ)

[十五]生膚斷(いきはだたち)　[十六]死膚斷(しにはだたち)　[十七]白人(しらひと)　[十八]故求彌(こくみ)　[十九]己(おの)が母犯(ははをか)せる罪(つみ)　[二十]己が子(こ)犯せる罪　[二十一]母と子と犯せる罪　[二十二]子と母と犯せる罪　[二十三]畜(けもの)犯せる罪　[二十四]昆蟲(はふむし)の災(わざはひ)　[二十五]畜仆(たふ)し蠱爲(まじものせ)る罪　已上　[二十六]國罪(くにつつみ)

右(みぎ)　[二十七]若(も)し[二十八]件等(くだりなど)の罪を　犯せる者有(ひとあ)らば　[二十九]宜(よろ)しく例(ためし)に依(よ)りて祓へ[三十]淨(きよ)むべし　[三十一]但(ただ)し　[三十二]輸(いだ)すべき物(もの)の數(かず)は　[三十三]悉(ことごと)く[三十四]別紙(ことかみ)に載(の)せ[三十五]便(たより)に使(つかひ)の身(み)に副(そ)へよ

一　六十八頁注十九参照。七十頁も「已豆伎卅口」とする。

二　已上は四頁注三十五参照。

三　尾張国・参河国・備前国の三箇国が弁備する新器（由加物）は、人に賜う料。神事終了後、臣下料として、供奉者などに賜るか。人給は十八頁注十五、料は二十二頁注二十三参照。

四　由加物を弁備する河内国・和泉国・尾張国・参河国・備前国の五箇国に対して、天罪・国罪の禁忌と、禁忌を犯した場合の祓いを命じる。本条に記載される天罪・国罪は、祝詞式六月晦大祓祝詞の天津罪・国津罪に一致するが、大祓祝詞の高津神乃災・高津鳥災は見えない。応は八頁注十参照。

五　六九四頁に「預二穢悪一事〔祓詞所レ云天罪・國罪之類、皆神之所レ穢所レ悪也〕」とあり、穢悪は天罪・国罪のこと。穢は、名義抄法下十五に「穢〔ケガル、ケガス、ケガラハシ、ケキタナシ〕」。悪は、同書法中七十五に「悪〔アシ、ミニクシ、ニクム〕」。日本書紀私記乙本神代上に「穢悪〔介加良波良之支毛乃（けがらはらしきもの）〕」。書紀大化二年三月条の「穢悪」に「アシケコト、ケカラハシキ」の訓。潔は四八八頁注二十一、祓は二十六頁注十七参照。

六　畔は、和名抄一に「畔、音半、田界也〔和名久呂（くろ）、一云阿世（あせ）〕」、名義抄仏中一一〇に「畔〔ナハテ、アセ〕」とあり、田の畦のこと。畦を壊して稲作を妨害する行為。書紀神代紀宝鏡開始章に「素戔嗚尊、春重播種子〔重播種子、此云二璽枳磨枳一（しきまき）〕、且毀二其畔一〔毀、此云二波那豆一（はなつ）〕」とあり、春の田に対する妨害行為とする。また、古語拾遺に「毀畔〔古語阿波那知（あはなち）〕」。兼永本祝詞式六月晦大祓祝詞の「畔放」に「アハナチ」の訓。

七　田に水を送る溝を埋め水路を塞ぐこと。古語拾遺に「埋溝〔古語美曾宇美（みぞうみ）〕」。兼永本祝詞式六月晦大祓祝詞の「溝埋」に「ミゾウメ」の訓。和名抄一に「溝、釋名云、田間之水曰溝、古侯反、縱横相交稱也〔和名三會（みぞ）〕」。日本書紀私記乙本神代上に「塡レ渠毀畔〔美曽宇免、安波奈知須（みぞ

已豆伎卅口、已上人給料、
應[1]潔祓穢悪、
畔[2]放・溝埋・樋放・頻蒔・串刺[3]・生剝・逆
剝・屎戸[4]〔已上天罪〕、生膚斷[5]・死膚斷・白
人・故求彌・犯己母罪・犯己子罪・犯母與[6]
子罪[7]・犯子[8]與母罪・犯畜罪・昆蟲之災[9]・畜
仆爲蠱罪〔已[10]上國罪[11]〕、
右、若有犯件等罪者、宜依例祓淨、但可輸
物數悉[12]載別紙、便副使身[13]、

1 應、林本注「右五字舊本及衣笠本、伊庭本闕漏奉政依延喜式補入之」。以文本頭注「校本云、五字闕文以式補之」。
2 畔、以降諸本揃う。神宮本右傍「脱文アルカ」。
3 刺、底本・谷本・故実本「刾」。荷田本・林本・都立本・神宮一本「剌」とし、林本注「刺之誤」。神宮本・宮本「判」。三手本「刾」。
4 戶、都立本・宮本「尸」。林本注「伊庭本、戸作尸者是」。神宮本左傍「尸イ」。
5 斷、三手本なし、右傍「断」。
6 與、谷本「子」とし右傍「与」。
7 罪、谷本なし。
8 子、宮本なし、右傍「子」。
9 三手本・宮本「地」あり。荷田本注「昆虫元本作昆地虫三字但大祓詞亦作昆虫二字仍今従別本」」あり。神宮本左傍「地イ」あり。
10 已上、神宮本・都立本・神宮一本・谷本なし。宮本「以上」。
11 國罪、神宮本・都立本・神宮一本・谷本なし。信友本「已上国罪」は「仆為」間にあり頭注「已上国罪四字諸本倶、无今依天罪例私補之」。
12 悉、神宮本・三手本「息」とし、神宮本左傍「具カ」。宮本「息」とし右傍「悉」。
13 便、荷田本なし。

うめ、あはなちす)」」。
八 田に水を送る竹や木の管を取り外す、または、壊して、水路を塞ぐこと。樋は、名義抄仏下本一〇二に「樋〔ヒ〕」。古語拾遺に「放樋〔古語斐波那知(ひはなち)〕」。書紀神代紀宝鏡開始章第三ノ一書に「廢渠槽、此云秘波鵝都(ひはがつ)」。兼永本祝詞式六月晦大祓祝詞の「樋放」に「ヒハナチ」の訓。畔放・溝埋・樋放は灌漑施設への破壊行為。
九 既に穀物の種を蒔き終わっている田の上へ、更に播種すること。古語拾遺に「重播〔古語志伎麻伎(しきまき)〕」。兼永本祝詞式六月晦大祓祝詞の「頻蒔」に「シキマキ」の訓。春の田に対する妨害行為。
十 古語拾遺に「素戔鳴神、當日神耕種之節、竊往其田、刺串相争」とあり、他人の田に串を刺すことにより、自分の所有権を主張して横領することか、または、呪詛することか。田に刺した串で相手を傷つける、家畜に串を刺して殺害すると解する説もある。古語拾遺に「刺串〔古語久志佐志(くしさし)〕」。書紀神代紀宝鏡開始章第三ノ一書に「捶籤、此云久斯社志(くしさし)」。兼永本祝詞式六月晦大祓祝詞の「串刺」に「クシサシ」の訓。なお、釈日本紀述義三に、捶籤は籤を田中に差し立て呪詛することと記している。
十一 生きたまま馬の皮を剥ぐこと。書紀神代紀宝鏡開始章第二ノ一書に「時素戔鳴尊、(中略)、且日神居織殿時、則生剥斑駒、納其殿内」」と見え、その「生剝」に「イキハギ、イケハギ」の訓。日本書紀私記乙本神代上に「生剝〔以介波支(いけはぎ)〕」。兼永本祝詞式六月晦大祓祝詞の「生剝」に「イケハキ」の訓。
十二 馬の皮を通例に反して逆方向より剥ぐこと。古事記神代記に「逆剝天斑馬剝而」、書紀神代紀宝鏡開始章第一ノ一書に「素戔鳴尊見之、則逆剝斑駒、投入之於殿内」」と見え、その「逆剝」に「サカハギニハギテ」の訓。古語拾遺にも「當織室之時、逆剝生駒、以投室内」」とある。兼永本祝詞式六月晦大祓祝詞の「逆剝」に「サカハキ」の訓。
十三 古事記神代記に「亦其於聞看大嘗之殿、屎麻理〔くそまり〕(此二字以音)散」、書紀神代紀宝鏡開始章第二ノ一書に「及至日神當新嘗之時、素戔鳴尊、則於新宮御席之下、陰自送糞」とあり、その「送糞」に「クソマル、クソマリス」の訓。古語拾遺に「屎戸〔中略〕、當新嘗之日、以屎塗戸」」と見える。名義抄法下八十九に「屎〔クソヤ〕」。兼永本祝詞式六月晦大祓祝詞の「屎戸」に「クソト」の訓。屎戸を、賀茂真淵は「屎処(くそど)」のこと(祝詞考)、本居宣長は「久曽閉(くそへ)」と訓み、屎へり、屎をすること(大祓詞後釈)と解している。
十四 高天原において素戔鳴尊が犯した罪で、高天原神
(七七〇頁へ続く)

以前[一] 神祇官[二]の解を得るに偁ふ 大嘗會[三]に供奉らむが為に
應に須ゐるべき[四]雑物[五]幷せて潔祓具 上[六]の件の如し 者れば
國承知りて 一事以上[七] 例に依りて之[八]を行へ 事期[九][十]會有れ
ば 闕怠[十一]を得ざれ

会料の京進を諸国司・太宰府に下達

12 太政官符す[十二] 諸道の國司[十三] 幷せて太宰府[十四]
其[十五]の國の官 長 位[十六] 姓 名
右 大嘗會[十七]の其の所の解を得るに偁ふ 太政官[十八] 月 日の符に
依りて 會[十九]の料に充つるところの穀[二十] 應に雑物と交易[二十一]すべき
狀[二十二] 會所[二十三]の牒を 例に依りて諸國に送[二十四]り訖りぬ 若し 數[二十五]

一 六五〇頁注五参照。
二 河内国・和泉国・尾張国・参河国・備前国の五箇国に、大嘗祭に用いる新器（由加物）の弁備と、禊祓を命じるように、神祇官から太政官に上申した解。「爲供奉大嘗會」から「如上件」までが神祇官の解。神祇官は二頁注二十、解は一三六頁注十九、得は一四〇頁注十二、偁は六二六頁注十二参照。
三 大嘗会は二頁注四・六〇四頁注三、供奉は三七〇頁注十七、為は二十二頁注八参照。
四 一二四頁注七参照。
五 五箇国が弁備する新器と祓えに用いる物品のこと。監作使が五箇国に到着し、おこなわれる祓えの料は六十二頁以下に見える。雑は十二頁注十七、物は十頁注二十一、并は四頁注四、禊は一三六頁注八、祓は二十六頁注十七参照。祓物・祓具は二十四頁注十一参照。
六 上は八頁注二十三、件は三七〇頁注七、如は一八六頁注二参照。者は六二六頁注十七、承は六二六頁注十九、知は二頁注二十九参照。
七 「一事以上」は、総てのことをいう。宮衛令諸門出物条に「凡諸門出レ物、无レ牓者、一事以上、並不レ得レ出」と見える。
八 之は八頁注五、行は二頁注九参照。
九 二頁注九参照。
十 期限。名義抄仏中一三七に「期〈カギル〉」。
十一 闕は、名義抄法下八十一に「闕〈カク、カケタリ、アヤマツ〉」。怠は、同書法中七十九に「怠〈オコタル〉」。
十二 官符宣旨例第十二号。諸道の国司及び大宰府への太政官符。大嘗会料として科されている穀を、雑物と交易し、定められた数量を弁備した上で、期日内に京進すること、また、そのことに当たる専任を任命し、闕怠無きことを命じる。本官符は、二十二頁の「應行二會料正税一之狀下二知諸國一」に対応し、また、六五二頁以下の官符宣旨例第八・九号と関連する。交易雑物の京進は、六三〇頁の第四号を参照。太政官は二〇二頁注十六、

1 荷田本・信友本「宜」あり。神道本右傍「宜脱カ」あり。宮本右傍「宜」あり。
2 太、神宮本「大」。
3 太、荷田本・林本・神宮本・神宮一本・宮本・信友本「大」。神道本右傍「大」。
4 其、荷田本・信友本「某」とし、荷田本注「某国諸本作二其国一、今依レ例私改レ之、某国官長位姓名七字、諸本連属上文、今依下大嘗會某所牒山城国司使官姓名例一私改置二此所一」、信友本頭注「某国以下七字諸本連属右行、太宰府下今私改レ之」。
5 得、谷本「淂」。
6 其、荷田本「某」とし注「諸本作二其所一、今依レ例私改レ之」。
7 充、神宮本・都立本・谷本・三手本・宮本「宛」。
8 穀、底本・神宮本・都立本・神宮一本・三手本・宮本「穀」。故実本「穀」。

以前、得神祇官解偁、爲供奉大嘗會、應須
雜物幷潔祓具、如上件者、國承知[1]、一事以
上依例行之、事有期會不得闕怠、
太[2]政官符諸道國司幷太[3]宰府
其[4]國官長位姓名
右、得[5]大嘗會其[6]所解偁、依太政官月日符、
所充[7]會料穀[8]、應交易雜物狀、會所牒依例送
諸國訖、若非依數

符は二頁注三十参照。
十三 諸は四頁注二、道は十四頁注十四参照。
十四 西海道全体の九国三島を管轄した地方特別官庁。筑前国御笠郡（福岡県太宰府市）に設置。対外交渉と国防を主目的とし、中国・朝鮮をはじめとする外交使節との交渉・応接を担当し、さらに、防人の管理や軍事施設・兵器の管理もおこなった。太政官符は、大宰府を通じて西海道諸国に下達される。和名抄五に「大宰府〔於保美古止毛知乃司〕」。拾芥抄中に「大宰帥〔ダザイノソツ、オホミコトモチノカミ〕」。平家物語二阿古屋之松の「太宰府」に「ださいふ」の振り仮名。
十五 国名と、長官（守）の位・姓名が記される。其は二頁注二十八、官は四三〇頁注三、長は五十六頁注六参照。
十六 位は五〇〇頁注二十五、姓名は五〇八注十参照。
十七 大嘗会行事所（悠紀行事所・主基行事所）から太政官へ上申された解。大嘗会行事所解は、「依太政官月日符」から「令行件事」まで。大嘗会行事所は四頁注十八・六頁注十五参照。
十八 太政官符の下達に従い、大嘗会行事所は、諸国に、会料の穀を雑物と交易することを指示する牒を送った。月は二頁注八、日は十頁注九参照。
十九 大嘗祭料。会は二頁注四・六〇四頁注三、料は二十二頁注二十三、充は十頁注十七参照。
二十 「たなつもの」は、種をまいて収穫するもの。特に稲のことをいう場合がある。名義抄僧中六十七に「五穀〔イツツノタナツモノ〕」。書紀神代紀四神出生章第十一ノ一書に「以二粟稗麦豆一、爲二陸田種子一、以レ稲、爲二水田種子一」とあり、その「陸田種子」に「ハタツモノ、ハタケツモノ」、「水田種子」に「タナツモノ」の訓。六五二頁の官符宣旨例第八号では、稲若干束とある。
二十一 三十二頁注三参照。
二十二 十頁注十九参照。
二十三 大嘗会行事所から諸国司に送られた牒。六七六頁の官符宣旨例第十三号に該当する。牒は四頁注五、例は六二六頁注三、依は十六頁注三参照。
二十四 送は四頁注三、訖は二頁注二十六、若は三十六頁注二参照。
二十五 諸国は、定められた数量の物品を弁備し、期日内に京進すること。弁備は二十六頁注十三参照。

に依りて辨備へ　及び期内[一]に進送る[二]に非ざれば　恐らくは[三]會の事闕怠[四]を致さむ　望み[五]請ふらくは　國別に專當[六]を充て件の事を行はしめよ　者れば　大臣宣[七]すらく　件等[八]の人を差して　其の專當に充てよ　如し[九]　闕怠有らば　狀に隨ひ[十]科[十一]責ふべし　者れば　國承知りて　宣に依りて之を行へ　但し事を專當[十二]に寄せ[十三]　傍官[十四]　怠を致すことを得ざれ

会料の京進を諸国司に通知

13 大嘗會[十五]其の所牒す　諸道の國司
應に[十六]　交易して　雜物を進るべき事　具に[十七]色目を錄せ
牒す　會の料に用ゐむが[十八]爲　進[十九]るべきこと件の如し　國之の狀を察[二十]

一　期は六七四頁注十、内は九十頁注三参照。
二　進は三七四頁注二十一、送は四頁注三参照。非は二頁注十六参照。
三　名義抄法中八十七に「恐〔オソル、オドス〕」。書紀神代紀宝剣出現章第二ノ一書の「恐」に「ヲソラクハ」の訓。「おそるらく」は「おそれ」のク語法。
四　闕怠は六七四頁注十一、致は六二八頁注十八参照。
五　名義抄法中二十四に「望〔ノゾム〕」。請は十二頁注十一参照。
六　定められた交易雑物を弁備し、期限内に京進させることを、責任を持って行う専従者。専当は六五六頁注十一参照。
七　六二八頁注二参照。大臣宣は、「差件等人」から「隨狀科責」まで。
八　等は六頁注九、差は六十頁注十七参照。
九　名義抄仏中六に「如〔モシ〕」。
十　一五〇頁注六参照。
十一　「つみなふ」は、罪に服させること。用例としては、続日本紀天平神護元年八月一日条に「必法〔乃末尓末仁〕、罪〔奈比〕給岐良〔比〕」とある。書紀景行天皇四十年十月の「将ㇾ誅」に「ツミナエムトス」の訓。科は、名義抄法下十九に「科〔ツミ〕」。責は、同書仏下本十六に「責〔セム、コフ〕」。
十二　大嘗会料の仕事を専当者に一任せず、専当者以外の官人も怠ること無く協力すること。
十三　名義抄法下五十二に「寄〔ヨル、ヨス〕」。
十四　専当者以外の官人。傍は、名義抄仏上三に「傍〔カタハラ、ホトリ〕」。伊勢物語八十七に「かたへのひとわらふ」とある。怠は六七四頁注十一参照。
十五　官符宣旨例第十三号。諸道の国司への大嘗会行事所牒。大嘗会料として科されている雑物を、交易によって調達し、延滞すること無く、期日内に京進すること、また、その費用は、太政官符により下達されたように、大嘗会料として科された稲を充てることを、通知し求める。三十二頁に「次應ㇾ交㆒易雜物㆒

辨備及期內進送、恐會事致[1]闕怠、望請[2]國別
充[3]專當、令行件事者、大臣宣、差件等人、
充[4]其專當、如[5]有闕怠、隨[6]狀科責[7]者、國[8]承知、
依宣行之、但不得寄事專當[9]、傍[10]官致[11]怠、
大嘗會其[12]所牒諸[13]道國司
　　應交易進雜物事（具錄[14]色目）
牒、爲用會料可[15]進如件、國[16][17]察之狀、

1 致、神宮本・谷本・宮本「到」とし、宮本右傍「致」。
2 請、神宮一本「諸」とし右傍「一作レ請」。
3 充、神宮本・都立本・谷本・三手本・宮本「宛」。
4 充、神宮本・都立本・谷本・三手本・宮本「宛」。
5 如、宮本右傍「若」。
6 隨、底本・荷田本・林本・神道本・神宮本・都立本・神宮一本・谷本・三手本・故実本「隨」。
7 責、宮本「貴」とし右傍「責」。神宮本左傍「貴イ」。
8 荷田本・林本・都立本・神宮一本・信友本「宜」あり、但し宮本は後補か。神道本右傍「宜脱カ」あり。
9 當、荷田本・林本・神宮本・都立本・神宮一本・谷本・宮本なし、宮本右傍「當」。
10 傍、三手本右傍「當乎」。
11 致、三手本・宮本「到」とし、三手本右傍「致乎」。
12 其、荷田本・信友本「某」とし、荷田本注「諸本作二其所一、今依レ例私改レ之」。
13 諸道、神宮本・谷本・三手本・宮本「道諸」とし、三手本右傍「下上カ」、宮本反転記号あり。
14 錄、三手本・宮本「禄」とし、宮本下傍「録」。
15 可、宮本右傍「斯乎」。
16 荷田本・信友本「宜」あり、荷田本注「宜察之宜字、諸本並無、今依二前後例一私補レ之」。神道本右傍「宜アリ」あり。宮本右傍「宜」あり。
17 察、三手本・宮本「寮」とし、宮本右傍「寮」。

之狀牒二送諸國一」とある牒の書式例で、六七四頁の官符宣旨例第十二号に引かれる会所牒のこと。牒は四頁注五参照。
十六 応は八頁注十、雑物は十二頁注十七、進は十頁注十二参照。
十七 各国より、大嘗会料として京進される交易雑物の物品目録が記される。具は、名義抄仏下末二十五に「具（ツフサニ、ツマヒラカニ）」。色目は五二八頁注一、録は十六頁注十四参照。
十八 用は十四頁注二、為は二十二頁注八参照。
十九 諸国より交易雑物を運進させることは、六三〇頁の官符宣旨例第四号を参照。如件は六二六頁注十六参照。之は八頁注五参照。
二十 一九四頁注七参照。

て　早速に送達せ　其の價直は　太政官　月　日の符の　會
の料に充つるところの稲を以ちて　之に充てよ　用途に限り有
れば　延怠を得ざれ　但し　鮮物は　會に臨む時に之を進れ
國家の大事　違闕くべからず　牒到らば狀に准へ　故に牒す

雑材勘対を山城国司に通知

14 大嘗會其の所牒す　山城の國司
使　官　姓　名
牒す　件の人等　大井・前瀧　兩津の雑材を勘對らむが爲
發向ふこと件の如し　國は之を察て　諸司・諸家を論はず
所在る雑材　悉く合せ勘對れ　作事期有れば　妨げ留めし

一 五九六頁注三参照。
二 送は四頁注三参照。達は、名義抄仏上五十二に「達〔イタル〕」。
三 六五六頁注九参照。
四 諸国に大嘗会料の稲を課す太政官符は、六五二頁以下の官符宣旨例第八・九号。太政官符は三三〇頁注十三参照。
五 稲を、交易雑物を弁備するための費とすること。充は十頁注十七、稲は十二頁注十二、以は四頁注十七参照。
六 名義抄仏中一三六に「用〔モチヰル、モチフ〕」。字類抄上一一七ウに「用途〔ヨウト〕」。
七 限は三十頁注九、有は四十二頁注二十参照。
八 延は、名義抄仏上六十二に「延〔ノブ〕」。怠は六七四頁注十一、得は一四〇頁注十二参照。
九 新鮮な物。鮮は五四二頁注一参照。鮮物は鮮度を落とさないように、大嘗祭直前に供進すること。
十 一〇二頁注十三参照。
十一 国家は、書紀大化二年八月条の「國家」に「オホヤケ」の訓。大事は、書紀神功皇后摂政前紀の「國之大事」の「大事」に「ヲホキナルコトナリ」。
十二 違は、名義抄仏上五十九に「違〔タガフ〕」。闕は六七四頁注十一参照。
十三 二十四頁注五参照。
十四 牒の指示に従うこと。狀は十頁注十九、准は二一〇頁注十六、故は六五六頁注十六参照。
十五 官符宣旨例第十四号。山城国司への大嘗会行事所（悠紀行事所・主基行事所）牒。大井・前滝両津の雑材を悉く勘対させるために、大嘗会行事所から使者の官人を発遣することを通知し、山城国司に作業の実施を依頼する。
十六 二十二頁注二十七参照。
十七 発遣される使者の官職・位階・姓名が記される。使は四頁注十一、官は四三〇頁注三、姓名は五〇八注十参照。
十八 発遣される使者。件は三七〇頁注七参照。

早速送達、其價直者、以太政官月日符[1]所充[2]會料稻[3]充[4]之、用途有限、不得延怠、但鮮物者、臨會時進之、國家大事不可違闕、牒到准狀、故牒[5]、

大嘗會其所[6]牒山城國司

　使官姓名

牒、件人等爲勘對大井・前瀧兩津雜材[7]、發[8]向如件、國也[9]察[10]之、不論諸司・諸家、所在雜材[11]悉合[12]勘對、作事有期、莫令[13]妨留、

1 符、三手本「府」。
2 充、神宮本・都立本・谷本・三手本・宮本「宛」とし、宮本右傍「充イ」。
3 稻、宮本右傍「一イ无」。
4 充、神宮本・都立本・谷本・三手本・宮本「宛」とし、宮本右傍「充イ」。
5 牒、神宮本・三手本・宮本なし、神宮本右傍「牒カ」。
6 其、荷田本・信友本「某」とし、荷田本注「諸本作二其所一、今依レ例私改レ之」。
7 材、林本注「伊庭本、二之材作レ林」。神宮本・谷本・三手本・宮本「林」とし、宮本右傍「材」。
8 發、信友本「蕟」。以文本頭注「蕟」。
9 也、荷田本・林本・都立本・信友本「宜」。神道本右傍「宜イ」。宮本右傍「宜」。以文本「宜」を「也」と訂正し頭注「宜一作レ也」。
10 察、宮本「寮」とし右傍「察」。
11 材、神宮本・谷本・三手本・宮本「林」とし、宮本右傍「材」。
12 合、荷田本注「合勘對、蓋令勘對之誤」。信友本「令」。
13 令、谷本・三手本・宮本「合」とし谷本右傍「令カ」。

十九 大井津は、大井川（大堰川とも、山城国を流れる桂川のことで、特に、現在の嵐山周辺の川をいう）に形成された津。現在地は不詳であるが、木工寮式車載条によれば、丹波国滝額津から桂川を下った雑材は、大井津で陸揚げの後、運送されており、大井津は、丹波方面から伐採された雑材の集積・陸揚地であった。前滝津は、巨椋池（山城国宇治・紀伊両郡にあった湖）の北側に形成された津。現在地不詳。巨椋池は、宇治・木津・桂の三河川が流入する水上交通の要衝地で、池の西端部には淀津、東岸に宇治津・岡屋津が設けられていた。同寮式同条には、近江国宇治津から宇治川を下った雑材が、巨椋池東岸の宇治津に至る迄と、同津から前滝津に至る迄の運功賃が規定されている。大井は、黒川本字類抄中七十ウに「大堰川〔オホヰカハ、今央井〕」、大鏡六に「おほ井の行幸」。両は四頁注十八参照。津は、名義抄法上三十四に「津〔ツ〕」。
二十 雑の訓は四頁注二十八、材の訓は三十頁注十八参照。
二十一 つきあわせて調べること。勘・対は六一八頁注八参照。六一八頁に対勘とある。用材を点定するために、悠紀行事所・主基行事所がそれぞれに木印を用いることは十四頁注七・八参照。
二十二 発は四四六頁注十四、向は七十八頁注五参照。
二十三 底本「也」。「宜」に作る写本あり。校異参照。「也」を「は」と訓む用例は九十六頁注二参照。
二十四 諸司または王臣家が所有する雑材であっても、悉く勘対の対象とする。諸司は四頁注三十三参照。家は、名義抄法下五十二に「家〔イヘ、ケ〕」。論は、名義抄法上六十八に「論〔アラソフ、アケツラフ〕」。
二十五 書紀神代紀宝剣出現章第四ノ一書の「川上所在」の「所在」に「アル」の訓。
二十六 悉は六七二頁注三十三、合は五二八頁注六参照。
二十七 名義抄仏上三十三に「作〔ナル、ナス、ツクル〕」。事は二頁注九参照。
二十八 六七四頁注十参照。
二十九 名義抄仏中二十三に「妨〔サマタク〕」。留は四八六頁注六参照。

むること莫れ[一]　牒到らば状に准へ　故に牒す

醸造料の甕を左右京職に下達

15 左辨官下す[二]　左右の京[三]

甕[四]　八十口　職毎に卌口[五]　件の直[六]　會の料[七]の內を用ゐよ

右　大嘗會其の所の酒[八]を釀む料に充てむが爲　仰[九]するところ件の如し　兩職承知りて[十]　或いは借り[十一]　或いは買ひ　須く[十二]先づ買ふべき數[十三]を定め　其の直[十四]を受け　早速に[十五]辨進るべし[十六]　遲廻る[十七]ことを得ざれ[十八]

年[十九]　月　日　　史[二十]　姓　名

辨[二十一]　姓　名

一　名義抄僧上二に「莫〔ナシ、ナカレ〕」。

二　官符宣旨例第十五号。左右京職への左弁官下文（くだしぶみ）。大嘗祭に用いる酒を醸すための甕八十口（各職四十口）を、購入または借用して揃え、期日内に進上すること、さらに、その費用は大嘗会料より支払うことを左右京職に命じる。十四頁の「次可レ買二進甕一状、下二知左右京職一」に対応する。弁官下文は、官宣旨（かんせんじ）とも謂い、太政官の弁官局が、京司・諸国・寺社宛に発給する下文様式の文書。様式は、通常、「左(右)弁官下」の書き出しで、差出所は弁官局、その下に宛所を記し、本文の次に日付、その下に作成者である史（一人）の位署、奥に弁官（一人）の位署が記される。天皇の勅旨を奉った上卿が口頭で弁官に命じ、弁官がこれを史に口頭伝宣して、史が作成する。また、奉勅に依らず、上卿の判断でおこなう上宣に基づき発給される場合もある。官宣旨の規定は公式令にはなく、請印などの手続きを必要とする太政官符に対して、官宣旨は、緊急または軽微な事項について、迅速且つ容易に発給できることが特長。一般的な事項は左弁官、凶事については右弁官が作成を担当した。現存する最古の弁官下文は、貞観十一（八六九）年五月十一日付の延暦寺に出された左弁官下文（平安遺文所収）。弁官は四頁注二十三・五〇八頁注十五、下は二頁注二十九参照。

三　左右京職。京職は十四頁注二十二参照。

四　酒を醸すための甕。甕は十四頁注二十参照。神御料となる小斎の御酒を醸す甕四口のことは二八二頁に見え、また、大多米酒を醸す甕八口のことは二八六頁に見える。口は三十四頁六参照。

五　左京職・右京職にそれぞれ四十口の甕を進上させる。毎は一五四頁注七参照。

六　甕の購入費は、大嘗会料より支払う。直は六五六頁注九参照。

七　会は二頁注四・六〇四頁注三、料は二十二頁注二十三、内は九十頁注三、用は十四頁注二参照。

牒到[1]准狀、故牒、

左辨官下左右[2]京[3]

甕八十口〔毎職卌[4]口〕、件直用會料內、

右、爲充[5]大嘗會其[6]所釀酒料、所仰如件、兩

職[7]承知、或借[8]或買、須[9]先定可買數[10]、受其直、

早速辨進、不得遲廻、

年[11]月日　　　　史[12]姓名

辨[13]姓名

1 到、林本「致」。
2 左右京、荷田本注「諸本小字、今依レ例改為二大字一」。林本・神宮本・都立本・谷本・三手本・宮本小字、林本注「大字ニ可レ書、其下可レ有二職字一」。
3 宮本「職」あり。
4 卌、谷本「卅」。
5 充、神宮本・都立本・谷本・三手本・宮本「宛」とし、宮本右傍「充」。
6 其、荷田本「某」とし注「諸本作二其所一、今依レ例私改レ之」。神道本右傍「某イ」。
7 宮本「宜」あり。荷田本注「蓋脱二宜字一」あり。神道本右傍「宜イアリ」あり。信友本「宜」あり。
8 借、神宮一本「備」。
9 須、荷田本・林本・神宮本・都立本・神宮一本・谷本・三手本・宮本「酒」とし、荷田本注「蓋須先之誤」、林本注「須之誤」。
10 宮本右傍「貟」あり。
11 年月日、神宮一本・谷本・三手本・宮本「辨姓名」。荷田本注「元本以二辨姓名三字一置二右行一、以二年月日三字一置二左行一者、蓋不レ知二符躰一而妄改者也、仍今従二諸本一」。
12 史姓名、林本なし。谷本・三手本・宮本「年月日」。
13 辨姓名、神宮一本「年月日」、谷本・三手本・宮本「史姓名」。

八 甕八十口のこと。酒は二五〇頁注六、釀は一七二頁注十五参照。充は十頁注十七参照。
九 八頁注二参照。
十 承は六二六頁注十九、知は二頁注二十九参照。
十一 或は六〇四頁注十三、借は八頁注十二、買は十四頁注二十一参照。
十二 名義抄仏下本三十に「須〔スヘカラク―スヘシ〕」。先は二十八頁注一参照。
十三 数は十頁注二十一、定は十頁注十参照。
十四 その費用を申請し、受理すること。受は二頁注十二参照。
十五 五九六頁注三参照。
十六 指定された甕を準備し、進上すること。弁は二十六頁注十三、進は十頁注十二参照。
十七 遅は、名義抄仏上五十七に「遅〔オクレヌ〕」。廻は九十六頁注十四参照。
十八 一四〇頁注十二参照。
十九 本下文を作成した年月日。年は二頁注九、月は二頁注八・十、日は十頁注九参照。
二十 弁官局の大史・少史のことで、本下文を作成した史の職名・姓名が記される。史は四頁注三十六、姓名は五〇八注十参照。
二十一 奉勅または上宣を承った弁官の職名・姓名が記される。弁官は四頁注二十三・五〇八頁注十五参照。

座料を宮内省に下達

[16] 左辨官下す(ひだりのおほともひのつかさくだ／さべんくわん)[一]　宮内(みやのうち／くない)[二]

畳(たたみ)[三]　卅枚　長筵(ながむしろ)[四]　廿枚　長畳(ながだたみ)　十枚　薦(こも)[五]　十枚

右(みぎ)　其(そ)[六]の所(ところ)の諸所(もろもろのところ)の預(あづかり)等(ら)の座(しきゐ)の料(れう)　彼(そ)[七]の所請(こ)ふところ件(くだり)[八]の如(ごと)し者(てへ)[九]り

年[十]　月　日

大臣宣(おほいまうちきみせん)[十一]すらく　宜(よろ)しく借(か)り収(をさ)むべし

辨(おほともひ／べん)[十二]　姓(かばね)　名(な)　奉(うけたまは)る

北野斎場卜定のことを山城国司に通知

[17] 其[十三]の所牒(てふ)す　山城(やましろ)の國司(くにのつかさ)

一 官符宣旨例第十六号。宮内省への官宣旨（弁官下文）。上卿宣により、大嘗会行事所（悠紀行事所・主基行事所）に鋪設される諸所預等の座料として、畳、長筵以下を行事所に貸し出すことを、宮内省に命じる。八頁の「次應レ借二行鋪設一宣旨下二宮内省一〔宣旨在二別巻、下皆同一〕、其設レ座撿校西面北上、行事四位已下南面東上、主典東面北上、諸所預幷國司北面東上」に対応する。

二 宮内省。八頁注十五参照。

三 畳は一五六頁注二、枚は十二頁注二参照。

四 長は四十二頁注十六、筵は四六〇頁注十八参照。

五 九十八頁注三参照。

六 其所は大嘗会行事所（悠紀・主基行事所）、四頁注十八・六頁注十五参照。諸所は、大嘗会行事所の下に設けられ、諸種の専門業務を担当する臨時の役所。預は、その責任者。十八頁に記されている。諸所は六頁注八、預は八頁注二十六、等は六頁注九、座は八頁注十八参照。

七 大嘗会行事所（悠紀・主基行事所）。彼の訓は六二六頁注十四、請は十二頁注十八参照。

八 六二六頁注十六参照。

九 底本「者」。諸写本なし。校異参照。者は六二六頁注十七参照。

十 底本「年月日」。多くの諸本「年月日」を「大臣宣、宜借収」の次行、「弁姓名奉」の上に記す。校異参照。

十一 六二八頁注二参照。宜は三五六頁注九、借は八頁注十二、収は十頁注十八参照。

十二 大臣宣を承った弁官の職名と姓名。奉は二頁注十九参照。

十三 官符宣旨例第十七号。山城国司への大嘗会行事所（悠紀・主基行事所）牒。山城国司に、北野斎場を卜定する日時の通知と、解除と卜定の儀斎行について、荒見河辺に山城国司・百姓の祗候を求める。二十二頁の「次應レ卜二定齋場一之状牒送二山城國一、至二於其日一、撿校以下率二神祇官一、到二北野一卜二定其地一、其

左[1]辨官下宮內[2][3]
　疊卅枚、長筵[4]廿[5]枚、長疊十枚、薦十枚、
右、其[6]所諸[7]所預等座料、彼所所[8]請如件者[9]、
　　　　年月日[10]
大[11]臣宣、宜[12]借收、
　　　　　　　　辨[13][14]姓名奉[15]
其[16]所牒山城國司

儀神祇官・悠紀・主基兩國司幷山城國郡司等就㆓荒見河㆒」以下に対応し、大祓と卜定儀が規定されている。牒は四頁注五、山城は二十二頁注二十七参照。

1 左、荷田本注「蓋右辨官之誤」。信友本「右」。
2 宮内、神宮本・都立本・谷本・三手本・宮本小字。
3 信友本「省」あり。神道本右傍「省イアリ」あり。
4 筵、林本・神宮本・都立本・神宮一本・宮本「莚」とし、林本注「筵之誤」。
5 廿、神宮本右傍「卅イ」。
6 其、荷田本・林本・神宮本・都立本・神宮一本・谷本・三手本・宮本・信友本「某」。神道本右傍「某イ」。
7 諸、都立本・神宮一本・宮本「請」とし、宮本右傍「諸」。
8 所、神宮本・都立本・谷本・三手本・宮本・信友本「々」。
9 者、荷田本・林本・神宮本・都立本・神宮一本・谷本・三手本・宮本・信友本・以文本なし。神道本右傍「イナシ」。
10 年月日、荷田本・林本・都立本・神宮一本・谷本・三手本・宮本・信友本「大臣宣宜㆓借収㆒」。
11 大臣宣宜借收、荷田本・林本・都立本・神宮一本・谷本・三手本・宮本・信友本「年月日」。神宮本「弁姓名奉」。以文本「大臣」とし貼紙で消す。
12 宜、底本・都立本・谷本・宮本「冝」。
13 辨姓名奉、神宮本「大臣宣宜借収」。
14 林本「位」あり、注「伊庭本無㆓位字㆒、舊本傍書補㆓闕文㆒」。荷田本注「元本有㆓位字㆒」あり。宮本右傍「位イ」。信友本右傍「官本有㆓位字㆒非也」。
15 奉、都立本・神宮一本小字。
16 其、荷田本・林本・神宮本・都立本・神宮一本・谷本・宮本・信友本「某」。神道本右傍「某イ」。

[一]応に齋場を卜定むべき事

[二]其の月　其の日　刻　[三]解除へよ　[四]其の刻　卜へよ

牒す　[五]件の地を卜定めむが爲　[六]撿挍の納言以下　[七]雜色人以上　[八]卜部等を率て　[九]宮城の北野に向ふべし　[十]國は狀を察て　[十一]祗承る國司・百姓等を差して　[十二]荒見河の邊に候へ　[十三]違闕こと勿れ　[十四]故に牒す

主基殿神座料・御料を大蔵省・宮内省に下達

①大蔵省

18 [十五]太政官符す　[十六]大藏・宮内省

大藏省

[十七]御衾　[十八]一領半の料

[十九]美濃の帛　[二十]一疋三丈

一 方四十八丈の北野斎場の地を卜定すること。二十四頁以下参照。北野斎場は四十頁注九参照。応は八頁注十、斎場は十八頁注三、卜定は二頁注二十四、事は二頁注九参照。

二 解除の月日・時刻と卜定の時刻が記される。其は二頁注二十八、月は二頁注八・十、日は十頁注九、刻は二一六頁注三参照。

三 一四〇頁注二参照。二十六頁以下では大祓とあり、その祭祀次第が記されている。

四 卜定を斎行する時刻。

五 二十四頁注六参照。

六 四頁注十九参照。大納言・中納言二人、参議一人が、検校となる（四頁参照）。以下は十二頁注三参照。

七 悠紀行事所・主基行事所において、雑色人として、大嘗祭斎行のために様々な雑務に従った者。二十六頁にも雑色人以上とあり、六一四頁に悠紀・主基二所雑色人として賜禄に与っている。雑色人は二十六頁注十五、以上は十二頁注二十七参照。

八 底本「卜郡等」。「卜郡等」に作る写本と「卜部等」に作る写本あり。校異参照。二十四頁には「撿挍以下率二神祇官一、到二北野一卜二定其地一」と、神祇官を率いるとあり、その大祓に斎国国司は参列するが、斎郡司は見えないこと（二十四頁）、「卜郡」表記は他に例が無く、「斎郡」の表記は斎郡（七十二頁）・斎郡大少領（六一〇頁）・斎郡大少領妻（六二〇頁）と見えることより、底本の「卜郡」を「卜部」に改めた。卜部は三十二頁注九、等は六頁注九参照。率は二十四頁注三参照。

九 宮城は二一四頁注八、北野は二十四頁注四、向は七十八頁注五参照。

十 底本「也」。「宜」に作る写本あり。校異参照。也は九十六頁注二参照。状は十頁注十九、察は一九四頁注七参照。

十一 祗承は一三六頁注六参照。国司・百姓は二十四頁では山城国郡司等とある。国は二頁注二十二、司は四頁注三十三、百姓は七十二頁注九、差は六十頁注十七参照。

十二 荒見河は二十四頁注九、辺は二〇〇頁注五、候は一九八頁

應卜定齋場事

其[1]月其[2]日刻[3][4]解除、其[5]刻[6]卜[7]、

牒[8]、爲卜定件地、撿挍納言以下・雜色人以上、率卜[9]部[10]等、可[11]向宮城北野、國也[12]察[13]狀、差祇[14]承國司・百姓等、候荒見河邊、勿[15]違闕、故牒、

太政官符大藏・宮内省

大藏省

御衾一領半料、美濃帛一疋三丈、

1 其、荷田本・林本・神宮本・都立本・神宮一本・谷本・三手本・宮本・信友本「某」。神道本右傍「某イ」。

2 其、荷田本・林本・神宮本・都立本・神宮一本・谷本・三手本・宮本・信友本「某」。神道本右傍「某イ」。

3 荷田本・谷本・宮本・信友本「某」あり、荷田本注「某日某刻四字諸本作二某日刻三字一今私加二某字一」あり。林本注「奉政云、日下疑漏二某字一」あり。神道本右傍「某イ」あり。三手本右傍「某乎」あり。

4 刻、都立本なし。神宮一本右傍「衍」。谷本「剋」。

5 其、荷田本・林本・都立本・神宮一本「某」。神道本右傍「某イ」。神宮本右傍「某イ」。

6 刻、谷本「剋」。

7 卜、都立本「事」。神宮一本右傍「事歟」。宮本右傍「事」。

8 牒、宮本右傍「イ无」。

9 卜、宮本「郡」。神宮本左傍「郡」。

10 部、底本・神宮本・三手本・故実本「郡」。荷田本・林本・神道本・都立本・神宮一本・谷本・信友本「部」。宮本「卜」。神宮本左傍「卜」さらに左傍「司カ」。

11 可、信友本「下」。

12 也、荷田本・林本・都立本・信友本「宜」。神道本右傍「宜イ」。神宮一本右傍「宜歟」。宮本右傍「宜」。以文本「宜」を「也」と訂正し頭注「宜一作レ也」。

13 察、宮本「寮」とし右傍「察」。

14 祇、荷田本・林本・神宮一本「祇」。神宮本・都立本・谷本・宮本・信友本「衼」。三手本「衹」。

15 勿、荷田本・林本・神宮一本・信友本「不得」。神道本右傍「不得イ」。神宮本「以」とし更に一字ありとして左傍「莫カ」。都立本「不得以」。谷本・三手本・宮本「以」とし宮本右傍「不得」。以文本「以」を「勿」と訂正し頭注「以疑勿字草書之誤」。

注十一参照。

十三 違闕は六七八頁注十二、勿は六二八頁注十二参照。

十四 六五六頁注十六参照。

十五 官符宣旨例第十八号。大蔵省と宮内省への太政官符。神祇官解を受けて、大蔵省に対して、主基殿の神座料・御料となる御衾・敷衾・御枕・帷・御褁・幌を縫作するための美濃帛・河夫理絁・望陀布以下を請求し、宮内省へは、大筥を請求する。四十頁以下の「次可レ下二大殿御衾幷雜物一符下二大藏・宮内等省一」、四〇六頁の「先レ是神祇官修レ解申レ官、官下二符所司一令レ充、神祇官受レ之、頒二兩國一」に該当し、また、具体的な品名は四〇二頁に見える。神座料の御衾・敷衾・御枕以下の縫作は、縫殿寮が担当し、実際の作業は卜食の縫女がおこなった。太政官は二〇二頁注十六、官符は二頁注三十参照。

十六 大蔵省は十頁注二十、宮内省は八頁注十五参照。

十七 四十頁注五参照。四〇二頁は「衾三條」とする。御衾が神座に鋪設されることは四四〇頁に見える。

十八 領は三三二頁注十七、料は二十二頁注二十三参照。

十九 美濃国産の帛。美濃は一一〇頁注六、帛は四二四頁注十一参照。

二十 疋は七十二頁注十三、丈は三十頁注八参照。

一敷衾（しきふすま）　一領半の料（れう）
二河夫理（かふり）の絁（あしぎぬ）　四丈二尺五寸三
四綿（わた）　廿六屯七両
五御枕（おほむまくら）　一枚の料
六美濃（みの）の絁（あしぎぬ）　七一丈　尺
八帷（かたびら）　九一張の料
十望陀（まうだ）の布　二丈一尺
十一御裹（おほむかうぶり）　十二一枚半の料
十三布（ぬの）　三丈四尺
十四練絲（ねりいと）　十五二分

一 寝るとき、身体を横たえるため、下に敷く夜具。敷は九十六頁注十一参照。
二 河夫理は不詳。地名であろう。絁は二十四頁注十四参照。
三 尺は二十四頁注十五、寸は一〇六頁注五参照。
四 十二頁注二十三参照。屯は三十四頁注二、両は一一四頁注四参照。
五 御は二十二頁注四、枕は三九二頁注一参照。四〇二頁は「繒枕二枚」とする。四〇二頁注十二参照。三九〇頁には「坂枕」とする。
六 美濃国産の絁。高級品として著名で、本条にあるように大嘗祭の神座料に用いられ、また、唐皇帝への贈答品としても使用された。賦役令調絹絁条に「美濃絁、六尺五寸、八丁成ㇾ匹〈長五丈二尺、廣同二絹絁一〉」と規定され、和銅二（七〇九）年五月、新羅国王に、絹とともに美濃絁三十疋が送られている（続日本紀）。大蔵省式賜客例条には「大唐皇〈銀大五百兩、水織絁、美濃絁各二百疋、（中略）、望陀布一百端〉」とあり、唐皇帝への贈答品の一つとして、美濃絁二百疋を規定している。和名抄は、産出国郡名を付されている布等は、その形状の特異性によると説明する。四〇四頁注一参照。
七 底本「一丈尺」。「一丈八尺」に作る写本あり。校異参照。
八 二十二頁注五参照。四〇四頁は「望陀布單二條」とする。
九 六十二頁注十三参照。
十 四〇四頁注一参照。
十一 御は二十二頁注四、裹は一四八頁注十三参照。四〇二頁は「絹幞頭三枚」とする。四〇二頁注十三参照。底本「裹」。校異参照。
十二 十二頁注二参照。
十三 十二頁注二十二参照。
十四 生糸を練って軟らかくした糸。練絹となる。練は、名義抄法中一一三に「練〈ネル〉」。絲は八十六頁注一参照。
十五 一〇六頁注六参照。

敷衾一領半料、河夫理絁[1]四丈二尺五寸、綿
廿六屯七兩、御枕[2]一枚料[3]、美濃絁一丈□[4]尺[5]、
帷一張料、望陀[6]布二丈一尺、御褁[7]一[8]枚半料、
布三丈四尺、練絲二[9]分、

1 神道本右傍「料イアリ」。信友本「料」あり。
2 枕、林本・神宮本・都立本・神宮一本・谷本・宮本「枕」とし、林本注「枕之誤」。三手本「杌」。
3 料、林本・神宮本・神宮一本・谷本・三手本・宮本・信友本なし、林本注「脱㆓料字㆒」。荷田本注「諸本並無、今依㆓上下例㆒私補㆑之」。
4 荷田本・林本・都立本・三手本「八」とし、三手本左傍「尺イ」。神道本右傍「八イ」。神宮一本「〇」とし右傍「八歟」。宮本「尺」とし右傍「八」。以文本「八」を朱で消し右傍「一字空白」。神宮本・谷本空白なし。
5 尺、神宮一本右傍「如本」。
6 陀、林本「陁」とし注「陀之誤」。都立本「陒」。三手本「絶」とし右傍「陒見上」。
7 褁、神道本・信友本「裹」。
8 信友本「一」以下十五字なし、頭注「裹下脱㆓一枚半料布三丈四尺練絲二分生絲十五字㆒」。
9 二、神宮一本「三」。

生絲［一］ 二分

大殿の戸一具の幌の料［二］

望陀の布［三］ 三丈二尺

已上［四］ 縫殿寮縫ひ作るところ［五・六］ 即ち 縫女等は［七］ 卜食みて縫はしめよ［八］

木綿［九］ 大九斤［十］ 大嘗宮に用ゐる料［十一］

調布［十二］ 三丈三尺 膳部・縫部等の料［十三・十四］

②宮内省

宮内省［十五］

大筥［十六］ 一合［十七］

右 神祇官の解を得るに偁ふ［十八］ 主基の大殿の御衾［十九］ 幷せて雑物［二十］

の料 例に依りて請ふところ［二十一］ 件の如し［二十二］ 者れば 省宜しく［二十三］

一 練糸の対で、練らない、そのままの生糸。生絹となる。生は、名義抄僧下九十一に「生〔ススシ〕」。

二 大嘗殿の戸に、望陀布を幌として懸ける。内蔵寮が鋪設することは、三九二頁参照。四〇四頁は「幌二具」とする。大殿は四十頁注四、戸は四十二頁注十五、具は一二四頁注九、幌は三九二頁注四、料は二十二頁注二十三参照。

三 四〇四頁注一参照。

四 六八四頁の御衾より大殿の戸の幌まで。大蔵省が指定された帛・絁・布・綿・糸を供出し、縫殿寮の卜食の縫女が縫い作る。已上は四頁注三十五参照。

五 二五八頁注三参照。

六 縫は四〇四頁注七、作は十四頁注七参照。即は二頁注二十七参照。

七 官給の衣服の裁縫に従事した女子技術者。職員令縫部司条に「縫女部」と見える。大蔵省被管の縫部司は、大同三（八〇八）年に中務省被管の縫殿寮に併合された。大膳職式女官月料条に「大蔵縫女廿六人」とあるが、これは、弘仁二（八一一）年二月十日、幄幔を縫作させるために、縫殿寮官人三十人を大蔵省に配した（類聚国史一〇七）ためであろう。書紀応神天皇三十七年二月条の「工女」に「ヌヒメ」の訓。等は六頁注九参照。

八 十二頁注十四参照。

九 二十四頁注十六参照。四〇四頁は「木綿十八斤」とする。

十 二十四頁注十七参照。

十一 三八二頁注十三参照。

十二 三十四頁注十三参照。四〇六頁の「巾料布三段二丈四尺」に相当するか。

十三 膳部は二十頁注十二参照。

十四 官位令正六位条義解の「縫部正」の「縫部」に「ヌヒヘ、キヌモノ」の訓。職員令縫部司条に「縫部四人」と見え、同司の伴部で、中務省式時服条によれば縫部四人は時服の支給を受

生絲[1]二分、大殿戸一具[2]幌料、望陀[3]布三丈二尺〈已上縫殿寮所縫作[4]、即縫[5]女等卜食令縫[6]〉、木綿大九斤[7]〈用大嘗宮料〉、調布三丈三尺〈膳[8]部・縫[9]部等料〉、

宮内省、大笥[10]一合

右、得神祇官解偁、主基大殿御衾幷雑物[11]料、依例所[12]請如件者、省[13]宜[14]

1 生絲二分、三手本なし、右傍「生絲二分」。
2 具、神宮一本「貝」とし右傍「一作具」。
3 陀、都立本「陁」。三手本・宮本「絶」。
4 縫、神宮本・宮本「継」とし、神宮本右傍「縫カ」、宮本右傍「縫」。
5 縫、神宮本・三手本・宮本「継」とし、神宮本右傍「縫カ」、三手本右傍「縫乎」、宮本右傍「縫」。
6 縫、神宮本・宮本「継」とし右傍「縫カ」。
7 斤、神宮本・三手本・宮本「九」とし、神宮本左傍「斤カ」、宮本右傍「斤」。
8 膳部縫部等料、荷田本・林本・神宮本・都立本・神宮一本・谷本・三手本・宮本・信友本「膳部等縫部料」。
9 縫、神宮本・三手本・宮本・信友本「継」とし、信友本頭注「継部料、疑襷料誤歟、襷或作レ縫」。
10 笥、神宮本・宮本「莒」。
11 物、谷本「粅」とし右傍「物」。
12 三手本・宮本「所」あり。
13 省、林本・神宮一本・三手本なし。
14 宜、谷本なし。

ける。

十五 八頁注十五参照。

十六 大は二〇二頁注八、笥は五十頁注十二参照。四〇四頁は「笥三合」とする。縫作された御衾以下の御料を入れる笥であろう。

十七 十頁注十六参照。

十八 太政官が大蔵・宮内両省に主基殿の神座料・御料を命じるように、神祇官から太政官に上申した解。「主基大殿」から「所請如件」までが神祇官の解。四〇六頁の「先レ是神祇官修レ解申レ官、官下二符所司一」に該当する。神祇官は二頁注二十、解は一三六頁注十九、得は一四〇頁注十二、偁は六二六頁注十二参照。

十九 主基殿。主基は二頁注二十三、大殿は四十頁注四、御衾は四十頁注五参照。

二十 幷は四頁注四、雑物は十二頁注十七参照。

二十一 例は六二六頁注三、依は三三〇頁注十二、請は十二頁注十八参照。

二十二 如件は六二六頁注十六、者は六二六頁注十七参照。

二十三 大蔵省と宮内省。宜は三五六頁注九参照。

承[一]知りて　件に依りて之に充つべし

楽人・楽器を諸寺に通知

[19]太[二]政官牒す　其[三]の等の諸寺　両[四]所共に此を用ゐよ

應[五]に　樂[六]人幷せて樂[七]器を借[八]し送るべき事　具[九]に色目を註せ

右　大[十]嘗會其の所　請ふところ件の如し　寺[十一]宜しく承知りて

件に依りて借し送るべし　故[十二]に牒す

年[十三]　月　日　　史[十四]　位　姓　名　牒す

辨[十五]　位　姓

唐菓子を造る浄女を興福・元興両寺に通知

[20]大[十六]嘗會其の所牒す　興[十七]福・元[十八]興両寺　寺[十九]毎に牒有れ

一 承は六二六頁注十九、知は二頁注二十九、之は八頁注五、充は十頁注十七参照。

二 官符宣旨例第十九号。諸寺への太政官牒。大嘗会行事所（悠紀行事所・主基行事所）の申請に基づき、諸寺所属の楽人と楽器の貸し出しを要請する。二十二頁の「次牒下送借二諸寺樂人・樂器一之状上」に該当する。太政官は二〇二頁注十六、牒は四頁注五・本頁注十三参照。

三 該当の寺院名が記される。其は二頁注二十八、等は六頁注九、諸は四頁注二、寺は二十二頁注十九参照。

四 悠紀行事所、主基行事所。四頁注十八・六頁注十五参照。各行事所ごとに牒を作成する。共は十頁注六、此は四頁注二十四、用は十四頁注二参照。

五 八頁注十参照。

六 諸寺所属の楽人。東大寺要録五年中節会支度に「一石六斗八舛（樂人食料）、二石（同樂人祿料、在二支度一）」とあり、東大寺所属の楽人が確認される。楽人は二十二頁注十五参照。

七 寺院に楽器が所蔵されていたことは、東大寺要録四に「一、大廳、（中略）、同廳西端殿、南一端倉（納二舞裝束・樂器等一）」とあり、また、大安寺伽藍縁起并流記資財帳に「合雜琴貳拾伍面（琵琶十面、箏琴六面、琴四面、竝佛物）、合笙參管（佛物）」と見える。楽器は二十二頁注二十参照。

八 名義抄仏上二十に「借（カル、カス）」。送は四頁注三参照。

九 諸寺から貸し出される楽人の名簿と楽器の物品目録を具体的に記す。具は六七六頁注十七、色目は五二八頁注一、註は五四八頁注十六参照。

十 悠紀行事所・主基行事所が、それぞれに楽人と楽器の貸し出しを申請する。大嘗会は二頁注四・六〇四頁注三参照。請は十二頁注十八参照。

十一 楽人と楽器を貸し出す寺院。

十二 六五六頁注十六参照。

十三 本牒の作成日。牒の書式は公式令牒式条に規定されている

承知、依件[1]充[2]之、

太政官牒其[3]等[4]諸寺[5]（兩所共用此）

應借送樂人幷[6]樂器事[7]（[8][9]具註色目）

右、大嘗會其[10]所所[11]請如件[12]、寺[13]宜承知、依

件[14]借送、故牒、

年月日[15]　史[16]位[17]姓名牒

辨[18]位姓[19]

大嘗會[20]其所牒興福・元興兩寺（毎寺有牒）

1 件、宮本右傍「例」。
2 充、神宮本・都立本・谷本・三手本・宮本「宛」。
3 其、荷田本・林本・神宮本・都立本・神宮一本・谷本・三手本・宮本「某」とし、荷田本注「某等上諸本不二闕字一、今依二前後例一私闕二一字一」。神道本右傍「某イ」。
4 等、谷本「寺」。神宮本右傍「寺カ」。神宮一本右傍「一作レ寺」。
5 寺、神宮本・三手本・宮本「荨」とし、神宮本右傍「寺カ」、宮本右傍「寺」。神宮一本「等」とし右傍「一作レ寺」。
6 幷、神宮本小字。
7 事、宮本なし、右傍「事」。
8 具註色目、林本・神宮本・都立本・神宮一本・谷本・三手本・宮本大字。荷田本注「諸本大字、今依二前例一私改為二小字一」。
9 具、荷田本・林本・神宮一本・信友本「共」とし、信友本頭注「共注色目四字依二前例一当レ作二具注色目一」。神宮本・都立本・谷本・三手本・宮本「其」。
10 其、荷田本・信友本「某」とし荷田本注「諸本作二其所一、今依レ例私改レ之」。神道本右傍「某イ」。
11 所、神宮本・都立本・谷本・三手本・宮本「々」。
12 宮本右傍「者」あり。
13 寺、都立本・神宮一本「者」とし、都立本右傍「寺」、神宮一本右傍「一作レ寺」。神宮本左傍「者イ」。三手本右傍「者乎」。
14 件、谷本「例」。
15 年月日、林本・神宮一本・谷本・三手本・宮本「辨位姓」。荷田本注「元本以二辨位姓三字一置二右行一以二年月日三字一置二左行一者、蓋不レ知二官符躰一而妄改者也、仍今従二諸本一」。
16 史位姓名牒、林本・神宮一本・谷本・三手本・宮本「年月日」。
17 位、三手本・宮本「信」とし、宮本右傍「位」。
18 辨位姓、林本・神宮一本・谷本・三手本・宮本「史位姓名牒」。
19 宮本「名」あり。
20 其、荷田本・信友本「某」とし、荷田本注「諸本作二其所一、今依レ例私改レ之」。

が、同条規定は、内外の主典以上の官人が諸司に上申する文書形式である。現存する最古の太政官牒は、延暦十二（七九三）年六月一日付の僧綱と東大寺三綱宛の官牒（大日本古文書家わけ十八ノ一、東大寺東南院文書）であり、外印（太政官印）が捺され、書止文言「今以レ状牒」の次に、年月日、左大史位署、改行して左大弁の位署が記されている。底本「年月日、史位姓名牒／辨位姓」。「辨位姓／年月日、史位姓名牒」に作る写本あり。校異参照。年は二頁注九、月は二頁注八・十、日は十頁注九参照。

十四 本牒作成者である史の位署。史は四頁注三十六、位は五〇〇頁注二十五、姓名は五〇八注十参照。

十五 上宣などを承り、本牒の作成を指示した弁官の位署。弁は四頁注二十三・五〇八頁注十五参照。

十六 官符宣旨例第二十号。興福寺・元興寺への大嘗会行事所（悠紀行事所・主基行事所）牒。小斎並びに斎場の唐菓物を調理するために、両寺から各四人の浄女を派遣することを要請する。本文に対応する規定は見えない。

十七 興福寺は、天智天皇八（六六九）年、藤原鎌足の死去に際して山背国山科に創建された山階（やましな）寺を起源とし、天武天皇朝には飛鳥に移り廏坂（うまやさか）寺と称し、さらに、平城遷都に従って藤原不比等が左京三条七坊に移し建て、興福寺と称したとする。藤原氏の氏寺として隆盛し、養老四年に官寺に列した。節用集に「興福寺（コウブクジ）」。

十八 元興寺は、蘇我馬子が飛鳥に建立した飛鳥寺（法興寺）を、平城遷都後、京内に移した寺院。旧寺名の通り飛鳥寺とも、また、新元興寺とも称する。「元（ぐわん）」の用例は、名目鈔に「元日宴（グワンニチノエム）」。

十九 興福寺・元興寺の各寺院に牒が発給される。毎は一五四頁注七、有は四十二頁注二十参照。

應に會所に浄女四人を送り向はすべき事　各四人

牒す　小齋幷せて齋場の唐菓物を造らむが爲　例に依りて請ふところ　件の如し　寺宜しく之を察て　其の日以前に送り向はすべし　遲廻るべからず

齋戒を全官司・五畿内諸国司に下達

[21]太政官符す　中務・式部・治部・民部・兵部・刑部・大藏・宮内・彈正・左右の京・春宮・勘解由・左右の近衞・左右の衞門・左右の兵衞・左右の馬・兵庫等の臺・省・職・坊・使・府・寮・五畿内の諸國司

應に大嘗會の齋を爲すべき事

一 大嘗会行事所（悠紀行事所・主基行事所）。会は二頁注四・六〇四頁注三参照。

二 浄人の女性。浄人は、諸寺の僧侶の支配下にあり、主として寺の掃除、その他の雑役に服した者。続日本紀天平十七年五月条に「諸寺衆僧率二浄人童子等一」と見える。正倉院文書奉写一切経所食口案帳宝亀七年三月十九日条（大日本古文書二十三）の雑使に異筆で「浄人」と記されている。また、勝宝感神聖武皇帝菩薩伝（延暦僧録）には「毎レ寺浄人男女三人宛二僧営勞期一」とあり、寺院に浄女が置かれていたことが確認される。また本牒が興福・元興両寺に浄女がいる根拠ともなる。三三〇頁では左右京・五畿内の諸国に符を下し、「不レ得レ預二佛齋清食一」と規定するが、浄女が調理する唐菓子は含まれないのであろう。浄は、名義抄法上二十三に「浄〔シヤウ、キヨム、イサキヨシ〕」。女は、同書仏中六に「女〔ニヨ〕」。送は四頁注三、向は七十八頁注五参照。

三 小斎は六頁注十六、并は四頁注四、斎場は十八頁注三参照。

四 唐から伝わった製法の菓子。和名抄十六に「歡喜團、楊氏漢語抄云歡喜團、〔中略〕今案俗説梅枝、桃枝、餲餬、桂心、黏臍、饆饠、䭔子、團喜、謂二之八種唐菓子一」とあり、また、別に菓餅として餢飳（ふと）、糫餅（まがりもち）、結果（かいなわ）、捻頭（むぎかた）、索餅（さくへい）、粉熟（ふんじゅく）、餛飩（こんとん）、餅餤（へいたん）、餺飥（ほうとん）、魚形（ぎょかた）、椿餅（つばいもち）、餅餉（へいこう）、粔籹（こめ）、煎餅（いりもち）の十四種が挙げられる。践祚大嘗祭式供神御雑物条によれば、大膳職が弁備する供神物の中には、勾餅（まがりもち）筥五合、捻頭筥五合、粰粇筥五合、の唐菓子が含まれ（四九二頁注二十一参照）、また、唐菓子は辰・巳・午日の節会に供進される（江家次第十五）。字類抄上九十八オに「唐菓子〔カラクタモノ〕」。加茂正典「唐菓子と大嘗祭」（『皇學館大学神道研究所紀要』十七、平成十三年）参照。造は四十二頁注九、為は二十二頁注八参照。

應送向會所淨女[1]四人事〔各四[2]人〕

牒、爲造小齋幷齋場唐菓物[3]、依例所請如件、

寺宜察之、其[4]日以前送向、不可遲廻、

太政官[5]符中務・式部・治部[6]・民部・兵部・

刑部・大藏・宮內・彈正・左右京・春宮・

勘解由・左右近衞・左右衞門・左右兵衞・

左右馬・兵庫等臺[7]・省・職・坊・使・府

寮[8]・五畿內諸國司[9]

應爲大嘗會齋事

1 神宮本「日」あり。
2 神宮本「日」あり。
3 物、林本「子」。宮本右傍「子」。
4 其、荷田本・信友本「某」。神道本右傍「某イ」。
5 官、林本「宮」。
6 治部、林本・神宮本・神宮一本・三手本・宮本なし、林本注「奉政云、民部上、疑ハ漏治部二字、此説誠然、八省豈漏二一省一」。
7 臺省、以文本「省臺」とし反転線を加え頭注「省臺一作二臺省一」。
8 寮、三手本・宮本「章」とし宮本右傍「寮」。
9 司、林本なし。

五 例は六二六頁注三、依は三三〇頁注十二、請は十二頁注十八参照。

六 各行事所が指定した日が記される。以前は二頁注八参照。

七 六八〇頁注十七参照。

八 官符宣旨例第二十一号。八省以下、台・職・坊・使・府・寮の全官司と五畿内諸国の国司への太政官符。十一月一日より一ヶ月間散斎となり、同月丑・寅・卯の三日間は致斎となることを告知し、忌事六条の禁忌を守ることを命じる。三三〇頁以下の「次依二神祇官解一、太政官下二符左右京・五畿内諸國司一、告二知散齋、致齋及諸可レ忌之事一」に対応する。また、践祚大嘗祭式斎事条にも禁忌事項が規定されている。官符は二頁注三十参照。

九 中務省。十頁注十三参照。

十 式部省。十六頁注六参照。

十一 治部省。二二二頁注一参照。

十二 民部省。十頁注十四参照。

十三 兵部省。二二〇頁注十参照。

十四 刑部省は、職員令によれば「掌下鞫レ獄、定二刑名一、決二疑讞一、良賤名籍、囚禁、債負事上」とあり、その職掌は、獄令規定に従い裁判を行うこと、諸官司より送られてくる裁判上の疑義に回答すること、良賤に関する判断審理、囚獄司・贓贖司の監督など司法行政を担当する。和名抄五に「刑部省〔宇多倍多々須都加佐(うたへただすつかさ)〕」。朝野群載六諸司訓詞には「刑部省〔ウタヘサタムル司〕」。官位令正八位条義解の「刑部中解部」の「刑部」に「ウタヘサタムル司」の訓。また、日本三代実録貞観七（八六七）年三月七日条によれば、刑部省の奏を受け、勅定により、同省の号を「訴訟之司」から「定訟之司」に改称したとある。字類抄下六十五オに「刑部省〔キヤウフシヤウ〕」。

十五 大蔵省。十頁注二十参照。

十六 宮内省。八頁注十五参照。

十七 弾正台。二二〇頁注七参照。

十八 左右京職。十四頁注二十二参照。左右は六頁注三参照。

十九 春宮坊。二五四頁注二参照。

二十 勘解由使は令外官。国司などが交替するときに、後任者が前任者に与える不与解由状などの書類を審査（勘判）する役所。公卿補任延暦十六（七九七）年条に「勘解由長官」とあるのが初見である。観察使の設置によって一旦廃止されたが、天長元（八二四）年に再設され、以後は常置された。職員は、類聚国史一〇七に「淳和天皇天長元年九月乙卯、定二勘解由使員一、長官一員、次官二員、判官三員、主典三員、史生八員」とあり、また勘解由使式にも規定されている。（七七一頁へ続く）

①散斎・致斎

[一]散齋一月　十一月　[二]致齋三日　同じき月の丑・寅・卯

②忌事六条

[三]忌むべき事六條

[四]喪を弔ひ　[五]疾を問ひ　[六]刑殺を判り　[七]罪人を決罰し　[八]音樂を作す事　[九]神に供る樂を調へ習ふは　[十]此の限に在らず

[十一]言語の事　[十二]死を奈保留と稱ひ　[十三]病を夜須美と稱ひ　[十四]哭を垂鹽と稱ひ

[十五]血を赤汗と稱ひ　[十六]宍人の姓を[十七]菌人と稱ふ

[十八]喪と産とに預り　幷せて雜畜の死と産とに觸るる事　[十九]喪の忌は卅日　[二十]宍を食ふこと月を限れ　産幷せて畜の死は七日　産は三日　[二十一]限り滿ちて后　[二十二]穢淸まはりて　乃ち參れ　但し　祭の事に預ることを得ざれ

[二十三]穢惡に預る事　[二十四]祓詞に云ふところの[二十五]天罪・國罪の類なり　[二十六]皆神の穢れ

一 散斎期間は、十一月朔日から晦日までの一ヶ月間。散斎は三三〇頁注十六、散斎一月は三三〇頁注二十、十一月は三三八頁注十二参照。

二 致斎期間は、十一月丑・寅・卯日の三日間。致斎は三三〇頁注十六、致斎三日は三三〇頁注二十一、同は二頁注三十四、月は二頁注八・十、丑は三三〇頁注二十二、寅は五一四頁注八、卯は三三〇頁注二十四参照。

三 禁忌すべき事柄は、①喪を弔う・病を問う・刑殺を判る（死刑判決を下す）・罪人を決罰する・音楽を行う事、②言語（忌語）の事、③喪と産に与り雑畜の死と産に触れる事、④穢悪に触れる事、⑤仏法を行う事、⑥挙哀ならびに改葬の事、の六項目。忌は三三〇頁注十七、条は四八四頁注九参照。

四 三三〇頁注二十八参照。

五 病気を見舞うこと。疾は、名義抄法下一一三に「疾〈ヤマヒ〉」。問は三三〇頁注二十九参照。三三〇頁は「問病」とする。

六 三三〇頁注三十一参照。

七 三三二頁注一参照。

八 三三二頁注二参照。

九 神に奉る楽を調習することは、禁忌には含まれない。神は六十頁注二十、供は四九六頁注十五、楽は二十二頁注十五、調は三十六頁注十五参照。習は、名義抄僧上九十九に「習〈ナラフ〉」。此は四頁注二十四、限は三十頁注九、在は二頁注三十二参照。

十 此は四頁注二十四、限は三十頁注九、在は二頁注三十二参照。

十一 言は、名義抄法上四十七に「言〈モノイフ〉」。語は、同書法上五十七に「語〈モノイフ〉」。三三二頁は「忌語」とする。

十二 三三二頁注四参照。称は七十八頁注三参照。

十三 三三二頁注五参照。

十四 三三二頁注六参照。三三二頁は「鹽垂」とする。

十五 三三二頁注七参照。

十六 宍人は三三二頁注十、姓は三三四頁注十一、宍は三三〇頁注三十参照。

散齋一月〔十一月[1]〕致齋三日〔同月丑[2]・寅・卯〕

可忌事六條

弔[3]喪[4]問疾[5]、判刑殺、決[6]罰[7]罪人、作音樂事〔調習供神之樂、不[8]在此限〕、言語事〔死稱奈保留、病稱夜須美、哭[9]稱垂[10]鹽、血[11]稱赤[12]汗、宍[13]人姓稱菌人〕、預喪[14]・產幷觸[15]雜畜死[16]・產事〔喪[17]忌卅日、食宍[18]限月[19]、產畜死七日、[20]產三日、滿限[21]而后穢[22]清[23]乃參、但不得預祭[24]事〕、預穢惡事[25]〔祓詞[26]所云天罪・國罪之類、皆神之所穢[27]

1 月、三手本・宮本なし、三手本右傍「日乎」。宮本右傍「日」。
2 月、宮本「日」とし右傍「月」。
3 弔、谷本・宮本「吊」。
4 喪、底本・林本・神宮本「丧」。荷田本・神道本・都立本・神宮一本・三手本・宮本・故実本「喪」。谷本「丧」。
5 疾、林本「病疾」とし注「伊庭本、無二病疾之病一、今按、當レ無二病疾之疾一」。都立本「病」。以文本頭注「疾一作レ病」。
6 決、林本・神道本・故実本・信友本・以文本「決」。谷本・三手本・宮本「次」とし、宮本右傍「没」。
7 罰、底本・神宮本・都立本・谷本・宮本・故実本「罸」。三手本なし、右傍「罸」。
8 不、宮本右傍「之楽イ」。
9 哭、宮本「災」とし右傍「哭」。
10 垂鹽、荷田本・神宮本・都立本・谷本・信友本「鹽垂」。神道本左傍「鹽垂イ」。
11 血、宮本なし、右傍「血」。
12 赤汗、都立本「阿世」。宮本「赤行」。以文本頭注「注赤汗一作二阿世一」。
13 宍人姓稱菌人、都立本「宍称レ菌墓称レ壌」。三手本「完人姓称二困人一」。宮本「家人姓称二薗人一」とし「家」右傍「宍」・「薗」右傍「西」。信友本「宍称菌」とし頭注「宍称菌三字一本作二宍人姓称菌人六字一当レ作二宍称菌宍人姓菌称菌人九字一」。荷田本注「一本作二宍称菌三字一、案、當レ作二宍称菌宍人姓称菌人九字一乎、巻第三亦挙二此等忌語一曰云云宍称菌宍人姓亦同」。
14 喪、底本・荷田本・林本・神宮本「丧」。荷田本・神道本・都立本・神宮一本・宮本・故実本「喪」。谷本・三手本「丧」。
15 燭、宮本なし、右傍「燭」。
16 死、林本なし。
17 喪、底本・林本・神宮本「丧」。神道本・都立本・神宮一本・三手本・宮本・故実本「喪」。谷本「丧」。
18 宍、三手本・宮本・信友本「完」。
19 月、宮本右傍「同」。
20 荷田本・林本・信友本「畜」あり。神道本右傍「畜イアリ」あり。宮本右傍「畜」あり。
21 限、林本「眼」。
22 穢、荷田本注「蓋禊清之誤、若祓清之誤」。宮本右傍「秡」。
23 信友本「禊」あり。
24 祭、谷本・三手本・宮本「参」とし、宮本右傍「祭」。
25 信友本「之」あり。
26 詞、荷田本注「諸本作二祓詞一、今私改レ之」。林本注「（伊庭本）又祠作レ詞今按祠、詞古字通用」。都立本・神宮一本・三手本・宮本「祠」とし、三手本右傍「詞」。
27 信友本「為」あり。

十七 三三二頁注九参照。

十八 葬送と出産に携わること、また家畜の死や出産に触れることを禁止する。喪は三三〇頁注二十八参照。産は、名義抄法上九十二に「産〔コウム〕」。預は四頁注三十一、并は四頁注四、雑は四頁注二十八、畜は六七二頁注二十三参照。觸は、名義抄仏下本十一に「觸〔フル〕」。

十九 穢に触れた場合の服忌期間はそれぞれ異なり、人の死〔葬送〕は三十日、肉を食した場合はその当月の間、出産と家畜の死は七日間、家畜の出産は三日間とされる。臨時祭式穢忌条には「凡觸二穢惡事一應レ忌者、人死限卅日〔自二葬日一始計〕、産七日、六畜死五日、産三日〔鶏非二忌限一〕、其喫レ宍三日〔此官尋常忌レ之、但當二祭時一、餘司皆忌〕」とあり、大嘗祭の場合は畜の死は七日で、臨時祭式よりも長く設定されている。食宍の「限月」とは、当月の間ということであろうか。その場合、食宍をした時期によって服忌の期間に長短が生じることとなる。忌は三三二頁注三参照。

二十 三三〇頁注三十参照。

二十一 服忌期間が満了となった後、穢れが清まってから参内する。ただし神事に関与することは禁止される。満は、名義抄法上四十二に「満〔ミツ〕」。后は五三六頁注十四参照。

二十二 穢は六七二頁注五参照。清は、名義抄法上二十三に「清〔キヨシ〕」。乃は四四四頁注十五、参は四頁注三十一、但は十二頁注八、祭は一〇八頁注二、得は一四〇頁注十二参照。

二十三 穢悪（天罪・国罪）に与ること。穢悪は六七二頁注五参照。

二十四 祝詞式六月晦日大祓祝詞のことであろう。祓詞は二十八頁注二、云は五二八頁注二参照。

二十五 官符宣旨例第十一号に潔祓すべき穢悪として天罪・国罪を列挙している（六七二頁）。天罪は六七二頁注十四、国罪は六七二頁注二十六、類は十二頁注二十六参照。

二十六 天罪・国罪の類は総て、神が穢悪として忌避される。皆は三九四頁注八参照。

として悪みたまふところなり

佛法を行ふ事

擧哀幷せて改葬の事

右　神祇官の解を得るに偁ふ　大嘗會に供奉らむが爲　來る十一月一日より卅日迄　百官・五畿内の諸國　應に忌むべし　例に依りて申し送れ　者れば　諸司・國承知りて　件に依りて之を行へ

神態料を大藏・民部・宮内省に下達

①大藏省

22 下す　大藏

絁　二丈二尺

一　六七二頁注五参照。

二　法会・法要などの仏事を行うこと、また仏事に与ること。三三〇頁は「不レ得レ預二佛齋清食一」とする。なお、特異な事例として、続日本紀天平神護元年十一月庚辰条（豊明節会宣命）によれば、称徳天皇大嘗祭においては、出家者も供奉していたことが知られる。仏は、名義抄仏上一に「佛〔ホトケ〕」。法は二十頁注二、行は二頁注九参照。書紀敏達天皇十三年是歳条の「佛法」の「法」に「ミノリ」の訓。

三　挙哀は、死者を悼み柩の側で泣き声を挙げること。仮寧令聞喪挙哀条に「凡聞レ喪擧哀」、職制律に「凡聞二父母、若夫之喪一、匿不二擧哀一者、徒二年」とあり、また、凶礼としての挙哀儀は儀式十に規定されている。書紀天武天皇元年三月条の「擧哀」に「ミネタテマツル」の訓。万葉集一五五番歌に「哭耳呼泣乍（ねのみをなきつつ）」、同書一八〇九番歌に「新喪之如毛哭泣鶴鴨（にひものごともねなきつるかも）」とある。「ねなく」とは声をあげて泣くこと。書紀神代紀宝剣出現章の「啼哭之聲」の「啼哭」に「ネナク」の訓。挙は六五四頁注五参照。哀は、名義抄法中一三七に「哀〔アイ〕」。并は四頁注四参照。

四　改葬は、一度葬った遺体・遺骨を、改めて他に移し葬ること。仮寧令改葬条集解に「凡改葬〔釋云、改二移舊屍一、古記曰、改葬、謂殯二埋舊屍柩一改移類〕」とある。改は、名義抄僧中五十九に「改〔アラタム〕」、字類抄上一一〇オに「改易〔カイエキ〕」。葬は、書紀綏靖天皇即位前紀の「喪葬」に「ミハフリ」の訓、字類抄下四十六オに「葬送〔サウソウ〕」。

五　太政官が百官と五畿内諸国に、大嘗会供奉のため十一月一日から三十日までの間に遵守すべき忌避事項を命じるように、神祇官が上申した解。「爲供奉大嘗會」から「依例申送」までが解の内容。神祇官は二頁注二十、解は一三六頁注十九、得は一四〇頁注十二、偁は六二六頁注十二参照。

六　大嘗会は二頁注四・六〇四頁注三、供奉は三七〇頁注十七、為は二十二頁注八参照。

1 自來、宮本「白米」とし右傍「自来」。
2 者、底本・林本・神宮本・都立本・神宮一本・谷本・三手本・宮本・故実本・以文本「忌」。荷田本注「諸本作レ忌、今私改レ之」。宮本右傍「者」。
3 諸司國、荷田本・林本・都立本・神宮一本・信友本「諸司同」とし、都立本「同」右傍「國」。宮本「国」右傍「同イ」。

所惡也」、

行佛法事

擧哀幷改葬事

右、得神祇官解偁、為供奉大嘗會、自來[1]十一月一日迄卅日、百官・五畿內諸國應忌、依例申送者[2]、諸司・國[3]承知、依件行之、

下大藏、絁二丈二尺、

七 名義抄僧下八十一に「來（キタレリ、キタル）」。
八 書紀神代紀神代七代章の「迄」に「マデ」の訓。
九 五一六頁注十二参照。京官のこと。
十 五畿內は十四頁注十三、諸国は四頁注二参照。
十一 例は六二六頁注三、依は三三〇頁注十二、申は六頁注十、送は四頁注三参照。
十二 底本「忌」。信友本・神道本は「者」、それ以外の写本・活字本は総て「忌」に作る。校異参照。「依レ例申二送忌一」では文意を取り難いこと、さらに、官符宣旨例には大臣宣・神祇官解・国解を引く太政官符が二十例（一・二・四・五・六・八・九・十一・十二・十八・二十一・二十五・二十六・二十七・二十八・二十九・三十・三十二・三十三・三十四号）記されているが、「者(てへり)」を欠くのは本条二十一号と三十号の二例だけで、残る十八例はすべて「者(てへり)」が記入されていることより、底本の「忌」を「者」に改めた。者は六二六頁注十七参照。
十三 諸司は四頁注三十三、承知は六二六頁注十九参照。
十四 件は三七〇頁注七、依は十六頁注三、行は八頁注十三参照。
十五 官符宣旨例第二十二号。弁官から大蔵省・民部省・宮内省への官宣旨（官切下文、かんきりくだしぶみ）。神祇官の申請により、大臣宣を承り、大嘗祭の神事に用いる御料の供出を下達する。官切下文は、朝廷の儀式・祭祀などに際し、弁官が必要な物品を官司に切り充て、上卿の裁可を得る文書である。書式は、西宮記臨時二宣旨事、九条年中行事、朝野群載六に記されている。下は二頁注二十九参照。
十六 十頁注二十参照。
十七 二十四頁注十四参照。丈は三十頁注八、尺は二十四頁注十五参照。

[一]絲(いと)　四兩

[二]調布(つきのぬの/てうふ)　三端一丈

[三]紵(からむし)　一丈二尺

[四]細布(ほそぬの)　一丈六尺

[五]曝布(さらしぬの)　一丈二尺

②民部省

[六]下(くだ)す　[七]民部(たみ/みんぶ)

[八]日蔭(ひかげ)　二荷

③宮内省

[九]下す　[十]宮内(みやのうち/くない)

[十一]油(あぶら)　三升

右(みぎ)　[十二]其(そ)の月(つき)其の日(ひ)　[十三]大嘗會(おほむべのまつり/だいじやうゑ)の神態(かむわざ)の料(れう)　例(ためし)に依(よ)りて[十四]神祇官(かみつかさ/じんぎくわん)請(こ)

一　八十六頁注一参照。両は一一四頁注四参照。
二　三十四頁注十三参照。端は三十四貞注十四参照。
三　四一〇頁注一参照。
四　三三二頁注十五参照。
五　四五六頁注七参照。
六　民部省に下達される大嘗祭の神事料。
七　十頁注十四参照。
八　四三〇頁注十四参照。荷は一四八頁注十一参照。
九　宮内省に下達される大嘗祭の神事料。
十　八頁注十五参照。
十一　御殿の灯明に用いる御殿油のこと。御殿油は四九六頁注一参照。升は二十頁注六参照。
十二　神祇官が神事料を申請した月日。其は二頁注二十八、月は二頁注八・十、日は八頁注三参照。
十三　大嘗祭卯日の神事に用いられる料。大嘗会は二頁注四・六〇四頁注三参照。神を「かむ」と訓むことは一〇六頁注一参照。態は、名義抄法中九十八に「態〔ワザ〕」。国史大系本中宮式殿祭条の「神態」に「カンワザ」の訓。料は二十二頁注二十三参照。
十四　二頁注二十参照。請は十二頁注十八参照。

絲四兩、調布三端一丈、紵[1]一丈二尺、細布
一丈六尺、曝布一丈二尺、
下民部、日蔭二荷、
下宮內、油[2]三升、
右、其[3]月其[4]日大嘗會神態[5]料、依例神祇官所
請

1 紵、宮本「絣」とし右傍「緉イ」。
2 油、宮本「細」とし右傍「油」。
3 其、荷田本・信友本・以文本「某」とし、荷田本注「某月某日、諸本作二其月其日一今依レ例私改レ之」。林本注「某之誤」。神道本右傍「某イ」。
4 其、荷田本・神宮本・信友本・以文本「某」。神道本右傍「某イ」。
5 態、神宮本「徳応」とし左傍「態カ」。都立本「熊」。神宮一本「態應」。谷本・三手本・宮本「徳應」とし、谷本「徳」右傍「態カ」。

ふところ　件の如し

年　月　日

大臣宣旨すらく　之に充てよ

辨　姓　名　奉る

装束料を大蔵省に下達

23 下す　大蔵主基も亦　此の宣旨を用ゐよ

紺の調布　十端

調布　八端三丈二尺

右　大嘗會に供奉る　悠紀所の白丁の物部廿人の装束の料

左衛門府請ふところ　件の如し

一 六二六頁注十六参照。底本「如件」。荷田本・信友本は「如件」の次に「大臣宣宜充之」を入れ、「如件、大臣宣宜充之」に作り、さらに改行して「年月日辨姓名奉」とする。荷田本・信友本は「所請如件、大臣宣宜充之／年月日辨姓名奉」とする。校異参照。

二 官宣旨作成の年月日。底本「年月日」・「大臣宣旨充之」・「辨姓名奉」を総て改行し、「年月日／大臣宣旨充之／辨姓名奉」とする。故実本・神道本も同じ。以文本・林本以下多くの写本は「年月日辨姓名奉／大臣宣旨充之」とする。校異参照。

三 底本「大臣宣旨充之」。荷田本・信友本のみ「大臣宣宜充之」に作り、「如件」の次に記す（注一参照）。他の写本・活字本には記入位置の異同があるが、総て「大臣宣旨充之」に作る（注二参照）。校異参照。大臣は二頁注十七、宣旨は八頁注十四、之は八頁注五、充は十頁注十七参照。

四 大臣宣を承った弁官の位署。以文本・林本以下多くの写本は「年月日」の次に「辨姓名奉」を記す（注二参照）。弁は四頁注二十三、姓名は五〇八頁注十参照。

五 受命者であることを示す。奉は二頁注十九参照。

六 官符宣旨例第二十三号。弁官から大蔵省への官宣旨（官切下文）。左衛門府の申請により、大臣宣を承り、悠紀所に物部として供奉する白丁二十人の装束料の供出を下達する。四四〇頁以下の「石上・榎井二氏人各二人、〔着明服〕、率内物部卌人〔着紺布衫〕、立大嘗宮南北門神楯・戟」に対応する。悠紀所・主基所を合わせ、物部（内物部）四十人は大嘗宮の南北門を禁衛する。下は二頁注二十九、大蔵省は十頁注二十参照。

七 主基所の物部二十人の装束料についても、本官宣旨を用いる。亦は六頁注十一、此は四頁注二十四、用は十四頁注二参照。

八 紺色の調布。紺は一九六注十二、調布は三十四頁注十三参照。四四二頁は「紺布衫」とする（注六参照）。

九 三十四頁注十四参照。

十 悠紀所に物部として供奉する白丁は二十人。白丁は口分田を

如件、[1]

年月日　[2]　辨[4]姓名奉

大[3]臣宣旨、充之、

下大藏（主基亦[5]用此宣旨）、

紺調布十端、調布八端三丈[6]二尺、

右、供奉大嘗會悠紀所白丁物部廿[7]人裝束料、

左衛門府所請如件、[8]

1 荷田本・信友本「大臣宣宜充之」あり。

2 荷田本・林本・神宮本・都立本・神宮一本・谷本・三手本・宮本・信友本・以文本「辨姓名奉」あり、林本注「大臣宣旨充之六字、年月日次ニ書コト非二文例一、旨字亦非二文例一、旨當レ作レ宜」。

3 大臣宣旨充之、神道本「旨」右傍「宜イ」。神宮本・都立本・谷本・三手本・宮本「大臣宣旨宛之」とし、神宮本「旨」右傍「宜カ」、宮本「旨」右傍「宜」。

4 辨姓名奉、荷田本・林本・神宮本・都立本・神宮一本・谷本・三手本・宮本・信友本・以文本なし。

5 亦、荷田本・林本・神宮本・都立本・神宮一本・三手本・宮本「在」とし、荷田本注「蓋亦之誤」、林本注「在満云、小字在亦之誤」。谷本「共」。

6 丈、宮本「𠀋」右傍「丈」。

7 廿、林本・神宮一本・三手本「少」とし、林本注「伊庭本、少作レ廾者是」。神宮一本右傍「一作廿」。

8 荷田本・林本・神宮一本・信友本「大臣宣宜充之」あり、神宮一本「宜」右傍「一作旨」。神宮本・都立本・三手本・宮本「大臣宣宜宛之」あり、神宮本左傍「已下六字准上条。ノ処ニカクヘシ」とし改行して「年月日　辨姓名奉」の次行に「。」あり、宮本「宛」右傍「充」。谷本「大臣宣旨充之」あり。

班給されて租を納め、庸・調・雑徭などの課役を負担する良民たる成人男子。丁は十六頁注十一参照。

十一 物部は四十八頁注三・一〇八頁注十一、装束は一三六頁注九、料は二十二頁注二十三参照。

十二 一〇四頁注十二参照。悠紀所の物部二十人の装束料は左衛門府が申請するので、主基所の物部二十人の装束料は右衛門府が申請するのであろう。

十三 底本「如件」。林本・信友本以下多くの写本は「如件」の次に「大臣宣宜充之」を入れ、「如件、大臣宣宜充之」に作り、さらに改行して「年月日辨姓名奉」と記す。校異参照。

年月日

大臣宣すらく　宜しく之に充つべし

辨　姓　名　奉る

夫を雇うことを左右京職に通知

24 大嘗會其の所牒す　京職

應に　夫等を雇ふべき事

功銭　若干文

牒す　齋場を掃かむが爲に　應に雇ひ進るべきこと　件の如し　職之が狀を察て　早に雇ひ進れ　違闕くことを得ざれ

一 官宣旨作成の年月日。底本「年月日」・「大臣宣宜充之」・「辨姓名奉」を総て改行し、「年月日／大臣宣宜充之／辨姓名奉」とする。故実本・神道本も同じ。林本・信友本以下多くの写本は「所請如件、大臣宣宜充之／年月日辨姓名奉」とし（七〇〇頁注十三参照）、以文本は「年月日辨姓名奉／大臣宣宜充之」とする。校異参照。

二 大臣宣は六二八頁注二参照。宣は三五六頁注九参照。

三 七〇〇頁注四・五参照。弁は四頁注二十三、姓名は五〇八頁注十、奉は二頁注十九参照。

四 官符宣旨例第二十四号。左右京職への大嘗会行事所（悠紀行事所・主基行事所）牒。斎場を掃除するための夫等を雇い進上することを要請する。京職に掃除を指示する規定は、一九〇頁に「次可レ行二幸其地一之状、下二符京職及山城國一、又仰下可レ掃二道路幷禊處一之状上」、三二八頁に「仰二京職一掃二除道橋一」と見える。大嘗会は二頁注四・六〇四頁注三、牒は四頁注五・六九〇頁注十三参照。

五 十四頁注二十二参照。

六 応は八頁注十、夫は七十八頁注六、等は六頁注九参照。

七 名義抄法下九十二に「雇〔ヤトフ〕」。事は二頁注九参照。

八 労働の対価として銭貨で支払う報酬。稲などの場合は功稲と言い、総称して功直、功料と称した。また、仕丁などが労役の代わりに納入する労賃も功銭と呼んだ。東大寺要録六に伊賀国百烟として「功銭九貫二百十六文、人別二貫三百四文」と見える。功は、名義抄僧上八十四に「功〔コウ〕」。銭は同書僧上一三〇に「銭〔仙（せん）、ゼニ〕」。

九 若干は一四〇頁注十三参照。文は銭貨の個数単位。名義抄僧中六十一に「文〔モン〕」。

十 北野斎場のことか。官符宣旨例第十七号（六八四頁）の「斎場」は北野斎場のこと。また、京職が禊処及び行幸路の掃除を担当することは注四参照。斎場は一八頁注三・四十頁注九参照。

十一 掃は一三六頁注五、為は二十二頁注八参照。

年月日　　　　　　　　　[1]

大[2]臣宣、宣充之、

辨[3]姓名奉

大嘗會其[4]所牒京職

應雇夫等事[5]

功[6]錢[7]若干文

牒、爲掃齋場、應雇進如件、職[8]察[9]之狀、早

雇進、不得違[10]闕、

1 荷田本・林本・神宮本・都立本・神宮一本・谷本・三手本・宮本・信友本・以文本「辨姓名奉」あり。
2 大臣宣宜充之、荷田本・林本・神宮本・都立本・神宮一本・谷本・三手本・宮本・信友本なし。
3 辨姓名奉、荷田本・林本・神宮本・都立本・神宮一本・谷本・三手本・宮本・信友本・以文本なし。
4 其、信友本「某」。荷田本注「諸本作二其所一今依レ例私改レ之」。神道本右傍「某イ」。
5 事、谷本「及」。
6 功、神宮本左傍「卯イ」。神宮一本右傍「一作卯」。
7 錢、神宮本「鈋」とし右傍「鈍イ」。谷本「銃」とし右傍「録イ」。三手本「鈀」とし右傍「録歟」。宮本「鈀」とし右傍「鋝」。
8 荷田本・信友本「宜」あり。神道本右傍「宜イアリ」あり。
9 察、三手本「寮」。
10 違、谷本・三手本・宮本「進」とし、宮本右傍「違」。

十二 十頁注十二参照。
十三 京職。之は八頁注五、狀は十頁注十九、察は一九四頁注七参照。
十四 名義抄仏中一〇〇に「早〈ハヤク、ツトニ、スミヤカナリ〉」。書紀神代紀四神出生章の「早」に「ハヤク、スミヤカニ」の訓。
十五 違闕は六七八頁注十二、得は一四〇頁注十二参照。

神態料の雑器を宮内省に下達

[25] 太政官符す[一]　宮内省[二]

應に　雑器[三]を充て行ふべき事

缶[四]　廿七口[五]

足着の坏[六]　廿口

小坏[七]　八口

山瓶[八]

都婆巴[九]　大小[十]各四口

波佐布[十一]　八口

笘坏[十二]　卌口

多志良加[十三]

一 官符宣旨例第二十五号。宮内省への太政官符。斎国（悠紀国・主基国）からの申請により、大嘗祭卯日の神事に供進する雑器（由加物）として、缶、足着坏以下の品を弁備し斎国に下すことを命じる。二九二頁以下に大膳職より受理する雑器が列挙されている。本官符は、二九六頁の「缶廿七口」から三〇二頁の「荒笘四口〔已上依二國解一所レ充〕」までに対応する。なお、二九二頁から二九六頁の神祇官解による雑器分は、官符宣旨例第三十三号（七三六頁）に対応している。太政官は二〇二頁注十六、官符は二頁注三十参照。

二 八頁注十五参照。

三 六十頁注二十二参照。充は十頁注十七、行は二頁注九参照。

四 六十六頁注十九参照。二九六頁も「缶廿七口」とする。

五 三十四頁注六参照。

六 二九六頁注六参照。足は一五〇頁注一、着は八頁注六、坏は六十四頁注十六参照。二九六頁も「着足坏廿口」とする。

七 六十八頁注十八参照。二九六頁も「小坏八口」とする。

八 二九六頁注七参照。山は三十頁注二十三、瓶は六十四頁注十四参照。二九六頁は「山瓶四口」とする。

九 六十八頁注十参照。二九八頁は「都婆波十八口」とする。

十 書紀神代紀海宮遊幸章の「大小」に「トホシロクチヒサキ」、同書神武天皇即位前紀戊午年八月条の「大小」に「オホキサチヒササ、チキサク」の訓。

十一 六十八頁注四参照。二九六頁は「匜八口」とする。

十二 六十六頁注二十参照。三〇〇頁も「笘坏四十口」とする。

十三 六十八頁注十六参照。三〇〇頁も「多志良可四口」とする。

太政官符宮内省

　応充[1]行[2]雑[3]器事

缶[4]廿七口、足着坏廿口、小坏八口、山[5]瓶[6]・

都婆[7]巴[8]大小[9]各[10]四口、波佐布八口、筥[11]坏卌口、

多志良加・

1 充、神宮本・都立本・谷本・三手本・宮本「宛」。

2 行、信友本なし。神道本右傍「イナシ」。

3 雑、林本・神宮一本・谷本・三手本・宮本「辨」とし、林本注「辨器疑、雑器之誤、中無㆓辨器㆒者」、宮本右傍「雑」。神宮本「弁」右傍「并イ」左傍「雑カ」。

4 缶、神宮本・谷本・三手本・宮本・信友本「上」とし、谷本右傍「缶カ」、三手本右傍「乎」、宮本「缶」、信友本右傍「缶イ」。神宮一本「正」。

5 山、荷田本・林本・神宮本・都立本・神宮一本・谷本・三手本・宮本・信友本なし。

6 瓶、神宮本・宮本「𤭯」とし、神宮本右傍「瓱イ」。

7 婆、荷田本・神宮本・都立本・神宮一本・谷本・三手本・宮本・信友本「波」。

8 巴、荷田本・林本・信友本「波」。神宮本・都立本・神宮一本・谷本・三手本・宮本「比」。以文本「波」を「巴」と訂正し頭注「一都婆波作㆓都波比㆒」。

9 小、神宮本・谷本・三手本・宮本「為」とし、宮本右傍「小」。

10 各、谷本・三手本・宮本「名」とし、宮本右傍「各」。

11 筥、林本・神宮本・神宮一本・三手本・宮本「莒」とし、林本注「筥之誤」。

[一]陶碓（すゑのうす）　各（おのもおのも）四口
[二]酒垂（さかたり）　八口
[三]坏（つき）
[四]比岐女坏（ひきめつき）
[五]高坏（たかつき）　各卌口
[六]足擧（あしあげ）の取次（とりすき）　廿具
[七]壺（つぼ）　卌口
[八]土師（はじ）の韓竈（からかま）　二口
[九]瓫（ほとき）　八口
[十]鹽坏（しほつき）　廿口

一 陶は六十八頁注六、碓は六六六頁注六参照。二九八頁は「陶臼四具」とする。
二 六十八頁注十二参照。二九六頁も「酒垂八口」とする。
三 六十四頁注十六参照。二九八頁も「坏四十口」とする。
四 六十四頁注十六参照。二九六頁は「短女坏四十口」とする。
五 二九四頁注三参照。三〇〇頁も「高坏四十口」とする。
六 二九四頁注五参照。三〇〇頁も「足擧取次二十口」とする。
七 三〇〇頁注九参照。三〇〇頁も「壺四十口」とする。
八 二九四頁注八参照。三〇二頁は「土師韓竈二具」とする。
九 六十四頁注十三・十七、一二六頁注一参照。二九八頁も「瓫八口」とする。
十 六十四頁注二十一参照。

陶[1]碓各四口、酒埀[2]八口、坏・比岐女坏・高
坏各卌口、足擧取[3]次廿[4]具、壺卌口、[5]土[6]師韓
竈二口、瓫八口、鹽坏廿口、

1 荷田本・神宮本・三手本・宮本「未」あり、荷田本注「蓋衍字」、神宮本左傍「来イ」、宮本右傍「衍」。谷本「米」あり。
2 埀、林本注「缶之誤」。
3 取、神宮本・三手本・宮本「几」とし、宮本右傍「取イ」。林本注「伊庭本取作レ几者草書之轉訛」。
4 廿、神宮本「卅」とし右傍「廾イ」。
5 神宮本・谷本・三手本・宮本・信友本「多志良加末陶碓各四口」あり、信友本右傍「此十字一本无」。
6 土、三手本「士」とし右傍「士乎」。

陶坏（すゑのつき）[一]　十六口
御水戸（おほむみづへ）[二]　十口
土師の御手洗（はじのみたらい）[三]　四口
洗盤（あらひさら）[四]　八口
叩戸（たたいべ）[五]　八口
盤（さら）[六]　卌口
片埦（かたまり）[七]　六十口
比良加（ひらか）[八]　廿口
片盤（かたさら）[九]　廿七口
荒筥（あらはこ）[十]　四合[十一]

一　陶製の坏。四時祭式忌火条の供新嘗料に「陶坏八口」と見える。二九八頁の「陶鉢十六口」にあたるか。
二　御は二十二頁注四、水戸は七十頁注四・二九二頁注七参照。
三　土師は二九四頁注八、御手洗は六十四頁注十三参照。二九八頁の「土師缶四口」にあたるか。
四　三〇二頁注二参照。三〇二頁も「洗盤八口」とする。
五　六十六頁注十六参照。二九八頁も「叩戸八口」とする。
六　六十四頁注十八参照。二九八頁も「盤卌枚」とする。
七　二九八頁注十二参照。二九八頁も「片埦六十口」とする。底本「片埦」。「片垸」に作る写本あり。校異参照。
八　六十六頁注七参照。三〇〇頁も「比良可廿口」とする。
九　六十四頁注十九参照。三〇〇頁も「片盤廿七口」とする。
十　三〇二頁注三参照。三〇二頁も「荒筥四口」とする。
十一　十頁注十六参照。

陶坏十六口、御水戸十口、土[1]師御手洗四口、
洗盤八口、叩戸八口、盤卌口、片埦[2]六十口、
比良加廿口、片盤廿七口、荒[3]筥[4]四合、

1 土、林本「上」。
2 埦、荷田本・林本・神宮本・都立本・神宮一本・谷本・三手本・宮本「垸」とし、林本注「椀之誤」。
3 荒、三手本「廿」とし右傍「荩イ」。宮本「二」とし右傍「荩イ」。
4 筥、神宮本・都立本・荷田本・神宮一本・宮本「莒」。

[一]御食筥　廿八口

[二]御笥

[三]水垸　各四口

右　[四]某の國の解を得るに偁ふ　[五]大嘗會に供奉る神態の料　[六]例に依りて請ふところ　[七]件の如し　者れば　[八]省宜しく承知りて件に依りて　之に充つべし

鎮地祭・大殿祭・御門祭の料を大蔵・宮内省に下達
①大蔵省

26 [九]太政官符す　[十]大藏・宮内省

大藏省

[十一]五色の薄絁　各三尺

一 三〇〇頁注六参照。御食は一四二頁注十四、筥は五十頁注十二参照。三〇〇頁は「御笥筥廿八合」とする。

二 三〇〇頁注二参照。三〇〇頁も「御笥四合」とする。

三 三〇〇頁注四参照。三〇〇頁も「水垸四口」とする。底本「水坑」。「水垸」に作る写本あり。校異参照。

四 斎国が太政官に大嘗祭の神事料として、七〇四頁の缶から水垸までの雑器を申請する。「供奉大嘗會」から「依例所請如件」までが解の内容。某は、名義抄仏下本八十三に「某〔ソレ〕」。解は一三六頁注十九、偁は六二六頁注十二参照。

五 大嘗会は二頁注四・六〇四頁注三、供奉は三七〇頁注十七、神態料は六九八頁注十三参照。

六 例は六二六頁注三、依は三三〇頁注十二、請は十二頁注十八参照。

七 如件は六二六頁注十六、者は六二六頁注十七参照。

八 宮内省。宮内省は八頁注十五、宜は三五六頁注九、承は六二六頁注十九、知は二頁注二十九、之は八頁注五、充は十頁注十七参照。

九 官符宣旨例第二十六号。大蔵省・宮内省への太政官符。神祇官からの申請により、大嘗宮地の鎮地祭料と、大嘗宮の大殿祭料・御門祭料の供出を命じる。三七二頁以下の「先レ祭七日、鎮二大嘗宮齋殿地一、其儀也、神祇官中臣・忌部官人」、三九八頁以下の「既而中臣・忌部率二御巫等一、祭二殿及門一、其料各五色薄絁各三尺、絲二兩、安藝木綿一斤、筥二合、案二脚」に対応する。太政官は二〇二頁注十六、官符は二頁注三十参照。

十 大蔵省は十頁注二十、宮内省は八頁注十五参照。

十一 二十四頁注十三・十四参照。三九八頁も「五色薄絁各三尺」とする。

御食筥[1]廿八口[2]、御笥・水垸[3]各四口、
右、得[4]某[5]國解偁、供奉大嘗會神態[6]料、依例
所請如件者[7]、省[8]宜承知、依件充[9]之、
太[10]政官符大藏・宮内省[11]
大藏省
五[12]色薄絁各三尺、

1 筥、神宮本・都立本・神宮一本・三手本・宮本「莒」。
2 口、林本・信友本「合」とし、信友本頭注「廿八口依㆓巻第二㆒蓋卅(右傍「廾」)八合之誤」。荷田本注「蓋廾八合之誤」。神道本右傍「合イ」。
3 垸、荷田本・神宮本・都立本・神宮一本・谷本・三手本・宮本「垸」。
4 得、谷本「待」。
5 某、荷田本・林本・神宮本・都立本・神宮一本・三手本・宮本「禁」とし、荷田本注「蓋某國之誤」、林本注「疑、某國之誤」。谷本「祭」とし右傍「禁」。以文本頭注「某一作㆑禁」。
6 態、谷本・三手本・宮本「熊」とし、宮本右傍「態」。
7 三手本・宮本「先」あり。
8 省、都立本・三手本・宮本なし、都立本・宮本右傍「省」あり。
9 充、神宮本・都立本・谷本・三手本・宮本「宛」。
10 太、以文本「大」。
11 谷本「省」あり左傍「等」。
12 五、荷田本注「諸本作㆓三色㆒、今依㆑例私改㆑之」。林本・神宮本・都立本・神宮一本・三手本・宮本・信友本「三」とし、林本注「五色之誤」、神宮本右傍「五カ」、宮本右傍「五」、信友本右傍「五欤」頭注「三色蓋五色誤、巻第三亦作㆓五色㆒」。

②宮内省

絲（いと）[一]　二両[二]
安藝の木綿（あきゆふ）[三]　一斤
筥（はこ）[四]　二合[五]　直[六]
已上（これよりかみ）[七]　悠紀（ゆき）・主基（すき）二（ふたつ）の大殿（おほとの）を祭（まつ）る料（れう）
庸布（ちからしろのぬの／ようふ）[八]　四段[九]
木綿[十]　二斤[十一]
麻（あさ）[十二]　二斤十両
鎌（かま）[十三]　八口[十四]
已上　宮地（みやどころ）[十五]を鎮（しづ）め祭る料

宮内省（みやのうちのつかさ／くないしょう）

一　八十六頁注一参照。三九八頁も「絲二両」とする。
二　一一四頁注四参照。
三　三七八頁注五参照。三九八頁も「安藝木綿一斤」とする。
四　五十頁注十二参照。三九八頁も「筥二合」とする。
五　十頁注十六参照。
六　歪みがなく整っている形状のことを言うか。七二四頁にも「直」と見える。
七　五色薄絁から筥までが、大嘗宮の悠紀殿・主基殿の大殿祭・御門祭の料。已上は四頁注三十五、悠紀・主基は二頁注二十三、二は四十二頁注十八、大殿は四十頁注四、祭は一〇八頁注二、料は二十二頁注二十三参照。
八　七十二頁注十八参照。三七八頁も「庸布四段」とする。
九　三十四頁注四参照。
十　二十四頁注十六参照。三七八頁は「凡木綿二斤」とする。
十一　二十四頁注十七参照。
十二　二十八頁注十七参照。三七八・三八〇頁には見えない。践祚大嘗祭式大嘗宮条には「麻二斤」とある。
十三　八十四頁注七参照。三七八・三八〇頁には見えない。践祚大嘗祭式大嘗宮条には「鍬八口」とある。
十四　三十四頁注六参照。
十五　庸布から鎌までが、大嘗宮地の鎮地祭料。宮地は三八二頁注十三、鎮は三十二頁注十三参照。

絲[1]二両、安藝木綿一斤、筥[2]二合[3]直[4]、
已上、祭悠紀・主基二大殿料、
庸布四段、木綿二斤、麻二斤十両、鎌八口、
已上、鎭祭宮地料、
宮内省

1 絲、谷本「緑」。
2 筥、神宮本・宮本「莒」。
3 合、神宮一本なし、右傍「合」。
4 直、荷田本・宮本小字とし、荷田本注「諸本大字、今依〻例私改為〻小字〻」。林本注「衍字」。神道本右傍「小字カ」。信友本右傍「小字歟」。

酒　一斗

清二升　悠紀・主基二の大殿を祭る料

濁八升　悠紀・主基二の宮地を鎮め祭る料

机　二前

悠紀・主基二の大殿を祭る料

右神祇官の解を得るに偁ふ　件の雑物例に依りて請ふところ

件の如し　者れば　省宜しく承知りて　件に依りて之を行ふべし

鵄尾琴の袋・緒料の供出を下達

27 太政官符す

調布　壹端

一　二十六頁注一参照。大殿祭料としての酒は、四〇〇頁に「酒各二升」、鎮地祭料は、三七四頁に「酒一缶」と見える。宮内省に請求された酒一斗の内、清酒二升は悠紀・主基両斎殿の大殿祭料に、濁酒八升は大嘗宮の鎮地祭料に用いられる。

二　二十六頁注二参照。

三　滓（おり）などがない澄んだ酒。新撰字鏡四に「[酉+鳥]〔酒美也、須美作介（すみさけ）〕」。名義抄法上二十三に「清〔スメリ〕」。四時祭式大神社条の「清酒」に「シロキ、スメル」の訓。なお、説文解字に「[酉+𠷎]獻醻、主人進レ客也、以レ酉𠷎聲」とあり、醻は集韻去聲八に「美酒名」と見え、[酉+𠷎]は醻の古字である。新撰字鏡に見える[酉+鳥]の字は他書には見えず、[酉+𠷎]の誤写であろう。

四　二十頁注六参照。

五　五二〇頁注二参照。

六　二四八頁注二参照。三九八頁も「案二脚」とする。

七　三五〇頁注十六参照。

八　神祇官から太政官に、五色薄絁以下の大嘗宮鎮地祭料と大殿祭料を上申した解。解の内容は「件雑物依レ例所レ請如レ件」。神祇官は二頁注二十、解は一三六頁注十九、得は一四〇頁注十二、偁は六二六頁注十二参照。

九　七一〇頁の五色薄絁以下の十品目。件は三七〇頁注七、雑物は十二頁注十七・六二六頁注十六、例は六二六頁注三、依は十六頁注三、者は六二六頁注十七参照。

十　大蔵省と宮内省。宜は三五六頁注九、承は六二六頁注十九、知は二頁注二十九、之は八頁注五、行は八頁注十三参照。

十一　官符宣旨例第二十七号。神祇官の申請により、鎮魂祭に用いる鵄尾琴二面の袋・緒料の供出を命じる太政官符。本官符は宛所を欠き、また、本文中の「省」を欠いている。大蔵省に対して御琴二面の料を求める官符は、官符宣旨例第二十九号（七二〇頁）に見えるので、本官符は大蔵省宛の太政官符の雛形と推定される。七二〇頁注一参照。太政官は二〇二頁注十六、官符は二頁注三十参照。

酒一斗〔清二升、[1]祭悠紀・主基二大[2]殿料、濁[3]
八升、[4][5]鎮祭悠紀・主基二[6]宮地[7]料[8]〕、[9]机二[10]前〔祭
悠紀・主基二大殿料〕、
右、得神祇官解偁、件雑物依例所請[11]如件者、
省宜承知、依件[12][13]行之、
太政官符[14]
調布壹[15]端、

十三 鵄尾琴二面を納める袋の材料。調布は三十四頁注十三参照。
十四 壹は、皇太神宮儀式帳職掌雑任肆拾参人の「壹烟」に「イチイン」の訓。端は三十四頁注十四参照。

1 以文本行間に朱で「一字空白」あり。
2 大、宮本「丈」。
3 濁、三手本・宮本「浊」とし、三手本右傍「濁」。
4 以文本行間に朱で「一字空白」あり。
5 鎮、谷本「大殿料」の下にあり。
6 二、神宮一本なし、右傍「二」。
7 地、宮本「他」とし左傍「地」。
8 料、林本大字。
9 荷田本・林本・神宮本・都立本・神宮一本・谷本・三手本・宮本「宮内省」あり、荷田本注「蓋衍字」、林本注「不審」。
10 二前、林本なし。
11 請、谷本「講」。
12 件、宮本右傍「例」。
13 行、都立本「宛」。以文本「充」を「行」と訂正し頭注「充一作行」。
14 荷田本注「蓋脱二大蔵省三字一」。林本注「闕字、可レ補二入大蔵省三字一」。神道本右傍「大蔵省脱カ」。信友本一字空けて小字「脱二大蔵省三字一歟」。以文本「大蔵省」を朱で消し頭注「古本無二大蔵省三字一」。
15 壹、信友本「一」。

絲[一]　捌兩[二]

右　神祇官[三]の解を得るに偁ふ　大嘗會の御鎮魂[四]に供奉る

鵄尾琴[五]二面の袋幷せて緒[六]の料　請ふところ件の如し　者れば

宜しく承知りて　件に依りて之に充つべし

大蔵・宮内等省に抜穂使の用度を下達

①大蔵省

28 太政官符[七]す　大藏・宮内等の省

大藏省

五色[八]の薄絁　各五尺

倭文[九]　五尺

木綿[十]　大三斤[十一]

一 鵄尾琴を納める袋を結ぶ緒の材料。官符宣旨例第二十九号には、絲は見えない。絲は八十六頁注一参照。

二 捌は、皇太神宮儀式帳年中三節祭時供給儲備并営作雑器の「捌具」に「ハチグ」の訓。

三 神祇官から太政官に、鎮魂祭に用いる鵄尾琴二面を納める袋と、それを結ぶ緒の料を上申した解。「供奉大嘗會」から「所請如件」までが解の内容。

四 鎮魂祭は、儀式五に鎮魂祭儀として規定される。大嘗祭・新嘗祭の前日である十一月下寅の日の夕刻より、宮内省正庁において、神祇官八神殿の神々と大直日神の神座を設け、その前に天皇の御衣の箱を安置し斎行する。四時祭式鎮魂条の「鎮魂祭」に「オホムタマフリ」の訓。書紀天武天皇十四年十一月条の「招魂」に「ミタマフリ」の訓。名目鈔に「鎮魂祭(タマシヅメノ)」。字類抄上六十九オに「鎮魂(チンコン)」。供奉は三七〇頁注十七参照。

五 和琴の一つで、頭部が鵄の尾の形をした琴。鵄はワシタカ科の鳥。和名抄四に「大歌所有二鵄尾琴一、止比乃乎古止(とびのをこと)、倭琴首造二鵄尾之形一也」とある。大神宮式神宝条に「鵄尾琴一面(長八尺八寸、頭廣一尺、末廣一尺七寸、頭鵄尾廣一尺八寸)」とあり、その「鵄尾琴」に「トヒノヲコト」の訓が付されている。践祚大嘗祭式埜守条に「其鵄尾琴四面、令三内匠寮造二送神祇官一」と見える。儀式五鎮魂祭儀によれば「神祇伯喚二琴師名一、二人稱唯、次喚二笛工名一、二人稱唯、伯命、琴笛相和、(中略)、四人稱唯、先吹レ笛一曲、次調二琴聲一、訖琴師彈レ弦」とあり、鎮魂祭において用いられる琴は二面である。名義抄僧中一二七に「鵄(トビ)」。面は一〇四頁注九参照。

六 袋は三六八頁注二、并は四頁注四、緒は二十二頁注七参照。

七 官符宣旨例第二十八号。大蔵省・宮内省への太政官符。神祇官からの申請により、太政官が、悠紀国に発遣される抜穂使の用度の供出を命じる。八十二頁以下の「次鎮二稲實殿地一、其料各五色薄絁各五尺、倭文五尺、木綿・麻各三斤、鍬二口、斧・

絲捌兩、

右、得神祇官解偁、供奉大嘗會御鎭[1]魂[2]鵄尾琴二面袋幷緒[3]料所請如件者、[4]宜承知、依

件[5]充[6]之、

太政官符大藏・宮内等省

大藏省

[7]五色薄絁各五尺、倭文五尺、木綿大三斤、

1 鎭、神宮本・宮本「願」とし、神宮本右傍「鎭カ」、宮本右傍「鎭」。
2 魂、荷田本・神宮一本「蒐」。
3 緒、三手本・宮本「諸」とし、宮本右傍「緒」。
4 信友本「省」あり。神道本右傍「省イアリ」あり。宮本右傍「省」あり。荷田本注「蓋脱二有字一」。
5 件、谷本「例」。宮本右傍「例」。
6 充、神宮本・都立本・谷本・三手本・宮本「宛」。
7 荷田本注「五色以下麻大三斤以上二十字諸本連属上文、今私之此以二下此文例一猶多而諸本或連属上文、或平出左行書躰、不一今私改三悉従二此例一」。

鎌各二柄（已上官所レ充）」に対応する。また官符宣旨例第三十三号の七三四頁一行目の五色薄絁から十行目の钁までと一致する。これは斎国斎場の稲実殿の鎮祭料であり、抜穂使が京より持参する。また践祚大嘗祭式抜穂条にも同規定が見える。抜穂使発遣は八月上旬のこと。大蔵省は十頁注二十、宮内省は八頁注十五、等は六頁注九参照。

八 二十四頁注十三・十四参照。八十四頁も「五色薄絁各五尺」とする。尺は二十四頁注十五参照。

九 三十二頁注十六参照。八十四頁も「倭文五尺」とする。

十 二十四頁注十六参照。八十四頁は「木綿・麻各三斤」とする。

十一 大制の三斤のこと。両・斤は重さの単位で大制・小制の別がある。雑令度十分条に「廿四銖爲レ兩、三兩爲二大兩一兩一、十六兩爲レ斤」と規定され、小の三倍が大一になる。拾芥抄下には「六銖爲二一分一、四分爲二一兩一、十二兩爲二一屯一、十六兩爲二一斤一（十一斤也）、三斤爲二大一斤一（四十八兩也）」とある。斤は二十四頁注十七参照。

②宮内省

麻[一]　大三斤

宮内省

鋘[二]　二具

小鋘[三]　二具

鎌[四]　二具

钁[五]　二口

右　神祇官[六]の解を得るに偁ふ　大嘗會[七]に供奉らむが爲　悠紀[八]の國に遣[九]はす拔穗の使の卜部等の用度[十]　例[十一]に依りて請ふところ件の如し　者[十二]れば　省[十三]宜しく承知りて　件に依りて之[十四]に充つべし

一　二十八頁注十七参照。八十四頁は「木綿・麻各三斤」とする。
二　名義抄僧上一一〇に「鋘〔ヲノ〕」。伊勢太神宮式鎮地条の「鋘」に「テフノ、ヲノヨキ」の訓。八十四頁は「斧・鎌各二柄」とする。斧は一一八頁注三、具は一一四頁注九参照。
三　八十四・八十六頁には見えない。践祚大嘗祭式抜穂条に「斧・小斧・鎌各二柄」とある。
四　八十四頁注七参照。八十四頁は「斧・鎌各二柄」とする。
五　一一八頁注二参照。八十四頁は「鍬二口」とする。
六　神祇官から太政官に、悠紀国に発遣される抜穂使卜部の料を上申した解。「爲レ供二奉大嘗會一」から「依レ例所レ請如レ件」までが解の内容。神祇官は二頁注二十、解は一三六頁注十九、得は一四〇頁注十二、偁は六二六頁注十二参照。
七　大嘗会は二頁注四・六〇四頁注二、供奉は三七〇頁注十七、為は二十二頁注八参照。
八　二頁注二十三参照。
九　遣は五十八頁注八、抜穂使の卜部は七十頁注二十、抜穂は五十二頁注一、卜部は三十二頁注九参照。
十　五色薄絁から钁までの八品目。用度は六二四頁注十一参照。
十一　例は六二六頁注三、依は三三〇頁注十二、請は十二頁注十八、如件は六二六頁注十六参照。
十二　六二六頁注十七参照。
十三　大蔵省と宮内省。宜は三五六頁注九、承は六二六頁注十九、知は二頁注二十九参照。
十四　之は八頁注五、充は十頁注十七参照。

麻[1]大[2]三斤、

宮内省

⿰金斧[3]二具、小⿰金斧[4]二具、鎌二具、钁[5]二口、

右、得神祇官解偁、爲[6]供奉大嘗會、遣悠紀國拔穗使卜部等用度[7]、依例所請如件者、省宜承知、依件[8]充[9]之、

1 宮本右傍「大」あり。
2 大、三手本・宮本「十」。林本注「伊庭本、麻大三斤之、大作十、不レ知二孰是一、准二上木綿一大可レ是」。
3 ⿰金斧、三手本「斧」とし右傍「⿰金斧イ」。林本注「斧之誤、衍金傍、⿰金斧字書無二初見一」。宮本右傍「斧」。
4 ⿰金斧、三手本「斧」とし右傍「⿰金斧イ」。宮本右傍「斧」。
5 钁、荷田本・林本・神宮本・都立本・神宮一本・谷本・三手本・宮本「鑃」とし、林本注「櫂之誤」、宮本右傍「櫂イ」。
6 爲、宮本なし、右傍「為」。
7 度、荷田本・林本・神宮本・都立本・神宮一本・谷本・三手本・宮本・信友本・以文本「途」。
8 件、都立本「例」。宮本右傍「例イ」。
9 充、神宮本・都立本・谷本・三手本・宮本「宛」。

中務省に鵄尾琴二面の製作、大蔵省に袋料を下達

①中務省

29 太政官符す[一]　中務・大蔵の兩省[二]　省毎に符有れ[三]

中務省

應に[四]　御琴二面を造るべし[五]

右　神祇官の解を得るに偁ふ[六]　大嘗會の御鎭魂に供奉る料[七]

例に依りて請ふところ　件の如し　者れば　省宜しく承知り[八]

て　件に依りて　造り充てしむべし

②大蔵省

大藏省

調布[九]　一端　御琴二面の袋の料[十]

右　神祇官の解を得るに偁ふ[十一]　大嘗會の御鎭魂に供奉る　鵄尾[十二]

琴二面の調度[十三]　請ふところ件の如し　者れば　省宜しく承知り[十四]

一 官符宣旨例第二十九号。中務省と大蔵省への太政官符。神祇官からの申請により、中務省に鎮魂祭に用いる鵄尾琴二面の製作を、大蔵省にはその袋の料を命じる。鵄尾琴の料材のことは、三十頁に「次卜下定採二大嘗宮材木・萱并御琴料材・柏等一山野上」と見える。三十頁注二十参照。なお、御琴については、一〇四頁に「次請二田舞内舎人六人、（中略）、御琴一面一之状奏聞」、さらに五四四頁には「次獻御插頭、（中略）、和琴二面」とある。大蔵省宛太政官符の雛形が、官符宣旨例第二十七号（七一四頁）であろう。太政官は二〇二頁注十六、官符は二頁注三十参照。

二 中務省は十頁注十三、大蔵省は十頁注二十、両は四頁注十八参照。

三 中務・大蔵の各省宛に官符が作成される。毎は一五四頁注七、有は四十二頁注二十参照。

四 八頁注十参照。

五 鵄尾琴。官符宣旨例第二十七号にも鵄尾琴とある。践祚大嘗祭式埜守条に「採二鎮魂琴材一山准レ此、其鵄尾琴四面、令三内匠寮造二送神祇官一」と規定され、鵄尾琴は四面で、中務省被管の内匠寮が製作する。御琴は三十頁注二十、造は四十二頁注九参照。

六 鵄尾琴二面を鎮魂祭に用いる料として、神祇官が太政官に上申した解。「供奉大嘗會」から「依例所請如件」までが解の内容。

七 御は三十頁注二十、鎮魂は七一六頁注四参照。

八 中務省。

九 三十四頁注十三参照。端は三十四頁注十四参照。

十 官符宣旨例第二十七号も、鵄尾琴二面の袋料として調布壹端とする。また、同官符では絁料の絲八両も請求されている。面は一〇四頁注九、袋は三六八頁注二、料は二十二頁注二十三参照。

十一 鵄尾琴二面の調度（調布）を、神祇官が太政官に上申した

太政官符中務・大藏兩省〔毎省有符〕、

中務省

應造御琴二[1]面、

右、得神祇官解偁、供奉大嘗會御鎭魂[2]料、依例[3]所請如件者、省宜承知、依件[4]令造充[5][6]、

大藏省

調布一[7]端、御[8]琴二[9]面袋料、

右、得神祇官解偁、供奉大嘗會御鎭魂[10]鵄[11]尾琴二面調度所請如件者、省宜承知、

解。「供奉大嘗會」から「所請如件」までが解の内容。
十二 七一六頁注五参照。
十三 二六四頁注二参照。
十四 大蔵省。

1 二、都立本「三」。
2 魂、荷田本・神宮一本「䰟」。
3 例、林本・神宮一本「件」とし、林本注「例之誤」。
4 件、以文本頭注「依件一作依㆑例」。
5 充、神宮本・都立本・谷本・三手本・宮本「宛」とし、宮本右傍「充イ」。神道本右傍「之イアリ」。
6 信友本「之」あり。
7 一、都立本「壹」。
8 荷田本注「御琴二面袋料六字蓋小字」。神道本右傍「小字カ」。信友本右傍「以下細字歟」。
9 二、林本・神宮本・都立本・神宮一本・三手本・宮本「三」とし、林本注「二之誤」。宮本右傍「二」。荷田本注「諸本作㆓三面㆒今私改㆑之、考前後皆作㆓二面㆒無㆑作㆓三面㆒者」。
10 魂、荷田本・神宮一本「䰟」。
11 鵄、荷田本注「案鵄尾琴袋料官符既出上其文大同小異不㆑可㆑為㆓重複㆒何如亦有㆓比類㆒」。信友本頭注「鵄尾琴料之官符既出上何如下亦有㆓此類㆒」。以文本頭注「鵄尾琴袋料已見于上可㆑疑」。

て　件に依（よ）りて之（これ）に充（あ）つべし

宮内・大蔵省と兵庫寮に和御服作具を下達

30 一太政官符（おほいまつりごとのつかさふ／だいじやうくわんぷ）す　二宮内（みやのうち／くない）・大蔵（おほくら）の省（つかさ）　兵庫寮（つはもののくらのつかさ／ひやうごれう）

①宮内省

宮内省（みやのうちのつかさ／くないしやう）

三鑿（のみ）　二柄四

五刀子（かたな）　二柄

六鉋（かな）　二柄

七小斧（てをの）　二柄

八鋸（のほぎり）　二柄

②大蔵省

大蔵省（おほくらのつかさ）

一　官符宣旨例第三十号。宮内省・大蔵省・兵庫寮への太政官符。神祇官からの申請により、神服等が和御服（和妙服）を奉織するための作具料の供出を命じる。本文に対応条文は見えないが、神服が用いる作具は践祚大嘗祭式神服条に規定されている。

二　宮内省は八頁注十五、大蔵省は十頁注二十、兵庫寮は一〇四頁注十三参照。

三　一二四頁注八参照。践祚大嘗祭式神服条は「鑿四具」とする。

四　八十四頁注八参照。

五　七十四頁注十二参照。同右条は「刀子四枚」とする。

六　一三四頁注七参照。同右条は「鉇四枚」とする。

七　一二八頁注三参照。同右条は「小斧四具」とする。

八　鋸は、木材などを引き切るために用いる工具。薄い鋼板の縁に、歯形を刻んで柄を付けたもの。和名抄十五に「四聲字苑云鋸〔音抧、和名能保岐利〕、似刀有歯者也」とある。名義抄僧上一一五に「鋸牙〔ノホギリバ〕」。践祚大嘗祭式神服条には見えない。

依件充[1]之、
太政官符宮内・大蔵省、兵庫寮[2]
宮内省
鑿[3]二柄、刀子二柄、鉋[4]二柄、小斧[5]二柄、鋸[6]
二柄、
大蔵省

1 充、神宮本・都立本・神宮一本・谷本・三手本・宮本「宛」。
2 寮、谷本・三手本なし。神道本右傍「イナシ」。
3 鑿、底本・荷田本・都立本・神宮一本・谷本・三手本「鋻」。神宮本「鑿」。宮本「鑿」。
4 鉋、荷田本・林本・神宮本・都立本・谷本・三手本・宮本「鉇」。神宮一本「絶」とし右傍「鉋」。信友本「鉇」。
5 斧、信友本「鋸」。
6 鋸、神道本右傍「錐カ」。

鐵 一廷
鹿皮 一枚
折薦 二枚 直
木綿 一斤十両二分
兵庫寮
篦 半連
右 神祇官の解を得るに偁ふ 大嘗會に供奉る神服等の 供奉る和御服の用途の料 例に依りて請ふところ 件の如し
省寮承知りて 件に依りて之に充てよ

一 「くろがね」は鉄の古称。践祚大嘗祭式神服条に「小斧四具、鑿四具、刀子四枚、鉇四枚、錐三隻、火鑽三枚〔已上料、鐵二廷〕」とあり、鉄は小斧以下火鑽を作るための材料。和名抄十一に「説文云銕〔他結反、和名久路加祢、此間一訓祢利(ねり)〕、黑金也」。内記式造位記板条の「鐵」に「クロカネ」の訓。枕草子一五三に「くろがね」。

二 廷は、主計寮式諸国調条に「鐵一廷〔三斤五兩爲レ廷〕」とあり、鉄三斤五両が鉄一廷となる。主税寮式駄荷条に「凡一駄荷率、(中略)、銅一百斤、鐵卅廷」とあり、一駄馬(荷物を負わせる馬)の積載量を鉄三十廷と規定している。

三 七十二頁注十七参照。践祚大嘗祭式神服条は「鹿皮二張」とする。

四 折薦は折り返して作った薦。掃部寮式践祚大嘗会条に「即悠紀御膳所レ須折薦帖八枚、折薦八枚、折薦短帖八枚」と見える。折は二〇六頁注五、薦は一二四頁注五参照。践祚大嘗祭式神服条は「薦四枚」とする。枚は十二頁注二参照。

五 七一二頁注六参照。

六 二十四頁注十六参照。践祚大嘗祭式神服条は「木綿三斤五兩」とする。斤は二十四頁注十七、両は一一四頁注四、分は一〇六頁注六参照。

七 一〇四頁注十三参照。

八 篦は箘の古字で、矢の幹にあたる矢柄の材料などに使用する篠竹のこと。兵庫寮が矢の材料として保管する篠竹を、和妙を奉織ための作具として用いるのであろう。新撰字鏡八に「簱〔竹也、細竹也、篠也、志乃(しの)〕」・「篦〔去倫反、平箭竹〕」。和名抄二十に「篦〔音昆、和名乃(の)〕、箭竹名也」。名義抄僧上七十八に「篦〔昆、ノ〕」。四時祭式大神条の「篦」に「シノ」の訓。践祚大嘗祭式神服条は「篦一編」とする。

九 二十六頁注六参照。

十 和御服(和妙服)奉織の用途料を、神祇官が太政官に上申した解。「供奉大嘗會」から「所請如件」までが解の内容。神祇

鐵[1]一廷[2]、鹿皮一枚、折薦二枚〔直[3]〕、綿[4][5]一斤
十両二分[6]、
兵[7]庫寮[8]
篚[9]半[10]連、
右、得神祇官解偁、供奉大嘗會神服等供奉
和[11]御服用途料、依例[12]所請如件[13]、[14]省寮[15][16]承知、
依件[17]充[18]之、

官は二頁注二十、解は一三六頁注十九、得は一四〇頁注十二、偁は六二六頁注十二参照。
十一　大嘗会は二頁注四・六〇四頁注三、供奉は三七〇頁注十七参照。
十二　神服奉織に従事する者。五十六頁注六・一〇二頁注七・二七四頁注四参照。神服は四二二頁・四二四頁・七五二頁に見える。
十三　繒服（にきたへ）のこと。四五〇頁注十二参照。
十四　六七八頁注六参照。
十五　例は六二六頁注三、依は三三〇頁注十二、請は十二頁注十八、如件は六二六頁注十六参照。
十六　宮内・大蔵両省と兵庫寮。
十七　承は六二六頁注十九、知は二頁注二十九、之は八頁注五、充は十頁注十七参照。

1 鐵、荷田本・林本・神宮本・都立本・神宮一本・谷本・三手本・宮本「鉄」とし、林本注「鐵之俗字」。
2 廷、林本注「挺之誤」。宮本「迋」。
3 直、林本・神宮一本なし、林本注「舊有二直字一、衍、奉政刊去」。
4 綿、神宮本・三手本なし、神宮本右傍「綿」。神宮一本右傍「直也」。
5 信友本「麻各」あり頭注「麻各二字諸本无今依二延喜大嘗式一私補レ之」。荷田本注「木綿下依二延喜大嘗式一蓋脱二麻各二字一」あり。神道本右傍「麻各脱カ」あり。
6 分、宮本「卜」とし右傍「分」。
7 兵、荷田本注「兵庫寮三字諸本連属上分今私改レ之」。
8 寮、谷本・三手本・宮本なし、宮本右傍「寮」。神道本右傍「イナシ」。
9 篚、底本・神道本・都立本・故実本「篚」。荷田本「篦」とし注「篦半連諸本作二笑半連一今依二延喜大嘗式一私改レ之」。林本・神宮本・神宮一本・谷本・宮本「笑」とし、宮本右傍「篚」。三手本「口」とし右傍「笑イ」。信友本「篦」とし頭注「篦諸本作レ笑今依二延喜大嘗式一私改レ之」。
10 半、三手本右傍「笑乎」。
11 荷田本・林本・都立本・神宮一本・信友本「妙」あり。神道本右傍「妙イアリ」あり。宮本右傍「妙」あり。以文本「妙」を白消し。
12 例、都立本「件」とし右傍「例イ」。
13 如件、林本なし、注「闕二如件二字一」。
14 信友本「者」あり。神道本右傍「例イ」あり。
15 寮、信友本「察」。
16 荷田本・林本・都立本・神宮一本・故実本・以文本「宜」あり。神道本右傍「宜イアリ」。宮本右傍「宜」。
17 件、谷本「例」。
18 充、神宮本・都立本・谷本・三手本・宮本「宛」。

大蔵省に調韓櫃廿合を下達

31 下す　大蔵

調の韓櫃　廿合

右　大嘗會其の所請ふところ　件の如し　但し　事畢りて返上る

年　月　日

大臣宣すらく　充て収めよ

辨　姓　名　奉る

宮内・大蔵両省に由加物弁備の幣帛料・潜女作具料を下達

①宮内省

32 太政官符す　宮内・大蔵の兩省

宮内

鑁　三口

一 官符宣旨例第三十一号。弁官から大蔵省への官宣旨。大嘗会行事所（悠紀行事所・主基行事所）の申請により、大臣宣を承り、大蔵省に調韓櫃二十合の貸し出しを下達する。十頁の「次可レ充ニ収韓櫃廿合一状下ニ大蔵省一〔凡注ニ物數一者、両所共同〕」に対応する。下は二頁注二十九参照。

二 勘解由使式雨日奏条に「納ニ公文幷紙一料調韓櫃十合」とあるように、大嘗会行事所（悠紀行事所・主基行事所）において、公文などの事務書類を納めるための韓櫃であろう。斎宮式年料供物条にも「調韓櫃五合」と見える。調は十二頁注十五、韓櫃は十頁注十五参照。

三 十頁注十六参照。

四 悠紀行事所・主基行事所。大嘗会行事所は四頁注十八・六頁注十五参照。

五 大嘗祭の終了後、各行事所は調韓櫃を大蔵省に返却する。但は十二頁注八、事は二頁注九、畢は三十二頁注六参照。

六 返は、名義抄仏上五十八に「返〔カヘル、カヘス〕」。上は、同書仏上七十四に「上〔タテマツル〕」。

七 官宣旨作成日。年は二頁注九、月は二頁注八・十、日は十頁注九参照。

八 「充収」が宣の内容。大臣宣は六二八頁注二参照。充は十頁注十七、収は十頁注十八参照。

九 七〇〇頁注四・五参照。弁は四頁注二十三、姓名は五〇八頁注十、奉は二頁注十九参照。

十 官符宣旨例第三十二号。宮内省・大蔵省への太政官符。神祇官からの申請により、紀伊・淡路・阿波の三箇国が由加物を弁備するための、幣帛と潜女などが用いる作具の供出を命じる。一一八頁の「其供神幣物幷作具及潛女衣料〔人別布一丈四尺〕」以下に対応し、また、官符宣旨例第六号（六三六頁）に記された三国の幣帛と作具とも対応する。本官符は、由加物の弁備を命じる第六官符と一連の文書。践祚大嘗祭式由加物条にも同規定がある。なお、由加物監作使の発遣は九月上旬である。太政

下大藏、調韓櫃廿合、

右、大嘗會其[1]所[2]所請如件、但事畢返上、

年月日[3]

大臣宣[4]、充收[5]、　辨[6]姓名奉

太政官符宮內・大藏兩省

宮內

鑁[7]三口、

官は二〇二頁注十六、官符は二頁注三十参照。

十二　宮内省は八頁注十五、大蔵省は十頁注二十、両は四頁注十八参照。

十三　一二八頁注二参照。鑁から小斧までが、由加物を弁備するために用いる作具。一二八頁では淡路国に二具、一三四頁では阿波国に四具、第六官符では阿波国に二口、淡路国に一口が充てられる。

十四　三十四頁注六参照。

1 其、荷田本・信友本「某」とし、荷田本注「諸本作㆓其所㆒、今依㆑例私改㆑之」。神道本右傍「某イ」。

2 所、神宮本・谷本・三手本・宮本「々」。信友本なし。

3 年月日、信友本「大臣宣充收」。

4 大臣宣充收、荷田本・以文本「辨姓名奉」。林本・神宮一本「辨姓名〔奉〕」。神宮本・都立本・谷本・三手本・宮本「弁姓名〔奉〕」。信友本「年月日」。

5 收、神道本・故実本「收」。

6 辨姓名奉、荷田本・神宮一本・以文本「大臣宣充収」。林本「大臣宣充收」とし注「大臣宣充收五字、可㆓移入㆒、符文尾考見下宮内符下」。神宮本・都立本・谷本・三手本・宮本「大臣宣宛収」とし、宮本「宣」右傍「宜」。

7 鑁、荷田本・林本・神宮本・都立本・神宮一本・谷本・三手本・宮本「钁」とし、林本注「欋之誤」。

斧(をの)[一]　三柄[二]

鎌(かま)[三]　三柄

鑿(のみ)[四]　十一柄　二柄有(あ)り[五]　常柄九

刀子(かたな)[六]　三柄　阿為(あゐ)[七]二　東刀(あづまかたな)[八]一

鉋(かな)[九]　一柄

錐(きり)[十]　一柄

小斧(てをの)[十一]　三柄

②大蔵省

大蔵(おほくら)

五色(いつつのいろ)[十二]の薄絁(うすきあしぎぬ)

倭文(しとり)[十三]　各(おのもおのも)五尺[十四]

一　八十四頁注六参照。一二八頁では淡路国に二具、一三四頁では阿波国に四具、第六官符では淡路国に一柄、阿波国に二柄が充てられる。

二　八十四頁注八参照。

三　八十四頁注七参照。一二八頁では淡路国に二柄、一三四頁では阿波国に四柄、第六官符では淡路国に一柄、阿波国に二柄が充てられる。

四　一二四頁注八参照。一二四頁では紀伊国に十具、一三四頁では阿波国に十二具、第六官符では紀伊国に五柄、淡路国に六柄が充てられる。

五　和名抄十五に「鑿〔音昨、和名能美〕、所二以穿一レ木之器也」、「鉇〔加布良恵利（かぶらゑり）、臣淹反〕、曲刀鑿也」と二種類の鑿が挙げられている。前者は木工用鑿で、後者は刃先が湾曲したもの。本条の二柄とは二種類のことで、通常の鑿が九柄、鏑鐫（かぶらえり）が二柄のことか。有は四十二頁注二十参照。

六　七十四頁注十二参照。一二四頁では紀伊国に二枚、一三四頁では阿波国に四枚、第六官符では紀伊国に一柄、阿波国に二柄が充てられる。

七　不詳。官符宣旨例第三十四号（七四二頁）にも「阿為刀子」とある。

八　不詳。官符宣旨例第三十四号（七四二頁）にも「東刀子」とある。東は、字類抄下三十三ウに「東〔アツマ〕」。刀は七十四頁注十二参照。

九　一三四頁注七参照。一三四頁では阿波国に二枚、第六官符では阿波国に一柄が充てられる。

十　六四六頁注四参照。錐は一一八頁以下の三箇国の作具には見えない。第六官符では阿波国に錐二具が充てられる。

十一　一一八頁注三参照。一一八頁では淡路国に二具、一三四頁では阿波国に四具、第六官符では淡路国に一柄、阿波国に二柄が充てられる。

十二　五色薄絁から折薦までが、由加物を弁備するための幣帛料。

1 鑿、底本・荷田本・林本・都立本・神宮一本・谷本・三手本「鋻」とし、林本注「鑿之誤」。神宮本「鑿」。宮本「鑿」
2 有、荷田本注「未解義」。林本注「有下可レ有二闕文一、依二常柄九一バ此ハ非常柄也、未レ詳二何制前考亦遺漏一、宮内省式可レ考、又有―二柄ニ准シテ常柄九ノ下、可レ有二柄字一、刀子注、阿為二東刀一亦同」。信友本頭注「有以下六字未レ解」。以文本頭注「有二間有二脱字一歟」。
3 宮本右傍「柄」あり。
4 鉋、荷田本・林本・信友本「鉇」。神宮本・都立本・神宮一本・谷本・三手本・宮本「鉋」。

斧三柄、鎌三柄、鑿[1]十一柄（有[2]二柄、常柄九）、
刀子三柄（阿為二[3]、東刀一）、鉋[4]一柄、錐
一柄、小斧三柄、
大蔵
五色薄絁・倭文各五尺、

五色薄絁は二十四頁注十三・十四参照。一一八頁以下では紀伊国に各一尺、淡路国に各三尺、阿波国に各六尺、第六官符では紀伊国に各五寸、淡路国に各一尺五寸、阿波国に各三尺が充てられる。
十三 二十二頁注十六参照。一一八頁以下では紀伊国に一尺、淡路国に三尺、阿波国に六尺、第六官符では、紀伊国に五寸、淡路国に一尺五寸、阿波国に三尺が充てられる。
十四 二十四頁注十五参照。

木綿[一]

麻[二]　各[三]大一斤十兩二分[四]

商布[五]　五段

折薦[六]　一枚　直[七]

右[八]神祇官の解を得るに偁ふ　大嘗會に供奉らむが爲　其の造るところの紀伊[九]・淡路[十]・阿波[十一]等の國の由加物[十二]・幣帛[十三]并せて潛女等の用度　例[十四]に依りて請ふところ　件の如し　者れば　省[十五]宜しく承知りて　件に依りて之に充つべし

民部・大蔵・宮内省に大嘗会調度を下達

33 太政官符す[十六]　民部[十七]・大藏・宮内の三省

一 二十四頁注十六参照。一一八頁以下では紀伊国に五両、淡路国に一斤、阿波国に二斤、第六官符では紀伊国に二両二分、淡路国に八両、阿波国に一斤が充てられる。

二 二十八頁注十七参照。一一八頁以下では紀伊国に五両、淡路国に一斤、阿波国に二斤、第六官符では紀伊国に二両二分、淡路国に八両、阿波国に一斤が充てられる。

三 各は四頁注二十二、大は七一六頁注十一、斤は二十四頁注十七、両は一一四頁注四参照。

四 分は重さの単位で、両の四分の一、銖の六倍の重さ。九世紀頃から用いられたとされ、拾芥抄下に「六銖爲二一分一、四分爲二一兩一」とある。

五 三十四頁注三参照。一一八頁以下、また、第六官符にも見えない。

六 折薦は七二四頁注三、薦は一二四頁注五参照。一二四頁以下では紀伊国に葉薦一枚、淡路国に葉薦一枚、阿波国に葉薦一枚、第六官符では淡路国に薦一張が充てられる。

七 七一二頁注六参照。

八 神祇官から太政官に、由加物を弁備する紀伊・淡路・阿波の三箇国の幣帛料と作具を上申した解。「爲レ供二奉大嘗會一」から「所レ請如レ件」までが解の内容。神祇官は二頁注二十、解は一三六頁注十九、得は一四〇頁注十一、偁は六二六頁注十二参照。

九 紀伊国。一〇六頁注十二参照。

十 淡路国。一一二頁注一参照。

十一 阿波国。一一二頁注五参照。等は六頁注九参照。

十二 由加物は六十頁注二十二・一一二頁注七、幣帛は四三六頁注十四参照。

十三 并は四頁注四、潛女は一二〇頁注四、用度は六二四頁注十一参照。

十四 例は六二六頁注三、依は三三〇頁注十二、請は十二頁注十八、如件は六二六頁注十六、者は六二六頁注十七参照。

十五 宮内省と大蔵省。宜は三五六頁注九、承は六二六頁注十九、

木綿・麻各大一斤十兩二分、商布五段、折
薦一枚〔直[1]〕
右、得神祇官解偁、爲供奉大嘗會、其[2]所造
紀伊・淡路・阿波等國由[3]加物幣帛幷潛女等
用度、依例所請如件者、省宜承知、依件[4]充[5]
之、
太政官符民部[6]・大藏・宮內三省

1 直、林本なし。
2 其、信友本「某」。荷田本注「某所諸本作二其所一今依レ例私改レ之」。神道本右傍「某イ」。信友本「某」。
3 由、都立本・宮本「申」とし右傍「由」。
4 件、宮本右傍「例」。
5 充、神宮本・都立本・谷本・三手本・宮本「宛」。
6 部、宮本なし、右傍「部也」あり。

知は二頁注二十九、充は十頁注十七参照。
十六 官符宣旨例第三十三号。民部省・大蔵省・宮内省への太政官符。神祇官からの申請により、大嘗祭に用いる調度（卯日の神事に用いる海老鰭槽・抜穂使の明衣料・斎国斎場の稲実殿の鎮祭料・卯日の神事に用いる雑器料と鋪設料）の供出を命じる。対応条文は、以下の注の各項目に記載した。
十七 民部省は十頁注十四、大蔵省は十頁注二十、宮内省は八頁注十五、三は一三六頁注一参照。

①民部省

民部（たみ/みんぶ）

海老（えび）の鰭槽（はたふね）〔一〕　一隻〔二〕

②大蔵省

大蔵（おほくら）

絁（あしぎぬ）〔三〕　三疋〔四〕

卜部（うらべ）〔五〕三人の料（れう）　各（おのもおのも）一疋

調綿（てうつきのわた）〔六〕　十三屯六兩〔七〕

卜部三人各四屯　造酒童女（さかつこ）〔八〕一人　一屯六兩

調布（てうふつきのぬの）〔九〕　六端三丈四尺〔十〕

卜部各二端　造酒童女一人　二端四尺　酒波女（さかなみのめ）〔十一〕二人　各三丈六尺

絲（いと）〔十二〕　二分三銖〔十三〕　縫殿（ぬひどの）〔十四〕の料

一 卯日の神饌行立において、御手水を受けるための器。五一〇頁に「水取一人執二海老鰭盥槽一次レ之」とある。海老鰭槽は五一〇頁注九参照。

二 七十六頁注二参照。

三 二十四頁注十四参照。絁・調綿・調布の三品目は、抜穂使の卜部三人と、造酒童女一人・酒波女二人の明衣料。八十頁以下の「次賜二使明衣料絹二疋、綿八屯、布二端一〔人別絹一疋、綿四屯、布一端、用二國物一〕」に対応する。なお、本文では斎国負担とするが、践祚大嘗祭式抜穂条にも卜部の明衣料について同じ規定があり、大蔵省の物を用いるとしている。

四 七十二頁注十三参照。

五 抜穂使として各斎国斎郡に発遣される卜部は二名である。七十頁注二十参照。本官符は「造酒童女一人」とあるように各斎国分である。卜部三人料とは、卜部二人に随行する神部等一人を含めた人数、または予備用を含めたものか。卜部は三十二頁注九、料は二十二頁注二十三参照。

六 調として納められた綿。調は十二頁注十五、綿は十二頁注二十三参照。卜部と造酒童女が着る明衣の中綿であろう。斎宮式造備雑物条に「調綿五十三屯一両」とある。

七 屯は三十四頁注二、両は一一四頁注四参照。

八 七十八頁注十参照。

九 調として納められた布。三十四頁注十三参照。

十 次条の内訳によると、卜部三人に各二端、造酒童女一人に二端四尺、酒波女二人に各三丈六尺で、合計は八端七丈六尺となり一致しない。荷田本・林本に注記あり。校異参照。一六〇頁には造酒童女と酒波女の明衣料として、「次賜二明衣一、造酒童女布二端、綿一屯六両、酒波女二人布一端三丈〔人別三丈六尺〕」と見える。端は三十四頁注十四、丈は三十頁注八、尺は二十四頁注十五参照。

十一 大酒波一人と大多米酒波一人（六三四頁では大酒波女、大多米酒波女）のこと。大酒波は八十頁注一、大多米酒波は八十

民部
海老鰭[1]槽一隻、
大藏
絁三疋〔卜[2]部三人料、各一疋[3]〕、調綿十三屯六兩〔卜部三人、各四屯、造酒童女一人、一屯六兩〕、調布六端三[4]丈四尺〔卜[5]部各二端、造酒童女一人、二[6]端四尺、酒波[7]女二人、各三丈六尺〕、絲二分三[8]銖〔縫殿[9]料〕、

1 鰭、宮本「鮱」とし右傍「鰭也」。
2 卜、林本・都立本・神宮一本・三手本・宮本「下」とし、林本注「下部、卜部之誤」、都立本右傍「卜」。荷田本注「卜部諸本作二下部一今私改レ之」。神宮本右傍「下イ」。
3 疋、神宮一本「匹」。
4 三、荷田本注「調布以下三丈六尺以上丈等之不レ合蓋三丈四尺者二丈四尺之誤」。
5 信友本「二人」あり。荷田本注「脱二二人字一」あり。神道本右傍「二人イアリ」あり。宮本右傍「二人」あり。林本注「調布注、卜部下、准二絁調綿注一、闕二三人二字一、而シテ此注文廿五字必有二誤字錯亂一、調布六端三丈四尺、卜部三人料、各二端、六端既盡、所レ殘只三丈四尺、以レ何充二造酒童女酒波女料一、今准二布數一改レ文バ、卜部三人各一端、造酒童女一人一端四尺、酒波女二人各三丈六尺、如レ此ナレバ二端三丈二尺ヲ酒波女二人料トス、所レ餘四丈四尺、所レ餘太過、造酒童女料仍二舊文一二端四尺トスレバ只餘二二尺一、是誠臆度、姑書備レ考」あり。
6 二、荷田本注「二端四尺者一端、四尺之誤乎」。
7 波女、谷本・三手本・宮本「婆」とし、三手本右傍「波女カ」、宮本右傍「波女」。
8 三、都立本「四」とし右傍「三イ」。宮本右傍「四イ」。
9 殿、荷田本注「蓋衍字、延喜大嘗式作二縫絲一両一分二朱一」。信友本頭注「殿蓋衍字、延喜大嘗式曰縫絲一両一分二朱」。

頁注二参照。
十二 八十六頁注一参照。明衣に仕立てるための糸。
十三 分は七三〇頁注四、銖は二十四頁注十七参照。雑令度十分条義解に「以二秬黍中者百黍重一爲レ銖、廿四銖爲レ兩」とある。
十四 縫殿寮において縫製するための料。縫殿寮は二五八頁注三参照。

一 五色(いつつのいろ)の薄絁(うすきあしぎぬ)
二 倭文(しとり)　各(おのもおのも)五尺
三 木綿(ゆふ)
四 麻(あさ)　各三斤 五
六 已上(これよりかみ)　四種(よくさ)　七 抜穂(ぬきほ)の使(つかひ)の卜部(うらべ)の料(れう)

③宮内省

宮内(みやのうち／くない)

八 鍫(をの)　二具 九
十 小鍫(てをの)　二具
十一 鎌(かま)　二具
十二 钁(くは)　二口 十三

一 二十四頁注十三・十四参照。斎国斎場の稲実殿の鎮祭料。八十二頁以下の「次鎮二稲實殿地一、其料各五色薄絁各五尺、倭文五尺、木綿・麻各三斤、鍬二口、斧・鎌各二柄(已上官所レ充)」に対応する。また、官符宣旨例第二十八号（七一六頁）の「大藏省、五色薄絁各五尺、倭文五尺、木綿大三斤、麻大三斤、宮内省、鍫二具、小鍫二具、鎌二具、钁二口」と一致する。

二 三十二頁注十六参照。

三 二十四頁注十六参照。官符宣旨例第二十八号は木綿・麻とも大三斤とする。

四 二十八頁注十七参照。

五 二十四頁注十七参照。

六 五色薄絁から麻までの四品目は、斎国斎場の稲実殿鎮祭の幣帛。抜穂使の卜部が京より持参する。已上は四頁注三十五、四は三十頁注三、種は四三六頁注八参照。

七 抜穂使は七十頁注二十、卜部は三十二頁注九、料は二十二頁注二十三参照。

八 七一八頁注二参照。八十四頁は「斧二柄」とする。

九 一二四頁注九参照。

十 七一八頁注二参照。小鍫は八十四頁には見えない。

十一 八十四頁注七参照。

十二 一二八頁注二参照。八十四頁は「鍬二口」とする。

十三 三十四頁注六参照。

五[1]色薄絁、倭文各五尺、木綿・麻各三斤

〔已上四種、抜穂卜[2]部料〕

宮内

鍬[3]二具、小鍬[4]二具、鎌二具、钁[5]二口

1 五、三手本なし、右傍「五乎」あり。
2 卜、三手本「分」。
3 鍬、林本注「斧之誤」。宮本右傍「斧」。
4 鍬、三手本「斧」とし右傍「鍬イ」。宮本右傍「斧」。
5 钁、荷田本・林本・神宮本・都立本・神宮一本・谷本・三手本・宮本「钁」とし、林本注「櫂之誤」、宮本右傍「櫂イ」。

[一]已上(これよりかみ)　抜穂(ぬきほ)の使(つかひ)の料(れう)

[二]筥(はこ)　一合[三]

[四]瓱(みか)　四口[五]

[六]甅(さらけ)　四口

[七]甁(かめ)　二口

[八]𤭯(もたひ)　廿五口

[九]小坏(こつき)　二口

[十]波佐布(はさふ)　二口

[十一]筥坏(はこつき)　廿口

[十二]酒垂(さかたり)　二口

一　鉼から钁までの四品目は、斎国斎場稲実殿の鎮祭料の祭具。抜穂使の卜部が京より持参する。

二　五十頁注十二参照。本条の筥から七四〇頁の高盤までは、卯日の神事に用いる雑器（由加物）で、宮内省被管の大膳職が弁備する。二九二頁の水戸から二九六頁の高盤までの、神祇官解による用度分に対応する。なお、斎国解を受けて、大膳職が弁備する卯日の神事の雑器は、官符宣旨例第二十五号（七〇四頁）に記されている（七〇四頁注一参照）。

三　十頁注十六参照。

四　和名抄十六に「本朝式云瓺〈美加、今案音長、一音仗見₂唐韻₁〉、辨色立成云大甕〈和名同上〉」とあり、名義抄僧中二十一に「瓱〈ミカ、モタヒ〉」とある。甕は十四頁注二十参照。

五　三十四頁注六参照。

六　六十六頁注二十一参照。

七　甁は、新撰字鏡五に「甁、瓶〈同、薄經反〉」とあり、瓶と同字とする。瓶は水加女（みづかめ）のこと。六十四頁注十四参照。

八　新撰字鏡五に「𤭯〈毛太比〉」。十四頁注二十参照。

九　小は六十四頁注十五、坏は六十四頁注十六参照。二九四頁も「小坏二口」とする。

十　六十八頁注四参照。二九二頁は「匜二口」とする。

十一　六十六頁注二十参照。二九四頁も「筥坏廿口」とする。

十二　六十八頁注十二参照。

〔已上抜穂使料〕、筥一合、瓺[1]四口、甠四口、

甁[2]二口、瓸[3]廿五口、小坏二口[4]、波佐布二口、

筥坏廿口、酒垂[5]二口、

1 瓺、林本注「瓺字書無レ所レ長、當作レ瓱」。宮本右傍「瓱イ」。

2 甁、底本・荷田本・林本・神宮本・都立本・神宮一本・谷本・三手本・宮本・故実本「甁」。

3 瓸、林本注「瓸字書亦無レ所レ見、今按、缶之誤」。宮本右傍「缶」。

4 口、谷本「合」。

5 垂、都立本「缶」。林本注「缶之誤」。神宮一本「童」。

一 阿波大（あはた） 廿口（二）

三 短女坏（ひきめつき） 廿口

四 高坏（たかつき） 廿口

五 足擧の取次（あしあげのとりすき） 廿口

六 壺（つぼ） 廿口

七 多志良加（たしらか） 二口

八 陶碓（すゑのうす） 二口

九 都婆波の瓱（つばはのかめ） 二口

十 贄の土師物の韓竈（にへのはじもののからかま） 一口

十一 瓫（ほとき） 二口

一 新撰字鏡五に「礧、磖〔二、阿波太（あはた）〕」とあり、同書七に「杯〔阿波太〕」とするので、坏のことであろう。なお、和名抄三には「野王案髕〔臏、阿波太古、俗云阿波太、今案髕與(二)膝䏰(一)名異實同〕、膝骨也」とあり、「阿波太」は膝頭の骨とする。

二 三十四頁注六参照。

三 六十四頁注十六参照。二九四頁も「短女坏廿口」とする。

四 二九四頁注三参照。二九四頁も「高坏廿口」とする。

五 二九四頁注五参照。二九四頁も「足擧取次廿口」とする。

六 三〇〇頁注九参照。

七 六十八頁注十六参照。二九四頁も「多志良加二口」とする。

八 陶は六十八頁注六、碓は六六六頁注六参照。二九二頁には「陶臼二口」とする。

九 都婆波は六十八頁注十、瓱は七三六頁注七・六十四頁注十四参照。二九二頁には「都婆波四口」とする。

十 贄は一七八頁注七、土師韓竈は二九四頁注八、物は十頁注二十一参照。二九四頁には「土師韓竈一口」とする。

十一 六十四頁注十七・一二六頁注一参照。二九四頁も「瓫二口」とする。

阿[1]波大廿口、短[2]女坏[3]廿口、高坏廿口、足[4]舉取次廿口、壺[5]廿口、多志良加二口、陶碓二口、都婆波跜[6]二口、贄[7]土[8]師物[9]韓竈一口、瓫二口、

1 阿波大、荷田本注「阿波大一本作二津阿波一並未レ審」。林本注「阿波大不レ詳、傍注津阿波亦不レ詳」。神宮一本「津阿波」。信友本「津波波」。以文本「津婆波」を「阿波大」と訂正し頭注「阿波大一作二津婆波一」。
2 短、信友本「知」。
3 坏、宮本なし、右傍「坏」。
4 足、荷田本注「足挙上諸本闕二一字一、今私連属上文」。
5 壺廿口、林本なし。
6 跜、底本・荷田本・林本・神宮本・都立本・神宮一本・谷本・三手本・宮本・故実本「跜」とし、林本注「衍」。
7 贄、林本注「贄物一字不レ詳」。以文本頭注「贄一本无」。
8 土、宮本「士」。神宮本左傍「七イ」。
9 物、宮本右傍「一イ无」。以文本行間に朱で書き頭注「物一本无」。

堝[一]　二口
高盤[二]　卄口
御刀子[三]　[四]柄[五]
御疊[六]　五枚[七]
短疊[八]　三枚
薦[九]　八枚
右神祇官[十]の解を得るに偁ふ　大嘗會[十一]に供奉る其の所の調度[十二]
例[十三]に依[十四]りて請ふところ　件の如し　者[十五]れば　省[十六]宜しく承知
りて　件に依りて之[十七]に充つべし

一 二九四頁注十参照。二九四頁も「堝二口」とする。
二 六十四頁注二十参照。二九六頁は「高盤廿脚」とする。
三 御は二十二頁注四、刀子は七十四頁注十二参照。天皇御料。神饌行立において典水が捧持する御刀子のことであろう（五一〇頁参照）。官符宣旨例第三十四号（七四二頁）にも「御刀子一柄」が見える。
四 底本「御刀子　柄」とし、一文字を脱す。校異参照。
五 八十四頁注八参照。
六 畳は一五六頁注二参照。大嘗殿（悠紀・主基殿）における鋪設料。四〇二頁に大嘗殿に用いるとして、「長帖十二枚」とする。
七 十二頁注二参照。
八 短帖は四〇二頁注六参照。大嘗殿における鋪設料。四〇二頁は「短帖六枚」とする。
九 薦は一二四頁注五参照。大嘗殿における鋪設料。四〇二頁は「薦十六張」とする。底本「薦」。「簾」に作る写本あり。校異参照。
十 神祇官から太政官に、大嘗祭の卯日神事において用いる調度を上申した解。「供二奉大嘗會一」から「所レ請如レ件」までが解の内容。神祇官は二頁注二十、解は一三六頁注十九、得は一四〇頁注十二、偁は六二六頁注十二参照。
十一 大嘗会行事所（悠紀行事所・主基行事所）。四頁注十八・六頁注十五参照。大嘗会は二頁注四・六〇四頁注三参照。
十二 二六四頁注二参照。
十三 六二六頁注三参照。
十四 依は十六頁注三、請は十二頁注十八、如件は六二六頁注十六参照。
十五 六二六頁注十七参照。
十六 民部省・大蔵省・宮内省。民部省は十頁注十四、大蔵省は十頁注二十、宮内省は八頁注十五参照。宜は三五六頁注九、承知は六二六頁注十九参照。

堝二口、[1]高盤廿口、御刀子　[2]柄、御疊五枚、
短疊三枚、[3]薦八枚、
右、得神祇官[4]解偁、供奉大嘗會[5]其所調度、
依例所請如件者、省宜承知、依[6]件[7]充之、

十七　之は八頁注五、充は十頁注十七参照。

1 高盤廾口、林本なし。
2 以文本右傍「空白ノ□」あり、頭注「子柄間脱字」。荷田本注「柄上闕字不レ可レ考」。林本注「刀子下闕二數目字一。此篇有二誤字錯亂一。不レ可レ考」。
3 薦、荷田本・林本・神宮本・都立本・神宮一本・谷本・三手本・宮本・信友本「簾」とし、宮本右傍「薦」。神道本右傍「簾イ」。
4 解、神宮本・三手本・宮本なし、神宮本右傍「解カ」あり、三手本右傍「解乎」あり、宮本右傍「解」あり。
5 其、荷田本・信友本「某」とし、荷田本注「某所諸本作二其所一今依レ例私改レ之」。神道本右傍「某イ」。
6 件、宮本右傍「例イ」。
7 充、神宮本・都立本・谷本・三手本・宮本「宛」。

宮内省に大嘗会用度を下達

34 [一]太政官符す　[二]宮内省

[三]御刀子　一柄[四]

[五]阿爲刀子　卅柄

[六]東刀子　卅柄

右　[七]神祇官の解を得るに偁ふ　[八]大嘗會其の所の[九]用度　例に依りて請ふところ　件の如し　者れば　[十]省宜しく承知りて　件に依りて之に充つべし

木工寮に足別机以下を下達

35 [十一]左辨官下す　[十二]木工　[十三]承前の例に依りて　改め仰せて　[十四]齋場に下す

[十五]足別の机　[十六]拾壹前　[十七]各[十八]足の料を加ふべし

一 官符宣旨例第三十四号。宮内省への太政官符。神祇官からの申請により、大嘗祭の卯日神事に用いる刀子類の供出を命じる。太政官は二〇二頁注十六、官符は二頁注三十参照。

二 八頁注十五参照。

三 御は二十二頁注四、刀子は七十四頁注十二参照。天皇御料。七四〇頁注三参照。

四 八十四頁注八参照。

五 大嘗宮内の膳屋にて神饌調理に用いるものか。七二八頁には紀伊・淡路・阿波国の潜女が由加物を弁備するための作具として「刀子三柄（阿爲二、東刀一）」がみえる。七二八頁注七参照。

六 注五参照。

七 神祇官から太政官に、大嘗祭の卯日神事における用度を上申した解。「大嘗會其所用度」から「所レ請如レ件」までが解の内容。神祇官は二頁注二十、解は一三六頁注十九、偁は六二六頁注十二参照。

八 大嘗会行事所（悠紀行事所・主基行事所）。四頁注十八・六頁注十五参照。

九 御刀子・阿為刀子・東刀子の三品目。用度は六二四頁注十一参照。

十 宮内省。八頁注十五参照。

十一 官符宣旨例第三十五号。左弁官から木工寮への官宣旨（弁官下文）。悠紀行事所からの申請により、足別机から打机までの作製を下達する。卯日の朝、北野斎場から大嘗宮へ向かう供神物行列中に、これらの机・案がみえる（四四六頁～四八四頁）。北野斎場から大嘗宮へ供納される繪服、御膳・御酒等の神饌、由加物の供進具。弁官は四頁注二十三、下は二頁注二十九参照。官宣旨・弁官下文は六八〇頁注二参照。

十二 木工寮。一九六頁注九参照。

十三 木工寮において机・案が作製された後、前例に従い、改めて北野斎場の悠紀内院に送ることが下達される。前は一六六頁注十一、承は六二六頁注十九、改は六九六頁注四、仰は八頁注

太[1]政官符[2]宮内省

御刀子一柄、阿爲刀子[3]卌[4]柄、東刀子[5]卌[6]柄、

右、得神祇官解偁、大[7]嘗會其[8]所用度、依例

所請如件者、省宜承知、依件充[9]之、

左[10]辨官下[11]木工[12]〔依承前例、改仰下齋場〕

足別机拾壹前〔[13]可加各足料〕、

1 太、荷田本注「案此官符既出ㇾ上而其文全同、若重複乎、但上亦有ㇾ如ㇾ此再出之符文」。林本注「此一篇出二于前一在二前者錯乱文一」。信友本頭注「此所既出ㇾ上何如」。
2 都立本「宮内省」あり右傍「イナシ」。
3 刀子、神宮本右傍「イニナシ」。
4 卌、荷田本・林本・神宮一本「卅」とし、林本注「伊庭本卅作ㇾ卌、未ㇾ知ㇾ孰是」、神宮一本右傍「一作卌」。
5 子、三手本なし。
6 卌、神宮一本・信友本「卅」とし、神宮一本右傍「一作卌」。
7 大、信友本「太」。
8 其、荷田本・信友本「某」とし、荷田本注「某所諸本作二其所一、今依ㇾ例私改ㇾ之」。神道本右傍「某イ」。
9 充、神宮本・都立本・谷本・三手本・宮本「宛」。
10 左、荷田本注「左弁官若右弁官之誤乎、依二職員令一木工寮属二宮内省一宮内省隷二右弁官一」。信友本右傍「右歟」。
11 荷田本注「木工上諸本不二闕字一、今依ㇾ例私闕二一字一」あり。
12 林本注「木工下闕二寮字一」あり。
13 可加各足料、神宮本・宮本大字。

二参照。
十四 北野斎場。十八頁注三・四十頁注九参照。
十五 足を取り外すことができる机。足別は四五六頁注六、机は二四八頁注二参照。
十六 拾は、字類抄下九十六オに「拾〔シフ〕」。壱は七一四頁注十三、前は三五〇頁注十六参照。
十七 四頁注二十二参照。
十八 足別の机であるので、足料も加える。足は一五〇頁注一、料は二十二頁注二十三、加は三九〇頁注二十四参照。

一繒服の案　二壹前　長さ四尺二寸　廣さ三尺　高さ三尺八寸

三御膳の机　四前　長さ各四尺二寸　廣さ二尺　高さ二尺五寸

四御酒の机　壹前　長さ三尺八寸　廣さ三尺　高さ三尺

五多米の御酒の机　壹前　長さ・廣さ　六上に同じ

七大机　八貳拾漆前　各九足の料を加ふべし

十由加物　八前　長さ各九尺　廣さ各二尺二寸　高さ二尺

十一置切板　二前　長さ・廣さ　上に同じ

十二置韓竈　一前　上に同じ

十三置火爐　二前　上に同じ

十四置火臺　一前　長さ・廣さ　上に同じ

一 繒服案は四五〇頁注十二、案は三九八頁注十二参照。四五〇頁の「繒服案（中略）、案長四尺二寸、廣三尺、高三尺八寸）」に該当する。卯日の朝、細籠に納めた繒服をこの案上に載せ、神服二人が大嘗宮に供進する。

二 壹は七一四頁注十三、前は三五〇頁注十六参照。長は四十二頁注十六、尺は二十四頁注十五、寸は一〇六頁注五、広は四十二頁注十七、高は八十八頁注十三参照。四五〇頁の繒服案の規格と一致する（注一参照）。

三 御膳は二〇〇頁注一、机は二四八頁注二参照。御膳を載せる机。四五六頁の「御膳足別案八脚〔各長四尺二寸、廣二尺、高二尺五寸〕」に対応するのであろう。卯日の朝、物部の女が大嘗宮に供進する。

四 御酒は二五〇頁注六参照。御酒を載せる机。四五八頁の「御酒足別案一脚〔長三尺八寸、廣三尺、高三尺〕」に該当する。擔丁四人大嘗宮に供進する。

五 多米は十四頁注十七・五十二頁注二参照。節会において臣下に賜る多米酒を置く案であろう。

六 上は二十六頁注十九、同は二頁注三十四参照。

七 大は二〇二頁注八参照。大案は四五八頁・四七〇頁に見える。

八 弐は、皇太神宮儀式帳年中三節祭時供給儲備并営作雑器事の「合貳仟肆百參拾玖具」の「貳」に「ニ」の訓。漆は、黒川本字類抄中四十九オに「漆〔シチ〕」。

九 七四二頁注十八参照。

十 由加物は六十頁注二十二参照。四六〇頁の「由加物八舁〔以四尺明櫃八合、納二神物一、各居二大案一、各長九尺、廣各二尺二寸、高二尺〕」に該当する。由加物を載せる大案のこと。

十一 切板は、俎板（まないた）のこと。木工寮式神事并年料供御条に「切板二枚〔各長三尺、廣一尺八寸〕」と見える。和名抄十四の「俎」の項目に「俎音阻、和名末奈以太（まないた）」、さらに「開元式云、食刀・切机各一、今案切机、即俎也」とあり、切机を俎とする。践祚大嘗祭式卯日条には「切机四脚、加

繪[1]服案壹前〔長四尺二寸、廣三尺、高三尺八寸〕、御膳机四[2]前〔長各四尺二寸、廣二尺、高二尺五[3]寸〕、御酒机壹[4]前〔長三尺八寸、廣三尺、高三尺〕、多米御酒机壹[5]前〔長・廣同上〕、大机貳[6]拾漆前〔可加各足[7]料〕、由[8]加物[9]八前〔長各九尺、廣各二尺二寸、高二尺〕、置[10]切板二前〔長・廣同上〕、置[11]韓竈一前〔同上〕、置火爐二前〔同上〕、置[12]火臺一[13]前〔長・廣同上〕、

納二刀子一折櫃二合上」とあり、切机とする。「置」は、供神物行列のために、切板を載せる、足の付いていない案（台）のことであろう。置は二十四頁注十二参照。切は、名義抄僧上九十三に「切〔キル〕」、伊勢太神宮式神嘗条の「切案」に「キリツクエ」の訓。板は一八四頁注十四参照。底本以下諸本に「キリイタオキ」の訓が付されている。校異参照。

一二　韓竈は二九四頁注八参照。四七〇頁に「次韓竈一具〔納以二明櫃一、置二於大案一〕」と見え、韓竈を載せる大案のことであろう。底本以下二本に「カラカマオ」の訓が付されている。校異参照。

一三　火爐は四六六頁注四参照。火爐を載せる案であろう。四六六頁には「土火爐四荷」とある。

一四　火台は四六四頁注九参照。火台を載せる案であろう。四六四頁には「火臺四荷」とある。

1　繪、宮本「僧」とし右傍「繪」。
2　四、荷田本・林本・神宮本・都立本・神宮一本・谷本・三手本・宮本「如」とし、荷田本注「如レ前、若四前之誤乎」、林本注「四之誤、草書近相似」、宮本右傍「四」。
3　林本「〔二尺五寸〕御酒机壹前〔長三尺八寸廣三尺〕」なし。
4　壹、信友本「一」。
5　壹、信友本「一」。
6　貳、信友本「二」。
7　足、神宮一本なし。信友本「尺」。
8　由、宮本「申」とし右傍「由」。
9　宮本右傍「案」あり。林本注「闕二案字一」あり。
10　置切板、底本・荷田本・宮本・故実本右傍「キリイタオキ」。
11　置韓竈、底本・宮本・故実本右傍「カラカマオキ」。
12　置火臺、信友本頭注「置火臺上若脱二物名寸法一歟何者下更加二長廣二字一也」。
13　一、都立本右傍「二」。

置多米物　十前
置御酒机　一前
打机　肆前
右　大嘗會悠紀所請ふところ　件の如し　宜しく早に造りて
之に充つべし

治部省に久米儛料の金作剣を下達

36 下す　治部
金作の劔　廿口
右　久米儛の料　悠紀所請ふところ　件の如し

一 多毎物は十四頁注十七参照。五二八頁には多米都物とある。臣下に賜る多米都物を載せる案のことであろう。
二 三五〇頁注十六参照。
三 御酒は二五〇頁注六、机は二四八頁注二参照。御酒机を載せる案のことであろう。
四 打は、名義抄仏下本七十七に「打〈ウツ〉」。なお、斎宮式年料供物条・造備雑物条などに「打刀子」が見える。
五 字類抄上三オに「肆〈シ〉」。肆は四のこと。
六 悠紀行事所が、足別机から打机までの作製を上申したこと。大嘗会は二頁注四・六〇四頁注三、悠紀所は四頁注十八・六頁注十五参照。
七 請は十二頁注十八、如件は六二六頁注十六参照。
八 宜は三五六頁注九、早は七〇二頁注十四、造は四十二頁注九参照。
九 之は八頁注五、充は十頁注十七参照。
十 官符宣旨例第三十六号。左弁官から治部省への官宣旨（弁官下文）。悠紀行事所からの申請により、久米舞に用いる金作剣の供出を下達する。久米舞は五七六頁に「奏二久米舞一〈廿人、二列而舞〉」と見える。下は二頁注二十九、官宣旨・弁官下文は六八〇頁注二参照。
十一 治部省。一二二頁注一参照。治部省に請求されるのは、雅楽寮・歌儛所を管轄するためであろう。
十二 金は三五四頁注一、作は十四頁注七、劔は二三八頁注七参照。
十三 三十四頁注六参照。
十四 五七六頁注十六参照。午日の豊明節会で奏上される国風歌舞で、剣を抜いて舞う。
十五 悠紀行事所が、久米舞の料として金作の剣を上申したこと。

置多米物十前、置御酒机一前、打机肆前、

右、大嘗[1]會悠紀所所[2][3]請如件、宜早造[4]充[5]之、

下[6]治部、

金[7]作劔廿口、

右、久米儛料、悠紀所所[8]請如件、

1 嘗、宮本なし、右傍「嘗」。
2 所、都立本「料」。
3 所、神宮本・谷本「々」。三手本・宮本なし。
4 造、谷本「速」。
5 充、神宮本・都立本・谷本・三手本・宮本「宛」。
6 下治部、林本・都立本・神宮一本・谷本・三手本・宮本「金作劔廿口」。荷田本注「下治部三字諸本材金作劔廿口、下蓋錯乱元本為㆓小字㆒者亦不㆑是今依㆓前後例㆒私改㆓置此所㆒」。
7 金作劔廿口、林本・神宮一本・谷本・三手本小字で「下治部」とし、林本注「治部下省アルベシ准上下例、小字下治部三字大字ニ書シテ、其上左辨官三字アリテ、下字官ニ連書、治部上一字闕ヘシ」。都立本・宮本「下治部」。
8 所、神宮本・宮本・谷本・三手本「々」。

中務省に小忌人の青摺袍を下達

37 左辨官下す　中務

應に　青摺の袍　捌百陸拾捌領を行ふべし

細布百八十一領　佐渡布六百八十七領

二領は外記の料

二領は辨官の料

二領は男藏人の料

廿四領は侍従の料

五領は中務省の料

十領は内舍人の料

二領は内記の料

一 官符宣旨例第三十七号。左弁官から中務省への官宣旨（弁官下文）。諸司からの申請により、大嘗祭に供奉する小忌人への斎服（青摺袍）計八六八領の頒賜を下達する。小忌人への斎服の頒賜は寅日の薄暮に行われる（四二〇頁から四三〇頁参照）。本条によって大嘗祭に供奉する諸司小忌人の具体的な人数を窺うことができる。小忌人の諸司名・人数は宮内省式大嘗小斎条にも規定されている。中務省が斎服頒賜を担当するのは、同省が諸司小忌人の歴名を管理していたためであろう。なお、中務省式新嘗青摺条には、小斎の諸司に給う青摺の布の衫について、諸司ごとに弁備する領数（計二八〇領）が規定されており、これに鎮魂祭のため予め頒賜される神祇官人の斎服三十二領（同式鎮魂祭条）を合わせると、新嘗祭に供奉する諸司小斎人の斎服の総計は三一二領となる。大嘗祭と新嘗祭・神今食の小斎人数については、岡田荘司「神今食と新嘗祭・大嘗祭」（『大嘗の祭り』、平成二年）を参照。次将装束抄に「小忌之装束〈大嘗會時、三ヶ夜、着也、侍従猶帯劔同二将佐一〉」とある。弁官は四頁注二十三、下は二頁注二十九参照。官宣旨・弁官下文は六八〇頁注二参照。

二 中務省。十頁注十三参照。

三 八頁注十参照。

四 青摺は一九四頁注九、袍は三三一頁注十六参照。小忌人に頒賜される斎服（小忌衣）八六八領。細布を用いた上質なものと、佐渡布を用いたものの二種類があり、外記以下女孺までが前者を、神祇官の史生以下国栖等までには後者を頒賜する。以下は、その内訳が記される。

五 百は、名義抄仏上七十六に「百〈ヒヤク〉」。陸は、止由気宮儀式帳九月例条の「陸種」に「ロクシユ」の訓。捌は七一六頁注二、拾は七四二頁注十六、領は三三二頁注十七参照。

六 二頁注九参照。

七 三三二頁注十五参照。次条の外記から七五二頁の女孺までに頒賜される青摺袍一八一領。細布を料に縫製される。細布と佐

左辨官下中務[1]

應行[2]青摺袍捌百[3]陸拾捌領〔細布百八十一[4]領、佐渡布六百八十七領[5]〕、二領外記料、二領辨官料、二領男藏人料、廿四領侍從料、五領中務省料、十領內舍人料、二領內記料、

1 下中務、神宮本・都立本小字。
2 行、宮本右傍「給」。
3 百、荷田本・林本・神宮本・都立本・神宮一本・谷本・三手本・宮本・信友本・以文本「佰」。
4 一、三手本「二」。
5 領、林本「料」とし注「伊庭本作㆑領者是」。

渡布のことは、縫殿寮式鎮魂齋服条に「新嘗祭小齋諸司青摺布衫三百十二領〔細布一百卅領、佐渡布一百八十二領、並別二丈一尺〕」、左右近衛府式に「凡供㆓奉十一月新嘗會㆒小齋官人并近衛、青摺布衫卅五領〔細布五領、佐渡布卅領、（中略）〕、並請㆓縫殿寮㆒」と見え、また、大膳職式園韓神祭雑給料条に「膳部六人明衣、佐渡布、人別二丈一尺」とある。

八 七五二頁の神祇官の史生から七五八頁の国栖等までに頒賜される青摺袍六八七領。佐渡布を料に縫製される。佐渡布は、佐渡国で産出された布の一種。九暦天暦二年十一月二十三日条に「諸司小忌服前例用㆓佐渡布㆒、而所㆓服用㆒似㆓商布㆒」とある。佐渡は、書紀欽明天皇五年十二月条の「佐渡嶋」に「サトノシマ」の訓。布は十二頁注二十二参照。

九 外記二人の斎服料。外記は二〇四頁注十九参照。宮内省式大嘗小斎条も「太政官十人〔（中略）、外記二人〕」とある。中務省式新嘗青摺条の規定では太政官十一領。

十 弁官二人の斎服料。

十一 男蔵人二人の斎服料。男蔵人は二四六頁注一参照。

十二 侍従二十四人の斎服料。五九〇頁に次侍従以上の解斎座が見えるので、次侍従も含む人数であろう。侍従は二〇〇頁注八、次侍従は五九〇頁注四参照。宮内省式大嘗小斎条は「次侍従已上廿人」とある。中務省式新嘗青摺条の規定では三領。

十三 中務省官人五人の斎服料。中務省は十頁注十三参照。佐渡布の青摺袍は六領が頒賜される（七五四頁）。宮内省式大嘗小斎条は「中務省七人〔輔一人、丞二人、録二人、史生二人〕」とある。中務省式新嘗青摺条の規定は三領。

十四 内舎人十人の斎服料。内舎人は一〇四頁注三参照。宮内省式大嘗小斎条も「内舎人十人」とある。中務省式新嘗青摺条の規定は四領。

十五 内記二人の斎服料。内記は二三四頁注十一参照。宮内省式大嘗小斎条も「内記二人」とある。中務省式新嘗青摺条の規定も二領。

一 二領は監物(おろしもののつかさ／けんもつ)の料(れう)

二 二領は主鈴(すずのつかさ)の料

三 二領は主鑰(かぎのつかさ)の料

四 四領は内蔵寮(うちのくらのつかさ)の料

五 四領は大舎人寮(おほとねりのつかさ)の料

六 四領は縫殿寮(ぬひどののつかさ)の料

七 二領は内薬司(うちのくすりのつかさ／ないやくし)の料

八 三領は宮内省(みやのうちのつかさ／くないしやう)の料

九 四領は主殿寮(とのもりのつかさ／しゆでんれう)の料

十 四領は掃部寮(かむもりのつかさ)の料

一 監物二人の斎服料。宮内省式大嘗小斎条も「監物二人」とある。中務省式新嘗青摺条の規定は一領。監物は、令制における中務省の品官（ほんかん、四等官以外の長上官）。大監物二名、中監物・少監物各四名の定員で、それぞれ従五位下、従六位下、正七位下が相当官。職員令中務省条には「大監物二人。掌下監察出納一。請中進管鑰上」とあり、大蔵省正倉など諸官衙の倉庫の出納と、管鑰の管理を監察した。監物式によれば、毎朝典鑰と共に参内し、女官の闈司を介して諸司の鑰を請い、夕方に返進した。書紀持統天皇七年四月条の「監物」に「ヲロシモノノツカサ」の訓。黒川本字類抄中一〇〇ウに「監物〈ケンモツ〉」。

二 主鈴二人の斎服料。主鈴は二三四頁注十三参照。宮内省式大嘗小斎条も「主鈴二人」とある。中務省式新嘗青摺条の規定は一領。

三 主鑰二人の斎服料。主鑰は、職員令によれば、内蔵寮に大主鑰二人・少主鎰二人、大蔵省に大主鑰二人・少主鑰二人が規定されており、出納を職掌とする。対応する宮内省式大嘗小斎条は「典鑰二人」とし、中務省式新嘗青摺条でも典鑰に一領が頒賜されるので、本条の主鑰とは中務省の主鑰（典鑰）のことであろう。中務省の「主鑰」は本条と、弘仁式十二（中務省）の篇目に「中務、内記、監物、主鈴、主鑰」と見える（本朝法家文書目録）。官位令従六位条の「大藏大主鑰」の「主鑰」に「カキノツカヒ、カイトリ」の訓。典鑰は二三四頁注十二参照。底本「主鑰」。「主鎰」に作る写本あり。校異参照。

四 内蔵寮官人四人の斎服料。内蔵寮は二四四頁注七参照。佐渡布の青摺袍は十六領が頒賜される（七五四頁）。宮内省式大嘗小斎条も「内藏寮廿人〈官人六人、史生四人、藏部十人〉」とある。中務省式新嘗青摺条の規定では四領。

五 大舎人寮官人四人の斎服料。大舎人は十六頁注五参照。佐渡布の青摺袍は三十八領が頒賜される（七五四頁）。宮内省式大嘗小斎条も「大舎人寮卌二人〈官人二人、史生一人、舎人卅九人〉」とある。中務省式新嘗青摺条の規定では十二領。

二領監物料、二領主鈴料、二領主[1]鑰[2]料、四領内藏寮[3]料、四領大舍人寮[4]料、四領縫殿寮料、二領内藥司料、三領宮内省料、四領主殿寮料、四領掃部寮料、

1 主、信友本「典」。荷田本注「主鎰蓋典鎰之誤」。
2 鑰、荷田本・林本・神宮本・都立本・神宮一本・谷本・三手本・宮本・信友本「鎰」。
3 寮、神宮本・三手本・宮本なし、神宮本右傍「寮カ」、宮本右傍「寮」。
4 寮、神宮一本なし、右傍「寮」。

六 縫殿寮官人四人の斎服料。縫殿寮は二五八頁注三参照。佐渡布の青摺袍は六領が頒賜される（七五四頁）。宮内省式大嘗小斎条も「縫殿寮十人〔官人四人、番上六人〕」とある。中務省式新嘗青摺条の規定は四領。

七 内薬司官人二人の斎服料。内薬司は二六四頁注四参照。佐渡布の青摺袍は四領が頒賜される（七五四頁）。宮内省式大嘗小斎条は「典薬寮六人〔官人二人、侍醫二人、薬生二人〕」とある。中務省式新嘗青摺条の規定では、典薬に四領が頒賜。内薬司は寛平八（八九六）年に廃止される。典薬寮は二六四頁注十一参照。

八 宮内省官人三人の斎服料。宮内省は八頁注十五参照。佐渡布の青摺袍は一領が頒賜される（七五四頁）。宮内省式大嘗小斎条は「宮内省五人〔大少輔、丞、録各一人、史生一人〕」とある。中務省式新嘗青摺条の規定は三領。

九 主殿寮官人四人の斎服料。主殿寮は二四六頁注二参照。佐渡布の青摺袍は二十領が頒賜される（七五六頁）。宮内省式大嘗小斎条は「主殿寮廿二人〔官人二人、史生已下十八人、火炬小人二人〕」とある。中務省式新嘗青摺条の規定も二十二領。

十 掃部寮官人四人の斎服料。掃部寮は二四八頁注四参照。佐渡布の青摺袍は六領が頒賜される（七五六頁）。宮内省式大嘗小斎条も「掃部寮十人〔官人二人、掃部八人〕」とある。中務省式新嘗青摺条の規定は七領。

一 四領は内膳司の料

二 二領は主水司の料

三 一領は采女司の料

四 八領は左右の近衛府の料　各四領

五 四領は左右の衛門府の料　各二領

六 四領は左右の兵衛府の料　各二領

七 八十領は女孺八十人の料

八 已上　細布

九 百卌七領は神祇官の料

十 史生四人　十一 神部廿四人　十二 卜部十六人　十三 忌部五人　十四 使部十二人　十五 神服

一 内膳司官人四人の斎服料。内膳司は二〇〇頁注九参照。佐渡布の青摺袍は七十六領が頒賜される（七五六頁）。宮内省式大嘗小斎条は「内膳司十六人〔官人二人、膳部十四人〕」とある。中務省式新嘗青摺条の規定は八領。

二 主水司官人二人の斎服料。主水司は二四二頁注十参照。佐渡布の青摺袍は三十四領が頒賜される（七五六頁）。宮内省式大嘗小斎条は「主水司十二人〔官人二人、水部十人〕」とある。中務省式新嘗青摺条の規定は八領。

三 采女司官人一人の斎服料。采女司は二五二頁注七参照。佐渡布の青摺袍は三領が頒賜される（七五六頁）。宮内省式大嘗小斎条も「采女司四人〔官人二人、采女二人〕」とある。中務省式新嘗青摺条には「御膳前采女氏二領」とある。

四 左右近衛府官人八人（各四人）の斎服料。左右は六頁注三、近衛府は二十二頁注十、各は四頁注二十二参照。佐渡布の青摺袍は八十二領が頒賜される（七五六頁）。宮内省式大嘗小斎条は「左右近衛府各官人四人、府生一人、近衛卌人、駕輿丁八人」とある。中務省式新嘗青摺条の規定は、左右近衛府に各四十四領。

五 左右衛門府官人四人（各二人）の斎服料。衛門府は一〇四頁注十二参照。佐渡布の青摺袍は四十二領が頒賜される（七五六頁）。宮内省式大嘗小斎条は「左右衛門府各官人二人、府生一人、物部廿人、語部十五人、門部八人」とある。

六 左右兵衛府官人四人（各二人）の斎服料。兵衛府は二十二頁注十一参照。佐渡布の青摺袍は四十領が頒賜される（七五六頁）。宮内省式供奉践祚大嘗小斎条も「左右兵衛府各官人二人、兵衛廿人」とある。中務省式新嘗青摺条の規定は、左右兵衛府に各十領。

七 女孺八十人の斎服料。女孺は二〇二頁注三参照。宮内省式大嘗小斎条は「内侍已下数同二毎年新嘗一」とあり、同式新嘗小斎条には「女孺已下十七人」とある。中務省式新嘗青摺条は「女孺已上一百二十領〔卌領中宮女孺〕」とする。

四領内膳司料、二領主水司料、一領采女司料、八領左右近衛府料〔各四領〕、[1]四領左右[2]衛門府料〔各二領〕、四領左右兵衛府料〔各二領〕、八十[3]領女孺[4]八十人料[5]、

已上細布

百卌[6]七領神祇官料〔史生四人、神部廿四人、卜部十六人、忌部五人、使部十二人、神服

1 林本「四領」以下大小二十二字なし。
2 神宮一本「左」あり右傍「衍字」。
3 神宮一本「十」あり右傍「衍字」。
4 孺、林本・神宮本・都立本・谷本「嬬」。
5 料、宮本なし、右傍「料」。
6 卌、三手本「廾」。林本注「又本文神祇官料百卌七卌作レ廿」。

八 細布の青摺袍一八一領のこと。七四八頁の外記から女孺までに頒賜される。已上は四頁注三十五、細布は三三二頁注十五参照。

九 神祇官の史生四人・神部二十四人・卜部十六人・忌部五人・使部十二人・神服七十六人の計一三七人の斎服料。神祇官は二頁注二十参照。四二二頁の「史生已下・神服已上百卌七人」と一致する。宮内省式大嘗小斎条は「神祇官一百五十人〔伯已下史已上七人、史生四人、宮主一人、彈琴二人、巫部一人、神部廿四人、卜部十八人、使部十二人、忌部五人、神服七十六人〕」とある。鎮魂祭（新嘗祭）において神祇官に頒賜されるのは「青摺布衫卌二領」（中務省式鎮魂祭条）で、縫殿寮式鎮魂斎服条に「鎮魂齋服〔新嘗祭同用レ之〕」とする。

十 神祇官の史生四人の斎服料。史生は六頁注四参照。宮内省式大嘗小斎条も史生四人とある（注九参照）。

十一 神祇官の神部二十四人の斎服料。神部は二一八頁注六参照。宮内省式大嘗小斎条も神部二十四人とある（注九参照）。

十二 神祇官の卜部十六人の斎服料。卜部は三十二頁注九参照。宮内省式大嘗小斎条は卜部十八人とある（注九参照）。

十三 阿波国忌部五人の斎服料。阿波国忌部は一三〇頁注九・四二四頁注二参照。四二四頁に「阿波國忌部五人」とある。宮内省式大嘗小斎条も忌部五人とする（注九参照）。

十四 神祇官の使部十二人の斎服料。使部は六頁注十三参照。宮内省式大嘗小斎条も使部十二人とある。

十五 神服七十六人の斎服料。四二四頁に「神服七十六人」とある。神服七十六人のことは四二二頁注六参照。宮内省式大嘗小斎条も神服七十六人とする（注九参照）。

七十六人

[一]一領[二]は官掌(くわんじやう)の料(れう)

[三]六領は中務省(なかのまつりごとのつかさ／なかつかさしやう)の料

[四]十二領は内豎所(ちひさわらはどころ／ないじゅ)の料

[五]十六領は内蔵寮(うちのくらのつかさ)の料

[六]卅八領は大舎人寮(おほとねりのつかさ)の料

[七]六領は縫殿寮(ぬひどののつかさ)の料

[八]四領は内薬司(うちのくすりのつかさ／ないやくし)の料

[九]一領は宮内省(みやのうちのつかさ／くないしやう)の料

[十]八十領は大膳職(おほかしはでのつかさ／だいぜんしき)の料

一 官掌一人の斎服料。官掌は六頁注十二参照。

二 領は三三二頁注十七、料は二十二頁注二十三参照。

三 中務省官人六人の斎服料。中務省は十頁注十三参照。細布の青摺袍は五領が頒賜される（七四八頁）。宮内省式大嘗小斎条は「中務省七人〔輔一人、丞二人、録一人、史生二人〕」とある。

四 内豎所十二人の斎服料。内豎所は二十二頁注九参照。内豎は二十二頁・一〇四頁・六〇六頁に見える。中務省式新嘗青摺条には「内豎八領」とある。

五 内蔵寮官人十六人の斎服料。内蔵寮は二四四頁注七参照。細布の青摺袍は四領が頒賜される（七五〇頁）。宮内省式大嘗小斎条も「内蔵寮廿人〔官人六人、史生四人、蔵部十人〕」とある。

六 大舎人寮官人三十八人の斎服料。大舎人寮は十六頁注五参照。細布の青摺袍四領が頒賜される（七五〇頁）。宮内省式大嘗小斎条も「大舎人寮卌二人〔官人二人、史生一人、舎人卅九人〕」とある。

七 縫殿寮官人六人の斎服料。縫殿寮は二五八頁注三参照。細布の青摺袍四領が頒賜される（七五〇頁）。宮内省式大嘗小斎条も「縫殿寮十人〔官人四人、番上六人〕」とある。

八 内薬司官人四人の斎服料。内薬司は二六四頁注四参照。細布の青摺袍二領が頒賜される（七五〇頁）。宮内省式大嘗小斎条は「典薬寮六人〔官人二人、侍醫二人、薬生二人〕」とある。七五〇頁注七参照。

九 宮内省官人一人の斎服料。宮内省は八頁注十五参照。細布の青摺袍三領が頒賜される（七五〇頁）。宮内省式大嘗小斎条は「宮内省五人〔大少輔、丞、録各一人、史生一人〕」とある。

十 大膳職官人八十人の斎服料。大膳職は二〇二頁注十四参照。宮内省式大嘗小斎条には「大膳職八十四人〔官人二人、史生二人、膳部八十人〕」とある。

七十六人〕、一領官[1]掌料、六領中務省料、十二領内豎所料、十六領内藏寮料、卌八領大舍人寮料、六領縫殿寮料、四領内藥司料、一領宮内省料、八十領大膳職料、

1 官、林本なし。

一 卅四領は主水司（もひとりのつかさ／しゆすいし）の料（れう）

二 廿領は主殿寮（とのもりのつかさ／しゆでんれう）の料

三 廿六領は大炊寮（おほひのつかさ）の料

四 三領は采女司（うねめのつかさ）の料

五 六領は掃部寮（かむもりのつかさ）の料

六 七十六領は内膳司（うちのかしはでのつかさ／ないぜんし）の料

七 卌領は造酒司（さけのつかさ）の料

八 八十二領は左右（ひだりとみぎ／さう）の近衛府（ちかきまもりのつかさ／このゑふ）の料　各（おのもおのも）卌一領

九 卌二領は左右の衛門府（ゆげひのつかさ／ゑもんふ）の料　各廿一領

十 卌領は左右の兵衛府（つはものとねりのつかさ／ひやうゑふ）の料　各廿領

一 主水司官人三十四人の斎服料。主水司は二四二頁注十参照。細布の青摺袍は二領が頒賜される（七五二頁）。宮内省式大嘗小斎条は「主水司十二人〔官人二人、水部十人〕」とある。

二 主殿寮官人二十人の斎服料。主殿寮は二四六頁注二参照。細布の青摺袍四領が頒賜される（七五〇頁）。宮内省式大嘗小斎条は「主殿寮廿二人〔官人二人、史生已下十八人、火炬小人二人〕」とある。

三 大炊寮官人二十六人の斎服料。大炊寮は二六六頁注八参照。宮内省式大嘗小斎条も「大炊寮廿六人〔官人二人、炊部廿四人〕」とある。中務省式新嘗青摺条の規定は二領。

四 采女司官人三人の斎服料。采女司は二五二頁注七参照。細布の青摺袍一領が頒賜される（七五二頁）。宮内省式大嘗小斎条も「采女司四人〔官人二人、采女二人〕」とある。

五 掃部寮官人六人の斎服料。掃部寮は二四八頁注四参照。細布の青摺袍四領が頒賜される（七五〇頁）。宮内省式大嘗小斎条も「掃部寮十人〔官人二人、掃部八人〕」とある。

六 内膳司官人七十六人の斎服料。内膳司は二〇〇頁注九参照。細布の青摺袍四領が頒賜される（七五二頁）。宮内省式大嘗小斎条は「内膳司十六人〔官人二人、膳部十四人〕」とある。

七 造酒司官人四十人の斎服料。造酒司は二五〇頁注五参照。宮内省式大嘗小斎条も「造酒司卌人〔官人二人、酒部卅八人〕」とある。中務省式新嘗青摺条の規定は二領。

八 左右近衛府官人八十二人（各四十一人）の斎服料。左右近衛府は二十二頁注十・十四参照。細布の青摺袍八領が頒賜される（七五二頁）。宮内省式大嘗小斎条は「左右近衛府各官人四人、府生一人、近衛卌人、駕輿丁八人」とある。

九 左右衛門府官人四十二人（各二十一人）の斎服料。衛門府は一〇四頁注十二参照。細布の青摺袍四領が頒賜される（七五二頁）。宮内省式大嘗小斎条は「左右衛門府各官人二人、府生一人、物部廿人、語部十五人、門部八人」とある。

十 左右兵衛府官人四十人（各二十人）の斎服料。兵衛府は二十

卌四領主水司料、廿領主殿[1]寮[2]料、廿六領大炊寮料、三領釆女司料、六領掃部寮料、七十六領内膳司料、卌[3]領造酒司料、八十二領左右近衛府料〔各卌[4]一領〕、卌[5]二領左右衞門[6]府料〔各[7]廿一領〕、[8][9]卌領左右兵衛府料〔各[10]廿領〕、

1 主殿、谷本「掃部」。
2 寮、荷田本「司」。
3 卌、神宮本右傍「卅イ」。
4 卌、谷本「典」。
5 卌、神宮本右傍「卅イ」。
6 衞門府料、神宮本「衛」とし左傍「門府料カ」。宮本なし、小字「門府料〔各廾一領〕卌領左右兵衛府料〔各廾領〕十七」。
7 各廿一領、神宮本・谷本・宮本なし。三手本大字。
8 卌、林本注「卌作ㇾ卅。並非」。三手本「卅」。
9 卌領左右兵衛府領、神宮本・谷本・宮本なし。
10 各廿領、林本・神宮本・谷本・宮本なし。三手本大字。

二頁注十一参照。細布の青摺袍四領が頒賜される（七五二頁）。宮内省式大嘗小斎条も「左右兵衛府各官人二人、兵衛廿人」とある。

十七領は國栖等の料

已上　佐渡布

右大嘗會に供奉る　小忌の人等の青摺の袍　諸司請ふところ件の如し　宜しく去にし八月五日の官符に載するところの九百四領の內を以ちて　之に充つべし

一 国栖等十七人の斎服料。宮内省式国栖条に「國栖十二人、笛工五人」と規定され、国栖十二人と笛工五人の料であろう。国栖は五〇〇頁注二十一参照。五〇〇頁に「吉野國栖十二人・楢笛工十二人〔竝着二青摺布衫一〕」と見える。本文では国栖と楢笛工で二十二人となるが、宮内省式国栖条・北山抄五は笛工五人とする（五〇〇頁注二十二参照）。等は六頁注九参照。

二 佐渡布の青摺袍六八七領のこと。七五二頁の神祇官の史生から国栖等までに頒賜される。已上は四頁注三十五、佐渡布は七四八頁注八参照。

三 大嘗会は二頁注四・六〇四頁注三、供奉は三七〇頁注十七参照。

四 小忌人は六頁注十六・五〇六頁注十七、人は二十二頁注一、青摺は一九四頁注九、袍は三三二頁注十六参照。

五 諸司が大嘗祭に供奉するために、小忌衣の青摺袍を上申したこと。諸司は四頁注三十三参照。請は十二頁注十八参照。

六 六二六頁注十六参照。

七 三五六頁注九参照。

八 名義抄仏上八十四に「去〔イヌル〕」。

九 八月五日官符は、本儀に記載されていない。八月五日の官符によって青摺袍九〇四領を弁備することが下達されており、その九〇四領から、諸司小忌人分の八六八領が頒賜される。八月は二頁注十、官符は二頁注三十、載は四六〇頁注三参照。

十 内は九十頁注三、以は四頁注十七、之は八頁注五、充は十頁注十七参照。

十七[1]領國栖等料、

已上佐渡布

右、供奉大嘗會小忌人等青[2]摺袍、諸司所請

如件、宜以去八月五日官符所載九百四領之

內充[3]之[4]

1 十七、宮本「衞」とし右傍「十七」。
2 青、林本なし。
3 充、神宮本・都立本・谷本・三手本・宮本「宛」。
4 神宮本・谷本・三手本・宮本「儀式巻第四」あり。都立本「貞観儀式第九終」あり。神宮一本「延喜儀式巻第四」あり。信友本「貞観儀式巻之四」とあり「貞観」を囲み右傍「旧本无」。神宮本、奥書あり。

（三頁より続く）

十六 名義抄僧下八十六に「非〔アラヌ、アラス〕」。

十七 和名抄五に「左右大臣〔於保伊萬宇智岐美〕」、名義抄僧下七十五に「太政大臣〔オホマツリゴトノオホマヘツキミ〕」。大臣と称されるのは、太政大臣・左大臣・右大臣の三者であるが、太政大臣は、職員令太政官条義解に「非分掌之職」とあり、この場合も左大臣（事故あるときは右大臣）ということであろう。

十八 勅令下達の文書として、詔と勅とが有るが、公式令詔書式条義解には「謂、詔書勅旨、同是綸言、但臨時大事爲レ詔、尋常小事爲レ勅也」と説明している。書紀神武天皇即位前紀の「勅」に「ミコトノリ」の訓。字類抄上六十七オに「勅〔チヨク〕」。

十九 名義抄仏下末二十四に「奉〔ウケタマハル、ツカマツル、タテマツル〕」。

二十 神祇官は、朝廷の祭祀及びそれに準ずる事柄を掌る。和名抄五に「加美豆加佐」。

二十一 名義抄仏下末二十九に「呂〔メス、ヨハフ〕」。

二十二 厳封のこと。名義抄法上一一三に「密〔シノヒヤカナリ、ヒソカニ〕」。黒川本字類抄中一〇二ウに「封〔フウス〕」。密の音は、黒川本字類抄下九十三ウに「密語〔ミツコ〕」。密封については、陰陽寮式天文奏条に「密封奏聞、其日記者、加二署封一送二中務省一」とある。

二十三 大嘗祭の祭儀は、大嘗宮の悠紀殿及び主基殿において斎行される。天皇は、先ず悠紀殿に渡御、一旦還御ののち、次いで主基殿に渡御、親しく祭儀をおすすめになるが、祭儀の次第、両殿の構造、すべて同一である。その両殿の祭儀に供えられる御饌を調うべき稲穂は、それぞれに卜定された悠紀・主基両国郡の御田（斎田）において育成、収穫されるのである。「ゆき」・「すき」の語については、書紀天武天皇五年九月条に「齋忌」・「次」の字を用い、「齋忌、此云二踰既一（ゆき）」・「次、此云二須岐一（すき）」と分注している。「ゆき」の「ゆ」は神聖・清浄、「き」は境域の意、「すき」は「次」の意であろう。伊勢の神宮の三節祭（神嘗祭及び六月・十二月の月次祭）の朝夕の大御饌（おおみけ）をユキの御饌と言い、皇太神宮儀式帳は「湯貴」、止由気宮儀式帳は「由貴」、延喜式は「湯貴」・「由紀」の文字を用いている。ユキ・スキの語義については、西宮一民、注四前掲論文を参照。天武天皇より光孝天皇迄に卜定された両斎国の分布には、畿内国が一国も見えないこと、東限は遠江・越前、西限は備中・因幡であること、畿内を中心として必ずしも東西でないこと（文武天皇―尾張・美濃、聖武天皇―備前・播磨）などの特徴が窺える。両斎国は平安期に入ると次第に固定される。悠紀国は宇多天皇朝から近江に定まり、主基国は醍醐天皇朝から丹波ないし備中（但し、冷泉天皇朝は播磨）のうちより選出される。北山抄五大嘗会事に「次令二諸卿定一申悠紀・主基兩國一（舊例、國郡共卜、而寛平九年以後例如レ之）」とあり、寛平九（八九七）年の醍醐天皇大嘗祭よりは、両斎国は卜定によらず、公卿間の協議に依るものとなり、斎郡のみが卜定されることとなる。悠紀・主基両国郡の卜定の月は特に定められていないが、四月に行われる例が多い。国は名義抄法下八十四に「國〔クニ〕」、郡は同書法中三十六に「郡〔コホリ〕」。

二十四 神祇官が亀卜を以て奉仕する。神祇官の卜部が担当。亀卜の方法は神祇令常祀条義解に「凡卜者、必先墨畫レ龜、然後灼レ之、兆順食レ墨、是爲二卜食一」とある。国郡卜定については、西宮記臨時七大嘗会事に「大臣奉レ勅、着レ陣召二神祇官一、自書二郡名各四枚一、給二外記一封、令二神祇官人卜申一（舊例、國郡共卜、近代、定レ國卜レ郡）、卜了、令三參議書二兩郡等一奏聞」と見える。名義抄法上九十六に「卜〔ウラナフ〕」。書紀神代紀大八州生成章第一ノ一書の「卜定」に「ウラヘサタメ」の訓。字類抄上四十七ウに「卜莝〔ボクゼイ〕」、名義抄法下五十二に「定〔サダム、チヤウ〕」。また、名義抄僧中二に「令〔セシム〕」。十二頁注十四参照。なお、国郡を卜定する日を占うのは、陰陽寮が担当する。北山抄五大嘗会事に「大臣奉レ勅〔天慶九年、大臣召二陰陽寮一、令レ勘三申其日一〕」と見える。

二十五 画とは、天皇が奏をお認めになった場合、親しく「聞（ぶん）」とお画きになることで、それを「御画（ごくわく）」という。公式令論奏式条に「聞御畫」とあるのが、これに当る。名義抄仏上八十二に「奏〔ソウ〕」、同書僧中十四に「畫〔カク〕」。

二十六 名義抄法上五十二に「訖〔ヲハル〕」。

二十七 名義抄仏上八十二に「即〔スナハチ〕」。

二十八 名義抄仏下末二十五に「其〔ソレ〕」。

二十九 卜定結果を両斎国に通知すること。官符宣旨例の第一官符が該当する（六二六頁）。黒川本字類抄中七十八オに「下〔クタル、クタリ〕」、名義抄僧中三十三に「知〔シル〕」。平家物語二の「下知せらる」の「下知」に「げぢ」の振仮名が付されている。

三十 官は太政官。符は、上下関係のある役所において、上の役所から下の役所に通達する場合の文書で、公式令に様式の定めがある。黒川本字類抄中八十一ウに「官〔クワン〕」。名義抄仏上一に「符〔フ〕」。太政官については二〇二頁注十六参照。

三十一 巻四践祚大嘗祭儀下（六二六頁以下）に「頒下諸司諸國・官符・宣旨例」として、例示してある。以下「官符宣旨例」という。書紀雄略天皇七年是歳条の

「別紙」に「コトフミ」の訓。巻は注二参照。
三十二 名義抄仏上八十四に「在〈アリ〉」。
三十三 名義抄仏上七十四に「下〈シモ、シタ〉」。
三十四 名義抄僧下一〇六に「同〈オナジ〉」。

(五頁より続く)

弁それぞれ一人。但し、大弁は従四位相当、中弁及び少弁は正五位相当官である。和名抄五に「大辨〈於保伊於保止毛比(おほいおほともひ)〉」。名目鈔に「弁官〈ベムグワン〉」。弁が指定される理由は、八省・諸国と議政官を結ぶ事務官僚としての弁官の職掌によるものであろう。
二十四 名義抄法上九十九に「此〈コレ〉」。
二十五 会所の会(ゑ)は大嘗会のこと。大嘗会行事所。悠紀行事所・主基行事所のこと。名目鈔の「新嘗會」に「ニイナメノマツリ、シンシヤウエ」・「大嘗會」に「ダイジヤウエ」の訓。名義抄僧中二に「會〈ヱ〉」。
二十六 「とのゐ」は殿居の意。宮中や役所において勤務すること。職員令神祇官条集解に「夜仕曰レ宿、晝仕曰レ直」とする。直は、名義抄仏上八十四に「直〈トノヰ〉」、字類抄上五十六ウに「直〈トノヰス、トノヰ〉」。
二十七 大夫は、五位以上をいう。書紀崇神天皇八年十二月条の「諸大夫等」に「マウチキミタチ、モロノマチキムタチ」の訓。日本書紀私記丙本に「卿大夫〈末宇知岐太知(まうちきみたち)〉」。字類抄上一一二オに「大夫〈タイフ〉」。「まうちきみ」は「まへつきみ」の転。
二十八 種々の雑用に使われること。雑は黒川本字類抄中七十六ウに「種〈クサ〉、雑〈クサ〉」。役は書紀仁徳天皇十年十月条に「エダチ」、同書仲哀天皇九年是年条に「エタチ」。名義抄僧中一三七に「雑〈坐フ(ざふ)〉」、同書仏上二十九に「役〈ヤク〉」。
二十九 先帝・母后の崩日で、その日、御関係の寺で斎会が営まれる。治部省式国忌条には、先帝六方・母后三方の御名と寺名とが定められているが、時代により変遷がある。「こくき」を促音便で「こっき」、さらに「つ」が落ちて「こき」という。書紀持統天皇元年九月条の「國忌齋」に「ハテノミヲカミ」の訓。古今和歌集十六哀傷に「深草のみかどの御こきの日」、源氏物語賢木に「御こきなるに」。
三十 節会は、節日その他重要な公事の日に、百官を集めて行われ、天皇出御して饌を賜った。源氏物語帚木に「さるべきせちゑなど」。
三十一 名義抄僧下一〇〇に「粲〈マイル〉」、同書仏下本二十六に「預〈アヅカル〉」。
三十二 名義抄仏下本十六に「責〈セム〉」。
三十三 諸は注二参照。名義抄僧下一〇二に「司〈ツカサ〉」、黒川本字類抄下六十八オに「司〈シ〉」。
三十四 令制の第三等官。日本霊異記下四縁に「椽〈音乗反(ショウニ)〉」の訓釈がある。字類抄下一一二ウに「進〈セウ、有二大小職官一〉、祐〈用二神祇官一〉、將監〈用二近衛一〉、尉〈用二四衛府一〉、丞〈用二八省一〉、允〈諸寮用レ之〉、佑、椽〈用二諸國一〉、掌侍」とあり、いずれも「せう」とする。和名抄五の「判官」では、神祇官以下諸国に至る迄の、祐・丞・忠・判官・進・允・佑・典膳・将監・尉・掌侍・監・軍監・掾・主政・従は「皆、萬豆利古止比止(まつりことひと)」とある。拾芥抄中に「祐〈セウ、マツリコト人〉」。
三十五 書紀大化元年八月条の「以上」に「ヨリカムツカタ」の訓。名義抄仏上七十四に「上〈カミ、ウヘ〉」。名義抄仏上七十四は、以上、已上ともに「カムヅカタ」とする。
三十六 この史は、太政官の第四等官であり、弁官局に属する大史・少史のこと。書紀天武天皇十四年九月条の「史」に「サウクワム」の訓。和名抄五に「大史、讀二於保伊佐宇官一」、「少史、讀二須奈佐官一」。第四等官については六頁注一参照。

(七頁より続く)

事を掌る所で、預(あづかり)の官人が配された。小忌の院については、三十二頁以下も参照。斎宮式供新嘗料条の「小斎」に「ヲミ」、大舎人寮式月次祭条の「小忌」に「ヲミ」の訓。名目鈔に「小忌〈ヲミ〉」。名義抄法中四十一に「院〈ヰン〉」。

(九頁より続く)

よって、三位の者や参議が、下位たる国司を兼帯していることをいうのであろう。名義抄僧中五十二に「及〈オヨブ〉」、書紀神代紀天孫降臨章の「此及三年」に「ミトセニヲヨブコロヲイ」の訓。名義抄法中一〇九に「帯〈オビタリ〉」。
二十九 座るときに下に敷く敷物。和名抄十四に「茵〈和名之土禰〉」。

(十三頁より続く)

夜木古女〈ヤキコメ〉」とある。名義抄法下二十九に「稲米〈イ子(ね)ノヨ子〉」。字類抄下六オに「米〈コメ〉」。
二十六 名義抄仏下本一二九に「類〈タグヒ〉」。
二十七 書紀大化元年八月条の「以上」に「ヨリカムツカタ」の訓。以は二頁注八、上は四頁注三十五参照。
二十八 名義抄仏中五十八に「名〈ナ〉」。
二十九 名義抄僧中九に「署〈シルス、ナシルス〉」。
三十 四頁注九参照。

三十一 名義抄僧中八十六に「輕〔カロシ、カルシ〕」、字類抄上一〇四オに「輕〔カルシ、カロシ〕」。源氏物語蓬生に「かろかろしき」、枕草子四十三に「蟻はいとにくけれどかろびいみじうて」、宇治拾遺物語一一一に「おも(重)くかろ(軽)く」とある。名義抄仏上三十八に「微〔スコシ、スクナシ、イクハク〕」。

三十二 直奏は諸司が太政官を通さず、直接に内侍や蔵人を介して天皇に奏上すること。名義抄仏上八十四に「直〔タタ、タタチニ〕」。書紀神代紀四神出生章第十ノ一書の「直」に「タダニ」の訓。奏は六頁注十参照。

(十五頁より続く)

米」の「多明」に「タメツ」、同斎場条の「多明酒屋」の「多明」に「タメツ」の訓。

十六 八頁注十三参照。

十九 官符宣旨例第五号の官符が関連する(六二〇頁)。符は二頁注三十参照。

二十 水や酒を貯える大きな容器。酒を醸(かも)すのにも用いる。本条は、官符宣旨例第十五号(六八〇頁)と対応し、同官宣旨では甕八十口を醸酒料としている。神御料となる小斎の御酒を醸す甕四口のことは二八二頁に見え、造酒司の卜食の甕四口を用いるとする、大多米酒を醸す甕が八口であることは二八六頁に見える。新撰字鏡五に「甕〔美加〕」。和名抄十六に「瓺 本朝式云瓺〔美加、今案音長、一音仗見唐韻〕、辨色立成云大甕〔和名同上〕」、「甕 揚雄方言云、自レ闕而東罌謂之甕〔和名毛太比〕」。名義抄僧中十八に「甕子〔モタヒ〕、大甕〔ミカ〕」。伊勢大神宮式神嘗祭条の「甕」に「モタヒ」、践祚大嘗祭式雑器条の「甕」に「モタヒ」、四時祭式上神今食条の「水甕」に「ミカ」、践祚大嘗祭式酒米事条の「瓺𤭖」に「ミカサラケ」、書紀神代紀四神出生章第六ノ一書の「武甕槌神」に「タケミカツチノカミ」の訓。

二十一 名義抄仏下本十六に「買〔カフ〕」。

二十二 京は、朱雀大路をはさんで東を左京、西を右京とし、左・右の京職が分掌して都城を管轄した。和名抄五に「比多利乃美佐止豆加佐」・「美岐乃美佐止豆加佐」。字類抄下六十五オに「京職〔キヤウシキ〕」。

二十三 官符宣旨例第十五号の官宣旨(六八〇頁)が該当する。

二十四 京職のこと。京の訓は四頁注十参照。

二十五 估価は市場価格。估価帳は、都の東西の市司が、市で売買する物価を記した帳簿。左右京職式沽価帳条によれば毎月三遍作成し、太政官・京職・市司に各一通保管。名義抄仏上二十七に「估〔古〕」、同書仏上二十に「價〔カ、ケ〕」、同書法中一〇五に「帳〔チヤウ〕」。

二十六 左・右京職所轄の東・西市司(ひむがし・にしのいちのつかさ)には、価長各五人が置かれていた。価長は、内蔵寮に二人、大蔵省にも四人いたが、職員令内蔵寮条は内蔵寮の価長について「掌下平二物価一市易上、余価長準レ此」と説明している。簾中抄下の「價長」に「アキヲサ」の訓。名義抄仏下本三十三に「長〔チヤウ〕」。

二十七 名義抄僧上七十九に「等〔ラ〕」。

二十八 名付(なつき)の意で、差し出す名札・名簿のこと。宮内省式小齋卜条に「宮内錄申二諸司名簿進了之状於神祇官一、其詞曰、宮内省司司能兆人〔能〕名著〔なつき〕進了〔登〕申」。宇津保物語藤原の君に「人のそこら奉るなヅキ」。後撰和歌集一一八六番詞書に「兼輔朝臣の家に名つきを伝へさせ侍りけるに其なつきに加へて」と見える。

(十七頁より続く)

所京子「平安時代の内侍所」(『皇學館論叢』二一六、昭和四十四年)参照。黒川本字類抄中三十八オに「内侍所〔ナイシトコロ〕」。

十七 名義抄仏上七に「付〔ツク、サヅク〕」。書紀神功皇后摂政前紀の「付」に「サヅク」の訓。

十八 六頁注六参照。

十九 二頁注二十六参照。

二十 名義抄仏中四十六に「喚〔サケフ、メス、ヨハフ〕」。公式令授位任官条義解の「喚辞」に「メサムコトハ」の訓。

二十一 八頁注五参照。

二十二 所の預として出向する役人の人員とその所属する所とを定めるのである。山槐記元暦元(一一八四)年八月二十二日条(後鳥羽天皇大嘗祭)には、「定二所々預并絵師雑工一」として、悠紀・主基それぞれに小忌所・斎場所・細工所・出納所・絵所・風俗所・和儛所・女工所の所預の人名が記されている。諸所預は八頁注二十六、預の訓は四頁注三十一、定は十頁注十参照。

(二十三頁より続く)

十六 和名抄五に「雅樂寮〔宇多末比乃豆加佐〕」。職員令によれば、治部省被管の官司で、宮廷音楽と舞踊を掌り、男女の楽人・音声人の名帳を管理した。職員令雅楽寮条集解所引古記に引用される雅楽大属尾張浄足説に、天平中期における同寮の楽舞演目が記されている。黒川本字類抄中五十四ウに「雅樂寮〔ウタツカサ〕」。

十七 職員令雅楽寮条によれば、雅楽寮には、歌人三十人・歌女百人が所属した。書紀天武天皇十四年九月条の「歌女」に「ウタメ」の訓。

十八 官符宣旨例第十九号の太政官牒（六九〇頁）に該当する。

十九 名義抄法下一四三に「寺〔テラ、シ〕」。

二十 書紀允恭天皇四十二年正月条の「樂器」に「ウタマヒノウツハモノ」の訓。字類抄上一〇九オに「樂器〔カクキ〕」。名義抄仏中四十五に「器〔ウツハモノ〕」。

二十一 借は八頁注十二、牒は四頁注五、送は四頁注三参照。

二十二 官符宣旨例第八・九号（六五二・六五四頁）に対応すると思われる。

二十三 会料は大嘗祭の費用のこと。正税を用いて支弁する。会は四頁二十五参照。料は、名義抄法下三十三に「料〔カス、レウ〕」。正税は十二頁注十二参照。

二十四 官符宣旨例第四官符（六三〇頁）に該当する。また、第十三官符（六七六頁）も関連する。会所は四頁注二十五、雑物は十二頁注十七参照。

二十五 名義抄仏上五十七に「運〔ハコブ〕」。進は十頁注十二参照。

二十六 官符宣旨例第十七号の行事所牒（六八二頁）が該当する。卜定は二頁注二十四参照。

二十七 畿内の国。現在の京都府南東部。和名抄五に「山城〔夜万之呂〕」。民部省式畿内条・和名抄五によれば、乙訓（をとくに）郡・葛野（かどの）郡・愛宕（おたぎ）郡・紀伊（きい）郡・宇治（うぢ）郡・久世（くぜ）郡・綴喜（つつき）郡・相楽（さがらか）郡の八郡より構成。国府は、相楽郡、葛野郡、乙訓郡の長岡京、同郡の河陽宮と変遷した。国分寺は相楽郡（木津川市）、一宮は、賀茂別雷神社（京都市北区）・賀茂御祖神社（京都市左京区）。

（三十一頁より続く）

二十一 六頁注九参照。

二十二 名義抄仏下本七十六に「採〔トル〕」。

二十三 名義抄法上一〇六に「山〔ヤマ〕」。

（六十一頁より続く）

本後紀大同元年八月十日条によれば、祈禱のことは中臣・斎部共に相与ること、常祀の外、奉幣使は中臣・斎部両氏を用い相半して当てること、という勅命が出されている。黒川本字類抄中四十八ウに「氏〔ウチ〕」。

十五 相は四十六頁注二参照。名義抄仏上八十に「半〔ナカバ〕」。

十六 八頁注五参照。

十七 指名して任命すること。名義抄仏下末二十八に「差〔サス、エラフ〕」。

十八 宮内省は八頁注十五、史生は六頁注四参照。

十九 次にあげている河内・和泉・尾張・参河・備前の五か国。名義抄仏上七十四に「五〔イツツ〕」。

二十 日本書紀私記乙本神代上に「禑生之神〔太久比奈留加美〕」。名義抄法下一に「神〔カミ〕」。

二十一 名義抄仏上二十七に「供〔マウク、タテマツル、ソナウ、ツカマツル〕」。

二十二 この事が、やはり八月上旬に行なわれることは、践祚大嘗祭式の明記するところである。神のお使いになる食器等の雑器を「ゆかもの」という。「ゆ」は齋、「か」は瓮の意か。践祚大嘗祭式雑器条に「凡應レ供二神御一雑器者」に分注して「神語曰、由加物」とあり、また同式由加物条に「凡應レ供二神御一由加物器料者」に分注して「神語號二雑贄一、同爲二由加物一」とある。名例律の八虐、大不敬の条に「大祀神御之物」という語があるが、「神御」とは、もと唐の名例律の語で、唐律疏義に「神御之物者、謂二神祇所レ御之物一」と見える。践祚大嘗祭式雑器条の「雑器」に「ユカモノ」の訓。この供神の雑器を河内・和泉・尾張・参河・備前の五国に造らしめるために、五国に下される太政官符の例文が、官符宣旨例第十一号として掲げられており（六五六頁以下）、河内・和泉二国分は御料（天皇御料）、尾張・参河・備前の三国分は人給料とする。

二十三 践祚大嘗祭式雑器条は「監造」の字に作り、「ミツクラシム」の訓が付されている。名義抄僧中十四に「監〔ミル〕」。

（六十五頁より続く）

条に「御高佐良卌八口」。主計式畿内調条に「高盤〔高六寸、徑一尺二寸〕」とある。伊勢大神宮式神嘗祭条の「高盤」に「タカサラ」の訓。

二十一 塩を盛る坏。名義抄法中六十八に「塩〔シホ〕」。坏は注十六参照。

（六十七頁より続く）

十八 十四頁注二十参照。官符宣旨例（六六四頁）に「甕・甅各八口」とある。

十九 説文には、缶について、「瓦器、所三以盛二酒漿一」（説文解字注、上海古籍出版）とある。缶の音はフ。名義抄僧中二十二に「缶〔ホトキ〕」。四時祭式下太詔戸条の「缶」に「ホトキ」の訓。官符宣旨例（六六四頁）には「瓮五十口」とあり、「瓮」を「ほとき」と訓むことは、六十四頁注十七参照。

二十 形状不詳。筥は五十頁注十二、坏は六十四頁注十六参照。官符宣旨例（六六四頁）に「筥杯卌口」。主計寮式畿内輸雑物条に「筥坏〔受二四合一〕」と見える。

二十一 和名抄十六に「本朝式云甅〔佐良介、今案所出未

詳）、辨色立成云浅甕〔和名同上〕」。同書に引く弁色立成によれば、瓺（みか）は大甕、𤭯（さらけ）は浅甕。名義抄僧中二十一に「𤭯〔サラゲ〕」。書紀顕宗天皇即位前紀の「浅甕」に「サラケ」の訓。四時祭式上三枝祭条の「𤭯」に「サラケ」の訓。官符宣旨例（六六四頁）に「甕・𤭯各八口」とある。

（六十九頁より続く）

平旦、北野清地に撤棄される。

十五 注十参照。践祚大嘗祭式雑器条では「都婆波卅二口〔大十六口、中十六口〕」とする。官符宣旨例（六六六頁）に「都婆波卅二口」。

十六 海老鰭盥槽（えびのはたのあらひふね）と同じく御手洗の具で、その水を入れる器をいう。大嘗宮の御儀に御膳をたてまつる次第を示した中に、「水取一人、執二海老鰭盥槽一」とある次に「水部一人、執二多志良加一次レ之」と見える（五一〇頁）。五一〇頁注十一参照。官符宣旨例（六六六頁）に「多志良加八口」。

十七 山は背の高いものをいうのであろうが、高坏との違いは不詳。山は三十頁注二十三、坏は六十四頁注十六参照。官符宣旨例（六六八頁）に「山坏、小坏各六十口」。

十八 小さい坏。官符宣旨例（六六八頁）に「山坏、小坏各六十口」。

十九 践祚大嘗祭式雑器条の「已豆伎」に「イツキ」の訓。形状など不詳。白江説では「齋（い）坏」の意。同説が指摘するように、儀式及び延喜式の供神雑器以外に已豆伎の用例はない。官符宣旨例（六六八頁）に「已豆伎、𤭯各六十口」。

二十 注四参照。官符宣旨例（六六八頁）に「已豆伎、𤭯各六十口」。

（七十九頁より続く）

なかくて、年ももとせにもやとみゆるにそくたいせさす、これをみて心の中に、いなのみの翁さひたるひん白し君か千年もかねてしられて」とある。

（八十一頁より続く）

は二頁注二十四参照。

十 抜穂使。

十一 神事に用いる浄衣。代始和鈔に「あかはといふは、明衣とかく」とあり、明衣は「あかは」と訓読する。音読は、「めいい」または「みやうえ」。論語郷党篇に「齊必有二明衣一、布也」と見える。漢語の「明衣」については、荒木田経雅の大神宮儀式解に、詳細な解説がある。国史大系本践祚大嘗祭式抜穂条の「明衣」に「アカハトリ」の訓。一六〇頁・一八六頁に稲実公以下の物部人の明衣が見える。

（一〇三頁より続く）

宝鏡開始章の「神衣」に「カンミソ」の訓。名義抄仏中一三三に「御服〔ミソ〕」。

十八 名義抄法中一一六に「織〔オル〕」。

十九 五十六頁注六参照。五十六頁には神服長とあり、二七四頁には「服長・織女・工手等十人」とある。神服長二人、織女六人、工手二人は卜定で決定される。二七四頁注四参照。

二十 神服を織る女性。五十六頁には神服女とある。官符宣旨例（六五〇頁）は「神服女三人、服長一人」。織は注十八、女は二十二頁注十七参照。

二十一 機織についての専門の技術者のことであろう。書紀雄略天皇七年是歳条の「手末才伎」に「テヒト」、同十四年正月条の「手末才伎」に「テヒト」、同書仁賢天皇六年九月条の「巧手」に「テヒト」の訓。名義抄仏上七十五には「工〔タクミ、ツカサ〕」。

（一〇五頁より続く）

モン〕」とある。監物式請鑰条の「叫門」に「ミカトコフ」、その「門」に「ミカト」の訓がある。

（一四三頁より続く）

命に白す部分があるが、それによれば、この神は、御殿の内に塞（さや）りまして、出入する人々の過失・邪意、邪神のすさびなどを見直し聞直し、言直（ことなほ）し和（やは）して、平らけく安らけく奉仕せしめたまう神である。大御巫の祭る神としての外に、神名式宮中神条には、造酒司に坐す神六座の内、大四座として大宮売神社四座が見える。古語拾遺に、天照大神を天石窟より新殿にお遷ししたとき、日の御綱を以て殿にひき廻らし、大宮売神をして御前にはべらはしめたと伝え、「如下今世内侍、美言・美詞和二君臣間一、令中宸襟悦懌上」と注している。践祚大嘗祭式抜穂条の「大宮賣」に「オホミヤメ」の訓。

十六 事代主神は、大国主神の御子（古事記上）。事代主神が、大御巫の祭る神として宮中に祭られたまうことについて、本居宣長（古事記伝）は、父大国主神が国を譲る時に「僕子等、百八十神者、即八重事代主神、爲二神之御尾前一（みをさき）而仕奉者、違神者非也」（古事記上）と申されたことが、「全（モハラ）天皇を守護（マモリ）奉りたまふ由縁（ユヱ）なり」とする。践祚大嘗祭式抜穂条の「事代主神」の「事代主」に「コトシロヌシ」の訓。

（二〇五頁より続く）

増員。和名抄五に「少納言（須奈伊毛乃萬宇之）」。字類抄下一二ウに「少納言（セウナウコン）」。黒川本字類抄下一〇六ウに「少納言（セウナコン）」。

十九 太政官の書記部局で、少納言のもとで、詔書・論奏・奏事や太政官符の作成を担当する。令制では大外記二人（正七位上相当）、少外記二人（従七位上相当）。弘仁六（八一五）年からは中務省の内記とともに御所記録も担当することとなり、延暦二（七八三）年には職務繁多を理由として、内記に准じて、大外記二人を正六位上官、少外記二人を正七位上官に昇格。和名抄五に「大外記（於保伊之流須豆加佐）」。官位令義解の「大外記」に「オホイトノシルスツカサ」、「大内記」に「オホイウチノシルス司」の訓。宇津保物語田鶴の群鳥に「べん（弁）、少納言、げき（外記）つきなみたり」とある。

二十 四頁注二十二参照。

（二一七頁より続く）

属の兵士。

二十 京の東西市の運営を担当する司。市司は東西に分かれ、京職の下に属し、東市司は左京職、西市司は右京職の被管。養老令によれば、東西各市司の長官は市正（いちのかみ、正六位上相当）で、器物の真偽・権衡度量の適正運用・市中の犯罪取り締まりなどを掌り、市正の下に佑（東西各一人）、令史（東西各一人）、価長（東西各五人）、物部（東西各二十人）、使部（東西各十人）、直丁（東西各一人）の各職があった。和名抄五に「東市司（比牟加之乃以知乃官）」「西市司（爾之乃以知乃豆加佐）」。字類抄上十六オに「市司（イチノツカサ）」。

（二八三頁より続く）

祭られる。六は、名義抄仏下末二十六に「六（ムツ）」。「むはしらのかみ」と訓む根拠は、九十二頁注六参照。神は六十頁注二十参照。践祚大嘗祭式酒米事条には「凡舂二黒白酒料米一者、造酒児先下レ手、次諸女共舂、訖祭二井神一、次祭二竈神一、始醸レ酒日、亦祭二酒神一」とある。

二十 竈処を掌る神。名義抄法下六十四に「竈（カマ、カマト）」。古事記上には「奥津日子神、次奥津比賣命、亦名、大戸比賣神、此諸人以拝竈神者也」とある。

二十一 門を掌る神。門は一〇四頁注十五参照。古事記上に「次天石戸別神、亦名謂櫛石窓神、亦名謂豊石窓神、此神者、御門之神也」とある。

二十二 井戸を掌る神。井は三十六頁注一参照。神名式宮中神卅六座条の「座摩巫祭神五座」の中に「生井神、福井神社、綱長井神」の神名が見える。

二十三 山積は、山つ（の）み（霊）の意。神名式伊予国廿四座条の「大山積神社」の「大山積」に「オホヤマツミ」の訓。古事記上に大山津見神、正鹿（まさか）山津見神、闇（くら）山津見神などの神名が見える。

二十四 雨水を掌る神。書紀神代紀四神出生章第七ノ一書に「靇此云二於箇美一」とあり「於箇美」に「ヲカミ」の訓が付されている。古事記上には闇淤加美神の神名が見える。

二十五 水を掌る神。水は名義抄法上一に「水（ミヅ）」。記紀神話には多くの水神が化生するが、書紀神代紀四神出生章第三ノ一書に「水神罔象女（みずはのめ）」、古事記上に彌都波能賣神の神名が見える。祭は一〇八頁注二参照。

二十六 五色薄絁は二十四頁注十三・十四、尺は二十四頁注十五参照。

二十七 三十二頁注十六参照。

（三三一頁より続く）

オに「言（イフココロハ）」。

二十 官符宣旨例（六九四頁）に「散齋一月（十一月）」、また、践祚大嘗祭式斎事条にも「散齋一月（十一月自レ朔尽レ晦）」とあり、散斎期間は十一月朔日から晦日までの一ヶ月間。類聚国史八大嘗会の大同三年十月条に「制、稽二於前例一、大嘗散斎三月也、自レ今以後、以二一月一為レ限」と見え、大嘗祭の散斎期間が一月となったのは、大同三（八〇八）年の平城天皇大嘗祭からである。

二十一 神祇令即位条によると、大嘗祭の致斎は三日であり、同条集解穴記には「穴云、三日、謂自二丑日一至二卯日一是也、今説自二其日一者、依レ文不レ見、鎮魂祭在二其中一耳」とする。また、官符宣旨例（六九四頁）にも「致齋三日（同月丑寅卯）」とある。致斎期間は、大嘗祭の前日に斎行される鎮魂祭を含む丑寅卯日の三日間である。

二十二 黒川本字類抄中五十一オに「丑（ウシ、チウ）」。

二十三 名義抄仏上四十に「従（ヨリ）」。

二十四 黒川本字類抄中五十一オに「夘（ウ、ハウ）」。至は二十四頁注一参照。

二十五 致斎を含む散斎期間である十一月の一ヶ月間。名義抄法下三十九に「齋（モノイミ）」。字類抄下一〇二ウに「齋（モノイミス、側皆反、精進也）」。其は二頁注二十八、月は一三八頁注十五参照。

二十六 仏を供養する法会・法要のこと、またその時に僧侶に供する食事のこと。佛は、名義抄仏上一に「佛（ホトケ）」。齋は、書紀敏達天皇十三年是歳条の「大會設齋」に「タイヱノヲカミス」の訓。釈日本紀十八秘訓に「大會設齋〔タイヱノヲカミス〕」。仏斎・清食は、官符宣旨例（六九六頁）の「行佛法事」に対応するのであろう。

二七 仏斎の時に供される食膳。浄食（じゃうじき）に同じ。書紀敏達天皇十三年是歳条の「齋食」に「イモヒ」の訓、釈日本紀十八秘訓に「齋食〔イモヒ〕」。清を「じゃう」と訓む用例は、字類抄下七十九ウに「清浄〔シヤウシヤウ〕」。食は、名義抄僧上一〇四に「食〔自(じ)キ〕」。預は四頁注三十一参照。

二八 葬送にかかわること。喪をとむらうこと。官符宣旨例（六九四頁）も「弔レ喪」。神祇令散斎条に「凡散祭之内、諸司理レ事如レ旧。不レ得二弔喪一、問レ病、食レ宍。亦不レ判二刑殺一、不レ決二罸罪人一、不レ作二音樂一、不レ預二穢悪之事一」と規定され、「不得弔喪」から「不作音樂」までが、本条と一致する。神祇令散斎条義解に「有二重親喪病一者、不レ在二預祭之限一也」とあり、重親の喪・病の時は、祭祀に関与しないとする。また、散斎期間の禁忌のことについては、唐祀令（唐令拾遺祀令三十八条）に「不レ得二弔喪問疾、不レ判二署刑殺文書一、不レ決二罸罪人一、不レ作レ樂、不レ預二穢悪之事一」と規定する。喪は、名義抄仏上八十五に「喪〔モス、モシヌ〕」。弔は、同書仏上八十二に「弔〔トフラフ〕」。書紀神代紀天孫降臨章の「弔喪」の「弔」に「トブラフ」、「喪」に「モ」の訓。

二九 病気を見舞うこと。官符宣旨例（六九四頁）は「問レ疾」。病は、名義抄法下一一三に「病〔ヤマヒ〕」、黒川本字類抄中八十四オに「病〔ヘイ、ヤマヒ、ヤム〕」。書紀神代紀宝剣出現章第六ノ一書の「療病」に「ヤマヒヲサメム」の訓。問は、名義抄法下八十二に「問〔トフ、トブラフ〕」。

三十 肉を食べること。官符宣旨例（六九四頁）は「食レ宍限レ月」とする。宍は、名義抄法下五十二に「完〔シシ〕」。和名抄三に「玉篇云肉〔和名之々〕」。食は、名義抄僧上一〇四に「食〔ハム、クフ、クラフ〕」。書紀神代紀四神出生章第十一ノ一書の「食」に「クラツテ、クフ」、同書神武天皇即位前紀戊午年十月条の「食」に「クラヒモノ」、同書斉明天皇四年四月条の「食」に「クラフカ」の訓。唐祀令（唐令拾遺祀令三十八条）には、散斎期間の禁忌に「食宍」は見えない。得は一四〇頁注十二参照。

三一 死刑の判決を下してはならない。官符宣旨例（六九四頁）も「判二刑殺一」。刑は、名義抄僧上九十二に「刑〔キヤウ〕」。殺を「せち」と訓む用例は、神名式遠江国引佐郡の「大殺神社」の「大殺」に「オホセチ、タイセチ」の訓。陰陽寮式儺祭条の「走刑殺」に「ハシリウチツツカム」の訓。判は、名義抄僧上九十五に「判〔コトハル、コトワル〕」。

（三三三頁より続く）

字類抄下五十二ウに「雑袍〔サフハウ〕」。名目鈔の「位袍〔ヰハウ〕」。

一七 領は衣服の襟の意。装束・鎧など一揃のものを数えるときに用いる助数詞。

一八 上に着る袷（あわせ）の衣。綿を入れ防寒用としても、男女ともに用いる。和名抄十二に「襖子、阿乎之」。名義抄法中一五二に「襖子〔アヲジ〕」。

（三三九頁より続く）

山」とある。

二三 夫は七十八頁注六、率は二十四頁注三参照。

二四 薬灰の材料となる久佐木を採る山。卜定によって決定される。卜食は十二頁注十四、山は三十頁注二十三、向は七十八頁注五参照。

二五 久佐木を採る山に坐す神。神は六十頁注二十、祭は一〇八頁注二参照。

（三七三頁より続く）

頁注六、門は四十二頁注十参照。

二三 底本「自」。名義抄仏中七十八に「自〔ヨリ、ヨル〕」とあり、自は「より」と平仮名にした。入は九十頁注五参照。

（三八三頁より続く）

ヤヱ」の訓。

二三 押は、名義抄仏下本七十四に「押〔オス〕」。収は十頁注十八参照。

二四 垣の上部を指す。末は十頁注二参照。

二五 九十頁注二参照。

二六 椎枝は、大嘗宮の正殿の柴垣、または押縁に、間をおいて刺しつらねた椎の小枝のこと。椎は、書紀神武天皇即位前紀に「特賜レ名爲二椎根津彦一〔椎、此云二辭毘一〕」。本草和名十七に「椎子、（中略）、和名之比」とある。名義抄仏下本九十七に「椎〔シヒ〕」。枝は、万葉集四〇〇六番歌に「多弖流都我能奇、毛等母延毛(立てる栂の木、もともえも)」。和名抄二十に「玉篇云枝柯〔和名衣太〕」。名義抄仏下本一二四に「枝〔エダ〕」。

（三九一頁より続く）

名義抄法中四十八に「土〔ツチ、トコロ〕」。

一九 名義抄僧上一一七に「鋪〔シク〕」。

二十 束ねた草。名義抄僧下九十に「束〔ツカヌ、ツカム〕」。践祚大嘗祭式大嘗宮条の「束草〔所謂阿都加〕」

の「束草」に「アツカ」の訓。草を「かや」と訓むことは注十四・三十頁注十九参照。

二十一 三八四頁注二参照。

二十二 足束草で、足許すなわち地面に敷く束ねた草の意であろう（西宮一民「践祚大嘗祭儀式の仮名表記をめぐって」『続大嘗祭の研究』所収、平成元年）。

二十三 播磨国産の簀の子であろう。和名抄五に「播磨〔波里萬〕」。簀は一五六頁注六参照。践祚大嘗祭式大嘗宮条では「竹簀」とある。底本「播磨簀」、「播磨竹簀」とする写本あり。校異参照。

二十四 名義抄僧上八十四に「加〔クハフ〕」。

二十五 底本「簀」。「竹簀」とする写本あり。校異参照。

二十六 名義抄仏下末二十に「既〔スデニ〕」。

二十七 二四八頁注四参照。

二十八 縁が白布の御畳。正殿室内の中央に鋪設される。白は一四二頁注六参照。端は、名義抄法上九十に「端〔ヘリ〕」。御は二十二頁注四、畳は一五六頁注二参照。掃部寮式践祚大嘗会条に「酉剋、官人已下掃部已上卜食者十人、持二御座等物一、自二大嘗宮北門一入、鋪二白端御帖十一枚、布端御坂枕一枚、於悠紀正殿中央一、又設二打払布一条一〔納二楊筥一〕」とあり、その白端御帖十一枚の寸法は、同寮式年料鋪設条の六月神今食御料に見え、総て「白布端帖」とする。掃部寮が畳・坂枕を大嘗宮に鋪設するのは卯日のことである。

(四四一頁より続く)

二十六 注二十五参照。威儀の訓は二三四頁注二参照。なお、元日朝賀式における諸司威儀は、儀式六元正受朝賀儀に規定があり、近衛府以下が分陣の後、大舎人寮官人は、左右に分かれ、威儀物（屏繖一具・圓翳十具・圓羽十柄・横羽八柄・弓八張・箭八具・太刀八口・桙四竿・杖二枝・如意二枝・蠅拂二枝・笠二枚・挂甲一領）を執る舎人各六十人を率いて列立。内蔵寮と大蔵省官人も、各自、威儀の柳筥を執る蔵部八人を率いて列立。掃部寮官人は、左右に分かれ、胡床を持つ掃部各五人を、主殿寮官人は黄袍を着した殿部十一人を、それぞれ率いて列立する。

二十七 大極殿における元日朝賀式。儀式次第は即位式と同じ。書紀推古天皇十一年十二月条の「元日」に「ムツキツイタチノヒ」、同書持統天皇四年正月条の「元會儀」に「ムツキノツイタチノヒノヨソホヒ」の訓。名目鈔に「元日宴〔グワンニチノエム〕」。如は一八六頁注二参照。

二十八 十二頁注八参照。

二十九 兵部省は二二〇頁注十、左右は六頁注三、兵庫寮は一〇四頁注十三参照。

三十 名義抄仏下末二十五に「與〔アツカル〕」。

三十一 物部系氏族。石上氏は天武天皇十三（六八四）年の八色の姓制定で朝臣。榎井氏も同年の八色の姓制定で朝臣賜姓と推定される。石上氏・榎井氏が大嘗祭において楯・戟を立てた記事は、文武天皇大嘗祭（文武天皇二〈六九八〉年十一月、大楯―榎井朝臣倭麻呂、楯・戟―大伴宿禰手拍）、聖武天皇大嘗祭（神亀元〈七二四〉年十一月、神楯―石上朝臣勝男・榎井朝臣大嶋、他に石上氏二人）、光仁天皇大嘗祭（宝亀元〈七七〇〉年十一月、神楯桙―石上朝臣宅嗣・榎井朝臣種人）。即位式としては、持統天皇即位式（持統四〈六九〇〉年正月、大盾―物部〈石上〉朝臣麻呂）。また、天平十四（七四二）年の朝賀式に石上氏・榎井両氏が大楯槍を樹てている。さらに遷都の場合も大楯桙が樹てられる。古語拾遺に「日臣命帥二來目部一衞二護宮門一、掌二其開闔一。饒速日命帥二内物部一、造二備矛盾一、（中略）、然後物部乃立二矛盾一、大伴・來目建レ仗開レ門、令レ朝二四方之國一、以觀二天位之貴一」とあり、大伴氏の祖神日臣命が来目部を率いて宮門を衛護しその開門を掌り、物部氏の祖神饒速日命が内物部を率いて神楯・戟を立てる起源神話が語られている。石上は、字類抄上十六オに「石上〔イソノカミ〕」、践祚大嘗祭式卯日条の「石上」に「イソノカミ」の訓。榎井は、拾芥抄中に「榎井〔エノ〕」、姓名録鈔に「榎井〔ヱノヰ〕」。なお、書紀天武天皇元年五月是月条の「朴井連雄君」に「エノヰノムラシヲキミ」の訓が付され、朴井連雄君は、続日本紀大宝元年七月条には「榎井連小君」と記す。氏の訓は六十頁注十四参照。

三十二 践祚大嘗祭式卯日条は「石上・榎井二氏各二人、皆朝服率二内物部卌人一」とあり、「朝服」とする。西宮記臨時七大嘗会事・北山抄五大嘗会事・江記天仁元年十一月二十一日条も総て「朝服」を着すと記す。朝服は朝廷に出仕するときの服装。底本「明服」。「朝服」に作る一本あるが、写本の多くが「明服」。校異参照。

(四四五頁より続く)

散位皆服二公服一」と見える。北山抄五大嘗会事には「諸司公服陣二威儀物一、如二元日儀一」とある。なお、元日朝賀式においては、儀式六元正受朝賀儀に「次主殿寮官人亦各一人、率二殿部十一人一〔著二黄袍一〕列立、主殿・圖書兩寮各服二禮服一、列二爐東西一」とする。公は、名義抄仏下末二十七に「公〔オホヤケ〕」。同書仏中一三三に「服〔伏〕」、黒川本字類抄中一〇三ウに「服〔フク〕」。

二十五 四四〇頁注二十六参照。執は二十八頁注十参照。

二十六 威儀物の列立位置については、北山抄五大嘗会事に「承平記云、立二近仗南馳道東一、今案、相分可レ立二馳道東西一、但置列所可二南退一歟」とある。名義抄法中四十六に「陣〔ツラヌ〕」。

（四四七頁より続く）

西大宮大路を通り、七条大路迄南下し、朱雀大路で相会する。朱雀大路を、悠紀は左行、主基は右行して北上し、朱雀門に至る（江記天仁元年十一月二十一日条、兵範記仁安三年十一月二十二日条）。斎国供神物経路図参照。宮城は二一四頁注八、東は八頁注二十五、路は一三六頁注四参照。

十七 主基は西大宮大路を南下する。西は八頁注二十参照。

十八 悠紀・主基両斎国はそれぞれ七条大路まで南行する。南は八頁注二十四、行は二七二頁注六参照。

十九 一五二頁注十一参照。

二十 神祇官は二頁注二十、神部は二一八頁注六、前は一六六頁注十一、行は二七二頁注六参照。

（四九三頁より続く）

橘子筥十合〔別納二十蔭一〕、搗栗子筥五合〔別納二一升一〕、扁栗子筥五合〔別納二廿籠一不レ開〕、干柿筥二合〔別納二五十連一〕、梨子筥五合〔別納二一斗一〕、楪栗子筥六合〔別納二一斗一〕、削栗子筥二合〔別納二二斗一〕、熟柿筥三合〔別納二一斗一〕、柚筥二合〔別納二三顆一〕、勾餅筥五合、末豆子筥五合、大豆餅筥十合、小豆餅筥十合、捻頭筥五合、粰粇筥五合〔已上六種、別六枚〕、祭畢山坏已上、皆置二山野淨處一、餘皆頒給二諸司一。造酒司所レ備等呂須伎十六口〔口別酒五升〕、都婆波卅二口〔十六口別酒一斗、十六口別五升、各以二八口一置二一案一〕、廻八口、〔口別酒一斛五斗、各置二一案一〕、匜六十口、小盞六十口〔已上各盛レ筥置レ案〕、長女柏一筥、〔置レ案〕、祭畢都婆波已上、亦置二山野淨地一、餘皆准レ上頒給」と列挙されている。これらの夥しい供神物は、卯日、朝堂院の昌福堂内に奉奠されていたと思われる（造酒司式践祚大嘗祭供神料条）。加茂正典「唐菓子と大嘗祭」（『皇學館大学神道研究所紀要』十七、平成十三年）参照。備は二十六頁注十三、供は六十頁注二十一参照。陳は二十四頁注十二参照。

二十二 高橋氏は膳臣氏の一族で、朝臣姓。朝廷の食膳供奉を職掌とした膳臣氏の伝統を継承し、令制下、安曇氏と共に、内膳司の奉膳（長官）・典膳（判官）に任命されることが慣例となる。高橋氏が内膳司奉膳を務める職掌由来譚は、書紀景行天皇五十三年条、高橋氏文にあり、祖磐鹿六獦命（いはかむつかり）が景行天皇の東国巡狩に随行し、当地で堅魚・蛤を調理して天皇に供したところ、天皇の賞賛を得て、天皇の御膳を担当することとなったという。高橋は、書紀天武天皇十三年十月条の「高橋公」に「タカハシノキミ」の訓。朝臣は、続日本紀宝亀四年五月辛巳条に「阿曽美爲二朝臣一」とある。字類抄上十六に「朝臣〔アソン〕」。書紀天武天皇十三年十月条の「朝臣」に「アソミ」の訓。

二十三 六十六頁注五参照。

二十四 名義抄仏下本四十二に「擎〔ササク〕」。

二十五 底本「膳部」。「膳部酒部」に作る一本あり。校異参照。践祚大嘗祭式卯日条は「其膳部酒部亦依レ次而」とする。膳部は二十頁注十二、亦は六頁注十一、次は三七二頁注十六、依は三三〇頁注十二、立は三十頁注四参照。

（四九七頁より続く）

御二中央二重御疊一、次御二西方一、供二奉御装束一」とある。江家次第十五大嘗会には「主殿寮供二御湯一〔用二東戸一〕、奉二仕御湯殿一之人〔殿上四位一人、六位一人、並觸二山陰卿子孫一之人〕、於二女官幄一可レ解二改装束一、而於二釜殿一脱之人有レ之云々、仁和記云、御二東方小床一、著二天羽衣一供二御湯一、了御二中央御帖一、次西方、供二奉御装束一、治暦・長元御記、乍著二天羽衣一、入令レ下二御檜一給、又以二一領一奉レ拭云々、承保供二御河藥一〔入二土器一居二折敷一〕」と記されている。なお、御河薬については、安江和宣「河薬と澡豆」（『神道文化』十二、平成十二年）を参照。

十五 名義抄仏上二十七に「供〔タテマツル〕」。

十六 御湯殿の儀の後、天皇は祭服を召され、大嘗宮に渡御される。西宮記臨時七には「齋服」とする。江家次第十五大嘗会に「近例脱二帛御衣之袍・下襲等一、令レ著二祭服一給、至二表袴以下一者不二改給一、又御幞令レ廻二御巾子一給、不三必曳二廻額一、童帝無二供幞之儀一」とある。また、兵範記仁安三年十一月二十二日条には「次著二御祭服一、闕腋御袍、半臂、下襲、以二生絹一調レ之、表御袴、袙、單、大口等召二本御装束一」とあり、兵範記によれば、祭服は、白生絹の闕腋御袍、御半臂、御下襲で、絹幞頭を被る。但し、祭服に改められても、表御袴、御袙、御単、御大口（袴）は、帛袍（帛御衣）のものを用いられる。絹幞頭については、四〇二頁注十三参照。また、兵範記同日条に「件祭服、曉夕料各一具也、縫殿寮調進之。先例先進二夕料一、悠紀神事了還御、御浴之時又獻二曉料一」と記され、祭服は、悠紀殿・主基殿用各一具が調進されている。訓は四〇二頁注十参照。着は八頁注六参照。

十七 天皇が悠紀殿に渡御される。

(五〇一頁より続く)

綴喜郡二〕、其十一月新嘗会、各給レ祿〔有位調布二端、無位庸布二段〕」とあり、新嘗祭を始めとする諸節会においても、歌笛を奏し御贄を献上している。国栖奏の起源伝承は、書紀応神天皇十九年十月条に見え、応神天皇の吉野宮行幸時、国栖が醴酒を獻じ、「橿の生に、横臼を作り、横臼に、醸める大御酒、うまらに、聞し持ち食せ、まろが父」という歌を歌い、口を撃ち仰ぎ笑い、以後、栗・菌・年魚の土毛(くにつもの)を献上する時には、歌の後に同様の所作をするとある(応神天皇記にも同趣の説話がある)。吉野は、和名抄五に「吉野〔與之乃〕」。国栖は、書紀神武天皇即位前紀戊午年八月条の「吉野國擽」の「國擽」に「クニス」、同書応神天皇十九年十月条の「國樔人」に「クスヒト」訓。名目鈔に「國栖〔クズ〕」。

二十二 国栖奏に勤仕する笛役の人。注二十一参照。西宮記臨時七は、笛士十六人とし、北山抄五では吉野国栖十二人、楢笛工五人とする。注二十四参照。名義抄仏下本八十八に「楢〔ナラ〕」。践祚大嘗祭式斎服条の「楢笛工」に「ナラフエフキ」の訓。

二十三 官符宣旨例第三十七号(七五八頁)に国栖等十七人の斎服料が規定されている。並は十四頁注十、青摺は一九四頁注九、布は十二頁注二十二、衫は四二四頁注四参照。

二十四 章徳門。掖は四十六頁注六参照。西宮記臨時七に「宮内率二國栖一入就位〔入レ自二左掖門一、着二摺衣一、笛士十六人奏二風俗一、居二大嘗宮南門東腋一、天慶、主基間不レ候、後勘二宮内一〕」とあり、北山抄五には「宮内官人率二吉野國栖一〔十二人、楢笛工五人〕、入レ自二左腋門一就レ位〔承平記云、立二馳道一、當二近仗平張南一。天慶記、在二南門外東腋一云々。案レ之、與二式部例一相違、可レ随二彼所便一歟。但東腋不レ可レ然也〕」とする。

二十五 国栖が古風を奏上する版位のこと。卯日に式部省が大嘗宮南門の外庭に、皇太子以下の版を設けることは四四六頁に見え、また、式部省式大嘗会条にも「卯日質明、(中略)、大嘗宮南庭置二皇太子已下及奏宿語部歌人等版位一」と規定され、皇太子以下群官、国栖、歌人、語部、安倍氏奏宿の版位は、大嘗宮南門の外庭に設けられる。版位は四四六頁注三参照。北山抄五に引用される「承平記云、立二馳道一、當二近仗平張南一」の記事などより、国栖、歌人、語部、安倍氏奏宿の版位は、大嘗宮南門外の東掖に設けられる大忌近衛陣の南に置かれる(加茂正典「語部考証二題」『日本古代即位儀礼史の研究』、平成十一年)。位は、名義抄仏上三に「位〔クラ井〕」。

(五一一頁より続く)

てつくるなり)」とある。

十五 一五二頁注七参照。践祚大嘗祭式麁妙服事条は、前行の典水二人も含めて「采女十人」とする。宮内省式供奉神事諸司行列条は「采女八人」としながらも、その割注に「但新嘗祭加二二人一」とあるので、新嘗祭・大嘗祭では采女は十人となる。江記天仁元年十一月二十一日条にも「次十女〔采女也〕、其中典水二人」とあり、同じく、典水二人を含め、采女十人とする。

十六 供は、六十頁注二十一参照、名義抄仏上二十七に「供〔クウ〕」。神は六十頁注二十、并は四頁注四参照。供御は天皇の御料で、三十六頁注十三参照。雑物は十二頁注十七、等は六頁注九参照。典水二人と采女八人が供進する供神料・供御料については、践祚大嘗祭式麁妙服事条に「采女十人〔一人執二刷筥一、一人執二巾筥一、一人執二神食薦一、一人執二御食薦一、一人執二御枚手筥一、一人執二飯筥一、一人執二鮮物筥一、一人執二干物筥一、一人執二箸筥一、一人執二菓子筥一〕」とあり、江記天仁元年十一月二十一日条に「次十女〔采女也〕、其中典水二人、一人執二楊枝葛筥一〔納二御楊枝并刀子・藁等一。或説藁穂一把十許〕、一人執二御巾葛筥一、次八女、一人執二神食薦一〔其薦以二木綿一貫レ之、號二最姫陪膳一也〕、一人執二御食薦一〔號二次姫後取一也〕、一人執二枚手筥一〔納二葉盤八枚一、若十六枚歟、可レ尋〕、一人執二御箸筥一〔納二竹箸六具一歟、可レ尋。屈レ竹以レ絲結レ之、入二本柏四束一〕、一人執二御飯筥一〔納二窪手一口一〕、一人執二生魚筥一、一人執二干魚筥一、一人執二菓子筥一〔納二菓子四種一、以二木綿一結レ之〕」とある。さらに、伏見院宸記には「次典水二人〔一人取二楊枝筥一、一人取二巾筥一〕、次八女一人取二神食薦一、一人取二御食薦一、一人取二御箸筥一〔納二竹箸六一也、五者神料、一八御料云々〕、一人取二葉盤筥一〔納二平手卅二枚一、抍本柏□者、重柏十枚、以二藁穂一結二合其本方一〕、一人取二御飯筥一〔納二窪手、米粟御飯各二坏、有蓋八神料、無蓋八御料一〕、一人取二鮮物筥一〔納二窪手一口一、居二土器四口一、一口甘鹽鯛、一口鮨鮑、一口甘雜魚、一口醤鮒〕、一人取二干魚筥一〔納二窪手一口一、居二土器四口一、一口蒸鮑、一口干鯛、一口堅魚、一口干鰺〕、一人取二菓子筥一〔納二窪手一口一、居二器四口一、一口干棗、一口搗栗、一口生栗、一口干柿〕」と記されている。

(五二七頁より続く)

とはいえ、神璽たる鏡剣を臣下に預ける事が問題となったためであろう(加茂正典「剣璽渡御と時刻」『日本古代即位儀礼史の研究』、平成十一年)。神は六十頁注二十参照。璽は、字類抄下七十四オに「璽〔シルシ、王者印也〕」、書紀持統天皇四年正月条の「神璽」の「璽」に「シルシ」の訓。鏡は二十二頁注六、剣は二三八頁注七参照。奉は六十頁注五参照。

十三 四八八頁注二十五参照。

十四 四八八頁注十四参照。

十五 弁大夫は、儀式を担当し執り行う役を務める弁官。行事弁。続日本紀宝亀二（七七一）年十一月癸卯（二十一日）条（光仁天皇大嘗祭）に「弁官史奏二両國獻物一」と見える。西宮記臨時七によれば浅沓を着し、「行事辨若在二外辨一、辨入レ自二儀鸞門一、到二標中央一跪奏」とある。但し、北山抄五には「承平・天慶例、就二外辨座一、辨奏レ之、行事不レ奏」とする。弁は四頁注二十三、大夫は四頁注二十七参照。

十六 儀鸞門の東戸。

（五三三頁より続く）

央に位置する門。外郭の陽禄門と相対する。拾芥抄中に「逢春門〔東廊通路西面、北第七間〕」とある。外は三八四頁注十六、候は一九八頁注十一参照。

二十一 二〇四頁注十八参照。

二十二 名義抄仏上十二に「代〔カハル〕」。入は九十頁注五参照。

（五四三頁より続く）

注十一、立は三十頁注四参照。

十八 音声人は、職員令雅楽頭条集解に引く穴記に「皷笛等人稱二音聲人一」とあり、注十七の北山抄に引く天慶記では音声人を楽人としているので、皷笛等の楽器を演奏する人であろう。また、内蔵寮式内宴儲料条に「内教坊音聲人等」と見える。夜の寝覚五に「おんじやうがく〔音声楽〕のこえ」。

十九 八十頁注七・八参照。五〇二頁にも見える。

二十 北山抄五大嘗会事には哥男とある。注十七参照。書紀天武天皇十四年九月条の「歌男」に「うたを」の訓。

二十一 庭は三七四頁注十、中は二十八頁注八参照。

二十二 座は八頁注十八、就は二十四頁注十参照。

（五五一頁より続く）

内舎人下二床子一、相分着二庭中一行座二」、北山抄五に「寛平記云、着二青摺一、承平記云、舞人十人、哥人十人、居二庭中一、琴師二人、居二哥人前一、舞人用二内舎人一、式云、琴笛哥人用二大哥人一、天慶記云、掃部庭中南北行設二二行座一、舞人分着、其南立二床子一、琴師二人着レ之、笛工一人在二其後一云々」」、江家次第十五に「著二青摺一、舞人十人、哥人十人居二庭中一、琴師二人居二哥人前一、舞人用二内舎人一、掃部庭中南北行設二二行座一、舞人分著、其南立二床子一、琴師二人著レ之、笛工一人在二其後一云云」とある。なお、風俗奏については、西宮記臨時七は「悠紀國司已下・哥人奏二風俗一〔如レ昨、儀式、雅樂奏、主基又奏出者、延喜式・記文等不レ注〕」とし、北山抄五は「次奏二風俗一〔儀式、有二所司樂一、無二風俗事一、式云、此樂停止、令三兩國奏二風俗一、承平、貞信公御記云、須下先奏二和舞一、田舞後奏中兩國風俗上、而先奏二風俗一、失也者、而天慶以來、猶先奏二風俗一〕」とあり、江家次第十五には、「奏二風俗一〔入レ會昌門、且哥參入、國司在レ前、次哥女、哥男、樂人在レ後、先立二庭中一、次哥人入レ幄、次國司著二幄座一〕」とする。

二十二 十人は、書紀推古天皇元年四月条の「十人」に「トタリ」の訓。舞は三三四頁注七参照。

二十三 四八八頁注二十五参照。

（五七七頁より続く）

に「久米〔クメ〕」。書紀神武天皇即位前紀戊午年八月条の「來目歌」の「來目」に「クメ」の訓。

十七 舞人は二十人、二列で舞う（注十六の北山抄参照）。廿は、源氏物語空蝉に「とを〔十〕、はた〔二十〕、みそ〔三十〕、よそ〔四十〕」。「たり」は人を数える語、五四〇頁注一参照。

（五七九頁より続く）

まきて、乙女さびすも」と歌い、袖を五度翻して舞ったことによるとしている。五節は、宇津保物語俊蔭に「その年のごせチ〔五節〕の心みの夜」。

十二 皇太子は豊楽殿殿上の座の東に立ち、西面されるのであろう。皇太子は一九八頁注九、先は二十八頁注一、座は八頁注十八、後は十頁注四、在は二頁注三十二参照。

十三 小斎の親王以下五位以上が、拝舞を行うために、豊楽殿及び顕陽・承歓両堂から下り、庭上に列立する。小斎は六頁注十六・四一八頁注六、親王は二〇〇頁注七、殿は四十頁注十、堂は四十四頁注八、下は二〇八頁注七、列は一五二頁注十一、立は三十頁注四参照。

（六二七頁より続く）

事の弁備に専念させるために、斎国が依頼したことを実施するように、畿内七道の諸国司に通知し、承知しておくことを命じる。

二十六 五畿内は十四頁注十二、七道は十四頁注十四参照。

（六七三頁より続く）

話に由来する罪。畔放から屎戸まで。天は六十頁注四、罪は三三二頁注一参照。兼永本祝詞式六月晦大祓祝詞の「天津罪」に「アマツツミ」の訓。
十五 生きている人の皮膚を切ること。生は一二二頁注五参照。膚は、名義抄仏中一一三に「膚(ハダヘ)」。断は、同書僧中三十四に「斷(タツ)」。兼永本祝詞式六月晦大祓祝詞「生膚断」に「イキノハタタチ」の訓。
十六 死人の皮膚を切ること。兼永本祝詞式六月晦大祓祝詞の「死膚断」に「シニハダタチ」の訓。
十七 皮膚の色が色素欠如で白く見えること。白癜、白癩(しらはだ)のこと。書紀推古天皇二十年条に「白癩」と見え、和名抄三に「白癜、病源論云白癜(一曰白電、之良波太)、人面及身頸皮肉色變レ白、亦不二痛癢一者也」とある。兼永本祝詞式六月晦大祓祝詞の「白人」に「シラヒト」の訓。
十八 皮膚の一部が瘤のようにふくれ上がり、肉が余ること。和名抄三に「瘜肉、説文云瘜(音息、瘜肉、和名阿萬之々(あましし)、一云古久美(こくみ))、寄肉也」。兼永本祝詞式六月晦大祓祝詞の「胡久美」に「コクミ」の訓。
十九 親子間の相姦。母は、名義抄仏中二十一に「母(ハハ)」。犯は、同書仏下本一二九に「犯(ヲカス)」。罪は三三二頁注一参照。兼永本祝詞式六月晦大祓祝詞の「己母犯罪」に「オノガハハヲカスツミ」の訓。古事記仲哀天皇記に「上通下通婚(おやこたはけ)」。己は、名義抄仏下末十三に「己(オノレ)」。
二十 親子間の相姦。子は、名義抄法下一三七に「子(コ)」。兼永本祝詞式六月晦大祓祝詞の「己子犯罪」に「オノガコヲカスツミ」の訓。
二十一 女性と通じ、さらに、その女性の娘とも通じること。与は、名義抄仏下末二十五に「與(ト、トモニ)」。兼永本祝詞式六月晦大祓祝詞の「母與レ子犯罪」に「ハハトコトヲカスツミ」の訓。

二十二 女性と通じ、さらに、その女性の母とも通じること。兼永本祝詞式六月晦大祓祝詞の「子與レ母犯罪」に「コトハハトヲカスツミ」の訓。
二十三 家畜を犯すこと。畜は、和名抄十八に「畜野王案六畜(音宙、和名介太毛乃)、牛馬羊犬雞豕也」、名義抄仏中一一二に「畜(ケタモノ)」、書紀神代紀宝剣出現章第六ノ一書の「畜」に「ケモノ」の訓。古事記仲哀天皇記に「馬婚(うまたはけ)、牛婚(うしたはけ)、鶏婚(とりたはけ)之罪」と見える。兼永本祝詞式六月晦大祓祝詞の「畜犯罪」に「ケモノヲカスツミ」の訓。
二十四 這う虫の災禍。蛇・百足などの被害。日本書紀私記乙本神代上に「昆虫(波布牟之(はふむし))、灾異(和坐巴比乎(わざはひを))」。書紀神代紀宝剣出現章第六ノ一書の「昆虫之災異」に「ハウムシノワザワイ」の訓。祝詞式大殿祭祝詞に「波府蟲(能)禍」とある。兼永本同式六月晦大祓祝詞の「昆蟲(乃)災」に「ハフムシノワザワイ」の訓。災は、名義抄法下五十四に「灾(ワサハヒ)」、字類抄上八十七ウに「災(ワサハヒ)」。
二十五 まじないをおこなうために、畜類を殺害し、それによって、相手を呪詛することか。畜仆は畜類を殺すこと。畜は注二十三参照。仆は、名義抄仏上七に「仆(タフル、フス)」。為は四頁注二十参照。蠱は、享和本新撰字鏡六十八に「蠱(官戸反、万自物(まじもの))」とあり、万自物とは、人を呪詛するまじないのための物品のこと。名義抄僧中十二に「蠱(タフロカス、マジワサ、ノロフ)」。兼永本祝詞式六月晦大祓祝詞の「畜仆(志)蠱物爲罪」に「ケモノタフシマジモノスルツミ」の訓。なお、賀茂真淵は、「畜仆爲蠱罪」を一罪とし(祝詞考・延喜式祝詞解)、本居宣長は、「畜仆」「爲蠱罪」の二罪と解釈する(大祓詞後釈)。

二十六 天罪に対して、人間世界において国中の人々が犯した罪と災禍。生膚断から畜仆爲蠱罪まで。兼永本祝詞式六月晦大祓祝詞の「國津罪」に「クニツツミ」の訓。
二十七 三十六頁注二参照。
二十八 五箇国において、新器(由加物)の弁備中に右の天罪・国罪を犯した場合。件は三七〇頁注七、等は六頁注九、者は一五〇頁注十四、有は四十二頁注二十参照。
二十九 宜は三五六頁注九、例は六二六頁注三、依は三三〇頁注十二参照。
三十 名義抄法上二十三に「淨(キヨム、キヨシ)」。
三十一 十二頁注八参照。
三十二 祓えのために科される物品。後文に潔祓具とある。輸は七十四頁注十一、物数は十頁注二十一参照。
三十三 名義抄法中九十八に「悉(コトコトク)」。
三十四 祓具の物品目録のこと。別は二頁注三十一、紙は十頁注二十三、載は四六〇頁注三参照。
三十五 便宜に、使人に付し京に送ること。便は八頁注九、使は四頁注十一参照。身は、名義抄仏上八十六に「身(ミ)」。副は一五〇頁注十四参照。

(六九三頁より続く)
京大夫顕輔卿集に「とくるよしかむかふるつかさ」。拾芥抄中に「勘解由使(トクルヨシカンカフルツカサ)」。字類抄上一一二オに「勘解由使(カムケユシ)」。
二十一 左右近衛府。二十二頁注十参照。
二十二 左右衛門府。一〇四頁注十二参照。
二十三 左右兵衛府。二十二頁注十一参照。
二十四 左右馬寮。一九四頁注十参照。
二十五 兵庫寮。一〇四頁注十三参照。

二十六 台は弾正台、省は中務省から宮内省までの八省、職は左右京職、坊は春宮坊、使は勘解由使、府は左右近衛府・左右衛門府・左右兵衛府、寮は左右馬寮・兵庫寮など。和名抄五は、官・省・台・職・坊・寮・司・監・署・府を総て「豆加佐（つかさ）」と訓む。勘解由使は注二十参照。

二十七 五畿内諸国の国司。践祚大嘗祭式斎事条にも「其齋月者、預告二諸司一、及下二符畿内一」とある。五畿内は十四頁注十三、諸国は四頁注二参照。

二十八 大嘗祭のために、斎戒すること。大嘗会は二頁注四・六〇四頁注三、斎は七十二頁注五参照。

二十九 名義抄僧下七十九に「爲（ナス）」。

「儀式　践祚大嘗祭儀」考

加茂　正典

一　はじめに

大嘗祭は、大化前代から斎行されてきた毎年の新嘗祭を基に、国郡制を基幹とする律令国家体制に即応する国家祭祀として、天武天皇朝において創出された。大嘗祭の確実な文献上の初見は、『日本書紀』天武天皇二（六七三）年十二月丙戌（五日）条である。

　十二月壬午朔丙戌、侍二奉大嘗一中臣・忌部及神官人等、并播磨・丹波二国郡司、亦以下人夫等、悉賜レ祿。因以郡司等、各賜二爵一級一。

「天武天皇紀」には、更に新嘗祭記事が二条記されている。天武天皇五年九月丙戌（二十一日）条に「神官奏曰、為二新嘗一卜二国郡一也、斎忌〔斎忌、此云二踰既一〕、則尾張国山田郡、次〔次、此云二須伎一也〕、丹波国訶沙郡、並食レ卜」、同六年十一月乙酉（二十七日）条に「侍二奉新嘗一神官及国司等賜レ祿」とあり、六年十一月乙酉条の「国司」は悠紀・主基の斎国国司のことであると考えられるので、天武天皇朝では、大嘗祭においても、毎年の新嘗祭においても悠紀・主基国が卜定されている（引用史料の〔　〕内は割書で本文と同活字とした、以下同じ）。

令制下における新嘗祭は畿内稲を用いて斎行され、その点が、畿外に悠紀・主基国郡を卜定し、卜定田から収穫された畿外稲を用いる大嘗祭との大きな相違点の一つとなっている。こうした令制下の大嘗祭と新嘗祭の斎行形態の相違からすれば、毎年規模を拡大した新嘗祭が斎行される天武天皇朝は、創出された大嘗と、毎年の新嘗が分離し儀式的に整備される過渡期であったと位置付けられる。一方、文武天皇朝以降は即位後の大嘗祭記事が明記されている。

従って、神祇令大嘗条に「凡大嘗者、毎レ世一年、国司行レ事、以外、毎レ年所司行レ事」と規定される、令制的形態の大嘗祭の直接的前身、初例は、左に示した、持統天皇大嘗祭であると考えられる。

『日本書紀』持統天皇五（六九一）年十一月戊辰条

十一月戊辰、大嘗。神祇伯中臣朝臣大嶋読二天神寿詞一。壬辰（二十五日）、賜二公卿食衾一。各有レ差。乙未（二十八日）、饗二公卿以下至二主典一。并賜二絹等一、各々有レ差。丁酉（三十日）、饗下神祇官長上以下、至二神部等一、及供奉播磨・因幡国郡司以下、至中百姓男女上、并賜二絹等一、各有レ差。

しかし、大嘗祭の具体的な全容を窺うことができるのは、現存本『儀式』巻二・三・四「践祚大嘗祭儀　上・中・下」に規定される、平安朝的形態の大嘗祭儀である。

現存本『儀式』十巻は、若干の後人の加筆もあるが、平安前期（貞観期）の勅撰儀式書とされる『貞観儀式』とほぼ考定され、その成立年代は荷前奉幣・陵墓の記事などより、貞観十五（八七三）年から同十九年（元慶元〈八七七〉年）迄の間と推定され、また、現存の「践祚大嘗祭儀　上・中・下」も、『延喜式』の「践祚大嘗祭式」・「太政官式」大嘗条等との比較から、ほぼ貞観期のものと判定されている(1)。

「践祚大嘗祭儀　上・中・下」は、上巻は行事所任命から国郡卜定を経て九月迄、中巻は十月上旬の神服使到着から大嘗祭卯日迄、下巻は大嘗祭辰日・巳日・午日節会と官符宣旨例、で構成されている（神道大系本で約二万八千字）。

本稿では、この平安朝的形態を伝える、最古最詳の「儀式　践祚大嘗祭儀」の内容を考察の対象とし、同儀に規定されている、長期間に亙る、多種多様な祭祀・行事がどこまで遡及し得るのかという問題意識から、その基礎的な確認作業を行なうこととする。

二「践祚大嘗祭儀　上」

（一）定月規定のこと。大嘗祭の斎行は、即位式挙行が七月以前の場合は同年に、八月以降の場合は翌年と定める。これは受譲即位（前帝譲位）の場合の規定であり、諒闇登極（前帝崩御）の場合は即位式挙行が翌年に延引される。本篇二頁に「天皇即位之年〔七月以前即位、當年行レ事、八月以後、明年行レ事、謂二受譲即位一、非レ謂二諒闇登極一〕」とある。本条は稲の生育、また、八月上旬の抜穂使発遣を考慮した規定であろう。

定月規定は、次の史料に見える。

①「弘仁太政官式大嘗条」に「凡践祚之初有二大嘗祭一、七月以前即位者、當年行レ事、八月以後、明年行レ事〔此據二受譲即位一、非レ謂二諒闇登極一〕」（『式逸』(2)）。

②『三代実録』元慶元（八七七）年十一月戊戌（一日）条「天皇受レ譲践祚、七月以前即位者、當年行レ事、八月以後者、明年行レ事」。

③「践祚大嘗祭式大嘗条」に「凡践祚大嘗、七月以前即位者、當年行レ事、八月以後者、明年行レ事〔此據二受譲即位一、非レ謂二諒闇登極一〕」。

受譲即位の場合で、天武天皇より後鳥羽天皇迄において、定月規定に合致しないのは持統天皇・淳仁天皇・平城天皇・嵯峨天皇・安徳天皇の五例の大嘗祭のみで、政変（斎戒違反）・遷都・宮都造営などの特殊な事情があり、定月規定は天武天皇大嘗祭から原則として遵守されている。[3]

(二)悠紀・主基国郡卜定のこと。本篇二頁に「大臣奉レ勅召二神祇官一、密封令レ卜三定悠紀・主基国郡二」とある。悠紀・主基の両斎国郡が卜定されることは天武天皇大嘗祭から見える。「ユキ」の「ユ」は神聖・清浄、「キ」は境域・区画の意で、「スキ」は次の意であろう。[4]

悠紀・主基の国郡卜定は、天武天皇大嘗祭から見える。

①『日本書紀』天武天皇二（六七三）年十二月条「十二月壬午朔丙戌（五日）、侍二奉大嘗一中臣・忌部及神官人等、并播磨丹波二国郡司、亦以下人夫等、悉賜レ禄。因以郡司等各賜二爵一級一」（天武天皇大嘗祭）。

②『日本書紀』天武天皇五（六七六）年九月条「九月丙戌（二十一日）、神官奏曰、為二新嘗一卜二国郡一也。斎忌〔斎忌、此云二踰既一〕、則尾張国山田郡、次〔次、此云二須伎一也〕、丹波国訶沙郡、並食レ卜」（天武天皇新嘗祭）。

③『日本書紀』持統天皇五（六九一）年十一月条「十一月戊辰、大嘗、神祇伯中臣朝臣大嶋読二天神寿詞一、壬辰（二十五日）、賜二公卿食衾一、乙未（二十八日）、饗二公卿以下至二主典一并賜二絹等一、各々有レ差、丁酉（三十日）、饗下神祇官長上以下、至二神部等一、及供奉播磨国・因幡国郡司以下、至中百姓男女上、并賜二絹等一、各有レ差」（持統天皇大嘗祭）。

④『続日本紀』霊亀二（七一六）年十一月条「辛卯（十九日）、大嘗、親王已下及百官人等、賜レ禄有レ差。由機遠江、須機但馬国郡司二人進二位一階一」（元正天皇大嘗祭）。

⑤「養老神祇令大嘗条」に「凡大嘗者、毎レ世一年、国司行レ事、以外毎レ年所司行レ事」。

(三)検校・行事の任命と行事所設置、北野斎場のこと。検校は大嘗祭全般を点検し、行事は大嘗祭の実務を担当する。本篇四頁に「以二大・中納言二人、参議一人一、為二悠紀・主基両所検校一、行事四位各一人、五位三人」、六頁に「召二神祇官一令レ卜二悠紀・主基行事所并小忌院等一」、二十二頁に「次応レ卜三定斎場一之状牒二送山城国一、至二於其日一、検校以下率二神祇官一、到二北野一卜三定其地一」とある。

検校・行事任命、行事所設置、北野斎場卜定は、次の史料に見える。

①『類聚国史』八・弘仁十四（八二三）年十一月癸亥（十三日）条「緒嗣請二中納言良岑朝臣安世、参議伴宿祢国道一為二検校一、便以二治部省庁一為二行事所一、唯斎院依二卜筮一定レ之、以二宮内省一為二悠紀所一、以二中務省一為二主基所一、作二借屋一用レ之。但斎場依レ例定二北野一」（淳和天皇大嘗祭）。

弘仁十四年十一月の記事であるが、「依例」と記されているように、検校・行事任命、行事所設置、北野斎場のことは更に遡る。但し北野斎場の卜定は平安朝以降のこと。

(四)八月上旬・下旬の大祓使発遣のこと。本篇五十八頁に「八月上旬、卜定大祓使発遣〔左右京一人、五畿内一人、七道各一人〕、下旬別卜更復發遣〔左右京一人、五畿内一人、近江・伊賀・伊勢一人〕」とある。

大祓は、次の史料に見える。

①『続日本紀』文武天皇二（六九八）年十一月条「癸亥（七日）、遣㆑使諸国大祓、己卯（二十三日）、大嘗」（文武天皇大嘗祭）。

②「神祇令集解諸国条」所引「古記」に「天皇即位、惣祭㆓天神地祇㆒、必須㆓天下大祓㆒、以外臨時在耳」。

③『続日本紀』天平宝字二（七五八）年八月条「乙卯（十六日）、遣㆑使大㆓祓天下諸国㆒、欲㆑行㆓大嘗㆒故也」（淳仁天皇大嘗祭）。

①は、文武天皇大嘗祭のための大祓であろうが、十一月に斎行されている。②の「古記」は天平十（七三八）年頃成立[5]。大祓使の八月発遣が見えるのは、③の天平宝字二年八月条である。

(五)大祓使の発遣先のこと。左右京・五畿内・七道と、さらに左右京・五畿内・近江・伊賀・伊勢に発遣される（前項(四)参照）。大祓使が左右京・五畿内・近江・伊賀・伊勢に発遣されることは、次の史料に見える。

①『日本紀略』延暦十四（七九五）年八月条「甲午（三十日）、大㆓祓宮中・及左右京・畿内・近江・伊賀・伊勢国㆒、為㆑奉㆓伊勢太神宮装束物㆒也」。

近江・伊賀・伊勢の三か国への大祓使発遣は、平安京から伊勢神宮に向かう路次国に当るため。平城京から伊勢神宮への行路は、大和・伊賀・伊勢であり、近江・伊賀・伊勢の三か国への大祓使発遣は平安時代からの規定である[6]。

(六)天神地祇奉幣使（大嘗祭大奉幣使）の発遣、中臣・斎部の二氏が相半して勤めること。本篇六十頁に「発㆘遣奉㆓天神地祇幣㆒使㆖〔大神宮諸王五位已上一人、中臣長一人、斎部一人、山城・大和・摂津各一人、河内・和泉一人、七道各一人、中臣・斎部二氏相半差㆑之〕」とある。

天神地祇奉幣使の発遣、中臣・斎部の二氏が勤めることは、次の史料に見える。

①「神祇令即位条」に「凡天皇即位、惣祭㆓天神地祇㆒、散斎一月、致斎三日、其大幣者三月之内、令㆓修理㆒訖」。

②『三代実録』元慶元（八七七）年九月条「廿五日癸亥、（中略）、分㆓遣中臣・斎部両氏人於五畿七道諸国㆒、班㆓幣境内天神地祇三千一百卅四神㆒、縁㆑供㆓奉大嘗会㆒也」（陽成天皇大嘗祭）。

①の「神祇令即位条」については、大嘗祭の天神地祇奉幣規定と解釈する説、即位式の天神地祇奉幣規定と解釈する説がある。岡田荘司氏は、大嘗祭大奉幣の確実な初見が元慶元年九月条であること、「中臣・斎部二氏相半」の勅裁は大同元年八月に下されたこと（『続日本後紀』）、平城天皇朝では即位儀礼の整備が顕著

であることなどから、大嘗祭大奉幣は平城天皇の大同年間に完成したとする[7]。また、川出清彦氏は、祈年班幣が延暦の頃より神祇官担当分と国司担当分に分離したと考えられるので、大嘗祭大奉幣は、神祇官から一括して、延暦以前の旧例に従って班幣されたことを指摘する[8]。

(七)八月上旬、由加物使が河内・和泉・尾張・参河・備前の五か国に発遣され、供神雑器(由加物)の監作に当ること。本篇六十頁に「次差二宮内省史生一、遣二五箇国一、監二作供神雑器一〔河内・和泉両国一人、尾張・参河両国一人、備前国一人、先レ是所司預注二雑器數一申レ官〕」とある。

由加物使・供神雑器は、次の史料に見える。

①「弘仁太政官式大嘗条」に「八月遣二使両国一、卜二抜穂田及斎場雑色人一令二行事一、并仰二諸国一造二供神器一」(『式逸』[9])。

②「践祚大嘗祭式雑器条」に「八月上旬、差二宮内省史生一、遣二五国一監造、河内・和泉一人、尾張・参河一人、備前一人」。

なお、宮内省式践祚大嘗会年条では「河内・和泉・尾張・美濃・備前」の五か国とする。

(八)八月上旬、抜穂使が発遣されること。本篇七十頁に「次神祇官卜二定抜穂使一、申レ官発遣〔稲実卜部一人、禰宜卜部一人〕、到レ国率二国司一、於二斎郡一大祓」とある。

抜穂使は、次の史料に見える。

①「弘仁太政官式大嘗条」に「八月遣二使両国一、卜二抜穂田及斎場雑色人一令二行事一、并仰二諸国一造二供神器一」(『式逸』)。

②「践祚大嘗祭式抜穂条」に「八月上旬、申レ官差二宮主一人、卜部三人一発遣、両国各二人、其一人号二稲実卜部一、一人号二禰宜卜部一、到レ国各於二斎郡一大祓」。

③『日本紀略』寛和元(九八五)年十月条「己卯(十五日)、(中略)、今日、近江国抜穂使、率二八省八女一、参二場所一」(花山天皇大嘗祭)。

(九)殿舎を黒木で構作し、萱(かや)を「倒葺(さかふき)」に葺くこと。本篇九十六頁(斎田斎場の殿舎)に「其制也、八神殿者為二片廂一、葺以二青草一、内安二竹棚一〔高四尺〕、其上敷レ席為二神座一、(中略)、高萱御倉者葺蔀以二青草一、(中略)、稲実殿者葺蔀以二青草一、(中略)、使政所屋者葺蔀同二宿屋一、(中略)、造酒童女宿屋者葺蔀以二青草一、(中略)、稲実公・物部男宿屋葺蔀以二青草一、(中略)、物部女宿屋葺蔀以二青草一、開二北戸一、以レ葦為レ扉、並以二黒木一搆作倒レ葺」、本篇一八二頁(北野斎場の内院殿舎)に「其制也、神坐殿者搆以二黒木一、用レ萱倒レ葺」とある。

大嘗祭斎行のために、斎田(斎郡)斎場・北野斎場に諸殿舎が、朝堂院に大嘗宮が造立される。この諸殿舎の内、北野斎場外院の諸殿舎については「儀式　践祚大嘗祭儀」に規定が見えないが、それ以外の、斎田斎場の八神殿から大嘗宮の悠紀・主基殿、廻立殿に到るまでの殿舎は、北野斎場内院の白酒殿を除いて、総て黒木で構作される（白酒殿だけは白木で構作）。そして、斎田の斎場殿舎と北野斎場の神坐殿は、屋根萱を「倒茸」に葺く。「倒茸（逆茸）」は、通常とは逆に、萱の穂先を下に向けて屋根を葺くこと。また、茸いた屋根のこと[10]。

殿舎を黒木で構作すること、萱を倒茸（逆茸）に葺くことは、次の史料に見える。

①『万葉集』巻八「太上天皇御製歌一首　波太須珠寸、尾花逆茸、黒木用、造有室者、迄万代（はだすすき尾花逆葺き黒木もち造れる室は万代までに）」（一六三七番歌）。

②『万葉集』巻八「天皇御製歌一首　青丹吉、奈良乃山有、黒木用、造有室者、雖居座不飽可聞（あをによし奈良の山なる黒木もち造れる室は座せど飽かぬかも）」（一六三八番歌）。

右二首は左注に「右聞之、御㆓在左大臣長屋王佐保宅㆒肆宴御製」とあり、一六三七番と一六三八番の歌は、左大臣長屋王の邸宅に、元正太上天皇と聖武天皇が行幸し肆宴されたときの御製である。その時期は、神亀元（七二四）年二月の聖武天皇即位から同六（七二九）年二月の長屋王自害迄の間であり、従って、黒木構作・倒茸は少なくとも同時期まで遡り得ることが確認される。

（十）神服社神主一人を神服使として、参河国に遣し、神戸の中から、織神服長二人、織女六人、工手二人を卜定すること。神服使はその地に留まること一か月、十月上旬に神服部が奉る調糸十絇を奉持して、神服長二人、織女六人、工手二人の計十人を率いて、京の北野斎場に至り、悠紀・主基五人宛に分かれて神服の繒服（和妙、にぎたへ）を奉織する。阿波の忌部は麁服（荒妙、あらたへ）を奉織する。本篇一〇二頁に「九月上旬、神祇官差㆓神服社神主一人㆒、為㆓神服使㆒、申㆑官賜㆓驛鈴一口㆒、遣㆓参河国㆒喚㆓集神戸㆒、卜㆘定織㆓神服㆒長二人、織女六人、工手二人㆖」、二七四頁に「十月上旬、神服使率㆓服長・織女・工手等十人㆒、持㆓神服部所㆑輸調糸十絇㆒、到来」とある。

参河の絹糸を用いて和妙を奉織し、荒妙とともに奉献することは、伊勢神宮の神衣祭（かむみそのまつり）と同じである。

①「神祇令義解神衣祭条」に「謂、伊勢神宮祭也。此神服部等、斎戒潔清、以㆓参河赤引神調糸㆒、織㆓作神衣㆒、又麻績連等、績㆑麻以織㆓敷和衣㆒、以供㆓神明㆒、故曰㆓神衣㆒」。

②「神祇令集解神衣祭条」所引「令釈」に「釈云、伊勢大神祭也、其国有㆓神服部等㆒。斎戒浄清、以㆓三河赤引神調糸㆒、御衣織作、又麻績連等、麻績而以敷和御衣織奉、臨㆓祭之日㆒、神服部在㆑右、麻績在㆑左也、敷和者、宇都波多也、此常祭也、古記无㆑別」。

神衣祭は、神祇令に規定される伊勢神宮の恒例祭祀で、在地の神服部（服部連氏）が潔斎して、三河国の赤引糸（あからひきのいと）を用いて御衣（和妙）を織り、麻績連氏が麻を績ぎ宇都波多（うつはた）の御衣（荒妙）を織り、四月と九月の十四日に、皇大神宮及び荒祭宮に奉る。令制神衣祭の起源神話としては、神代紀第七段に天照大神が斎服殿で神衣を織ることが記されている。

参河の赤引の神調糸を神衣祭の料とすることは、「令義解」、「令釈」（延暦六〈七八七〉年から同十〈七九一〉年に成立）[11]により確認され、さらに、「令釈」は「古記」も同説とするので、「古記」成立の天平十年まで遡ることが確認される。また、赤引糸については、『日本書紀』持統天皇六年閏五月丁未（十三日）条に、伊勢国二神郡の赤引糸に関する天照大神の奏を記した記事がある。

（十一）大嘗宮南北門の神楯四枚を丹波国楯縫氏に、戟八竿を紀伊国忌部氏に、作らせること。本篇一〇四頁に「次左右衛門府申レ官、令下二兵庫寮一作中大嘗宮南北門神楯四枚〈各長一丈二尺、上広三尺九寸、中広四尺七寸、下広四尺四寸五分、厚二寸、丹波国楯縫氏作レ之〉、戟八竿上〈各長一丈八尺、紀伊国忌部氏作レ之、並祭畢収二衛門府一〉、大門料大楯六枚、戟十二竿、亦令下二同寮一修理上」とある。

楯・戟を作製すること、紀伊国忌部氏が担当することは、次の史料に見える。

①『日本書紀』神代紀下第九段第二の一書に「即以二紀国忌部遠祖手置帆負神一、定為二作笠者一、彦狭知神為二作盾者一」。

②『古語拾遺』に「又男名曰天太玉命〈斎部宿禰祖也〉、太玉命所レ率神名曰天日鷲命〈阿波国忌部等祖〉、手置帆負命〈讃岐国忌部祖也〉、彦狭知命〈紀伊国忌部祖也〉、櫛明玉命〈出雲国玉作祖也〉、天目一箇命〈筑紫・伊勢両国忌部祖〉、（中略）、令下二手置帆負・彦狭知二神一以二天御量一〈大小斤雑器等之名〉、伐二大峡・小峡之材一而造二瑞殿一〈古語美豆能美阿良可〉、兼作中御笠及矛・盾上」[12]。

①の『書紀』は、紀伊国忌部の遠祖である手置帆負（たおきほおひ）神を作笠者、彦狭知（ひこさち）神を作盾者とする。彦狭知神は、②の『古語拾遺』によると紀伊国忌部の祖。

②の『古語拾遺』は、斎部宿禰の祖である太玉命が率いる神々の神名は、阿波国忌部等の祖である天日鷲（あまのひわし）命、讃岐国忌部の祖である手置帆負命、紀伊国忌部の祖である彦狭知命、筑紫・伊勢両国忌部の祖である天目一箇（あめまひとつ）命などで、手置帆負・彦狭知の二神をして、天御量（あまのみはかり）を以て大峡（おほがひ）・小峡（をほがひ）の材を伐り、瑞殿を造り、兼ねて御笠及び矛・盾を作らせたとする。

（十二）物部・門部・語部貢進のこと。本篇一〇八頁に「左右衛門府申レ官、令下二諸国一量レ程進中物部・門部・語部等上〈物部者左右京各廿人、門部者左右各二人、山城国三人、大和国八人、伊勢国二人、紀伊国一人、語部者美乃国八人、丹波国一人、丹後国二人、但馬国七人、因幡国三人、出雲国四人、淡路国二人〉」とある。

物部・門部・語部貢進のことは、左の践祚大嘗祭式にも見えるが、他に依拠すべき史料は見当たらない。

①践祚大嘗祭式語部条「凡物部、門部、語部者、左右衛門府九月上旬申レ官、預令二量レ程参集一、物部左右京各廿人、門部左右京各二人、大和国八人、山城三人、伊勢二人、紀伊一人、語部美濃八人、丹波二人、丹後二人、但馬七人、因幡三人、出雲四人、

淡路二人」。

(十三)阿波国の忌部が麁服（麁妙服、荒妙、あらたへ）を奉織すること。紀伊・淡路・阿波の三国に由加物使が発遣され、三国は由加物を弁備、十一月上旬には北野斎場に供進される。但し、阿波国所献の麁服と木綿は神祇官に付される。本篇四八六頁に「阿波国忌部所レ織麁妙服〔神語所レ謂阿良多倍、是也〕」とあり、麁服は阿波国の忌部が奉織する。官符宣旨例第七号（本篇六四一頁）に「麻殖郡、忌御服布二丈一尺」とある。

阿波国の忌部が麁服を奉織することは、次の『古語拾遺』に見える。

①『古語拾遺』に「天日鷲命之孫造二木綿及麻并織布一〔古語阿良多倍〕、仍令下天富命率二天日鷲命之孫一、求中肥饒地上、遣二阿波国一殖二穀麻種一、其裔今在二彼国一、当二大嘗之年一、貢二木綿・麻布及種種物一、所以、郡名為二麻殖一之縁也」。

右の『古語拾遺』に麁服奉織の起源説話が記されている。天日鷲命の孫は木綿・麻・織布（あらたへ）を作る。天富命に命じて、日鷲命の孫を率いて肥饒地を求め、阿波国に遣わして穀・麻の種を殖え、其の裔は今も同国に在る。大嘗祭の年に、木綿・麻布と種々の物を貢進する所以であり、その故に、郡名を麻殖というと述べている。

(十四)十月下旬の御禊行幸のこと。九月中旬に御禊装束司の任命、御禊地並びに日時の卜定が行われ（本篇一三六頁）、十月上旬には前後次第司の任命があり（本篇一九二頁）、御禊行幸当日は二一〇頁以下に「其日（中略）、時刻撃二動鼓一、隔レ刻撃二列陣鼓一、隔レ刻撃二進鼓一、訖節旗漸出、就二宮城門外標一、于レ時乗輿初出、警蹕如レ常、其前駆次第也、京職兵士左右各廿人（下略）」とある。

大嘗祭御禊行幸は次の史料に見える。

①『日本紀略』大同二（八〇七）年十月条「十月壬午（二十八日）、車駕禊二葛野川一、依二大嘗会一也、癸未（二十九日）、…（伊予親王事件）…、十一月乙酉（二日）、停二大嘗事一、乱故也」（平城天皇大嘗祭）。

②『日本後紀』大同三（八〇八）年十月条「十月乙亥（二十七日）、行二幸近江大津一、修禊、以レ御二大嘗一也」（平城天皇大嘗祭）。

平城天皇大嘗祭は大同二年十一月に予定され、十月に葛野川へ御禊行幸されたが、同月の伊予親王事件のために翌三年に延引され、再び近江大津に御禊行幸された。この大同二年十月条が大嘗祭御禊行幸の初見。

「践祚大嘗祭儀」の行幸鹵簿は唐鹵簿令を踏襲したものではあるが、鹵簿を構成する供奉官・諸衛等の点において日唐間に相違がある[13]。また、天皇を中心とした前陣五省と被管諸司、後陣二省の序列は、基本的に「職員令」の司次第と一致するが、後陣の女官・主水・内蔵以下は「職員令」司次第から逸脱し、内裏における天皇の衣食住への奉仕形態となっていることより、「践祚大嘗祭儀・御禊行幸条」は、八世紀の「大行幸・遠行幸」を伝えているとされる。[14]

なお、『続紀』宝亀二（七七一）年二月戊申（二十一日）条「戊申、車駕、取二龍田道一、還到二竹原井行宮一、節幡之竿、无レ故自折、時人皆謂、執政亡没之徴也」（光仁天皇の難波行幸）の「節幡」は、本儀に規定されている節旗（中国皇帝旗たる太常旗に範を求めて作製された天皇旗）のことであろう。[15]

三　「践祚大嘗祭儀　中」

（十五）十月中旬、太政官符により、散斎一月・致斎三日（丑日より卯日まで）、斎月中の斎戒・忌語が下達されること。本篇三三〇頁に「次依二神祇官解一、太政官下二符左右京・五畿内・諸国司一、告二知散斎・致斎及諸可レ忌之事一〔謂、散斎一月、致斎三日、従レ丑至レ卯〕、其斎月不レ得下預二佛斎・清食一、弔レ喪問レ病食上レ宍、亦不レ判二刑殺一、不レ決二罰罪人一、不レ作二音楽一、其忌語、死称二奈保流一、病称二夜須彌一、哭称二塩垂一、血称二赤汗一、宍称レ菌〔宍人姓亦同〕」とある。

散斎一月・致斎三日、斎月中の斎戒・忌語のことは、次の史料に見える。

①「神祇令即位条」に「凡天皇即位、惣祭二天神地祇一、散斎一月、致斎三日、其大幣者三月之内、令二修理訖一」。

②「神祇令散斎条」に「凡散斎之内、諸司理レ事如レ旧、不レ得二弔レ喪、問レ病、食レ宍、亦不レ判二刑殺一、不レ決二罰罪人一、不レ作二音楽一、不レ預二穢悪之事一、致斎、唯為二祀事一得レ行、自余悉断、其致斎前後、兼為二散斎一」。

③「神祇令集解即位条」に「穴云、三日、謂自二丑日一至二卯日一是也、今説自二其日一者、依レ文不レ見耳、鎮魂祭在二其中一耳」。

④『日本後紀』大同三（八〇八）年十月条「丁丑（二十九日）、制、稽二於前例一、大嘗散斎三月也、自レ今以後、以二一月一為レ限」（平城天皇大嘗祭）。

⑤『皇太神宮儀式帳』に「鳴〔乎〕塩垂〔止〕云、血〔乎〕阿世〔止〕云、宍〔乎〕多気〔止〕云、（中略）、死〔乎〕奈保利物〔止〕云、（中略）、病〔乎〕慰〔止〕云」[16]。

①の「神祇令即位条」を通説に従い大嘗祭のことと理解すれば[17]、大嘗祭の散斎一月・致斎三日規定は神祇令まで遡ることとなる。但し、④の「大嘗散斎三月」とする『日本後紀』大同三年十月条の記事解釈が重要となる。

散斎期間の斎戒規定は、②の「神祇令散斎条」に見える。

致斎三日のことは、③の「穴記」に記され、「穴記」は延暦・天長期に成立[18]。大嘗祭の致斎は、大嘗祭の前日に斎行される鎮魂祭を含む丑・寅・卯日の三日間。「神祇令義解即位条」も同じ解釈である。

忌語は、⑤の延暦二十三（八〇四）年成立の『皇太神宮儀式帳』に見える。『儀式帳』には仏教関係の忌語も規定されているが、「大嘗祭儀」では、仏教行為の忌避を規定するが、仏教関係の忌語は規定されていない。

（十六）十一月上旬、内院において白酒・黒酒の二酒を醸すこと。

本篇三三八頁に「十一月上旬、始醸二内院御酒一」とある。

白酒・黒酒は、次の史料に見える。

①『日本書紀』神代下第九段一書第三「神吾田鹿葦津姫、以二卜定田一、号曰二狭名田一、以二其田稲一、醸二天甜酒一嘗レ之、又用二渟浪田稲一為レ飯嘗レ之」。

②『万葉集』巻十九「天地与、久万弖尓、万代尓、都可倍麻都良牟、黒酒白酒乎（天地と久しきまでに万代に仕へまつらむ黒酒白酒を）」（四二七五番歌、天平勝宝四〈七五二〉年十一月二十五日孝謙天皇新嘗祭）。

③『続日本紀』天平神護元（七六五）年十一月条「庚辰（二十三日）、今日〔方〕大新嘗〔乃〕猶良比〔乃〕豊明聞行日〔仁〕在、（中略）、由紀・須岐二国〔乃〕献〔礼留〕黒紀・白紀〔乃〕御酒〔乎〕」（称徳天皇大嘗祭宣命）。

（十七）朝堂院の龍尾道南庭第二堂間に大嘗宮を構作すること。

祭日の七日前、大嘗宮斎殿地の鎮地祭が斎行され（本篇三七二頁）、その後、造酒童女が斎鍬で所作を行い（三八〇頁）、構作が開始される（三八二頁以下）。

平城宮第一六三・一六九次発掘調査により、平城宮東区朝堂院朝庭に五時期に亙る大嘗宮の遺構が検出され、また、第三六七次発掘調査において、中央区朝堂院朝庭から大嘗宮の遺構が検出されている。共に悠紀院。東区朝堂院の三（A）・四（B）・五（C）期の大嘗宮遺構は淳仁天皇大嘗宮・光仁天皇大嘗宮・桓武天皇大嘗宮で、中央区朝堂院の遺構は称徳天皇大嘗宮と考えられる。東区朝堂院一・二期の遺構が元正天皇大嘗宮・聖武天皇大嘗宮であれば、孝謙天皇大嘗宮（孝謙天皇大嘗宮は南薬園新宮）を除く、平城京で即位した全天皇の大嘗宮遺構が出土したことになる。遺構の規格は、「践祚大嘗祭儀」規定と類似するが、相違点も指摘されている。[19]

（十八）大嘗宮の柴垣の末に椎の枝を挿すこと。本篇三八二頁に「拵レ柴為レ垣、押二収八重一、垣末插拵椎枝者、古語所レ謂志比乃和恵（しひのわゑ）」とある。

「志比乃和恵」は、左の践祚大嘗祭式にも見えるが、他に依拠すべき史料は見当たらない。

①践祚大嘗祭式大嘗宮条「将レ柴為レ垣、押二栫八重垣末一、挿二将椎枝一〔古語所レ謂志比乃和恵〕」。

（十九）卯日を祭日とすること。卯日に神事が斎行されることは、次の史料に見える。

①『日本書紀』皇極天皇元（六四二）年十一月丁卯（十六日）条「丁卯、天皇御二新嘗一、是日、皇子、大臣、各自新嘗」（皇極天皇新嘗祭）。

②『日本書紀』天武天皇六（六七七）年十一月己卯（二十一日）条「己卯、新嘗」（天武天皇新嘗祭）。

③『続日本紀』文武天皇二年（六九八）十一月己卯（二十三日）条「己卯、大嘗、直広肆榎井朝臣倭麻呂竪二大楯一、直広肆大伴宿禰手拍竪二楯桙一」（文武天皇大嘗祭）。

④「神祇令仲冬条」に「下卯大嘗祭」。

①の皇極天皇元年十一月条が、新嘗祭を卯日に斎行する初見記事。『書紀』持統天皇五（六九一）年十一月の持統天皇大嘗祭記事に「十一月戊辰、大嘗」とあり、「戊辰」の下に「朔辛卯」の三文字を補うべきだと思われるが[20]、③の文武天皇大嘗祭から以降は、大嘗祭は卯日に斎行されている[21]。④の「神祇令仲冬条」も大嘗祭（毎年の新嘗祭と毎世の大嘗祭）斎行を「下卯」と規定している。

（二十）卯日平明、神祇官において諸神に幣帛を班つこと。本篇四三六頁に「卯日平明、神祇官班二幣帛於諸神一〔謂二祈年祭案上神一〕」とある。祈年祭神三一三二座の内の案上官幣を受ける三〇四座を対象とする。祭神・幣料は新嘗祭卯日・月次祭（六月・十二月の十一日）の班幣と同じである[22]。

祈年祭・月次祭の班幣規定は、神祇令に見える。

①「神祇令季冬条」に「其祈年・月次祭者、百官集二神祇官一、中臣宣二祝詞一、忌部班二幣帛一」。

②『続日本紀』慶雲三（七〇六）年二月庚子（二十六日）条「是日、甲斐・信濃・越中・但馬・土佐等国一十九社、始入二祈年幣帛例一〔其神名具二神祇官記一〕」。

③「神祇令集解仲冬条」所引「令釈」に「下卯大嘗祭〔釈云、朝諸神相嘗祭了、供二奉新物一也〕」。

②の『続日本紀』慶雲三年二月条が、祈年幣帛についての国史上の確実な初見記事。③は「神祇令集解」で、仲冬条の「下卯大嘗祭」の令条文に、「令釈」が「朝、諸神相嘗祭」と説明するのは新嘗祭・大嘗祭の班幣のことであろう。「令釈」は延暦六（七八七）年から同十（七九一）年に成立[23]。

（二十一）卯日、石上・榎井の二氏が内物部四十人を率いて、大嘗宮南北門に神楯・戟を立てること、伴・佐伯の二氏が、大嘗宮南門の左右内掖の胡床に就き、同門の開閉を掌ること。本篇四四〇頁に「石上・榎井二氏人各二人〔着二明服一〕、率二内物部卌人一〔着二紺布衫一〕、立二大嘗宮南北門神楯・戟一〔門別楯二枚、戟四竿、木工寮預設二格木於二門左右一、其楯・戟等物、祭事畢収二左右衛門府一〕、訖物部分就二左右楯下胡床一〔門別物部廿人、左右各十人、五人為レ列、六尺為レ間〕、伴・佐伯氏人各一人、分就二南門左右内掖胡床一、左右近衛中将已下、各引二隊仗一、分衛二大嘗宮一」、同五〇〇頁に「伴・佐伯宿禰各一人、開二大嘗宮南門一」、同五一六頁に「伴・佐伯宿禰、閇二大嘗宮門一」とある。

神楯・戟を立てること、伴・佐伯の二氏が大嘗宮南門の開閉を掌ることは、次の史料に見える。

①『日本書紀』持統天皇四年正月戊寅（一日）条「物部麻呂朝臣樹二大盾一、神祇伯中臣朝臣大嶋読二天神寿詞一、畢忌部宿禰色夫

知奉二上神璽劒鏡於皇后一、皇后即二天皇位一、公卿百寮、羅列匝拝、而拍レ手焉」（持統天皇即位式）。

②『続日本紀』文武天皇二（六九八）年十一月己卯（二十三日）条「大嘗、直広肆榎井朝臣倭麻呂竪二大楯一、直広肆大伴宿禰手拍竪二楯桙一」（文武天皇大嘗祭）。

③『万葉集』巻一「和銅元年戊申　天皇御製　大夫之、鞆乃音為奈利、物部乃、大臣、楯立良思母（ますらをの鞆の音すなりもののふの大臣楯立つらしも）」（七十六番歌）。

④『続日本紀』神亀元（七二四）年十一月己卯（二十三日）条「大嘗、備前国為二由機一、播磨国為二須機一、従五位下石上朝臣勝男、石上朝臣乙麻呂、従六位上石上朝臣諸男、従七位上榎井朝臣大嶋等、率二内物部一、立二神楯於斎宮南北二門一」（聖武天皇大嘗祭）。

⑤『続日本紀』宝亀二（七七一）年十一月癸卯（二十一日）条「御二太政官院一行二大嘗之事一、参河国為二由機一、因幡国為二須岐一、参議従三位式部卿石上朝臣宅嗣・丹波守正五位上石上朝臣息嗣・勅旨少輔従五位上兼春宮員外亮石上朝臣家成・散位従七位上榎井朝臣種人、立二神楯桙一、大和守従四位上大伴宿禰古慈斐・左大弁従四位上兼播磨守佐伯宿禰今毛人、開レ門、内蔵頭従四位下阿倍朝臣息道・助従五位下阿倍朝臣草麻呂、奏二諸司宿侍名簿一、右大臣大中臣朝臣清麻呂奏二神寿詞一、弁官史奏二両国献物一」（光仁天皇大嘗祭）。

⑥『古語拾遺』に「日臣命帥二来目部一衛二護宮門一、掌二其開レ闔、饒速日命帥二内物部一造二備矛盾一、（中略）、然後、物部乃立二矛盾一、大伴・来目建レ仗開レ門」。

①『書紀』持統天皇四年正月条は持統天皇即位式で、即位式において大盾を立てることの初見記事。大嘗祭において楯・戟を立てることは、②の『続紀』文武天皇二年十一月条から見える。③は和銅元（七〇八）年十一月の元明天皇大嘗祭を歌った御製であろう。④の『続紀』神亀元年十一月条には石上・榎井両氏が内物部を率いて神楯を立てている。大伴・佐伯両氏が大嘗宮の南門を開くことは、⑤の同書宝亀二年十一月条に記されている。⑥『古語拾遺』の日臣（ひのおみ）命は大伴氏の祖神、来目部は大伴氏に率いられた軍事的部民、饒速日（にぎはやひ）命は物部氏の祖神である。

(二十二)隼人の発声（犬声）と風俗歌舞奏上のこと。卯日、隼人司に率いられた隼人は、朝集殿前左右に分立し、開門の時、発声する。また、供神物が応天門を入る時、隼人百余人は門内にあり、犬声を発すること三節。さらに、群官が応天門を入り朝堂院に進むと、隼人発声。国栖の古風・悠紀国の国風・語部の古詞がそれぞれ奏上され、その次に隼人司は隼人を率いて、興礼門より参入し、大嘗宮前庭において、北に向い立ち、風俗歌舞を奏上する（主基も同じ）。本篇四四四頁に「隼人司率二隼人一、分立二左右朝集殿前一、待二開門一乃発レ声」、四八八頁に「立定衞門開二会昌・応天・朱雀三門一、如二元会儀一、供物入二応天門一、隼人百余人在二門

内一、自二胡床一起、発二犬声一三節」一、五〇四頁に「其群官初入、隼人発レ声、立定乃止、訖国栖奏二古風一、五成、次悠紀国奏二国風一、四成、次語部奏二古詞一、次隼人司率二隼人等一、従二興礼門一参入、於二御在所屏外一、北向立、奏二風俗歌舞一〔主基亦同〕」とある。

隼人の発声（犬声）と風俗歌舞奏上のことは、次の史料に見える。

①『日本書紀』神代下第十段一書第二「是以、火酢芹命苗裔、諸隼人等、至レ今不レ離二天皇宮墻之傍一、代吠狗而奉事者矣」。

②『日本書紀』天武天皇十一（六八二）年七月条「甲午（三日）、隼人多来、貢二方物一、是日、大隅隼人与二阿多隼人一、相二撲於朝廷一、大隅隼人勝之」。

③『続日本紀』和銅三（七一〇）年正月条「壬子朔、天皇御二大極殿一受レ朝、隼人・蝦夷等、亦在レ列、左将軍正五位上大伴宿禰旅人・副将軍従五位下穂積朝臣老、右将軍正五位下佐伯宿禰石湯・副将軍従五位下小野朝臣馬養等、於二皇城門外朱雀路東西一分頭、陳二列騎兵一、引二隼人・蝦夷等一而進」。

④『続日本紀』霊亀二（七一六）年五月辛卯条「辛卯（十六日）、…（太宰府言）…又薩摩・大隅二国貢二隼人一、已経二八歳一、道路遥隔、去来不レ便、或父母老疾、或妻子単貧、請、限二六年一相替、並許レ之」。

⑤『続日本紀』養老元（七一七）年四月甲午（二十五日）条「天皇御二西朝一、大隅・薩摩二国隼人等、奏二風俗歌儛一、授レ位賜レ禄各有レ差」。

①の海幸山幸神話に、隼人の狗吠えの起源神話が記されている。②の『書紀』天武天皇十一年七月条は、隼人の方物貢上と、朝廷において大隅と阿多の隼人が相撲を取る記事。隼人が大和朝廷の支配下に入ったのは同年以後とされる。③の『続紀』和銅三年正月条は元明天皇の元日朝賀記事で、隼人・蝦夷が元日朝賀式に参列した初見。前年の和銅二年十月二十六日に薩摩隼人、郡司以下一八八人が入朝する（『続紀』）。④の『続紀』霊亀二年五月条には、隼人の在京期間を六年に短縮することが見える。在京中の隼人は隼人司によって統轄され、宮廷儀式・祭祀に奉仕するために歌舞の教習を受けた。⑤の『続紀』養老元年四月条が隼人の風俗歌舞奏上の初見記事。

隼人司に率いられた隼人は、元日朝賀式・即位式・大嘗祭・蕃客入朝時の儀において、応天門左右に分陣して、群官参入時には吠声を発し（蕃客入朝時は吠声を発せず）、また、大嘗祭卯日には、大嘗宮前庭で風俗歌舞を奏上する（隼人司式大儀・大嘗条）。

（二十三）悠紀・主基各斎国が作る、飾りを付けた曳き山である標の山（しるしのやま）のこと。本篇四五四頁に「次標一基〔部領左右二人相夾、着二退紅染、布衫・白布袴・帯・襪・菲一、曳夫二十人、着二黄地黒摺布衫・白袴・帯・脛巾・菲一〕」とある。標山は本篇五十四頁注四参照。

標の山は、次の史料に見える。

①『類聚国史』八・弘仁十四（八二三）年十一月癸亥（十三日）

条「右大臣正二位藤原朝臣冬嗣・大納言従二位藤原朝臣緒嗣等於二清涼殿一口奏言、聖王相続、大嘗頻御、天下騒動、人民多弊、然神態不レ得レ已、須二此度大嘗会停レ節省レ弊者、天皇勅答、元不レ好レ節、唯事二神態一耳者、(中略)、一切不レ用二玩好金銀刻鏤等之節一、唯標者以レ榊造之、用二橘并木綿等一節之、即書二悠紀・主基字一、以着二樹末一、凡以二清素一供二神態一耳」(淳和天皇大嘗祭、『日本紀略』同日条もほぼ同文)。

東野治之氏は、天平八(七三六)年十一月十一日(『続日本紀』)に、葛城王(橘諸兄)が奉った賜姓請願の上表文に言及されている和銅元(七〇八)年元明天皇大嘗祭の記事より、同年の元明天皇大嘗祭において標山が作られたことを推定している[24]。

(二十四)大嘗宮への渡御列次のこと。大臣に率いられた中臣・忌部・御巫・猿女(さるめ)が前行し、主殿が燭を秉り路を照す。車持朝臣は菅蓋(すげのみかさ)を執り、子部宿禰・笠取直は共に膝行して、蓋の綱を執る。還御も同じ。四九八頁に「大臣一人率二中臣・忌部・御巫・猿女一前行(大臣在二中央一、中臣・忌部在二左右一)、主殿官二人秉レ燭照レ路、車持朝臣一人執二菅蓋一、子部宿禰・笠取直各一人、共膝行執二蓋綱一、還亦如レ是」とある。

天皇の行幸に、中臣氏・忌部氏・猿女氏が随伴することは、次の天孫降臨神話に見える。

①『日本書紀』神代下第九段一書第一「時天照大神勅曰、若然者、方当降二吾児一矣、且将降間、皇孫已生、号曰二天津彦彦火瓊瓊杵尊一、時有レ奏曰、欲下以二此皇孫一代降上、(中略)、又以二中臣上祖天児屋命・忌部上祖太玉命・猿女上祖天鈿女命・鏡作上祖石凝姥命・玉作上祖玉屋命、凡五部神一、使二配侍一焉」。

②『古事記』上・天孫降臨条「爾天児屋命、布刀玉命、天宇受売命、伊斯許理度売命、玉祖命、并五伴緒矣支加而天降也」。

③『古語拾遺』天孫降臨条「即勅曰、吾児視二此宝鏡一当レ猶レ視レ吾、与同レ床共レ殿以為二斎鏡一、仍以二天児屋命・太玉命・天鈿命女一使二配侍一焉」。

天津彦彦火瓊瓊杵尊(あまつひこひこほのににぎのみこと)の降臨に際して、中臣の上祖天児屋(あめのこやね)命・忌部の上祖太玉(ふとたま)命・猿女の上祖天鈿女(あまのうずめ)命・鏡作(かがみつくり)上祖の石凝姥(いしこりどめ)命・玉作(たますり)の上祖玉屋(たまのや)命の五部神が随伴したと伝える。川出清彦氏は、大嘗宮への渡御列次は、右の天孫降臨神話を古伝として踏襲していると解釈する[25]。

(二十五)吉野国栖十二人・楢笛工十二人が古風を奏上、悠紀・主基国の歌人が国風を奏上、語部十五人が古詞を奏上すること。五〇〇頁に「訖伴・佐伯宿禰各一人、開二大嘗宮南門一、衛門府開二朝堂院南門一、宮内官人率二吉野国栖十二人・楢笛工十二人一(並着二青摺布衫一)、入レ自二朝堂院南左掖門一、就レ位奏二古風一、悠紀国司率二歌人一、入レ自二同門一、就レ位奏二国風一、伴・佐伯宿禰各一人、率二語部十五人一(着二青摺衫一)、亦入就レ位奏二古詞一(伴入レ自二左掖一、佐伯入レ自二右掖一〕、並掃部寮鋪設〔前座国栖、次歌女、次語部、皆北面東上、国司座在二歌女人以東一〕」とある。

国栖奏、斎国の国風奏上は、次の史料に見える。

①『日本書紀』応神天皇十九年十月戊戌条「幸二吉野宮一、時国樔人来朝之、因以二醴酒一、献二于天皇一、而歌之曰、…（歌謡略）…歌之既訖、則打レ口以仰咲、今国樔献二土毛一之日、歌訖即撃レ口仰咲者、蓋上古之遺則也」。

②『続日本紀』天応元（七八一）年十一月丁卯（十三日）条「御二太政官院一、行二大嘗之事一、以二越前国一為二由機一、備前国為二須機一、両国献二種種翫好之物一、奏二土風歌舞於庭一、五位已上賜レ禄有レ差、己巳（十五日）、宴二五位已上一、奏二雅楽寮楽及大歌於庭一」（桓武天皇大嘗祭）。

③『日本後紀』大同三（八〇八）年十一月辛卯（十四日）条「奉二幣帛於伊勢大神宮一、以レ行二大嘗事一也、是夜、御二朝堂院一、行二大嘗之事一、壬申（十五日）、於二豊楽殿一宴二五位已上一、二国奏二風俗歌舞一、賜二五位已上物一、及二国献物班二給諸司一、癸巳（十六日）、宴飲終日、賜二五位已上衣衾一、甲午（十七日）、奏二雑舞并大歌五節舞等一、賜二由貴・主基両国国郡司役夫物一、各有レ差」（平城天皇大嘗祭）。

①の『書紀』応神天皇十九年条が、吉野の国栖奏の起源説話。悠紀・主基両斎国の国風（風俗）奏上は、②の『続紀』天応元年十一月・③の『日本後紀』大同三年十一月条に記されている。岡田精司氏は、国栖奏・語部の古詞奏上などの諸芸能は律令以前の古い新嘗儀礼を踏襲したものと指摘する。[26]

（二十六）大嘗宮の南庭において、皇太子以下・五位以上、跪いて八開手（やひらて）を打つこと。八開手は八回の拍手を四度繰り返すこと。本篇五〇六頁注十三参照。本篇五〇六頁に「皇太子以下・五位以上、就二庭中版一、跪拍レ手四度〔度別八遍、神語所レ謂八開手是也〕」とある。

拍手、八開手は次の史料に見える。

①「魏志倭人伝」に「見二大人所レ敬、但搏レ手以当二跪拝一」。

②『日本書紀』持統天皇四年正月戊寅（一日）条「物部麻呂朝臣樹二大盾一、神祇伯中臣朝臣大嶋読二天神寿詞一、畢忌部宿禰色夫知奉二上神璽劒鏡於皇后一、皇后即二天皇位一、公卿百寮、羅列匝拝、而拍レ手焉」（持統天皇即位式）。

③『皇太神宮儀式帳』六月月次祭条「大物忌父開二東宝殿一、御調糸進入畢、即罷出就二本座一訖、即四段拝奉、八開手拍〔弖〕、短手一段拍拝奉」。

①「魏志倭人伝」は、倭人の習俗として手を搏（う）ち、・跪拝することを伝える。②『書紀』持統天皇四年条は持統天皇即位記事で、即位式において、即位した天皇を拝み、手を打つ。八開手は、③の延暦二十三（八〇四）年成立の『皇太神宮儀式帳』に見える。

（二十七）安倍氏五位二人が、侍宿する文武官の分番以上の名簿を奏上すること。本篇五〇八頁に「座定安倍朝臣氏五位二人左右相分、共就レ位、奏二侍宿文武官分番以上簿一」とある。

安倍氏の侍宿官人の名簿奏上は、次の宝亀二年十一月の光仁天皇大嘗祭に見える。

①『続日本紀』宝亀二（七七一）年十一月癸卯（二十一日）条「御二太政官院一行二大嘗之事一、参河国為二由機一、因幡国為二須岐一、（中略）、内蔵頭従四位下阿倍朝臣息道・助従五位下阿倍朝臣草麻呂、奏二諸司宿侍名簿一、右大臣大中臣朝臣清麻呂奏二神寿詞一、弁官史奏二両国献物一」（光仁天皇大嘗祭）。

佐藤長門氏は、安倍氏が大嘗宮で侍宿官人の名簿を奏上することは、大化前代において安倍氏が内廷に供奉する中小伴造氏族を引率・統轄するという職掌に由来することを指摘する[27]。

（二十八）内膳司高橋朝臣一人は鰒汁漬を執り、安曇宿禰一人は海藻汁漬を執って神饌行立に供奉すること。本篇五〇八頁以下に「亥一刻供二御膳一、四刻撤レ之、其次第也、膳夫伴造一人執二火炬一前行〈提レ盆撲二灰炭一〉、（中略）、内膳司高橋朝臣一人執二鰒汁漬一次レ之、安曇宿禰一人執二海藻汁漬一次レ之、膳部六人各執二供神并供御雑物等一次レ之」とある。

神今食においても、高橋朝臣・安曇宿禰が神饌を供進する。『儀式』一の六月十一日神今食儀に「亥一刻薦二御膳一、其行立次第、（中略）、内膳司高橋朝臣一人〈執二鰒汁漬一〉、次安曇宿禰一人〈執二海藻汁漬一〉」と規定されている。

内膳司の高橋朝臣と安曇宿禰が神饌を供進することは、次の『高橋氏文』に見える。

①『本朝月令』六月十一日神今食祭事条所引『高橋氏文』に「高橋氏文云、太政官符神祇官、定下高橋・安曇二氏供二奉神事一御膳行立先後上事、右被二右大臣宣一偁、奉レ勅、如聞、先代所レ行、神事之日、高橋朝臣等立レ前供奉、安曇宿禰等、更无レ所レ争、但至二于飯高天皇御世一、霊亀二年十二月、神今食之日、奉膳従五位下安曇宿禰刀語二典膳従七位上高橋朝臣乎具須比一曰、刀者官長年老、請二立レ前供奉一、此時、乎具須比答云、神事之日、供二奉御膳一者、膳臣等之職、非二他氏之事一、而刀猶強論、乎具須比不レ肯、如レ此相論、聞二於内裏一、有二勅判一、累世神事、不レ可二更改一、宜二依レ例行レ之、自レ爾以来、无レ有二争論一（中略）、官宣二承知以為二永例一、符到奉行、延暦十一年三月十九日」[28]。

②「二条大路木簡」に「神今木　御服進　□□□□□　帛御袴一　赤帛下御袴一」の墨書木簡（奈良国立文化財研究所『平城京発掘出土木簡概報』三〇、二条大路木簡四、平成七年）。

③『続日本紀』神護景雲二（七六八）年二月癸巳（十八日）条「是日、勅、准レ令、以二高橋・安曇二氏一任二内膳司一者為二奉膳一、其以二他氏一任レ之者、宜名為レ正」。

①は、『本朝月令』六月十一日神今食（かむいまけ、じんこんじき）祭事条に引用される『高橋氏文』[29]の逸文。神今食は六月十一日と十二月十一日の月次祭の夜から翌朝にかけて、天皇が親祭される恒例祭祀。当該の同書に引かれる延暦十一（七九二）年三

月十九日の太政官符（神祇官宛）は、神饌供進の前後序列についての高橋氏と安曇氏との争論に決裁を下したものである。同官符によると、霊亀二（七一六）年十二月の月次祭の神今食において、奉膳従五位下安曇宿禰刀と典膳従七位上高橋朝臣乎具須比が御膳に供奉する。安曇宿禰刀が「官長年老」を理由に前立することを請うが、高橋朝臣乎具須比は神事の日に、前に立ち御膳に供奉することは膳臣（高橋氏）の職掌と述べる。両氏の争論は、累世神事の先例に従うという勅判により、一旦は決着することとなる。同官符によれば、神今食において高橋氏と安曇氏の両氏が神饌を供奉することは、霊亀二年まで遡って確認される。

②は、天平八（七三六）年前後に神今食が斎行されていたことを示す木簡。「二条大路出土木簡」は、天平八年を中心とする年紀を持ち、聖武天皇や光明皇后に関わる木簡群で、「神今木　御服進」の墨書木簡はＳＤ五一〇〇より出土した。西本昌弘氏は、同木簡より天平八年前後に神今食が斎行されていたことが確認され、さらに、『釈日本紀』巻六の「今云二神今食一者、古謂二之神今木一矣」の記事を根拠として、同木簡の「神今木」は古い表記法を伝えたものとする。[30] なお、神今食の国史上の初見は、『続紀』延暦九年（七九〇）六月十三日条である。

③『続紀』神護景雲二年二月条からも、令制以前からの職能を踏まえて、内膳司長官の奉膳は主として高橋・安曇二氏より任用されたことが窺える。

（二十九）神饌を二度親供されること。悠紀の御膳は亥一刻（午後九時）に供饌、亥四刻（午後十時半）に撤饌。主基の御膳は寅一刻（翌日の午前三時）に供饌、寅四刻（翌日の午前四時半）に撤饌される。本篇五〇八頁に「亥一刻供二御膳一、四刻撤レ之」、五一四頁に「寅一刻供二主基御膳一、進退亦如二悠紀一」とある。

神今食においても、夕御膳は亥一刻に供饌、同四刻に撤饌。暁御膳は翌日未明の寅一刻に供饌、同四刻に撤饌される（『儀式』一の六月十一日神今食儀）。

神今食に神饌が供進されること、また、神饌が夕御饌・朝御饌の二度供進されることは、次の史料に見える。

①『本朝月令』六月十一日神今食祭事条所引『高橋氏文』延暦十一年太政官符（（二十八）①参照）。

②『皇大神宮儀式帳』神嘗祭供奉行事条「上件器盛満〔弖〕、内院御門〔爾〕持参入〔弖〕、亥時始至二于丑時一、朝御饌・夕御饌二度供奉畢」。

①は、神今食において神饌が供進される初見史料。（二十八）項目を参照。

②は、伊勢神宮神嘗祭の由貴大御饌（ゆきのおほみけ）で、内宮正殿に大物忌（おほものいみ）・宮守物忌（みやもりのものいみ）・地祭物忌（とこまつりのものいみ）が、亥時に夕大御饌（ゆふべのおほみけ）を、翌日未明の丑時に朝大御饌（あしたのおほみけ）を供進した。

(三十)辰日、豊楽殿上の悠紀帳に着御した天皇に、神祇官の中臣は賢木を捧げ、版に就き、跪いて天神寿詞（あまつかみのよごと）を奏上、忌部は神璽の鏡剣を奉上すること。五二四頁に「辰二刻車駕幸二於豊楽院一、須臾留二清暑堂一、乃御二悠紀帳一、所司開二豊楽・儀鸞両門一、皇太子入レ自二東北掖門一〔待二親王以下就レ版一乃入〕、親王已下・五位以上左右相分、入レ自二儀鸞門東西戸一各就レ版、六位以下相続参入、立定、神祇官中臣捧二賢木一、入レ自二儀鸞門東戸一就レ版、跪奏二天神之寿詞一〔群臣共跪〕、忌部奉二神璽之鏡剣一共退出」とある。

　中臣の天神寿詞奏上と忌部の神璽鏡剣奉上は、次の史料に見える。

①『日本書紀』持統天皇四年正月戊寅（一日）条「物部麻呂朝臣樹二大盾一、神祇伯中臣朝臣大嶋読二天神寿詞一、畢忌部宿禰色夫知奉二上神璽剱鏡於皇后一、皇后即二天皇位一、公卿百寮、羅列匝拝、而拍レ手焉」（持統天皇即位式）。

②『日本書紀』持統天皇五（六九一）年十一月条に「十一月戊辰、大嘗、神祇伯中臣朝臣大嶋読二天神寿詞一」（持統天皇大嘗祭）。

③「神祇令践祚条」に「凡践祚之日、中臣奏二天神之寿詞一、忌部上二神璽之鏡剣一」。

④『続日本紀』宝亀二（七七一）年十一月癸卯（二十一日）条「御二太政官院一行二大嘗之事一、参河国為二由機一、因幡国為二須岐一、（中略）、内蔵頭従四位下阿倍朝臣息道・助従五位下阿倍朝臣草麻呂、奏二諸司宿侍名簿一、右大臣大中臣朝臣清麻呂奏二神寿詞一、弁官史奏二両国献物一」（光仁天皇大嘗祭）。

　①の『書紀』持統天皇四年正月条の持統天皇即位記事が、中臣氏の天神寿詞奏上と、忌部氏の神璽鏡剣奉上の両儀が見える文献上の初見。③の「神祇令」践祚条は、天神寿詞奏上と神璽鏡剣奉上を即位式の儀と規定する。一方、大嘗祭においても中臣氏が天神寿詞を奏上する。②の『書紀』持統天皇五年十一月条の持統天皇大嘗祭記事がその初見で、④『続紀』宝亀二年十一月条の光仁天皇大嘗祭でも寿詞奏上が確認される。天神寿詞奏上と神璽鏡剣奉上の儀は、即位式が唐風化に整備される過程で、その奏上・奉上の儀を大嘗祭に移し、桓武天皇大嘗祭から「大嘗祭辰日前段行事」として定着したと考えられる[31]。

　天神（中臣）寿詞は、天仁元（一一〇八）年の鳥羽天皇大嘗祭、康治元（一一四二）年の近衛天皇大嘗祭に奏上された詞章が伝存している。現存の天神（中臣）寿詞は、院政期のものであり、前半部の「天孫降臨神話」に基づいた「天つ水」の由来譚と、後半部の大嘗祭の詞章、より構成されている。土橋寛氏は、本文の構造・表記法（現御神〔止〕大八嶋国所知食〔須〕大倭根子天皇）から、現存の天神寿詞の作成年代を持統天皇朝と考定されている[32]。

(三十一)午日（豊明節会）、悠紀・主基両斎国の国司等を昇叙させること。午日、天皇が清暑堂より出御され、豊楽殿上の高御

座に着御される（本篇五五八頁）。本篇五六八頁に「宣命大夫下レ殿、進就レ版宣制、其詞云『天皇〔我〕大命〔良萬止〕勅大命〔乎〕、諸聞食〔止〕宣』、皇太子先称唯、次親王以下共称唯、皇太子先再拝、次親王已下共再拝、更宣云『悠紀・主基〔爾〕奉仕〔留〕両国〔乃〕国司等、日夜無二怠事一〔久〕務結〔利〕、勤〔之久〕奉仕〔爾〕依〔天〕治賜〔布〕、又奉仕人等中〔爾〕、其仕奉〔留〕状〔乃〕随〔爾〕治賜人〔毛〕在、又御意〔乃〕愛盛〔爾〕治賜人人〔毛〕一二在、故是以冠位上賜治賜〔波久止〕詔天皇〔我〕大命〔乎〕、衆聞食〔止〕宣』」とある。

悠紀・主基両斎国の国司・郡司への叙位は、次の史料に見える。

①『日本書紀』天武天皇二（六七三）年十二月条「丙戌（五日）、侍二奉大嘗一中臣・忌部及神官人等、并播磨・丹波二国郡司、亦以下人夫等、悉賜レ祿、因以郡司等、各賜二爵一級一」（天武天皇大嘗祭）。

②『続日本紀』和銅元（七〇八）年十一月条「己卯（二十一日）、大嘗、遠江・但馬二国、供二奉其事一、辛巳（二十三日）、宴二五位以上于内殿一、奏二諸方楽於庭一、賜レ禄各有レ差、癸未（二十五日）、賜二宴職事官六位以下一、訖賜二絁各一疋一、乙酉（二十七日）、神祇官及遠江・但馬二国郡司、并国人男女惣一千八百五十四人、叙レ位賜レ禄各有レ差」（元明天皇大嘗祭）。

③『続日本紀』霊亀二（七一六）年十一月条「辛卯（十九日）、大嘗、親王已下及百官人等、賜レ禄有レ差、由機遠江・須機但馬国郡司二人進二位一階一」（元正天皇大嘗祭）。

④『続日本紀』天平勝宝元（七四九）年十一月条に「乙卯（二十五日）、於二南薬園新宮一大嘗、以二因幡一為二由機国一、美濃為二須岐国一、丙辰（二十六日）、宴二五位已上一、授二従三位三原王正三位一…（以下叙位記事）…、丁巳（二十七日）、宴二五位已上一、賜レ禄有レ差、戊午（二十八日）、賜二饗諸司主典已上一、賚レ禄有レ差、番上人等、亦在二禄例一、己未（二十九日）、由機・須岐国司、従五位上小田王授二正五位下一、正四位下大伴宿禰兄麻呂正四位上、従四位下大伴宿禰古慈悲・背奈王福信並従四位上、正六位上津嶋朝臣雄子従五位下一、軍毅已上叙二位一級一、又国司及軍毅・百姓賜二饗并禄一」（孝謙天皇大嘗祭）。

⑤『続日本紀』天平宝字二（七五八）年十一月条「辛卯（二十三日）、御二乾政官院一、行二大嘗之事一、丹波国為二由機一、播磨国為二須岐一、癸巳（二十五日）、御二閤門一、宴二於五位已上一、賜レ禄有レ差、（中略）、乙未（二十七日）、神祇官人及由機・須岐両国々郡司等、並加二位階一、并賜レ禄有レ差、授二播磨介従五位下上毛野公広浜従五位上、丹波守外従五位下大蔵忌寸麻呂従五位下一」（淳仁天皇大嘗祭）。

斎国郡司への昇叙は、①の『書紀』天武天皇二年十二月条の天武天皇大嘗祭から見える。②『続紀』和銅元年十一月条の「遠江・但馬二国郡司」を「遠江・但馬の二の国郡司」と訓読する本があるが[33]、③『続紀』霊亀二年十一月条の「由機遠江・須機但馬国郡司二人進二位一階一」を「由機遠江・須機但馬の国郡司二人」とは訓読できないこと、⑤『続紀』天平宝字二年十一月条が「由機・須岐両国々郡司等、並加二位階一」と表記していることより、

②は「遠江・但馬二国の郡司」と解釈する。従って、②・③の記事は共に斎郡郡司への叙位であり、斎国国司への叙位は④の記事が初見となる。

(三十二)午日、吉野国栖の歌笛奏上と贄献上、伴・佐伯両氏の久米舞奏上、安倍氏の吉志舞奏上、悠紀・主基両国の風俗楽奏上、大歌并びに五節舞奏上、雅樂寮の立歌奏上のこと。五七六頁に「吉野国栖於二儀鸞門外一、奏二歌笛一并献二御贄一、訖伴・佐伯両氏率二舞人一入レ自二儀鸞門一〔左伴氏、右佐伯氏、五位已上相分而列〕、就二中庭床子一〔所司預設〕、奏二久米舞一〔廿人、二列而舞〕、訖退出、次安倍氏人〔五位已上相分而列〕、奏二吉志舞一〔出入門并人数行列等、同二久米舞一〕、訖退出、次悠紀・主基両国司率二歌人・歌女一入二同門東西戸一、就二左右幄一、奏二風俗楽一、歌舞一曲退出、次奏二大歌并五節舞一、…(皇太子以下五位以上、共に拝舞)…、次治部・雅楽率二工人一奏二立歌一、訖退出」とある。

吉野国栖の歌笛奏上と贄献上は、(二十五)項目の①に記事がある。

久米舞は、神武天皇が菟田の兄猾(うだのえうかし)を討たれた時の戦勝の歌(久米歌)に、舞をつけた歌舞。本篇五七六頁注十六参照。久米歌は、『日本書紀』神武天皇即位前紀戊午年八月条に記載されている。久米舞は、『続日本紀』天平勝宝元(七四九)年十二月丁亥(二十七日)条に「是日、百官及諸氏人等咸会二於寺一、請二僧五千一、礼仏読経、作二大唐渤海呉楽、五節田儛・久米儛一、因奏二大神一品、比咩神二品一」と見え、また、「職員令集解雅楽寮条」所引「尾張浄足説」に「大伴弾レ琴、佐伯持レ刀儛、即斬二蜘蛛一、唯今琴取二人、儛人八人、大伴・佐伯不レ別也」と説明されている。さらに、『三代実録』貞観元(八五九)年十一月十九日条の清和天皇大嘗祭に、伴・佐伯の両氏が久米舞を奏上したことが記されている。

吉志舞は、『北山抄』五大嘗会事によれば、安倍氏・吉志氏・大国氏・三宅氏・日下部氏・難波氏が供奉する。舞人は二十人、楽人も二十人で、甲冑を着し、楯桙を持ち抜刀して舞うとする。本篇五七八頁注三参照。『続紀』天平六(七三四)年三月丙子(十五日)条の「摂津職奏二吉師部楽一」が、吉志舞の初見。『三代実録』貞観元(八五九)年十一月十九日条の清和天皇大嘗祭に、安倍氏が吉志舞を奏上したことが見える。

悠紀・主基両国の風俗楽奏上は、(二十五)項目の②③に記事がある。

⑥大歌は、元日節会・白馬(あをうま)節会・踏歌節会、新嘗祭・大嘗祭の節会などで歌われた古来の歌謡。本篇五七八頁注十参照。五節舞は新嘗祭・大嘗祭の豊明節会などに奏される五節舞姫の舞。本篇五七八頁注十一参照。大歌・五節舞の奏上は、(二十五)項目の②③に記事がある。五節舞は、『続紀』天平十四(七四二)年正月壬戌(十六日)条に「天皇御二大安殿一、宴二群臣一、酒酣奏二五節田舞一」・同十五年五月癸卯(五日)条に「宴二群臣於内裏一、皇太子親儛二五節一」とあり、また、「職員令集解雅楽寮

条」所引「尾張浄足説」に「五節儛十六人」と見える。

　立歌は本篇五八〇頁注七参照。立歌も、「職員令集解雅楽寮条」所引「尾張浄足説」に「立歌二人」と見える。

（三十三）午日、豊明節会の宣命文のこと。五八六頁に「宣命大夫下レ殿就レ版、宣制云『天皇〔我〕詔旨〔良末止〕宣〔不〕大命〔乎〕、衆聞食〔閉止〕宣』、皇太子以下稱唯再拝、更宣云『今日〔波〕大嘗〔乃〕直会〔乃〕豊楽聞食日〔爾〕在、故是以黒〔岐〕白〔岐乃〕御酒、赤丹〔乃〕穂〔爾〕食〔恵良岐〕罷〔止〕為〔氏奈毛〕、常〔毛〕賜御物賜〔久止〕宣』」とある。
　ほぼ同文の宣命文は、称徳天皇大嘗祭の宣命に見える。
①『続日本紀』天平神護元（七六五）年十一月庚辰（二十三日）条「又詔曰、今勅〔久〕、今日〔方〕大新嘗〔乃〕猶〔良比乃〕豊明聞行日〔仁〕在、…（仏の弟子で菩薩戒をうけたことを述べる）…、由紀・須岐二国〔乃〕献〔礼留〕黒紀・白紀〔乃〕御酒〔乎〕、赤丹〔乃保仁〕多末倍良伎、常〔毛〕賜酒幣〔乃〕物〔乎〕賜〔方利〕、以〔天〕退〔止〕為〔天奈毛〕御物賜〔方久止〕宣」（称徳天皇大嘗祭宣命）。

（三十四）未日、神祇官並びに諸司の六位以下官人と、悠紀・主基両斎国の国郡司以下役夫に至る迄に、禄を賜うこと。五九六頁に「未日、賜二神祇官并諸司六位以下官人以下及両斎国国郡司・役夫以上禄一、其儀也」、六〇四頁に「宣制『神祇官人等〔乎〕始〔氏〕、大嘗会〔爾〕参来〔氏〕、仕奉〔流〕悠紀・主基両国司・郡司・百姓及司司人〔止毛〕、番上以上〔爾〕、御物賜〔布〕、又卜食〔留〕二郡司〔爾波〕、特御物加賜〔波久止〕宣』」とある。
　神祇官並びに諸司の六位以下官人と、悠紀・主基両斎国の国郡司以下役夫への賜禄は、次の史料に見える。
①『日本書紀』天武天皇二（六七三）年十二月丙戌（五日）条「侍二奉大嘗一中臣・忌部及神官人等、并播磨・丹波二国郡司、亦以下人夫等、悉賜レ禄。因以郡司等、各賜二爵一級一」（天武天皇大嘗祭）。
②『日本書紀』持統天皇五（六九一）年十一月条「十一月戊辰、大嘗、神祇伯中臣朝臣大嶋読二天神寿詞一、壬辰（二十五日）、賜二公卿食衾一、乙未（二十八日）、饗二公卿以下至二主典一并賜二絹等一、各々有レ差、丁酉（三十日）、饗下神祇官長上以下、至二神部等一、及供奉播磨・因幡国郡司以下、至中百姓男女上、并賜二絹等一、各有レ差」（持統天皇大嘗祭）。
③『続日本紀』和銅元（七〇八）年十一月条「己卯（二十一日）、大嘗、遠江・但馬二国、供二奉其事一、辛巳（二十三日）、宴二五位以上于内殿一、奏二諸方楽於庭一、賜レ禄各有レ差、癸未（二十五日）、賜二宴職事六位以下一、訖賜二絁各一疋一、乙酉（二十七日）、神祇官及遠江・但馬二国郡司、并国人男女惣一千八百五十四人、叙レ位賜レ禄各有レ差」（元明天皇大嘗祭）。
④『続日本紀』神亀元（七二四）年十一月条に「己卯（二十三日）、大嘗、備前国為二由機一、播磨国為二須機一、従五位下石上朝

臣勝男、石上朝臣乙麻呂、従六位上石上朝臣諸男、従七位上榎井朝臣大嶋等、率二内物部一、立二神楯於斎宮南北二門一、辛巳（二十五日）、宴二五位已上於朝堂一、因召二内裏一、賜二御酒并禄一、壬午（二十六日）、賜二饗百寮主典已上於朝堂一、又賜二无位宗室、諸司番上及両国郡司并妻子、酒食并禄一」（聖武天皇大嘗祭）。

⑤『続日本紀』天平勝宝元（七四九）年十一月条に「乙卯（二十五日）、於二南薬園新宮一大嘗、以二因幡一為二由機国一、美濃為二須岐国一、丙辰（二十六日）、宴二五位已上一、授二従三位三原王正三位一…（以下叙位記事）…、丁巳（二十七日）、宴二五位已上一、賜レ禄有レ差、戊午（二十八日）、賜二饗諸司主典已上一、賚レ禄有レ差、番上人等、亦在二禄例一、己未（二十九日）、由機・須岐国司、従五位上小田王授二正五位下一、正四位下大伴宿禰兄麻呂正四位上、従四位下大伴宿禰古慈悲・背奈王福信並従四位上、正六位上津嶋朝臣雄子従五位下一、軍毅已上叙二位一級一、又国司及軍毅・百姓賜二饗并禄一」（孝謙天皇大嘗祭）。

⑥『続日本紀』天平宝字二（七五八）年十一月条に「辛卯（二十三日）、御二乾政官院一、行二大嘗之事一、丹波国為二由機一、播磨国為二須岐一、癸巳（二十五日）、御二閤門一、宴二於五位已上一、賜レ禄有レ差、甲午（二十六日）、饗二内外諸司主典已上於朝堂一、賜二主典已上、番上及学生等六千六百七十余人布綿一有レ差。其明経・文章・明法・音・竿・医・針・陰陽・天文・暦・勤公・勤産・工巧・打射等五十七人、賜二絁人十絇一、文人上レ詩者、更益二十絇一、乙未（二十七日）、神祇官人及由機・須岐両国々郡司等、並加二位階一、并賜レ禄有レ差、授二播磨介従五位下上毛野公広浜従五位上、丹波守外従五位下大蔵忌寸麻呂従五位下一」（淳仁天皇大嘗祭）。

悠紀・主基両斎国の郡司から役夫に至るまで、賜禄に与ることは、①の天武天皇二年の天武天皇大嘗祭より見える。②の持統天皇五年十一月の持統天皇大嘗祭では、神祇官の長上以下神部までと、両斎国の郡司以下百姓男女への賜禄が記されている。③の和銅元年十一月の元明天皇大嘗祭には、職事官の六位以下と、両斎国の郡司以下国人男女総て一八五四人が賜禄に与っている。諸司の番上までの賜禄は、④の神亀元（七二四）年十一月の聖武天皇大嘗祭に見える。斎国国司以下百姓までの賜禄が末日に固定するのは、⑤の天平勝宝元（七四九）年十一月条の孝謙天皇大嘗祭からであろう。⑥の天平宝字二年十一月の淳仁天皇大嘗祭では、諸司の番上、及び学生等六六七〇余人に賜禄とある。

(三十五)末日、斎国司（守・介・掾・目）の妻、国史生・国博士・国医師の妻、斎郡司（大領・少領・主政・主帳）の妻、斎郡以外の諸郡司（大領・少領・主政・主帳）の妻に禄を賜うこと。

本篇六一八頁に「勅使内侍於二中重一、対二勘見参国司以下・郡司以上妻一賜レ禄、其禄法也、守・介妻各絹六疋、綿廿屯、調布十端」とある。

郡司の妻への賜禄は、次の神亀元年十一月の聖武天皇大嘗祭に見える。

①『続日本紀』神亀元（七二四）年十一月条に「己卯（二十三日）、大嘗、備前国為二由機一、播磨国為二須機一、（中略）、辛巳（二十五日）、宴二五位已上於朝堂一、因召二内裏一、賜二御酒并禄一、壬午（二十六日）、賜二饗百寮主典已上於朝堂一、又賜二无位宗室、諸司番上及両国郡司并妻子、酒食并禄一」（聖武天皇大嘗祭）。

以上、三十五の項目に亙り、「践祚大嘗祭儀　上・中・下」に規定されている各祭儀・行事及びその構成要素が、何時まで遡及するのかという問題意識を基に具体的な確認作業を行った。史料上辿り得た結果を記すと、以下のようになる。

○天武天皇朝―（一）定月規定、（二）悠紀・主基国郡卜定、（三十一）斎国の国郡司への叙位、（三十四）斎国の国郡司以下役夫まで賜禄、の四項目。

○持統天皇朝―（二十六）拍手、（三十）中臣の天神寿詞奏上と忌部の神璽鏡剣奉上（但し、両儀が共に大嘗祭儀となるのは桓武天皇大嘗祭から）、の二項目。

○文武天皇朝―（十九）卯日祭日、（二十一）大嘗宮南北門に楯戟を樹立、の二項目。

○奈良時代初期―（二十八）高橋・安曇の神饌供奉、の一項目。

○奈良時代前期―（九）黒木構作・倒葺、（十）参河の絹糸と繒服、（十一）楯戟製作と紀伊国忌部、（十五）散斎・致斎と斎戒、（二十）卯日班幣、（二十二）隼人の発声（犬声）と風俗歌舞、（二十四）中臣・忌部・猿女の大嘗宮渡御随伴、（二十五）国栖奏、（三十二）吉志舞、（三十二）五節舞、（三十五）斎国の国郡司の妻への賜禄、の十一項目。

○奈良時代中期―（四）大祓使発遣、（十六）白酒・黒酒、（十七）大嘗宮構作、（三十二）久米舞、（三十三）豊明節会の宣命文、の五項目。

○奈良時代後期―（二十一）大嘗宮の南門開閉、（二十五）斎国の国風奏、（二十七）侍宿の文武官名簿奏上、（三十二）大歌、の四項目。

○平安時代初期―（三）検校・行事任命等、（五）近江・伊賀・伊勢三国への大祓使発遣、（八）抜穂使発遣、（十三）麁服奉織と阿波国忌部、（十四）御禊行幸、（二十三）標山、（二十六）八開手、の七項目。

○平安時代前期―（六）天神地祇奉幣使発遣、（七）由加物使発遣、（十二）物部・門部・語部貢進、（十八）椎枝（しひのわゐ）、（二十九）神饌の二度供進、の五項目。

なお、右の項目分類の総計が四十一項目となるのは、（二十一）は「大嘗宮南北門に楯戟樹立」・「大嘗宮の南門開閉」の二項目、（二十五）は「国栖奏」・「斎国の国風奏」の二項目、（二十六）は「拍手」・「八開手」の二項目、（三十二）は「吉志舞」・「五節舞」・「久米舞」・「大歌」の四項目を、年代に従い更に分類したためである。

検証すべき項目はまだ残されており、また、間接的な証明に終始した項目もあるが、右に掲げた三十五項目（総計四十一項目）

の多くは、史料上、少なくとも奈良時代の前期または中期迄遡ることが確認される。更に、大嘗祭が創出された天武天皇・持統天皇朝まで遡り得る項目も確認される。

上の分類結果を基に、憶測を加えて言うならば、「儀式　践祚大嘗祭儀」規定の諸祭儀・行事の多くは、平安時代以降に追加・改変された諸儀を除けば、奈良時代前・中期に、またそれ以前に遡及し、概ね、持統天皇大嘗祭を範として継承したものであろう。そのことを換言すれば、大嘗祭は、持統天皇大嘗祭において重要な中核となる祭祀・行事次第が確立していたということになる。

五　即位式と大嘗祭

大嘗祭の祭祀・行事については、本篇において「儀式　践祚大嘗祭儀」に従い詳記した。本節では、視点を転じて、大嘗祭の前に挙行される即位式について述べ、その比較から、大嘗祭の本質の一端に言及したい。

即位式と元日朝賀式は共に大儀（「左近衛府式」大儀条に「大儀〈謂二元日・即位、及受二蕃国使表一〉」とある）と規定され、儀式次第は、『儀式』巻五「天皇即位儀」・巻六「元正受朝賀儀」に、古代の完成された即位式・元日朝賀式が詳細に規定されている。儀式次第・鋪設・儀仗は、即位式と元日朝賀式は概ね同一規定である。

即位式は朝堂院において挙行される。『儀式』によると、即位式の当日には、大極殿中階より南の十五丈四尺の地点（龍尾道上）に銅烏幢（どうのどう）が樹てられ、その東に日像幢、朱雀旗、青龍旗が樹てられる。銅烏幢の西には月像幢、白虎旗、玄武旗が樹てられる。蒼龍・白虎両楼北辺に龍像纛幡（りゅうぞうとうばん）・鷹像幡・小幡、龍尾道東西階下に虎像纛幡・熊像幡・小幡が立てられ、さらに昭慶・会昌・応天・朱雀・宣政・章善等諸門に種々の幡が林立し、鉦鼓・香桶等が庭上（朝堂院の朝庭）の所定の場所に設置される。

近衛府以下の各衛府は各々所定の場所に分陣する（近衛府―蒼龍・白虎両楼北辺、兵衛府―龍尾道東西階下、衛門府―会昌門・応天門・朱雀門・宣政門・章善門及び諸掖門。番上隼人三十人、今来隼人二十人、白丁隼人百三十二人は応天門外の左右に分陣する。朱雀門外より教業・豊財両坊小路に到るまでは衛士が隊している。

そして、大舎人寮官人は、威儀物（威儀を示す品―屏繖・円翳・円羽・弓・箭・太刀・桙・杖・如意・蝿払・笠・挂甲）を執る舎人を帥いて近衛陣の北一丈の所に列立する。又、内蔵寮と大蔵省の官人も威儀の柳筥を頸に懸け胸に抱いた蔵部を率いて列立し、続いて掃部寮官人は胡床を持つ掃部を、主殿寮官人は黄袍を着した殿部を夫々率いて列立する。礼服を着した主殿・図書両寮官人は前庭に設置された爐の東西に列する。

儀仗が整うと、辰一刻（午前七時頃）、天皇は建礼門より出て大極殿の後房に出御される。大極殿殿上には、奉翳女孺（ほうえいのにょじゅ）十八人、褰帳命婦（けんちょうのみょうぶ）二人、

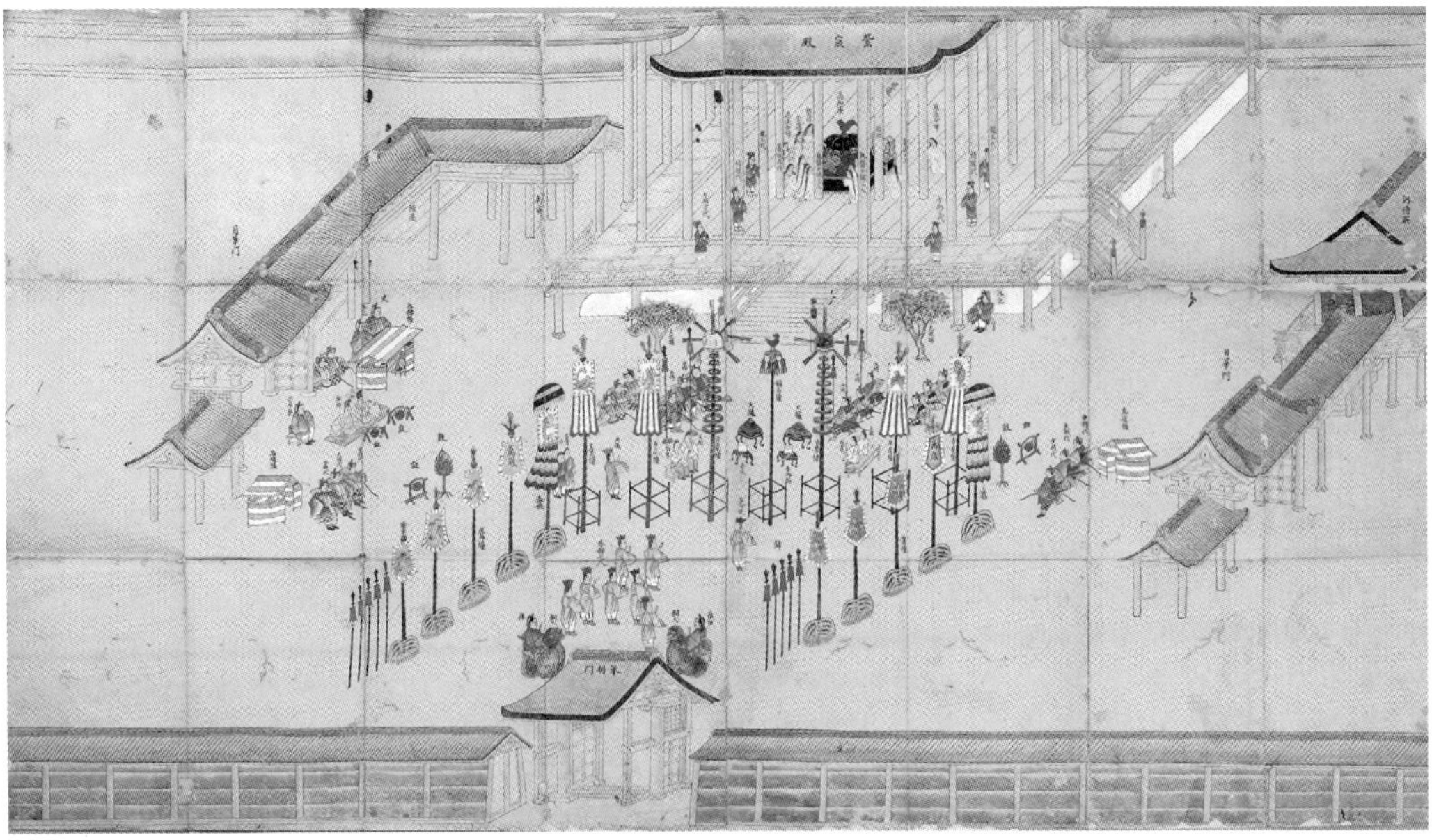

図版(1)　御即位庭上之図

威儀内命婦四人が所定の座に就く。門部が会昌門を開くと、諸門も同時に開門。五位以上が会昌門東西戸より朝堂院に参入し、庭上の位に就く。次いで、六位以下刀祢が左右に分かれ同門より参入し、庭上の位に就く。親王は顕親門より入り、庭上の位に就く。

　冕服（べんぷく）を着した天皇が大極殿の中央に鋪設された高御座（たかみくら）に着御し、御座定めの命婦四人が引還すると、「褰二御帳一鉦」が撃たれる。鉦を合図に、東西の座から各々九人の女孺が高御座の前の南廂まで進み、左右三列で、長翳・中翳・短翳の翳（さしば）を高御座の前面に差し出す（『北山抄』巻五に「二九女孺奉レ翳〈出レ自二第二間一、更経二少納言後一、進二御前南廂一立二三行一奉レ之、長翳在レ内・中翳在レ中・短翳在レ外〉」とある）。褰帳の命婦二人は高御座の南面の帳を褰（かか）げ、元の座に復し、奉翳の女孺は左右から差し出していた翳を伏せ、元の座に還る。ここに、新帝の龍顔（りゅうがん）が、庭上の群臣の前に現れ、「宸儀(天子)初見」となる。仗を執るものは共に警を称し、庭上に列立する群官は磬折（身を曲げて礼をする）し、諸仗は座す。

　主殿・図書寮両官人の各二人は庭上の爐に就いて香を焼く。典儀（少納言）が再拝と曰うと賛者（典儀の補役）が承伝し、庭上の王公百官一同再拝。宣命大夫が版位に就き即位宣命を宣制する。

　この『儀式』巻五「天皇即位儀」が即位式の規範となり、以後、連綿と継承され、大極殿焼亡後は紫宸殿を会場として挙行されることとなる。図版(1)「御即位庭上之図」（小原家文庫　資料番号

図版(2)　冕冠

一一八、一鋪、紙本彩色図㉞は、江戸時代の紫宸殿における即位式絵図で、高御座前の奉翳女孺が翳を開け、高御座に着御される新帝の龍顔が、庭上の群臣の前に現れようとする瞬間を描いたものである。

高御座に着御し、群臣の拝礼を受けられる天皇の礼服は、衮冕十二章（こんべんじゅうにしょう）である。衮冕十二章（冕服）とは、古代より、幕末の孝明天皇まで、ほぼ一千年以上、即位式の大儀において、天皇が着用された礼冠と礼服のことで、冕冠と衮衣（こんえ）とも言う。

冕服着服の文献上の初見記事は、聖武天皇の朝賀記事で、『続日本紀』天平四（七三二）年正月一日条に「御二大極殿一受レ朝、天皇始服二冕服一」とある。その後、弘仁十一（八二〇）年二月二日の嵯峨天皇の詔により、「帛衣」、「衮冕十二章」、「黄櫨染(こうろぜん)衣」の着用規定が定められる（『日本紀略』）。

二月甲戌、詔曰、云々、其朕大小諸神事及季冬奉二幣諸陵一、則用二帛衣一、元正受朝則用二衮冕十二章一、朔日受朝、同聴レ政、受二蕃国使一、奉幣及大小諸会、則用二黄櫨染衣一

大小の諸神事及び季冬の諸陵奉幣には帛衣、元日朝賀には衮冕十二章、朔日受朝・同聴政、蕃国使の朝を受く、奉幣及び大小の諸会では黄櫨染衣を用いる事が定められた。

図版(2)から(8)は、「文安御即位調度之図」（小原家文庫　資料番号一五二、一軸、巻子本、墨書、一部彩色）㉟の書写奥書の後に描かれている衮冕十二章図である。奥書によれば、本品は天保九（一八三八）年八月に書写された。

衮冕十二章は、冕冠と衮衣によって構成される。冕冠は（図版(2)参照）、金銅製の円筒形透金物を周囲にめぐらした天冠、その天冠中央に管を立て、冕板（長方形の枠の四隅に針金を菱形に入

図版(3)　衮衣正面

図版(4)　衮衣背面

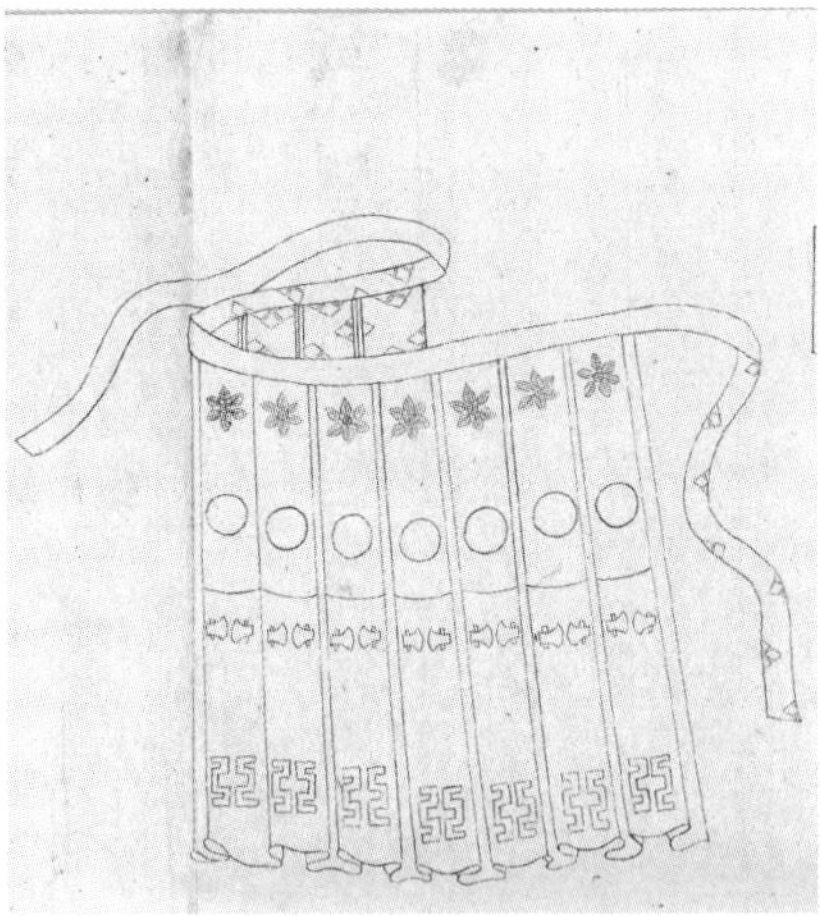

図版(5)　裳

図版(6)　小袖

れ、羅を貼ったもの）を固定して形成する。冕板の前後・左右の四方にそれぞれ、玉を貫いた糸縄十二旒を垂らし、頂上に火焔、前立には日形という、三本足の烏が描かれた光輪の徽（き）を立て、左右の紐で顎に括る[36]。

袞（衮）衣は（図版(3)(4)参照、(3)は正面、(4)は背面）、赤色地の、袖口の広い大袖形式の表着で、龍模様の縫取りより、袞龍御衣（こんりゅうのぎょい）とも称される。

袞衣正面（図版(3)参照）には、左肩に日（太陽の中に烏、孝明天皇の袞衣の日形では三本足の烏）、右肩には月（月の中には不死の仙薬を搗く兎、孝明天皇の袞衣の月形では蟾蜍〈ひきがえる〉と不死の仙薬を搗く兎）、左右の大袖に昇龍、身に龍・山・雉子（華虫のこと、雉子の異名とされる）・火炎・虎猿（宗廟に供えおく礼器である宗彝のこと、宗彝に虎・猿図が描かれていたので、虎・猿で表示したとする解釈がある）、の紋様を刺繡で表わしている。

袞衣背面（図版(4)参照）には、左肩に日、右肩には月、背の上方に北斗七星、左右の大袖に昇龍、身に龍・山・雉子・火炎・虎猿、の紋様を刺繡で表わしている。従って、表着である袞衣には、日・月・北斗七星・龍・山・雉子・火炎・虎猿の八章の紋様が配されている。

袞衣の下は、袴を穿き、その上に、袞衣と同じ赤色地の裳（古くは褶〈ひらみ〉）を纏う。裳（図版(5)参照）には、藻（も）・粉米（米または米を砕いたものとする解釈がある）・黼（斧〈おの〉の形を縫い取った紋様）・黻（黒と青色を相交えて己の字を左右対称の形に

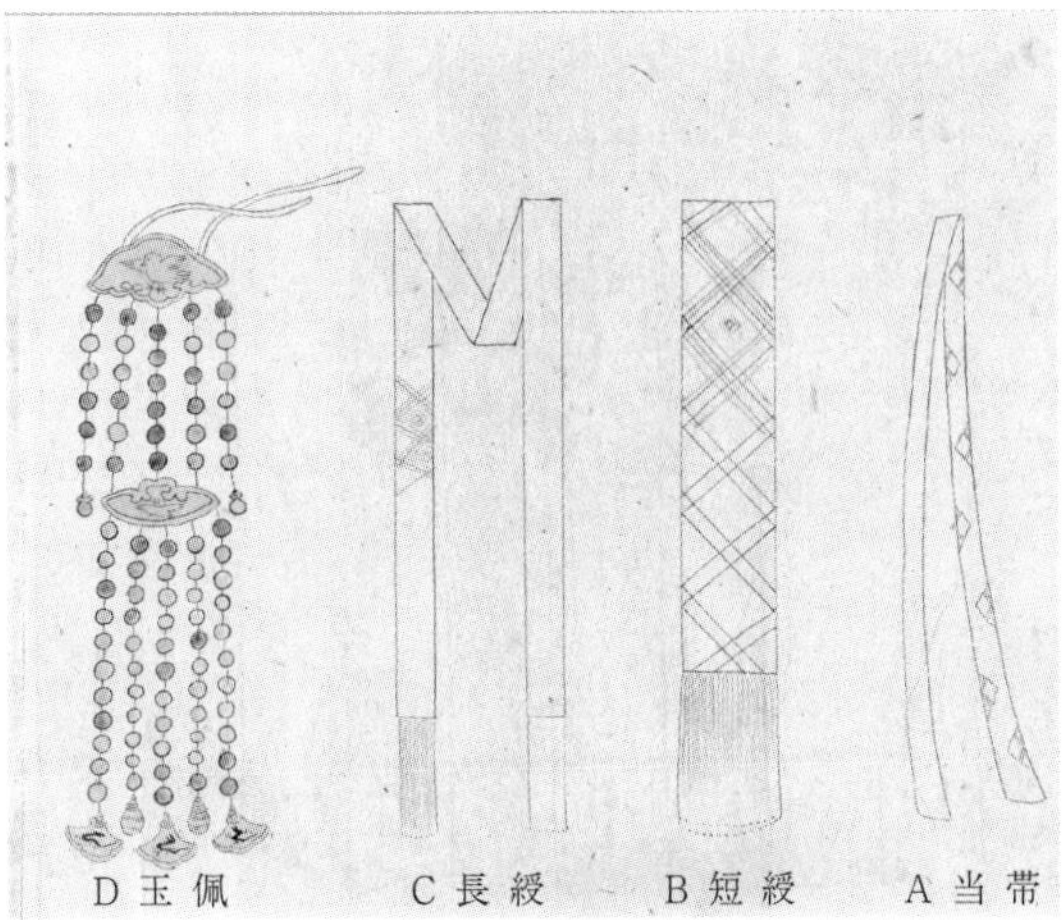

図版(7)

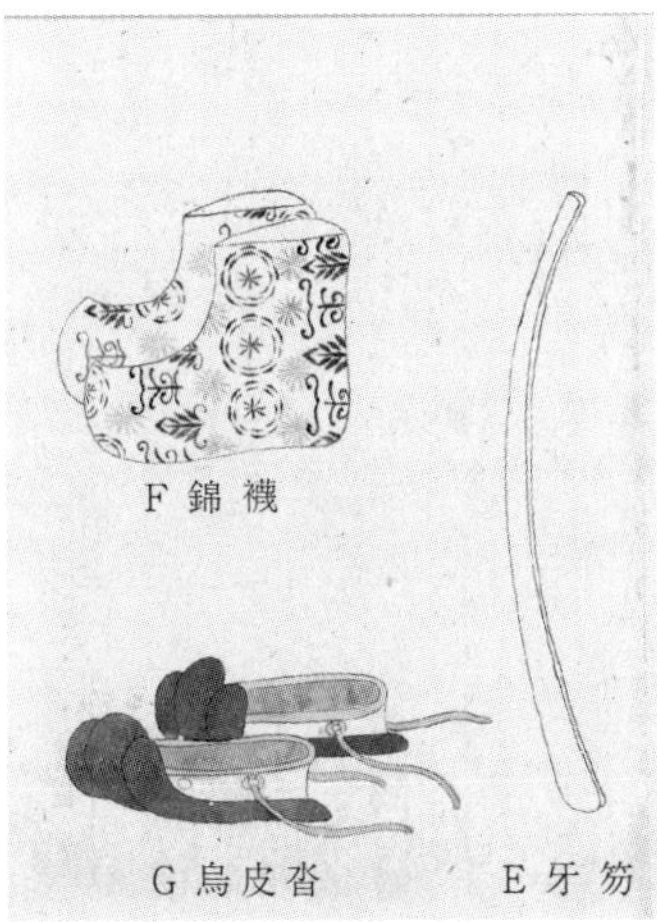

図版(8)

縫い取った紋様）、の四章の紋様が刺繍で表されている。袞衣の八章と裳の四章を合わせ、袞冕十二章となる。

図版(6)が小袖、袞衣の内に着用する。当帯または下帯と称する帯が、図版(7)のAである。図版(7)のBとCは綬で、二種類あり、Bが短綬、Cが長綬。図版(7)のDが玉佩（ぎょくはい）で、上方と中央あたりに雲形金物があり、玉に紐を通して垂れ下げている。短綬・長綬及び玉佩の付け方・位置については解釈が分かれるが、『西宮記』臨事三・装束の朝拝条・天皇即位条（後述）を参考にすれば、古式としては、長綬を胸部に結び、体正面の左側に短綬を懸け垂らし、体正面右側に玉佩を懸け下げたと思われる。『西宮記』によれば、玉佩は右方小前に寄せて懸け下げ、それは、歩行時に右膝が玉佩に当たって音を出すためと記している。

図版(8)のEは、礼服着用時に右手に執る牙笏（げしゃく・けのしゃく）で、材質は象牙や犀角とされる。図版(8)のFは、錦襪（にしきのしたくつ）で、指股のない足袋。そして、図版(8)のGが、烏皮舄（くりかわのくつ、烏は黒のこと）である。

天皇が着用される礼服である袞冕十二章は、以上述べたように、冕冠・袞衣（大袖）・小袖・褶（裳）・袴・帯・綬・玉佩・牙笏・錦襪・烏皮舄（くつ）、より構成され、この、冠・衣・袴・帯・褶・牙笏・襪・烏皮舄の構成は、律令の「衣服令」に規定されている皇太子以下の礼服と基本的には同じである。

袞冕十二章は中国皇帝の礼服で、直接的には、唐の礼式を受容したものであり、『新唐書』巻二十四車服志天子之服条に、「袞冕」、そして、「十二章、日・月・星辰・山・龍・華蟲・火・宗彝八章在㆑衣。藻・粉米・黼・黻四章在㆑裳」と、十二章の紋様も規定されている[37]。

次に問題となるのは、ここに示した、近世の袞冕十二章の形状・紋章が文献上、日本において、どこまで遡り得るのかということである。

まず、『小野宮年中行事』御服事条に「即位及元正受朝賀、袞冕十二章〔唐令云、乗輿服云々、袞冕垂㆓白珠十有二旒㆒、以㆑組爲㆑纓、色如㆓其綬㆒、蘇纊充耳、玉簪導、玄衣纁裳十二章。注云、八章在㆑衣、日・月・星・龍・山・華蟲・火・崇彝也、四章在㆑裳、藻・粉米・黼・黻也、衣褾領爲㆑外、龍皆織成爲㆑之、龍山以下毎章一行、重十二也、又云、冕廣八寸、長一尺六寸、金飾〕」と見える[38]。

即位式・元日朝賀式において、天皇が着用される袞冕十二章について、実資は唐令を引用して、袞冕に垂らすのは白珠十二旒であること、袞衣は玄衣（黒色を帯びた赤色の衣）で、裳は纁裳〈浅絳〈薄赤〉色、黒色を帯びた赤色の裳〉であること、十二章の内八章は衣にあり、日・月・星・龍・山・華虫（雉子の異名）・火・崇彝（宗彝のこと、虎・猿で表示する）であり、残る四章は裳にあり、藻・粉米・黼・黻であること、冕には金飾りがあり、幅は八寸で長さは一尺六寸であること、と説明する。

さらに、『西宮記』臨事三・装束の天皇即位条に、御服赤、日月七星龍〔猿虎形〕等繡㆓大袖㆒。小袖〔無㆑繡〕、赤御

褶〔鉞形繍〕、白綬・玉佩二旒、烏皮舄

とあり（〔　〕内は傍書）、平安中期の『西宮記』段階では、袞衣の色は赤で日・月・北斗七星・龍・猿虎の紋様、御褶の色も赤で鉞の紋様が縫付けられていること、また、白綬・玉佩の二旒を懸け下げること、烏皮舄を履くこと、が確認される。

現在知ることができる袞冕十二章の形状・紋様は、少なくとも、平安中期の『西宮記』時点までは確認され、さらに言えば、礼服規定がつとに「衣服令」にあることをも勘案すれば、先に掲げた、弘仁十一（八二〇）年二月二日の、袞冕十二章の着用規定を定めた嵯峨天皇の詔までは確実に遡り得ると考えられる。

『儀式』規定の即位式は、新帝が冕服（袞冕十二章）を着用することに象徴されるように、唐礼に準拠し、唐を中心とする当時の国際社会の礼秩序を意識して、整備・完成された儀式であると言える。

その国際意識と対極にあるものが、践祚大嘗祭であろう。大嘗祭は固有意識、また伝統意識の自覚の上に成立している。そのことは、大嘗祭の多様な祭祀・行事における特定氏族の供奉とその遵守――例えば、大嘗宮儀仗の石上・榎井・伴・佐伯氏、大嘗宮渡御随伴の中臣・忌部・猿女・車持・子部・笠取氏、神饌供進の安曇・高橋氏、麁服奉織の阿波国忌部氏が夫々定められた職掌に従い供奉すること、また、伝統的な構作物・作法の保持――例えば、萱葺きで黒木作りの殿舎、抜穂・舂米の時の造酒童女の作法、八開手の拍手、といったことからも窺えることである。

特に、大嘗宮に着目して言えば、黒木で構作した萱葺きの殿舎から成る大嘗宮は、朝堂院第二堂の中央に造立される。大嘗宮を取り囲むように林立するのは、瓦葺きで大陸風の朝堂十二堂である。その対照的で、象徴的な朝堂院の景観は、大嘗祭の斎行を通して、固有性の自覚を、確固たる意志で表示していると言える。

即位式において、天皇は冕服を着し舃を履き、群臣の拝礼を受けられる。大嘗祭においては、厳寒の旧暦十一月下卯日の深夜と翌日の未明、潔斎を重ねられた天皇は斎服を着し、素足（『江家次第』十五に「御二悠紀殿一〔主上徒跣、不レ著二履給一〕」とある）で大嘗宮に渡御され、大嘗宮正殿の室において自ら神饌を供進される。神をお迎えし、神饌を親供することにより、天皇のあるべき姿勢・資質を、即位式を挙げた主上自らが自覚し確認されること、そこに大嘗祭を創出された天武天皇及びその政権の意図の一つがあるのであろう。

注

（1）所功「「大嘗祭」儀式文の成立」（同『平安朝儀式書成立史の研究』、国書刊行会、昭和六十年）。

（2）和田英松『式逸』（続々群書類従六所収、続群書類従完成会、昭和五十九年）。

（3）拙稿「持統天皇五年十一月戊辰条について」（拙著『日本古代即位儀礼史の研究』、思文閣出版、平成十一年）。

（4）西宮一民「践祚大嘗祭重要語彙攷証」（皇學館大学神道研究

所編『大嘗祭の研究』、皇學館大学出版部、昭和五十三年）。

（5）井上光貞「日本律令の成立とその注釈書」（同『井上光貞著作集二　日本古代思想史の研究』、岩波書店、昭和六十一年）。

（6）三宅和朗「諸国大祓考」（同『古代国家の神祇と祭祀』、吉川弘文館、平成七年）。

（7）岡田荘司「即位奉幣と大神宝使」（同『平安時代の国家と祭祀』、続群書類従完成会、平成六年）。

（8）川出清彦『祭祀概説』、学生社、昭和五十三年。

（9）注(2)参照。

（10）池浩三『家屋文鏡の世界』（相模書房、昭和五十八年）は、逆葺きは、稲積みの覆い（覆いはかやの穂先を下に向けて葺く）としては一般的であり、稲穂がたわわに実るさまを表象する「穂垂れ」を意味していると指摘する。

（11）注(5)前掲書参照。

（12）『古語拾遺・高橋氏文』（現代思潮社、昭和五十一年）に拠った。

（13）野田有紀子「日本古代の鹵簿と儀式」（『史学雑誌』一〇七－八、平成十年）。

（14）吉川真司「律令官司制論」（『日本歴史』五七七、平成八年）。

（15）拙稿「節旗考」（注(3)前掲書所収）。

（16）『皇太神宮儀式帳』は神道大系本に拠った。

（17）『日本思想大系　律令』、岩波書店、平成十四年。

（18）注(5)前掲論文参照。

（19）巽一郎「平城宮東区朝堂院において検出した大嘗宮の遺構について」（『日本歴史』四五一、昭和六十年）、奈良国立文化財研究所編『昭和五十九年度平城宮発掘調査部発掘調査概報』・同『昭和六十年度平城宮発掘調査部発掘調査概報』（奈良国立文化財研究所）、上野邦一「平城宮の大嘗宮再考」（『建築史学』二十、平成五年）、「平城宮第三六七次調査　現地説明会資料」（奈良文化財研究所平城宮跡発掘調査部、平成十六年）。

（20）田中卓「奈良時代における〝新嘗〟と〝大嘗〟」（皇學館大学神道研究所編『大嘗祭の研究』）。

（21）注(3)前掲拙著の資料篇を参照。例外として、重祚した称徳天皇の大嘗祭記事は、天平神護元年十一月癸酉（十六日）条に記されている。

（22）四時祭式新嘗条・月次条参照。なお、大嘗祭卯日・新嘗祭卯日・月次祭の班幣（祭神・幣料）は同じであるが、月次祭だけは、大神宮・度会宮・高御魂神・大宮女神に、更に馬一疋を加える（四時祭式月次祭条）。

（23）注(5)前掲論文参照。

（24）東野治之「大嘗会の作り物」（『国立歴史民俗博物館研究報告』一一四、平成十六年）。折口信夫「大嘗祭の本義」（『折口信夫全集三』、中央公論社、昭和四十七年）は、『古事記』中巻の、出雲国造が「青葉の山」を飾って大御食を奉ったという本牟智和気王の説話に着目して、その「青葉の山」が大嘗祭の標山の原型とする。

（25）川出清彦『祭祀概論』（学生社、昭和五十三年）。天孫降臨神話の異伝については、三品彰英「天孫降臨神話異伝考」（『建国神話の諸問題　三品彰英論文集二』、平凡社、昭和四十六年）を参照。

（26）岡田精司「記紀神話の成立」（『岩波講座　日本歴史二』、岩波書店、昭和五十年）。

(27) 佐藤長門「阿倍氏と王権儀礼」（『日本歴史』五四〇、平成五年）。

(28) 清水潔『新校本朝月令』（皇學館大学神道研究所、平成十四年）。

(29) 『高橋氏文』は高橋氏の家記で、同氏が内膳司奉膳を勤める職掌由来譚を記す。本書は、同職掌の安曇氏との争論を理由に、延暦八（七八九）年に提出した家記で、巻末の延暦十一年太政官符は本書に添えて伝えられたものとする説がある。

(30) 西本昌弘「八世紀の神今食と御体御卜」（同『日本古代の王宮と儀礼』、塙書房、平成二十年）。

(31) 拙稿「大嘗祭〝辰日前段行事〟考」（注(3)前掲書所収）。

(32) 土橋寛「中臣寿詞と持統朝」（『文学』五十四－五、岩波書店、昭和六十一年）。

(33) 新日本古典文学大系『続日本紀二』、岩波書店、平成二年。

(34) 即位式関係資料を中心とする小原利康氏の個人文庫で、皇學館大学佐川記念神道博物館所蔵。資料番号は『小原家文庫資料目録』（同館、平成二十二年）に拠った。

(35) 注(34)前掲書。

(36) 『国史大辞典』第十二巻（吉川弘文館、平成三年）の「冕冠」項目（鈴木敬三）、『江馬務著作集　十一巻　風俗史事典』（中央公論社、昭和六十三年）の「冕冠」項目を参照して、一部補訂を加えた。なお、中国皇帝の冕冠図では、玉を貫いた糸縄十二旒は冕板の前後に垂れている。

(37) 鼎文書局印行本に拠る。『旧唐書』巻四十五輿服志にも衮冕規定があり、十二章の紋様については同じである。なお、唐代における十二章の紋様の実態と意味については、林巳奈夫氏「天子の衣装の「十二章」」（『史林』五十二巻六号、昭和四十四年）、原田淑人氏『唐代の服飾』（平凡社、昭和四十五年）等を参照。

(38) 『小野宮年中行事』は藤原実資著の儀式書、十一世紀前半の成立。

図1　斎郡斎田　稲実殿院図

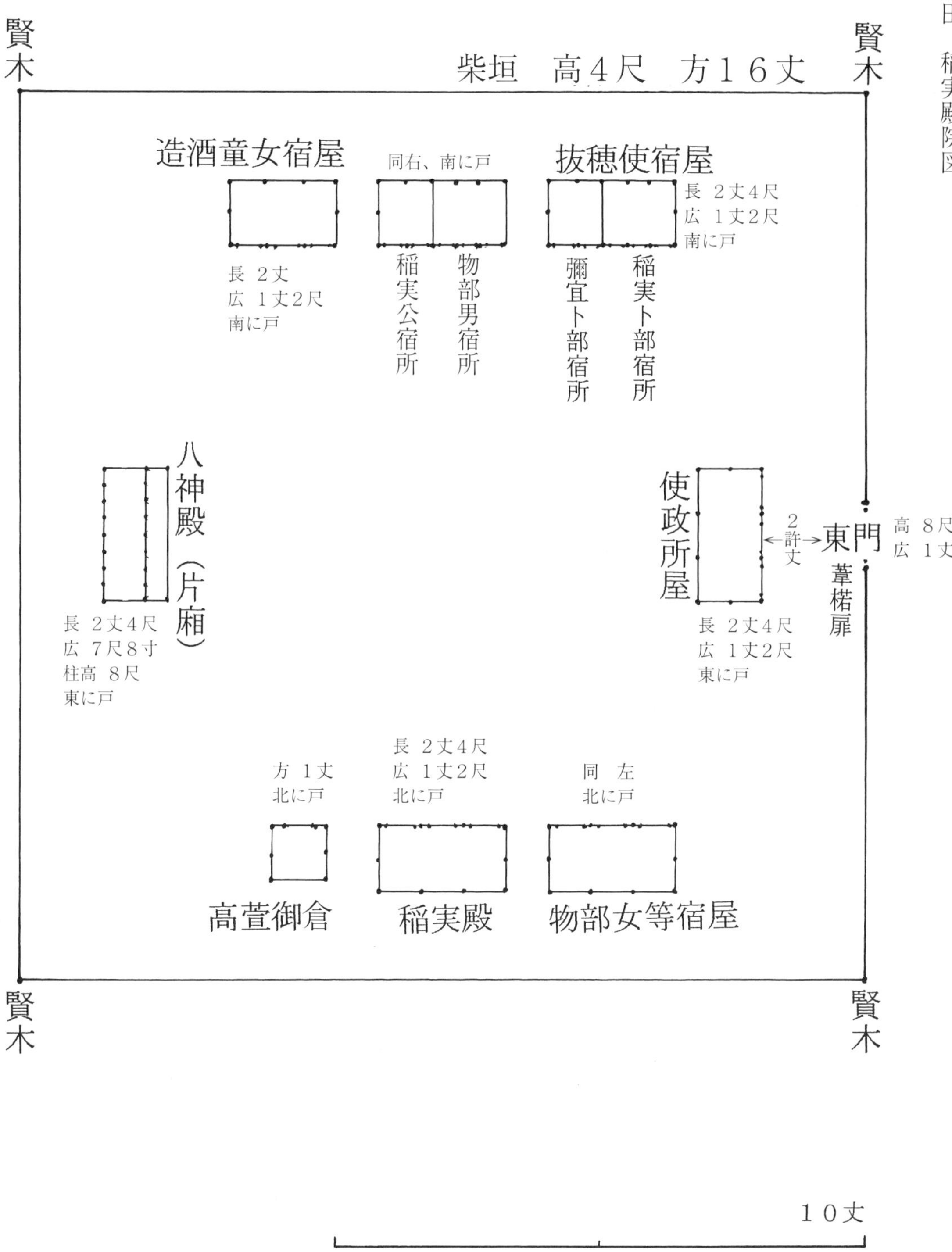

作図：谷省吾・石野浩司

図2　北野斎場　外院図

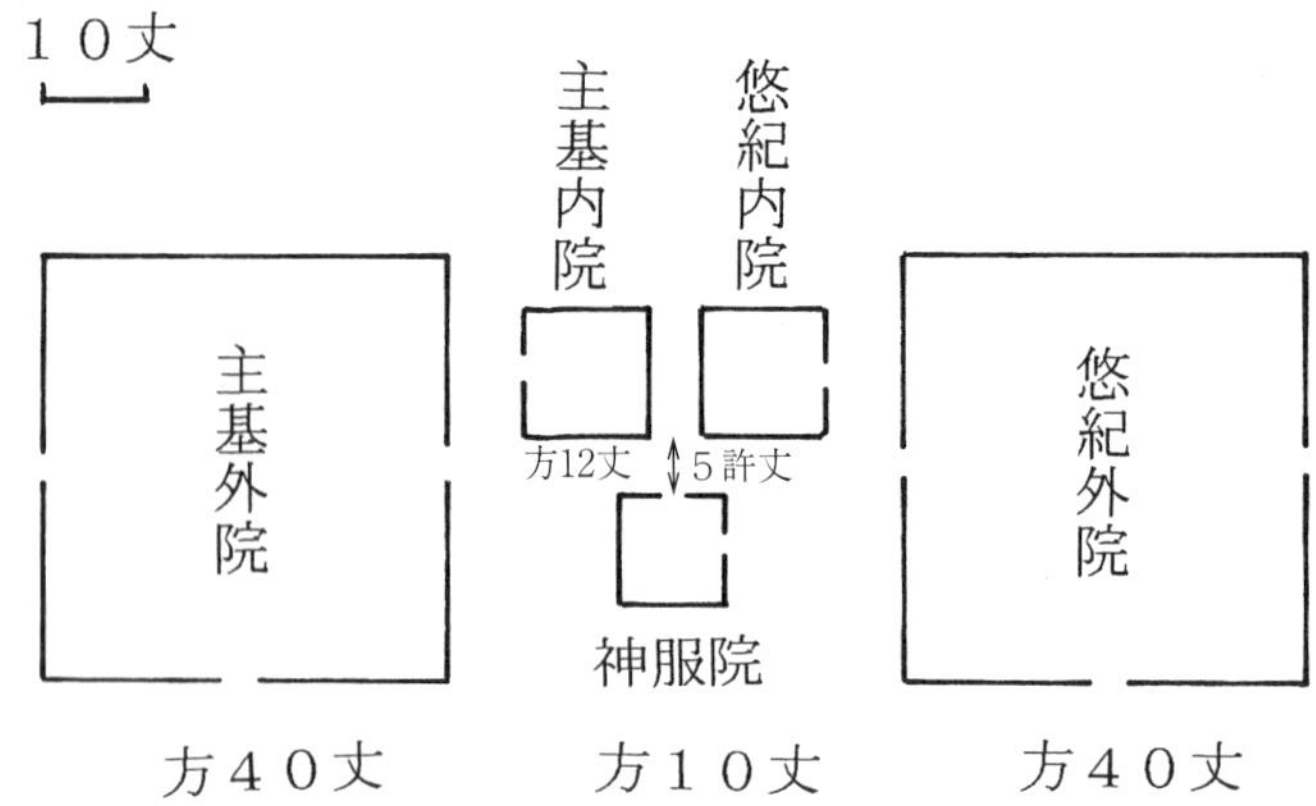

北野斎場　概観図

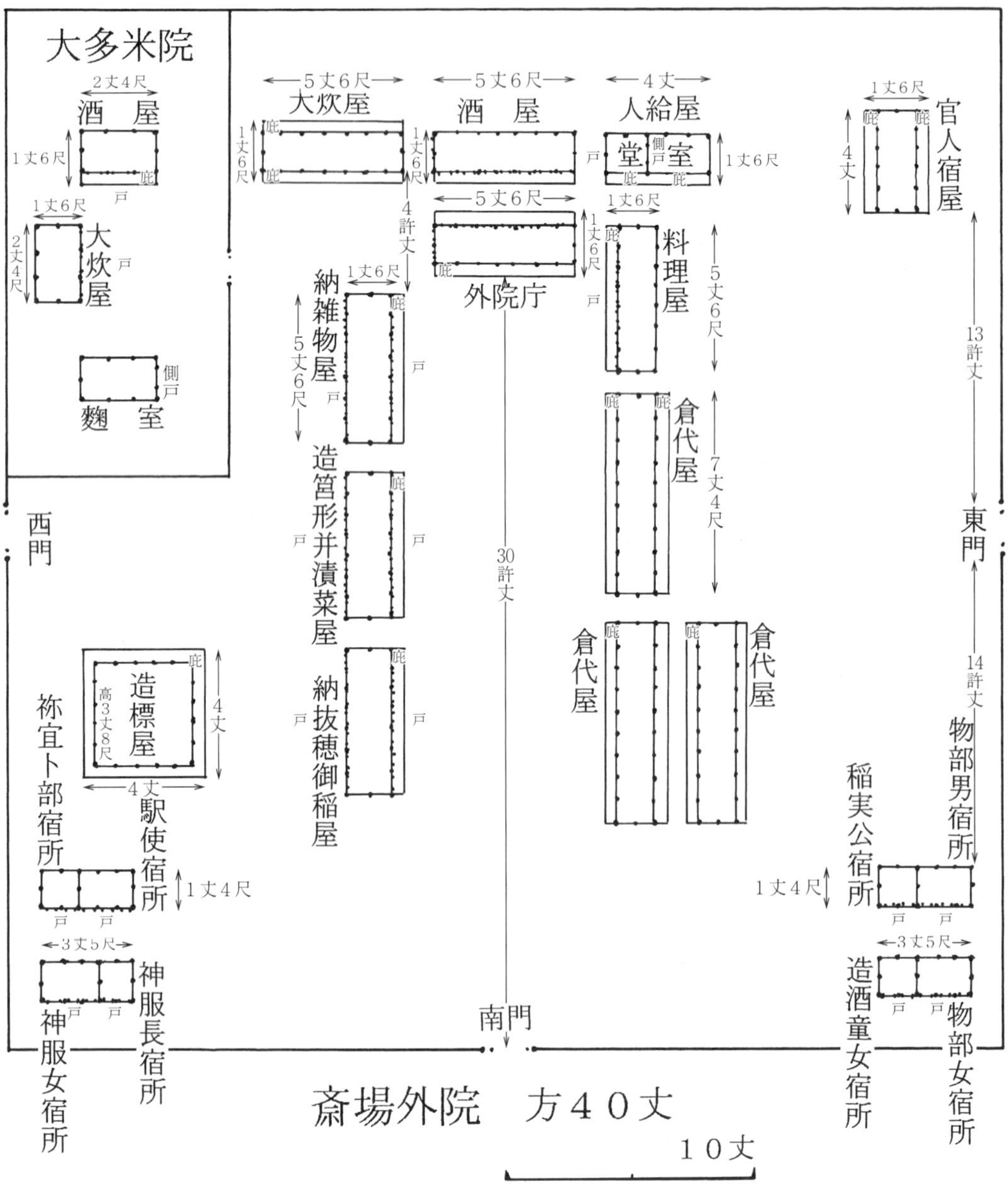

作図：谷省吾・石野浩司

図3　北野斎場　悠紀内院・神服院図

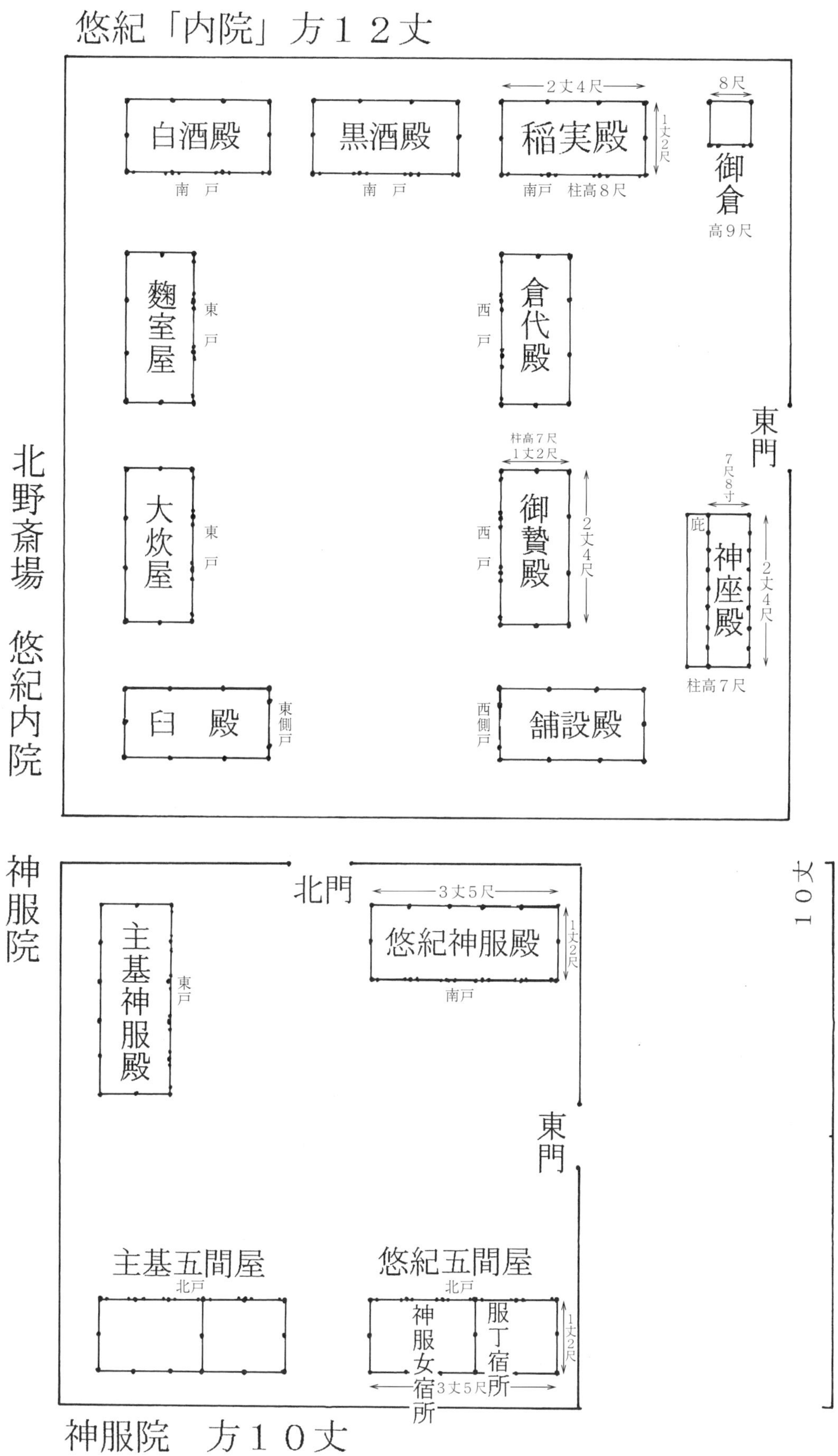

作図：谷省吾・石野浩司

図4　御禊行幸鹵簿図

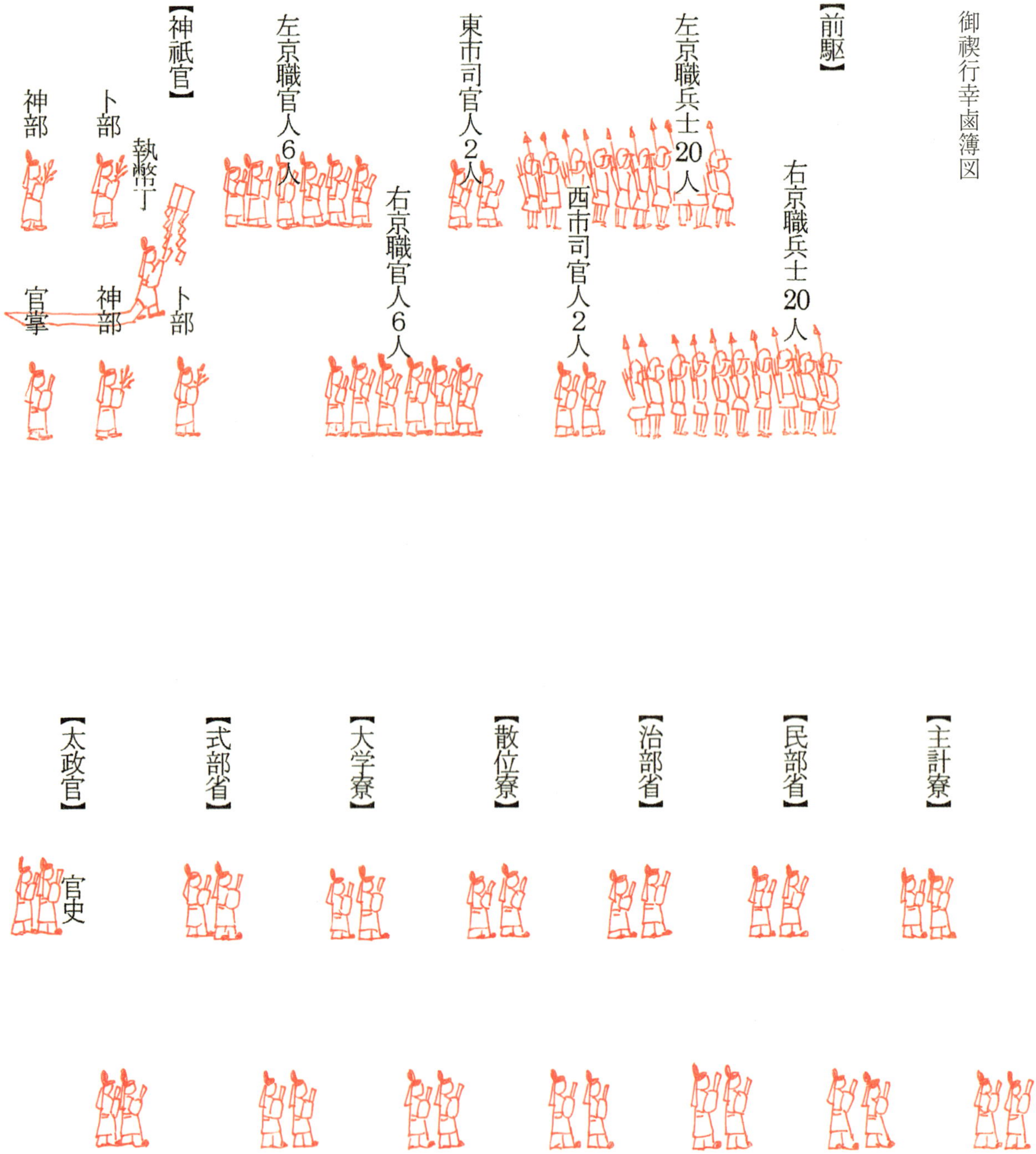
【前駆】
左京職兵士20人
右京職兵士20人
西市司官人2人
東市司官人2人
右京職官人6人
左京職官人6人
【神祇官】
卜部
執幣丁
卜部
神部
神部
官掌
【主計寮】
【民部省】
【治部省】
【散位寮】
【大学寮】
【式部省】
【太政官】
官史

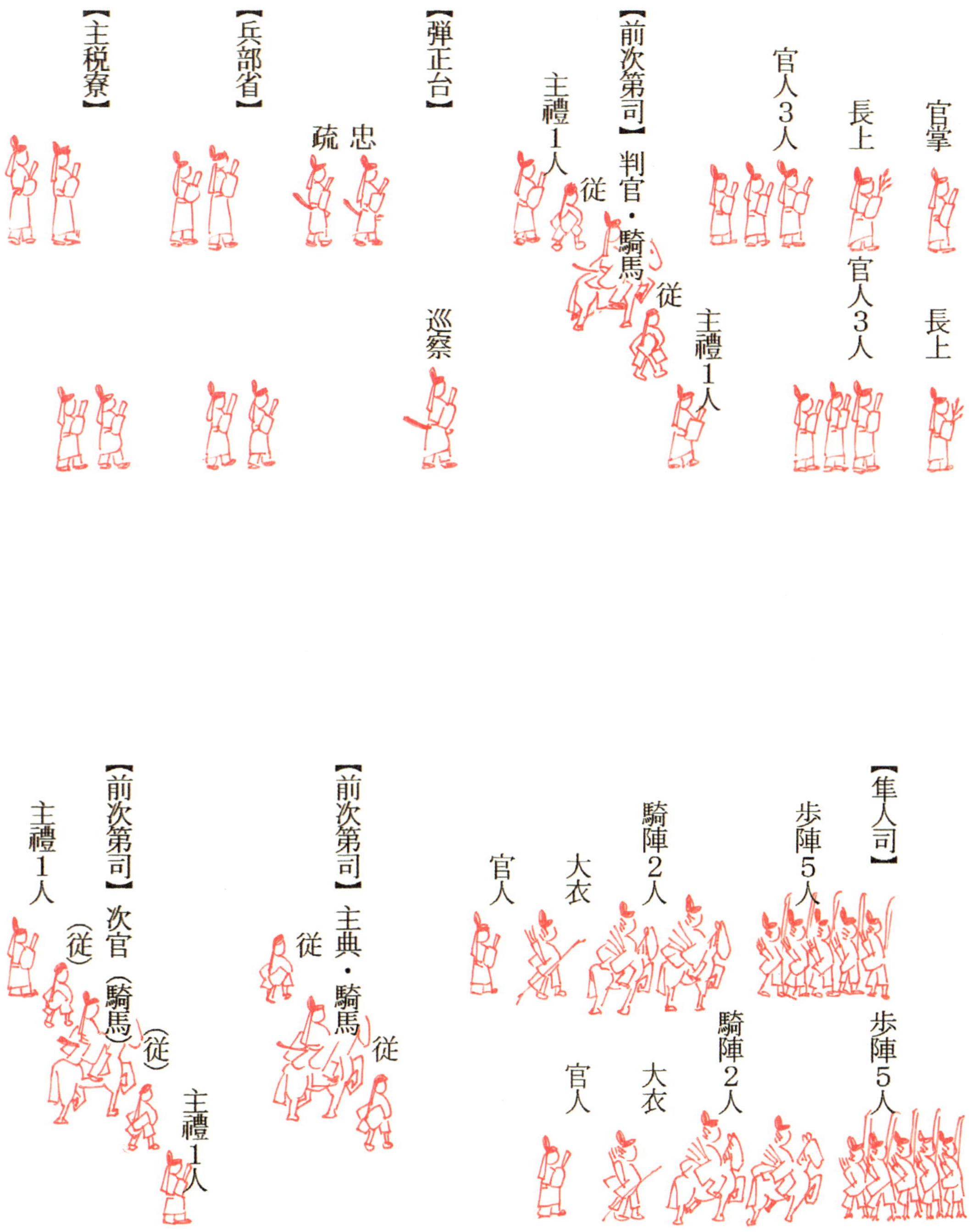

御禊行幸鹵簿図
作図：石野浩司

【左衛門府】

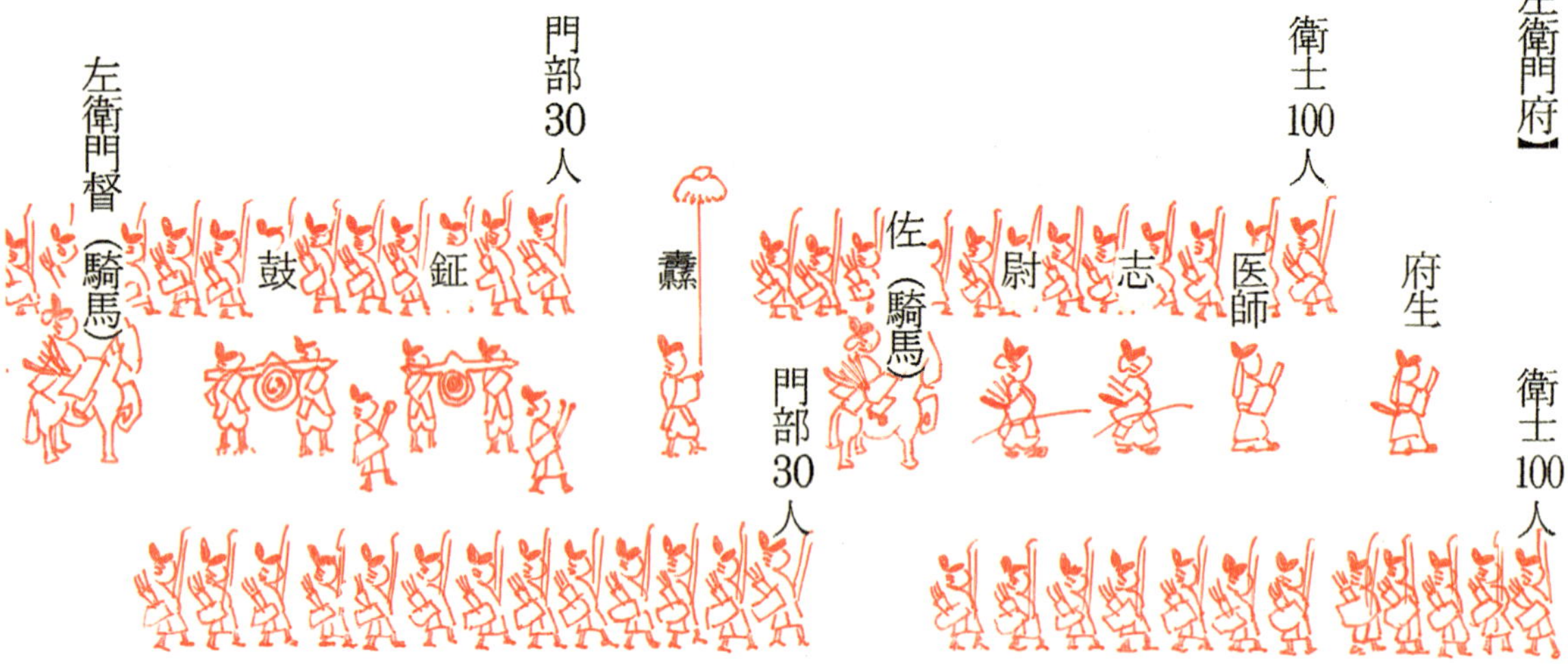
衛士100人
府生
医師
志
尉
佐（騎馬）
衛士100人
門部30人
纛
鉦
鼓
門部30人
左衛門督（騎馬）

【左兵衛府】

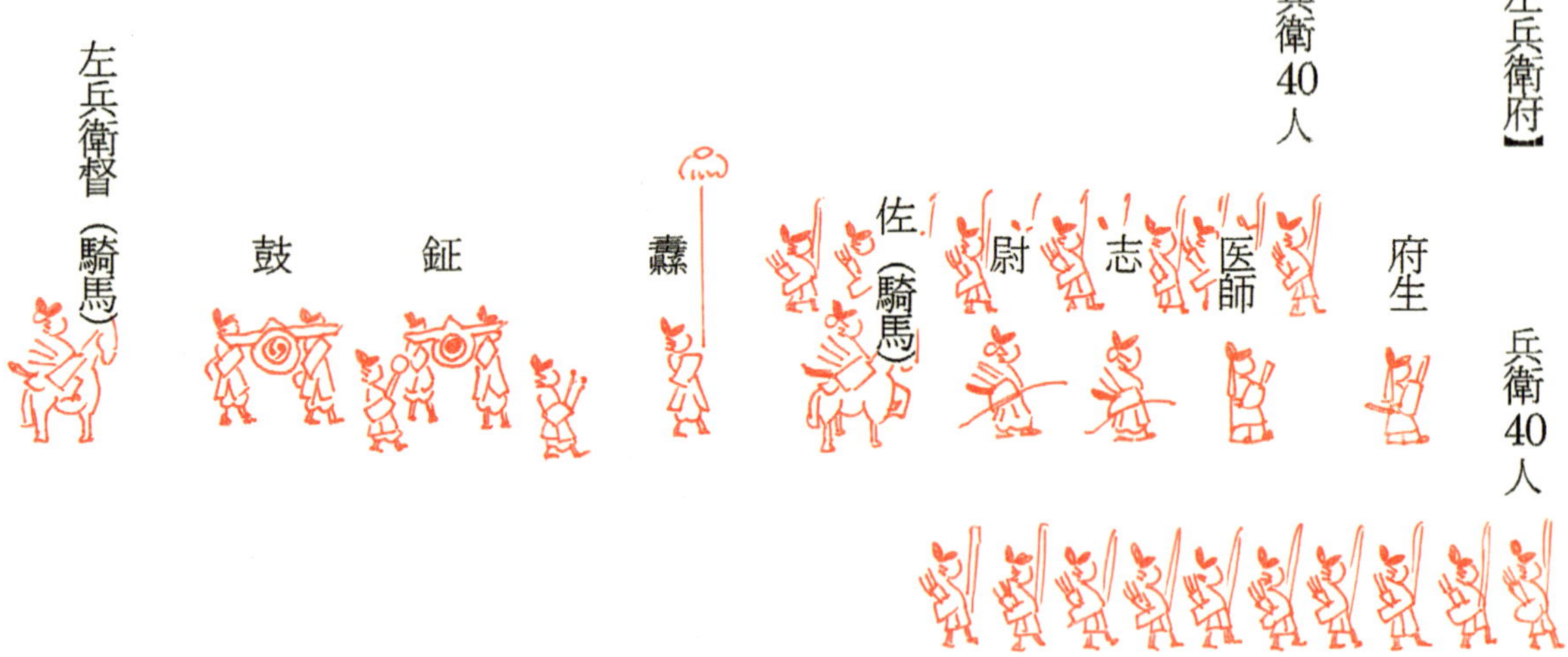
兵衛40人
府生
医師
志
尉
佐（騎馬）
兵衛40人
纛
鉦
鼓
左兵衛督（騎馬）

器仗
内器仗
器仗
副馬
蓑笠
【前次第司】判官（騎馬）
従
従
主禮1人
主禮1人
【左馬寮】
儲馬4疋
馬部2人
騎士2人
史生2人
馬医1人
【右馬寮】
儲馬4疋
馬部2人
騎士2人
史生2人
馬医1人

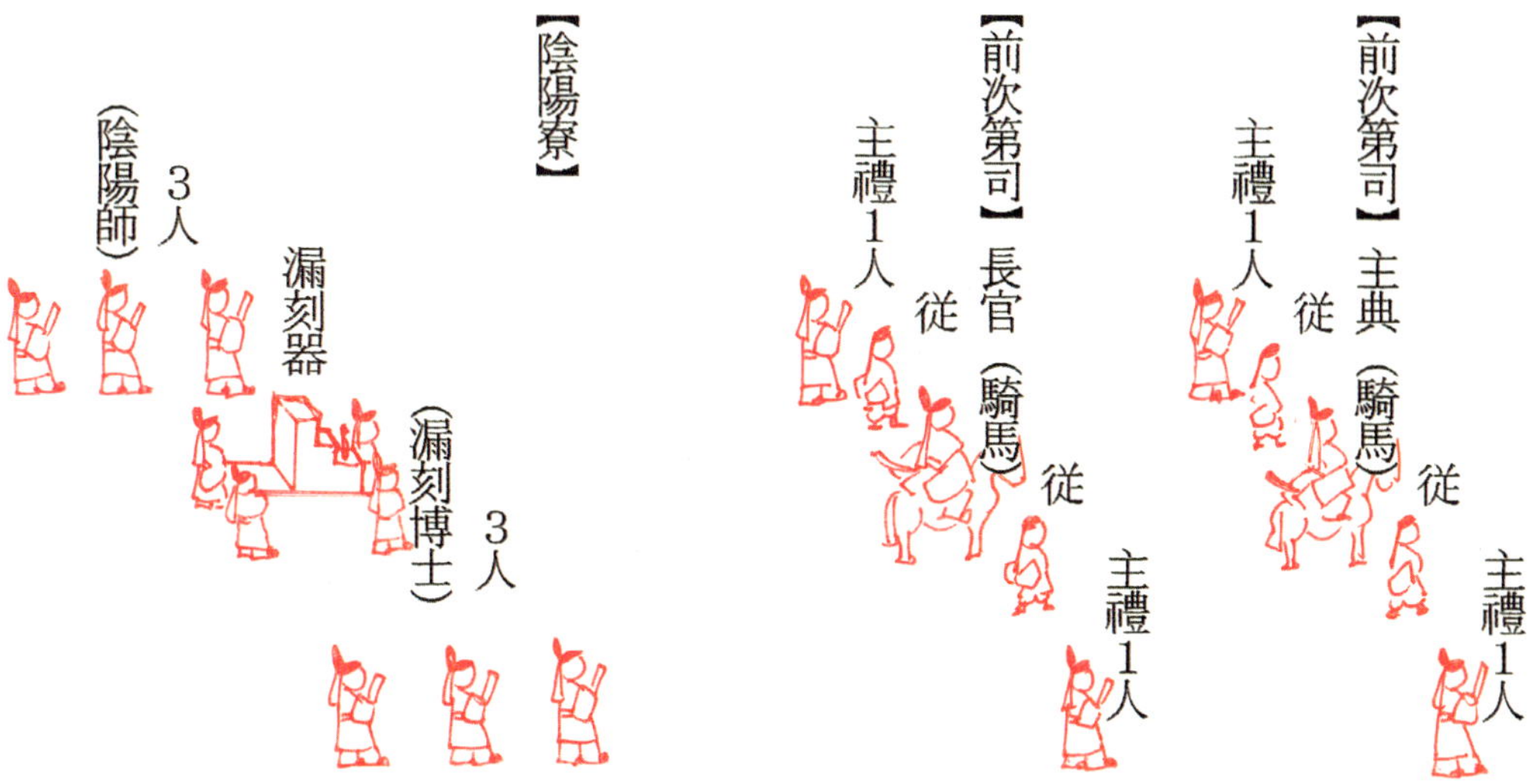
【前次第司】主典（騎馬）
主禮1人
従
従
主禮1人
【前次第司】長官（騎馬）
主禮1人
従
従
主禮1人
【陰陽寮】
漏刻器
（漏刻博士）3人
（陰陽師）3人

御禊行幸鹵簿図
作図：石野浩司

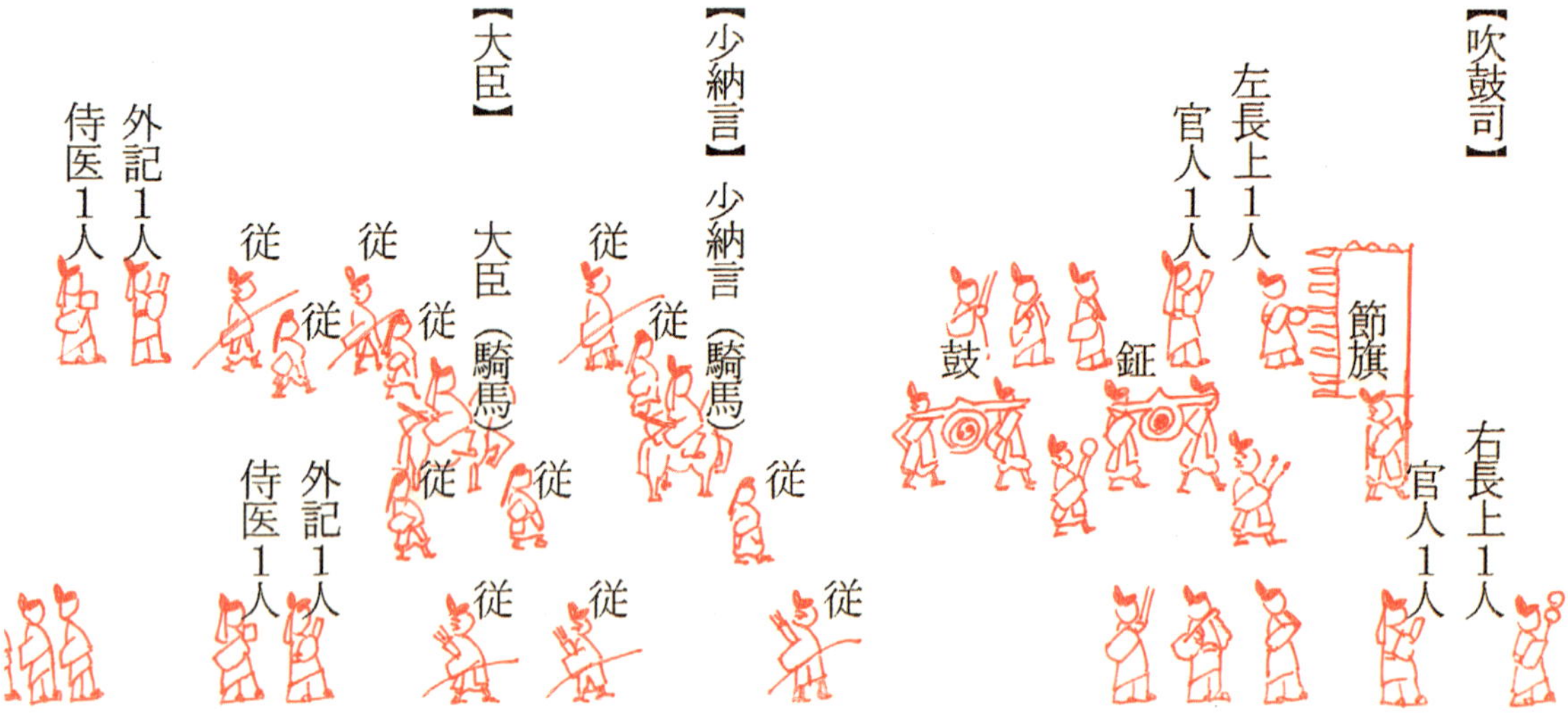
【吹鼓司】
左長上1人
官人1人
節旗
右長上1人
官人1人
鉦
鼓
【少納言】
少納言（騎馬）
従
従
従
従
【大臣】
大臣（騎馬）
従
従
従
従
従
従
従
外記1人
侍医1人
外記1人
侍医1人

【印鑰】
内記1人
内記1人
典鑰1人
近衛1人
負鑰馬
馬令
近衛1人
典鑰1人
主鈴1人
近衛1人
負鈴馬
馬令
近衛1人
主鈴1人
少納言（騎馬）
従
従
従
従
【東宮前駆】
亮
侍従2人
学士

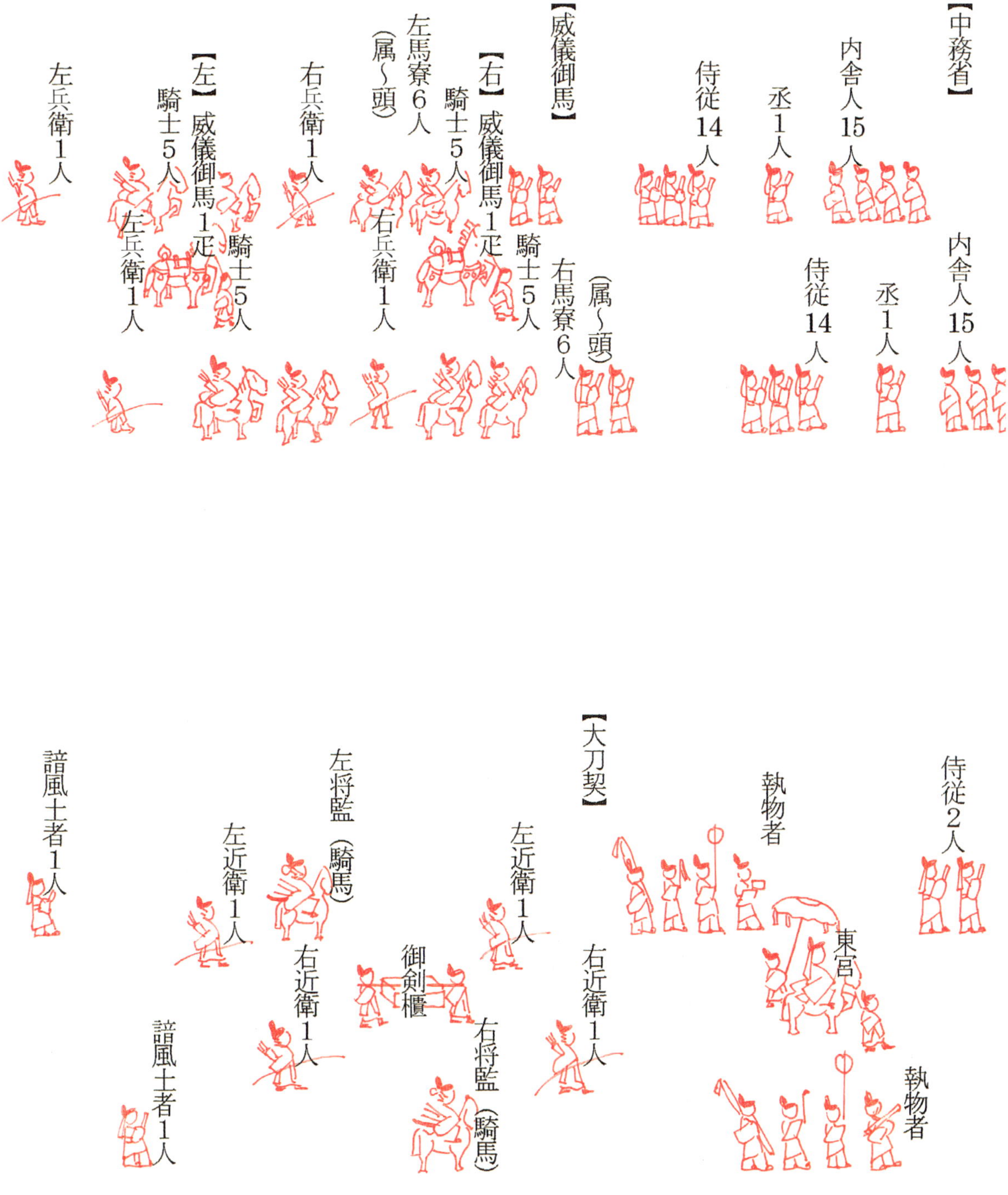

御禊行幸鹵簿図
作図：石野浩司

【前陣供奉】

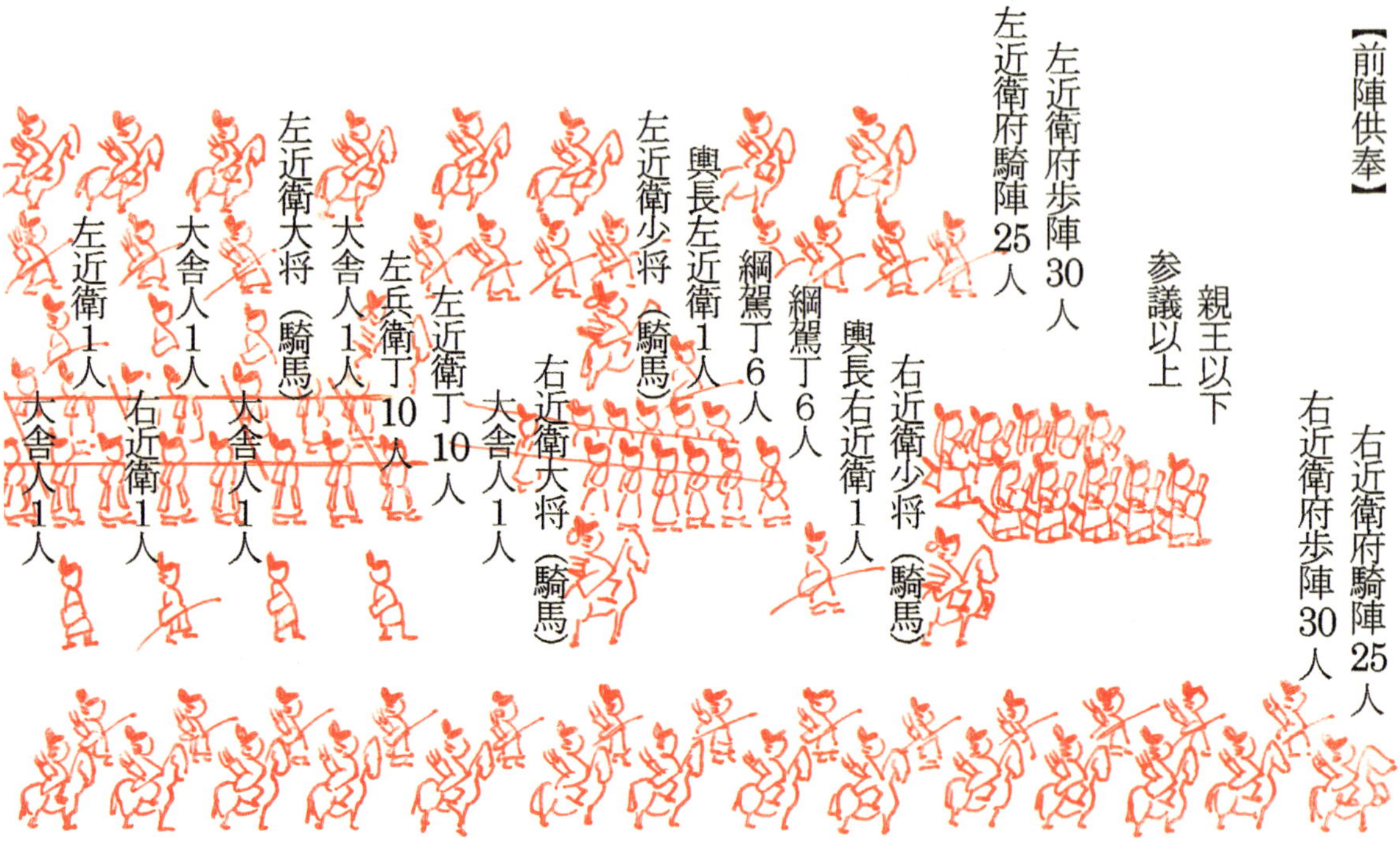

右近衛府騎陣25人
右近衛府歩陣30人
親王以下
参議以上
左近衛府歩陣30人
左近衛府騎陣25人
右近衛少将（騎馬）
輿長右近衛1人
綱駕丁6人
綱駕丁6人
輿長左近衛1人
左近衛少将（騎馬）
右近衛大将（騎馬）
大舎人1人
左近衛丁10人
左兵衛丁10人
大舎人1人
左近衛大将（騎馬）
大舎人1人
大舎人1人
右近衛1人
左近衛1人
大舎人1人

【後陣供奉】

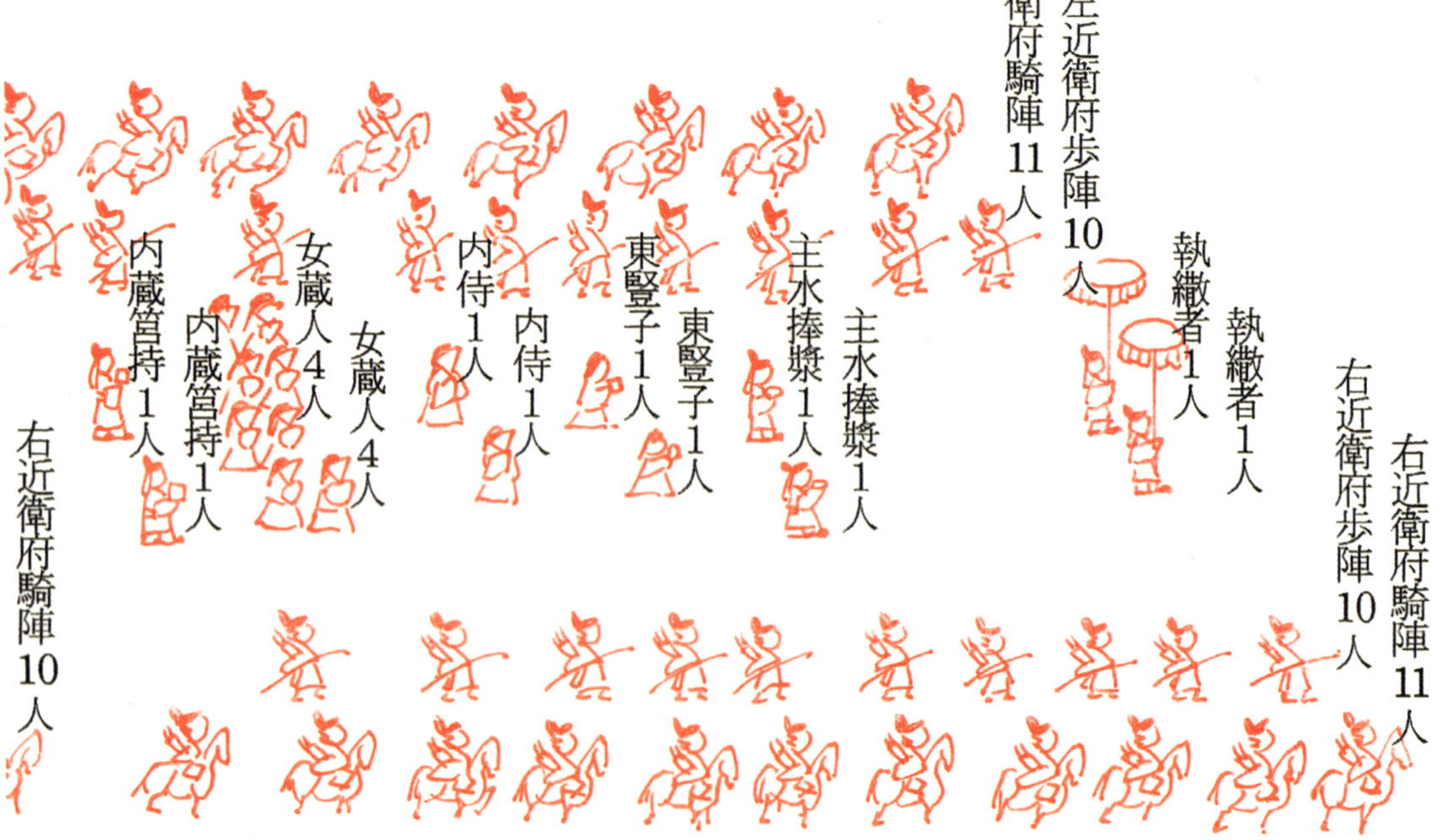

右近衛府騎陣11人
右近衛府歩陣10人
執繖者1人
執繖者1人
左近衛府歩陣10人
左近衛府騎陣11人
主水捧漿1人
主水捧漿1人
東豎子1人
東豎子1人
内侍1人
内侍1人
女蔵人4人
女蔵人4人
内蔵筥持1人
内蔵筥持1人
右近衛府騎陣10人

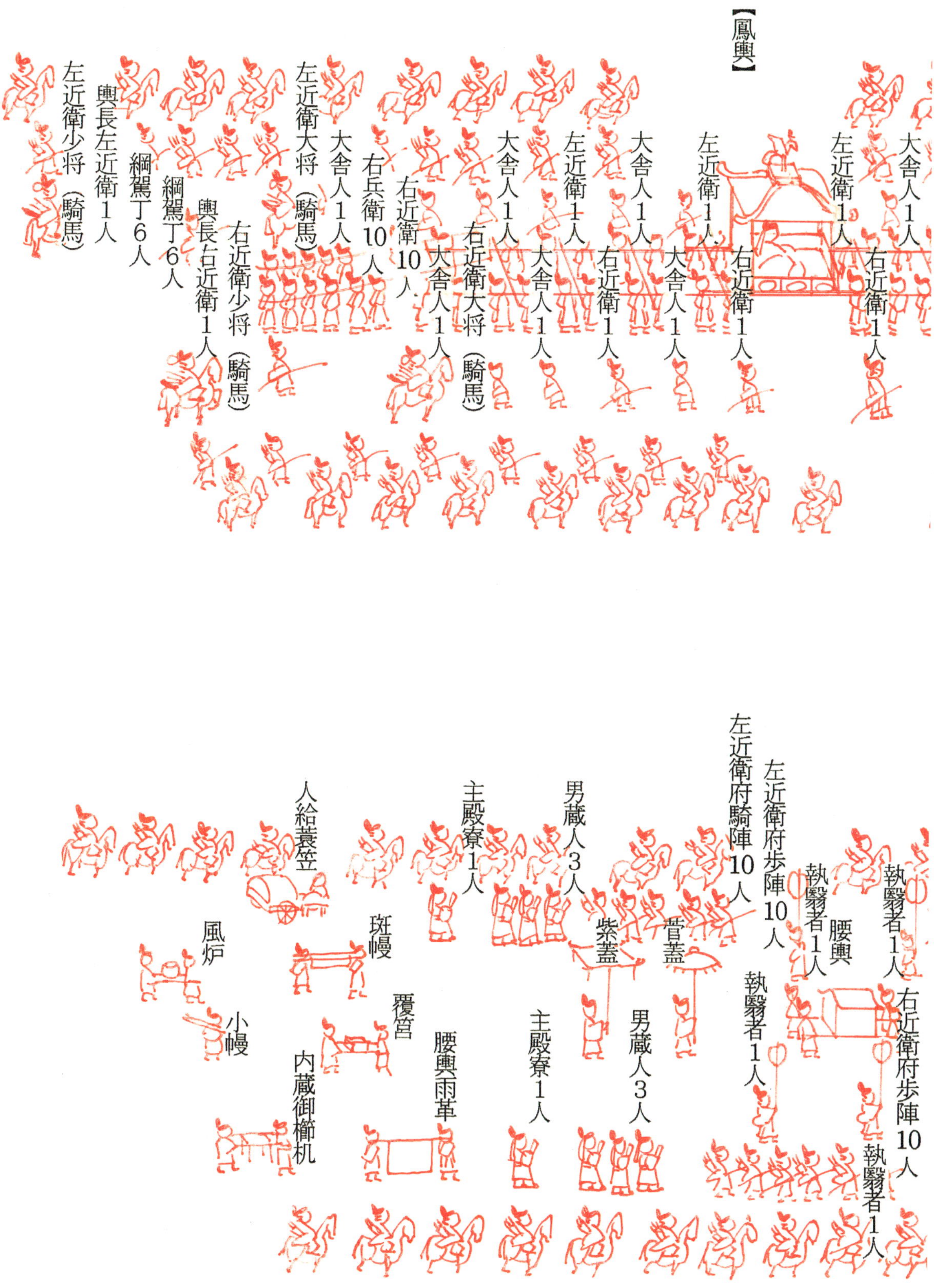

御禊行幸鹵簿図
作図：石野浩司

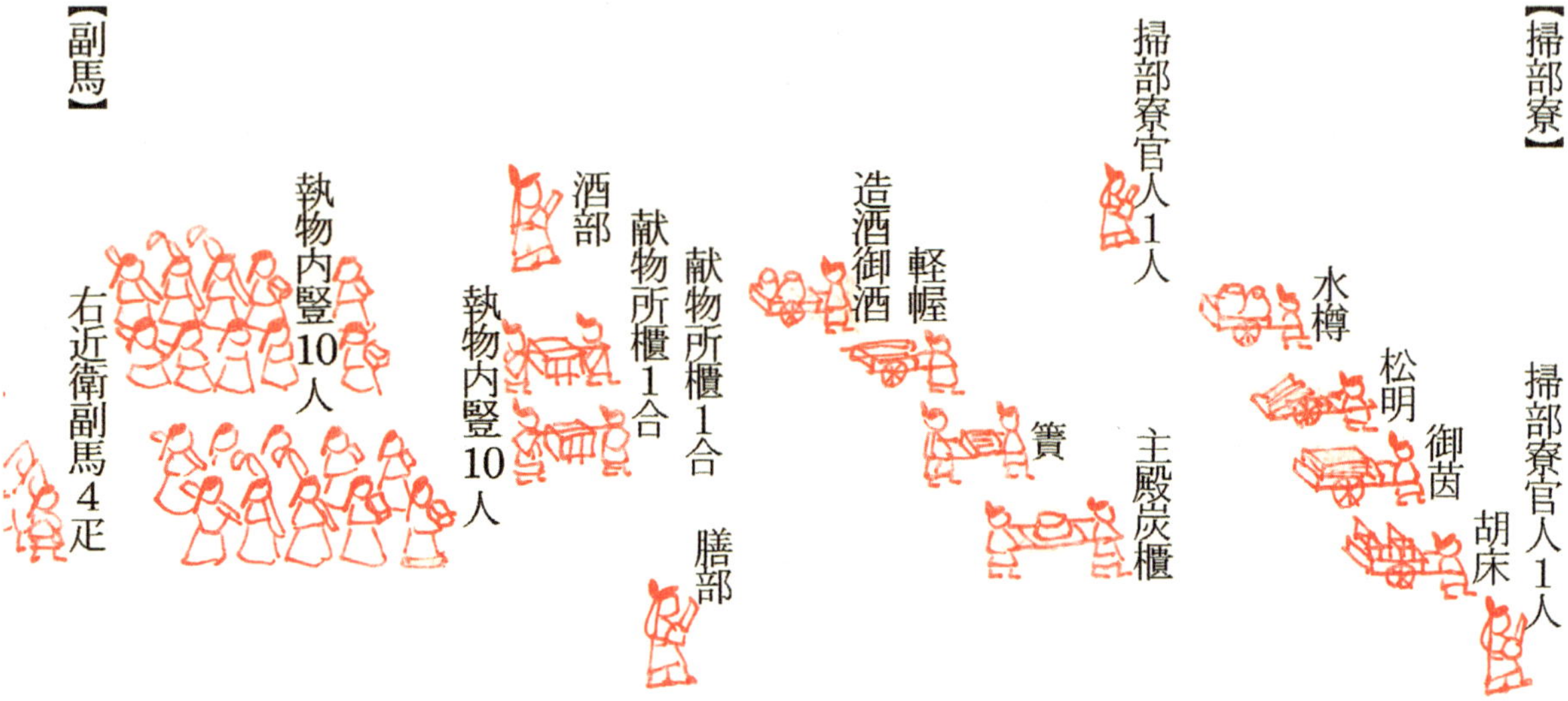
【掃部寮】
掃部寮官人1人
胡床
御茵
松明
水樽
主殿炭櫃
掃部寮官人1人
簀
軽幄
造酒御酒
膳部
献物所櫃1合
献物所櫃1合
酒部
執物内豎10人
執物内豎10人
右近衛副馬4疋
【副馬】

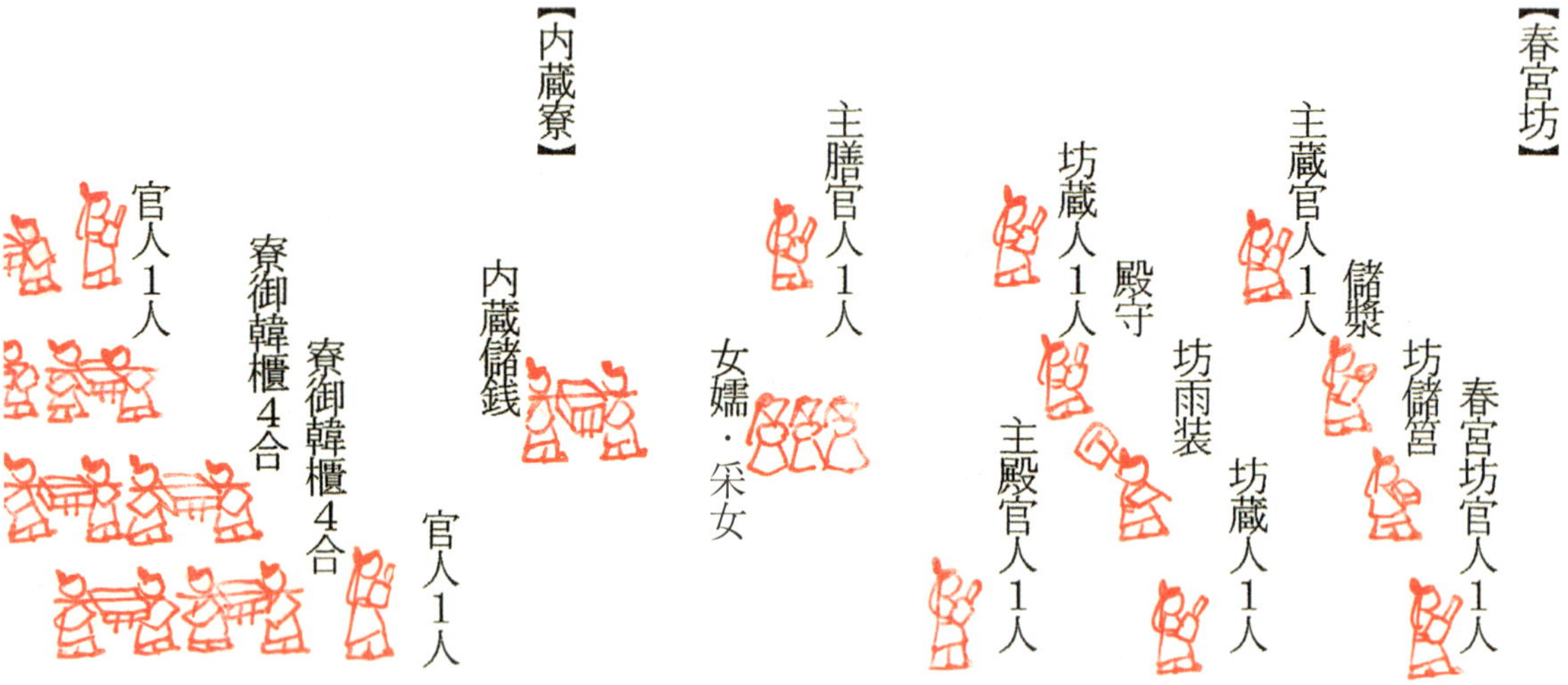
【春宮坊】
春宮坊官人1人
坊儲宮
儲褻
主蔵官人1人
坊蔵人1人
坊雨装
殿守
坊蔵人1人
主殿官人1人
主膳官人1人
女孺・采女
【内蔵寮】
内蔵儲銭
官人1人
寮御韓櫃4合
寮御韓櫃4合
官人1人

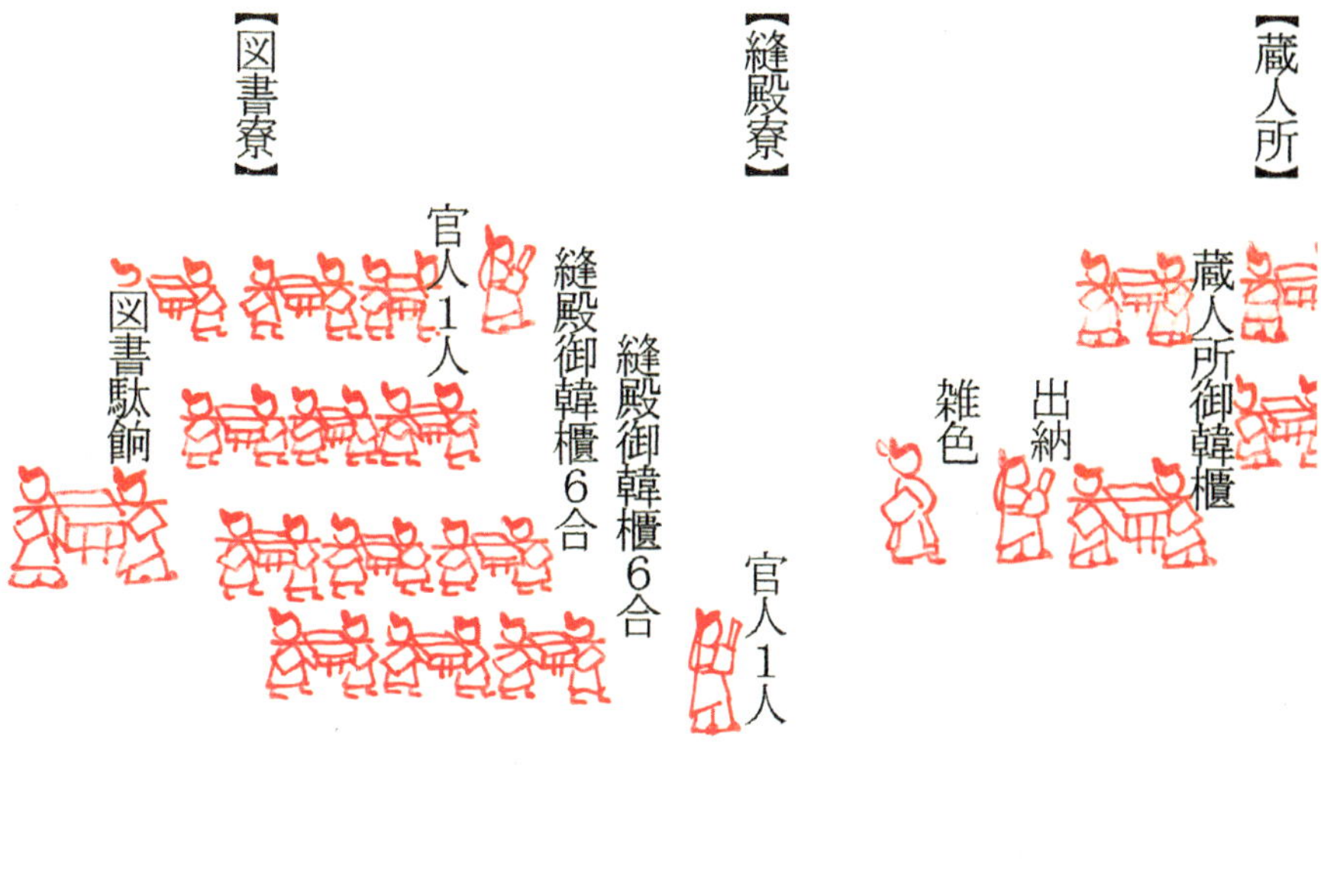

御禊行幸鹵簿図
作図：石野浩司

【右兵衛府】

督（騎馬）

右兵衛府兵衛55人

右兵衛府兵衛55人

佐（騎馬）

尉

志

医師

府生

府生

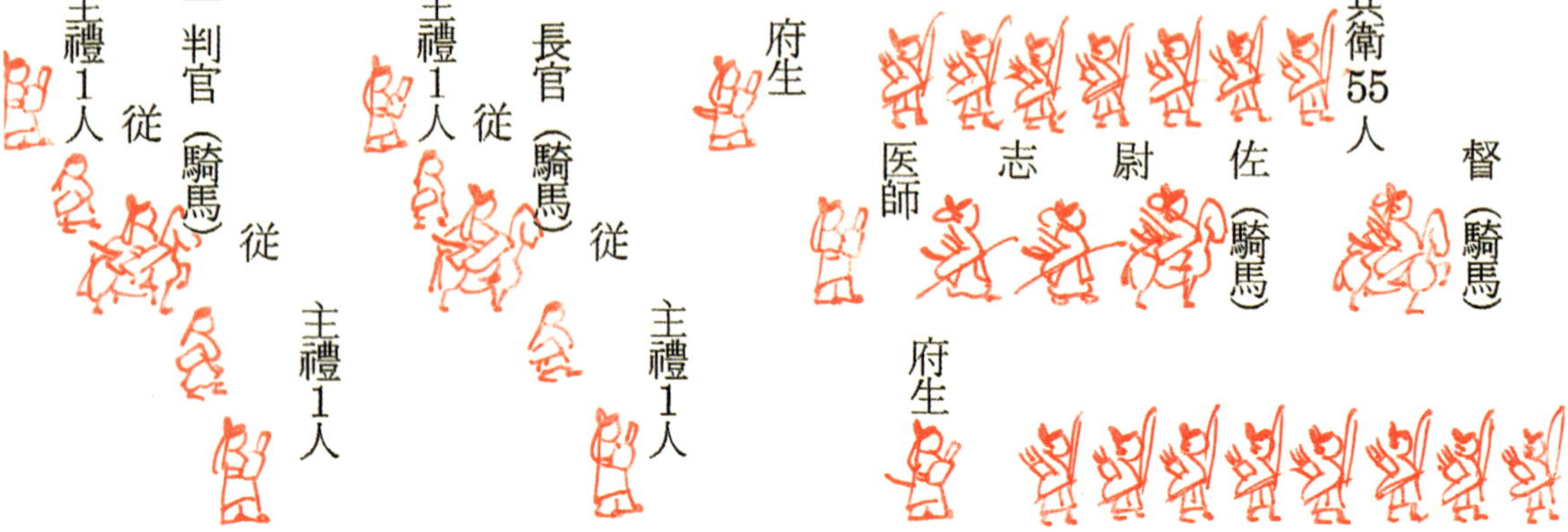

【後次第司】

長官（騎馬）

従

主禮1人

従

主禮1人

【後次第司】

判官（騎馬）

従

主禮1人

従

主禮1人

【大舎人寮】

大舎人寮官人1人

大舎人寮官人1人

【図書寮】

図書官人1人

図書官人1人

【内蔵寮】

内蔵寮官人1人

内蔵寮官人1人

【縫殿寮】

縫殿寮官人1人

縫殿寮官人1人

【内匠寮】

内匠寮官人1人

儲調度韓櫃

内匠寮官人1人

【内薬司】

内薬司官人1人

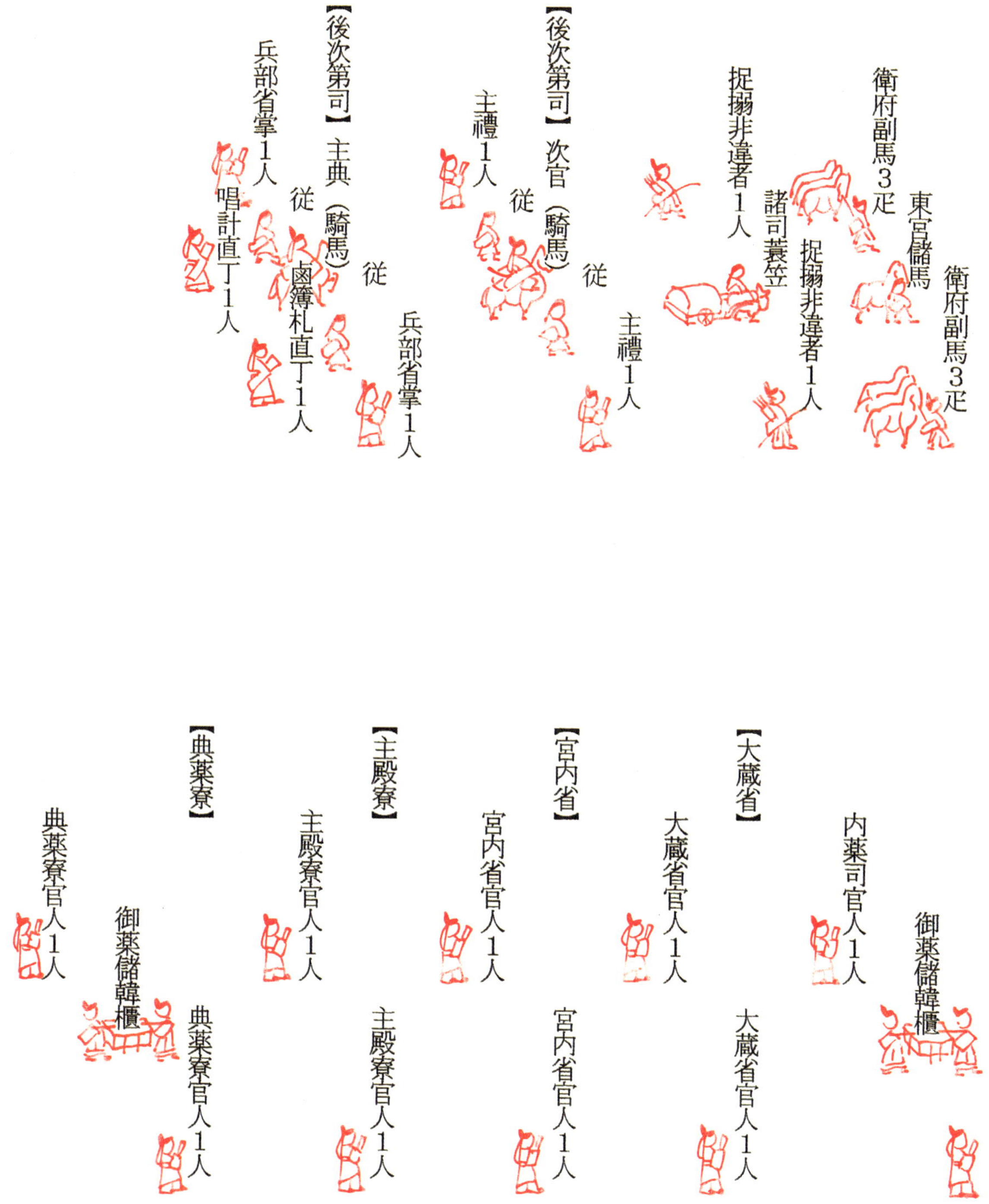

衛府副馬3疋
東宮儲馬
衛府副馬3疋
捉搦非違者1人
諸司蓑笠
捉搦非違者1人
【後次第司】次官（騎馬）
主禮1人
従
従
主禮1人
【後次第司】主典（騎馬）
兵部省掌1人
従
従
鹵簿札直丁1人
唱計直丁1人
兵部省掌1人
内薬司官人1人
御薬儲韓櫃
【大蔵省】
大蔵省官人1人
大蔵省官人1人
【宮内省】
宮内省官人1人
宮内省官人1人
【主殿寮】
主殿寮官人1人
主殿寮官人1人
【典薬寮】
典薬寮官人1人
御薬儲韓櫃
典薬寮官人1人

御禊行幸鹵簿図
作図：石野浩司

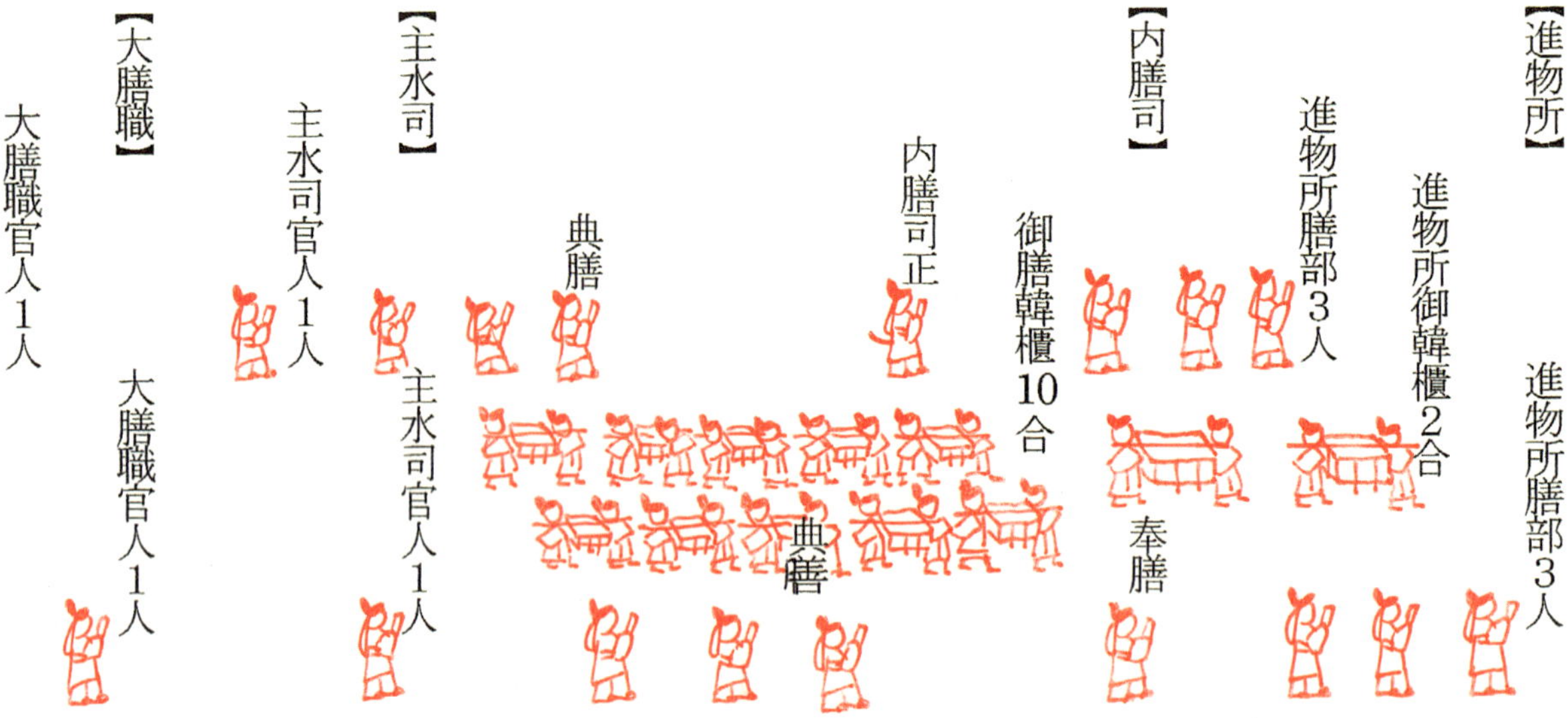
【進物所】
進物所膳部3人
進物所御韓櫃2合
進物所膳部3人
【内膳司】
御膳韓櫃10合
奉膳
内膳司正
典膳
典膳
【主水司】
主水司官人1人
主水司官人1人
【大膳職】
大膳職官人1人
大膳職官人1人

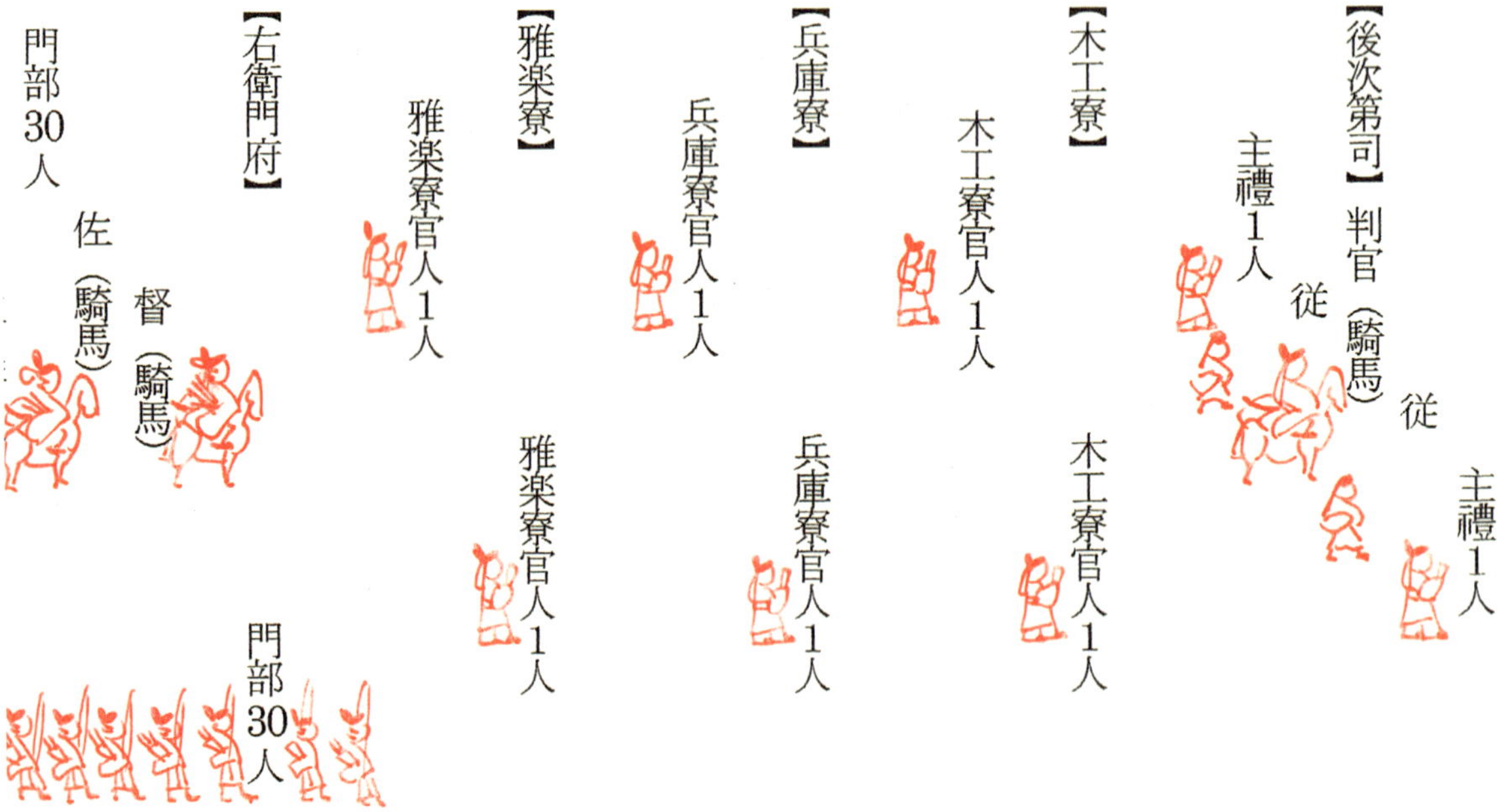
【後次第司】
主禮1人
判官（騎馬）
従
従
主禮1人
【木工寮】
木工寮官人1人
木工寮官人1人
【兵庫寮】
兵庫寮官人1人
兵庫寮官人1人
【雅楽寮】
雅楽寮官人1人
雅楽寮官人1人
【右衛門府】
督（騎馬）
佐（騎馬）
門部30人
門部30人

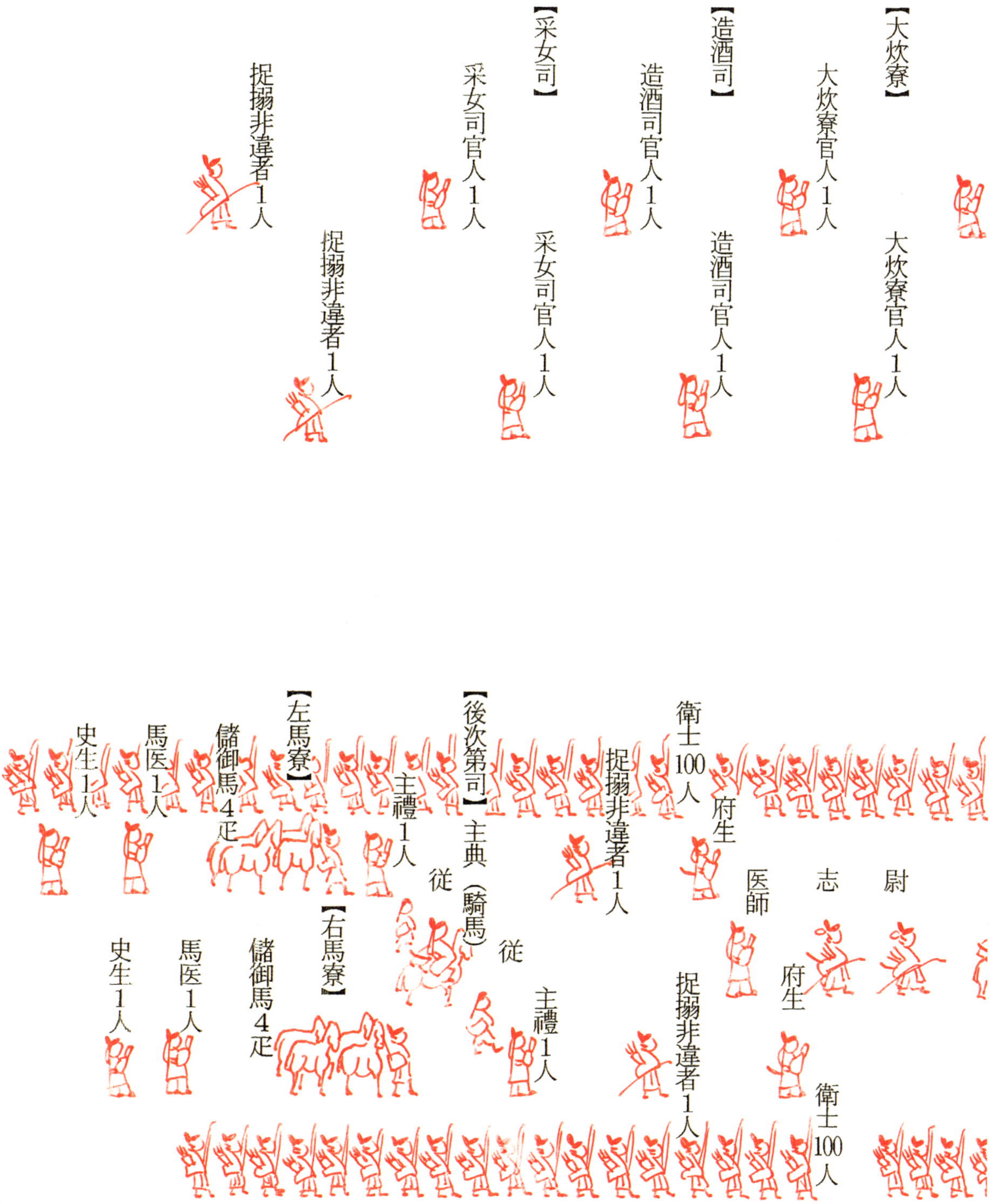
【大炊寮】
大炊寮官人1人
大炊寮官人1人
【造酒司】
造酒司官人1人
造酒司官人1人
【采女司】
采女司官人1人
采女司官人1人
捉搦非違者1人
捉搦非違者1人
尉
志
医師
府生
衛士100人
府生
捉搦非違者1人
衛士100人
捉搦非違者1人
【後次第司】
主典（騎馬）
従
従
主禮1人
主禮1人
【左馬寮】
儲御馬4疋
馬医1人
史生1人
【右馬寮】
儲御馬4疋
馬医1人
史生1人

御禊行幸鹵簿図
作図：石野浩司

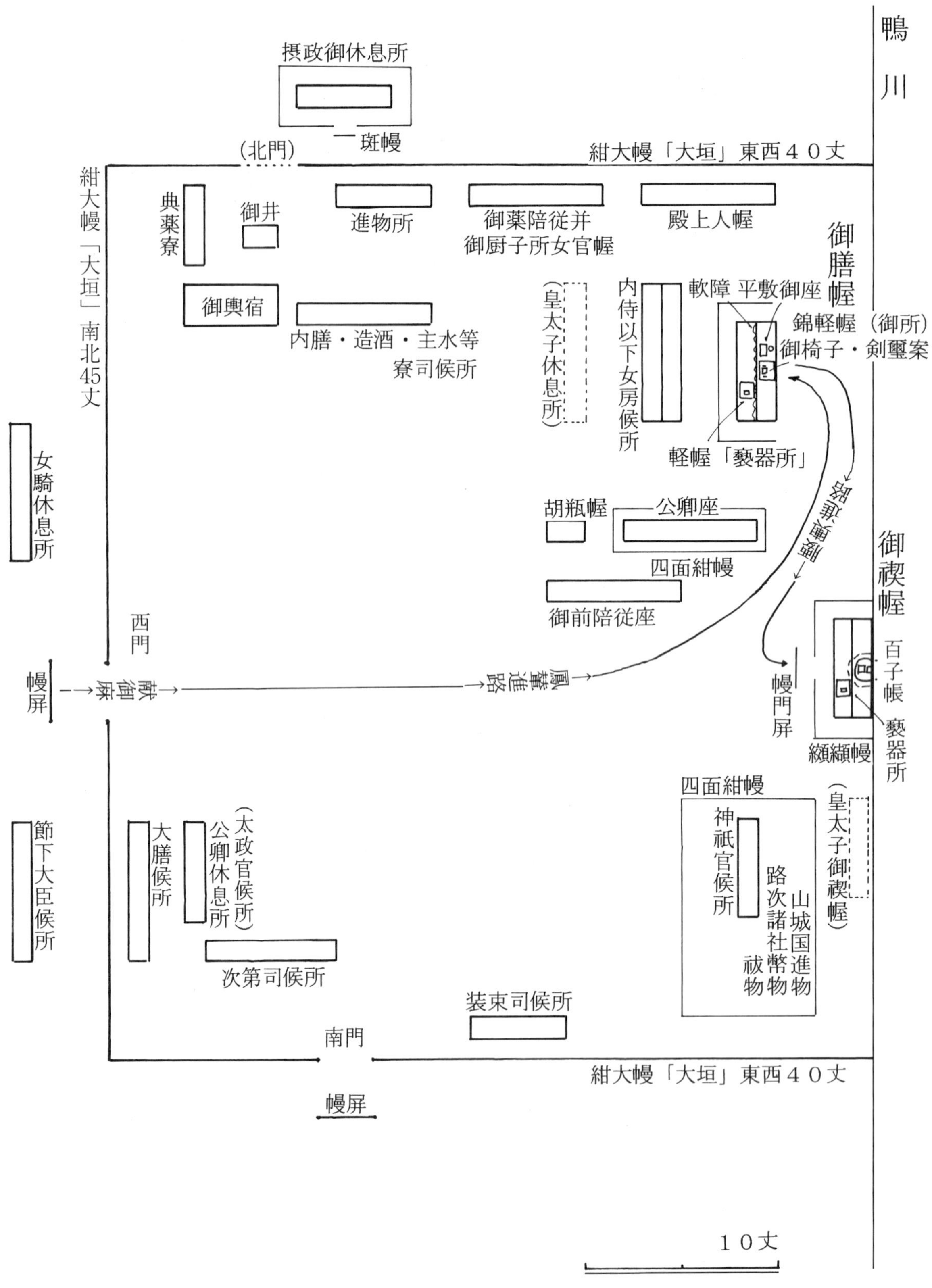

図５　御禊　河原行宮（あんぐう）図　『兵範記』仁安三（一一六八）年十月二十日条に拠る復原考証。

作図：石野浩司

図6　斎国供神物　京中経路図

作図：谷省吾・石野浩司

図7　悠紀主基両国　供神物行列図

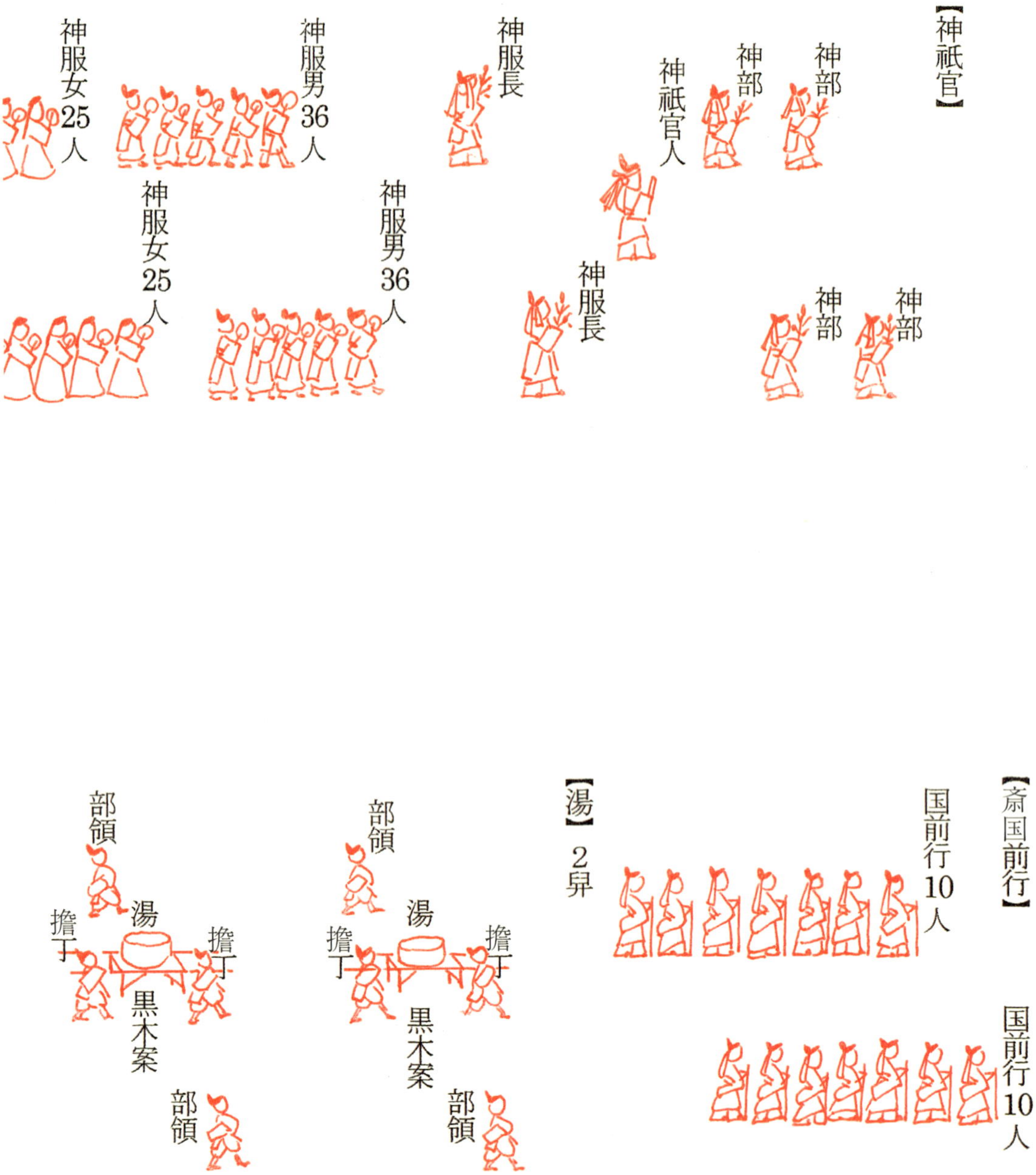

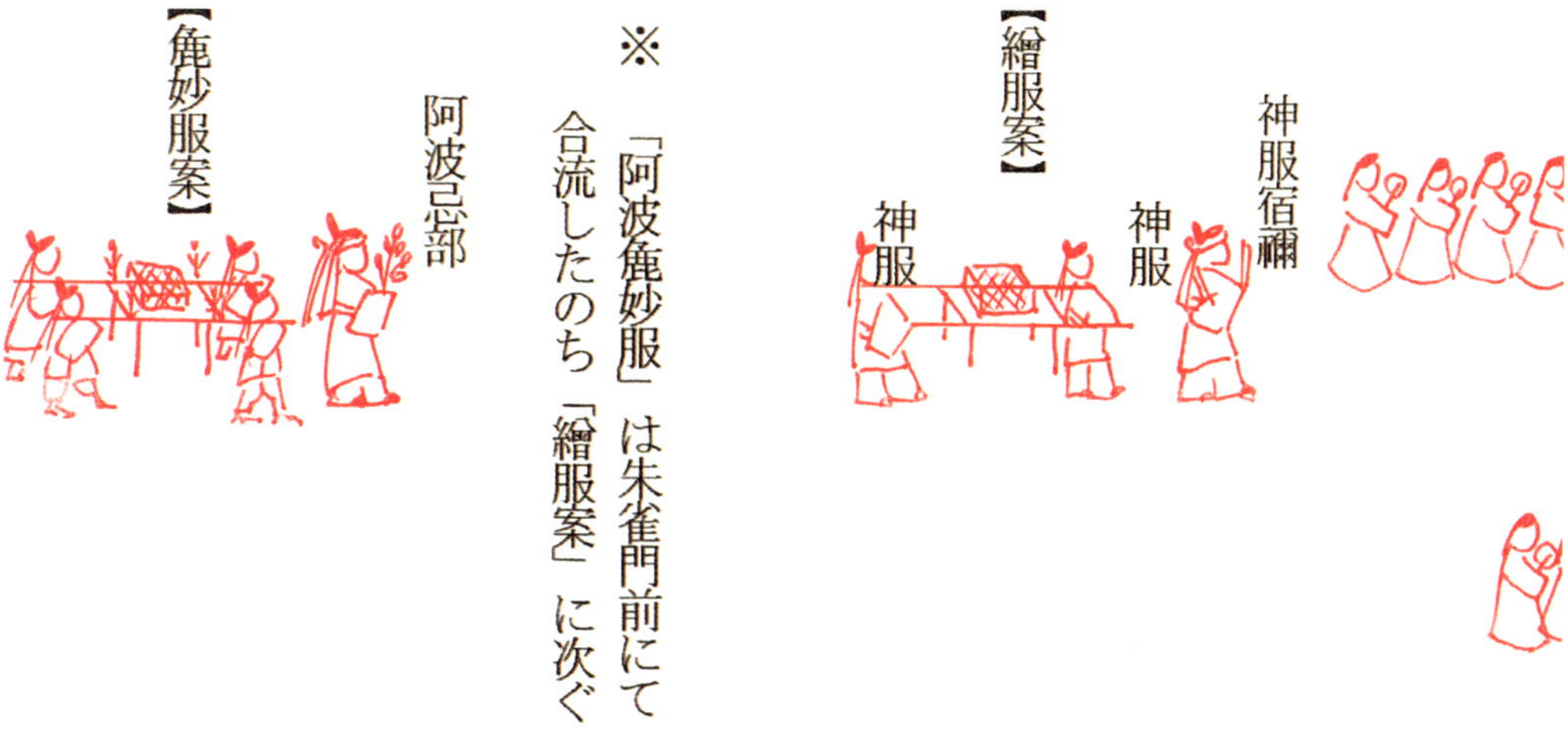

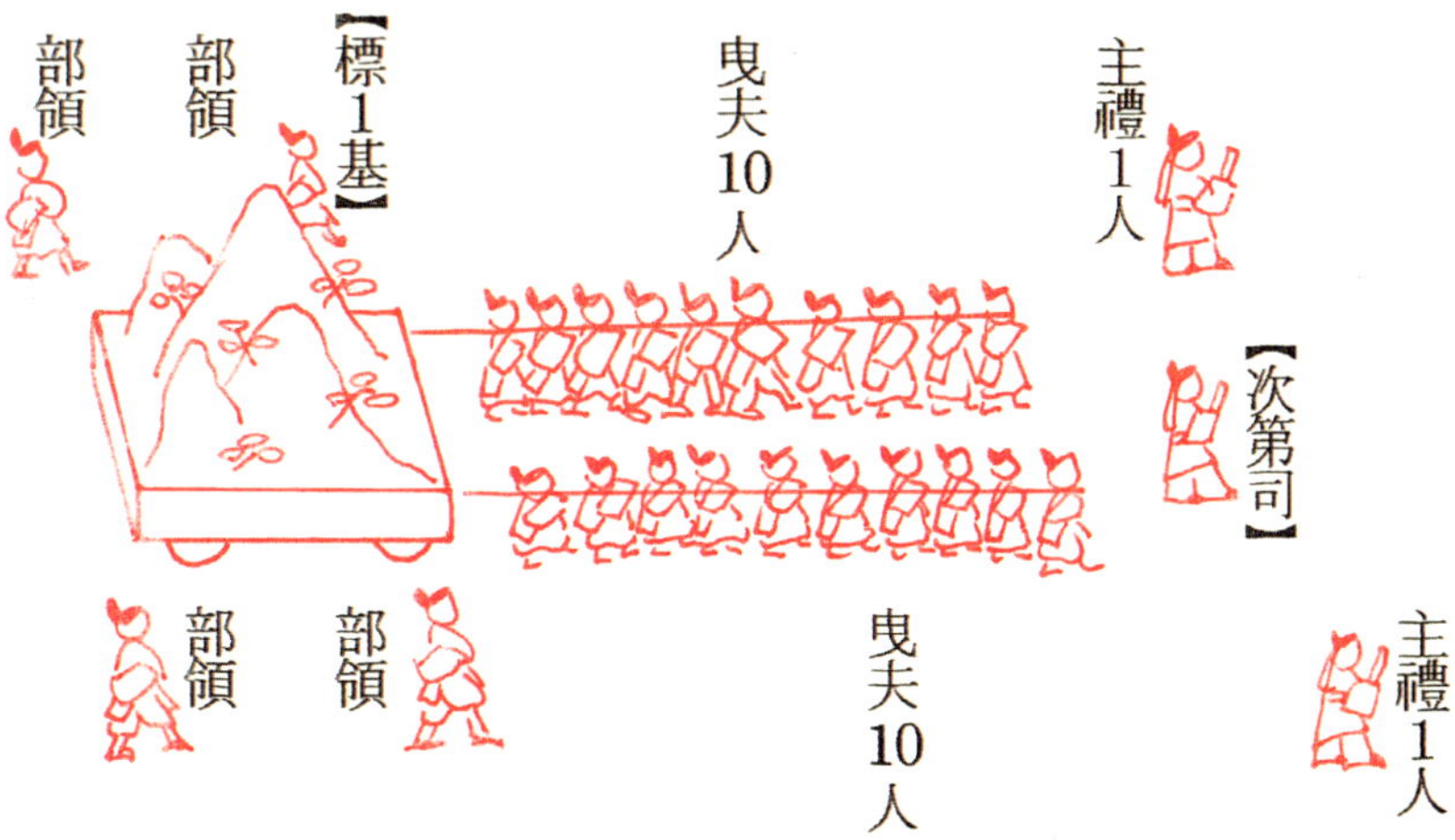

悠紀主基両国　供神物行列図
作図：石野浩司

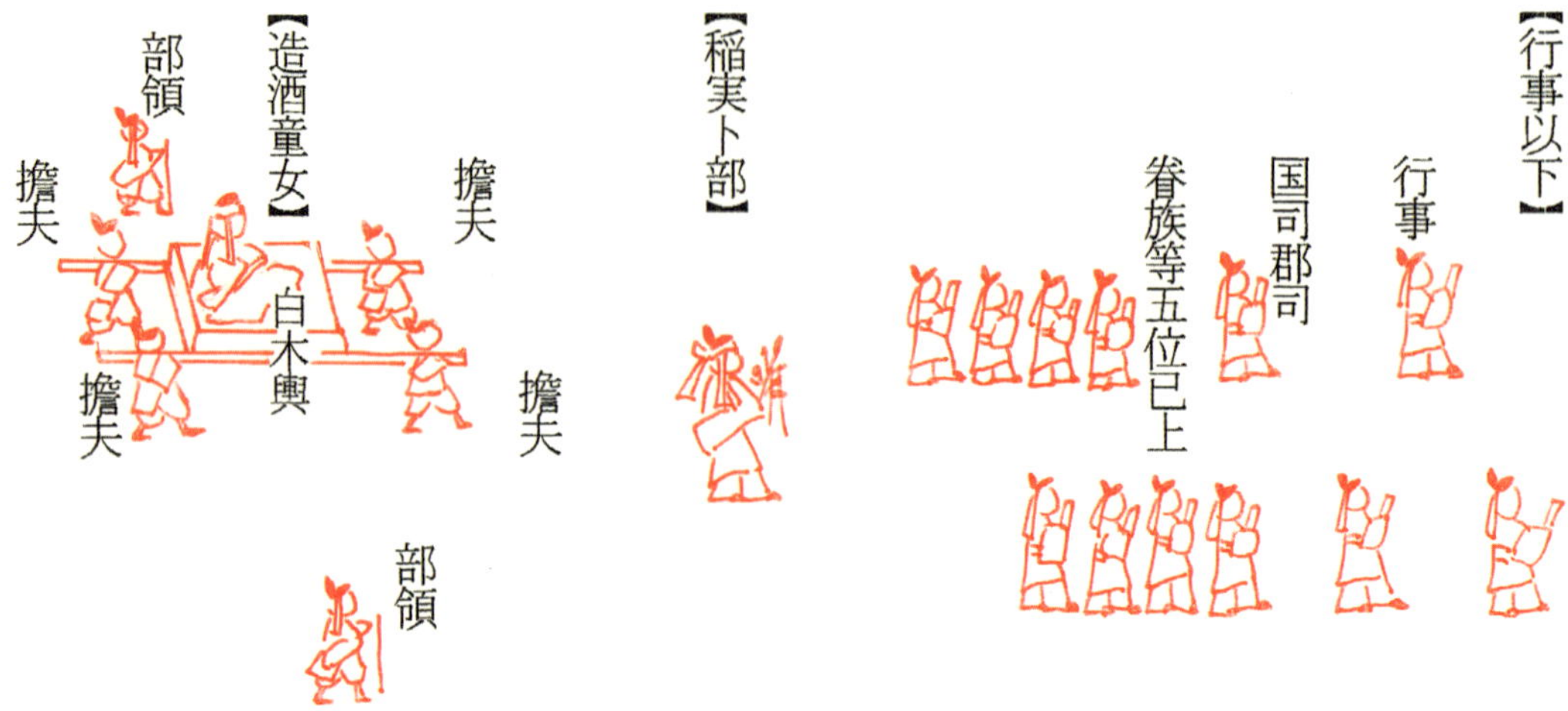
【行事以下】
行事
国司郡司
眷族等五位已上
【稲実卜部】
【造酒童女】
部領
擔夫
擔夫
白木輿
擔夫
擔夫
部領

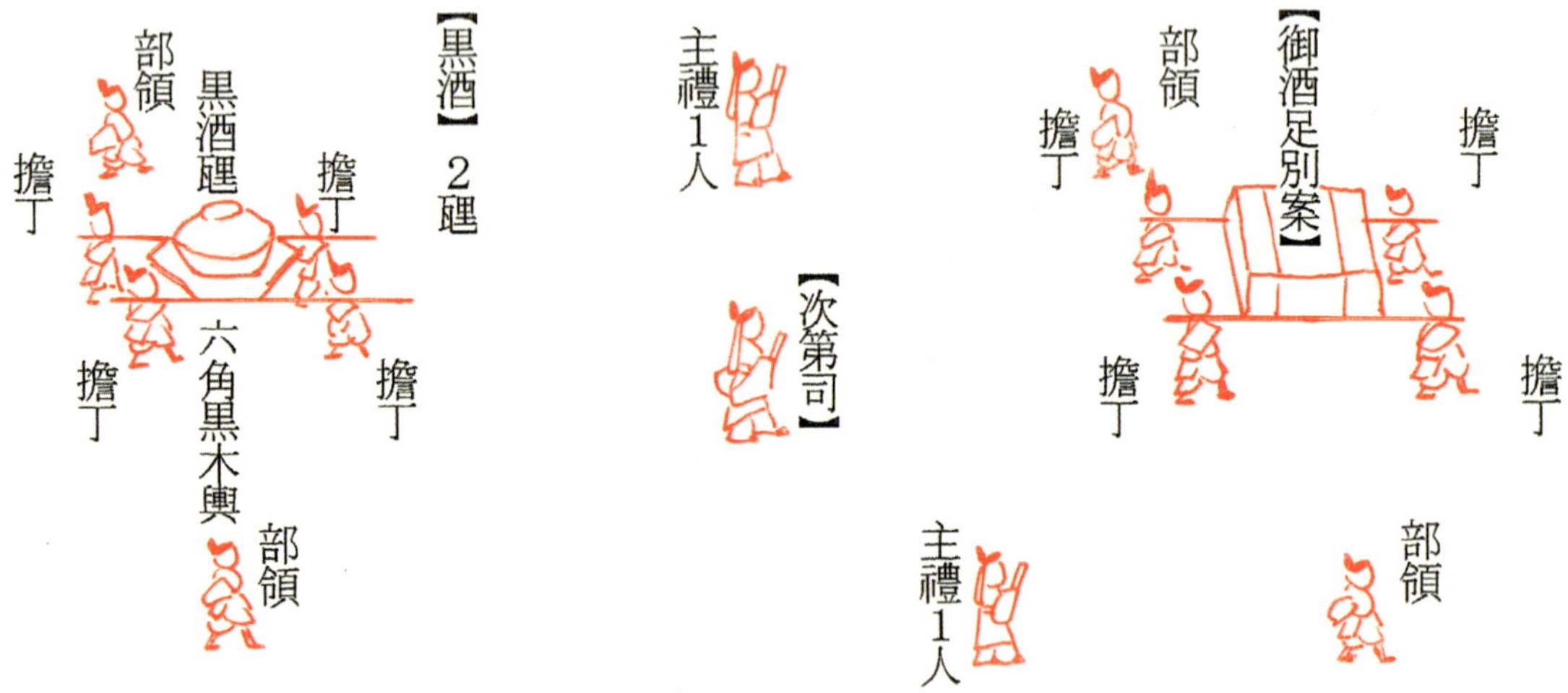
【御酒足別案】
擔丁
部領
擔丁
擔丁
擔丁
部領
主禮1人
主禮1人
【次第司】
【黒酒】2䡄
黒酒䡄
部領
擔丁
擔丁
擔丁
擔丁
六角黒木輿
部領

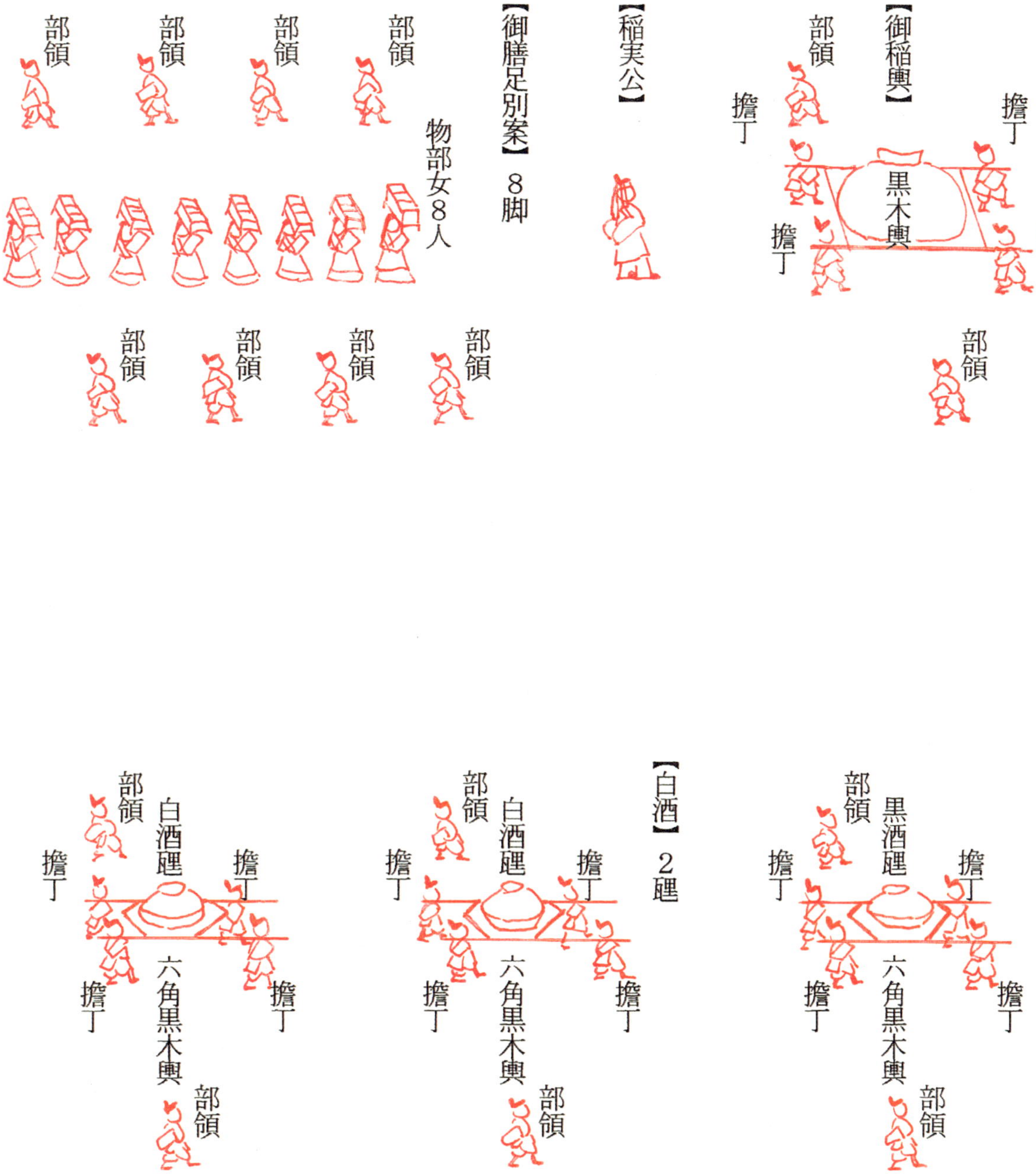

悠紀主基両国　供神物行列図
作図：石野浩司

【由加物】8舁

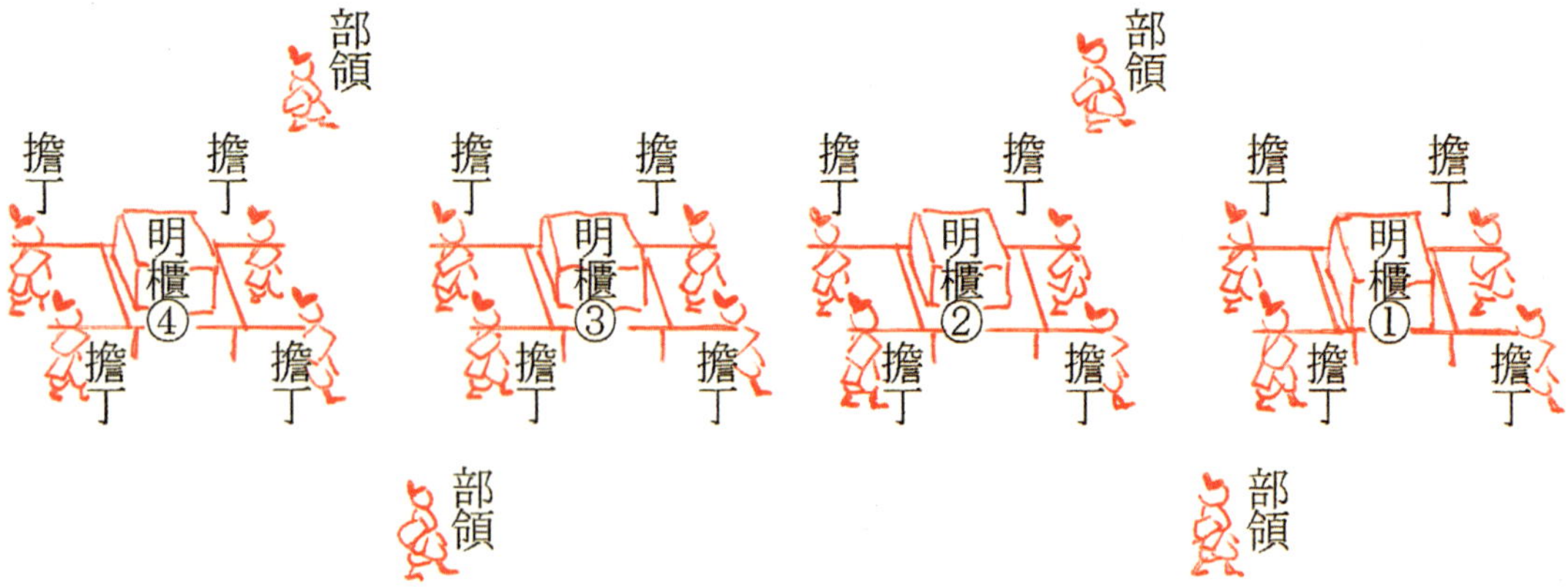

【木燧】1荷

【杵】4枚

【箕】2枚

【薪】10荷

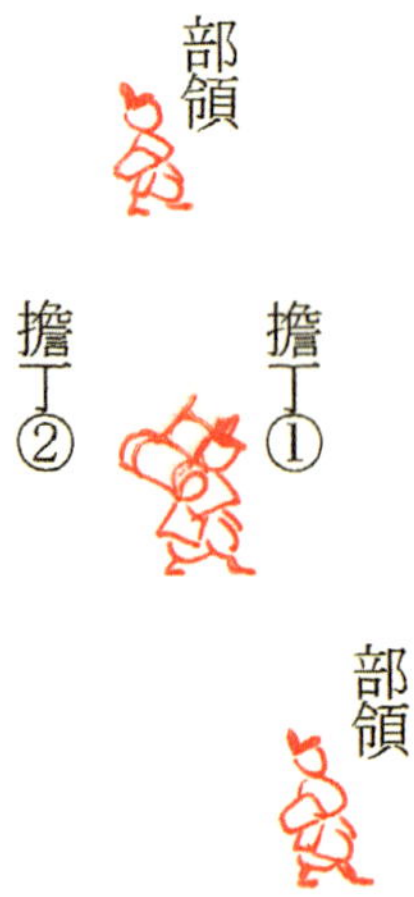

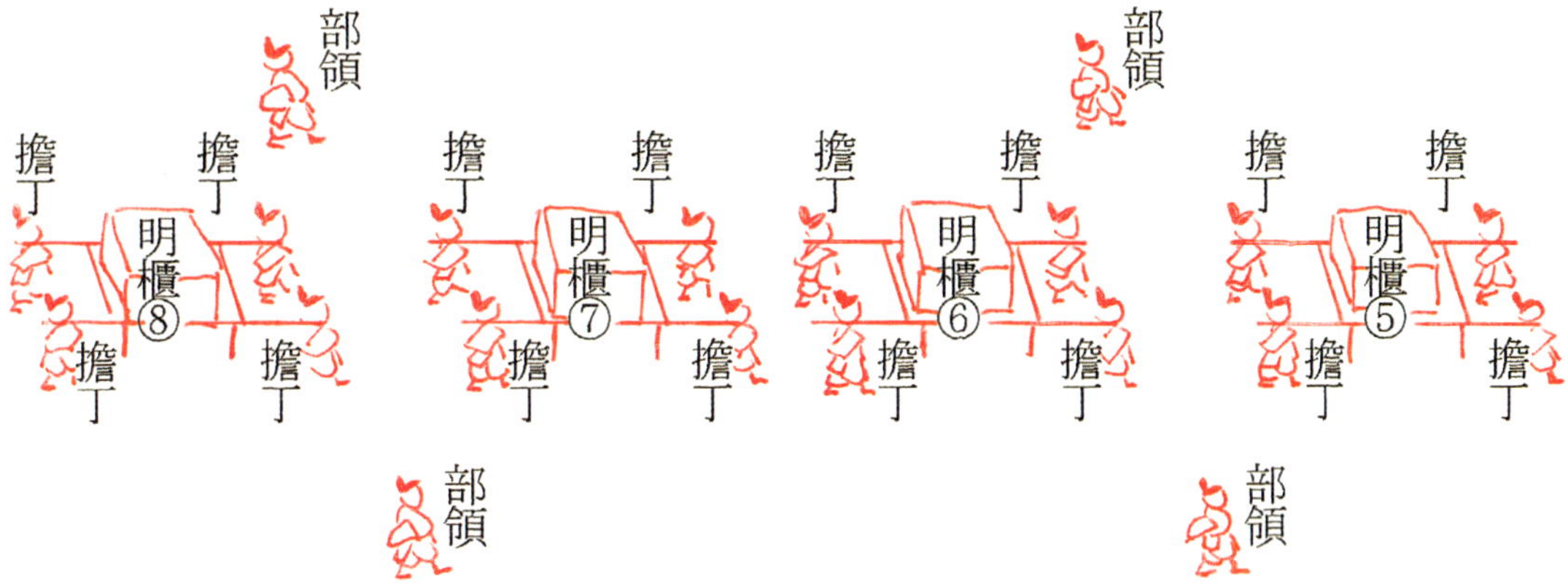

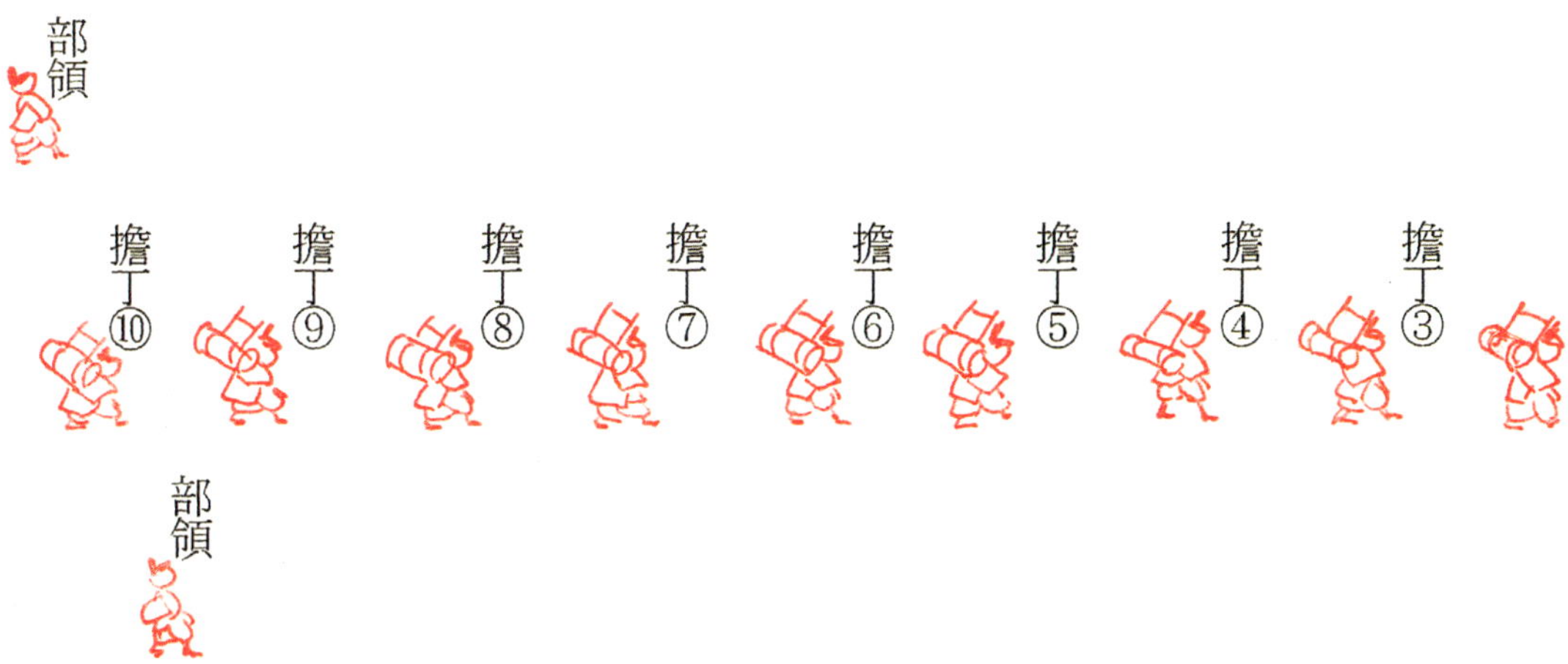

悠紀主基両国　供神物行列図
作図：石野浩司

【火台】 4荷

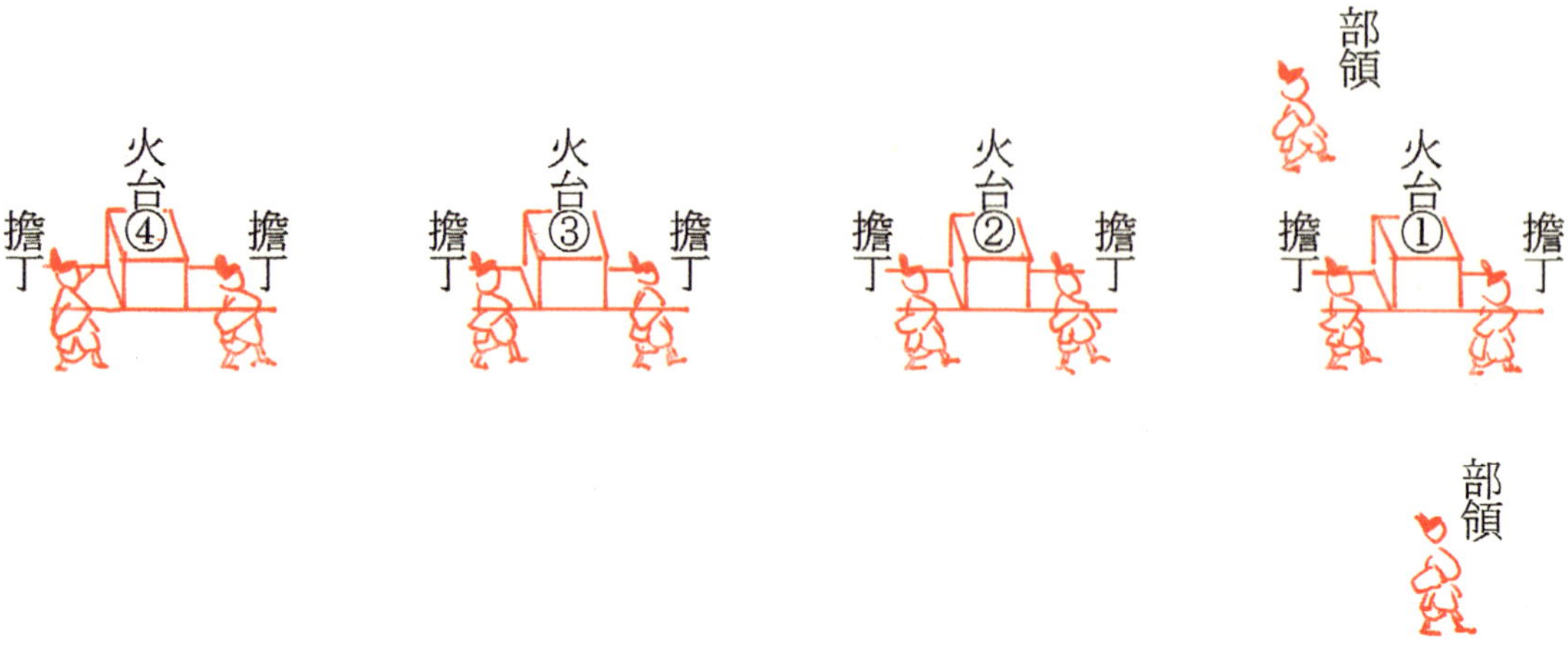
部領
火台①
擔丁
擔丁
部領
火台②
擔丁
擔丁
火台③
擔丁
擔丁
火台④
擔丁
擔丁

【土火炉】 4荷

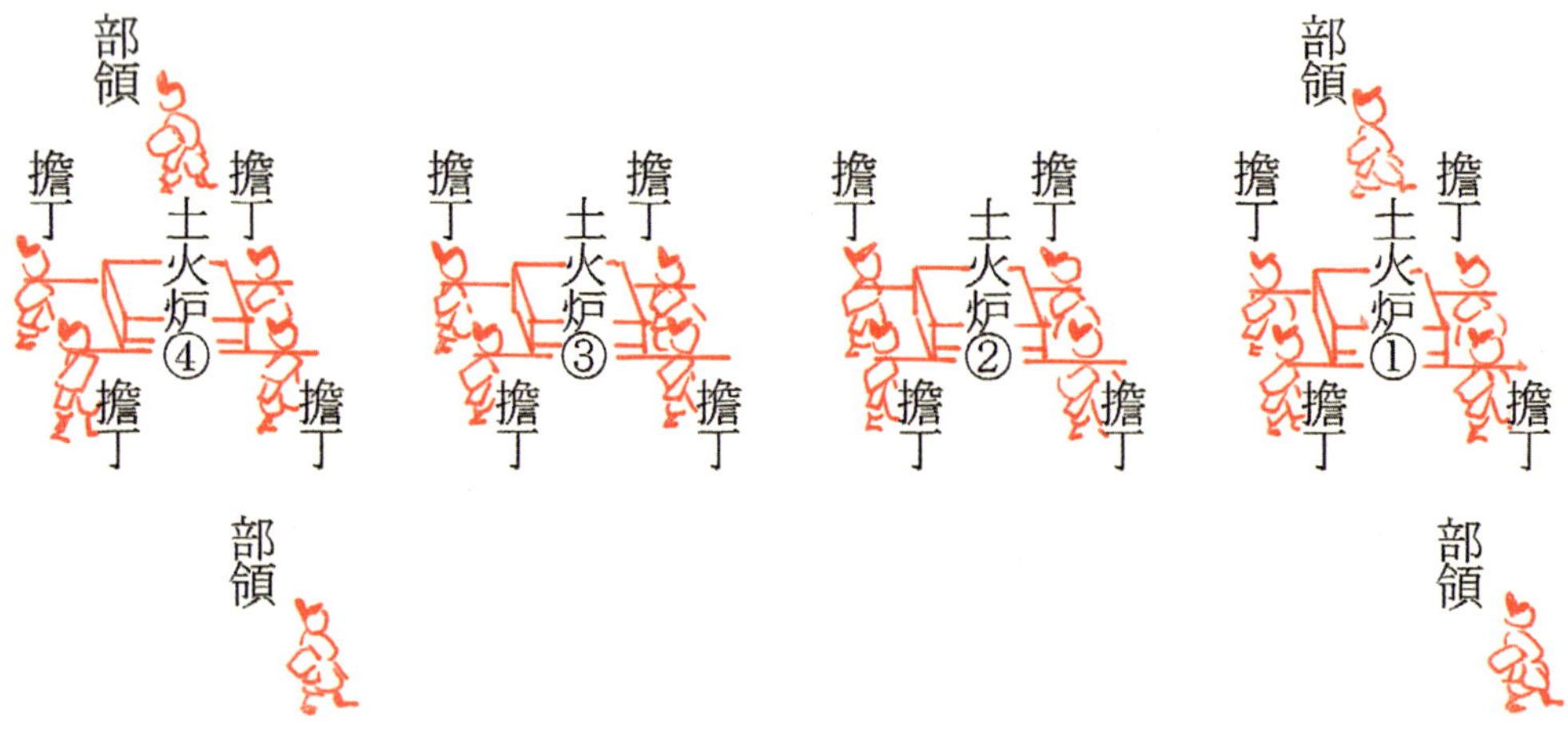
部領
擔丁
擔丁
土火炉①
擔丁
擔丁
部領
擔丁
擔丁
土火炉②
擔丁
擔丁
擔丁
擔丁
土火炉③
擔丁
擔丁
部領
擔丁
擔丁
土火炉④
擔丁
擔丁
部領

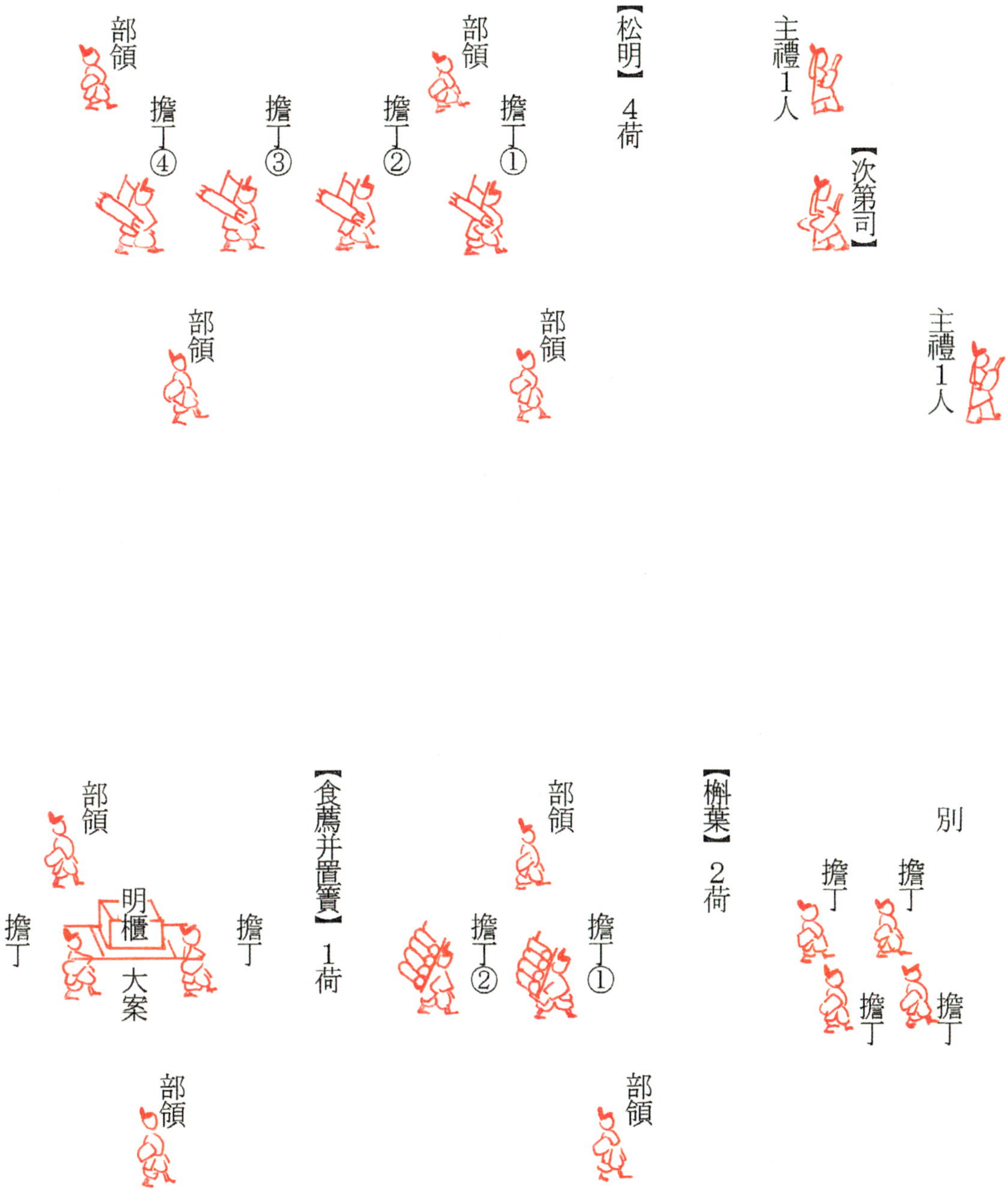

悠紀主基両国　供神物行列図
作図：石野浩司

【韓竈】1具

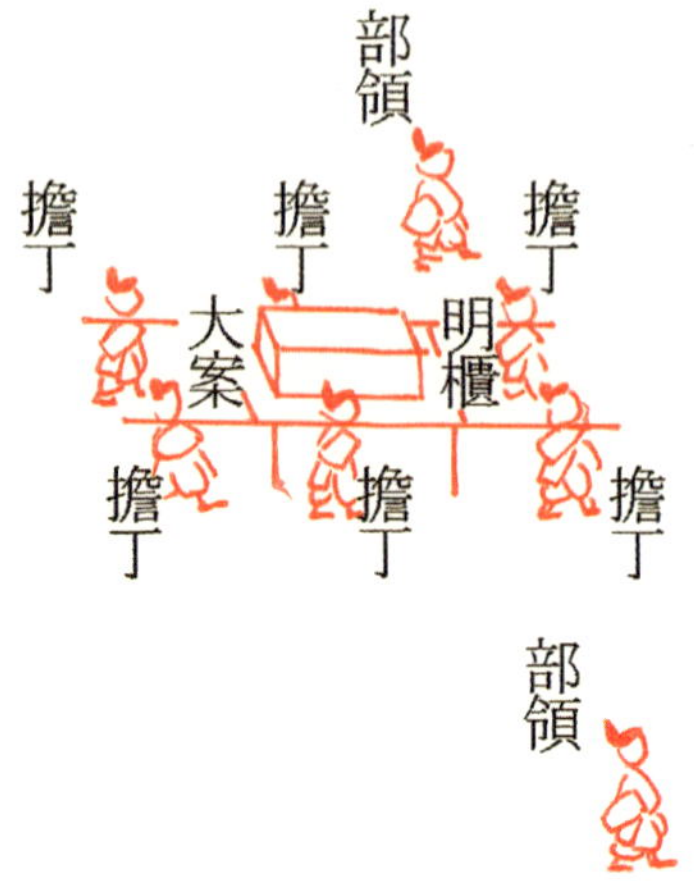

【御水】6⿰石里

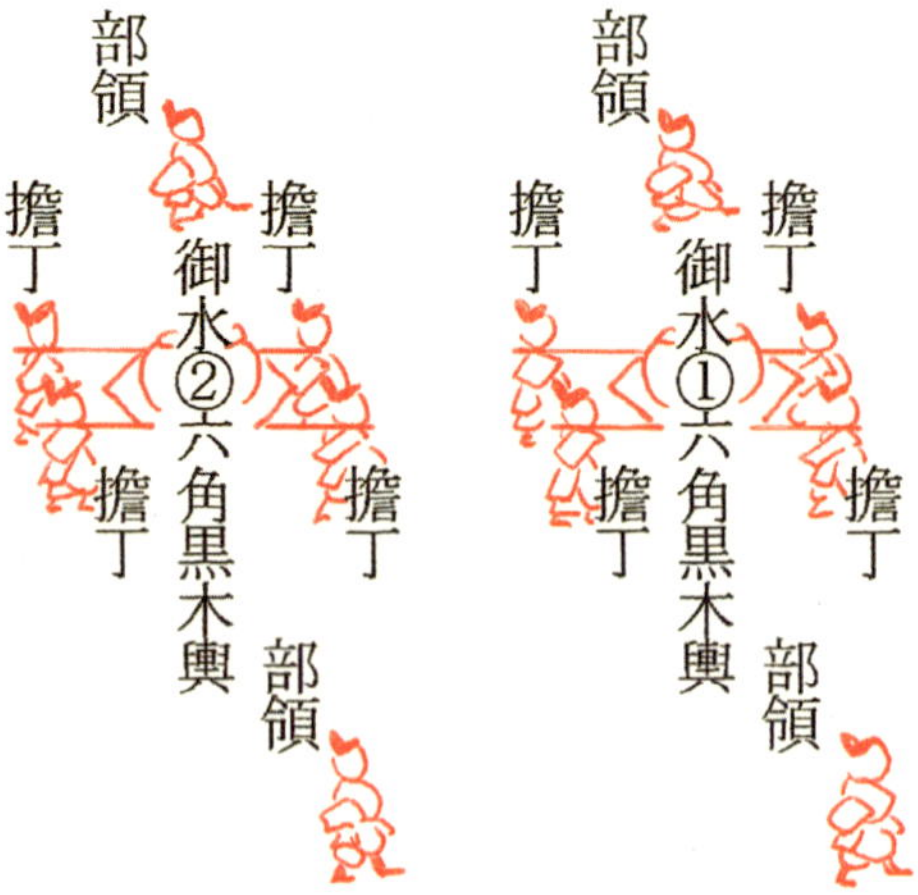

【祢宜卜部】1人

【酒盞案】1脚

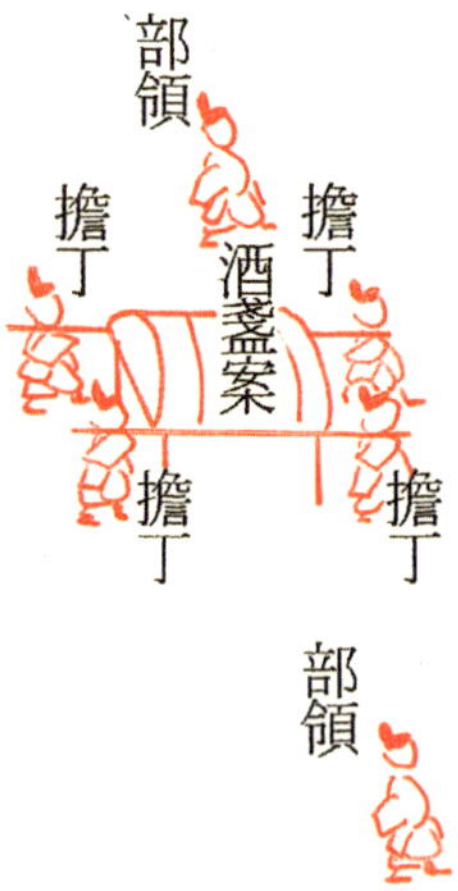

【黒酒】10缶

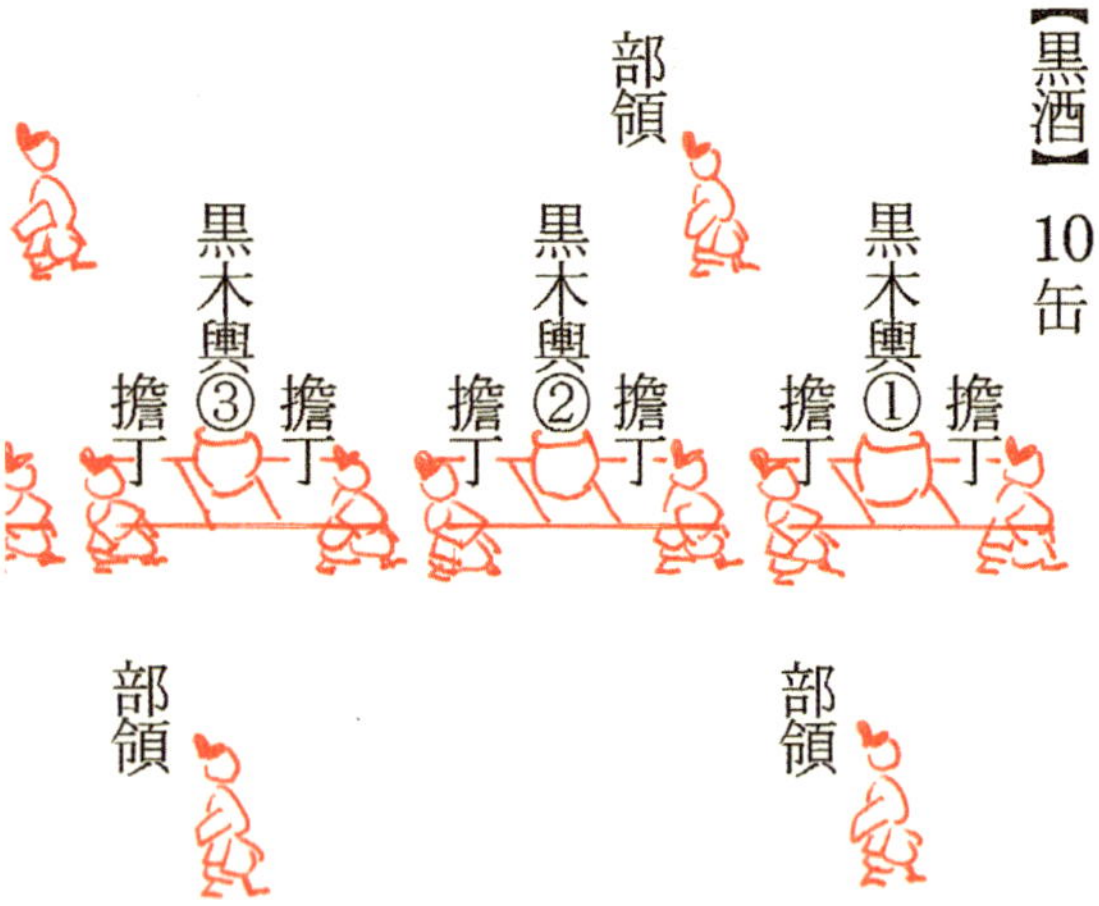

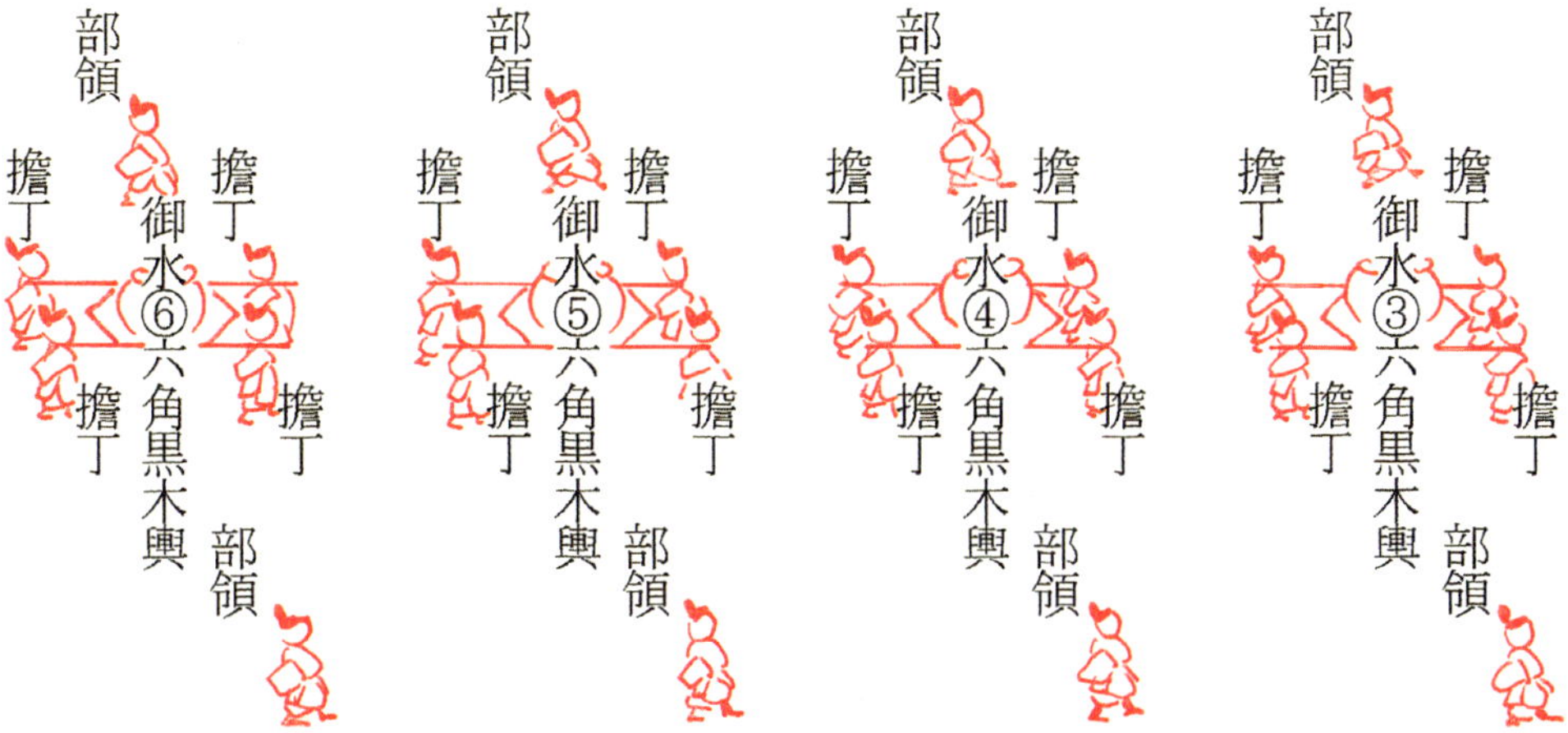

※　已上の供神物みな賢木を挿す

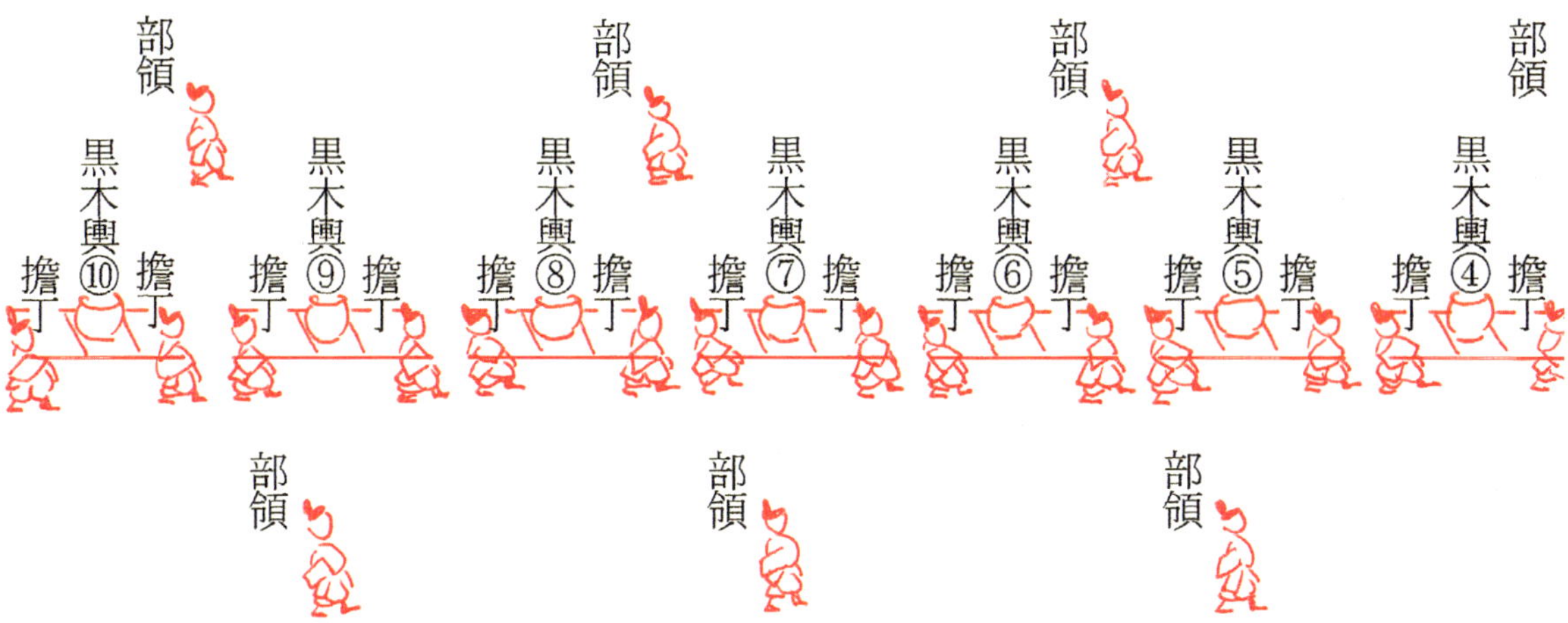

悠紀主基両国　供神物行列図
作図：石野浩司

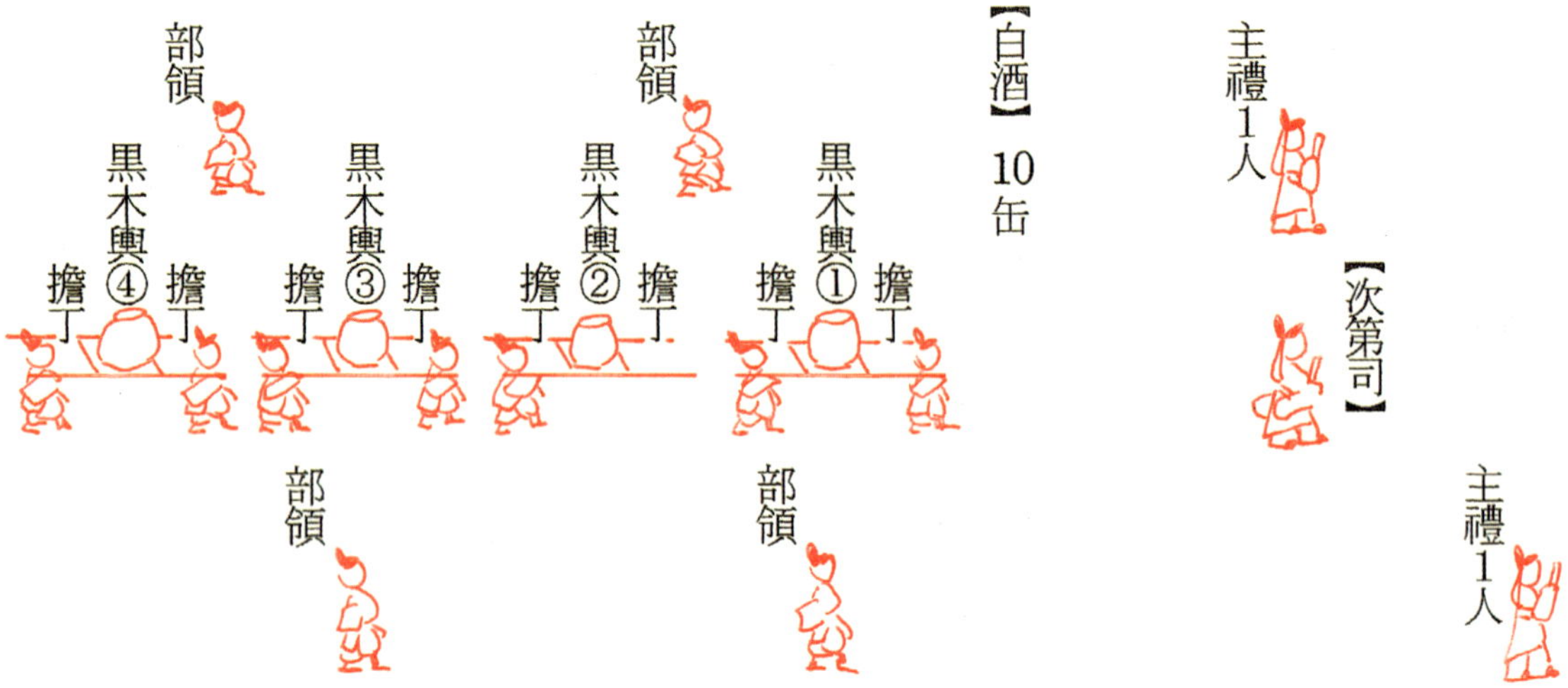
主禮1人
【次第司】
主禮1人
【白酒】10缶
黒木輿①
擔丁
擔丁
部領
部領
黒木輿②
擔丁
擔丁
黒木輿③
擔丁
擔丁
部領
部領
黒木輿④
擔丁
擔丁

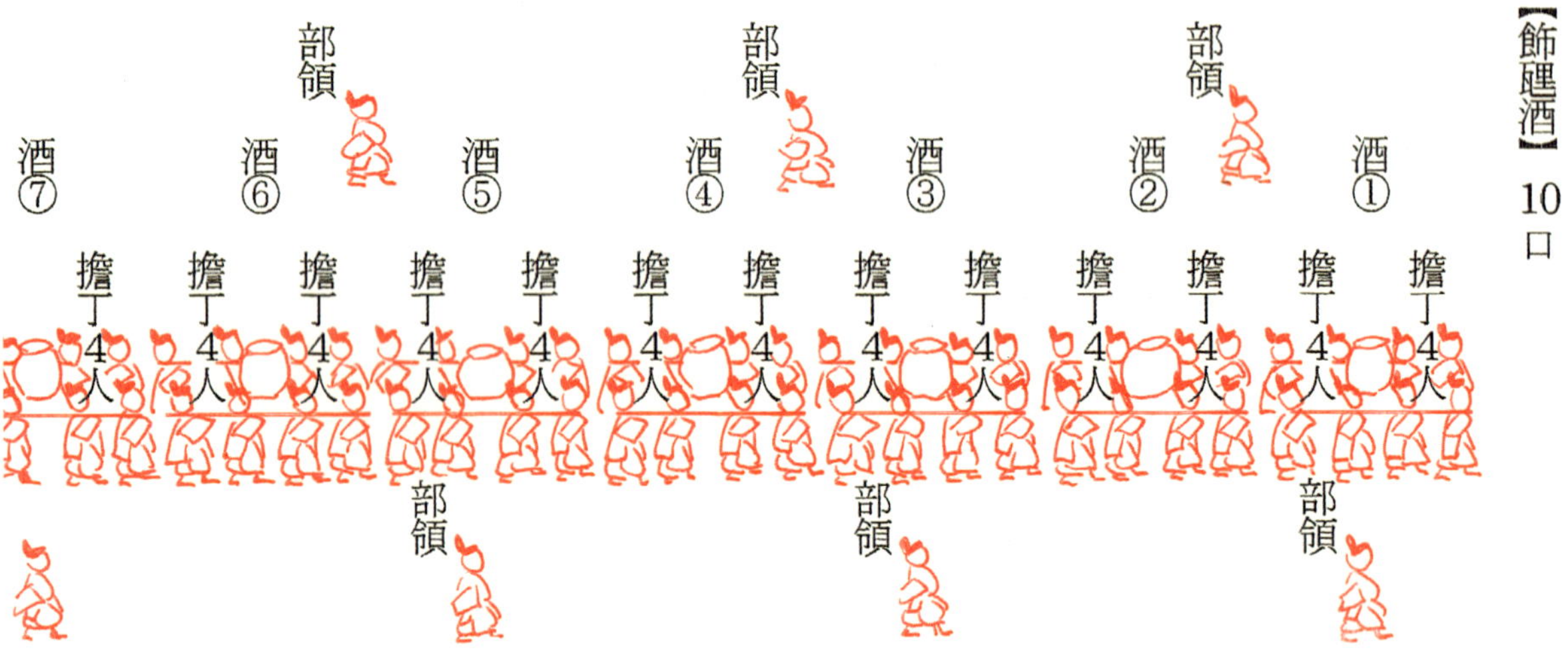
【飾醞酒】10口
酒①
擔丁4人
擔丁4人
部領
部領
酒②
擔丁4人
擔丁4人
酒③
擔丁4人
擔丁4人
部領
部領
酒④
擔丁4人
擔丁4人
酒⑤
擔丁4人
擔丁4人
部領
部領
酒⑥
擔丁4人
擔丁4人
酒⑦
擔丁4人

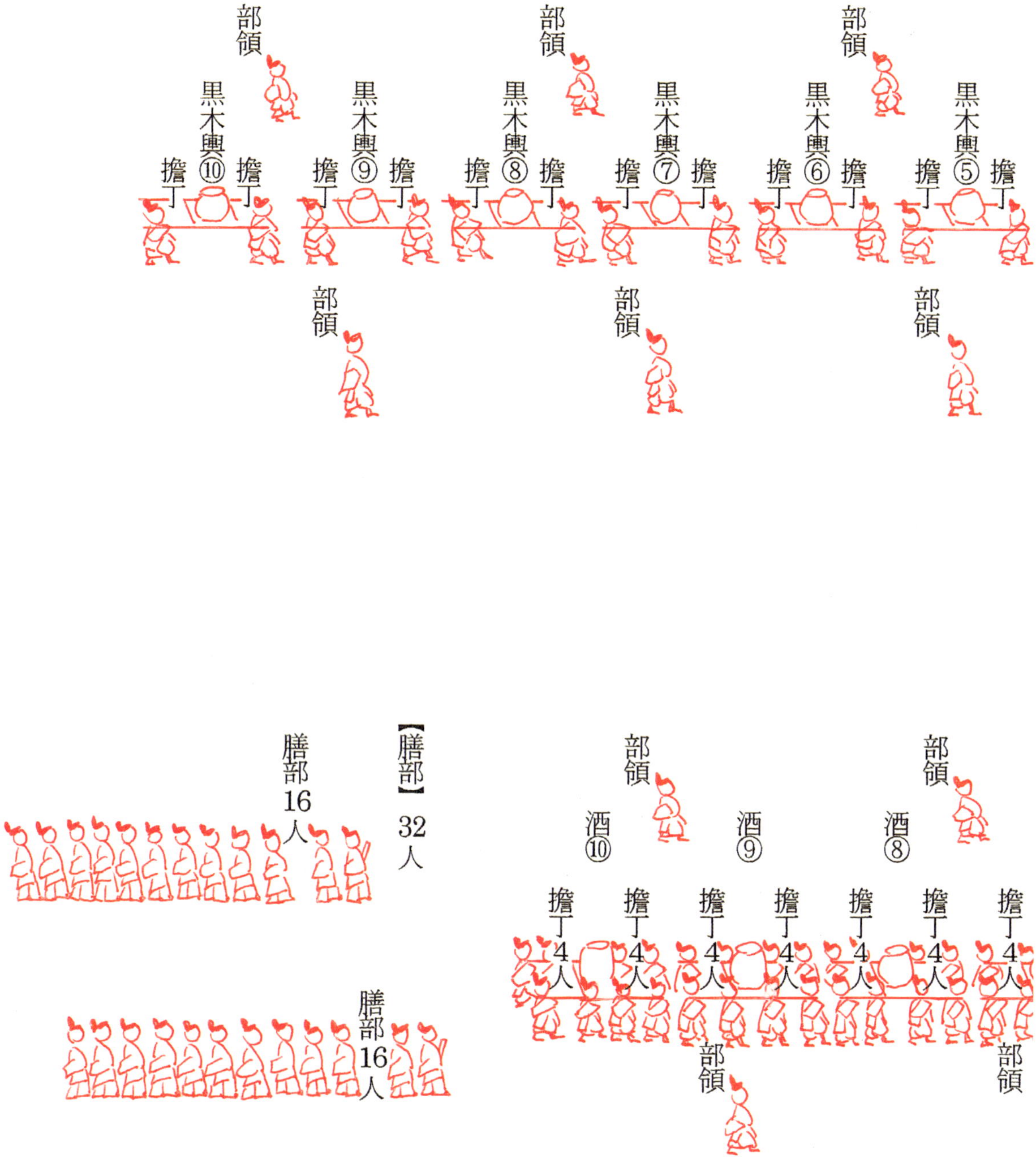

悠紀主基両国　供神物行列図
作図：石野浩司

【倉代】 10輿

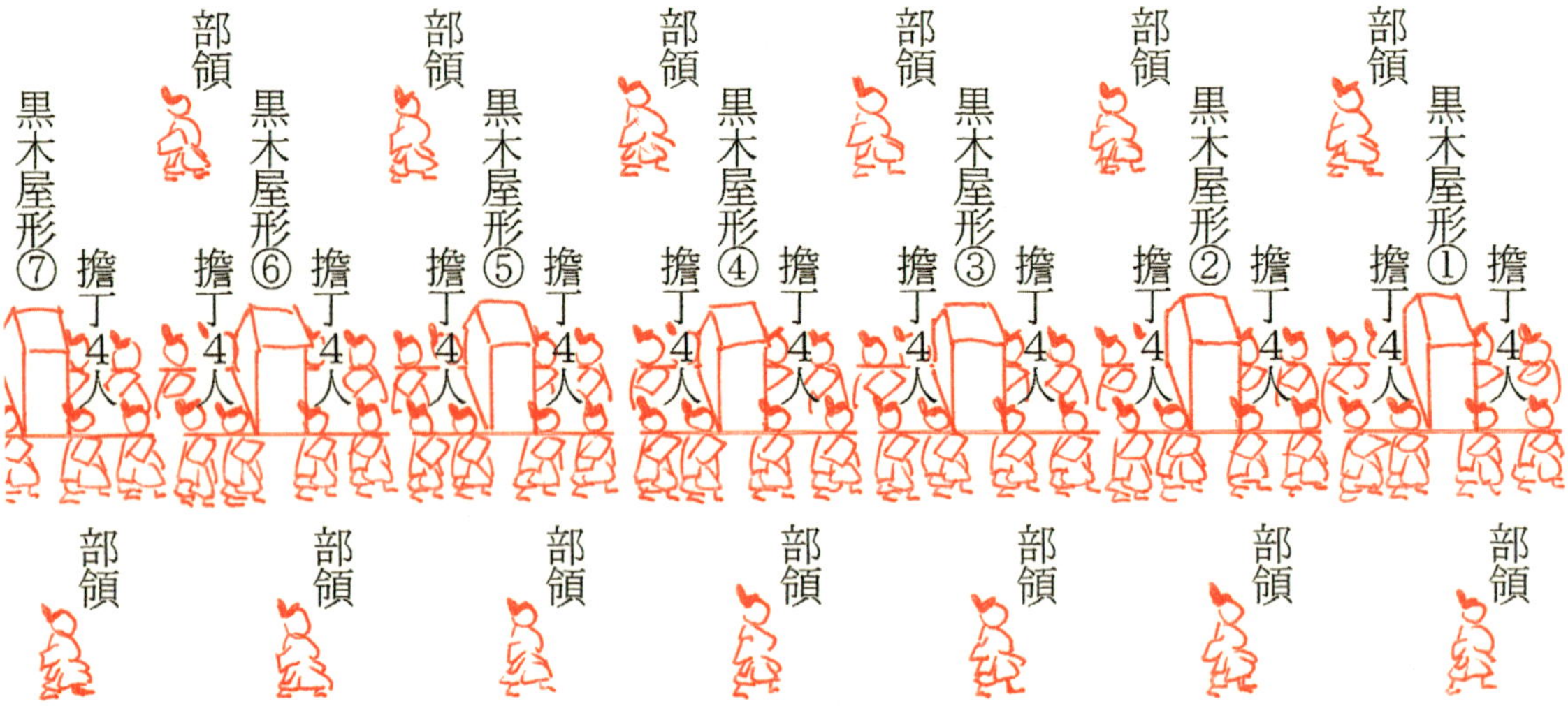

部領
黒木屋形①
擔丁4人
擔丁4人
部領
部領
黒木屋形②
擔丁4人
擔丁4人
部領
部領
黒木屋形③
擔丁4人
擔丁4人
部領
部領
黒木屋形④
擔丁4人
擔丁4人
部領
部領
黒木屋形⑤
擔丁4人
擔丁4人
部領
部領
黒木屋形⑥
擔丁4人
擔丁4人
部領
部領
黒木屋形⑦
擔丁4人
部領

【倉代】 5輿

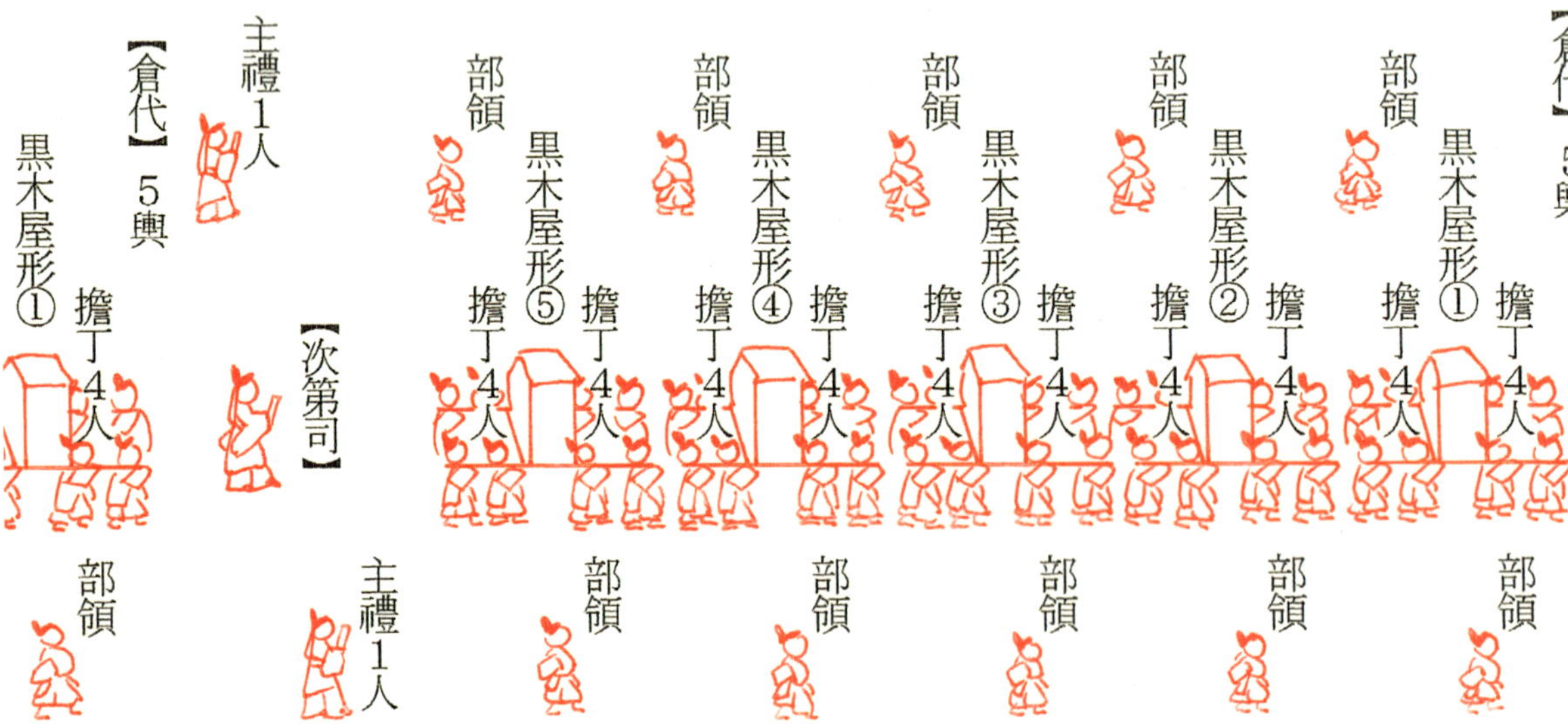

部領
黒木屋形①
擔丁4人
擔丁4人
部領
部領
黒木屋形②
擔丁4人
擔丁4人
部領
部領
黒木屋形③
擔丁4人
擔丁4人
部領
部領
黒木屋形④
擔丁4人
擔丁4人
部領
部領
黒木屋形⑤
擔丁4人
擔丁4人
部領
主禮1人
【次第司】
主禮1人
【倉代】 5輿
部領
黒木屋形①
擔丁4人
部領

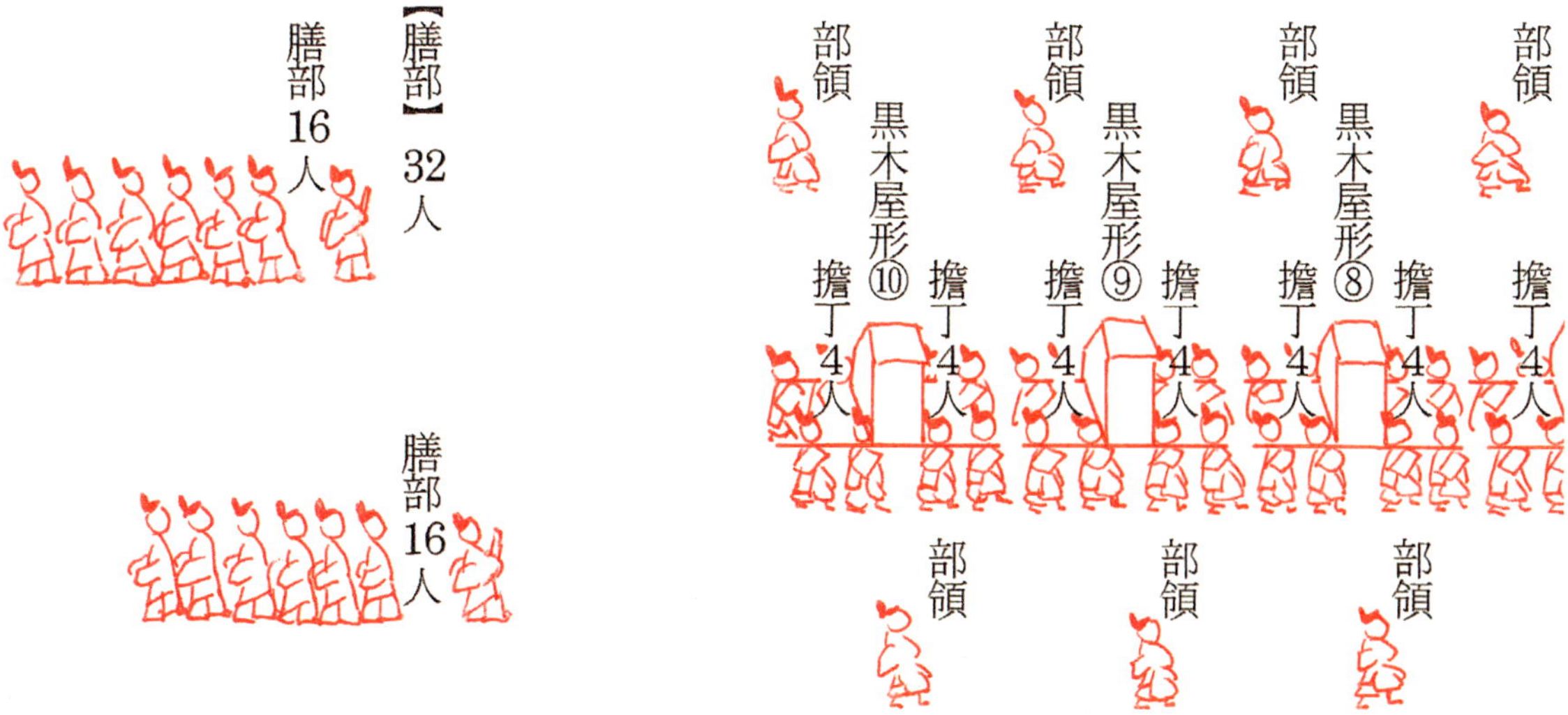

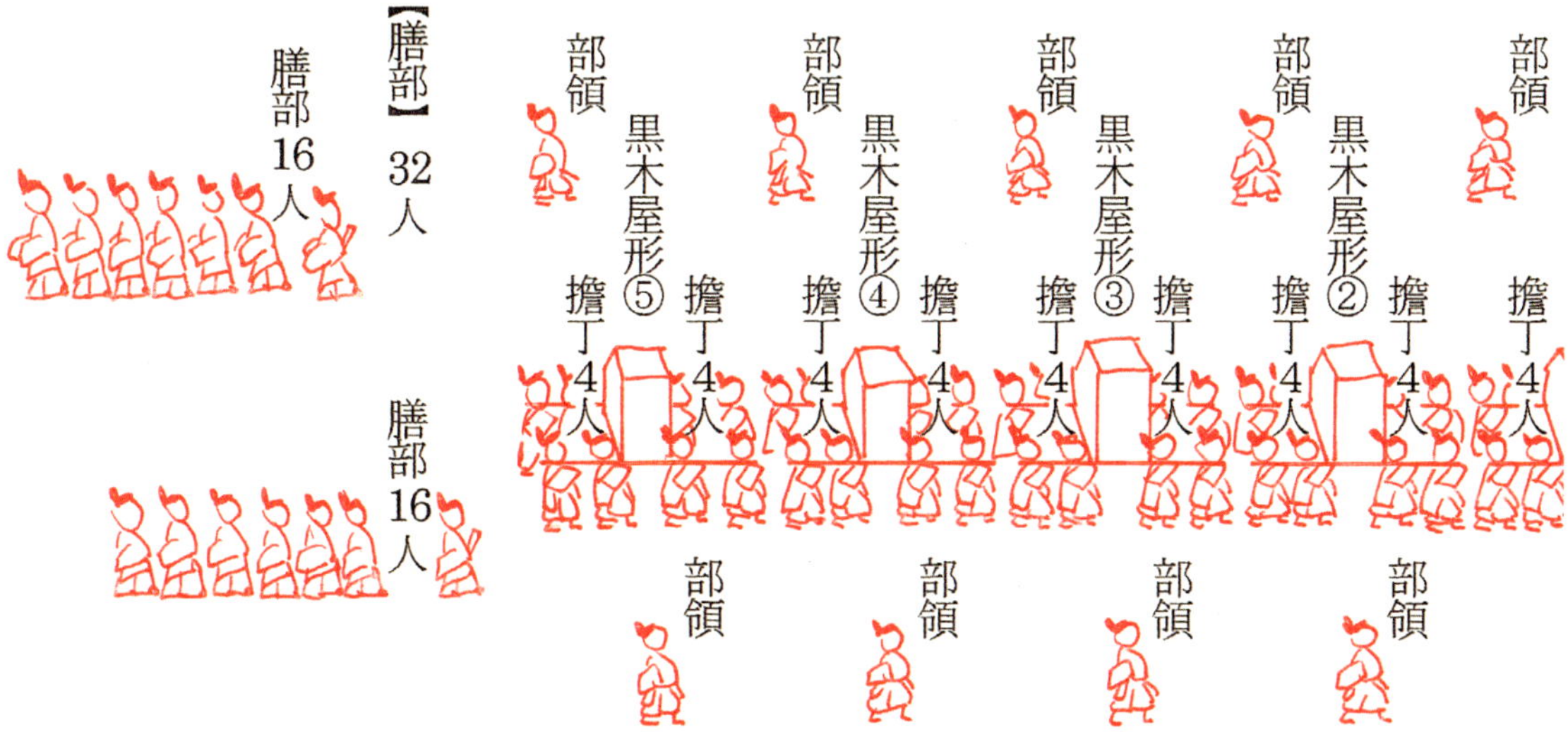

悠紀主基両国　供神物行列図
作図：石野浩司

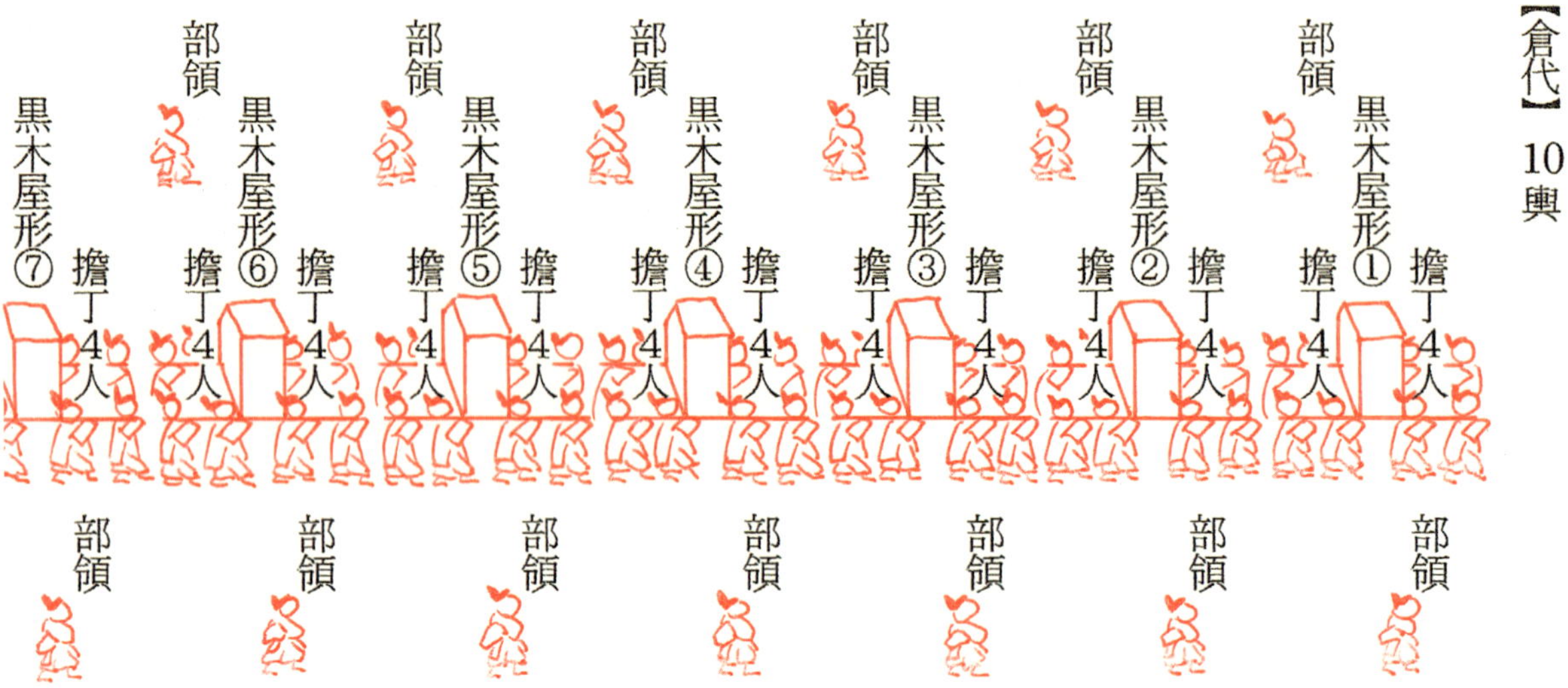
【倉代】10輿
部領
黒木屋形①
擔丁4人
擔丁4人
部領
部領
黒木屋形②
擔丁4人
擔丁4人
部領
部領
黒木屋形③
擔丁4人
擔丁4人
部領
部領
黒木屋形④
擔丁4人
擔丁4人
部領
部領
黒木屋形⑤
擔丁4人
擔丁4人
部領
部領
黒木屋形⑥
擔丁4人
擔丁4人
部領
黒木屋形⑦
擔丁4人
部領

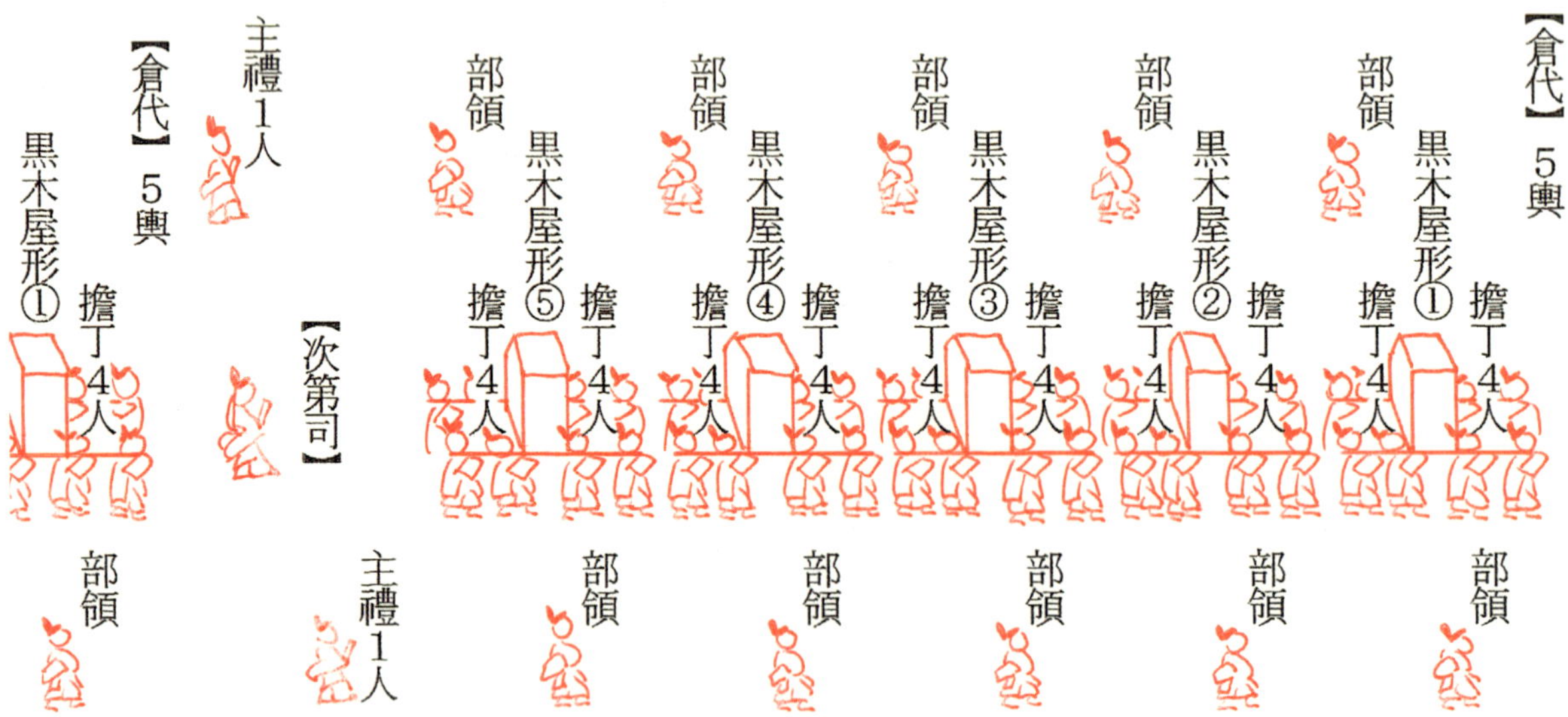
【倉代】5輿
部領
黒木屋形①
擔丁4人
擔丁4人
部領
部領
黒木屋形②
擔丁4人
擔丁4人
部領
部領
黒木屋形③
擔丁4人
擔丁4人
部領
部領
黒木屋形④
擔丁4人
擔丁4人
部領
部領
黒木屋形⑤
擔丁4人
擔丁4人
部領
主禮1人
【次第司】
主禮1人
【倉代】5輿
黒木屋形①
擔丁4人
部領

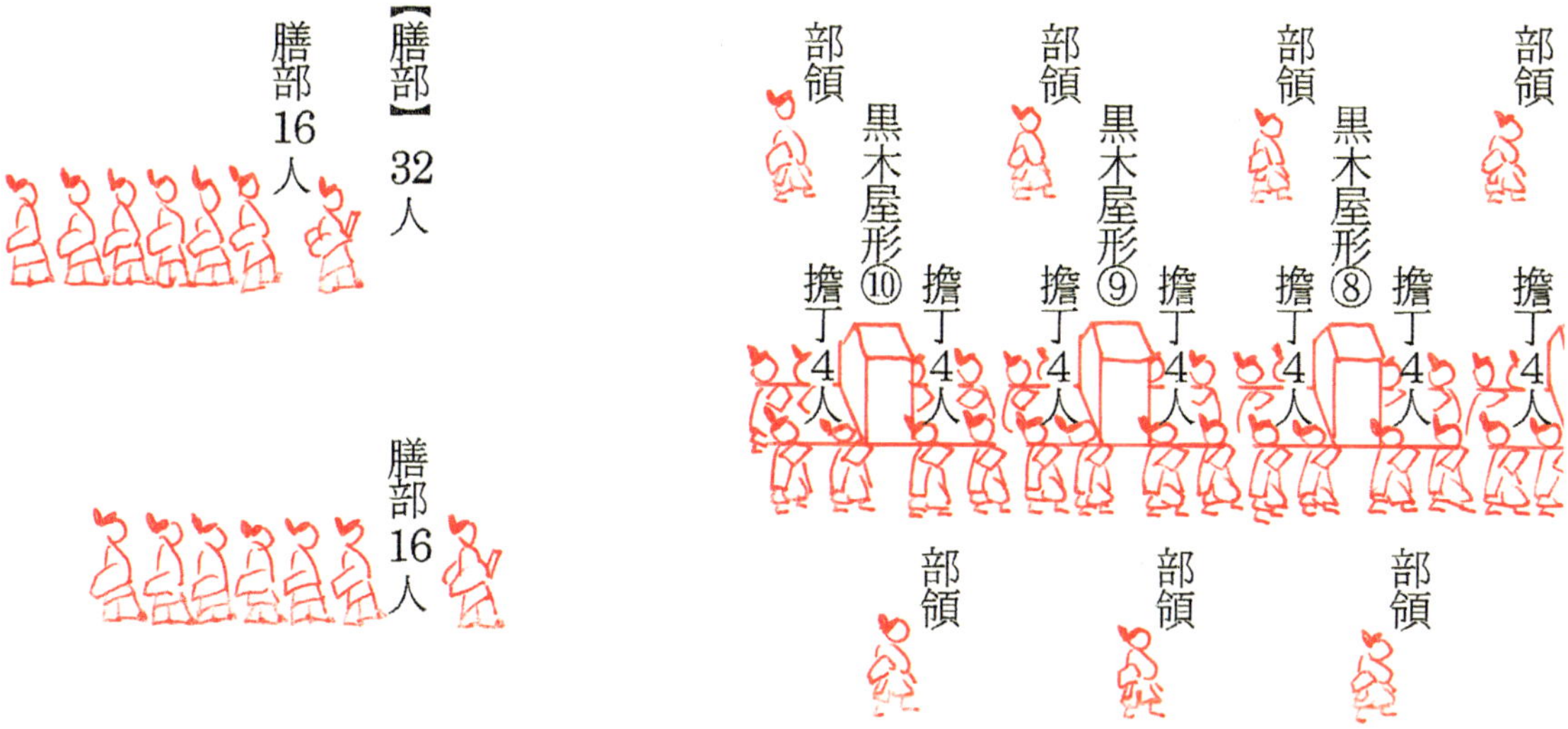

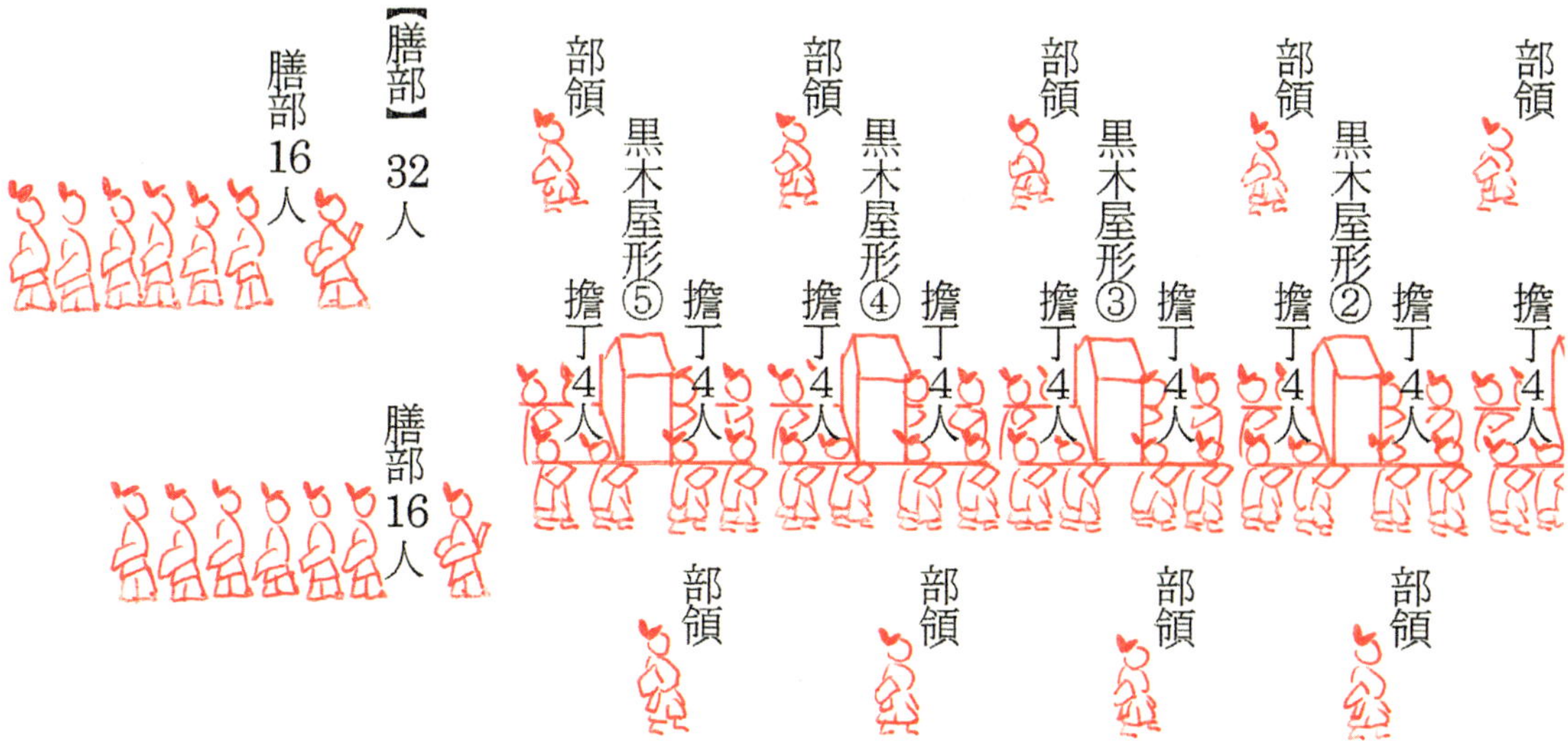

悠紀主基両国　供神物行列図
作図：石野浩司

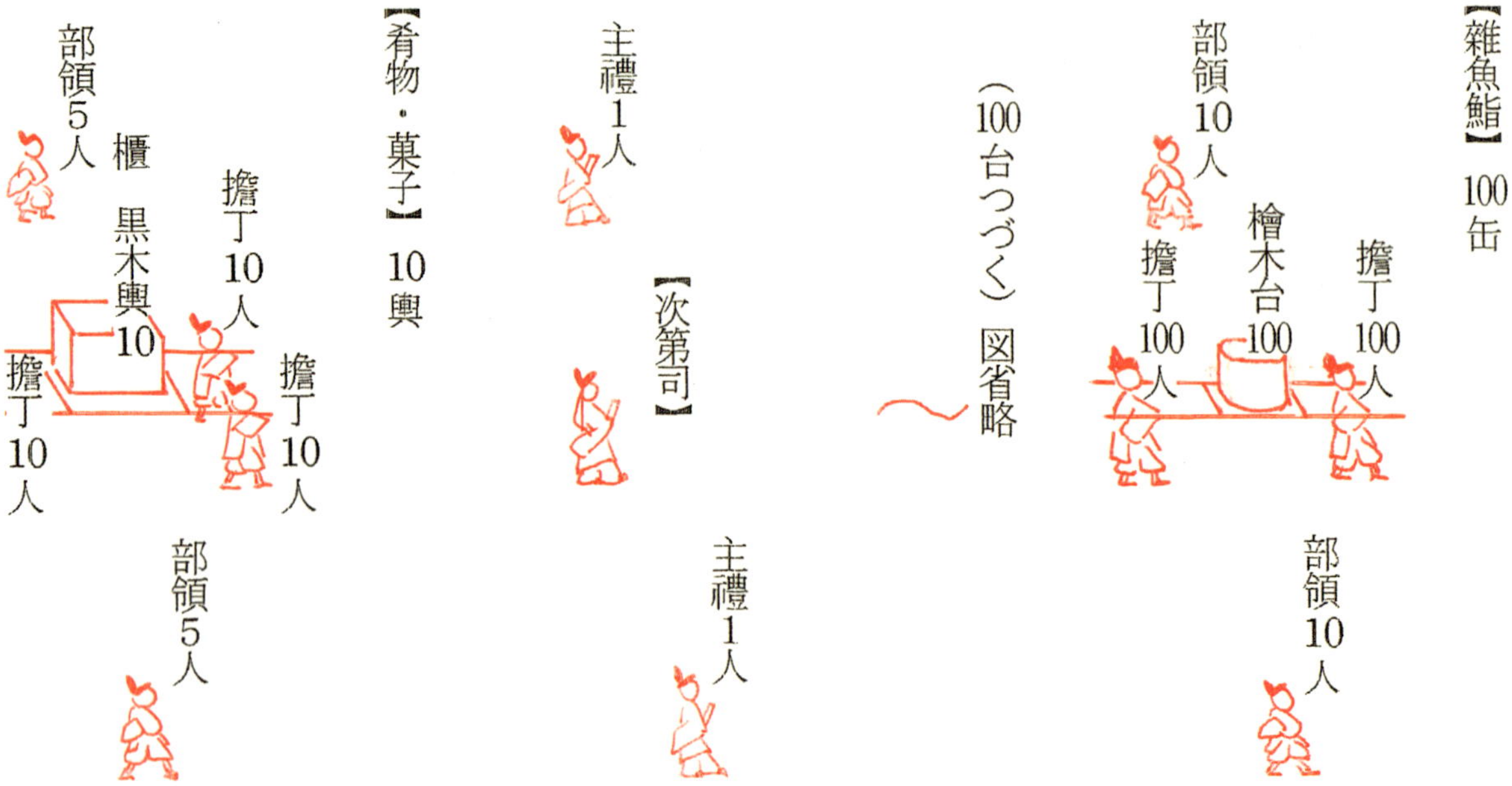
【雑魚鮨】100缶
部領10人
擔丁100人
檜木台100
擔丁100人
部領10人
（100台つづく）図省略
主禮1人
【次第司】
主禮1人
【肴物・菓子】10輿
擔丁10人
擔丁10人
黒木輿10
櫃
擔丁10人
部領5人
部領5人

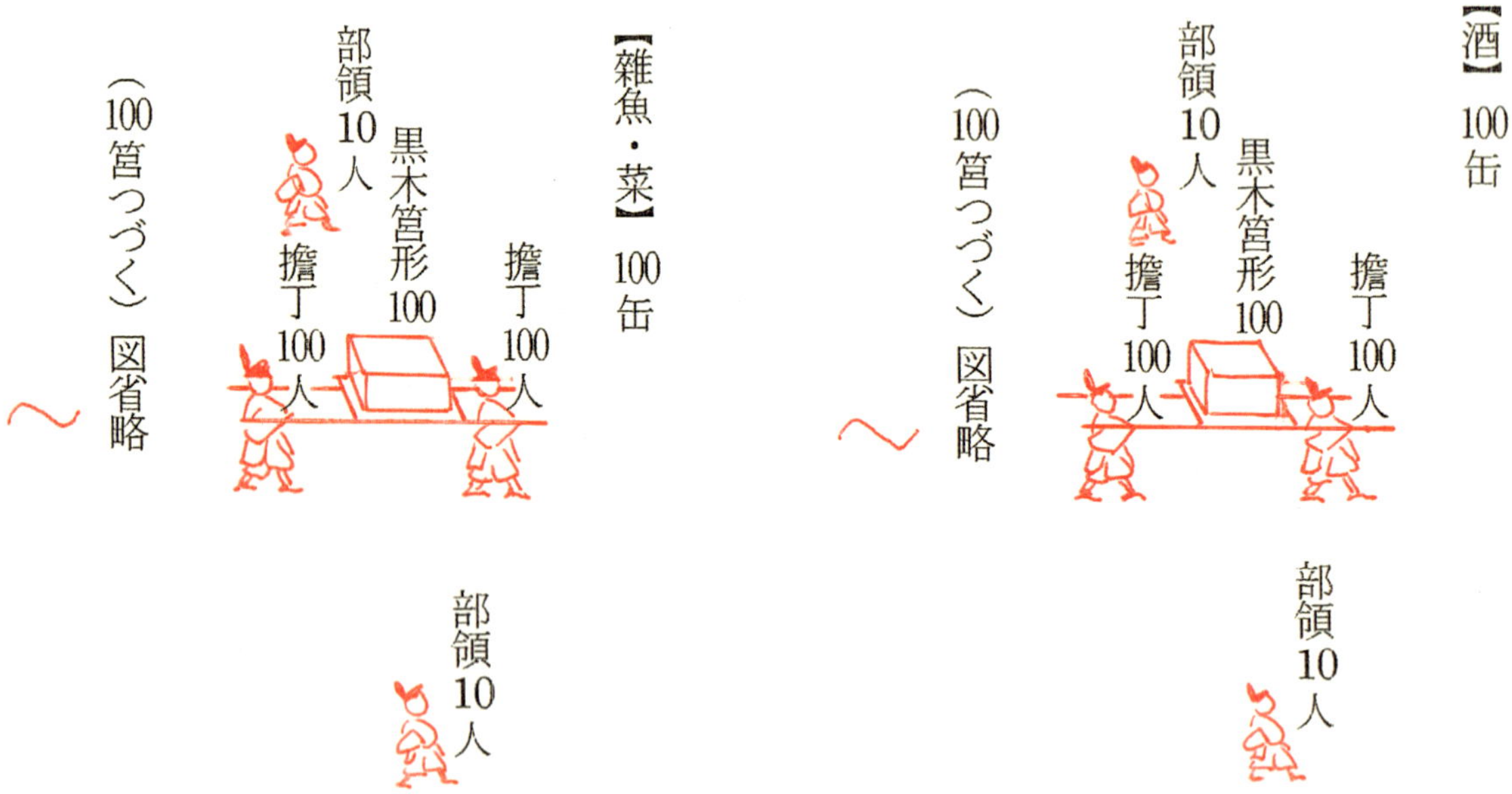
【酒】100缶
部領10人
擔丁100人
黒木筥形100
擔丁100人
部領10人
（100筥つづく）図省略
【雑魚・菜】100缶
部領10人
擔丁100人
黒木筥形100
擔丁100人
部領10人
（100筥つづく）図省略

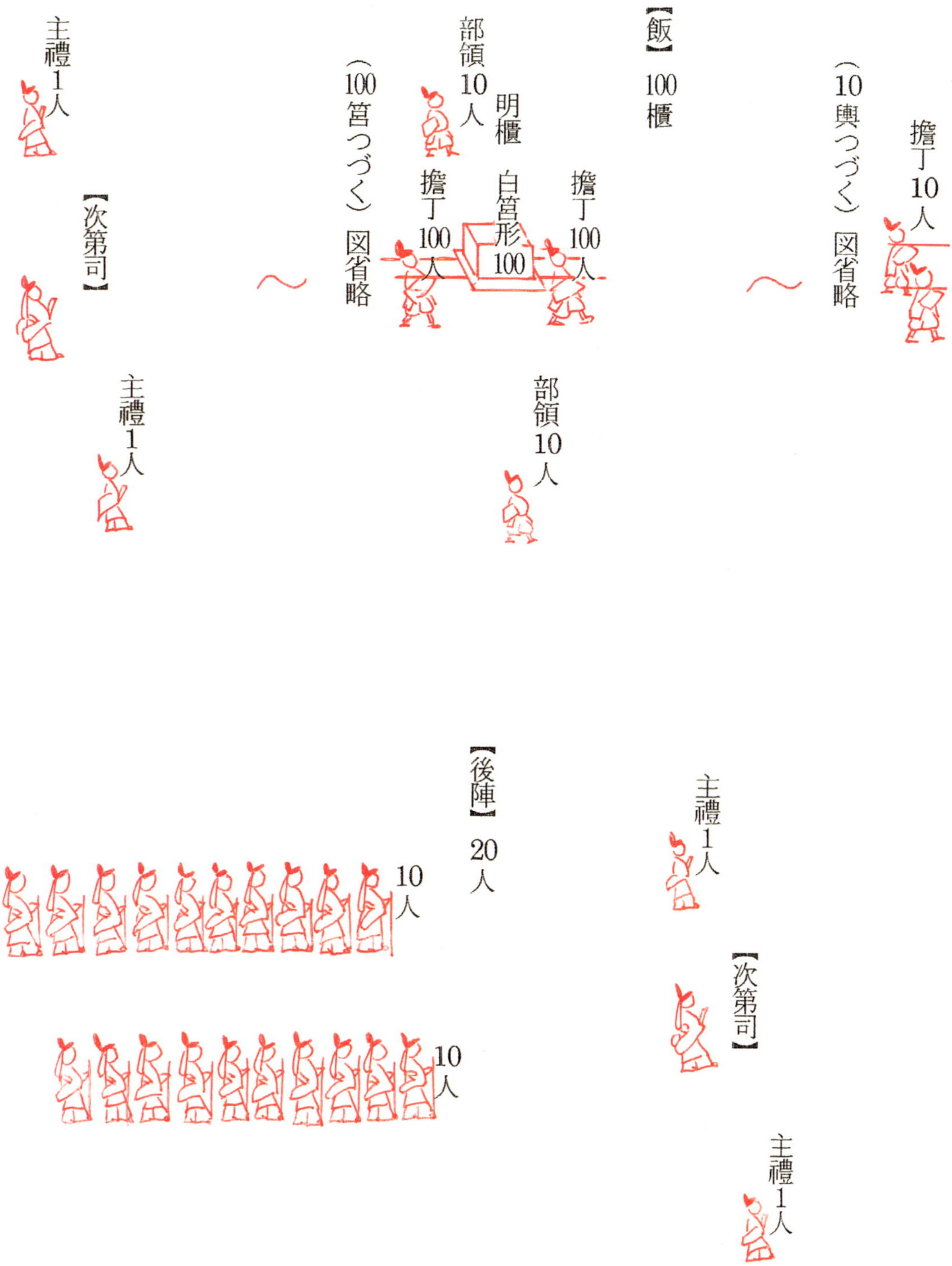

悠紀主基両国　供神物行列図
作図：石野浩司

図8　朝堂院（八省院）図

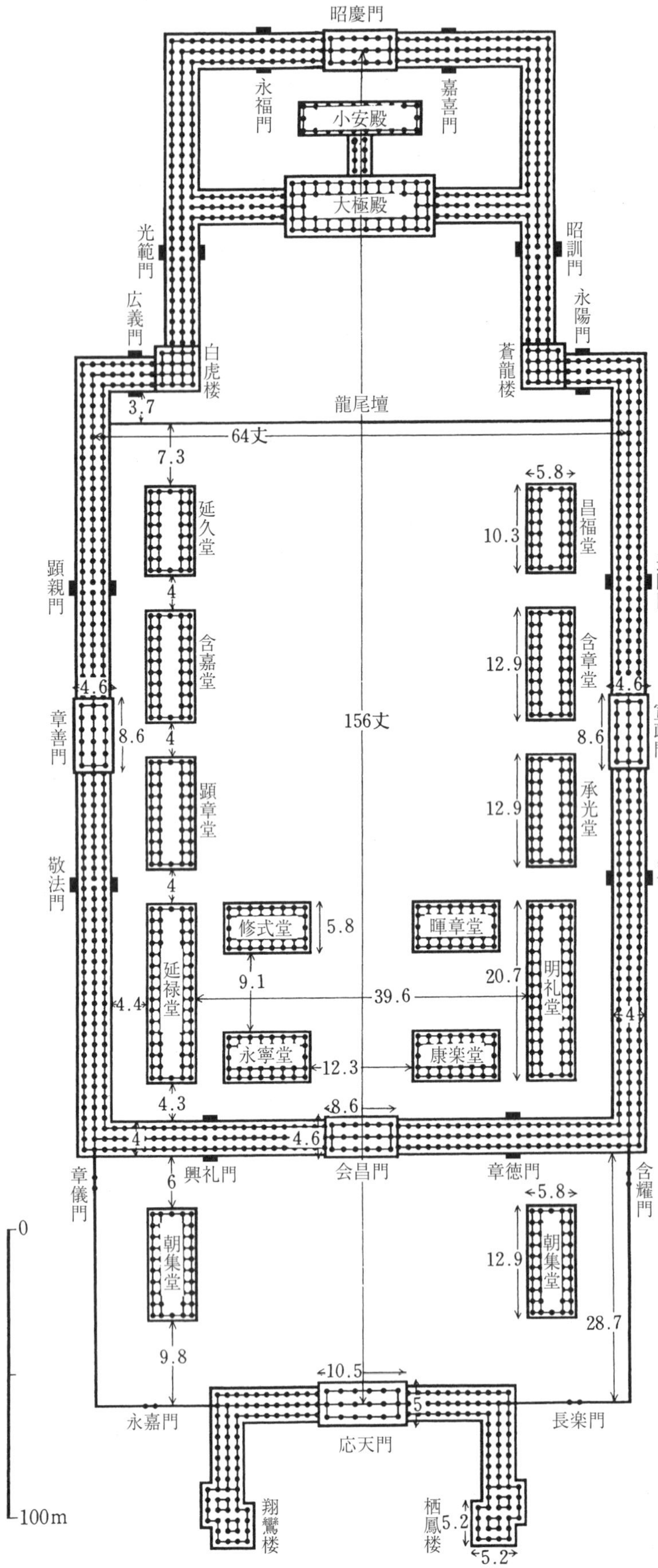

※『平安京提要』（角川書店、平成６年）の掲出図をもとに作成した。

図9　朝堂院（八省院）大嘗宮図

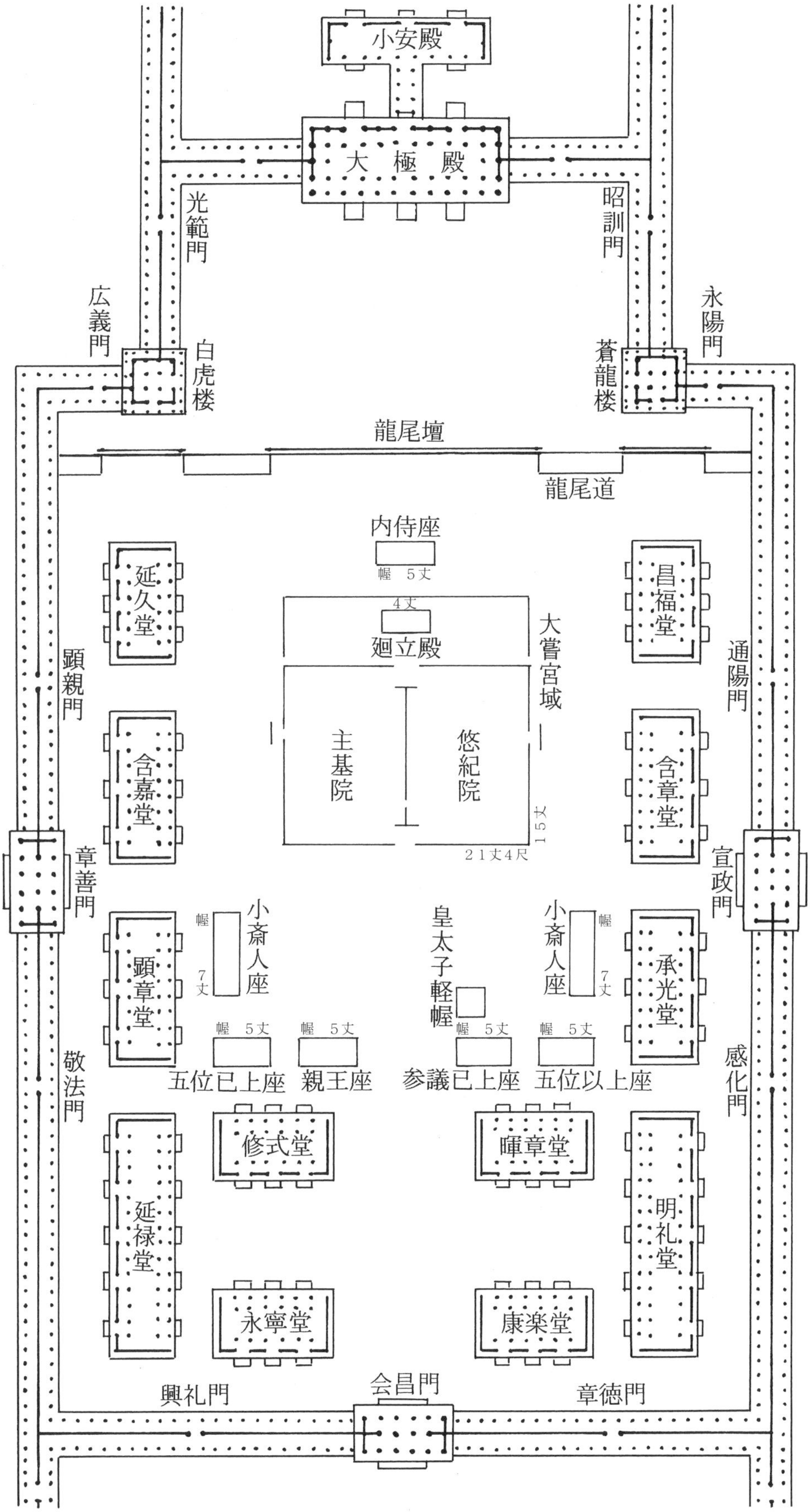

作図：谷省吾・石野浩司

図10 大嘗宮図

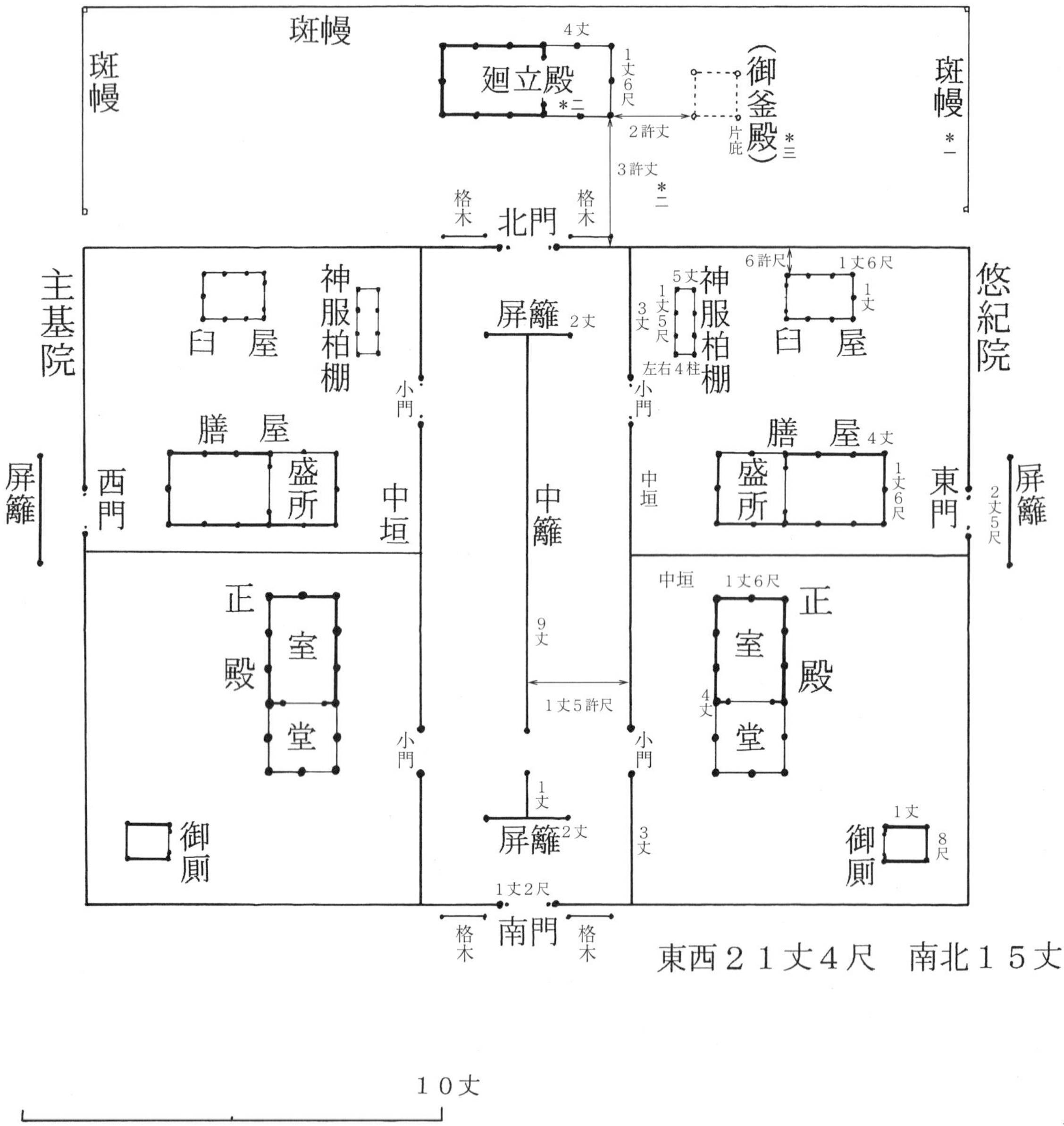

＊一　廻立殿の北東西を囲む斑幔の位置は、儀式の記事による推定。

＊二　廻立殿の位置は、北山抄五の記事に拠る。

＊三　御釜殿は儀式に記載がない。その存在及び規模・位置は、北山抄五の記事に拠って推定。

作図：谷省吾・石野浩司

図11　大嘗宮正殿・御厠図

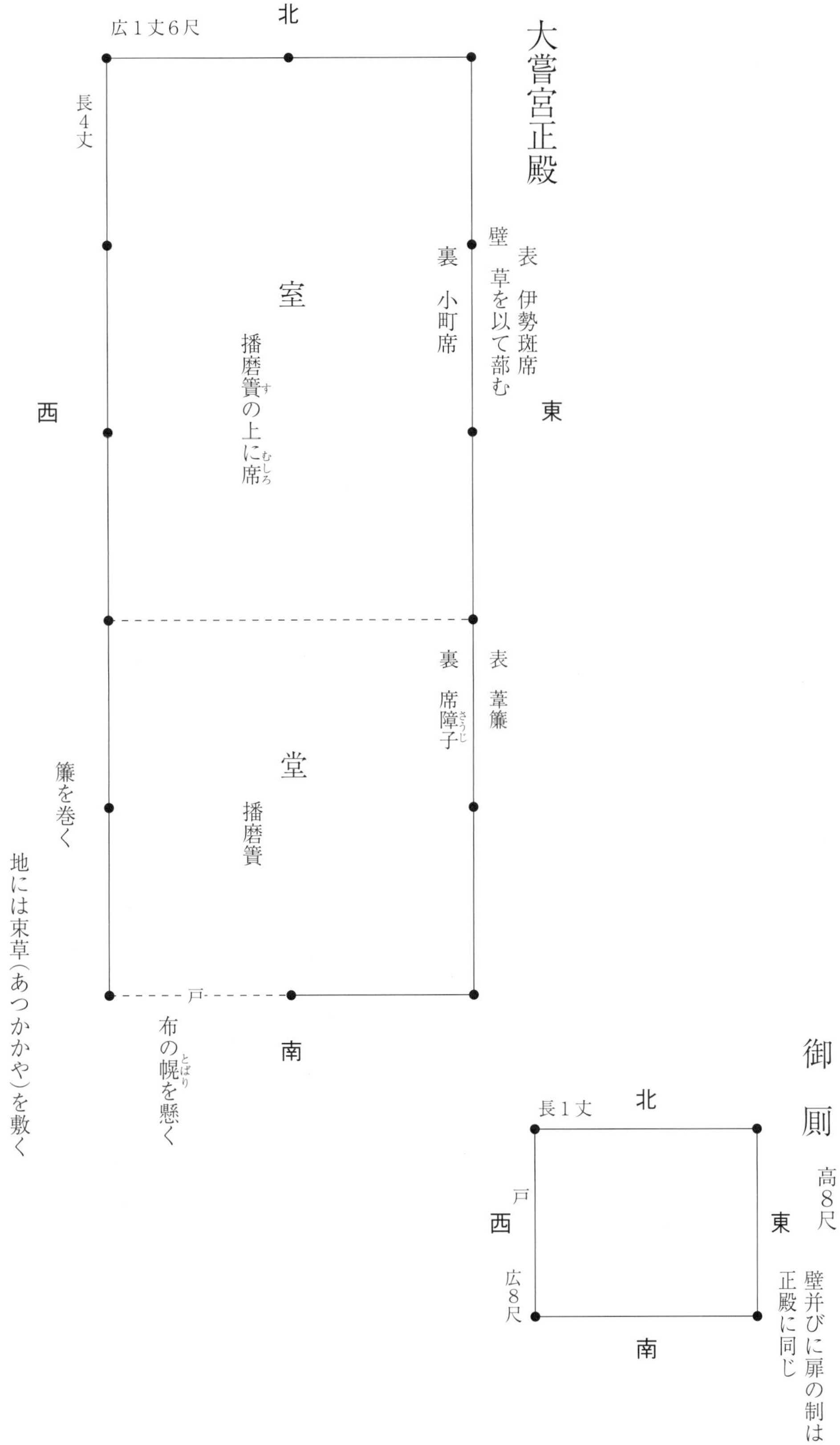

作図：谷省吾

図12 廻立殿・神服柏棚・臼屋・膳屋図

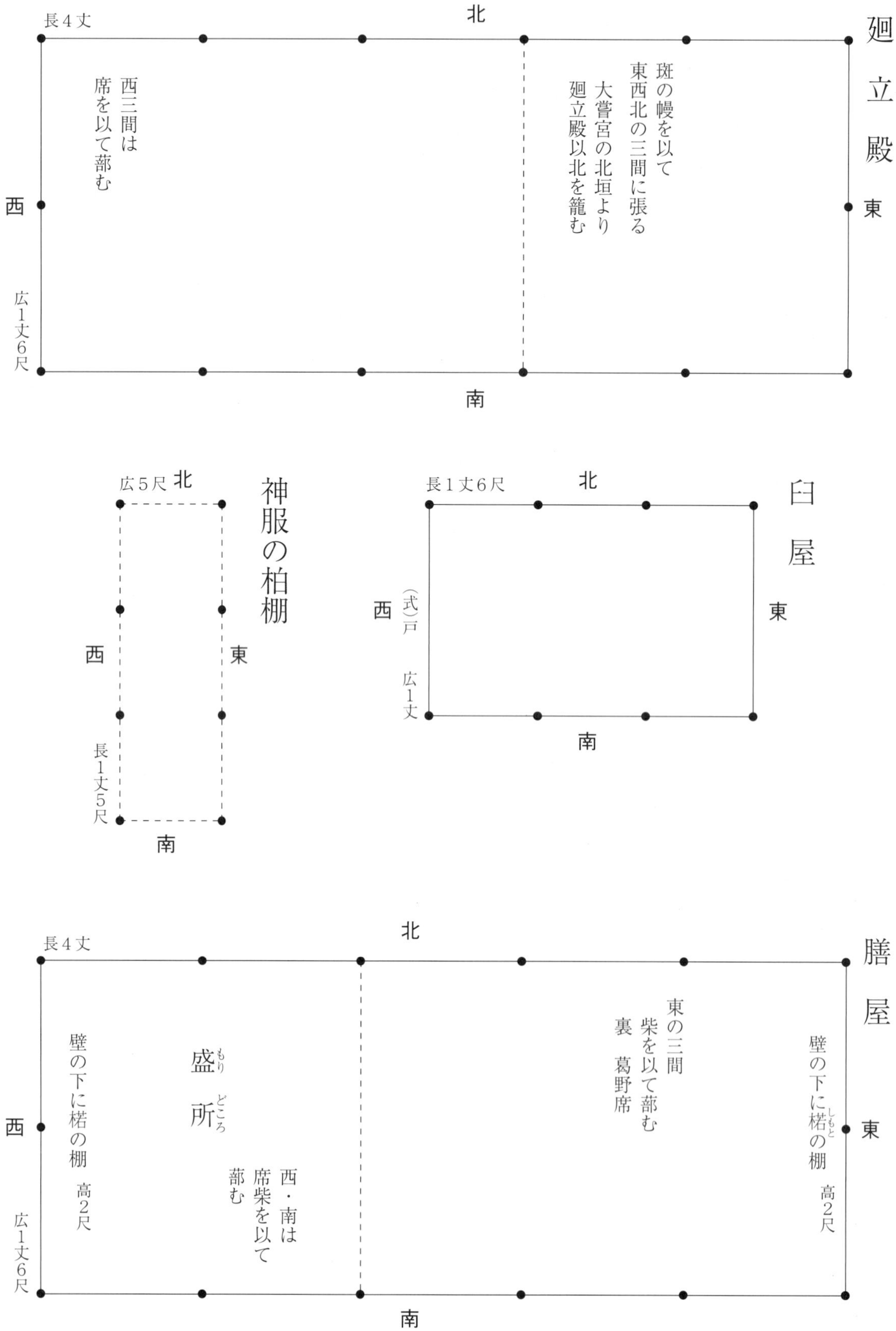

作図：谷省吾

図13　豊楽院図

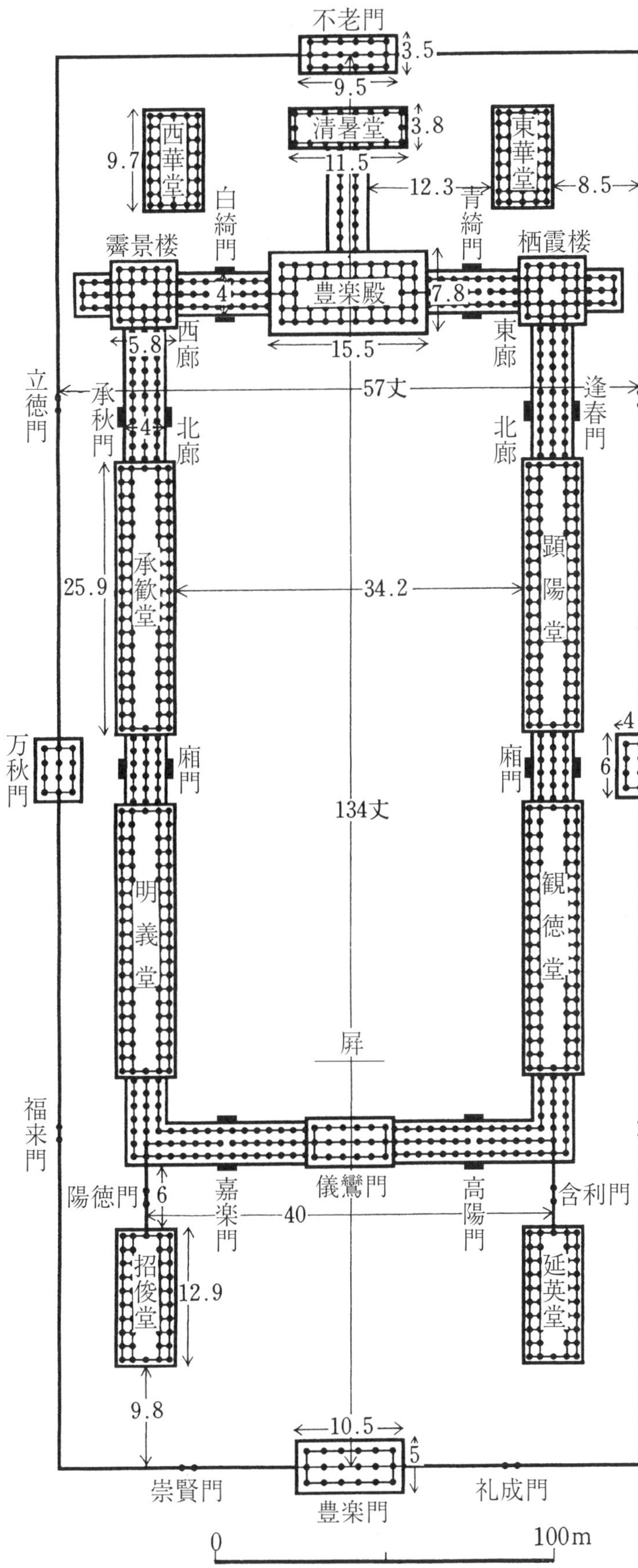

※『平安京提要』(角川書店、平成６年)の掲出図をもとに作成した。

図14　豊楽院午日節会図

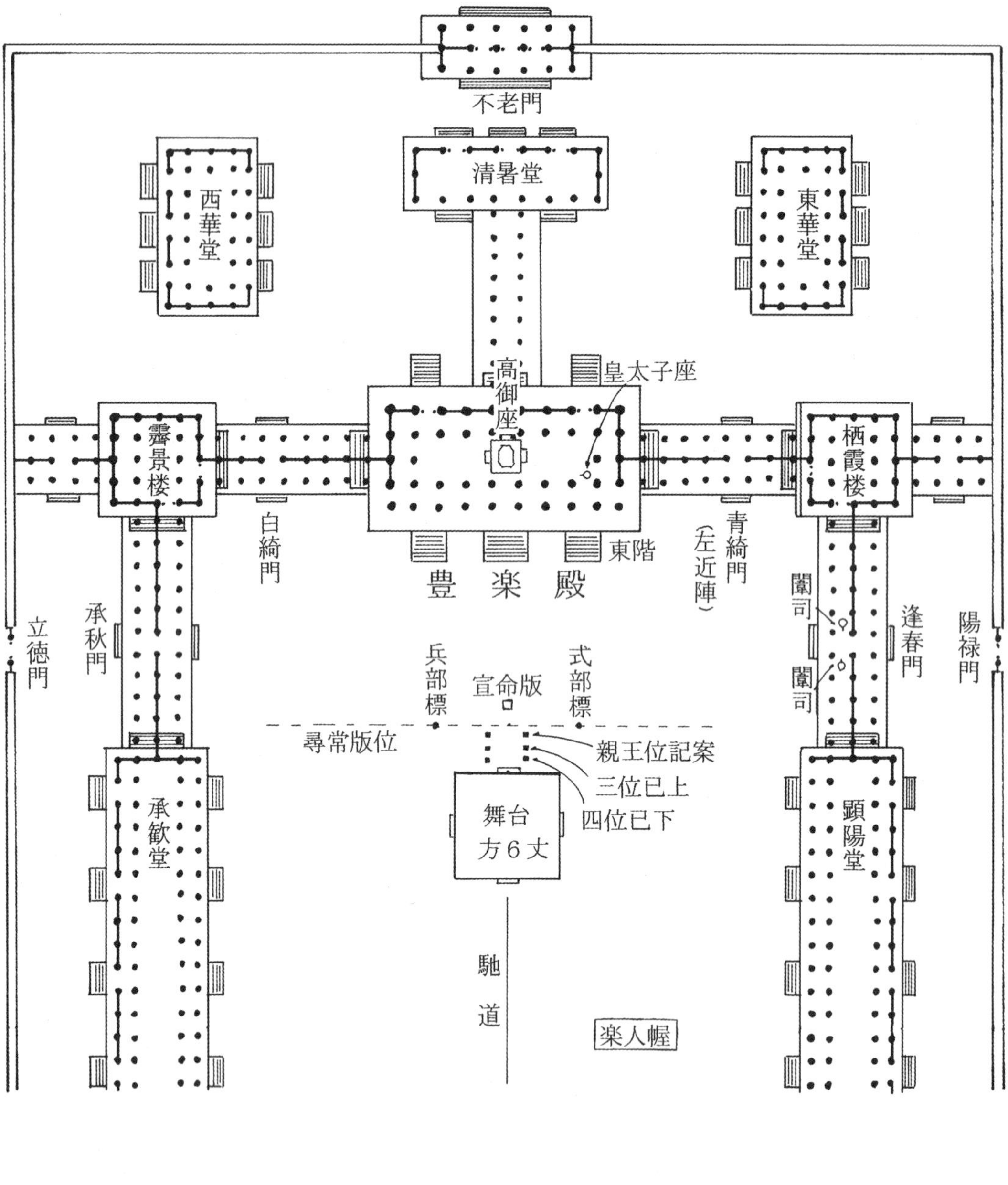

作図：石野浩司

図15　末日　儀鸞門前賜禄図

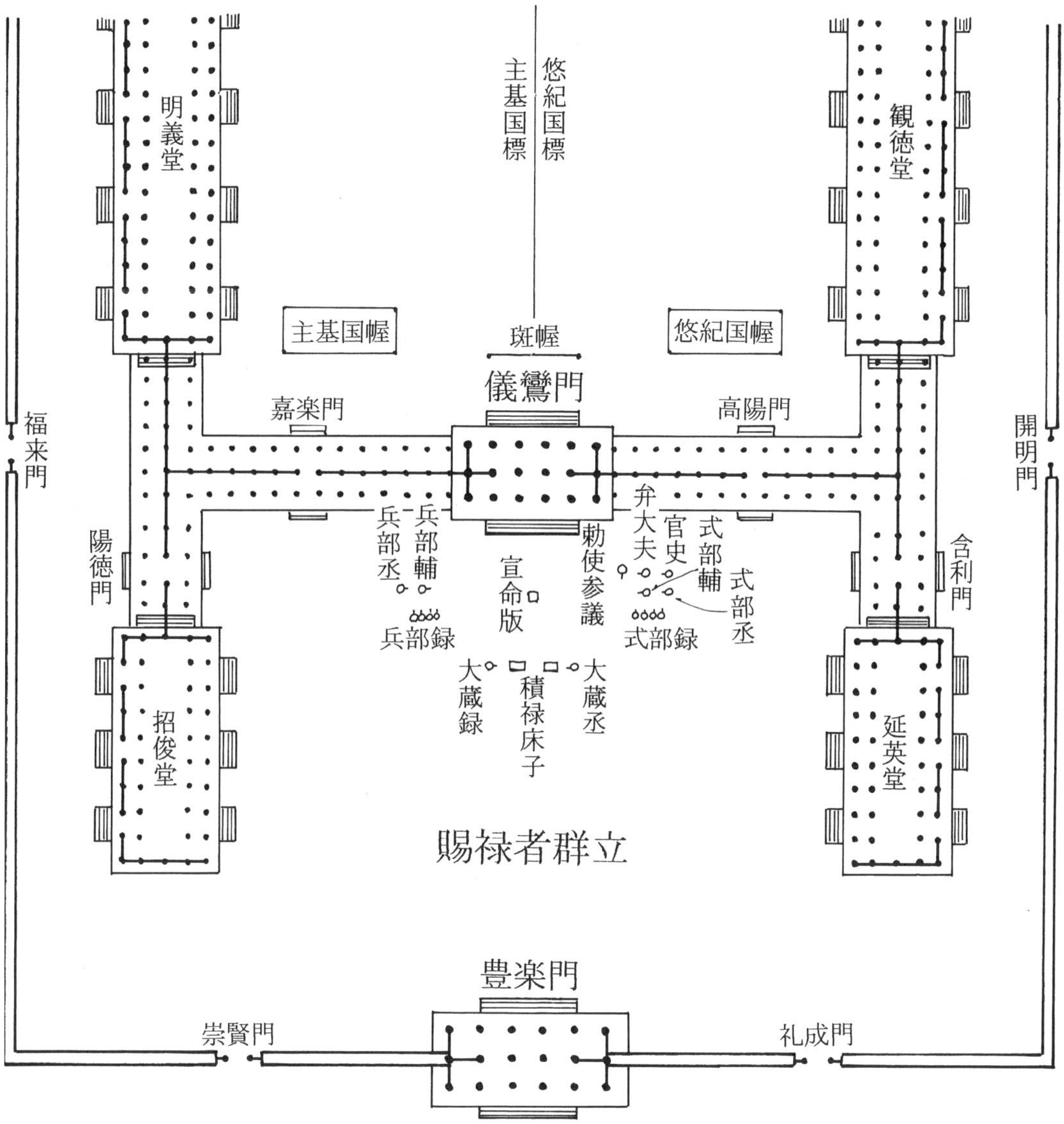

作図：石野浩司

【わ】

和	あへ（よ）	344−17
和泉	いづみ	60−12
和御服	にきたへ	724−13
和琴	やまとごと	252−12
和舞	やまとまひ	18−13
和舞	やまとまひ	550−21
窪手	くぼて	354−9
穢悪	けがれ	672−5
穢清	けがれきよ（まはる）	694−22
籆	わく	308−10
倭文	しとり	32−16
椀	まり	344−4
埦	まり	298−12

（別當直子作成）

葉薦　はこも　498−9
腰　こし　334−4
腰　こし　426−5
腰輿　たこし　244−10
様　ためし　14−5
羊蹄　しのね　130−5
浴湯　ゆあみ　446−8
浴湯　ゆあみ　496−14
浴湯　ゆあみ　514−2

【ら】

螺　つび　122−6
螺貝焼塩　つび(の)やきしほ　122−10
羅　うすはた　356−4
羅繍縁　うすはた(の)ぬひもの(の)ふち　434−11
蘿葛　ひかげのかづら　460−12
蘿菔　おほね　280−6
来　きた(る)　172−6
来　きた(る)　696−7
来年　こむとし　654−4
藍地青草摺綿袍　あゐぢ(の)あをくさずり(の)わた(の)うへのきぬ　406−18
鸞輿　すめらみこと　496−11

【り】

裡　うら　390−17
裏　うら　372−5
籬　まがき　384−12
立　た(つ)　30−4
立歌　たちうた　580−7
率　ゐ(る)　24−3
陸　ろく　748−5
留　とど(まる)　208−3
留止　とど(まる)　486−6
留守　とどまりまもる　194−17
流　なが(る)　202−12
笠　かさ　226−11
笠取直　かさとりのあたひ　500−7
龍尾道　りうびだう　374−9
龍鬢　りうびん　434−1
了　をは(る)　120−17
両　ふたり　540−1
両　りやう　114−4
両　りやう　334−6
両所　ふたつのところ　4−18
両所印　ふたつのところ(の)いん　14−1
両国中分　ふたつのくになかばわか(つ)　386−8
両国標　ふたつのくに(の)しるし　520−10
両面帯　りやうめん(の)おび　426−1
亮　すけ　236−6
料　れう　22−23
料理　れうり　44−10
料理　つく(る)　492−17
量　はか(る)　108−10
領　あづか(る)　154−8
領　りやう　332−17
領巾　ひれ　334−11
粮　かて　120−10
綾　あや　356−3
寮　つかさ　108−6
寮　れう　692−26
寮火　つかさ(の)ひ　494−12
燎　にはび　494−13
諒闇　みものおもひ　2−14
緑　みどり　372−5
緑帯　みどり(の)おび　456−9
緑地青草摺綿袍　みどりぢ(の)あをくさずり(の)わた(の)うへのきぬ　410−2
臨　のぞ(む)　202−13
藺笥　ゐげ　64−12

【る】

類　たぐひ　12−26
鏤　ちりばめ　352−4

【れ】

令　せしむ　2−24
礼　らい　204−3
冷鋺　さまし(の)かなまり　366−1
例　ためし　656−10
鈴　すず　236−1
隷　つ(く)　18−6
歴名　れきみやう　548−15
列　つら　564−2
列　つらなり　152−11
列　つらなり　562−12
列　つらなり　566−1
列次　りつじ　154−5
連　れん　26−6
連行　つらなりゆ(く)　204−7
連属　つらなり(て)　536−13
練絲　ねりいと　686−14
輦　こし　198−12
輦路　おほむこしのみち　192−9
簾　すだれ　96−17
鎌　かま　84−7

【ろ】

路　みち　136−4
路次　みちすがら　136−4
路次　みちすがら　210−5
路辺　みちのへ　270−13
爐　たき　466−4
鹵簿　ろふ　204−4
籠　こ　122−7
籠　こ　150−2
籠　こ(む)　402−2
漏刻　とき　230−7
漏刻器　ときのきざみのうつはもの　230−9
漏刻博士　ときのはかせ　230−7
六角黒木輿　むつかど(の)くろき(の)こし　460−2
六人　むたり　544−13
六神　むはしらのかみ　282−19
鹿皮　かのかは　72−17
禄　たまひもの　548−11
禄床　たまひもの(の)ゆか　580−9
禄法　たまひもののり　584−5
録　しる(す)　16−14
録　さくわん　6−1
論　あげつら(ふ)　678−24

【め】

名　な　12−28
名　みやう　548−15
名簿　なつき　14−28
名号　みな　274−16
命　おほ(す)　594−8
明　あくる　2−11
明　あくるひ　282−1
明衣　あかは　80−11
明櫃　あかひつ　344−6
明義堂　めいぎだう　536−16
明日　あくるひ　494−8
明年　あくるとし　2−11
明服　440−32
免　ゆる(す)　604−16
面　おもて　534−3
面　む(く)　8−21
面　めん　426−1
面　104−9
綿　わた　12−23

【も】

喪　も　694−18
喪忌　も(の)いみ　694−19
摸摺　かたきずり　432−2
目妻　さくわん(の)つま　620−1
沐浴　ゆあみ　440−9
勿　なか(るべし)　628−12
門　もん　42−10
門　もん　536−1
門　もん　104−15
門祭　もん(を)まつ(る)　398−6
門神　かど(の)かみ　282−21
門部　かどべ　108−12
門部　かどべ　194−14
門部　かどべ　268−11
門部　かどべ　444−9
問　と(ふ)　594−5
問疾　やまひ(を)とぶら(ふ)　694−5
問病　やまひ(を)とぶら(ふ)　330−29

【や】

也　なり　142−4
也　は　96−2
也　は　678−23
也　は　684−10
夜　よ　496−4
夜久貝壷坏　やくがひ(の)あへもののつき　354−8
野　の　28−8
野中　のなか　28−8
野神　の(の)かみ　326−14
役　えたち　4−28
薬　くすり　264−6
薬　くすり　348−10
薬灰　くすりのはひ　338−20
鑰　かぎ　234−14
山城　やましろ　22−27
山城　やましろ　60−10
山城国　やましろのくに　26−12
山城国司　やましろ(の)くにのつかさ　656−2
大和　おほやまと　60−10

【ゆ】

油　あぶら　496−1
油瓶　あぶらかめ　66−15
輸　いだ(す)　74−11
輸物　いだ(すべき)もの　672−32
由加　ゆか　66−10
由加物　ゆかもの　112−7
由加物　ゆかもの　460−15
由加物　ゆかもの　656−20
由加物使　ゆかものし　112−2
唯　ただ　508−2
又　また　108−8
右　みぎ　6−3
有　あ(る)　42−20
祐　じよう　420−14
熊皮　くま(の)かは　62−12
酉　とり　494−10
酉刻　とり(の)とき　494−10
酉刻　とり(の)とき　548−19
酉刻　とり(の)とき　554−1
悠紀　ゆき　2−23
悠紀幄　ゆき(の)あげはり　542−5
悠紀院　ゆきのゐん　382−17
悠紀儀　ゆき(の)のり　546−21
悠紀行事所　ゆき(の)ぎやうじどころ　6−15
悠紀国司　ゆき(の)くにのつかさ　550−4
悠紀所印　ゆきどころのいん　14−8
悠紀中垣　ゆき(の)なか(の)かき　386−13
悠紀人　ゆき(の)ひと　550−19
悠紀帳　ゆき(の)みとばり　430−18
悠紀帳　ゆき(の)みとばり　554−7
悠紀殿　ゆきのとの　418−8
悠紀殿神座　ゆきのとの(の)かみのみくら　490−11
楢笛工　なら(の)ふえふき　500−22

【よ】

与　あづか(る)　440−30
与　と　672−21
余　あまり　212−2
舁　か(く)　450−14
預　あづか(る)　4−31
預　あらかじ(め)　62−5
預穢悪事　けがれ(に)あづか(る)こと　694−23
輿　こし　156−8
輿長　おほむこしをさ　240−11
用　もち(ゐる)　14−2
用途　もちゐるもの　678−6
用度　もちゐるもの　624−11
容儀　かたち　330−7
容儀端正　かたちきらきら(し)　330−7
容止　ふるまふ　536−9
容止端正　かたちきらきら(し)　416−9
庸　ちからしろ　12−16
庸布　ちからしろのぬの　72−18
庸綿　ちからしろのわた　614−9
傜夫　えよほろ　630−8
葉　は　124−5
葉　は　316−5
葉薦　はこも　124−5

鉋　かな　134−7
蔀　しと(む)　96−13
蔀　しと(む)　394−2
菴　470−18
縫　ぬ(ふ)　404−7
縫女　ぬひめ　688−7
縫殿属　ぬひどの(の)さくわん　424−7
縫殿寮　ぬほどののつかさ　258−3
縫殿寮　ぬひどののつかさ　404−6
縫殿寮　ぬひどののつかさ　750−6
縫殿寮　ぬひどののつかさ　754−7
縫殿料　ぬひどの(の)れう　732−14
縫部　ぬひべ　688−14
逢春門　ほうしゅんもん　532−20
逢春門　ほうしゆんもん　574−10
豊楽　とよのあかり　586−7
豊楽　ぶらく　328−12
豊楽院御座　ぶらくゐん(の)みくら　430−16
豊楽殿　ぶらくでん　328−12
豊楽殿西第三間
ぶらくでんにし(の)だいさん(の)ま　524−8
豊楽殿宴　ぶらくでん(の)とよのあかり　590−9
豊楽殿東第三間中央　ぶらくでんひむがし(の)だいさん(の)ま(の)もなか　524−7
豊楽殿高御座
ぶらくでん(の)たかみくら　558−3
豊楽門　ぶらくもん　524−20
鳳輦　ほうれん　216−12
卯　うのひ　330−24
卯刻　う(の)とき　554−6
坊　ばう　692−26
坊蔵人　みこのみや(の)くらうど　254−7
妨　さまた(ぐ)　678−29
某　そ(の)　710−4
某甲　それがし　652−5
望　のぞ(む)　676−5
望陀布単　まうだ(の)ぬの(の)ひとへ　404−1
傍官　かたはらのつかさ　676−14
甍　いらか　390−1
帽額　もかう　432−6
北　きた　8−22
北野　きたの　24−4
北野斎場　きたののゆには　158−11
北野斎場　きたののゆには　328−7
北野斎場外院　きたののゆにはのとのゐん　336−12
北垣　きた(の)かき　394−9
北三間　きた(の)みま　388−10
北首地伏　きた(に)むか(ひ)つち(に)ふ(せよ)　542−7
北門　きたのもん　490−21
北門掖　きたのもん(の)わき　312−17
木　き　14−7
木　き　30−18
木工寮　こだくみのつかさ　196−9
木工寮　こだくみのつかさ　400−4
木燧　ひきり　374−23
木綿　ゆふ　24−16
木綿　ゆふ　642−2
木綿鬘　ゆふかづら　128−9
木綿襷　ゆふたすき　450−11
仆　たふ(す)　672−25
墨　すみ　10−25
撲　う(つ)　510−1
卜食　うらはみ　12−14
卜食　うらはみ　282−11
卜食山　うらはみ(の)やま　320−15
卜食山　うらはみ(の)やま　338−24
卜食郡　うらはみ(の)こほり　628−20
卜食野　うらはみ(の)の　326−13
卜長上　うら(の)ちやうじやう　422−1
卜定　うらへさだ(む)　2−24
卜定斎場　ゆには(を)うらへさだ(む)　684−1
卜部　うらべ　32−9
卜部　うらべ　684−8
卜部　うらべ　752−12
卜部　うらべ　732−5
沐浴　ゆあみ　440−9
幞頭　かうぶり　402−13
本　もと　202−18
本　もと　560−14
本宮　もとつみや　516−8
本座　もとのしきゐ　566−10
本司　もとのつかさ　202−18
瓫　ほとき　126−1
翻旧　ほんく　10−11
凡　おほよ(そ)　4−1
凡直氏　をふしのあたひのうぢ　128−8
凡木綿　おほよそ(の)ゆふ　378−6
凡料　おほよそ(の)れう　162−10
盆　べ　64−13
盆　べ・ほとき　64−17

【ま】

麻　あさ　28−17
麻　ぬさ　158−13
麻殖　をゑ　118−2
麻鞋　をくつ　542−8
枚　ひら　12−2
枚次材　ひらすき　660−7
毎　ごと　154−7
毎寺有牒　てらごと(に)てふあ(れ)　690−19
末　すゑ　10−2
末　すゑ　334−10
末　すゑ　382−24
末額　まかう　334−9
満　み(つ)　694−21

【み】

未　いま(だ)　78−14
未　ひつじ　552−5
未刻　ひつじ(の)とき　552−5
未日　ひつじ(の)ひ　596−8
瓱　みづかめ　664−5
参河　みかは　62−2
美乃　みの　110−6
御食神　みけつかみ　142−14
密封　しのびにふう(す)　2−22
民部省　たみのつかさ　10−14

【む】

務結　つと(め)しま(る)　570−6
無　な(し)　346−8
無　な(し)　570−5

分衛	わか(れて)まも(る)	444－3
分衛	わか(れて)まも(る)	444－8
分陣	わか(れて)つらな(る)	444－26
分番	ぶんばん	508－8
分付	わかちさづ(く)	406－4
鈖	なた	344－1
文	あや	434－4
文	ふみ	14－8
文	もん	702－9
文武	ふみとつはもの	138－10
聞	き(く)	270－11
聞食	ききたま(ふ)	568－22
聞食	きこしめ(す)	586－7
粉走	こはしり	80－3

【へ】

平	ひら	296－8
平旦	あけぼの	210－3
平頭	かしらをなら(ぶ)	218－11
平瓶	ひらかめ	296－8
平明	あけぼの	436－12
并	あは(す)	4－4
并	あへ	642－5
兵	つはもの	216－18
兵衛	つはものとねり	22－11
兵衛府	つはものとねりのつかさ	752－6
兵衛府	つはものとねりのつかさ	756－10
兵士	つはもの	216－18
兵庫寮	つはもののくらのつかさ	104－13
兵庫寮	つはもののくらのつかさ	206－3
兵部省	つはもののつかさ	220－10
兵部省	つはもののつかさ	556－18
兵部省	つはもののつかさ	566－11
並	なら(ぶ)	14－10
並	なら(ぶ)	546－20
柄		84－8
柄		740－4
瓶	かめ	64－14
瓶	かめ	458－8
瓺	かめ	736－7
閉	と(づ)	490－20
閇	と(づ)	152－8
閇	と(づ)	516－14
幣	みてぐら	60－5
幣帛	みてぐら	436－14
秉燭	ともしび(を)と(る)	500－2
米	よね・こめ	12－25
壁	かべ	44－6
壁	かべ	184－3
壁	かべ	390－13
壁代	かべしろ	184－3
冪	おほ(ふ)	470－13
別	ごと	22－1
別	わか(つ)	140－20
別巻	ことまき	2－31
別紙	ことかみ	672－34
別貢物	べち(の)みつぎもの	540－8
片葺	かたぶき	176－13
片廂	かたびさし	96－4
片盤	かたさら	64－19
片垸	かたまり	298－12
片垸	かたまり	708－7
辺	へ	270－13
辺	ほとり	200－5
返上	かへしたてまつ(る)	726－6
遍	たび	506－11
編	あ(む)	88－21
編	へん	130－11
弁	おほともひ	4－23
弁	そな(ふ)	556－10
弁官	おほともひのつかさ	508－15
弁官	おほともひのつかさ	540－14
弁官	おほともひのつかさ	748－10
弁備	わきまへそな(ふ)	26－13
弁備	わきまへそな(ふ)	674－25
弁進	わきまへたてまつ(る)	680－16
弁官下文	おほともひのつかさくだしぶみ	680－2
弁大夫	おほともひ(の)たいふ	16－15
弁大夫	おほともひ(の)たいふ	526－15
弁大夫	おほともひ(の)たいふ	582－4
弁大夫	おほともひ(の)たいふ	594－2
弁姓名	おほともひかばねな	680－21
弁姓名	おほともひかばねな	700－4
弁姓名奉	おほともひかばねなうけたまは(る)	682－12
弁位姓	おほともひくらゐかばね	690－15
弁位姓名	おほともひくらゐかばねな	626－21
便	すなは(ち)	568－15
便所	たよりよ(き)ところ	8－9

【ほ】

歩	かち	204－9
歩陣	かち(の)つら	204－9
鋪	し(く)	390－19
鋪設	ほせつ	8－11
鋪設	しきまう(く)	502－14
鋪設	まうけ	180－1
鋪設殿	まうけのとの	180－1
蒲脛巾	かま(の)はばき	416－6
輔	すけ	136－11
母	はは	672－19
募	つの(る)	654－14
簿奏	なつき(を)まを(す)	508－8
方	かた	88－19
方	かた	138－6
方	はう	30－7
方面	むき	198－13
法	のり	20－2
法	のり	696－2
奉	うけたまは(る)	2－19
奉	たてまつ(る)	60－5
奉	まつ(る)	440－18
奉仕	つかへまつ(る)	570－5
奉膳	かみ	266－2
奉勅	みことのり(を)うけたまは(る)	654－16
倣	なら(ふ)	476－4
袍	うへのきぬ	332－16
捧	ささ(ぐ)	242－12
捧	ささげもの	346－4
蚫	あはび	636－7
蚫鮓	あはび(の)すし	640－7
棚	たな	96－8

百　もも　12－4
百　もも　516－12
百官　もものつかさ　516－12
百姓　おほむたから　72－9
百子帳　ひやくしちやう　196－22
百度　ももど　12－4
表　うへ　372－2
表衣　うはぎ　406－17
標　しるし　18－4
標　しるし　54－4
標　しるし　204－5
標　しるし　204－12
縹　はなだ　426－6
屏　かき　198－7
屏　かき　536－7
屏風　びやうぶ　434－5
屏籬　かくしまがき　384－12
病　やまひ　330－29
病称夜須彌　やまひ(を)やすみ(と)い(ふ)　332－5
頻蒔　しきまき　672－9
浜椿　はまつばき　434－7

【ふ】

夫　よほろ　78－6
夫　よほろ　138－20
付　さづ(く)　16－17
布　ぬの　12－22
布幌　ぬの(の)とばり　392－4
布衫　ぬの(の)ひとへきぬ　442－2
布帯　ぬの(の)おび　334－8
布袋　ぬの(の)ふくろ　382－2
巫　かむなぎ　398－5
巫部　かむなぎ　422－2
府　ふ　692－26
府生　ふしやう　224－10
附　さづ(く)　4－8
斧　をの　84－6
斧　をの　128－3
負　お(ふ)　142－3
負　ふ　604－14
負稲　お(へる)しね　142－2
負鑰馬　かぎお(ふ)うま　234－14
負鈴馬　すずお(ふ)うま　236－1
符　ふ　2－30
符到奉行
ふいた(らば)うけたまはりおこな(ふ)　626－20
敷　し(く)　96－11
敷衾　しきふすま　686－1
鉾　をの　718－2
武　つはもの　138－10
部　べ　32－9
部領　ことり　412－8
部隊　ぶたい　444－5
舞人　まひびと　334－7
舞台　まひのだい　554－10
儛　まひ　544－4
赴集　おもむ(き)つど(ふ)　440－11
封　ふう(す)　2－22
封物　ふのもの　628－21
瓰　もたひ　736－8
風俗　くにぶり　18－12
風俗　くにぶり　578－8
風俗歌　くにぶり(の)うた　502－5
風俗歌人　くにぶり(の)うたびと　332－12
風俗歌人　くにぶり(の)うたびと　614－6
風俗歌舞　くにぶり(の)うたまひ　506－6
風俗楽所　くにぶりのうたまひどころ　18－12
風土　くにぶり　238－12
風爐　ふろ　246－14
伏　ふ(す)　542－7
服　ころも　582－10
服　はとり　40－9
服　ふく　444－24
服院　はとりのゐん　40－9
服丁　はとりのよほろ　314－10
服長　はとり(の)をさ　274－5
服殿　はとりのとの　314－5
服板　はたいた　308－8
服部　はとりべ　274－9
服部女　はとりべ(の)をみな　650－20
服覆庸布
はた(の)おほひ(の)ちからしろのぬの　310－4
覆　おほふ　246－9
覆筥　おほひばこ　246－9
覆紗　おほひ(の)うすはた　354－13
副　そ(ふ)　150－14
副　すけ　420－13
副御机　そへ(の)おほむつくえ　352－2
副馬　そへむま　226－9
幅　はたはり　432－16
復　また　58－16
復座　しきゐ(に)かへ(る)　584－10
腹　はら　262－7
鰒　あはび　26－3
鰒　あはび　280－3
鰒汁漬　あはび(の)しるひち　512－3
祓　はらへ　26－17
祓　はらへ　338－10
祓禊　みそぎ　338－4
祓物　はらへもの　24－11
祓詞　はらへのことば　28－2
祓詞　はらへのことば　694－24
祓場　はらへ(の)には　26－17
祓麻　はらへのぬさ　348－3
祓麻　はらへのぬさ　488－18
仏斎　ほとけをがみ　330－26
仏法行事　ほとけののり(を)おこな(ふ)こと　696－2
物数　もののかず　10－21
物部　もののべ　108－11
物部女　もののべ(の)をみな　48－5
物部女　もののべ(の)をみな　288－16
物部人　もののべ(の)ひと　78－8
物部人　もののべ(の)ひと　290－5
物部男　もののべ(の)をとこ　48－3
物部男　もののべ(の)をとこ　326－10
分　ぶ　106－6
分　ぶ　730－4
分　わかち　120－21
分　わか(る)　214－19
分　わ(く)　382－16
分　ぶん　508－8
分頭　てあか(る)　350－2

薄鰒　うすあはび　26−3
薄暮　ゆふまぐれ　420−6
莫　なか(れ)　680−1
幕　まく　200−2
邈　はる(かなり)　138−8
博士　はかせ　230−7
博士　はかせ　608−8
博士妻　はかせ(の)つま　620−5
曝布　さらしぬの　456−7
坏　はち　662−6
鉢　はち　66−12
八開手　やひらで　506−13
八開手　やひらで　530−11
八月　はつき　2−10
八月上旬　はつき(の)かみのとをか　58−5
八月下旬　はつき(の)しものとをか　58−13
八座置　やくらおき　438−5
八鍬　やくは　382−8
八神　やはしらのかみ　142−10
八神　やはしらのかみ　274−15
八神　やはしらのかみ　624−8
八神殿　やはしらのかみのとの　92−6
八神殿　やはしらのかみのとの　96−3
八人　やたり　544−5
八重　やへ　382−22
発　い(だす)　28−3
発遣　おこしつかは(す)　58−8
発声　こゑ(を)いだ(す)　444−16
捌　わか(つ)　380−18
捌　はち　716−2
罰　ばち　332−1
伐樹　き(を)き(る)　172−2
伐樹　き(を)き(る)　324−10
抜取　ぬきと(る)　140−4
抜出丁　ぬきで(の)よほろ　16−11
抜穂御稲　ぬきぼ(の)みしね　52−1
抜穂使　ぬきぼ(の)つかひ　70−20
抜穂使宿屋　ぬきぼ(の)つかひ(の)とのゐのや　90−10
襪　したくづ　334−5
髪髻　もとゆひ　428−4
半　なかば　60−15
半臂　はんひ　334−2
半減　なかばへ(す)　370−15
犯　をか(す)　672−19
犯己子罪　おの(が)こをか(せる)つみ　672−20
犯己母罪　おの(が)ははをか(せる)つみ　672−19
犯子与母罪　こ(と)はは(と)をか(せる)つみ　672−22
犯畜罪　けものをか(せる)つみ　672−23
犯母与子罪　はは(と)こ(と)をか(せる)つみ　672−21
伴　とも　442−14
伴造　とものみやつこ　492−9
判　ことわ(る)　330−31
判官　じよう　4−34
判官代　じようだい　20−11
板　いた　184−14
板押羅帯　いたおし(の)うすはた(の)おび　408−6
板敷　いたじき　328−14
版　へん　446−3
版　へん　524−12
版　へん　568−18
斑　あか(つ)　436−15
斑　まだら　390−16
斑席　まだらむしろ　460−7
斑幕　まだらまく　200−2
斑幔　まだらまく　198−8
斑幔　まだらまく　400−14
斑幔　まだらまく　534−3
畔放　あはなち　672−6
飯　いひ　282−6
頒　わか(つ)　406−12
頒下　わか(ち)くだ(す)　626−1
攀　ひ(く)　150−13
晩日　ゆふくれ　338−7
晩頭　ひのくれ　588−9
番　ばん　508−8
番　つがひ　606−3
番上　ばんじやう　10−3
番上　ばんじやう　604−8
盤　さら　64−18
盤　さら　366−2
盤褥　さら(の)しとね　358−8
鬘　かづら　128−9
坂枕　さかまくら　392−1
播磨簀　はりま(の)す　390−23

【ひ】

比　ころほひ　536−1
比良加　ひらか　66−7
比良須伎　ひらすき　66−6
比良須伎　ひらすき　532−12
皮　かは　62−12
庇　ひさし　42−19
非　あら(ず)　2−16
非違　ひゐ　260−9
彼　かれ　370−9
彼　そ(の)　626−14
彼此　かれこれ　370−9
彼代　そ(の)しろ　654−3
帔　うちかけ　428−5
被　かがふ(る)　628−3
菲　わらぐつ　414−10
扉　とびら　88−22
罷　まか(る)　586−11
緋帔　あけ(の)うちかけ　428−5
緋油単　あけ(の)ゆたん　456−8
美　うるは(し)　354−6
美乃　みの　110−6
美木　よきき　330−4
美濃帛　みの(の)はくのきぬ　684−19
美濃絁　みの(の)あしぎぬ　686−6
備　そな(ふ)　26−13
備前　きびのみちのくち　62−3
尾張　をはり　62−1
疋　ひき　72−13
畢　おはる　32−6
必　かなら(ず)　540−3
筆　ふみて　10−24
百　ひやく　488−11
百　ひやく　748−5

内匠寮 うちのたくみのつかさ 14−6
内膳司 うちのかしはでのつかさ 200−9
内膳司 うちのかしはでのつかさ 752−1
内膳司 うちのかしはでのつかさ 756−6
内蔵寮 うちのくらのつかさ 244−7
内蔵寮 うちのくらのつかさ 750−4
内蔵寮 うちのくらのつかさ 754−5
内物部 うちつもののべ 442−1
内弁 ないべん 446−6
内薬司 うちのくすりのつかさ 264−4
内薬司 うちのくすりのつかさ 750−7
内薬司 うちのくすりのつかさ 754−8
内裏 おほうち 22−13
中務省 なかのまつりごとのつかさ 10−13
中務省 なかのまつりごとのつかさ 748−13
中務省 なかのまつりごとのつかさ 754−3
南 みなみ 8−24
南垣 みなみ(の)かき 314−3
南階 みなみのはし 554−12
南去 みなみ(に)さ(る) 600−15
南行 みなみ(に)ゆ(く) 446−18
南端 みなみのはし 386−5
南庭 おほには 374−10
南二間 みなみ(の)ふたま 388−12
南戸 みなみ(の)と 388−11
南北両門 みなみときた(の)ふたつのもん 386−2
南門 みなみのもん 42−10
南門 みなみのもん 376−16
南門 みなみのもん 504−9

【に】

二 ふたつ 42−18
二 ふたり 570−10
二箇日 ふつか 354−10
二季 ふたとき 338−11
二季 ふたとき 624−4
二刻 ふたつとき 516−15
二所 ふたつ(の)ところ 350−11
二度 ふたたび 542−11
二柄 728−5
二面 ふたつ(に)む(く) 42−18
二幅布単 ふたはたはり(の)ぬののひとへ 498−3
弍 に 744−8
廿 にじふ 10−16
廿人 はたたり 576−17
日 ひ 8−3
日 ひ 10−9
日蔭鬘 ひかげのかづら 430−14
日時 ひとき 10−9
日別 ひごと 366−8
日夜 ひるよる 570−5
搦 から(む) 260−10
入 い(る) 90−5
庭高日 にはたかつひ(のかみ) 142−13
任 ま(く) 136−14
任 まか(す) 198−15

【ね】

禰宜 ねぎ 56−4
禰宜卜部 ねぎ(の)うらべ 56−4
年 とし 2−9
年月日 としつきひ 626−23
年月日 としつきひ 680−19
年月日 としつきひ 682−10
年月日 としつきひ 690−13
年月日 としつきひ 700−2
年月日 としつきひ 702−1
年魚 あゆ 130−2

【の】

乃 すなは(ち) 444−15
納 い(る) 50−8
納 をさ(む) 280−11

【は】

把 は 26−10
把 と(る) 450−9
馬 うま・むま 72−12
馬 うま・むま 610−2
馬医 むまのくすし 228−4
馬部 めぶ 228−1
馬寮 むまのつかさ 194−10
波比岐 はひき(のかみ) 144−2
貝 かひ 354−3
坏 つき 64−16
拝 をろが(む) 380−8
拝舞 をろがみま(ふ) 574−2
陪従 そひしたが(ふ) 138−11
陪従 とも 214−20
買 か(ふ) 14−21
白 しろ 142−6
白 しら 152−13
白木 しらき 152−13
白木 しろき 630−12
白木盤 しらき(の)さら 458−9
白櫃 しらひつ 184−9
白筥 しらはこ 352−7
白絹袴 しらきぬ(の)はかま 408−2
白黒 しろとくろ 282−2
白絁綿袴 しろ(き)あしぎぬ(の)わた(の)はかま 334−3
白酒 しろき 282−2
白酒殿 しろきのとの 180−6
白酒殿 しろきのとの 186−4
白人 しらひと 672−17
白端御疊 しろへり(の)おほむたたみ 390−28
白丁 よほろ 700−10
白杖 しらきのつゑ 452−4
白土 しらつち 464−14
白米 しらげよね 20−5
白布 しろぬの 454−2
白羅草木鳥獣 しろ(き)うすはた(の)くさきとりけもの 436−3
伯 かみ 420−11
帛 はくのきぬ 424−11
拍 う(つ) 506−10
拍 う(つ) 506−18
柏 かしは 26−9
柏 かしは 580−15
柏棚 かしはたな 394−13
薄機 うすはた 408−5
薄絁 うすきあしぎぬ 24−14

当年	そのとし	2－9
当国	そのくに	12－10
当処	そのところ	36－3
当途	みち(に)あた(る)	154－4
当色	たうじき	450－6
当色麻鞋	たうじき(の)をくつ	542－8
当時鮮味	そのとき(の)あざらけきもの	542－1
到	いた(る)	24－5
到	いた(る)	274－13
到	いた(る)	568－5
到来	いたりきた(る)	274－13
沓	くつ	408－9
東	あづま	728－8
東	ひむがし	8－25
東	ひむがし	312－14
東	ひむがし	598－8
東階	ひむがしのはし	532－7
東階	ひむがしのはし	558－10
東宮	ひつぎのみこ	236－4
東豎子	あづまわらは	244－2
東市司	ひむがしのいちのつかさ	218－1
東刀	あづまかたな	728－8
東頭	ひむがし(の)かしら	394－12
東南	たつみ	200－4
東南角	たつみ(の)すみ	376－15
東南戸	ひむがしみなみにと(あれ)	400－9
東北	うしとら	58－2
東北角	うしとら(の)すみ	376－13
東北掖門	ひむがし(の)きたのわきのもん	524－23
東方南掖門のもん	ひむがしのかた(の)みなみのわき	504－5
東門	ひむがしのもん	376－14
倒葺	さかしま(に)ふ(く)	102－5
唐菓物	からくだもの	692－4
等	きざみ	614－14
等	しな	614－13
等	なにと・ら	6－9
等	ども	570－5
等第	しなのつぎて	614－13
等呂須伎	とろすき	68－14
陶臼	すゑのうす	68－6
陶鉢	すゑのはち	298－10
陶坏	すゑのつき	708－1
湯	ゆ	64－17
湯	ゆ	446－8
湯盆	ゆべ・ゆほとき	64－17
渡	わた(る)	562－5
登極	あまつひつぎしろしめ(す)	2－15
塗漆斗帳	うるしぬり(の)とちやう	430－18
頭	かしら	54－3
頭	ほとり	138－7
樋	ひ	672－8
樋放	ひはなち	672－8
榻足案	しぢあし(の)つくえ	436－10
稲	しね	12－12
稲	しね	140－19
稲	しね	652－21
稲	しね	654－3
稲	しね	678－5
稲実公	いなのみ(の)きみ	78－18

稲実公	いなのみ(の)きみ	142－2
稲実公	いなのみ(の)きみ	154－5
稲実殿地	いなのみのとの(の)ところ	76－15
稲実殿地	いなのみのとの(の)ところ	160－12
稲実卜部	いなのみ(の)うらべ	72－1
稲実卜部	いなのみ(の)うらべ	286－15
稲実卜部宮主	いなのみ(の)うらべ(の)みやじ	326－5
踏	ふ(む)	498－12
燈	あぶら	66－13
燈	ともしび	494－13
燈坏	あぶらつき	66－13
燈盤	あぶらさら	66－14
燈炷布	とうじみ(の)ぬの	496－6
裲	うちかけ	334－13
鐺子	さすなべ	360－8
纛	おほがしら	226－2
纛	おほがしら	230－1
同	おな(じ)	2－34
同族	やから	370－18
動鼓	どう(の)つづみ	216－4
堂	だう	44－8
堂	だう	372－9
堂	だう	388－12
堂	だう	392－5
童女	さかつこ	58－4
道	みち	14－14
道	みち	128－11
道	みち	386－6
道	だう	374－9
道路	みち	190－24
得	う(る)	140－12
特	こと(に)	550－9
独	ひと(り)	568－12
読	よ(む)	380－11
舎人	とねり	532－18
屯		34－2
屯櫃		348－6
鈍金	にびこがね	354－1
鈍金壷瓶	にびこがね(の)あへもののかめ	354－1

【な】

那賀	なか	118－3
奈保流	なほる	332－4
内	うち	40－9
内	うち	90－3
内院	うちのゐん	40－9
内院御酒	うちのゐん(の)みき	338－13
内院雑殿	うちのゐん(の)くさぐさのとの	176－1
内院料材	うちのゐん(の)れうのき	166－8
内記	うちのしるすつかさ	234－11
内記	うちのしるすつかさ	584－6
内記	うちのしるすつかさ	748－15
内器杖	うちつきぢやう	226－5
内侍	ないし	16－16
内侍座	ないし(の)しきゐ	420－4
内舎人	うちとねり	104－3
内舎人	うちとねり	748－14
内豎	ちひさわらは	22－9
内豎所	ちひさわらはどころ	754－4

調　ととの(ふ)　36−15
調　ととの(ふ)　264−2
調韓櫃　つき(の)からひつ　726−2
調献　みつき　330−2
調絲　みつきのいと　274−11
調絲　みつきのいと　652−13
調習　ととの(へ)なら(ふ)　694−9
調布　つきのぬの　34−13
調布　つきのぬの　714−12
調布　つきのぬの　620−8
調度　とヽのへもの　264−2
調度　とヽのへもの　308−7
調綿　つきのわた　732−6
調庸　つきちからしろ　628−21
髻　うなゐ　456−12
直　あたひ　500−7
直　あたひ　656−9
直　あたひ　680−14
直　とのゐ　4−26
直　712−6
直会　なほらひ　76−11
直会　なほらひ　586−7
直進　ただ(に)すす(む)　562−3
直奏　じきそう　12−32
直丁　つかへのよほろ　6−14
勅　のりたま(ふ)　568−21
勅　みことのり　2−18
勅　みことのり　598−7
勅使　みことのりのつかひ　598−7
勅使　みことのりのつかひ　602−12
勅使参議　みことのりのつかひ(の)おほまつりごとひと　598−7
勅旨　ちよくし　654−16
陳置　つら(ね)お(く)　24−12
鎮　しづ(む)　32−13
鎮魂祭　たまふりのまつり　716−4
鎮祭　しづめまつ(る)　516−18
鎮祭料　ちんさいれう　82−8
鎮物　しづめもの　376−10
鎮料雑物　しづめのれう(の)くさぐさのもの　372−19

【つ】

椎枝　しひ(の)え　382−26
槌　つち　542−6
通　かよ(ふ)　354−11
通　とほ(す)　386−7
通途　みち　498−4
通夜　よもすがら　494−19
甌　つばは　664−9

【て】

廷　724−2
定　さだ(む)　2−24
定　さだ(む)　10−10
定　さだ(む)　346−7
定所所預　ところところ(の)あづかり(を)さだ(む)　16−22
定数　さだ(まれる)かず　346−7
庭　には　374−10
庭高日　にはたかつひ(のかみ)　142−13
提　ひさ(ぐ)　510−1
提盆撲灰炭　ほとき(を)ひさ(げ)はひすみ(を)う(つ)　510−1
程量　ほと(を)はか(る)　108−10
笛　ふえ　576−11
笛工　ふえふき　104−7
撤　さ(ぐ)　494−8
鐵　くろがね　724−1
天罪　あまつつみ　672−4
天罪　あまつつみ　672−14
天神地祇　あまつかみくにつかみ　60−4
天神寿詞　あまつかみ(の)よごと　526−8
天皇　すめらみこと　2−6
天皇　すめら　586−5
天皇　すめら　602−16
天皇大命　すめら(が)おほみこと　568−21
坫　658−4
典水　もひとりのすけ　510−12
典膳　じよう　266−3
典薬寮　くすりのつかさ　264−11
典鑰　かぎのつかさ　234−12
点示　しる(し)しめ(す)　196−13
点定　しるしさだ(む)　40−11
奠　たてまつ(る)　490−12
填　み(つ)　12−11
填　う(む)　654−6
椽　たるき　388−6
篆　てん　14−11
田　た　78−2
田舞　たまひ　104−2
田舞　たまひ　552−13
伝　つて(に)　494−6
殿　との　40−10
殿下　との(を)お(る)　546−12
殿祭　おほとの(を)まつ(る)　398−6
殿舎　との　518−11
殿守　おほとのもり　254−9
殿前　との(の)まへ　554−11
殿前庭　との(の)まへには　548−12
殿部　とのもり　444−22

【と】

斗　26−2
斗帳　とちやう　430−18
途　みち　154−4
都　みやこ　152−10
都志毛　つしも　122−8
都婆波　つばは　68−10
土火爐　つち(の)ひたき　466−4
土師　はじ　294−8
土師韓竈　はじ(の)からかま　294−8
度　たび　346−5
度　ど　12−4
度　わた(る)　546−13
度度記文　たびたび(の)しるしふみ　346−5
度度記文　たびたび(の)しるしふみ　370−6
度別八遍　たびごと(に)やたび　506−11
度別三下　たびごと(に)みたび　542−12
刀　かたな　74−12
刀子　かたな　74−12
刀子　かたな　404−9
刀子筥　かたな(の)はこ　510−14
当　あた(る)　46−2

男蔵人　をとこくらうど　748−11
段　だん　34−4
段　だん　288−7
段　きだ　530−8
弾琴　ことひき　104−6
弾琴　みことひき　420−12
弾正台　ただすつかさ　220−7

【ち】

地　つち　390−18
地　ところ　24−6
地　ところ　382−13
地形　ところのかたち　198−14
池由加　いけゆか　66−10
治　をさ(む)　570−7
治部省　をさむるつかさ　222−1
知　しら(す)　2−29
知岐黒綿　310−5
致　いた(す)　628−11
致斎　まいみ　330−16
致斎　まいみ　694−2
遅廻　おく(る)　680−17
置　お(く)　24−12
置　お(く)　472−1
置盎　おきほとき　70−7
置火爐　ひたきおき　744−13
置火台　ひのだいおき　744−14
置蓋　おきふた　668−10
置御酒机　みきのつくえおき　746−3
置簀　おきす　468−13
置切板　きりいたおき　744−11
置多米物　ためつものおき　746−1
置韓竈　からかまおき　744−12
馳道　ちだう　548−2
馳道　ちだう　562−5
馳道　ちだう　574−5
竹杖　たけのつゑ　510−6
竹棚　たかだな　96−8
畜　けもの　672−23
畜仆　けものたふ(し)　672−25
畜仆為蠱罪
　けものたふ(し)まじものせ(る)つみ　672−25
襷　ちはや　312−1
着　つ(く)　8−6
着足坏　あしつき(の)つき　296−6
中　あひだ　42−4
中　なか　28−8
中　なか　600−13
中　なかば　382−15
中央　もなか　224−3
中央　もなか　378−1
中垣　なか(の)かき　386−13
中垣　なか(の)かき　388−4
中垣北　なか(の)かき(の)きた　392−16
中坩　なかつぼ　664−6
中間　あひだ　42−4
中重　なかのへ　618−4
中将　おほひすけ　240−6
中臣　なかとみ　60−14
中臣　なかとみ　440−12
中臣長　なかとみ(の)このかみ　60−8
中庭　なかには　520−13
中庭右幄　なかには(の)みぎ(の)あげはり　552−12
中庭左幄　なかには(の)ひだり(の)あげはり　550−20
中分　なかばわか(つ)　386−8
中納言　なかのものまうすつかさ　4−15
中務省　なかのまつりごとのつかさ　10−13
中務省　なかのまつりごとのつかさ　590−8
中務省　なかのまつりごとのつかさ　748−13
中務省　なかのまつりごとのつかさ　754−3
中籬　なか(の)まがき　386−4
中流　かはなか　198−2
中路　みちなか　244−3
丑　うし(のひ)　330−22
注　しる(す)　10−22
忠　じよう　220−8
柱　はしら　88−7
註　しる(す)　548−16
紵　からむし　410−1
紵青摺單衣
　からむし(の)あをずり(の)ひとへきぬ　410−1
筯　はし　352−8
儲　まうけ　226−15
儲筥　まうけのはこ　254−4
儲漿　まうけのこむづ　254−5
儲銭　まうけのぜに　256−8
儲調度韓櫃
　まうけ(の)ととのへもの(の)からひつ　264−2
儲馬　まうけのむま　226−15
丁　よほろ　6−14
丁　よほろ　16−11
弔　とぶら(ふ)　330−28
庁　まつりごととの　42−14
町形　まちがた　390−7
長　このかみ　60−8
長　ちやう　10−3
長　ちやう　14−26
長　なが(さ)　42−16
長　をさ　56−6
長官　かみ　136−10
長者　ちやうじや　330−6
長袖衣　ながそで(の)ころも　334−14
長上　ちやうじやう　10−3
長上　ちやうじやう　230−11
長上　ちやうじやう　328−10
長帖　ながだたみ　402−5
長薦　ながこも　156−5
帳　ちやう　14−25
張　ちやう　62−13
張　は(る)　196−17
彫　ゑ(る)　14−7
彫作　ゑ(り)つく(る)　14−7
鳥獣　とりけもの　436−3
𤭖　みか　736−4
朝堂　てうだう　372−9
朝集殿　てうしふでん　444−13
朝堂院南門　てうだうゐん(の)みなみのもん　500−19
牒　てふ　4−5
牒　てふ　690−13
誂　あとら(ふ)　628−8
調　つき　12−15

大嘗宮正殿北三間　おほむべのみやおほとのきた(の)みま　388−10
大嘗宮正殿南戸　おほむべのみやみなみ(の)と　388−11
大嘗宮正殿南北両門　おほむべのみやみなみときた(の)ふたつのもん　386−2
大嘗宮盛所　おほむべのみやもりどころ　394−6
大嘗宮盛所西南間　おほむべのみやもりどころにしみなみ(の)ま　394−7
大嘗宮膳屋　おほむべのみやかしはでや　392−17
大嘗宮中籬　おほむべのみやなか(の)まがき　386−4
大嘗宮中籬南端　おほむべのみやなか(の)まがきみなみのはし　386−5
大嘗宮鎮地祭　おほむべのみや(の)もとのところ(を)しづ(む)　518−13
大嘗宮南門　おほむべのみやみなみのもん　376−16
大嘗宮南門外庭　おほむべのみや(の)みなみのみかど(の)とのには　446−4
大嘗宮北垣　おほむべのみや(の)きた(の)かき　402−1
大嘗宮北垣　おほむべのみやきた(の)かき　394−9
大嘗宮悠紀中垣　おほむべのみやゆき(の)なか(の)かき　386−13
大嘗宮料　おほむべのみや(の)れう　372−7
大嘗祭　おほむべのまつり　2−4
大嘗殿　おほむべのとの　402−3
大臣　おほひまうちきみ　2−17
大臣　おほいまうちきみ　532−3
大臣喚式部省　おほいまうちきみのりのつかさ(を)め(す)　560−12
大臣喚舎人　おほいまうちきみとねり(を)め(す)　562−7
大臣執奏之　おほいまうちきみと(りて)これ(を)まを(す)　584−7
大臣宣　おほいまうちきみ(の)せん　628−2
大臣宣喚大夫等　おほいまうちきみまへつきみら(を)め(せと)の(る)　534−1
大臣宣旨充之　おほいまうちきみせんじ(すらく)これ(に)あ(つ)　700−3
大神宮　おほかみのみや　60−6
大炊　おほひ　18−14
大炊所　おほひどころ　18−14
大炊寮　おほひのつかさ　266−8
大炊寮　おほひのつかさ　756−3
大輔　おほいすけ　572−11
大膳　おほかしはで　582−7
大膳職　おほかしはでのつかさ　202−14
大膳職　おほかしはでのつかさ　754−10
大蔵省　おほくらのつかさ　10−20
大多毎　おほためつ　630−12
大多米　おほため　52−2
大多米院　おほためのゐん　52−2
大多米酒　おほため(の)さけ　282−4
大多米酒　おほため(の)さけ　306−2
大多米酒波　おほためつさかなみ　80−2
大多米酒波女　おほためつさかなみのめ　614−2
大䨵　おほつばは　664−9
大殿　おほとの　40−4
大殿戸　おほとの(の)と　688−2
大納言　おほいものまうすつかさ　4−14
大夫　まへつきみ　4−27
大夫　まへつきみ　560−2
大夫　たいふ　596−1
大祓　おほはらへ　26−21
大祓　おほはらへ　338−10
大祓　おほはらへ　624−3
大祓使　おほはらへ(の)つかひ　58−6
大祓料　おおはらへ(の)れう　72−11
大片坫　660−1
大門　おほきみかど　108−4
大門　おほきみかど　204−14
大領　こほりのみやつこ　78−12
大和　おほやまと　60−10
太刀　たち　72−14
太政官　おほいまつりごとのつかさ　202−16
太政官符　おほいまつりごとのつかさ(の)ふ　330−13
太政官符　おほいまつりごとのつかさ(の)ふ　656−19
太宰府　おほみこともちのつかさ　674−14
代　かは(る)　532−22
代　しろ　12−9
代　しろ　18−5
代　しろ　184−3
代　しろ　354−9
台　たい　692−26
台　だい　360−5
第　つぎて　614−13
高御魂　たかみむすび(のかみ)　142−12
高橋朝臣　たかはしのあそみ　492−22
択　えら(ぶ)　8−4
濁酒　にごりさけ　520−2
襷　たすき　290−2
達　いた(す)　678−2
楯縫氏　たてぬひのうぢ　106−9
丹　に　586−9
丹波　たには　106−8
丹後　たにはのみちのしり　110−9
但　ただ(し)　12−8
但馬　たじま　110−10
炭　すみ　496−7
単　ひとへ　404−1
単衣　ひとへきぬ　408−1
炭櫃　すびつ　250−4
淡路　あはぢ　112−1
淡路　あはぢ　648−3
短帖　みじかだたみ　402−6
短畳　みじかだたみ　740−8
短席　みじかむしろ　518−4
短女坏　ひきめつき　64−16
搏風　ちぎ　390−4
端　はし　386−5
端　へり　390−28
端　34−14
端正　きらきら(し)　330−7
擔　にな(ふ)　152−4
擔　にな(ふ)　454−18
擔夫　もちよほろ　138−20
男　をとこ　48−3
男蔵人　をとこくらうど　246−1

喪　も　330−28
惣　すべて　140−11
槍　ほこ　438−7
槽　ふね　510−9
竈　かまど　282−20
竈神　かまど(の)かみ　282−20
繒枕　きぬまくら・さかまくら　402−12
繒服　にきたへ　450−12
繒服案　にきたへ(の)つくえ　450−12
繒服案　にきたへ(の)つくえ　744−1
雙　なら(ぶ)　196−20
藻　め　64−4
造　つく(る)　42−9
造酒司　さけのつかさ　250−5
造酒司　さけのつかさ　756−7
造酒正　さけのつかさのかみ　538−20
造酒童女　さかつこ　78−10
造酒童女　さかつこ　492−1
増減　ましへ(す)　222−11
蔵人　くらうど　246−1
即　すなはち　2−27
即位　あまつひつぎしろしめ(す)　2−7
束　そく　12−13
束　そく　148−8
束　つか　140−13
束　つか(ぬ)　464−5
束草　あつかかや　390−20
足　あし　150−1
足　た(る)　36−9
足挙取次　あしあげ(の)とりすき　294−5
足下坏　あしひきのつき　658−8
足別案　あしわけ(の)つくえ　456−6
足別机　あしわけ(の)つくえ　742−15
足料　あし(の)れう　742−18
則　すなは(ち)　508−14
息　やすみ　202−7
捉搦　とら(へ)から(む)　260−10
側　かたはら　592−3
側戸　そばと　44−4
属　さくわん　232−17
属　つらなり(て)　536−13
村　396−9
拵　かこ(ふ)　382−21
孫　うまご　616−7
巽　たつみ　164−9
樽　たり　248−8
蹲鴟　いへついも　130−6

【た】

他　ほか　630−2
多　おほ(し)　150−5
多加須伎　たかすき　66−5
多賀須伎　たかすき　532−12
多志良加　たしらか　68−16
多志良加　たしらか　510−11
多少　おほ(き)すくな(き)　150−5
多毎物　ためつもの　14−17
多毎米　ためつよね　630−11
多米　ため　52−2
多米都物　ためつもの　528−14
多米都物色目　ためつもの(の)しなのな　528−1
多米御酒机　ため(の)みき(の)つくえ　744−5
打机　うちつくえ　746−4
駄　にほひむま　258−6
駄餉　におひむまのかれひ　258−6
対　むか(ふ)　94−2
対勘　むかへかむが(ふ)　618−8
怠　おこた(る)　570−5
待　ま(つ)　444−14
退　しりぞ(く)　506−15
退　まか(る)　514−10
退紅染布　あらそめ(の)ぬの　452−2
退出　まかりい(づ)　488−25
帯　おび　334−8
帯　おび　356−1
帯　お(ぶ)　8−28
袋　ふくろ　368−2
隊仗　たいぢやう　444−2
碓　うす　666−6
戴　いただ(く)　456−11
態　わざ　698−13
大　おほき　108−4
大井津　おほゐのつ　678−19
大衣　おほきぬ　222−17
大垣　おほかき　202−8
大歌　おほうた　578−10
大歌生　おほうたのしやう　104−5
大学　ふむや　14−3
大学寮　ふむやのつかさ　14−3
大忌　おほいみ　500−13
大儀　たいぎ　440−24
大宮売　おほみやのめ(のかみ)　142−15
大筥　おほはこ　688−16
大斎　おほいみ　446−9
大斎　おほいみ　500−13
大斎　おほいみ　540−13
大三斤　716−11
大事　おほきなること　678−11
大路　おほぢ　484−10
大舎人　おほとねり　16−5
大舎人寮　おほとねりのつかさ　750−5
大舎人寮　おほとねりのつかさ　754−6
大手洗盆　おほたらひべ　64−13
大酒波　おおさかなみ　80−1
大小　704−10
大将　かみ　240−3
大嘗院　おほむべのゐん　400−5
大嘗会　おほむべのまつり　604−3
大嘗会其所　おほむべのまつりそ(の)ところ　690−10
大嘗会其所解　おほむべのまつり(の)そ(の)ところ(の)げ　674−17
大嘗会斎　おほむべのまつり(の)いみ　692−28
大嘗宮　おほむべのみや　382−13
大嘗宮後鎮祭　おほむべのみやごちんさい　518−13
大嘗宮正殿　おほむべのみやおほとの　388−5
大嘗宮正殿堂　おほむべのみやおほとのだう　392−5
大嘗宮正殿堂西面　おほむべのみやおほとのだうにしのむき　392−10
大嘗宮正殿南二間　おほむべのみやおほとのみなみ(の)ふたま　388−12

204－17
絶　た(つ)　10－2
川　かは　58－3
占　うら(なふ)　138－6
先　さき　8－8
先　さきだ(つ)　196－14
先　ま(づ)　28－1
苫　とま　344－5
苫　とま　400－12
浅黄遠山綾　あさぎ(の)とほやま(の)あや　432－17
浅深　あさ(きもの)ふか(きもの)　430－9
浅緑　あさみどり　372－5
洗人　すましびと　252－9
洗盤　あらひさら　302－2
宣　せん　16－2
宣　せん　628－2
宣　の(る)　534－1
宣旨　せんじ　8－14
宣制　みことのりの(る)　568－19
宣命　みことのり　554－18
宣命者　みことのり(の)ひと　568－11
宣命大夫　みことのり(の)まへつきみ　568－16
宣命大夫　みことのり(の)まへつきみ　572－4
宣命大夫　みことのり(の)まへつきみ　586－3
宣命大夫　みことのり(の)まへつきみ　588－2
宣命版　みことのり(の)へん　554－18
宣命文　みことのり(の)ふみ　566－6
専当　もはらあた(る)　656－11
専当　もはらにあたるもの　676－6
染　そめ　356－5
践祚　せんそ　2－3
銭　ぜに　12－24
銭　せん　702－8
潜女　かづきめ　120－4
撰　えらび　78－4
撰　もち　614－10
撰子稲　えらびのしね　78－4
撰丁　もちよほろ　614－10
箭　や　76－1
線鞋　せんかいのくつ　336－7
遷御　うつりたま(ふ)　272－13
薦　こも　98－3
薦　こも　124－5
薦　こも　740－9
薦享　すすめう(く)　512－11
鮮　あざらけき　542－1
鮮味　あざらけきもの　542－1
鮮物　あざらけきもの　678－9
饌　みけ　512－17
饌　おもの　540－11
前　さき　2－8
前　さき　166－11
前　さき　650－5
前　まへ　338－9
前　350－16
前駈　さきばらひ　216－16
前下大盤　まへひくのおほさら　66－2
前行　さきにゆ(く)　346－14
前座　さき(の)しきゐ　502－15
前祭一日　まつり(に)さきだ(つこと)ひとひ　418－1
前神　まへ(の)かみ　438－10
前頭　さきのもの　494－4
前滝津　まへたきのつ　678－19
然　しか(る)　64－8
漸出　やくや(く)い(づ)　216－10
膳夫　かしはで　508－22
膳夫伴造　かしはで(の)とものみやつこ　508－22
膳部　かしはでべ　20－12
膳部　かしはでべ　512－6
膳屋　かしはでや　392－17

【そ】

麁布　あらたへ　120－23
麁布　あらたへ　130－1
麁妙服　あらたへ　486－10
鉏　すき　88－2
蘇芳　すはう　432－7
卅　さんじふ　42－11
早　すみやか(に)　702－14
早速　とく　596－3
早速　すみやか(に)　628－9
送　おく(る)　4－3
送　おく(る)　576－8
送達　おくりいた(す)　678－2
草　かや　390－14
草　くさ　88－3
相　あひ　46－2
相夾　あひはさ(む)　222－7
相作　あひつくり　80－4
相作　あひつくり　288－14
相作女　あひつくりのめ　614－1
相続　あひつ(ぐ)　526－4
相待　あひま(つ)　486－22
相対　あひむか(ふ)　94－2
相当　あひあた(る)　46－2
相半　あひなかば　60－15
相副者　あひそ(ふ)ひと　150－14
相分　あひわか(る)　214－19
奏　そう　2－25
奏　たてまつ(る)　330－3
奏　たてまつ(る)　502－2
奏画　そう(に)か(きたまふ)　2－25
奏申　そうしん　6－10
奏聞　そうもん　6－6
倉代　くらしろ　476－5
倉代殿　くらしろのとの　178－6
倉代等雑物　くらしろなにと(の)くさぐさのもの　520－12
挿　さ(す)　90－2
掃　は(く)　136－5
掃　はら(ふ)　190－26
掃除　は(く)　328－18
掃部寮　かむもりのつかさ　248－4
掃部寮　かむもりのつかさ　502－13
掃部寮　かむもりのつかさ　750－10
掃部寮　かむもりのつかさ　756－5
葬　はふり　696－4
装　よそほひ　254－8
装飾　よそひかざ(る)　430－17
装束　よそほひ　136－9
装束司　よそほひのつかさ　190－9

尋常　つね　554−19
尋常版　つね（の）へん　554−19
尋常版　つね（の）へん　556−4

【す】

須　もち（ゐる）　124−7
須　すべから（く）　680−12
須臾　しまらく　486−5
厨子形　づしがた　476−15
図書寮　ふみのつかさ　252−11
水　みづ　282−25
水瓮　みづへ　70−4
水戸　みづへ　292−7
水褌布　したも（の）ぬの　640−1
水取　もひとり　510−8
水神　みづ（の）かみ　282−25
水樽　みづたり　248−8
水湄　みぎは　140−1
水部　もひとり　510−10
水平　658−3
水片坫　658−4
水埦　みづまり　300−4
水椀　みづまり　344−4
吹　ふ（く）　376−1
垂　た（らす）　456−13
垂紐　たれひも　430−10
炊　かし（く）　282−7
穂　ほ　586−9
錐　きり　646−4
燧　ひうち　134−8
雖　いへど（も）　550−9
随　したが（ふ）　150−6
数　かず　10−21
数　あま（た）　194−15
趨　わし（る）　560−4
寸　106−5

【せ】

施　まう（く）　392−2
是　これ　8−7
是　ここ（に）　584−1
井　ゐ　36−1
井神　ゐ（の）かみ　282−22
正　かみ　266−2
正　ま　384−4
正西　まにし　386−1
正税稲　しやうぜい（の）しね　12−12
正税稲　しやうぜい（の）しね　654−17
正中　もなか　600−13
正殿　おほとの　388−5
正東　まひむがし　384−14
正南　まみなみ　384−4
正北　まきた　384−17
生　いき　122−5
生　すずし　688−1
生絲　すずしのいと　688−1
生剥　いけはぎ　672−11
生膚断　いきはだたち　672−15
生鰒　いきあはび　122−5
生鮑　いきあはび　636−7
生螺　いきつび　122−6
成　たび　504−21
西　にし　8−20
西戸　にし（の）と　392−15
西市司　にしのいちのつかさ　218−1
西頭少南　にし（の）かしら（の）すこ（し）みなみ　532−5
西南　ひつじさる　560−8
西門　にしのもん　504−7
声　いら（ふ）　562−14
制　つく（る）　356−10
制　のり　96−1
姓　な　332−11
姓名　かばねな　508−10
青摺衣　あをずり（の）きぬ　194−9
青摺布衫　あをずり（の）ぬの（の）ひとへきぬ　500−23
青摺袍　あをずり（の）うへのきぬ　748−4
青草　かや　96−6
省　しやう　692−26
清　きよ（まはる）　694−22
清食　いもひ　330−27
清酒　すみさけ　714−3
清暑堂　せいしよだう　524−17
清暑堂　せいしよだう　550−12
清暑堂　せいしよだう　554−4
盛　も（る）　184−6
盛所　もりどころ　394−6
盛所西南間　もりどころにしみなみ（の）ま　394−7
盛殿　もりどの　394−11
請　こ（ふ）　12−18
賷　もた（しむ）　652−14
齏　あへもの　354−1
齏実筥　あへもののみ（の）はこ　404−10
石華　せ　132−3
石上　いそのかみ　440−31
赤　あか　22−2
赤裳　あかも　408−3
赤丹乃穂　あかに（の）ほ　586−9
赤薄機引下裳　あか（の）うすはた（の）ひきしたも　408−5
赤米　あかごめ　22−2
席　むしろ　10−1
席障子　むしろ（の）さうじ　392−8
責　せ（む）　4−32
隻　76−2
腊　きたひ　30−1
裹　かうぶり　686−11
裹　つつ（む）　148−13
裹薦　つつむこも　210−14
積　つ（む）　600−18
切板　きりいた　744−11
折　を（る）　206−5
折櫃　をりひつ　476−18
折薦　をりこも　724−4
棁　うだち　388−9
設　まう（く）　8−19
摂津　つ　60−10
節　ふし　88−17
節　せち　204−16
節会　せちえ　4−30
節旗　せちのはた　204−16
節下大臣　せちのしたのおほいまうちきみ

食薦　すこも　26−7
食法　けののり　20−2
食封　へひと　630−1
飾　かざり　358−10
飾　かざ(る)　430−17
飾䟺　かざりさらけ　68−7
触　ふ(る)　694−18
燭　ともしび　500−2
職　つかさ　492−16
職　つかさ・しき　692−26
織　お(る)　102−18
織女　おりめ　102−20
褥　しとね　354−12
褥　しとね　356−1
褥　しとね　366−5
心葉　こころば　356−2
申　さる　446−5
申　まを(す)　6−7
身　み　672−35
辰　たつ　516−4
辰刻　たつ(の)とき　550−14
辰日　たつ(の)ひ　516−4
辰二刻　たつ(の)ふたつとき　524−13
津　つ　678−19
神　かみ　60−20
神　かむ　106−1
神祇官　かみつかさ　2−20
神祇官　かみつかさ　138−2
神祇官　かみつかさ　534−9
神祇官　かみつかさ　604−2
神祇官　かみつかさ　752−9
神祇官忌部　かみつかさ(の)いむべ　580−13
神祇官解　かみつかさ(の)げ　626−11
神祇官解　かみつかさ(の)げ　634−9
神祇官解　かみつかさ(の)げ　650−6
神祇官解　かみつかさ(の)げ　674−2
神祇官解　かみつかさ(の)げ　688−18
神祇官解　かみつかさ(の)げ　696−5
神祇官解　かみつかさ(の)げ　714−8
神祇官解　かみつかさ(の)げ　716−3
神祇官解　かみつかさ(の)げ　718−6
神祇官解　かみつかさ(の)げ　720−6
神祇官解　かみつかさ(の)げ　720−11
神祇官解　かみつかさ(の)げ　724−10
神祇官解　かみつかさ(の)げ　730−8
神祇官解　かみつかさ(の)げ　740−10
神祇官解　かみつかさ(の)げ　742−7
神祇官行列　かみつかさ(の)つらなり　448−4
神祇官中臣　かみつかさ(の)なかとみ　526−5
神祇官中臣　かみつかさ(の)なかとみ　580−13
神祇斎主　かみつかさ(の)いはひぬし　606−8
神祇祐　かみ(の)じよう　592−13
神宮　かみのみや　60−6
神語　かむごと　78−17
神座　かみのみくら　96−12
神璽　かみのしるし　526−12
神璽之鏡剣　かみのしるし(の)かがみ・つるぎ　526−12
神之所穢所悪　かみ(の)けが(れとして)にく(みたまふところ)　694−26
神主　かむぬし　102−8
神主　かむぬし　616−10
神事　かむわざ　616−8
神楯　かむたて　106−1
神楯戟　かみ(の)たて(と)ほこ　442−4
神態　かむわざ　698−13
神殿　かむとの　380−16
神服　かむはとり　102−7
神服　かむはとり　102−17
神服　かむはとり　422−6
神服　かむはとり　616−9
神服　かむはとり　752−15
神服妻　かむはとり(の)つま　620−6
神服使　かむはとり(の)つかひ　274−4
神服使　かむはとりのつかひ　652−4
神服使　かむはとりのつかひ　652−9
神服社　かむはとりのやしろ　102−7
神服宿祢　かむはとり(の)すくね　450−10
神服女　かむはとりのをみな　314−8
神服長　かむはとり(の)をさ　56−6
神服殿　かむはとりのとの　312−19
神服殿　かむはとりのとの　314−14
神服部　かむはとりべ　274−9
神服柏棚　かむみそ(の)かしはたな　394−13
神戸　かむべ　102−14
神部　かむべ　218−6
神部　かむべ　752−11
宸儀　すめらみこと　512−19
深　ふか(さ)　148−6
深紅染襪　ふか(き)くれなゐぞめ(の)したくづ　410−10
進　すす(む)　374−21
進　たてまつ(る)　10−12
進　まゐ(る)　550−10
進鼓　しん(の)つづみ　216−8
進上　たてまつ(る)　650−16
進退　まゐりまか(る)　514−10
進物所　たまひどころ　200−12
新　あらた(し)　36−11
新器　あらたしきうつはもの　656−20
新器　あらたしきうつはもの　662−11
賑給使　しんごふ(の)つかひ　194−20
榛藍摺綿袍　はりあゐずり(の)わた(の)うへのきぬ　422−3
親王　みこ　200−7
親王　みこ　568−1
親王　みこ　572−5
親王座　みこ(の)しきゐ　420−1
親族　うがら　574−14
薪　かまぎ　80−6
人　ひと　22−1
人　ひと　22−15
人　ひと　80−7
人給　ひとたまひ　18−15
人給所　ひとたまひどころ　18−15
人給衾　ひとたまひ(の)ふすま　404−5
人給料　ひとたまひ(の)れう　672−3
人人　ひとびと　570−10
人夫　よほろ　516−20
人別　ひとごと　22−1
仁寿殿　じじゆうでん　516−8
仁寿殿　じじゆうでん　522−3
陣　つら　152−15
陣　つらな(る)　444−26

小忌院　をみのゐん　32－7
小忌群官　をみ(の)もろもろのつかさひと　500－12
小忌人　をみ(の)ひと　506－17
小忌人座　をみ(の)ひと(の)しきゐ　418－6
小忌食　をみ(の)け　36－14
小斎　をみ　6－16
小斎　をみ　278－13
小斎　をみ　446－10
小斎麹室　をみ(の)かむたちのむろ　278－13
小斎群官　をみ(の)もろもろのつかさひと　500－12
小斎人　をみ(の)ひと　440－5
小斎人座　をみ(の)ひと(の)しきゐ　418－6
小斎親王　をみ(の)みこ　578－13
小手洗盆　こたらひべ　64－15
小所　ちひ(さき)ところ　210－9
小篆　せうてん　14－11
小町席　こまちむしろ　390－12
小坏　こつき　68－18
小盤　こさら　64－18
小門　ちひさ(き)もん　384－9
小門　ちひさ(き)もん　388－1
升　のぼ(る)　532－7
升　20－6
少　すこ(し)　50－6
少　すくな(し)　150－5
少　しまらく　374－13
少時　しまらく　374－13
少将　すないすけ　240－2
少輔　すないすけ　572－12
少納言　すないものまうすつかさ　204－18
少領　すけのみやつこ　78－12
召　め(す)　2－21
召計　めしかぞ(ふ)　556－20
床　580－9
床子　しやうじ　432－13
声　いら(ふ)　562－14
承　うけたまはる　626－19
承歓堂　じようくわんだう　538－22
承光堂　しやうくわうだう　418－3
承秋門　じようしうもん　574－10
承塵　しようぢん　184－7
承塵骨　しようぢん(の)ほね　390－11
承前例　さき(の)ためし　742－13
承知　うけたまはりし(る)　626－19
松樹比良加　まつのき(の)ひらか　452－9
松明　たいまつ　248－12
昇　のぼ(る)　546－17
省掌　しやうしやう　214－18
称　い(ふ)　78－3
称唯　ををとまを(す)　532－19
称唯　ををとまを(す)　560－6
称唯　ををとまを(す)　588－1
称唯　ををとまを(す)　588－6
将　も(つ)　28－11
将監　じよう　238－10
商布　たに　34－3
唱　しやう　262－2
唱　となへ　214－22
唱　となへ　572－8
唱計　となへかぞ(ふ)　214－22
唱計　しやうけい　262－2
唱名　な(を)とな(ふ)　424－6
舂　つ(く)　290－21
偁　い(ふ)　626－12
詔　のりたま(ふ)　570－13
廂　ひさし　96－4
鉦　かね　206－1
鉦　かね　232－2
鉦人　かねひと　542－2
照　て(らす)　500－3
焼　やく　122－10
焼灰　はひやき　80－5
焼灰　はひ(を)や(く)　342－8
漿　こむづ　242－11
摺　すり　332－15
摺　すり　356－6
裳　も　336－1
障子　さうじ　392－8
餉　かれひ　258－6
鍬　くは　34－5
觴　さかづき　576－9
上　あ(ぐ)　570－12
上　うへ　388－8
上　かみ　4－35
上　かみ　8－23
上　かみ　26－19
上　じやう　10－3
上　じやう　436－17
上　たてまつ(る)　650－16
上　たてまつ(る)　726－6
上　みまへ　498－6
上旬　かみのとをか　58－5
上件　かみ(の)くだり　370－7
上道　みちたち　152－9
丈　ぢやう　30－8
丈　ぢやう　374－8
条　でう　484－9
条　334－12
状　さま　570－8
状　じやう　10－19
杖　つゑ　452－4
帖　たたみ　402－5
帖　たた(む)　460－8
浄　きよ(む)　672－30
浄女　じやうによ　692－2
乗　の(る)　158－8
乗輿　すめらみこと　216－12
常　つね　216－15
常服　つねのころも　582－10
場　には　26－17
畳　たたみ　156－2
譲　ゆず(る)　2－12
醸　か(む)　172－15
醸酒　さけ(を)か(む)　172－15
醸酒料　さけ(を)か(む)れう　680－8
食　くら(ふ)　330－30
食　け　20－2
食　け　36－14
食〔恵良岐〕　たま(へゑらき)　586－10
食　はみ　12－14
食筵　けのむしろ　460－18
食宍　しし(を)くら(ふ)　330－30

繡所	ぬひどころ	18−9
十一月	しもつき	338−12
十月上旬	かむなづきのかみのとをか	190−8
十壷		640−11
十人	とたり	550−22
十日	とをか	372−6
十二月	しはす	624−5
十二月上旬	しはす(の)かみのとをか	624−5
十余日	とをかあまり	372−6
汁漬	しるひち	512−3
充	あ(つ)	10−17
充	そ(ふ)	652−10
住	す(む)	344−10
重	かさね	448−17
重	へ	618−4
従	したが(ふ)	138−11
従	とも	20−14
従	とも	214−12
従	とも	214−20
従	よ(り)	330−23
従者	ともびと	20−14
紐	ひも	430−10
獣	けもの	436−3
縦	たて	44−9
祝	はふり	614−15
祝詞	のりとごと	380−10
祝部	はふりべ	614−15
宿	とのゐ	46−8
宿祢	すくね	450−10
粥	かゆ	66−1
粥盤	かゆさら	66−1
出	い(づ)	216−10
出	すい	654−5
出雲	いづも	110−12
出雲席	いづもむしろ	434−3
出挙	すいこ	654−5
出御	いでます	546−15
出御之後	いでまししのち	546−15
出納	しゆつなふ	18−1
出納	しゆつなう	258−1
出納所	しゆつなうどころ	18−1
戌	いぬ	496−10
春宮坊	みこのみやのつかさ	254−2
隼人	はやひと	222−14
隼人	はやひと	504−16
隼人司	はやひとのつかさ	222−14
旬	とをか	58−5
巡	めぐり	220−9
巡察	めぐりみるつかさ	220−9
准	なずら(ふ)	210−16
准此	これ(に)なずら(ふ)	378−2
准状	じやう(に)なずら(ふ)	656−15
楯	たて	106−1
楯	たて	438−6
楯縫氏	たてぬひのうぢ	106−9
処	ところ	36−3
疋	ひき	72−13
初	はじ(めて)	216−13
初日	はじめ(の)ひ	356−11
所	ところ	4−18
所謂	いはゆる	384−2
所在	あ(る)	678−25
所司	ところのつかさ	12−7
所司	ところのつかさ	418−2
所司	ところのつかさ	524−3
所司	ところのつかさ	524−19
所司	ところのつかさ	554−8
所司	ところのつかさ	556−8
所司	ところのつかさ	576−1
所司楽	ところのつかさ(の)うたまひ	544−7
所所	ところどころ	376−7
所所屋	ところところ(の)や	36−8
杵	きね	462−12
書	か(く)	508−10
書生	しよしやう	20−8
署	しる(す)	12−29
緒	を	22−7
諸	もろもろ	4−2
諸衛府	もろもろの(の)まもりのつかさ	194−8
諸王	おほきみたち	60−7
諸家	もろもろのいへ	678−24
諸工	もろもろのたくみ	382−10
諸郷	もろもろのさと	76−6
諸国	もろもろのくに	656−18
諸氏	もろもろのうぢ	492−15
諸司	もろもろのつかさ	440−25
諸司	もろもろのつかさ	540−16
諸寺	もろもろのてら	690−3
諸所	もろもろのところ	6−8
諸所	もろもろのところ	40−1
諸所預	もろもろのところ(の)あづかり	8−26
諸所預	もろもろのところ(の)あづかり	682−6
諸仗	もろもろのつはもの	536−2
諸神	もろもろのかみ	436−15
諸大夫	もろもろ(の)まへつきみ	4−27
諸聞食宣ま(ふ)	もろもろききたま(へよと)のりたま(ふ)	568−22
諸門	もろもろのもん	384−8
女	によ	692−2
女	むすめ	78−13
女	め	292−3
女	をみな	48−5
女孺	めのわらは	202−3
女孺	めのわらは	752−7
女御	にようご	202−1
女工所	にょくどころ	18−10
女蔵人	によくらうど	244−6
如	ごと(し)	186−2
如	も(し)	676−9
如件	くだり(の)ごと(し)	626−16
如之	かく(の)ごと(し)	186−2
如是	かく(の)ごと(し)	494−9
叙	つい(づ)	556−13
叙位	くらゐについ(づ)	566−12
除	のぞ(く)	88−5
鋤	すき	312−9
小	ちひ(さし)	210−9
小坩	こつぼ	70−16
小忌	をみ	6−16
小忌院	をみのゐん	6−16

まふ） 272−20
車持朝臣 くるまもちのあそみ 500−4
舎 や 440−7
舎 との 518−11
舎人 とねり 532−18
者 ひと 20−14
者 ひと 150−14
者 てへ(り) 626−17
紗 うすはた 354−13
紗 うすはた 544−12
謝座 をろが(む) 532−6
謝座酒 をろが(む) 532−16
杓 ひさこ 360−7
借 か(る) 8−12
借 か(す) 690−8
若 も(し) 36−2
若干 そこばく 140−13
楉 しもと 88−14
楉棚 しもと(の)たな 394−5
手 て 382−12
手伝 てづて 494−6
手拍 て(を)う(つ) 530−5
主 つかさど(る) 226−7
主基 すき 2−23
主基院 すきのゐん 382−18
主基行事所 すき(の)ぎやうじどころ 6−15
主基爾供御 すき(に)つかへまつ(る) 528−19
主基所印 すきどころのいん 14−8
主基殿 すきのとの 418−9
主基帳 すき(の)みとばり 430−18
主基帳 すき(の)みとばり 554−7
主計寮 かずふるつかさ 220−12
主政 しゆせい 610−3
主政 しゆせい 612−3
主政妻 しゆせい(の)つま 622−1
主政妻 しゆせい(の)つま 622−3
主税寮 ちからのつかさ 220−11
主膳監 みこのみやのかしはでのつかさ 256−2
主膳監 みこのみやのかしはでのつかさ 370−13
主水司 もひとりのつかさ 242−10
主水司 もひとりのつかさ 752−2
主水司 もひとりのつかさ 756−1
主蔵監 みこのみやのくらつかさ 254−3
主帳 しゆちやう 610−3
主帳 しゆちやう 612−3
主帳妻 しゆちやう(の)つま 622−1
主帳妻 しゆちやう(の)つま 622−3
主典 さくわん 6−1
主殿 とのもり 500−1
主殿寮 とのもりのつかさ 246−2
主殿寮 とのもりのつかさ 750−9
主殿寮 とのもりのつかさ 756−2
主殿署 みこのみやのとのもりのつかさ 256−1
主鑰 かぎのつかさ 750−3
主礼 しゆらい 204−3
主鈴 すずのつかさ 234−13
主鈴 すずのつかさ 750−2
守 まも(る) 30−15
守 かみ 608−2
守妻 かみ(の)つま 618−10
朱 あか 354−9
朱雀門 しゆしやくもん 338−8
朱雀大路 しゆしやくおほぢ 484−10
朱塗窪手代 あかうるし(の)くぼてしろ 354−9
取 と(る) 8−9
取次 とりすき 294−5
首 むか(ふ) 542−7
酒 さか 42−21
酒 さけ 26−1
酒 さけ 714−1
酒 みき 250−6
酒案 みき(の)つくえ 512−9
酒甕 さかみか 172−13
酒壷 さかつぼ 670−9
酒壷 みき(の)つぼ 360−3
酒盞 さかづき 66−3
酒盞案 さかづき(の)つくえ 472−8
酒垂 さかたり 68−12
酒殿 さかどの 302−8
酒殿神 さかどの(の)かみ 316−9
酒波 さかなみ 288−12
酒波 さかなみ 492−3
酒波女 さかなみのめ 160−9
酒柏 さかかしは 448−12
酒部 さかべ 250−12
酒瓶 さかがめ 68−3
酒屋 さかや 42−21
種 くさ 436−8
銖 しゆ 24−17
寿詞 よごと 526−8
受 う(く) 2−12
受 う(く) 126−3
受之復座 これ(を)う(け)しきゐ(に)かへ(る) 584−10
受譲即位 ゆずりをう(けて)あまつひつぎしろしめ(す) 2−12
受領 うけあづか(る) 350−8
授 さづ(く) 492−10
樹 う(う) 354−7
樹 き 172−2
樹 た(つ) 384−13
収 をさ(む) 10−18
拾 じふ 742−16
洲浜 すはま 354−4
修 をさ(む) 136−20
修式堂 しゆしきだう 418−16
修理 をさめつく(らしむ) 36−6
袖 そで 334−14
終 を(はる) 164−13
習 なら(ふ) 694−9
就 つく 24−10
就 むか(ふ) 420−8
就中 なかにつ(く) 140−17
衆聞食 もろもろききたま(ふ) 570−14
集 あつ(む) 102−16
集 つど(ふ) 214−9
葺 ふ(く) 96−5
葺 ふ(く) 390−6
葺草 ふきかや 396−10
皺文沓 ひきはだ(の)くつ 408−9
繍 ぬひもの 434−11

此	こ(れ)	4－24
死	しぬ	332－4
死産	し(と)こうみ	694－18
死膚断	しにはだたち	672－16
至	いたる	24－1
志比乃和恵	しひのわゑ	384－3
私	わたくし	158－7
私	わたくし	414－11
私舎	わたくしのや	440－7
私馬	わたくし(の)うま	158－7
使	つかひ	4－11
使	つかひ	90－7
使官姓名	つかひつかさかばねな	678－17
使政所	つかひ(の)まつりごとどころ	90－7
使部	しぶ	6－13
使部	しぶ	752－14
始	はじ(む)	10－8
始	はじ(め)	64－10
枝	え	182－11
枝	え	382－26
祀	まつり	624－11
屎戸	くそと	672－13
祇承	つかへまつ(る)	136－6
紙	かみ	10－23
厠	かはや	246－10
絁	あしぎぬ	24－14
絁襪	あしぎぬ(の)したくづ	336－5
笥	け	64－12
笥	け	658－1
紫蓋	むらさきのきぬがさ	244－13
紫地黄文	むらさきぢ(の)きのあや	434－4
絲	いと	86－1
絲	いと	716－1
詞	ことば	28－2
詞	ことば	272－9
肆		746－5
漬	つ(く)	50－14
漬	ひち	512－3
賜	たま(ふ)	76－13
篩	ふるひ	344－8
鮨	すし	130－12
鵄尾琴	とびのをこと	716－5
鵄尾琴	とびのをこと	720－5
贄	にへ	178－7
篩蓰	ふるひ	470－18
示	しめ(す)	196－13
次	つぎ	4－13
次	つぎ	192－1
次	つぎ(に)	602－8
次	つぎて	372－16
次	つ(ぐ)	140－7
次官	すけ	136－11
次侍従	つぎてのおもとひとまちきみ	590－4
次第	つぎて	192－1
次第司	つぎてのつかさ	192－1
次第司	つぎてのつかさ	452－15
字	もんじ	14－5
寺	てら	22－19
自	より	372－23
自後	これよりのち	172－7
自余	これよりほか	4－9

侍	はべ(り)	374－15
侍	さもらひ	516－10
侍医	おもとくすし	232－11
侍衛	さもらひ	516－10
侍座	しきゐに(はべる)	538－8
侍従	おもとひとまちきみ	200－8
侍従	おもとひとまちきみ	232－15
侍従	おもとひとまちきみ	748－12
事	こと	2－9
事	こと	588－13
事	わざ	616－8
事代主	ことしろぬし(のかみ)	142－16
持	も(つ)	158－14
時	とき	10－9
時	とき	216－3
時刻	とき	216－3
時刻	とき	446－11
時刻	とき	558－1
璽	しるし	526－12
式部	のり	548－14
式部省	のりのつかさ	16－6
式部省	のりのつかさ	556－18
式部省	のりのつかさ	566－11
式部輔	のりつかさ(の)すけ	588－4
式部録	のりのつかさ(の)さくわん	564－6
色	いろ	24－13
色目	しなのな	528－1
軾	ひざつき	34－12
宍	しし	330－30
宍人	ししひと	332－10
軸	ぢく	330－5
七	ななつ	14－14
七月	ふみつき	2－8
七道	ななつのみち	14－14
七日	なぬか	372－11
七十	ななそち	550－8
七条衢	しちでう(の)ちまた	484－9
室	しつ	44－3
室	しつ	388－10
室	むろ	54－1
疾	やまひ	694－5
執	と(る)	28－10
執綱	つなをとる	240－13
執物	とりもの	450－1
執物	もの(を)と(る)	232－7
執槌人	つちとりひと	542－6
悉	ことごと(く)	672－33
漆	しち	744－8
漆	うるし	354－9
膝行	ひざつきてゆ(く)	498－8
櫛	くし	248－2
櫛机	くしのつくえ	248－2
実	み(つ)	148－9
尺	しやく	24－15
尺	しやく	374－8
且	か(つ)	492－5
且	かつがつ	634－13
写	うつ(す)	584－4
社	やしろ	102－7
車駕	すめらみこと	272－20
車駕	すめらみこと	524－14
車駕還宮	すめらみことおほみやにかへ(りた	

雑器　ゆかもの　60−22
雑工　ざふく　20−13
雑材并萱　くさぐさのきあは（せて）かや　372−8
雑掌　ざつしやう　4−12
雑色　ざふしき　258−2
雑色人　ざふしきにん　26−15
雑色人　ざふしきにん　614−12
雑色人　ざふしきにん　634−12
雑色人　ざふしきにん　684−7
雑畜死産　くさぐさのけもの（の）し（と）こうみ　694−18
雑殿　くさぐさのとの　90−4
雑殿　くさぐさのとの　336−14
雑殿地　くさぐさのとの（の）ところ　40−10
雑物　くさぐさのもの　12−17
雑物　くさぐさのもの　290−18
雑物　くさぐさのもの　370−12
雑物　くさぐさのもの　488−20
雑物　くさぐさのもの　528−5
雑物　くさぐさのもの　674−5
雑役　くさぐさのえたち　4−28
廼　さらけ　66−21
三　み　388−10
三　みつ　136−1
三位　さんみ　560−15
三間臼屋　みま（の）うすや　394−10
三原郡　みはら（の）こほり　646−10
三国　みつのくに　338−15
三人　みたり　540−1
三日　みっか　330−21
三門　みつのもん　490−19
山　やま　30−23
山城　やましろ　22−27
山城　やましろ　60−10
山城国　やましろのくに　26−12
山城国司　やましろのくにのつかさ　656−7
山神　やま（の）かみ　320−16
山神　やま（の）かみ　338−25
山積神　やまつみ（の）かみ　282−23
山坏　やまつき　68−17
山瓶　やまかめ　296−7
山藍　やまあゐ　372−3
参　まゐ（る）　4−31
参　まゐ（る）　272−7
参河　みかは　62−2
参議　おほまつりごとひと　4−16
参議已上　おほまつりごとひとよりかみ　418−12
参議以上　おほまつりごとひとよりかみ　538−21
参議以上　おほまつりごとひとよりかみ　564−2
参議以上　おほまつりごとひとよりかみ　568−3
参議以上　おほまつりごとひとよりかみ　580−1
参詣　まゐ（る）　272−7
参進　まゐりすす（む）　374−21
参面　まゐる　550−9
参預　まゐりあづかる　4−31
衫　ひとへきぬ　424−4
産　こうみ　694−18
散位　さんゐ　16−8
散位　さんゐ　616−6
散位寮　とねのつかさ　222−2
散斎　あらいみ　330−16
散斎　あらいみ　694−1
蒜英根合漬　ひる（の）はなねあへづけ　130−4
盞　さかづき　66−3
繖　きぬがさ　242−6
鏆　き（る）　374−24
残　のこり　550−10
暫　しまらく　12−5
卅　さんじふ　42−11

【し】

之　これ　8−5
子　こ　616−7
子　こ　672−20
子　ね　512−13
了弟　やから　152−16
子弟　やから　614−8
子部宿祢　こべのすくね　500−6
巳　み　446−9
巳日　み（の）ひ　550−13
氏　うぢ　60−14
氏長者　うぢ（の）ちやうじや　330−6
止　とど（まる）　486−6
支子染綿衣　くちなしぞめ（の）わた（の）きぬ　406−19
支子染下裳　くちなしぞめ（の）したも　408−4
仕　つかふ　292−3
仕女　つかへめ　292−3
仕丁　つかへのよほろ　20−9
仕奉　つかへまつ（る）　570−8
市司　いちのつかさ　216−20
市人　いちひと　330−1
史　さくわん　4−36
史　さくわん　420−15
史位姓名　さくわんくらゐかばねな　626−22
史生　ししやう　6−4
史生　ししやう　270−7
史生　ししやう　422−5
史生　ししやう　608−8
史生　ししやう　752−10
史生妻　ししやう（の）つま　620−5
史姓名　さくわんかばねな　680−20
四位已下　しいよりしも　568−7
四位已下　しいよりしも　568−13
四枝黒木　よつえ（の）くろき　182−11
四角　よすみ　30−3
四脚　よつ（の）あし　150−8
四刻　よつとき　522−2
四座置　よくらおき　438−4
四人　よたり　580−10
四段　よきだ　530−8
四番　よつつがひ　606−3
四面　よも　56−1
四屋　312−6
只　ただ　350−13
司　つかさ　4−33
司　つかさ　24−8
司司人　つかさづかさ（の）ひと　604−7

【さ】

左　ひだり　6－3
左右　ひだりとみぎ　6－3
左右　ひだりとみぎ　108－15
左右　ひだりとみぎ　536－3
左右幄　ひだりとみぎ(の)あげはり　578－7
左掖　ひだりのわき　502－11
左掖門　ひだりのわきのもん　500－24
左近陣　さこん(の)ぢん　532－4
左近陣　さこん(の)ぢん　568－4
左近陣西頭　さこん(の)ぢん(の)にし(の)かしら　558－8
左兵衛　ひだりのつはものとねり・さひやうゑ　208－2
左兵衛　ひだりのつはものとねり・さひやうゑ　234－9
左弁官下(す)　ひだりのおほともひのつかさくだ(す)　680－2
差　さ(す)　60－17
差　しな　272－17
釵　かむざし　336－9
蓑　みの　226－11
蓑笠　みのかさ　226－11
鮓　すし　640－7
坐　ゐ(る)　558－18
座　しきゐ　8－18
座　しきゐ　566－3
座　みくら　96－12
座　ゐ(る)　568－12
再　ふたたび　380－8
再拝　ふたたびをろが(む)　380－8
再拝両段　ふたたびをろが(むこと)ふたたび　380－8
災　わざはひ　672－24
妻　つま　618－7
宰　みこともち　528－4
柴　しば　88－11
採　と(る)　30－22
採薪　かまぎこり　80－6
菜　な　50－14
斎　いむ・いみ　60－9
斎　いむ・いみ　72－5
斎　いむ・いみ　88－2
斎　ものいみ　330－25
斎　をがみ　330－26
斎院　いみのゐん　140－15
斎郡　いみのこほり　72－5
斎郡少領　いみのこほり(の)すけのみやつこ　610－1
斎郡大領　いみのこほり(の)こほりのみやつこ　610－1
斎月　ものいみのつき　330－25
斎主　いはひぬし　606－8
斎鍬　いみくは　380－19
斎場　ゆには　18－3
斎場　ゆには　40－9
斎場　ゆには　328－7
斎場御井　ゆには(の)みゐ　290－9
斎場御井　ゆには(の)みゐ　470－10
斎場預　ゆには(の)あづかり　18－3
斎鉏　いみすき　88－2
斎鉏　いみすき　290－13
斎殿　いみのとの　142－9
斎部　いむべ　60－9
斎部　いむべ　60－14
斎服　いみのきぬ　420－9
祭　まつ(る)　108－2
祭祀　まつり　624－11
祭神　かみ(を)まつ(る)　302－9
祭服　みそ　496－16
祭文　さいもん　380－6
祭礼　みまつり　516－11
最後者　もともしりへのひと　536－15
歳　とし　142－11
載　の(す)　460－3
綵色　いろどり　436－5
灑　そそ(ぐ)　158－17
灑潔　そそ(ぎ)きよ(む)　488－21
在　あ(る)　2－32
在　いま(す)　238－3
材　き　30－18
材木　き　30－18
罪　つみ　332－1
才伎長上　てひと(の)ちやうじやう　10－3
細工　さいく　18－8
細工所　さいくどころ　18－8
細席　ほそむしろ　464－6
細布　ほそぬの　332－15
細布　ほそぬの　748－7
細布摺　ほそぬの(の)すり　332－15
細布髪髻　ほそぬの(の)もとゆひ　428－4
細布襪　ほそぬの(の)したくづ　336－6
細螺　しただみ　132－1
細籠　ほそめのこ　450－13
采女　うねめ　252－7
采女司　うねめのつかさ　268－2
采女司　うねめのつかさ　752－3
采女司　うねめのつかさ　756－4
采女朝臣　うねめのあそみ　510－2
采女八人　うねめやたり　510－15
佐伯　さへき　442－14
佐渡　さど　748－8
佐渡布　さどのぬの　748－8
佐渡布　さどのぬの　758－2
作　つく(る)　14－7
作　おこ(す)　332－2
作　なす　678－27
作具　つく(る)もの　120－2
作事　なすこと　678－27
簀　す　156－6
簀　す　390－25
鑿　のみ　124－8
鑿　のみ　728－5
札　ふみた　262－5
札　ふみた　606－4
察　み(る)　194－7
察　み(る)　444－11
雑　くさぐさ　4－28
雑　くさぐさ　12－17
雑　ざふ　20－13
雑　まじふ　356－7
雑火　くさぐさのひ　518－8
雑菓子　くさぐさのこのみ　162－9

江沼貝花	えぬ(の)かひのはな	354－3
后	おく(る)	536－14
向	むか(ふ)	78－5
交易	けうやく	32－3
交名	なつき	330－10
交名	なつき	656－13
更	さら(に)	58－15
拘留	こうりう	628－10
肴	さかな	76－12
幸	いでま(す)	338－3
厚	あつ(さ)	106－7
荒見河	あらみがは	24－9
荒見川	あらみがは	58－3
荒筥	あらはこ	302－3
皇太子	ひつぎのみこ	198－9
皇太子	ひつぎのみこ	566－15
皇太子	ひつぎのみこ	578－12
皇太子	ひつぎのみこ	586－1
皇太子輕幄	ひつぎのみこ(の)かろきあげはり	418－15
皇太子已下	ひつぎのみこよりしも	546－19
皇帝	すめらみこと	546－8
紅花染單衣	くれなゐぞめ(の)ひとへきぬ	410－4
紅染単衣	くれなゐぞめ(の)ひとへきぬ	408－1
候	さぶら(ふ)	198－11
降	くだ(る)	568－2
校	かむが(ふ)	214－11
貢	みつぎ	540－8
高	たか(さ)	88－13
高机	たかつくえ	544－11
高御魂	たかみむすび(のかみ)	142－12
高御座	たかみくら	554－9
高橋朝臣	たかはしのあそみ	492－22
高萱御倉	たかかやのみくら	94－3
高坏	たかつき	294－3
高盤	たかさら	64－20
埳	あな	382－7
溝	みぞ	672－7
溝埋	みぞうめ	672－7
搆	かま(ふ)	42－9
搆	かま(ふ)	390－5
搆造	かま(へ)つく(る)	42－9
幌	とばり	392－4
幌	とばり	404－2
幌料	とばり(の)れう	688－2
綱	つな	240－8
綱外	つな(の)と	242－2
綱末	つな(の)すゑ	242－9
興礼門	きやうらいもん	506－3
興福寺	こうぶくじ	690－17
纐纈	かうけち	406－17
纐纈表衣	かうけち(の)うはぎ	406－17
合	あへ	130－4
合	あは(す)	528－6
合		10－16
合		20－6
合		354－2
郷	さと	76－6
告	つぐ	330－18
告知	つげし(らす)	330－18
刻	とき	216－3
国	くに	2－23
国医師	くにのくすし	608－8
国家大事	おほやけ(の)おほきなること	678－11
国忌	こき	4－29
国郡司	くにこほりのつかさ	24－8
国献物韓櫃	くに(の)たてまつりもの(の)からひつ	552－8
国宰姓名	くにのみこともちかばねな	528－4
国罪	くにつつみ	672－4
国罪	くにつつみ	672－26
国司	くにのつかさ	8－28
国司	くにのつかさ	578－5
国司子弟	くにのつかさ(の)やから	416－8
国司同族	くにのつかさ(の)やから	370－18
国史生	くにのししやう	608－8
国所役	くに(の)えたち	282－13
国書生	くに(の)しよしやう	20－8
国書生	くに(の)しよしやう	614－7
国栖	くず	500－21
国栖	くず	504－20
国栖	くず	758－1
国博士	くにのはかせ	608－8
国風	くにぶり	502－5
国風	くにぶり	548－7
国物	くに(の)もの	278－12
哭	なく	332－6
哭称塩垂	なく(を)しほたる(と)い(ふ)	332－6
黒	くろ	102－3
黒	くろ	142－6
黒葛	つづら	390－8
黒酒	くろき	282－2
黒酒殿	くろきのとの	180－5
黒木	くろき	102－3
黒木	くろき	400－10
黒木	くろき	630－12
黒木案	くろき(の)つくえ	452－10
黒米	くろごめ	20－10
黒綿		310－5
斛	こく	344－12
穀	たなつもの	674－20
槲葉	かしはのは	468－4
笏	しゃく	450－8
骨	ほね	390－11
事代主	ことしろぬし(のかみ)	142－16
今日	けふ	586－7
今年	ことし	628－6
艮	うしとら	58－2
艮	うしとら	164－8
坤	ひつじさる	164－10
昆虫之災	はふむし(の)わざはひ	672－24
紺	ふかきはなだ	196－12
紺調布	ふかきはなだ(の)つきのぬの	700－8
紺布衫	ふかきはなだのぬの(の)ひとへきぬ	442－2
魂	むすび	142－12
褌	したも	640－1

献物　たてまつりもの　490−17
献物所　たてまつりものどころ　250−8
絹　きぬ　12−21
絹　きぬ　620−7
絹幞頭　きぬ(の)かがふり　402−13
権　かり　8−9
権屋　かりや　160−3
賢木　さかき　30−5
賢木　さかき　526−6
顕章堂　けんしやうだう　418−4
顕陽堂　けんようだう　538−22
懸　か(く)　96−18
元　もと　560−3
元会儀　むつきのついたちのひのよそほひ　488−8
元会儀　むつきのついたちのひのよそほひ　524−10
元日儀　むつきのついたちのひのよそほひ　440−27
元興寺　ぐわんごうじ　690−18
言　ものいひ　694−11
言語　ものいひ　694−11
乾　いぬい　164−11
眷族　やから　454−8
減　へ(す)　222−11
萱　かや　30−19
限　かぎり　30−9

【こ】

己　おの(が)　672−19
戸　と　42−15
戸　へ　292−7
古語　ふること　384−1
古詞　ふること　502−10
古風　いにしへぶり　502−1
古毛　こも　122−9
估　こ　14−25
估価帳　こけ(の)ちやう　14−25
故　ことさら　656−16
故　かれ　570−11
故是　かれこれ　570−11
故求弥　こくみ　672−18
胡床　あぐら　248−7
袴　はかま　286−16
扈　とも　214−12
扈従　とも　214−12
雇　やと(ふ)　702−7
壷　つぼ　300−9
鼓　つづみ　206−2
鼓　つづみ　232−2
鼓吹　つづみふえ　230−10
鼓吹司　つづみふえのつかさ　230−10
顧　かへり(みる)　494−7
蠱　まじもの　672−25
五　いつつ　14−13
五　いつつ　24−13
五　いつつ　60−19
五位以上　ごゐよりかみ　418−13
五位以上　ごゐよりかみ　508−3
五位已上座　ごゐよりかみ(の)しきゐ　420−2
五位已上見参歴名　ごゐよりかみ(の)げんざん(の)れきみやう　548−15
五位最後者　ごゐ(の)もともしりへのひと　536−15
五箇国　いつつ(の)くに　60−19
五畿内　いつつのうちつくに　14−13
五間屋　いつま(の)や　90−14
五間屋　いつま(の)や　314−4
五間屋　いつま(の)や　314−14
五間正殿　いつま(の)おほとの　388−5
五間膳屋　いつま(の)かしはでや　392−17
五色　いつつのいろ　24−13
五日　いつか　396−1
五人為列　ごにん(を)つらなり(と)し　442−13
五成　いつたび　504−21
五節　ごせち　578−11
五節舞　ごせち(の)まひ　578−11
午　むま　496−3
午刻　むま(の)とき　602−2
午日　むま(の)ひ　554−5
呉竹　くれたけ　462−5
互　たがひ　536−8
後　おく(る)　536−12
後　しりへ　10−4
後　のち　64−9
後陣　しりへのつら　152−15
後鎮祭　ごちんさい　518−13
後盤　しりさら　658−10
語　ことば　332−3
語　ものいひ　694−11
語部　かたらひべ　108−13
語部　かたらひべ　110−5
語部　かたらひべ　502−7
工　く　20−13
工　たくみ　166−5
工手　てひと　102−21
工匠　たくみ　172−3
工人　ふえふき　580−6
口　くち　150−7
口　34−6
口　72−15
口径　くちのわたり　150−7
公廨　くげ　654−13
公卿　まへつきみたち　588−12
公卿　まへつきみたち　592−2
公卿　まへつきみたち　596−7
公服　おほやけのふく　444−24
功銭　こうせん　702−8
広　ひろ(さ)　42−17
叩盆　たたいべ　66−16
行　おこな(ふ)　2−9
行　おこな(ふ)　8−13
行　つらなり　152−11
行　ゆ(く)　204−7
行　ゆ(く)　214−10
行　ゆ(く)　272−6
行幸　みゆき　190−17
行事　ぎやうじ　4−21
行事所　ぎやうじどころ　6−15
行事日時　ぎやうじひとき　10−7
行列　つらなり　152−11
行列日　つらなり(の)ひ　406−14
行立　ゆきたち　214−10
行間相去　あひだ(は)あひさ(ること)　536−11

【く】

九月	ながつき	102−6
九月下旬	ながつきしものとをか	158−10
絇	く	86−2
駈使	はせつかひ	632−1
駈使丁	はせつかひのよほろ	288−5
衢	ちまた	484−9
具	ぐ	120−2
具	つぶさ(に)	676−17
具		124−9
具録色目	つぶさ(に)しなのな(を)しる(す)	676−17
具註色目	つぶさ(に)しなのな(を)しる(す)	690−9
倶	みな	568−9
空	から・こう	538−15
空盞	からさかづき・こうざん	538−15
堀	ほ(る)	88−8
堀居	ほ(り)す(う)	282−14
倉	くら	18−5
倉代	くらしろ	18−5
蔵人	くらうど	246−1
裙	も	336−4
裙腰	もこし	426−5
郡	こほり	2−23
郡司	こほりのつかさ	24−8
郡司	こほりのつかさ	290−4
郡司	こほりのつかさ	604−5
群	あつまり	602−11
群官	もろもろのつかさひと	430−3
群臣	まへつきみたち	526−9
群臣	まへつきみたち	586−2
群立	あつまりた(つ)	602−11

【け】

下	お(る)	208−7
下	くだし	2−29
下	した	336−3
下	しも	2−33
下	もと	28−5
下皆同	しもみなおな(じ)	626−24
下机	したつくえ	366−7
下宮内	くだ(す)みやのうち	698−9
下裙帯	したも(の)おび	336−4
下袴	したばかま	336−3
下裳	したも	408−4
下知	くだししら(す)	2−29
下馬	むまお(る)	208−7
下敷御畳	したじき(の)おほむたたみ	434−2
下文	くだしぶみ	680−2
下民部	くだ(す)たみ	698−6
刑殺	ぎやうせち	330−31
刑部省	うたへさだむるつかさ	692−14
形	かた	50−12
形	かた	390−7
形	かたち	198−14
径	わたり	150−7
計	かぞ(ふ)	214−22
計会	かぞへあは(す)	584−4
脛巾	はばき	414−9
軽	かろ(き)	12−31
軽微	かろ(き)	12−31
禊	みそぎ	136−8
禊	はらへ	272−9
禊詞	はらへのことば	272−9
禊処	みそぎのところ	190−25
禊所	みそぎのところ	272−2
禊祓具	はらへつもの	674−5
詣	まゐ(ります)	272−7
撃	か(く)	240−10
撃	ささ(ぐ)	492−24
警蹕	みさきおひ	216−14
警蹕	みさきおひ	516−9
繋	か(く)	76−18
迎	むか(ふ)	158−16
戟	ほこ	106−10
撃	う(つ)	216−5
穴	あな	88−7
血	ち	332−7
血称赤汗	ち(を)あせ(と)い(ふ)	332−7
決罰	くゑちばち	332−1
結	ゆ(ふ)	88−16
結	むす(ぶ)	382−4
結	しま(り)	570−6
結紐	むすびひも	430−12
厥	そ(の)	282−1
厥明	そ(の)あくるひ	282−1
潔	きよ(む)	488−21
闕	おこたる	674−11
闕怠	おこたること	674−11
月	つき	2−8
月	つき	138−15
犬声	いぬのこゑ	488−15
件	くだり	370−7
件	くだり	626−16
件人	くだり(の)ひと	652−8
件人	くだり(の)ひと	678−18
件稲	くだり(の)しね	652−21
件等罪	くだりなにと(の)つみ	672−28
件直	くだり(の)あたひ	680−6
見	み(ゆ)	338−6
見参	げんざん	584−3
見参文	げざん(の)ふみ	584−11
見上	かみ(に)み(ゆ)	338−6
建礼門	けんれいもん	212−1
兼	か(ぬ)	624−12
兼用物	か(ね)もちゐるもの	624−12
剣	つるぎ	238−7
健児	こんでい	152−12
検	かむがふ	194−7
検	かむがふ	214−11
検校	けんげう	4−19
検校	かむが(ふ)	214−11
検察	かむがへみ(る)	194−7
検校女孺	けんげう(の)めのわらは	252−6
検校女孺	けんげう(の)めのわらは	252−10
硯	すみすり	12−1
堅魚	かつを	26−4
堅魚木	かつをぎ	390−2
遣	つかは(す)	58−8
献	たてまつる	120−22
献物	たてまつりもの	250−8
献物	たてまつりもの	346−6

御贄百捧　みにへもものささげもの　346－4
御贄百捧　みにへもものささげもの　542－1
御櫛机　みくしのつくえ　248－2
御手湯瓫　みて(の)ゆべ　660－2
御酒　みき　250－6
御酒机　みき(の)つくえ　744－4
御酒壷　みき(の)つぼ　360－3
御酒台　みき(の)だい　360－5
御畳　おほむたたみ　740－6
御食神　みけつかみ　142－14
御水　みもひ　364－9
御裹　おほむかがふり　686－11
御前御机　おほむまへ(の)おほむつくえ　352－1
御膳　みけ　200－1
御膳　みけ　540－10
御膳机　みけ(の)つくえ　362－5
御膳机　みけ(の)つくえ　744－3
御膳机袋　みけ(の)つくえ(の)ふくろ　368－2
御膳机覆　みけ(の)つくえ(の)おほひ　368－5
御膳座　みけ(の)しきゐ　200－1
御膳下机　みけ(の)したつくえ　366－7
御膳八神　みけのやはしらのかみ　624－8
御倉　みくら　94－3
御挿頭　おほむかざし　544－9
御帳　おほむとばり　22－4
御鎮魂　おほむたまふり　716－4
御田　みた　78－1
御殿　おほとの　398－6
御殿油　おほとのあぶら　496－1
御刀子　おほむかたな　740－3
御稲　みしね　52－1
御稲　みしね　148－3
御稲輿　みしね(の)こし　456－1
御飯　おほむいひ　596－2
御飯櫃　おほむいひ(の)ひつ　368－1
御飯笥　おほむいひのけ　658－1
御飯白筥　おほむいひ(の)しらはこ　352－7
御巫　みかむなぎ　398－5
御巫　みかむなぎ　424－8
御服　みそ　402－10
御服　みそ　516－7
御服　みそ　518－1
御物　おほみもの　586－12
御物加賜　おほみものくは(へ)たま(はく)　604－11
御薬　おほむくすり　264－12
御薬儲韓櫃　おほむくすり(の)まうけ(の)からひつ　264－6
御悠紀帳　ゆき(の)おほむとばり(に)おはしま(す)　524－18
御料　おほむれう　662－11
御輦　おほむこし　198－12
共　とも　10－6
夾　はさ(む)　222－7
夾名　なつき　656－13
供　そな(ふ)　60－21
供　そな(ふ)　510－16
供　そな(ふ)　576－3
供　たてまつ(る)　496－15
供御　みけ・くご　36－13
供御雑器　みけ(の)くさぐさのうつはもの　350－12
供神物　かみ(に)そな(ふる)もの　472－1
供神物　かみ(に)そな(ふる)もの　488－19
供神物　かみ(に)そな(ふる)もの　492－21
供神雑器　かみにそなふるくさぐさのうつはもの　656－20
供膳所　みけどころ　272－12
供張　そな(へ)は(る)　524－9
供奉　つかへまつ(る)　370－17
供奉浴湯　ゆあみ(に)つかへまつ(る)　446－8
供奉神事　かむわざ(に)つかへまつ(る)　616－8
京　みさと・みやこ　4－10
京斎場　みさと(の)ゆには　158－11
京職　みさとつかさ　14－22
享　う(く)　512－11
挟　さしはさ(む)　448－16
狭帖　さだたみ　518－3
恐　おそる(らくは)　676－3
経　へ(る)　518－8
卿　かみ　572－10
橋　はし　194－5
鏡　かがみ　22－6
鏡　かがみ　432－11
曲　めぐり　578－9
棘甲贏　うに　132－2
棘甲贏　うに　640－9
巾　たのごひ　310－8
巾　たのごひ　406－1
巾子　こんじ　416－4
巾筥　たのごひ(の)はこ　510－13
斤　きん　24－17
斤　きん　278－15
近　ちか(づく)　220－5
近江　ちかつあふみ　60－1
近衛　ちかきまもり　22－10
近衛　ちかきまもり　260－11
近衛府　ちかきまもりのつかさ　22－14
近衛府　ちかきまもりのつかさ　752－4
近衛府　ちかきまもりのつかさ　756－8
金　こがね　354－1
衾　ふすま　40－5
衾　ふすま　402－11
衾　ふすま　546－1
衾　ふすま　550－5
菌　たけ　332－9
勤　いさを(し)　570－7
琴　こと　30－20
箆　の　724－8
錦鞋　きんかいのくつ　336－8
錦端龍鬢　にしきへり(の)りうびん　434－1
錦襪　にしき(の)したくづ　408－8
銀　しろかね　352－4
銀鐺子　しろかねのさすなべ　360－8
銀御水鋺　しろかね(の)みもひのかなまり　364－9
銀鏤御飯笥　しろかねのちりばめ(の)おほむいひのけ　352－4
銀盞坏　しろかね(の)あへもの(の)つき　358－3
銀筋壷　しろかね(の)はしつぼ　352－8

器　うつはもの　136−18
器　うつはもの　656−20
器杖　きぢやう　226−6
畿内　うちつくに　14−13
櫃　ひつ　10−15
騎　むまのり　204−6
騎士　うまのりひと　194−11
騎陣　むまのり(の)つら　204−6
宜　よろ(しく)　356−9
儀　のり　2−5
儀　かたち　330−7
儀式　ぎしき　2−1
儀鸞門　ぎらんもん　524−21
儀鸞門東西戸　ぎらんもん(の)ひむがしとにし(の)と　526−3
儀鸞門東第一間　ぎらんもん(の)ひむがし(の)だいいち(の)ま　598−4
北野　きたの　24−4
北野斎場　きたののゆには　158−11
北野斎場　きたののゆには　328−7
北野斎場外院　きたののゆにはのとのゐん　336−12
麹　かむたち　54−1
麹室　かむたちのむろ　54−1
麹室屋　かむたちのむろのや　180−7
吉　よし　8−3
吉日　よきひ　8−3
吉志舞　きしのまひ　578−3
吉野国栖　よしの(の)くず　500−21
吉野国栖　よしの(の)くず　576−10
迄　まで　696−8
訖　おは(る)　2−26
橘　たちばな　130−7
橘子　たちばなのみ　130−7
却　しりぞ(く)　538−18
脚　あし　150−8
脚　398−13
弓　ゆみ　72−16
弓絃葉　ゆづるは　448−14
久米　くめ　576−16
久米舞　くめのまひ　576−16
久米舞　くめのまひ　616−2
久米儛　くめのまひ　746−14
逆剥　さかはぎ　672−12
及　および　8−28
旧　ふる(き)　36−4
旧　もと　518−13
旧負　ふるきふ　604−14
休　やすむ　202−7
休息処　みやすみどころ　202−7
臼　うす　68−6
臼殿　うすのとの　182−1
臼屋　うすや　394−10
宮　みや　30−17
宮　くう　214−8
宮主　みやじ　32−8
宮主卜部　みやじ(の)うらべ　518−9
宮城　みやこ　214−8
宮城門　みやこのもん　214−8
宮城門　みやこのもん　216−11
宮内丞　みやのうち(の)じよう　592−12
宮内省　みやのうちのつかさ　8−15
宮内省　みやのうちのつかさ　420−7
宮内省　みやのうちのつかさ　590−8
宮内省　みやのうちのつかさ　750−8
宮内省　みやのうちのつかさ　754−9
宮内省庁事　みやのうちのつかさ(の)まつりごとどの　588−13
宮地　みやどころ　382−13
宮中地面　みやのなか(の)つち　498−5
急　いそ(ぐ)　4−6
糺察　ただしみ(る)　444−11
給　たま(ふ)　12−6
去　い(ぬ)　758−8
去　さ(る)　42−5
居　す(う)　148−16
居飼　ゐかひ　194−12
炬　とも(す)　376−4
挙　あ(ぐ)　350−14
挙　こ　654−5
挙哀　ねなき　696−3
許　ばかり　42−6
筥　はこ　50−12
筥　はこ　398−11
筥　はこ　736−2
筥花　はこはな　482−14
筥形　はこがた　50−12
筥杯　はこつき　66−20
筥持　はこもち　244−8
筥瓶　はこがめ　70−11
鋸　のほぎり　722−8
魚　うを　64−3
御　おほむ　22−4
御　おほむ　30−20
御　おはしま(す)　272−3
御　おはしま(す)　496−13
御　おはしま(す)　500−11
御幄　おほむあげはり　200−14
御井　みゐ　36−1
御衣　みそ　272−19
御意愛盛　みこころ(の)めでのさかり　570−9
御茵　おほむしとね　248−11
御几　おほむおしまづき　436−6
御机　おほむつくえ　350−15
御机　おほむつくえ　360−2
御机　おほむつくえ　364−8
御器　おほむうつはもの　576−4
御衾　おほむふすま　40−5
御鏡　みかがみ　22−6
御琴　おほむこと　30−20
御笥　みけ　300−2
御笥筥　みけのはこ　300−6
御禊　おほむみそぎ　136−8
御禊　おほむみそぎ　138−2
御禊座　おほむみそぎ(の)しきゐ　196−18
御剣櫃　おほむつるぎ(の)ひつ　238−7
御原郡　みはら(の)こほり　646−10
御座　みまし　328−13
御歳　みとし(のかみ)　142−11
御在所　おましどころ　506−4
御盞　おほむさかつき　360−4
御厠　みかはや　246−10
御厠　みかはや　392−13
御厠人　みかはやうど　252−8
御贄殿　みにへのとの　178−7

楽人　うたまひのひと　690－6
楽奏　うたまひ(を)たてまつ(る)　552－4
楽器　うたまひのうつはもの　22－20
楽器　うたまひのうつはもの　690－7
隔　へだ(つ)　44－7
钁　くは　128－2
葛　つづら・かづら　396－5
葛野　かどの　30－12
葛野席　かどのむしろ　388－7
串刺　くしさし　672－10
滑海藻　あらめ　74－5
干　ひ　26－9
干柏　ひがしは　26－9
汗　あせ　332－7
汗衫　かにさむ　334－1
缶　ほとき　66－19
缶物若干缶　ほとき(の)ものそこばくほとき　528－18
坩　つぼ　68－9
坩　つぼ　130－13
官　くわん　2－30
官　つかさ　430－3
官掌　くわんじやう　6－12
官掌　くわんじやう　754－1
官人　つかさひと　32－11
官宣旨　かんせんじ　680－2
官切下文　かんきりくだしぶみ　696－15
官符　くわんのふ　2－30
官符宣旨例　くわんのふせんじ(の)ためし　626－1
官符宣旨例　くわんのふせんじ(の)ためし　626－3
官物　くわん(の)もの　406－3
冠　かうぶり　288－17
冠位　かうぶりくらゐ　570－12
冠料　かうぶり(の)れう　288－17
竿　かん　106－11
竿　さを　390－10
咸　みな　544－6
巻　まき　2－2
巻　ま(く)　392－11
貫首　くわんじゆ　538－16
貫文　196－4
菅蓋　すげのみかさ　244－12
乾　ほす　130－5
乾羊蹄　ほししのね　130－5
勘　かむがふ　138－14
勘解由使　とくるよしかむがふるつかさ　692－20
勘申　かむがへまを(す)　138－14
勘対　かむがへあた(る)　678－21
堪　た(へたる)　330－9
堪宣命　みことのり(に)た(へたる)　566－8
堪宣命　みことのり(に)た(へたる)　584－8
換　か(ふ)　630－2
敢　あへ(て)　498－12
喚　め(す)　16－20
喚使　めしつかひ　606－16
間　あひだ　42－4
間　あひだ　536－11
間　ま　42－13
間　ま　204－8
間　ま　448－8
間　ま　660－5
間坏　まつき　660－5
歓　くわん　538－22
監　みる　60－23
監作　みつくら(す)　60－23
監物　おろしもののつかさ　750－1
還　かへ(る)　440－8
還宮　おほみやにかへ(りたまふ)　272－20
還宮　おほみやにかへ(りたまふ)　588－8
還却　しりぞ(く)　538－19
還御　かへりたま(ふ)　516－6
盥槽　あらひふね　510－9
簡用　えらびもち(ゐる)　416－11
韓櫃　からひつ　10－15
韓櫃　からひつ　148－3
韓竈　からかま　294－8
観徳堂　くわんとくだう　536－16
檻　おばしま　556－15

【き】

几　おしまづき　436－6
几帳　きちやう　434－8
机　つくえ　248－2
忌　い(む)　330－17
忌　いみ　332－3
忌御服布　いみのみそ(の)ぬの　642－1
忌語　いみことば　332－3
忌事六条　い(む)べき(こと)ろくでう　694－3
忌部　いむべ　60－9
忌部　いむべ　60－14
忌部　いむべ　440－12
忌部　いむべ　526－11
忌部　いむべ　752－13
忌部氏　いむべのうぢ　106－13
其　そ(の)　2－28
其　そ(の)　6－5
其　そ(の)　626－5
其月其日　そ(の)つきそ(の)ひ　698－12
其月其日刻　そ(の)つきそ(の)ひとき　684－2
其刻卜　そ(の)ときうら(へよ)　684－4
季　とき　338－11
祈年祭　としごひのまつり　436－16
紀伊　きい　106－12
紀伊　きい　638－4
帰　かへ(る)　28－12
帰来　かへ(り)きた(る)　172－6
記　しるし　346－5
起　おこ(す)　382－12
起　た(つ)　488－14
起手　て(を)おこ(す)　382－12
基　430－19
既　すで(に)　390－26
寄　よ(す)　676－13
期　かぎり　674－10
期会　かぎり　674－10
旗　はた　204－16
暉章堂　きしやうだう　418－10
跪　ひざまつ(く)　374－14
跪　ひざまつ(く)　506－9
箕　み　462－14
器　うつはもの　22－20

屋	や	36−8
屋形	やかた	476−7
愛宕	おたぎ	30−13
尾張	をはり	62−1
音楽	おむがく	332−2
音声人	おんじやうにん	542−18

【か】

火	ひ	374−26
火長	くわちやう	16−12
火鑽	ひきり	134−8
火臺	ひのだい	464−9
火爐	ひたき	466−4
火炬	たひ	508−23
可	べ(し)	10−12
加	くは(ふ)	390−24
河	かは	24−9
河	かは	138−7
河内	かふち	60−11
河夫理絁	かふり(の)あしぎぬ	686−2
花	はな	354−3
花足机	はなのあしつきのつくえ	544−10
価	け	14−25
価	あたひ	656−9
価長	けちやう	14−26
価直	あたひ	656−9
科	つみ	676−11
科責	つみな(ふ)	676−11
家	いへ	678−24
荷	に	148−11
菓子	このみ	162−9
嫁	とつ(ぐ)	78−15
歌	うた	80−7
歌	うた(ふ)	492−6
歌女	うため	22−17
歌人	うたびと	80−7
歌詞	うたのことば	492−7
堝	なべ	294−10
榎井	ゑのゐ	440−31
顆		122−11
窠	くわ	432−1
画	か(く)	2−25
画	ゑ	18−9
画所	ゑどころ	18−9
瓦	すゑ	666−6
瓦碓	すゑのうす	666−6
賀多	かた	122−12
駕	の(る)	156−9
駕	かく	240−9
駕丁	かきよほろ	240−9
駕丁	かきよほろ	240−13
雅楽寮	うたまひのつかさ	22−16
雅楽寮	うたまひのつかさ	552−1
介妻	すけ(の)つま	618−10
会	あふ	214−9
会	まつり	4−25
会	まつり	604−3
会昌	くわいしやう	488−5
会日	まつり(の)ひ	142−1
会所	まつりのところ	4−25
会所牒	まつりのところ(の)てふ	674−23
会集	あひつど(ふ)	214−9
会料	まつり(の)れう	674−19
灰	はひ	338−20
改	あらたむ	696−4
改葬	あらためはふり	696−4
皆	みな	8−17
皆	みな	394−8
海藻	め	26−5
海藻汁漬	め(の)しるひち	512−5
海部郡	あま(の)こほり	636−4
海老鰭槽	えび(の)はたふね	732−1
海老鰭盥槽	えびのはた(の)あらひふね	510−9
桧	ひ	390−10
桧竿	ひ(の)さを	390−10
桧榑	ひぐれ	396−8
桧木	ひのき	464−12
晦	つごもり	624−1
晦日	つごもりのひ	624−1
廻	めぐ(る)	96−14
廻立殿	くわいりふでん	400−7
廻立殿	くわいりふでん	496−12
廻立殿西三間	くわいりふでんにし(の)みま	400−8
廻立殿東南戸	くわいりふでんひむがしみなみにと(あれ)	400−9
階	はし	532−7
階下	はし(の)もと	546−13
塊	つちくれ	28−9
盖	ふた	458−10
盖	おほ(ふ)	470−11
開	ひら(く)	96−16
開門	みかどひらき	616−1
解	げ	136−19
解除	はらへ	140−2
解除	はらへ	624−11
解斎	いみをと(く)	580−11
解斎服	いみのきぬ(を)と(く)	582−9
解斎歌	いみをと(く)うた	592−9
解斎解除	いみをと(く)はらへ	624−10
解由	げゆ	550−7
壊	こほ(つ)	516−21
壊却	こほ(つ)	516−21
外	と	40−9
外	と	384−16
外院	とのゐん	40−9
外院	とのゐん	336−12
外記	とのしるすつかさ	204−19
外記	とのしるすつかさ	548−16
外記	とのしるすつかさ	748−9
外	ほか	150−11
亥	ゐ	508−18
亥刻	ゐ(の)とき	554−3
艾	か(る)	88−4
各	おのもおのも	4−22
格木	けたぎ	442−7
角	かど	460−2
角	すみ	30−3
学士	ふみはかせ	236−7
楽	うたまひ	18−11
楽	うたまひ	22−15
楽所	うたまひどころ	18−11
楽人	うたまひのひと	22−15
楽人	うたまひのひと	552−2

闈司　みかどのつかさ　558−16
和泉　いづみ　60−12
出雲　いづも　110−12
一　ひとつ　350−13
一　ひとり　152−2
一　ひとり　570−10
一　もは(ら)　514−6
一窠白綾　いつくわ(の)しろあや　432−1
一月　ひとつき　330−20
一刻　ひとつとき　508−18
一宿　ひとよ　344−11
一觴　はじめのさかづき　576−9
一時　もろとも　382−11
一事以上　すべてのこと　674−7
一丈尺　いちじやうしやく　686−7
一成　ひとたび　592−10
一等　ひとつのきざみ　614−14
一門　ひとつのもん　384−5
一両巡後　ひとめぐりふためぐり(の)のち　550−18
一列　ひとつら　564−2
壹　いち　714−13
因幡　いなば　110−11
忌部　いむべ　526−11
忌部氏　いむべのうぢ　106−13
引　ひ(く)　128−11
引道　みちび(かしむ)　128−11
印　いん　14−1
印文　いんのふみ　14−8
茵　しとね　8−29
茵　しとね　248−11
院　ゐん　6−16
院　ゐん　88−9
院垣　ゐん(の)かき　164−6
寅一刻　とら(の)ひとつとき　514−8
陰陽　うら　8−1
陰陽師　おむやうのし　230−6
陰陽寮　うらのつかさ　8−1
飲　の(む)　582−1
蔭　おん　616−7
蔭子孫　おんのこ・おんのうまご　616−7

【う】

右　みぎ　6−3
右掖　みぎのわき　502−12
右近陣西頭　うこん(の)ぢん(の)にし(の)かしら　546−23
宇　42−14
雨　あめ　254−8
雨革　あまがは　246−5
雨湿　あめ　508−13
雨装　あめのよそほひ　254−8
内舎人　うちとねり　104−3
内舎人　うちとねり　748−14
云　い(はく)　528−2
云云　しかしか　530−1
運　はこ(ぶ)　22−25
運進　はこ(び)たてまつ(る)　22−25
運置　はこ(び)お(く)　324−12

【え】

曳夫　ひきよほろ　454−3
衛　まもり　194−8
衛　まも(る)　444−3
衛士　ゑじ　16−13
衛士　ゑじ　268−12
衛門府　ゆげひのつかさ　104−12
衛門府　ゆげひのつかさ　524−3
衛門府　ゆげひのつかさ　752−5
衛門府　ゆげひのつかさ　756−9
翳　さしは　244−14
亦　また　6−11
役夫　えよほろ　164−12
易　か(ふ)　492−4
益供　すすめそな(ふ)　576−3
益送　すすめおく(る)　576−8
掖　わき　46−6
駅　むまや　4−7
駅使　はゆまづかひ　56−2
駅伝　むまやのつかひ　4−7
駅鈴　むまやのすず　102−12
曰　い(ふ)　14−9
延　のぶ　678−8
延怠　のべおこたること　678−8
垣　かき　88−12
垣代　かきしろ　198−5
爰　ここ(に)　574−8
宴　とよのあかり　590−9
宴会　うたげ　430−13
塩　しほ　64−21
塩垂　しほたる　332−6
塩湯　しほゆ　158−13
塩坏　しほつき　64−21
遠山　とほやま　432−17
猿女　さるめ　424−9
縁　ふち　434−11
鋺　かなまり　364−9
鴛鴦　をし　476−12
鴦　のき　46−1

【お】

於　お(く)　72−6
応　したが(ふ)　568−8
応　まさ(に)　8−10
応天　おうてん　488−6
近江　ちかつあふみ　60−1
押　おす　382−23
押収　おしおさ(む)　382−23
往　ゆ(く)　568−15
瓫　へ　70−4
盆　ほとき　70−7
黄　き　432−17
横　よこ　42−12
襖子　あをし　332−18
襖子　あをし　550−6
甕　みか・もたひ　14−20
甕　みか・もたひ　680−4
凡直氏　をふしのあたひのうぢ　128−8
麻殖　をゑ　118−2
大蔵省　おほくらのつかさ　10−20
大舎人　おほとねり　16−5
大舎人寮　おほとねりのつかさ　750−5
大舎人寮　おほとねりのつかさ　754−6
大宮売　おほみやのめ(のかみ)　142−15

注釈索引

①本索引の語彙の読みは、音読を原則とした。但し、音読がなじまないと判断される語は、訓読でも検索できるようにした。
②初出注のみを記載した。
③本編頁数と注番号は、—でつないだ。

【あ】

阿為	あゐ	728－7
阿為刀子	あゐのかたな	742－5
阿誰	た(そ)	594－6
阿須波	あすは(のかみ)	144－1
阿都加草	あつかかや	390－22
阿波	あは	112－5
阿波	あは	642－10
阿波国忌部	あは(の)くに(の)いむべ	130－9
阿波国忌部	あは(の)くに(の)いむべ	424－2
阿波大	あはた	738－1
阿禮	あれ	334－10
哀	あい	696－3
愛盛	めでのさかり	570－9
愛宕	おたぎ	30－13
淡路	あはぢ	112－1
幄	あげはり	28－4
幄下座	あげはり(の)もと(の)しきゐ	504－10
幄幕	あげはり	196－12
悪	にくむ	672－5
荒見河	あらみがは	24－9
安	お(く)	96－9
安芸	あき	378－5
安芸木綿	あき(の)ゆふ	378－5
安置	お(く)	490－6
安曇宿祢	あづみのすくね	492－11
安倍朝臣	あべのあそみ	508－6
案	つくえ・あん	398－12
案	つくえ・あん	450－12
案	つくえ・あん	572－7
案上	あんじやう	436－17
諳	そらに(する)	238－13

【い】

已	すで(に)	446－7
已下	よりしも	6－2
已上	よりかみ	4－35
已豆伎	いつき	68－19
以	より	2－8
以	も(ちて)	4－17
以	も(ちゐ)	382－3
以下	よりしも	12－3
以下	よりしも	202－2
以後	よりのち	2－10
以上	よりかみ	12－27
以前	よりさき	2－8
以前	さき	650－5
匝	はさふ	68－4
衣	ころも	120－5
衣	きぬ	194－9
衣色	ころも(の)いろ	450－1
衣被	かづけもの	272－15
衣料	ころも(の)れう	120－5
位	ゐ	16－8
位	くらゐ	500－25
位記案	ゐき(の)つくえ	556－2
位記案	ゐき(の)つくえ	572－7
位記筥	ゐき(の)はこ	558－4
位記筥	ゐき(の)はこ	560－15
位子	ゐし	16－9
依	よ(り)	16－3
依	よ(り)	330－12
意	こころ	570－9
意加美	おかみ(のかみ)	282－24
医	くすし	224－11
医師	くすし	224－11
医師	くすし	228－8
医師	くすし	608－8
医師妻	くすし(の)つま	620－5
為	し	30－10
為	せ(よ)	4－20
為	ため	22－8
為	つく(る)	202－10
為	た(り)	560－3
為	な(す)	692－29
帷	かたびら	22－5
葦	あし	88－20
葦	あし	392－7
葦簾	あし(の)すだれ	392－7
圍	ゐ	396－11
維	つな(ぐ)	462－8
謂	い(ふ)	2－13
謂	い(ふ)	430－8
謂	いふこころ	330－19
藺	ゐ	64－12
藺笥	ゐげ	64－12
異位重行	いゐぢゆうぎやう	270－15
伊賀	いが	60－2
伊勢斑席	いせ(の)まだらむしろ	390－16
威儀	ゐぎ	234－2
威儀御馬	ゐぎ(の)おほむうま	234－2
威儀物	よそほひ(の)もの	440－26
違闕	たがへか(く)	678－12
倚子	いし	200－6

【執筆者紹介】

谷　省吾（たに　せいご）

大正十年、大阪府生まれ。東京帝国大学文学部国史学科卒業。昭和三十七年、皇學館大学再興と同時に同教授就任。同六十三年、同大学学長就任。平成六年、退職。皇學館大学名誉教授。平成二十三年十一月、逝去。主要著書は、『鈴木重胤の研究』（神道史学会、昭和四十三年）、『神道原論』（皇學館大学出版部、昭和四十六年）、『祭祀と思想』（国書刊行会、昭和六十年）、『垂加神道の成立と展開』（国書刊行会、平成十三年）。

白山　芳太郎（しらやま　よしたろう）

昭和二十五年、兵庫県生まれ。皇學館大学文学部国史学科卒業。皇學館大学大学院文学研究科博士後期課程国史学専攻満期退学。博士（文学）。昭和五十二年、皇學館大学助手。同講師、助教授を経て、平成七年、皇學館大学文学部教授。同二十一年、神道研究所所長。専門は神道史。主要著書は、『職原鈔の基礎的研究』（臨川書店、昭和五十九年）、『北畠親房の研究』（ぺりかん社、平成三年）、『神道大系論説編十八・十九』（神道大系編纂会、平成二・四年、共編著）、『王権と神祇』（思文閣出版、平成十六年、共著）、『神道説の発生と伊勢神道』（国書刊行会、平成二十二年）。

本澤　雅史（もとざわ　まさふみ）

昭和三十四年、香川県生まれ。皇學館大学文学部国文学科卒業。皇學館大学大学院文学研究科博士後期課程国文学専攻中退。博士（文学）。昭和五十九年、皇學館大学文学部助手。同講師、助教授を経て、平成十九年、皇學館大学文学部教授。神道研究所兼任所員。専門は神道古典・祭祀研究。主要著書は、『祝詞の研究』（弘文堂、平成十八年）、『祝詞用語用例辞典』（戎光祥出版、平成二十三年、共著）。

加茂　正典（かも　まさのり）

昭和三十年、大阪府生まれ。同志社大学文学部文化学科卒業。同志社大学大学院文学研究科博士後期課程文化史学専攻単位取得退学。博士（文化史学）。平成六年、皇學館大学神道研究所専任講師。同助教授を経て、同十六年、皇學館大学神道研究所教授。神道研究所専任所員。専門は神道史・日本文化史。主要著書は、『日本古代即位儀礼史の研究』（思文閣出版、平成十一年）、『神道資料叢刊九　鈴木重胤紀行文集一・二・三』（皇學館大学神道研究所、平成十五・十八・二十一年、共編著）、『江戸時代の神宮と朝廷』（伊勢神宮崇敬会叢書、平成十八年）。

大島　信生（おおしま　のぶお）

昭和三十二年、福岡県生まれ。天理大学文学部国文学国語学科卒業。皇學館大学大学院文学研究科博士後期課程国文学専攻満期退学。博士（文学）。昭和六十二年、皇學館大学文学部助手。同講師、助教授を経て、平成二十一年、皇學館大学文学部教授。神道研究所兼任所員。専門は上代国語国文学。主要著書は、『万葉集の表記と訓詁』（おうふう、平成二十年）、『万葉集のことば』（皇學館大学講演叢書一一四輯、平成十七年）、『大伯皇女』（同叢書一二七輯、平成二十三年）。

山口　剛史（やまぐち　たけし）

昭和四十九年、京都府生まれ。皇學館大学文学部神道学科卒業。皇學館大学大学院文学研究科博士後期課程神道学専攻中退。平成十九年、皇學館大学神道研究所助手。神道研究所専任所員。専門は神道史・神道思想・神道祭祀。主要論文は、「大嘗祭における摂政・関白の役割についての一考察」（『皇學館大学神道研究所所報』七十三、平成十九年）、「慈円の日吉十禅師信仰について」（『神道史研究』五十六－一、平成二十年）、「鎮魂祭について」（『あらはれ』十二、平成二十一年）、「明治維新期の鎮魂祭」（『明治聖徳記念学会紀要』復刊四十七、平成二十二年）。

佐野　真人（さの　まさと）

昭和五十七年、静岡県生まれ。皇學館大学文学部国史学科卒業。皇學館大学大学院文学研究科博士後期課程国史学専攻満期退学。平成二十二年、皇學館大学神道研究所助手。神道研究所専任所員。専門は神道史・日本古代史。主要論文は、「朝賀儀と天皇元服・立太子」（『皇學館論叢』三十八－四、平成十七年）、「正月朝覲行幸成立の背景」（『藝林』五十八－二、平成二十一年）、「奈良時代に見られる郊祀の知識」（『続日本紀研究』三九二、平成二十三年）、「山陵祭祀よりみた天智・光仁・桓武三天皇への追慕意識」（『神道史研究』六十－一、平成二十四年）。

木村　徳宏（きむら　のりひろ）

昭和四十九年、兵庫県生まれ。皇學館大学文学部神道学科卒業。皇學館大学大学院文学研究科博士後期課程神道学専攻満期退学。平成十九年、皇學館大学文学部助手。平成二十三年、同助教。神道研究所兼任所員。専門は神道史・神道思想・神道祭祀。主要論文は、「荒木田守晨について」（『神道史研究』五十一－三・四、平成十五年）、「戸座とその起源に関する一考察」（『神道史研究』五十七－一、平成二十一年）、「出口延経著『内宮男體考證』」（『神道史研究』五十七－二、平成二十一年）、「荒木田久老著『辨男躰考證』」（『神道史研究』五十八－一、平成二十二年）。

皇學館大学創立百三十周年・再興五十周年記念

訓讀註釋（くんどく・ちゅうしゃく） 儀式（ぎしき） 踐祚大嘗祭儀（せんそだいじょうさいぎ）

定価：本体一五、〇〇〇円（税別）

平成二十四年六月三十日　発行

編　者　皇學館大学神道研究所

発行者　田　中　大

発行所　〒605-0089 京都市東山区元町三五五
株式会社 思　文　閣　出　版
電話（751）一七八一番（代）

印刷所　〒600-8805 京都市下京区中堂寺鍵田町二
株式会社 図書印刷 同　朋　舎
電話（361）九一二一番（代）

ISBN978-4-7842-1619-2　C3021